FACHWÖRTERBUCH
Physik
Basiswortschatz
Englisch-Deutsch

DICTIONARY
Physics
Basic Terms
English-German

DICTIONARY

Physics
Basic Terms

English-German

With about 25,000 entries

By Dipl.-Math. Ralf Sube

VERLAG ALEXANDRE HATIER BERLIN–PARIS

Vorwort

Wer als Deutschsprachiger sich mit Physik beschäftigt, seien es Wissenschaftler, Ingenieure oder Studenten, Dolmetscher und Übersetzer, Journalisten usw., wird nicht umhin können, englischsprachige Texte zu lesen. Ein modernes Fachwörterbuch, das ihm behilflich sein könnte, solche Texte zu verstehen, ist zur Zeit meines Wissens nicht auf dem Markt. Darüber hinaus soll dieses handliche Wörterbuch auch englischsprachigen Nutzern dazu dienen, Fachtexte einwandfrei ins Deutsche zu übertragen, und nicht zuletzt soll es eine Hilfe für die landesübergreifende Kommunikation sein.
Aus verlegerischen Gründen und wegen des hohen Arbeitsaufwands ist es gegenwärtig noch nicht möglich, ein umfassendes Physik-Wörterbuch vorzulegen. In dieses Wörterbuch wurden nach strenger Auswahl etwa 25 000 Wortstellen aufgenommen, wobei ich bemüht war, alle Gebiete der Physik, die im Inhaltsverzeichnis auf der hinteren Einbandseite genannt sind, entsprechend ihrer Bedeutung zu berücksichtigen. Es wurde u.a. so ausgewählt, daß auf im Englischen und Deutschen ähnlich- oder gleichlautende Stichwörter von vornherein verzichtet wurde, weil wohl angenommen werden darf, daß solche Stichwörter ohnehin kaum nachgeschlagen werden. Ausnahmen hierzu bilden allerdings Homonyme, für die möglichst alle Äquivalente angegeben sind, auch wenn sich gleichlautende darunter befinden, sowie Synonyme, wenn sie nicht ohne weiteres als solche zu erkennen sind. Ausnahmen bilden außerdem Einheiten, von denen im englischen Sprachraum, insbesondere in den USA, noch zahlreiche SI-fremde und nichtmetrische in Gebrauch sind, für die es aber nur in wenigen Fällen vertretbare deutsche Namen gibt. Diese Einheiten wurden möglichst vollständig aufgenommen und, soweit möglich, ihre Umrechnung in Einheiten des SI-Systems angegeben. Entsprechend ausführlich sind auch Größen und Größenarten berücksichtigt worden, zum einen, weil sich ihre Benennungen im Deutschen, aber auch im Englischen, in den letzten Jahren stark verändert haben, zum anderen, weil ältere physikalische Größen in anderen Wörterbüchern häufig als „veraltet" ausgemerzt wurden und überhaupt nicht mehr aufgefunden werden können.
Ich hoffe, daß dieses Wörterbuch allen Nutzern ein zuverlässiges Hilfsmittel sein wird.

R. Sube

Preface

Native speakers of the German language who are interested in physics, whether scientists, engineers or students, interpreters, translators, journalists, etc., will not be able to get by without reading English-language texts. To my knowledge, a modern technical dictionary that would help these readers understand such texts is not currently on the market. Furthermore, such a handy dictionary would also help native speakers of English convert technical writings flawlessly into German. Last but not least, it would facilitate international communication.

Due to publishing considerations and the extraordinary effort needed for such projects, it is not currently possible to produce such a comprehensive technical dictionary in the field of physics. For this dictionary, about 25,000 entries were rigorously selected. I endeavoured to consider all areas of physics that are mentioned in the table of contents on the back cover, according to their importance. For instance, I avoided vocabulary entries with similar or identical spellings in English and German, because it could be assumed that few people would look up such entries anyway. Exceptions include homonyms, for which all possible equivalents are given, even when the same words must be repeated, and synonyms, when they cannot be immediately recognized as such. Additional exceptions include units for which in the United Kingdom, and particularly in the United States, there are still many non-metric and non-SI terms in use, but for which there are acceptable German names in a few cases only. These units were included as completely as possible and their conversion factors into SI units indicated as often as possible. Equally comprehensive consideration is given to physical quantities partly because their designations have greatly changed in the past few years in German and also in English, partly because in other dictionaries the older physical quantities have been eliminated as „obsolete" and cannot be found at all any more.

I hope that this dictionary will be a reliable aid to all those who use it.

R. Sube

Benutzungshinweise · Directions for Use

1. Beispiele für die alphabetische Ordnung · Examples of Alphabetization

p	permeance
P	permeation
P-body	perturber
P-operator	PFE
p-x diagram	phase
PAC	• in ~ • in opposite ~
pair annihilation	~ angle
Palatini's method	~-angle control
paraconductivity	~ change
paramagnet[ic]	~ displacement
parasitic drag	~ mixing
parsec	~ quadrature
Pascalian fluid	~ reversal
Pauli exclusion principle	~ space
PCE	~ space plot
Pearl-Reed curve	phaser
Peierls [lattice] force	phasor
penetrating orbit	phenomenological theory
pentane candle	PHF approximation

2. Zeichen · Signs

( )	Debye T^3 approximation (law) = Debye T^3 approximation *or* Debye T^3 law schwächende (abbauende) Interferenz = schwächende Interferenz *oder* abbauende Interferenz
[ ]	expansion [cloud] chamber = expansion cloud chamber *or* expansion chamber Translation[sbewegung] = Translationsbewegung *oder* Translation
( )	Diese Klammern enthalten Erklärungen These brackets contain explanations

Abkürzungen · Abbreviations

Aero	Aeromechanik/aeromechanics
Ak	Akustik einschl. Ultra- und Infraschall/acoustics incl. ultrasound and infrasound
Astr	Astrophysik, Astronomie einschl. Himmelsmechanik/astrophysics, astronomy incl. celestial mechanics
At	Atom- und Molekularphysik/atomic and molecular physics
Ech	Elektrochemie/electrochemistry
einschl.	einschließlich/including (incl.)
El	Elektrizität, Elektronik/electricity, electronics
f	Femininum/feminine noun
Feld	Feldtheorie/field theory
Fest	Festkörperphysik/solid-state physics
Halbl	Halbleiterphysik, Elektronik/semiconductor physics, electronics
Hoch	Hochenergiephysik (Elementarteilchenphysik)/high-energy physics (particle physics)
Hydr	Hydromechanik/hydromechanics
Kern	Kernphysik/nuclear physics
Krist	Kristallographie einschl. Kristallstrukturanalyse/crystallography incl. crystallographic analysis
m	Maskulinum/masculine noun
Magn	Magnetismus/magnetism
mathPh	Mathematik in der Physik/mathematics in physics
Mech	Mechanik einschl. Rheologie/mechanics incl. rheology
Meß	Metrologie/metrology
n	Neutrum/neuter noun
Opt	Optik einschl. Ultraviolett und Infrarot/optics incl. ultraviolet and infrared
physCh	physikalische Chemie/physical chemistry
Phot	Photochemie, Photographie einschl. Radiographie/photochemistry, photography incl. radiography
pl	Plural/plural
Pl	Plasmaphysik einschl. Kernfusion/plasma physics incl. nuclear fusion
Qu	Quantenphysik/quantum physics
Reg	Regelungstheorie/control theory
Rel	Relativitätstheorie/relativity
s.	siehe/see
s. a.	siehe auch/see also
Spektr	Spektroskopie einschl. Massenspektrometrie/spectroscopy incl. mass spectrometry
statPh	statistische Physik/statistical physics
Ström	Strömungsmechanik/fluid mechanics
Therm	Thermodynamik/thermodynamics
Tief	Tieftemperaturphysik, Kältephysik/cryophysics, low-temperature physics
Vak	Vakuumphysik/vacuum physics
z. B.	zum Beispiel/for example

absorption

A

A position (site) *(Krist)* Tetraederplatz *m*, tetraedrischer Lückenplatz *m*, Tetraederlücke *f*

A-scope *(Ak)* [Ultraschall-]A-Bild *n*

A* unit *(At, Krist)* A*-Einheit *f*, A* *(SI-fremde Einheit der Länge; 1 A* ≈ 10^{-10} cm)*

A-weighted [sound pressure] level *(Ak)* A-Schalldruckpegel *m*

AAS = atomic absorption spectroscopy

abcoulomb elektromagnetische CGS-Einheit *f* der Ladung, emE der Ladung, absolutes Coulomb *n* *(SI-fremde Einheit; 1 aC = 10 C)*

Abelian gauge theory *(Feld)* Abelsche Eichfeldtheorie *f*

aberration 1. *(Opt)* [optischer] Abbildungsfehler *m*, Bildfehler *m*, Aberration *f (eines optischen Systems)*; 2. *(Astr)* Aberration *f* [des Fixsternlichtes], Lichtaberration *f*

ablating momentum *(Pl)* Ablationsimpuls *m*

above-critical mass *(Kern)* überkritische Masse *f*

abrasion *(Mech)* 1. Abrieb *m*, Abschliff *m*, Abscheuern *n*; 2. Abriebstelle *f*

abridged spectrophotometry *(Opt)* grobe (verkürzte) Spektralphotometrie *f*

abrupt reduction of drag *(Ström)* Widerstandskrise *f*, Strömungskrise *f*

abs *s.* absolute value 1.

absence of offset *(Reg)* Kenniniensteigung *f* (P-Grad *m*) gleich Null, Astatismus *m*

absolute age *(Kern)* physikalisches (radioaktives, absolutes) Alter *n*, Isotopenalter *n*

~ **atmosphere** *(Mech)* technische Atmosphäre *f* absolut, ata *(SI-fremde Einheit des Druckes; 1 ata = 98066,5 Pa)*

~ **black body** *(Therm)* ideal (absolut, vollkommen) schwarzer Körper *m*, idealer Temperaturstrahler *m*

~ **luminosity** *(Opt)* absolute Leuchtdichte *f*

~ **magnitude** *(Astr)* absolute Helligkeit *f*, Leuchtkraft *f*, absolute Größenklasse *f (eines Gestirns)*

~ **parallelism** *(mathPh, Rel)* Fernparallelismus *m*, absoluter Parallelismus *m*

~ **permeability** *(Magn)* 1. [absolute] Permeabilität *f (eines Mediums)*; 2. absolute Permeabilität *f*, spezifischer magnetischer Leitwert *m*

~ **permittivity** *(El)* Permittivität *f*, Kapazivität *f (eines Mediums)*, *(bei linearen Dielektrika auch:)* Dielektrizitätskonstante *f*, DK

~ **system of units** 1. absolutes Maßsystem *n*; 2. *(Mech)* Zentimeter-Gramm-Sekunde-System *n*, cgs-System *n*, CGS-System *n*, CGS-Maßsystem *n*

~ **term** *(mathPh)* Absolutglied *n*, konstantes (freies) Glied *n*

~ **value** 1. *(mathPh)* Betrag *m*, Absolutbetrag *m*, absoluter Betrag *m (einer komplexen bzw. reellen Zahl)*; 2. *(mathPh)* [absoluter] Betrag *m*, Länge *f*, Modul *m (eines Vektors)*; 3. *(Meß, Reg)* Istwert *m*, tatsächlicher (aktueller) Wert *m*, Absolutwert *m*

absorbance 1. *(Opt)* dekadisches (spektrales) Absorptionsmaß *n*; 2. *s.* optical density 1.

~ **index** *(Opt)* dekadische Absorptionskonstante *f*, *(speziell:)* Extinktionsmodul *m*, dekadische Extinktionskonstante *f*

absorbancy index 1. *(Astr)* Extinktionskoeffizient *m*; 2. *(Opt)* Absorptionskonstante *f*

absorbed dose *(Kern)* Energiedosis *f*, *(nicht empfohlen:)* absorbierte Dosis *f*

~ **dose in free air** *(Kern)* Freiluft[-Energie]dosis *f*

~ **dose rate** *(Kern)* Energiedosisleistung *f*, Energiedosisrate *f*

absorbing power *(Opt)* Absorptionsgrad *m*, Absorptionsvermögen *n (einer Fläche)*

~ **rod** *(Kern)* Absorberstab *m*

absorptance 1. *(El, Magn)* Reinabsorption *f (1 − Durchlässigkeit)*; 2. *(Opt)* Absorptionsgrad *m*, Absorptionsvermögen *n*; 3. *(Therm)* Absorptionsvermögen *n*, Absorptionsgrad *m*

absorption 1. Absorption *f*, Aufnahme *f (z. B. von Energie, Strahlung)*; 2. Auffangen *n*, Abfangen *n (von Stößen)*; 3. *(Ak)* Schallabsorption *f*, *(teilweise:)* Schallschluckung *f*; 4. *(El)* Rückstandsbildung *f*, elektrische Absorption *f*; 5. *(Fest)* Anlagerung *f (einer Leerstelle)*; 6. *(physCh)* Aufnahme *f*, Aufsaugen *n*, Ziehen *n (von Flüssigkeiten, Feuchtigkeit)*; Einziehen *n*

~ **by impurities** *(Fest, Spektr)* Ausläuferabsorption *f*, Störstellenabsorption *f*

~ **coefficient** Absorptionskoeffizient *m*, *(speziell Ak:)* Schallabsorptionsgrad *m*, *(speziell Kern:)* Energieabsorptionskoeffizient *m (für ionisierende Strahlung)*

~ **constant** *s.* absorptivity 1.

~ **cross section** 1. *(El)* Absorptionsquerschnitt *m* (dimensionslos); 2. *(Kern)* Absorptionsquerschnitt *m*, Wirkungsquerschnitt *m* für Absorption *(in Barn)*

~ **discontinuity** 1. *(At)* Absorptionssprung *m*; 2. *(Spektr)* Absorptionskante *f*

~ **edge** *(Spektr)* Absorptionskante *f*

~ **equivalent** *(Kern)* Absorptionsgleichwert *m*, Absorptionsäquivalent *n*

~ **factor** 1. *(Ak) s.* sound absorptivity; 2. *(Fest)* [kristallographischer] Absorptionsfaktor *m (Röntgenbeugungsanalyse)*; 3. *(physCh)* Absorptionskoeffizient *m (für Gase)*

~ **light barrier** *(Opt)* Absorptionslichtschranke *f*, direkte Lichtschranke *f*, *(allgemeiner:)* Absorptionsstrahlschranke *f*, direkte Strahlschranke *f*

absorption

~ **limit** *(Spektr)* Absorptionskante *f*
~ **tail** *(Spektr)* [langwelliger] Ausläufer *m (des Absorptionsspektrums)*
~ **unit** *(Ak)* s. sabin
absorptive power *(physCh)* molare (molekulare) Absorptionskonstante *f, (speziell:)* molarer Extinktionskoeffizient *m*, molare (molekulare) Extinktionskonstante *f*
absorptivity 1. *(Opt, physCh)* Absorptionskonstante *f, (speziell:)* dekadischer Extinktionskoeffizient *m*, Extinktionsmodul *m*; 2. *(Therm)* Absorptionsvermögen *n*, Absorptionsgrad *m*, Absorptionszahl *f*; 3. *s.* absorptive power; 4. *s.* heat capacity
abstat C, abstatcoulomb *s.* franklin
abundance 1. Häufigkeit *f*; 2. *(Kern)* s. isotopic abundance
abutment Anschluß *m*, Anschließen *n (z. B. eines Feldes, einer Fläche)*
abwb, abweber *(El)* s. maxwell
a.c., ac, Ac *(El)* (alternating current) Wechselstrom *m*
a.c. electric field *(El)* elektrisches Wechselfeld *n*
a.c. voltage *(El)* Wechselspannung *f*
accelerated body *(Mech)* beschleunigt bewegter Körper *m*
~ **creep** *(Mech)* tertiäres (beschleunigtes) Kriechen *n*, Beschleunigungskriechen *n*
~ **test** *(El, Mech)* Schnellprüfung *f*, Kurz[zeit]prüfung *f; (Mech meist:)* Schnellversuch *m*, Kurz[zeit]versuch *m*
accelerating flow *s.* accelerated creep
~ **gap** *(Hoch)* Beschleunigungsspalt *m*, Beschleunigungsstrecke *f*
acceleration 1. *(Mech)* Beschleunigung *f (Vorgang, Skalar)*; 2. *(Mech)* Beschleunigung *f*, Beschleunigungsvektor *m*; 3. *(Astr)* Akzeleration *f*
~ **energy** *(Mech)* Beschleunigungsenergie *f*, Appelsche Funktion *f*, Energie *f* der Beschleunigung
~ **of free fall** *(Mech)* 1. Fallbeschleunigung *f*; 2. *s.* ~ of gravity
~ **of gravity** *(Mech)* Erdbeschleunigung *f*, Fallbeschleunigung *f*, Schwerebeschleunigung *f (Skalar), (auch:)* Schwere *f*
~ **pick-up** *(Mech)* Beschleunigungsaufnehmer *m*
~ **time** *(El)* Nennanlaufzeit *f (einer Synchronmaschine)*
accelerationless motion *(Mech)* unbeschleunigte (beschleunigungslose) Bewegung *f*
accelerator 1. *(Kern)* Teilchenbeschleuniger *m*, Beschleuniger *m*; 2. *(Fest)* Aktivator *m*, Lumineszenzaktivator *m*, Lumineszenzerreger *m*; 3. *(El)* Anode *f (einer Immersionslinse)*
~ **breeder** *(Kern)* Beschleuniger (Teilchenbeschleuniger) *m* zur Spaltstofferbrütung, Brüterbeschleuniger *m*

~ **electrode** *(Kern)* Beschleunigungselektrode *f*, Beschleunigungsgitter *n (bei der Szintillationszählung)*
accelerometer *(Meß)* 1. Beschleunigungsaufnehmer *m*; 2. Beschleunigungsmesser *m*
accented quantity *(mathPh)* [einfach] gestrichene Größe *f*
accentuation *(El)* Anhebung *f (von Frequenzen)*
acceptance angle 1. *(El)* Annahmewinkel *m (eines Sekundärelektronenvervielfachers)*; 2. *(Opt)* Akzeptanzwinkel *m (einer optischen Faser)*
acceptor bond *(At)* Akzeptorbindung *f*
~ **impurity** 1. *(Fest)* Akzeptor *m*; 2. *(Halbl)* Akzeptorverunreinigung *f*, P-Typ-Verunreinigung *f*
accessible emission limit *(Opt)* erreichbarer Emissionsgrenzwert *m*, EEG *(eines Lasers)*
accessory element *(physCh)* Spurenelement *n*
~ **plate** *(Opt)* Kompensator *m (eines Polarisationsmikroskops)*
accident dose *s.* accidental dose
accidental birefringence *(Krist, Opt)* akzidentielle (künstliche) Doppelbrechung *f*
~ **coincidence** *(Kern)* zufällige Koinzidenz *f*, Zufallskoinzidenz *f*
~ **count** *(Kern)* s. spurious count
~ **disturbance** *(Astr, mathPh)* zufällige Störung *f*
~ **dose** *(Kern)* Notstandsdosis *f*, Notfalldosis *f*, Havariedosis *f*
~ **pulse** *(Kern)* s. spurious pulse
accomplishment Durchführung *f*, Ausführung *f (z. B. eines Experiments)*, Versuchsdurchführung *f*
accretion disk *(Astr)* Accretionsscheibe *f*
~ **of interstellar matter** *(Astr)* Accretion *f* (Aufsammeln *n*, Zusammenschluß *m*) interstellarer Materie
accumulated error *(Meß)* 1. akkumulierter (aufgelaufener) Fehler *m*; 2. Summenteilfehler *m*
accumulation 1. Anhäufung *f*; Häufung *f*; Ansammlung *f*; Anreicherung *f*; Akkumulation *f*; 2. Speicherung *f*, 3. kumulative Bildung *f*, Ansammlung *f*, Aufbau *m (eines Produkts)*
~ **point** *(mathPh)* Häufungspunkt *m*, Grenzpunkt *m (einer Menge)*
accumulative error *(Meß)* Summenfehler *m*
achromatic colour *(Opt)* unbunte (achromatische) Farbe *f*
~ **line** *(Opt)* s. isogyre
~ **locus** *(Opt)* Unbuntgebiet *n*, Unbuntbereich *m*, Ortskurve *f* des schwarzen Strahlers
~ **point** *(Opt)* Weißpunkt *m*, Unbuntpunkt *m*, Farbort *m* des Unbunt (Weiß) *(in einer Farbtafel)*

acoustically

~ **sensation** *(Opt)* 1. Grauempfindung f, Unbuntempfindung f; 2. [farblose] Hellempfindung f, Helligkeitsempfindung f
~ **vision** *s.* achromatism 2.
achromaticness *(Opt)* Unbuntheit f
achromatism *(Opt)* 1. Achromasie f, Farbfehlerfreiheit f *(eines optischen Systems)*; 2. Achromasie f, Zapfenblindheit f *(des Auges)*
ACI *s.* acoustic comfort index
acicular galaxy (nebula) *(Astr)* nadelförmige Galaxis f, nadelförmiger Nebel m
aclastic medium *(Opt)* nichtbrechendes Medium n
acnode *(mathPh)* 1. Spitze f (Umkehrpunkt m, Rückkehrpunkt m) zweiter Art, Schnabelspitze f, Schnabel[punkt] m *(einer Kurve)*; 2. isolierter Punkt m *(eine Menge in einem topologischen Raum)*
ACOR *(Krist, physCh)* Anharmonizitätskorrektur f, Anharmonizitätskorrektion f
acoustic absorption coefficient (factor) *s.* sound absorptivity
~ **admittance** *(Ak)* akustische Admittanz f, Flußadmittanz f, Schallwellenleitwert m, [akustischer] Wellenleitwert m
~ **branch** *(Fest)* akustischer Zweig m *(des elastischen Spektrums)*
~ **capacitance** *(Ak)* 1. akustische Kapazitanz f, Flußkapazitanz f; 2. *s.* ~ compliance
~ **comfort index** *(Ak)* akustische Behaglichkeitsziffer f
~ **compliance** *(Ak)* akustische Federung (Nachgiebigkeit) f
~ **concentration** *(Ak)* Schallkonzentration f *(Größe)*
~ **damping** *(Ak)* Schalldämpfung f
~ **dispersion** *(Ak)* Schalldispersion f
~ **dissipation factor** *s.* sound dissipation coefficient
~ **duct** *(Ak)* [akustischer] Wellenleiter m
~ **efficiency** *(Ak)* akustischer Wirkungsgrad m
~ **field variable** *(Ak)* Schallfeldgröße f
~ **frequency** *s.* audio frequency
~ **frequency branch** *(Fest)* akustischer Zweig m *(des elastischen Spektrums)*
~ **grating** *(Ak)* akustisches Gitter (Beugungsgitter) n
~ **hologram** *(Opt)* Ultraschallhologramm n
~ **imaging** *(Ak)* akustische Abbildung f, Ultraschallabbildung f, *(speziell:)* Ultraschallsichtverfahren n, Schallsichtverfahren n *(nach Pohlmann)*
~ **inertance** *(Ak)* 1. *(GB)* akustische Induktanz f, Flußinduktanz f, Massenreaktanz f; 2. *(US)* akustische Masse f
~ **inertia** *(Ak)* akustische Trägheit f
~ **insulation** *(Ak)* Schalldämmung f
~ **intensity** *s.* sound energy flux density
~ **irradiation** *(Ak)* Schallbestrahlung f, Beschallung f, *(speziell:)* Einschallung f, Schalleinstrahlung f

~ **kinetic energy** *(Ak)* kinetische Schallenergie f
~ **line** *(Ak)* Schallübertragungsleitung f, Schalleitung f *(Material)*
~ **mass reactance** *s.* ~ inertance 1.
~ **mode** *(Fest)* akustische Gitterschwingung (Gitterschwingungsmode, Mode) f
~ **potential energy** *(Ak)* potentielle Schallenergie f
~ **power** *(Ak)* 1. Schalleistung f, Schallquellenleistung f; 2. *s.* sound energy flux density
~ **power level** *(Ak)* Schalleistungspegel m
~ **pressure** *(Ak)* 1. Schalldruck m, *(manchmal:)* Schallwechseldruck m *(komplexe Größe)*; 2. Effektivschalldruck m, Effektivwert m des Schalldrucks, effektiver Schalldruck m, akustischer Druck m
~ **propagation** *(Ak)* 1. *s.* sound propagation; 2. Schallgeschwindigkeit f
~ **radiation impedance** *(Ak)* akustische Strahlungsimpedanz f, Schallstrahlungsfeldimpedanz f
~ **radiometer** *(Ak)* Schallradiometer n [nach Altberg], akustisches Radiometer n
~ **ratio** *(Ak)* Verhältnis n von direkter Schallintensität zu Nachhallstärke
~ **reactance unit** *(Ak)* akustisches Ohm n
~ **reduction [factor]** *s.* sound reduction factor
~ **reflection factor** *(Ak)* Schallreflexionsfaktor m *(reflektierte durch auftreffende andere Schallgröße als die Schalleistung)*
~ **reflectivity** *(Ak)* Schallreflexionsgrad m *(reflektierte durch auftreffende Schalleistung)*
~ **refractive index** *(Ak)* Schallbrechwert m, Schallbrechungsindex m
~ **resistance** *(Ak)* akustische Resistanz f, akustischer Widerstand m, Flußresistanz f *(Größe)*
~ **resistance unit** *s.* ~ reactance unit
~ **responsiveness** *(Ak)* reziproker akustischer Widerstand m
~ **sounder** *(Ak)* Ton[echo]lot n
~ **stiffness** *(Ak)* akustische Steife (Steifigkeit) f, Schallhärte f
~ **stiffness reactance** *s.* ~ capacitance 1.
~ **transmissivity** *(Ak)* Schalltransmissionsgrad m, *(nicht empfohlen:)* Schalldurchlaßgrad m
~ **waveguide** *(Ak)* [akustischer] Wellenleiter m
acoustical compliance *(GB)* *s.* acoustic compliance
acoustically hard (rigid) boundary [surface] *(Ak)* schallharte (starre) Grenzfläche f
~ **yielding boundary [surface]** *(Ak)* schallweiche (nachgebende) Grenzfläche f

acoustimeter

acoustimeter *(Ak)* [objektiver] Geräuschmesser *m*
acquisition time *(Spektr)* Acquisition Time *f*, Erfassungszeit *f* *(in der NMR-Spektroskopie)*
acting force *(Mech)* eingeprägte Kraft *f*
actinic value of light, actinism *(Phot)* Aktinität *f*, photochemische Wirksamkeit *f*
action 1. Aktion *f*, Handlung *f*; 2. *(Mech)* Wirkung *f* *(Größe)*; 3. *(Reg)* Eingriff *m*, Eingreifen *n*, Einwirkung *f*
~ **integral** *(Mech)* Wirkungsvariable *f*
~ **of a force** Angreifen *n* (Angriff *m*) einer Kraft; Anlegen (Ansetzen) *n* einer Kraft; Ausübung *f* einer Kraft
~-**reaction law** *(Mech)* s. Newton's third law
activate Aktivierungsprodukt *n*
~ **mechanism** *(Fest)* Platzwechselmechanismus *m* *(der Diffusion)*, Platzwechseldiffusion *f*
activated adsorption *(physCh)* Chemisorption *f*, Chemosorption *f*
~ **valency** *(physCh)* betätigte Valenz *f*
activation cross section *(Kern)* Aktivierungsquerschnitt *m*
~ **spectrum** *(Opt)* Anregungsspektrum *n* *(Laser)*
~-**type threshold detector** *(Kern)* Schwell[en]wertdetektor *m* vom Aktivierungstyp, Schwellwert-Aktivierungsdetektor *m*
active centre 1. *(Astr)* Aktivitätszentrum *n*; 2. *(Fest, physCh)* aktives Zentrum *n*
~ **effluent** *(Kern)* radioaktiver Auswurf (Abstrom) *m* *(gasförmig oder flüssig)*
~ **force** *(Mech)* eingeprägte Kraft *f*
~ **galaxy** *(Astr)* explosive (aktive) Galaxie *f*
~ **mass** 1. *(Magn)* aktive (wirksame) Masse *f*; 2. *(physCh)* wirksame (wirkende) Masse *f*; 3. *(Aero)* aktive Masse *f* *(einer Rakete)*
~ **patch** *(Fest, physCh)* aktives Zentrum *n*
~ **permeability** *(Magn)* Wirkpermeabilität *f*, Parallelwiderstandspermeabilität *f*
~ **power** *(El)* Wirkleistung *f*, Wirkanteil *m* der [komplexen] Leistung, Wirkkomponente *f* der Leistung
~ **quantity** *(El)* Wirkgröße *f*
~ **region** s. ~ solar region
~ **resistance** *(El)* ohmscher (reeller) Widerstand *m*, Wirkwiderstand *m*, Resistanz *f*
~ **slip plane** *(Fest)* betätigte Gleitebene *f*
~ **solar region** *(Astr)* Aktivitätsgebiet *n* *(der Sonne)*
~ **source** s. radioactive source
~ **volume** *(Kern)* empfindliches (aktives) Volumen *n* *(eines Strahlungsdetektors)*
activity 1. *(Therm)* [thermodynamische] Aktivität *f*, Aktivitätskoeffizient *m*; 2. *(Kern)* s. radioactivity 1. und 4.
~ **coefficient** 1. *(physCh)* Aktivitätskoeffizient *m*; 2. *(Ech)* s. ~ factor; 3. *(Therm)* s. activity 1.

~ **constant** *(physCh)* Gleichgewichtskonstante *f* K_a *(Verhältnis der Aktivitäten)*
~ **curve** *(Kern)* Zerfallskurve *f*, Aktivitätskurve *f*, Abklingkurve *f*
~ **cycle** *(Astr)* Zyklus *m* der Sonnenaktivität, Aktivitätszyklus *m*
~ **decay** *(Kern)* radioaktiver Abfall *m*, Aktivitätsabfall *m*
~ **factor** *(Ech)* Aktivitätsfaktor *m*
actual energy *(Mech)* s. kinetic energy
~ **mechanical advantage** *(Mech)* tatsächliche Hebelübersetzung (Kraftverstärkung) *f*, tatsächliches Last-Kraft-Verhältnis *n*
~ **power** *(El)* tatsächliche (wirkliche, effektive) Leistung *f*
~ **quantity** *(El)* Wirkgröße *f*
~ **range** 1. *(Kern)* praktische (tatsächliche) Reichweite *f*; 2. *(mathPh)* Wertebereich *m*, Nachbereich *m*, Bildbereich *m*, Gegenbereich *m*, Wertevorrat *m*, Zielmenge *f*, Bildraum *m* *(z. B. einer Funktion, Abbildung, eines Operators)*
~ **resistance** s. active resistance
~ **value** 1. *(Meß)* ausgegebener (tatsächlicher, aktueller) Wert *m*, Absolutwert *m*, Istwert *m*; 2. *(Reg)* Istwert *m* *(der Regelgröße)*
actuating error *(Reg)* Regelabweichung *f*
~ **variable** (GB) *(Reg)* Stellgröße *f*
actuation *(Reg)* 1. Betätigung *f*; 2. Stellen *n*
acutance 1. *(Phot)* Acutance *f* *(Maß der Kantenschärfe in cm^{-2})*; 2. *(Phot, Opt)* Kantenschärfe *f*, Konturenschärfe *f*, Umrißschärfe *f*
acute bisectrix *(Fest, Opt)* spitze (erste) Bisektrix (Mittellinie) *f*
acyclic flow *(Ström)* zirkulationsfreie Strömung *f*, Strömung *f* ohne Zirkulation
AD s. average deviation
adaptation 1. *(Opt)* Adaptation *f*; 2. *(Reg)* Adaption *f*
~ **brightness (illuminance, level)** *(Opt)* Adaptationsleuchtdichte *f*, Gesichtsfeldleuchtdichte *f*, Adaptationshelligkeit *f*
added filter *(Kern)* Zusatzfilter *m*
~ **mass** *(Ström)* Zusatzmasse *f*
~ **mass effect** *(Hydr)* hydrodynamischer Masseneffekt *m*, Zusatzmasseneffekt *m* *(bei Schwingung eines Festkörpers in einer Flüssigkeit)*
addition *(At, Fest)* Anlagerung *f*, Einfang *m* *(von Teilchen)*
~ **by terms** *(mathPh)* gliedweise Addition *f*
~ **in quadrature** *(mathPh)* Bildung *f* der Quadratsumme, Addition *f* der Quadrate
additional band *(Spektr)* Nebenbande *f*
~ **drag** *(Aero)* 1. induzierter (zusätzlicher) Widerstand *m*; 2. Kantenwiderstand *m*, Zusatzwiderstand *m*, *(allgemeiner:)* Randwiderstand *m*
~ **filtration** *(Kern)* Zusatzfilterung *f*
~ **treatment** *(Mech, physCh)* Nachbehandlung *f*

~ **resistance** *s.* ~ drag 1.
additive coloration *(Fest)* additive Verfärbung *f*
adduct *(physCh)* Elektronen-Donator-Akzeptor-Komplex *m*, EDA-Komplex *m*, Addukt *n*, Donator-Akzeptor-Komplex *m*
adherent vortex *(Ström)* gebundener Wirbel *m*; 2. tragender Wirbel *m*
adhesion 1. Haften *n*, Aneinanderhaften *n*; Kleben *n*; 2. *(Mech, physCh)* Adhäsion *f*; 3. *(Mech)* Adhäsionskraft *f*, Haftkraft *f*
~ **method** *(Mech)* Bügelmethode *f*, Abreißmethode *f*, Lamellenmethode *f*
~ **promotor** *(physCh)* Adhäsionsbeschleuniger *m*
~ **tension** *(physCh)* Haftspannung *f*
adhesional work *(Mech)* Haftarbeit *f*, Adhäsionsarbeit *f*
adhesive force *s.* adhesion 3.
~ **tension** *(physCh)* Haftspannung *f*
adhesiveness, adhesivity *(Mech, physCh)* Adhäsionsvermögen *n*; Haftfestigkeit *f*, Haftvermögen *n*, Haftfähigkeit *f*; Klebfestigkeit *f*
adiabatic condition *(Therm)* Adiabasiebedingung *f*, Adiabatenbedingung *f*
~ **ellipse** *(Ström)* Adiabatenellipse *f*, Geschwindigkeitsellipse *f*
~ **equation** *(Therm)* Adiabatengleichung *f*, Adiabatengesetz *n*, Poissonsche Gleichung *f*, Poissonsches Gesetz *n*
~ **exponent** *s.* ~ index
~ **fluctuations** *(Feld)* Krümmungsfluktuationen *fpl*, adiabatische Fluktuationen *fpl*
~ **index** *(Therm)* Verhältnis *n* der spezifischen Wärmekapazitäten, Adiabatenexponent *m*, $\varkappa$, Verhältnis c_p/c_v
~ **law** *s.* ~ equation
~ **recovery temperature** *(Ström)* Eigentemperatur *f*, Recoverytemperatur *f* *(eines strömenden Mediums)*
adiabatically closed system *(Therm)* adiabatisch abgeschlossenes (isoliertes) System *n*
adiabaticity, adiabatism *(Therm)* Adiabasie *f*
adjacent atom Nachbaratom *n*
adjusted decibel *(El)* dBa *(Dezibel mit dem Rauschleistungspegel -85 dBm als Bezugsgröße)*
adjustment 1. Justierung *f*; Einstellung *f*; 2. Stellen *n*, Verstellung *f*, Einregelung *f*; 3. *(Mech)* Anpassung *f*, Passung *f*; 4. *(Kern)* Anpassung *f*, Justierung *f* *(von Neutronenspektren)*, Spektrenanpassung *f*; 5. *(Meß)* Ausgleichung *f*, Ausgleich *m* *(von Fehlern)*; 6. Justierung *f*, Abgleich *m*, Abgleichung *f* *(von Meßgeräten)*; 7. Anpassung *f*, Korrektion *f*, Korrektur *f* *(von Meßwerten)*
adlayer *(physCh)* Adschicht *f*
Admiralty knot *(Mech) s.* UK knot
~ **mile** *(Mech) s.* UK nautical mile
admissible error 1. *(Meß)* zulässiger Fehler *m*; 2. *(Reg)* zulässige Regelabweichung *f*

admission 1. Eintritt *m*, Einlaß *m*, Zulauf *m*, Zufuhr *f*, Zuführung *f*; 2. *(Spektr)* Probeneinlaß *m*, Einlaß *m* *(eines Massenspektrometers)*; 3. *(Ström)* Beaufschlagung *f (Turbine)*
admittance 1. Admittanz *f*; 2. *(El)* Scheinleitwert *m*, Wechselstromleitwert *m*, Admittanz *f*; 3. *s.* acoustic admittance
~ **operator** *(El)* Operatoradmittanz *f*, Admittanz *f* (komplexer Leitwert *m*) in der symbolischen Darstellung
~ **per unit length** *(El)* Leitwertbelag *m*, Leitwertbehang *m*, Admittanzbelag *m*, Admittanzbehang *m*
adsorbate *(physCh)* 1. Adsorbat *n*, adsorbierter (aufgenommener) Stoff *m*, Adsorptiv *n*, Sorbend *m*; 2. Adsorbat *n* *(Adsorbens + Adsorptiv)*; 3. Adsorptionsphase *f*
adsorption *(physCh)* Adsorption *f*
~ **layer** *(physCh)* Adsorptionsschicht *f*
~ **solid solution** *(Fest)* anomaler Mischkristall *m*, Adsorptionsmischkristall *m*
advance 1. Vorwärtsbewegung *f*; 2. Vorschub *m*; 3. Voreilung *f*
advanced action (phase integral) *(Feld)* avancierte Wirkung *f*
~ **reactor** *(Kern)* fortgeschrittener Reaktor *m*
advancing 1. Vorwärtsbewegung *f*; 2. Voreilung *f*
~ **Mach line** *(Ström)* rechtsläufige Charakteristik *f*, rechtslaufende (obere) Machsche Linie *f*
~ **motion** *(Mech)* Translation[sbewegung] *f*, translatorische Bewegung *f* *(eines starren Körpers oder Massenpunktsystems)*
~ **rate** Voreilgeschwindigkeit *f*
~ **wave** *(Kern) s.* travel[l]ing wave
advantage factor *(Kern)* Advantagefaktor *m*, Vorteilfaktor *m*, optimales Bestrahlungsverhältnis *n*
AEL *(Opt)* erreichbarer Emissionsgrenzwert *m*, EEG *(eines Lasers)*
aeolian transport *(Kern)* Windtransport *m*, Windverschleppung *f (von Radioaktivität)*
aerial fog *(Phot)* Luftschleier *m*
~ **perspective** *(Opt)* Luftperspektive *f*, Sichtverhältnisse *npl* der Luft
~ **spacing** *(Astr)* Interferometerbasis[länge] *f*
aerodonetics *(Aero)* Lehre *f* vom Gleitflug (Segelflug)
aerodynamic angle of attack *(Aero)* wahrer Anstellwinkel *m*
~ **balance** 1 *(Aero)* aerodynamischer Ausgleich *m*, aerodynamische Kompensation *f*; 2. *(Aero, Meß)* aerodynamische Waage *f*
~ **centre** *(Aero)* aerodynamischer Mittelpunkt *m*, Neutralpunkt *m (eines Profils)*
~ **derivative** *(Aero)* partielle Ableitung *f* aerodynamischer Kräfte
~ **drag** *s.* ~ resistance

aerodynamic

~ **force** *(Aero)* aerodynamische Kraft *f (bei der Gasströmung), (bei der Luftströmung auch:)* [dynamische] Luftkraft *f*
~ **lift** *(Aero)* [dynamischer] Auftrieb *m (manchmal:)* aerodynamischer Auftrieb *m*
~ **load** *(Aero)* aerodynamische Kraft *f (bei der Gasströmung)*
~ **resistance** *(Aero)* Strömungswiderstand *m*, aerodynamischer Widerstand *m*, *(manchmal:)* Rücktrieb *m*, Rücktrift *f (in strömenden Gasen, auch Luft), (bei Landfahrzeugen manchmal auch:)* Luftwiderstand *m*
~ **spectrum** *(Aero)* aerodynamisches Strömungsbild *n*, aerodynamische Strömungsverteilung *f*
~ **volume displacement** *(Aero)* Luftverdrängung *f*, verdrängtes Luftvolumen *n*
~ **wave drag** *(Aero)* Wellenwiderstand *m (bei Überschallströmung)*
aeroelastic triangle of forces *(Aero)* Collarsches Dreieck *n*
aerofoil 1. *(Aero)* Tragflügel *m*, Flügel *m*, Tragfläche *f (s.a. unter* wing*)*; 2. *(Ström)* Tragflügelprofil *n*, Flügelprofil *n*, Tragflächenprofil *n*
~ **border of attack** *(Aero)* Profilnase *f*
~ **buyoancy** *(Aero)* Tragflügelauftrieb *m*, Flügelauftrieb *m*, Profilauftrieb *m*
~ **chord** *(Aero)* Profilsehne *f*, Flügeltiefe *f (Größe)*
~ **form drag** *(Aero)* Tragflügelformwiderstand *m*, Tragflügeldruckwiderstand *m*, Flügelformwiderstand *m*, Flügeldruckwiderstand *m*
~ **profile (section)** *s.* aerofoil 2.
aerohydrodynamics *(Ström) s.* fluid dynamics
aerometer *(physCh)* Aerometer *n*, Luftdichtemesser *m*
aerophotogrammetry *(Opt)* Luftbildmessung *f*, Aerophotogrammetrie *f*
aerosol *(physCh)* Aerosol *n*, Luftkolloid *n*
aerospaceplane *(Aero)* Luft-Raum-Fahrzeug *n*, kombiniertes Luft- und Raumfahrzeug *n*
aerostatic buoyancy (lift) *(Aero)* aerostatischer Auftrieb *m*
AES *(Spektr)* 1. Atomemissionsspektroskopie *f*, AES; 2. Auger-Elektronen-Spektroskopie *f*, AES
af [range] *(Ak, El)* Tonfrequenzbereich *m*, Hörfrequenzbereich *m*, Niederfrequenzbereich *m*, NF-Bereich *m*, NF
affine coordinates *(mathPh)* affine Koordinaten *fpl*, Parallelkoordinaten *fpl*, kartesische (cartesische) Koordinaten *fpl*
affinity 1. *(mathPh)* affine Transformation (Abbildung) *f*, Affinität *f*; 2. *(physCh)* Affinität *f*, Triebkraft *f*; 3. *(Therm)* thermodynamische Kraft (Affinität) *f*, Affinität *f*
AFID *(Spektr)* Alkali-Flammenionisationsdetektor *m*
afocal lens *(Opt)* afokale (brennpunktlose) Linsenkombination (Linse) *f*

after count (discharge) *(Kern)* Nachentladung *f*, Nachimpuls *m*
~-**effect** Nachwirkung *f*, Nachwirkungserscheinung *f*, Nachwirkungseffekt *m*
~-**effect function** *(Mech)* Nachwirkungsfunktion *f (Boltzmann)*
~-**image** *(Opt)* Nachbild *n*
~-**power** *(Kern) s.* afterheat output
afteremission *(Fest)* Exoelektronenemission *f*, EEE, Elektronennachemission *f*
afterflow *(Mech)* plastische Nachwirkung *f*, Nachfließen *n*
afterglow 1. *(At)* Nachleuchten *n (Lumineszenz oder Phosphoreszenz)*; 2. *(El)* Nachleuchten *n (eines Leuchtschirms, einer Gasentladung)*; 3. *(El)* Nachleuchtdauer *f*, Nachleuchtzeit *f (eines Leuchtschirms, auch als relatives Maß in Stufen von 1 bis 7)*; 4. *(Pl)* Nachleuchten *n*, Nachglühen *n*
afterheat *(Kern)* 1. Nachwärme *f*, Restwärme *f*; 2. Abschaltwärme *f*, Leerlaufwärme *f (eines abgeschalteten Reaktors), (für einen abgefahrenen Reaktor auch:)* Abfahrwärme *f*
~ **output** *(Kern)* Nach[wärme]leistung *f*, Nachzerfallsleistung *f (eines Reaktors)*
AG focus[s]ing *s.* alternating-gradient focussing
age equation *(Kern)* Altersgleichung *f*, Fermi-Alter-Gleichung *f*, Age-Gleichung *f*
ageing 1. Alterung *f (von Materialien)*; 2. *(Kern)* Alterung *f*, kontinuierliche Bremsung (Abbremsung) *f (von Neutronen)*
aggregate of points *(mathPh)* Punktdiagramm *n*, Punktwolke *f*, Punkthaufen *m*, Punktgruppe *f*
aging *s.* ageing
agravic matter *(Astr)* nichtgravische (schwerelose) Materie *f*
agreement residual *(Krist)* R-Faktor *m*, Zuverlässigkeitsfaktor *m*, Diskrepanzfaktor *m*
aiming axis (line) *(Opt)* Visierlinie *f*
air buoyancy correction *(Mech, physCh)* Auftriebskonrrektion *f*, *(als Größe:)* Auftriebskorrektur *f (beim Wägen)*
~ **core betatron** *(Kern)* eisenloses Betatron *n*, Luftspulenbetatron *n*, Betatron *n* mit Luftspulen
~-**cushion vehicle** *(Mech)* Bodeneffektfahrzeug *n*, Hovercraft *n*, Luftkissenfahrzeug *n*, Bodeneffektgerät *n*, BEG
~ **damping** *(Aero)* aerodynamische Dämpfung *f*, Dämpfung *f* durch den Luftwiderstand
~ **dose** *(Kern)* Freiluft[-Energie]dosis *f*
~ **drag** *(Aero)* Luftwiderstand *m*
~ **drag law** *(Mech)* Luftwiderstandsgesetz *n*
~-**filled ionization chamber** *s.* free-air ionization chamber
~ **force** *(Aero)* aerodynamische Kraft *f*, [dynamische] Luftkraft *f (bei der Luftströmung)*
~ **friction** *(Aero)* Luftreibung *f*

ALP

~ **friction damping** s. ~ damping
~ **leak tube** *(Therm)* Siedekapillare f
~ **line** *(Spektr)* Luftlinie f, Luftspektrallinie f *(im Funkenspektrum)*
~ **line correction** *(Hydr)* Korrektion f für die Luftstrecke, *(als Größe:)* Korrektur f für die Luftstrecke *(bei der Lotung)*
~ **meter** 1. *(Aero)* Luftmeßgerät n, Luftmesser m; 2. *(Ström)* Luftmengenmesser m
~ **monitoring** *(Kern)* Luftüberwachung f
~ **plug** *(Ak)* Luftpfropfen m *(im Helmholtz-Resonator)*
~ **pocket** *(Aero)* Luftloch n, Luftsack m
~ **-pressure head** *(Ström)* Luftdruckaufnehmer m
~ **resistance** *(Aero)* Luftwiderstand m
~ **scatter** 1. *(Opt)* Luftstreuung f; 2. *(Kern)* Luftstreuung f, Streustrahlung f *(aus der Streuung in der Luft und an Gegenständen aus der Umgebung)*
~ **scattering** s. ~ scatter 1.
~ **scoop** *(Aero)* Einlaufkanal m, Lufteinlaufkanal m
~ **shower** 1. *(Hoch)* [ausgedehnter] Luftschauer m, Auger-Schauer m, Riesenschauer m; 2. *(Kern)* Schauer m *(der kosmischen Strahlung)*, Luftschauer m
~ **standard cycle** *(Therm)* idealer Kreisprozeß m *(für Luft als Arbeitsmittel)*
~ **standard efficiency** *(Therm)* idealer (Carnotscher) Wirkungsgrad *(für Luft als Arbeitsmittel)*
~ **streak (stria)** *(Opt, Therm)* Luftschliere f
~ **-wall ionization chamber** *(Kern)* luftäquivalente Ionisationskammer f, Luftwändekammer f
~ **wedge** *(Opt)* Lame-étalon f(n), „lame étalon" f, Luftkeil m, keilförmige Luftschicht f, [keilförmige] Luftplatte f
airborne contamination *(Kern)* [radioaktive] Kontamination f der Luft, Luftkontamination f, Luftverseuchung f
~ **radioactivity** *(Kern)* in der Luft vorhandene (befindliche) Radioaktivität f, mit der Luft mitgeführte Radioaktivität f
~ **sound** *(Ak)* Luftschall m
airflow *(Ström)* Luftströmung f; Luftstrom m
airfoil s. aerofoil
airglow *(Astr)* 1. Nachthimmelsleuchten n, Eigenleuchten n der Atmosphäre, Luftleuchten n; 2. Nachthimmelslicht n
~ **line** *(Opt)* Nachthimmellinie f
airlight formula *(Opt)* Luftlichtformel f *(von Koschmieder)*
airspeed *(Aero)* Fluggeschwindigkeit f, Relativgeschwindigkeit f gegenüber Luft, Eigengeschwindigkeit f, Luftgeschwindigkeit f
airstream atomization *(physCh)* Druckzerstäubung f
Airy disk *(Opt)* Airy-Scheibchen n, Airysches Beugungsscheibchen n
~ **free wave** *(Hydr)* Schwall m *(im offenen Gerinne)*
~ **pattern** *(Opt)* 1. Airysche Beugungserscheinung f *(an der kreisförmig begrenzten Blende)*; 2. s. Airy disk
~ **stress function** *(Mech)* Airysche Spannungsfunktion f, Potentialfunktion f von Airy
Airy's relation (tangent condition) *(Opt)* Tangensbedingung f, [Airysche] Tangentenbedingung f
AIT *(Mech, physCh)* Selbstentzündungstemperatur f
albedo 1. *(Astr, Opt)* Albedo f, Rückstrahlvermögen n; 2. *(Astr)* [sphärische] Albedo f, Albedo f nach Bond
Alfvén [Mach] number *(Pl)* Alfvén-[Mach-]Zahl f, magnetische Mach-Zahl f
Alfvén's one-fluid model *(Pl)* [Alfvénsches] Einflüssigkeitsmodell n
algebraic gauge *(Feld, Hoch)* algebraische Eichung f
ALI *(Kern)* s. annual limit of intake
aliasing *(El, Spektr)* Aliasing n, Frequenzfaltung f, irreversible Frequenzmischung f *(in der NMR-Spektroskopie)*
alidade *(Opt)* Alhidade f
alignment 1. *(El)* Abgleich m, Abgleichung f; 2. *(Kern)* Ausrichtung f *(von Kernen, Atomen u.a.)*; Alignment n *(Teilchenausrichtung im Kern)*; 3. *(Meß)* Ausrichtung f; 4. *(mathPh)* Fluchtlinientafel f, Fluchtliniennomogramm n, Fluchtentafel f
~ **chart (graph, monogram)** s. alignment 4.
aliovalent substitution ion *(Krist)* Substitutionsion n mit abweichender Wertigkeit, aliovalentes Substitutionsion n
aliquot scaling (tuning) *(Ak)* Aliquotstimmung f
all-face centred lattice s. face-centred lattice
~ **or none** *(mathPh)* Alternativreaktion f, Alles n oder Nichts n
alligation *(physCh)* Mischungsrechnen n
alligator effect *(Fest, physCh)* Apfelsinenhauteffekt m
allochromatic colouration *(Krist)* allochromatische Färbung f, Fremdfärbung f
allogyric birefringence (double refraction) *(Krist, Opt)* zirkulare Doppelbrechung f
allotment Dosierung f, Zumessung f
allowable limits *(Meß)* Toleranz f, Grenzabweichung f, zulässige Abweichung f, zulässige Fehler m, (speziell:) zulässiges Abmaß n
~ **stress** *(Mech)* zulässige Spannung f
allowance *(Mech)* Spiel n, Spielraum m
allowed transition *(Qu)* erlaubter Übergang m
alloy[ed] junction *(Halbl)* Legierungsübergang m, legierter (einlegierter) Übergang m
almost-metric *(mathPh)* Pseudometrik f
~ **periodic potential** *(Fest)* fastperiodisches Potential n
ALP s. available light photography

alpha

alpha-disintegration constant *(Kern)* Alphazerfallskonstante f, α-Zerfallskonstante f
~ **flow** *(Mech)* Alphakriechen n, α-Kriechen n
~ **half-life** *(Kern)* Halbwertzeit f für den Alphazerfall
~ **process** *(Pl)* Heliumreaktion f, Salpeter-Prozeß m, Alphaprozeß m, α-Prozeß m
~ **profile** *(Opt)* Potenzprofil n, *(nicht zu empfehlen:)* Alphaprofil n
~ **ratio** *(Kern)* Verhältnis n Einfang- zu Spaltquerschnitt, Alphaverhältnis n, α
alteration 1. Änderung f, Veränderung f, Variation f, *(speziell:)* Abänderung f; 2. Verfälschung f *(der Meßergebnisse)*
alternately reversing field *(Magn)* wechselweise umkehrendes Feld n
alternating current *(El)* Wechselstrom m *(Zusammensetzungen s. unter a.c.)*
~ **fatigue limit (strength)** *(Mech)* Wechselfestigkeit f
~ **flow (flux)** *(Magn)* [magnetischer] Wechselfluß m, Wechselkraftfluß m
~-**gradient focus[s]ing** *(Hoch)* AG-Fokussierung f, starke Fokussierung f, Courant-Fokussierung f, AG-Prinzip n
~ **hysteresis** *(Magn)* Wechselfeldhysterese f, dynamische Hysterese f
~ **load[ing]** *(Mech)* Wechsellast f, Wechselbelastung f, wechselnde Belastung f
~ **luminous intensity** *(Opt)* Wechsellichtintensität f
~ **matrix** *(mathPh)* schiefsymmetrische (schiefe) Matrix f
~ **quantity** Wechselgröße f
~ **stress** *(Mech)* Wechselbeanspruchung f, wechselnde Beanspruchung (Spannung) f, Wechselspannung f
~ **velocity** *(Mech)* Wechselgeschwindigkeit f *(eines schwingenden Teilchens)*
~ **voltage** *(El)* Wechselspannung f
alternation 1. Alternieren n, periodischer Wechsel m, Abwechseln n; 2. Halbperiode f *(einer Wechselgröße)*
~ **of load** *(Mech)* Lastspiel n, Lastwechsel m
~ **of multiplicities law** *(At)* spektroskopischer Wechselsatz m, Wechselsatz m der Multiplizitäten, Rydbergscher Wechselsatz m
altitude 1. Höhe f *(über dem Meeresspiegel)*; 2. *(Aero)* Flughöhe f über Grund, [wahre] Flughöhe f; 3. *(Astr)* Höhe f *(im Horizontalsystem)*; 4. *(Astr)* Höhe f, Gestirnshöhe f, Sternhöhe f; 5. *(mathPh)* Applikate f, Kote f, *(häufig:)* z-Koordinate f
~ **circle** *(Astr)* 1. Azimutalkreis m, Almukantarat m, *(selten:)* Höhenkreis m; 2. Höhenkreis m, Kreis m gleicher Höhe
alychne *(Opt)* Alychne f, Nullisolychne f, Ebene f der Helligkeit null *(im Farbenraum)*
AMA s. actual mechanical advantage

amagat *(Therm)* Amagat n *(1. SI-fremde Einheit der Dichte; 1 amagat = 44,016 mol/cm³; 2. SI-fremde Einheit des Volumens; 1 amagat = 0,022413 m³)*
ambidextrous symmetry Links-Rechts-Symmetrie f, Rechts-Links-Symmetrie f
ambient air umgebende Luft f, *(speziell:)* Außenluft f
~ **dose** *(Kern)* Ortsdosis f
~ **illuminance** *(Opt)* Umfeldbeleuchtungsstärke f
~ **light** *(Opt)* Umgebungslicht n, Raumlicht n
~ **noise** *(Ak)* 1. Umgebungsgeräusch n; 2. Raumgeräusch n, Saalgeräusch n
ambipolar mirror *(Pl)* Tandemspiegel m
ambulator *(GB, Mech)* Meßrad n
American meson s. muon
~ **standard pitch** *(Ak)* s. standard pitch 2.
amnesia kernel *(statPh)* synthetischer (separabler) Kern m *(ein spezieller Streukern)*
amorphousness *(Fest)* Amorphie f, Strukturlosigkeit f
amount 1. Größe f, Betrag m; 2. Stoffmenge f, Objektmenge f, Menge f
~ **of light** *(Opt)* 1. Lichtmenge f, Lichtarbeit f; 2. s. luminous flux
~ **of reflux** *(physCh)* Rückfluß m *(Größe)*
~ **of rotation** 1. *(Magn)* s. angle of rotation 2.; 2. *(Opt)* Drehung f, Drehwert m *(in Winkelgraden)*
~ **of shear** *(Mech)* Schubverformung f *(Größe: Tangens der Schiebung)*
~-**of-substance concentration** *(physCh)* Konzentration f, Stoffmengenkonzentration f
~ **of torsion (twist)** *(Mech)* Drillung f, Verwindung f *(Größe)*
amperage *(El)* Stromstärke f in Ampere, Amperezahl f, *(speziell:)* Bemessungsstromstärke f in Ampere
ampere-conductor *(El)* Ampereleiter n(m) *(einer verteilten Wicklung, SI-fremde Einheit der Stromstärke; 1 Ampereleiter = Stromstärke × Anzahl der Leiter)*
~-**turn** *(El)* Amperewindung f, Aw *(SI-fremde Einheit der magnetischen Spannung; 1 Aw ≙ 1 A)*
~-**turns per unit length** *(El)* [elektrischer] Strombelag m *(als Größe: Durchflutung pro Längeneinheit)*
Ampère-Biot-Savart law s. ~ law 3.
~ **currents** *(El, Magn)* Ampèresche Molekularströme mpl
~-**Laplace theorem** s. ~ law 3.
~-**law** *(El)* 1. Durchflutungsgesetz n, Ampèresches Verkettungsgesetz n, erster Maxwellscher Hauptsatz m; 2. Ampereches Gesetz n, Amperesche Formel f *(für die Kraft, mit der ein Magnetfeld auf stromdurchflossene Leiterelemente wirkt)*; 3. Biot-Savartsches Gesetz n, Laplacesches Gesetz n *(für die magnetische Induktion oder Feldstärke)*

Ampère's [circuital] law s. Ampère law 1.
~ **law in the differential form** *(El, Magn)* erste Maxwellsche Gleichung (Feldgleichung) f
~ **theory of magnetization** *(El)* Ampèresche Hypothese (Theorie) f der Molekularströme

amphion, amphoteric ion *(At)* Zwitterion n, amphoteres Ion n, Ampho-Ion n

amphotericity *(physCh)* Amphoterie f

amplification 1. Verstärkung f, Intensivierung f, Steigerung f; 2. *(Ström)* Anfachung f *(der Grenzschicht)*

amplified spontaneous emission *(El, Magn)* verstärkte spontane Emission f, ASE

amplifier gain *(El)* Verstärkungsfaktor m, *(manchmal:)* Verstärkung f, *(bei verschiedenartiger Ausgangs- und Eingangsgröße auch:)* Verstärkungskoeffizient m *(eines Verstärkers, in dB oder Np)*

ampliscaler *(El, Kern)* 1. Hundertfachzählstufe f, 10^2fach-Zählstufe f; 2. Hundertfachzähler m, 10^2fach-Zähler m *(Gerät)*

amplitude 1. Amplitude f, Schwingungsweite f, Scheitelwert m; 2. *(El, Kern)* Amplitude f *(eines Impulses)*, Impulshöhe f, Impulsamplitude f; 3. *(mathPh)* Richtungswinkel m, Amplitude f, Polarwinkel m *(als ebene Polarkoordinate)*; 4. *(mathPh)* s. angle argument
~ **correction** *(Ak, El)* Amplitudenentzerrung f
~ **cosine** *(mathPh)* Cosinus m amplitudinis, elliptischer Kosinus m, cn, cos am
~ **distortion** *(Ak, El)* Dämpfungsverzerrung f, Amplitudenverzerrung f
~ **factor** Scheitelfaktor m, Spitzenwertfaktor m *(einer Wechselgröße)*
~ **grating** *(Opt)* Amplitudengitter n
~ **margin** *(Reg)* Amplitudenrand m, Amplitudenabstand m *(bei Stabilitätsuntersuchungen)*
~ **permeability** *(Magn)* Amplitudenpermeabilität f, Scheitelwertspermeabilität f
~ **resolution** *(Kern)* Amplitudenauflösung f, Impulshöhenauflösung f
~ **response** 1. *(El)* Amplitudengang m, Amplitudenverlauf m *(in Abhängigkeit von der Frequenz)*; 2. *(Kern)* Amplitudengang m *(Beziehung zwischen Eingangsamplitude und Kanalnummer)*
~ **selector** *(Kern)* Einkanal-Amplitudendiskriminator m
~ **sine** *(mathPh)* Sinus m amplitudinis, elliptischer Sinus m, sn, sin am
~ **transmittance** *(Opt)* Amplitudentransmission f

a.m.u., amu s. atomic mass unit

analog state *(Kern)* Isobar[en]analogzustand m, [isobarer] Analogzustand m

analogous polymeric compound *(At)* Polymeranalog n

analogy of membrane *(Mech)* Seifenhautanalogie f [von Prandtl], Seifenhautgleichnis n [von Prandtl], Prandtlsche Analogie f

analytical [vacuum] bay *(Spektr)* Analysenteil n(m) *(eines Massenspektrometers)*

anamorphosis *(Opt)* Anamorphose f, Verstreckung f, Verzerrung f

anchor ring *(mathPh)* Torus m, Ringfläche f, Kreiswulst f, Wulst[fläche] f, Ring m

anchoring *(Krist)* s. pinning 1.

Andrews diagram *(Mech)* p,V-Diagramm n, p,v-Diagramm n, Druck-Volumen-Diagramm n, Andrews-Diagramm n *(für ein Fluid)*

anechoic chamber (room) *(Ak)* schalltoter (reflexionsfreier) Raum, Freifeldraum m

anelastic material *(Mech)* Poynting-Thomson-Körper m, Poynting-Thomsonscher Körper m, PTh-Körper m

angle *(mathPh)* 1. Winkel m; 2. Ecke f, körperliche (räumliche) Ecke, Vielkant n, Vielflach n
~ **argument** *(mathPh)* Argument n, arg, Arcus m, arc, Amplitude f, Winkel m, Phase f, Abweichung f, Anomalie f, Azimut n *(einer komplexen Zahl)*
~ **characteristic [function]** *(Opt)* s. Hamilton's angle characteristic
~ **eikonal** s. Hamilton's angle characteristic
~ **function** *(mathPh)* Winkelfunktion f *(einer stetigen Abbildung)*
~ **-integrated flux** *(Kern)* Neutronenflußdichte f, Flußdichte f, Neutronenfluß m, [über den Winkel integrierter] Fluß m *(Skalar, in n cm^{-2} s^{-1})*
~ **of attack** *(Ström)* Anstellwinkel m
~ **of bank** *(Aero)* Rollwinkel m, Querneigungswinkel m
~ **of depression** 1. *(Astr)* Depressionswinkel m, negative Höhe f; 2. *(Opt)* Tiefenwinkel m
~ **of deviation** *(Opt)* Ablenkung f, Ablenk[ungs]winkel m, optische Ablenkung f *(z. B. eines Prismas, im Winkelmaß)*
~ **of diffusion** *(Opt)* Streuwinkel m *(des Lichtes bei der Rayleigh-Streuung)*
~ **of elevation** 1. *(Ak, El, Opt)* Erhebungswinkel m *(eines Strahlers)*; 2. *(Astr, Opt)* Höhenwinkel m; 3. *(El)* Höhenwinkel m, Erhebungswinkel m, Elevationswinkel m *(in der Radartechnik)*
~ **of emission** s. ~ of radiation
~ **of entry** Eintrittswinkel m
~ **of extinction** *(Opt)* Auslöschungswinkel m, *(in der Kristalloptik:)* Auslöschungsschiefe f
~ **of field** *(Opt)* Dingwinkel m, Gesichtsfeldwinkel m *(eines Instruments)*
~ **of flow** *(Ström)* Strömungswinkel m, Stromwinkel m
~ **of friction** *(Mech)* 1. Reibungswinkel m, Gleitwinkel m; 2. Schüttwinkel m, Ruhewinkel m, Rutschwinkel m, natürlicher Böschungswinkel m

angle

~ **of glare** *(Opt)* Blendungswinkel *m*
~ **of impact** *(Mech)* Stoßwinkel *m*, Auftreffwinkel *m*, Aufschlagwinkel *m*
~ **of incidence** 1. Einfallswinkel *m*, Inzidenzwinkel *m*, Eintrittswinkel *m (von Strahlung)*; 2. *(Opt)* Einstrahlwinkel *m (in der Lichtwellenleitertechnik)*, 3. *(Ström)* Anstellwinkel *m*
~ **of indraft** *(Aero)* Anströmwinkel *m*
~ **of intersection** Schnittwinkel *m*
~ **of lag** Nacheil[ungs]winkel *m*, Verzögerungswinkel *m*
~ **of lead** 1. *(El)* Voreilwinkel *m*, Voreilungswinkel *m*; 2. *(Mech, Opt, Reg)* Vorhaltwinkel *m*, Vorhaltewinkel *m*
~ **of pitch** 1. *(Aero)* Nickwinkel *m*, Längsneigungswinkel *m*; 2. *(Hydr)* Stampfwinkel *m*
~ **of principal azimuth** *(Opt)* Hauptazimut *n*
~ **of radiation** Emissionswinkel *m*, Ausstrahlungswinkel *m*, Abstrahl[ungs]winkel *m*, Strahlungswinkel *m (Strahlung)*
~ **of repose (rest)** *s.* ~ of friction 2.
~ **of rotation** 1. Dreh[ungs]winkel *m*; 2. *(Magn)* Drehungswinkel *m*, magnetische Drehung *f* [der Polarisationsrichtung], magnetooptische Drehung *f (beim Faraday-Effekt)*; 3. *(Opt)* Drehwinkel *m*, Drehwert *m (bei der optischen Aktivität)*; 4. *(Opt)* Drehwinkel *m*, Drehungswinkel *m (der Polarisationsebene)*
~ **of scattering** Streuwinkel *m*
~ **of second curvature** *(mathPh) s.* ~ of torsion 1.
~ **of shear** *(Mech)* 1. Gleitung *f*, Schubverzerrung *f*, Scherung *f*; 2. Schiebung *f*, Schubwinkel *m*, Schubverformung *f*
~ **of sideslip** *(Aero)* Schiebewinkel *m*, Driftwinkel *m*
~ **of sight** *(Opt)* Zielwinkel *m*
~ **of situation** *(Astr)* parallaktischer Winkel *m*
~ **of slide** *s.* 1. ~ of shear 1.; 2. ~ of friction 2.
~ **of slope** *(Mech)* Böschungswinkel *m*
~ **of stall** *(Ström)* kritischer Anstellwinkel *m*
~ **of taper[ing]** *(Mech)* Konizität *f*, Zuspitzungswinkel *m*
~ **of tilt** *(Meß)* Kippfehler *m*, Kippungsfehler *m*
~ **of torsion** 1. *(mathPh)* Windungswinkel *m*, Schmiegungswinkel *m*, Torsionswinkel *m (einer Raumkurve)*; 2. *(Mech)* Torsionswinkel *m*, Verdreh[ungs]winkel *m*, Drehwinkel *m*, Drill[ungs]winkel *m*
~ **of torsion per unit length** *(Mech)* spezifischer Torsionswinkel (Verdrehwinkel) *m*
~ **of twist** *s.* ~ of torsion 2.
~ **of valence** *(At)* Valenzwinkel *m*, Bindungswinkel *m*
~ **of view** *(Opt)* 1. Sehwinkel *m*, *(speziell:)* Blickwinkel *m*; 2. Bildwinkel *m*, Bildfeldwinkel *m*

~ **of vision** *(Opt)* Dingwinkel *m*, Gesichtsfeldwinkel *m (eines Instruments)*
~ **of yaw** *(Ström)* Gierwinkel *m*, *(manchmal:)* Scher[ungs]winkel *m*, *(Aero selten auch:)* Seitenabweichungswinkel *m*
~-**preserving mapping** *(mathPh)* konforme (winkeltreue) Abbildung *f*
~ **straggling** 1. *(At, Kern)* Winkelstraggling *n*, Winkelstreuung *f*; 2. *(Meß)* Winkelstreuung *f*, Richtungsstreuung *f*
~ **variable** *(Mech)* Winkelvariable *f*
angstrom, angström [unit] *(Spektr)* Angström *n*, Å *(SI-fremde Einheit der Länge; $1 Å = 10^{-10}$ m)*
angular acceleration *(Mech)* Winkelbeschleunigung *f*, Drehbeschleunigung *f*, *(bei der Kreisbewegung auch:)* Zirkularbeschleunigung *f (Vektor oder Skalar)*
~ **aperture** *(Opt)* relative Öffnung *f*, Öffnungsverhältnis *n*, [geometrisch-optische] Lichtstärke *f (eines Linsensystems)*
~ **coefficient** *(mathPh)* Steigung *f*, Anstieg *m*, Richtungskoeffizient *m*, Richtungsfaktor *m*, Richtungskonstante *f*
~ **correlation** *(Kern)* Winkelkorrelation *f*, Richtungskorrelation *f*
~ **cross section** *(Kern)* raumwinkelbezogener [differentieller] Wirkungsquerschnitt *m*, Wirkungsquerschnitt *m* pro Raumwinkeleinheit
~ **cut-off frequency** *(El)* Grenzkreisfrequenz *f*, Grenzwinkelfrequenz *f*
~ **deformation** *(Mech) s.* angle of shear 1.
~ **degree** *(mathPh)* Grad *m*, Winkelgrad *m*, Bogengrad *m*, Altgrad *m*, °
~ **diameter** *(Astr)* scheinbarer Durchmesser *m*, Winkeldurchmesser *m*
~ **dilatation** *(Mech) s.* angle of shear 1.
~ **dispersion** *(Opt)* Winkeldispersion *f*
~ **displacement** 1. Winkelverschiebung *f*; 2. *(Meß)* Winkelausschlag *m*, Winkelauslenkung *f*
~ **distance** *(Astr)* Winkelabstand *m*, scheinbarer Abstand *m (von Sternen)*
~ **division** *(Meß)* Winkelteilung *f*
~ **elevation** *(Astr)* Höhe *f*, Gestirnshöhe *f*, Sternhöhe *f*
~ **field** *(Opt)* Bild[feld]winkel *m*
~ **flow rate** *(Ström, Vak)* raumwinkelbezogene Stromdichte *f*, Intensität *f*
~ **focus[s]ing** *(Spektr) s.* direction focus[s]ing
~ **frequency** Kreisfrequenz *f*, Winkelfrequenz *f (einer Schwingung)*
~ **impulse** *(Mech)* Drehimpuls *m*, Impulsmoment *n*, Drall *m*, Schwung *m (als Zeitintegral des Drehmoments, Skalar oder Vektor)*
~ **length** Winkellänge *f (ausgedrückt in einem Winkelmaß)*
~ **magnification** *(Opt)* Winkelverhältnis *n*, *(bei subjektiv benutzten optischen Instrumenten auch manchmal:)* Winkelvergrößerung *f*

anomalistic

- ~ **minute** *(mathPh)* Minute f, Winkelminute f, Bogenminute f, Altminute f;' *(Einheit des ebenen Winkels)*
- ~ **misalignment loss** *(Opt)* Dämpfung f durch Winkelversatz
- ~ **mode** *(El, Magn)* s. transverse mode 2.
- ~ **momentum** *(Mech)* Drehimpuls m, Impulsmoment n, Drall m, Schwung m, *(beim Kreisel auch:)* Kreiselimpuls m *(Vektor oder Skalar)*; Drehimpulsvektor m *(Vektor)*
- ~ **momentum conservation law** *(Mech)* Drehimpuls[erhaltungs]satz m, Prinzip n von der Erhaltung des Drehimpulses (Schwunges), zweiter Impulssatz m der Mechanik
- ~ **momentum density** *(Qu)* Drehimpulsdichte f
- ~ **momentum quantum** s. Dirac-h 1.
- ~ **momentum transfer** *(Kern)* Drehimpulsübertragung f
- ~ **point** *(mathPh)* Eckpunkt m *(einer Kurve)*
- ~ **quantum number** *(At)* Drehimpulsquantenzahl f *(zusammenfassende Bezeichnung für alle mit dem Drehimpuls verbundenen Quantenzahlen)*
- ~ **rate** *(Mech)* Winkelgeschwindigkeit f, Drehgeschwindigkeit f, *(manchmal:)* Rotationsgeschwindigkeit f *(Skalar, Betrag des Winkelgeschwindigkeitsvektors)*
- ~ **resolution** *(Kern)* Winkelauflösung f
- ~ **rotation** *(Opt)* Dreh[ungs]winkel m *(der Polarisationsebene)*
- ~ **second** *(mathPh)* Sekunde f, Winkelsekunde f, Bogensekunde f, Altsekunde f," *(Einheit des ebenen Winkels)*
- ~ **semi-diameter** scheinbarer Radius m, Winkelradius m, Winkelwert m des Radius
- ~ **sensitivity** *(Meß)* richtungsabhängige Empfindlichkeit f, Richtungsabhängigkeit f, Richtungsempfindlichkeit f
- ~ **speed** s. ~ rate
- ~ **spread [of the beam]** *(Kern)* Winkeldispersion f des Strahls
- ~ **subtense** *(Opt)* Parallaxe f
- ~ **velocity** 1. Kreisfrequenz f, Winkelfrequenz f *(einer Schwingung)*; 2. *(Mech)* Winkelgeschwindigkeit f, Winkelgeschwindigkeitsvektor m
- ~ **velocity vector** s. ~ velocity 2.
- ~ **visual acuity** *(Opt)* angulare Sehschärfe f
- ~ **width** Strahldivergenz f

4-angular momentum *(Rel)* Viererdrehimpuls m, Vierervektor m des Drehimpulses, vierdimensionaler Drehimpuls m

angularity *(Aero)* Abwindwinkel m

anhedral crystal allotriomorpher (fremdgestaltiger) Kristall m

anholonomic coordinate *(Mech)* nichtholonome (anholonome) Koordinate f, Pseudokoordinate f, Quasikoordinate f

anion transference (transport) number *(Ech)* Anion-Überführungszahl f, Anionenüberführungszahl f

anionic conductor *(Ech)* Anionenleiter m

anionoid rearrangement (transposition) *(physCh)* nukleophile (anionoide) Umlagerung f

anisotopic element *(At)* mononuklidisches Element n, Reinelement n, isotopenreines (monoisotopisches, anisotopes) Element n

anisotropy energy *(Fest)* Kristallenergie f, [kristallographische] Anisotropieenergie f

- ~ **factor** 1. *(Mech)* R-Faktor m, Anisotropiefaktor m, Anisotropiekoeffizient m; 2. *(Opt)* Anisotropiefaktor m *(beim zirkularen Dichroismus)*

annealing 1. *(Fest, Kern)* Ausheilung f *(von Fehlstellen oder Strahlenschäden durch Erwärmen)*, thermische Ausheilung f, Ausglühen n; 2. *(Therm)* Glühbehandlung f, Glühen n

- ~ **out** s. annealing 1.
- ~ **twin** *(Krist)* 1. Anlaßzwilling m; 2. Rekristallisationszwilling m

annihilation 1. *(Kern)* Annihilation f, Paarvernichtung f, Vernichtung f, Zerstrahlung f; 2. *(Krist)* Auflösung f, Annihilation f, Vernichtung f *(von Versetzungen)*

- ~ **electron** *(Kern)* Vernichtungselektron n, Annihilationselektron n, zerstrahltes Elektron n
- ~ **radiation** *(Kern)* Vernichtungsstrahlung f, Annihilationsstrahlung f

annoyance *(Ak)* Lärmbelästigung f

annual comet *(Astr)* jährlich wiederkehrender Komet m

- ~ **equation** *(Astr)* jährliche Gleichung (Ungleichheit) f *(des Mondes)*
- ~ **intake** *(Kern)* Jahresaktivitätszufuhr f, jährliche Aktivitätszufuhr f
- ~ **limit of intake** *(Kern)* Grenzwert m der Jahresaktivitätszufuhr, JAZ-Grenzwert m, JAZ-Wert m, JAZ
- ~ **parallax** *(Astr)* jährliche Parallaxe f, [heliozentrische] Parallaxe f
- ~ **variation** *(Astr)* Jahresgang m, jährliche Variation f

annular gap *(Ström)* Ringspalt m, ringförmiger Spalt m

- ~ **pattern** *(Opt)* Beugungsring m
- ~ **-total eclipse** *(Astr)* ringförmig-totale Finsternis f
- ~ **wind tunnel** *(Aero)* Ringkanal m

annulus 1. Kreisring m; 2. *(Opt)* Phasenring m, *(speziell:)* ringförmiger Phasenstreifen m, Zernike-Ring m; 3. *(Ström)* Ringspalt m, ringförmiger Spalt m

anode rays *(At)* Kanalstrahlen mpl, positive Strahlen mpl

anodic reaction *(Ech)* Anodenreaktion f, [elektrochemische] Oxidation f

- ~ **wave** *(Ech)* anodische Stufe (Welle) f

anomalistic inequality *(Astr)* lunare anomalistische Ungleichheit f, monatliche Ungleichheit f

anomalistic

~ **month** *(Astr)* anomalistischer Monat (Umlauf) *m (des Mondes)*
~ **period** *(Astr)* anomalistische Umlaufperiode *f*, anomalistischer Umlauf *m (eines Satelliten)*
~ **revolution** *s.* ~ month
anomaly *(Astr)* wahre Anomalie *f*
anorthic [crystal] system *(Krist)* triklines System (Kristallsystem) *n*
anorthoscopic illusion *(Opt) s.* Zöllner lines
ANR *s.* standard reference atmospheric conditions
antagonistic pairs *(Opt)* Gegenfarben *fpl* [nach Hering]
ante meridian *(Astr)* Vormittags[halb]meridian *m*
antecedent *(mathPh)* Vorgänger *m*
anterior focal distance (length) *(Opt)* Dingbrennweite *f*, dingseitige (objektseitige) Brennweite *f*
antibarel[l]ing *(Opt)* Korrektur *f* der tonnenförmigen Verzeichnung
antibonding orbital *(At, physCh)* [bindungs]lockerndes Orbital *n*, antibindendes (spinabgesättigtes) Orbital *n*, Antivalenzbahn *f*
anticatalyst, anticatalyzer *(physCh)* Inhibitor *m*, Hemmstoff *m*, negativer Katalysator *m*, Antikatalysator *m*, Passivator *m*
anticlockwise cycle *(Therm)* Linksprozeß *m*, linkshändiger Kreisprozeß *m*
anticoincidence selector *(Kern)* Antikoinzidenzstufe *f*
anticolour centre *(Fest)* Antifarbzentrum *n*
anticommutation relations *(Feld, Qu)* Vertauschungsrelationen (Vertauschungsregeln) *fpl* für Fermionen, Fermi-Vertauschungsrelationen *fpl*
antidamping 1. Anfachung *f (einer Schwingung)*, Schwingungsanfachung *f*; 2. *(Kern)* Strahlungsaufschaukelung *f*, Strahlungsanfachung *f*, Strahlungsantidämpfung *f*
antiderivative *(mathPh)* Stammfunktion *f*, Newtonsches [unbestimmtes] Integral *n*
anti-down quark *(Hoch)* d̄-Antiquark *n*, Anti-d-Quark *n*
antiflare coating *(Opt) s.* antireflection coating 1.
antifluorite lattice *(Krist)* Antiflußspatgitter *n*, Antifluoritgitter *n*
antifocus *(Astr, Mech)* Antifokus *m*, leerer Brennpunkt *m*
antigravity *(Feld)* Antigravitation *f*
~ **filtration** *(physCh)* Vakuumfiltration *f*
antilinear map *(mathPh)* halblineare Abbildung *f*
antimatter *(Kern)* Antimaterie *f*
antimer *(At)* Spiegelbildisomer *n*, optisches Isomer *n*, optischer Antipode *m*, optische Modifikation *f*
antimony point *(Therm)* Erstarrungspunkt *m* des Antimons, Antimonpunkt *m*

antinodal point 1. *(Opt)* negativer Knotenpunkt *m*; 2. *s.* antinode
antinode 1. Schwingungsbauch *m*, Wellenbauch *m*, Bauch *m (einer stehenden Welle)*; 2. Druckbauch *m (einer Longitudinalwelle)*
~-**operation** *(Krist)* Antisymmetrieoperation *f*, Schwarzweißsymmetrieoperation *f*
antioxidant, antioxygen *(physCh)* Oxidationsinhibitor *m*, Oxidationsverhinderer *m*, Antioxidans *n*
antiparallel vector *(mathPh)* antiparalleler (entgegengesetzt gerichteter) Vektor *m*
antiparticle *(Hoch)* Antiteilchen *n*
antiphase Gegenphase *f*
antipodal space *(mathPh)* sphärischer Raum *m*
antiprincipal point *(Opt)* negativer Hauptpunkt *m*
antireflection (antireflex) coating *(Opt)* 1. reflexvermindernde Schicht *f*, reflexvermindernder Belag *m*; 2. Entspiegelung *f (Vorgang)*; 3. *(Opt)* Antireflex[ions]schicht *f*
antiresonance *(El)* Parallelresonanz *f*, Phasenresonanz *f*, Sperresonanz *f*
antispectroscopic lens *(Opt)* Achromat *m(n)*, achromatisches Linsensystem *n*
antisymmetric matrix *(mathPh)* schiefsymmetrische (schiefe) Matrix *f*
~ **orbital configuration-interaction method** *(At)* Konfigurationswechselwirkungsmethode *f*, Verfahren *n* der Konfigurationswechselwirkung, ASMO-CI-Methode *f*, ASMO-CI-Verfahren *n*
~ **tensor of rank 2** *(Rel)* Sechservektor *m*, Flächentensor *m*
antisymmetry 1. *(Krist)* Antisymmetrie *f*, Schwarzweißsymmetrie *f*, verallgemeinerte Symmetrie *f*; 2. *(mathPh)* Antisymmetrie *f*, Schiefsymmetrie *f*
anti-universe *(Kern)* Antiwelt *f*
AO, ao. *(At)* Atomorbital *n*, AO
aperiodic damping aperiodische (starke) Dämpfung *f*
~ **group** *(mathPh)* torsionsfreie (lokal unendliche) Gruppe *f*
~ **[measuring] instrument** *(Meß)* aperiodisch gedämpfes Meßgerät *n*
~ **oscillation** aperiodische (stark gedämpfte) Schwingung *f*
aperture 1. Öffnung *f*, Loch *n*, Kanalmündung *f*, Mündung *f*; 2. Blendenöffnung *f*, Öffnung *f*, Loch *n*; 3. *(El, Magn)* Öffnung *f*, Antennenöffnung *f (Größe)*; 4. *(Opt)* Strahlungsöffnung *f (eines Lasergerätes)*; 5. *(Opt, Phot)* Öffnung *f*, wirksame Öffnung *f (Größe, Durchmesser der Eintrittspupille)*
~ **aberration** *(Opt)* sphärische Aberration *f*, Öffnungsfehler *m*
~ **angle** 1. *(El, Magn)* Öffnungswinkel *m*, Bündelungswinkel *m (einer Antenne)*; 2. *(Opt)* Öffnungswinkel *m (eines Instrumentes)*

~ **conductivity** *(Ak)* Öffnungsleitfähigkeit *f* *(Verhältnis von Dichte zu akustischer Masse an einer Öffnung)*
~ **diaphragm** Öffnungsblende *f*, Aperturblende *f*
~ **effect** *(Opt)* s. circle of confusion
~ **number** *(Opt)* Öffnungszahl *f*, Blendenzahl *f (eines Systems)*
~ **ratio** *(Opt)* relative Öffnung *f*, Öffnungsverhältnis *n (eines Linsensystems)*
APEX *(Phot)* Belichtungswertsystem *n*, Lichtwertsystem *n*
apex 1. Scheitel[punkt] *m*; 2. *(mathPh)* Spitze *f*, Kegelspitze *f*, *(selten:)* Scheitel *m*, Scheitelpunkt *m*; 3. *(mathPh)* Spitze *f (einer Pyramide)*; 4. *(Opt)* brechende Kante *f (eines Prismas)*
~ **angle** *(mathPh)* 1. Winkel *m* an der Spitze, Scheitelwinkel *m (eines gleichschenkligen Dreiecks)*; 2. Öffnungswinkel *m (eines Kegels)*
aphelic velocity *(Astr)* Aphelgeschwindigkeit *f*, Geschwindigkeit *f* im Aphel
apical angle 1. s. apex angle 1.; 2. *(Mech)* Öffnungswinkel *m (eines Geschosses)*; 3. *(Opt)* brechender Winkel *m (eines Prismas)*, Prismenwinkel *m*
aplanatic surface *(Opt)* kartesische (aplanatische) Fläche *f*
apocentre *(Astr)* s. apofocus
apocynthion *(Astr)* Mondferne *f* eines von der Erde in die Mondumlaufbahn gestarteten Satelliten
apofocus *(Astr)* Brennpunktsferne *f (eines Körpers auf einer elliptischen Bahn)*
apogean velocity *(Astr)* Apogäumsgeschwindigkeit *f*, Geschwindigkeit *f* im Apogäum
apolune *(Astr)* Aposelen *n*, Mondferne *f*
apostilb *(Opt)* Apostilb *n*, asb *(SI-fremde Einheit der Leuchtdichte; 1 asb = 0,318 cd/m²)*
apothecaries' dram *(Mech)* Dram *n* [im „apothecary"-System] *(SI-fremde Einheit der Masse; 1 dr aphr = 3,888 g)*
~ **ounce** *(Mech)* englische Unze *f* [im „avoirdupois"-System], englische Unze im Troy-System, Feinunze *f (SI-fremde Einheit der Masse; 1 oz tr = 31,1035 g)*
~ **pound** *(Mech)* [englisches] Pfund *n* im „apothecaries"-System, Pfund im „troy"-System *(SI-fremde Einheit der Masse; 1 lb apoth = 0,3732417216 kg)*
~ **scruple** *(Mech)* Scruple *n (SI-fremde Einheit der Masse; 1 s apoth = 1,296 g)*
apparent acceleration *(Mech)* Scheinbeschleunigung *f*
~ **altitude** *(Astr)* scheinbare Höhe *f*
~ **brightness** *(Astr)* s. ~ magnitude
~ **candlepower** *(Opt)* scheinbare Lichtstärke *f (einer Lichtquelle)*
~ **depression of horizon** *(Astr)* Kimmtiefe *f*, Depression (Verengung) *f* des Horizonts
~ **diameter** *(Astr)* scheinbarer Durchmesser *m*, Winkeldurchmesser *m*

~ **force** *(Mech)* 1. Scheinkraft *f*, fiktive Kraft *f*; 2. Trägheitskraft *f*, Trägheitswiderstand *m*, D'Alembert-Kraft *f*
~ **friction** *(Ström)* turbulente Scheinreibung (Reibung) *f*, scheinbare Reibung *f*
~ **gravity** *(US, Mech)* Fallbeschleunigung *f*, Erdbeschleunigung *f*, Schwerebeschleunigung *f (Skalar)*, *(manchmal:)* Schwere *f*
~ **horizon** *(Astr, Rel)* scheinbarer Horizont *m*
~ **impedance** s. electrical impedance 2.
~ **libration in longitude** *(Astr)* Libration *f* in Länge *(des Mondes)*
~ **luminance** *(Opt)* scheinbare Leuchtdichte *f*
~ **magnitude** *(Astr)* scheinbare Helligkeit *f (eines Gestirns)*
~ **mass** *(Hydr)* virtuelle (scheinbare, induzierte) Masse *f*
~ **motion** 1. *(Astr)* scheinbare Bewegung *f (eines Sterns)*; 2. *(Mech)* Scheinbewegung *f*; 3. *(Mech)* Relativbewegung *f*, relative Bewegung *f*
~ **optic angle** *(Krist, Opt)* scheinbarer Achsenwinkel *m*
~ **place** *(Astr)* scheinbarer Ort (Sternort) *m*
~ **pole** *(Astr)* wahrer Pol *m*
~ **radius** scheinbarer Radius *m*, Winkelradius *m*, Winkelwert *m* des Radius
~ **remanence** *(Magn)* scheinbare Remanenz *f*
~ **semi-diameter** s. ~ radius
~ **sidereal time** *(Astr)* wahre Sternzeit *f*
~ **solar time** *(Astr)* wahre Sonnenzeit (Ortszeit) *f*
~ **sound reduction index** *(Ak)* Bau-Schalldämmaß *n*
~ **stellar brightness** *(Astr)* s. ~ magnitude
~ **time** s. ~ solar time
~ **turbulent kinematic viscosity** *(Ström)* turbulente Zähigkeit (Viskosität) *f*, scheinbare turbulente Zähigkeit *f*
~ **value** *(El)* Scheinwert *m (einer Wechselgröße)*
~ **viscosity** *(Ström)* scheinbare (apparente, virtuelle) Viskosität *f*, Scheinviskosität *f*
~ **voltage** *(El)* Scheinspannung *f*
~ **volume** *(physCh)* Scheinvolumen *n (einer Lösung)*
~ **wander** *(Mech)* scheinbare Präzession *f*, Scheinpräzession *f*
appearance 1. Erscheinungsbild *n (z. B. auf einem Bildschirm)*; 2. *(El)* Aussehen *n (einer Oberfläche)*, Oberflächenbild *n*
~ **potential** *(At)* Erscheinungspotential *n*, Appearancepotential *n*
Appell equations of motion *(Mech)* [Gibbs-]Appellsche Bewegungsgleichungen *fpl*, Gibbs-Appellsche Gleichungen *fpl*
apple curve *(Aero)* konische Stoßpolare *f*

application 22

application 1. Anwendung f Zweck m, (speziell:) Applikation f; 2. (mathPh) Abbildung f
~ **of a force** Angreifen n einer Kraft, Angriff m einer Kraft; Anlegen (Ansetzen, Aufbringen) n einer Kraft; Ausübung f einer Kraft
appreciation of distance (Opt) Entfernungsschätzung f
approach 1. Herangehensweise f, Vorgehensweise f, Herangehen n, [eventueller] Lösungsweg m; 2. (Astr) Begegnung f, naher Vorübergang m, [dichte] Annäherung f (z. B. von Sternen); 3. (mathPh) Ansatz m (einer Gleichung); 4. (mathPh) s. approximation 1.
~ **stream velocity** (Ström) Anström[ungs]geschwindigkeit f
approaching stream (Ström) Anströmung f, Anlaufströmung f, Zulauf m
approximate absolute temperature [scale] (Therm) Terzentesimalskala f, terzentesimale Temperaturskala f
~ **solution** (mathPh) Näherungslösung f
~ **value** Näherungswert m, angenäherter Wert m
approximating function (mathPh) Approximationsfunktion f, approximierende Funktion f, Näherungsfunktion f
approximation (mathPh) 1. Näherung f, Approximation f, Annäherung f; 2. Näherungswert m, angenäherter Wert m
~ **by defect** (mathPh) Näherung (Approximation, Annäherung) f von unten
~ **by excess** (mathPh) Näherung (Approximation, Annäherung) f von oben
approximative solution (mathPh) Näherungslösung f
~ **value** Näherungswert m, angenäherter Wert m
appulse (Astr) 1. Berührung f; 2. Halbschattenfinsternis f (der Mond geht durch den Halbschatten der Erde)
APR (Astr) Protuberanzenaktivitätsgebiet n
APS 1. (mathPh) Auto[leistungs]spektrum n, ALS; 2. (Spektr) Appearancepotentialspektroskopie f, APS
apse 1. (Astr) Apside f, Apsidenpunkt m; 2. (mathPh) Extrempunkt m, Extremalpunkt m (einer Kurve)
~ **line** (Astr) Apsidenlinie f
apsis s. apse 1.
APW method (Krist, Qu) Methode f der Entwicklung nach erweiterten ebenen Wellen, APW-Methode f
aqueous electron (physCh) hydratisiertes Elektron n, Aquoelektron n
AR point (physCh) Haltepunkt m der Abkühlungslinie, Haltepunkt (kritischer Punkt) m bei der Abkühlung (auch bei der thermischen Analyse)
Arago's rotations (Magn) Aragoscher Versuch m (zum Rotationsmagnetismus)
arborescent crystal (Krist) Dendrit m, dendritischer Kristall m, Skelettkristall m

arc (mathPh) Bogenmaß n [des Winkels], arc, (manchmal:) analytisches Maß n
~ **line** (Spektr) Bogenlinie f, Linie f im Bogenspektrum
arch (Mech) Bogen m
~ **without articulation** (Mech) eingespannter Bogen m
Archimedean force (Hydr) [hydrostatische] Auftriebskraft f
~ **screw** 1. (Hydr) Archimedische Schnecke f; 2. (mathPh) s. ~ spriral
~ **spiral** (mathPh) Archimedische (Conons) Spirale f
Archimedes number (Ström) Archimedische Zahl (Kennzahl) f, Archimedes-Zahl f, Ar
arcmin s. angular minute
arcsec s. angular second
area 1. Bereich m, Zone f; 2. (Fest) s. domain; 3. (mathPh, Mech) Flächeninhalt m, Inhalt m einer Fläche, Fläche f, (eines Körpers:) Oberfläche f, Oberflächeninhalt m (Größe)
~ **enclosed by the hysteresis loop** (Magn) Hysteresefläche f, Hysteresisfläche f, Flächeninhalt m (Fläche f) der Hystereseschleife
~ **exposure product** (Kern) Flächendosisprodukt n (Fläche x Exposition), Flächenexpositionsprodukt n
~ **law** (Mech) Flächensatz m, Erhaltungssatz m für die Flächengeschwindigkeit f
~ **load** (Ak, Mech) Flächenbelastung f
~ **meter** (Hydr) Staudruck-Durchflußmesser m, Staudruck-Strommesser m, Staudruckzähler m
~ **moment circle** (Mech) Trägheitskreis m [nach Mohr], Mohrscher Trägheitskreis m
~ **monitoring** (Kern) Ortsdosiskontrolle f, Ortsdosisüberwachung f
~ -**preserving mapping** (mathPh) flächentreue (inhaltstreue) Abbildung f
~ **rule** (Aero) Flächenregel f, Querschnittsregel f
areal acceleration (Mech) Flächenbeschleunigung f
~ **velocity** (Astr, Mech) Flächengeschwindigkeit f
arg (mathPh) s. angle argument
Argand diagram (El) Zeigerdiagramm n, Vektordiagramm n (komplexe Wechselstromrechnung)
argument (mathPh) 1. Beweisführung f; 2. unabhängige Variable (Veränderliche) f, Argument n
~ **of perigee** (Astr) Perigäumabstand m vom [aufsteigenden] Knoten; (allgemein für einen umlaufenden Körper auf einer elliptischen Bahn:) Abstand m der Brennpunktsnähe vom aufsteigenden Knoten
Argus-Schmidt pulse jet (Aero) Schmidt-[Argus-]Rohr n
arithmetic average s. ~ mean

~ **invariant** universelle Zahlenkonstante f, arithmetische Invariante f
~ **mean** (mathPh) arithmetischer Mittelwert m, arithmetisches Mittel n, Durchschnitt[swert] m
arm 1. (mathPh) Schenkel m (eines Winkels); 2. (Mech) Arm m einer Kraft, Kraftarm m
~ **of [the] force** (Mech) Kraftarm m (eines Hebels)
~ **of [the] load** (Mech) Lastarm m, Arm m der Last (eines Hebels)
~ **of the rolling resistance** (Mech) Rollreibungszahl f, Radius m der Rollreibung
armed lever (Mech) Winkelhebel m (starr)
ARPES (Spektr) winkelaufgelöste Photoelektronenspektroskopie f, ARPES
array 1. (Ak, El) [zusammengehörige] Gruppe f, Kombination f, Anordnung f, Array n; 2. (Astr) Array n, Syntheseteleskop n (ein Radioteleskop); 3. (mathPh) Array n (ein-, zwei- oder dreidimensionale Anordnung)
arrest line (Mech) Rastlinie f (im Dauerbruch)
~ **point** (physCh) Haltepunkt m der Abkühlung[slinie], kritischer Punkt m bei der Abkühlung (auch bei der thermischen Analyse)
arrested domain structure (Fest) arretierte Bereichsstruktur (Domänenstruktur) f
artesian head (Hydr) artesische Druckhöhe f
~ **pressure** (Hydr) artesischer Druck m
articulation 1. (Mech) Gelenk n (im weiteren Sinne); 2. (Ak, El) Verständlichkeit f (von Logatomen)
~ **point** (Mech) Gelenkknoten m, Gelenkknotenpunkt m
artificial birefringence 1. (Krist, Opt) akzidentielle (künstliche) Doppelbrechung f; 2. (Opt) erzwungene (künstliche) Doppelbrechung f
~ **[transmission] line** (Ak, El) künstliche Leitung (Übertragungsleitung) f, Leitungsnachbildung f
~ **year** (Astr) bürgerliches Jahr n, Kalenderjahr n
asb s. apostilb
ascending branch 1. aufsteigender Ast m (einer Kurve); 2. (Mech) aufsteigender Ast (Teil) m (einer Bahn), Aufstiegsbahn f
~ **difference** (mathPh) Rückwärtsdifferenz f, aufsteigende (rückwärts genommene) Differenz f
~ **motion** (Mech) Aufwärtsbewegung f, Steigbewegung f, aufsteigende Bewegung f
~ **node** (Astr) aufsteigender Knoten m
~ **part (portion)** s. ascending branch
~ **prominence** (Astr) aufsteigende Protuberanz f
~ **vertical angle** (Astr, Opt) Höhenwinkel m

ascension (Astr) Aszension f, Aufstieg m
ascent 1. (Aero) Steigen n, Aufstieg m; 2. (Astr) Aszension f, Aufstieg m; 3. (Hydr) [hydraulischer] Stau m, Spiegelstau m, Wasserstau m, (speziell:) Aufstau m, Stauung f
~-**in-symmetry method** (Krist) Symmetrieaufstiegsmethode f, Methode f des Symmetrieaufstiegs
ASE s. amplified spontaneous emission
aser (El, Opt) Laserverstärker m, Lichtverstärker m, (selten:) Aser m
ASMO CI method (At) Konfigurationswechselwirkungsmethode f, Methode f (Verfahren n) der Konfigurationswechselwirkung, ASMO-CI-Methode f, ASMO-CI-Verfahren n
aspect (Aero) Fluglage f
~ **ratio** 1. Seitenverhältnis n (Länge/Durchmesser-, Länge/Breite-, Höhe/Durchmesser-Verhältnis f; 2. (Aero) Flügelstreckung f, Streckung f (des Tragflügels); 3. (Pl) Aspektverhältnis n (Verhältnis des großen zum kleinen Radius des Torus)
asperity (Mech) tatsächliche (wirkliche) Berührungsfläche f
aspherical top [molecule] s. asymmetric top molecule
asphericity (Opt) Deformation f, Abweichung f von der Kugelfläche
assay (physCh) 1. Analyse f; Bestimmung f
~ **ton** (Mech) Probiertonne f (SI-fremde Einheit der Masse; 1 assay ton, related to a short ton = 29,16 g; 1 assay ton, related to a long ton = 32,67 g)
assemblage of points (mathPh) Punktmenge f
assessment 1. Bestimmung f, Ermittlung f; 2. Bewertung f, Wertung f, Einschätzung f; 3. Schätzung f, Abschätzung f
assigned couple (mathPh) Kräftepaardichte f
assignment 1. Zuteilung f (z. B. einer Frequenz); 2. Vorgabe f (z. B. eines Wertes); 3. (mathPh) Zuordnung f
associated molecule (At) Übermolekül n, Assoziationskomplex m, Obermolekel f
association 1. (At, physCh) Assoziation f (von Molekülen), chemische Assoziation, Übermolekülbildung f; 2. (Krist) Assoziation f (von Eigenfehlstellen); 3. (mathPh) Zuordnung f
~ **energy** (Krist) Assoziationsenergie f, Bindungsenergie f (von Fehlstellen)
associative definition Zuordnungsdefinition f
assumption Annahme f
astatism of n-th order (Reg) I-Verhalten n n-ter Ordnung
asterisk (mathPh) Stern m, Sternchen n, *, * (Symbol)
asteroid 1. (Astr) Planetoid m, Asteroid m, Kleiner Planet m, Zwergplanet m; 2. (mathPh) s. astroid

astigmatic

astigmatic focus *(El, Opt)* Brennlinie *f* *(beim Astigmatismus)*
~ **interval** *(Opt)* Sturmsches Konoid *n*
~ **pencil [of rays]** *(Opt)* astigmatisches (schneidenförmiges) Bündel *n*
~ **surface** *(Opt)* Bildschale *f (beim Astigmatismus)*
astigmatism *(Opt)* Astigmatismus *m* [schiefer Bündel], Zweischalenfehler *m (eines optischen Systems)*
Aston whole-number rule *(Kern)* Astonsche Regel *f (über die Massenzahl)*
astral observation *(Astr)* Sternbeobachtung *f*
astrobleme *(Astr)* Einschlagkrater *m*, Astroblem *n*
astrographic position *(Astr)* wahrer Ort *m*, wahre Position *f (eines Gestirns)*
astroguidance Astrolenkung *f*
astroid *(mathPh)* Astroide *f*, Sternkurve *f*, vierspitzige Hypozykloide *f*
astromechanics *s.* celestial mechanics
astrometric binary [star] *(Astr)* astrometrischer Doppelstern *m*, Stern *m* mit unsichtbarem Begleiter
~ **position** *(Astr)* wahrer Ort *m*, wahre Position *f (eines Gestirns)*
astron *(Astr)* Astron *n*, Siriometer *n*, Makron *n*, Metron *n*, Stern[en]weite *f (SI-fremde Einheit der Länge; 1 siriometer = $1,496 \cdot 10^{17}$ m)*
astronomical eclipse *(Astr)* [unechte] Finsternis, *f (als Vorgang auch:)* Verfinsterung *f (dunkler Körper zwischen leuchtendem Körper und Beobachter)*
~ **latitude** *(Astr)* astronomische Breite *f (des Beobachters)*
~ **scintillation** *(Astr, Opt)* Szintillieren *n*, Szintillation *f*, Funkeln *n (eines Fixsterns)*
~ **seeing** *(Astr)* Seeing *n*, Luftunruhe *f*, Richtungsschwankung *f*
~ **unit** *(Astr)* astronomische Einheit *f*, AE, A.E., astr. Einheit
asymmetric arrangement *(Krist)* Straumanis-Anordnung *f*, asymmetrische Anordnung *f (des Films)*
~ **[crystal] system** *(Krist)* triklines System (Kristallsystem) *n*
~ **top molecule** *(At)* asymmetrisches Kreiselmolekül *n*, Molekül *n* vom Typ asymmetrischer Kreisel, asymmetrischer Kreisel *m*
asymmetrical conductivity *(El)* unsymmetrische (stromrichtungsabhängige) Leitfähigkeit *f*
~ **distribution** *(mathPh)* schiefe (asymmetrische) Verteilung *f*
asymptotic condition *(Feld, Qu)* Asymptotenbedingung *f*
~ **expansion** *(mathPh)* asymptotische Entwicklung (Darstellung) *f*
~ **freedom** *(Feld, Hoch)* asymptotische Freiheit *f*
~ **model** *(Kosm)* asymptotische Welt *f*, Modell *n* einer asymptotischen Welt *(erster oder zweiter Art)*

~ **[power] series** *(mathPh)* asymptotische (semikonvergente, halbkonvergente) Reihe *f*
asymptotically flat space-time *(Rel)* asymptotisch flache Raumzeit *f*
~ **simple space-time** *(Rel)* asymptotisch einfache Raumzeit *f*
At *s.* ampere-turn
at *s.* technical atmosphere
ata *s.* absolute atmosphere
athermancy *(Therm)* Infrarotundurchlässigkeit *f*, IR-Undurchlässigkeit *f*, Athermansie *f*
atm *s.* standard atmosphere
atmo-meter Meteratmosphäre *f*
atmosphere 1. *(Mech)* physikalische Atmosphäre *f*, Normalatmosphäre *f*, atm *(SI-fremde Einheit des Druckes; 1 atm = 101 325 Pa)*; 2. *(Astr)* Atmosphäre *f*, Gashülle *f (eines Himmelskörpers)*; 3. *(physCh)* Atmosphäre *f*, Milieu *n (gasförmige Umgebung einer Flüssigkeit oder eines Festkörpers)*; 4. *(Krist) s.* Cottrell atmosphere
~ **above atmospheric pressure** *(Mech)* technische Atmosphäre *f* Überdruck, Atmosphäre *f* Überdruck, atü *(SI-fremde Einheit des Druckes; 1 atü = 98 066,5 Pa)*
~ **below atmospheric pressure** *(Mech)* technische Atmosphäre *f* Unterdruck, Atmosphäre *f* Unterdruck, atu *(SI-fremde Einheit des Druckes; 1 atu = 98 066,5 Pa)*
~ **of overpressure** *s.* ~ above atmospheric pressure
~ **of underpressure** *s.* ~ below atmospheric pressure
atmospheric attenuation 1. *(Ak)* atmosphärische Dämpfung *f*; 2. *(Opt)* atmosphärische Schwächung *f*, Schwächung *f* in der Atmosphäre
~ **boil** *s.* ~ shimmer
~ **boundary layer** *(Astr)* planetarische Grenzschicht *f*, Grenzschicht (Reibungsschicht *f*) der Atmosphäre *(eines Planeten)*
~ **braking** *(Astr)* atmosphärische Bremsung *f*, Bremsung *f* in der Atmosphäre
~ **drag** *(Astr)* Luftwiderstand *m (eines erdnahen künstlichen Satelliten)*
~ **haze** *(Opt)* [atmosphärischer] Dunst *m*
~ **pressure** 1. Luftdruck *m*, Atmosphärendruck *m*, atmosphärischer Druck *m*, *(mit dem Barometer gemessen:)* barometrischer Druck *m*, Barometerdruck *m (Druck der freien Atmosphäre)*; 2. *s.* standard pressure
~ **radioactive radiation** *(Kern)* Luftstrahlung *f*, radioaktive Strahlung *f* der unteren Luftschichten
~ **shimmer** *(Astr, Opt)* Luftflimmern *n*, Luftzittern *n*, Luftunruhe *f*
~ **shower** *(Hoch) s.* extensive shower
~ **streak (stria)** *(Opt, Therm)* Luftschliere *f*

atom at rest *(At)* ruhendes (in Ruhe befindliches) Atom *n*
~ **core** *(Krist)* Atomrumpf *m*, Atomrest *m*
~ **percent** *(physCh)* Atomprozent *n*, Atom-%, At.-% *(nicht mehr zulässig, ersetzen durch: Stoffmengenanteil in %)*
~ **site** *(Krist)* Gitterplatz *m*, Gitterstelle *f (im Kristall)*
~-**transfer reaction** *(physCh)* Atomübertragungsreaktion *f*
atomic arrangement *s.* ~ configuration
~ **attenuation coefficient** *(Kern)* atomarer Schwächungskoeffizient *m (für ionisierende Strahlung)*
~ **beam resonance [method]** *(Spektr)* Atomstrahl-Resonanzmethode *f*, Methode *f* der Atomstrahlresonanz, Atomstrahlresonanz *f*
~ **bond** *(At)* Atombindung *f*, Elektronenpaarbindung *f*, kovalente (homöopolare, einpolare) Bindung *f*, Kovalenzbindung *f*
~ **bridge** *(At)* Strukturbrücke *f*, Atombrücke *f*, Brücke *f*
~ **charge** *(At)* Ladung *f* des ionisierten Atoms, Atomladung *f*
~ **charge exchange cross section** *(At)* Atomumladungsquerschnitt *m*
~ **configuration** *(At)* Atomkonfiguration *f*, Konfiguration (räumliche Anordnung) *f* der Atome *(in einem Molekül)*
~ **core** 1. *(At)* Rumpf *m*, Atomrumpf *m*; 2. *(Krist)* Atomrumpf *m*, Atomrest *m*
~ **debris** *(Kern)* Kerntrümmer *pl*
~ **defect** *(Krist)* atomare Fehlstelle *f*, atomarer Gitterbaufehler (Gitterfehler, Gitterdefekt) *m*
~ **displacement** *(Fest, Kern)* Atomumlagerung *f*, Atomverlagerung *f (durch Kernstoß)*
~ **electron shell** *(At)* Elektronenschale *f* [eines Atoms], Atomschale *f*
~ **electron shells**, ~ **envelope** *(At)* Elektronenhülle *f* [eines Atoms], Atomhülle *f*
~ **force constant** *(Krist)* Kopplungsparameter *m*
~ **g-factor** *(At) s.* Landé *g* factor 1.
~ **imperfection** *s.* ~ defect
~ **lattice** *(Krist)* Atomgitter *n*
~ **lattice defect** *s.* ~ defect
~ **mass** *(At)* 1. Atommasse *f*, Nuklidmasse *f*; 2. Massenwert *m*, Atommasse *f*, Isotopengewicht *n (in amu, nicht empfohlen)*
~ **mass conversion factor** *(At)* Umrechnungsfaktor *m* von der Atomgewichtseinheit in die atomare Masseeinheit, Smythe-Faktor *m (= 1,000275)*
~ **mass unit** *(At)* 1. atomare (atomphysikalische) Masse[n]einheit *f*, vereinheitlichte atomare (atomphysikalische) Masse[n]einheit, u *(bezogen auf ^{12}C)*; 2. atomare (atomphysikalische, kernphysikalische) Masse[n]einheit *f*, ME, AME, amu *(bezogen auf ^{16}O, nicht mehr im Gebrauch)*
~ **millimass unit** *(At)* 1. tausendstel atomare (atomphysikalische) Masse[n]einheit *f*, tausendstel vereinheitlichte atomare (atomphysikalische) Masse[n]einheit, mu; 2. tausendstel [atomare] Masse[n]einheit *f*, TME, MME
~ **molecule** *(At)* Atommolekül *n (im Gegensatz zum Ionenmolekül)*
~ **nucleus** *(Kern)* Atomkern *m*, Kern *m*
~ **orbital electron** *(At)* Hüllenelektron *n*, Bahnelektron *n*
~ **percentage** *s.* atom percent
~ **physics** Hüllenphysik *f*, Atomphysik *f* im engeren Sinne, Physik *f* der Atomhülle
~ **plane** *(Krist)* Netzebene *f*, Gitterebene *f*, Kristallebene *f*
~ **ratio** *(physCh)* Atomverhältnis *n (Verhältnis der Atomanzahlen)*
~ **scattering coefficient** *(Kern)* atomarer Streukoeffizient *m (für ionisierende Strahlung)*
~ **scattering factor** *(Krist)* Atom[form]faktor *m*
~ **second** *(Astr)* Atomsekunde *f*, physikalische Sekunde *f*
~ **shell** *(At)* Elektronenschale *f* [eines Atoms], Atomschale *f*
~ **shells** *(At)* Elektronenhülle *f* [eines Atoms], Atomhülle *f*
~ **site** *(Krist)* Gitterplatz *m*, Gitterstelle *f (im Kristall)*
~ **space lattice** *(Krist)* Atomgitter *n*
~ **stopping power** *(Kern)* atomares Bremsvermögen *n (in J m^2, für geladene Teilchen)*
~ **transformation** *s.* nuclear transformation
~ **trunk** *(At)* Rumpf *m (eines Atoms)*, Atomrumpf *m*
~ **unit of energy** *(At)* Rydberg *n*, Ry, atomare Einheit *f* der Energie *(SI-fremde Einheit der Energie; 1 ry = 2,425 · 10^{-18} J = 0,5 Hartree)*
~ **unit of mass** *(At)* atomare Einheit *f* der Masse *(SI-fremde Einheit; 1 atomare Einheit der Masse = 9,1084 · 10^{-31} kg)*
~ **vapour method** *(Kern)* Atomdampfmethode *f (der Laserisotopentrennung)*
~ **vibration** *(At)* Atomschwingung *f (in einem Molekül)*
~ **weight** *(physCh)* relative Atommasse *f*, *(noch in Gebrauch:)* Atomgewicht *n*
atomicity *(At)* Atomigkeit *f (Anzahl der Atome im Molekül)*
ATR *(Spektr) s.* attenuated total reflectance
attached shock [wave] *(Aero)* angelagerter Verdichtungsstoß *m*
attachment 1. Halterung *f*, Halter *m*; 2. *(At)* Elektronenanlagerung *f*, Anlagerung *f*, Attachment *n (von Elektronen an neutrale Atome oder Moleküle)*; 3. *(At, Fest)* Anlagerung *f*, Einfang *m (von Teilchen, z. B. Elektronen)*; 4. *(Opt)* [optischer] Vorsatz *m*
~ **probability** *(At)* Elektronenanlagerungswahrscheinlichkeit *f*, Anlagerungswahrscheinlichkeit *f*, Attachmentwahrscheinlichkeit *f*

attainable

attainable state *(Therm)* erreichbarer Zustand *m*
attempt frequency *(Kern)* Gamow-Frequenz *f (in der Theorie des Alphazerfalls)*
attenuated total reflectance *(Spektr)* abgeschwächte (verminderte, verhinderte) Totalreflexion *f*
attenuation 1. Abnahme *f*, Abfall *m*, Absinken *n*, Fallen *n*, Sinken *n*, Abschwächung *f*, Rückgang *m*; 2. Schwächung *f*, Abschwächung *f*, Dämpfung *f (einer Größe über ein Variablenintervall, z. B. den Abstand)*; 3. Schwächung *f*, Strahlungsschwächung *f*, Strahlenschwächung *f (insbesondere ionisierender Strahlung)*; 4. *(Ak)* Schalldämpfung *f (in einem Medium)*; 5. *(Opt)* Dämpfung *f*, Verlust *m (einer optischen Faser)*
~ **coefficient** 1. *(El)* Dämpfungskoeffizient *m*, Dämpfungsbelag *m*, Dämpfungskonstante *f (einer Übertragungsleitung: Realteil des Fortpflanzungskoeffizienten)*, kilometrische Dämpfung *f*; 2. *(Kern)* Schwächungskoeffizient *m (für ionisierende Strahlung in einem Material)*; 3. *(Opt)* Dämpfungskoeffizient *m*, Dämpfungsbelag *m*; 4. *(Opt)* Schwächungs-koeffizient *m (für Licht)*, *(auch:)* spektraler Schwächungskoeffizient *m*
~ **constant** *(Ak)* 1. Dämpfungsmaß *n*, *(nicht empfohlen:)* Dämpfung *f (Größe, Realteil des komplexen Dämpfungsmaßes)*; 2. Schalldämpfungskoeffizient *m*, Dämpfungskoeffizient *m*
~ **cross section** *(Kern)* Schwächungsquerschnitt *m*
~ **equivalent** *(Kern)* Schwächungsgleichwert *m*, SGW, Schwächungsäquivalent *n*
~ **factor** *(Kern)* Schwächungsfaktor *m*, Schwächungsgrad *m (für ionisierende Strahlung für einen gegebenen Schwächer)*
~ **half-thickness (half-value layer)** *(Kern)* Halbwertschicht[dicke] *f*, HWS, Halbwertdicke *f*, HWD, Schwächungshalbwertschicht[dicke] *f*, Halbwertschicht[dicke] für Schwächung *(erste, zweite, ...)*
~-**limited operation** *(Opt)* dämpfungsbegrenzter Betrieb *m (einer optischen Faser)*
~ **loss** *(Ak)* Dämmpfungsverlust *m (von Schallenergie)*
~ **mean free path** *(Kern)* mittlere freie Schwächungsweglänge *f*, [freie] Schwächungsweglänge *f*
attenuator 1. Dämpfungsglied *n (fest oder veränderlich)*; 2. *(Kern, Opt)* Schwächer *m*, Strahlungsschwächer *m*, schwächendes Material *n*, Schwächungskörper *m*; 3. *(Mech)* Schwingungsdämpfer *m*, Vibrationsdämpfer *m*, *(speziell:)* Schwingungsabsorber *m*

atu *s.* atmosphere below atmospheric pressure
atü *s.* atmosphere above atmospheric pressure
AU *s.* astronomical unit
1 A.U. total solar irradiance *(Astr)* Solarkonstante *f*, *(selten:)* extraterrestrische Sonnenstrahlungsintensität *f*
audibility curve *(Ak)* 1. Kurve *f* gleicher Lautstärke, Fletcher-Munson-Kurve *f*; 2. Reizschwellenkurve *f*, Hörschwellenkurve *f*
~ **range** *(Ak)* Hörbereich *m*, Hörfrequenzbereich *m*, hörbarer Frequenzbereich *m*, *(manchmal:)* Hörbarkeitsbereich *m*
audible frequency *s.* audio frequency
~ **range** *(Ak)* Schallbereich *m*, hörbarer Bereich *m*
~ **sound** *(Ak)* Hörschall *m*
audio frequency *(Ak, El)* Tonfrequenz *f*, Hörfrequenz *f*, Niederfrequenz *f*, NF *(16 Hz bis 20 kHz)*
~ **masking** *(Ak)* [akustischer] Verdeckungseffekt, Verdeckung *f* [des Schalls], Tonmaskierung *f*, Schallmaskierung *f*
audiogram *(Ak)* Audiogramm *n*, Hörverlustkurve *f*, Schwellwertkurve *f*
audition diagram *(Ak)* Hörfläche *f*
Auger shower *s.* extensive shower
augmentation distance (length) *(Kern)* lineare Extrapolationslänge *f*, linearer Extrapolationsabstand *m (in der Eingruppen-Neutronentransporttheorie)*
augmented interval *(Ak)* übermäßiges Intervall *n*
~ **plane wave method** *(Krist, Qu)* Methode *f* der Entwicklung nach erweiterten ebenen Wellen, APW-Methode *f*
aural masking *s.* audio masking
auto [power] spectral density *(mathPh)* Autospektraldichte *f*, autospektrale Leistungsdichte *f*, Autoleistungsdichte *f*
autocatalytic burn[ing] *(Astr, Kern)* autokatalytische Verbrennung *f*
autocondensation *(physCh)* intermolekulare (extramolekulare) Kondensation *f*, Selbstkondensation *f*
autodecomposition *(Kern, physCh)* Autoradiolyse *f*
autodilution *(Halbl)* Selbstverdünnungseffekt, Selbstverdünnung *f*, Autodilution *f*
autodoping *(Halbl)* Selbstdotierung *f*, Autodoping *n*
autodual lattice *(mathPh)* selbstdualer Verband *m*
autoelectric effect, autoemission *(El, Fest)* *s.* field emission 1.
autofrettage *(Fest)* Kaltreckung *f*, Selbstverfestigung *f*, Autofrettage *f*
autoluminophor *(physCh)* selbstleuchtender Leuchtstoff *m*, Autoluminophor *m*
automatic control theory *(Reg)* Regelungstheorie *f*, Regelungsmathematik *f*

autotracking *(Astr, El)* Selbstnachführung f, Eigennachführung f
autumn equinox s. autumnal equinox 1.
autumnal equinox *(Astr)* 1. Herbstäquinoktium n, Herbst-Tagundnachtgleiche f; 2. s. ~ equinox point
~ **equinox point** *(Astr)* Herbstpunkt m, Waagepunkt m, Herbstäquinoktium n
auxiliary circle *(Astr)* Hauptkreis m *(einer Ellipse mit der großen Halbachse als Radius)*
~ **condition** *(Mech)* Bindungsgleichung f, Bedingungsgleichung f, Zwangsbedingung f, Nebenbedingung f *(mathematische Formulierung der Bindung)*
~ **mean** *(mathPh)* Arbeitsmittel n, angenommenes (vorläufiges, provisorisches) Mittel n, provisorischer (angenommener) Mittelwert m
~ **valency** *(At)* Nebenvalenz f
available light photography *(Phot)* Restlichtphotographie f
avalanche 1. *(El)* Townsend-Lawine f, lawinenartige Ionisation (Ionisierung) f; 2. *(Halbl)* Avalanche-Effekt m, Lawineneffekt m; 3. *(Kern)* Lawine f, Avalanche f
average deviation *(mathPh)* mittlere (durchschnittliche) Abweichung f
~ **life** 1. *(At, Kern)* mittlere Lebensdauer f, Lebensdauer f *(eines Radionuklids oder radioaktiven Materials)*; 2. *(Kern)* s. mean life
~ **magnetic well** *(Pl)* Minimum-B-Konfiguration f im Mittel
~ **number of fission neutrons [produced] per [fissile] absorption** *(Kern)* s. neutron yield per absorption
~ **number of neutrons [emitted] per fission [event]** s. neutron yield per fission
~ **sensitivity (speed)** *(Phot)* Normalempfindlichkeit f
averaged cross section *(Kern)* mittlerer (gemittelter) Wirkungsquerschnitt m
AVF accelerator *(Hoch)* AVF-Beschleuniger m, Beschleuniger m mit azimutal veränderlichem Magnetfeld
Avogadro constant (number) *(physCh)* Avogadro-Konstante f, Avogadrosche Konstante f, *(früher:)* Loschmidtsche Zahl (Konstante) f, Loschmidt-Konstante f, L, N_A *(Anzahl der Moleküle in 1 mol, L = 6,02·10^{23} mol^{-1})*
~ **scale [of temperature]** *(Therm)* Avogadrosche Temperaturskala f, Gasskala f der Temperatur, ideale Gasskala f
avogram *(US, Mech)* Avogramm n *(im Deutschen nicht üblich: SI-fremde Einheit der Masse; 1 avogram = 1 g, dividiert durch die Avogadro-Konstante)*
avoirdupois pound s. pound 1.
a.w.u., awu *(physCh)* Atomgewichtseinheit f, Einheit f des Atomgewichts, chemisches Atomgewicht n, chemische Masseneinheit f *(nicht mehr in Gebrauch)*

axial angle 1. *(Krist, Opt)* Achsenwinkel m, optischer (wahrer) Achsenwinkel m; 2. *(Opt)* Achsenwinkel m *(in der Photogrammetrie)*
~ **aperture error** *(Opt)* sphärische Aberration f, Öffnungsfehler m
~ **colour** *(Krist, Opt)* Achsenfarbe f
~ **coupling** *(Hoch)* s. ~ vector coupling
~ **elongation per unit length** *(Mech)* [relative] Streckung f
~ **flow** *(Ström)* rotationssymmetrische (axialsymmetrische) Strömung f
~ **force** 1. *(Aero)* Axialkraft f, Längskraft f; 2. *(Mech)* Längskraft f, *(manchmal:)* Normalkraft f, *(selten:)* Axialkraft f *(in einem Stabquerschnitt)*
~ **interaction** *(Hoch)* s. ~ vector coupling
~ **length** *(Krist)* Länge f eines Basisvektors, Basisvektorlänge f
~ **magnification** *(Opt)* Tiefenmaßstab m, Tiefenabbildungsmaßstab m
~ **modulus** *(Mech)* Elastizitätsmodul m für einfache Längsdehnung
~ **moment of resistance** *(Mech)* Widerstandsmoment n [gegen Biegung], Widerstandsmoment n des Querschnitts [gegen Biegung]
~ **object point** *(Opt)* Achsendingpunkt m
~ **plane** *(Krist)* Achsenebene f *(enthält zwei kristallographische Achsen)*
~ **quantum number** *(Qu)* Achsenquantenzahl f, axiale Quantenzahl f
~ **section method** *(Opt)* Achsenschnittverfahren n, Schneidenmessung f
~ **section modulus** s. ~ moment of resistance
~ **slab interferometry** *(Opt)* axiale Interferenzmikroskopie f, [axiale] Scheibeninterferometrie f
~ **symmetry** Axialsymmetrie f, Achsensymmetrie f, Symmetrie f bezüglich einer Achse (Geraden)
~ **thrust** *(Mech)* Axialdruck m, axiale Druckbeanspruchung f
~ **vector** *(mathPh)* Pseudovektor m, axialer Vektor m
~ **vector coupling (interaction)** *(Hoch)* pseudovektorielle Kopplung f, Pseudovektorkopplung f, Axial[vektor]kopplung f, Pseudovektorwechselwirkung f
~ **vector quantity** *(Magn)* axial-vektorielle Größe f
axially symmetric flow *(Ström)* rotationssymmetrische (axialsymmetrische) Strömung f
axiomatic definition axiomatische Definition f, Definition f durch Axiome
axis 1. *(mathPh)* Polarachse f, Nullstrahl m *(bei ebenen Polarkoordinaten)*; 2. *(Mech)* Mittellinie f, Achse f *(eines Stabes oder Balkens)*
~ **of collimation** *(Astr, Opt)* Zielachse f, Ziellinie f, Absehnlinie f *(eines Fernrohres)*
~ **of floatation (floating)** *(Hydr)* Schwimmachse f

axis

~ **of gravity** *(Mech)* Schwerlinie f, Schwerpunkt[s]achse f, Schwerachse f
~ **of incidence** *(Opt)* Einfallslot n, Einfallsnormale f
~ **of order** n *(Krist)* n-zählige Symmetrieachse (Achse) f, n-zählige Dreh[ungs]achse f, n-zählige Rotationsachse f
~ **of revolution** s. ~ of rotation 2.
~ **of roll** *(Aero)* Längsachse f, Rollachse f, x-Achse f, X-Achse f
~ **of rotation** 1. *(Krist)* Symmetrieachse f [erster Art], Drehachse f, Deckachse f, Gyre f; 2. *(Mech)* Drehachse f, Rotationsachse f, Drehungsachse f; 3. *(Opt)* Stehachse f, Vertikalachse f, Umdrehungsachse f, Drehachse f, Alhidadenachse f *(eines Theodoliten)*
~ **of single ray (wave) velocity** *(Krist, Opt)* Biradiale f, Strahlenachse f, Achse f der optischen Isotropie der elektrischen Feldstärke
~ **of the second sort** *(Krist)* Drehspiegel[ungs]achse f, Drehachse f (Symmetrieachse) f zweiter Art, Gyroide f
~ **of yaw** *(Aero)* Gierachse f, Hochachse f, Auftriebsachse f, z-Achse f
~ **of zero lift** *(Aero)* Nullauftriebslinie f, Nullinie f (erste Achse f) des Profils, Nullauftriebsachse f
axisymmetric flow *(Ström)* rotationssymmetrische (axialsymmetrische) Strömung f
axode, axoid, axoidal surface *(Mech)* Achsenfläche f, Axoid n
azeotrope 1. *(physCh, Therm)* Azeotrop n, azeotropes (azeotropisches) Gemisch n, azeotrope Mischung f; 2. *(Therm)* Azeotrope f
azimuth angle 1. *(Astr)* Azimutalwinkel m, Horizontalwinkel m, Seitenwinkel m *(auf Nord bezogen)*; 2. *(mathPh)* Richtungswinkel m, Amplitude f, Polarwinkel m *(als ebene Polarkoordinate)*; 3. *(Opt)* Beleuchtungsazimut m(n), Azimutalwinkel m *(in der Mikroskopie)*
azimuthal angle s. azimuth angle 1. und 3.
~ **quantum number** *(At, Qu)* 1. Bahndrehimpulsquantenzahl f, Drehimpulsquantenzahl f, Nebenquantenzahl f *(eines freien Teilchens oder Moleküls: l)*; 2. azimutale Quantenzahl f *(k, früher benutzt: k = l + 1)*

B

b 1. Bel n, B *(Pseudoeinheit)*; 2. *(At)* Deformationsschwingung f, Knickschwingung f, Bindungs-Biegungsschwingung f; 3. *(Mech)* s. bar
B 1. Bel n, B *(Pseudoeinheit)*; 2. *(Opt)* s. brewster

B-body *(Ström)* Binghamscher Körper m, B-Körper m, Körper m mit Fließfestigkeit
B position *(Krist)* Oktaederplatz m, oktaederischer Lückenplatz m, Oktaederlücke f, B-Lage f, Oktaederzentrum n
B-scope *(Ak)* [Ultraschall-]B-Bild n, B-Scan m, B-Mode-Darstellung f, Ultraschallschnittbild n *(B = brightness, Helligkeit)*
B-space *(mathPh)* Banach-Raum m, vollständiger (linearer) normierter Raum m
B weighting network *(Ak)* B-Bewertungsnetzwerk n
ba s. barye
B.A. ohm *(El)* Britisches Standardohm n, British Association Unit f, B.A.U., Ohmad n *(SI-fremde Einheit des elektrischen Widerstandes; 1 B.A. ohm = 0,9886 Ω)*
back bias *(Halbl)* Sperrvorspannung f, Vorspannung f in Sperrichtung
~ **bond** *(Fest)* Rückbindung f *(von Atomen in einem Festkörper)*
~ **coupling** *(Ak, El)* Rückkopplung f, aktive Rückwirkung f
~ **diffusion** Rückdiffusion f *(auch von Elektronen)*
~ **donation** *(At)* Rückbindung f *(in einem Komplex)*
~ **echo** *(Ak)* Rückwandecho n *(Ultraschall)*
~ **electromotive force** *(El)* gegenelektromotorische Kraft f, Gegen-EMK f
~ **field of view** *(Opt)* Bildfeld n, bildseitiges Sichtfeld n, Austrittssichtfeld n *(eines optischen Instruments)*
~ **field stop** *(Opt)* Bildfeldblende f, bildseitige (hintere) Feldblende f
~ **focal distance (length)** *(Opt)* Bildbrennweite f, bildseitige (hintere, zweite) Brennweite f
~ **porch effect** *(Halbl)* hinterer Schwarzschultereffekt m, Back-porch-Effekt m
~ **pressure** *(Mech)* 1. Gegendruck m; 2. Rücklaufdruck m, Gegendruck m *(in einem Pneumatik- oder Hydrauliksystem)*
~ **projection** *(Opt, Phot)* Rückprojektion f, Hintergrundprojektion f
~-**reflection pattern (photogram)** *(Krist)* Rückstrahlaufnahme f, Rückstrahldiagramm n
~ **stream** *(Hydr)* Rückstrom m, Rückströmung f, [zu]rücklaufende Strömung f
~ **streaming** *(Vak)* Treibmitteldampfrückströmung f, Rückströmung f
~ **stress** *(Krist)* Gegenspannung f *(bei Versetzungen)*
~-**to-back ionization chamber** *(Kern)* Doppelionisationskammer f [nach Rutherford], Rutherfordsche Doppelionisationskammer *(Ionisationskammer)* f
backflow *(Hydr)* Rückstrom m, Rückströmung f, [zu]rücklaufende Strömung f
background 1. *(Astr)* s. cosmic ray background; 2. *(Kern)* Untergrundstrahlung f, Grund[pegel]strahlung f; 3. *(Kern)* Nulleffektzählrate f, Zählrate f des Nulleffekts,

Nulleffekt m, Untergrundzählrate f; 4. (Spektr) Untergrund m, Hintergrund m
~ **eradication (erase)** *(Kern)* Nulleffektlöschung f, Untergrundlöschung f, *(speziell:)* Schleierentfernung f, Spurenlöschung f *(in der Kernspuremulsion)*
~ **illumination** *(Opt)* Hintergrundbeleuchtung f
~ **luminance** *(Opt)* Grundleuchtdichte f, Grundhelligkeit f *(Sichttheorie)*
~ **noise** 1. *(El)* Grundrauschen n, Grundgeräusch n; 2. *(Kern)* Untergrundrauschen n
~ **radiation** *(Kern)* s. background 2.
~ **star** *(Astr)* Feldstern m
backing *(Phot)* Filmunterlage f, Filmträger m, Unterlage f, Schichtträger m, Emulsionsträger m, Träger m
~ **pressure (vacuum)** *(GB, Vak)* Vorvakuumdruck m
backlash 1. *(Mech)* Spiel n, Spielraum m; 2. *(Meß)* Hysterese f *(eines Meßschreibers)*; 3. *(Mech, Meß)* toter Gang m, Totgang m
backleg *(Magn)* magnetische Rückleitung f, magnetischer Rückschluß m
backlight photography *(Phot)* Gegenlichtphotographie f, Gegenlichtaufnahme f *(Verfahren)*
backscatter 1. *(El)* Rückstrahlecho n, Rückstreuecho n *(Radar)*; 2. *(El, Magn)* Rück[wärts]strahlung f, rückwärtige Strahlung f, Rückstreuung f *(einer Antenne)*; 3. *(Kern)* [zu]rückgestreute Strahlung f; 4. *(Kern)* Rückstreuung f *(Vorgang)*
backscattering 1. *(Opt)* Rückwärtsstreuung f; 2. *(Opt)* Rückstreuung f *(in einer optischen Faser)*; 3. s. backscatter 1., 2. und 4.
~ **strength** *(Ak)* Zielrückstreumaß n
~ **technique** *(Opt)* Lichtwellenleiter-Laufzeitreflexionsmessung f, Rückstreumessung f, optische Zeitdomänenreflektometrie f, OTDR
backswing *(El)* Rückschwingen n, Impulsrückschwingen n
backward difference *(mathPh)* Rückwärtsdifferenz f, rückwärts genommene Differenz f, aufsteigende Differenz f
~-**facing wave** *(Hydr)* Rückwärtswelle f
~ **stagnation point** *(Hydr)* hinterer Staupunkt m, Abflußpunkt m
~ **wave** *(El, Magn)* Rückwärtswelle f, rücklaufende (gegenläufige, rückwärtslaufende) Wanderwelle (Welle) f
backwater *(Hydr)* Rückstau m
~ **flow** *(Hydr)* Staustömung f, Staustrom m
~ **profile** *(Hydr)* Staukurve f, Staulinie f
~ **surface** *(Hydr)* Staufläche f, Stauhaltung f
~ **surge (wave)** *(Hydr)* Stauschwall m
Baily's beads *(Astr)* Perlschnurphänomen n

Baker-Nathan effect *(At)* Hyperkonjugation f, Baker-Nathan-Effekt m, Konjugation f zweiter Ordnung
balance 1. Bilanz f *(der Energie)*, *(manchmal auch:)* Haushalt m; 2. ausgeglichener Zustand m, Ausgleichszustand m; 3. *(El)* abgeglichener Zustand m, Abgleichzustand m, Gleichgewichtszustand m *(einer Brücke oder eines anderen Netzwerkes)*; 4. *(El)* Symmetrie f; 5. *(El)* Leitungsnachbildung f, Nachbildung f; 6. *(Mech)* Balance f, [eingespieltes] Gleichgewicht n; 7. Waage f; 8. Unruh[e] f *(einer Uhr)*
~ **on material** *(physCh)* Stoffbilanz f, Materialbilanz f
~-**out** *(Meß)* Einspielen n *(eines Zeigers)*
balanced chain reaction *(Kern)* kritische (sich selbst erhaltende, stationär verlaufende) Kernkettenreaktion (Kettenreaktion) f
~ **currents** *(El)* Gegentaktströme mpl
~ **ionization chamber** *(Kern)* symmetrische Ionisationskammer f
~ **reaction** *(physCh)* unvollständige Reaktion f
balancing 1. Ins-Gleichgewicht-Bringen n, Herstellung f des Gleichgewichts; 2. Kompensation f, Kompensierung f, Ausgleich m, Ausgleichung f *(einer Wirkung durch eine Gegenwirkung)*; 3. *(El)* Symmetrierung f *(einer Schaltung oder einer Leitung)*; 4. *(El)* Nullabgleich m, Nullung f, Abgleich m; 5. *(Mech)* Wippbewegung f; 6. *(Mech)* Auswuchtung f, Auswuchten n; 7. *(Meß)* Einspielen n *(eines Zeigers)*
~ **columns method** *(Therm)* Verfahren n von Dulong und Petit *(zur Bestimmung des Wärmeausdehnungskoeffizienten von Flüssigkeiten)*
~ **force** *(Mech)* Ausgleichskraft f, Kompensationskraft f
~-**out** *(Meß)* s. balancing 4. und 7.
ball *(mathPh)* Vollkugel f, Kugel f *(geometrischer Körper)*
~ **lightning** Kugelblitz m
ballistic deflection *(Mech)* 1. ballistische Ablenkung (Abweichung) f *(eines Geschosses)*; 2. ballistischer Anschlag (Ausschlag) m, Stoßausschlag m *(eines ballistischen Pendels)*
~ **density** *(Mech)* ballistische Dichte f
~ **effect** *(Meß)* Überschwingen n *(eines Meßgerätes)*
~ **efficiency** *(Mech)* ballistischer Wirkungsgrad m *(eines Geschosses oder einer Rakete)*
~ **factor** s. ~ effect
~ **trajectory** *(Mech)* 1. ballistische Flugbahn f; 2. Wurfbahn f
balun *(El)* λ/2-Umwegleitung f, Lambda-Halbe-Umwegleitung f, Balun m
band 1. *(At, Spektr)* Spektralbande f, Bande f; 2. *(At, Spektr)* Bandenspektrum n; 3. *(El)* Frequenzbereich m, Frequenz-

band 30

band *n*, Bereich *m*, Band *n*; 4. *(El)* Wellenbereich *m*, Bereich *m*, *(manchmal:)* Wellenband *n*, Band *n*; 5. *(Fest)* Energieband *n*, [Bloch-]Band *n*
~-**band transition** *(Fest)* Interbandübergang *m*, Band-Band-Übergang *m*
~ **edge** 1. *(Fest)* Bandkante *f*; 2. *(Spektr) s.* ~ head
~ **envelope** *(Spektr)* Bandenkontur *f*, Bandenenveloppe *f*
~ **expansion factor** *(El)* Banddehnungsfaktor *m* (= *doppeltes Hubverhältnis*)
~ **gap** *(Fest)* 1. Energielücke *f*, Lücke *f*, verbotene Zone *f*; 2. Bandabstand *m*, Breite *f* der verbotenen Zone *(Größe)*
~ **group** *(At, Spektr)* Bandensystem *n*
~ **head** *(Spektr)* Bandkante *f*, Bandenkopf *m*
~ **limit continuum** *(At, Spektr)* Grenzkontinuum *n* der Bande, Bandengrenzkontinuum *n*
~ **model** *(Fest)* Bändermodell *n*, Energiebändermodell *n*
~ **of secondary slip** *(Fest)* Band *n* zweiter Gleitung, Striemen *m*
~ **of totality** *(Astr)* Totalitätszone *f*
~ **origin** *(Spektr)* Nullücke *f (einer Bande)*
~ **progression** *(Spektr)* Bandenserie *f*
~ **sequence** *(Spektr)* Bandengruppe *f*
~ **spread[ing]** *(El)* Bandspreizung *f*
~-**to-band scattering** *(Fest)* Interbandstreuung *f*, Band-Band-Streuung *f*
banded spectrum *(Spektr)* Platteninterferenzspektrum *n*, kanneliertes (kanelliertes, kannelliertes) Spektrum *n*
~ **structure** *(Fest)* Zeilenstruktur *f*, Zeilengefüge *n*
banding Streifenbildung *f*, Streifung *f*, Bänderung *f*
bandwidth *(El)* Bandbreite *f*
~-**limited operation** *(Opt)* bandbreitenbegrenzter Betrieb *m (einer optischen Faser)*
bang *(Ak)* 1. explosionsartiger (scharfer) Knall *m*, *(kürzer:)* Knall *m*; 2. Detonation *f*, Krachen *n*, Knack *m*, Knall *m*; 3. Überschallknall *m*
bank 1. Reihe *f*, Gruppe *f*, Batterie *f (gleichartiger Teile)*; 2. *(Aero)* Kurvenlage *f*, Schräglage *f* in der Kurve; 3. *(mathPh)* Schnittufer *n*, Ufer *n*
banking 1. *(Hydr)* Stau *m*, Stauung *f*; 2. *(Aero) s.* bank 2.
~-**up curve** *(Hydr)* Staukurve *f*, Staulinie *f*
bar *(Mech)* Bar *n*, bar, b *(SI-fremde Einheit des Druckes; 1 b = 10^5 N/cm²)*
~ **chart (diagram)** *(mathPh)* Streifendiagramm *n*, Säulendiagramm *n (Gesamtdarstellung, zweidimensional) (s. a.* histogram*)*
~ **graph** 1. *(El, Meß)* Balkenanzeige *f*; 2. *(mathPh) s.* ~ chart
bare interaction *(Kern)* nichtabgeschirmte (nackte) Wechselwirkung *f*
~ **mass** *(Feld, Qu)* mechanische (nackte, eingeprägte) Masse *f*

~ **nucleon** *(Hoch) s.* nucleor
~ **value** *(Feld, Qu)* mathematischer Wert *m*, „nackter" Wert *m (für den wechselwirkungsfreien Zustand)*
baric charge *(Hoch) s.* baryon charge
Barns effect *(Mech)* Merrington-Effekt *m*, Aufschwelleffekt *m*
barometric gradient *(Ström)* Druckgradient *m*, Druckgefälle *n*
~ **pressure** Luftdruck *m*, Atmosphärendruck *m*, atmosphärischer Druck *m*, *(mit dem Barometer gemessen:)* barometrischer Druck *m*, Barometerdruck *m (Druck der freien Atmosphäre)*
~ **pressure altitude** *(Aero)* Druckhöhe *f*, barometrische Höhe *f*
baromil *(Mech)* Baromil *n (Längeneinheit der Barometerskalenteilung, im Deutschen nicht üblich)*
barred galaxy (nebula, spiral) *(Astr)* Balkenspirale, SB
barrel *(US, Mech)* Barrel *n*, bbl *(SI-fremde Einheit des Volumens von Trockensubstanzen; 1 bbl = 115,627 82 dm³)*
~ **distortion** *(Opt)* tonnenförmige (negative) Verzeichnung *f*, Tonnenverzeichnung *f*
barrier 1. Potentialwall *m*, Potentialbarriere *f*, Potentialberg *m*; 2. *(Kern) s.* Gamow barrier
~ **diffusion method** *(physCh)* Diaphragmadiffusionsverfahren *n*, Trennwanddiffusionsverfahren *n (Isotopentrennung)*
~ **factor** *s.* ~ penetration factor
~ **layer** 1. *(Fest)* Sperrschicht *f*; 2. *(Halbl)* Sperrschicht *f*, Verarmungsrandschicht *f*, [träger]verarmte Schicht *f*, Raumladungs[rand]schicht *f*; 3. *(Opt)* Trennschicht *f*, Randschicht *f*, Grenzschicht *f*
~-**layer photoeffect (photoelectric effect)** *(Halbl) s.* depletion-layer photoeffect
~ **penetrability** *s.* ~ penetration factor
~ **penetration** *(Qu)* 1. Überwindung *f* des Potentialwalls, Durchtunnelung *f* [des Potentialwalls]; 2. *s.* ~ penetration factor
~ **penetration factor (probability)**, ~ **permeability factor** *(Qu)* Durchlaßkoeffizient *m*, Durchdringungswahrscheinlichkeit *f*, Durchlässigkeit *f* des Potentialwalls, *(beim Alphazerfall auch:)* Gamow-Faktor *m*
~ **separation efficiency** *(physCh)* Trenneffektivität *f*, Trennwirksamkeit *f (bei der Isotopentrennung)*
~ **transparency** *s.* ~ penetration factor
Bartlett force *(Kern)* Bartlett-Kraft *f*, Spinaustauschkraft *f*
barycentre 1. Schwerpunkt *m*, Massenmittelpunkt *m*; 2. *(Mech)* Baryzentrum *n*, Schwerpunkt *m (eines Systems endlich vieler gleicher Massenpunkte)*
barycentric velocity *(Mech, Therm)* Schwerpunkt[s]geschwindigkeit *f*, mittlere Massengeschwindigkeit *f*, baryzentrische Geschwindigkeit *f*

barye *(Ak, Mech)* Mikrobar *n*, μbar, μb *(SI-fremde Einheit des Druckes; 1 μba = 10^{-5} N/cm^2)*
baryon charge (number) *(Hoch)* Baryonenzahl *f*, *B*, baryonische Ladung *f*, Baryonenladung *f*
barytron *(Hoch)* s. muon
basal edge *(Krist)* Basiskante *f*
~ **glide** *(Krist)* Basistranslation *f*
~ **plane** 1. *(Krist)* Basis *f*, Basisfläche *f*; 2. *(Opt)* Kernebene *f (Photogrammetrie)*
base 1. *(mathPh)* Basis *f (eines Logarithmus, einer Potenz, eines topologischen Raumes)*; 2. *(mathPh)* Basis *f*, Grundzahl *f (eines Zahlensystems)*; 3. Schichtträger *m*, Träger *m*, Unterlage *f (z. B. eines Magnetbandes)*; 4. Filmunterlage *f*, Filmträger *m*, Schichtträger *m*, Emulsionsträger *m (eines Films)*; 5. *(El)* Fuß *m*, Basis *f*, Impulsfuß *m*, Impulsbasis *f*; 6. s. ~ layer; 7. *(Opt)* Standlinie *f*, Basislinie *f*, Stehlinie *f (z. B. beim Entfernungsmeßgerät)*; 8. *(physCh)* Base *f*
~-**centred lattice** *(Krist)* basiszentriertes (basisflächenzentriertes, seitenflächenzentriertes) Gitter *n*
~ **curve** *(Opt)* Grundbrechkraft *f (einer astigmatischen Linse)*
~ **drag** *(Ström)* Basiswiderstand *m*, Heckwiderstand *m*, Sog *m (Anteil des Druckwiderstandes)*
~ **layer** *(Halbl)* Basis *f*, Basiszone *f*, Basisschicht *f (eines Transistors)*
~ **level** *(Astr)* Grundstrahlung *f*, Grundkomponente *f (der Radiofrequenzstrahlung von der Sonne)*
~ **line** 1. Basislinie *f*, Bezugslinie *f (gibt einen Bezugswert in der graphischen Darstellung einer physikalischen Zustandsgröße an, auch auf einem Oszillographen)*; 2. s. base 7.
~ **pressure** 1. *(Mech)* Basisdruck *m*, Bezugsdruck *m (als Bezugswert)*; 2. *(Ström)* Basisdruck *m*
~ **region** s. ~ layer
~ **support** *(Halbl)* Trägerplatte *f*, Träger *m*, Basismaterial *n*
~ **thickness modulation** s. ~-width modulation
~ **transmission (transport) factor** *(Halbl)* Übergangsverhältnis *n*
~ **unit** 1. Basiseinheit *f*, Grundeinheit *f (eines Maßsystems, insbesondere des SI)*; 2. *(At)* Strukturelement *n (eines Makromoleküls)*
~ **vector** *(mathPh)* 1. Koordinateneinheitsvektor *m*, Grundvektor *m*, Einheitsvektor *m (eines Koordinatensystems)*; 2. Basisvektor *m (eines Vektorraumes)*
~-**width modulation** *(Halbl)* Early-Effekt *m*, Basisbreitenmodulation *f*
basic component *(Astr)* Grundstrahlung *f*, Grundkomponente *f (der Radiofrequenzstrahlung von der Sonne)*
~ **equation** Grundgleichung *f*, Fundamentalgleichung *f*
~ **frequency** Grundfrequenz *f (wichtigste Frequenz in einer Welle)*
~ **interaction** *(Feld)* elementare (fundamentale) Wechselwirkung *f*
~ **ion** *(Ech)* Kation *n*, positives (positiv geladenes) Ion *n*
~ **radiance** *(Opt)* reduzierte Strahldichte *f*
~ **stimulus** *(Opt)* Mittelpunktvalenz *f*
~ **structure** *(Krist)* Grundstruktur *f (des unverformten Kristalls)*
~ **vorticity formula** *(Pl)* Truesdellsche Wirbelformel *f*
basis *(mathPh)* Basis *f*, Vektorbasis *f*, Bezugssystem *n (eines Vektorraums)*
batch number *(Kern)* Impulsvorwahl *f*, vorgewählte (voreingestellte) Zählimpulszahl *f*
B.A.U. s. British Association unit
Baveno law *(Krist)* Bavenoer Zwillingsgesetz *n*
BAW s. bulk acoustic wave
bazooka s. balun
BB decoupling *(Spektr)* Breitbandentkopplung *f*, BB-Entkopplung *f*, Rauschentkopplung *f*
bb quarkonium [system] *(Hoch)* Bottomonium *n*, b-onium *n*, bb-Quarkonium[system] *n*
bbl s. barrel
b.c. lattice *(Krist)* s. body-centred lattice
BCA *(At)* Zweierstoßnäherung *f*
b.c.c. (BCC) lattice *(Krist)* s. body-centred cubic lattice
BCS theory *(Fest)* Bardeen-Cooper-Schrieffer-Theorie *f*, BCS-Theorie *f (der Supraleitfähigkeit)*
BDV *(El)* Durchschlagsspannung *f*, Durchschlagpotential *n (eines Dielektrikums)*
beam 1. *(meist kurz:)* Strahl *m*, *(eigentlich:)* Strahlenbündel *n*, Bündel *n (dreidimensional)*; 2. Strahlenbüschel *n*, Büschel *n (ebenes Strahlenbündel)*; 3. *(Mech)* Balken *m (allgemeintheoretisch als transversal belasteter Stab)*; 4. Waagebalken *m*; 5. Schiene *f (eines Meßschiebers)*
~ **bunching** *(Kern)* Strahlbündelung *f*, Phasenbündelung *f*, Bündelung *f (der Teilchen im Linearbeschleuniger)*
~ **catcher** s. ~ dump
~ **control** *(El)* Strahlführung *f*
~ **cross-over** *(El)* Crossover *n*, Cross-over *n*, Überkreuzungspunkt *m*, Strahlkreuzungspunkt *m*, Kreuzungspunkt *m (eines Elektronenstrahls)*
~ **deflection** 1. *(El, Kern)* Strahlablenkung *f*, Ablenkung *f* des Strahls *(auch in der Korpuskularoptik)*; 2. s. ~ extraction
~ **dump** *(Kern)* Strahlstopper *m*, Strahlfänger *m*, Strahlabsorber *m (in einem Teilchenbeschleuniger)*
~ **edge** Strahlgrenze *f*, Strahlbegrenzung *f*
~ **ejection** s. ~ extraction
~ **equation** *(Mech)* Balkengleichung *f*

beam

~ **extraction** *(Kern)* Ausführung (Herausführung) *f* des Strahls, Ausschleusung (Ejektion) *f* des Strahls, Strahlauslenkung *f (aus der Vakuumkammer)*
~-**foil spectroscopy** *(At)* Strahlfolienspektroskopie *f*
~-**gas spectroscopy** *(At)* Strahlgasspektroskopie *f*
~ **injection** *(Kern, Pl)* Strahlinjektion *f*, Strahleinschußm, Strahleinschleusung *f*
~ **intensity** *(Kern)* [momentane] Strahlstärke *f*, [momentane] Strahlintensität *f*
~ **intrinsic spread** *(Kern)* Strahleigenstreuung *f*
~ **load** *s.* ~ output
~ **luminosity** *(Hoch)* Luminosität *f*, Strahlluminosität *f*
~ **mode** *(Opt)* Strahlmode *f*, Strahlmodus *m*, Strahltyp *m (eines Lasers)*
~ **output** *(Kern)* Strahlleistung *f (eines Teilchenbeschleunigers)*
~ **pattern** *(Ak)* Richtcharakteristik *f (für einen Schallstrahler oder -aufnehmer)*
~ **piping** *(Kern)* Strahlführung *f* in Rohren
~ **power** *s.* ~ output
~ **spread** 1. *(El)* Strahlstreuung *f*, Strahlspreizung *f (eines Elektronenstrahls im Vakuum)*; 2. *(Kern)* Strahlstreuung *f*, Strahldispersion *f*; 3. *(Opt)* Streuung *f (eines Scheinwerfers)*
~ **spreading** *(Kern)* Strahlverbreiterung *f*
~ **transfer** *(Kern)* Strahlüberführung *f (von einem Beschleuniger in einen anderen)*
~ **transport** *(Kern)* Strahlführung *f*, Strahltransport *m (in einem Teilchenbeschleuniger)*
~ **trap** *s.* ~ dump
~ **trapping** *(Kern, Pl)* Einfangen *n (eines Strahls, Strahlenbündels)*, Strahleinfang *m*
~ **tube window** *(Kern)* Strahlaustrittsfenster *n (einer Strahlenquelle)*
~ **tunnel** *(Kern)* Beschleunigertunnel *m*
~ **widening** *s.* ~ spreading
~ **width in angle** *(Hoch)* Winkelbreite *f* des Strahls
beamsplitter *(Opt)* Lichtwellenleiter-Strahlteiler *m*, [LWL-]Strahlteiler *m*
beamwidth *(Opt)* Strahldurchmesser *m*, Strahlweite *f (Lichtwellenleitertechnik)*
bearing 1. *(El)* Funkpeilung *f*, Peilung *f*, Anpeilung *f (Vorgang)*; 2. *(El)* Peilwinkel *m*, Peilung *f*, Peilwert *m*, Richtungswinkel *m*, Funkazimut *m(n) (Größe)*; 3. *(Opt)* Peilung *f*, Anpeilung *f (Vorgang)*; 4. *(Mech)* Auflager *n*, Auflagerung *f (Fläche von Bauwerksteilen)*; 5. *(Mech, Meß)* Lager *n*, Lagerung *f (Element zur Lagerung oder Führung beweglicher Teile in feststehenden)*
~ **circle** *(Astr, Opt)* Limbus *m*, Horizontal[kreis] *m (eines Theodoliten)*
~ **distance** *(Mech)* Stützweite *f*
~ **forces** *(Mech)* Lagerreaktion *f*, Lagerkräfte *fpl*

~ **plate** *s.* ~ circle
~ **strength** *(Mech)* Tragfähigkeit *f*, Tragkraft *f*
beat 1. Schwebung *f*; 2. *(Ak)* Takt *m*, Zeitmaß *n*
~ **note** *(Ak)* Schwebungston *m*, Überlagerungston *m*
~ **of beat** Schwebungsschwebung *f*, Schwebung *f* der Schwebungen
~ **rate** Schwebungsfrequenz *f*
beating *(Hydr)* Wellenschlag *m*
~-**in** *(Ak, El)* Einstimmung *f* auf verschwindende Schwebungen, Schwebungstonverfahren *n*
beauty-flavoured quark *(Hoch)* b-Quark *n*
~ **particle** *(Hoch)* Beauty-Teilchen *n*, Teilchen *n* mit Beauty
beautyonium *(Hoch)* Bottomonium *n*, b-onium *n*, bb (Linie)-Quarkonium[system] *n*
Becquerel cell *(Ech)* Elektrolytzelle *f*
Beer-Lambert[-Bouguer] law *(Opt, physCh)* Lambert-Beersches Gesetz *n*
~ **law** *(Opt, physCh)* 1. Beersches Gesetz *n*; 2. *s.* Beer-Lambert[-Bouguer] law
Beer's formula *(Opt)* Beersche Formel *f (für den Reflexionskoeffizienten)*
Belinfante tensor *(Rel)* symmetrischer Energie-Impuls-Tensor *m*, Belinfante-Energie-Impuls-Tensor *m*
bell-shaped curve *(mathPh)* Glockenkurve *f*
belt of totality *(Astr)* Totalitätszone *f*
~ **wraps** *(Mech)* Umschlingungswinkel *m*, Umfassungswinkel *m*
BEM *(mathPh) s.* boundary element method
benchmark experiment *(Kern)* Benchmarkexperiment *n*, Bewertungsexperiment *n*
bend 1. *(El)* Bogen *m*, Bogenstück *n (eines Wellenleiters)*, (speziell:) Knie *n*, Knickstelle *f (eines Wellenleiters, Krümmung zwischen 90° und 15°)*; 2. *(Ström)* Rohrkrümmer *m*, Rohrbogen *m*
~ **plane** *(Fest)* Neigungskorngrenze *f*, Kipp[korn]grenze *f*, Tilt-Korngrenze *f*, „tilt boundary" *f*
~ **radius** *(Mech)* Biegeradius *m*, Biegungshalbmesser *m*, Biegungsradius *m*
bending *(Mech)* 1. Biegung *f*, Durchbiegung *f (Vorgang)*; 2. Spannen *n (einer Feder)*
~ **couple** *s.* ~ moment
~ **endurance** *(Mech)* Dauerbiegefestigkeit *f*
~ **force constant** *(At)* Kraftkonstante *f* der Deformationsschwingung (Knickschwingung, Biegeschwingung)
~ **frequency** *(At)* Deformationsschwingungsfrequenz *f*, Knickschwingungsfrequenz *f*
~ **in flexure** *(Mech)* Biegung *f*, Durchbiegung *f (Vorgang)*
~ **line plane** *(Mech)* Biegungsebene *f*
~ **moment** *(Mech)* Biegemoment *n*

~ **moment density** *(Mech)* Biegemomentdichte *f*
~ **moment diagram** *(Mech)* Momentenliste *f*, Momentenkurve *f*, Momentendiagramm *n*
~ **point** *(mathPh)* Extrempunkt *m*, Extremalpunkt *m (einer Kurve)*
~ **strength** *(Mech)* Biegefestigkeit *f*, Biegungsfestigkeit *f (Größe)*
~ **stress** *(Mech)* Biegespannung *f*
~ **stress fatigue limit** *(Mech)* Dauerbiegefestigkeit *f*
~ **torsion** *(Mech)* Biegeverdrehung *f*, Biegung *f* und Verdrehung *f*
~ **vibration** 1. *(At)* Deformationsschwingung *f*, Knickschwingung *f*, [Bindungs]-Biegungsschwingung *f*; 2. *(Mech)* Biegeschwingung *f*, Biegungsschwingung *f*
~ **with rotating bar (specimen)** *(Mech)* Umlaufbiegung *f*, Umlaufbiegebeanspruchung *f*
Benham top *(Opt)* Benham-Scheibe *f*
Bennett dip *(Opt)* Bennett-dip *m*, Bennettsche Delle *f*, Bennett-Delle *f*
bent characteristic geknickte Charakteristik (Kennlinie) *f*
~ **dislocation** *(Krist)* gekrümmte Versetzung *f*
Bernal chart *(Krist)* Bernal-Netz *n*
Bernoulli equation 1. *(mathPh)* Bernoullische Differentialgleichung *f*; 2. *(Ström)* Bernoullische Gleichung *f*, Bernoullisches Theorem *n*, hydrodynamische Druckgleichung *f*
~-**Euler law** *(Mech)* Bernoulli-Eulersches Biegungstheorem *n*
~ **law (theorem)** *s.* Bernoulli equation 2.
Bernoulli's constant *(Ström)* Bernoullische Konstante *f*, Strömungsenergie *f*
Berthelot-Thomsen principle *(Therm)* Berthelotsches Prinzip *n*, Berthelot-Prinzip *n*
Bertin surface *(Opt)* Fläche *f* gleichen Gangunterschiedes, Gangunterschiedsfläche *f*, Bertinsche Fläche *f*
Bessel function *(mathPh)* Zylinderfunktion *f*, Bessel-Funktion *f*, Besselsche Funktion *f (der Ordnung* ν, *mit dem Parameter* ν, *mit dem Index* ν*)*
Bessel's method [for determination of focal length] *(Opt)* Brennpunktverfahren *n* von Bessel
best estimate (estimator) *(mathPh)* beste lineare erwartungstreue Schätzung (Schätzfunktion) *f*, beste Schätzung (Schätzfunktion) *f*, Gauß-Markov-Schätzung *f*
~ **fit method** *(mathPh)* Methode *f* der besten Anpassung (Annäherung), Bestfitmethode *f*
BET (B.E.T.) equation *(physCh)* BET-Gleichung *f*, Brunauer-Emmett-Teller-Gleichung *f* [der Adsorptionsisothermen]
beta cut-off frequency *(Halbl)* Beta-Grenzfrequenz *f*, β-Grenzfrequenz *f (eines Transistors)*

~ **factor** *(Pl)* Einschlußparameter *m* β, Betawert *m*, Beta *n*, Beta-Faktor *m*, β *(Verhältnis gaskinetischer Plasmadruck/Magnetfelddruck)*
~ **interaction** *(Feld, Hoch)* schwache Wechselwirkung *f*, *(selten:)* Betawechselwirkung *f*, β-Wechselwirkung *f*
~ **ratio (value)** *s.* ~ factor
betatron oscillation *(Hoch)* Betatronschwingung *f*, Kerst-Schwingung *f*
Bethe cycle *(Astr, Pl)* Kohlenstoffzyklus *m*, Bethe-Weizsäcker-Zyklus *m*, Kohlenstoff-Stickstoff-Sauerstoff-Zyklus *m*, C-N-O-Zyklus *m*
~ **stopping-power formula** *(Kern)* Bethe-Bloch-Formel *f*
~-**Weizsäcker formula (relation)** Weizsäckersche Formel *f (für die Kernbindungsenergie oder -masse)*, Weizsäcker-Gleichung *f*, halbempirische Massenformel *f* von Weizsäcker[s]
~-**Weizsäcker cycle** *s.* Bethe cycle
BeV *(US, Kern)* Gigaelektronenvolt *npl*, GeV $(10^9$ *eV)*
bevel angle *(Mech)* Schrägungswinkel *m*
beyond-the-horizon communication (propagation, transmission) *(El, Magn)* Streuausbreitung *f*, Scatterverbindung *f*, Transhorizontausbreitung *f*, Überhorizontausbreitung *f (von Wellen)*
BFS *(At)* Strahlfolienspektroskopie *f*
Bi *(El) s.* biot
Bi *(Ström)* 1. Bingham-Zahl *f*, *Bi*; 2. *s.* Nusselt number 2.
biamperometric titration *(Ech)* Deadstop-Methode *f*, Dead-stop-Verfahren *n*, Dead-stop-Titration *f*
biangle *(mathPh)* Zweieck *n*, Mond *m*, Möndchen *n*, *(auf der Kugel auch:)* Kugelzweieck *n*, sphärisches Zweieck *n*
bias 1. *(El)* Vorspannung *f*, *(speziell:)* Gittervorspannung *f*; 2. *(Magn)* Vormagnetisierung *f*; 3. *(mathPh)* Verzerrung *f*, Bias *m*, erwartungsmäßige Abweichung *f*, Verfälschung *f (einer Punktschätzung)*; 4. *(Mech)* Vorbelastung *f*; 5. *(Meß)* systematischer Fehler *m*, *(manchmal:)* regelmäßiger (methodischer) Fehler *m*
~ **current** 1. *(El)* Vormagnetisierungsstrom *m (eines Magnetbandes)*; 2. *(Halbl)* Vorspannungsstrom *m (eines Transistors)*
~ **magnetization** *s.* magnetic bias
biaxial crystal *(Krist, Opt)* [optisch] zweiachsiger Kristall *m*, biaxialer Kristall *m*
~ **indicatrix** *(Krist, Opt)* Indexellipsoid *n* für optisch zweiachsige Kristalle
~ **spherical harmonic [function]** *(mathPh)* zweiachsige Kugelfunktion *f*
~ **stress** *(Mech)* 1. ebener (biaxialer, zweiachsiger) Spannungszustand *m*, ESZ; 2. zweiachsige Spannung (Beanspruchung) *f*
bicentric molecule orbital *(physCh)* Zweizentren-Molekülorbital *n*
bicharacteristic *(Feld, mathPh)* Bicharakteristik *f*, [charakteristischer] Strahl *m*

bichromatic 34

bichromatic [optical] pyrometer *(Opt, Therm)* Farbpyrometer *n*
bicoloured group *s.* black-and-white group 2.
~ **point group** *(Krist)* magnetische Punktgruppe *f*, Schwarz-Weiß-Punktgruppe *f*
~ **space group** *(Krist)* magnetische Raumgruppe *f*, Schwarz-Weiß-Raumgruppe *f*
bicritical point *(Fest, Magn)* kritischer Punkt *m* zweiter Ordnung, bikritischer Punkt *m*
bicron *(Kern, Mech)* Stigma *n*, Bicron *n* (SI-fremde Einheit der Länge; 1 stigma = 10^{-12} m)
bicyclic molecule *(At, physCh)* zweikerniges (bizyklisches) Molekül *n*
~ **system** *(Ström, Therm)* Zweikreislaufsystem *m*
bidentate ligand *(physCh)* zweizähniger (zweizähliger) Ligand *m*
bidirectional characteristic[s] *(Ak, El, Magn)* Achtercharakteristik *f*, achtförmige (zweiseitige) Richtcharakteristik *f*
~ **pulse** zweiseitiger Impuls *m*, Wechselimpuls *m*
bifilar micrometer *(Opt)* Okularschraubenmikrometer *n (speziell:)* Fadenmikrometer *n, (speziell:)* Doppelfadenokularmikrometer *n*
~ **pendulum** *(Mech)* Doppelfadenpendel *n*, Zweifadenpendel *n*
bifocal surface *(Opt)* Zweistärkenfläche *f*, bifokale Fläche *f*, Doppel[stärken]fläche *f*
bifurcated shock [wave] *(Aero)* Gabelstoß *m*, Lambda-Stoß *m*, λ-Stoß *m*
bifurcation point *(Ström)* Spaltungspunkt *m*, Bifurkationspunkt *m*, Verzweigungspunkt *m*
big bang *(Astr)* Urknall *m*, „big bang" *m*, großer Urknall *m*
bigram *(mathPh)* Bigramm *n*, zweiziffrige Gruppe *f*
bihole *(Krist)* Doppelloch *n*, Doppeldefektelektron *n*, Biloch *n*
bihourly mean Zweistundenmittel *n*
bilateral constraint *(Mech)* zweiseitige Bedingung (Bindung, Zwangsbedingung) *f*
~ **symmetry** Links-Rechts-Symmetrie *f*, Rechts-Links-Symmetrie *f*
~ **system** reversibles (umkehrbares) System *n*
bilens *(Opt)* Bilinse *f*, (Krümmung der Vorderfläche = Krümmung der Hinterfläche:) Biglas *f*
billiard ball collision *(Fest, Kern)* Harte-Kugel-Stoß *m*
billow *(Ström)* Woge *f*, Welle *f* erster Ordnung
bimetallic pyrometer *(Therm)* Bimetallpyrometer *n*, Metallpyrometer *n*
~ **thermostat** *(Therm)* Thermostat *m* mit Thermoelement (als Temperaturfühler)
bimirror *(Opt)* Fresnelscher Spiegel (Doppelspiegel) *m*

binary *(Astr)* 1. Doppelstern *m (Oberbegriff);* 2. physischer Doppelstern *m*, Doppelsternsystem *n*
~ **chopping** *(mathPh)* Regula *f* falsi, Eingabeln *n* der Nullstelle, Sekantenverfahren *n*
~ **collision** Zweierstoß *m*, binärer Stoß *m*, Zweiteilchenstoß *m*, Zweikörperstoß[prozeß] *m*
~ **collision approximation** *(At)* Zweierstoßnäherung *f*
~ **combination band** *(Spektr)* Zweifachkombinationsbande *f*
~ **constitutional diagram** *(Therm)* Zweistoff-Zustandsschaubild *n*, Zweistoff-Zustandsdiagramm *n*
~ **cycle** *(Therm)* Zweistoff-Kreisprozeß *m*
~ **encounter** *s.* ~ collision
~ **mixture** *(physCh)* Zweistoffgemisch *n*, binäres Gemisch *n*, Zweikomponentengemisch *n*, binäre Mischung *f*
~ **system** 1. *(physCh)* Zweistoffsystem *n*, binäres System *n*, Zweikomponentensystem *n*; 2. *(Astr) s.* binary 2.
binaural difference *(Ak)* binaurale Parallaxe *f*
binding Bindung *f (von Teilchen in einem System; Vorgang)*
~ **energy** Bindungsenergie *f*, Gesamtbindungsenergie *f (eines Teilchens oder eines Systems)*
~ **force** *(At, Kern)* Bindungskraft *f*, *(At auch:)* chemische Bindungskraft *f*
~ **fraction** 1. *(At)* Bindungsanteil *m*; 2. *(Kern)* Bindungsenergie *f* pro Nukleon, mittlere Bindungsenergie *f*
~ **moment** *(At)* Bindungsmoment *n*, Dipolmoment *n* einer [chemischen] Bindung
Bingham body *s.* ~ fluid
~ **flow** *(Ström)* Binghamsches Fließen *n*, Fließen *n* nach Bingham
~ **fluid (material, plastic)** *(Ström)* Binghamscher Körper *m*, B-Körper *m*, Körper *m* mit Fließfestigkeit
binocular acuity *(Opt)* Tiefensehschärfe *f*, Tiefenwahrnehmungsschärfe *f*
~ **vision** *(Opt)* binokulares [beidäugiges] Sehen *n, (kein Tiefeneindruck:)* zweiäugiges Sehen *n*
binormal unit vector *(mathPh)* Binormal[en]vektor *m*, Binormaleneinheitsvektor *m*
biological half-life *(Kern)* biologische Halbwertzeit *f*
~ **hole** *(Kern)* biologischer Strahlenkanal *m*, Strahlenkanal *m* für biologische Versuche *(in einem Reaktor)*
biot *(El)* elektromagnetische CGS-Einheit *f* der Stromstärke, emE der Stromstärke, absolutes Ampere *n*, Biot *n*, Bi *(SI-fremde Einheit; 1 aA = 10 A)*
Biot and Savart's law *(El) s.* Ampère law 3.
~ ~ **-Fourier equation** *(Therm)* Wärmeleitungsgleichung *f, (genauer:)* homogene Wärmeleitungsgleichung *f*

~ **law** *(Opt)* 1. Biotsches Gesetz *n*; 2. Biotsche Formel *f (für die Rotationsdispersion)*
~ **modulus** *(Ström)* s. Nusselt number 2.
~ **number** *(Ström)* Biot-Zahl *f*, Biotsche Kennzahl *f*, Bi *(Verhältnis Stoffstrom an einer Grenzfläche zu Stoffstrom im Innern)*
~-**Savart vortex law** *(Ström)* Biot-Savartsches Wirbelgesetz *n*
bipartition *(Kern)* binäre Spaltung *f*
bipolar axis *(Krist)* bipolare (dipolare, bivektorielle) Achse *f*
~ **centre (region)** *(Fest)* bipolares Gebiet *n*, Bereich *m* mit bipolarem Magnetfeld, BM-Gebiet *n*
biquartz of Soleil *(Opt)* Soleilsche Doppelplatte *f*, Soleil-Doppelplatte *f*, Doppelquarz *m*, Biquarzplatte *f*, Biquarz *m*
bireflectance, bireflection *(Opt)* Reflexionspleochroismus *m*, Bireflexion *f*
birefringence *(Opt)* Doppelbrechung *f*
birefringent filter *(Astr, Opt)* Polarisationsinterferenzfilter *n*, Lyot-Filter *n*, Lyotsches Filter *n*
~ **medium** *(Opt)* doppelbrechendes Medium *n*
birotation *(Opt)* Mutarotation *f*, Multirotation *f*
birth and death process, ~-**death process** *(Kern)* Geburts- und Todesprozeß *m*, Geburten- und Todesprozeß *m*, Geburt-und-Tod-Prozeß *m*, GuT-Prozeß *m*
~-**rate** *(Kern)* Erzeugungsrate *f*, Bildungsrate *f*, Entstehungsrate *f (eines Teilchenstrahlers: Teilchenzahl je Zerfall)*
BIS *(Spektr)* Bremsstrahlungsisochromatenspektroskopie *f*, BIS
bisecting point *(statPh)* Mittelpunkt *m*, Halbierungspunkt *m (einer Strecke)*
bisection theorem of Bartlett *(El)* Theorem *n* von Bartlett
bisectrix *(Krist, Opt)* Bisektrix *f*, Mittellinie *f*
Bitter figure (pattern, powder pattern) *(Fest, Magn)* Bitter-Streifen *mpl*, Bittersche Streifen *mpl*, Pulverfigur *f*
bivacancy *(Krist)* Doppelleerstelle *f*, doppelte Leerstelle *f*, Leerstellenpaar *n*
bivalency *(At)* Zweiwertigkeit *f*, Bivalenz *f*, Zweibindigkeit *f*
bivariant system *(Therm)* divariantes (zweifachfreies, bivariantes) System *n*
bivariate distribution *(mathPh)* zweidimensionale (bivariate) Verteilung *f (in der Statistik)*
~ **point distribution** *(mathPh)* Punktdiagramm *n*, Punktwolke *f*, Punkthaufen *m*, Punktgruppe *f*
bivectorial property *(Krist)* bivektorielle (tensorielle) Eigenschaft *f (eines Kristalls)*
Bjerknes' circulation theorem *(Ström)* Bjerknesscher Zirkulationssatz (Wirbelsatz) *m*, Bjerknessches Zirkulationstheorem *n*

Bjerknes force *(Ström)* hydrodynamische Fernkraft *f*, Bjerknes-Kraft *f*
Bjerrum doublet *(At)* Bjerrumsche Doppelbande *f*
Bjerrum's salt bridge method *(Ech)* Salzbrückenmethode *f*
Bjorken limit *(Hoch)* Bjorken-Grenzfall *m*, Bjorken-Limes *m*, Scalinggrenzfall *m*, Scalinglimes *m*
Bl region *s.* black-light region
black-and-white group *(Krist)* 1. verallgemeinerte Punktgruppe *f*, Antipunktgruppe *f*, Farbgruppe *f*, Schwarz-Weiß-Gruppe *f*; 2. magnetische Gruppe *f*, Schubnikow-Gruppe *f*, Shubnikow-Gruppe *f*, Schwarzweißgruppe *f (Punkt- oder Raumgruppe)*
~-**and-white point group** *(Krist)* magnetische Punktgruppe *f*, Schwarz-Weiß-Punktgruppe *f*
~-**and-white space group** *(Krist)* magnetische Raumgruppe *f*, Schwarz-Weiß-Raumgruppe *f*
~-**and-white symmetry operation (transformation)** *(Krist)* Antisymmetrieoperation *f*, Antisymmetrieelement *n*, Schwarzweißsymmetrieoperation *f*, Schwarzweißsymmetrieelement *n*
~ **body** *(Therm)* schwarzer Körper *m*, schwarzer (Planckscher) Strahler *m*, Schwarzkörper *m*
~-**body furnace** *(Therm)* Hohlraumstrahler *m*, Hohlraum[körper] *m (ein spezieller schwarzer Strahler)*
~-**body radiation** *(Therm)* schwarze Strahlung *f*, Hohlraumstrahlung *f*, Schwarzkörperstrahlung *f*
~-**body radiator** *s.* ~ body
~-**body thermal radiation** *s.* ~-body radiation
~ **content** *(Opt)* Schwarzgehalt *m*, Schwarzanteil *m*
~ **hole** *(Astr)* schwarzes Loch *n*
~ **interference fringe** *(Opt)* dunkler (schwarzer) Interferenzstreifen *m*
~ **[-light] lamp** Analysenlampe *f*, Schwarzlichtlampe *f*, Schwarzglaslampe *f*
~-**light region** *(Opt)* Schwarzlichtbereich *m*, Bl-Bereich *m (320...400 nm)*
~ **saturation** *(Opt)* Schwarzsättigung *f*
~-**shaded colour** *(Opt)* schwarzverhüllte (verschwärzlichte) Farbe *f*
~ **shading** *(Opt)* Schwarzverhüllung *f*, Verschwärzlichung *f (einer Farbe)*
blackening 1. Schwärzung *f*, Anschwärzung *f*; 2. *(Phot)* photographische Schwärzung (Dichte) *f*, Schwärzung *f*, Dichte *f*, Filmschwärzung *f*, *(manchmal:)* Deckung *f (dekadischer Logarithmus der Opazität)*
blacking *s.* blackening 2.
blackness value *(Opt)* Dunkelstufe *f (DIN 6164)*, Helligkeit *f (einer Farbe)*
blackout 1. Totalausfall *m*, Gesamtausfall *m (eines Systems)*; 2. *(El)* Totalschwund *m*; 3. *(El)* Dunkeltastung *f*, Austastung *f*, Schwarztastung *f*, Dunkelsteuerung *f*

blackout 36

(einer Elektronenstrahlröhre); 4. *(Phot)* Verdunk[e]lung f
~ **effect** *(El)* Betäubung f *(einer Elektronenröhre)*
~ **point** *(El)* Spannung f für Dunkeltastung, Dunkeltastspannung f *(einer Elektronenstrahlröhre)*
blade activity factor *(Aero)* wirksame Blattfläche f
~ **angle of attack** *(Aero)* Blattanstellwinkel m
~ **element theory** *(Ström)* Flügelblatttheorie f *(des Propellers)*
~ **face** *(Aero)* Druckseite f *(eines Propellers)*
~ **shadow technique** *(Opt)* Schneidenschattenverfahren n *(zur Oberflächenprüfung)*
blanket 1. *(Kern)* Brutzone f, Brutmantel m, Blanket n; 2. *(Pl)* Gasblanket n *(zur Plasmahalterung)*
~ **gas** *(Kern)* Schutzgas n *(eines Brutreaktors)*
Blasius equation *(Ström)* 1. Blasiussche Grenzschichtgleichung (Differentialgleichung) f *(für Grenzschichtströmung)*; 2. Blasiussche Gleichung f *(für vollausgebildete turbulente Strömung)*
blast wave *(Mech)* 1. Druckwelle f, Expansionswelle f *(einer Explosion)*; 2. Druckwelle f, Explosionswelle f *(in Luft)*
blasting *(Ak)* Übersteuerung f *(eines Mikrophons)*
blazed grating *(Opt)* Blaze-Gitter n, geblaztes Gitter n
BLC *(Ström) s.* boundary layer control
BLE *(Opt)* ionenangeregte Lichtemission f
bleach-out *(Phot)* Fading n, Verblassen n, Abblassen n, Ausbleichen n *(des Farbtones)*
bleaching *(Krist)* Bleichen n *(von Farbzentren)*
bleeding 1. *(Opt)* Farb[en]saum m, Farb[en]fransen fpl, Farbrand m; 2. *(Ström)* Entnahme f, Entnehmen n, Abziehen n *(eines Fluids)*
blend *(Astr)* Überschneidung (Überlappung) f von stellaren Absorptionslinien, „blend" n
blending 1. *(Ak)* Verschmelzung f *(von Klängen)*; 2. *(Mech, physCh)* mechanisches Mischen n, Mischung f; 3. *(Opt)* Übergang m, Verlaufen n *(von Farben)*
blind spot 1. *(El)* Schattenstelle f, tote Zone f, Empfangsloch n; 2. *(Opt)* blinder (Mariottescher) Fleck m
blinding glare *(Opt)* Absolutblendung f, blindmachende Blendung f
blink *(Mech)* Blink n *(SI-fremde Einheit der Zeit; 1 blin = 10^{-5} d = 0,864 s)*
blip 1. *(El)* Zacke f, Blip m, Pip m *(auf dem Display)*, *(beim Radar speziell:)* Echoanzeige f, Echozeichen n; 2. Blip m *(ein idealer IR-Detektor)*
Bloch band *(Fest)* Energieband n, [Bloch-]Band n

~ **law** *(Fest)* Blochsches (magnetisches) $T^{3/2}$-Gesetz n, Blochsches Gesetz n
~ **wall** *(Fest)* Domänenwand f, Bloch-Wand f, Blochsche Wand f
block structure *(Krist)* Mosaikstruktur f
blocking condition *(Halbl)* Sperrzustand m
~ **junction** *(Halbl)* sperrender Übergang m, Gleichrichterübergang m
~ **layer** *(Halbl) s.* depletion layer
~ **period** *(Halbl)* Sperrperiode f
blondel *(US, Opt) s.* apostilb
bloom[ing] 1. *(Opt)* Oberflächenvergütung f, Vergütung f, T- Schutz m, *(von Glasoberflächen:)* Blauung f; 2. *(Phot)* Reflex m, Überstrahlung f
blow 1. *(Mech)* Hieb m, *(leichter)* Schlag m, Stoß m; 2. *(El)* Öffnung f *(eines Stromkreises)* infolge Überstroms *(Durchbrennen, Durch- oder Abschmelzen, Durchschlag)*
blue shift *(Astr, Rel)* Violettverschiebung f, Blauverschiebung f
~ **stellar object** *(Astr)* Quasage f, Quasag m, quasistellare Galaxis f, QSG, Interloper m, blaues Sternchen n, blaues [stellares] Objekt n, BSO
~ **straggler** *(Astr)* blauer Vagabund m, „blue straggler" m
blueness *(Opt)* Blauanteil m
bluff [body] *(Ström)* Körper m mit quer überströmten scharfen Kanten, Phantom n
blunder *(Meß)* grober Fehler m, Versehen n, Irrtum m
blur *(Ak)* Störgeräusch n
blurring *(Phot)* Verwackeln n
BMO *(At)* Bindungsmolekülorbital n, Bindungs-MO n
Board of Trade ohm *(El)* internationales Ohm n, Ω_{int} *(SI-fremde Einheit des Widerstandes, 1 Ω_{int} = 1,00049 Ω)*
~ **of Trade unit** *(El)* Kilowattstunde f, kWh
bob *(Mech)* Pendelkörper m, *(speziell:)* Pendellinse f, Pendelscheibe f
Bode's law *(Astr)* Titius-Bodesche Reihe f, Bode-Titiussche Reihe, Bodesches Gesetz n
~ **method** *(Reg)* Methode f des Bode-Diagramms, Frequenzgangmethode f, Frequenzgangverfahren n
body 1. *(mathPh)* Körper m, Vollkörper m, geometrischer Körper m; 2. *(physCh)* Substanz f, Stoff m, *(manchmal:)* Körper m; 3. *(El)* Masse f, *(manchmal:)* Körper m; 4. *(Kern)* Mantel m, Gehäuse n *(eines Zählrohrs)*; 5. *(Hydr)* Körper m *(eines Wehres)*; 6. *(Ström)* Körper m *(einer Welle)*, Wellenkörper m
~ **axes** *(Mech)* körperfestes (fest mit dem Körper verbundenes) Koordinatensystem n
~ **axis** *(Aero)* körperfeste Achse f, Körperachse f, *(speziell:)* flugzeugfeste Achse f
~ **axis system** *s.* ~ axes
~ **-borne sound** *(Ak)* Körperschall m

bonding

~ **burden** *(Kern)* Körperbelastung f, Körpergehalt m, Körperaktivität f *(in Becquerel)*
~-**centred cubic lattice** *(Krist)* kubisch raumzentriertes Gitter n, k.r.z.-Gitter n, krz-Gitter n
~-**centred lattice** *(Krist)* raumzentriertes (innenzentriertes) Gitter n, r.z.-Gitter n
~ **centrode** *(Mech)* Polhodie[kurve] f, Polkurve f, Polbahn f, Gangpolkurve f, Poloide f, [bewegte] Zentrode f
~ **content** s. ~ burden
~ **counter** *(Kern)* Ganzkörperzähler n
~ **fineness ratio** *(Aero)* Schlankheitsgrad m *(eines axialsymmetrischen Körpers)*
~ **of revolution (rotation)** Drehkörper m, Rotationskörper m, Umdrehungskörper m, rotationssymmetrischer Körper m
~ **stresses** *(Mech)* [restliche] Volumenspannungen fpl
~ **system [of coordinates]** s. ~ axes
Bohr and Mottelson model *(Kern)* Kollektivmodell n, Bohr-Mottelson-Modell n, kollektives Kernmodell n
~ **radius** *(At)* Bohrscher Wasserstoffradius m, [erster] Bohrscher Radius m
Bohr's selection principle *(Qu)* [Bohrsches] Korrespondenzprinzip n
boil s. boiling point 1.
~-**off** *(Tief)* Verdampfungsverlust m
boiling bed *(physCh)* Siedebett n, Siedeschicht f, kochendes Fließbett n
~ **Biot number** *(Ström, Therm)* Siede-Nußelt-Zahl f
~ **curve** *(physCh)* Siede[punkts]kurve f, Siedelinie f, untere (linke) Grenzkurve f, Verdampfungskurve f *(im Siedediagramm)*
~ **delay** *(Therm)* Siedeverzug m, Siedeverzögerung f
~ **heat transfer coefficient** *(Ström, Therm)* Siedewärmeübertragungszahl f, Siedewärmeübergangszahl f
~ **initial point** *(physCh)* Siedebeginn m, SB, Anfangssiedepunkt m
~ **interval** *(physCh)* Siedebereich m, Siedepunktsintervall n, Siedepunktsbereich m
~ **line** s. ~ curve
~ **onset** *(Therm)* Siedebeginn m
~ **point** *(physCh)* 1. Siedetemperatur f, Siedepunkt m, Sp., Kochpunkt m, Kp.; 2. s. bubble point
~ **point constant** *(physCh)* ebullioskopische Konstante f, molale Siedepunktserhöhung f
~ **point depression** *(physCh)* Siedpunktserniedrigung f
~ **point diagram** *(physCh)* Siedediagramm n, Siedeschaubild n
~ **point elevation** *(physCh)* Siedepunktserhöhung f
~ **point interval** s. ~ interval
~ **point line** s. ~ curve
~ **point raising (rising)** *(physCh)* Siedepunktserhöhung f
~ **range** s. ~ interval
~ **resistance** *(physCh)* Siedefestigkeit f, Kochfestigkeit f
~ **transition** *(Therm)* Siedekrise f, Siedekrisis f, DNB-Punkt m, Wärmeübertragungskrise f *(Übergang vom Bläschen- zum Filmsieden)*
~ **water reactor** *(Kern)* Siedewasserreaktor m, SWR, BWR
bolograph *(Opt)* Bolometeraufzeichnung f, Bologramm n
bolometric radiation temperature *(Therm)* Gesamtstrahlungstemperatur f
Boltzmann entropy hypothesis *(statPh)* Boltzmannsches Prinzip n (Entropiegesetz) n, Boltzmann-Prinzip n
~ **equation** *(statPh)* Boltzmann-Gleichung f, Boltzmannsche (Maxwell-Boltzmannsche) Stoßgleichung f, Boltzmannsche Transportgleichung f
~ **factor** *(statPh)* Stefan-Boltzmannsche Konstante f, Strahlungskonstante f
Boltzmannlike equation *(statPh)* Gleichung f vom Boltzmann-Typ
bombarded particle *(Kern)* Targetteilchen n, beschossenes (getroffenes) Teilchen n
bombarding particle *(Kern)* einfallendes (eingeschossenes) Teilchen n, Beschußteilchen n
bombardment *(Kern)* Beschuß m, Beschießung f, Bestrahlung f, Bombardierung f *(mit hochenergetischen Teilchen)*
~-**induced light emission** *(Opt)* ionenangeregte Lichtemission f
bombs *(Astr)* „moustaches" mpl, Helle Punkte mpl *(auf der Sonne)*
bond 1. *(At)* Bindung f, chemische Bindung f *(z. B. von Atomen in einem Molekül oder Kristall)*; 2. *(Kern)* Verbund m *(von Brennstoff und Hülle im Brennelement)*; 3. *(El)* [elektrische] Verbindung f *(Ergebnis des Kontaktierens)*; 4. *(Mech)* Verband m
~ **angle** *(At)* Valenzwinkel m, Bindungswinkel m
~ **breakage** *(At)* Bindungsbruch m, Bruch m, Aufspaltung f, Lösung f, Aufbrechen n *(einer chemischen Bindung)*
~ **chain** *(At)* Valenzkette f, Bindungskette f
~ **distance (length)** *(At)* Bindungslänge f, Bindungsabstand m
~ **number** s. ~ valency
~ **strength** 1. *(At)* Bindungsfestigkeit f, Bindungsstärke f; 2. *(At)* mittlere Bindungsenergie f, Valenzenergie f; 3. *(US, Mech)* Adhäsionskraft f, Haftkraft f, Zusammenhangskraft f
~ **valency** *(At)* Kovalenz f, kovalente Wertigkeit f, Bindungszahl f
Bond albedo *(Astr)* sphärische Albedo f [nach Bond], Albedo f
bondering s. bonding 2.
bonding 1. Bindung f *(von Teilchen in einem System) (Vorgang)*; 2. *(El)* Kontaktieren n, Bonden n *(Herstellung einer*

bone

elektrischen Verbindung); 3. *(El)* feste Masseverbindung *f*
bone conduction *(Ak)* Knochenleitung *f*, ossale Leitung *f*
~ **seeker, ~-seeking radionuclide** *(Kern)* osteotropes (knochensuchendes) Radionuklid *n*, Knochensucher *m*
Bonner sphere *(Kern)* Moderatorkugel *f*, Bonner-Kugel *f*
boomy sound *(Ak)* hohler (dumpfer) Ton *m*
boost *(Mech)* Boost *m*, Pseudodrehung *f*
~ **pressure** *(Mech)* Fülldruck *m (eines Pneumatik- oder Hydrauliksystems)*
bootstrap approximation *(Hoch)* Bootstrapnäherung *f*, „self-consistent"-Modell *n* von Zachariasen
bootstrapping *(El)* Bootstrapschaltungstechnik *f*
border 1. Rand *m*, Randgebiet *n*; 2. *(mathPh)* Schnittufer *n*, Ufer *n*
~ **curve** *(physCh)* Phasengrenzkurve *f*, Grenzkurve *f (in einem Phasendiagramm)*
~ **effect** *(Phot)* [photographischer] Randeffekt *m (zusätzlich stärker geschwärzter Rand der stärker geschwärzten Fläche)*
~-**line case** Grenzfall *m*, Extremfall *m*
~ **zone** Randzone *f*, Randgebiet *n*, peripherer Bereich *m*, periphere Zone *f*, Peripherie *f*
Born approximation *(Kern)* Bornsche Näherung *f*, für gekoppelten Kanäle, CCBA-Methode *f*, CCA-Methode *f*
Bosanquet's law *(Magn)* Ohmsches Gesetz *n* des Magnetismus, magnetisches Ohmsches Gesetz *n*
Bose commutation relations *(Feld, Qu)* Vertauschungsrelationen (Vertauschungsregeln) *fpl* für Bosonen, Bose-Vertauschungsrelationen *fpl*
~ **[-Einstein] condensation** *(Tief)* [Bose]-Einstein-Kondensation *f*
~ **[-Einstein] statistics** *(Qu, statPh)* Bose-[Einstein-]Statistik *f*, BE-Statistik *f*
B.O.T. ... *(El) s.* Board of Trade ...
bottom current *(Hydr)* Sohlenströmung *f*, Grundströmung *f*, Bodenströmung *f*, Bodenstrom *m*
~-**flavoured quark** *(Hoch)* b-Quark *n*
~ **slope** *(Hydr)* Bettgefälle *n, (speziell:)* Sohlengefälle *n*
bottoming cycle *(Ström, Therm)* nachgeschalteter Prozeß *m*, Nachschaltprozeß *m*
Bouguer-Beer law *(Opt)* [Bouguer-]Lambertsches Absorptionsgesetz *n*, Bouguer-Lambertsches Gesetz *n*
~-**Lambert-Beer law** *(Opt, physCh)* Lambert-Beersches Gesetz *n*
~-**Lambert law [of absorption]** *s.* Bouguer-Beer law
bound *(mathPh)* Schranke *f*
~-**atom [scattering] cross section** *s.* ~ cross section
~-**bound transition** *(Kern)* gebunden-gebundener Übergang *m*, Gebundengebunden-Übergang *m*
~ **charge** *(El)* Polarisationsladung *f*, gebundene Ladung *f*
~ **cross section** *(Kern)* Streuquerschnitt *m* von gebundenen Atomen
~ **energy** *(Therm)* gebundene Energie *f*, Helmholtz-Wärme *f*
~ **exciton [complex]** *(Fest)* gebundenes (lokalisiertes) Exziton, Exziton-Störstellen-Komplex *m*
~ **mode** *(Opt)* geführte (geleitete) Mode *f*
~ **scattering** *(Kern)* Streuung *f* an gebundenen Atomen
~ **vortex** *(Ström)* 1. gebundener Wirbel *m*; 2. tragender Wirbel *m*
boundary 1. Rand *m*, Randgebiet *n*; 2. *(Fest, physCh)* Begrenzungsfläche *f*, Randfläche *f*; 3. *(Halbl)* Gleichgewichtsgrenzfläche *f*, Grenzfläche *f*; 4. *(Kern)* Rand *m*, Kernrand *m*; 5. *(mathPh)* Rand *m (z. B. einer Fläche, eines Gebietes)*; 6. *(mathPh)* Rand *m (einer Menge)*, Randpunktmenge *f*
~ **effects** *(Phot)* Nachbareffekte *mpl*
~ **element method** *(mathPh)* Randelementmethode *f*, BEM, REM
~ **energy** *(Tief)* Grenzenergie *f*
~ **friction** *(Mech)* Grenzreibung *f*
~ **layer** 1. *(Ström)* Grenzschicht *f*, Reibungsschicht *f*, Wandschicht *f*; 2. *(Halbl) s.* depletion layer
~-**layer control** *(Ström)* Grenzschichtbeeinflussung *f*, Grenzschichtsteuerung *f*
~-**layer detachment** *s.* ~-layer separation
~-**layer displacement** *(Ström)* Grenzschichtabdrängung *f*
~-**layer excitation** *(Ström)* Grenzschichtanfachung *f*
~-**layer separation** *(Ström)* Ablösung *f (der Grenzschicht)*, Grenzschichtablösung *f*
~-**layer suction** *(Ström)* Absaugung *f* der Grenzschicht, Grenzschichtabsaugung *f*
~-**layer transition** *(Ström)* Grenzschichtumschlag *m*, Umschlagen *n* der Grenzschicht
~ **locking** *(Krist)* Blockierung *f (der Korngrenzenwanderung)*, Korngrenzenblockierung *f*
~ **of shadow** *(Opt)* Schattengrenze *f*, Lichtgrenze *f, (eines beleuchteten Körpers:)* Eigenschattengrenze *f, (auf einer Fläche hinter einem beleuchteten Körper:)* Schlagschattengrenze *f*
~ **problem** *s.* ~ value problem
~ **scattering** *(Tief)* Grenzflächenstreuung *f*, Streuung *f* an Grenzflächen *(von Phononen)*
~ **stress** *(Mech)* Randspannung *f*, Randlast *f*
~ **value** *(mathPh)* Randwert *m*
~ **value problem** *(mathPh)* Randwertproblem *n, (vor allem in der Potentialtheorie auch:)* Randwertaufgabe *f*
~ **vortex** *(Aero)* Randwirbel *m*, Wirbelzopf *m*
~ **wave** *(Opt)* Kantenwelle *f*, Randwelle *f*

breaking

~ **wavelength** *(At)* Grenzwellenlänge *f*, kürzeste (minimale) Wellenlänge *f (eines kontinuierlichen Röntgenspektrums)*
bounding curve *(mathPh)* Umfangslinie *f*, Rand *m*, Begrenzung *f*, *(beim Kreis auch:)* Kreisperipherie *f*, Kreislinie *f*, Peripherie *f*
bow shock *(Aero)* anliegender (von der Spitze ausgehender) Verdichtungsstoß *m*
bowing *(Ak, Mech)* Streichen *n (einer Saite)*
box turbulence *(Ström)* Kastenturbulenz *f*
Boyle-Charles law Clapeyronsche Zustandsgleichung *f*, [thermische] Zustandsgleichung *f* der idealen Gase, [ideales] Gasgesetz *n*, Gasgleichung *f*, Boyle-Gay-Lussacsches Gesetz *n*, Boyle-Charlessches Gesetz *n*
~ **equation, ~-Gay Lussac law** *s.* Boyle-Charles law
bp, b.p. *s.* boiling point 1.
bracketted expression *(mathPh)* in Klammern stehender Ausdruck *m*, Ausdruck *m* in Klammern
Bragg angle *(Fest)* Glanzwinkel *m*, Braggscher Winkel *(Reflexionswinkel) m*
~-**Gray cavity [ionization] chamber, ~-Gray chamber** *(Kern)* Bragg-Gray-Kammer *f*, Hohlraumkammer *f*, Hohlraumionisationskammer *f*
~ **law** *(Krist)* Braggsche Reflexionsbedingung (Gleichung, Bedingung, Beziehung, Formel) *f*
~ **method** *(Krist)* Drehkristallmethode *f*, Braggsche Methode *f*, Braggsches Verfahren *n*, Drehkristallverfahren *n*
~ **reflection angle** *(Fest) s.* Bragg angle
Bragg's rotating crystal method *s.* Bragg method
braking radiation *(Kern)* Bremsstrahlung *f*
~ **torque** *(Mech, Meß)* Bremsmoment *n*
branch 1. *(mathPh)* Zweig *m*, Ast *m*, Kurvenzweig *m*, Kurvenast *m*; 2. *(At)* Zweig *m*, Bandenzweig *m*; 3. *(Astr)* Zweig *m (eines Meteorstroms)*, Stromzweig *m*; 4. *(Kern)* Zerfallszweig *m*, Zweig *m*
~ **cut (line)** *(mathPh)* Verzweigungsschnitt *m*, Schnitt *m*
~ **transmission [of sound]** *(Ak)* verzweigte Schallübertragung *f*
branched chain reaction *(Kern) s.* branching chain reaction
~ **laminar model** *(Tief)* laminares Modell *n* mit Verzweigungen
branching 1. Verzweigung *f*, Verästelung *f*, Aufzweigung *f*, Aufspaltung *f*, *(speziell:)* Gabelung *f*, Gabelteilung *f*, Bifurkation *f*; 2. *(At)* Verzweigung *f*, Verzweigung *f*; 3. *(Ström)* Abzweigung *f*, Verzweigung *f (einer Strömung)*; 4. *s.* ~ decay
~ **chain reaction** *(Kern)* duale (verzweigte) Kettenreaktion *f*, gleichzeitiges Ablaufen *n* beider Kettenreaktionsarten

~ **decay** *(Kern)* Verzweigung *f*, verzweigter Zerfall *m*, Mehrfachzerfall *m*
~ **fraction** *(Kern)* Verzweigungsanteil *m*
Br.atm *s.* British atmosphere
Bravais lattice *(Krist)* Bravais-Gitter *n*, einfaches (Bravaissches) Translationsgitter *n*
Brayton cycle *(Therm)* Braytonscher Kreisprozeß *m*, vollständiger Dieselmotorprozeß *m*
breadth coefficient (factor) *(El)* Wickelfaktor *m*
break-even *(Pl)* Breakeven *n*, Energieausgleichspunkt *m*, Nullenergiebilanz *f*
~-**even condition** *(Pl)* Zündbedingung *f*
~-**off** 1. *(mathPh)* Abbrechen *n*, Abbruch *m (einer unendlichen Reihe oder Entwicklung)*; 2. *(Pl)* Abreißen *n* der Schwingungen
~ **point** 1. *(mathPh)* Knickpunkt *m (einer Kurve)*; 2. *(physCh)* Entmischungspunkt *m (einer Emulsion)*; 3. *(physCh)* Klarpunkt *m (einer kristallinen Flüssigkeit oder bei der Titration)*
~-**up** *(Ström)* Zerfall *m*, Strahlzerfall *m*
breakaway point *(Ström)* Ablösepunkt *m*, Ablösungspunkt *m (einer Strömung)*
breakdown 1. *(El, Halbl)* Durchschlag *m*, *(bei Gasentladungen und Halbleitern bevorzugt:)* Durchbruch *m*; 2. *(physCh)* Demulgieren *n*, Dismulgieren *n*, Entmischung *f (einer Emulsion)*
~ **impedance** *(Halbl)* Durchbruchwiderstand *m*, Durchbruchimpedanz *f*
~ **potential** *(El)* Zündspannung *f*, Durchbruchspannung *f (einer Gasentladung)*
~ **voltage** *(El)* Durchschlagsspannung *f*, Durchschlagpotential *n (eines Dielektrikums)*
breaking 1. *(At) s.* bond breakage; 2. *(El)* Abreißen *n (eines Lichtbogens)*; 3. *(Hydr)* Brechen *n (des Wellenkammes)*, Wellenbrechen *n*; 4. *(physCh) s.* breakdown 2.
~-**down** *(At, Ech)* Dissoziation *f*, Aufspaltung *f*, Spaltung *f (eines Moleküls)*
~ **drop effect** *(El)* Lenard-Effekt *m*, Wasserfalleffekt *m*
~ **elongation** *(Mech)* Bruchdehnung *f (als Bruchzahl)*
~ **load** *(Mech)* 1. Bruchlast *f*, Bruchbelastung *f*; 2. Reißlast *f*, Zerreißlast *f (von Papier oder eines Seils)*
~ **moment** *(Mech)* Bruchmoment *n*
~-**off** *(mathPh)* Abbrechen *n*, Abbruch *m (einer unendlichen Reihe oder Entwicklung)*
~ **point** 1. *(physCh)* Durchbruch *m (durch einen Adsorbenten)*, Adsorptionsschwelle *f*; 2. *(Mech)* Sollbruchstelle *f*
~ **strength** *(Mech)* 1. Zugfestigkeit *f*, Festigkeit *f*, Widerstand *m (gegen Zug)*; 2. Bruchfestigkeit *f*
~ **stress** *(Mech)* Bruchspannung *f (bei Zug-, Druck- oder Schubbelastung)*

breakover

breakover point *(Halbl)* Kippunkt *m*
~ **voltage** *(Halbl)* Kippspannung *f (eines Thyristors)*
breakup [reaction] *(Kern)* Aufbruchreaktion *f*, Aufbruch *m*, Break-up-Prozeß *m*
breathing sphere *(Ak)* atmende (pulsierende) Kugel *f*, Kugelstrahler *m* nullter Ordnung
~ **vibration** *(At)* Pulsationsschwingung *f*, pulsierende Schwingung *f*, „Atmungs"-Schwingung *f*, „breathing"-Schwingung *f*
breeder [reactor] *(Kern)* Brutreaktor *m*, Brüter *m*
breeding *(Kern)* Erbrüten *n (von Spaltstoff)*, Brüten *n*, Brutvorgang *m*
~ **blanket** *(Kern)* Brutzone *f*, Brutmantel *m*, Blanket *n*
~ **doubling time** *(Kern)* Verdopplungszeit *f*, Spaltstoffverdopplungszeit *f*, Brutverdopplungszeit *f*
~ **factor** *s*. ~ rate
~ **gain** *(Kern)* Brutgewinn *m*, Konversionsgewinn *m*
~ **rate (ratio)** *(Kern)* Brutrate *f*, Brutverhältnis *n*, Brutfaktor *m (das Konversionsverhältnis, wenn dieses größer als 1 ist)*
bremsstrahlung [radiation] *(Kern)* Bremsstrahlung *f*
brewster *(Opt)* Brewster *n*, B *(SI-fremde Einheit der materialabhängigen spannungsoptischen Konstante; 1 B = 10^{-8} cm^2/N)*
Brewster bands (fringes) *(Opt)* Brewstersche Streifen (Interferenzstreifen) *mpl*
~ **incidence** *(Opt)* Brewster-Einfall *m*, Einfall *m* unter dem Brewsterschen Winkel
bridge 1. *s*. ~ bond; 2. *(El)* Brücke *f*, *(speziell:)* Meßbrücke *f*
~ **balance** *(El)* Brückengleichgewicht *n*, Brückenabgleich *m*
~ **bond** *(At)* Brückenbindung *f*, Brücke *f*
~ **hybrid** *(El)* Hybride *f (auch als Wellenleiter)*
~ **linkage** *s*. ~ bond
brig Brig *n*, Dex *n (Pseudoeinheit für den Logarithmus von Verhältnisgrößen, Erweiterung des Bel)*
bright bridge *(Astr)* Lichtbrücke *f*
~ **ground** *(Opt)* Hellfeld *n*
~ **light** *(Phot)* Schlaglicht *n*
~ **soliton** *(Opt)* Hellsoliton *n*, helles Soliton *n*
brightness 1. *(Opt)* Helligkeit *f (einer Farbe)*, Farbhelligkeit *f*; 2. *(Opt)* subjektive Leuchtdichte *f*, [subjektive] Helligkeit *f*; 3. *(Opt)* Strahlung *f*, Helligkeit *f (Lichtwellenleitertechnik)*; 4. *(Ak)* Helligkeit *f (eines Tones: großer Oberwellenanteil)*; 5. *(Kern)* Brillanz *f*, Helligkeit *f (eines Strahls)*; 6. *(El)* [mittlere] Bildhelligkeit *f (einer Kathodenstrahlröhre)*
~ **discrimination** *(Opt)* 1. Helligkeitsunterscheidung *f*, Helligkeitsunterscheidungsvermögen *n*; 2. Farbhelligkeits-Unterschiedsempfindlichkeit *f*, *(allgemein:)* Farbhelligkeitsunterscheidung *f*

~ **sensation** *(Opt)* Hellempfindung *f*, farblose Hellempfindung *f*, Helligkeitsempfindung *f*
~ **temperature** *(Therm)* schwarze Temperatur *f*, Schwarzkörpertemperatur *f*
~ **theorem** *(Opt)* Radianzgesetz *n*
bril *(Opt)* Bril *n (SI-fremde Einheit der subjektiven Leuchtdichte; 1 bril $\approx$ 0,03183 cd/m^2)*
brilliance 1. *(Opt)* Brillanz *f (Größe)*; 2. *(Opt)* s. brightness 2.; 3. *(Ak)* helle Klangfarbe *f*, Brillanz *f (eines Tones oder Klanges)*; 4. *(El, Magn)* Brillanz *f (einer Röntgenquelle)*; 5. *(El)* s. brightness 6.
brilliancy *(Opt)* s. brightness 2.
Brillouin approximation *(Fest)* Näherung *f* der quasifreien Elektronen, Brillouinsche (quasifreie) Näherung *f*
brine cooling *(Tief)* Solekühlung *f*
brinelling *(Mech)* Stoßverschleiß *m*, stoßender Verschleiß *m*
brisance value *(Mech)* Brisanzwert *m*
brisant power *(Mech)* Brisanz *f*, Sprengkraft *f*, Zerstörungswirkung *f (einer Explosion)*
British absolute system of units *(Mech)* Foot-Pound-Sekunde-System *n*, fps-System *n*, Britisches absolutes Einheitensystem (Maßsystem) *n*
~ **Association ohm (unit)** *(El)* Britisches Standardohm *n*, British Association Unit *f*, B.A.U., Ohmad *n (SI-fremde Einheit des elektrischen Widerstandes; 1 B.A. ohm = 0,9886 Ω)*
~ **atmosphere** *(Mech)* Britische Atmosphäre *f*, Br.atm *(SI-fremde Einheit des Druckes; 1 Br.atm = 0,1015915 Pa)*
~ **engineering (gravitational) system of units** *(Mech)* Britisches technisches Einheitensystem (Maßsystem) *n (Basiseinheiten: foot, slug, second)*
~ **meson** *(Hoch)* Pion *n*, Pi-Meson *n*
~ **thermal unit** *(Therm)* *(SI-fremde Einheit für Arbeit, Energie und Wärmemenge)* 1. britische internationale Dampftafelkalorie *f*, Btu *(1 Btu = 1,05505585262 kJ)*; 2. britische Dampftafelkalorie *f*, Btu_{ST} *(1 Btu_{ST} = 1,05506 kJ)*; 3. mittlere Btu *f*, Btu_{mean} *(1 Btu_{mean} = 1,05579 kJ)*; 4. 39-°F-Btu *f*, Btu_{39} *(1 Btu_{39} = 1,05952 kJ)*; 5. 60-°F-Btu *f*, $Btu_{60/61}$ *(1 $Btu_{60/61}$ = 1,05454 kJ)*
brittle crack *(Mech)* Sprödriß *m*
~ **fracture** *(Mech)* Sprödbruch *m*
~ **fracture diagram** *(Mech)* Porse-Diagramm *n*, Sprödbruchdiagramm *n*
~ **-to-ductile transition** *(Mech)* Sprödeduktil-Übergang *m*, Übergang *m* vom spröden in den duktilen Zustand
broad-band decoupling *(Spektr)* Breitbandentkopplung *f*, BB-Entkopplung *f*, Rauschentkopplung *f*
~ **beam measurement** *(Kern)* Großfeldmessung *f*, Messung *f* mit (bei) breitem Bündel
broadener *s*. broadening atom

broadening atom *(Spektr)* stoßendes Atom *n*, Stoßpartner *m* *(bei der Druckverbreiterung von Spektrallinien)*
broadside-on position *(Magn)* zweite Gaußsche Hauptlage *f*
broken characteristic geknickte Charakteristik (Kennlinie) *f*
~ **line** *(mathPh)* Streckenzug *m*, Polygonzug *m* („geknickte Gerade")
Brønsted acid *(physCh)* Protonendonator *m*, Brønsted-Säure *f*
~ **base** *(physCh)* Protonenakzeptor *m*, Brønsted-Base *f*
broomy flow *(Ström)* verwirbelte Rohrströmung *f* *(hinter einer Querschnittsverengung oder scharfen Krümmung)*
Brownian displacement law *(El)* Brownsches Verrückungsgesetz *n* *(für Ionisation in Gasen)*
~ **motion (movement)** 1. *(statPh)* Brownsche Bewegung *f*; 2. *(mathPh) s.* ~ process
~ **particle** *(statPh)* Brownon *n*, Brownsches Teilchen *n*
~ **process** *(mathPh)* Wienerscher Prozeß *m*, Brownscher Bewegungsprozeß (Prozeß) *m*
~ **rotation** *(statPh)* Brownsche Drehschwingung (Rotationsbewegung) *f*
Bruns characteristic function *E*, ~ *E* **function** *(Opt)* Brunssches Eikonal *n* *(E)*
brush *(Opt) s.* 1. ~ light; 2. isogyre
~ **discharge** *s.* brushing
~ **light** *(El, Opt)* Büschellicht *n*
brushing [discharge] *(El)* 1. Sprühentladung *f*, Sprüherscheinung *f*, Sprühen *n*; 2. Büschelentladung *f*, Spritzentladung *f*
BSO *s.* blue stellar object
B.th.u., Btu *s.* British thermal unit
bu *s.* bushel
Bu-body *(Mech) s.* Burgers body
bubble 1. Blase *f*, Bläschen *n*; 2. *(Fest)* Magnetblase *f*, magnetische Blase *f*, Zylinderdomäne *f*
~ **centre** *(Therm)* Blasenkeim *m*
~ **chamber** *(Hoch)* Blasenkammer *f*
~ **domain** *s.* bubble 2.
~ **model [of crystal]** *(Krist)* [Braggsches] Seifenblasenmodell *n*
~ **of turbulence** *(Ström)* Turbulenzelement *n*, Turbulenzballen *m* *(bei turbulenter Strömung)*
~ **point** *(physCh)* Blasenbildungspunkt *m*, „bubble point" *m*
~ **-point curve (line)** *(physCh) s.* boiling curve
~ **raft** *(Krist)* 1. Blasenfloß *n* *(zur Sichtbarmachung von Versetzungen)*; 2. [Braggsches] Seifenblasenmodell *n*
~ **theory** *(Astr)* Blasentheorie *f*
bubbly flow *(Hydr)* Blasenströmung *f*
Buchmann-Meyer diagram (pattern) *(Ak, Opt)* Lichtbandbreitenbild *n*, Lichtband *n*, Buchmann-Meyer-Diagramm *n*
bucket *(Kern)* phasenstabiles Gebiet *n*, phasenstabiler Bereich *m*, Phasenstabilitätsbereich *m*, „bucket" *n*
bucking Kompensation *f*, Kompensierung *f*; Ausgleich *m*, Ausgleichung *f* *(einer Wirkung durch eine Gegenwirkung)*
buckling 1. *(Fest, Magn)* Knickbildung *f*, „buckling" *n* *(in Einbereichsteilchen)*; 2. *(Kern)* Buckling *n*, Flußkrümmung *f*, Fluß[dichte]wölbung *f* *(in der Reaktorphysik)*, *(speziell:)* Geometriebuckling *n*, *(speziell:)* Materialbuckling *n*; 3. *(Mech)* [seitliches] Ausweichen *n*, Ausbiegung *f* *(unter Druckbelastung)*, *(beim Stab auch:)* Knickung *f*, [seitliche] Ausknickung *f*, *(bei der Platte auch:)* Beulung *f*, Beulverformung *f*, Ausbeulung *f*
~ **coefficient** *(Mech)* Knickzahl *f*
~ **current** *(Pl)* Bucklingstrom *m*
~ **factor** *s.* ~ coefficient
~ **load** *(Mech)* Beulkraft *f*, Beuldruck *m*
~ **resistance (strength)** *(Mech)* Knickfestigkeit *f* *(Eigenschaft)*
~ **stress** *(Mech)* Knickspannung *f*, Knickbeanspruchung *f* *(am Stab)*, Beulspannung *f* *(an der Platte)*
~ **vector** *(Kern)* Bucklingvektor *m*, Flußkrümmungsvektor *m*
Bucky rays *(El, Magn)* Grenzstrahlen *mpl*
build-up 1. Aufbau *m* *(einer spezifizierten Größe)*; 2. kumulative Bildung *f*, Ansammlung *f*, Aufbau *m* *(eines Produkts)*; 3. Einschwingen *n* *(eines periodisch veränderlichen Systems)*
~ **-up factor** *(Kern)* Aufbaufaktor *m*, Zuwachsfaktor *m*
~ **-up speed** *(El)* Selbsterregungsdrehzahl *f* *(einer umlaufenden Maschine)*
~ **-up time** 1. Einschwingzeit *f*, Einschwingdauer *f*, Einschwingungszeit *f*, Aufbauzeit *f* *(einer Schwingung)*; 2. *(El) s.* rise time 2.
~ **-up transient** Einschwingvorgang *m* *(eines periodisch veränderlichen Systems)*
~ **-up transient time** *s.* ~-up time 1.
building of an isomer *(mathPh)* Herauf- und/oder Herunterziehen *n* *(von Indizes)*
~ **-up principle** *(At, Qu)* [Bohrsches] Aufbauprinzip *n*
~ **-up transient** *s.* build-up transient
built-in field *(Fest)* eingebautes Feld *n*, Built-in-Feld *n*
~ **-in reactivity** *(Kern)* anfängliche Überschußreaktivität *f*, Überschußreaktivität *f* zu Beginn der Kampagne
~ **-up state** eingeschwungener Zustand *m* *(eines periodisch veränderlichen Systems)*
bulge[-type] instability *(Pl)* Instabilität *f* gegen [lokale] Einschnürung, Einschnürungsinstabilität *f*
bulk 1. Inneres *n*, Volumen *n* *(s. a. unter* volume*)*; 2. *(Halbl)* Grundmaterial *n*, inneres Material *n*, Halbleitermasse *f*

bulk 42

- ~ **acoustic wave** akustische Volumenwelle f, BAW
- ~ **barrier-layer photoeffect** *(Halbl)* Volumensperrschicht[-Photo]effekt m
- ~ **compressibility** *(Mech)* Kompressibilität f, Zusammendrückbarkeit f, Komprimierbarkeit f, Verdichtbarkeit f *(Eigenschaft)*
- ~ **concentration** *(physCh)* Volumenkonzentration f, *(manchmal:)* Volumkonzentration f
- ~ **conduction** *(Halbl)* Volumenleitfähigkeit f, Volum[en]leitung f, Massenleitfähigkeit f *(Erscheinung)*
- ~ **conductivity** *(Halbl)* 1. Volumenleitfähigkeit f, elektrische Volumenleitfähigkeit *(Größe)*; 2. s. ~ conduction
- ~ **density** *(Mech)* Schüttdichte f
- ~ **factor** *(physCh)* Verdichtungsgrad m, Füllfaktor m, Füllkonstante f *(eines Polymers)*
- ~ **flow** *(Ström)* Konvektion f, Mitführung f
- ~ **modulus [of elasticity]** *(Mech)* Kompressionsmodul m, Volumen[elastizitäts]modul m, Volumenkompressibilität f
- ~ **moisture** *(physCh)* Volumenfeuchtigkeit f
- ~ **resistance** *(Halbl)* Bahnwiderstand m
- ~ **strain** *(Therm)* relative Volumenänderung f, Volumendilatation f
- ~ **strength** *(Mech)* volumenbezogene mechanische Festigkeit f
- ~ **viscosity** *(Fest, Mech)* zweite Viskosität f, Volumenviskosität f, Kompressionsviskosität f

bulkiness *(Mech)* Feinheitsgrad m *(Kehrwert der Rohdichte)*

bulking *(physCh)* Volumenvergrößerung f, Volumenzunahme f

bump 1. *(Aero)* Luftloch n, Luftsack m; 2. *(El)* Bump m(n), Überschwingbuckel m, Überschwinghöcker m *(eines Impulses)*; 3. *(Pl)* Aufwölbung f, Krümmung f *(der magnetischen Feldlinien)*
- ~ **technique** *(Ström)* Stoßmethode f *(zur Messung transsonischer Strömungen)*

bumping *(Therm)* Stoßen n *(beim Siedeverzug)*

bumpy flow *(Aero)* stoßende Strömung f

bunch *(El, Kern)* Bündel n, Gruppe f, „bunch" *(von Teilchen, insbesondere Elektronen)*

bunching *(Kern)* Strahlbündelung f, Phasenbündelung f, Bündelung f *(der Teilchen im Linearbeschleuniger)*

bundle 1. *(mathPh)* Vektor[raum]bündel n; 2. *(Opt)* Faserbündel n, Bündel n
- ~ **space** *(mathPh)* Gesamtraum m, Totalraum m *(eines Bündels)*, Bündelraum m

Bunte diagram *(physCh)* Bunte-Diagramm n, Bunte-Verbrennungsdreieck n

buoyancy *(Ström)* [statischer] Auftrieb m, *(Hydr auch:)* hydrostatischer Auftrieb m
- ~ **force** *(Hydr)* [hydrostatische] Auftriebskraft f

buoyant density technique *(physCh)* Schwebemethode f *(der Dichtemessung an Substanzen in Pulverform oder kleinen Stücken)*
- ~ **force** s. buoyancy

burble *(Ström)* 1. Abreißen n (Ablösung f) der laminaren Strömung; 2. turbulente Strömung f nach dem Abreißen der laminaren Strömung
- ~ **angle (point)** *(Ström)* Grenzschichtablösungspunkt m

burbling *(Ström)* s. burble 1.

burden *(Kern)* Belastung f, Radioaktivitätsgehalt m *(eines Organs oder Organismus, in Becquerel)*

Burgers body *(Mech)* Burgers-Körper m, Burgersscher (viskoelastischer) Körper m, Bu-Körper m
- ~ **[closure] circuit** *(Krist)* Burgers-Umlauf m
- ~ **liquid** *(Mech)* Burgers-Flüssigkeit f, viskoelastische Flüssigkeit f

burial *(Kern)* 1. Eingraben n, Vergraben n *(radioaktiver Abfälle z. B. in Gruben)*; 2. unterirdische Lagerung f (Abfalllagerung) f

buried crack *(Mech)* verborgener (verdeckter) Riß m
- ~ **[diffused] layer** *(Halbl)* begrabene (vergrabene) Schicht f, Subkollektor m

burning point (temperature) *(physCh, Therm)* Brennpunkt m, BP, Brenntemperatur f
- ~ **velocity** *(physCh)* Verbrennungsgeschwindigkeit f, Brenngeschwindigkeit f *(eines gasförmigen Brennstoffs)*

burnout 1. *(Therm)* Siedekrise (Siedekrisis) f erster (1.) Art, Durchbrennen n, „burnout" n; 2. *(Pl)* Neutralenausbrand m, Ausbrand m der Neutralen, „burn-out" m(n)

burnt-up core *(Kern)* abgebrannte Spaltzone f, abgebranntes Core n, abgebrannter Kern m

burnup 1. Abbrand m, Abbrennen n *(Vorgang)*; 2. *(Kern)* [spezifischer] Abbrand m, Abbrandtiefe f *(Größe, in MWd/t = Megawatt-Tage pro Tonne)*; 3. s. ~ fraction
- ~ **fraction** *(Kern)* relativer Abbrand m *(in %)*
- ~ **life** *(Kern)* Abbrandlebensdauer f, Lebensdauer f für Abbrand, Abbrandfluenz f *(eines Neutronendetektors)*

burst 1. *(Mech)* Bersten n; 2. *(Astr)* s. solar burst; 3. *(Kern)* (einzelner, nichtperiodischer) Neutronenblitz m, Neutronenimpuls m, Impuls m, Blitz m *(in der Reaktorkinetik)*; 4. *(Kern)* Ladungsimpuls m, Ionisationsstoß m, Hoffmannscher Stoß m *(in einer Ionisationskammer)*
- ~ **fission** *(Kern)* Spaltung f durch gepulste Neutronen
- ~ **wave** *(Ström)* Detonationswelle f einer Sprengladung

burster *(Astr)* Burster m, Burstquelle f *(Stern, der intensive Bursts emittiert)*

bursting stress *(Mech)* Berstspannung f

bus 1. *(El)* Bus m, Übertragungsweg m, Vielfachleitung f; 2. *(El)* Sammelschiene f, SS, Stromschiene f
~ **bar (duct)** s. bus 2.
bushel *(Mech)* Bushel n, bu *(1. GB: SI-fremde Einheit des Volumens für feste und flüssige Stoffe; 1 bu = 36,369 l; 2. US: SI-fremde Einheit des Volumens von Trockensubstanzen; 1 bu = 35,239 l)*
butterfly pattern *(Astr)* Schmetterlingsdiagramm n
buzzer tone *(Ak)* Summton m
BWR s. boiling water reactor

C

c s. 1. cycle per second; 2. *(Kern)* curie; 3. *(Mech)* carat; 4. *(Therm)* calorie
c-flavoured quark *(Hoch)* c-Quark
C invariance *(Hoch)* C-Invarianz f, Invarianz f bezüglich der Ladungskonjugation
c-number *(Qu)* c-Zahl f, kommutative Zahl f
c-o-m energy *(Kern)* Massenmittelpunktenergie f, MMP-Energie f, Schwerpunktsenergie f
c-onium *(Hoch)* Charmonium n, c-onium n, $c\bar{c}$-Quarkonium n *(Quark + Antiquark)*
C operator *(Hoch)* Operator m der Ladungskonjugation, C- Operator m
C parity *(Feld)* Ladungsparität f, C-Parität f
C-polymerization *(At, physCh)* Polykondensation f
c region *(Halbl)* Kompensationszone f, kompensierte Zone f, c-Zone f
c-tensor *(Rel)* zeitantisymmetrischer Tensor m, c-Tensor m
C weighting network *(Ak)* C-Bewertungsnetzwerk n
CA kontrollierte (geregelte) Atmosphäre f
Cabbibo-allowed process *(Hoch)* Cabbibo-erlaubter Prozeß m
~ **angle** *(Hoch)* Cabbibo-Winkel m
~-forbidden (~-suppressed) process *(Hoch)* Cabbibo-unterdrückter (Cabbiboverbotener) Prozeß m
cadmium cut-off *(Kern)* Cadmiumgrenze f, Cadmium-Abschneideenergie f
cage effect *(physCh)* Käfigeffekt m, Franck-Rabinowitch-Effekt m
cal s. calorie 1.
Cal s. kilocalorie
$\overline{cal}$ s. mean calorie
cal$_{4°}$ s. four-degree calorie
cal$_{15°}$ s. gramme-calorie
cal$_{20°}$ s. twenty-degrees calorie
calculated curve theoretische (berechnete) Kurve f
~-to-experimental comparison Vergleich m der berechneten und experimentellen Werte, C/E-Vergleich m
calibrated focal length, ~ principal distance *(Opt, Phot)* Kammerkonstante f, Kamerakonstante f
calibration plot *(Meß)* Kalibrierkurve f

cal$_{IT}$ s. calorie 1.
Callier coefficient *(Phot)* Callier-Quotient m
caloric equation [of state] *(Therm)* kalorische Zustandsgleichung f
~ **power** s. low heat value
~ **unit** *(Therm)* Wärmemengeneinheit f, Wärmeeinheit f
calorie *(Therm)* 1. Kalorie f, cal, [internationale] Tafelkalorie f, cal$_{IT}$ *(SI-fremde Einheit der Wärmemenge und Energie; 1 cal = 4,1868 J)*; 2. s. gramme-calorie
~ **unit** s. calorie 1.
15 °C calorie s. gramme-calorie f
calorific capacity s. heat capacity
~ **power** s. low heat value
calorimetry *(physCh, Therm)* Kalorimetrie f, Wärme[mengen]messung f
calory s. calorie
Calzecchi-Onesti effect *(El, Fest)* Fritteffekt m, Kohärereffekt m, Kohärerwirkung f
CAMD *(At)* computergestütztes Moleküldesign n, CAMD
camera clara (lucida) *(Opt)* Camera f lucida, Umzeichner m *(z. B. in der Mikroskopie)*, *(in der Photogrammetrie speziell:)* Luftbildumzeichner m
camouflage *(El, Krist)* Tarnung f, Camouflage f *(z. B. in der Radartechnik, von Spurenelementen in Kristallgittern)*
Campbelling method *(Kern)* Campbell-Verfahren n, Varianzmethode f *(der Neutronenflußmessung und Gammadiskriminierung)*
Canadian inch *(Mech)* s. inch
canal rays *(At)* Kanalstrahlen mpl, positive Strahlen mpl
cancellation s. cancelling 2.
cancelling 1. Kompensation f, Kompensierung f; Ausgleich m, Ausgleichung f *(einer Wirkung durch eine Gegenwirkung)*; 2. Auslöschung f, Aufhebung f, [gegenseitige] Vernichtung f
~ **interference** auslöschende Interferenz f
candle *(Opt)* Internationale Kerze f, IK *(SI-fremde Einheit der Lichtstärke; 1 IK = 1,019 cd)*
~ **power** *(Opt)* 1. Lichtstärke f; 2. s. candle
canonical assembly (ensemble) *(statPh)* kanonische (makrokanonische) Gesamtheit f
~ **equations [of motion]** *(Mech)* Hamiltonsche kanonische Gleichungen fpl, kanonische (Hamiltonsche) Bewegungsgleichungen fpl
~ **momentum** *(Mech)* verallgemeinerter (generalisierter, allgemeiner, konjugierter) Impuls m
~ **partition function** *(statPh)* Verteilungsfunktion f für die kanonische Gesamtheit, kanonische Verteilungsfunktion f
~ **time unit** *(Astr)* kanonische Zeiteinheit f *(= 13,447052 min)*

canted

canted spin arrangement *(Fest)* verkantete (gekippte) Spinanordnung *f*
cap 1. *(mathPh)* Kugelkappe *f*, Kugelhaube *f*, Kalotte *f*; 2. *(physCh)* Haube *f*, Kappe *f*, Aufsatz *m*, Deckel *m*; 3. *(El)* Sockel *m*, Fuß *m (einer Elektronenröhre)*
capacitance *(El)* 1. Kapazität *f*; 2. kapazitiver Widerstand *m*
~ **current** *(Ech)* Ladestrom *m*, Kapazitätsstrom *m*, Reststrom *m (Polarographie)*
~ **per unit length** *(El)* Kapazitätsbelag *m*
capacitive susceptance *(El)* kapazitiver Blindleitwert *m*, kapazitive Suszeptanz *f*, Kapazitanz *f*
capacitivity *(El)* Permittivität *f*, Kapazitivität *f*, *(bei linearen Dielektrika auch:)* Dielektrizitätskonstante *f*, DK
capacity 1. *(Mech)* Fassungsvermögen *n*, Aufnahmevermögen *n*, Aufnahmefähigkeit *f*, Kapazität *f*; 2. *(Mech)* Fördervolumen *n*; 3. *(Mech)* Verdrängung *f*, Hubraum *m (eines Pneumatik- oder Hydrauliksystems)*; 4. *(Mech)* Schluckvolumen *n (eines Hydraulikmotors)*, 5. *(physCh)* Kapazität *f (eines Ionenaustauschers)*, Austauschkapazität *f*; 6. *(Ech)* Kapazität *f (einer galvanischen Zelle)*; 7. *(El) s.* capacitance 1.
~ **coefficient** *(Ström)* Volumenstrombeiwert *m (einer Strömungsmaschine)*
~ **measure** *(Mech)* Hohlmaß *n*, Raummaß *n (für flüssige oder feste Stoffe)*
capillaric model [of porous media] *(Ström)* Kapillarmodell *n* poröser Medien
capillarity correction *(Ström)* Kapillarkorrektion *f*, Kapillaritätskorrektion *f*
capillary action *(Ström)* Kapillarwirkung *f*, Kapillaritätswirkung *f*
~ **ascent** *(Ström)* Kapillaraszension *f*, Kapillaranstieg *m*, kapillare Erhebung (Hebung) *f*
~ **attraction** *(Ström)* Kapillarattraktion *f*, Kapillaranziehung *f (eine Kraft)*
~ **constant** *(Ström)* Kapillaritätskonstante *f*, Kapillarkonstante *f (in mm²)*
~ **crack** *(Mech)* Haarriß *m*
~ **depression** *(Ström)* Kapillardepression *f*, kapillare Senkung *f*
~ **elevation** *(Ström)* kapillare Steighöhe *f*, Steighöhe *f* in der Kapillare *(in mm)*
~ **moisture** *(physCh)* Kapillarwasser *n*, Porensaugwasser *n*
~ **pressure** *(Ström)* Kapillardruck *m*, Krümmungsdruck *m*, Normaldruck *m* der Oberflächenspannung
~ **rise** *s.* 1. ~ ascent; 2. ~ constant
~ **rise method** *(Mech)* Steighöhenmethode *f*, Kapillarmethode *f (der Oberflächenspannungsmessung)*
~ **stem correction** *(Therm)* 1. Thermometerkorrektion *f*, Fadenkorrektion *f*, Korrektion *f* für den herausragenden Faden; 2. Fadenkorrektur *f*, Korrektur *f* für den herausragenden Faden *(Größe)*
~ **suction** *(Ström)* kapillares Ansaugen *n*, Saugwirkung *f* der Kapillaren
~ **system** *(physCh)* Porenkörper *m*, Kapillarsystem *n*
~ **tension** *(Ström)* Oberflächenspannung *f*, bezogene (spezifische) Oberflächenenergie (Oberflächenarbeit) *f*, Koeffizient *m* der Oberflächenspannung, Kapillar[itäts]konstante *f*, *(nicht zu empfehlen:)* Grenzflächenspannung *f (Größe, in N/m)*
~ **tube method** *(physCh)* Kapillarröhrchenmethode *f (der Diffusionsmessung)*
capsizing *(Hydr)* Kentern *n*, Umschlagen *n*, Umkippen *n*
capture 1. Auffangen *n*, Fangen *n*, Einfangen *n*; 2. *(Astr)* Einfang *m*, Einfangen *n (eines Himmelskörpers durch einen anderen)*; 3. *(At, Fest)* Anlagerung *f*, Einfang *m*, Einfangung *f (von Teilchen)*; 4. *(Halbl)* Festhalten *n* (Haftung *f*, Trapping *n*) von Ladungsträgern, Ladungsträgereinfang *m*; 5. *(Kern) s.* radiative capture; 6. *(Krist)* Abfangen *n (von Spurenelementen)*
~ **coefficient** *(Vak)* Haftkoeffizient *m*
~ **cross section** *(Kern)* Einfangquerschnitt *m*
~ **gamma radiation (rays)** *(Kern)* Einfanggammastrahlung *f*, Einfang-γ-Strahlung *f*
~ **mean free path** *(Kern)* [mittlere freie] Einfangweglänge *f*
~ **scattering** *(Kern)* Einfangstreuung *f*
~ **-to-fission ratio** *(Kern)* Verhältnis *n* Einfang- zu Spaltquerschnitt, Alphaverhältnis *n*, α
~ **width** *(Kern)* Einfangbreite *f*
carat *(Mech)* metrisches Karat *n*, Karat, k, Kt, kt *(noch gültige SI-fremde Einheit der Masse; 1 k = 0,2 g)*
carbon burning 1. *(Astr, Pl)* Kohlenstoffbrennen *n*; 2. *(El)* Kohleabbrand *m*
~ **cycle** *(Astr, Pl)* Kohlenstoffzyklus *m*, Bethe-Weizsäcker-Zyklus *m*, Kohlenstoff-Stickstoff-Sauerstoff-Zyklus *m*, C-N-O-Zyklus *m*
~ **-nitrogen[-oxygen] cycle** *(Astr, Pl) s.*
~ cycle
~ **-platinum shadow casting [technique]** *(Opt)* Platin-Kohle-Simultanbedampfung *f*, Kohle-Platin-Schrägbedampfung *f (in der Elektronenmikroskopie)*
~ **ratio** *(Kern)* Kohlenstoffisotopenverhältnis *n*, $^{12}C/^{13}C$-Verhältnis *n (manchmal auch der Kehrwert)*
~ **replica technique** *(El)* Kohleabdruckmethode *f*, Kohleabdruckverfahren *n (in der Elektronenmikroskopie)*
~ **tracer** *(Kern)* markierter Kohlenstoff *m*, Kohlenstofftracer *m*
cardinal point 1. *(Astr)* Haupthimmelsrichtung *f*, Himmelspunkt *m*, Himmelsgegend *f*, Weltgegend *f*; 2. *(Opt)* Kardinalpunkt *m*, Grundpunkt *m*
~ **stimuli** *(Opt)* gemeinsame Bezeichnung für die drei Primärvalenzen und die Mittelpunktsvalenz

cardinality *(mathPh)* Kardinalzahl f, Mächtigkeit f *(einer Menge)*
cardioid characteristic (diagram) 1. *(Ak, El)* Kardioidcharakteristik f, Kardioidkennlinie f, Herzliniencharakteristik f; 2. *(Ström)* Herzkurvendiagramm n
~ **pattern** s. cardioid characteristic 1.
Carlson [S_N] method *(statPh)* Methode f der diskreten Ordinaten, [Carlsonsche] S_N-Methode f, Carlsonsche Methode f
Carnot cycle *(Therm)* Carnotscher Kreisprozeß m, Carnot-Prozeß m
~ **efficiency** *(Therm)* Carnotscher Wirkungsgrad m
~ **shock** *(Ström)* Carnotscher Stoß m
carried-over moment *(Mech)* fortgeleitetes Moment n
carrier 1. *(Mech)* Träger m, Planetenradträger m; 2. *(El)* Träger m, Trägerschwingung f, Trägerwelle f, Signalträger m; 3. *(Kern)* Träger m; 4. *(mathPh)* Träger m *(einer Funktion oder Distribution)*; 5. *(physCh)* Carrier m, Transportkatalysator m; Trägersubstanz f, Trägermaterial n, Träger[stoff] m *(eines Katalysators)*; 6. *(physCh)* Träger m *(in der Radiochemie)*
~ **break-through** *(Halbl)* Trägerdurchbruch m, Ladungsträgerdurchbruch m
~ **concentration (density)** *(Halbl)* Ladungsträgerdichte f, Trägerdichte f, Ladungsträgerkonzentration f, Trägerkonzentration f
~ **electrophoresis** *(Ech)* Trägerelektrophorese f, Elektropherographie f
~-**free electrophoresis** *(Ech)* [träger]freie Elektrophorese f
~-**free radioisotope** *(Kern)* trägerfreies Radioisotop n
~ **frequency** *(El)* Trägerfrequenz f, TF
~ **gas** *(physCh)* Schleppgas n, Trägergas n *(Chromatographie)*
~ **injection barrier** *(Halbl)* Ladungsträgerinjektionsübergang m, Trägerinjektionsübergang m
~-**mediated diffusion** *(physCh)* Trägerdiffusion f
~ **mobility** *(Halbl)* Ladungsträgerbeweglichkeit f, Trägerbeweglichkeit f
~ **occupancy (population)** *(Halbl)* Ladungsträgerbesetzung f, Trägerbesetzung f
~ **trap** *(Fest, Halbl)* Haftstelle f, *(manchmal:)* Ladungsträgerhaftstelle f, Trägerhaftstelle f, *(speziell:)* Zeithaftstelle f, Trap m(n)
~ **trapping** *(Halbl)* Festhalten n (Haftung f, Trapping n) von Ladungsträgern, Ladungsträgereinfang m
~ **wave** s. carrier 2.
carrying capacity 1. *(El)* Strombelastbarkeit f, Belastbarkeit f *(eines Gerätes oder Leiters)*; 2. *(Mech)* Tragfähigkeit f, Tragkraft f
CARS *(Spektr)* kohärente Antistokes-Raman-Spektroskopie f

Cartesian coordinates *(mathPh)* 1. kartesische (cartesische) Koordinaten fpl, rechtwinklige [kartesische] Koordinaten fpl; 2. affine (kartesische) Koordinaten fpl, Parallelkoordinaten fpl
~ **sign convention** *(Opt)* Vorzeichenregel f [positiv von links nach rechts] *(beim Optikrechnen)*
~ **surface** *(Opt)* kartesische (aplanatische) Fläche f
cascade 1. *(El)* 1. Kaskade f, hintereinandergeschaltete Stufen fpl; 2. *(El)* Townsend-Lawine f, lawinenartige Ionisation f, Lawinenionisierung f; 3. *(Kern)* Kaskade f *(emittierter Teilchen)*; 4. *(Kern)* Kaskade f, Kaskadenschauer m, Multiplikationsschauer m *(der kosmischen Strahlung)*; 5. *(Kern)* Kaskade f, Trenn[stufen]kaskade f *(Isotopentrennung)*
~ **emission** *(Kern)* Kaskadenstrahlung f, Kaskadenemission f, Emission f in einer Kaskade
~ **liquefaction** *(Tief)* Kaskadenmethode f der Gasverflüssigung
~ **method** *(Opt)* Kleinstufenverfahren n *(der heterochromen Photometrie)*
~ **shower** s. cascade 4.
~ **transition** *(Kern)* Kaskadenübergang m, kaskadenartiger (sukzessiver) Übergang m
~ **unit** *(Hoch)* Strahlungslänge f *(eines relativistischen Teilchens: Abnahme der Anfangsenergie um den Faktor e), (in der Theorie der Elektron-Photon-Schauer auch:)* Strahlungseinheit f, Kaskadeneinheit f, e-Wertstrecke f, Heitler-Einheit f
cast 1. *(Mech)* Wurf m; 2. *(Opt)* Farbstich m, Stich m
~ **at an angle** *(Mech)* schiefer Wurf m
~-**off vortex** *(Ström)* Anfahrwirbel m
~ **shadow** *(Phot)* Schlagschatten m
Castigliano's [first] theorem *(Mech)* Castiglianoscher Satz m, [erster] Satz von Castigliano
~ **second theorem** *(Mech)* [Castiglianoscher] Minimumsatz m
casting *(Mech)* Wurf m
castle *(Kern)* Absorptionskammer f, Schloß n, Abschirmkammer f *(eines Strahlungsdetektors)*
catacaustic *(Opt)* 1. katakaustische Linie f, [katoptrische] Kaustik f; 2. katakaustische Fläche f, Katakaustik f
cataclysmic variable [star] *(Astr)* Eruptionsveränderlicher m, novaähnlicher Veränderlicher m
catacoustics *(Ak)* Lehre f vom Echo, Echolehre f, Katakustik f
catadioptric system *(Opt)* Spiegellinsensystem n, Spiegellinse f, katadioptrisches System n
Catalan's trisectrix *(mathPh)* Tschirnhausensche Kubik f
catalytic activity (efficiency) *(physCh)* katalytische Wirksamkeit (Wirkung) f

catalytic

~ **poison** *(physCh)* Inhibitor *m*, Hemmstoff *m*, negativer Katalysator *m*, Antikatalysator *m*, Katalysatorgift *n*, Kontaktgift *n*

catalyzed burn[ing] *(Pl)* katalytische Verbrennung *f*, katalytisches Brennen *n*

cataphoretic mobility *(Ech)* kataphoretische Beweglichkeit *f*

catastrophic absorption *(Hoch)* Absorption *f* *(kosmischer Strahlung)* unter Bildung von Mesonenschauern

~ **transition** *(Hoch)* direkter Photomesonenübergang *m*

catcher 1. *(El)* Strahl[auf]fänger *m*, Auffänger *m*, Strahl[en]falle *f* *(z. B. in einer Elektronenstrahlröhre)*; 2. *(El)* zweiter Hohlraumresonator *m*, Auskopplungsraum *m*, Ausgangsresonator *m*, Auskoppelkammer *f* *(eines Klystrons)*; 3. *(Kern)* *s.* beam-dump; 4. *(Kern)* *s.* ~ foil

~ **foil** *(Kern)* Catcher *m*, Fänger *m*, Absorberfolie *f*, Absorber *m* *(für Meßzwecke)*

catenary [curve] *(mathPh)* Kettenlinie *f*, Seilkurve *f*, Katenoide *f*, Segelkurve *f*

cathode beam *s.* ~-ray beam

~ **dark space** *(El)* 1. Kathodendunkelraum *m* *(einer Gasentladung, Oberbegriff)*; 2. Hittorfscher Dunkelraum *m*, Crookesscher (innerer) Dunkelraum *m* *(einer Gasentladung)*

~ **efficiency** *(El)* Heizmaß *n* *(einer Kathode: Emissionsstrom durch zugeführte Heizleistung)*

~ **layer** *(El)* Kathodenschicht *(in einer Gasentladung)*

~ **luminous sensitivity** *(El)* [absolute] Empfindlichkeit *f*, Absolutempfindlichkeit *f* *(einer Photokathode, bezogen auf den Lichtstrom)*

~ **radiant sensitivity** *(El)* [absolute] spektrale Empfindlichkeit *f* *(einer Photokathode, bezogen auf den Strahlungsfluß bei einer gegebenen Wellenlänge)*

~ **ray** *(El)* Kathodenstrahl *m* *(nicht notwendig gebündelt)*

~-**ray beam** *(El)* Kathodenstrahlbündel *n*, Kathodenstrahl *m* *(gebündelt)*

cathodic brush *(El)* Kathodenbüschel *n*

cation mobility *(Ech, Halbl)* Kationenbeweglichkeit *f*

~ **site** *(Krist)* Kationenplatz *m*, Kationenstelle *f*

~ **transference (transport) number** *(Ech)* Kation-Überführungszahl *f*, Kationenüberführungszahl *f*

~ **vacancy** *(Krist)* Kation[en]leerstelle *f*, Kationenlücke *f*, Kationenfehlstelle *f*

cationic conductor *(Halbl)* Kationenleiter *m*

~ **vacancy** *s.* cation vacancy

cationoid agent *(physCh)* Elektrophil *n*, elektrophiles (elektronensuchendes, elektronenfreundliches) Agens *n*

~ **rearrangement (transposition)** *(physCh)* elektrophile (kationoide) Umlagerung *f*

catoptric power *(Opt)* Brechwert *m*, Brechkraft *f*, Brennwert *m* *(eines optischen Systems)*

~ **system** *(Opt)* Spiegelsystem *n*, katoptrisches System *n*

Cauchy dispersion formula *(Opt)* Dispersionsformel *f* von Cauchy

~ **horizon** *(Rel)* Cauchyscher Horizont *m*, Cauchy-Horizont *m*

~-**Stokes fundamental theorem** *(Mech)* [Cauchy-]Stokesscher Fundamentalsatz *m* *(über Bewegungen)*

Cauchy's law [of elasticity] Cauchysches Elastizitätsgesetz *n*

~ **law of similarity** *(Ström)* Cauchysches Ähnlichkeitsgesetz *n*

~ **laws of motion** *(Mech)* Cauchysche Bewegungsgleichungen *fpl* *(erste oder zweite)*

~ **spin tensor** *(Mech)* Cauchyscher Drehgeschwindigkeitstensor *m*, Drehgeschwindigkeitstensor *m* von Cauchy

~ **stress tensor** *(Mech)* Cauchyscher Spannungstensor *m*

causal connection Kausalzusammenhang *m*, Ursache-Wirkungs-Zusammenhang *m*, kausale Beziehung *f*

~ **curve** *(Rel)* kausale (nirgends raumartige) Kurve *f*

~ **Green's function** *(Feld, Qu)* *s.* Feynman propagator

~ **law[s]** Kausal[itäts]prinzip *n*, Kausalgesetz *n*

causality violation Kausalitätsverletzung *f*, Verletzung *f* der Kausalität

caustic *(Opt)* 1. kaustische Linie *f*, Kaustiklinie *f*, Kaustik *f*; 2. Kaustik *f*, Brennfläche *f*, kaustische Fläche *f*, Kaustikfläche *f*

cave 1. umschlossener (geschlossener, abgeschlossener) Raum *m*, Umschließung *f*; 2. *(Kern)* heiße Zelle *f*, heißer Tunnel *m* *(für die Lagerung hochaktiver Materialien)*

cavitating *(Hydr)* Kavitieren *n*, Kavitationsbildung *f*

~ **flow** *(Hydr)* Kavitationsströmung *f*, kavitierende Strömung *f*

cavitation *(Hydr)* Kavitation *f*, Hohlraumbildung *f*, Hohlsog *m*

~ **centre (nucleus)** *(Hydr)* Kavitationskeim *m*

~ **number (parameter)** *(Hydr)* Kavitationszahl *f* *(nach Thoma)*, Kavitationsparameter *m*

~ **shock [wave]** *(Hydr)* Kavitationsstoßwelle *f*, Kavitationsschlag *m*

cavity 1. Hohlraum *m*, Kavität *f*, Höhlung *f*; 2. *(Ak)* Hohlraumresonator *m*, Resonator *m*; 3. *(Hydr)* Flüssigkeitshohlraum *m*, Kavitationshohlraum *m*, Hohlraum *m*, Kavität *f* *(bei der Kavitation)*; 4. *(Kern)* Bragg-Gray-Hohlraum *m*, [Bragg-Grayscher] Hohlraum *m*; 5. *(Kern)* Schacht *f*, Reaktorschacht *m*; 6. *(El)* Hohlraumre-

sonator m, Hohlraumkreis m, Hohlrohrkreis m *(ein Hohlleiter)*
~ **chamber** *(Kern)* Bragg-Gray-Kammer f, Hohlraum[ionisations]kammer f
~ **dumping** *(Opt)* Auskoppelmodulation f
~ **field** *(Fest)* Hohlraumfeld n *(von Onsager)*
~ **flow** *(Hydr)* Kavitationsströmung f, kavitierende Strömung f
~ **ionization** *(Kern)* Hohlraumionisation f
~ **radiation** *(Therm)* schwarze Strahlung f, Hohlraumstrahlung f, Schwarzkörperstrahlung f
~ **resonator** 1. *(Ak)* Hohlraumresonator m, Resonator m; 2. *(El)* Topfkreis m, Koaxialresonator m, Leitungsresonator m; 3. *(El)* s. cavity 6.
c.b.p. s. critical backing pressure
CC failure s. common-mode failure
cc̄ quarkonium s. c-onium
CCA, CCBA *(Kern)* Bornsche Näherung f der gekoppelten Kanäle, CCBA-Methode f, CCA-Methode f
CCTF *(Opt)* komplexe Kontrastübertragungsfunktion f, KKÜF, CCTF
cd s. cord 1.
CD *(Opt)* zirkularer Dichroismus m, Rotationsdichroismus m, Zirkulardichroismus m
C.D. *(El)* s. current density
C/E comparison Vergleich m der berechneten und experimentellen Werte, C/E-Vergleich m
ceiling 1. *(Aero)* Gipfelhöhe f, Steighöhe f; 2. *(mathPh)* Aufrundung f, Rundung (Abrundung) f nach oben, Aufrunden n
~ **speed** *(Mech)* Grenzdrehzahl f
~ **voltage** *(El)* Deckenspannung f *(eines Generators)*
celerity 1. Phasengeschwindigkeit f *(einer Welle)*; 2. *(Mech)* Relativgeschwindigkeit f, relative Geschwindigkeit f
celestial guidance Astrolenkung f
~ **horizon** *(Astr)* 1. wahrer Horizont m; 2. geozentrischer Horizont m
~ **mechanics** *(Astr)* Himmelsmechanik f
~ **parallel** *(Astr)* Deklinationskreis m *(ein Kleinkreis)*
cell constant *(Ech)* Widerstandskapazität f, Zellenkonstante f *(einer Leitfähigkeitszelle)*
~ **electromotive force,** ~ **emf** s. ~ source voltage
~ **formation** *(Krist)* Zellbildung f, Subkornbildung f
~ **frequency** *(mathPh)* Klassenhäufigkeit f
~ **potential** *(Ech)* Zellenspannung f
~ **size** 1. *(Ech)* Zellenkapazität f; 2. *(Kern)* Zellenlänge f, Zellengröße f *(in einer Kernemulsion)*
~ **source voltage** *(Ech)* Zellenquellenspannung f, Quellenspannung f, Zellen-EMK f
~ **voltage** *(Ech)* 1. Zellenspannung f; 2. s. ~ source voltage
cellular precipitation 1. *(Fest)* inhomogene (zellulare) Ausscheidung f; 2. *(Fest, physCh)* Rekristallisation f

~ **structure** *(Krist)* Zellularstruktur f
celo *(Mech)* Celo n, celo *(SI-fremde Einheit der Beschleunigung; 1 celo = 0,3048 m/s^2)*
cementation factor *(Ström)* Zementierungsfaktor m
cental *(Mech)* s. hundredweight 1.
centerline of pressure *(Ström)* Druckpunktlinie f
centigrade heat (thermal) unit *(Therm)* Pound-Kalorie f, CHU, CTU *(SI-fremde Einheit der Wärmemenge; 1 CHU = 1,90044 kJ)*
centihg s. centimetre of mercury
centimeter *(US, El)* elektrostatische CGS-Einheit f der Kapazität, esE der Kapazität *(SI-fremde Einheit; 1 statF ≈ 1,1126 · 10^{12}F)*
centimetre of mercury *(Mech)* Zentimeter n Quecksilbersäule, cm Hg *(SI-fremde Einheit, 1 cm Hg = 1,33322387415 kPa)*
centinormal solution *(physCh)* Hundertstelnormallösung f, 0,01 N Lösung f, 0,01 n Lösung f, n/100-Lösung f, zentinormale Lösung f *(nicht empfohlen, ausdrücken durch $c_{equ} = 0,01$ mol/l)*
centipoise *(Ström)* Zentipoise n, cP *(SI-fremde Einheit der dynamischen Viskosität; 1 cP = 10^{-3} Pa s)*
centistoke *(Ström)* Zentistokes n, cSt *(SI-fremde Einheit der kinematischen Viskosität; 1 cSt = 10^{-6} m^2 s^{-1})*
centner s. hundredweight 1.
centrad *(mathPh)* 0,01 Radiant m, 0,01 rad
central density *(Astr)* Zentraldichte f, Mittelpunktsdichte f, zentrale Dichte f *(eines Gestirns)*
~ **ellipsoid** *(Mech)* 1. Zentralellipsoid n, zentrales Trägheitsellipsoid n; 2. Mac-Cullaghsches (reziprokes) Trägheitsellipsoid n, zweites Zentralellipsoid n
~ **field approximation** *(At, Kern)* Zentralkraftnäherung f, Zentralkraftapproximation f
~ **field covalency** *(physCh)* zentralsymmetrischer Kovalenzeffekt m
~ **fringe** *(Opt)* Mittelstreifen m *(bei der Interferenz)*
~ **mean operator** *(mathPh)* Mittelungsoperator m, Operator m der Mittelwertbildung
~ **ray** *(Opt)* Mittelpunktsstrahl m
~ **shading** *(Opt)* Zentralabschattung f, Abschattung f axialer Bildpunkte
~ **spot** *(Krist)* Primärstrahlfleck m, Zentralfleck m
~ **vacancy** *(Krist)* zentrale Lücke f, Zentrallücke f
centre 1. Mittelpunkt m, Zentrum n; 2. Keim m, Kern m, Zentrum n; 3. *(mathPh)* Wirbelpunkt m, Zentrum n *(einer Differentialgleichung)*; 4. *(Opt)* optischer Mittelpunkt m *(einer Linse)*; 5. *(Spektr)* zentraler Kern m *(einer Spektrallinie)*, Lini-

enkern *m*; 6. *(Ström)* Kern *m*, Zentrum *n* *(eines Wirbels)*
~ **feed** *(Kern)* zentrale Beschickung *f*, Beschickung *f* vom Zentrum aus *(bei der Isotopentrennung)*
~ **limb variation** *(Spektr)* Mitte-Rand-Variation *f*, Zentrum-Rand-Variation *f*
~ **line** *(Mech)* 1. Zentrallinie *f (eines Kräftesystems)*; 2. Mittellinie *f*, Achse *f (eines Stabes oder Balkens)*; 3. mittleres arithmetisches Profil *n*, mittlere arithmetische Linie *f*, zentrales Profil *n (bei der Rauheitsbestimmung)*
~ **of buoyancy** 1. *(Aero)* Auftriebszentrum *n*; 2. *(Hydr)* Auftriebszentrum *n*, Schwerpunkt *m* des verdrängten Flüssigkeitsvolumens
~ **of dispersion** *(Opt)* Zerstreuungspunkt *m*, virtueller Brennpunkt *m*
~ **of figure** 1. Flächenmittelpunkt *m*, Flächenschwerpunkt *m*; 2. Volumenmittelpunkt *m*, Volumenschwerpunkt *m*
~ **of gravity** 1. *(Mech)* Gravitationszentrum *n*, Schwerezentrum *n*, Schwerkraftzentrum *n (im Gravitationsfeld, fast immer identisch mit Schwerpunkt)*; 2. *s.* ~ of mass
~ **of gravity line** *(Mech)* Schwerpunktslinie *f*
~ **of inertia** *s.* ~ of mass
~ **of inversion** *(Krist)* Symmetriezentrum *n*, Inversionszentrum *n*
~ **of lift** *(Aero)* Auftriebszentrum *n*
~ **of mass** Schwerpunkt *m*, Massenmittelpunkt *m*
~-**of-mass energy** *(Kern)* Massenmittelpunktenergie *f*, MMP-Energie *f*, Schwerpunktsenergie *f*
~-**of-mass law** *(Mech, Rel)* Schwerpunkt[erhaltungs]satz *m*, Erhaltungssatz *m* der Schwerpunktsbewegung, Satz *m* vom Massenmittelpunkt
~-**of-mass system** 1. *(At, Kern)* Schwerpunkt[s]system *n*, S-System *n*, Massenmittelpunktsystem *n*; 2. *(Mech, Therm)* Schwerpunktsystem *n*, Massenmittelpunktsystem *n*, baryzentrisches Bezugssystem *n*
~-**of-mass theorem** *s.* ~-of-mass law
~-**of-mass velocity** *(Mech, Therm)* Schwerpunkt[s]geschwindigkeit *f*, mittlere Massengeschwindigkeit *f*, baryzentrische Geschwindigkeit *f*
~ **of pressure** *(Ström)* Druckpunkt *m*
~-**of-pressure line** *(Ström)* Druckpunktlinie *f*
~ **of reticule** *(Opt)* Fadenkreuzschnittpunkt *m*
~ **of vorticity** *(Ström)* Wirbeltopf *m*
~ **square** *(Mech)* Zentrierwinkel *m*
centrifugal atomization *(Mech)* Zentrifugalzerstäubung *f*, Fliehkraftzerstäubung *f*, Fliehkraftversprühung *f*
~ **distortion** *(At)* Zentrifugalverzerrung *f*, Zentrifugalabplattung *f (eines Moleküls)*

~ **process** *(Kern)* s. centrifugation process
~ **stretching** *(At)* Zentrifugalaufweitung *f*, Zentrifugaldehnung *f*
centrifugation 1. *(Mech)* Zentrifugierung *f*, Schleuderung *f*, Trennung *f* mit der Zentrifuge; 2. *s.* ~ process
~ **process** *(Kern)* Zentrifugen[anreicherungs]verfahren *n*, Zentrifugentrennverfahren *n (für Isotope)*
centrifuge mean *(At)* Zentrifugenmittel *n (der relativen Molekülmasse)*
centrifuging [operation] *s.* centrifugation 1.
centring *(Mech, Opt)* Zentrierung *f*, Mitten *n*, Einmitten *n*
centripetal [component of] acceleration *(Mech)* Normalbeschleunigung *f*, Zentripetalbeschleunigung *f*
centrobaric body *(Mech)* baryzentrischer Körper *m*, Körper *m* mit Schwerezentrum (Gravitationszentrum)
centrode *(Mech)* Momentanzentrenkurve *f*, Wälzbahn *f*, Mittelpunktsbahn *f*, Zentrode *f*
centroid *s.* centre of mass
~ **axis** *(Mech)* Schwerlinie *f*, Schwerpunkt[s]achse *f*, Schwerachse *f*, [raumfeste] Impulsachse *f*
~ **ray** *(Opt)* Schwerstrahl *m*
centrosymmetry *(Krist)* Zentrosymmetrie *f*, Zentralsymmetrie *f*
centweight *(Mech)* *s.* hundredweight 2.
CEP *(Fest)* Leitungselektronenpolarisation *f*
Cepheid parallax *(Astr)* Veränderlichenparallaxe *f*, Cepheidenparallaxe *f*
certified radioactivity standard source *(Kern)* zertifiziertes (beglaubigtes) Radioaktivitätsnormal *n*
C.E.T., **CET** *s.* Central European Time
c.f. *s.* cubic foot
CF *s.* carrier frequency
CFF Ausfallsatz *m*, Ausfallsummenhäufigkeit *f*
CFP *s.* coefficient of fractional parentage
c.f.s., **cfs** *s.* cubic foot per second
c.ft. *s.* cubic foot
CG accelerator *(Kern)* Teilchenbeschleuniger (Beschleuniger) *m* mit konstantem Gradienten, Teilchenbeschleuniger *m* mit schwacher Fokussierung
cgs-electromagnetic unit *(El, Magn)* elektromagnetische CGS-Einheit (cgs-Einheit, Einheit) *f*, emE, el.magn. Einheit *f*
cgs-electrostatic unit *(El, Magn)* elektrostatische CGS-Einheit (cgs-Einheit, Einheit) *f*, esE, el.stat. Einheit *f*
cgs emu *(El)* *s.* cgs-electromagnetic unit
cgs esu *s.* cgs-electrostatic unit
cgs mixed system of units *(El, Magn)* Gaußsches Maßsystem (CGS-System, System) *n*, symmetrisches (gemischtes) cgs-System *n*, [gemischtes] Fünfersystem *n*
cgs system of units *(Mech)* Zentimeter-Gramm-Sekunde-System *n*, cgs-System

n, CGS-System n, CGS-Maßsystem n, physikalisches Einheitensystem n [der Mechanik]
cgs units s. 1. *(El, Magn)* cgs mixed system of units; 2. *(Mech)* cgs system of units
CGS ..., c.g.s. ... s. cgs ...
ch s. cheval[-vapeur]
Chadwick-Goldhaber effect *(Kern)* Kernphotoeffekt m, Chadwick-Goldhaber-Effekt m, Photoumwandlung f, (γ, N)-Reaktion f, (γ, N)-Prozeß m
chain explosion *(physCh, Ström)* Detonation f, Kettenexplosion f
~ **fission yield** *(Kern)* Gesamtspalt[produkt]ausbeute f
~ **initiation** *(At, physCh)* Kettenstart m, Start m, *(bei künstlicher Auslösung meist:)* Ketteninitiierung f, Kenteninduzierung f, Initiierung f
~ **interruption** s. ~ termination
~-**parameter relations** *(El)* Kettengleichungen fpl
~ **propagator** *(At, physCh)* Kettenträger m, kettentragendes Radikal n
~-**reacting mass** *(Kern)* s. crit
~ **rule** *(mathPh)* Kettenregel f
~ **segment** *(physCh)* Glied n *(einer Kette)*, Kettenglied n
~ **starting** s. ~ initiation
~ **stopping** s. ~ termination
~ **termination** *(At)* Abbruch m, Termination f, Ketten[ab]bruch m
~ **terminator** *(At, physCh)* Ketten[ab]brecher m, Stopper m
chainette *(mathPh)* s. catenary
chair form *(At, Spektr)* Sesselform f
chance event *(mathPh)* zufälliges (stochastisches, statistisches) Ereignis n, Ereignis n
Chandler wobble *(Astr)* Chandlersche Polschwankung (Polbewegung, Nutation) f, freie Nutation f
change 1. Änderung f, Veränderung f, Variation f, *(speziell:)* Abänderung f; 2. *(Therm)* Umwandlung f, Übergang m *(von einem Aggregatzustand in einen anderen)*
~-**in-flux method** *(Fest, Magn)* Flußänderungsmethode f
~ **in sign** *(mathPh)* Vorzeichenänderung f, Vorzeichenwechsel m, Umkehr f des Vorzeichens
changing load *(Mech)* veränderliche Belastung (Last) f, *(speziell:)* Wechsellast f, wechselnde Belastung (Last)
channel 1. *(El, Meß, Reg)* Kanal m, Übertragungskanal m, Informationsübertragungskanal m; 2. *(Halbl)* Kanal m; 3. *(Hydr)* Gerinne n, *(natürlicher)* Kanal m; 4. *(Kern)* Kanal m *(im Reaktor)*, *(im Druckröhrenreaktor:)* Druckrohr f, Druckröhre f
~ **width** *(Kern)* 1. Kanalbreite f, Partialbreite f des Kanals *(einer Kernreaktion)*; 2. Kanalbreite f *(eines Vielkanalanalysators, in eV)*
channel[l]ed spectrum *(Spektr)* Platteninterferenzspektrum n, kanneliertes (kanelliertes, kannelliertes) Spektrum n
channel[l]ing [effect] 1. *(Fest)* Kanaleffekt m, Kanalisierungseffekt m, Kanalisierung f, Gitterführung f, Channeling-Effekt m *(geladener Teilchen in einem Kristall)*; 2. *(Kern)* Strahlungstransport m durch Kanäle und Spalte, Strahlungsströmung f, Kanaleffekt m, Kanalwirkung f
channels ratio method *(Kern)* Kanalverhältnismethode f *(der Flüssigszintillationszählung)*
channeltron *(El, Kern)* Kanalelektronenvervielfacher m, Channeltron n
chaotic motion *(statPh)* ungeordnete (chaotische, regellose, statistische) Bewegung f
Chaplygin equation *(Ström)* Tschaplygin-Gleichung f, Stromfunktionsgleichung f [nach Tschaplygin]
characteristic acoustic impedance *(Ak)* Schallkennimpedanz f, Kennimpedanz f, *(im verlustfreien Medium:)* Schallwellenwiderstand m, Wellenwiderstand m, Schallwiderstand m
~ **band** *(Spektr)* Schlüsselbande f
~ **curve** 1. Charakteristik f, *(besonders in El:)* Kennlinie f; 2. *(El)* Strom-Spannungs-Charakteristik f, Charakteristik f *(einer Gasentladung)*, Entladungscharakteristik f; 3. *(Kern)* Zählrohrcharakteristik f, Charakteristik f, Impuls-Spannungs-Charakteristik f *(eines Zählrohrs)*; 4. *(Phot, Opt)* [photographische] Schwärzungskurve f, charakteristische Kurve f, Gradationskurve f
~ **equation** 1. *(mathPh)* charakteristische Gleichung f, Säkulargleichung f *(einer gewöhnlichen linearen Differentialgleichung)*; 2. *(physCh)* Zustandsgleichung f
~ **function** 1. *(mathPh)* charakteristische Funktion f, Indikatorfunktion f *(einer Menge)*; 2. *(mathPh)* Eigenfunktion f, Eigenlösung f *(einer Differentialgleichung)*; 3. *(Mech)* [Hamiltonsche] charakteristische Funktion f, verkürzte Wirkung[sfunktion] f; 4. *(Therm)* thermodynamisches Potential n, charakteristische Funktion f [der Thermodynamik] *(Oberbegriff)*
~ **line diagram [after Prandtl and Busemann]** *(Ström)* Charakteristikendiagramm n [nach Prandtl-Busemann], Prandtl-Busemannsches Charakteristikendiagramm n
~ **loss spectroscopy** *(Spektr)* Energieverlustspektroskopie f, CLS-Methode f
~ **radiation** *(At)* charakteristische Röntgenstrahlung f, Eigenstrahlung f
~ **vector** *(Krist)* Burgers-Vektor m
~ **velocity** 1. *(El, Magn)* Ausbreitungsgeschwindigkeit f *(einer elektromagneti-*

characteristic 50

schen Welle); 2. *(Mech, Ström)* charakteristische Geschwindigkeit f
- **vibration** *(Krist)* Eigenschwingung f
- **wavelength** *(El, Magn)* Ausbreitungslänge f, charakteristische Wellenlänge f *(einer elektromagnetischen Welle: Ausbreitungsgeschwindigkeit, dividiert durch Frequenz)*
- **X-ray excitation** *(Fest)* Anregung f durch charakteristische Röntgenstrahlung, Röntgenfluoreszenzstrahlungsanregung f

charge 1. *(El)* Ladung f, elektrische Ladung, *(manchmal:)* Elektrizitätsmenge f; 2. *(Kern)* Ladung f, Brennstoffladung f, Beladung f, Brennstoffbeladung f *(eines Kernreaktors)*, *(Größe)*; 3. *(Mech)* Tragfähigkeit f, Tragkraft f, Belastbarkeit f *(eines Kranes)*; 4. *(physCh)* Ansatz m
- **carrier** *(Ech, Fest)* Ladungsträger m, Träger m
- **carrier trap** *(Fest, Halbl)* Haftstelle f, *(manchmal:)* Ladungsträgerhaftstelle f, Trägerhaftstelle f, *(speziell:)* Zeithaftstelle f, Trap m(n)
- **cloud** *(Fest)* Ladungswolke f *(z. B. Elektronenwolke)*
- **collection time** s. ~ sweep-out time
- **-conjugate spinor** *(Feld)* ladungskonjugierter Spinor m
- **conjugation conservation** *(Hoch)* Erhaltung f der Ladungskonjugation, Ladungskonjugationserhaltung f
- **conjugation invariance** s. ~ invariance
- **conjugation parity** *(Feld)* Ladungsparität f, C-Parität f
- **-coupled device** *(Halbl)* ladungsgekoppeltes Bauelement n, CCD-Element n
- **-current density** *(Feld, Rel)* [elektrische] Viererstromdichte f, vierdimensionale Stromdichte f
- **density** *(El)* [elektrische] Ladungsdichte f *(auf Fläche oder Volumen bezogen)*
- **exchange** 1. *(At, Pl)* Umladung f *(im Strahl, insbesondere von Ionen, Neutralatomen oder Molekülen)*; 2. *(Kern)* Ladungsaustausch m
- **fluctuation of the vacuum** *(Feld)* Nullpunktsschwankung f [der Ladung], Nulladungsschwankung f
- **invariance** *(Hoch)* C-Invarianz f, Invarianz f bezüglich der Ladungskonjugation
- **/mass ratio** s. ~-to-mass ratio
- **multiplet** *(Hoch)* Ladungsmultiplett n, Isobarenmultiplett n, Iso[spin]multiplett n *(von Elementarteilchen)*
- **number** *(Ech)* Oxidationszahl f, Oxidationsstufe f, Oxidationswert m *(eines Ions)*
- **per unit volume** *(El)* Raumladungsdichte f, Ladungsdichte f, Volumenladungsdichte f
- **pressure** *(Mech)* Fülldruck m *(eines Pneumatik- oder Hydrauliksystems)*
- **-retention interaction** *(Hoch)* Wechselwirkung f ohne Ladungsaustausch, Wechselwirkung f mit Beibehaltung der Ladung
- **sweep-out time** *(Kern)* Ladungssammelzeit f, Ladungsträgersammelzeit f *(eines Strahlungsdetektors)*
- **-to-mass ratio** spezifische Ladung f, Ladung/Masse-Verhältnis n *(e/m)*
- **transfer** 1. *(physCh)* Ladungsüberführung f, Ladungstransfer m, Ladungsübertragung f *(durch ein Ion)*; 2. *(Ech)* Ladungsdurchtritt m; 3. *(Kern)* Ladungstransport m *(im Van-de-Graaff)*; 4. *(Halbl)* Ladungs[ver]schiebung f, Ladungstransfer m
- **-transfer potential** *(Ech)* Durchtrittspotential n, Ladungsübergangspotential n

charged-current interaction *(Hoch)* Wechselwirkung f geladener Ströme
- **particle equilibrium** *(Kern)* 1. Gleichgewicht n der geladenen Teilchen, Sekundärteilchengleichgewicht n; 2. Sollphase f, Synchronphase f, Gleichgewichtsphase f *(eines geladenen Teilchens im Beschleuniger)*

charging 1. *(El)* Aufladung f, Laden n *(z. B. eines Kondensators)*; 2. *(Ech)* Laden n *(eines Akkus)*; 3. *(Kern)* Beladung f, Ladung f, Brennstoffbeladung f *(eines Kernreaktors)*
- **belt** *(El, Kern)* Ladungstransportband n, Transportband n, Ladungsträgerband n, Band n *(eines Van-de-Graaff-Generators)*
- **current** 1. *(El)* Ladestrom m *(eines Kondensators)*; 2. *(Ech)* Ladestrom m *(z. B. eines Akkus)*; Kapazitätsstrom m *(in der Polarographie)*

Charles-Gay-Lussac law *(Therm)* Gay-Lussacsches Gesetz n, Gay-Lussac-Gesetz n *(für das Volumen bei konstantem Druck, erstes und/oder zweites)*
- **law** *(Therm)* 1. Amontonssches (Charlessches) Gesetz n *(für den Druck bei konstantem Volumen)*; 2. s. Charles-Gay-Lussac law

charm[ed] particle *(Hoch)* Charm-Teilchen n, Teilchen n mit Charm
- **quark** *(Hoch)* c-Quark n

chart 1. Darstellung f, Schema n *(Oberbegriff)*; graphische Darstellung f, Graph m, Bildkurve f, Kurvenbild n, Diagramm n, *(eines Plotters auch:)* Plot n(m); 2. *(El)* Wirkungsplan m
- **of isotopes (nuclides)** *(At, Kern)* Isotopentafel f, Isotopentabelle f, Nuklidkarte f
- **of spectrum** *(Spektr)* Spektrenlehre f, *(allgemeiner:)* Spektrentafel f

chatter *(Mech)* Rattern n, Flattern n, Flatterschwingung f, Ratterschwingung f, *(bei Kontakten auch:)* Prellen n, Prellschwingung f
- **mark** *(Mech)* Rattermarke f, Ratternarbe f
- **vibration** s. chatter

chattering 1. *(Ak)* Rasseln *n*, Klirren *n*, Klappern *n*, Rattern *n*; **2.** *(Mech)* s. chatter
check command *(Meß, Reg)* Prüfbefehl *m* *(in der Fernwirktechnik)*
~ **reading** *(Meß)* Kontrollablesung *f*
chemical binding force *(At)* [chemische] Bindungskraft *f*
~ **defect** *(Halbl, Krist)* chemische Fehlordnung (Fehlstelle, Gitterfehlstelle) *f*
~ **diffusion** *(Halbl, Krist)* Fremddiffusion *f*, Störstellendiffusion *f*, Verunreinigungsdiffusion *f*
~ **diffusion coefficient** *(Fest)* Interdiffusionskoeffizient *m* *(eines Zweistoffsystems)*
~ **film dielectric** *(El)* Dünnfilmdielektrikum *n*
~ **focus** *(Phot)* aktinischer Brennpunkt *m*
~ **fog** *(Phot)* Entwicklungsschleier *m*
~ **gauging** *(Hydr)* chemische Abflußmessung *f*, Mischungsverfahren *n*
~ **potential 1.** *(Fest, statPh)* Fermi-Niveau *n*, Fermi-Kante *f*, chemisches Potential *n* [je Elektron], kritische Energie *f*; **2.** *(Therm)* freie Enthalpie *f*, Gibbssche Funktion *f*, Gibbssches Potential *n*; **3.** *(Therm)* chemisches Potential *n*, [partielle] molare freie Gibbssche Energie *f*
~ **protector (radiation blocker)** *(Kern)* [chemischer] Strahlenschutzstoff *m*, Radioprotektor *m*
~ **rate process** *(physCh)* kinetische Reaktion *f*, *(allgemeiner:)* kinetischer Prozeß *m*
~ **reduction 1.** *(At, physCh)* [chemische] Reduktion *f*; **2.** *(Phot)* photographische Abschwächung *f*, [chemische] Abschwächung *f*
~ **transport** *(physCh)* Dampfphasentransport *m*, chemischer Transport *m*
~ **vapour deposition [technique]** *(Halbl, Krist)* CVD-Verfahren *n*, chemische Aufdampfung *f*, chemische Dampfphasenabscheidung (Gasphasenabscheidung) *f*
Cherenkov glow *(El, Magn)* Čerenkov-Leuchten *n*, Tscherenkow-Leuchten *n* *(z. B. in einem Schwimmbadreaktor)*
Cheseaux' and Olbers' paradox *(Astr)* Olberssches (photometrisches) Paradoxon *n*
cheval[-vapeur] *(Mech)* Pferdestärke *f*, PS *(SI-fremde Einheit der Leistung; 1 PS = 735,5 W)*
chevron [shielding] unit *(Kern)* V-Abschirmelement *n*, V-Element *n*, Dachbaustein *m*, *(allgemeiner:)* Zickzackelement *n* *(für Bleiabschirmungen)*
CHF ratio *s.* critical heat flux ratio
chief ray *(Opt)* Hauptstrahl *m*
Child's law *(El)* Langmuir-Childsches Raumladungsgesetz *n*, Child-Langmuirsches Gesetz *n*, Drei-Halbe-Gesetz *n*, $U^{3/2}$-Gesetz *n* *(für die Stromdichte zwischen planparallelen Elektroden)*

chill crystal *(Fest)* Schreckschichtkristall *m*
chimney effect *(physCh)* Kaminwirkung *f*
chiral operator *(Feld)* Chiralitätsoperator *m*
~ **projection operator** *(Feld)* Chiralitätsprojektor *m*, chiraler Projektionsoperator *m*
~ **symmetry** *(Feld, Hoch)* chirale Symmetrie *f*, Rechts-Links-Symmetrie *f*
~ **twinning** *(Krist)* optische Verzwillingung *f*, Spiegelbildverzwillingung *f*
chirping *(Opt)* Zirpen *n*, Chirping *n* *(von Laserstrahlung)*, Laserzirpen *n*
Chladni figures (pattern) *(Mech)* Chladnische Klangfiguren *fpl*
choice of parameters Dimensionierung *f*, Bemessung *f*
choke-free flow *(Ström)* krisisfreie (blockierungsfreie) Strömung *f*
choked flow *(Ström)* blockierte Strömung *f*
~ **nozzle** *(Ström)* blockierte Düse *f* *(zur Beschleunigung auf Schallgeschwindigkeit)*
choking Mach number *(Ström)* Blockierungs-Mach-Zahl *f*
chopped continuous waves *(El, Magn)* unterbrochene ungedämpfte Wellen *fpl*, *(manchmal:)* zerhackte ungedämpfte Wellen *fpl*
~ **pulse** *(El)* abgeschnittener Impuls *m*
chopper 1. *(El)* Chopper *m*, *(elektromechanischer oder elektronischer)* Zerhacker *m*; **2.** *(Kern)* Chopper *m*, mechanischer Zerhacker *m*, Strahlchopper *m* *(zur Erzeugung von Teilchen- oder Photonenblitzen)*
~ **disk method** *(Opt)* [Fizeausche] Zahnradmethode *f*, Methode *f* von Fizeau
chord line *(Aero)* Profilsehne *f*, Sehne *f* *(eines Profils oder Tragflügels: eine Gerade)*
chordal distance *(mathPh)* chordaler Abstand *m*, Kugelabstand *m*
~ **height** *(Mech)* Höhe *f* über der Sehne
CHP [generation] *s.* combined heat and power generation
Christiansen filter *(Opt)* Dispersions-[licht]filter *n*, Christiansen-Filter *n*
~ **[radio] interferometer** *(Astr)* Vielfachinterferometer *n*, Christiansen-Interferometer *n*, Radiointerferometer *n* nach Christiansen
Christmas-tree pattern *(Ak, Opt)* Lichtbandbreitenbild *n*, Lichtband *n*, Buchmann-Meyer-Diagramm *n*
Christoffel's condition *(Ström)* Christoffelsche Stoßwellenbedingung *f*
chroma *(Opt)* *s.* Munsell chroma
chromatic aberration *s.* chromatism
~ **aberration of position** *s.* longitudinal chromatic aberration
~ **colour** *(Opt)* bunte Farbe *f*, Buntfarbe *f*
~ **diagram** *(Opt)* Farbtafel *f*

chromatic

~ **difference of magnification** s. ~ variation of magnification
~ **dispersion** *(Opt)* [chromatische] Dispersion f *(Lichtwellenleitertechnik)*
~ **distortion** *(Opt)* 1. s. colour distortion; 2. intramodale Dispersion f, chromatische Verzerrung f *(im Lichtwellenleiter)*
~ **equidensity line** *(Opt)* Buntäquidensite f, Farbäquidensite f
~ **parallax** *(Astr, Opt)* Verfärbungsparallaxe f
~ **resolving power** *(Spektr)* spektrales Auflösungsvermögen n *(eines Prismen- oder Gitterspektralapparates)*
~ **sensation** *(Opt)* Farbempfindung f
~ **sensitivity** *(Opt)* Farbton-Unterschiedsschwelle f
~ **specular reflection** *(Opt)* chromatische Spiegelung f, chromatische reguläre Reflexion f
~ **variation of magnification** *(Opt)* Farbvergrößerungsfehler m, Farbmaßstabsfehler m, chromatische Vergrößerungsdifferenz f
~ **variation of spherical aberration** *(Opt)* Gauß-Fehler m, chromatische Differenz f der sphärischen Aberration

chromaticity *(Opt)* Farbart f
chromaticness *(Opt)* 1. Farbigkeit f, Buntheit f; 2. s. chromaticity
chromatics *(Opt)* Farbenlehre f, Farblehre f
chromatism *(Opt)* chromatische Aberration (Abweichung) f, Farbfehler m, chromatischer Abbildungsfehler m
chromatology *(Opt)* Farbenlehre f, Farblehre f
chrominance *(El, Opt)* Chrominanz f, Farbart f *(bezogen auf die Farbart C als Weißpunkt, bevorzugt beim Farbfernsehen angewendet)*
chromoradiometer *(El, Magn)* Chromoröntgenmeter n *(zur Messung von Röntgenstrahlungsdosen durch Farbumschlag)*
chromospheric flare *(Astr)* chromosphärische Eruption f
chronological past *(Rel)* chronologische Vergangenheit f
~ **product** *(Feld, Qu)* zeitgeordnetes (chronologisches) Produkt n, T-Produkt n, Wicksches Produkt n
chronopotentiometry *(Ech)* Chronopotentiometrie f, Voltammetrie f bei konstanter Stromstärke
CHU, C.H.U. *(Therm)* s. centigrade heat unit
churning loss *(Aero)* Wirbelverlust m, Wirbelungsverlust m
~ -**up** *(Hydr)* Aufwühlen n, Aufwirbeln n, Durchwirbeln n
CI s. colour index 1.
Ci *(Kern)* s. curie
CI method *(At)* Konfigurationswechselwirkungsmethode f, ASMO-CI-Verfahren n

CID *(Halbl)* Ladungsinjektionselement n, CID
CIDEP *(Fest)* chemisch induzierte dynamische Elektronenpolarisation f, CIDEP
CIDNP *(Fest)* chemisch induzierte dynamische Kernpolarisation f, CIDNP
C.I.E. [chromaticity] chart *(Opt)* Normfarbtafel f
C.I.E. chromaticity coordinate *(Opt)* Norm[al]farbwertanteil m, Farbwertanteil m
C.I.E. colour stimulus *(Opt)* Normal[farb]reiz m
C.I.E. distribution coefficient *(Opt)* Normspektralwert m
C.I.E. standard colorimetric system *(Opt)* Normvalenzsystem n, CIE-Farbmaßsystem n, Normfarbvalenzsystem n, Normalfarbensystem n *(von der Commission Internationale de l'Eclairage festgelegt)*
cineradiography *(Phot)* Röntgenkinematographie f, Röntgen-Bildverstärkerkinematographie f
CINS *(Kern)* kohärente inelastische Neutronenstreuung f, CINS
cir in, circ.in. s. circular inch
cir mil, circ.mil s. circular mil
circle *(Math)* 1. Kreis m, Kreislinie f; 2. volle (ganze) Umdrehung f *(als Winkelmaß, = 2πrad)*
~ **diagram of Mohr [for stress]** *(Mech)* Mohrscher Spannungskreis (Kreis) m, Mohrscher Spannungs- und Verzerrungskreis m
~ **of altitude** *(Astr)* Höhenkreis m, Kreis m gleicher Höhe
~ **of confusion** *(Opt)* Unschärfe[n]kreis m, Zerstreuungskreis m, Streu[ungs]kreis m, Streuscheibchen n
~ **of declination** *(Astr)* Stundenkreis m *(ein Großkreis)*
~ **of equal declination** *(Astr)* Deklinationskreis m *(ein Kleinkreis)*
~ **of inflexions** *(Mech)* Wendekreis m
~ **of latitude** *(Astr)* Breitenkreis m, Parallel[kreis] m *(ein Kleinkreis)*
~ **of right ascension** s. ~ of declination
~ **polynomial** *(Opt)* Zernikesches Orthogonalpolynom n
~ **theorem** *(Hydr)* Kreistheorem n *(der Hydrodynamik)*
circling s. circumrotation
~ **flow** *(Ström)* kreisende (umlaufende) Strömung f, Kreisströmung f, Zirkulationsbewegung f
circuit 1. *(El)* Stromkreis m, Kreis m; 2. *(El)* Schaltkreis m, [elektrische] Schaltung f; 3. *(mathPh)* geschlossene Kurve (Linie) f, Kontur f, *(speziell:)* geschlossener Weg m; 4. *(Ström)* Kreislauf m, Kreis m
~ **diagram** 1. *(El)* Schaltplan m, Schaltbild n; *(Ström)* Kreislaufdiagramm n
~ **noise** *(El, Halbl)* thermisches Rauschen n, Wärmerauschen n, Johnson-Rau-

schen *n*, Widerstandsrauschen *n*, (selten:) Nyquist-Rauschen *n*
~ **Q** *(El)* Kreisgüte *f (eines Schwingkreises)*
circuital field Wirbelfeld *n*, Drehfeld *n*
~ **magnetization** *(Magn)* Kreismagnetisierung *f*
circuitry *(El)* 1. Schalt[ungs]technik *f*; 2. s. circuit 2.
circular acceleration *(Mech)* Zirkularbeschleunigung *f*, Kreisbeschleunigung *f*, Winkelbeschleunigung *f (bei der Kreisbewegung)*
~ **birefringence** *(Krist, Opt)* zirkulare Doppelbrechung *f*
~ **Bloch line** *(Fest)* Ring-Bloch-Linie *f*, Ringlinie *f*
~ **chamber** *(Kern)* Ringkammer *f (eines Beschleunigers)*
~ **current effect** *(Kern)* Ringstromeffekt *m (der kosmischen Strahlung)*
~ **curvature** *(mathPh)* mittlere Krümmung *f (einer Fläche)*
~ **diffraction grating** *(El, Magn, Opt)* Kreisgitter *n*
~ **electric wave** *(El, Magn)* zylindersymmetrische TE-Welle (transversalelektrische Welle) *f*
~ **error** *(Mech)* Korrektur *f* der Pendelschwingungsdauer *(bei großen Ausschlägen)*
~ **flow method** *(Ström)* Platte-Konus-Methode *f (Viskositätsmessung)*
~ **grating** *(El, Magn, Opt)* Kreisgitter *n*
~ **inch** *(US, Mech)* Circular inch *n*, cir in *(SI-fremde Einheit der Fläche eines Kreises von 1 Zoll Durchmesser; 1 cir in ≈ 5,067 cm²)*
~ **magnetic wave** s. ~ electric wave
~ **magnetization** *(Magn)* Umfangsmagnetisierung *f*
~ **mil** *(US, Mech)* Circular mil *n*, cir mil *(SI-fremde Einheit der Fläche eines Kreises mit dem Durchmesser 1 mil; 1 cir mil ≈ 506,71 μm²)*
~ **orbital velocity** s. ~ velocity 1.
~ **pitch** *(Mech)* Teilkreisteilung (Teilung) *f* in Zoll *(eines Zahnrades)*
~ **reciprocal lattice vector** *(Krist)* reziproker Gittervektor *m*, Gittervektor *m* des reziproken Gitters
~ **scale** 1. *(Mech)* Teilkreis *m*, Teilscheibe *f (als Winkelmeßnormal)*; 2. *(Meß)* Kreisskale *f*
~ **section** *(Krist)* Kreisschnittebene *f*
~ **trajectory** Kreisbahn *f*, *(bei konstanter Kreisgeschwindigkeit in der Mechanik auch:)* Schwungbahn *f*
~ **velocity** 1. *(Astr, Mech)* Kreisbahngeschwindigkeit *f*, erste kosmische Geschwindigkeit[sstufe] *f*; 2. *(Mech)* Zirkulargeschwindigkeit *f*, Kreisgeschwindigkeit *f*, Winkelgeschwindigkeit *f (bei der Kreisbewegung)*
~ **wave** 1. *(El, Magn)* zirkular polarisierte Welle *f*, zirkulare Welle *f*; 2. *(Hydr)* Kreiswelle *f (z. B. auf einer Wasseroberfläche)*
~ **wave number** Kreiswellenzahl *f*, Kreisrepetenz *f*
~ **wave [number] vector** *(Fest)* Kreiswellen[zahl]vektor *m*, Ausbreitungsvektor, Fortpflanzungsvektor *m*, *(manchmal:)* Wellen[zahl]vektor *m*
~ **wedge** *(Opt)* Kreis[grau]keil *m*
circularization *(Astr, Mech)* Übergang *m* in die Umlaufbahn
circulating beam *(Kern)* umlaufender (innerer) Strahl *m (im zyklischen Beschleuniger)*
~ **current** 1. *(El)* kreisender Strom *m*, Kreisstrom *m (im geschlossenen Stromkreis im Unterschied zu den parallelen Längsströmen und Leitungen)*; 2. *(Feld)* umlaufender (zirkulierender) Strom *m*
~ **flow (motion)** *(Ström)* kreisende (umlaufende) Strömung *f*, Kreisströmung *f*, Zirkulationsbewegung *f*
~-**free flow (motion)** *(Ström)* zirkulationsfreie (azyklische) Strömung *f*, Strömung *f* ohne Zirkulation
circulation *(Ström)* 1. Umlaufen *n*, Umlauf *m*, Kreisen *n*, Bewegung *f* im Kreislauf, Zirkulation *f*, *(mit Antrieb:)* Umwälzung *f*; 2. Zirkulation *f (Größe)*
~ **flow** *(Ström)* 1. Zirkulationsströmung *f*, zirkulationsbehaftete (zyklische) Strömung *f*; 2. zyklische (zirkulatorische) Potentialströmung *f*, Potentialströmung *f* mit Zirkulation, Zirkulationsströmung *f*
~-**preserving motion** *(Ström)* zirkulationserhaltende Bewegung *f*
~ **rate (speed)** *(Ström)* Umlaufgeschwindigkeit *f*, Zirkulationsgeschwindigkeit *f*, *(mit Antrieb:)* Umwälzgeschwindigkeit *f*
~ **theorem** s. Kelvin's circulation theorem
circulatory flow *(Ström)* s. circulation flow
circumcirculation *(Hydr)* Umspülung *f*
circumferential force *(Mech)* Umfangskraft *f*
~ **stress** *(Mech)* Umfangsspannung *f*
~ **velocity** *(Mech)* Umfangsgeschwindigkeit *f*
circumgyration *(Mech)* Drehung (Rotation) *f* um eine freie Achse
circumlunar orbit *(Astr, Mech)* Mondumlaufbahn *f*, selenozentrische Umlaufbahn *f*
circumplanetary orbit *(Astr, Mech)* Planetenumlaufbahn *f*, planetozentrische Bahn *f*
circumrotation *(Mech)* Umlaufen *n*, Umkreisen *n*, Umfliegen *n (eines Zentralkörpers)*, Kreisen *n (um einen Zentralkörper, auf einer geschlossenen Bahn)*
cirscale *(Meß)* Kreisskale *f*
cislunar space *(Astr)* cislunarer Raum *m*, Raum *m* diesseits des Mondes *(zwischen Erde und Mond bzw. Erde und Mondbahn)*

civilian transformation (physCh) diffusionsbedingte (diffusionsartig verlaufende) Umwandlung f
ckw ... s. clockwise ...
Cl (Therm) s. clausius
CLA 1. (Mech) Mittenrauhwert m, Mittelrauhwert m; 2. (Spektr) vollständige Linienformanalyse f, CLA
clad (Kern) Brennelement[en]hülle f, Brennstoffhülle f
cladding 1. (Fest, Mech) Plattierung f (Beschichtung von Metall); 2. (Kern) s. clad; 3. (Opt) Mantel m, Fasermantel m
~ **hull** (Kern) Brennelementhüllenrest m, Hüllenrest m, [ausgelaugter] Hüllenabschnitt m
~ **mode** (Opt) Mantelmode f
~ **mode stripper** (Opt) Mantelmodenabstreifer m, Modenabstreifer m
clam shell mark[ing] (Mech) Rastlinie f (im Dauerbruch)
Clapeyron[-Clausius] equation (relation) (Therm) Clausius-Clapeyronsche Gleichung f (Differentialgleichung) f, Clapeyron-Clausius-Gleichung f (für Phasenreaktionen)
Clapeyron's ideal gas law (Therm) s. Boyle-Charles law
~ **theorem** (Mech) Clapeyronscher Arbeitssatz m, Clapeyronsches Theorem n
clashing beam accelerator (Kern) s. colliding beam accelerator
class of [crystal] symmetry (Krist) Kristallklasse f, Symmetrieklasse f
classic thermodynamics (Therm) Thermostatik f, klassische Thermodynamik f
classical ensemble (statPh) Gesamtheit f, Gibbssche (klassische) Gesamtheit f, (manchmal:) Ensemble n
~ **flutter** (Aero) gekoppeltes Flattern (Fügelflattern) n
~ **nuclear spectroscopy** (Kern) Nicht-in-beam-Spektroskopie f, klassische Kernspektroskopie f
~ **statistics** (statPh) [Maxwell-]Boltzmann-Statistik f, klassische Statistik f [Boltzmanns]
~ **time** [Newtonsche] absolute Zeit f
~ **wave equation** Wellengleichung f, Wellendifferentialgleichung f, (manchmal:) Ausbreitungsgleichung f
clathration (At) Einschließung f, Einlagerung f (von Atomen oder Molekülen)
clausius (Therm) Clausius n, Cl (SI-fremde Einheit der Entropie; 1 Cl = 1 cal/K)
Clausius equation (Therm) Clausiussche Gleichung f (für die spezifischen Wärmekapazitäten einer Flüssigkeit und ihres Dampfes)
~ **law** (Therm) Clausiussches Gesetz n (für die spezifische Wärmekapazität idealer Gase bei konstantem Volumen)
~-**Mosotti-Lorentz-Lorenz equation** (Opt) Lorentz-Lorenzsche Gleichung (Refraktionsformel, Formel) f

~ **theorem** (Therm) Clausiussche Gleichung f, Clausius-Gleichung f, Satz m von Clausius
cleaning expansion (Hoch) Reinigungsexpansion f (einer Nebelkammer)
cleanup discharge (Pl) Reinigungsentladung f (in einer Pinchanlage)
~ **effect** (Kern) Aufzehrungseffekt m, „cleanup"-Effekt m (in einem Zählrohr)
clear air turbulence (Aero) Klarluftturbulenz f, wolkenfreie Turbulenz f, Clear-Air-Turbulenz f, CAT
~ **tone** (Ak) hoher (heller) Ton m
clearing agent (Opt) Aufhellungsmittel n (in der Mikroskopie)
~ **field** (Hoch) Ziehfeld n, Ionenziehfeld n, Reinigungsfeld n (einer Nebelkammer)
cleavage 1. (At) Spaltung f, Ringspaltung f; 2. (Krist) Spaltbarkeit f, Spaltfähigkeit f, Spaltung f
~ **surface** (Krist) Spaltfläche f
CLF theory (At, Qu) Kristall- und Ligandenfeldtheorie f, CLF-Theorie f
click trace (Ak) Knackspur f, Tickspur f
climb (Krist) Klettern n, nichtkonservative Bewegung f (von Versetzungen)
climbing motion 1. (Krist) s. climb; 2. (Mech) Aufwärtsbewegung f, Steigbewegung f, aufsteigende Bewegung f
clinging nappe (Hydr) haftender Überfallstrahl m
clinographic projection (mathPh) axonometrische Projektion f (Perspektive) f
clip (El) s. clipping
clipping (El) Amplitudenbegrenzung f, Begrenzung f, Kappen n (von Signalen), Beschneidung f (bes. von Bändern)
clock 1. Zeitmesser m, Zeitnehmer m; 2. (El) Taktgeber m, Taktgenerator m; 3. (El) Takt m
~ **paradoxon** (Rel) Uhrenparadoxon n, Zwillingsparadoxon n
~ **pulse** Taktimpuls m, Zeit[steuer]impuls m
~ **rate** Taktfrequenz f
~ **star** (Astr) Zeitstern m
clockwise cycle (Therm) Rechtsprozeß m, rechtshändiger Kreisprozeß m
~ **polarization** (El, Magn, Opt) Rechtspolarisation f, rechtshändige Polarisation f
~ **polarized wave** (El, Magn, Opt) rechtspolarisierte Welle f, rechtsdrehend (rechtshändig) polarisierte Welle f
~ **process** (Therm) Rechtsprozeß m, rechtshändiger Kreisprozeß m
clogging (physCh, Ström) Verstopfung f
close umschlossener (geschlossener, abgeschlossener) Raum m, Zelle f, Kammer f
~ **approach** (Astr) Begegnung f, naher Vorübergang m, [dichte] Annäherung f (z. B. von Sternen)
~ **binary** (Astr) enger Doppelstern m
~ **collision** (Kern, statPh) Nahstoß m, Nahordnungsstoß m

~-in [radioactive] fallout *(Kern)* lokaler Fallout (radioaktiver Niederschlag) *m*, unmittelbarer (primärer) radioaktiver Niederschlag *m*

~-packed structure *(Krist)* dichtgepackte Struktur *f*, Gitterstruktur *f* mit dichter (dichtester) Kugelpackung, dichte (dichteste) Kugelpackung *f*

closed-circuit current *(El)* Ruhestrom *m*

~-end condition *(Mech)* Bedingung *f* für geschlossene Enden

~ **half-line** *(mathPh)* Strahl *m*, Halbgerade *f*, abgeschlossene Halbgerade, *(manchmal:)* Halbstrahl *m*

~-link control *(Reg)* Regelung *f* (im geschlossenen Wirkungskreis)

~ **loop** 1. *(Reg)* geschlossener Regelkreis *m*; 2. *(Ström)* geschlossener Kreis[lauf] *m*; 3. *(El)* Masche *f (auch in den Kirchhoffschen Gesetzen)*; 4. *(mathPh)* geschlossene Kurve *f*, geschlossene Linie *f*, Kontur *f*, *(speziell:)* geschlossener Weg *m*

~ **model [of the universe]** *s.* ~ universe

~ **pair** *(Mech)* geschlossenes kinematisches Paar *n*

~ **plasma device** *(Pl)* Anlage (Anordnung) *f* mit geschlossener Konfiguration, geschlossene Plasmamaschine *f*

~ **shell** *(At)* abgeschlossene Schale *f*, [voll]besetzte Elektronenschale *f*

~ **surface** *(mathPh)* geschlossene Fläche *f*

~ **system** *(Therm)* abgeschlossenes (vollständiges) System *n*

~-throat wind tunnel *(Aero)* Windkanal *m* mit geschlossener Meßstrecke

~ **universe** *(Astr)* geschlossene Welt *f*, geschlossener Kosmos *m*, geschlossenes Weltmodell (Modell) *n*

closest approach 1. *(Astr, Mech)* größte Annäherung *f (z. B. an einen Planeten)*; 2. *(Mech)* geringster Abstand *m* bei der Annäherung, dichteste (größte) Annäherung *f (Größe)*

closing line (side) *(Mech)* Schlußlinie *f (eines Kräftepolygons)*

closure 1. Schließen *n*, Verschließen *n*, Verschluß *m*; Abschließung *f (eines Operators)*; 2. *(mathPh)* Hülle *f*, abgeschlossene Hülle *f*, Abschluß *m (in der Topologie)*

~ **domain** *(Fest, Magn)* Abschlußbezirk *m*, Zusatzbezirk *m*, „Zipfelmütze" *f*

clothed source *(Kern)* angezogene Quelle *f*

clothing monitor *(Kern)* Kleidungsmonitor *m*

cloud chamber *(Hoch)* 1. Nebelkammer *f (Oberbegriff: Expansions- oder Diffusionskammer)*; 2. *s.* Wilson cloud chamber

~ **expanding effect** *(At)* nephelauxetischer Effekt *m*

~-ion chamber *(Hoch)* Nebel-Ionen-Kammer *f*, kombinierte Nebel- und Ionisationskammer *f*

~ **point** *(physCh)* Trübungspunkt *m*, Beginn *m* der Paraffinausscheidung, BPA

~ **track** *(Hoch)* Nebel[kammer]spur *f*, Bahnspur *f*

~ **velocity gauging** *(Hydr)* Salzwolkenverfahren *n (der Wassermengenmessung)*

cloudiness *(Opt, physCh)* Trübung *f*, Trübheit *f (eines Mediums, auch von Glas)*

clouding *(Opt)* Trübung *f (einer Linse)*, Linsentrübung *f*

cloudy crystal ball [model] *(Kern)* optisches Modell *n* [der Kernwechselwirkung], optisches Modell *n* der Teilchenstreuung an Kernen, Kristallkugelmodell *n*

cloverleaf cyclotron *(Kern)* Dreisektorzyklotron *n*, Kleeblattzyklotron *n*

CLS *(Spektr)* Energieverlustspektroskopie *f*, CLS-Methode *f*

clusec *(Mech)* clusec *(SI-fremde Einheit der Förderleistung von Vakuumpumpen, im Deutschen nicht gebräuchlich; 1 clusec ≈ 1,33322 · 10⁻⁶ W)*

Clusius[-Dickel] column *(Kern)* Clusiussches Trennrohr *n*, [Clusius-]Trennrohr *n*, Thermodiffusions[trenn]kolonne *f*

cluster 1. Cluster *m*, Gruppe *f*, Haufen *m*, *(Kern auch:)* Schwarm *m*, Nest *n*; 2. *(At)* Molekülcluster *m*, Molekülschwarm *m*; 3. *(Krist)* Leerstellencluster *m*, Leerstellenagglomerat *n*; 4. *(Fest)* Komplex *m*, Kaltausscheidungskeim *m*

~ **compound** *(At)* Clusterverbindung *f*, Metallatom-Inselstruktur *f*

~ **member** *(Astr)* Mitgliedsstern *m (eines Sternhaufens)*, Haufenstern *m*

~ **point** *(mathPh)* Häufungspunkt *m*, Grenzpunkt *m (einer Menge)*

clustering 1. Clusterbildung *f*, Bündelung *f*; 2. *(Astr)* Haufenbildung *f*, Galaxienhaufenbildung *f*, Nebelhaufenbildung *f*; 3. *(statPh)* Clusterbildung *f*, Haufenbildung *f*, Nestbildung *f (z. B. von Ionen oder Molekülen)*, Schwarmbildung *f (z. B. in Flüssigkeiten)*

CM failure *s.* common-mode failure

CMC-SCF method *(At, Qu)* vollständige Vielkonfigurationen-SCF-Methode *f*, CMC-SCF-Methode *f*

CMS *(At, Kern) s.* centre-of-mass system 1.

CN *(Fest, physCh)* Koordinationszahl *f*, KZ

CNDO approximation *(At, Qu)* CNDO-Näherung *f (CNDO = complete neglect of differential overlap)*

CNO cycle *s.* carbon cycle

cnoidal wave *(Ström)* cn^2-förmige Welle *f (Oberflächenwellentyp)*

coalescence 1. Vereinigung *f*, Zusammenfließen *n*, Zusammenwachsen *n*, Verschmelzung *f (kleiner Teilchen, auch Tröpfchen)*; 2. *(physCh)* Koaleszenz *f (kolloidaler Teilchen)*

co-altitude *(Astr)* Zenitdistanz *f (im Horizontalsystem)*

coarse

coarse-disperse system *(physCh)* grobdisperses (niedrigdisperses) System *n*, grobe Dispersion *f*
~ **setting** Grobeinstellung *f*
~ **vacuum** *(Vak)* Grobvakuum *n* $(1{,}011 \cdot 10^5 \ldots 0{,}113 \cdot 10^3$ Pa)
coarsening [of grain] *(Fest)* Kornvergröberung *f*, Vergröberung *f* des Korns
coast survey mile *(Mech)* US coast survey mile *f* (SI-fremde Einheit der Länge; 1 coast survey mile = 1853,25 km)
coastal reflection *(El)* 1. Küstenreflexion *f*; 2. Küstenreflex *m (Ergebnis)*
coastdown 1. *(Kern)* Absenkung (Rückstellung) *f* der Leistung, [graduelle] Leistungsherabsetzung *f*, Leistungsreduktion *f*, Herunterfahren *n (eines Reaktors auf eine bestimmte Leistung)*; 2. *(Mech)* Nachlauf *m*, Nachlaufen *n (bei einer senkrechten Bewegung)*; 3. *(Ström)* Auslauf *m*, Auslaufen *n (eines Pumpen- oder Turbinenläufers)*
~ **energy** *(Ström)* Auslaufenergie *f*
coasting *s*. coastdown 2. *und* 3.
~ **bunch** *(Kern)* driftendes Teilchenpaket *n (im Beschleuniger)*
~ **friction** *(Mech)* Nachlaufreibung *f*, Auslaufreibung *f*
coat *s*. coating 3. *bis* 5.
~ **thickness gauge (meter)** *(Mech)* Schichtdickenmesser *m*, Schichtdickenmeßgerät *n*
coated lens *(Opt)* vergütete (entspiegelte) Linse *f*, Linse *f* mit T-Belag
~ **method** *(Kern)* Emulsionsmethode *f*, Gießverfahren *n (Autoradiographie)*
~ **particle** *(Kern)* beschichtetes Brennstoffteilchen (Teilchen) *n*
coating 1. Beschichtung *f*, Beschichten *n*, Überziehen *n*, Plattierung *f (eines Metalls)*, Belegung *f (Vorgang)*; 2. *(Phot)* Aufgießen *n*, Vergießen *n*, Verguß *m (einer Emulsion)*; 3. Beschichtung *f*, [dünne] Schicht *f*, Haut *f*, Häutchen *n*, Film *m (Ergebnis)*; Anstrich *m*; 4. *(El)* Umhüllung *f*, Ummantelung *f (z. B. einer Elektrode)*; 5. Belag *m*, Belegung *f (eines Kondensators)*
~ **polarization** *(Ech)* Deckschichtenpolarisation *f*
coaxial propellers *(Aero)* gleichachsige gegenläufige Luftschrauben *fpl*, Zwillingsluftschrauben *fpl*
cocking *(Mech)* Spannen *n*
co-current flow *(Ström)* Parallelströmung *f*, Parallelstrom *m*, Translationsströmung *f*
COD *(Mech)* *s*. crack-opening displacement method
co-declination *(Astr)* Poldistanz *f*, PD, *(manchmal:)* Polabstand *m*, Nordpolabstand *m (im Äquatorialsystem)*
coefficient of advance *(Aero)* Fortschrittsgrad *m (einer Luftschraube)*
~ **of attachment** *(At, El)* Anlagerungskoeffizient *m*

56

~ **of compressibility** *(Mech)* Kompressibilität *f*, *(selten:)* Kompressibilitätskoeffizient *m*
~ **of contraction** *(Ström)* Kontraktionszahl *f*, Einschnürungszahl *f*
~ **of coupling** Kopplungsgrad *m*, Kopplungskoeffizient *m (zwischen zwei Systemen, meist eine Konstante)*
~ **of cubic compressibility** *(Mech)* Volumenkompressibilität *f*, kubische Kompressibilität *f*
~ **of cyclic variation** *(Mech)* Ungleichförmigkeitsgrad *m (der Rotationsbewegung)*
~ **of dilution** *(Ström)* Massenverhältnis *n (zwischen Außen- und Innenströmung)*
~ **of discharge** *(Ström)* Durchflußzahl *f*, Durchflußbeiwert *m*, Ausflußzahl *f*
~ **of dissociation** *(physCh)* Dissoziationsgrad *m*
~ **of dynamic friction** *s*. ~ of kinetic friction
~ **of eddy viscosity** *(Ström)* Wirbelzähigkeit *f*, turbulente Zähigkeit (Viskosität) *f*, turbulente Scheinviskosität *f*, Turbulenzkoeffizient *m*
~ **of elasticity** *(Fest)* elastische Konstante *f*, Elastizitätskonstante *f*, Elastizitätsmodul *m (von Kristallen: allgemeiner Begriff für elastische Koeffizienten und elastische Moduln)*
~ **of elasticity in shear** *(Mech)* Schub[elastizitäts]modul *m*, zweiter Elastizitätsmodul *m*, Scher[ungs]modul *m*, Gleitzahl *f*
~ **of fineness** *(Hydr)* Völligkeitsgrad *m*, Schlankheitsgrad *m*
~ **of fractional parentage** *(At, Qu)* [Racahscher] Abstammungskoeffizient *m*
~ **of friction** *(Mech)* Reibungszahl *f*, Reibwert *m*, Reibungskoeffizient *m*
~ **of friction at rest** *s*. ~ of static friction
~ **of friction of pivoting** *(Mech)* Bohrreibungszahl *f*, Koeffizient *m* der bohrenden Reibung
~ **of frictional drag (resistance)** *(Ström)* Reibungsbeiwert *m*
~ **of heat conductivity** *s*. heat conductivity 2.
~ **of heat emission** *(Therm)* Wärmeabgabezahl *f*, Wärmeabgabekoeffizient *m*
~ **of heat transfer** *(Therm)* Wärmeübergangskoeffizient *m*, Wärmeübertragungszahl *f*
~ **of hydraulic conductivity** *(Ström) s*. ~ of permeability
~ **of induced drag** *(Ström)* Beiwert *m* des induzierten Widerstandes
~ **of induced magnetization** *(Magn)* [magnetische] Suszeptibilität *f*
~ **of inertia** *(Ström)* Trägheitskoeffizient *m*
~ **of isobaric compressibility** *(Mech)* isobare (isobarische) Kompressibilität *f*, Kompressibilität *f* bei konstantem Druck
~ **of isothermal compressibility** *(Mech)* isotherme Kompressibilität *f*, Kompressibilität *f* bei konstanter Temperatur

coherent

~ **of kinematic viscosity** *(Ström)* kinematische Viskosität (Zähigkeit) f, Viskositäts-Dichte-Verhältnis n
~ **of kinetic friction** *(Mech)* Reibungszahl f (Reibwert m) der Bewegung, dynamischer (kinetischer) Reibungskoeffizient m
~ **of limiting friction** s. ~ of static friction
~ **of linear expansion** *(Therm)* linearer Ausdehnungskoeffizient (Wärmeausdehnungskoeffizient) m
~ **of linear extension** *(Mech)* Dehnungskoeffizient m, Dehnzahl f
~ **of magnetization** *(Magn)* [magnetische] Suszeptibilität f
~ **of non-uniformity** *(Ström)* Ungleichförmigkeitskoeffizient m
~ **of ordinary diffusion** *(Kern, physCh)* Diffusionskoeffizient m, *(für Neutronen manchmal auch:)* Diffusionskonstante f
~ **of perception** *(Opt)* Wahrnehmungskoeffizient m, reziproke Fechner-Konstante f
~ **of performance** 1. *(Therm)* Wärmewirkungsgrad m, Wärmeziffer f, Güteziffer f *(einer Wärmepumpe)*; 2. *(Tief)* Wirkungsgrad m, Nutzeffekt m, Kältewirkungsgrad m *(einer Kältemaschine)*
~ **of permeability** *(Ström)* Durchlässigkeitsbeiwert m, [Darcyscher] Durchlässigkeitskoeffizient m, Darcysche Durchlässigkeitsziffer f *(eines porösen Mediums, z. B. eines Bodens, in cm/d)*
~ **of pressure** *(Therm)* Spannungskoeffizient m, Druckkoeffizient m
~ **of profile drag** *(Ström)* Widerstandsbeiwert m, Beiwert m des Widerstandes (Strömungswiderstands), *(manchmal:)* Profilwiderstandsbeiwert m
~ **of reflection** 1. Reflexionsfaktor m *(für eine Welle: Verhältnis der Wellenamplituden)*; 2. *(Opt)* Reflexionsgrad m, Reflexionsvermögen n
~ **of refraction** *(Opt)* Refraktionskoeffizient m, Refraktionskonstante f
~ **of remanent induction** *(Magn)* Nachwirkungsbeiwert m
~ **of resistance** *(Ström)* Widerstandszahl f, Druckverlustbeiwert m
~ **of restitution** *(Mech)* Restitutionskoeffizient m, Stoßzahl f
~ **of rigidity** s. ~ of elasticity in shear
~ **of rolling friction (resistance)** *(Mech)* Rollreibungszahl f, Radius m der Rollreibung, Reibungsarm m
~ **of shear** *(Mech)* Schubkoeffizient m, Schubzahl f, reziproker Schubmodul m
~ **of sliding friction** *(Mech)* Gleitreibungszahl f, Gleitreibungskoeffizient m
~ **of slip** *(Aero)* Schlupfkoeffizient m, Schlupfzahl f
~ **of static friction** *(Mech)* Haftreibungszahl f, Haftreibwert m, Reibungskoeffizient m der Ruhe
~ **of stiffness** *(Mech)* Steifigkeitskoeffizient m, Steifekoeffizient m

~ **of strain** *(Mech)* Verformungsfaktor m *(Verhältnis der Längen vor und nach der Verformung in Richtung der Verformungsachse)*
~ **of superficial expansion** *(Therm)* [thermischer] Flächenausdehnungskoeffizient m, Flächen-Temperatur-Koeffizient m
~ **of thermal expansion** s. cubical expansion coefficient
~ **of thermometric conductivity** *(Ström, Therm)* Temperaturleitfähigkeit f, Temperaturleitzahl f *(in m^2/s)*
~ **of total radiation** *(statPh)* Stefan-Boltzmannsche Konstante f, Strahlungskonstante f, Strahlungszahl f
~ **of turbulence** *(Ström)* turbulente Zähigkeit (Viskosität) f, scheinbare turbulente Zähigkeit f, turbulente Scheinviskosität f, Turbulenzkoeffizient m
~ **of variation** *(mathPh)* relative Standardabweichung f, Variationskoeffizient m *(in %, Statistik)*
~ **of velocity** 1. *(Ström)* Geschwindigkeitsziffer f, Geschwindigkeitsbeiwert m; 2. *(Vak)* Geschwindigkeitsfaktor m
~ **of viscosity** *(Ström)* dynamische Viskosität (Zähigkeit) f, Koeffizient m der inneren Reibung, *(speziell:)* Viskositätskoeffizient m *(im verallgemeinerten Newtonschen Schubspannungsansatz)*
~ **of viscous damping** *(Mech)* Reibungskonstante f *(einer gedämpften elastischen Schwingung)*
~ **of viscous traction** *(Mech)* viskoser Dehnungskoeffizient m, Koeffizient m der viskosen Dehnung
~ **of water plane** *(Hydr)* Völligkeitsgrad m, Schlankheitsgrad m

coercivity *(El, Magn)* Koerzitivfeldstärke f bei Sättigung, Koerzitivfeldstärke f
cog wheel method *(Opt)* Zahnradmethode f, Fizeausche Methode (Zahnradmethode) f
cogeneration *(El, Therm)* Wärme-Kraft-Kopplung f, Wärme-Kraft-Kupplung f
coh *(Kern)* Kohärenz f, coh *(Größe)*
coherence distance *(Tief)* Kohärenzlänge f
~ **factor** *(Opt)* Phasenkohärenzfaktor m, [komplexer] Kohärenzgrad m
~ **length** *(Opt, Tief)* Kohärenzlänge f
coherent accelerator *(Hoch)* kollektiver Teilchenbeschleuniger (Beschleuniger) m, Kollektivbeschleuniger m
~ **area** *(Opt)* Kohärenzbereich m
~ **bound amplitude** *(Kern)* Amplitude f der kohärenten Streuung an gebundenen Atomen
~ **clustering** *(Fest, physCh)* Bildung f von Guinier-Preston-Zonen
~ **cross section** *(Kern)* kohärenter Streuquerschnitt m, Wirkungsquerschnitt m für kohärente Streuung
~ **impact acceleration** *(Kern)* kohärente Beschleunigung f durch sukzessive Stöße

coherent 58

~ **interface** *(Krist)* Verwachsungsfläche f
~ **unit** *(Meß)* kohärente Einheit f, Systemeinheit f
coherer effect *(El, Fest)* Fritteffekt m, Kohärerwirkung f
cohesion energy *(Fest, physCh)* Bindungsenergie f, Kohäsionsenergie f
~ **pressure** *(Mech, physCh)* Binnendruck m, Kohäsionsdruck m *(einer Flüssigkeit)*
cohesive force *(Mech, physCh)* Kohäsionskraft f
~ **pressure** s. cohesion pressure
~ **strength** *(Mech, physCh)* Kohäsionsfestigkeit f, theoretische (ideale) Zerreißfestigkeit f
coil model *(Ech)* Scheibenmodell n *(der Polyelektrolyte)*
coincidence 1. Koinzidenz f, Deckung f; 2. Spuranpassung f, Koinzidenz f *(einer Welle)*
colatitude *(Astr)* Komplement n der Polhöhe, Zenitdistanz f des Himmelspols
cold-air cycle *(Therm)* Kaltluftprozeß m
~ **area** *(Kern)* inaktiver (nichtradioaktiver, kalter) Bereich m
~ **band** *(Opt)* Kältebande f *(der Phosphoreszenz)*
~ **chamber** *(Tief)* Kühlkammer f, Kühlraum m *(eines Kältesystems)*
~ **conductor** *(El)* Kaltleiter m
~ **critical reactor** *(Kern)* kaltkritischer (kalt-kritischer) Reaktor m
~ **emission [of electrons]** *(El, Fest)* Feldemission f, Kaltemission f, kalte Elektronenemission f, autoelektronischer Effekt m
~ **light** *(Fest, Opt)* Lumineszenzlicht n, Kaltlicht n
~ **mirror** *(Opt)* Kaltlichtspiegel m
~ **neutron** *(Kern)* kaltes Neutron n *(E < 0,01 eV bei 15 °C)*
~ **reactivity** *(Kern)* Reaktivität f für den kalten Zustand, kalte Reaktivität f, Kaltreaktivität f
~ **resistance** 1. Kältefestigkeit f, Kältebeständigkeit f; 2. *(El)* Kaltwiderstand m *(Größe)*
~ **source** *(Tief)* Kältequelle f
~ **star** *(Astr)* kalter Stern m, erloschener (erstarrter) Stern m
~ **trap** 1. *(physCh)* Kaltfalle f; 2. *(Vak)* Kühlfalle f, Kondensationsfalle f
coldness Kälte f *(Gegensatz: Wärme)*
colidar *(El, Opt)* Laserradar n, Ladar n
collapsar *(Astr)* schwarzes Loch n
collapse 1. Zusammensturz m, Zusammenfallen n, Kollaps m *(z. B. von Blasen)*; 2. Abbau m, Zerfall m, Zusammenbruch m *(eines Feldes)*; 3. *(Astr)* Gravitationskollaps m, Zusammenziehung f durch die Gravitation *(eines Sterns)*
~ **load** *(Mech)* Grenzlast f, Traglast f
~ **pressure** *(Mech)* Zerstörungsdruck m

collapsed level *(Hydr)* Massenhöhenstand m, kollabierter Wasserstand m
collapsible can (clad) *(Kern)* Andrückhülle f, andrückbare Hülle f
~ **pocket magnifier** *(Opt)* zusammenklappbare (zusammenlegbare) Lupe f
collapsing load *(Mech)* Euler-Last f, kritische Druckkraft f, kritische (Eulersche) Knicklast f
collateral motion *(Ström)* Schwankungsbewegung f, Nebenbewegung f, *(selten:)* Querbewegung f *(bei der Turbulenz)*
~ **radiation** *(Opt)* Nebenstrahlung f *(eines Lasergerätes)*
collecting electrode 1. *(Ech)* Niederschlagselektrode f; 2. *(Kern)* Sammelelektrode f *(einer Ionisationskammer oder eines Zählrohrs)*
~ **lens** *(Opt)* Sammellinse f *(eines mehrgliedrigen Objektivs)*
~ **mirror** *(Opt)* 1. Hohlspiegel m, Konkavspiegel m, Sammelspiegel m, Vergrößerungsspiegel m; 2. Fangspiegel m *(eines Mikroskops)*
~ **potential** *(Kern)* Sammelelektrodenspannung f
~ **power** *(Opt)* Sammelvermögen n, Sammelkraft f *(einer Linse)*
~ **efficiency** 1. *(El)* Sammlungsgrad m *(eines SEV)*; 2. *(Kern)* Sättigungsgrad m, Sammelwirksamkeit f *(einer Ionisationskammer)*
collective dose *(Kern)* Kollektivdosis f, Gruppendosis f
~-**effect accelerator** *(Hoch)* kollektiver Teilchenbeschleuniger m, Kollektivbeschleuniger m
~ **electron model** *(At)* statistisches Atommodell f, Kollektivelektronenmodell n *(des Atoms)*
~ **lens** *(Opt)* Feldlinse f, Kollektivlinse f
collector 1. *(El)* Sammelelektrode f, Elektronen[auf]fänger m, Auffangelektrode f *(einer Elektronenröhre)*; 2. *(Halbl)* Kollektor m, Kollektorzone f, Kollektorgebiet n *(eines Transistors)*; 3. *(Halbl)* Kollektorelektrode f, Kollektor m; 4. *(Halbl)* Kollektor[anschluß] m; 5. *(Kern)* s. collecting electrode 2.
~ **capacitance** *(Halbl)* Kollektorkapazität f, Kollektor-Basis-Kapazität f, Kollektorrückwirkungskapazität f
~ **points** *(Kern)* Abnahmekamm m, Spitzenkammabnehmer m *(eines Van-de-Graaff)*
collectron *(Kern)* Elektronenemissionsdetektor m, EED, Neutron-Beta-Detektor m
collider *(Hoch)* Collider m, Speicherring m mit gegeneinander geführten Strahlen
colliding-beam accelerator (device) *(Hoch, Kern)* Beschleuniger m mit gegeneinander laufenden (geführten) Strahlen, Teilchenbeschleuniger m mit entgegengesetzt umlaufenden Strahlen, „colliding-beam"-Beschleuniger m

~-beam interaction rate *(Hoch)* Luminosität f, Strahlluminosität f, Wechselwirkungsrate f der gegeneinanderlaufenden Strahlen
collimated point source *(Kern)* kollimierte (gerichtet strahlende) Punktquelle f
collimating ray *(Opt)* Zielstrahl m *(eines Kollimators)*
collimation *(Kern, Opt)* Kollimation f, Bündelung f, Ausblendung f, Begrenzung f *(eines Strahlenbündels)*
~ **axis (line)** *(Astr, Opt)* Zielachse f, Ziellinie f, Kollimationsachse f *(eines Fernrohrs)*
collimator 1. *(Astr, Opt)* Sucherfernrohr n, Sucher m; 2. *(Kern)* Kollimator m; 3. *(Opt)* Kollimatorrohr n, *(beim Schlitzkollimator auch:)* Spaltrohr n
~ **portal** *(Kern, Opt)* Kollimatoröffnung f, Austrittsöffnung f des Kollimators
collision Stoß m, *(manchmal:)* Zusammenstoß m *(freier Teilchen oder Körper)*
~ **broadening** *(Spektr)* Stoßverbreiterung f, Linienverbreiterung f durch Stoßdämpfung
~ **chain** *(Fest)* Stoßkaskade f, Stoßkette f
~ **coefficient** *(Mech)* Restitutionskoeffizient m, Stoßzahl f
~ **cross section** *(Kern)* Stoßquerschnitt m, Wirkungsquerschnitt m für Stoß
~ **density** *(Kern, statPh)* Stoßdichte f, Stoßzahldichte f *(Anzahl der Stöße je Volumen- und Zeiteinheit)*
~ **dominated plasma** *(Pl)* stoßbestimmtes (stößebehaftetes) Plasma n
~ **frequency** *(statPh)* Stoßfrequenz f, Stoßzahl f *(Stöße je Zeiteinheit)*
~ **light** *(At)* Stoßleuchten n
~ **loss** *(At, Mech)* Stoßverlust m, [Carnotscher] Energieverlust m, Verlust m durch Stoß
~ **mass stopping power** *(Kern)* Massen-Stoßbremsvermögen n *(für ionisierende Strahlung)*
~ **momentum** *(Mech)* Stoßimpuls m
~ **number** s. ~ frequency
~ **probability** Stoßwahrscheinlichkeit f
~ **radiation** 1. *(At)* Stoßstrahlung f; 2. *(Kern)* Bremsstrahlung f
~-radiative recombination *(At)* Zweierstoßrekombination f, Zweier-Strahlungsrekombination f
~ **rate** 1. s. ~ probability; 2. *(Kern, statPh)* s. ~ density; 3. *(statPh)* s. ~ frequency
~ **ring** *(Hoch)* s. collider
~ **stopping power** *(Kern)* [lineares] Stoßbremsvermögen n
~ **theory** *(Astr)* Hypothese (Katastrophentheorie) f von Jeans, Begegnungstheorie f
~ **width** *(Spektr)* Stoßbreite f *(einer Spektrallinie)*
collisional de-excitation time *(Opt)* Stoßabregungszeit f
~ **plasma** s. collision dominated plasma

collisionless Boltzmann equation *(statPh)* Vlasov-Gleichung f, Wlassow-Gleichung f, stoßfreie Boltzmann-Gleichung f
~ **plasma** *(Pl)* stößefreies (stoßfreies) Plasma n, Vlasov-Plasma n, Wlassow-Plasma n
~ **shock wave** *(Pl)* Stoßwelle (Schockwelle) f im stößefreien (stoßfreien) Plasma, stößefreie Schockwelle f
colloid-osmotic pressure *(physCh)* kolloidosmotischer (onkotischer) Druck m
color s. colour
colorant *(Opt, physCh)* Farbmittel n, farbgebender (färbender) Stoff m *(Farbstoff oder Pigment)*
coloration 1. *(Krist)* Verfärbung f; 2. *(Opt)* Färbung f, Farbgebung f
colorimetric purity *(Opt)* [spektrale] Farbdichte f
~ **standard illuminant** *(Opt)* Normlichtart f *(A, B oder C)*
colorimetry *(Opt)* 1. s. colour geometry; 2. Farbmessung f *(Messung von Farbmaßzahlen)*
coloring s. coloration 2.
colour 1. *(Opt)* Farbe f *(als Empfindung)*; 2. *(Hoch)* s. ~ quantum number
~ **aberration** s. chromatism
~ **appearance** *(Opt)* Farbeindruck m
~ **balance** *(Opt)* Farbabstimmung f, Farbengleichgewicht n
~-brightness diagram s. ~-luminosity array
~ **centre band** *(Fest)* Farbzentrenbande f, Absorptionsbande f eines Farbzentrums
~ **circle** *(Opt)* Farb[ton]kreis m
~ **conditioning** *(Opt)* Farbabstimmung f
~ **cone** *(Opt)* Farbtüte f, Farbenkegel m
~ **content** *(Opt)* Buntgehalt m, Farbtongehalt m, Sättigungsgehalt m, Vollfarbengehalt m *(im Ostwald-System)*
~ **coordinate** *(Opt)* Farbkoordinate f, *(speziell:)* Dreieckskoordinate f *(in der Farbtafel oder im Farbdreieck)*
~ **correction** *(Opt)* chromatische Korrektion f, Farbfehlerkorrektion f
~ **discrimination** *(Opt)* Farbunterscheidungsvermögen n, Farbunterschiedsempfindlichkeit f, *(allgemein:)* Farbunterscheidung f
~ **disk** *(Opt)* [Newtonsche] Farbenscheibe f
~ **distortion** *(Opt)* Farbverzerrung f, *(durch Umstimmung:)* Farbwandlung f, *(Farbverzerrung + Farbwandlung:)* Farbverschiebung f
~ **emissivity** *(Therm)* Farbemissionsgrad m
~-enhanced roentgenography *(Phot)* Röntgenfarbenphotographie f, Röntgenfarbbilderzeugung f
~ **fringe[s]** *(Opt)* Farbsaum m, Farbensaum m, Farbfransen fpl, Farbrand m
~ **gamut** *(Opt)* Farbenskala f, Farb[ton]skala f

colour

- ~ **geometry** *(Opt)* niedere Farbmetrik f, Farbvalenzmetrik f, *(oft kurz:)* Farbmetrik f
- ~ **index** 1. *(Astr)* Farbenindex m; 2. *(Hoch)* Farbindex m, Color-Index m
- ~**-luminosity array,** ~**-magnitude diagram** *(Astr)* Farben-Helligkeits-Diagramm n, FHD
- ~ **match** *(Opt)* Farbgleichheit f, Farbengleichheit f
- ~ **matching** *(Opt)* Farbabgleichung f, Farbabgleich m, Angleichung (Gleichsetzung) f der Farben, *(experimentelle Beurteilung der Farbgleichheit:)* Abmusterung f
- ~ **mixture coefficient** *(Opt)* Normspektralwert m
- ~ **mixture function** *(Opt)* Normspektralwertkurve f
- ~ **moment** *(Opt)* Farbmoment n, Luthersches (leukozentrisches) Farbmoment n, Buntmoment n
- ~ **mosaic [screen]** *(Opt)* Farb[en]raster m
- ~ **point group** *(Krist)* magnetische Punktgruppe f, Schwarz-Weiß-Punktgruppe f
- ~ **primary** *(Opt)* Primärvalenz f, Bezugsfarbe f, *(selten:)* Bezugsfarbvalenz f, Eichreiz m
- ~ **quantum number** *(Hoch)* Farbe f, Color[-Quantenzahl] f, Farbquantenzahl f
- ~ **rendering** *(Opt)* Farbwiedergabe f *(einer Lichtquelle)*
- ~ **selective mirror** *(Opt)* dichroitischer (zweifarbiger, farbselektiv reflektierender) Spiegel m
- ~ **shifter** *(El, Opt)* Wellenlängenschieber m
- ~ **space** *(Opt)* Farbenraum m, Vektorraum m der Farbvalenzen
- ~ **space group** *(Krist)* magnetische Raumgruppe f, Schwarz-Weiß-Raumgruppe f
- ~ **specification** *(Opt)* 1. Farbangabe f, Farbbezeichnung f, Farbkennzeichnung f; 2. Farbvalenz f
- ~ **stimulus** *(Opt)* Farbreiz m
- ~ **stimulus specification** *(Opt)* Farbvalenz f
- ~ **stimulus weight** *(Opt)* Farbwertsumme f, Farbreizvalenzgewicht n, Farbreizsumme f
- ~ **temperature** *(Astr, Opt, Therm)* Farbtemperatur f
- ~ **temperature at wavelength** λ *(Astr, Opt)* Gradationstemperatur f
- ~ **triangle** *(Opt)* Farbdreieck n *(in der Farbtafel)*
- ~ **value** *(Opt)* Farbwert m, trichromatische Maßzahl f, Farbmaßzahl f
- ~ **value sum** s. ~ stimulus weight
- ~ **velocity gauging** *(Hydr)* Farbverdünnungsverfahren n *(der Durchflußmessung)*
- ~ **weight** s. ~ stimulus weight

colouring *(GB)* s. coloration

Columbus-type weight *(Hydr)* Fischgewicht n, fischförmiger Belastungskörper m

column 1. *(Mech)* Säule f; 2. *(physCh)* Säule f; Kolonne f; 3. *(Therm)* Flüssigkeitsfaden m, Faden m, Thermometerfaden m; 4. *(mathPh)* Spalte f, *(manchmal:)* Kolonne f, Vertikalreihe f *(einer Matrix oder Determinante, n-te)*; Spalte f *(einer Tabelle)*
- ~ **chart** s. bar chart
- ~ **chromatography** *(physCh)* Säulenchromatographie f

columnar crystal *(Krist)* Stengelkristall m, säulenförmiger Kristall m
- ~ **granulation** *(Krist)* Transkristallisation f, Stengelkristallisation f
- ~ **recombination** *(Kern)* Kolonnenrekombination f, Säulenrekombination f, Anfangsrekombination f

coma 1. *(Astr)* Koma f, Hülle f des Kometenkerns, Kernhülle f; 2. *(Opt)* meridionale Koma f, Meridionalkoma f, [tangentiale] Koma f, Asymmetriefehler m *(Abbildungsfehler)*

comatic circle (patch) *(Opt)* Zerstreuungsfigur f, Komafleck m

combination heat *(physCh)* Bildungswärme f, *(selten:)* Verbindungswärme f
- ~ **law** 1. *(At)* Interkombinationsverbot n, Interkombinationsregel f, Kombinationsverbot n *(von Spektraltermen)*; 2. *(mathPh)* Verknüpfungsgesetz n
- ~ **of errors** *(mathPh)* Fehlerfortpflanzung f
- ~ **scale** *(Meß)* Verbundskale f

combined flexure *(mathPh)* allgemeine Biegung f, Querkraftbiegung f
- ~ **heat and power generation** *(El, Therm)* Wärme-Kraft-Kopplung f, Wärme-Kraft-Kupplung f
- ~ **magnifying power** *(Opt)* s. magnifying power f
- ~ **stress** *(Mech)* zusammengesetzte Beanspruchung f, *(allgemein:)* zusammengesetzter Spannungszustand m

combining-volumes principle *(physCh)* Gay-Lussacsches Gesetz n der einfachen Gasvolumina, Gay-Lussac-Humboldtsches Gesetz n, Gasvolumengesetz n

combustibility, combustibleness *(physCh)* Brennbarkeit f, Verbrennbarkeit f, Verbrennlichkeit f

combustion energy *(physCh)* Verbrennungsenergie f, Verbrennungswärme f bei konstantem Volumen
- ~ **enthalpy** *(physCh)* Verbrennungsenthalpie f, Verbrennungswärme f bei konstantem Druck
- ~ **heat** *(physCh)* Verbrennungswärme f

comes *(Astr)* Begleiter m *(eines Doppelsternsystems)*

comet seeker *(Astr)* Kometensucher m

~-tail band *(Astr)* Schweifbande f, Kometenschweifbande f

commencement Einleitung f, Auslösung f, Initiierung f

commensurable propositions *(Qu)* kommensurable (verträgliche) Aussagen *fpl*
commercial-grade substance *(physCh)* handelsübliche (technisch reine) Substanz *f (Reinheit 90 ... 97 %)*
committed dose equivalent *(Kern)* 50-Jahre-Folge[äquivalent]dosis *f*, Folgeäquivalentdosis *f* nach einmaliger Aufnahme in 50 Jahren
common-cause failure *s.* ~-mode failure
~-mode failure Ausfall *m* aus gemeinsamer Ursache, abhängiger Fehler *m*, AF, Ausfallkombination *f*
~ **proper motion pair** *(Astr)* Eigenbewegungspaar *n*
communal entropy 1. *(physCh)* gemeinschaftliche Entropie *f*; 2. *(Therm)* Gesamtentropie *f*
commutation curve *(Magn)* normale Magnetisierungskurve *f*, Kommutierungskurve *f*
~ **relations** *(Feld, Qu)* Vertauschungsrelationen (Vertauschungsregeln) *fpl* für Bosonen, Bose-Vertauschungsrelationen *fpl*
commutative number *(Feld)* *c*-Zahl *f*, kommutative Zahl *f*
compact *(Fest)* Preßling *m*, Preßkörper *m*
compaction *(Mech)* Verdichtung *f (von Materialien, z. B. durch Pressen)*
~ **factor** *(Ström)* Kompaktheitsfaktor *m*
compactness Kompaktheit *f*, Geschlossenheit *f*, Gedrängtheit *f*, Dichtheit *f (eines Aufbaus)*
companion *(Astr)* Begleiter *m (z. B. eines Doppelsternsystems)*
compander *(Ak, El)* Dynamikkompander *m*, Kompander *m*
comparability Vergleichbarkeit *f (z. B. von Meßergebnissen)*
comparative life[time] *(Kern)* komparative Lebensdauer *f*, *ft*-Wert *m*
~ **quantity** Vergleichsgröße *f*
comparator 1. *(El)* Komparator *m*, Vergleicher *m*, *(manchmal:)* Vergleichsschaltung *f*; 2. *(Mech)* Längenmeßkomparator *m*, Komparator *m*; 3. *(Mech, Opt)* Komparator *m*, Feinzirkel *m*; 4. *(Reg)* Vergleicher *m*
comparison method *(Spektr)* leitprobengebundenes Verfahren *n (der Spektralanalyse)*
~ **plate** *(Opt)* Vergleichsfläche *f*, Referenzfläche *f (Interferenzmikroskopie)*
~ **standard** *(Meß)* Vergleichsnormal *n*, Bezugsnormal *n*
~ **star** *(Astr)* *s.* reference star
~ **theorem** *(Ström)* Vergleichssatz *m*
compatibility 1. *(Fest, Mech)* Kompatibilität *f*, Verträglichkeit *f (z. B. von Materialien miteinander)*; 2. *(mathPh)* Kompatibilität *f*, Vereinbarkeit *f*, Widerspruchsfreiheit *f (z. B. eines Gleichungssystems)*
compensated [ionization] chamber *(Kern)* kompensierte Ionisationskammer *f*, Kompensationskammer *f*

~ **pendulum** *(Mech)* Kompensationspendel *n (besteht aus zwei Materialien)*
~ **region** *(Halbl)* Kompensationszone *f*, kompensierte Zone *f*, *c*-Zone *f*
compensating filter *(Opt, Phot)* Ausgleichsfilter *n (zum Ausgleich des Helligkeitsabfalls)*, Kompensationsfilter *n (zur Anpassung an das Empfindlichkeitsmaximum des Aufnahmematerials)*
~ **ion** *(Ech)* Gegenion *n*
~ **method** *(El)* Kompensationsverfahren *n*, [Poggendorffsche] Kompensationsmethode *f*, Potentiometermethode *f*
compensation 1. Kompensation *f*, Kompensierung *f*, Ausgleich *m (einer Wirkung durch eine Gegenwirkung)*; 2. *(Meß)* Ausgleichung *f*, Ausgleich *m (von Fehlern)*; 3. *(Reg)* Stabilisierung *f*, Kompensation *f*, Korrektion *f*
~ **pendulum** *(Mech)* Ausgleichspendel *n*, Minimalpendel *n*, Minimumpendel *n*
compensative colour *(Opt)* kompensative Farbe *f*, Kompensationsfarbe *f (in additiver Farbmischung)*
~ **decay time constant** *(Kern)* kompensierbare Abklingzeitkonstante *f*
compensator azimuth measuring type *(Opt)* Drehkompensator *m* mit Drehung des Kompensators
competing reaction *(Kern, physCh)* konkurrierende Reaktion *f*, Konkurrenzreaktion *f*
complementary afterimage *(Opt)* negatives Nachbild *n*
~ **colour** *(Opt)* Komplementärfarbe *f*, komplementäre Farbe *f*
~ **operation** *(Krist)* Antisymmetrieoperation *f*, Schwarzweißsymmetrieoperation *f*
~ **screens** *(Opt)* komplementäre Beugungsschirme *mpl*, komplementäre (sich ergänzende) Schirme *mpl*
complete action integral (variable) *(Rel)* vollständiges Wirkungsintegral *n*
~ **alternation (cycle)** Vollperiode *f*, volle Periode *f (einer periodischen Größe)*
~ **equilibrium** *(Therm)* ungehemmtes (vollständiges) Gleichgewicht *n*
~ **radiator** *s.* black body
~ **set** *(mathPh)* transitive Menge *f*
~ **shadow** *(Astr, Opt)* Kernschatten *m*, *(manchmal:)* Vollschatten *m*, voller Schatten *m*
~ **wetting** *(Ström)* vollkommene (vollständige) Benetzung *f*
completed shell [of electrons] *s.* closed shell
completely recoverable deformation *(Mech)* vollständig zurückgehende Deformation (Verformung, Formänderung) *f*
~ **reversed bending** *(Mech)* Wechselbiegung *f*, Wechselbiegungsbeanspruchung *f*
~ **reversed stress** *(Mech)* Wechselbeanspruchung *f*

complex

complex compound *(At, physCh)* Koordinationsverbindung *f*, Komplexverbindung *f*
~ **lattice** *(Krist)* Gitter *n* im Gitter, Komplexgitter *n*
~ **potential model** *(Kern)* optisches Modell *n (der Kernwechselwirkung)*, optisches Modell der Teilchenstreuung an Kernen
~ **radiation** Strahlungsgemisch *n*, gemischte (zusammengesetzte) Strahlung *f*, Mischstrahlung *f*
~ **tone** *(Ak)* 1. einfacher (harmonischer) Klang *m*; 2. Tongemisch *n*
~ **twin** *(Krist)* zusammengesetzter Zwilling *m*, Wiederholungszwilling *m (bei Feldspäten)*
~ **wave** nichtsinusförmige (komplexe) Welle *f*
complexor Zeiger *m*, komplexe Sinusgröße *f*, komplexe sinusförmige veränderliche Größe *f*
compliance *(Mech)* [mechanische] Nachgiebigkeit *f*, Komplianz *f*
~ **constant** *(Fest)* elastischer Koeffizient *m*, Elastizitätskoeffizient *m*, Elastizitätskonstante *f*
~ **constant matrix** *(Fest)* Matrix *f* der elastischen Moduln, Matrix *f* der Elastizitätsmoduln, s-Matrix *f*
complication law (rule) *(Krist)* Komplikationsgesetz *n*, Komplikation[sregel] *f*
component 1. *(El, Halbl) (aktives)* Bauelement *n*; 2. *(Mech)* Bauteil *n*, Bauelement *n*, Konstruktionsteil *n*; 3. *(Mech)* Komponente *f*, Anlage[n]teil *n(m)*; 4. *(physCh)* Komponente *f*, Bestandteil *m (z. B. einer Legierung)*
~ **density** *(Halbl)* Packungsdichte *f*, Bauelement[e]dichte *f*
~ **motion** *(Mech)* Bewegungskomponente *f*, Teilbewegung *f*
composite decay curve *(Kern)* zusammengesetzte (komplexe) Zerfallskurve *f*
~ **flash** Blitz *m* mit mehreren Teilentladungen, Mehrfachblitz *m*
~ **reaction** *(physCh)* Stufenreaktion *f*, zusammengesetzte Reaktion *f*
composition 1. *(mathPh)* Verknüpfung *f*; 2. *(Mech)* Zusammensetzung *f (z. B. von Kräften, Bewegungen, Schwingungen)*
~ **face** s. ~ **surface**
~ **plane** *(Krist)* Verwachsungsebene *f*
~ **surface** *(Krist)* Verwachsungsfläche *f*
compound crystal *(Krist)* Verbindungskristall *m*
~ **elastic scattering** *(Kern)* compoundelastische Streuung (Resonanzstreuung) *f*
~ **lens** *(Opt)* 1. Linsensystem *n (nicht notwendig verkittet)*; 2. Verbundlinse *f*, zusammengesetzte Linse *f (verkittet)*
~ **motion** *(Mech)* resultierende (zusammengesetzte) Bewegung *f*
~ **-nucleus [reaction] mode** *(Kern)* Compoundkernreaktion *f*, Kernreaktion *f* mit Compoundkernstadium, indirekte Kernreaktion *f*

~ **number** mehrfach (zusammengesetzte) benannte Zahl *f (z. B. 2 m 20 cm)*
~ **pendulum** *(Mech)* physisches (physikalisches) Pendel *n*, Starrkörperpendel *n*, *(selten:)* zusammengesetztes Pendel *n*
~ **photoelectric effect** *(At)* Auger-Effekt *m*
~ **twin** *(Krist)* Vielling *m*, Kristallvielling *m*, *(speziell:)* Doppelzwilling *m*
compressadensity function *(Mech)* Kompressibilitäts-Dichte-Funktion *f*
compressibility *(Mech)* 1. Kompressibilität *f*, Zusammendrückbarkeit *f*, Komprimierbarkeit *f*, Verdichtbarkeit *f (Eigenschaft)*; 2. Kompressibilität *f (Größe)*, *(selten:)* Kompressibilitätskoeffizient *m*
~ **burble** *(Aero)* s. ~ **stall**
~ **drag** *(Aero)* Kompressibilitätswiderstand *m*
~ **factor** *(Therm)* Kompressibilitätsfaktor *m*, Realfaktor *m*
~ **modulus** *(Mech)* s. **bulk modulus**
~ **stall** *(Aero)* Stoßabreißen *n*, Verdichtungsstoßabreißen *n*, Abreißen *n (der Strömung)* hinter dem Verdichtungsstoß
compressible flow (fluid motion) *(Ström)* kompressible Strömung *f*, *(speziell:)* Strömung *f* kompressibler Flüssigkeiten
compressing flow *(Ström)* Kompressionsströmung *f*, kompressive Strömung *f*
compression 1. *(Mech)* Kompression *f*, Zusammendrücken *n*, Komprimieren *n*, Verdichtung *f*; 2. *(Mech)* Druckverformung *f*, *(bei ungleichförmigem Druck:)* Stauchung *f*; 3. *(Ak, El)* Pressung *f*, Dynamikpressung *f*, Dynamikkompression *f*; 4. *(Pl)* Kompression *f*
~ **creep** *(Mech)* Druckkriechen *n*
~ **liquefaction** *(Tief)* Verdichtungsverflüssigung *f*, Kompressionsverflüssigung *f*
~ **load** *(Mech)* Druckbelastung *f*
~ **resistance** *(Mech)* Druckfestigkeit *f*
~ **set** *(Mech)* 1. Stauchung *f*, *(speziell:)* Anstauchung *f*; 2. Druckverformungsrest *m*, bleibende Verformung *f* [nach Druckbeanspruchung]
~ **shock** *(Aero)* Verdichtungsstoß *m*, Stoß *m*
~ **strength** *(Mech)* Druckfestigkeit *f*
~ **test** *(Mech)* Druckversuch *m*, Druckprüfung *f*, Druckprobe *f*, *(bei ungleichförmigem Druck:)* Stauchversuch *m*
~ **work** *(Mech)* Kompressionsarbeit *f*, Verdicht[ungs]arbeit *f*
compressional cleavage *(Krist)* Druckspaltung *f*
~ **cooling** *(Tief)* Pomeranchuk-Kühlung *f*, Pomerantschuk-Kühlung *f*, Kompressionskühlung *f*
~ **stiffness** *(Mech)* Drucksteifigkeit *f*
~ **vibration** *(Mech)* Druckschwingung *f*
~ **viscosity** *(Fest, Mech)* zweite Viskosität *f*, Volumenviskosität *f*, Kompressionszähigkeit *f*, Volumenreibung *f*
~ **wave** *(Mech)* Verdichtungswelle *f*, Kompressionswelle *f*, Druckwelle *f* im enge-

conduction

ren Sinne, *(im ebenen Fall auch:)* Verdichtungslinie *f (in einem elastischen Medium)*
compressive elastic limit *(Mech)* Druckelastizitätsgrenze *f,* Elastizitätsgrenze *f* gegenüber Druck
~ **flow** *(Ström)* Kompressionsströmung *f,* kompressive Strömung *f*
~ **load** *(Mech)* Druckbelastung *f*
~ **twin** *(Krist)* Kippzwilling *m,* Druckzwilling *m,* Gleitzwilling *m*
~ **wave** 1. *(Fest, Mech)* kompressive Beschleunigungswelle *f;* 2. *(Mech) s.* compressional wave
~ **yield point (strength)** *(Mech)* Quetschgrenze *f*
Compton cross section *(Qu)* Compton-Streuquerschnitt *m,* Wirkungsquerschnitt *m* der Compton-Streuung
~ **process (scattering)** *(Qu)* Compton-Streuung *f*
concave grating *(Opt, Spektr)* Konkavgitter *n,* Rowlandsches Konkavgitter (Reflexionsgitter) *n,* Hohlgitter *n*
~ **[spherical] mirror** *(Opt)* Konkavspiegel *m,* Hohlspiegel *m,* Sammelspiegel *m,* Vergrößerungsspiegel *m*
concealed motion *(Mech)* verborgene Bewegung *f*
concentrated couple *(Mech)* Punktmoment *n,* konzentriertes Moment *n*
~ **force** *(Mech)* Einzelkraft *f,* Punktkraft *f,* konzentrierte Kraft *f*
~ **light source** *(Opt)* punktförmige (konzentrierte) Lichtquelle *f,* Punkt[licht]quelle *f,* Punktstrahler *m*
~ **load** *(Mech)* Einzellast *f,* Punktlast *f,* konzentrierte Last *f,* punktförmig angreifende Einzellast *f*
~ **mass** *(Mech)* Punktmasse *f,* konzentrierte Masse *f*
~ **vortex** *(Ström)* Einzelwirbel *m*
concentration 1. *(physCh)* Konzentrierung *f,* Konzentration *f,* Anreicherung *f, (bei Lösungen auch:)* Einengung *f,* Eindickung *f;* 2. Bündelung *f (von Strahlen);* 3. *(physCh)* Konzentration *f,* Stoffmengenkonzentration *f (Größe);* 4. *(Kern) s.* isotopic abundance
~ **cell** *(Ech)* Konzentrationskette *f, (für Ionenkonzentrationsmessungen auch:)* Konzentrationselement *n*
~ **factor** 1. *(Mech)* Spannungskonzentrationsfaktor *m,* Kerbwirk[ungs]zahl *f,* Kerbfaktor *m,* Formziffer *f;* 2. *(physCh)* Konzentrationsfaktor *m,* Volumenreduktionsfaktor *m*
~ **of sound** *(Ak)* Schallbündelung *f,* Schallkonzentrierung *f,* Schallfokussierung *f*
~ **speck** *(Phot)* Empfindlichkeitskeim *m,* Lichtempfindlichkeitszentrum *n*
concentric cylinder method *(Therm)* Zylinderspaltverfahren *n (Wärmeleitfähigkeitsmessung)*

~ **sphere method** *(Therm)* Kugelspaltverfahren *n (Wärmeleitfähigkeitsmessung)*
concurrent flow *(Ström)* Parallelströmung *f,* Parallelstrom *m,* Translationsströmung *f*
~ **forces** *(Mech)* im selben Punkt angreifende Kräfte *fpl*
condensance *(El)* kapazitiver Blindwiderstand *m,* kapazitive Reaktanz *f*
condensation 1. Kondensation *f,* Kondensierung *f,* Verdichtung *f;* Verflüssigung *f;* 2. *(Tief)* [Bose-]Einstein-Kondensation *f;* 3. *(Mech)* Kondensation *f,* Verdichtung *f (Dichteerhöhung);* 4. *(Opt)* Vereinigung *f (Oberbegriff für Fokussierung + Kollimation)*
~ **number** *(Therm)* Kondensationskoeffizient *m*
~ **shock [wave]** *(Ström)* Kondensationsstoß *m*
condensational wave *(Mech) s.* compressional wave
condensing chamber *(Hoch) s.* cloud chamber
~ **heat-rejection effect** *(Tief)* Kondensationswärmeentzug *m,* Kondensationswärmeabführung *f (in einer Kältemaschine)*
~ **lens** *(Opt)* Kondensorlinse *f*
~ **surface** *(physCh)* Kondensationsfläche *f*
condition of adiabaticity *(Therm)* Adiabasiebedingung *f,* Adiabatenbedingung *f*
~ **of no-gravity** *(Mech)* Zustand *m* der Schwerelosigkeit
~ **of plasticity** *(Mech)* Fließbedingung *f,* Fließkriterium *n, (manchmal:)* Plastizitätsbedingung *f*
conditional equation *(mathPh)* Bestimmungsgleichung *f*
conditionally periodic motion *(Mech)* bedingt periodische Bewegung *f*
conditioning Vorbehandlung *f,* Konditionierung *f (Anpassung an oder Herstellung von spezifizierten Umgebungsbedingungen)*
~ **of radioactive waste** *(Kern)* Konfektionierung *f* der radioaktiven Abfälle
conductance 1. *s.* conductivity; 2. *(El)* Konduktanz *f,* Wirkleitwert *m, (speziell:)* Ableitung *f* (Wirkleitwert *m*) der Isolation; 3. *(Ak)* akustische Konduktanz *f;* 4. *(Ström, Vak)* Strömungsleitwert *m,* Leitwert *m (z. B. einer Vakuumleitung);* 5. *(Therm)* Wärmeleitwert *m (in W/K)*
~ **ratio** *(Ech)* Leitfähigkeitskoeffizient *m,* Leitfähigkeitsquotient *m*
conductimetric analysis *(physCh)* Konduktometrie *f,* konduktometrische Maßanalyse *f*
conduction band *(Fest)* Leitungsband *n,* L-Band *n*
~ **by defect (extrinsic carriers)** *(Halbl)* Stör[stellen]leitung *f,* Fremdleitung *f,* Fehlordnungsleitung *f*
~ **loss** *(Therm)* Leitungsverlust *m,* Wärmeleitungsverlust *m*

conductive

conductive heat transfer *(Therm)* Wärmeleitung *f*, Wärmeübertragung *f* (Wärmetransport *m*) durch Leitung
conductivity *(El)* [elektrische] Leitfähigkeit *f*, Konduktivität *f (Größe)*
~ **relaxation time** *(Fest)* transversale Relaxationszeit *f*, Leitfähigkeits-Relaxationszeit *f (für Elektronen)*
~ **temperature coefficient** *(El)* Temperaturkoeffizient *m* der [elektrischen] Leitfähigkeit
~ **test** *(El)* Spannungsabfallprüfung *f (von Isolierungen)*
conductometric analysis, conductometry *s.* conductimetric analysis
conductor 1. Leiter *m*, Konduktor *m (z. B. für Wärme, Strom)*; 2. *(El, Halbl)* Leiterbahn *f*, Leiterzug *m*
conduit friction *(Ström)* Rohrreibung *f*
cone angle *(Aero)* Kegelwinkel *m*
~ **flow** *s.* conical supersonic flow
~-**in-cone texture** *(Fest)* Tütentextur *f*, Kegel-in-Kegel-Textur *f*, Tutentextur *f*
~ **texture** *(Fest)* Kegelfasertextur *f*, Zonentextur *f*
configuration averaging *(At)* Konfigurationsmittelung *f*
~ **mixing** *(At)* 1. Konfigurationsmischung *f (Prozeß)*; 2. Mischkonfiguration *f*, Konfigurationsmischung *f (Ergebnis)*
~ **space** *(Mech, statPh)* Konfigurationsraum *m*, Koordinatenraum *m*, Lagerraum *m*, Ortsraum *m*, Lagrangescher Raum *m*
~ **turned inside out** *(PI)* umgestülpte Konfiguration *f*
configurational free energy *(statPh)* freie Konfigurationsenergie *f*
confined jet *(Ström)* begrenzter Strahl *m*
~ **plasma** *(PI)* gehaltertes (gehältertes, eingeschlossenes) Plasma *n*
confinement 1. *(Kern)* Einschließung *f*, [sicherer] Einschluß *m*, Sicherheitseinschluß *m*, Isolierung *f (radioaktiver Abfälle)*; 2. *(PI)* Halterung *f*, Plasmahalterung *f*, Plasmaeinschluß *m*
~ **of quarks** *(Feld, Hoch)* Confinement *n* der Quarks, Quarkconfinement *n*, Quarkeinschluß *n*
~ **period** *(Kern)* Einschließungszeit *f*, Einschlußzeit *f*, Isolierungszeit *f (eines Radionuklids)*
~ **time** *(PI)* Halterungszeit *f*, Einschließ[ungs]zeit *f*, Isolationszeit *f*
confining field *(PI)* Halterungsfeld *n*, Einschließungsfeld *n*
~ **liquid** *(Ström)* Sperrflüssigkeit *f*, Absperrflüssigkeit *f*
confluence *(Ström)* Zusammenfluß *m (z. B. zweier Strahlen)*
confluent region *(Halbl)* Kontaktzone *f*
conformal diagram *(Rel)* Penrose-Diagramm *n*
~ **mapping (transformation)** *(mathPh)* konforme (winkeltreue) Abbildung *f*, konforme Transformation *f*

conformation isomerism *(At)* Rotationsisomerie *f*, Konformationsisomerie *f*, Drehisomerie *f*
conformer *(At)* Rotationsisomer *n*, Konformationsisomer *n*, Konformer *n*, Rotamer *n*
confusion colour *(Opt)* Mischfarbe *f*
congealing point *(physCh)* Erstarrungspunkt *m*; Stockpunkt *m (von Öl)*
congelation *(Fest, Therm)* Erstarren *n*, Festwerden *n*; Erstarrenlassen *n*
congruent appearance *(Krist)* Kongruenzerscheinung *f (von Kristallen)*
~ **melting point** *(Therm)* Kongruenzschmelzpunkt *m*, kongruenter Schmelzpunkt *m*
conical pendulum *(Mech)* Kegelpendel *n*, konisches Pendel *n*, Zentrifugalpendel *n*, Flieh[kraft]pendel *n*
~ **point** *(Astr)* erster (innerer) Lagrange-Punkt
~ **shock polar** *(Aero)* konische Stoßpolare *f*
~ **supersonic flow** *(Aero)* kegelförmige Strömung (Überschallströmung) *f*
coning angle *(Aero)* Kegelwinkel *m*
conjugate image *(Opt)* reelles Bild *n (bei der Holographie)*
~ **impedance** *(El)* konjugiert komplexer Widerstand (Widerstandsoperator) *m*, konjugierter Widerstandsoperator *m*
~ **momentum** *(Mech)* verallgemeinerter (generalisierter, kanonisch konjugierter) Impuls *m*, Impulskoordinate *f*
~ **points** *(Mech)* konjugierte Punkte *mpl*, Aufhängepunkt *m* und Schwingungsmittelpunkt *m (eines Pendels)*
~ **variables** *(Qu)* komplementäre Größen *fpl*
conjunctive matrix *(mathPh)* hermitesch kongruente Matrix *f*, äquivalente Matrix *f*
consequent poles *(Magn)* Folgepole *mpl*
conservation equation (law) Erhaltungssatz *m*, Erhaltungsgesetz *n*
~ **of brightness** *(Opt)* Radianzgesetz *n*
~ **of energy equation** *(Mech)* Energiegleichung *f*, Energiesatz *m* in der Mechanik
~ **of energy principle** *(Mech)* Energiesatz *m*, Energieerhaltungssatz *m*, Prinzip *n* von der Erhaltung der Energie
~ **of mass equation** *(Ström)* Massengleichung *f*, Massenbilanzgleichung *f*
~ **of mass (matter) principle** *(Mech)* Massenerhaltungssatz *m*, Erhaltungssatz *m* der Masse, Prinzip *n* von der Erhaltung der Masse
~ **of volume** *(Mech)* Raumbeständigkeit *f*, Volumenbeständigkeit *f*, Volumenkonstanz *f*
conservative force *(Mech)* konservative Kraft *f*, Potentialkraft *f*
~ **motion** *(Krist)* Gleitbewegung *f*, Versetzungsgleiten *n*, konservative Bewegung *f*
conserved quantity 1. Erhaltungsgröße *f*, erhaltene (erhalten bleibende) Größe *f*;

constriction

2. Bewegungskonstante f, Konstante f der Bewegung
- **~ vector current** *(Hoch)* erhaltener (erhalten bleibender) Vektorstrom m, CVC
- **consolute liquids** *(physCh)* vollständig (unbeschränkt, lückenlos) mischbare Flüssigkeiten fpl
- **~ point (temperature)** *(physCh)* 1. kritische Lösungstemperatur f, kritischer Mischungspunkt m; 2. obere kritische Lösungstemperatur f, oberer kritischer Mischungspunkt m
- **conspicuity** *(Astr)* Sichtbarkeit f mit bloßem Auge
- **constancy** *(Meß)* Konstanz f, Stabilität f *(eines Meßgeräts)*
- **~ of volume** *(Mech)* Raumbeständigkeit f, Volumenbeständigkeit f, Volumenkonstanz f
- **constant acceleration** *(Mech)* gleichförmige Beschleunigung f
- **~-angle fringe** *(Opt)* s. Haidinger [interference] fringe
- **~ boiling[-point] mixture** s. azeotrope 1.
- **~-current method** *(Aero)* Konstantstromverfahren n *(der Strömungsgeschwindigkeitsmessung)*
- **~-deviation fringe** *(Opt)* s. Haidinger [interference] fringe
- **~-deviation prism** *(Opt)* Prismensystem (Dispersionsprisma, Prisma) n mit konstanter Ablenkung
- **~ field** stationäres (zeitlich konstantes) Feld n, Gleichfeld n
- **~ flow** *(Ström)* stationäre Strömung f *(zeitlich konstant)*
- **~ gradient focus[s]ing** *(Kern)* schwache Fokussierung f
- **~ light** *(Opt)* Gleichlicht n
- **~ of elasticity** *(Fest)* elastische Konstante f, Elastizitätskonstante f, Elastizitätsmodul m *(von Kristallen: allgemeiner Begriff für elastische Koeffizienten und elastische Moduln)*
- **~ of universal gravitation** *(Mech)* [Newtonsche] Gravitationskonstante f
- **~-potential accelerator** *(Kern)* elektrostatischer Beschleuniger m *(geladener Teilchen)*, elektrostatischer Generator m *(als Teilchenbeschleuniger)*, Wirbelbeschleuniger m, Gleichspannungsbeschleuniger m
- **~-pressure combustion** *(Mech)* Gleichdruckverbrennung f
- **~-pressure heat of reaction** *(physCh)* Reaktionsenthalpie f, Reaktionswärme f bei konstantem Druck
- **~-property flow** s. ~ flow
- **~-rate creep** *(Mech)* sekundäres (stationäres) Kriechen n, zweites Kriechstadium n
- **~-temperature combustion** *(Mech)* Gleichtemperaturverbrennung f
- **~-value control** *(Reg)* Festwertregelung f
- **~-volume heat of combustion** *(physCh)* Verbrennungsenergie f, Verbrennungswärme f bei konstantem Volumen

- **~-wave accelerator** *(Kern)* Linearbeschleuniger m im kontinuierlichen Betrieb
- **constituent** 1. *(physCh)* Bestandteil m, Komponente f *(z. B. eines Gemisches)*; Inhaltsstoff m; 2. *(Kern)* Kernbaustein m, Kernbestandteil m
- **~ diagram** *(physCh)* [thermodynamisches] Zustandsdiagramm n, Phasendiagramm n, Zustands[schau]bild n
- **constitutional formula** *(At, physCh)* Strukturformel f, Konstitutionsformel f, *(manchmal:)* Valenzstrichformel f
- **constitutionally homogeneous fibre** *(Mech)* strukturhomogene Faser f
- **constitutive equation** 1. Grundgleichung f, Fundamentalgleichung f; 2. *(Mech)* Spannungs-Dehnungs-Beziehung f, Spannungs-Formänderungs-Beziehung f, Spannungs-Verformungs-Beziehung f
- **~ equations** 1. *(El, Magn)* Grundgleichungen fpl für die dielektrische Verschiebung und magnetische Induktion; 2. *(Mech)* [rheologische] Zustandsgleichungen fpl, Materialgleichungen fpl, Stoffgleichungen fpl
- **constrained motion** *(Mech)* gebundene Bewegung f, gebundene f mit Bindungen, *(mit einem Freiheitsgrad:)* Zwangsbewegung f, zwang[s]läufige Bewegung f, Zwang[s]lauf m
- **~ point** *(Mech)* gebundener Massenpunkt m, gebundener (unfreier) Punkt m
- **~ response** *(Mech)* Zwangsbedingungsreaktion f, Reaktion f auf die Zwangsbedingung
- **constraining force** *(Mech)* Zwangskraft f, Reaktionskraft f, Führungskraft f
- **constraint** 1. *(mathPh)* Nebenbedingung f, Bedingung f, Restriktion f, Einschränkung f, Zusatzbedingung f *(bei der Optimierung)*; 2. *(Mech)* Bindung f, Bedingung f, *(Beschränkung auf einen Freiheitsgrad:)* Zwang[s]läufigkeit f *(Eigenschaft)*; 3. *(Mech)* Bindungsgleichung f, Bedingungsgleichung f, Zwangsbedingung f *(mathematische Formulierung der Bindung)*
- **~ dependent on time** *(Mech)* rheonome (fließende, zeitabhängige) Bindung f, rheonome Bedingung f (Zwangsbedingung) f
- **~ force** *(Mech)* innere Kraft f
- **~ independent of time** *(Mech)* skleronome (starre, starrgesetzliche) Bindung f, skleronome Bedingung f (Zwangsbedingung) f
- **constriction** 1. *(Mech)* Querschnittsvereng[er]ung f, Querschnitts[ver]schwächung f, *(plötzliche Einengung des Querschnitts:)* Einschnürung f; 2. *(Pl)* Einschnürung f, Selbstfokussierung f
- **~ model** *(Hydr)* Widerstandsmodell n, Einschnürungsmodell n *(der Permeabilitätstheorie)*

constriction

~ **resistance** *(El, Fest)* Engewiderstand *m*
constringence *(Opt)* Abbesche Zahl *f*, Abbe-Zahl *f*
constructive interference verstärkende (aufbauende) Interferenz *f*
consumption rate *(Pl)* Aufzehrungsrate *f*
cont. h.p. *(Mech)* s. continental horsepower
contact angle *(physCh)* Randwinkel *m*, Kontaktwinkel *m*
~-**breaking spark** *(El)* Öffnungsfunke *f*, Abreißfunke *m*, Schaltfunke *m*
~ **discontinuity** 1. *(Mech)* s. material discontinuity; 2. *(Pl)* Kontaktdiskontinuität *f*
~ **electrification** [elektrostatische] Aufladung *f* bei Kontakt, Elektrisierung *f* durch Kontakt (Berührung)
~ **electromotive force** *(El, Fest)* Berührungsspannung *f*, Kontakt-EMK *f* *(zweier beliebiger Substanzen)*, *(zweier Metalle:)* Kontaktpotential *n*, Kontaktpotentialdifferenz *f (Gebrauch nicht eindeutig)*
~ **electromotive series** *(El)* elektrische Spannungsreihe *f*, Kontaktspannungsreihe *f (s. a.* electrochemical series*)*
~ **force** *(Mech)* Oberflächenkraft *f*, Berührungskraft *f*
~ **friction** *(Mech)* Kontaktreibung *f*, äußere Reibung *f*
~ **load** *(Mech)* Berührungslast *f*, Berührungsbelastung *f*
~ **potential series** s. ~ electromotive series
~ **surface** *(Astr)* Kontaktfläche *f* [nach Roche]
~ **thermography** *(Therm)* Plattenthermographie *f*, Christothermographie *f*, Kontaktthermographie *f*
~ **time** *(Mech)* Kontaktzeit *f*, Dauer *f* des Aufpralls
~ **transformation** *(mathPh, Mech)* Berührungstransformation *f*
~ **twin** *(Krist)* Berührungszwilling *m*, Kontaktzwilling *m*, Juxtapositionszwilling *m*
contained plastic equilibrium *(Mech)* abgeschlossenes plastisches Gleichgewicht *n*
containment 1. *(Kern)* Verschluß *m*, Einschließung *f (radioaktiver Stoffe)*, *(speziell:)* Abschluß *m* von der Biosphäre; Sicherheitseinschluß *m*, Isolierung *f (radioaktiver Abfälle)*; 2. *(Kern)* Containment *n*, Sicherheitseinschluß *m (eines Reaktors)*; 3. *(Pl)* Halterung *f*, Einschluß *m*, Plasmahalterung *f*, Plasmaeinschluß *m*
~ **shell (vessel)** *(Kern)* Sicherheitshülle *f*, Druckschale *f (Wandung eines Containments)*
contaminant 1. Schmutzstoff *m*, Schadstoff *m*, Kontaminant *m*, Verunreinigung *f*; 2. *(Kern)* Kontaminationsstoff *m*
contamination 1. Verschmutzung *f*, Verunreinigung *f*, Kontamination *f*; 2. *(Kern)* [radioaktive] Kontamination *f*, *(Ablagerung radioaktiver Stoffe)*; 3. *(Kern)* Strahlenverunreinigung *f*, Verunreinigung *f (einer Normalstrahlung)*
contiguity Benachbartsein *n*, Aneinandergrenzen *n*
continental horsepower *(Mech)* Pferdestärke *f*, PS *(SI-fremde Einheit der Leistung; 1 cont. h.p. = 735,5 W)*
continual hypothesis (theory) *(Mech)* Kontinuitätshypothese *f*, Kontinuitätstheorie *f*
continuity equation Kontinuitätsgleichung *f*
continuous action laser s. ~-wave laser
~ **creation theory** *(Astr)* Steady-state-Theorie *f*, Theorie *f* des stationären Kosmos, Steady-state-Kosmologie *f*
~ **current** s. direct current 1.
~ **discharge region** *(Kern)* Dauerentladungsbereich *m (eines Geiger-Müller-Zählrohrs)*
~ **electric calorimetry** *(Therm)* Strömungsmethode *f (der Kalorimetrie)*
~ **excitation** 1. Schwingungsanfachung *f*, Anfachung *f*; 2. *(Ström)* Anfachung *f (der Grenzschicht)*
~ **forward current** *(Halbl)* Dauervorwärtsstrom *m*, Vorwärtsgleichstrom *m (z. B. eines Thyristors)*
~ **frame** *(Feld)* starres Bezugssystem *n*
~ **laser** s. ~-wave laser
~ **load[ing]** *(Mech)* ständige Belastung (Last) *f*, Dauerbelastung *f*, Dauerlast *f*
~ **medium** *(Mech)* deformierbares (kontinuierliches) Medium *n*, Kontinuum *n*
~ **off-state current** *(Halbl)* Restgleichstrom *m* in Durchlaßrichtung *(im gesperrten Zustand)*
~ **on-state current** *(Halbl)* Durchlaßgleichstrom *m*
~ **oscillation** *(El, Magn)* ungedämpfte (kontinuierliche) Schwingung *f*
~ **phase** 1. *(physCh)* Dispersionsphase *f*, zusammenhängende (kontinuierliche) Phase *f (eines dispersen Systems)*, Dispersionsmittel *n*; 2. Emulsionsmittel *n*, Einbettungsmittel *n*
~ **precipitation** *(Fest) (mikroskopisch)* homogene Ausscheidung *f*
~ **radiation** weiße (kontinuierliche) Strahlung *f*
~ **reverse blocking current** *(Halbl)* Restgleichstrom *m* in Sperrichtung
~ **slowing-down theory [of neutrons]** *(Kern)* [Fermische] Alterstheorie *f*, Age-Theorie *f*, Theorie *f* der stetigen (kontinuierlichen) Bremsung *(Neutronen)*
~ **spectrum** *(Spektr)* kontinuierliches Spektrum *n*, Kontinuum *n*
~ **vibration** *(Mech)* ungedämpfte (kontinuierliche) Schwingung *f*
~ **wave** *(El, Magn)* kontinuierliche (ungedämpfte) Welle *f*, A-Welle *f*, Dauerstrich *m*

controlled

~-**wave laser** *(Opt)* Dauerstrichlaser *m*, CW-Laser *m*, kontinuierlicher Laser *m*
~ **X-radiation** *(At)* weiße (kontinuierliche) Röntgenstrahlung *f*, Bremsstrahlung *f*
continuum theory phänomenologische Theorie *f*, Kontinuumstheorie *f*
contour fringe *s.* Fizeau fringe
~ **mode of vibration** *(El, Krist)* Biegeschwingung *f*, Querschwingung *f*, Biegemode *f*, Dickenmode *f*
~ **of constant (equal) pressure** *(Therm)* s. isobar 2.
~ **picture** *(Mech)* Schichtlinienbild *n (einer Oberfläche)*
~ **projector** *(Mech, Opt)* Profilprojektor *m*
contouring control *(Reg)* Bahnsteuerung *f*
contra-parallelogram *(Mech)* Gelenkantiparallelogramm *n*
contracted channel *(Ström)* konvergenter (sich verengender) Kanal *m*
~ **stream (vein)** *(Hydr)* vena (Vena) *f* contracta, verengter Flüssigkeitsstrahl *m*, engster Strahlquerschnitt *m (hinter einer Öffnung)*
contractile-ether theory *(Opt)* Äthertheorie *f* des Lichtes, elastische Lichttheorie *f* [von Kelvin]
contracting duct flow *(Ström)* Trichterströmung *f*
~-**expanding nozzle** *(Aero)* Laval-Düse *f*, konvergent-divergente Düse *f*, eingezogene Düse *f*
contraction 1. Kontraktion *f*, Zusammenziehung *f*; 2. *(Feld, Qu)* s. Feynman propagator
~ **coefficient** *(Ström)* Kontraktionszahl *f*, Einschnürungszahl *f*
~ **in area** *(Mech)* s. constriction 1.
~ **in length** *(Mech)* Längenkontraktion *f*, lineare Kontraktion *f*, Verkürzung *f*
~ **of diameter** *(Mech)* Querkontraktion *f*, Quer[ver]kürzung *f*, Kontraktion *f*
~ **ratio** *(Aero)* Verengungsverhältnis *n*, Verjüngungsverhältnis *n*, Verengungszahl *f*, Kontraktionsverhältnis *n*
contracurrent system *(Opt)* Spiegelsystem *n*, katoptrisches System *n*
contradope *(Halbl)* Gegendotierung *f*
contrapole *(Mech)* Gegenpol *m*
contraprops *(Ström)* gegenläufige Propeller *mpl*
contrarotation *(Mech)* gegenläufige Drehung *f*, Gegendrehung *f*, Gegenlauf *m*
contrast *(Phot, Opt)* Kontrast *m*, Modulation *f*
~ **diaphragm** Objektivaperturblende *f*, Kontrastblende *f (in der Elektronenmikroskopie)*
~ **in brightness** *(Opt)* Helligkeitskontrast *m*, Leuchtdichtekontrast *m*
~ **perception** *(Opt)* Kontrastwahrnehmung *f*
~ **rendering** *(Phot)* Kontrastwiedergabe *f*
~ **sensitivity (threshold)** *(Opt, Phot)* Kontrastempfindlichkeit *f*, Kontrastschwellenwert *m*, Kontrastschwelle *f, (in der Radiographie:)* Modulationsempfindlichkeit *f*
~ **transfer (transmission) factor** *(Opt, Phot)* Übertragungsfaktor *m*, Kontrastübertragungsfaktor *m*, KÜF
~ **transfer (transmission) function** *(Opt, Phot)* Modulationsübertragungsfunktion *f*, MÜF, MTF
contre jour photography *(Phot)* Gegenlichtphotographie *f*, Gegenlichtaufnahme *f (Verfahren)*
control 1. Überwachung *f*, Kontrolle *f*; 2. *(Reg)* Steuerung *f (bei offenem Wirkungskreis)*, rückwirkungslose Steuerung *f*, Vorwärtssteuerung *f*
~ **area** *(Reg)* Regelfläche *f*
~ **characteristic** *(Reg)* Kennlinie *f (eines Regelungssystems)*
~ **constant** *(Meß)* Rückstell[ungs]konstante *f*
~ **contour** *(Aero)* Kontrollinie *f*
~ **diagram** technologisches Schaltbild (Schema) *n*, Flußdiagramm *n*, Fließschema *n*
~ **error** *(Reg)* Regelabweichung *f*
~ **input** *(Reg)* Führungsgröße *f*
~ **performance** *(Reg)* Güte *f (eines Regelkreises)*, Regelgüte *f*
~ **point** *(Reg)* Sollwert *m*, Vorgabewert *m*, Aufgabewert *m (der Regelgröße)*
~ **reversal** *(Aero)* Umkehrung *f* des Steuermoments
~ **rod** *(Kern)* Regelstab *m*, Steuerstab *m*, Leistungsregelstab *m*
~ **rod efficiency (worth)** *(Kern)* Steuerstabwirksamkeit *f*, Reaktivitätswert *m* (Reaktivitätsäquivalent *n*, Reaktivität *f*) eines Steuerstabes
~ **sample (specimen)** Kontrollprobe *f*, Vergleichsprobe *f*
~ **surface** 1. *(Aero)* Steuerfläche *f*; 2. *(Aero)* Leitwerkfläche *f*; 3. *(Ström)* Kontrollfläche *f (für den Impulssatz)*
~ **system feedback** *(Reg)* Rückführung *f*, Rückinformation *f*
~ **variable** *(Reg)* Führungsgröße *f*
controllable[-pitch] propeller *(Ström)* Verstellpropeller *m*
controlled avalanche device *(Halbl)* CAD-Element *n*, Bauelement *n* mit gesteuertem (begrenztem) Lawinendurchbruch
~ **discharge (emission)** *(Kern)* Ableitung *f*, [kontrollierte] Abgabe *f*, kontrollierter Auswurf *m (radioaktiver Stoffe, z. B. in die Atmosphäre)*, Einleitung *f*, [kontrolliertes] Ablassen *n (flüssiger Abfälle, z. B. in einen Fluß)*
~ **fusion [reaction]** *(Pl)* gesteuerte (kontrollierte) Kernfusion (Kernverschmelzung) *f*
~ **leakage** *(Ström)* kontrollierbare Leckage *f*, organisiertes Leck *n*
~ **quantity** *(Reg)* Regelgröße *f*

controlled 68

~ **release** s. ~ discharge
~ **thermonuclear reactor** *(Pl)* Fusionsreaktor *m*, Kernfusionsrektor *m*, thermonuklearer Reaktor *m*
~ **variable** *(Reg)* Regelgröße *f*
controlling torque *(Mech, Meß)* Einstellmoment *n*
convected coordinates *(Feld, Mech)* mitbewegte (mitgeschleppte, mitgeführte) Koordinaten *fpl*
convection *(Ström)* Konvektion *f*, Mitführung *f*
~ **acceleration** *(Ström)* Konvektionsbeschleunigung *f*, konvektiver Anteil *m* der Beschleunigung
~ **by turbulence** *(Ström, Therm)* turbulente Konvektion *f*, Konvektion in turbulenter Strömung, Wirbelkonvektion *f*
~ **coefficient** *(Ström)* Filmkoeffizient *m*, Wärmeübergangszahl *f* bei Filmkondensation
~ **flow** *(Ström)* konvektive Strömung *f*, Konvektionsströmung *f*
~ **heat transfer coefficient** *(Therm)* konvektiver Wärmeübergangskoeffizient *m*, konvektive Wärmeübergangszahl *f*, Konvektionstransportkoeffizient *m*
~ **modulus** *(Ström)* Grashof-Zahl *f*, Grashofsche Kennzahl (Zahl) *f*, Gr
~ **of heat** *(Ström, Therm)* Wärmekonvektion *f*, Wärmeströmung *f*, Wärmemitführung *f*, Konvektion *f*, konvektive Wärmeübertragung *f*
convective discharge *(El)* elektrostatischer (elektrischer) Wind *m*
convention [rule] of signs *(Opt)* Vorzeichenregel *f*, Vorzeichenfestsetzung *f*, Vorzeichenkonvention *f*, optisches Vorzeichensystem *n*
conventional magnetization *(El, Magn)* technische Magnetisierung *f*
~ **flux density** *(Kern)* 2200-m/s-Flußdichte *f*, thermische Standardflußdichte (Standard-Neutronenflußdichte) *f*, konventionelle Flußdichte *f*
~ **millimetre of mercury** *(Mech)* s. millimetre of mercury
~ **millimetre of water** *(Mech)* s. millimetre of water
~ **refrigeration engineering** *(Tief)* konventionelle Kältetechnik *f* *(bis hinab zu 200 K)*
~ **tensile strain** *(Mech)* Lagrangesche Dehnung *f*
~ **yield limit (point)** *(Mech)* technische Dehngrenze *f*, Formdehngrenze *f*, Dehngrenze *f*, technische Fließgrenze *f*
conventionally true value *(Meß)* richtiger Wert *m*, vereinbarungsgemäß wahrer Wert *m*
convergence frequency *(At, Spektr)* Frequenz *f* der Seriengrenze, Seriengrenzfrequenz *f*
~ **limit** *(Spektr)* Seriengrenze *f* *(im Atomspektrum)*

~ **method** *(Krist)* Konvergenzaufnahmeverfahren *n*, Konvergenzaufnahme *f*
~ **of lines (verticals)** *(Phot)* Stürzen *n* der Linien
~ **ratio** *(Opt)* 1. Konvergenzverhältnis *n*, Tangensverhältnis *n* *(Verhältnis des Tangens der bild- und objektseitigen Öffnungswinkel)*; 2. s. angular magnification
convergent chain reaction *(Kern)* unterkritische (konvergente) Kettenreaktion *f*
~ **lens** s. converging lens
~ **point** *(Astr)* Vertex *m*, Fluchtpunkt *m* *(von Sternströmen oder -gruppen)*
converging channel *(Ström)* konvergenter (sich verengender) Kanal *m*
~ **lens** *(Opt)* Sammellinse *f*, Positivlinse *f*
~ **portion** *(Ström)* konvergenter Teil *m*, Einlaufteil *m* *(einer Düse)*
converse s. conversion 1.
~ **magnetostriction** *(Magn)* magnetischer Zugeffekt *m*, Umkehrung *f* der Magnetostriktion
~ **piezoelectric effect** *(Mech)* Elektrostriktion *f*, reziproker piezoelektrischer Effekt *m*, umgekehrter Piezoeffekt *m*
conversion 1. Umkehr[ung] *f*, Inversion *f*, *(speziell:)* Umklappen *n*; 2. Konvertierung *f*, Umsetzung *f* [von Daten], Datenkonvertierung *f*; 3. *(At)* Konversion *f*, Umwandlung *f*; 4. *(Kern)* Konversion *f* *(von Brut- in einen Spaltstoff oder von Kernbrennstoff)*; 5. *(Meß)* Umrechnung *f* *(in eine andere Einheit)*; 6. *(physCh)* Stoffumsatz *m*, Umsatz *m* *(bei einer Reaktion)*; 7. *(El)* Umformung *f*; 8. *(El)* Umrichtung *f*
~ **coefficient** *(Kern)* 1. Konversionskoeffizient *m* *(bezogen auf die Anzahl der nichtkonvertierten Übergänge)*; 2. s. ~ factor 1.
~ **factor** 1. *(Kern)* Konversionsverhältnis *n*, Konversionsfaktor *m*, Konversionsrate *f*, *(bei der Konversion aus einem Brutstoff in einen identischen Spaltstoff auch:)* Brutfaktor *m*; 2. *(Meß)* Umrechnungsfaktor *m* *(zwischen Einheiten)*
~ **fraction** *(Kern)* 1. Konversionsanteil *m*, Konversionskoeffizient *m* *(bezogen auf die Gesamtzahl der Übergänge)*; 2. s. ~ coefficient 1.
~ **gain** *(Kern)* Brutgewinn *m*, Konversionsgewinn *m*
converted transition *(Kern)* Konversionsübergang *m*, konvertierter Übergang *m*
converter 1. *(Kern)* Neutronen[fluß]konverter *m*, Neutronenwandler *m*, Flußwandler *m* *(langsam/schnell)*, *(speziell:)* Konverterfolie *f*; 2. *(Kern)* Konverter *m*, Konverterreaktor *m*; 3. *(El)* Konverter *m*, Wandler *m* *(für Impulse, Frequenzen)*, *(speziell:)* Umrichter *m*; *(US)* Frequenzwandler *m*, *(manchmal:)* Frequenzumsetzer *m*; 4. *(El)* Stromrichter *m*, statischer Umformer *m*

~ **screen** *(Kern)* Konverterfolie f, Konverter m

convex [spherical] mirror *(Opt)* Konvexspiegel m, Wölbspiegel m, Zerstreuungsspiegel m, Verkleinerungsspiegel m

coolant *(Kern, Therm)* Kühlmittel n, *(besonders im Brutreaktor manchmal:)* Wärmeträger m

cooldown *(Therm, Tief)* Abkühlung f, Erkalten n, Kaltwerden n *(aktiver Prozeß)*

cooling 1. Temperaturabnahme f, Temperatur[ab]fall m, Temperaturrückgang m, Sinken (Fallen) n der Temperatur; 2. *(Therm, Tief)* Kühlung f *(mit einem Kühlmittel)*; 3. *(Kern)* Abklingenlassen n, Abklingen n, Abkühlung f *(einer Radioaktivität)*; 4. *(Kern)* Verzögerung f, Rückhaltung f, Abklingenlassen n *(von radioaktiven Stoffen)*

~ **by boiling water** *(El)* Siedekühlung f *(einer Röntgenröhre)*

~ **by evaporation** *(Therm)* Verdunstungskühlung f, Verdampfungskühlung f

~ **by transformation** *(Therm)* Umwandlungskühlung f, Kühlung f durch die Umwandlungstemperatur

~ **correction** *(Therm)* Wärmestrahlungskorrektion f, Strahlungskorrektion f, *(als Größe:)* Strahlungskorrektur f *(Kalorimetrie)*

~-**down period** *(Kern)* Abklingzeit f, Abklingzeitraum m, Abkühlzeit f *(einer Radioaktivität)*

~ **drag** *(Aero)* Kühlluftwiderstand m, Widerstandsanteil m des Luftkühlsystems

~ **load** *(Tief)* Kühllast f, Kälteverbrauch m

~ **period** s. ~-down period

Cooper pairing *(Fest)* Elektronenpaarung f

cooperative assembly *(Fest, statPh)* kooperative Gesamtheit f

coordinate bond *(At)* koordinative (dative) Bindung f, semipolare Bindung (Doppelbindung) f, Koordinationsbindung f

~ **paper** *(mathPh)* einfachlogarithmisches (halblogarithmisches) Papier n, Exponentialpapier n

~ **representation** *(Qu)* s. position representation

coordination complex (compound) *(At, physCh)* Koordinationsverbindung f

~ **entity** *(physCh)* Komplex m, komplexe Gruppe f

~ **shell** *(Fest)* Koordinationsschale f, Koordinationssphäre f

coordinatometer *(Astr, Opt)* Koordinatenmeßgerät n, *(in Astr auch:)* Koordinatenmeßapparat m

co-oscillation Mitschwingung f, Resonieren n

cophasal condition Gleichphasigkeit f

~ **surfaces** Flächen fpl gleicher Phase

coplanar forces *(Mech)* 1. komplanare Kräfte fpl, in der gleichen Ebene angreifende Kräfte fpl; 2. ebenes Kräftesystem n

coprecipitation *(Kern, physCh)* Mitfällung f

Corbino magnetoresistance *(Halbl)* magnetische Widerstandsänderung f in der Corbino-Scheibe *(als Halbleiterplatte)*

cord 1. *(Mech)* Cord n, cd *(SI-fremde Einheit des Volumens von Holz; 1 cd = 3,62458 m^3)*; 2. *(Opt)* Schlierenband n *(Glasfehler)*

core 1. Kern m, Spulenkern m; *(El)* Seele f, Kabelseele f; 2. *(Kern)* Kernrumpf m, Rumpf m; 3. *(Kern)* Kern m, Spaltzone f, Core n *(eines Reaktors)*; 4. *(At)* Atomrumpf m, Rumpf m; 5. *(Ström)* Strömungskern m, Kern m, Kernströmung f; 6. *(Ström)* Kern m, Wirbelkern m, Zentrum n

~ **cycle** *(Kern)* Zykluszeit f, Zyklusdauer f *(zwischen zwei Brennstoffumladungen, einschließlich Stillstandszeit)*

~ **energy** *(Krist)* Energie (Fehlordnungsenergie) f des Versetzungskerns, Kernenergie f

~ **hysteresis parameter** *(Magn)* Parameter m der Kernhysterese, Kernfaktor m C_2

~ **inductance parameter** *(Magn)* Parameter m der Kerninduktivität, Kernfaktor m C_1

~ **interaction** *(At, Qu)* Rumpfwechselwirkung f

~ **internals** *(Kern)* Reaktoreinbauten pl, Kerneinbauten pl, Kerngerüst n

~ **melt[-down]** *(Kern)* Schmelzen (Zusammenschmelzen, Durchschmelzen) n der Spaltzone, Kernschmelzen n

~ **orbital** *(At, Qu)* Rumpforbital n

~ **tube** *(Ström)* Kernrohr n, Innenrohr n *(eines konzentrischen Rohres)*

coring *(physCh)* Kristallseigerung f

corkscrew instability *(Pl)* helikoidale Instabilität f, Wendelinstabilität f, Schraubeninstabilität f, Instabilität f gegen Spiraldeformation

~ **rule** *(El, Magn)* [Maxwellsche] Schraubenregel f, Korkenzieherregel f, Uhrzeigerregel f

corner *(GB)* 1. *(El)* Bogen m, Bogenstück n *(eines Wellenleiters)*; 2. *(mathPh)* Ecke f, körperliche (räumliche) Ecke, Vielkant n, Vielflach n

~ **cube** *(Opt)* Tripelspiegel m, Zentralspiegel m

~ **frequency** *(Reg)* Kniefrequenz f, Eckfrequenz f, Knickfrequenz f, 45°-Frequenz f

~ **reflector** *(Opt)* Tripelspiegel m, Zentralspiegel m

~ **site** *(Krist)* Gittereckplatz m, Eckplatz m

Cornu [halfshade] *(Opt)* Halbschattenapparat m nach Cornu, Cornuscher Halbschattenpolarisator m

coronal arch *(Astr)* Koronabogen m

~ **prominence (rain)** *(Astr)* koronale Protuberanz f

~ **streamer** *(Astr)* Koronastrahl m

co-rotational 70

co-rotational time flux *(Feld)* mitrotierender [zeitlicher] Fluß *m*, zeitlicher Fluß *m* im mitrotierenden Bezugssystem
corpuscle Korpuskel *n*, materielles (korpuskulares) Teilchen *n*, Masseteilchen *n*, Materieteilchen *n*
corpuscular stream *(Astr)* Teilchenstrom *m*, Partikelstrom *m*, Korpuskelstrom *m* *(von der Sonne)*
corradiation Strahlkonvergenz *f*, Konvergenz *f* des Strahls (Strahlenbündels)
correct image *(Opt)* seitenrichtiges Bild *n*
corrected area *(Astr)* korrigierte Fleckenfläche *f*
correcting plate *(Opt)* Korrektionsplatte *f*
correction 1. Korrektion *f*, Verbesserung *f*, Berichtigung *f*, *(negativer Wert des Fehlers:)* Korrektur *f*; 2. Ausgleich *m*, Ausgleichung *f*; 3. *(Astr)* Stand *m (einer Uhr)*, Uhrstand *m (Fehler der Anzeige)*
corrective action *(Reg)* korrigierender Eingriff *m*, korrigierende Wirkung (Änderung) *f*
correlated spectroscopy *(Spektr)* zweidimensionale korrelierte (verschiebungskorrelierte) NMR-Spektroskopie *f*, COSY
~ **variables** korrelierte Größen (Variable) *fpl*
correlation diagram *(mathPh)* Punktdiagramm *n*, Punktwolke *f*, Punkthaufen *m*, Streubild *n*, Streuungsdiagramm *n*
~ **energy** *(Fest)* Wigner-Energie *f*
~ **tensor of turbulence** *(Ström)* Geschwindigkeitskorrelationstensor *m* [der Turbulenz], Korrelationstensor *m* der Turbulenz
corrugated lens *(Opt)* Riffellinse *f*
~ **structure** *(Kern) (ebene)* Oberfläche *f* mit Einschnitten
~ **tube cooler** *(physCh)* Wellrohrkühler *m*
corrugation Riffelung *f*, Riefelung *f*, Rippelung *f*, Wellung *f*, Fältelung *f*
corruption Verstümmelung *f (einer Information)*
COS *(Mech)* Rißöffnungsverschiebung *f*
cosine law 1. *(Mech)* Kosinussatz *m (Projektionssatz)* der Mechanik; 2. *(Opt)* s. Lambert cosine law
~ **[surface] source** Kosinusquelle *f*
cosmic abundance *(Astr)* kosmische Häufigkeit *f* [eines Elements], mittlere kosmische Elementenhäufigkeit *f (bezogen auf ein Element, in %)*
~ **background radiation** *(Astr)* kosmische Hintergrundstrahlung (Untergrundstrahlung) *f (in verschiedenen Bereichen des elektromagnetischen Spektrums)*
~ **censorship** *(Rel)* kosmische Zensur *f*
~ **distance ladder** *(Astr)* kosmische Entfernungsleiter *f*
~ **radiation** *s.* ~ rays
~-**ray background** *(Astr)* Mikrowellen-Hintergrundstrahlung *f*, 2,7-K-Strahlung *f*, Drei-Kelvin-Strahlung *f*, kosmische Urstrahlung (Untergrundstrahlung) *f*, Reliktstrahlung *f*
~-**ray penumbra** *(Kern)* Halbschatten[bereich] *m*, Halbschattengebiet *n (der kosmischen Strahlung)*
~-**ray shower** *(Kern)* Schauer *m* [der kosmischen Strahlung], Luftschauer *m*
~ **rays** *(Astr, Kern)* kosmische Strahlung *f*, Höhenstrahlung *f*, kosmische Strahlen *mpl*
~ **space** *(Astr)* Weltraum *m*, Raum *m*, Außenraum *m*
~ **string** *(Astr)* kosmischer Energiefaden (String) *m*
~ **year** *(Astr)* kosmisches Jahr *n (Rotationsperiode des Milchstraßensystems)*
cosmogenic radionuclide *(Kern)* kosmogenes (durch kosmische Strahlung erzeugtes) Radionuklid *n*
cosmological standard model *(Astr)* Bigbangmodell *n*, Big-Bang-Modell *n*, Urknallmodell *n*, kosmologisches Standardmodell *n*
COSY *s.* correlated spectroscopy
Cottrell atmosphere [of impurities], ~ **cloud** *(Krist)* Cottrell-Wolke *f*, Cottrellsche Versetzungswolke *f*
~ **hardening** *(Fest)* Cottrell-Verfestigung *f*, Verfestigung *f* durch den Cottrell-Effekt
~ **locking** *(Krist)* Cottrell-Blockierung *f*
Couette flow *(Ström)* Couette-Strömung *f*, *(selten:)* Schleppströmung *f*
~ **viscometer** *(Ström)* Rotations[zylinder]viskosimeter *n* nach Couette, Couette-Typ-Viskosimeter *n*
Coulomb balance *(Mech)* Coulombsche Drehwaage *f*
~ **barrier** *(Kern)* Coulomb-Wall *m*, Coulomb-Barriere *f*
~ **bond energy** *(At, physCh)* Coulomb-Energie *f*, Coulomb-Bindungsenergie *f*, Coulombsche (elektrostatische) Wechselwirkungsenergie *f*
~ **condition** *(Mech)* Coulombsche Fließbedingung *f* (Bedingung) *f*
~ **energy** 1. *(At, physCh) s.* ~ bond energy; 2. *(Fest, Kern)* Coulomb-Energie *f*
~ **friction** *(Mech)* trockene Reibung *f*, Trockenreibung *f*, Festkörperreibung *f*
~ **gauge** *(Feld)* Coulomb-Eichung *f*
~ **law of force** *(El)* Coulombsches Gesetz *n* [der Elektrostatik], Coulombsches Gesetz *n* für elektrische Ladungen, Gesetz *n* der elektrostatischen Anziehung
Coulomb's inverse square law *(El) s.* Coulomb law of force
~ **law for magnetism** *(Magn)* magnetisches Coulombsches Gesetz *n*, Coulombsches Gesetz *n* des Magnetismus
~ **law of friction** *(Mech)* Coulombsches Reibungsgesetz *n*
~ **theorem** *(El)* Satz *m* von Coulomb *(über die Feldstärke an einer geladenen Oberfläche)*

count *(Kern)* 1. Zählereignis *n*, Zählimpuls *m*, Zählstoß *m*, Impuls *m*; 2. Impulszahl *f*, Anzahl *f* der gezählten Impulse
~-controlled measurement *(Kern)* Messung *f* mit Impulsvorwahl, Impulsvorwahlmessung *f*
~ rate *(El, Kern)* Zählrate *f*, Impulsdichte *f*, Impulsrate *f*
countable set *(mathPh)* abzählbare Menge *f*
counter *(Kern)* 1. Zählanordnung *f*, Impulszählanordnung *f*, Impulszählgerät *n* (Strahlungsdetektor, z. B. ein Zählrohr, plus Registrierschaltung); 2. Zählrohr *n*
~-ampere turn *(Magn)* Gegenamperewindung *f*
~ balance *(Mech)* s. counterpoise 2.
~ component *(El)* gegenläufige Komponente *f*, *(im Neutralleitersystem:)* Gegenkomponente *f*
~ current 1. *(Kern)* Zählrohrstrom *m*; 2. *(Ström)* s. countercurrent
~ filling gas *(Kern)* Zählgas *n*, Füllgas *n*, Zählrohr[füll]gas *n*
~-jet *(Astr)* Gegen-Jet *m*
~-light *(Phot, Opt)* Hinterlicht *n*, Rückenlicht *n*, Gegenlicht *n*
~ probe *(Kern)* Zählrohrsonde *f*
~ range *(Kern)* Zählrohrbereich *m*, Anfahrbereich *m*, Anlaufbereich *m* *(eines Reaktors)*
~ scaling unit *(El, Kern)* Zählgerät *n*
~-weight *(Mech)* s. counterpoise 2.
counteraction *(Mech)* Gegenwirkung *f*, Reaktion *f*, Rückwirkung *f*
counterbalancing *(Mech)* Eigengewichtsausgleich *m* *(z. B. eines Manipulators)*
counterclockwise circularly polarized wave *(El, Magn, Opt)* zirkular linkspolarisierte Welle *f*, linkszirkular polarisierte Welle *f*, linkszirkulare Welle *f*
~ rotation Linksdrehung *f*, Drehung *f* nach links, Drehung *f* entgegen dem Uhrzeigersinn
countercoupling *(El, Reg)* s. negative feedback
countercurrent *(Ström)* Gegenstrom *m*, Gegenströmung *f*
~ distillation *(physCh)* Rektifikation *f*, Gegenstromdestillation *f*
~ interchanger *(Tief)* Gegenstromapparat *m*, Gegenströmer *m*
counterelectromotive cell *(Ech)* Gegenelement *n*, Gegenzelle *f*
~ force *(El)* gegenelektromotorische Kraft *f*, Gegen-EMK *f*
counterimpedance *(El)* Gegenimpedanz *f* *(eines Vierpols)*
counterion *(Ech)* Gegenion *n*
counterpoise 1. *(El, Magn)* künstliche Erde *f*, Gegengewicht *n* *(einer Antenne)*, künstliche Antennenerde *f*; 2. *(Mech)* Gegengewicht[sstück] *n*, Ausgleichsgewicht *n*, Äquilibriergewichtsstück *n*

~ weighing *(Mech)* Substitutionswägung *f*, Substitutionsmethode *f* [nach Borda], Tariermethode *f* [nach Borda]
counterpressure *(Mech)* Gegendruck *m*
~ diagram *(Ström)* Unterdruckfigur *f*
counterreaction *(physCh)* Gegenreaktion *f*
counterrotating beams *(Hoch)* kollidierende Strahlen *mpl*, gegeneinander laufende (geführte) Strahlen *mpl*
counterrotation *(Mech)* gegenläufige Drehung *f*, Gegendrehung *f*, Gegenlauf *m*
countertransport *(physCh)* Gegenstromtransport *m*, Countertransport *m*
counting *(Kern)* Zählung *f* *(von Impulsen, Szintillationen, Bahnspuren)*; Auszählung *f*
~ interval *(El, Kern)* Zählzeit *f*
~ ionization chamber *(Kern)* Impuls[ionisations]kammer *f*, Ionisationskammer *f* im Impulsbetrieb
~-rate[-versus-voltage] characteristic *(Kern)* Zählrohrcharakteristik *f*, Plateaucharakteristik *f*, Impuls-Spannungs-Charakteristik *f* *(eines Zählrohrs)*
~ response s. ~-rate characteristic
~ scale *(Mech)* Zählschale *f*
counts per minute *(Kern)* Impulse *mpl* pro Minute, Imp/min
~ per second *(Kern)* Impulse *mpl* pro Sekunde, Imp/s
couple 1. *(mathPh)* geordnetes Paar *n*; 2. *(Mech)* Kräftepaar *n*
~ of instantaneous rotations *(Mech)* momentanes Drehpaar *n*
coupled channel[s] approximation *(Kern)* Bornsche Näherung *f* der gekoppelten Kanäle, CCBA-Methode *f*, CCA-Methode *f*
~ neutronic-thermohydraulic model *(Kern)* [gekoppeltes] neutronenphysikalisch-thermohydraulisches Modell *n*, [gekoppelt] neutronisch-thermohydraulisches Modell *n*
~ oscillations gekoppelte Schwingungen *fpl*, Koppelschwingungen *fpl*, Kopplungsschwingungen *fpl*
coupler 1. *(El)* Kopplungsglied *n*, Koppelglied *n*, Koppler *m* *(auch für Wellenleiter)*; 2. *(Mech)* Kopplung *f* *(Vorrichtung)*; 3. *(Opt)* Lichtwellenleiter[-Faser]koppler *m*, LWL-Faserkoppler *m*, LWL-Koppler *m*; 4. *(Phot)* Toner *m*
~ loss *(Opt)* Kopplerdämpfung *f*, [Lichtwellenleiter-]Koppeldämpfung *f*, LWL-Koppeldämpfung *f*
coupling 1. *(El)* Kopplung *f*, Ankopplung *f* *(Vorgang)*; 2. *(Mech)* Kupplung *f* *(Vorgang)*; 3. *(Mech)* Kupplung *f*, Verbindung *f* *(Zustand)*
~ coefficient 1. Kopplungsgrad *m*, Kopplungskoeffizient *m* *(zwischen zwei Systemen, im allg. eine Konstante)*; 2. *(El)* Kopplungsfaktor *m*, Kopplungsgrad *m*, Kopplungskoeffizient *m*; 3. *(physCh, Qu)* Kopplungskoeffizient *m*

coupling 72

~ **efficiency** *(Opt)* [Lichtwellenleiter]Ankoppelwirkungsgrad *m*
~ **strength** *(Feld)* starke Ladung (Kopplungskonstante) *f*, Kopplungskonstante *f* der starken Wechselwirkung *f*
course 1. Ablauf *m*, Verlauf *m*, Fortgang *m* *(eines Prozesses, einer Reaktion)*; 2. *(mathPh)* Verlauf *m*, Kurvenverlauf *m*
~ **of adaptation** *(Opt)* Adaptationsvorgang *m*, Adaptationsprozeß *m*, Adaptationsverlauf *m*
covalence *(At)* 1. Kovalenz *f*, kovalente Wertigkeit *f*, Bindigkeit *f*, Atombindungszahl *f*; 2. *s.* covalent bond
covalency *s.* covalent bond
covalent bond *(At)* Atombindung *f*, Elektronenpaarbindung *f*, kovalente (homöopolare, einpolare) Bindung *f*, Kovalenzbindung *f*
~ **crystal** *(Krist)* Atomkristall *m*, Valenzkristall *m*, homöopolarer Kristall *m*
~ **fraction** *(At)* kovalenter Anteil (Bindungsanteil) *m*, Atombindungsanteil *m*
covariant metric tensor *(mathPh, Rel)* kovarianter [metrischer] Fundamentaltensor *m*
cover gas *(Kern)* Schutzgas *n (eines Brutreaktors)*
~ **thickness** Schichtdicke *f*
coverage *(Opt) s.* covering power
covering 1. Beschichtung *f*, Überziehen *n*, Belegung *f*; Umhüllung *f*, Umwicklung *f* *(z. B. eines Kabels) (Vorgang)*; 2. *(mathPh)* Belegungsfunktion *f*, Belegung *f*, Gewichtsfunktion *f*, Gewicht *n (in der Approximationstheorie)*
~ **capacity** *s.* ~ power 1.
~ **power** *(Opt)* 1. Deckvermögen *n*, Deckfähigkeit *f*, Deckkraft *f (einer Farbe)*; 2. Bildwinkel *m*, Gesichtsfeldwinkel *m*, Bildfeldwinkel *m (eines Objektivs)*
covibration Mitschwingung *f*, Resonieren *n*
covolume *(Therm)* Kovolumen *n*, verbotenes Volumen *n*, Eigenvolumen *n (der Moleküle)*
cp, CP *(Ström) s.* centipoise
CP *(Qu)* kombinierte Konjugation *f*
C.P. *(Tief) s.* performance factor
CP **violation** *(Hoch)* Verletzung *f* der *CP*-Invarianz, *CP*-Verletzung *f*
CPE *(Kern) s.* charged particle equilibrium
cpm *s.* 1. cycles per minute; 2. *(Kern)* counts per minute
c.p.m. pair *(Astr)* Eigenbewegungspaar *n*
CPME *(physCh)* CPME-Theorie *f*, Vielelektronentheorie *f* mit gekoppelten Paaren
cps *s.* 1. cycle per second; 2. *(Kern)* counts per second
crab angle *(Ström)* Vorhaltewinkel *m*, Luvwinkel *m*
crack 1. *(Ak) (kurzer, scharfer)* Knall *m*, Detonation *f*, Krachen *n*, Knack *m*, *(schwächer:)* Knistern *n (z. B. von Funken)*; 2. *(Mech)* Riß *m*, *(bes. in Glas:)* Sprung *m*

~ **arrest** *(Mech)* Rißstillstand *m*, Rißstopp *m*
~ **arrest temperature** *(Mech)* Riß[auf]fangtemperatur *f*
~ **[elastic] energy** *(Mech)* Rißenergie *f*, elastische Energie *f* des Risses
~ **extension force** *(Mech)* Rißaufweitungskraft *f*, Rißausbreitungskraft *f*
~ **growth rate** *(Mech)* Rißwachstumsrate *f*, Rißwachstumsgeschwindigkeit *f*
~-**opening-displacement method** *(Mech)* Methode *f* der kritischen Rißöffnungsverschiebung, COD-Methode *f*
~ **tip** *(Mech)* Rißspitze *f*, Rißende *n*
cracking 1. *(Mech)* Rißbildung *f*, Reißen *n*; 2. *(Mech)* Spaltung *f (in kleinere Moleküle), (bei Kohlenwasserstoffen:)* Cracken *n*, Crackprozeß *m*, Kracken *n*
~ **pressure** *(Mech)* Ansprechdruck *m* *(eines Pneumatik- oder Hydrauliksystems)*
crackling *(Ak)* Rascheln *n*, *(speziell:)* Knistern *n*, *(speziell:)* Rauschen *n*; 2. Knirschen *n*
crank effort *(Mech)* Kurbelbelastung *f*, Kurbelbeanspruchung *f (Tangentialkraft am Kurbelzapfen)*
~ **throw** *(Mech)* Kurbelradius *m*, Kurbelkröpfung *f*
cranked wing *(Aero)* Knickflügel *m*
cranking model *(Kern)* Kurbelmodell *n*, „cranking"-Modell *n (des Atomkerns)*
crash *(Ak) (kurzer, scharfer)* Knall *m*, Detonation *f*, Krachen *n*, Knack *m*
creation operator *(Feld, Qu)* Erzeugungsoperator *m*
creep 1. *(aperiodische)* Kriechbewegung *f*, *(aperiodisches)* Kriechen *n (eines Oszillators)*; 2. *(El)* allmähliche (langsame) Änderung *f*, Kriechen *n (einer Kenngröße)*; 3. *(Mech)* Kriechen *n*, Fließen *n* unter konstanter Belastung; 4. *(physCh, Tief)* Hochkriechen *n (des Niederschlags oder einer Flüssigkeit an den Gefäßwänden)*
~ **buckling** *(Mech)* plastisches Knicken *n*, Kriechknicken *n*
~ **compression limit** *(Mech)* Zeitstauchgrenze *f*
~ **deformation** *(Mech)* Kriechverformung *f*, Abgleitung *f*
~ **elongation** *(Mech) s.* ~ strain 2.
~ **limit** *(Mech)* Kriechgrenze *f*
~-**over** *(Fest)* Überkriechen *n (von Kristallen)*
~ **recovery** *(Mech)* Kriecherholung *f*, Rückdehnung *f*
~ **rupture** *(Mech)* Kriechbruch *m*
~ **rupture strength** *(Mech)* Zeitstandfestigkeit *f*
~ **strain** *(Mech)* 1. *s.* ~ deformation; 2. Kriechdehnung *f*, Zeit[stand]bruchdehnung *f*
~ **strength** *(Mech)* Zeit[stand]kriechgrenze *f*, *(bei Zugbeanspruchung:)* Zeitdehn-

critical

grenze f, *(bei Druckbeanspruchung:)* Zeitstauchgrenze f
creepage *(El)* 1. Kriechen n des Stromes *(Erscheinung)*; 2. Kriechstrom m
~ **spark** *(El)* Gleitfunke m
creeping *(Mech)* s. creep 3.
~ **flow (motion)** *(Hydr)* schleichende Strömung (Bewegung, Flüssigkeitsströmung) f
~ **wave** *(Ström)* Kriechwelle f
Cremona [force] diagram, Cremona's polygon of forces *(Mech)* Cremonascher (reziproker) Kräfteplan, Cremona-Plan m
crest 1. *(Hydr)* Kamm m, Scheitel m, Wellenkamm m, Wellenberg m, Wellenkuppe f; 2. *(Aero)* Stelle f maximaler Dicke *(eines Tragflügelquerschnitts)*
~ **factor** Scheitelfaktor m, Spitzenwertfaktor m *(einer Wechselgröße)*
~ **value** Scheitelwert m *(einer periodischen Größe), (bei nichtsinusförmigen Größen auch:)* Spitzenwert m
crevasse curve *(El)* Resonanzkurve f *(eines Piezokristalls)*
crevice cavitation *(Ström)* Spaltkavitation f
cricondenbar *(Therm)* Maximaldruck m für die Koexistenz zweier Phasen
cricondentherm *(Therm)* Maximaltemperatur f für die Koexistenz zweier Phasen
crinal *(Mech)* Crinal n *(SI-fremde Einheit der Kraft; 1 crinal = 0,1 N)*
crippling force (load) *(Mech)* Euler-Last f, kritische Druckkraft f, kritische (Eulersche) Knicklast f
crisis of drag (flow) *(Ström)* Widerstandskrise f, Strömungskrise f
crisp sharpness *(Phot, Opt)* Konturenschärfe f, Umrißschärfe f
crispation number *(Ström)* Kräuselungszahl f
crispening *(Phot)* Konturenverstärkung f, Umrißversteilerung
crit *(Kern)* kritische Masse f
crith *(Mech)* Crith n *(SI-fremde Einheit der Masse von 1 l Wasserstoff unter Normalbedingungen; 1 crith = 0,08987 g)*
critical absorption wavelength *(At, Spektr)* Grenzwellenlänge f der Absorptionskante
~ **amount** *(Kern)* kritische Menge f
~ **angle of attack** *(Ström)* kritischer Anstellwinkel m
~ **angle of incidence** *(Ak, Opt)* Grenzwinkel m [der Totalreflexion]
~ **angle of stall** s. ~ angle of attack
~ **angle of total reflection** s. ~ angle of incidence
~ **angle refractometer** *(Opt)* Totalreflektometer n, Refraktometer n (Brechzahlmesser m) mit Beobachtung bei streifendem Einfall
~ **assembly** *(Kern)* kritische Anordnung f *(für reaktorphysikalische Experimente)*

~ **backing pressure** *(Vak)* Vorvakuumbeständigkeit f, Vorvakuumfestigkeit f, Vorvakuumgrenzdruck m
~ **chain reaction** *(Kern)* kritische (sich selbsterhaltende, stationär verlaufende) Kernkettenreaktion f, selbständige Kettenreaktion f
~ **condition[s]** s. ~ state 1.
~ **-depth flume** *(Hydr)* Meßgerinne n (Meßkanal m) mit stehender Welle, Meßgerinne n mit kritischer Tiefe, Stehwellenkanal m
~ **field** 1. *(Kern)* kritische *(elektrische)* Feldstärke f *(eines Zählrohrs)*; 2. *(Tief)* kritisches Magnetfeld (Feld) n, kritische Feldstärke f *(eines Supraleiters)*
~ **field curve** *(Tief)* [magnetische] Schwell[en]wertkurve f, kritische Feldkurve f
~ **flicker frequency** *(Opt)* [kritische] Flimmerfrequenz f, Flimmergrenze f, Verschmelzungsfrequenz f, Verschmelzungsschwelle f
~ **force** s. crippling force
~ **fore-pressure** s. ~ backing pressure
~ **heat flow (flux)** *(Therm)* kritische Wärmestromdichte f, DNB-Wärmestromdichte f, kritische Heizflächenbelastung f, KHB
~ **heat flux ratio** *(Kern, Therm)* Sicherheitsabstand m (Sicherheitsfaktor m, Sicherheit f) gegen Filmsieden, DNB-Verhältnis n, Siedeabstand m
~ **locus** *(physCh, Therm)* kritische Linie f, Linie f der kritischen Zustände
~ **point** 1. *(physCh)* kritische Lösungstemperatur f, kritischer Mischungspunkt (Entmischungspunkt) m, Faltpunkt m; 2. *(Ström)* Staupunkt m *(einer Strömung)*
~ **point of decalescence** *(physCh)* Haltepunkt m der Erhitzungslinie, Haltepunkt (kritischer Punkt) m bei der Erwärmung
~ **radius** *(Ak)* Hallabstand m
~ **resistance** *(Meß)* Grenzwiderstand m *(eines Meßgeräts)*
~ **run** *(Kern)* kritisches Experiment n
~ **solidity** *(Ström)* kritische Undurchlässigkeit f *(eines Gitters)*
~ **sound velocity** *(Aero)* Laval-Geschwindigkeit f, kritische Schallgeschwindigkeit f
~ **stability** *(Reg)* Stabilitätsrand m, Stabilitätsgrenze f
~ **state** 1. *(Kern)* kritischer Zustand m, Kritischsein n, Kritikalität f *(einer Kernanlage)*; 2. *(physCh)* kritischer (Cagniard-de-la-Tourscher) Zustand m
~ **surface** *(Astr)* Kontaktfläche f [nach Roche]
~ **temperature** 1. *(Magn)* Curie-Punkt m, Curie-Temperatur f; 2. *(Pl)* Zündtemperatur f, kritische Temperatur f; 3. *(Tief)* kritische Temperatur f, Sprungtemperatur f, Übergangspunkt m *(eines Supraleiters)*
~ **toughness [level]** *(Mech)* kritischer Spannungsintensitätsfaktor m

critical 74

~ **velocity** 1. *(Aero)* Strömungsgeschwindigkeit (Geschwindigkeit) f im engsten Querschnitt *(Raketentechnik)*; 2. *(Hydr)* Grundwellengeschwindigkeit f, kritische Geschwindigkeit f *(einer Oberflächenwelle)*, Schwallgeschwindigkeit f *(für die Wassertiefe h)*; 3. *(Ström)* kritische Geschwindigkeit f *(beim Grenzschichtumschlag)*; *(Tief)* kritische Geschwindigkeit f *(einer Supraflüssigkeit)*
~ **wavelength** *(El)* Grenzwellenlänge f, kritische Wellenlänge f, Abschneidewellenlänge f *(eines Wellenleiters)*
criticality safety *(Kern)* Kritikalitätssicherheit f
crocodile *(El)* Crocodile n *(SI-fremde Einheit der Potentialdifferenz, = 10^6 V)*
crochet method *(Opt)* Hakenmethode f [von Rozhdestvenski], Methode f von Roshdestwenski
cross bending *(Mech)* Querkraftbiegung f
~ **bombardment** *(Kern)* gekreuzte Kernreaktionen fpl, Kreuzfeuer n, Kreuzbeschuß m
~ **bond** *(At)* vernetzende Bindung f, Verbindungsstelle f, Querverbindung f
~-**bonding** *(At)* Vernetzung f *(Vorgang)*
~ **breaking strength** *(Mech)* Knickfestigkeit f *(Eigenschaft)*
~ **component** *(Mech)* Querkomponente f, Transversalkomponente f, transversale (azimutale) Komponente f
~ **contamination** *(Kern)* Übertragung f der Kontamination, Kontaminationsübertragung f
~ **direction** Querrichtung f, transversale Richtung f
~ **effect** *(Mech)* Normalspannungseffekt m
~ **fading** *(El, Opt, Phot)* Überblendung f
~ **field** *(El)* Flußdichte f des magnetischen Querfeldes
~-**filament pyrometer** *(Therm)* Kreuzfadenpyrometer n *(nach Grüß und Haase)*
~ **flow** *(Ström)* Querströmung f, *(selten:)* Querstrom m
~-**fluid force coefficient** *(Aero)* Querkraftbeiwert m
~ **force** 1. *(Aero)* Quertrieb m, Querkraft f; 2. *(Mech)* quer angreifende Kraft f, *(als Schnittreaktion:)* Querkraft f
~-**hairs** *(Opt)* Fadenkreuz n
~-**line screen** *(Opt)* Rastergitter n, Linienraster n
~ **link** *(At)* Vernetzungsstelle f, Verbindungsstelle f, Querverbindung f
~-**linkage** *(At)* Vernetzung f *(Vorgang)*
~-**magnetizing [effect]** *(El)* Luftspaltfeldverzerrung f durch die Ankerrückwirkung
~-**over** *(El)* Crossover n, Überkreuzungspunkt m, Strahlkreuzungspunkt m *(eines Elektronenstrahls)*
~-**over area** *(El)* Brennfleck m *(in der Beschleunigungselektrode einer Kathodenstrahlröhre)*
~-**over frequency** 1. *(El)* Grenzfrequenz f *(einer elektrischen Weiche)*; 2. *(Ak)* Übergangsfrequenz f *(bei der Schallplattenaufnahme)*
~-**over time** *(El)* Durchgangszeit f *(eines Impulses)*
~-**over walk** *(El)* Durchgangszeitverschiebung f *(eines Impulses)*
~ **point** *(mathPh)* Kreuzungspunkt m, Verzweigungspunkt m, Mehrfachknotenpunkt m *(vom Grade > 2) (eines Graphen)*
~ **process** *(Therm)* Überlagerungsprozeß m
~ **rule** *(physCh)* Mischungskreuz n, Andreas-Kreuz n
~ **section** 1. *(At, Kern)* Wirkungsquerschnitt m *(für eine Wechselwirkung oder einer Wechselwirkung)*; 2. *(Mech)* Querschnitt m, Schnitt m
~ **section density** *(Kern)* [volumenbezogener] makroskopischer Wirkungsquerschnitt m, Wirkungsquerschnittsdichte f
~ **section per unit [interval of] solid angle** *(Kern)* raumwinkelbezogener [differentieller] Wirkungsquerschnitt m, Wirkungsquerschnitt m pro Raumwinkeleinheit, Winkelquerschnitt m
~ **section under tension** *(Mech)* Zugquerschnitt m
~-**sectional area at the throat** *(Ström)* engster (kritischer) Querschnitt m, Einschnürung f *(einer Düse)*
~-**sectional moment of inertia** *(Mech)* Flächenmoment n zweiten Grades, Flächenträgheitsmoment n, geometrisches Trägheitsmoment n
~-**slip line** *(Krist)* Quergleitlinie f
~-**staff** *(Opt)* Dioptreninstrument n
~-**tie wall** *(Fest)* Stachel[draht]wand f
~ **viscosity** *(Ström)* 1. Querviskosität f; 2. quadratischer Viskositätskoeffizient m
~-**wind force** 1. *(Aero)* Seitenkraft f; 2. *(Aero)* Quertrieb m, Querkraft f; 3. *(Mech)* Querkraft f *(in der äußeren Ballistik)*
crossed cylinder method *(Opt)* Kreuzzylindermethode f
~ **dispersions** *(Opt)* gekreuzte Spektren npl *(Dispersionen fpl)*
~ **grating** *(Opt)* Kreuzgitter n, Flächengitter n
~ **h** 1. s. Dirac h; 2. Drehimpulsquantum n
~ **lens** *(Opt)* Linse f bester Form
~-**mirror square** *(Opt)* Spiegelkreuz n
crossing symmetry *(Hoch)* Kreuzungssymmetrie f, Substitutionsregel f
Cross's method *(Mech)* Momentenausgleichsverfahren n [nach Cross]
Crova wavelength *(Opt, Therm)* wirksame (effektive) Wellenlänge f, Crova-Wellenlänge f
crowded spectrum *(Spektr)* überhäuftes Spektrum n
crude energy Primärenergie f, Rohenergie f

~ **moment** *(Mech)* nichtzentrales Moment n
crunode *(mathPh)* Doppelpunkt m, gewöhnlicher (eigentlicher) Doppelpunkt m, Knotenpunkt m *(einer Kurve)*
crushing strain *(Mech)* Bruchverformung f, Bruchverzerrung f *(eines Feststoffs, Größe)*
~ **strength** *(Mech)* Druckfestigkeit f *(bei senkrechter Druckbelastung)*
cryogen *(Tief)* 1. kryogenes Fluid n, kryogene Flüssigkeit f, Kryoflüssigkeit f *(Siedepunkt < 110 K)*; 2. Kältemischung f
cryogenic component *(El)* supraleitendes Bauelement (Element) n, Supraleitungselement n
~ **conductor** *(El, Tief)* Supraleiter m, supraleitender Stoff m, supraleitendes Material n *(erster, zweiter oder dritter Art)*
~ **engineering** *(Tief)* Kryotechnik f, Tieftemperaturtechnik f
~ **temperature** *(Tief)* Kryotemperatur f, kryogene Temperatur f
~ **thermometry** *(Tief)* Tieftemperaturmessung f
cryogenics *(Tief)* 1. Kryogenik f, Tieftemperaturforschung f; 2. Kryotechnik f, Tieftemperaturtechnik f *(Erzeugung, Erhaltung und Anwendung tiefster Temperaturen)*
cryohydric point *(Tief)* kryohydratischer Punkt m, kryohydratische Temperatur f, Kryopunkt m
cryotrap *(Tief, Vak)* Kryofalle f
crystal 1. Kristall m; 2. *(El)* Schwingkristall m
~ **aggregate** *(Krist)* Vielkristall m, Polykristall m, Kristallaggregat n
~ **analysis** *s.* ~ structure determination
~ **base** *(Krist)* Inhalt m der [einfach-]primitiven Elementarzelle, Kristallvolumen n
~ **bond** *(Krist)* Kristallbindung f
~ **conduction counter (detector)** *(Kern)* Kristallzähler m
~ **corner** *(Krist)* Kristallecke f
~ **defect** *(Krist)* 1. Gitterstörung f, Gitterfehlordnung f, Fehlordnung f, Gitterfehlstelle f, Fehlstelle f, Gitterdefekt m *(Oberbegriff)*; 2. strukturelle Gitterfehlstelle (Fehlstelle) f, Gitterbaufehler m, Kristall[gitter]baufehler m
~ **diffraction spectrometer** *(Krist, Spektr)* Kristallspektrometer n, Braggsches Spektrometer n, *(speziell:)* Braggsches Röntgenspektrometer n, Braggscher Röntgenspektrograph m
~ **diode** *(Halbl)* Richtdiode f, Richtleiter m
~ **edge** *(Krist)* Kristallkante f
~ **effect** *(Kern)* Einfluß m des Kristallgitters, Einfluß m der Kristallstruktur, Kristall[gitter]effekt m
~ **elastic stiffness constant** *(Fest)* elastischer Modul m, [verallgemeinerter] Elastizitätsmodul m, elastische Widerstandszahl f *(im verallgemeinerten Hookeschen Gesetz, in den Spannungs-Verzerrungs-Beziehungen)*
~ **face** *(Krist)* Kristallfläche f
~-**face index** *(Krist)* Flächenindex m, Flächensymbol n, Index m
~ **grating** *(Opt, Spektr)* räumliches Beugungsgitter n, Raumgitter n
~ **growth** *(Krist)* 1. Kristallwachstum n, Kristallvergrößerung f; 2. Kristallzüchtung f *(künstlich)*
~ **imperfection** *s.* ~ defect
~ **indices** *(Krist)* Millersche Indizes mpl, Miller-Indizes mpl
~ **lattice** *(Krist)* Kristallgitter n, Gitter n *(Zusammensetzungen s. unter lattice)*
~ **line overgrowth** *(Krist)* Kristallverwachsung f
~ **momentum** *(Fest)* Quasiimpuls m, Kristallimpuls m, Pseudoimpuls m
~ **pattern** *s.* X-ray pattern
~ **platelet** *s.* ~ slab 1.
~ **plane** *(Krist)* Netzebene f, Gitterebene f, Kristallebene f
~ **plate** *(El)* Quarzplättchen n
~ **pulling** *(Krist)* Kristallziehen n *(aus der Schmelze)*, Kristallziehverfahren n
~ **skeleton** *(Krist)* Dendrit m, dendritischer Kristall m, Kristallskelett n
~ **slab** 1. *(Krist)* Kristallplättchen n, Kristallblättchen n; 2. *(El)* Quarzplättchen n
~ **spacing** *s.* interplanar spacing
~ **structure** *(Krist)* Kristallstruktur f, *(des realen Kristalls:)* Kristallgefüge n
~-**structure determination** *(Krist)* Kristallstrukturanalyse f, Kristallgitterbestimmung f, Feinstrukturanalyse f
~ **symmetry operation** *(Krist)* Symmetrieoperation f, Symmetrieelement n
crystalline compliance constant *(Fest)* elastischer Koeffizient m, Elastizitätskoeffizient m, Elastizitätskonstante f *(im verallgemeinerten Hookeschen Gesetz, in den Verzerrungs-Spannungs-Beziehungen)*
~ **liquid** *(physCh)* Flüssigkristall m, flüssiger Kristall m, *(manchmal:)* kristalline (anisotrope) Flüssigkeit f
~ **overgrowth** *(Krist)* Überwachsung f
~ **powder** *(Krist)* Kristallpulver n
crystallogram *s.* X-ray pattern
crystallographic class *(Krist)* Kristallklasse f, Symmetrieklasse f
~ **zone axis** *s.* zone axis
cs, cS *(Ström)* *s.* centistoke
c/s *s.* cycle per second
CSEE *(El)* kontrollierte Sekundär[elektronen]emission f
cSt *(Ström)* *s.* centistoke
CTF *s.* contrast transfer function
ctl *(US, Mech)* (= cental) *s.* hundredweight 1.
CTU *s.* centigrade heat unit
cu. ft. *s.* cubic foot
cu. in. *s.* cubic inch

cube plane *(Krist)* Würfelebene f
~ **texture** *(Krist)* Würfeltextur f, kubische Textur f *(in Metallen)*
cubic foot *(Mech)* Kubikfuß m, cu. ft., ft^3 *(SI-fremde Einheit des Volumens; 1 ft^3 = 0,028317 m^3)*
~ **foot per second** *(Ström)* Kubikfuß m je Sekunde, cusec *(SI-fremde Einheit des Volumenstroms; 1 cusec = 0,0283 m^3/s)*~ **inch** *(Mech)* Kubikzoll m, c-Zoll m, cu.in., in^3 *(SI-fremde Einheit des Volumens; 1 in^3 = 16,3872 cm^3)*
~ **measure** *(Mech)* Raummaß n
~ **plane** *(Krist)* Würfelebene f
~ **Schrödinger equation** *(Qu)* nichtlineare (kubische) Schrödinger-Gleichung, NLS-Gleichung f
~ **strain** *(Mech)* räumliche Verzerrung f, kubische Verformung f *(Größe)*
cubical dilatation *(Mech)* kubische (räumliche) Dehnung f, Raumdehnung f, kubische Dilatation f *(Elastizitätstheorie)*
~ **expansion coefficient** *(Therm)* kubischer (räumlicher) Ausdehnungskoeffizient *(Wärmeausdehnungskoeffizient)* m, Volumen-Temperatur-Koeffizient m
cumulative dead time *(Kern)* ausgedehnte Totzeit f
~ **effect** kumulative (summative) Wirkung f, Summenwirkung f
~ **error** *(Meß)* Summenfehler m
~ **ionization** 1. *(At)* kumulative Ionisation (Ionisierung) f; 2. *(El)* Townsend-Lawine f, lawinenartige Ionisation f, Lawinenionisierung f
cup-type current meter *(Hydr)* Schalenkreuz-Stromzähler m
cure *(physCh)* 1. Vulkanisation f, Vulkanisierung f *(von Kautschuk)*; 2. Aushärten n, Härten n *(z. B. von Kunststoffen)*
curie *(Kern)* Curie n, Ci, *(bis 1965:)* c *(revidierte Definition, = 3,7 · 10^{10} Bq), (frühere Definition:)* C *(beides nicht mehr im Gebrauch)*
Curie cut *(Krist)* X-Schnitt m
~ **point (temperature)** *(Fest, Magn)* [ferromagnetischer] Curie-Punkt m, [ferromagnetische] Curie-Temperatur f
curl field *(Ström)* s. rotational field
curling *(Fest, Magn)* Verwindung f, „curling" n *(in Einbereichsteilchen)*
current 1. Strom m *(einer Erhaltungsgröße: Strömung durch einen gegebenen Querschnitt je Zeiteinheit)*; 2. s. ~ density 1.; 3. *(Ström)* Strömung f, Strom m *(Vorgang)*; 4. *(El)* Strömstärke f, Strom m, elektrische Stromstärke f, elektrischer Strom *(Größe)*
~ **at make** *(El)* Einschaltstrom m, *(manchmal:)* Schließungsstrom m
~-**carrying capacity** *(El)* Strombelastbarkeit f, Belastbarkeit f *(eines Gerätes oder Leiters)*
~-**carrying conductor** *(El)* stromdurchflossener Leiter m

~ **commutator** *(Feld, Hoch)* Stromkommutator m *(ein Operator)*
~ **conservation** *(Feld, Hoch)* Stromerhaltung f
~ **coverage** *(El)* [elektrischer] Strombelag m *(als Größe: Durchflutung pro Längeneinheit)*
~ **density** 1. Stromdichte f, Stromdichtevektor m *(Größe)*; 2. *(Ech)* Stromdichte f; 3. *(El)* [elektrische] Stromdichte f; 4. *(Kern)* Teilchenstromdichte f, Stromdichte f
~ **deviation** *(Meß)* Stromfehler m
~ **displacement** *(El)* Skineffekt m, Hautwirkung f, Stromverdrängungseffekt m, *(manchmal:)* Kelvin-Effekt m
~ **division factor** *(Halbl)* Stromteilerfaktor m
~ **drain** *(El)* Stromentnahme f
~ **efficiency** 1. *(Ech)* Stromwirkungsgrad m, elektrolytischer Wirkungsgrad m; 2. *(El)* Stromwirkungsgrad m, Stromausbeute f *(eines Elektronenstrahl-Erzeugungssystems)*
~ **electricity** *(El)* bewegte (strömende) Elektrizität f, *(Gegensatz: statische Elektrizität)*
~ **feed** *(El)* Stromkopplung f, Einkopplung f im Strombauch
~ **function** *(Ström)* Stromfunktion f, *(selten:)* Strömungsfunktion f *(Imaginärteil des komplexen Potentials)*
~ **gain** 1. *(El)* Stromverstärkung f, Stromverstärkungsgrad m, Stromverstärkungsfaktor m *(eines Verstärkers)*; 2. *(Halbl)* Stromverstärkung f, Kurzschlußstromverstärkung f *(eines Transistors)*
~ **heat** *(El)* s. Joule heat
~ **intensity** *(El)* [elektrische] Stromstärke f, [elektrischer] Strom m *(Größe)*
~ **ionization chamber** *(Kern)* Stromkammer f, Stromionisationskammer f, Ionisationskammer f im Impulsbetrieb
~ **law** s. Kirchhoff's current law
~-**limited spark chamber** *(Hoch)* strombegrenzte Funkenkammer f
~ **meter** *(Ström)* Strommesser m, *(speziell:)* hydrometrischer Flügel m
~ **path** *(Meß)* Strombahn f, Strompfad m, Stromweg m
~ **pole** *(Hydr)* Stabschwimmer m, Schwimmstange f, hydrometrische Stange f, Stabschwimmkörper m
~ **quark mass** *(Hoch)* Current-Quarkmasse f, wirkliche Quarkmasse f
~ **ratio** *(El)* 1. Stromdämpfungsfaktor m *(in einem n-Tor)*; 2. Stromverhältnis n, Stromverstärkung f *(eines Transduktors)*; 3. Strom[übersetzungs]verhältnis n *(eines Wellenleiters)*
~ **sheath** *(Pl)* Stromschicht f
~ **strength** s. current 4.
~-**wavelength characteristic** *(El)* spektrale Empfindlichkeitskurve f *(einer Photozelle)*

4-current [density] *(Feld, Rel)* [elektrische] Viererstromdichte *f*, vierdimensionale Stromdichte *f*, Viererstromvektor *m*
curtain *(Kern)* Abschirmfolie *f*, Neutronenfänger *m (für langsame Neutronen)*
curvature correction *(Astr)* Korrektion *f* für die Lichtkrümmung
~ **-dominated universe** *(Astr)* krümmungsdominiertes Universum *n*
~ **fluctuations** *(Feld)* Krümmungsfluktuationen *fpl*, adiabatische Fluktuationen *fpl*
~ **of bands** *(Fest)* Verkippen *n* der Bänder
~ **of field (image)** *(Opt)* Bildfeldwölbung *f*, Bildfeldkrümmung *f*
~ **term of Gibbs** *(Ström)* Krümmungsfunktion *f* von Gibbs, Gibbssche Krümmungsfunktion *f*
curve factor *(Magn)* Ausbauchungsfaktor *m*
~ **fitting** *(mathPh)* Kurvenanpassung *f*
~ **[of centres] of buoyancy** *(Ström)* Auftriebskurve *f*, Formschwerpunktskurve *f*
~ **[of centres] of floatation** *(Hydr)* Schwimmkurve *f*
~ **of constant pressure** *(Therm)* s. isobar 2.
~ **of equal temperature** *(Therm)* s. isotherm 1.
~ **of intersection** Schnittkurve *f*, Schnittlinie *f (zweier Flächen)*
~ **of magnetization** *(Magn)* Magnetisierungskurve *f*, Magnetisierungs[kenn]linie *f*, magnetische Zustandskurve *f (Oberbegriff)*
~ **of neutral stability** *(Aero)* Indifferenzkurve *f*
~ **of pursuit** *(mathPh)* Verfolgungskurve *f*, Hundekurve *f*, Fliehkurve *f*, Fluchtkurve *f*
~ **of state** *(physCh)* Zustandskurve *f (z. B. Druck-Dichte-Kurve)*
curved crystal method *(Krist)* Methode *f* des gebogenen (gewölbten) Kristalls
~ **flow** *(Ström)* Krümmerströmung *f*
~ **space** *(mathPh)* nichteuklidischer (gekrümmter) Raum *m*
~ **surface** *(mathPh)* Mantel *m*, Mantelfläche *f*, Seitenfläche *f (eines Kegels oder Zylinders)*
curvilinear accelerator *(Kern)* Linearbeschleuniger *m* mit *(kreisförmig)* gekrümmter Bahn
~ **Bernoulli theorem** *(Ström)* Bernoullische Gleichung *f* für den gekrümmten Stromfaden
~ **coordinates (coordinate system)** *(mathPh)* krummlinige Koordinaten *fpl*, krummliniges Koordinatensystem *n*
~ **distortion** *(Opt)* Verzeichnung *f*, Verzeichnungsfehler *m*, Distorsion *f*
cusp mirror *(Pl)* Sichelspiegel *m*, sichelförmiger Spiegel *m*
cusped geometry *(Pl)* Sichelspiegelgeometrie *f*, Cusp-Geometrie *f*
cut 1. *(Krist)* Schnitt *m*, Kristallschnitt *m*; 2. *(physCh)* Schnitt *m*, Aufteilungsverhältnis *n*, Teilungskoeffizient *m (bei der Isotopentrennung)*
~ ~ **-off** 1. Abschneiden *n*, Abbrechen *n*, Begrenzung *f*, Beschneidung *f*; 2. *(Mech)* Brennschluß *m (durch Zündungsaussetzung)*, Triebwerkabschaltung *f (einer Rakete)*; 3. *(Kern)* Abschneideenergie *f*, Grenzenergie *f*; 4. *(Vak)* Flüssigkeitssperre *f*
~ ~ **-off bias** *(El)* Spannung *f* für Dunkeltastung, Dunkeltastspannung *f (einer Elektronenstrahlröhre)*
~ ~ **-off circular frequency** *(Fest)* Abbruchkreisfrequenz *f*
~ ~ **-off circular wave number** *(Fest)* Abbruchkreiswellenzahl *f*
~ ~ **-off density** *(Pl)* kritische Elektronendichte *f*, Elektronenzünddichte *f (bei der Laserfusion)*
~ ~ **-off effect** *(Fest)* Abbrucheffekt *m*
~ ~ **-off energy** *(Kern)* Abschneideenergie *f*, Grenzenergie *f*
~ ~ **-off frequency** *(Reg)* Amplitudenschnittfrequenz *f*, Schnittfrequenz *f*
~ ~ **-off wavelength** *(El)* Grenzwellenlänge *f*, kritische Wellenlänge *f*, Abschneidewellenlänge *f (eines Wellenleiters)*
~ **orientation** *(Krist)* Schnittlage *f*
CV *(Mech)* s. cheval[-vapeur]
CVC *(Hoch)* s. conserved vector current
CVD [technique] s. chemical vapour deposition
CW, c.w. *(El, Magn)* s. continuous wave
cwt (= centweight) s. hundredweight 2.
cwt t[r] s. hundredweight 3.
cycle 1. Zyklus *m*, Umlauf *m*, Kreislauf *m (eine vollständige Folge von Ereignissen, nicht notwendig periodisch)*; 2. *(At, physCh)* Ring *m*, Zyklus *m*; 3. *(El)* Periode *f*, Schwingungsperiode *f*; 4. *(Therm)* Kreisprozeß *m*, *(selten:)* geschlossener Prozeß *m*; 5. *(Mech)* Takt *m (eines Verbrennungsmotors)*
~ **accuracy** *(Meß)* Ganggenauigkeit *f*
~ **per second** *(El)* Hertz *n*, Hz
cycles 1. *(Mech)* Lastwechselzahl *f*, Lastspielzahl *f*, Anzahl *f* der Lastwechsel; 2. *(Therm)* Temperaturwechselzahl *f*, Anzahl *f* der Temperaturwechsel
~ **per minute** Zyklen *mpl* (Spiele *npl*, Perioden *fpl*) pro Minute
cyclic boundary condition *(Fest)* Born-von Kármánsche Randbedingung *f*, Born-Kármánsche Grenzbedingung *f*, Bornsche (zyklische) Randbedingung *f*
~ **coercivity** *(Magn)* Wechsel-Koerzitivfeldstärke *f*
~ **coordinates** *(Mech)* zyklische Koordinaten *fpl (Helmholtz)*, ignorable Koordinaten *fpl (Whittaker)*, verborgene Koordinaten *fpl*, zyklische Variable *fpl*
~ **irrotational motion** *(Ström)* zyklische Potentialströmung *f*, Potentialströmung *f* mit Zirkulation, zirkulatorische Strömung *f*

cyclic 78

- **magnetic condition** *(Magn)* stabilisierter (eingeschwungener) Zustand *m*
- **momentum** *(Mech)* zyklischer Impuls *m*
- **motion** *(Ström)* Zirkulationsströmung *f*, zirkulationsbehaftete (zyklische) Strömung *f*
- **orbit accelerator** *(Kern)* zyklischer Beschleuniger (Teilchenbeschleuniger) *m*, Mehrfachbeschleuniger *m*
- **permeability** *(Magn)* normale Permeabilität *f*
- **stresses** *(Mech)* Schwingungswechselbeanspruchung *f*
- **stressing** *(Mech)* Dauerschwingungsbeanspruchung *f*, Schwingungsbeanspruchung *f*
- **time** *(Meß, Reg)* Zykluszeit *f (in der Fernwirktechnik)*
- **twin** *(Krist)* 1. Wendezwilling *m*, zyklischer Vielling *m*, Wendevielling *m*; 2. zyklischer (polysynthetischer) Zwilling *(keine parallelen Zwillingsachsen)*

cycling 1. Pendelung *f*, Schwingung *f*, Oszillieren *n (z. B. um einen Sollwert)*; 2. *(Mech)* Dauerschwingungsbeanspruchung *f*, Schwingungsbeanspruchung *f*; 3. *(Mech, Therm)* Zyklieren *n*, Wechselbeanspruchung *f*, zyklische Beanspruchung *f (durch zyklische Änderung einer Belastungsgröße)*

- **gas[eous] core reactor** *(Kern)* Gascore-Impulsreaktor *m*, gepulster (zyklischer) Gascorereaktor (Gaskernreaktor) *m*
- **speed** *(Mech)* Zyklushäufigkeit *f*

cyclization *(At, physCh)* Zyklisierung *f*, Ringschlußm, Ringbildung *f*

cyclotron emission *(Kern, Pl) s.* ~ radiation

- **frequency** *(El, Magn)* Zyklotron[umlauf]frequenz *f*, Gyrofrequenz *f*, gyromagnetische Frequenz *f*
- **radiation** *(Kern, Pl)* Zyklotronstrahlung *f (allgemeiner und nichtrelativistischer Fall)*; Synchrotronstrahlung *f (relativistischer Fall)*; magnetische Bremsstrahlung *f*, Magnetobremsstrahlung *f*, Gyrosynchrotronstrahlung *f (allgemeiner Fall) (Gebrauch ist nicht einheitlich)*

cylinder 1. *(mathPh)* gerader (senkrechter) Kreiszylinder *m*, Walze *f*, Zylinder *m*; 2. *(Mech)* Zylinder *m*, Arbeitszylinder *m (in einem Pneumatik- und Hydrauliksystem)*; 3. *(Ström)* Turbinengehäuse *n*, Turbinenmantel *m*

- **function** *(mathPh) s.* Bessel function

cylindrical Bessel function *s.* modified Bessel function of the second kind
- **function (harmonic)** *s.* Bessel function
- **pinch** *(Pl) s.* pinch effect
- **powder camera** *(Krist)* Zylinderkammer *f (für Pulverbeugungsaufnahmen)*
- **roughness** *(Ström)* zweidimensionale (zylindrische) Einzelrauhigkeit *f*

- **square** *(Opt)* Winkeltrommel *f (ein Winkelmeßgerät)*

cymometer *(Hydr)* Wellenmesser *m*

D

d *(Ström) s.* darcy
D *s.* 1. *(Opt)* dioptre; 2. *(Ström)* darcy
d constant *(Fest)* piezoelektrischer Koeffizient *m*, Koeffizient *m* des Piezomoduls
D log E curve *(Opt, Phot)* Schwärzungskurve *f*, photographische Schwärzungskurve *f*, charakteristische Kurve *f*, Gradiationskurve *f*
DAC *(Kern) s.* derived activity concentration
daily value *(Astr)* Tageswert *m*
d'Alembertian auxiliary (inertial) force *(Mech)* Trägheitskraft *f*, Trägheitswiderstand *m*, D'Alembert-Kraft *f*
d'Alembert's wave equation Wellengleichung *f*, Wellendifferentialgleichung *f*, *(manchmal:)* Ausbreitungsgleichung *f*
dalton *(At)* atomare (atomphysikalische) Masse[n]einheit *f*, vereinheitlichte atomare Masse[n]einheit *n*, u *(bezogen auf ^{12}C)*
Dalton law [of partial pressures] *(physCh)* Daltonsches Gesetz *n*, Daltonsches Gesetz *n* der Partialdrücke (Teildrücke)
Dalton's law *s.* law of multiple proportions
damming *(Hydr)* [hydraulischer] Stau *m*, Spiegelstau *m*, Wasserstau *m*, *(speziell:)* Aufstau *m*, Stauung *f*
damp *(physCh)* 1. Beschlag *m (auf einer Oberfläche)*; 2. Feuchte *f*, Feuchtigkeit *f (einer festen Substanz)*
damped frequency Pseudofrequenz *f*, Frequenz *f* der gedämpften Schwingung
- **natural frequency** Eigenfrequenz *f* des gedämpften Schwingers
- **oscillation** gedämpfte Schwingung *f*
- **period** Pseudoperiode *f*, Periode (Schwingungsdauer) *f* der gedämpften Schwingung
- **vibration** *(Mech)* gedämpfte Schwingung *f*

damper control *(Hydr)* Drosselregelung *f*, Regulierung *f* durch Drosselklappe
damping Dämpfung *f (einer Bewegung infolge Energiedissipation)*
- **capacity** *(Mech)* 1. Dämpfungsfähigkeit *f (eines Werkstoffs für Schwingungen)*; 2. *s.* internal friction 1.
- **coefficient** 1. *(US) s.* ~ factor 1.; 2. *(Hydr)* Dämpfungskonstante *f*, Dämpfung *f*; 3. *(Mech)* Dämpfungskonstante *f*
- **constant** 1. *s.* ~ factor 1.; 2. *(Mech)* Dämpfungskonstante *f*
- **decrement** *s.* decrement
- **exponent** *s.* ~ factor 1.
- **factor** 1. Abklingkoeffizient *m*, Abklingkonstante *f*, Dämpfungsfaktor *m*, Dämp-

fungskonstante f *(einer schwach gedämpften harmonischen Schwingung)*; 2. *s.* decrement; 3. *(Mech, Pl)* Dämpfungsfaktor m
~ **period** *(Meß)* Beruhigungszeit f *(eines Meßgerätes)*
~ **ratio** Dämpfungsverhältnis n *(einer gedämpften harmonischen Schwingung)*
~ **term** *(Feld)* Strahlungsreaktionskraft f, Lorentzsche Dämpfungskraft f
~ **torque** *(Mech)* Dämpfungsmoment n
dampness Feuchte f, [leichte] Nässe f
dangling bond *(At)* ungesättigte (nicht abgesättigte, freie) Bindung f
DAPS *(Spektr)* Disappearancepotentialspektroskopie f, DAPS
daraf *(El)* Daraf n *(SI-fremde Einheit, 1 daraf = 1/F = 1 V/C)*
darcy *(Ström)* Darcy n, D, d *(SI-fremde Einheit der Permeabilität; 1 d = 0,987 · 10^{-8} cm^2)*
Darcy impact-pressure tube *(Ström)* Darcysches Staurohr n
~ **number** *(Hydr)* Darcy-Weisbachscher Reibungsbeiwert m, Darcy-Zahl f, hydraulischer Reibungskoeffizient m, Rohrwiderstandsziffer f
~ **number 2** *(Ström)* Darcy-Zahl f 2, Da_2 *(für Flüssigkeitsströmung in porösen Medien)*
Darcy's law *(Ström)* Darcysches Gesetz n, Filtergesetz n
dark burn fatigue *(Fest)* Ermüdung f *(eines Leuchtstoffs)*
~ **comes (companion)** *(Astr)* dunkler Begleiter m
~-**eclipsing variable** *(Astr)* Bedeckungsveränderlicher m mit dunklem Begleiter
~-**field microscopy in transmitted light** *(Opt)* Durchlicht-Dunkelfeldmikroskopie f
~-**field vertical illumination** *(Opt)* Auflicht-Dunkelfeldbeleuchtung f, Außenbeleuchtung f
~ **filament** *(Astr)* [dunkles] Filament n, dunkler Faden m *(in einem Spektroheliogramm)*
~ **matter** *(Astr)* unsichtbare Materie f, Dunkelmaterie f
~ **position** *(Opt)* Schattenstellung f, Dunkelstellung f *(eines Gitters)*
~-**trace screen** *(El)* Leuchtschirm m einer Dunkelschriftröhre f, Dunkelschriftschirm m
darkening towards the limb *(Astr)* Randverdunklung f
dashing *(Hydr)* Wellenschlag m
dashpot 1. *(Mech)* hydraulischer Stoßdämpfer m, Dämpfungszylinder m *(z. B. in einem Pneumatik- oder Hydrauliksystem)*; 2. *(Ström)* Dämpfer m *(in der Viskoelastizität)*
dating absolute Altersbestimmung f, Absolutdatierung f, Altersbestimmung f mittels Isotopen

dative bond (covalence) *(At) s.* covalent bond
datum [level] Bezugsniveau n, Bezugshöhe f
daughter *(Kern)* 1. Folgeprodukt n, Tochterprodukt n *(unmittelbares Zerfallsprodukt)*; 2. Zerfallsprodukt n, Folgeprodukt n, Tochterprodukt n *(jedes Produkt des Zerfalls eines Radionuklids)*
~ **fraction** *(Kern)* Tochterfraktion f, Anteil m der Zerfallsprodukte
~ **term** *(At, Qu)* Folgeterm m, Juniorterm m
Dauphiné law *(Krist)* Dauphinéer Gesetz n
Dawes limit *(Opt)* Dawes-Grenze f
dawn rocket *(Astr)* Dämmerungsrakete f *(Start in der Morgendämmerung in West-Ost-Richtung)*
day side *(Astr)* Tagseite f, sonnenzugewandte (sonnenbeleuchtete) Seite f
~-**to-day variation** zirkadiane Variation f, Schwankung f im 24-h-Rhythmus, 24-h-Variation f
daylight factor Tageslichtfaktor m, Tageslichtquotient m
~ **visibility [distance]** *(Opt)* Tagessicht[weite] f
db, dB *s.* decibel
dBA *(Ak)* mit Filterkurve A bewertetes Dezibel n, dB (A) *(exakter:)* mit Filterkurve A bewerteter Schallpegel m in dB
d.c., dc, DC *(El)* (**d**irect **c**urrent) Gleichstrom m
d.c. amplification factor *(Halbl)* Gleichstromverstärkung f, statische Stromverstärkung f, B-Wert m *(Größe)*
d.c. field *(El)* Gleichfeld n, Gleichstromfeld n
d.c. voltage *(El)* Gleichspannung f
DE *(Kern) s.* dose equivalent
De Broglie wave *(Qu)* Materiewelle f, De-Broglie-Welle f, de Brogliesche Welle f
de Broglie wavelength of an electron *(Qu)* Elektronenwellenlänge f, De-Broglie-Wellenlänge f des Elektrons
de Laval nozzle *(Aero)* Laval-Düse f, eingezogene (konvergent-divergente) Düse f
deactivation 1. *(At)* Entaktivierung f, Desaktivierung f; 2. *(Fest)* Desaktivierung f *(der Lumineszenz)*
dead air *(Aero)* Totluft f
~ **band** 1. *(Meß)* Unempfindlichkeitsbereich m, unempfindlicher Bereich m *(eines Meßgeräts)*; 2. *(Reg) s.* ~ zone 2.
~ **centre** *(Mech)* toter Punkt m, Totpunkt m
~-**centre position** *(Mech)* Totlage f, Totpunktlage f
~ **layer** unempfindliche Schicht f, Totschicht f *(eines Halbleiterdetektors)*
~ **load** *(Mech)* 1. statische (ruhende) Last f *(einschließlich Eigengewicht)*; 2. Eigengewicht n, Eigenlast f *(einer Konstruktion)*

dead

~ **room** *(Ak)* schalltoter (reflexionsfreier) Raum *m*, Freifeldraum *m*
~ **space** 1. *(Kern)* toter (schädlicher) Raum *m*, schädliches Volumen *n (eines Strahlungsdetektors)*; 2. *(Opt)* [sicht]toter Raum *m*; 3. *(Therm)* schädliches Volumen *n*, schädlicher Raum *m (eines Gasthermometers)*
~ **time** 1. Totzeit *f (eines physikalischen Systems)*; 2. *(Kern)* Totzeit *f*, Zählrohrtotzeit *f*
~ **time per dwell** *(Kern, Spektr)* Totzeit *f* je Kanal *(eines Vielkanalzählers)*
~ **water [space]** *(Hydr)* Totwasser[gebiet] *n*, Totwasserbereich *m*
~ **weight** s. 1. *(Mech)* ~ load; 2. *(Hydr)* deadweight
~ **zone** 1. *(El, Magn)* empfangslose (tote) Zone *f*, Zone *f* des Schweigens, Totzone *f*; 2. *(Reg)* Totzone *f*, Totband *n*, Unempfindlichkeitszone *f*, Unempfindlichkeitsbereich *m*; 3. *(Meß)* s. ~ band 1.

deadbeat [response] *(Mech, Meß)* aperiodisches (aperiodisch gedämpftes) Verhalten *n*
~ **response condition** *(Mech, Meß)* aperiodischer Grenzfall *m*

deadened room *(Ak)* s. anechoic chamber
deadening *(Mech, Opt)* Mattierung *f*, Abstumpfung *f (von Oberflächen)*
deadhead pressure *(Mech)* Leerlaufdruck *m*
~ **resistance** *(Aero)* s. parasite drag
deadweight *(Hydr)* Deadweighttonnage *f*, Bruttotragfähigkeit *f*
deathnium [centre] *(Halbl)* Reaktionshaftstelle *f*, Deathnium *n*
deblocking *(Fest)* Entarretierung *f (beim Ferromagnetismus)*
debugging Entstörung *f*, *(speziell:)* Fehlerbeseitigung *f*, Berichtigung *f*
debye *(El)* Debye *n*, D *(SI-fremde Einheit des elektrischen Dipolmoments; 1 D = 3,34 · 10^{-30} C m)*

Debye circular frequency *(Fest)* Debyesche Abbruchfrequenz (Abbruchkreisfrequenz, Abbruchwinkelfrequenz, Frequenz) *f*
~ **circular wave number** *(Fest)* Debye-Kreiswellenzahl *f*
~ **cut-off frequency** s. Debye circular frequency
~ **force** *(At)* Induktionskraft *f*, Debye-Kraft *f*
~ **frequency** s. Debye circular frequency
~-**Hückel charge cloud** *(Ech)* Ionenwolke *f*, Ionenatmosphäre *f*, statistische Ionenverteilung *f*
~-**Hückel equation (law, limiting law)** *(Ech)* Debye-Hückel-Gleichung *f*, Debye-Hückelsches Grenzgesetz *n*
~-**Hückel [screening] radius** s. ~ shielding length 1.
~ **length** s. ~ shielding length 1.
~-**Ramm restriction of internal rotation** *(At)* Debye-Rammsche Rotationsbehinderung *f*
~-**Scherrer diagram (pattern, photograph)** *(Krist)* Debye-Scherrer-Aufnahme *f*, Debye-Scherrer-Diagramm *n*
~ **screening distance** s. ~ shielding length 1.
~ **shielding length** 1. *(Ech, Pl)* [Debyescher] Abschirmradius *m*, Debye-[Hückelscher] Radius *m*, *(fälschlich auch:)* Debye-Länge *f*; 2. *(Pl)* Debye-Länge *f*
~ T^3 **approximation (law)** *(Fest, Therm)* Debyesches T^3-Gesetz *n*, T^3-Gesetz *n* der spezifischen Wärmen
~ **unit** s. debye

Debyeogram s. Debye-Scherrer diagram
Debye's cube law s. Debye T^3 approximation
decadic absorption coefficient *(Opt)* dekadischer Absorptionskoeffizient *m*, Extinktionsmodul *m*, dekadische Extinktionskonstante *f*
decalescence *(physCh)* Dekaleszenz *f (Wärmeaufnahme beim Durchgang durch den Haltepunkt)*
~ **point** *(physCh)* Haltepunkt *m* der Erhitzungslinie, Haltepunkt (kritischer Punkt) *m* bei der Erwärmung

decay 1. Abklingen *n*, [allmählicher] Abfall *m*, *(bei Schwingungen auch:)* Ausschwingen *n*, *(bei Lumineszenz auch:)* Zerfall *m*; 2. Abbau *m*, Zerfall *m*, Zusammenbruch *m (eines Feldes)*; 3. *(Kern)* Kernzerfall *m*, spontane (natürliche) Kernumwandlung *f*; 4. *(Kern)* [radioaktiver] Zerfall *m*, Atomzerfall *m*, radioaktive Umwandlung *f (s. a. unter* disintegration*)*; 5. *(Kern)* radioaktiver Abfall *m*, Aktivitätsabfall *m*, Abkühlung *f (einer Radioaktivität)*; 6. *(physCh)* s. degradation 4.; 7. *(Ström)* Wirbelzerstreuung *f*, Zerflattern *n (einer Wirbelstraße)*; 8. *(Astr)* Auflösung *f (z. B. einer Fleckengruppe)*
~ **chain** *(Kern)* 1. Zerfallskette *f*, Zerfallsreihe *f*, Umwandlungsfolge *f (von Atomkernen oder Teilchen)*; Folge *f* von radioaktiven Umwandlungen, radioaktive Zerfallskette (Zerfallsreihe) *f (induzierte oder spontane Umwandlung)*; 2. s. ~ series 1.
~ **coefficient** s. ~ constant 1.
~ **constant** 1. *(Kern)* [radioaktive] Zerfallskonstante *f*; 2. *(Fest)* Abklingkonstante *f*, Zerfallskonstante *f*, Geschwindigkeitskonstante *f (der Lumineszenz)*
~ **curve** 1. Abklingkurve *f (einer Schwingung)*, *(bei Lumineszenz auch:)* Zerfallskurve *f*; 2. *(Kern)* Zerfallskurve *f*, Aktivitätskurve *f*, Abklingkurve *f*
~ **factor** 1. *(GB)* Abklingkoeffizient *m*, Abklingfaktor *m*, Dämpfungsfaktor *m*, Dämpfungskonstante *f (einer schwach gedämpft harmonischen Schwingung)*; 2. *(Kern)* s. ~ constant 1.
~ **family** s. 1. ~ series 1.; 2. ~ chain 1.

~ **heat removal** *(Kern)* Nachwärmeabfuhr f, Restwärmeabführung f, Nachzerfallswärmeabfuhr f, Nachwärmekühlung f
~ **law** 1. Abkling[ungs]gesetz *n (z. B.* für Schwingungen, der Lumineszenz); 2. *(Kern)* radioaktives Zerfallsgesetz n, Zerfallsgesetz n [der Radioaktivität]
~ **length** Abklinglänge f *(einer Strahlung)*
~ **mean free path** *(Kern)* [mittlere freie] Zerfallsweglänge f
~ **period** *(Kern)* 1. Abklingzeit f, Abklingzeitraum m, Abkühlzeit f *(einer Radioaktivität);* 2. *s.* mean life; 3. *s.* half-life 1.
~ **rate** 1. Abklinggeschwindigkeit f *(einer Schwingung);* 2. *(Kern)* Umwandlungsrate f, Zerfallsrate f, Zerfallsgeschwindigkeit f *(Anzahl der Zerfälle je Zeiteinheit)*
~ **series** *(Kern)* 1. [radioaktive] Zerfallsreihe f, radioaktive Familie f, Zerfallsfamilie f *(eine der natürlichen Zerfallsreihen);* 2. *s.* ~ chain 1.
~ **time** 1. Abklingzeit f *(einer Größe auf ihren e-ten Teil), (bei Impulsen auch:)* Abfallzeit f, *(bei Lumineszenz auch:)* Zerfallszeit f; 2. *s.* ~ period 1.
~ **time constant** Abklingzeitkonstante f *(einfach-exponentieller Abfall auf den e-ten Teil)*
~ **width** *(Hoch)* Zerfallsbreite f, Halbwertsbreite f *(eines Elementarteilchens)*
decaying out *(Kern)* Abklingenlassen n, Abklingen n, Abkühlung f *(einer Radioaktivität)*
~ **particle** *(Hoch)* instabiles (zerfallendes) Teilchen n
~ **state** *(At, Kern)* virtueller (zerfallender, quasistationärer) Zustand m
deceleration *(Mech)* 1. Verzögerung f, Verlangsamung f, Bremsung f *(Vorgang);* 2. Verzögerung f, negative Beschleunigung f *(Größe)*
decelerative force *(Mech)* verzögernde Kraft f, Verzögerungskraft f
dechannel[l]ing [effect] *(Fest)* Dekanalisierung f, Dekanalisierungseffekt m
decibel Dezibel n, dB *(Pseudoeinheit)*
decimal absorption coefficient *s.* decadic absorption coefficient
~ **absorptivity** *(Opt)* dekadische Extinktionskonstante f
~ **sub-multiple** *(Meß)* dezimaler Teil m *(einer Einheit)*
decline Absenkung f, Senkung f
~ **in quality** Verschlechterung f, Rückgang m *(einer Eigenschaft oder Kenngröße),* Qualitäts[ver]minderung f, Wertminderung f
decohesion *(Mech, physCh)* Dekohäsion f, Aufhebung f der Kohäsionskräfte, Ablösung f
decomposition 1. Abbau m, Zerfall m, Zusammenbruch m *(eines Feldes);* 2. *(At, Ech)* Dissoziation f, Aufspaltung f, Molekül[auf]spaltung f; 3. *(mathPh)* Zerlegung f *(in Komponenten);* 4. *(physCh)* Zersetzung f, Zerfall m; 5. *(physCh) s.* degradation 4.
decompression *(Mech)* Druckentlastung f, Druckabbau m, Druckerniedrigung f, *(selten:)* Dekompression f
~ **wave** *(Mech)* Druckentlastungswelle f
deconfining momentum *(Pl)* Ablationsimpuls m
decontaminant, decontaminating agent *(Kern)* Dekontaminationsmittel n, Dekontaminier[ungs]mittel n, Dekomittel n
deconvolution *(Kern)* Entfaltung f, Spektrenentfaltung f *(Rücktransformation in das wahre Spektrum)*
decoupler *(Spektr)* Entkoppler m *(in der NMR-Spektroskopie)*
decoupling temperature *(Hoch)* Entkopplungstemperatur f, Ausfriertemperatur f
decrement Dämpfungsdekrement n, Dekrement n, Dämpfungsverhältnis n
decussation *(Krist)* Durchkreuzung f
deduction *(mathPh)* [logisches] Schließen n, [logischer] Schluß m
dE/dx detector *(Kern)* dE/dx-Detektor m, Energieverlustdetektor m
dee stem *(Kern)* Dee-Halterung f, Deehals m, Hals m des Dee
deep inelastic transfer *(Kern)* Quasispaltung f, tiefinelastischer Schwerionenstoß m
~ **[-lying] level** *(Halbl)* tiefliegendes (tiefes) Niveau n
~ **space** *(Astr)* erdferner Weltraum m *(außerhalb der Wirkung der Erdgravitation)*
~ **-space tracking station** *(Astr)* Tiefraumtrackingstation f, Trackstation f für die Verfolgung von Raumflugkörpern im tiefen Weltraum *(jenseits der Mondbahn)*
~ **tone** 1. *(Ak)* tiefer Ton m; 2. *(Opt)* dunkler Farbton m
deepening *(Opt)* Abdunkeln n *(einer Farbe)*
defect 1. Fehler m, Defekt m; Werkstofffehler m, Materialfehler m; 2. *(Krist) s.* crystal defect 2.; 3. *(Opt) s.* aberration 1.
~ **conduction** *(Halbl)* Stör[stellen]leitung f; Fremdleitung f; Fehlordnungsleitung f
~ **echo** *(Ak)* Fehlerecho n, Zwischenecho n
deferred reaction *(physCh)* verzögerte Reaktion f
deficit reactivity *(Kern)* negative Reaktivität f
defined image *(Opt)* scharfes Bild n
~ **thermochemical calorie** *(Therm)* thermochemische Kalorie f, Rossini-Kalorie f, cal_{th} *(SI-fremde Einheit für den physiologischen Brennwert von Nahrungsmitteln; 1 cal_{th} = 4,1840 J)*
definite composition (proportions) law *(physCh)* Gesetz n der konstanten Proportionen (Gewichtsverhältnisse)
definition 1. *(genaue)* Bestimmung f, Definition f; 2. *(Opt, Phot, El)* Schärfe f, Bild-

definition

schärfe f, Scharfzeichnung f, (auf Bildschirmen:) Bildauflösung f; 3. (Ak) Klarheit f, Schärfe f (eines Tons)
~ **in depth** s. depth of focus
deflagration (physCh) Deflagration f, langsames Abbrennen n, Wärmeexplosion f, Verpuffung f (von festen Explosivstoffen), (in der Sprengtechnik auch:) Ausbrennen n, Auskochen n
deflecting torque (Meß) Meßmoment n, Ablenkmoment n (eines Zeigermeßgerätes)
deflection 1. [momentane] Auslenkung f, Ausschlag m, Elongation f; 2. Ablenkung f (eines geladenen Teilchens oder Teilchenstrahls im magnetischen oder elektrischen Feld); 3. (Mech) Durchbiegung f, (speziell:) Durchsenkung f (lineare Größe); (bei der Torsion:) Verdrehung f (lineare Größe); 3. (Mech) Ausschlag m, Pendelausschlag m; 4. (Meß) Ausschlag m (z. B. eines Zeigers); 5. (Kern) Ausführung (Herausführung, Ausschleusung) f des Strahls, Strahlauslenkung f, Strahlextraktion f (aus der Vakuumkammer)
~ **at rupture** (Mech) Bruchdurchbiegung f (Größe)
~ **of light [rays]** (Astr, Rel) Lichtablenkung f, Ablenkung f der Lichtstrahlen (im Schwerefeld), Gravitationsaberration f
~ **sensibility (sensitivity)** (El, Meß) Ablenkempfindlichkeit f
~ **surface** (Mech) Spannungsfläche f, Tensorfläche (quadratische Form) f des Spannungstensors
deflocculation (physCh) Entflockung f, Zerteilung f
deformable surface (mathPh) verbiegbare Fläche f
deformation curve s. stress-strain curve
~ **point** (physCh) dilatometrischer Erweichungspunkt m, dilatometrische Erweichungstemperatur f
~ **resistance** (Mech) Umform[ungs]widerstand m, Verformungswiderstand m
~ **vibration** (At) Deformationsschwingung f, Knickschwingung f, [Bindungs-]Biegungsschwingung f, Spreizschwingung f
deforming force (Mech) Verformungskraft f, Formänderungskraft f, Umform[ungs]-kraft f
deg s. degree
degasser (El, Vak) Getter m, Gettermaterial n, Fangstoff m
degassing rate (Vak) Entgasungsstromdichte f, flächenbezogene Gasabgabe f, flächenbezogener Entgasungsstrom m
degaussing (Magn) 1. Entmagnetisierung f, Neutralisierung f der Magnetisierung (eines Körpers); 2. Löschung f (eines magnetischen Informationsträgers)
degeneracy 1. Entartung f (eines schwingenden Systems); (mathPh) Entartung f, Ausartung f (eines Operators); (Qu) Entartung f (eines Zustandes); 2. (Qu, Spektr) Entartungsgrad m, Entartung f, [statistisches] Gewicht n, Quantengewicht n
degradation 1. Verschlechterung f, Rückgang m (einer Eigenschaft oder Kenngröße), Qualitäts[ver]minderung f, Wertminderung f; 2. (At, Spektr) Bandenabschattierung f (einer Bande), Bandenabschattierung f; 3. (Kern) Energieverlust m infolge Stoßes, Degradation f (von Teilchen); 4. (physCh) [chemischer] Abbau m, stufenweise Zerlegung f; 5. (Therm) Energieentwertung f, Energiedegradation f, Abwertung f der Energie
~ **effect** (Tief) Entartungseffekt m (der Supraleitung)
~ **failure** Driftausfall m
~ **to[wards] the red** (At, Spektr) Rotabschattierung f (einer Bande)
~ **to[wards] the violet** (At, Spektr) Violettabschattierung f (einer Bande)
degradative reaction (physCh) Abbaureaktion f
degraded neutron (Kern) nichtjungfräuliches (degradiertes) Neutron n (hat durch mindestens einen Stoß Energie verloren)
degree 1. (mathPh) Grad m, Winkelgrad m, Bogengrad m, Altgrad m, °; 2. (Therm) s. kelvin 1.; 3. (Therm) s. ~ centigrade; 4. (Vak) Güte f (des Vakuums); 5. (Krist) s. ~ of symmetry
~ **absolute** s. kelvin 1.
~ **centigrade** (Therm) Grad m Celsius, Celsius-Grad m, °C (SI-fremde Einheit der Temperatur; $t\,°C \approx tK - 273{,}15$)
~ **Kelvin** s. kelvin 1.
~ **of coherence** (Opt) 1. Kohärenzgrad m, Interferenzfähigkeit f; 2. Phasenkohärenzfaktor m, [komplexer] Kohärenzgrad m
~ **of darkness** (Opt) Dunkelstufe f (einer Farbe) (DIN 6164)
~ **of filling** (Fest, Qu) s. occupancy
~ **of reversibility** (Therm) Gütezahl f, Reversibilitätsgrad m, Umkehrbarkeitsgrad m
~ **of symmetry** (Krist) Zähligkeit f (einer Symmetrieachse), Symmetrieordnung f, Symmetriegrad m
~ **of temperature** (Therm) 1. Temperaturgrad m; 2. s. ~ centigrade
~ **of variance** (physCh, Therm) [thermodynamischer] Freiheitsgrad m, Freiheit f (frei wählbare Versuchsbedingung nach der Gibbsschen Phasenregel)
~ **Stoppani** (physCh) Grad m Stoppani, Stoppani-Grad m, °Stoppani (SI-fremde Einheit der relativen Dichte; relative Dichte = $166/(166 + n\,°Stoppani)$)
~ **Twaddell** (physCh) Grad m Twaddell, Twaddell-Grad m, °Tw (fälschlich auch:) Twaddell-Grad m, Twaddel-Grad m (SI-fremde Einheit der relativen Dichte; relative Dichte = $(200 + n\,°Tw)/200$)

dehumidification *(physCh)* Luftentfeuchtung *f*, Lufttrocknung *f*, Entfeuchtung *f* der Luft
dehydration *(physCh)* Dehydratation *f*, Dehydratisierung *f*, Wasserabspaltung *f*, Entzug *m* von Wasser
dehydrogenation *(physCh)* Dehydrierung *f*, Wasserstoffabspaltung *f*, Abspaltung *f* von Wasserstoff
de-ionization Entionisierung *f*, Deionisation *f (z. B. in einem Gas)*
delamination Schichtentrennung *f*, Schichtenaufspaltung *f*, Spaltung *f*, Aufblättern *n*
delay 1. Zeitverzögerung *f*, [zeitliche] Verzögerung *f*, Zeitverzug *m*, Verzug *m*, Nachbleiben *n*; 2. *(Kern)* Verzögerung *f*, Rückhaltung *f*, Abklingenlassen *n (von radioaktiven Stoffen)*
~ **constant** *(El)* L/R-Verhältnis *n*, Verzögerungsmaß *n*, Verzögerungskonstante *f*
~ **distortion** *(El)* Laufzeitverzerrung *f*
~ **Doppler mapping** *(Astr)* Doppler-Radar-Kartierung *f*
~ **time** 1. Verzögerungszeit *f (z. B. eines Signals)*, *(Reg auch:)* Verzugszeit *f*; 2. *(El)* Laufzeit *f (eines Sekundärelektronenvervielfachers)*, SEV-Laufzeit *f*
delayed control *(Reg)* Schwell[en]wertregelung *f*, verzögerte Regelung *f*
~ **critical reactor** *(Kern)* verzögert-kritischer Reaktor *m*
~ **fission neutron** *(Kern)* verzögertes Neutron *n*
~ **neutron fraction** *(Kern)* Anteil *m* der verzögerten Neutronen
~ **neutron precursor** *(Kern)* Mutternuklid *n* (Mutterkern *m*, Vorläufer *m*) verzögerter Neutronen
~ **precipitation** *(physCh)* Nachfällung *f*
~ **supercritical reactor** *(Kern)* verzögert-überkritischer (prompt-unterkritischer) Reaktor *m*
deleterious effect *(Kern)* schädigende Wirkung *f (ionisierender Strahlung)*
delimiting Begrenzung *f (von beiden Seiten)*, Abgrenzung *f*
deliquescense *(physCh)* 1. Zerfließlichkeit *f (Eigenschaft)*; 2. Zerfließen *n*, Zergehen *n (Vorgang)*
delivery of heat *(Therm)* Wärmeabgabe *f*, *(abgegebene)* Wärmeleistung *f*
delta [ray] 1. *(At)* Deltastrahl *m*, Deltaelektron *n*, Deltateilchen *n*, Anstoßelektron *n (aus einem Atom durch ionisierende Strahlung herausgestoßenes Sekundärelektron)*; 2. *(Kern)* Deltastrahl *m*, δ-Strahl *m (Ionisationsbahnspur)*
~ **track** s. ~ ray 2.
deltoid *(mathPh)* dreispitzige Hypozykloide *f*, Hypozykloide *f* mit drei Rückkehrpunkten, Steinersche Kurve *f*, [dreispitzige] Steinersche Hypozykloide *f*
demagnetization *(Magn)* Entmagnetisierung *f*, Abmagnetisierung *f (eines Ferromagnetikums)*

demagnetizing factor *(Magn)* Entmagnetisierungsfaktor *m*, magnetischer Entpolarisierungsfaktor *m*, *(als formabhängige Komponente des Entmagnetisierungstensors auch:)* Entmagnetisierungskoeffizient *m*
demal *(physCh)* Demal *n*, demal *(SI-fremde Einheit der Konzentration; 1 demal = 1 Grammäquivalent/Kubikzoll)*
dematerialization *(Kern)* s. annihilation 1.
demodulation *(El)* Demodulation *f*, Entmodelung *f*, Gleichrichtung *f (im Empfänger)*
demon of Maxwell *(Therm)* Maxwellscher Dämon *m*, Dämon *m* von Maxwell
demotion of quantum number *(At)* Abnahme *f* der Quantenzahl *(bei der Molekülaufspaltung)*
demulsification *(physCh)* Demulgieren *n*, Dismulgieren *n*, Entmischung *f*, Spaltung *f*
demulsifier *(physCh)* Demulgator *m*, Emulsionsspalter *m*, Emulsionsbrecher *m*
dense-air refrigeration cycle *(Therm)* umgekehrter Braytonscher Kreisprozeß *m*
~-**air system** *(Tief)* Kaltluftmaschine *f*
~ **crown** *(Opt)* Schwerkron *n*, Schwerkronglas *n*
~ **[optical] glass** *(Opt)* [optisches] Glas *n* mit starker Brechung, [optisches] Glas *n* mit hoher Brechzahl
~ **random packing of spheres** *(Fest)* regellose (ungeordnete) dichte Kugelpackung *f*
densification *(Mech)* Verdichtung *f (von Pulvern)*
densimeter *(physCh)* Dichtemeßgerät *n*, Dichtemesser *m*, Densimeter *n*
densitometer 1. *(Opt, Phot)* Densitometer *n*, Schwärzungsmesser *m*; 2. *(physCh)* s. densimeter
density 1. Dichte *f (Wert einer Größe je Längen-, Flächen- oder Volumeneinheit)*; 2. Teilchen[anzahl]dichte *f*, volumenbezogene Teilchen[an]zahl *f*, Teilchenkonzentration *f*; 3. *(Mech, physCh)* Dichte *f*, Massendichte *f*, volumenbezogene Masse *f (in kg/m³)*; 4. *(Opt)* optische Dichte *f*, OD *(dekadischer Logarithmus der Opazität)*; 5. *(Phot)* [photographische] Schwärzung *f*, Dichte *f*, Filmschwärzung *f*, *(manchmal:)* Deckung *f (dekadischer Logarithmus der Opazität)*
~ **change method** *(Fest)* Dichteänderungsverfahren *n (der Teilchengrößenanalyse)*
~ **current** *(Ström)* Konzentrationsströmung *f*
~ **function** 1. *(Astr)* [stellare] Dichtefunktion *f*; 2. *(mathPh)* Wahrscheinlichkeitsdichte *f*, Verteilungsdichte *f*, Dichtefunktion *f*
~ **scale** *(Phot, Opt)* Schwärzungsumfang *m*, Schwärzungsbereich *m*

density

~-wave theory *(Astr)* Dichtewellentheorie f
deorbiting *(Astr, Mech)* Absteigen n aus der Erdumlaufbahn, *(allgemeiner:)* Verlassen n der Erdumlaufbahn
departure 1. Nichtübereinstimmung f, Diskrepanz f, Abweichung f, Divergenz f; 2. *(Reg)* Regelabweichung f
~ from equilibrium temperature *(Therm)* Abstand m zur Gleichgewichtstemperatur, Abweichung f von der Gleichgewichtstemperatur *(Größe)*, *(nach unten:)* Unterkühlung f, *(nach oben:)* Überschreitung f
~ from nucleate boiling *(Therm)* Siedekrise f, Siedekrisis f, DNB-Punkt m, Wärmeübertragungskrise f *(Übergang vom Bläschen- zum Filmsieden)*
dependable discharge (flow) *(Hydr)* garantierter Abfluß m
deperming *(Magn)* Entmagnetisierung f, Neutralisierung f der Magnetisierung *(eines Körpers)*
dephasing Phasenrelaxation f, Dephasierung f
dephlegmation *(physCh)* teilweise Kondensation f, Dephlagmation f, Teilkondensation f, Aufstärkung f
depleted fuel *(Kern)* s. spent fuel
~ fraction *(physCh)* abgereicherte Fraktion f *(bei der Isotopentrennung)*
depletion 1. Erschöpfung f, Verbrauchen n; 2. *(Halbl)* Verarmung f; 3. *(physCh)* Abreicherung f, Isotopenabreicherung f, Verarmung f *(bei der Isotopentrennung)*
~ layer *(Halbl)* Sperrschicht f, Verarmungsrandschicht f
~-layer boundary *(Halbl)* Verarmungsschichtgrenze f, Sperrschichtgrenze f
~-layer photocell *(Halbl)* Photoelement n, Sperrschicht[photo]element n, Sperrschicht[photo]zelle f
~-layer photoeffect *(Halbl)* Sperrschicht[-Photo]effekt m, photovoltaischer Effekt m, Photo-Volta-Effekt m, Photospannungseffekt m, Randschichtphotoeffekt m
~ voltage Verarmungsspannung f, Durchschlag[s]spannung f *(eines Halbleiterdetektors)*
depolarization 1. *(Ech)* Depolarisation f, *(manchmal:)* elektrische Depolarisation f; 2. *(El)* Entelektrisierung f *(eines Dielektrikums)*; 3. *(Opt)* Depolarisation f *(des Lichtes)*
~ factor 1. *(El)* Entelektrisierungsfaktor m, Entelektrisierungszahl f, Entpolarisierungsfaktor m; 2. *(Opt)* Depolarisationsgrad m, *(selten:)* Depolarisationsfaktor m
depopulation *(Fest)* Leeren n, Depopularisieren n
deposit *(physCh)* Abscheidung f, Ablagerung f, *(speziell:)* Belag m, *(speziell:)* Sediment n

deposition 1. *(physCh)* Abscheidung f, Ablagerung f, Absetzen n *(Vorgang)*; 2. *(Ech)* galvanische (elektrolytische) Abscheidung f
~ of energy *(Kern)* Energiedeposition f, Energiespeicherung f, Energieablagerung f
depressed cladding *(Opt)* abgesenkter Mantel m, „depressed cladding" n *(einer optischen Faser)*
depression angle 1. *(Astr)* Depressionswinkel m, negative Höhe f; 2. *(Opt)* Tiefenwinkel m
~ wave *(Mech)* Unterdruckwelle f
depressurization *(Mech)* Druckentlastung f, Druckabbau m, Druckerniedrigung f, *(selten:)* Dekompression f
depth gauge *(Mech)* Tiefenmaßn, Tiefenlehre f, *(speziell:)* Tiefentaster m
~ localization *(Ak)* Hörperspektive f
~ magnification *(Opt)* Tiefen[abbildungs]maßstab m
~ of colour *(Opt)* Farbtiefe f
~ of field *(Phot, Opt)* Schärfentiefe f, Abbildungstiefe f *(in der Elektronenmikroskopie auch:)* Tiefenbereich m
~ of focus *(Phot, Opt)* bildseitige Schärfentiefe f, Fokustiefe f *(im Bildraum)*
~ of hardened layer, ~ of hardening s. ~ of penetration 2.
~ of immersion *(Hydr, physCh)* Eintauchtiefe f, Tauchtiefe f *(Größe)*
~ of penetration 1. *(physCh)* Eindringtiefe f, Eindringungstiefe f; 2. *(Fest)* Einhärtungstiefe f, Härtungstiefe f, Härtetiefe f, Durchhärtung f
~ of shade *(Opt)* Farbtiefe f
~ perception *(Opt)* Raumwahrnehmung f, Tiefenwahrnehmung f, Raumsehen n
~ wave *(Hydr)* Tiefenwelle f
de-rating *(El)* Unterlastung f *(Betrieb unterhalb der Bemessungswerte)*
dereflecting *(Opt)* Entspiegelung f *(Vorgang)*
derivative action factor *(Reg)* Übertragungsfaktor m des D-Gliedes, Differentiationsbeiwert m
~ following the fluid *(Ström)* substantielle Ableitung f, Eulersche (materielle, massenfeste) Ableitung f
~ matrix *(Kern)* R-Matrix f, Reaktionsmatrix f, Hilfsmatrix f, „derivative matrix" f
derived activity (air) concentration *(Kern)* abgeleitete Aktivitätskonzentration f in Luft, DAC[-Wert m], maximal zulässige Konzentration in Luft, MZK$_\text{Luft}$
~ energy Sekundärenergie f
~ standard Sekundärnormal n, abgeleitetes Normal n, Sekundärstandard m
~ torque *(Mech)* ideales (abgeleitetes) Drehmoment n
~ unit abgeleitete Einheit f
desaturated colour *(Opt)* ungesättigte (reelle) Farbe f, weißverhüllte Spektralfarbe f

desaturation *(Opt)* Graugehalt *m*, Grauanteil *m (einer Farbe, Weißanteil + Schwarzanteil, als Größe)*

Descartes first law *(Opt)* allgemeines Brechungsgesetz *n*, Satz *m* der Gleichheit von Einfalls- und Durchlaßebene

~ **laws [of refraction]** *(Opt)* Snelliussche (optische) Brechungsgesetze *npl*, Gesetze *npl* von Snellius, Descartes-Snelliusscher Satz *m* [der Brechung]

~ **ray** *(Opt)* Descartesscher (mindestgedrehter) Strahl *m*, Grenzstrahl *m* der Brechung

descendant, descendent *s.* daughter 2.

descending branch absteigender Ast (Teil) *m (einer Kurve, einer Bahn)*

~ **motion** *(Mech)* Abwärtsbewegung *f*, Abstiegsbewegung *f*, absteigende Bewegung *f*

~ **vertical angle** *(Opt)* Tiefenwinkel *m*

descension *(Astr)* Deszension *f*, Abstieg *m*

descent *(Aero)* Sinkflug *m*, Abstieg *m*

~ **in symmetry** *(At, Qu)* Symmetrieabstieg *m*

~ **velocity** *(Astr)* Sinkgeschwindigkeit *f*

described area überstrichene Fläche *f*

descriptive astronomy *(Astr)* Uranographie *f*, beschreibende Astronomie *f*, Himmelsbeschreibung *f*

deshielding effect *(Kern)* negativer Abschirmeffekt *m*, Entschirmungseffekt *m*

design form *(Mech)* ideal-geometrische Oberfläche *f*, geometrisch-ideale Oberfläche *f*

~ **load** *(Mech)* Auslegungslast *f*, Lastannahme *f*, zulässige Last *f*

~ **transition temperature** *(Mech)* Rißhaltetemperatur *f*, DT-Temperatur *f*, DTT, Auslegungs[übergangs]temperatur *f*

desired value *(Reg)* Einstellwert *m*, Aufgabewert *m*, [vorgeschriebener] Sollwert *m (der Regelgröße)*

Deslandres scheme of band heads, ~ table *(At, Spektr)* Kantenschema *n*

desorption rate per unit area *(physCh)* flächenbezogene Desorptionsrate *f*, Desorptionsstromdichte *f*

destruction operator *(Feld, Qu)* Vernichtungsoperator *m*

destructive breakdown *(Halbl)* zerstörender Durchbruch *m*

~ **interference** schwächende (abbauende) Interferenz *f*

detachment 1. *(At)* Abspaltung *f*, Ablösung *f*, Detachment *n (von Elektronen, neutralen Atomen oder Molekülen), (im engeren Sinne:)* Elektronenabspaltung *f*; 2. *(Ström)* Ablösung *f (der Strömung, der Grenzschicht), (der Strömung auch:)* Abreißen *n*; 3. *(Ström)* Ablösung *f*, Abheben *n (von Verdichtungsstößen)*

detailed balance (balancing) principle *(statPh)* Prinzip *n* vom detaillierten Gleichgewicht

detailing *(mathPh)* verbessernde Auswahl *f (Statistik)*

detection 1. Erkennung *f*, Feststellung *f*, Nachweis *m*, Aufspüren *n (von Fehlern)*, Fehlererkennung *f*, Fehlerfeststellung *f*; 2. *(El)* Demodulation *f*, Entmodelung *f*, Gleichrichtung *f (im Empfänger)*; 3. *(Meß)* Detektion *f*, Detektierung *f*, Nachweis *m*, Feststellung *f (einer Erscheinung, eines Vorgangs oder einer Eigenschaft)*

~ **efficiency** *(Kern)* Nachweiswahrscheinlichkeit *f (eines Strahlungsdetektors)*

~ **limit** *(Meß)* Nachweisgrenze *f*, Ansprechgrenze *f (eines Detektors)*

~ **threshold** 1. *(Meß)* untere Nachweisgrenze *f*; 2. *(Opt)* Empfindlichkeitsschwelle *f (eines optischen Empfängers)*

detective quantum efficiency *(Phot)* DQE (Quotient aus dem Signal/Rausch-Verhältnis am Ausgang zu dem am Eingang)

detectivity 1. *(El, Opt)* Ansprechgrenze *f (eines Photowiderstandes)*; 2. *(Opt)* Rauschempfindlichkeit *f (reziproke äquivalente Geräuschleistung eines optischen Empfängers)*

detector 1. *(Meß)* Detektor *m*, Nachweisgerät *n*; Anzeigegerät *n*; 2. *(Kern)* Strahlungsdetektor *m*, Detektor *m (für ionisierende Strahlung)*

~ **efficiency** *(Kern)* Ansprechwahrscheinlichkeit *f*, Effektivität *f (eines Detektors)*

deterioration Verschlechterung *f*, Rückgang *m (einer Eigenschaft oder Kenngröße)*, Qualitäts[ver]minderung *f*, Wertminderung *f*

determinacy Determiniertheit *f*

determinant tensor *(Rel)* Levi-Civitàscher Pseudotensor *m*

determinantal wave function *(Qu)* Slater-Determinante *f*

determinate problem *(Mech)* statisch bestimmtes Problem *n*

determination of crystal-face indices *(Krist)* Indizierung *f*, Bestimmung *f* der Indizes, Zuordnung *f* von Indizes *(von Kristallflächen)*

detonability limit *(physCh)* Detonationsgrenze *f*

detonation 1. *(physCh, Ström)* Detonation *f*, Kettenexplosion *f*; 2. *(Ak) (kurzer, scharfer)* Knall *m*, Detonation *f*, Krachen *n*, Knack *m*

detonics *(Mech, physCh)* Detonik *f (Untersuchung von Detonations- und Explosionsvorgängen)*

detriment *(Kern)* Schädigung *f*, Strahlenschädigung *f*

detrimental effect *(Kern)* schädigende Wirkung *f (ionisierender Strahlung)*

~ **resistance** *(Aero) s.* parasite drag

detuning 1. *(El)* Verstimmung *f*; 2. *(El, Kern)* Strahldefokussierung *f*, Defokussierung *f (eines Strahls, auch in der Korpuskularoptik)*

detuning

~ **dip** *(Opt)* Lamb-dip *m*, Lambsche Delle *f*, Verstimmungsdelle *f*, Lamb-Delle *f*
deuterated water *(At)* deuteriertes Wasser *n*, HDO, DHO
deuterium cycle *(Pl)* Proton-Proton-Prozeß *m*, H-H-Prozeß *m*, Wasserstoffzyklus *m*
~ **oxide** *(physCh)* schweres Wasser *n*, Schwerwasser *n*, Deuteriumoxid *n*, D_2O
deuterocompound *(physCh)* deuterierte Verbindung *f*, Deuteroverbindung *f* *(mit Deuterium markiert oder deuteriumsubstituiert)*
dev *s.* deviation 4.
devaporation *(physCh)* Kondensation *f* von Dämpfen, Dampfkondensation *f*
developed flow *(Ström)* ausgebildete (entwickelte) Strömung *f*
development 1. *(Phot)* [photographische] Entwicklung *f* *(nach Sicht oder nach Zeit)*; 2. *(physCh)* Entwicklung *f*, Laufenlassen *n* *(eines Chromatogramms)*; 3. *(Ström)* Ausbildung *f*, Entwicklung *f* *(einer Strömung)*
~ **adjacency effect** *(Phot)* Nachbareffekt *m* [der Entwicklung], photographischer Nachbareffekt *m*
~ **reactor** *(Kern)* Versuchsreaktor *m*, Pilotreaktor *m*
~ **time** *(physCh)* Laufzeit *f* *(Chromatographie)*
deviating prism *(Opt)* Ablenkprisma *n*, brechender Keil *m*, brechendes (ablenkendes) Prisma *n*, *(bei Ablenkung um große Winkel auch:)* Umlenkprisma *n*
deviation 1. Nichtübereinstimmung *f*, Diskrepanz *f*, Abweichung *f*, Divergenz *f*; 2. *(Opt)* Ablenkung *f*, Ablenk[ungs]winkel *m* *(z. B. eines Prismas, im Winkelmaß)*; 3. *(mathPh)* Abweichung *f* *(z. B. vom Mittelwert)*; 4. *(mathPh)* Deviation *f*, dev *(eines Vektors)*; 5. *(Meß)* Abweichung *f* *(vom wahren Wert)*; 6. *(Reg)* Regelabweichung *f*; 7. *(El)* Frequenzhub *m*, Hub *m* *(bei der Frequenzmodulation)*
~ **factor** *(Therm)* Kompressibilitätsfaktor *m*, Realfaktor *m*
~ **prism** *s.* deviating prism
deviative prism *(Opt)* *s.* deviating prism
deviatoric stress *(Mech)* deviatorischer Spannungszustand *m*
devitrification *(Fest)* Entglasung *f*, Devitrifizierung *f*, Devitrifikation *f*
dew point [temperature] *(physCh)* Taupunkt *m*, Taupunkt[s]temperatur *f*
Dewar calorimeter 1. *(Therm)* Kalorimeter *n* mit Vakuummantel (Dewar-Gefäß); 2. *(Tief)* Verdampfungskalorimeter *n* für tiefe Temperaturen *(nach Dewar)*
~ **flask (vessel)** *(Therm)* Dewar-Gefäß *n*, Dewarsches (Winholdsches) Gefäß *n*
dex Brig *n*, Dex *n* *(Pseudoeinheit, Erweiterung des Bel)*
dextro-circular polarization *(El, Magn, Opt)* zirkulare Rechtspolarisation *f*, rechtszirkulare Polarisation *f*

dextrorotation *(Opt)* Rechtsdrehung *f*, positive Drehung *f*
dextrorse rotation Rechtsdrehung *f*, Drehung *f* nach rechts, Drehung *f* im Uhrzeigersinn
dft *(US = draft)* *s.* draught
DHR *(Kern)* *s.* decay heat removal
diabatic transition *(At)* nichtadiabatischer (diabatischer) Übergang *m*
diacaustic [curve] *(Opt)* Diakaustik *f*, diakaustische Linie (Kurve) *f*
diacoustics *(Ak)* Diakustik *f*, Lehre *f* von der Schallbrechung
diad axis *(Krist)* zweizählige (2zählige) Symmetrieachse (Deckachse) *f*, Digyre *f*
diagonal eyepiece *(Opt)* gebrochenes Okular *n*
~ **position** *(Opt)* Diagonalstellung *f*, 45°-Lage *f* *(in der Polarisationsoptik)*
diagram of bands *(Fest)* Bänderschema *n*, Bänderdiagramm *n*, Energiebänderschema *n*
~ **of state** *(physCh)* [thermodynamisches] Zustandsdiagramm *n*, Phasendiagramm *n*, Zustands[schau]bild *n*
~ **of transposition** *(Mech)* [Williotscher] Verschiebungsplan *m*, Williot-Plan *m*
diagrammatic section (view) schematischer Schnitt (Querschnitt) *m*
diamagnet *(Fest, Magn)* Diamagnetikum *n*, diamagnetischer Stoff *m*
diameter nominal *(Ström)* Nennweite *f*, DN *(eines Rohres)*, *(früher:)* NW
~ **of object glass** *(Opt)* Größe *f* der Eintrittspupille, freier Objektivdurchmesser *m*
diamond lattice (structure) *(Krist)* Diamant[gitter]struktur *f*
diaphonics *s.* diacoustics
diaphragm 1. Diaphragma *n*, Scheidewand *f*, Trennwand *f*; Membran *f*; 2. *(Opt)* Blende *f*, Diaphragma *n*; 3. *(Hydr)* Meßschirm *m*
~ **condenser** *(Opt)* Lochblendenkondensor *m*
~ **current** *(Ech)* Strömungsstrom *m*, Diaphragmenstrom *m*
~ **meter** *(Ström)* Membrandurchflußmesser *m*
~ **setting** 1. *(Opt)* Abblendung *f*, Setzen *n* einer Blende, *(speziell:)* Ausblendung *f*; 2. *(Phot)* Blendeneinstellung *f*
~ **technique** *(Hydr)* Schirmverfahren *n* *(der Wassermengenmessung)*, Schirmmessung *f*
~ **voltage** *(Ech)* Strömungsspannung *f*, Diaphragmenspannung *f*
diaphragmatic torus *(Kern)* Runzeltorus *m*
diaphragming *s.* diaphragm setting 1.
diathermancy *(Therm)* Diathermansie *f*, Wärmedurchlässigkeit *f* *(für Strahlungswärme, Erscheinung)*
dichotomic variable *(Qu)* zweiwertige (dichotome) Variable *f*

dichroic mirror *(Opt)* dichroitischer Spiegel *m*, zweifarbiger (farbselektiv reflektierender) Spiegel *m*, *(in der Lichtwellenleitertechnik:)* Spektralspiegel *m*
~ **ratio** *(Krist, Opt)* dichroitisches Verhältnis *n*
dichromatism *(Opt)* Zweifarbigkeit *f*, Doppelfarbigkeit *f (eines Materials)*
dichroscopic eyepiece *(Opt)* Haidingersche (dichroskopische) Lupe *f*
dicyclic molecule *(At, physCh)* zweikerniges (bizyklisches) Molekül *n*
die-swell phenomenon *(Mech)* Merrington-Effekt *m*, Aufschwelleffekt *m*
dielectric *(El)* Dielektrikum *n*, dielektrisches Medium *n*
~ **absorption** 1. *(El)* dielektrische Absorption *f (Permanenz der dielektrischen Polarisation)*; 2. *(El, Magn)* dielektrischer Verlust *m*, dielektrische Verluste *mpl*
~ **conductance** *(El)* Ableitung *f* (Wirkleitwert *m*) der Isolation
~ **dispersion** *(El)* Dispersion (Frequenzabhängigkeit) *f* der Dielektrizitätskonstante
~ **displacement (flux density)** *s*. electric displacement
~ **hysteresis** *(El)* dielektrische Hysterese *f*, [ferro]elektrische Hysterese *f*
~ **imperfection level** *(Fest)* Störstellenniveau *n* im Dielektrikum
~ **loss factor** *(El)* [dielektrischer] Verlustfaktor *m*, [dielektrische] Verlustzahl *f (für ein Dielektrikum)*
~ **modulus** *(El)* Dielektrizitätsmodul *m* (reziproke Dielektrizitätskonstante)
~ **polarization** 1. *(El, Fest)* dielektrische Polarisation *f (Erscheinung)*; 2. *(El)* elektrische Polarisation *f*, Elektrisierung *f (Vektorgröße)*
~ **rigidity** *s*. ~ strength
~ **soak** *(El)* Rückstandsbildung *f*, elektrische Absorption *f*
~ **strain** *s*. electric displacement
~ **strength** *(El)* (elektrische) Spannungsfestigkeit *f*, Durchschlag[s]feldstärke *f*, Durchschlag[s]festigkeit *f*
dielectrometry *(El)* Dielektrometrie *f*, DK-Metrie *f*, Dekametrie *f (Messung der Dielektrizitätskonstante)*
dielectronic recombination *(At)* Zweierstoßrekombination *f*
difference in optical path, ~ **in path [length]** *(Opt)* [optischer] Gangunterschied *m*, Gangdifferenz *f*, Unterschied *m* der optischen Weglänge
~ **ionization chamber** *(Kern)* Differential[ionisations]kammer *f*, differentielle Ionisationskammer *f*
~ **number** *(At)* Neutronenüberschuß *m (Größe)*
differential calorimeter *(Therm)* Zwillingskalorimeter *n*, Differentialkalorimeter *n*
~ **catalogue** *(Astr)* Anschlußkatalog *m*
~ **cross section** *(Kern)* differentieller Wirkungsquerschnitt (Querschnitt) *m*
~ **decay method** *(Kern)* Isotopenbestimmung *f* aufgrund unterschiedlicher Halbwertzeiten
~ **determination** *(Astr)* Anschlußbeobachtung *f (von Sternpositionen oder -helligkeiten)*
~ **flowmeter** *(Ström)* Staudruckströmungsmesser *m*, Differenzdruckströmungsmesser *m*, Staurohr-Strömungsmesser *m*
~ **head** *(physCh, Ström)* Druckdifferenz *f* über Filter, Filterdruck *m*, Wirkdruck *m (eines Filters)*
~ **mode attenuation** *(Opt)* Modendämpfungsunterschied *m*
~ **mode delay** *(Opt)* Multimoden-Laufzeitunterschied *m*
~ **motion** *(Mech)* Ausgleichbewegung *f*, Differentialbewegung *f*
~ **PAC** *(Kern)* differentielle gestörte Winkelkorrelation *f*, differentielle PAC *f*, DPAC
~ **pressure** *(Mech)* Differenzdruck *m*, Druckdifferenz *f*, Druckunterschied *m*, Wirkdruck *m*
~ **scattering** *(Kern)* differentielle (winkelbezogene, richtungsbezogene) Streuung *f*
~ **signal** *(El)* Differenzsignal *n*
~ **threshold** *(Ak)* Unterschiedsschwelle *f*, Wahrnehmungsschwelle *f*
~ **travel time method** *(Hydr)* differentielle Laufzeitmethode *f (der Geschwindigkeitsmessung)*
diffracting edge *(Opt)* beugende Kante *f*, Beugungskante *f*
~ **screen** *(Opt)* Beugungsschirm *m*
diffraction Beugung *f*, *(manchmal:)* Diffraktion *f*, *(als Vorgang auch:)* Abbeugen *n*
~ **analysis** *(Krist)* Beugungsanalyse *f*, Diffraktometrie *f*
~ **band** *(Krist, Opt)* Beugungsstreifen *m*
~ **disintegration of deuteron** *(Kern)* Diffraktionsspaltung *f* des Deuterons
~ **disk** *(Opt)* Beugungsscheibchen *n*, Beugungsscheibe *f*
~ **fringe** *(Krist, Opt)* Beugungsstreifen *m*
~ **fringes** *(Opt)* farbiger Beugungssaum *m*
~ **grating** *(Opt)* Beugungsgitter *n*, Gitter *n*
~ **oscillation** *(Kern)* Beugungsschwingung *f*, Diffraktionsschwingung *f*
~ **pattern** 1. *(Krist)* Beugungsaufnahme *f*, Beugungsdiagramm *n*; 2. *(Opt)* Beugungsbild *n*, Beugungsfigur *f*, beugungsoptische Abbildung *f*
~ **reflection** *(Krist)* Beugungsreflex *m*, Reflex *m*
~ **scattering** *(Qu)* Schattenstreuung *f*, Beugungsstreuung *f*, Diffraktionsstreuung *f*
~ **splitting** *(Opt)* Aufspaltung (Strahlenteilung) *f* durch Beugung, Beugungsaufspaltung *f (des Lichts im Interferometer)*

diffraction 88

~ **velocimeter** *(Mech)* Lasergeschwindigkeitsmesser *m*
diffractogram *(Krist)* Beugungsaufnahme *f*, Beugungsdiagramm *n*
diffractometry *(Krist)* Diffraktometrie *f*, Beugungsanalyse *f*
diffusant 1. *(Halbl)* Diffusant *m*, diffundierender Dotant *m*; 2. *(physCh)* Diffusant *m*, Diffusionsmaterial *n*, Diffusionsmittel *n*
diffuse field *(Ak)* diffuses Schallfeld *n*, Diffusfeld *n*
~ **layer** *(Ech)* diffuse Doppelschicht *f*, Gouy-[Chapman-]Schicht *f*
~ **radiation** *(Opt)* Streustrahlung *f*, gestreute (diffuse) Strahlung *(erwünscht)*
~ **reflectance** *(Opt)* Remissionsgrad *m*, diffuser (gestreuter) Anteil *m* des Reflexionsgrades, diffuser Reflexionsgrad *m*
~ **reflection** *(Ak, El, Magn, Opt)* Remission *f*, diffuse (gestreute) Reflexion *f*, Streureflexion *f*
~ **reflectivity** *s.* ~ reflectance
~ **refraction** *(Opt)* diffuse (gestreute) Brechung *f*, Streubrechung *f*
~ **scattering** *(Kern)* diffuse (ungeordnete) Streuung *f*, Unordnungsstreuung *f*
~ **sky radiation** *(Astr)* gestreutes (diffuses) Himmelslicht *n*
~ **transmission** *(Ak, El, Magn, Opt)* diffuse (gestreute) Transmission (Durchlassung) *f*
~ **transmission density** *(Phot)* diffuse Schwärzung (optische Dichte) *f*
diffused junction *(Halbl)* diffundierter Übergang *m*, diffundierte Sperrschicht *f*, Diffusionsschicht *f*
~ **light** *(Opt)* Streulicht *n*, diffuses (gestreutes) Licht *n* *(erwünscht)*
diffuseness 1. Diffusität *f*, diffuse Beschaffenheit *f*; Eigenschaft *f*, diffus zu sein; 2. *(Opt)* Unschärfe *f*, Flauheit *f*, Verschmiertheit *f (eines Bildes)*, Bildunschärfe *f*, Abbildungsunschärfe *f*; 3. *(Opt)* Diffusität *f*; 4. *(Spektr)* Unschärfe *f (einer Spektrallinie)*, Linienunschärfe *f (bei Glanzmessungen)*; 5. *(Kern)* Diffuseness *f*
diffuser screen *(Phot)* Weichzeichnerfolie *f*, Streufolie *f*
diffusing disk 1. *(Opt)* Streuscheibe *f*, Streuglas *n (eines Scheinwerfers)*; 2. *(Phot)* Streuscheibe *f*, Weichzeichnerscheibe *f*, Dutoscheibe *f*, *(als Linse auch:)* Dutolinse *f*
~ **power** *(Opt)* Streuvermögen *n (eines Mediums für Licht)*
~ **time** *(Feld)* Zerfließzeit *f (eines Wellenpakets)*
diffusion after-effect *(Magn)* Richtersche Nachwirkung *f*, Diffusionsnachwirkung *f*
~ **approximation** *(Kern, statPh)* Diffusionsnäherung *f*
~ **area** *(Kern)* Diffusionsfläche *f*

~ **barrier** *(physCh)* Trenndiaphragma *n*, Diffusionsdiaphragma *n (Isotopentrennung)*
~ **boundary layer** *(Ström)* Diffusionsgrenzschicht *f*
~ **by interchange** *(Fest)* Platzwechselmechanismus *m (der Diffusion)*, Platzwechseldiffusion *f*, Diffusion *f* durch Platzwechsel
~ **[cloud] chamber** *(Hoch)* Diffusionsnebelkammer *f*, kontinuierliche Nebelkammer *f*
~ **coefficient** 1. *(Kern)* Diffusionskoeffizient *m* [für die Neutronenanzahldichte], *(manchmal:)* Diffusionskonstante *f*; 2. *(physCh)* Diffusionskoeffizient *m*, *(im Vergleich zu Thermodiffusionskoeffizient u. a.:)* Koeffizient *m* der gewöhnlichen Diffusion
~ **coefficient-mobility relation** *(Pl)* Einstein-Relation *f*, Einsteinsche Beziehung *f* für den Diffusionskoeffizienten
~ **constant** *(Halbl)* Diffusionskonstante *f*, Diffusionskoeffizient *m*
~ **cross section** *(Kern)* Wirkungsquerschnitt *m* der diffusen Streuung, Diffusionsstreuquerschnitt *m*
~ **current** 1. *(Ech)* Grenzstrom *m*, Diffusions[grenz]strom *m*; 2. *(Halbl, physCh)* Diffusionsstrom *m*
~ **equation** *(physCh, statPh)* zweites Ficksches Gesetz *n*, elementare (allgemeine) Diffusionsgleichung *f*
~ **factor** *s.* diffusing power
~ **flow** *(physCh, statPh)* Diffusionsstrom *m*, Diffusionsströmung *f*
~ **function** *(Opt) s.* Mie function
~ **heat** *(physCh)* Diffusionswärme *f*, Überführungswärme *f*
~ **indicatrix** *s.* ~ coefficient 2.
~ **kernel** *(Kern)* Diffusions[integral]kern *m*, Yukawa-Kern *m*
~ **law** *(physCh, statPh)* [erstes] Ficksches Gesetz *n*, Ficksches Diffusionsgesetz *n*
~ **leak** *(Vak)* Testleck *n* mit Heliumvorrat, Diffusionsleck *n*
~ **mean free path** *(Kern, statPh)* mittlere freie Diffusionsweglänge *f*, [mittlere] Diffusionsweglänge *f*, mittlere freie Weglänge *f* für Diffusion
~ **potential** 1. *(Halbl)* Diffusionspotential *n*; 2. *(Halbl)* Diffusionsspannung *f*; 3. *(Ech)* Flüssigkeitsbrückenpotential *n*, Grenzschicht-Diffusionspotential *n*
~ **stack** *(Kern)* Sigma-Anordnung *f*, Sigma-Reaktor *m*, Diffusionsanordnung *f* mit Neutronenquelle
~ **width** *(Kern)* Diffusionsbreite *f (einer Bahnspur)*
diffusional jog *(Fest)* Diffusionssprung *m*
diffusive flow *(physCh, statPh)* Diffusionsstrom *m*, Diffusionsströmung *f*
diffusivity 1. Diffusionsvermögen *n*; 2. *(Ak)* Diffusität *f*; 3. *s.* diffusion coefficient 2.

~ **for heat** *(Ström, Therm)* Temperaturleitfähigkeit f, Temperaturleitzahl f *(in m^2/s)*
dihedral angle 1. *(Aero)* Winkel m der V-Stellung, [positiver] V-Winkel m *(der Tragflügel)*; 2. *(At)* Torsionswinkel m, Diederwinkel m, Interplanarwinkel m
dilatancy *(Mech, physCh)* Dilatanz f *(Volumenveränderung durch Schubbeanspruchung)*
dilatation 1. *(Mech)* Dilatation f, kubische Dehnung f, Volumenausdehnung f, *(kurz:)* Dehnung f; 2. *(mathPh)* s. dilation 1.; 3. *(Therm)* Wärmeausdehnung f, Dilatation f, thermische Ausdehnung f, *(kurz:)* Ausdehnung f *(eines Gases)*
~ **number** *(physCh, Therm)* Volumenverhältnis n, Raumverhältnis n
dilatational coefficient of friction *(Fest, Mech)* zweite Viskosität f, Volumenviskosität f, Kompressionszähigkeit f
~ **shock** *(Ström)* Verdünnungsstoß m
~ **strain** 1. *(Mech)* gleichförmige Dilatation f, reine Volumenänderung f; 2. *(Therm)* relative Volum[en]änderung f, Volumendilatation f
~ **wave** *(Mech)* Verdichtungswelle f, Kompressionswelle f, Druckwelle f im engeren Sinne, *(im ebenen Fall auch:)* Verdichtungslinie f *(in einem elastischen Medium)*
~ **work** *(Mech)* Volum[en]arbeit f
dilation 1. *(mathPh)* Streckung f; 2. *(Mech)* s. dilatation 1.
diluent *(physCh)* Verdünnungsmittel n, Verdünner m, Verdünnung f
dilute coloration *(Krist, Opt)* dilute (aufgelöste, verdünnte) Färbung f
~ **[fissile] core** *(Kern)* Reaktorkern (Kern) m aus verdünntem Spaltstoff
dilution *(physCh)* 1. Verdünnung f, Konzentrationsverminderung f *(einer Lösung, Vorgang)*; 2. Verdünnung f *(Größe: reziproke Konzentration)*
~ **analysis** *(physCh)* Isotopenverdünnungsanalyse f, IVA, Verdünnungsanalyse f
~ **law** *(Ech)* [Ostwaldsches] Verdünnungsgesetz n
~ **quench** *(Kern)* Verdünnungslöschung f, Verdünnungsquench m *(Flüssigszintillationszählung)*
dim s. dimension 1.
dimension 1. Dimension f, dim *(einer Größe)*; 2. *(Mech)* Maß n, Abmessung f
dimensional consideration Dimensionsbetrachtung f
~ **equation** Dimensionsgleichung f
~ **quantity** dimensionsbehaftete Größe f
~ **stabilty** *(Mech)* Maßhaltigkeit f, Maßbeständigkeit f; Formbeständigkeit f
dimensioning 1. Dimensionierung f, Bemessung f; 2. Maßangabe f, Maßeintragung f, Bemaßung f, Dimensionierung f

dimensionless group Invariante f der Ähnlichkeit, Ähnlichkeitsinvariante f
~ **number** 1. Ähnlichkeits[kenn]zahl f, [dimensionslose] Kennzahl f, Komplex m, *(als Verhältnis gleichartiger Größen manchmal:)* Simplex m; 2. *(mathPh)* reine (dimensionslose unbenannte) Zahl f
~ **parameter** s. ~ number 1.
~ **quantity** dimensionslose (unbenannte) Größe f, Zahlengröße f
diminution factor *(Halbl)* Übergangsverhältnis n
dimming *(Opt)* Dämpfung f, Dimming n, Lichtdämpfung f *(Helligkeitsregelung)*
dineric substance *(physCh)* Substanz f mit zwei flüssigen Phasen
diopter *(US)* s. dioptre
dioptic lens *(Opt)* Stufenlinse f
dioptre *(GB, Opt)* 1. Dioptrie f, dpt; 2. Diopter m *(ein optisches Medium)*
dioptric power *(Opt)* Brechwert m, Brechkraft f *(eines optischen Systems)*
~ **system** *(Opt)* 1. dioptrisches (brechendes) System n; 2. Linsensystem n, dioptrisches System n
diosmosis *(physCh)* Diosmose f, zweiseitige Osmose f
dip 1. Einsenkung f, Delle f; 2. Einsattlung f *(einer Kurve oder Fläche)*; 3. *(Astr)* Kimmtiefe f, Depression (Verengung) f des Horizonts; 4. *(Magn)* [magnetische] Inklination f, *(manchmal:)* Inklinationswinkel m
~ **angle** *(mathPh)* Böschungswinkel m, Neigungswinkel m, Fallwinkel m *(einer Ebene bei der Eintafelprojektion)*
~ -**circle** *(Magn)* Inklinatorium n, Nadelinklinatorium n
~ **pole** *(Magn)* magnetischer Pol m der Erde
diphase region *(Therm)* Zweiphasengebiet n, Zweiphasenbereich m, heterogenes Gebiet n *(des Zweiphasengemisches, räumlich)*
dipolar bond *(At)* Dipolbindung f
~ **ion** *(At)* Zwitterion n, amphoteres Ion n, Ampho-Ion n
dipole-dipole force *(At)* Orientierungskraft f, Dipol-Dipol-Kraft f, Keesom-Kraft f
~ **magnetic moment** *(Magn)* magnetisches Dipolmoment n, Coulombsches magnetisches Moment n
~ **polarization** *(El, Fest)* Orientierungspolarisation f, paraelektrische Polarisation f, *(manchmal:)* Dipolpolarisation f, Orientierungsverschiebungspolarisation f
dipstick *(Ström)* Pegelstab m
Dirac four-current density *(Rel)* Diracscher Viererstrom f
~ **h** 1. Diracsches h n, Dirac-h n, ℏ *(lies: h quer, = h/2π)*; 2. Drehimpulsquantum n
~ **perturbation method** *(Qu)* zeitabhängige (Diracsche) Störungstheorie f

Dirac's

Dirac's constant s. Dirac h
~ **hole (pair) theory** *(Qu)* [Diracsche] Löchertheorie f, Diracsche Theorie f des Elektrons, Paartheorie f, Positronentheorie f
direct capacitance *(El)* Teilkapazität f, *(speziell:)* Durchgriffskapazität f
~ **conversion** *(El)* Energiedirektumwandlung f, direkte Energieumwandlung (Umwandlung) f *(von Wärme in Elektroenergie)*
~ **current** *(El)* 1. Gleichstrom m; *(Zusammensetzungen s. unter d.c.)*; 2. Hinstrom m
~ **expansion refrigeration system** *(Tief)* direktes Kältesystem n, Kältesystem n mit Direktverdampfung des Kältemittels, Direktverdampfungssystem n
~-**exposure film** *(Phot)* folienloser Film m, Ohne-Folie-Film m *(Röntgenfilm)*
~ **fission yield** *(Kern)* primäre Spalt[produkt]ausbeute f, Spaltfragmentausbeute f
~ **geocentric motion** *(Astr)* rechtläufige Bewegung f, Rechtläufigkeit f *(eines Planeten, von der Erde aus gesehen)*
~ **imaging** *(Opt)* rechtläufige Abbildung f
~ **light** *(Opt)* Auflicht n, auffallendes Licht n *(Mikroskopie)*
~ **motion** *(Astr)* rechtläufige Bewegung f, Rechtläufigkeit f *(eines Himmelskörpers)*
~ **radiation** 1. Primärstrahlung f; 2. *(Kern)* Direktstrahlung f, direkte Strahlung f *(ungestreut)*
~ **reaction** 1. *(Kern)* direkte Kernreaktion f, Reaktion f mit direkter Wechselwirkung, direkter Prozeß m, Oberflächen[kern]reaktion f; 2. *(physCh)* Hinreaktion f, Vorwärtsreaktion f
~-**reading instrument** *(Meß)* direkt ablesbares Meßgerät n, Skalenmeßgerät n, Meßgerät n mit Direktablesung *(ohne Skalenmultiplikationsfaktor)*
~ **recombination** *(Fest)* Interbandrekombination f, Band-Band-Rekombination f, Zwischenbandrekombination f, direkte Rekombination f
~ **reflectance** s. directional reflectance
~ **refraction** *(El, Magn, Opt)* reguläre Brechung f, gerichtete (regelmäßige) Brechung f
~ **transmittance** s. directional transmittance
~ **vernier** *(Meß)* nachtragender Nonius m
~ **viewfinder** *(Phot, Opt)* Durchsichtsucher m
~-**vision prism** *(Opt)* Geradsichtprisma n, geradsichtiges Prisma n, *(speziell:)* Amici-Prisma n, Browning-Prisma n
~ **voltage** *(El)* Gleichspannung f
directed line *(mathPh)* orientierte (gerichtete) Gerade f
~ **movement** *(statPh)* geordnete (gerichtete) Bewegung f
~ **quantity** *(mathPh)* gerichtete Größe f, Richtgröße f

direction Sinn m, Richtungssinn m; Richtung f
~ **focus[s]ing** *(Spektr)* Richtungsfokussierung f *(erster oder zweiter Ordnung)*
~ **of easy magnetization** *(Fest, Magn)* leichte Richtung f, Richtung f der leichtesten Magnetisierbarkeit, magnetische Vorzugsrichtung f
~ **of light** *(Opt)* Richtungslinie f, Lichtrichtungslinie f, Lichtrichtung f, *(speziell:)* Sehrichtung f
~ **of viewing** *(Opt)* Sehrichtung f
directional constant *(Mech)* s. restoring torque
~ **control valve** *(Ström)* Wegeventil n
~ **cooling** *(Krist)* Zonenabkühlung f *(stufenweise von einem Ende zum anderen)*
~ **correlation** *(Kern)* s. angular correlation
~ **coupler** *(Opt)* Lichtwellenleiter-Richtungskoppler m, [LWL-]Richtungskoppler m
~ **emissivity** *(Therm)* gerichteter Emissionsgrad m
~ **focus[s]ing** s. direction focussing
~ **gain** s. *(Ak)* directivity factor
~ **reflectance** *(Opt)* regulärer Anteil m des Reflexionsgrades, gerichteter Reflexionsgrad m
~ **sensitivity** *(Meß)* richtungsabhängige Empfindlichkeit f, Richtungsabhängigkeit f, Winkelempfindlichkeit f
~ **transmittance** *(El, Magn)* regulärer Anteil m des Transmissionsgrades (Durchlaßgrades), gerichteter Transmissionsgrad m
directionality 1. Richtungsabhängigkeit f; 2. *(Opt)* Anisotropie f *(Größe)*
directions image *(Krist, Opt)* Interferenzfigur f, [optisches] Achsenbild n
directive pattern *(El, Magn)* Richtcharakteristik f, Strahlungsdiagramm n *(einer Antenne)*
directivity 1. Richtungsabhängigkeit f; Richtwirkung f; 2. *(El)* Richtfähigkeit f *(eines logischen Kreises)*; 3. *(El)* Richtdämpfung f *(eines Richtkopplers)*; 4. *(El, Magn)* Richtwirkung f *(einer Antenne)*
~ **factor** *(Ak)* Richtungsfaktor m *(eines Schallstrahlers oder -aufnehmers)*
~ **index** *(Ak)* Richtungsmaß n *(eines Schallstrahlers oder -aufnehmers)*
~ **pattern** 1. *(Ak)* Richtcharakteristik f *(für einen Schallstrahler oder -aufnehmer)*; 2. *(El, Magn)* Richtdiagramm n *(einer Antenne)*
directness of motion *(Astr)* Rechtläufigkeit f der Bewegung
dirt capacity *(physCh)* Rückhaltevermögen n, Rückhaltekapazität f, Schmutzkapazität f *(eines Filters)*
"dirty snowball theory" *(Astr)* Theorie f des Kometenkerns als „schmutziger Schneeball"
dis/s[ec] *(Kern)* s. disintegrations per second

disaccommodation [of permeability]
(Fest, Magn) Desakkommodation f [der
Permeabilität], magnetische Desakkommodation f, Nachwirkung f der Permeabilität
disadvantage factor *(Kern)* Selbstabschirmungsfaktor m, Absenkungsfaktor m,
Absenkungsverhältnis n, Disadvantagefaktor m *(in einer Reaktorzelle)*
disagreement Nichtübereinstimmung f,
Diskrepanz f, Abweichung f, Divergenz f
~ **index** *(Fest)* s. agreement residual
DISC *(Kern)* s. differential scattering
discarding *(Kern)* s. discharge 3.
discernible particles *(At, Kern)* unterscheidbare Teilchen npl
discharge 1. *(El)* [elektrische] Entladung f;
2. *(Kern)* Entladung f, Ausladung f *(der
Brennstoffkassetten aus einem Reaktor)*;
3. *(Kern)* Ableitung f, [kontrollierte] Abgabe f, kontrollierter Auswurf m *(radioaktiver Stoffe, z. B. in die Atmosphäre)*, Einleitung f, [kontrolliertes] Ablassen n *(flüssiger Abfälle, z. B. in einen Fluß)* (Vorgang); 4. *(Kern)* Radioaktivitätsabgabe f,
[kontrollierte] Abgabe f radioaktiver Stoffe, Auswurf m von Radioaktivität
(Größe); 5. *(Ström)* Leeren n, Entleeren
n; 6. *(Hydr)* Strom m, Abfluß m, Abflußmenge f, *(beim Austritt:)* Ausfluß m,
Ausflußmenge f, *(beim Durchtritt:)*
Durchfluß m, Durchflußmenge f *(Volumen oder Masse je Zeiteinheit)*; 7. *(Mech)*
Förderstrom m *(z. B. einer Pumpe)*
~ **capacity** 1. *(Ech)* Entladungskapazität f,
Entladekapazität f *(einer Batterie)*; 2. *(El)*
Ableitvermögen n *(eines Überspannungsableiters)*; *(Hydr)* Durchlaßvermögen n
~ **coefficient** *(Ström)* Durchflußzahl f,
Durchflußbeiwert m, Ausflußzahl f, Ausflußbeiwert m
~ **of energy** Energiefreisetzung f, Energieabgabe f, Freisetzung f von Energie
~ **plasma** *(El, Pl)* Gasentladungsplasma n,
Entladungsplasma n
~ **rate** 1. *(Ech)* Entladedauer f *(eines
Akummulators)*; 2. *(Kern)* Auswurfrate f,
Abgaberate f, Abgabegeschwindigkeit f
(von Radioaktivität); 3. *(Hydr)* s. discharge 6.
~ **resistance** *(El)* 1. Überbrückungswiderstand m; 2. Entladewiderstand m, Entladungswiderstand m *(eines Kondensators
oder Sammlers)*
discoloration 1. Entfärbung f, Farbverlust
m; 2. Verfärbung f, Farbänderung f, Veränderung f der Farbe
discomfort glare *(Opt)* psychologische
Blendung f
discomposition 1. *(Fest, Kern)* Atomumlagerung f, Atomverlagerung f, Umlagerung f *(durch Kernstoß)*; 2. *(Spektr)*
Feinzerlegung f *(einer Spektrallinie)*

discontinuity 1. Sprung m, sprungartige
(sprunghafte) Änderung f, Diskontinuität
f, Sprunghaftigkeit f; 2. *(Feld)* Diskontinuität f, Sprungfläche f
~ **condition** Unstetigkeitsbedingung f,
Sprungbedingung f
~ **interaction** *(Mech)* Wechselwirkung f
von Unstetigkeiten, Unstetigkeitswechselwirkung f
~ **layer** *(Therm)* Temperatursprungschicht f
~ **surface** *(Ström)* [Helmholtzsche] Trennungsfläche f, Diskontinuitätsfläche f,
Unstetigkeitsfläche f
discontinuous phase *(physCh)* disperser
Anteil (Bestandteil) m, Dispersum n,
disperse (innere, offene) Phase f *(einer
Dispersion)*
~ **precipitation** 1. *(Fest)* [mikroskopische]
inhomogene Ausscheidung f, zellulare
Ausscheidung f; 2. *(physCh)* Rekristallisation f
~ **system** *(Reg)* [zeit]diskretes System n,
diskontinuierliches System n
~ **yielding** *(Fest)* inhomogenes Fließen n
discrete emission *(Astr)* L-Komponente f,
Linienemission f *(der Sonnenkorona)*
~ **source** *(Astr)* diskrete Radioquelle f,
Radiostern m
~ **spectrum** *(Spektr)* diskretes Spektrum n
discrimination 1. Unterscheidung f, Differenzierung f, Diskriminierung f; 2. *(El)*
Trennschärfe f, Selektivität f *(eines Filters)*; 3. *(El)* Auflösungsvermögen n *(in
der Radartechnik)*; 4. *(Hoch)* Diskriminierung f, Unterscheidung f *(von Teilchen)*; 5. *(Meß, Reg)* zeitliches Unterscheidungsvermögen n *(in der Fernwirktechnik)*
~ **sensitivity** *(Opt)* Unterschiedsempfindlichkeit f
discriminator threshold [value] *(El)* Diskriminatorschwelle f, Diskriminatorspannung f, [einstellbare] Schwelle f des Diskriminators, Diskriminatoreinstellung f
disengagement 1. Freisetzung f, Freigabe
f, Ablösung f, Auslösung f, Abgabe f
(von Teilchen); Freiwerden n; 2. *(Mech)*
Abkupplung f, Entkupplung f, *(speziell:)*
Ausrückung f, Ausklinkung f
disentangling theorem *(Qu)* Entwirrungstheorem n
disequilibrium Disgleichgewicht n, gestörtes Gleichgewicht n
disinclination *(Krist)* Volterra-Versetzung f
zweiter (2.) Art, Volterra-Versetzung mit
Drehung
disintegration 1. Auflösung f, Zerfall m; 2.
(Kern) [radioaktiver] Zerfall m, Atomzerfall m *(s. a. unter decay)*; 3. *(Ström)* Zerfall m, Strahlzerfall m; 4. *(physCh)* s.
degradation 4.
~ **branch** *(Kern)* Zerfallszweig m, Zweig m
~ **energy** *(Kern)* Zerfallsenergie f, Q-Wert
m, Q, Umwandlungsenergie f

disintegration 92

~ **function** *(Kern)* Zerfallsfunktion f, Abfallfunktion f
~ **particle** *(Kern)* Zerfallsteilchen n
~ **path** *(Kern)* [mittlere freie] Zerfallsweglänge f
~ **period** *(Kern)* s. 1. half-life; 2. mean life
~ **probability ratio** *(Kern)* Zerfallsverhältnis n
disintegrations per second *(Kern)* Anzahl (Zahl) f der Zerfälle pro Sekunde, Zerfälle *mpl* pro Sekunde, Zerf./s
disjunct motion *(Mech)* sprunghafte (sprungweise) Bewegung f
disk 1. Scheibe f; Platte f; *(Ström)* Radscheibe f *(einer Turbine)*; 2. *(Ström)* Ventilteller m, Teller m
~ **area** *(Aero)* Propellerkreisfläche f, *(beim Helikopter:)* Rotor[kreis]fläche f
~**-loaded torus** *(Kern)* Runzeltorus m
~ **loading** *(Aero)* Kreisflächenbelastung f
~ **meter** *(Hydr)* Taumelscheiben-Durchflußmengenmesser m
~ **of aberration (confusion)** *(Opt)* s. circle of confusion
~ **population** *(Astr)* Scheibenpopulation f
~ **scanner** *(Opt)* Abtastscheibe f
~ **telescope** *(Astr)* Fernrohr (Teleskop) n zur Sonnenscheibenbeobachtung
~ **torus** *(Kern)* Runzeltorus m
~ **valve** *(Ström)* Tellerventil n
disklike population *(Astr)* Scheibenpopulation f
dislocation *(Krist)* Versetzung f, Dislokation f, eindimensionale Gitterfehlstelle (Fehlordnung) f, Liniendefekt m
~ **arrangement (array)** s. ~ configuration
~ **centre** *(Krist)* Versetzungskern m, Zentrum n der Versetzung
~ **climb[ing]** *(Krist)* Klettern n, nichtkonservative Bewegung f *(von Versetzungen)*
~ **configuration** *(Krist)* Versetzungskonfiguration f, Versetzungsanordnung f
~ **content** *(Krist)* Versetzungsgehalt m
~ **core** s. ~ centre
~ **jog** *(Krist)* Versetzungssprung m
~ **kernel** s. ~ centre
~ **line** *(Krist)* Versetzungslinie f
~ **loop** *(Krist)* Versetzungsschleife f, Versetzungsring m, ringförmige Versetzung f
~ **of higher order** *(Krist)* Überversetzung f, Versetzung f höherer Ordnung
~ **pipe** *(Fest)* Versetzungsröhre f
~ **pipe diffusion** *(Fest)* Pipediffusion f, Röhrendiffusion f, Diffusion f in Röhren *(längs der Versetzungslinien)*
~ **width** *(Krist)* Versetzungsweite f, Weite f der Aufspaltung *(Abstand der Teilversetzungen)*
disorder 1. Ungeordnetheit f, Unordnung f; 2. *(Krist)* Fehlordnung f
~ **pressure** *(Therm)* Entropiedruck m
~ **scattering** *(Kern)* diffuse (ungeordnete) Streuung f, Diffusionsstreuung f, Unordnungsstreuung f

disordered crystal *(Krist)* fehlgeordneter (fehlerbehafteter, fehlerhafter) Kristall m
~ **motion** *(statPh)* ungeordnete (chaotische, regellose, statistische) Bewegung f
disordering *(Krist)* Fehlstellenbildung f, Fehlstellenerzeugung f
dispersal *(Kern)* Zerstreuung f *(in die Umgebung)*, Verteilung f *(in der Umgebung)*, Abgabe f *(unter Verdünnung in die Umgebung)* *(von radioaktiven Stoffen)*
dispersant *(physCh)* Dispergiermittel n
disperse field *(Magn)* [magnetisches] Dispersionsfeld n
dispersed flow *(Ström, Therm)* disperse Strömung f, disperses Zweiphasensieden (Sieden) n
~ **phase** *(physCh)* disperser Anteil (Bestandteil) m, Dispersum n, disperse (innere, offene) Phase f *(einer Dispersion)*
~ **system** *(physCh)* disperses System n, Dispersion f
~ **wave** *(Mech)* dispergierte (dispersive) Welle f
disperser *(physCh)* Dispergiermittel n
dispersing cone *(Opt)* Streu[ungs]kegel m
~ **medium** 1. *(El, Magn, Opt)* dispergierendes Medium n, Dispersionsmedium n; 2. *(physCh)* s. dispersion medium 1.
~ **prism** *(Opt)* Dispersionsprisma n
dispersion 1. Zerstreuung f, Zerteilung f; 2. Dispersion f, Wellenlängenabhängigkeit f *(einer beliebigen physikalischen Größe)*; 3. *(Ak, El, Magn)* Dispersion f, spektrale Zerlegung f, Farbzerlegung f *(elektromagnetischer Strahlung oder von Schall)*; 4. *(Aero)* Streuung f, Abweichung f *(von der vorgeschriebenen Flugbahn)*; 5. *(Opt)* Dispersion f, Farbzerlegung f des Lichts; 6. *(Opt)* [chromatische] Dispersion f *(Lichtwellenleitertechnik)*; 7. *(physCh)* Dispergierung f, Dispersion f *(Vorgang)*; 8. *(physCh)* Dispersion f *(Zustand)*
~ **and mask (template) photometer** *(Opt)* Spektralmaskenphotometer n, Spektralschablonenphotometer n, Staffelblendenphotometer n
~ **coefficient** 1. *(El, Magn)* Streufaktor m, Streugrad m; 2. *(Kern)* Ausbreitungskoeffizient m *(im Ablufttahnenmodell)*; 3. *(Ström)* Dispersionskoeffizient m
~ **matrix** *(mathPh)* Kovarianzmatrix f, Varianz-Kovarianz-Matrix f, Streuungsmatrix f, Dispersionsmatrix f
~ **medium** *(physCh)* 1. Dispersionsmittel n, Dispergens n, Dispersionsphase f, zusammenhängende (geschlossene, kontinuierliche, äußere) Phase f *(eines dispersen Systems)*; 2. Emulsionsmittel n, Einbettungsmittel n *(einer Emulsion)*
~ **of conductance** *(Ech)* Debye-Falkenhagen-Effekt m, Dispersionseffekt m der Leitfähigkeit [nach Debye-Falkenhagen]

~ **of rotation** *(Opt)* Rotationsdispersion f, RD
~ **relation** Dispersionsrelation f, *(als Zusammenhang zwischen Wellenlänge und Frequenz manchmal:)* Dispersionsbeziehung f
~ **relations** *(Opt)* Kramers-Kronig-Relationen fpl, Kramers-Kronigsche Dispersionsbeziehungen fpl
~ **spectrum** *(Opt, Spektr)* Dispersionsspektrum n, Brechungsspektrum n, Prismenspektrum n
dispersive ion wave *(Pl)* Ionenplasmawelle f
~ **power** *(Opt)* relative Dispersion f *(eines Mediums für Licht)*
dispersiveness *(physCh)* s. dispersivity 2.
dispersivity *(physCh)* 1. Dispersitätsgrad m, Zerteilungsgrad m, Dispersionsgrad m *(Größe)*; 2. Dispersität f *(Zustand)*
~ **coefficient** *(Opt)* Materialdispersionskoeffizient m
~ **quotient** *(Opt)* Materialdispersion f
displaced volume *(Ström)* verdrängtes (eingetauchtes) Volumen n, Verdrängung f *(Größe, in Masseeinheiten)*
displacement 1. Verdrängung f *(eines Körpers)*; 2. *(Mech)* Hubraum m, Hubvolumen n *(z. B. einer Pumpe, eines Arbeitszylinders)*; 3. *(Mech)* Verrückung f, Verschiebung f *(einer Lage)*, Verlagerung f *(Größe)*; 4. *(Mech)* Auslenkung f, Elongation f *(eines schwingenden Teilchens, Größe)*; 5. *(El)* Offset m, Versetzung f, Versatz m, *(selten:)* Displacement f; 6. *(El)* s. electric displacement; 7. *(Fest)* Schubweg m; 8. *(Aero)* Luftverdrängung f *(Größe, in Masseeinheiten)*; 9. *(Fest, Kern)* Atomumlagerung f, Atomverlagerung f, Umlagerung f *(durch Kernstoß)*; 10. *(Hydr)* Deplacement n, Massedeplacement n, *(speziell:)* Wasserverdrängung f *(Größe, in Masseeinheiten)*; 11. *(Ström)* verdrängtes (eingetauchtes) Volumen n, Verdrängung f *(Größe, in Masseeinheiten)*; 12. *(physCh)* Treiben n, Austreiben n, Abtreiben n
~ **angle** *(El)* Phasenverschiebungswinkel m
~ **collision** *(Fest, Kern)* Verlagerungsstoß m, Umlagerungsstoß m
~ **derivative** *(Mech)* Verrückungsableitung f, Verschiebungsableitung f
~ **distance** *(Fest)* Schubweg m
~ **factor** *(El)* Stromverdrängungsfaktor m
~ **law** s. 1. *(Kern)* radioactive displacement law; 2. *(statPh, Therm)* Wien's displacement law
~ **meter** *(Ström)* Verdrängungszähler m *(bewegliche Meßkammerwand)*; Auslaufzähler m *(feste Kammerwand)*
~ **resonance** Amplitudenresonanz f
~ **series** s. electrochemical series

~ **thickness [of the boundary layer]** *(Ström)* Verdrängungsdicke f [der Grenzschicht], Grenzschicht-Verdrängungsdicke f
~ **vector** 1. *(El)* Vektor m der elektrischen Flußdichte, Vektor m der [di]elektrischen Verschiebung; 2. *(Mech)* Verschiebungsvektor m, Verrückungsvektor m
~ **work** *(Ström)* Verdrängungsarbeit f *(pv)*
displacer *(Ström)* Verdrängungskörper m, Verdränger[körper] m, *(speziell:)* Auftriebskörper m, Hohlkörper m *(bei der Messung nach der Auftriebsmethode)*
~-**type meter** *(physCh, Ström)* Meßgerät n vom Verdrängertyp, Meßgerät n nach der Auftriebsmethode *(zur Füllstands- oder Gasdichtemessung)*
displacive [phase] transition *(Fest)* Umlagerungs[phasen]übergang m, Umlagerungs[phasen]umwandlung f
display 1. Sichtanzeige f, Anzeige f, Bildschirmanzeige f *(von Informationen)*; 2. Bildschirm m, Schirm m *(zur Informationsausgabe)*; 3. Sichtgerät n, Datensichtgerät n, Sichtanzeigegerät n, Display n
~ **loss** *(El)* Sichtfaktor m
disposal *(Kern)* 1. Abfallbeseitigung f, Beseitigung f radioaktiver Abfälle, Entsorgung f *(z. B. durch Endlagerung, Verdünnung, Oberbegriff)*; 2. *(im engeren Sinne:)* Endlagerung f *(radioaktiver Abfälle)*, Abfalldeponierung f, Abfallendlagerung f *(nicht rückholbar)*
disruption 1. *(Astr)* Auflösung f, Zerfall m *(eines Kometen)*; Auflösung f *(eines Sternhaufens)*; Zerplatzen n, Zerspringen n, Zerstörung f *(eines Meteors)*; 2. *(At, Ech)* Dissoziation f, Aufspaltung f, Spaltung f *(eines Moleküls)*, Molekül[auf]spaltung f; 3. *(Kern, physCh)* Abreißen n, Abbrechen n *(einer Kettenreaktion)*
dissection method *(Mech)* Rittersches Schnittverfahren (Momentverfahren) n, Rittersche Schnitt f
dissipated heat verlorene Wärme f, Verlustwärme[menge] f
dissipation Dissipation f, Zerstreuung f von Energie, Energievernichtung f
~ **coefficient** Streukoeffizient m *(für elektromagnetische Strahlung und Teilchen)*
dissipative tunnel[l]ing *(El, Tief)* Einelektronen-Tunneleffekt m *(bei Supraleitern)*
dissipator *(El, Halbl)* Kühlkörper m, *(speziell:)* Kühlblech n
dissociation 1. *(At, Ech)* Dissoziation f, Aufspaltung f, Spaltung f *(z. B. von Molekülen)*; 2. *(Astr)* Auflösung f *(eines Sternhaufens)*; 3. *(Krist)* Aufspaltung f, Versetzungsaufspaltung f
~ **width** *(Krist)* Versetzungsweite f, Weite f der Aufspaltung *(Abstand der Teilversetzungen)*

dissymmetry 1. *(Mech)* Ungleicharmigkeit f *(eines Hebels)*; 2. *(Opt, physCh)* Dissymmetrie f *(Größe beim Tyndall-Effekt)*
~ **factor** 1. *(Opt)* Anisotropiefaktor m *(beim zirkularen Dichroismus)*; 2. *(Opt, physCh)* Dissymmetriefaktor m *(einer kolloidalen Lösung)*
distance from focus *(Opt)* Brennpunktsweite f
~ **of distinct vision** *(Opt)* Bezugssehweite f, Normsehweite f, *(manchmal:)* deutliche Sehweite f
distant-reading instrument *(Meß)* Meßgerät n mit Fernanzeige
distinction Unterscheidung f, Differenzierung f, Diskriminierung f
~ **in (of) degree** quantitative Unterscheidung f
~ **in (of) kind** qualitative (prinzipielle) Unterscheidung f
distinctness 1. Deutlichkeit f, Klarheit f; 2. *(Opt)* Schärfe f, Zeichenschärfe f, Zeichnungsschärfe f *(des Bildes)*, Bildschärfe f *(subjektiver Eindruck)*
distinguishing Unterscheidung f, Differenzierung f, Diskriminierung f
distorted region *(Krist)* verzerrter (gestörter) Bereich m, Verzerrungsbereich m
~ **wave** *(El, Magn)* nichtsinusförmige (verzerrte) Welle f
~ **wave Born approximation** *(Kern)* DWBA-Methode f, Bornsche Näherung f mit gestörten Wellen, „distorted-wave"-Born-Näherung f
~ **wave[s] method** *(Kern)* Methode f der gestörten Wellen, Störwellenmethode f, „distorted-wave[s]"-Methode f
distorting duct *(Ström)* Verzerrungsleitung f
distortion 1. *(Ak, El)* Verzerrung f; 2. *(Krist)* Verzerrung f *(eines Kristalls)*; 3. *(Mech)* Verwölbung f, Verzug m, Verwerfung f, Werfung f *(Vorgang oder Ergebnis)*; 4. *(Opt)* Verzeichnung f, Verzeichnungsfehler m, Distorsion f
~ **attenuation** *(El)* Klirrdämpfungsmaß n
~ **factor** 1. *(Ak, El)* Klirrfaktor m, Oberschwingungsgehalt m, Klirrgrad m; 2. *(Ström)* Distorsionsfaktor m
~ **energy theory** *(Mech)* Gestaltänderungsenergiehypothese f
~-**free lens** *(Opt)* 1. verzeichnungsfreie Linse f; 2. verzeichnungsfreies (orthoskopisches) Objektiv n, *(speziell:)* rektolineares Objektiv n
~ **of colour** *(Opt)* Farbverzerrung f, *(durch Umstimmung:)* Farbwandlung f, *(Farbverzerrung + Farbwandlung:)* Farbverschiebung f
~ **tensor** *(Mech)* Verzerrungstensor m, Deformationstensor m; 2. Distorsionstensor m *(nichtsymmetrisch)*
distortional strain energy *(Mech)* Gestaltänderungsenergie f, Gestaltänderungsarbeit f

~ **wave** *(Mech)* Scher[ungs]welle f, Schubwelle f *(in einem elastischen Medium)*
distributed load *(Mech)* verteilte Last (Belastung) f, stetig verteilte Last f
~ **suction** *(Ström)* kontinuierliche Absaugung f *(der Grenzschicht durch poröse Bereiche)*; verteilte Absaugung f *(der Grenzschicht)*
distribution coefficient 1. *(Opt)* Spektralwert m; 2. *(physCh)* [Nernstscher] Verteilungskoeffizient m
~ **curve** 1. *(Opt)* Spektralwertkurve f, spektrale Eichwertkurve f, Eichreizkurve f; 2. *(mathPh)* [kumulative] Verteilungskurve f *(Statistik)*
~ **function** 1. *(mathPh)* Verteilungsfunktion f, Wahrscheinlichkeitsverteilungsfunktion f, Summen[häufigkeits]verteilung f; 2. *(Opt)* Spektralwertfunktion f; 3. *(statPh)* Verteilungsfunktion f, Wahrscheinlichkeitsdichte f, Phasenraumdichte f, Verteilung f *(für Teilchen)*
~ **photometer** *(Opt)* Lichtverteilungsphotometer n, Spiegelapparat m zur Lichtverteilungsmessung *(mit feststehender Lichtquelle)*
disturbance 1. Störung f; 2. *(El)* Störung f, Störsignal n *(jede Art von unerwünschtem Signal)*; *(Reg)* Störgröße f
~ **variable** *(Reg)* Störgröße f
disturbed Sun noise *(Astr, El)* Rauschen n bei gestörter Sonne
disturbing mass *(Astr, Mech)* störende Masse f
~ **noise** *(Ak)* *(störendes)* Nebengeräusch n, Stör[ungs]geräusch n, Rauschen n
dither *(Reg)* Zittern n
diurnal arc *(Astr)* Tagbogen m
~ **libration** *(Astr)* tägliche (parallaktische) Libration f *(des Mondes)*
~ **parallax** *(Astr)* tägliche (geozentrische) Parallaxe f, Höhenparallaxe f
divacancy *(Krist)* s. double vacancy
divalency s. bivalency
divariant system *(Therm)* divariantes (zweifachfreies, bivariantes) System f
divergence 1. Divergenz f, Divergieren n, Auseinanderlaufen n; 2. Nichtübereinstimmung f, Diskrepanz f, Abweichung f, Divergenz f; 3. *(Kern)* Divergenz f, Überkritischwerden n; Überkritischmachen n, 4. *(Ström)* Divergenz f *(einer Düse)*
~ **angle** Divergenzwinkel m; Spreiz[ungs]winkel m
~ **loss** *(Ak)* Divergenz-Dämpfungsmaß n, Ausbreitungsdämpfung f
~ **speed** *(Aero)* kritische Geschwindigkeit f für aeroelastische Divergenz
divergent beam technique *(Krist)* Divergenzstrahlverfahren n
~ **chain reaction** *(Kern)* überkritische (divergente, explodierende) Kettenreaktion (Kernkettenreaktion) f
~ **lens** s. diverging lens

double

~ **nozzle** *(Ström)* divergente (sich erweiternde) Düse *f*
~ **wave** auslaufende Welle *f (einer Quelle)*
diverging lens *(Opt)* Zerstreuungslinse *f*, Negativlinse *f*, *(manchmal:)* Streu[ungs]linse *f*
~ **mirror** *(Opt)* Wölbspiegel *m*, Konvexspiegel *m*, Zerstreuungsspiegel *m*, konvexer Spiegel *m*
~ **portion** *(Ström)* divergenter Teil *m*, *(meist:)* Auslaufteil *m (einer Düse)*
~ **wave** auslaufende Welle *f (einer Quelle)*
diversion *(Ström)* Ablenkung *f (der Strömung)*
diversity ratio [of illumination] *(Opt)* Beleuchtungsstärkeverhältnis *n*, Ausleuchtungsverhältnis *n*
divertor *(Pl)* Divertor *m (zur Ableitung von Verunreinigungsatomen)*
divide s. dividing line
divided circle *(Meß)* Teilkreis *m*, Kreisteilung *f*
~ **scale error** *(Meß)* Teilungsfehler *m*, Skalenteilungsfehler *m*
divider [compasses] *(Mech)* Stechzirkel *m*, Teilzirkel *m*, Meßzirkel *m*, Greifzirkel *m*
dividing line *(Ström)* Trenn[ungs]linie *f*
~ **network** *(Ak, El)* Weichenfilter *n*, Frequenzweiche *f*, [elektrische] Weiche *f*, Frequenzbandteilerschaltung *f*
diving moment *(Aero)* negatives Kippmoment *n*, kopflastiges Längsmoment *n*
division *(Meß)* 1. Skalenteil *m*, Skt., Teilstrich *m (einer Skale)*; 2. Teil[kreis]strich *m (des Teilkreises)*
~ **factor** *(Meß)* Teilungsfaktor *m*, Skalenteilungsfaktor *m*
~ **of layers** *(Fest)* Schichtenteilung *f*
D/L ratio *(Ström)* Gleitzahl *f*
DNB *(Therm)* s. departure from nucleate boiling
DNMR spectroscopy *(Spektr)* dynamische NMR-Spektroskopie *f*, DNMR-Spektroskopie *f*, DNMR
dodecuple scale *(Ak)* 12-Ton-Skala *f*, Zwölftonskala *f*
DOM *(Therm)* s. dryout margin
domain 1. *(Fest)* Domäne *f*, Bereich *m*, Kristallbereich *m*; 2. *(Fest, Magn)* Weissscher Bezirk *m*, Elementarbezirk *m*, [magnetischer] Elementarbereich *m (nach P. Weiss)*
~ **boundary energy** *(Fest)* Domänenwandenergie *f*, Bloch-Wand-Energie *f*, Wandenergie *f*
~ **rotation** *(Fest, Magn)* Domänendrehung *f*, Drehung f der Magnetisierungsrichtung einer Domäne
dominant wavelength *(Opt)* farbtongleiche Wellenlänge *f*, *(selten:)* dominierende Wellenlänge *f*
donation *(At, Fest)* Abgabe *f (z. B. von Elektronen)*

donkey power *(Mech)* im Deutschen nicht verwendete SI-fremde Leistungseinheit; 1 donkey power = 250 W
donor *(At, Fest)* Donator *m*
~ **bond** *(At)* Donatorbindung *f*, Elektronendonatorbindung *f*
~ **impurity** *(Halbl)* Donatorverunreinigung *f*, N-Typ-Verunreinigung *f*
donut s. doughnut
doped junction *(Halbl)* dotierter Übergang *m*, dotierte Sperrschicht *f*
doping *(Halbl)* Dotierung *f*, Halbleiterdotierung *f*, *(selten:)* Dopen *n*
~ **level** *(Halbl)* Dotierung[sstärke] *f*, Dotierungsgrad *m (Größe)*
Doppler-averaged (~-broadened) cross section *(Kern)* [mittlerer] Doppler-Querschnitt *m*, Doppler-Wirkungsquerschnitt *m*, Wirkungsquerschnitt *m* mit Doppler-Verbreiterung
~ **frequency (shift)** Doppler-Verschiebung *f*, Doppler-Frequenz[verschiebung] *f*
dosage 1. Dosierung *f*, Zumessung *f*; 2. s. dose
dose *(Kern)* Strahlungsdosis *f*, Strahlendosis *f*, Dosis *f (meist in der Bedeutung von Energiedosis)*
~ **commitment** *(Kern)* Folgedosis *f*
~ **equivalent** *(Kern)* Äquivalentdosis *f (in Sv, früher in rem)*
~ **equivalent rate** *(Kern)* Äquivalentdosisleistung *f*, Äquivalentdosisrate *f*
~ **in air** *(Kern)* Freiluft[-Energie]dosis *f*, Luftdosis *f*, Dosis *f* „frei in Luft"
~ **limit** *(Kern)* Dosisgrenzwert *m*, Dosislimit *n*
~ **rate** *(Kern)* Dosisleistung *f*, Dosisrate *f*
~-**rate meter** *(Kern)* Dosisleistungsmesser *m*, Dosisleistungsmeßgerät *n*
dosemeter s. dosimeter
dosimeter *(Kern)* Dosimeter *n*, Dosismeßgerät *n*, Dosismesser *m (gemeinsame Bezeichnung für Dosimeter zur Messung der Energiedosis und der Standardionendosis, vorwiegend der Energiedosis)*
~ **badge** *(Kern)* Dosimeterplakette *f*
dosifilm *(Kern)* Filmdosimeter *n*, Strahlenschutzplakette *f*
dosimeter s. dosemeter
dot scanning *(Meß)* Punktabtastung *f*, punktweise Abtastung *f*
double amplitude Spitze-[zu-]Spitze-Amplitude *f*, ss-Amplitude *f*, Doppelamplitude *f (einer Sinusschwingung)*
~-**amplitude peak** Schwingungsbreite *f*, Schwankung *f*, *(manchmal:)* Spitze-Spitze-Wert *m (einer periodischen Größe)*
~ **bond** *(At)* Doppelbindung *f*, Zweifachbindung *f*, *(manchmal:)* Vierelektronenbindung *f*
~-**centre theodolite** *(Opt)* Repetitionstheodolit *m*, Repetiertheodolit *m*
~-**colour group** *(Krist)* Zweifarbengruppe *f*, zweifarbige Gruppe *f*
~ **concave lens** *(Opt)* Bikonkavlinse *f*, bikonkave Linse *f*

double 96

~ **cone viscometer** *(Ström)* Doppelkegelviskosimeter *n*, Rotationskegelviskosimeter *n*
~ **convex lens** *(Opt)* Bikonvexlinse *f*, bikonvexe Linse *f*
~ **differential cross section** *(Kern)* doppeltdifferentieller Wirkungsquerschnitt *m*, raumwinkel- und energiebezogener Querschnitt *m*, spektraler Winkelquerschnitt *m*
~ **discontinuity** *(Hoch)* Doppelspektralfunktion *f*, Doppelunstetigkeit *f*
~-**displacement prism** *(Opt)* Doppelbildprisma *n (ein Strahlenteilungsprisma)*
~-**edge notch** *(Mech)* doppelseitige Kerbe *f*, Doppelkerb *m*
~ **force** *(Fest)* Doppelkraft *f*, elastischer Dipol *m*
~-**image micrometer** *(Opt)* Doppelbildokular *n*
~-**image prism** *(Opt)* 1. Doppelbildprisma *n (ein Strahlenteilungsprisma)*; 2. Polarisations-Doppelprisma *n*, zweiteiliges Polarisationsprisma *n*
~ **layer phosphor** *(Opt)* Leuchtstoff *m* mit langer Nachleuchtdauer
~-**line binary** *(Astr)* Doppellinienstern *m*, Spektrumdoppelstern *m (spektroskopischer Doppelstern mit den überlagerten Spektren beider Komponenten)*
~ **modulus** *(Mech)* [Kármánscher] Knickmodul *m*
~ P_N **approximation (method)** *(Kern)* s. Yvon's method
~ **refraction in viscous flow** *(Opt)* Strömungsdoppelbrechung *f*
~ **replica technique** *(El)* Zwischenschichtverfahren *n*, zweistufiges Abdruckverfahren *n (in der Elektronenmikroskopie)*
~ **Schottky defect** s. ~ vacancy
~ **star** *(Astr)* Doppelstern *m (allgemeiner Begriff)*
~ **time Green's function** *(Feld, Qu, statPh)* Greensche Zweizeitfunktion *f*, Zweizeit-Green-Funktion *f*
~ **vacancy** *(Krist)* Doppelleerstelle *f*, Leerstellenpaar *n*, Schottky-Defektpaar *n*, doppelter Schottky-Defekt *m*
~ **weighing** *(Mech)* Vertauschungsmethode *f*, Vertauschungsverfahren *n (der Wägung)*, Gaußsche Wägung *f*, Doppelwägung *f*

doublet 1. *(At)* Spindublett *n*, relativistisches (reguläres) Dublett *(eines Atoms)*; 2. *(At)* gemeinsames Elektronenpaar *n*, Elektronendublett *n (der beiden Atome in einer unpolaren Bindung)*; 3. *(Opt)* Zweilinsensystem *n*, Zweilinser *m*; 4. *(Opt)* Doppelobjektiv *n*, Zweilinsenobjektiv *n*, Zweilinser *m*; 5. *(Spektr)* Dublett *n*, Doppellinie *f*; 6. *(Ström)* s. ~ source; 7. *(El, Magn)* Dipol *m*
~ **flow** *(Ström)* Dipolströmung *f*
~ **interval** *(Spektr)* Dublettabstand *m*, Feinstrukturaufspaltung *f* [eines Dubletts], Abstand *m* der Linien im Dublett
~ **potential** *(Ström)* Doppelbelegungspotential *n*, Potential *n* der Doppelquelle
~ **source** *(Ström)* Dipol *m*, Quell[en]senke *f*, Doppelbelegung *f*, Quellensenkenpaar *n*
~ **tensor** *(mathPh)* Doppeltensor *m*

doubling 1. Verdopplung *f*; Dopplung *f*; *(At, Spektr)* Feinstrukturaufspaltung *f* in ein Dublett *(des Rotationsniveaus im Spektrum zweiatomiger Moleküle)*
~ **time** *(Kern)* 1. Verdopplungszeit *f*, Spaltstoffverdopplungszeit *f*, Brutverdopplungszeit *f*; 2. Verdopplungszeit *f*, Flußverdopplungszeit *f*, Neutronenflußverdopplungszeit *f*

doubly magic nucleus *(Kern)* doppeltmagischer Kern *m*
~ **terminated crystal** *(Krist)* Zweispitz *m*, zweiseitig zugespitzter Kristall *m*

doughnut *(Kern)* 1. Ringkammer *f*, Ringröhre *f*, Toroidkammer *f*, [ringförmige] Vakuumkammer *f (eines Betatrons oder Synchrotrons)*; 2. Neutronen[fluß]konverter *m*, Flußkonverter *m*, Neutronen-[fluß]wandler *m (langsam/schnell)*

Dove prism *(Opt)* Reversionsprisma *n*, Dove-Prisma *n*, Dovesches Reflexionsprisma *n*, Amici-Prisma *n*, Wendeprisma *n*

down-Doppler condition (situation) *(Ak, El, Opt)* Voneinanderwegbewegung *f* von Quelle und Empfänger bei der Doppler-Effekt-Messung, Entfernung *f* der Quelle bei der Doppler-Effekt-Messung *(Frequenz ist niedriger)*
~ **time** Ausfallzeit *f*, Ausfalldauer *f*
~ **transition** *(At, Fest)* Übergang *m* auf ein niedrigeres Energieniveau, Übergang *m* nach unten

downfield shift *(Spektr)* Verschiebung *f* nach niederen Feldstärken (Feldern) *(NMR-Spektroskopie)*

downranging *(Meß)* Umschaltung *f* in einen niedrigeren Meßbereich

downscattering Abwärtsstreuung *f*
downstream flow *(Ström)* Abströmung *f*
downwash *(Aero)* Abwind *m*
downwind *(Aero)* Rückenwind *m*
~ **dilution** *(Kern)* Verdünnung *f* in der Windrichtung *(von radioaktiven Auswürfen)*

DPAC s. differential PAC
dps *(Kern)* s. disintegrations per second
dr s. drachm 2.
dr apoth s. drachm 1.
drachm *(GB, Mech)* 1. Dram *n* (SI-fremde Einheit der Masse im „apothecary"-System; 1 dram ap = 3,8879346 g)*; 2. Dram *n (SI-fremde Einheit der Masse im „avoirdupois"-System; 1 dr ≈ 1,77185 g)*
draft *(US)* s. draught
drag 1. Schleppen *n*, Mitschleppen *n*, Verschleppen *n*, Nachschleppen *n*; 2. *(Aero)* Strömungswiderstand *m*, aerodynami-

scher Widerstand *m*, *(manchmal:)* Rücktrieb *m*, Rücktrift *f (in strömenden Gasen, auch Luft), (bei Landfahrzeugen manchmal auch:)* Luftwiderstand *m*; 3. *(Hydr)* Strömungswiderstand *m*, hydrodynamischer Widerstand *m*, *(manchmal:)* Rücktrieb *m*, Rücktrift *f (in strömenden Flüssigkeiten, auch Wasser)*; 4. *(Opt, Rel)* Mitführung *f (des Lichtes im bewegten Medium oder von Äther)*; 5. *(Ström)* Strömungswiderstand *m*, Widerstand *m* in Strömungsrichtung; 6. *s.* ~ force
~ **acceleration** *(Mech)* Verzögerung *f*, negative Beschleunigung *f (Größe)*
~ **axis** *(Aero)* Widerstandsachse *f*
~-**body flowmeter** *(Ström)* Widerstands-Durchflußmeßgerät *n*
~ **coefficient** 1. *(Opt, Rel)* Mitführungskoeffizient *m*, Mitbewegungskoeffizient *m*; 2. *(Ström)* Widerstandsbeiwert *m*, Beiwert *m* des Strömungswiderstands, *(manchmal:)* Profilwiderstandsbeiwert *m*
~ **critical Mach number** *(Aero)* Drag-Rise-Mach-Zahl *f*, kritische Mach-Zahl *f* für den Widerstandsanstieg
~-**divergence Mach number** *(Aero)* kritische Mach-Zahl *f* für den Widerstandsabfall
~ **due to lift** *(Aero)* induzierter (zusätzlicher) Widerstand *m*
~ **flow** *(Ström)* Widerstandsströmung *f*
~ **force** *(Ström)* Widerstandskraft *f*, Widerstand *m*, *(selten:)* Rücktriebskraft *f*, Schleppkraft *f*
~ **head** *(Ström)* Widerstandshöhe *f*
~-**lift ratio** *(Ström)* Gleitzahl *f*
~ **polar** *(Ström)* Widerstandspolare *f*
~-**rise Mach number** *s.* ~ critical Mach number
~ **velocity** *(Opt, Rel)* Mitführungsgeschwindigkeit *f*, Mitbewegungsgeschwindigkeit *f*
dragging *s.* drag 1.
drain *(Halbl)* 1. Drainelektrode *f*, Drain *m*, Senke *f*; 2. Drainzone *f*, Draingebiet *n*, Drain *m*, Senke[nzone] *f*; 3. Drainanschluß *m*, Drainklemme *f*, Drain *m*, Senkenanschluß *m*, Senke[nklemme] *f*
dram [ap] *(US, Mech) s.* drachm 1.
draught 1. *(Aero)* Zug *m*, Luftzug *m*; 2. *(Aero)* Zugstärke *f (Größe)*; 3. *(Hydr)* Tiefgang *m (eines schwimmenden Körpers)*
~ **differential** *(Aero)* statischer Druckabfall *m*
draw-out *(Kern) s.* drive-out
~-**out of ions** *(Hoch)* Reinigung *f*, Ziehen *n der* Ionen *(in einer Nebelkammer)*
drawdown *(Hydr)* Wasserspiegelabsenkung *f*, Niveau[ab]senkung *f (durch Wasserentzug, z. B. am Ende eines Gerinnes)*
drawing force *(Mech)* Ziehkraft *f*
~ **texture** *(Fest)* Zugtextur *f*, Ziehtextur *f*

dressed particle *(Feld, Qu)* angezogenes (physikalisches) Teilchen *n*
drft *(US, Hydr) s.* draught 3.
drift 1. *(Ström)* Drift *f*, Abdrift *f*, Abtrift *f*, Trift *f*, Abtrieb *m*, Abdrängung *f (vom Kurs in der Horizontalen)*; 2. *(Meß)* Drift *f (allmähliches Abweichen von einem Anfangswert, speziell dem Nullpunkt)*; 3. *(Astr)* Gangänderung *f (einer Uhr)*
~ **current** *(El, Halbl, Pl)* Driftstrom *m*
~ **gap** *(Hoch)* Driftraum *m*, Driftstrecke *f*, Driftspalt *m (einer Driftkammer)*
~ **mobility** *(Fest, Pl)* Beweglichkeit *f*, Driftbeweglichkeit *f (eines Teilchens, insbesondere eines Ladungsträgers, Größe)*
~ **space** 1. *(Hoch) s.* ~ gap; 2. *(Kern)* Driftraum *m*, Triftraum *m*, Laufraum *m (im Linearbeschleuniger: eine Art Driftröhre, die nicht röhrenförmig ist)*; 3. *(Spektr)* Laufraum *m (eines Massenspektrometers)*
~ **speed** *(El)* Driftgeschwindigkeit *f (von Elektronen oder Ionen in einem Medium)*
~ **surface** *(Pl)* Driftschale *f*, L-Schale *f*
~-**tube linear accelerator** *(Kern)* Linearbeschleuniger *m* vom Alvarez-Typ, Hochfrequenz-Linearbeschleuniger *m* nach Alvarez, Linearbeschleuniger *m* mit Driftröhren
drifting *(Ström)* Treiben *n*, Triften *n*, Driften *n*
drive 1. *(El)* Steuerung *f*, Aussteuerung *f*; Gitteransteuerung *f (Elektronenröhre)*; 2. *(El, Opt)* Nachführung *f*, Führung *f (einer Kamera)*; 3. *(Mech)* Antrieb *m*, Trieb *m (Vorrichtung)*
~-**in** *(Kern)* Einfahren *n*, *(in einem senkrechten Kern auch:)* Absenken *n (eines Steuerstabes in die Spaltzone)*
~-**in parameter** *(Halbl)* Eindringparameter *m*
~-**out** *(Kern)* Ausfahren *n*, Ziehen *n*, Herausziehen *n*, *(bei einem vertikalen Kern auch:)* Hochfahren *n (eines Steuerstabes aus der Spaltzone)*
driver 1. *(El)* Treib[er]stufe *f*, Treiber *m*; 2. *(Pl)* Treiber[beschleuniger] *m*
~ **zone** *(Kern)* Treiberzone *f (eines Reaktors)*
driving *(El, Opt)* Nachführung *f*, Führung *f (einer Kamera)*
~ **force** Triebkraft *f*, treibende Kraft *f*, Antriebskraft *f*
~ **potential** *(El)* Saugspannung *f (einer Photozelle)*
~ **torque** *(Mech, Meß)* Antriebsdrehmoment *n*, *(Meß auch:)* Meßmoment *n*
droop *s.* drop
drop Abnahme *f*, Abfall *m*, Absinken *n*, Kleinerwerden *n*, Fallen *n*, Sinken *n*; Abschwächung *f*; Rückgang *m*
~ **arch** *(Mech)* gedrückter (flacher) Spitzbogen *m*

drop 98

~ **calorimeter** *(Therm)* Tropfkalorimeter *n* (zur Messung der Wärmekapazität bei hohen Temperaturen)
~-**down** *(Hydr)* Wasserspiegelabsenkung *f*, Niveau[ab]senkung *f* (durch Wasserentzug, z. B. am Ende eines Gerinnes)
~ **ignition point** *(physCh)* Tropfzündpunkt *m*
~ **method** 1. *(physCh)* Tropfenfallmethode *f*, Methode *f* der fallenden Tropfen (Dichtemessung); 2. *(Therm)* Mischungsmethode *f (der Kalorimetrie)*; 3. *s.* dropping method
~ **model** 1. *(Fest)* Tröpfchenmodell *n (des Schichtwachstums)*; 2. *(Kern)* Tröpfchenmodell *n* [des Atomkerns], Flüssigkeitströpfchenmodell *n*
~ **weight method** *(Ström)* Tropfengewichtsmethode *f (zur Messung der Oberflächenspannung)*
~ **weight test** *(Mech)* Fallgewichtsprüfung *f*, Fallgewichtsversuch *m*, Fallgewichtsprobe *f*
droplet model *(Kern)* verfeinertes Tröpfchenmodell *n*
dropping method *(Therm)* Tropfmethode *f (der Kalorimetrie)*
~ **point** *(physCh)* 1. Tropfpunkt *m* [nach Ubbelohde] *(von Bitumen, Schmierfett)*; 2. Tropfpunkt *m, (manchmal:)* Tropftemperatur *f (eines Kunststoffs)*
dropwise condensation *(Therm)* Tropfenkondensation *f*, Tröpfchenkondensation *f*
drowned flow *(Hydr)* untergetauchtes Fließen *n*, untergetauchte Strömung *f*
drum filter *(physCh)* Vakuumdrehfilter *n*, Rotationsvakuumfilter *n*
~ **lens** *(Opt)* Gürtellinse *f*
~ **scanner** *(Opt)* Spiegelradabtaster *m*, *(manchmal:)* Trommelabtaster *m*
dry barrel *(US, Mech) s.* barrel
~ **box** *(Kern, physCh)* Trockenbox *f*, Trockenkammer *f (radiochemischer Arbeitskasten mit trockener Atmosphäre)*
~-**bulb reading (temperature)** *(Therm)* Temperatur *f* des trockenen Thermometers
~-**bulb thermometer** *(Therm)* trockenes Thermometer *n*, Trockenthermometer *n*
~ **bulk density** *(physCh)* Trockenrohdichte *f, (nicht empfohlen:)* Trockenraumgewicht *n*
~ **bushel** *(US, Mech) s.* bushel
~ **content** *(physCh)* Trockengehalt *m*, Gehalt *m* an Trockensubstanz, Trockensubstanz *f (als Größe)*
~ **pint (pt)** *(US, Mech)* Pinte *f*, dry pt *(SI-fremde Einheit des Volumens von Trockensubstanzen; 1 dry pt = 5,50610 · 10^{-4} m^3)*
~ **qt (quart)** *(US, Mech)* Quart *n*, qt *(SI-fremde Einheit des Volumens von Trockensubstanzen; 1 dry qt = 1,10122 · 10^{-3} m^3)*
~ **run** Leerversuch *m*, Leerprobe *f*

~ **saturated steam (vapour)** *(Therm)* trockener Sattdampf *m*, trockengesättigter Dampf *m*, Trockendampf *m*
~ **substance content** *(physCh)* Trockengehalt *m*, Gehalt *m* an Trockensubstanz, Trockensubstanz *f (als Größe)*
~ **unit weight** *(physCh) s.* ~ bulk density
dryness fraction *(Therm)* 1. Massendampfgehalt *m*, Dampfgehalt *m*, Massenstromanteil *m* des Dampfes; 2. Trockendampfanteil *m*, Trockenanteil *m (von Naßdampf)*
dryout *(Therm)* Siedekrise *f* zweiter Art (Ordnung), Austrocknung *f*, Abtrocknung *f*, Dryout *n(m)*
~ **heat flux** *(Therm)* Austrocknungs-Wärmestromdichte *f*, Austrocknungs-Wärmestrom *m*, Austrocknungs-Heizflächenbelastung *f*
~ **margin (ratio)** *(Therm)* Sicherheitsabstand *m* gegen Austrocknung, Abtrocknungssicherheit *f*
drywell *(Kern)* Druckkammer *f*, innere Druckschale *f*, Reaktoranlagenraum *m (eines Siedewasserreaktors)*
D.U. *(El) s.* debye
dual cycle boiling water reactor *(Kern)* Siedewasserreaktor *m* mit indirektem Kreislauf, indirekter Siedewasserreaktor *m*, Zweikreislauf-Siedewasserreaktor *m*
~ **ion** *(At) s.* dipolar ion
~ **lattice** *(Krist)* reziprokes Gitter *n*, Reziprokgitter *n, (manchmal:)* Dualgitter *n*
~ **meter** *(Meß)* Zweifachmeßgerät *n (gleichzeitige Ablesung von zwei elektrischen Größen)*
~-**rate moon position camera** *(Astr)* Mondkamera *f* von Markowitz, Markowitz-Kamera *f*
~ **resistance** *(El)* Dualitätswiderstand *m*, Dualitätsinvariante *f*
~ **steam cycle** *(Therm)* Zweidruck[-Dampfkreis]prozeß *m*
duality in the mean *(Hoch)* lokale Dualität *f*, Dualität *f* im Mittel
~ **principle** *(Qu)* Welle-Teilchen-Dualismus *m*, Dualismus *m* Welle – Teilchen, Dualismus *m* von Welle und Teilchen (Korpuskel)
Duboscq colorimeter *(physCh)* Eintauchkolorimeter *n* [nach Duboscq], Duboscq-Kolorimeter *n*
duct 1. *(Ak)* [akustischer] Wellenleiter *m*; 2. *(El, Magn)* atmosphärischer (troposphärischer) Wellenleiter *m*, Troposphärenkanal *m*, Wellenleiter *m* in der Atmosphäre, Dukt *m*, Duct *m*; 3. *(Ström)* Verbindungskanal *m*, Verbindungsleitung *f*, Verbindungsrohr *n*, Schacht *m*
ducted flow *(Ström)* Kanalströmung *f*
ductile failure *(Mech)* duktiles Versagen *n*
~ **fracture** *(Mech)* zäher (duktiler) Bruch *m*, Zähbruch *m*, Verformungsbruch *m*
~-**to-brittle transition** *(Mech)* Duktil-spröde-Übergang *m*, Übergang *m* vom duktilen in den spröden Zustand

ductility *(Mech)* Duktilität f, Verformbarkeit f, *(speziell:)* Ziehbarkeit f *(plastische Verformbarkeit bei Zug)*
Dufour effect *(Therm)* Diffusionsthermoeffekt m, Dufour-Effekt m, inverser Thermodiffusionseffekt m
dull-bright surface *(Opt)* mattglänzende Oberfläche f
~ **picture** *(Phot)* kontrastarmes (flaches, flaues) Bild n
~ **sound** *(Ak)* dumpfer Klang (Ton) m
~ **surface** *(Mech, Opt)* matte (stumpfe, blinde) Oberfläche f
~-**white surface** *(Opt)* mattweiße Oberfläche f
dulling *(Mech, Opt)* Mattierung f, Abstumpfung f *(von Oberflächen)*
dullness *(Opt, physCh)* Trübung f, Trübheit f *(eines Mediums, auch von Glas)*
dumbbell molecule *(At)* Hantelmolekül n, hantelförmiges Molekül n
dummy suffix (summation) notation *(Rel, mathPh)* s. Einstein convention
~ **variable** *(mathPh)* Scheinvariable f, Pseudovariable f *(z. B. die Variable, über die integriert wird)*
dump 1. *(El)* Stromausfall m, Totalstromausfall m *(unbeabsichtigt)*; vollständige Stromabschaltung f *(beabsichtigt)*; 2. *(Ström)* Schnellablaß m
duplet *(At)* einfache Atombindung f (Elektronenpaarbindung) f
~ **lens system** *(Opt)* Duplet n, Dupletsystem n
duplicate sample (specimen) Kontrollprobe f, Vergleichsprobe f
duration-modulated pulse [train] dauermodulierter Puls m
Dushman equation, Dushman's formula *(Fest, Qu)* Richardson-Dushman-Gleichung f, Richardson-Dushmansches Gesetz n, Dushmansche Formel f, *(manchmal:)* Richardsonsche Gleichung f, Richardson-Beziehung f
dust core *(Magn)* [magnetischer] Pulverkern m, Massekern m
~ **envelope** *(Astr)* Staubhülle f *(eines Sterns)*
dutch roll *(Aero)* Dutch-Rollbewegung f, kombinierte Gier-Roll-Bewegung f, Seitenschwingung f
duty cycle 1. Spiel n, Arbeitsspiel n, Arbeitszyklus m *(z. B. einer Maschine)*; 2. *(El, Mech)* relative Einschaltdauer f; 3. *(Kern)* s. ~ factor
~ **factor** *(Kern)* Impulsverhältnis n *(eines Beschleunigers, in %)*
d.w. *(Hydr)* s. deadweight
D/W ratio *(Aero)* Widerstands-Gewichts-Verhältnis n
dwarf *(Astr)* Zwerg[stern] m, Hauptreihenstern m
~ **galaxy (nebula)** *(Astr)* Zwerggalaxis f
~ **star** s. dwarf
~ **wave** *(El, Magn)* Zwergwelle f

DWBA [method] *(Kern)* s. distorted wave Born approximation
dwell dead time *(Kern, Spektr)* Totzeit f pro Kanal *(eines Vielkanalzählers)*
~ **time** *(Kern, Spektr)* Haltezeit f *(pro Kanal)*, Kanalvorschubzeit f *(eines Vielkanalzählers)*
dwelling Verweilen n, Aufenthalt m
dwt s. 1. *(Hydr)* deadweight; 2. *(Mech)* pennyweight
dye experiment [of Reynolds] *(Hydr)* Farbfadenversuch m *(von Reynolds)*, Reynoldsscher Farbfadenversuch m
~ **line** *(Hydr)* Farbfaden m
~ **method** *(Kern)* Anfärbungsmethode f *(zur Sichtbarmachung von Bahnspuren)*
dying-away 1. Verschwinden n, Auflösung f; 2. *(Ak)* Ausklingen n
~-**down** s. ~-out 2.
~-**out** 1. Abbau m, Zerfall m, Zusammenbruch m *(eines Feldes)*; 2. Abklingen n *(einer Schwingung)*, Ausschwingen n; 3. *(Ak)* Verklingen n; 4. *(Fest)* Abklingen n, Abfall m, Zerfall m *(der Lumineszenz)*; 3. *(Kern)* Abklingen n, Abkühlung f *(einer Radioaktivität)*, Abklingenlassen n
~-**out time** Ausschwingdauer f, Ausschwingzeit f
dynamic coefficient of friction *(Mech)* s. coefficient of kinetic friction
~ **error** *(Reg)* vorübergehende Regelabweichung f
~ **freezing-in** *(Fest)* Relaxationseinfrieren n, dynamisches Einfrieren n
~ **friction** *(Mech)* Bewegungsreibung f, Reibung f der Bewegung, dynamische (kinetische) Reibung f
~ **head** *(Hydr)* dynamische Druckhöhe f
~ **heating** *(Aero)* aerodynamische Erwärmung f, Erhitzung f durch die Reibungswärme
~ **hysteresis** *(Fest, Mech)* elastische (dynamische) Hysterese f
~ **lift** *(Aero)* [dynamischer] Auftrieb m, hydrodynamischer Auftrieb
~ **magnifier** Vergrößerungsfaktor m, Verstärkungsfaktor m *(einer gedämpften Schwingung)*
~ **method** *(physCh)* 1. dynamische Methode f, Siedemethode f *(der Dampfdruckbestimmung)*; 2. Überführungsmethode f, Gassättigungsmethode f, Saturationsmethode f *(der Dampfdruckbestimmung)*
~ **permeability** *(Magn)* Wechsel[feld]permeabilität f, Wechselstrompermeabilität f, dynamische Permeabilität f
~ **pressure** *(Hydr)* 1. dynamischer Druck m *(einer kompressiblen oder inkompressiblen Flüssigkeit: Gesamtdruck minus statischer Druck)*; 2. Gesamtdruck m, Totaldruck m, Pitot-Druck m *(einer strömenden Flüssigkeit)*
~ **response** 1. *(Meß)* dynamische Ansprechempfindlichkeit (Empfindlichkeit) f; 2. *(Reg)* dynamisches Verhalten n, Zeitverhalten n

dynamic

~ **seal** *(Ström)* Bewegungsdichtung f
~ **similarity** *(Mech)* mechanische (dynamische) Ähnlichkeit f
~ **specific resistance** *(Ak)* [äußere] Strömungsresistanz f, Strömungswiderstand m
~ **strength** *(Mech)* Schwingungsfestigkeit f, Erschütterungsfestigkeit f
~ **temperature difference** *(Ström)* Stautemperatur f *(in einem strömenden Medium)*
~ **trim** *(Aero)* dynamische Gleichgewichtslage f
~ **unbalance** *(Mech)* Unwucht f, Massenungleichheit f
dynamical friction 1. *(Mech)* s. dynamic friction; 2. *(Pl)* dynamische Reibung f *(zwischen Elektronen und Ionen)*
~ **matrix** *(Krist)* Kopplungsmatrix f, dynamische Matrix f
~ **similarity principle** *(Mech)* Prinzip n der mechanischen (dynamischen) Ähnlichkeit
dynamometer 1. *(Mech)* Kraftmesser m, Dynamometer n; 2. *(Mech)* Drehmomentmesser m
dyne *(Mech)* Dyn n, dyn *(SI-fremde Einheit der Kraft; 1 dyne = 10^{-5} N)*
Dyson chronological product *(Feld, Qu)* P-Produkt n, Dysonsches Produkt n

E

E **capture [decay]** s. electron capture 2.
e-e process *(Kern)* doppelte innere Konversion (Umwandlung) f, ee-Prozeß m
e-fold length Abklinglänge f *(einer Strahlung)*
e-folding [decay] time Abklingzeit f *(einer Größe auf ihren e-ten Teil)*
e-lept[on]ic charge *(Hoch)* Elektronzahl f, elektronische Leptonenzahl f, elektronische leptonische Ladung f, e-leptonische Ladung
E mode s. transverse magnetic mode
e-neutrino *(Hoch)* Elektronneutrino n, e-Neutrino n, beim Betazerfall (Positronenzerfall) entstehendes Neutrino n
E wave *(El)* s. transverse wave
E-WH method *(At, Qu)* SCCC-Methode f, erweiterte Wolfberg-Helmholz-Methode f, E-WH-Methode f
early-type star *(Astr)* Stern m vom frühen Spektraltyp, früher Spektraltyp (Typ) m
earth *(El)* Erde f, Erdung f, Erdverbindung f *(Ergebnis)*
~ **inductor [compass]** *(Magn)* Erdinduktor m, *(manchmal:)* Rotationsinduktor m
Earth-based astronomy erdgebundene Astronomie f
~ **gyroscope** *(Mech)* schwerer Kreisel m, Barygyroskop n
~ **orbit** *(Astr)* Erd[umlauf]bahn f, Umlaufbahn f der Erde *(um die Sonne)*

~-**orbiting satellite** *(Astr)* künstlicher Satellit *(Erdsatellit)* m
~ **rate** *(Astr)* Winkelgeschwindigkeit f der Erdrotation
Earth's external potential *(Mech)* Gravitationspotential (Schwerepotential) n der Erde
eastern amplitude *(Astr)* Morgenweite f
~ **spot** *(Astr)* F-Fleck m, [nach]folgender Fleck m
easy-flow direction *(Halbl)* s. forward direction
ebullience *(Therm)* heftiges Sieden (Aufsieden) n, Kochen n, Aufwallen n
ebullioscopic constant *(physCh)* ebullioskopische Konstante f, molare Siedepunktserhöhung f
eccentricity 1. *(Astr)* numerische Exzentrizität f *(der Bahn)*; 2. *(Mech)* Exzentrizität f *(eines rotierenden Körpers)*
echelon grating *(Opt)* Echelon n, [Michelsonsches] Stufengitter n, Michelson-Gitter n
~ **lens** *(Opt)* Stufenlinse f
~ **structure** *(Fest)* kulissenartige Struktur f, Staffelstruktur f
échelon ... s. echelon ...
echo chamber *(Ak)* Hallraum m, Nachhallraum m, Echoraum m
~ **location (ranging)** *(Ak, El)* Echoortung f, Rückstrahlortung f
~ **sounder** *(Ak, Hydr)* Echolot n, Behm-Lot n
eclipse *(Astr)* 1. [echte] Finsternis f, *(als Vorgang auch:)* Verfinsterung f *(Durchgang durch den Schatten eines anderen Körpers)*; 2. [unechte] Finsternis f, *(als Vorgang auch:)* Verfinsterung f *(dunkler Körper zwischen leuchtendem Körper und Beobachter)*
eclipsed conformation *(At)* verdeckte (ekliptische) Konformation f
eclipsing binary (variable) [star] *(Astr)* Bedeckungsveränderlicher m, photometrischer Doppelstern m
ecliptic coordinate system, ~ **coordinates** *(Astr)* Ekliptikalsystem n, ekliptikales Koordinatensystem n, ekliptikale Koordinaten fpl
~ **plane** *(Astr)* Ebene f der Ekliptik, ekliptikale Ebene f, Erdbahnebene f, *(manchmal:)* Ekliptik f
EDA complex *(physCh)* Elektronen-Donator-Akzeptor-Komplex m, EDA-Komplex m, Addukt n
eddy *(Ström)* 1. *(großräumiger)* Wirbel m, *(allgemeiner:)* Wirbelgebilde n; 2. Wirbelbewegung f, wirbelige (wirbelnde) Bewegung f *(s. a. unter turbulent)*
~ **conductivity** *(Therm)* turbulente Wärmeleitfähigkeit f (Wärmeleitzahl) f, Turbulenzwärmeleitfähigkeit f
~ **energy density** *(Ström)* turbulente Energiedichte f, Turbulenzenergiedichte f

~ **flow** *(Ström)* Wirbelströmung *f*, wirblige (wirbelnde, verwirbelte) Strömung *f*, *(spezieller:)* turbulente Strömung *f*, Turbulenz *f*
~ **kinetic energy** *(Ström)* Turbulenzenergie *f*, turbulente Energie *f*
~ **sink** *(Ström)* Wirbelsenke *f*
~ **source** *(Ström)* Wirbelquelle *f*
~ **stress** *(Ström)* Reynolds-Spannung *f*, Reynoldssche (scheinbare) Spannung *f*, turbulente Scheinschubspannung *f*, Zähigkeitskraft *f* der turbulenten Scheinreibung
~ **sump** *s.* ~ **sink**
~ **transfer coefficient** *(Ström)* turbulente Austauschgröße *f*
~ **velocity** *(Ström)* [turbulente] Schwankungsgeschwindigkeit *f*
~ **viscosity [coefficient]** *s.* coefficient of eddy viscosity
edge 1. Kante *f*, Rand *m*; 2. Flanke *f (z. B. eines Impulses, eines Signals)*
~ **angle** *(Krist)* Kantenwinkel *m*, Neigungswinkel *m* zweier Kanten
~ **dislocation** *(Krist)* Stufenversetzung *f*, Taylor-Orowan-Versetzung *f*, Längsversetzung *f*, 0°-Versetzung *f*
~ **effect** 1. *(Ak, El)* Kantenwirkung *f*, Kanteneffekt *m*; 2. *(Phot)* [photographischer] Randeffekt *m (zusätzlich stärker geschwärzter Rand der stärker geschwärzten Fläche)*; 3. *(Phot)* Saumeffekt *m*
~ **effects** *(Phot)* Nachbareffekte *mpl*
~ **of band** *(Spektr)* Bandenkante *f*, Bandenkopf *m*
~ **spread function** *(Opt)* Kantenverwaschungsfunktion *f*, Kantenbrechungsfunktion *f*
~ **steepness** *(El)* Impulsflankensteilheit *f*, Flankensteilheit *f*
~ **wave** 1. *(Opt)* Kantenwelle *f*, Randwelle *f*; 2. *(Hydr)* Randwelle *f*
Edison effect *(El, Fest) s.* thermionic emission 1.
EDS *(Spektr)* energiedispersive Röntgenspektroskopie *f*, EDXS, energiedispersive Spektrometrie *f*, EDS
EEDOR *(Spektr)* Elektron-Elektron-Doppelresonanz *f*, EEDOR
EEE *(Fest)* Exoelektronenemission *f*, EEE, Elektronennachemission *f*, Exoemission *f*
EELS *(Spektr)* Elektronenenergieverlustspektroskopie *f*, EELS
effective acoustic pressure *s.* sound pressure
~ **aperture** *(Opt, Phot)* [wirksame] Öffnung *f*
~ **density** *(Mech)* effektive Dichte (Teilchendichte) *f (Masse pro Volumen einschließlich der Poren)*
~ **exhaust velocity** *(Aero)* wirksame Austrittsgeschwindigkeit *f*
~ **force** *s.* d'Alembertian auxiliary force
~ **interaction** *(Kern)* abgeschirmte (effektive) Wechselwirkung *f*
~ **perceived noise level** *(Ak)* bewerteter Lärmpegel (Lästigkeitspegel) *m*
~ **pitch** *(Aero)* Fortschrittssteigung *f (tatsächlich zurückgelegter Weg bei einer Propellerumdrehung)*
~ **power** 1. *(El)* tatsächliche (wirkliche, effektive) Leistung *f*; 2. *(El)* Nutzleistung *f*, effektive Leistung *f*; 3. *(Opt)* Hauptpunktsbrechwert *m (eines Brillenglases)*; 4. *(Opt)* Bildbrechwert *m*, Bildbrechkraft *f*, Bildbrennwert *m (einer Linse)*
~ **range** 1. *(Kern)* effektive Reichweite *f (der Kernkräfte)*; 2. *(Meß)* [effektiver] Meßbereich *m*, Bereich *m* größter Genauigkeit *(eines Meßgeräts)*
~ **sound pressure** *(Ak)* Effektivschalldruck *m*, Effektivwert *m* des Schalldrucks, effektiver Schalldruck *m*
~ **thermal cross section** *(Kern)* Westcott-Querschnitt *m*, effektiver thermischer Wirkungsquerschnitt (Querschnitt) *m*
~ **thrust** *(Mech)* Nutzschub *m*
~ **velocity** *(statPh)* mittlere quadratische Geschwindigkeit *f*
~ **work** *(Mech)* Nutzarbeit *f*
effectiveness Wirksamkeit *f*, Effektivität *f*
efficiency 1. Wirksamkeit *f*, Effektivität *f*; 2. Wirkungsgrad *m*; 3. *(Kern)* Selbstabsorptionskoeffizient *m*, Selbstabsorptionsfaktor *m*, Effektivität *f (einer Strahlenquelle)*; 4. *(mathPh)* Wirksamkeit *f*, Effizienz *f*, Leistungsfähigkeit *f (einer Punktschätzung)*; 5. *(Opt)* Nutzwirkungsgrad *m (eines Scheinwerfers)*; 6. *(Opt) s.* luminous efficacy; 7. *(Therm)* thermischer Wirkungsgrad *m*, Carnot-Faktor *m*
~ **of ionization** *(Kern)* Ionisierungsausbeute *f*, Ionisationsausbeute *f*
effluent control (monitoring) *(Kern)* Auswurfüberwachung *f*, Auswurfkontrolle *f*
efflux *(Ström)* 1. Ausströmung *f*, Ausfließen *m*, Ausfluß *m*; 2. austretender Strahl *m*, Treibstrahl *m (eines Luftstrahltriebwerks)*
effusion *(physCh)* Effusion *f*, Ausströmung *f (von Gasen durch kleine Öffnungen, jedoch größer als bei der Diffusion)*
effusive flow rate *(physCh)* 1. Effusionsstrom *m*, Effusionsdurchfluß *f*; 2. Effusionsstromdichte *f*
EG region *(Rel)* extrem relativistisches Gebiet *n*, ER-Gebiet *n*
EH mode *(El) s.* transverse electromagnetic mode
eigenangle *(statPh)* Eigenwinkel *m*, Quasienergie *f*
eigenstate *(Qu)* Energie[eigen]zustand *m*, Quantenzustand *m*, quantisierter (gequantelter) Energiezustand *m*
eight-electron bond *(At)* Vierfachbindung *f*, Achtelektronenbindung *f*
~-**electron shell** *(At)* L-Schale *f*, Achterschale *f*

eight

~-**fold symmetry** *(Krist)* achtzählige (8zählige) Symmetrie *f*
einstein *(Phot)* Einstein *n*, E *(Einheit der Strahlungsenergie in der Photochemie; 1 Einstein = 1 mol Photonen)*
Einstein-Bohr equation *(Qu)* Einsteinsche Formel *f* in der Strahlungstheorie, Einstein-Bohrsche Gleichung *f*
~ **causality** *(Feld, Rel)* Mikrokausalität *f*, Einstein-Kausalität *f*, relativistische Kausalität *f*, lokale Vertauschbarkeit *f*
~ **condensation** *(Tief)* Bose-Einstein-Kondensation *f*, Einstein-Kondensation *f*
~ **convention** *(Rel, mathPh)* Einsteinsche Summation[sbezeichnung] *f*, Einsteinsche Konvention (Summierungsvorschrift, Festlegung) *f*, Summenregel *f*
~ **crystal** *(Fest)* Einstein-Modell *n*, Einsteinsches Kristallmodell *n*, Einsteinsches Modell *n* der Gitterschwingungen
~ **displacement (effect)** *(Rel)* 1. relativistische Ablenkung *f* des Lichtes, Lichtkrümmung (Lichtablenkung) *f* im Schwerefeld; 2. *s.* ~ **shift**
~ **elevator** *(Rel)* Einsteinscher Aufzug *m*, Einsteinscher (frei fallender) Kasten *m*
~ **equation (formula)** *s.* ~ **mass-energy relation**
~ **formula in radiation theory** *(Qu)* Einsteinsche Formel *f* in der Strahlungstheorie, Einstein-Bohrsche Gleichung *f*
~ **mass-energy relation** *(Rel)* Masse-Energie-Beziehung *f*, Masse-Energie-Gleichung *f*, Einsteinsche Gleichung *f*
~ **photochemical equivalence law** *(physCh)* Einsteins photochemisches Äquivalentgesetz (Gesetz) *n*, Stark-Einsteinsches Äquivalentgesetz *n*, Quantenäquivalentgesetz *n*
~ **photoelectric equation (law)** *(Qu)* Einsteinsche Gleichung *f* für den photoelektrischen Effekt, Einsteinsche Gleichung *f* der Photoelektrizität
~-**Planck law** 1. *(Qu)* Einsteinsche Gleichung *f* ($E = h\nu$); 2. *(Rel)* Einstein-Plancksches Gesetz *n* (Bewegungsgleichung eines geladenen Teilchens im elektromagnetischen Feld)
~ **pseudotensor** *(Feld, Rel)* Einsteinscher Energiekomplex *m*, Energiekomplex *m* des Gravitationsfeldes, Einsteinscher Pseudotensor *m* [der Impuls-Energie-Dichte]
~ **relation** 1. *(Pl)* Einstein-Relation *f*, Einsteinsche Beziehung *f* für den Diffusionskoeffizienten; 2. *s.* ~ **mass-energy relation**
~ **shift** *(Rel)* Rotverschiebung *f* im Schwerefeld (Gravitationsfeld), [allgemein-]relativistische Rotverschiebung *f*, Einsteinsche Rotverschiebung (Spektralverschiebung) *f*, Einstein-Effekt *m* *(der Spektrallinien)*
~ **tensor** *(mathPh)* Ricci-Tensor *m*, verjüngter [Riemannscher] Krümmungstensor *m*, Einstein-Tensor *m*

~ **transition coefficient (probability)** *(Qu)* Einstein-Koeffizient *m*, Einsteinsche Übergangswahrscheinlichkeit *f*
Einstein's general [theory of] relativity Allgemeine Relativitätstheorie *f*, [Einsteinsche] allgemeine Relativitätstheorie *f*, Theorie *f* der Relativität der Beschleunigungen
~ **law** *s.* Einstein mass-energy relation
~ **law of gravitation** *(Rel)* Einsteinsche Feldgleichungen (Gravitationsgleichungen) *fpl*
~ **model** 1. *(Astr, Rel)* Einstein-Welt *f*, Einstein-Kosmos *m*, [Einsteinsche] Zylinderwelt *f*, Einsteinsches Weltmodell *n*; 2. *(Fest) s.* Einstein crystal
ejection 1. Ausstoßen *n* *(auch von Gasen)*, Herausstoßen *n*, Auswurf *m*, Auswerfen *n*; 2. *(Kern)* Steuerstabausstoß *m*, Stabauswurf *m*; 3. *(Kern)* Extraktion *f*, Teilchenextraktion *f*, Teilchenausschleusung *f* *(aus einem Beschleuniger)*; 4. *(Kern)* Ausführung (Herausführung, Ejektion) *f* des Strahls, Strahlenausschleusung *f*, Strahlauslenkung *f* *(aus der Vakuumkammer)*
elapsed time abgelaufene (vergangene, verstrichene) Zeit *f*
elastance *(El)* Elastanz *f*, reziproke Kapazität *f*
elastic after-effect function *(Mech)* Nachwirkungsfunktion *f (Boltzmann)*
~ **compliance constant** *(Fest)* elastischer Koeffizient *m*, Elastizitätskoeffizient *m*, Elastizitätskonstante *f*, *(im verallgemeinerten Hookeschen Gesetz, in den Verzerrungs-Spannungs-Beziehungen)*
~ **compliance matrix** *(Fest)* Matrix *f* der Elastizitätsmoduln (elastischen Moduln), s-Matrix *f*
~ **constant** *(Fest)* 1. elastische Konstante *f*, Elastizitätsmodul *m* *(von Kristallen: Oberbegriff für elastische Koeffizienten und elastische Moduln)*; 2. elastischer Modul *m*, [verallgemeinerter] Elastizitätsmodul *m*, elastische Widerstandszahl *f* *(im verallgemeinerten Hookeschen Gesetz, in den Spannungs-Verzerrungs-Beziehungen)*
~ **cross section** *(Kern)* elastischer Streuquerschnitt *m*, Wirkungsquerschnitt *m* für elastische Streuung, Wirkungsquerschnitt *m* der elastischen Streuung
~ **curve** *(Mech)* elastische Linie *f*, Biegelinie *f*
~ **dipole** *(Fest)* Doppelkraft *f*, elastischer Dipol *m*
~ **flow** *(Mech)* Deformationsrückgang *m* nach elastischer Verformung, elastisches Fließen *n*
~ **hysteresis loop** *(Mech)* elastische (mechanische) Hystereseschleife *f*, Zug-Druck-Hystereseschleife *f*
~ **lag** *(Mech)* Elastizitätsverzögerung *f*, Retardation *f*

~ **limit** *(Mech)* Elastizitätsgrenze f
~ **modulus** s. 1. ~ constant 1.; 2. elongation modulus
~ **nuclear Coulomb scattering** *(At)* Rutherford-Streuung f, Rutherfordsche Streuung f
~ -**plastic body** *(Mech)* Prandtlscher Körper m, P-Körper m, elastisch-plastischer Körper m
~ **potential per unit mass** *(Mech)* spezifische Formänderungsarbeit (Verzerrungsarbeit) f, massebezogene Formänderungsarbeit (Deformationsarbeit) f
~ **ratio** *(Mech)* Elastizitätsverhältnis n *(Elastizitätsgrenze/Zugfestigkeit)*
~ **recovery** *(Mech)* elastische Rückdehnung (Erholung) f
~ **shear limit** *(Mech)* Schubfließgrenze f
~ **shear modulus** *(Mech)* [elastischer] Schubmodul m, Gestaltmodul m, Schubelastizitätsmodul m, zweiter Elastizitätsmodul m, Scher[ungs]modul m, Gleitzahl f
~ **stiffness constant** s. ~ constant 2.
~ **stiffness matrix** *(Fest)* Matrix f der elastischen Koeffizienten, Matrix f der Elastizitätskoeffizienten, c-Matrix f
~ **stiffness tensor** *(Fest)* Tensor m der elastischen Koeffizienten, reziproker Hookescher Tensor m
~ **strain** *(Mech)* 1. elastischer Verformungszustand (Verzerrungszustand) m; 2. elastische Verzerrung f *(Größe)*
~ **strain range** *(Mech)* Bereich m der elastischen Verformung, elastischer Bereich m *(auf einer Spannungs-Dehnungs-Kurve)*
~ **stress** *(Mech)* 1. elastischer Spannungszustand m, elastisch gespannter Zustand m; 2. elastische Spannung f *(Größe)*
~ **stress intensity factor** *(Mech)* [elastischer] Spannungsintensitätsfaktor m
~ **submatrix** *(Kern)* elastische Streuuntermatrix (S-Untermatrix) f, Untermatrix f der elastischen Streuung
~ **tension** *(Mech)* elastischer Zug m, elastische Zugspannung f
~ **work of deformation** *(Mech)* reversible (elastische) Formänderungsarbeit f
elastica *(Mech)* Elastika f *(eine spezielle elastische Linie)*
elasticity in bulk *(Fest, Mech)* Volumenelastizität f, Volumelastizität f *(Erscheinung)*
~ **in compression** *(Krist, Mech)* Druckelastizität f
~ **in elongation (extension)** *(Krist, Mech)* Zugelastizität f
~ **in flexure** *(Krist, Mech)* Biegeelastizität f, Biegungselastizität f
~ **in shear** 1. *(Krist, Mech)* Formelastizität f, Spannungselastizität f; 2. *(Ström)* Scherelastizität f
~ **modulus** s. elastic constant 1.

~ **number** *(Ström)* Elastizitätszahl f, Elastizitätskennzahl f
elasticoviscous body (solid) *(Mech)* elasto-viskoser Körper m
elastivity *(El)* reziproke Dielektrizitätskonstante f, Elastivität f
ELDOR *(Spektr)* Elektron-Elektron-Doppelresonanz f, ELDOR
electric ... s. a. electrical ...
~ **affinity** *(At)* Elektron[en]affinität f, EA
~ **capacity** s. capacitance 1.
~ **charge per unit area** *(El)* Flächenladungsdichte f, elektrische Ladungsbedeckung f, Flächendichte f der Ladung, *(speziell:)* elektrische Flächenladungsdichte f
~ **constant** *(El)* elektrische Feldkonstante f, Permittivität f des Vakuums
~ **corona** *(El)* Koronaentladung f, Korona[erscheinung] f
~ **current density** *(El)* [elektrische] Stromdichte f
~ **defect** *(Krist)* elektrische Fehlordnung (Gitterfehlstelle) f, elektronische Gitterfehlstelle f, Elektronenfehlstelle f
~ **displacement [density]** *(El)* elektrische Flußdichte f, Verschiebungsflußdichte f
~ **dust figures** *(El)* Lichtenbergsche Figuren (Gleitentladungsfiguren) fpl
~ **energy** *(El)* 1. elektrische Energie f, elektrische Feldenergie f, Energie f des elektrischen Feldes; 2. Elektroenergie f, Strom m *(im energietechnischen Sinne)*
~ **field** s. ~ field intensity 2.
~ **field effect** *(Spektr)* Stark-Effekt m, *(in der NMR-Spektroskopie:)* elektrischer Feldeffekt m
~ **field intensity (strength)** *(El)* 1. elektrische Feldstärke f, elektrischer Vektor m, E-Vektor m, Vektor m der elektrischen Feldstärke, elektrischer Feld[stärke]vektor m; 2. elektrische Feldstärke f, Stärke f des elektrischen Feldes *(als skalare Größe)*
~ **flux** *(El)* elektrischer Fluß (Verschiebungsfluß) m, Verschiebungsfluß m
~ **flux density** s. ~ displacement
~ **flux line** *(El)* elektrische Feldlinie (Kraftlinie) f
~ **induction** s. ~ displacement
~ **megawatt** *(Kern)* Megawatt n elektrische Leistung, Megawatt n elektrisch, MW(e)
~ **polarization** *(El)* [elektrische] Polarisation f, Elektrisierung f *(Vektorgröße)*
~ **potential** *(El)* elektrisches (elektrostatisches) Potential n
~ **shunt** *(El)* Nebenwiderstand m, Shunt m, *(selten:)* Nebenschlußwiderstand m *(Bauelement)*
~ **spectrum** *(At)* Bogenspektrum n
~ **strength** *(El)* [elektrische] Spannungsfestigkeit f, Durchschlagfestigkeit f, dielektrische Festigkeit (Festigkeit) f
~ **tension** *(El)* Spannung f, *(selten:)* elektrische Spannung f
~ **vector** s. ~ field intensity 1.

electrical

electrical ... *s. a.* **electric** ...
- **~ analogy** Elektroanalogie *f*
- **~ angle** Phasenwinkel *m (einer Schwingung)*
- **~ attenuation** *(El)* Dämpfungsmaß *n (Größe)*
- **~ conductivity** *(El)* [elektrische] Leitfähigkeit *f*, Konduktivität *f (Größe)*
- **~ impedance** *(El)* 1. komplexer Widerstand *m*, Widerstandsoperator *m*, elektrische (komplexe) Impedanz *f*; 2. Scheinwiderstand *m*, Impedanz *f (Betrag des komplexen Widerstandes)*
- **~ interference** *(El)* Störung *f*, Störbeeinflussung *f*
- **~ leak** *(El)* Kriechweg *m*
- **~ loading** *(El)* Einschaltung *f* von Induktivitäten *(in eine Übertragungsleitung, meist: Bespulung)*
- **~ resistivity** *(El)* spezifischer [elektrischer] Widerstand *m*, Resistivität *f*
- **~ splitting** *(Spektr)* Stark-[Effekt-]Aufspaltung *f*, elektrische Aufspaltung *f (von Spektrallinien)*
- **~ surface potential** *(Ech)* Oberflächenpotential *n*, Chi-Potential *n*, X-Potential *n*, *(speziell:)* Grenzflächenpotential *n*

electricity *(El)* 1. Elektrizität *f (Erscheinung)*; 2. *s.* electric energy 2.

electroacoustic sensitivity *(Ak)* [elektroakustischer] Leistungsübertragungsfaktor *m (von Schallstrahlern oder Aufnehmern)*
- **~ transfer constant (factor)** *(Ak)* elektroakustischer Übertragungsfaktor *m*

electrochemical constant *(Ech)* Faraday-Konstante *f*, *(manchmal:)* Faraday *n (in C mol⁻¹)*; Faraday-Ladung *f*, [Faradaysche] Äquivalentladung *f (in C)*
- **~ current efficiency** *(Ech)* Stromwirkungsgrad *m*, elektrolytischer Wirkungsgrad *m*, Stromausbeute *f*
- **~ oxidation** *(Ech)* Anodenreaktion *f*, [elektrochemische] Oxidation *f*
- **~ reduction** *(Ech)* Kathodenreaktion *f*, [elektrochemische] Reduktion *f*
- **~ series** *(Ech)* elektrochemische Spannungsreihe (Reihe) *f*, [Voltasche] Spannungsreihe *f*

electrode drop *(El)* Spannungsabfall *m* an der Elektrode, Elektrodenspannungsabfall *m*
- **~ potential** 1. *(Ech)* Elektrodenspannung *f*, Galvani-Potential *n*; 2. *(El)* Elektrodenspannung *f*, Elektrodenpotential *n (einer Elektronenröhre gegen Kathode)*
- **~ potential series** *s.* electrochemical series

electrodisintegration *(Kern)* Elektron-Kern-Reaktion *f*, elektroneninduzierte Kernumwandlung *f*, Elektrozerfall *m*

electrofission *(Kern)* elektroneninduzierte Spaltung *f*, Elektrospaltung *f*

electrogasdynamic generator *(El, Magn)* elektrogasdynamischer Generator *m*, EGD-Generator *m*

104

electroglow *(Astr)* Elektroleuchten *n (des Uranus)*

electrohydrodynamic conversion *(Pl)* elektrohydrodynamische Umwandlung (Energieumwandlung, Energiedirektumwandlung) *f*, EHD-Umwandlung *f*

electrokinetic potential *(Ech)* Zeta-Potential *n*, ζ-Potential *n*, elektrokinetisches Potential *n*

electroluminor *(El, Opt)* Elektrolumineszenzphosphor *m*

electrolytic cell *(Ech)* Elektrolysezelle *f*
- **~ conductance (conduction)** *(Ech)* elektrolytische Stromleitung *f*, elektrolytische Leitung *f*, *(manchmal:)* Ionenleitung *f*
- **~ current efficiency** *(Ech)* Stromausbeute *f*, Stromwirkungsgrad *m*, elektrolytischer Wirkungsgrad *m*
- **~ depolarization** *(Ech)* Depolarisation *f*
- **~ mean** *(Ech)* elektrolytischer (galvanischer) Mittelwert *m*, Gleichstrommittel *n*, Gleichstrommittelwert *m*
- **~ solution tension** *(Ech)* [elektrolytischer] Lösungsdruck *m*, Lösungstension *f*

electromagnetic compatibility *(El)* elektromagnetische Verträglichkeit *f*, EMV
- **~ component** *(Hoch)* Elektron-Photon-Komponente *f (der kosmischen Strahlung)*
- **~ constant** *(El)* dynamische Galvanometerkonstante *f*
- **~ field equations** *(El, Feld)* Maxwellsche Gleichungen *fpl*, Grundgleichungen *fpl* der Elektrodynamik
- **~ field tensor** *(Feld, Rel)* elektromagnetischer (Maxwellscher) Feldstärketensor *m*, Feld[stärke]tensor *m*, Vierertensor *m* des elektromagnetischen Feldes
- **~ field theory** *(El, Magn)* Maxwellsche Theorie *f* des elektromagnetischen Feldes, Maxwellsche Theorie *f* [des Elektromagnetismus], Faraday-Maxwellsche Theorie *f*
- **~ interference** *(El, Magn)* elektromagnetische Beeinflussung (Störung) *f*, EMB
- **~ levitation** *(El, Magn)* Magnetschwebeverfahren *n*, elektromagnetische Levitation *f*, Schweben *n* im elektromagnetischen Feld, Magnetkissenverfahren *n*
- **~ momentum** *(El, Magn)* elektromagnetischer Impuls *m (Bewegungsgröße)*
- **~ pulse** *(Kern, Pl)* [nuklearer] elektromagnetischer Impuls *m (bei einer thermonuklearen Explosion)*
- **~ reaction** *(El)* induktive Rückkopplung *f (einer Elektronenröhre)*
- **~ stress** *(El, Magn)* [Faraday-]Maxwellsche Spannung *f*
- **~ unit** *(El, Magn)* elektromagnetische CGS-Einheit *f* (cgs-Einheit, Einheit) *f*, emE, el.magn. Einheit *f*
- **~ units** *(El, Magn)* elektromagnetisches CGS-System *n* (cgs-System, Maßsystem) *n*

electromotance *s.* electromotive force

electromotive force *(Ech, El)* elektromotorische Kraft *f*, EMK, Urspannung *f*, negative Quellenspannung *f*
~ **force series** *(Ech) s.* electrochemical series
~ **intensity** *(El)* Spannungsgefälle *n*, Potentialgefälle *n*, Spannungsgradient *m*, Potentialgradient *m*

electron ... *s. a.* electronic ...
~ **acoustic oscillation** *(Pl)* Elektronenschall *m*, Elektronenschallschwingung *f*
~ **acoustic paramagnetic resonance** *(Fest)* akustische Elektronenspinresonanz (ESR) *f*, AESR
~ **beam** *(El)* Elektronenstrahl *m (Strom von Elektronen gleicher Richtung und gleicher Geschwindigkeit)*
~ **beam analysis** *(Fest)* Elektronenstrahlmakroanalyse *f*
~ **binding energy** *(At)* Ionisierungspotential *n*, Ionisierungsspannung *f*, Ionisationspotential *n (in V)*
~ **capture** 1. *(Hoch)* Elektroneneinfang *m (durch Geschoßteilchen beim Stoß)*; 2. *(Kern)* Elektroneneinfang *m*, E-Einfang *m*, Zerfall *m* durch Elektroneneinfang
~ **capture decay** *s.* ~ capture 2.
~ **cloud** 1. *(At)* Elektronenhülle *f*, Atomhülle *f*; 2. *(Fest, Qu)* Elektronenwolke *f*
~ **concentration** 1. Elektronendichte *f*, Elektronenkonzentration *f (Elektronen je Volumeneinheit)*; 2. *(At)* Elektronenkonzentration *f (eines Moleküls)*; 3. *(Fest)* Valenzelektronenkonzentration *f*, Valenzelektronendichte *f*, Elektronenkonzentration *f*
~ **conduction** 1. *(Ech, El)* Elektronenleitung *f*; 2. *(Halbl)* Elektronenleitung *f*, N-Leitung *f*
~ **conductivity** 1. *(Halbl)* Elektronenleitfähigkeit *f*, N-Leitfähigkeit *f*; 2. *(Pl)* Elektronenleitfähigkeit *f*
~ **conductor** *(Ech, Fest)* Elektronenleiter *m*, Leiter *m* I. Ordnung, Leiter *m* erster Klasse
~ **configuration** *(At)* Elektronenkonfiguration *f*, [räumliche] Elektronenanordnung *f (im Atom oder Molekül)*
~ **cooling** *(Kern)* Elektronenkühlung *f*, Strahlkühlung *f (eines Teilchenbeschleunigers mittels niederenergetischer Elektronen)*
~ **coupling** 1. *(At)* Atombindung *f*, Elektronenpaarbindung *f*, kovalente (homöopolare, unpolare, einpolare, unitarische) Bindung *f*; 2. *(El)* Elektronenkopplung *f*
~ **deficient semiconductor** *s. p*-type semiconductor
~ **deficit** *(At)* Elektronenmangel *m*, Elektronendefizit *n*, Elektronenunterschuß *m*
~ **density** 1. spezifische Elektronenanzahl *f*, Elektronendichte *f (Elektronen je Masseeinheit)*; 2. Elektronendichte *f*, Elektronenkonzentration *f (Elektronen je Volumeneinheit)*

~ **detachment** *(At)* Elektronenabspaltung *f*, Elektronenablösung *f*, Detachment *n (von neutralen Atomen oder Molekülen)*
~ **diffraction pattern (photograph)** *(Fest)* Elektronenbeugungsdiagramm *n*, Elektronenbeugungsbild *n*
~ **drain** *(Ech)* Elektronensenke *f*
~ **energy band** *(Fest)* Energieband *n*, Band *n*, Bloch-Band *n*
~ **escape** *(Qu)* Elektronendurchtritt *m*, Elektronenaustritt *m*
~ **excess** *(At)* Elektronenüberschuß *m*
~ **excess semiconductor** *s. n*-type semiconductor
~ **flow** *(El)* Elektronenstrom *m*, Elektronenfluß *m (Bewegung freier Elektronen zu einem positiven Pol)*
~ **hole** *(Krist)* [positives] Loch *n*, Defektelektron *n*, Elektronenloch *n*, Mangelelektron *n*, Elektronenleerstelle *f*
~ **-hole acoustical wave** *(Pl)* Elektron-Loch-Schallwelle *f*, Elektron-Defektelektron-Schallwelle *f*
~ **-impact value** *(At)* Elektronenstoßwert *m (des Ionisierungspotentials)*
~ **jet** *(El)* Elektronenstrahl *m*, Elektronenjet *m (nicht notwendig fokussiert)*
~ **liberation** *(Fest)* Elektronenablösung *f*, Elektronenauslösung *f*, Elektronenfreisetzung *f*
~ **multiplier** *(El)* Sekundärelektronenvervielfacher *m*, SEV, Elektronenvervielfacher *m*, Elektronenmultiplier *m*
~ **number** 1. *(At)* Elektronenzahl *f (im Ion oder Atom)*; 2. *(Hoch)* Elektronzahl *f*, elektronische Leptonenzahl, e-leptonische (elektronische leptonische) Ladung *f*
~ **-pair bond** *(At)* Elektronenpaarbindung *f*, Atombindung *f*, kovalente (homöopolare, einpolare) Bindung *f*, Kovalenzbindung *f*
~ **probe** *(Fest, Spektr)* Elektronen[mikro]strahl *m*, Elektronensonde *f*
~ **promotion** *(At)* Promovierung *f*, Promotion *f (eines Elektrons)*
~ **ray** *(El, Opt)* Elektronenstrahl *m (im geometrisch-optischen Sinne)*
~ **release (removal)** *s.* ~ liberation
~ **scattering analysis** *(Spektr)* Photoelektronenspektroskopie *f*, PES, *(in der chemischen Analyse auch:)* Elektronenspektroskopie *f* für die chemische Analyse, ESCA-Technik *f*
~ **shell** *(At)* Elektronenschale *f (eines Atoms)*
~ **shells** *(At)* Elektronenhülle *f*, Atomhülle *f*
~ **sound** *(Pl)* Elektronenschall *m*, Elektronenschallschwingung *f*
~ **specific charge** spezifische Elektronenladung *f*, spezifische Ladung *f* des Elektrons *(e/m_e)*
~ **three-body recombination** *(At)* Dreierstoßrekombination *f* unter Beteiligung zweier Elektronen

electron

~-**to-atom ratio** *(Fest)* Valenzelektronenkonzentration *f*, Valenzelektronendichte *f*, Elektronenkonzentration *f*
~ **transfer** Elektronenübertragung *f*, Elektronenübergang *m*, Elektronentransfer *m*, Elektronenüberführung *f*, Elektronentransport *m* *(von einem beliebigen System auf ein anderes, speziell von Ion zu Ion)*
~ **transition** *(At, Qu)* Elektronenübergang *m*, *(manchmal:)* Elektronensprung *m*
~ **transport** *s.* ~ transfer
~ **trapping** *(Fest)* Elektroneneinfang *m*, Elektronenhaftung *f*
~ **voltaic effect** *(El, Kern)* betavoltaischer Effekt *m*
electronic ... *s. a.* electron ...
~ **charge-to-mass ratio** *s.* electron specific charge
~ **conduction of metals** *(Fest)* metallische Leitung *f*, elektrische Leitung *f* der Metalle
~ **defect** *(Krist)* elektrische Fehlordnung *f*, elektrische (elektronische) Gitterfehlstelle *f*, Elektronenfehlstelle *f*
~ **heat** *(Fest)* elektronische Atomwärme *f*, Elektronenwärme *f*
~ **inductivity** *(El)* *s.* permittivity
~ **mode** *(Fest)* Elektronenfreiheitsgrad *m*, Freiheitsgrad *m* der Translationsbewegung freier Elektronen
~ **paramagnetism** *(Fest)* Spinparamagnetismus *m*
~ **polarization** *(El, Fest)* Elektronen[verschiebungs]polarisation *f*, elektronische Polarisation *f*, Elektronenanteil *m* der dielektrischen Polarisation
~ **work function** *(Fest)* *s.* work function 1.
electronuclear energy *(Kern)* Elektroenergie *f* aus Kernenergie, elektronukleare Energie *f*
electrooptical birefringence *(Opt)* [elektrooptischer] Kerr-Effekt *m*, elektrische Doppelbrechung *f*, Doppelbrechung *f* im elektrischen Feld
electropherography *(Ech)* Elektropherographie *f*, Trägerelektrophorese *f*
electrophilic rearrangement *(physCh)* elektrophile (kationoide) Umlagerung *f*
~ **series** *(physCh)* Elektrophilitätsreihe *f*, Elektrophiliereihe
electroradiescence *(Fest)* Elektroradieszenz *f* *(Emission von UV- oder IR-Strahlung durch Einwirkung eines elektrischen Feldes)*
electrostatic attraction *(El)* Coulomb-Anziehung *f*, Coulombsche (elektrostatische) Anziehung *f*
~ **belt** *(El, Kern)* Ladungstransportband *n*, Transportband *n*, Ladungsträgerband *n*, Band *n* *(eines Van-de-Graaff-Generators)*
~ **binding fraction** *(At)* elektrostatischer Anteil (Bindungsanteil) *m*, Ionenbindungsanteil *m*

~ **charge** *(El)* 1. elektrostatische (ruhende elektrische) Ladung *f*; 2. elektrostatische Ladung (Aufladung) *f*, statische Elektrizität *f* *(Ergebnis)*
~ **fraction** *(At)* *s.* ~ binding fraction
~ **induction** *(El)* 1. [elektrische] Influenz *f*, elektrostatische (elektrische) Induktion *f* *(Erscheinung)*; 2. *s.* electric displacement
~ **interaction energy** *(At, physCh)* Coulomb-Energie *f*, Coulomb-Bindungsenergie *f*, Coulombsche (elektrostatische) Wechselwirkungsenergie *f*
~ **potential** *s.* electric potential
~ **repulsion** *(El)* Coulomb-Abstoßung *f*, Coulombsche (elektrostatische) Abstoßung *f*
~ **unit** *(El, Magn)* elektrostatische CGS-Einheit (cgs-Einheit, Einheit) *f*, esE, el.stat. Einheit *f*
~ **unit of charge** *(El)* *s.* franklin
~ **units** *(El)* elektrostatisches CGS-System (cgs-System, Maßsystem) *n*
~ **valence** *s.* electrovalence
~ **wave** *(Pl)* Langmuir-Welle *f*, elektrostatische Welle *f*
electrothermal effect *(Therm)* zweiter Benedicks-Effekt *m*, elektrothermischer Homogeneffekt *m*
~ **energy conversion** *(Therm)* Direktumwandlung *f* von Elektroenergie in Wärme
~ **refrigeration** *(Tief)* Peltier-Kühlung *f*, thermoelektrische Kühlung *f*, *(manchmal:)* Peltier-Effekt-Kühlung *f*
~ **series** *(Fest)* thermoelektrische Spannungsreihe *f* *(der Metalle)*
electrovalence, electrovalency *(At)* 1. [elektrochemische] Wertigkeit *f*, Elektrovalenz *f*; 2. Ionenwertigkeit *f*, heteropolare Valenz *f*
electrovalent bond *s.* ionic bond
electroweak interaction model *s.* Weinberg-Salam model
element of slip *(Krist)* Gleitelement *n*, Translationselement *n*
~ **of space** *(mathPh)* 1. Raumelement *n*, Element *n* des Raumes; 2. Volum[en]element *n*, Raumelement *n* *(dreidimensional)*
~ **of turbulence** *(Ström)* Turbulenzelement *n*, Turbulenzkörper *m*, Flüssigkeitsballen *m* *(bei turbulenter Strömung)*
~ **specific activity** *(Kern)* spezifische Aktivität *f* des Elements, spezifische Aktivität *f* [je Grammatom] *(in Bq/mol)*
~ **synthesis** *(Astr, Kern)* Nukleosynthese *f*, Nukleogenese *f*, Element[en]entstehung *f*
elemental separation coefficient *(physCh)* Trenngewinn *m* *(bei der Isotopentrennung: elementarer Trennfaktor minus 1)*
elementary light wave *s.* ~ wave
~ **pencil** *(Opt)* [geometrisch-optisches] Elementarbündel *n*

emissive

~ **wave** *(Opt)* [Huygenssche] Elementarwelle *f*, Sekundärwelle *f*, sekundäre Kugelwelle *f* *(im Huygensschen Prinzip)*
elevation angle *(Astr, Opt)* Höhenwinkel *m*
elimination cleavage *(At)* Fragmentierung *f* *(von Molekülen)*
ellipse of inertia *(Mech)* Trägheitsellipse *f*
ellipsoid of elasticity *(Opt)* s. ~ of wave normals
~ **of gyration** *(Mech)* s. gyration ellipsoid
~ **of inertia (Poinsot)** *(Mech)* [Poinsotsches] Trägheitsellipsoid *n*, [Cauchy]-Poinsotsches Ellipsoid *n*, Poinsot-Ellipsoid *n*
~ **of wave normals** *(Krist, Opt)* Indexellipsoid *n*, Brechungsindexellipsoid *n*, Fletchersche (optische) Indikatrix *f*, Cauchysches Polarisationsellipsoid *n*
ellipsoidal nebula *(Astr)* elliptische Galaxie (Galaxis) *f*, elliptischer Nebel *m*
~ **wave function** *(mathPh)* Lamésche Wellenfunktion *f*
elliptical inequality *(Astr)* solare anomalistische (elliptische) Ungleichheit *f*
elliptically polarized wave *(El, Magn)* elliptisch polarisierte Welle *f*, elliptische Welle *f*
ellipticity 1. *(El)* Achsenverhältnis *n*, Elliptizität *f* *(der Polarisationsellipse eines Wellenleiters)*; 2. *(mathPh)* Abplattung *f* *(eines Ellipsoids oder einer Ellipse, Zustand)*
elongation *(Mech)* 1. Streckung *f*, Dehnung *f*, Längung *f*, *(bei Metallen auch:)* Reckung *f*; 2. *(Mech)* Bruchdehnung *f* *(Größe, Bruchzahl)*; 3. *(Astr)* Elongation *f*
~ **matrix** *(Mech)* Verzerrungsmatrix *f*, Deformationsmatrix *f*, Formänderungsmatrix *f*, Verformungsmatrix *f*, Dehnungsmatrix *f*
~ **modulus** *(Mech)* Elastizitätsmodul *m*, E-Modul *m*, Youngscher Modul *m*, linearer E-Modul *m*, *(selten:)* Dehnungsmodul *m*, Youngscher Elastizitätsmodul *m*
~ **quadric** *(Mech)* Dehnungsfläche *f*, Tensorfläche *f* (quadratische Form) *f* des Dehnungstensors
~ **tensor** *(Mech)* Dehnungstensor *m*
120° elongation *(Astr)* Trigonalschein *m*, Elongation 120°
ELS *s*. EELS
elsewhere *(Rel)* Zwischengebiet *n* *(außer Kausalzusammenhang)*, physikalische Gegenwart *f*
elution *(physCh)* Elution *f*, Eluieren *n*; Herausspülung *f*, Auswaschung *f* *(z. B. aus Ionenaustauschersäulen)*
elutriation *(physCh)* Elutriation *f*, Abschlämmung *f*, Schlämmung *f*, Aufschlämmen *n*, Aufschwemmung *f*
EMA *(Fest, Spektr)* Elektronenstrahlmikroanalyse *f*, Röntgenmikroanalyse *f*, Röntgenemissionsmikrospektralanalyse *f*

emanating source *(Kern)* Emanation abgebender radioaktiver Stoff *m*, emanierender Stoff *m*
emanation *(Kern)* Emanation *f*, Ausströmung *f* *(radioaktiver Gase, Vorgang)*
embrace line *(Mech)* Umschlingungslinie *f*
embrittlement *(Mech)* Versprödung *f*
embryo *(physCh)* Kristallkeim *m*, Kristallisationskeim *m*, Gefrierkern *m*, Embryo *m*, *(als Fremdpartikel:)* Kristall[isations]kern *m*
EMC elektromagnetische Verträglichkeit *f*, EMV
emergency conditions Störfallbedingungen *fpl*, Störfallzustand *m*, Notfallbedingungen *fpl*
~ **level** *(Kern)* Dosisrichtwert *m*, Strahlungsdosis-Richtwert *m*, Strahlendosis-Richtwert *m* *(für Radioaktivitätsfreisetzungen)*
~ **shutdown** *(Kern)* Schnellabschaltung *f*, Reaktorschnellabschaltung *f*, RESA, *(bei sich entwickelndem Störfall:)* Havarieabschaltung *f*, *(bei versagendem Schnellabschaltorgan:)* Notabschaltung *f*
~ **shutdown rod** *(Kern)* Schnellabschaltstab *m*, SAS-Stab *m*, Schnellschlußstab *m*, Notabschaltstab *m*, Schutzstab *m*
emergent angle *(Opt)* Austrittswinkel *m*, Ausfallswinkel *m* *(z. B. einer Linse oder eines Gitters)*
~ **column correction** *(Therm)* Thermometerkorrektion *f*, Fadenkorrektion *f*, Korrektion *f* für den herausragenden Faden, *(als Größe auch:)* Fadenkorrektur *f*
~ **ray** *(Ak, El, Opt)* austretender Strahl *m*, ausfallender Strahl *m*
emerging angle *s.* emergent angle
emersion *(Astr)* Emersion *f*, *(bei der Finsternis:)* Austritt *m* aus dem Planetenschatten, *(bei der Bedeckung:)* Wiederauftauchen *n*
emf *s.* electromotive force
EMI *(El, Magn)* *s.* electromagnetic interference
emission 1. Emission *f*, Abstrahlung *f*, Ausstrahlung *f*, Aussendung *f*, Emittieren *n* *(z. B. von Energie, Teilchen)*; 2. Emission *f* *(von Substanzen oder Energie in die Umwelt)*; 3. *(El)* *s.* emissive power 1.
~ **probability** *(Qu)* Emissionswahrscheinlichkeit *f*
~ **rate** 1. *(Halbl)* Emissionsrate *f*; 2. *(Kern)* Quellstärke *f*, Emissionsrate *f* *(Teilchen oder Photonen je Zeiteinheit)*; 3. *(Qu)* *s.* ~ probability
~ **source** Emittent *m*, Emissionsquelle *f* *(bei Umweltuntersuchungen)*
~ **star** *(Astr)* Emissionslinienstern *m*, Stern *m* mit expandierender Gashülle
emissive fission *(Kern)* Emissionsspaltung *f*, (n,n'f)-Reaktion *f*, Spaltung *f* nach Abgabe eines Neutrons
~ **power** 1. *(El)* Emissionsleistung *f*, Emissionsstärke *f* *(Größe: Emission von*

emissivity 108

Elektronen je Zeiteinheit aus einer Oberfläche); 2. (El, Magn) totaler Emissionsgrad m, Gesamtabsorptionsgrad m; 3. (Therm) s. emittance 3.
emissivity 1. (Opt) Lichtergiebigkeit f (eines optischen Senders); 2. (Therm) Emissionsgrad m (eines Temperaturstrahlers)
~ **error** (Therm) Abstrahlungsfehler m
emittance 1. (El, Magn) totaler Emissionsgrad m, Gesamtabsorptionsgrad m; 2. (Kern) Strahlemittanz f, Emittanz f des Strahls; 3. (Therm) spezifische Ausstrahlung f (eines Wärmestrahlers)
emitted intensity Emissionsstärke f
~ **luminous exitance** (Opt) spezifische Lichtausstrahlung f
~ **radiant exitance** (El, Magn) spezifische Ausstrahlung f (Strahlungsgröße)
emitter 1. Emittent m, Emissionsquelle f (bei Umweltuntersuchungen); 2. (Halbl) Emitter m, Emitterzone f (eines Transistors); 3. (Halbl) Emitterelektrode f, Emitter m (eines Transistors); 4. (Spektr) leuchtendes (lichtaussendendes) Atom n (bei der Druckverbreiterung von Spektrallinien); 5. (Kern) Strahlungsemitter m, Strahler m (ein Nuklid)
emitting area Emissionsfläche f, Strahlungsfläche f (Größe)
~ **electron** (At) Leuchtelektron n, strahlendes (optisch aktives) Elektron n
~ **surface** Emissionsfläche f, Strahlungsfläche f, strahlende Oberfläche f
EMP (Kern, Pl) s. electromagnetic pulse
empirical formula 1. (At) Bruttoformel f, Summenformel f, Analysenformel f, empirische Formel f; 2. (mathPh) empirische Formel f, empirisch berechnete (gefundene) Formel f
~ **probability** (mathPh) s. inverse probability
~ **value** Erfahrungswert m, empirischer Wert m
emplaced waste (Kern) endgelagerte Abfälle mpl
emplacement time (Kern) Einlagerungszeit f (von radioaktiven Abfällen)
empty level (Fest, Qu) unbesetztes Niveau n
~ **space** freier (leerer) Raum m, Vakuum n (frei von Materie und Feldern)
emu, e.m.u. s. electromagnetic unit
emulsion star (Hoch) Stern (Zertrümmerungsstern) m in der Kernspuremulsion, Emulsionsstern m
~ **track** (Kern) Photoschichtspur f, Bahnspur (Spur) f in der Kernspuremulsion
EMX analysis (Fest, Spektr) Elektronenstrahlmikroanalyse f, Röntgenmikroanalyse f, Röntgenemissionsmikrospektralanalyse f
enantiomer, enantiomorph (At) Spiegelbildisomer n, optisches Isomer n, optischer Antipode m, Enantiomorph n, Antimer n

encircling field (Pl) Umschließungsfeld n
enclathration (At) Einschließung f, Einlagerung f (von Atomen oder Molekülen)
encounter 1. (Astr) Begegnung f, naher Vorübergang m, [dichte] Annäherung f (z. B. von Sternen); 2. (Mech) Zusammenprall m, Aufeinanderprallen n, Zusammenstoß m, Zusammentreffen n, Stoß m (nicht notwendig mit direkter Berührung)
~ **hypothesis** (Astr) Hypothese (Katastrophentheorie) f von Jeans, Begegnungstheorie f
end contraction (Ström) seitliche Einschnürung f (eines Strahls)
~-**on observation** Beobachtung f in Achsenrichtung
~-**on position** (Magn) erste (1.) Gaußsche Hauptlage f
~ **radiation** (At) Grenzwellenlänge f, kürzeste (minimale) Wellenlänge f (eines kontinuierlichen Röntgenspektrums)
~ **reaction** (Mech) Randkraft f
~ **thrust** 1. (Aero) Axialschub m; 2. (Mech) Axialdruck m, axiale Druckbeanspruchung f
endoenergetic ... s. endoergic ...
endoergic collision (At) Stoß m erster Art
~ **reaction** 1. (Kern) endotherme (endoenergetische) Kernreaktion (Reaktion) f, endothermer Prozeß m; 2. (physCh) s. endothermic reaction 1.
ENDOR [technique] (Spektr) Elektron-Kern-Doppelresonanz[methode] f, ENDOR, ENDOR-Technik f, Doppelresonanz f [nach Feher]
endosity (Ström) Endosität f, negative Viskosität f
endotherm (physCh) Endotherme f, Temperaturdifferenzkurve f (in der Differentialthermoanalyse)
endothermic reaction 1. (physCh) endotherme (wärmeaufnehmende, energieverbrauchende) Reaktion f; 2. (Kern) s. endoergic reaction 1.
endous body (Mech) endoser Körper m, Körper m mit negativer Viskosität
endurance limit (Mech) Dauer[schwing]festigkeit f
~ **limit for alternating stress** (Mech) 1. Wechselfestigkeit f, (manchmal:) Zug-Druck-Wechselfestigkeit f; 2. s. ~ limit for completely reversed bending stress
~ **limit for completely reversed bending stress [cycles]** (Mech) Wechselbiegefestigkeit f, Biegewechselfestigkeit f
~ **limit for fluctuating (pulsating) bending stress** (Mech) Schwellbiegefestigkeit f, Biegeschwellfestigkeit f
~ **limit for fluctuating (pulsating) stress** (Mech) Schwellfestigkeit f, (manchmal:) Ursprungsfestigkeit f
~ **limit under alternating stress** s. ~ limit for alternating stress 1.
~ **range** (Mech) Dauer[wechsel]festigkeitsbereich m

energy

- ~ **ratio** *(Mech)* Dauerfestigkeitsverhältnis *n*, Ermüdungsverhältnis *n*
- ~ **strength** *(Mech)* Zeit[stand]festigkeit *f*
- ~ **torsion test** *(Mech)* Torsionsdauerversuch *m*, Dauerschwingversuch *m* mit Verdrehungsbeanspruchung
- **energetic collision (encounter)** *(Hoch)* energiereicher Stoß *m*
- ~ **particle** *(Hoch)* hochenergetisches (energiereiches) Teilchen *n*, Teilchen *n* hoher Energie *(E ≥ 100 MeV)*
- **energy band model** *(Fest)* Bändermodell *n*, Energiebändermodell *n*
- ~ **barrier** 1. *(Halbl)* Energiebarriere *f*, Energieschwelle *f (für Ladungsträgererzeugung)*; 2. *(Kern) s.* ~ **threshold**
- ~ **boundary-layer thickness** *(Ström)* Energieverlustdicke *f*, *(manchmal:)* Energiedicke *f*
- ~ **blur** *(Qu)* Energieunbestimmtheit *f*, Energieunschärfe *f*
- ~ **conservation law** Energiesatz *m*, Erhaltungssatz *m* der Energie, Satz *m* (Prinzip *n*) von der Erhaltung der Energie, Energieprinzip *n*
- ~ **content** Energieinhalt *m*, Arbeitsinhalt *m*
- ~ **conversion** 1. Energieumformung *f (ohne Änderung des physikalischen Zustandes der Energieform)*; 2. Energie[um]wandlung *f (mit Änderung des physikalischen Zustandes der Energieform)*
- ~ **degradation** 1. *(Therm)* Energieentwertung *f*, Energiedegradation *f*, Abwertung *f* der Energie; 2. *(Kern) s.* degradation 3.
- ~ **density of sound** *(Ak)* Schallenergiedichte *f*, Schalldichte *f*
- ~ **diagram** *(Qu) s.* ~-level diagram 2.
- ~ **discharge** *s.* ~ **liberation**
- ~ **efficiency** *(Mech)* energetischer Wirkungsgrad *m*
- ~ **eigenstate** *(Qu)* Energie[eigen]zustand *m*, Quantenzustand *m*, quantisierter (gequantelter) Energiezustand *m*
- ~ **fluence** *(Kern)* Energiefluenz *f*, zeitintegrierte Energieflußdichte *f (von ionisierenden Teilchen)*
- ~ **fluence rate** *(Kern) s.* ~ flux density 2.
- ~ **flux density** 1. Energiestromdichte *f*; 2. *(Kern)* Energieflußdichte *f*, Energiefluenzleistung *f*, Energiefluenzrate *f*, Intensität *f*, Strahlungsintensität *f (ionisierender Teilchen)*
- ~ **flux of radiation** *(El, Magn) s.* radiant flux 1.
- ~ **gap** 1. *(Fest)* Energielücke *f*, Lücke *f*, verbotene Zone *f*; 2. *(Tief)* Energielückenparameter *m* für Supraleiter
- ~ **gap width** *(Fest)* Bandabstand *m*, Breite *f* der verbotenen Zone, Bandlücke[nbreite] *f*
- ~ **grade line** *(Ström)* Energielinie *f*
- ~ **group** *(Kern)* Neutronenenergiegruppe *f*, Energiegruppe *f*, Neutronendiffusionsgruppe *f*
- ~ **head** *(Ström)* Höhe *f* der Energielinie, Energiehöhe *f*
- ~ **head line** *(Hydr)* Energie[höhen]linie *f*
- ~ **isolation** *(Therm)* energetische Isolation (Abschließung) *f*
- ~**-level diagram (scheme)** 1. *(At, Spektr)* Termschema *n*; 2. *(Qu)* Energie[niveau]schema *n*, Niveauschema *n*, Energieniveaudiagramm *n*
- ~ **liberation** Energiefreisetzung *f*, Energieabgabe *f*, Freisetzung *f* von Energie
- ~ **limit** *(Kern)* Grenzenergie *f (ionisierender Strahlung)*
- ~ **loss** Energieverlust *m*, *(Ström auch:)* Energiehöhenverlust *m*, Höhenverlust *m*
- ~**-loss detector** *(Kern)* dE/dx-Detektor *m*, Energieverlustdetektor *m*
- ~ **loss straggling** *(At, Kern)* Energiestraggling *n*, Straggling *n*, Energie[verlust]streuung *f*
- ~ **momentum pseudotensor** *(Feld, Rel)* Einsteinscher Energiekomplex *m*, Energiekomplex *m* des Gravitationsfeldes, Einsteinscher Pseudotensor *m* [der Impuls-Energie-Dichte]
- ~ **momentum tensor** *(Feld, Rel)* Energie-Impuls-Tensor *m*, Materietensor *m*, Energietensor *m*, *(manchmal:)* Spannungs-Energie-Tensor *m*, vierdimensionaler Spannungstensor *m*
- ~ **momentum theorem** Energie-Impuls-Satz *m*, Satz *m* von der Erhaltung der Energie und des Impulses
- ~ **momentum vector** *(Rel)* Viererimpuls[vektor] *m*, Impuls-Energie-Vektor *m*, Energie-Impuls-Vierervektor *m*, vierdimensionaler Impuls *m*
- ~ **of distortion condition** *(Mech)* [von] Mises-Henckysche Fließbedingung *f*
- ~ **of motion** *s.* kinetic energy
- ~ **of rotation** *s.* rotational energy
- ~ **of transformation (transition)** *(Therm)* Umwandlungswärme *f* bei konstantem Volumen, Umwandlungsenergie *f*
- ~ **operator** *(Qu)* Hamilton-Operator *m*, Energieoperator *m*
- ~ **per unit mass** *(Ech, Therm)* spezifische Energie *f*
- ~ **principle** *s.* ~ conservation law
- ~ **product** *(Magn)* Energiewert *m*, Energiedichteprodukt *n*, *(manchmal:)* Energieprodukt *n*
- ~ **product curve** *(Magn)* Energieproduktkurve *f*, (BH)-Kurve *f*
- ~**-range relation[ship]** *(At, Kern)* Energie-Reichweite-Beziehung *f*, Energie-Reichweite-Relation *f*
- ~ **release** *s.* ~ liberation
- ~ **resolution** *(Kern)* Energieauflösung *f*, energetisches Auflösungsvermögen *n*, Energieauflösungsvermögen *n (in % oder HWB)*
- ~ **source** Energieträger *m*, Energie *f (in der Energietechnik)*
- ~ **space** *(mathPh)* Sobolew-Raum *m*, Sobolevscher Raum *m*, Energieraum *m*, *W*-Raum *m*

energy 110

~ **spectrum** *(Hoch)* Massenspektrum n, Teilchenspektrum n, Energiespektrum n *(von Elementarteilchen)*
~ **spread** *(Qu)* Energieverschmierung f
~ **state** *(Qu)* 1. Energiezustand m, [energetischer] Zustand m; 2. s. ~ eigenstate
~ **state term** *(At, Qu)* Term m, Energieterm m, Energiestufe f
~ **supply** Energiezufuhr f, Energiezuführung f, *(technisch auch:)* Energieversorgung f
~ **term structure** *(Qu, Spektr)* Termstruktur f
~ **thickness** *(Ström)* Energieverlustdicke f, *(manchmal:)* Energiedicke f
~ **threshold** *(Kern)* Schwellenenergie f, Mindestenergie f, Schwellenwert m der Energie, Energieschwelle f *(einer Schwellenreaktion)*
~ **transfer** 1. Energietransport m, Energieübertragung f; 2. *(At)* Energieübertragung f *(in Molekülen)*; 3. *(Hoch)* Energieübertrag m
~ **transfer by radiation** *(Astr)* Strahlungstransport m, Energietransport m durch Strahlung
~-**transfer coefficient** *(Kern)* Energieumwandlungskoeffizient m, Umwandlungskoeffizient m *(für ionisierende Strahlung)*
~ **transformation** s. ~ conversion 2.
~ **velocity** *(Krist, Opt)* Strahlengeschwindigkeit f, Ausbreitungsgeschwindigkeit f der Lichtenergie, Geschwindigkeit f der Energiefortpflanzung
engineered shield *(Kern)* Abschirmung f, Strahlenabschirmung f, *(speziell:)* Schutzschirm m, Schirm m *(Vorrichtung)*
~ **stress** *(Mech)* Nennspannung f
~ **tensile strain** *(Mech)* Lagrangesche Dehnung f
engineer's system of units *(Mech)* s. British engineering system of units
English absolute system [of units] *(Mech)* Britisches absolutes Einheitensystem *(Maßsystem)* n, Foot-Pound-Sekunde-System n, fps-System n
enhancement 1. Verstärkung f, Intensivierung f, Steigerung f; 2. *(Halbl)* Anreicherung f; 3. *(Opt)* Bildverstärkung f, Enhancement f
enlargement energy *(At)* Delokalisierungsenergie f
~ **loss** *(Ström)* Energieverlust m bei plötzlicher Querschnittserweiterung *(durch Reibung)*, Austrittsverlust m
enrichment *(physCh)* 1. Anreicherung f, Isotopenanreicherung f *(Vorgang)*; 2. Anreicherung f, Anreicherungsgrad m *(Anreicherungsfaktor minus 1)*; 3. s. ~ factor
~ **coefficient** *(Kern)* Anreicherungskoeffizient m *(Intensitätsverhältnis der Massen M + 1 und M)*
~ **factor** 1. *(physCh)* Anreicherungsfaktor m, *(manchmal:)* Anreicherung f *(Verhältnis der Isotopenhäufigkeiten nach und vor der Anreicherung)*; 2. *(US)* s. separation factor 1.
~ **gain (level)** s. enrichment 2.
~ **tails** *(physCh)* Abfallkonzentration f, Tailsstromkonzentration f *(Restgehalt des gewünschten Isotops im Abfall einer Kaskade oder Trennanlage)*
entering velocity *(Aero)* Eintauchgeschwindigkeit f, Eintrittsgeschwindigkeit f *(in die Atmosphäre)*
enthalpy *(Therm)* Enthalpie f, Gibbssche Wärmefunktion f, H, Wärmeinhalt m *(bei konstantem Druck)*
~ **of transformation (transition)** *(Therm)* Umwandlungsenthalpie f, Umwandlungswärme f bei konstantem Druck
~ **rise** *(Kern)* Kühlmittelaufwärmung f, Kühlmittelaufheizspanne f, Kühlmittelaufheizung f, Aufwärmung f des Kühlmittels *(in der Spaltzone eines Reaktors)*
~ **thickness** *(Ström)* Enthalpieverlustdicke f, *(manchmal:)* Enthalpiedicke f
entrainment *(Ström)* Mitreißen n, Mitführung f, Mitnahme f, Überreißen n
entrance channel *(Kern)* Eingangskanal m, Anfangskanal m *(einer Kernreaktion)*
~ **loss** 1. *(Kern)* Eintrittsverlust m *(ionisierender Strahlung)*; 2. *(Ström)* Energieverlust m bei plötzlicher Querschnittsverminderung *(durch Reibung)*, Eintrittsverlust m
~ **pupil** *(Opt)* Eintrittspupille f *(eines optischen Systems)*
entropy current density *(Therm)* Entropiestromdichte f, Entropieströmung f, Quelldichte f des Entropiestromes
~ **flow** *(Therm)* 1. Entropiestrom m; 2. s. entropy current density
~ **increase** *(Therm)* Entropiezunahme f, Entropievermehrung f
~ **of transfer** *(Therm)* Überführungsentropie f
~ **of transformation (transition)** *(physCh)* Umwandlungsentropie f
~ **principle** s. second law of thermodynamics
~-**temperature plot** *(Therm)* Temperatur-Entropie-Diagramm n, T,S-Diagramm n, TS-Diagramm n, Entropiediagramm n, Wärmebild n
entry corridor *(Mech)* Einflugkorridor m, Eintrittskorridor m, *(auf die Erde bezogen:)* Wiedereintrittskorridor m
~ **into orbit** *(Aero)* Eintritt m (Einschwenken n) in die Umlaufbahn
~ **into the atmosphere** *(Aero, Mech)* Eintauchen n (Eintritt m, Eindringen n) in die Atmosphäre, *(von Raumflugkörpern, bezogen auf die Erde, auch:)* Wiedereintauchen n (Wiedereintritt m) in die Atmosphäre
~ **velocity** *(Aero)* Eintauchgeschwindigkeit f, Eintrittsgeschwindigkeit f *(in die Atmosphäre)*

envelope *(mathPh)* 1. Einhüllende f, Envelope f, Hüllkurve f *(einer Kurvenschar)*; 2. Einhüllende f, Envelope f, Hüllfläche f *(einer Flächenschar)*
~ **function** Hüllenfunktion f *(einer Welle)*
enveloping surface method *(Ak)* Hüllflächenverfahren n
environmental condition Umweltbedingung f
~ **stress** umgebungsbedingte Beanspruchung (Belastung) f
~ **temperature** Umgebungstemperatur f
episcotister, episcotizer *(Opt)* rotierender Sektor m
epitaxial growth *(Krist)* Epitaxie f, orientierte (gesetzmäßige) Verwachsung f, orientierte (kohärente) Aufwachsung f
epoch of perihelion *(Astr)* Zeit f des Perihels, Perihelzeit f
EPR *(Spektr)* paramagnetische Elektronenresonanz f, EPR, PER, Elektronenspinresonanz f, ESR, paramagnetische Resonanz f, PR
equal chromaticity stimulus *(Opt)* Farbvalenz f gleicher Farbart, Farbreizvalenz f gleicher Reizart
~-**density line** *(Phot)* Äquidensite f *(erster, zweiter, ... Stufe)*
~ **energy spectrum** *(Opt)* energiegleiches Spektrum n
~-**inclination fringe** *(Opt)* s. Haidinger [interference] fringe
~ **loudness contour** *(Ak)* Kurve f gleicher Lautstärke, Fletcher-Munson-Kurve f
~-**thickness fringe** *(Opt)* s. Fizeau fringe
equalization 1. Kompensation f, Kompensierung f; Ausgleich m, Ausgleichung f *(einer Wirkung durch eine Gegenwirkung)*; 2. *(El)* Entzerrung f
equation of wave normals *(Krist, Opt)* Fresnelsches Gesetz n, Wellennormalengleichung f
equator [line] *(Krist)* nullte Schichtlinie f, Äquatorlinie f, Äquator m *(beim Drehkristallverfahren)*
equatorial circle *(Krist)* Grundkreis m *(bei der stereographischen Projektion)*
~ **coma** *(Opt)* sagittale (äquatoriale) Koma f, Rinnenfehler m, Sagittalkoma f *(Abbildungsfehler)*
~ **coordinates** *(Astr)* Äquatorialsystem n *(erster oder zweiter Art)*
~ **fan** *(Opt)* Sagittalbüschel n, Äquatorialbüschel n
~ **moment of inertia** *(Mech)* äquatoriales Flächenträgheitsmoment (Trägheitsmoment) n
~ **moment of resistance** *(Mech)* Widerstandsmoment n, Widerstandsmoment n des Querschnitts [gegen Biegung], Biegungswiderstandsmoment n, Rückkehrmoment n
~ **pencil [of rays]** *(Opt)* s. ~ fan
~ **plane** 1. *(Astr, Mech)* Äquatorebene f, Äquatorialebene f; 2. *(Opt)* s. ~ [principal] section

~ **[principal] section** *(Opt)* Sagittalebene f, Äquatorialebene f, sagittale (äquatoriale) Ebene f, zweiter Hauptschnitt m, Sagittalschnitt m
~ **section modulus** s. ~ moment of resistance
~ **surface** *(Opt)* Sagittalfläche f, Äquatorialfläche f, sagittale (äquatoriale) Bildfläche f
equidense *(Therm)* s. isodense
equidensite, equidensity [contour] *(Phot)* Äquidensite f *(erster, zweiter, ... Stufe)*
equidimensional quantity dimensionsgleiche Größe f
~ **motion** *(Mech)* gleichgerichtete (gleichsinnige) Bewegung f
equi-energy spectrum s. equal energy spectrum
equilibrium 1. Gleichgewichtszustand m; 2. *(Mech)* [statisches] Gleichgewicht n; statische Gleichgewichtsbedingung f
~ **condition** 1. Gleichgewichtsbedingung f; 2. Gleichgewichtszustand m
~ **constant** *(physCh)* Gleichgewichtskonstante f, Massenwirkungskonstante f, Konstante f des chemischen Gleichgewichts
~ **diagram** *(physCh)* [thermisches] Zustandsdiagramm n, thermodynamisches Zustandsdiagramm n, *(manchmal:)* Gleichgewichtsdiagramm n *(für ein beliebiges System)*
~ **flow** *(Ström)* ausgebildete (entwickelte) Strömung f
~ **orbit** *(Kern)* [phasen]stabile Bahn f, Sollbahn f, Gleichgewichtsbahn f, *(kreisförmig:)* Sollkreis m *(in einem Betatron oder Synchrotron)*
~ **phase** *(Kern)* Sollphase f, Synchronphase f, Gleichgewichtsphase f *(eines geladenen Teilchens)*
~ **radiation pattern** *(Opt)* ausgeglichenes Strahlungsmuster (Strahlungsdiagramm) n
~ **separation** *(At)* Kernabstand m, Gleichgewichtsabstand m der Atome *(im Molekül)*
~ **temperature** 1. *(Therm)* Gleichgewichtstemperatur f; 2. *(Tief)* kryohydratischer Punkt m, kryohydratische Temperatur f, Kryopunkt m
~ **value** stationärer Wert m, Gleichgewichtswert m, Wert m des Gleichgewichtszustandes, *(speziell:)* Beharrungswert m, *(speziell:)* eingeschwungener Wert m
~ **vaporization ratio** *(physCh)* Gleichgewichtsverdampfungsverhältnis n, K-Faktor m
equinoctial system of coordinates *(Astr)* Äquatorialsystem n *(erster oder zweiter Art)*
equipartition law (principle, theorem) *(statPh)* Gleichverteilungssatz m, Äquipartitionstheorem n, Gleichverteilungssatz m der [kinetischen] Energie

equiphase

equiphase wave surface Phasenfläche f, Fläche f gleicher (konstanter) Phase
equipoise *(Mech)* Balance f, [eingespieltes] Gleichgewicht n
equipollent force system *(Mech)* [mechanisch] äquivalentes Kräftesystem n, äquipollentes Kräftesystem n
equipotential plot graphische Darstellung f *(eines Feldes)* durch Äquipotentiallinien
~ **surface** Äquipotentialfläche f, Niveaufläche f, *(manchmal:)* Potentialfläche f, Schichtfläche f, Niveauschicht f
equivalence point *(physCh)* Äquivalenzpunkt m, stöchiometrischer Punkt m, theoretischer Endpunkt m
equivalent amount *(Meß)* Äquivalentmenge f, Äquivalentstoffmenge f
~ **cell method** *(Krist, Qu)* Zellenmethode f, Wigner-Seitz-Methode f, Zellularmethode f, Methode f der Elementarzellen (äquivalenten Zellen) *(Bändertheorie)*
~ **footcandle** s. footlambert
~ **height of reflection** *(El, Magn)* scheinbare Höhe (Reflexionshöhe) f *(der Ionosphäre)*
~ **refraction** *(Opt, physCh)* Refraktionsäquivalent n
~ **stress** *(Mech)* Vergleichsspannung f, äquivalente Spannung f
equivoluminal wave *(Mech)* Scherungswelle f, Scherwelle f, Schubwelle f *(in einem elastischen Medium)*
ERA *(Hoch)* Elektronenringbeschleuniger m
erasing *(Magn)* Löschung f *(eines magnetischen Informationsträgers)*
erasure Löschung f, Tilgung f, Streichung f *(eines Eintrags)*
ERD *(Spektr)* ERD-Methode f, Detektion f elastischer Rückstöße
erect image *(Opt)* aufrechtes (rechtwendiges) Bild n
erection of image *(Opt)* Bildaufrichtung f, Aufrichtung f des Bildes
erf, Erf *(mathPh)* s. error function
erfc, Erfc s. error function complement
ergodic motion *(Mech)* ergodische Bewegung f
~ **theorem of Wiener** *(Qu, statPh)* dominierender (Wienerscher) Ergodensatz m, Ergodensatz m von Wiener
ergodicity condition *(statPh)* Ergodenbedingung f
error Fehler m, *(Meß auch:)* Meßabweichung f; 2. *(Reg)* Regelabweichung f
~ **calculus** *(mathPh)* Fehlerrechnung f, *(manchmal:)* Fehlertheorie f
~ **curve** *(mathPh)* [Gaußsche] Fehlerkurve f
~ **equation** s. ~ law
~ **F.S.** *(Meß)* Fehler m vom Meßbereichsendwert, Fehler m v.E. (F.S.); relativer Fehler m, bezogen auf den Meßbereichsendwert

~ **function** *(mathPh)* Fehlerfunktion f, erf, [Gaußsche] Fehlerverteilungsfunktion f, Kramp-Laplacesche Transzendente f; $((\sqrt{\pi}/2)$ erf:) Erf
~ **function complement** *(mathPh)* komplementäre Fehlerfunktion f, erfc (= 1 − erf); Erfc
~ **integral** *(mathPh, Meß)* [Gaußsches] Fehlerintegral n, Fehlerwahrscheinlichkeitsfunktion f
~ **law** *(mathPh)* [Gaußsches] Fehlergesetz n, Fehlergleichung f
~ **M.** *(Meß)* Fehler m vom Meßwert, Fehler v.M.; relativer Fehler m, bezogen auf den Meßwert
~ **of graduation** *(Meß)* Teilungsfehler m, Skalenteilungsfehler m
~ **probability** *(mathPh)* Signifikanzniveau n, Irrtumswahrscheinlichkeit f
~ **propagation law (theorem)** *(mathPh)* Fehlerfortpflanzungsgesetz n *(für den mittleren Fehler auch:)* Gaußsches Fehlerfortpflanzungsgesetz n
~ **R.** *(Meß)* Fehler m vom angezeigten Wert, Fehler m v.R.; relativer Fehler m, bezogen auf den angezeigten Wert
~ **rate** s. ~ probability
~ **T.** *(Meß)* Fehler m vom richtigen Wert, Fehler m v.R.; relativer Fehler m, bezogen auf den richtigen Wert
~ **variable** *(mathPh)* zufälliger Fehler m, Zufallsfehler m, Fehlervariable f
eruptive star *(Astr)* Eruptionsveränderlicher m
ESCA *(physCh, Spektr)* Röntgenstrahl-Photoelektronenspektroskopie f, Röntgenstrahl-Elektronenspektroskopie f, ESCA[-Technik f]
escape Austritt m, Flucht f, Verlust m (z. B. eines Teilchens aus einem System); Entweichen n, Austritt m, Ausströmen n (z. B. eines Gases)
~ **cone** *(Pl)* Verlustkegel m
~ **probability** *(Kern)* Entkommwahrscheinlichkeit f, Fluchtwahrscheinlichkeit f, Entweichwahrscheinlichkeit f
~ **velocity** *(Astr, Mech)* Entweichungsgeschwindigkeit f, parabolische Geschwindigkeit f, zweite kosmische Geschwindigkeitsstufe f
ESF *(Opt)* s. edge spread function
ESI profile *(Opt)* äquivalentes Stufenindexprofil n, ESI-Profil f
ESR *(Spektr)* paramagnetische Elektronenresonanz f, EPR, PER, Elektronenspinresonanz f, ESR, paramagnetische Resonanz f, PR
essentially non-linear system *(Mech)* wesentlich nichtlineares System n
established flow *(Ström)* ausgebildete Strömung f, *(manchmal:)* voll ausgebildete Strömung f
estimate, estimated value geschätzter Wert m, Schätzwert m, Schätzung f
estimator *(mathPh)* Schätzfunktion f

esu, e.s.u. *(El, Magn)* s. electrostatic unit
ETA *(Therm)* Emanationsthermoanalyse f, ETA
eta factor *(Kern)* Neutronenausbeute f pro Absorption, Eta-Faktor m, Regenerationsfaktor m, [mittlere] Spaltneutronenzahl f pro absorbiertes Neutron
etalon, étalon *(Meß)* Etalon n *(Verkörperung einer Einheit)*
etch figure *(Krist)* Ätzfigur f, Lösungsfigur f
~ **pit** *(Fest, Kern)* Ätzgrube f, Ätzgrübchen n
~ **track** *(Kern)* Ätzspur f, geätzte Bahnspur f
etching rate *(Kern)* Ätzgeschwindigkeit f, Spurätzrate f, Ätzrate f
ether drag *(El, Magn)* Äthermitführung f
euclidean frame *(mathPh)* euklidisches Bezugssystem n
Euclidean solid *(Mech)* Euklidischer (starrer) Körper m *(in der Rheologie)*
Euler equation 1. *(Aero)* Eulersche Gleichung f *(für die einem Gasstrom entnommene Energie)*; 2. *(Astr, Mech)* Lambertsche (Eulersche) Gleichung f, Lambertsches Theorem n *(von der Bewegung der Himmelskörper)*; 3. *(mathPh, Mech)* Euler-Lagrangesche Gleichung (Differentialgleichung) f, Eulersche (Lagrangesche) Differentialgleichung f *(eines Variationsproblems)*
~ **equations** s. ~ equations of motion 1.
~ **equations of hydrokinetics** *(Hydr)* Eulersche Bewegungsgleichungen fpl [der Hydromechanik]
~ **equations of motion** 1. *(Mech)* Eulersche Kreiselgleichungen (Gleichungen) fpl *(des starren Körpers)*, *(manchmal:)* dynamische Eulersche Gleichungen fpl; 2. s. ~ equations of hydrokinetics
~ **force** s. ~ load
~ **limit [process]** *(Ström)* Eulerscher Grenzübergang m
~ **load** *(Mech)* Euler-Last f, kritische Druckkraft f, kritische (Eulersche) Knicklast f, Knicklast f
Eulerian angle *(Mech)* Eulerscher Winkel m
~ **approach** *(Ström)* Eulersche Darstellung (Beschreibung f, Methode) f
~ **derivative** *(Ström)* substantielle Ableitung f, Eulersche (materielle, massenfeste) Ableitung f
~ **description** s. ~ approach
~ **equation** *(Ström)* Eulersche Gleichung f *(für den Strömungszustand in einem festen Punkt)*
~ **equation of continuity** *(Ström)* räumliche (Eulersche) Form f der Kontinuitätsgleichung, räumliche Kontinuitätsgleichung f
Euler's critical load s. Euler load
~ **dynamical equations** s. Euler equations of motion

~ **laws** *(Mech)* Grundgleichungen fpl der klassischen Mechanik, Eulersche Grundgleichungen fpl
eutactic set *(mathPh)* wohlgeordnete Menge f, total (voll) wohlgeordnete Menge f
eutectic *(physCh)* Eutektikum n, eutektisches Gemisch (Gemenge) n, eutektische Mischung f
~ **horizontal** *(physCh)* Eutektikale f, eutektische Linie f
eutectoid horizontal *(physCh)* Eutektoidale f, eutektoide Linie f
EUV [region] s. far ultraviolet 1.
E.V. *(Phot)* s. exposure value
evacuation 1. *(Ström)* Leeren n, Entleeren n; 2. *(Vak)* Evakuierung f, Abpumpen n, Auspumpen n, Absaugen n
evaluation 1. Bewertung f, Wertung f, Einschätzung f; 2. [rechnerische] Bestimmung f, Ermittlung f; 2. *(Kern)* Einschätzung f *(von Kerndaten)*; 3. *(Meß)* Auswertung f *(von Meßdaten, Meßergebnissen)*
~ **length** *(Mech)* Bestimmungsstrecke f, Bewertungsstrecke f *(einer Oberfläche)*
evanescent field abklingendes Feld n
~ **wave** 1. *(El, Magn)* abklingende (rückwirkende) Welle f; 2. *(Opt)* Subwelle f, [optische] Oberflächenwelle f
Evans method *(Reg)* Wurzelortverfahren n, Wurzelortmethode f, Evanssche Methode f, Evans-Methode f
~ **root locus** *(Reg)* Wurzelort m, *(selten:)* Wurzelhodograph m
evaporated film *(physCh)* Verdampfungsfilm m, Gashaut f, Verdampfungsschicht f
~ **metal** *(physCh)* aufgedampfte Metallschicht f, Metallaufdampfschicht f
~ **nucleon** *(Kern)* Verdampfungsnukleon n, verdampftes Nukleon n
evaporation 1. *(physCh)* Verdampfung f *(bei Siedetemperatur)*, *(unterhalb dieser:)* Verdunstung f; Eindampfen n *(von Lösungen)*, Verdampfen n, Abdampfung f *(von Flüssigkeiten)*; 2. *(Kern)* Verdampfung f *(von Teilchen)*; Kernverdampfung f
~ **coefficient** 1. *(physCh)* Verdunstungszahl f; 2. *(Vak)* Verdampfungskoeffizient m
~ **cold** *(physCh)* Verdunstungskälte f
~ **cooling** *(Therm)* Verdunstungskühlung f, Verdampfungskühlung f
~ **number** *(physCh)* Verdunstungszahl f
evaporative cooling Verdampfungskühlung f; Verdunstungskühlung f
evaporizing getter *(Vak)* Verdampf[ungs]getter m, *(manchmal:)* Abdampfgetter m
even-even nucleus *(Kern)* gg-Kern m, Gerade-gerade-Kern m, doppelt gerader Kern m
~ **harmonic** geradzahlige Oberschwingung (Harmonische) f

even 114

~ **illumination** *(Opt)* gleichmäßige (gleichförmige) Beleuchtung *f*, *(speziell:)* gleichmäßige Ausleuchtung *f*
~-**odd nucleus** *(Kern)* gu-Kern *m*, Gerade-ungerade-Kern *m*
~ **parity** *(Qu)* gerade (positive) Parität *f*, Parität *f* +1
evenly distributed load *(Mech)* gleichmäßig verteilte Last *f*, Gleichlast *f*
event 1. Ereignis *n*, Elementarereignis *n*, *(mathPh auch:)* zufälliges (stochastisches) Ereignis *n*; 2. *(Rel)* Ereignis *n*, Weltpunkt *m*, Raum-Zeit-Punkt *m*
~ **chronology** *(Meß, Reg)* Zeiterfassung *f*, Ereigniszeiterfassung *f* *(in der Fernwirktechnik)*
~ **horizon** *(Rel)* Ereignishorizont *m*
evolution Entwicklung *f*, *(speziell:)* Wellenentwicklung *f*
~ **of heat** *(Therm)* Wärmefreisetzung *f*, Wärmeentwicklung *f*, Wärmeentbindung *f*
Ewald sphere *(Krist)* [Ewaldsche] Ausbreitungskugel *f*, Ewaldsche Kugel *f*
Ewald's solution *(Krist)* Pendellösung *f*
ex-core neutron detector *(Kern)* Excore-Neutronendetektor *m*, Neutronendetektor *m* außerhalb der Spaltzone
ex-nova *(Astr)* Postnova *f*, Exnova *f*
ex-reactor experiment *(Kern)* Experiment *n* (Versuch *m*) außerhalb des Reaktors
EXAFS 1. *(At)* erweiterte Röntgenabsorptionsfeinstruktur *f*, EXAFS; 2. *(Spektr)* s. extented X-ray absorption fine structure spectroscopy
exaltation *(At, Opt)* Exaltation *f*, Überhöhung *f* *(der Molrefraktion)*
exceeding Überschreitung *f*, *(manchmal:)* Übersteigen *n* *(eines Grenzwertes)*
exceptional space *(Qu)* exzeptioneller Raum *m*, Ausnahmeraum *m*
excess Überschuß *m*, *(manchmal:)* positiver Überschuß *m*
~ **buoyancy** *(Ström)* Auftriebsüberschuß *m* *(Auftrieb minus Gewicht)*
~ **conduction** *(Halbl)* Überschußleitung *f*, Zusatzelektronenleitung *f*
~ **entropy** *(physCh, Therm)* Exzeßentropie *f*, Zusatzentropie *f* *(an der Oberfläche)*
~ **free energy** *(physCh, Therm)* freie Zusatzenergie *f*, Überschuß *m* der freien Energie
~ **hole** *(Halbl)* Überschußloch *n*, Überschußdefektelektron *n*
~ **lift** s. ~ buoyancy
~ **multiplication constant (factor)** *(Kern)* Überschuß[multiplikations]faktor *m*, Überschußmultiplikation *f* ($k_{ex} = k_{eff} - 1$)
~ **noise factor (figure)** *(El)* Zusatzrauschzahl *f*, zusätzliche Rauschzahl *f*
~ **pressure** 1. *(Ak)* Schalldruck *m*, *(manchmal:)* Schallwechseldruck *m*, *(als komplexe Größe:)* Effektivschalldruck *m*, Effektivwert *m* des Schalldrucks; 2. *(Mech)* Überdruck *m*, übermäßiger (überhöhter) Druck *m*; zu hoher Druck *m*; 3. *(Mech)* Überdruck *m*, *(selten:)* Mehrdruck *m* *(in einem Volumen, gegenüber der Umgebung)*
~ **reactivity** *(Kern)* Überschußreaktivität *f*, Reaktivitätsüberschuß *m*
~ **temperature** Übertemperatur *f*, übermäßige (überhöhte) Temperatur *f*
~ **thermodynamic function** *(physCh, Therm)* Exzeßfunktion *f*, Exzeßgröße *f*, Exzeßanteil *m* der thermodynamischen Funktion *f*
excessive pressure s. excess pressure 2.
exchange broadening *(Spektr)* Austauschverbreiterung *f*
~ **capacity** *(physCh)* Austauschkapazität *f*, Kapazität *f* *(eines Ionenaustauschers)*
~ **coupling** 1. *(At)* s. electron-pair bond; 2. *(Qu)* Austauschkopplung *f*
~ **deformation** *(Pl)* Austauschdeformation *f*, Deformation *f* vom konvektiven Typ
~ **degeneracy** *(Qu)* Austauschentartung *f*
~ **field** *(Fest)* Austauschfeldstärke *f*
~ **force** *(Qu)* Austauschkraft *f*
~ **method [of weighing]** *(Mech)* s. double weighing
~ **operator** *(Qu)* Austauschoperator *m*, Permutationsoperator *m*
~ **stiffness coefficient (parameter)** *(Fest)* Bloch-Wand-Parameter *m*
~ **symmetry** *(Qu)* Austauschentartung *f*
excitant *(Fest)* Erreger *m*, Lumineszenzerreger *m*
excitation 1. Anregung *f*, Erregung *f*, *(speziell:)* Schwingungsanregung *f*; 2. *(Reg)* Ansteuerung *f*
~ **loss** *(El)* Eisenverlust *m*, Ummagnetisierungsverlust *m*
~ **mode** *(Reg)* Schottky-Übergang *m* *(in der Theorie der Wärmekapazität)*
~ **potential** *(Qu)* Anregungsspannung *f* *(in V)*
~ **purity** *(Opt)* spektraler Farbanteil *m*
~ **voltage** 1. *(El)* Erregungsspannung *f*, Erregerspannung *f*; 2. *(Qu)* s. ~ potential
excited dimer *(At)* Excimer *n*
~ **state** *(Qu)* Anregungszustand *m*, angeregter Zustand *m*
exciting current Erregerstrom *m*
~ **function** Quellenfunktion *f*, Erregungsfunktion *f* *(einer Schwingung)*
~ **line** *(Spektr)* Anregungslinie *f*
excitonic molecule *(Fest)* Exzitonenkomplex *m*, Exzitonenmolekül *n*
excluded volume *(Therm)* Kovolumen *n*, verbotenes Volumen *n*, Eigenvolumen *n* [der Moleküle]
exclusion area *(Kern)* Sperrbereich *m*, Zone *f* beschränkten Zutritts
~ **filter** *(Opt)* Selektionsfilter *n*, Selektivfilter *n*
~ **principle** *(Qu)* [Paulisches] Ausschließungsprinzip *n*, Pauli-Prinzip *n*, *(spezieller:)* Pauli-Verbot *n*, Äquivalenzverbot *n*
excursion 1. *(Kern)* Leistungsexkursion *f*, Exkursion *f* *(eines Reaktors)*, Reaktorex-

kursion f *(kontrolliert)*; 2. *(Kern)* [unkontrolliertes] Durchgehen n *(eines Reaktors)*, nukleare Exkursion f, Reaktorexkursion f; 3. *(Meß)* Ausschlag m *(z. B. eines Zeigers)*
exercise (exertion) of a force *(Mech)* Ausübung f einer Kraft, Kraftausübung f
exhaust *(Kern)* s. ~ gas 1.
~ **air** *(Kern)* Abluft f, *(ungereinigt:)* Fortluft f
~ **air plume** *(Kern)* Abluftfahne f, *(allgemeiner:)* Schadstoffahne f
~ **gas** 1. *(Kern)* Abgas n, *(ungereinigt:)* Fortgas n; 2. Kaminabgas n, Schornsteinabgas n *(über den Kamin abgegeben)*
~ **gas temperature** *(Aero)* Strahlrohrtemperatur f, Gastemperatur f im Strahlrohr
~ **nozzle** *(Aero)* Schubdüse f *(eines Staustrahltriebwerks)*
exhaustion 1. *(physCh)* Absaugen n, Abziehen n, Auspumpen n *(von Gasen)*; 2. *(Ström)* Leeren n, Entleeren n; 3. Erschöpfung f, [vollständiges] Verbrauchen n
~ **hypothesis** *(Fest)* Erschöpfungshypothese f, Erschöpfungstheorie f *(der Verfestigung, des Kriechens)*
~ **region** *(Halbl)* Erschöpfungszone f, Entleerungsgebiet n
exit Austritt m *(aus einem Medium)*
~ **area** *(Aero)* Endquerschnitt m, Austrittsquerschnitt m, Düsenendquerschnitt m
~ **from the shadow** *(Astr)* Emersion f, *(bei der Finsternis:)* Austritt m aus dem Planetenschatten, *(bei der Bedeckung:)* Wiederauftauchen n
~ **port** 1. *(Kern)* Elektronenaustrittsfenster n, Austrittsfenster n *(eines Van-de-Graaff-Generators)*; 2. *(Opt)* Austrittsluke f, Bildluke f
~ **window** s. ~ port
exmeridian altitude *(Astr)* Zirkummeridianhöhe f
exoenergetic ... s. exoergic ...
exoergic collision *(At)* Stoß m zweiter Art
~ **reaction** 1. *(Kern)* exotherme (exoenergetische) Kernreaktion (Reaktion) f, exothermer Prozeß m; 2. *(physCh)* s. exothermic reaction 1.
exogenous neutron *(Kern)* exogenes (extern erzeugtes) Neutron n
exothermic reaction 1. *(physCh)* exotherme (wärmeabgebende, energieliefernde) Reaktion f; 2. *(Kern)* s. exoergic reaction 1.
expanded channel *(Ström)* divergenter (sich erweiternder) Kanal m
expanding flow *(Ström)* Expansionsströmung f, expansive Strömung f
~ **jet** *(Astr)* [fadenförmiger] Schweifstrahl m *(eines Kometen)*
~ **nozzle** *(Ström)* divergente (sich erweiternde) Düse f
expansion 1. Expansion f, Ausdehnung f *(im Volumen)*; Entspannung f *(von Gasen)*; 2. *(Ak, El)* Dynamikdehnung f, Dehnung f, Dynamikexpansion f; 3. *(Astr)* Expansion f *(des Weltalls)*; 4. *(mathPh)* Entwicklung f *(z. B. in eine Reihe, einer Determinante)*
~ **[cloud] chamber** *(Hoch)* s. Wilson cloud chamber
~ **coefficient** *(Therm)* kubischer (räumlicher) Ausdehnungskoeffizient (Wärmeausdehnungskoeffizient) m, Volumen-Temperaturkoeffizient m, Raumausdehnungskoeffizient m
~ -**deflection nozzle** *(Aero)* ED-Düse f, Expansions-Deflektions-Düse f, Düse f mit Innen-Außen-Entspannung
~ **exponent** *(Therm)* Polytropenindex m, Exponent m (Ordnung f) der Polytrope
~ **fan** *(Ström)* Expansionsfächer m, Verdünnungsfächer m, *(manchmal:)* Prandtlscher Expansionskeil (Ausdehnungskeil) m
~ **liquefying** *(Tief)* Expansionsmethode f *(der Gasverflüssigung)*, Expansionsverflüssigung f
~ **parameter** *(Hydr)* Entwicklungsparameter m *(der Seichtwassertheorie)*
~ **rate** *(Mech)* Ausdehnungsgeschwindigkeit f, Expansionsgeschwindigkeit f, Entspannungsgeschwindigkeit f *(eines Gases)*
~ **ratio** 1. *(Mech, Hoch)* Expansionsverhältnis n; 2. *(Ström)* Erweiterungsverhältnis n, Entspannungsverhältnis n
~ **wave** Expansionswelle f, *(Mech auch:)* Druckwelle f
expansive flow *(Ström)* Expansionsströmung f, expansive Strömung f
~ **wave** *(Fest, Mech)* expansive Beschleunigungswelle f
expansivity s. expansion coefficient
expectancy s. expected value
expectation value *(Qu)* Erwartungswert m
expected value *(mathPh)* Erwartungswert m, [mathematische] Erwartung f, zu erwartender Wert m
expelled particle *(Kern)* emittiertes (weglaufendes, auslaufendes, herausfliegendes) Teilchen n
expended energy Energieaufwand m, aufgewendete Energie f
experienced data Erfahrungswerte mpl
experimental arrangement (assembly) experimentelle Anordnung f, Versuchsanordnung f, Versuchsaufbau m
~ **bench** Prüfstand m, Versuchsstand m
~ **loop** *(Ström)* Versuchsschleife f
~ **section** *(Ström)* Versuchsstrecke f *(z. B. im Windkanal)*
~ **set-up** experimentelle Anordnung f, Versuchsanordnung f, Versuchsaufbau m
exploding wire [discharge] *(Pl, Spektr)* Drahtexplosion f, Drahtexplosionsentladung f, Metalldrahtentladung f, explodierender Draht m
exploratory operation Versuchsbetrieb m

explosion

explosion blast [wave] *(Mech)* Druckwelle f, Expansionswelle f *(einer Explosion)*, Explosionswelle f
~ **diaphragm** *(Ström)* Berstscheibe f, Berstmembran f, Platzmembran f, Berstfolie f, Reißscheibe f
~ **flame** *(physCh)* sich ausbreitende Flamme f
~ **yield** s. explosive power

explosive decompression *(Mech)* plötzlicher Druckabfall m, Drucksturz m
~ **fission** *(Kern)* unkontrollierte (explosive, ungesteuerte) Kernspaltung (Spaltung) f
~ **power** *(Mech, physCh)* Explosionsstärke f, Detonationsstärke f, Sprengstärke f
~ **shock** s. ~ wave
~ **star** *(Astr)* s. nova
~ **wave** *(Ak)* Knallwelle f, *(manchmal:)* Explosionswelle f

exponential attenuation *(Kern)* exponentielle Schwächung f, Schwächung f nach einem Exponentialgesetz
~ **decay** exponentieller Abfall m
~ **rise** exponentieller Anstieg m

exposed-stem (~-thread) correction *(Therm)* Thermometerkorrektur f, Korrektion f für den herausragenden Faden, *(als Größe:)* Fadenkorrektur f, Korrektur f für den herausragenden Faden

exposure 1. Aussetzung f, Exposition f *(einer Wirkung)*; 2. *(Kern)* Bestrahlung f, Exponierung f, Exposition f *(mit ionisierender Strahlung)*, Strahlenexponierung f; 3. *(Kern)* Strahlenbelastung f, Strahlenexposition f *(von Personen, Bevölkerungsgruppen oder der Gesamtbevölkerung)*; 4. *(Kern)* Exposition f, Bestrahlungsdosis f, Standardionendosis f, Gleichgewichtsionendosis f *(für Röntgen- oder Gammastrahlung: in C/kg, früher: R)*; 5. *(Opt)* Bestrahlung f, Strahlungsexposition f *(eine Strahlungsgröße: Bestrahlungsstärke x Zeit)*; 6. *(Phot)* [photographische] Belichtung f *(Vorgang)*; Belichtung f, Exposition f *(Größe)*
~ **age** *(Astr)* Bestrahlungsalter n *(z. B. eines Meteoriten)*
~ **container** *(Kern)* Schutzcontainer m *(einer Strahlungsquelle)*
~-**density relationship** *(Phot, Opt)* [photographische] Schwärzungskurve f, charakteristische Kurve f, Gradationskurve f
~ **head** *(Kern)* Strahlerkopf m, Strahlkopf m *(einer umschlossenen Strahlenquelle)*
~ **hole** *(Kern)* Bestrahlungskanal m *(in einem Reaktor)*
~ **latitude** *(Phot)* Belichtungsspielraum m, Belichtungsumfang m, Belichtungsbereich m
~ **meter** 1. *(Kern)* Dosimeter n *(mit Anzeige in C/kg)*, [Standard-]Ionendosismeßgerät n, Expositions[dosis]messer m; 2. *(Opt, Phot)* Belichtungsmesser m
~ **rate** 1. *(Kern)* Standard-Ionendosisleistung f; 2. *(Opt)* s. radiant flux density 3.

116

~ **ratemeter** *(Kern)* Standard-Ionendosisleistungsmeßgerät n *(für Expositionsleistungsmessungen in C/kg h)*
~ **value** *(Phot)* Lichtwert m, Belichtungswert m

expulsion Ausstoßen n, Herausstoßen n, Auswurf m, Auswerfen n *(auch von Gasen)*

extended air shower *(Hoch)* s. extensive shower
~ **area** *(physCh, Therm)* vergrößerte Oberfläche f
~ **dead time** *(Kern)* ausgedehnte Totzeit f
~ **dislocation** *(Krist)* aufgespaltene Versetzung f
~ **particle model** *(Hoch)* Modell n des ausgedehnten Teilchens, Teilchenstrukturmodell n
~ **phase space** *(Mech)* Energie-Zustands-Raum m
~ **shower** *(Hoch)* s. extensive shower
~ **source** ausgedehnte Quelle f *(flächenhaft oder räumlich)*
~ **surface** *(physCh, Therm)* vergrößerte Oberfläche f
~ **X-ray absorption fine structure** *(Spektr)* kantenferne Feinstruktur f des Röntgenspektrums, Kronigsche Feinstruktur f
~ **X-ray absorption fine structure spectroscopy** *(Spektr)* Feinstruktur-Röntgenabsorptionsspektroskopie f, EXAFS

extending capacity (displacement) *(Mech)* Ausfahrvolumen n, Ausfahrverdrängung f

extension 1. Ausdehnung f, Erstreckung f *(im Raum)*; Verlängerung f; 2. *(Mech)* Streckung f, Dehnung f, Längung f, *(bei Metallen auch:)* Reckung f; 3. *(Mech)* Bruchdehnung f *(Größe, in Prozent der ursprünglichen Länge)*; 4. *(Krist)* Streckung f, einachsige Dehnung f; 5. *(Krist)* Aufspaltung f, Versetzungsaufspaltung f
~ **in velocity** *(statPh)* Geschwindigkeitsausdehnung f
~ **mode of vibration** s. extensional [mode of] vibration
~ **of burnup** *(Kern)* Abbrandverlängerung f, Kampagnenverlängerung f durch Lastabsenkung
~ **of effective part [of scale]** *(Meß)* Meßbereich[s]erweiterung f, Bereich[s]erweiterung f
~ **wire** *(El, Therm)* Ausgleichleitung f, Thermoelementausgleichsleitung f

extensional [mode of] vibration *(Mech)* Dehnungsschwingung f *(in einem elastischen Medium)*
~ **wave** *(Mech)* Dehnungswelle f *(in einem elastischen Medium)*

extensive parameter (quantity) *(Therm)* extensive Größe f, extensiver Parameter m, Extensitätsvariable f, Quantitätsgröße[nart] f

extrinsic

- **shower** *(Hoch)* ausgedehnter Luftschauer *m*, Auger-Schauer *m*, Riesenschauer *m*, Luftschauer *m*
- **variable** *s.* extensive parameter
- **extent of accommodation** *(Opt)* Akkommodationsbreite *f*, Akkommodationsvermögen *n*
- **exterior** *(mathPh)* Äußeres *n (einer Menge)*
- **~ focal distance (length)** *s.* front focal distance
- **~ problem** *(mathPh)* äußeres Randwertproblem *n*, Randwertproblem *n* für das Außengebiet, Außenproblem *n*
- **~ vertex focal length** *(Opt)* Dingschnittweite *f*, dingseitige (objektseitige, gegenseitige, vordere) Schnittweite *f*
- **external circuit** *(El)* äußerer Stromkreis *m (Belastungs- oder Quellstromkreis)*
- **~ control** *(Reg)* äußere (externe) Steuerung *f*, Fremdsteuerung *f*
- **~ diameter** *(Mech)* Außendurchmesser *m*, AD, äußerer Durchmesser *m*
- **~ error** *(El, Meß)* äußerer Fehler *m*, Schaltungsfehler *m*, Verfahrensfehler *m*, Fremdfehler *m*
- **~ exposure** *(Kern)* äußere Bestrahlung *f*, Bestrahlung *f* von außen; 2. äußere Strahlenbelastung *f (Größe)*
- **~ field** 1. *(El, Magn)* Störfeld *n*, Fremdfeld *n*; 2. *(Opt)* Gesichtsfeldwinkel *m*, Dingwinkel *m (eines Polarisationsprismas)*
- **~ impact** Einwirkung *f* von außen, EVA, äußere Einwirkung *f*
- **~ mirror coating** Außenverspiegelung *f*
- **~ mode** *(Fest)* Freiheitsgrad *m* der Gitterschwingungen, Gitterfreiheitsgrad *m (in der Theorie der Wärmekapazität)*
- **~ optical density** *(Opt)* Schwärzung (optische Dichte) *f* bei Reflexion, Reflexionsdichte *f*, Aufsichtsschwärzung *f*
- **~ phase** *(physCh)* Dispersionsmittel *n*, Dispergens *n*, Dispersionsphase *f*
- **~ photoelectric effect** *(El)* äußerer Photoeffekt *m*, externer lichtelektrischer Effekt *m*, Photo[elektronen]emission *f*
- **~ Q** *(El)* Güte *f* (Gütefaktor *m*) bei Belastung
- **~ quenching** 1. *(Fest)* Fremdauslöschung *f (der Lumineszenz)*; 2. *(Kern)* Fremdlöschung *f (der Entladung)*
- **~ standard method** *(Spektr)* leitprobengebundenes Verfahren *n*, Methode *f* des externen Standards
- **~ torsional stress** *(Mech)* Torsionsbelastung *f*, Verdrehbelastung *f*
- **~ total reflection** *(El, Magn, Opt)* äußere Totalreflexion *f*
- **~ wave** *(Ström)* Grenzflächenwelle *f*, Grenzschichtwelle *f*
- **~ work** *(Therm)* äußere Arbeit *f*
- **extinctance** *(Opt)* dekadischer Absorptionskoeffizient *m*, Extinktionsmodul *n*, dekadische Extinktionskonstante *f*
- **extinction** 1. Extinktion *f*, Auslöschung *f*; 2. *(Opt)* [dekadische] Extinktion *f*
- **~ coefficient [for light]** *(Opt)* 1. dekadischer Absorptionskoeffizient *m*, Extinktionsmodul *m*, dekadische Extinktionskonstante *f*; 2. spektraler dekadischer Absorptionskoeffizient *m (für Licht)*
- **~ position** *(Opt)* Auslöschungsstellung *f*
- **extinctivity** *(Opt, physCh)* dekadischer Extinktionskoeffizient *m*, Extinktionsmodul *m*
- **extra-excitation** *(El)* Übererregung *f*
- **~-focal radiation** *(Kern)* extrafokale (außerfokale) Strahlung *f*, Stielstrahlung *f (einer Röntgenröhre)*
- **~-high-energy [nuclear] physics** *(Kern)* Höchstenergiephysik *f*, Physik (Kernphysik) *f* höchster Energien
- **~-high frequencies (frequency range)** *(El)* Millimeterwellen *fpl*, Millimeterwellenbereich *m*, Millimeterbereich *m*, Millibereich *m*, EHF-Bereich *m*, EHF
- **~-pure material (substance)** *(physCh)* Reinststoff *m*
- **extract air** *(Kern)* Abluft *f*, *(ungereinigt:)* Fortluft *f*
- **extracted control rod** *(Kern)* ausgefahrener (gezogener) Steuerstab *m*
- **extraction** 1. *(Kern)* Extraktion *f*, Ausschleusung *f (von Teilchen)*; Teilchenextraktion *f*, Teilchenausschleusung *f (aus einem Beschleuniger)*; 2. *(Kern) s.* driveout; 3. *(physCh)* Extraktion *f*, Ausziehen *n*; 4. *(Ström)* Entnahme *f*, Entnehmen *n*, *(speziell:)* Abziehen *n (eines Fluids)*
- **~ agent** *(physCh)* Extraktionsmittel *n*, selektives (differenzierendes) Lösungsmittel *n*
- **extramolecular condensation** *(physCh)* intermolekulare (extramolekulare) Kondensation *f*, Selbstkondensation *f*
- **extraneous scattering** *(Kern, Opt)* Fremdstreuung *f*
- **extranuclear electron** *(At)* Hüllenelektron *n*, Bahnelektron *n*
- **extrapolated range** *(Kern)* extrapolierte Reichweite *f (eines ionisierenden Teilchens)*
- **extreme relativistic limit** *(Kern)* extrem relativistischer Fall (Grenzfall) *m*
- **~ relativistic region** *(Rel)* extrem relativistisches Gebiet *n*, ER-Gebiet *n*
- **~ ultraviolet** *s.* far ultraviolet 1.
- **extremely high frequencies (frequency range)** *s.* extra-high frequencies
- **extrinsic conduction** *(Halbl)* Stör[stellen]leitung *f*, Fremdleitung *f (Fehlordnungsleitung)*
- **~ joint loss** *(Opt)* äußere (extrinsische) Verluste *mpl*
- **~ property** *(Fest)* strukturempfindliche Eigenschaft *f*, *(manchmal:)* strukturabhängige Eigenschaft *f*
- **~ semiconductor** *(Halbl)* Stör[stellen]halbleiter *m*, Fremdhalbleiter *m*
- **~ variable [star]** *(Astr)* Pseudoveränderlicher *m*, uneigentlicher Veränderlicher *m*

eyepiece

eyepiece *(Opt)* Okular *n*, *(als Einzellinse auch:)* Okularlinse *f*
~ **goniometer** *(Opt)* Goniometerokular *n*, Winkelmeßokular *n*, Okulargoniometer *n*
~ **micrometer** *(Opt)* Okularmikrometer *n*, Feinmeßokular *n*, *(speziell:)* Strichmikrometer *n*

F

39 °F British thermal unit *s.* British thermal unit 4.
f-f cyclotron *(Kern)* Festfrequenzzyklotron *n*, Zyklotron *n* mit konstanter (fester) Frequenz der Beschleunigungsspannung
f-factor *(Fest)* Debye-Waller-Faktor *m*, Debye-Wallerscher Temperaturfaktor *m*, *(in der Mößbauer-Spektroskopie auch:)* f-Faktor *m*
f number, F-number *(Opt)* Öffnungszahl *f*, Blendenzahl *f*, Blendennummer *f* *(eines optischen Systems)*
f-process *(Kern)* neutroneninduzierte Spaltungsreaktion *f*, neutronenausgelöste Spaltung *f*, n(f)-Reaktion *f*
f-ratio *s.* f number
f value *(At, Qu)* Oszillator[en]stärke *f*, f-Wert *m*
FABMS Massenspektrometrie *f* durch Beschuß mit schnellen Atomen, FABMS
face 1. Fläche *f*, Oberfläche *f*; Kristallfläche *f*; 2. Vorderseite *f*, Stirnseite *f*
~**-bonding** *(Halbl)* Oberseitenanschluß *m*
~**-centred cubic lattice** *(Krist)* kubisch flächenzentriertes Gitter *n*, kfz-Gitter *n*, k.f.z.-Gitter *n*
~**-centred lattice** *(Krist)* flächenzentriertes Gitter *n*, f.z.-Gitter *n*, allseitig flächenzentriertes Gitter *n*
~**-centred orthorhombic lattice** *(Krist)* orthorhombisch flächenzentriertes Gitter *n*
~ **frequency factor** *(Fest)* Flächenhäufigkeitsfaktor *m* *(in der Röntgenbeugungsanalyse)*
~ **index (symbol)** *(Krist)* Flächenindex *m*, Flächensymbol *n*, Index *m*
factor group *(Krist)* Faktorgruppe *f* *(der Raumgruppe)*
~ **group splitting** *(Krist)* Korrelationsfeldaufspaltung *f*, Faktorgruppenaufspaltung *f*
~ **of merit** *(Kern)* Gütefaktor *m* *(z. B. bei Low-level-Messungen)*
~ **of safety** *(Mech)* 1. Sicherheitsbeiwert *m*, Sicherheitszahl *f*, Sicherheitskoeffizient *m*, Sicherheitsfaktor *m*; 2. [elastischer] Spannungsintensitätsfaktor *m*
~ **of safety for plastic flow** *(Mech)* Sicherheitsfaktor (Sicherheitsbeiwert) *m* gegen Fließen
~ **of stress concentration** *(Mech)* 1. Spannungskonzentrationsfaktor *m* *(als Einflußfaktor)*; 2. Spannungskonzentrationsfaktor *m*, Kerbwirk[ungs]zahl *f*, Kerbfaktor *m*, Kerbziffer *f*, Formzahl *f* *(Größe)*
facula *(Astr)* Fackel *f*, Sonnenfackel *f*
fade-in *(Opt)* Aufblendung *f*, Einblendung *f*
~**-out** *(Opt)* Ausblendung *f*
fading 1. Fading *n*, Schwund *m*, Schwunderscheinung *f*; 2. *(Phot)* Fading *n*, Abklingen *n* des latenten Bildes; 3. *(Phot)* Fading *n*, Verblassen *n*, Abschwächung *f* *(des Farbtons)*
~ **rate** *(El, Magn)* Schwundmaß *n* *(nach Ratcliffe)*
fail-safe design *(Kern)* ausfallsichere (folgeschadensichere, fehlsichere) Auslegung *f*, Fail-safe-Auslegung *f*
~**-safe principle** *(Kern)* Prinzip *n* der sicheren Richtung, Fail-safe-Prinzip *n*
failure 1. Ausfall *m*, *(manchmal:)* Versagen *n*; 2. Fehler *m*, Defekt *m* *(z. B. eines Werkstoffs)*; 3. *(Mech)* [elastisches] Versagen *n* *(in der Festigkeitslehre)*
~ **load** *(Mech)* Versagenslast *f*
~ **mode** Ausfallart *f*, Ausfallmodus *m*, Ausfallmode *f*, *(manchmal:)* Fehlerart *f*
~ **probability** Ausfallwahrscheinlichkeit *f*, Unzuverlässigkeitsfunktion *f*
faint object camera *(Astr)* „faint-object"-Kamera *f*, Kamera *f* für schwache (schwach leuchtende, weit entfernte) Objekte
~ **picture** *(Phot)* kontrastarmes (flaches, flaues) Bild *n*
fairing 1. *(Aero)* Schutzkegel *m* *(in der Raumfahrt)*; 2. *(Ström)* Verkleidung *f* *(zur Annäherung an die Stromlinienform)*
Fajans-Soddy displacement law, ~ Soddy law of radioactive displacement *(Kern)* radioaktive Verschiebungssätze *mpl* [von Soddy und Fajans], Fajans-Soddysche (Soddy-Fajanssche) Verschiebungsregeln *fpl* (Verschiebungssätze *mpl*), radioaktives Verschiebungsgesetz *n*
fallacy Trugschluß *m*, Täuschung *f*
falling ball acoustic calibrator *(Ak)* Kugelfall-Schallquelle *f*
~ **ball method** *(Ström)* Kugelfallmethode *f*, Methode *f* (Verfahren *n*) der fallenden Kugel
~ **branch** absteigender Ast *m* *(einer Kurve)*
~ **film** *(Ström)* Rieselfilm *m*
~ **motion** *(Mech)* Fallbewegung *f*
~ **portion** 1. *s.* ~ branch; 2. *(El)* auslaufender Teil (Impulsteil) *m*, Schwanz *m*, Impulsschwanz *m*, *(speziell:)* Hinterflanke *f*, Impulshinterflanke *f*, Rückflanke *f*
~ **short** Unterschreitung *f* *(eines vorgegebenen Wertes)*
fallout *(Kern)* 1. Fallout *m*, radioaktiver Niederschlag *m* *(Ablagerung durch die Schwerkraft, Vorgang)*; 2. [radioaktive] Falloutablagerung *f*, Fallout *m* *(abgelagerte Schadstoffe)*

false body *(physCh)* scheinbarer Körpergehalt *m*
~-**colour image** *(Phot)* Falschfarbenbild *n*
~ **conclusion** Trugschluß *m*, Täuschung *f*
~ **image** *(Opt)* pseudoskopischer (pseudostereoskopischer, tiefenverkehrter) Raumeindruck *m*
~ **light** *(Opt)* 1. Streulicht *n*, Falschlicht *n* *(unerwünscht, z. B. im Monochromator)*; 2. Nebenlicht *n*, Fremdlicht *n*
~ **relief effect** *(Opt)* pseudoskopischer Effekt *m*, pseudoskopische Erscheinung *f*
falsification Verfälschung *f (der Meßergebnisse)*
fan beam Fächerstrahl *m*, gefächertes Strahlenbündel *n*
~ **jet** *(Ström)* Flachstrahl *m*
~ **ray** *(Astr)* Fächerstrahl *m (der Sonnenkorona)*
fanning 1. Auffächerung *f*, Ausfächerung *f*, Auseinanderfächerung *f (z. B. eines Strahls)*; 2. *(Fest)* Fächerung *f*, „fanning" *n (in Einbereichsteilchen)*
FAO *s.* field atomic orbital
far field *s.* ~ zone
~-**field diffraction pattern** *(Opt)* Fernfeldbeugungsdiagramm *n*, Fraunhofer-Beugungsdiagramm *n*, Fernfeldbeugungsmuster *n*
~-**field [radiation] pattern** *(Opt)* Fernfeld[strahlungs]diagramm *n*, Fernfeld[strahlungs]muster *n*
~-**field region** 1. *(Opt)* Fernfeldgebiet *n*; 2. *s.* ~ zone
~-**infrared [region]** *(El, Magn)* fernes Infrarot *n*, Gebiet *n* (Bereich *m*) des fernen Infrarots *(etwa 50 ... 100 μm)*
~ **limit [of depth of field]** *(Opt, Phot)* Hintertiefe *f*, rückwärtige Tiefe *f*
~-**point vergence (vergency)** *(Opt)* reziproker Fern-Scheitelbrechwert *m*, Fernpunktsrefraktion *f*, Fernpunktsbrechwert *m*, Fernpunktsbrechkraft *f*
~ **side** *(Astr)* Rückseite *f (des Mondes)*
~ **ultraviolet** *(El, Magn)* 1. extremes (fernes) Ultraviolett *n*, EUV, Gebiet *n* (Bereich *m*) des fernen Ultravioletts, Vakuum-UV-Bereich *m*, VUV *(10...200 nm)*; 2. Strahlung *f* im Vakuumultraviolett (fernen Ultraviolett)
~ **zone** *(El, Magn)* Fernfeld *n*, Fraunhofer-Gebiet *n*, Fraunhofersches Gebiet *n*, Fraunhofersche Zone *f (einer Antenne)*
faraday *(Ech)* Faraday-Konstante *f*, *(manchmal:)* Faraday *(in C mol^{-1})*; Faraday-Ladung *f*, [Faradaysche] Äquivalentladung *f (in C)*
Faraday current *(Ech)* Faradayscher Durchtrittsstrom *m*
~ **effect** 1. *(El, Magn)* Wirbelstromeffekt *m*; 2. *(Opt)* Faraday-Effekt *m*, magnetische Drehung *f* [der Polarisationsebene], Magnet[o]rotation *f*

~-**Neumann law [of electromagnetic induction]** *s.* Faraday's law of [electromagnetic] induction
~ **rotation** *s.* ~ effect 2.
~-**Tyndall effect** *(Opt)* Tyndall-Effekt *m*, *(manchmal:)* Faraday-Tyndall-Effekt *m*
Faraday's law of [electromagnetic] induction, ~ theorem *(El)* [Faradaysches] Induktionsgesetz *n*, Induktionsgesetz *n* von Faraday
~ **theory** *(El, Feld)* [Faradaysche] Nahewirkungstheorie *f*, Nahwirkungstheorie *f*
faradic current *(El)* faradischer Strom *m*
~ **impedance** *(Ech)* galvanische Impedanz *f*
fast breeder [reactor] *(Kern)* schneller Brutreaktor *m*, SBR, schneller Brüter *m*
~ **burst reactor [facility]** *(Kern)* schneller Impulsreaktor *m (liefert nichtperiodische Impulse schneller Neutronen)*
~-**cycling synchrotron** *(Kern)* Synchrotron *n* mit schneller Impulsfolge
~ **effect** *(Kern)* Schnellspalteffekt *m*, Einfluß *m* der schnellen Spaltungen (Neutronen)
~ **fission cross section** *(Kern)* Spaltquerschnitt *m* für schnelle Neutronen, schneller Spaltquerschnitt *m*
~ **fission factor** *(Kern)* Schnellspalt[ungs]faktor *m*, Faktor *m* der schnellen Spaltung *(in der Vierfaktorenformel)*
~ **flow** *(Hydr)* schießende (reißende, überkritische) Strömung *f*, Schießen *n* [der Strömung], überkritisches Fließen *n (im offenen Gerinne, Fr > 1)*
~ **group** *(Kern)* Gruppe *f* der schnellen Neutronen, schnelle Gruppe (Neutronengruppe) *f*
~ **insertion** *(Kern)* Abwerfen *n*, Stababwurf *m*, Einwerfen *n* (lotrecht), Steuerstabeinschießen *n (in einen Reaktorkern)*
~ **leakage** *(Kern)* Austritt (Austrittsverlust, Abfluß) *m* schneller Neutronen
~-**motion effect** *(Phot)* Zeitraffung *f*, Zeitraffereffekt *m*
~ **neutron capture** *(Astr)* r-Prozeß *m*, schneller Prozeß (Neutroneneinfang) *m*
~-**neutron lifetime** *(Kern)* Bremszeit *f*, Neutronenbremszeit *f (Abbremsung der Neutronen von der Spalt- auf thermische Energie)*
~ **neutron selector** *(Kern)* schneller Geschwindigkeitsselektor *m* für Neutronen, schneller Neutronenmonochromator *m*, Hochgeschwindigkeits-Neutronenselektor *m*
~ **radiochemistry** *(physCh)* schnelle Radiochemie *f*, Radiochemie *f* der kurzlebigen Radionuklide
~ **transient** schnelle Transiente *f*, Kurzzeitvorgang *m*
~-**vibration direction** *(Krist, Opt)* schnelle Schwingungsrichtung *f (des Feldstärke-*

faster

vektors), Richtung f des maximalen Brechungsindex
faster-than-light particle *(Feld, Hoch)* Tachyon n, Teilchen n mit Überlichtgeschwindigkeit
fath[om] *(Mech)* Faden m *(SI-fremde Einheit der Länge; 1 fath = 1,8288 m)*
fatigue *(Mech)* 1. Ermüdungserscheinung f; 2. Ermüdung f, Zerrüttung f *(eines Materials)*
~ **crack** *(Mech)* Dauerriß m
~ **crescent** *(Mech)* Rastlinie f *(im Dauerbruch)*
~ **failure (fracture)** *(Mech)* Dauer[schwingungs]bruch m, Ermüdungsbruch m
~ **life** *(Mech)* Ermüdungslebensdauer f *(Anzahl der Lastwechsel bis zum Bruch)*
~ **limit** *(Mech)* Dauer[schwing]festigkeit f
~ **limit for alternating bending stress** *(Mech)* Wechselbiegefestigkeit f, Biegewechselfestigkeit f
~ **limit for alternating stress** *(Mech)* Wechselfestigkeit f, *(manchmal:)* Zug-Druck-Wechselfestigkeit f
~ **limit for completely reversed bending stress [cycles]** *(Mech)* Wechselbiegefestigkeit f, Biegewechselfestigkeit f
~ **limit for fluctuating bending stress** *(Mech)* Schwellbiegefestigkeit f, Biegeschwellfestigkeit f
~ **limit for fluctuating (pulsating) stress** *(Mech)* Schwellfestigkeit f, *(manchmal:)* Ursprungfestigkeit f
~ **limit under vibratory stresses** *(Mech)* Schwingungsfestigkeit f
~ **loading** s. ~ stressing
~ **notch factor** *(Mech)* Kerbwirk[ungs]zahl f, Kerbeinflußzahl f
~ **ratio** *(Mech)* Dauerfestigkeitsverhältnis n, Ermüdungsverhältnis n
~ **strength** *(Mech)* Zeit[stand]festigkeit f
~-**strength reduction factor** *(Mech)* Spannungskonzentrationsfaktor m *(als Einflußfaktor)*
~ **stress concentration factor** *(Mech)* Kerbwirk[ungs]zahl f, Kerbeinflußzahl f
~ **stressing** *(Mech)* Dauerschwingungsbeanspruchung f, Schwingungsbeanspruchung f
favoured [forbidden] transition *(Kern)* supererlaubter (begünstigter, erleichterter) Übergang m
f.b.p. s. final boiling point
FBR s. 1. fast breeder reactor; 2. fast burst reactor
f.c. (fc, FC) lattice s. face-centred lattice
f.c.c. (fcc, FCC) lattice s. face-centred cubic lattice
FD mass spectrometry *(Spektr)* Felddesorptions-Massenspektrometrie f, FD-Massenspektrometrie f, FDMS
FDHM *(El, Opt)* s. full duration at half maximum
FDMS s. FD mass spectrometry

feasible method Methode f der fixierten Ausgangsvariablen, Modellkoordination f
feathered pitch (position) *(Aero)* Segelstellung f, Fahnenstellung f
feathering *(Aero)* Verstellung f in die Segelstellung *(eines Propellers)*
feed 1. *(El)* Speisung f, Zuführung f, Zuleitung f, Einspeisung f; 2. *(Mech)* Vorschub m; 3. *(physCh)* Beschickung f, Einspeisung f, Speisung f, Aufgabe f, *(speziell:)* Eingabe f, Feed n, angereicherte Fraktion f, Einspeisung f *(einer Isotopentrennkaskade)*; 4. *(physCh)* Feedmaterial n, Ausgangsstoff m, Speisematerial n, Einspeisematerial n *(bei der Isotopentrennung)*
feedback 1. Rückkopplung f, Feedback n; Rückwirkung f; 2. *(Reg)* Rückführung f, Rückinformation f
feedforward *(Reg)* Vorwärtswirkung f, Mitkopplung f
feeding s. feed 1. und 3.
feedthrough *(El)* Durchkontaktierung f
FEL s. free-electron laser
fence *(Aero)* Grenzschichtzaun m
Fermat's law (principle) *(Opt)* Fermatsches Prinzip n, Prinzip n des ausgezeichneten Lichtweges, Fermatscher Satz m *(der geometrischen Optik)*, Prinzip n der schnellsten (kürzesten) Ankunft
~ **principle of least proper time** *(Rel)* [Fermatsches] Prinzip n der stationären Eigenzeit (Weltlinie), relativistisches Fermatsches Prinzip n
~ **principle of stationary optical paths** *(Opt)* s. Fermat's law
Fermi age equation *(Kern)* Altersgleichung f, Fermi-Alter-Gleichung f, Age-Gleichung f, Fermische Differentialgleichung f
~-**age kernel** *(Kern)* Gaußscher Integralkern (Bremskern) m
~ **characteristic energy level** s. ~ level
~ **circular wave vector** *(Fest)* Ausbreitungsvektor m für Fermi-Energie, Fermi-Ausbreitungsvektor m
~ **derivative** *(Rel)* Fermische [kovariante] Ableitung f
~ **[-Dirac] commutation relations** *(Feld, Qu)* Vertauschungsrelationen fpl für Fermionen, Fermi-Vertauschungsregeln fpl
~ **energy** *(Fest, statPh)* 1. s. ~ level; 2. Fermi-Energie f *(in einem Metall)*
~ **intercept** *(Kern)* [Fermi-]Streulänge f *(für niederenergetische elastische Streuung)*
~ **level (limit)** *(Fest, statPh)* Fermi-Niveau n, Fermi-Kante f, chemisches Potential n [je Elektron], Fermische Grenzenergie f
Fermi's differential equation *(Kern)* s. Fermi age equation
ferric induction *(El, Magn)* eingeprägte (innere) Induktion f *(= B – H, d. h. 4π mal Magnetisierung)*
ferroelectric *(Fest)* Ferroelektrikum n, ferroelektrischer Stoff m

ferrule *(Opt)* Stift m *(für eine optische Faser oder ein Faserbündel)*
fertile material *(Kern)* Brutstoff m, Brutmaterial n, brütbares Material n
Féry [radiation] pyrometer *(Therm)* Gesamtstrahlungspyrometer n, *(selten:)* Féry-Pyrometer n
Feshbach-Porter-Weisskopf model *(Kern)* optisches Modell n [der Kernwechselwirkung], optisches Modell der Teilchenstreuung an Kernen, Kristallkugelmodell n
FESR *(Hoch)* Summenregel f für endliche Energien, FESR
few-group cross section *(Kern)* Weniggruppenquerschnitt m
Feynman propagator *(Feld, Qu)* Zweipunktfunktion f, Kontraktion f, kausaler (Feynmanscher) Propagator m, kausale Ausbreitungsfunktion (Greensche Funktion) f
FFAG cyclotron *(Kern)* FFAG-Zyklotron n, Zyklotron n mit konstantem Magnetfeld und alternierendem Gradienten
FFCG accelerator *(Kern)* FFCG-Beschleuniger m, Beschleuniger m mit kontantem Magnetfeld und konstantem Gradienten
ffe system *(Therm)* System n fern vom Gleichgewicht, ffe-System n
FFHR s. fusion-fission hybrid reactor
fiber *(US)* s. fibre
fibering *(Fest)* Faserung f, Faserbildung f, Aufspaltung f in Fasern
fibre 1. Faser f; 2. optische Faser f, Lichtleitfaser f, Glasfaser f, Lichtwellenleiter m, LWL
~ **axis** *(Opt)* optische Achse f, Faserachse f
~ **bundle** *(Opt)* Faserbündel n, Lichtleitbündel n, Bündel n
~ **camera** *(Fest)* Faserkamera f *(Röntgenkamera für die Aufnahme von Faserdiagrammen)*
~ **cladding** *(Opt)* Mantel m, Fasermantel m
~ **core** *(Opt)* Kern m, Faserkern m
~ **model** *(Ström)* Fasermodell n *(poröser Medien)*
~**-optic** faseroptisch
~ **optics** *(Opt)* Lichtwellenleiteroptik f, LWL-Optik f, Faseroptik f
~ **X-radiogram** *(Fest)* Faserdiagramm n
fibrous fracture *(Mech)* faseriger Bruch m, Faserbruch m
Fick's equation, ~ [first] law *(physCh, statPh)* Ficksches Gesetz (Diffusionsgesetz) n, erstes Ficksches Gesetz n
~ **second law** *(physCh, statPh)* zweites Ficksches Gesetz n, [elementare] Diffusionsgleichung f, allgemeine Diffusionsgleichung f
FID *(Spektr)* s. free induction decay
fidelity Wiedergabetreue f, *(Opt auch:)* Fidelität f
fiducial point 1. *(Mech)* Nullmarke f des Maßstabes, Spitze f *(eines Fortinschen Barometers)*; 2. *(Meß)* Eichstrich m *(durch Eichung oder Kalibrierung bestimmter Teilstrich einer Skale)*; 3. *(Opt)* s. fiduciary point
~ **value** *(Meß)* Vergleichswert m, Normalwert m, Bezugswert m
fiduciary point *(Opt)* Bezugspunkt m, Bezugsmarke f *(eines optischen Instruments)*
field angle *(Opt)* 1. Gesichtsfeld n *(im Winkelmaß)*; 2. Dingwinkel m, Gesichtsfeldwinkel m *(eines optischen Instruments)*
~ **aspect** Feldbild n *(der Materie)*
~ **atomic orbital** *(At)* Feldatomorbital n, Feld-AO f, FAO
~ **balance** *(Magn)* [magnetische] Feldwaage f, Magnetwaage f *(zur Messung der Feldstärke)*
~ **brightness** s. ~ luminance
~ **displacement** 1. *(El)* Feldverdrängung f, Feldverdrängungseffekt m; 2. *(Magn)* Feldverschiebung f
~ **emission** 1. *(El, Fest)* Feldemission f, Kaltemission f, kalte Emission (Elektronenemission) f; 2. *(Fest)* Feldionenemission f
~**-enhanced emission** *(Halbl)* feldverstärkte Emission (Elektronenemission) f
~ **flattener** *(Opt)* Vorsatzlinse f zur Bildfeldebnung, Bildfeldebner m
~**-flattening filter** *(Kern)* Feldausgleichfilter n, Glättungsfilter n, Abflachungsfilter n *(bei der Bestrahlung)*
~ **form** *(El)* Feldkurve f
~ **intensity** Feldstärke f, Feldstärkevektor m *(Vektor, Größe)*
~ **lens** *(Opt)* Feldlinse f, Kollektivlinse f
~ **line annihilation (reconnection)** *(Astr)* Merging n, Unordnung (Verschmelzung) f der magnetischen Feldlinien *(Aufreißen und Neuverknüpfung)*
~ **luminance** *(Opt)* Adaptationsleuchtdichte f, Gesichtsfeldleuchtdichte f, Adaptationshelligkeit f
~ **map** s. ~ pattern 1.
~ **mapping** graphische Darstellung f *(eines Feldes)* durch Feldlinien
~ **number** *(Opt)* Feldzahl f, Sehfeldzahl f, lineare Ausdehnung f in einer Entfernung von 1000 m
~ **of flow** *(Ström)* Strömungsfeld n, Strömungsverteilung f, *(manchmal:)* Stromfeld n
~ **of sight (view)** *(Opt)* Gesichtsfeld n, *(selten:)* Sichtfeld n *(eines optischen Instruments)*
~ **of vision** *(Opt)* Gesichtsfeld n, Seh[ding]feld n *(des Auges bei ruhig gehaltenem Auge, (bei bewegtem Auge:)* Blickfeld n, Kernfeld n
~**-of-vision stop** *(Opt)* Feldblende f, Gesichtsfeldblende f
~ **of vorticity** s. rotational field

field 122

~ **pattern** 1. Feld[linien]bild n, Feldverteilung f; 2. (El, Magn) Richtcharakteristik f, Strahlungsdiagramm n, (speziell:) Feldstärkediagramm n (einer Antenne)
~ **plotting** graphische Feldermittlung (Feldkonstruktion, Feldberechnung) f, Feldausmessung f
~ **quantity** Feldgröße f, Feldvariable f
~ **-reversed mirror** (Pl) Umkehrfeldspiegel m
~ **[strength] tensor** (Feld, Rel) elektromagnetischer Feldstärketensor m, [Maxwellscher] Feldstärketensor m, Vierertensor m des elektromagnetischen Feldes
~ **theory of Schrödinger** (Feld) Schrödingers rein affine Feldtheorie f, rein affine Feldtheorie f [von Schrödinger]
~ **variable** Feldgröße f, Feldvariable f
~ **vector** 1. Feldstärke f, Feldstärkevektor m (Vektor, Größe); 2. (Feld) Feldvektor m; 3. (Mech) gebundener Vektor m

fifteen-degrees calorie (Therm) Grammkalorie f, kleine Kalorie f, Wasserkalorie f, 15-°C-Kalorie f, gcal (SI-fremde Einheit der Wärmemenge; 1 gcal = 4,1855 J)

figuratrix (Mech) Figuratrix f, Hamiltonsche Fläche f

figured lens (Opt) asphärische Linse f geringer Deformation

filament 1. (feiner) Faden m, Filament n; 2. Heizfaden m, Heizdraht m (Röhren); Glühfaden m, Leuchtdraht (Glühlampe); 3. (Astr) Filament n, filamentartiger Nebelstreifen m; 4. (Astr) [dunkles] Filament n, dunkler Faden m (in einem Spektroheliogramm)
~ **getter** (Vak) Verdampf[ungs]getter m, (manchmal:) Abdampfgetter m
~ **line** (Ström) Streichlinie f

filar eyepiece (Opt) Okularmikrometer n, Feinmeßokular n, (speziell:) Strichmikrometer n
~ **micrometer** (Opt) Okularschraubenmikrometer n, (speziell:) Fadenmikrometer n

fill factor 1. (Fest, Mech) Fülldichte f (eines Pulvers); 2. (Halbl) Füllfaktor m, Kurvenfaktor m (einer Solarzelle); 3. (Opt) Füllfaktor m (einer Aufdampfschicht)
~ **-in screen** (Opt) Aufhellschirm m, Aufhellblende f, Aufheller m

filled band (Fest) besetztes (vollbesetztes) Energieband n
~ **level** (Qu) besetztes Niveau (Energieniveau) n
~ **shell** (At) abgeschlossene (vollbesetzte, besetzte) Schale (Elektronenschale) f

filling factor (physCh) s. bulk factor
~ **gas** (Kern) Zählgas n, Füllgas n, Zählrohr[füll]gas n

film badge (Kern) [Personen-]Filmdosimeter m, Strahlenschutzplakette f, photographisches Dosimeter n

~ **boiling** (Therm) Filmsieden n, (manchmal:) Filmverdampfung f
~ **creep** (Tief) Filmkriechen n, Kriechen n dünner Flüssigkeitsschichten (von Helium)
~ **diffusivity** (Therm) Filmdiffusionskoeffizient m
~ **evaporation** (Therm) s. ~ boiling
~ **heat-transfer coefficient** (Ström) Filmkoeffizient m, Wärmeübergangszahl f bei Filmkondensation
~ **pressure** (physCh) Oberflächendruck m, Filmdruck m (einer Flüssigkeit)
~ **speed** (Phot) Empfindlichkeit f, Lichtempfindlichkeit f (einer Emulsion, eines Films)
~ **theory** (physCh, Therm) Grenzschichttheorie f
~ **transfer rate** (Ström) Filmkoeffizient m, Wärmeübergangszahl f bei Filmkondensation

filmwise condensation (Therm) Filmkondensation f

filter cut (Opt) Grenzwellenlänge f des Filters
~ **hardening** (Kern) Filterhärtung f, Härtung f des Neutronenspektrums mittels Filters
~ **overlap** (Opt) Durchlaßbereich m (einer Filterkombination)

FIMS (Spektr) Feldionisations-Massenspektrometrie f, FI-Massenspektrometrie f, FIMS

fin 1. (Aero) Seitenflosse f; 2. (Ström, Therm) Rippe f
~ **stabilization** (Mech) aerodynamische Stabilisierung f (eines Geschosses)

final boiling point (physCh) Siedeende n, SE, Siedeendpunkt m, Endsiedepunkt m
~ **disposal** (Kern) Endlagerung f, (manchmal:) Dauerlagerung f, Endbeseitigung f (radioaktiver Abfälle), Abfallendlagerung f (nicht rückholbar)
~ **temperature** Beharrungstemperatur f, Dauertemperatur f, Endtemperatur f (beim Betrieb eines Gerätes oder Meßgerätes)
~ **vacuum** (Vak) Enddruck m, Endvakuum n

fine-control rod (Kern) Feinregelstab m, Feinsteuerstab m (eines Reaktors)
~ **dispersion** (physCh) feindisperses (hochdisperses) System n
~ **focus** (Opt) Feintrieb m (eines Mikroskops)
~ **-group averaged cross section** (Kern) mittlerer (gemittelter) Feingruppenquerschnitt m (100 bis 1000 Gruppen)
~ **jet** (Ström) feiner (dünner) Strahl n, Feinstrahl m
~ **range diffraction** (Krist) Feinbereichsbeugung f
~ **-scale mixing** (Therm) Phasenmischung f, Feinmischung f
~ **slip** (Krist) Feingleitung f, Elementarstruktur f (im Gleitlinienbild)

~-**structure splitting** *(At)* Feinstrukturaufspaltung f, Multiplettaufspaltung f
~ **vacuum** *(Vak)* Feinvakuum n *(0,133 · 10³ bis 0,133 Pa)*
fineness ratio *(Aero)* Schlankheitsgrad m *(eines axialsymmetrischen Körpers)*
finite element method *(mathPh)* Methode f der finiten Elemente, MFE, Finite-Elemente-Methode f, Elementenmethode f
~-**range potential** *(Kern)* Potential n endlicher Reichweite, endlichreichweitiges Potential n
~-**size effect** *(Kern)* Effekt m der endlichen Kernausdehnung, Kernvolumeneffekt m
~ **strain theory** *(Mech)* nichtlineare Elastizitätstheorie f
finning *(Ström, Therm)* Berippung f, Verrippung f
FIR *(El)* endliche Impulsantwort f, FIR
fir [tree] crystal *(Krist)* Dendrit m, dendritischer Kristall m, Skelettkristall m, Kristallskelett n, Tannenbaumkristall m
fire-hose instability *(Pl)* Alfvén-Wellen-Instabilität f, Schlauchinstabilität f
~ **table** *(Mech)* Schußtafel f
fireball model *(Hoch)* Feuerballmodell n *(ein Teilchenmodell)*
firestreak model *(Hoch)* nukleares Feuerballmodell n, Firestreakmodell n *(von relativistischen Schwerionenreaktionen)*
firmness *(Mech)* [mechanische] Festigkeit f *(Eigenschaft)*
first class conductor *(Ech, Fest)* Elektronenleiter m, Leiter m I. Ordnung, Leiter m erster Klasse
~ **collision dose** *(Kern)* „first-collision"-Dosis f, Erststoßdosis f, Dosis f des ersten Stoßes, Einfachstoßdosis f *(in der Neutronendosimetrie)*
~ **critical potential** *(Qu)* s. excitation potential
~ **equatorial system [of coordinates]** *(Astr)* Stundenwinkelsystem n, festes Äquatorialsystem n, äquatoriales Koordinatensystem n erster Art
~-**flight flux** 1. *(Kern)* jungfräulicher Neutronenfluß (Fluß) m, Fluß (Neutronenfluß) m der ersten Weglänge; 2. *(statPh)* Fluß (Teilchenfluß) m der ersten Weglänge
~-**flight neutron** *(Kern)* jungfräuliches Neutron n, Neutron n der ersten Weglänge, Neutron n vor dem ersten Stoß
~ **focal point** s. ~ principal focus
~ **forbidden transition** *(Kern)* einfach (von erster Ordnung) verbotener Übergang m *(beim β-Zerfall)*
~ **generation source particle** *(statPh)* jungfräuliches Quellteilchen n, Quellteilchen n der ersten Generation
~ **harmonic** Grundschwingung f, erste Teilschwingung (Harmonische) f, *(Ak auch:)* Grundton m, tiefster Teilton m *(einer periodischen Schwingung)*

~ **harmonic content** *(El, Magn)* Grundschwingungsgehalt m
~ **law of electromagnetic induction** *(El)* [Faradaysches] Induktionsgesetz n, Induktionsgesetz n von Faraday
~ **law of photochemistry** *(physCh)* Einsteins photochemisches Äquivalentgesetz (Gesetz) n, Stark-Einsteinsches Äquivalentgesetz n, Quantenäquivalentgesetz n
~-**order aberration** *(Opt)* Seidelscher Bildfehler (Abbildungsfehler, Bildfeldfehler) m
~-**order spectrum** 1. *(Opt)* Beugungsspektrum n erster Ordnung; 2. *(Spektr)* Primärspektrum n, Spektrum n erster Ordnung
~-**order system** *(Krist)* einfach indiziertes System n
~-**order theory** *(Opt)* Gaußsche Dioptrik f, Theorie f [der optischen Abbildungen] erster Ordnung
~-**order wave** *(Ström)* Woge f, Welle f erster Ordnung
~ **postulate of thermodynamics** *(Therm)* allgemeiner Hauptsatz m der Thermodynamik, erstes Postulat n der Thermodynamik
~ **principal focus** *(Opt)* Dingbrennpunkt m, dingseitiger (objektseitiger, gegenstandsseitiger, vorderer) Brennpunkt m
~ **quantum number** *(At)* Hauptquantenzahl f
~ **sound** *(Tief)* erster (gewöhnlicher, normaler) Schall m *(in Helium II)*
~ **transition time** *(El)* Anstiegzeit f *(eines Impulses)*, Impulsanstiegszeit f, Flankenanstiegszeit f *(gewöhnlich Anstieg von 10 % auf 90 % der Spitzenamplitude)*
~ **wall loading** *(Pl)* Belastung f der ersten Wand
fish-eye 1. *(Opt)* [Maxwellsches] Fischauge n; 2. *(Mech)* Flockenriß m
~-**type body** *(Ström)* Stromlinienkörper m, stromlinienförmiger Körper m, *(speziell:)* windschnittiger (windschlüpfriger) Körper m
fishline problem *(Hydr)* Angelschnurproblem n
fisser Spaltmaterial n, Spaltstoff m, spaltfähiges Material n *(spaltbar durch einen beliebigen Prozeß)*
fissile fuel doubling time *(Kern)* Verdopplungszeit f, Spaltstoffverdopplungszeit f, Brutverdopplungszeit f
~ **material** *(Kern)* [thermisch] spaltbares Material n, Spaltmaterial n, Spaltstoff m *(durch langsame Neutronen spaltbar)*
fissility *(Kern)* 1. Spaltbarkeit f *(durch langsame Neutronen)*; 2. Spaltbarkeit f, Fissility f *(Größe)*
fissiogenic nuclide *(Kern)* fissiogenes (durch Spaltung erzeugtes) Nuklid n, Spaltnuklid n
fissiography *(Kern)* Spaltprodukt-Autoradiographie f

fission 124

fission *(Kern)* Spaltung *f*, Kernspaltung *f*, Fission *f*
~ **burner** *(Kern)* Brenner *m*, Brennerreaktor *m*, Reaktorbrenner *m*, Brennreaktor *m*
~ **capture** *(Kern)* Spalteinfang *m*, zur Spaltung führender Einfang (Neutroneneinfang) *m*
~ **chamber** *(Kern)* Spaltkammer *f*
~ **counter** *(Kern)* Spaltzähler *m* (Spaltzählrohr + Elektronik)
~ **cross section** *(Kern)* Spaltquerschnitt *m*, Wirkungsquerschnitt *m* der (für) Spaltung
~ **detector** *(Kern)* Festkörperspurdetektor *m*, FSD
~ **foil detector** *(Kern)* Spaltfoliendetektor *m*, Spaltfolien-Spurdetektor *m*, Spaltdetektor *m*
~ **fragment** *(Kern)* Spaltbruchstück *n*, Spaltfragment *n*, primäres Spaltprodukt *n*
~ **ionization chamber** *(Kern)* Spaltkammer *f*
~-**like reaction** *(Kern)* Quasispaltung *f*, tiefinelastischer Schwerionenstoß *m*
~ **mean free path** *(Kern)* [mittlere freie] Spalt[ungs]weglänge *f*, mittlere freie Weglänge *f* für Spaltung
~ **neutron energy** *(Kern)* kinetische Energie *f* der Spaltneutronen, Spaltneutronenenergie *f*
~-**producing neutron** *s.* fissioning neutron
~ **product** *(Kern)* Spaltprodukt *n*
~ **product yield** *(Kern)* Spalt[produkt]ausbeute *f*
~ **rate** *(Kern)* Spaltrate *f*, Spalthäufigkeit *f*, Spaltungen *fpl* (Anzahl *f* der Spaltungen) pro Zeiteinheit
~ **recoil [nucleus]** *(Kern)* Spaltfragment (Spaltbruchstück) *n* im Augenblick der Trennung, Rückstoßkern *m* bei der Spaltung
~ **spectrum** *(Kern)* 1.Spalt[neutronen]-spektrum *n* (Energiespektrum der prompten Spaltneutronen); 2. Spalt[produkt]spektrum *n* (kumulative Verteilung der Spaltprodukte)
~ **threshold** *(Kern)* Spaltschwelle *f*, Schwellenergie *f* der (für) Spaltung
~ **width** *(Kern)* Spalt[ungs]breite *f*
~ **yield** *(Kern)* 1. Spaltungsenergieausbeute *f*; 2. Spalt[produkt]ausbeute *f*
fissionability *(Kern)* Spaltfähigkeit *f* (durch einen beliebigen Prozeß)
fissionable material *(Kern)* Spaltmaterial *n*, Spaltstoff *m*, spaltfähiges Material *n* (spaltbar durch einen beliebigen Prozeß)
fissioning distribution *(Kern)* Energieverteilung *f* (Energiefunktion *n*) der die Spaltung verursachenden Neutronen
~ **neutron** *(Kern)* zur Spaltung führendes Neutron *n*; Neutron *n*, dessen Einfang zur Spaltung führt
~ **nucleus** *(Kern)* spaltender Kern *m*, gegen Spaltung instabiler Kern *m*

~ **plasma** *(Pl)* [kern]spaltendes Plasma *n*
~ **spectrum** *s.* fissioning distribution
fissure *(Mech)* Sprung *m* (z. B. in Glas, spezieller Begriff)
FITT *(Mech)* s. fracture initiation transition temperature
fitting dislocation *(Krist)* Anpassungsversetzung *f*
Fitzgerald-Lorentz contraction *(Rel)* [Fitzgerald-]Lorentz-Kontraktion *f*, Längenkontraktion *f*
five-fourths power law *(Therm)* Fünf-Viertel-Gesetz *n*
~-**tensor** *(Rel)* Fünfertensor *m*, 5-Tensor *m*, fünfdimensionaler Tensor *m*
fixation at a line *(Mech)* Linienflüchtigkeit *f* (eines Vektors)
~ **at a point** *(Mech)* Gebundenheit *f* (eines Vektors)
fixed axoid *(Mech)* Rastpolkegel *m*, Spurkegel *m*, Festkegel *m*, Herpolhodiekegel *m*
~ **bias** *(El)* Grundvorspannung *f*, feste Vorspannung *f*
~ **centrode** *(Mech)* Herpolhodie[kurve] *f*, Rastpolkurve *f*, Spurbahn *f*, Serpoloide *f*, ruhende Zentrode *f*
~ **crystal method** *(Krist)* Festkristallverfahren *n*, Festkristallmethode *f*
~-**film method (technique)** *(Krist)* Festfilmverfahren *n*, Festfilmtechnik *f*
~-**in-the-earth [coordinate] system** *(Astr)* erdgebundenes (erdfestes) Koordinatensystem (System) *n*
~ **load[ing]** *(Mech)* konstante (ruhende) Last *f*, konstante Belastung *f* (ohne Eigengewicht)
~ **point** 1. *(mathPh)* Festpunkt *m*, (selten:) Koinzidenzpunkt *m* (einer Abbildung); 2. *(Therm)* Fixpunkt *m*, Festpunkt *m*, Fundamentalpunkt *m* (einer Temperaturskala)
~ **thermometric point** *s.* ~ point 2.
~ **vector** *(Mech)* gebundener Vektor *m*
fixing development *(Phot)* Fixierentwicklung *f*
Fizeau cogged wheel method *(Opt)* [Fizeausche] Zahnradmethode *f*, Methode *f* von Fizeau (zur Lichtgeschwindigkeitsbestimmung)
~ **fringe** *(Opt)* Interferenzstreifen *m* (Interferenz *f*) gleicher Dicke, Keilinterferenz *f*, Fizeausche Interferenzkurve *f*
~ **rotating (toothed) wheel method** *s.* Fizeau cogged wheel method
fl s *(Mech)* s. fluid scruple
fl ton *(Mech)* s. fluid ton
fl oz *(Mech)* s. fluid ounce
flabbiness *(Mech)* Schlaffheit *f*
flake *(Mech)* Flockenriß *m*
flame-out *(Mech)* Brennschluß *m*, Ausbrennen *n* (einer Rakete infolge Treibstoffverbrauchs)
flammability *(US, physCh)* Zündbarkeit *f*, Entzündlichkeit *f* (eines Gasgemisches)

flapper *(Ström)* Prallplatte *f*, Düsenprallplatte *f*
flare 1. *(Opt)* Überstrahlung *f*; 2. *(Opt, Phot)* Reflexionsfleck *m*, Reflex *m*; 3. *(Astr)* Sonneneruption *f*, Eruption *f* [auf der Sonne], Flare *n(m)*
~ **coefficient** *(El)* logarithmische Steigungskonstante *f (einer Exponentialleitung)*
~-**puff** *(Astr)* Anfangsstadium *n* einer Sonneneruption, Puff *n*
~ **surge** *(Astr)* Spritzprotuberanz *f*, Surge *n(f) (der Sonne)*
flash 1. *(El)* Blitzstrahl *m*, Gesamtblitz *m*; 2. *(Kern)* Szintillation *f*, Lichtblitz *m*, Szintillationsblitz *m*, Aufblitzen *n (eines Szintillators)*; 3. *(Phot)* Photoblitz *m*, Blitzlicht *n*
~ **evaporation** *(physCh)* Entspannungsverdampfung *f*, Flashverdampfung *f*, Schnellverdampfung *f*
~ **factor** *(Phot)* Leitzahl *f*
~ **getter** *(Vak)* Verdampf[ungs]getter *m*, Abdampfgetter *m*
~ **magnetization** *(El, Magn)* Stoßmagnetisierung *f*, Impulsmagnetisierung *f*
~ **point** *(physCh)* Flammpunkt *m*, FP
~ **radiograph (röntgenograph)** *(Phot)* Röntgenblitzaufnahme *f*, Blitzröntgenogramm *n*, Blitzradiogramm *n (Ergebnis)*
~ **reactor** *(Kern)* Burstreaktor *m*, Impulsreaktor *m* für einzelne Neutronenblitze
~ **subcooling** *(Therm)* Entspannungsunterkühlung *f*
~ **tube** *(El, Phot)* Lichtblitzentladungslampe *f*, Elektronenblitzentladungslampe *f*, Blitzröhre *f*
flashback limit *(physCh)* Rückschlaggrenze *f*, Rückzündgrenze *f (einer Flamme)*
flasher *(Opt)* Würfelreflektor *m*
flashing 1. *(Opt)* Aufleuchten *n*, *(kurzzeitig auch:)* Aufblitzen *n (eines Wölbspiegels oder einer Linse)*; 2. *(Phot)* Nachbelichtung *f*; 3. *s.* flash evaporation
~ **flow** *(Ström, Therm)* Ausdampfströmung *f*, Entspannungsverdampfungsströmung *f*
~ **liquid level** *(Therm)* aufschäumender Flüssigkeitsspiegel *m*
flashometer *(Opt)* Lichtblitzanalysator *m*
flashover *(El)* Überschlag *m*, Überschlagen *n*, Überspringen *n*, Funkenüberschlag *m*, Überschlag *m* am Isolator
flask *(Kern)* Transportbehälter *m*, [abgeschirmter] Transportcontainer *m*, Transport-Abschirmbehälter *m (für Transport und/oder Lagerung radioaktiver Stoffe, mit Abschirmung)*
flat *(Opt)* Planfläche *f*, *(speziell:)* Planglas *n*
~ **cast** *(Mech)* Flachwurf *m*, flacher Wurf *m*, *(speziell:)* Flachschuß *m*, flacher Schuß *m*
~-**concave lens** *(Opt)* plankonkave Linse *f*, Plankonkavlinse *f*

~ **counter tube** *(Kern)* Großflächenzählrohr *n*, großflächiges Zählrohr *n*
~-**field lens (objective)** *(Opt)* Planobjektiv *n*
~ **film** 1. *(Krist)* ebener Film *m*; 2. *(Phot)* Planfilm *m*
~ **film powder camera** *(Krist)* Flachkammer *f (für Pulverbeugungsaufnahmen)*
~ **fracture** *(Mech)* ebener Bruch *m*
~ **line** *(El)* Wanderwellenleitung *f*
~ **medium** *(Opt)* optisches (planes) Medium *n*
~ **model [of the universe]** *(Astr)* flache Welt *f*, flacher Kosmos *m*, flaches Weltmodell (Modell) *n*
~ **picture** *(Phot)* kontrastarmes (flaches, flaues) Bild *n*
~ **space-time** *(Rel)* flache Raumzeit *f*
~ **spin** *(Mech)* Flachtrudeln *n*, Tellertrudeln *n*
~ **throw** *(Mech) s.* ~ cast
~ **trajectory** *(Mech)* Flachbahn *f*, flache Wurfbahn *f*, *(speziell:)* flache Geschoßbahn *f*
flatness 1. *(Mech)* Ebenheit *f*, *(ungenau auch:)* Flachheit *f*; 2. *(Phot)* Flachheit *f*, Kontrastarmut *f*, Kontrastlosigkeit *f*
flattening 1. *(Opt)* Glättung *f*, Abflachung *f*, Verflachung *f*, Einebnung *f*, Ebnung *f*; 2. *(Ström)* Verflachung *f*, Wellenverflachung *f*; 3. *(Astr)* Abplattung *f (der Größe)*
~ **filter** *(Kern)* Feldausgleichsfilter *n*, Glättungsfilter *n*, Abflachungsfilter *n (bei der Bestrahlung)*
~ **lens** *(Opt)* Vorsatzlinse *f* zur Bildfeldebnung, Bildfeldebner *m*
~ **reducer** *(Phot)* superproportionaler (überproportionaler, progressiver) Abschwächer *m*
flavour [quantum number] *(Hoch)* Quarkinhaltsquantenzahl *f*, Duft *m*, Flavor *m*, Duftquantenzahl *f*, Flavorquantenzahl *f*
flaw 1. *(Mech)* Aufreißung *f (in einer Flüssigkeit)*; 2. Sprung *m (z. B. in Glas, spezieller Begriff)*; 3. Fehler *m*, Defekt *m*, Werkstofffehler *m*, Materialfehler *m (allgemein)*, *(speziell:)* Innenlunker *m*, Hohlraum *m*, Kaverne *f (eines Werkstoffs)*
~ **of Smekal** *(Krist)* Lockerstelle *f* [von Smekal]
Fletcher-Munson contour (curve) *(Ak)* Kurve *f* gleicher Lautstärke, Fletcher-Munson-Kurve *f*
Fletcher's indicatrix *(Krist, Opt)* Indexellipsoid *n*, Brechungsindexellipsoid *n*, Fletchersche (optische) Indikatrix *f*, Cauchysches Polarisationsellipsoid *n*
flex [point] *(mathPh)* Wendepunkt *m*, Inflexionspunkt *m* [erster] Ordnung *(einer Kurve)*
flexibility *(Mech)* Biegsamkeit *f*, Biegungselastizität *f*, Flexibilität *f*
flexural buckling *(Mech)* Biegeknickung *f*
~ **couple** *(Mech) s.* bending moment
~ **glide** *(Krist)* Biegegleitung *f*

flexural

~ **load** *(Mech)* Biegebeanspruchung f
~ **mode [of vibration]** *(El, Krist)* Biegeschwingung f, Querschwingung f
~ **rigidity (stiffness)** *(Mech)* Steifigkeit f, Biegesteifigkeit f, Biegungssteifigkeit f
~ **strength** *(Mech)* Biegefestigkeit f (Größe)
~ **torque** *(Mech)* s. bending moment
~ **transverse strength** s. ~ strength
~ **vibration** s. ~ mode

flexure crystal *(El, Krist)* Biegeschwinger m, Querschwinger m, Dickenschwinger m, *(speziell:)* Biegeschwingquarz m
~ **mode [of vibration]** s. flexural mode

flicker-fusion frequency *(Opt)* kritische Flimmerfrequenz f, Flimmergrenze f, Verschmelzungsschwelle f

flight altitude *(Aero)* Flughöhe f über Grund, [wahre] Flughöhe f
~ **attitude** *(Aero)* Flugzustand m
~ **envelope** *(Aero)* V,n-Diagramm n, Äquivalentgeschwindigkeits-Normalbeschleunigungs-Diagramm n
~ **level** *(Aero)* Flugfläche f, Flight Level n, FL
~ **path** 1. *(Aero)* Flugbahn f *(z. B. einer Rakete)*; 2. *(Kern)* Bahn f, Flugbahn f *(eines Teilchens)*; 3. *(Mech)* Flugstrecke f *(Größe)*
~ **time** *(Kern)* Flugzeit f *(eines Teilchens)*

flip instability *(Pl)* Schaukelinstabilität f
~-**over of spin** *(Qu)* Umklappen n des Spins, Spinumkehr[ung] f
~-**over process** *(Fest)* Umklappprozeß m, U-Prozeß m

float *(Hydr)* Schwimmer m, *(manchmal:)* Schwimmkörper m, *(allgemeiner:)* Schwebekörper m
~ **gauging** *(Hydr)* Schwimmverfahren (Schwebekörperverfahren) n der Durchflußmessung
~ **method** 1. *(Hydr)* s. ~ gauging; 2. *(physCh)* Auftriebsmethode f *(der Dichtemessung von Flüssigkeiten)*

floatability, floatage *(Hydr)* Schwimmfähigkeit f

floating drop method (technique) *(Ström)* Methode f der schwebenden Tropfen
~ **reticle** *(Opt)* wandernde Strichplatte f
~ **speed** *(Reg)* Stellgeschwindigkeit f; Steuergeschwindigkeit f; Regel[ungs]geschwindigkeit f
~ **system** *(Opt)* Floatingsystem n, [optisches] System n mit automatischem Korrektionsausgleich
~ **zone purification (refining)** *(Krist)* tiegelfreies (tiegelloses) Zonenschmelzen (Zonenreinigen) n in vertikaler Richtung, Schwebezonenverfahren n, Fließzonentechnik f

flocculation *(physCh)* Ausflockung f, *(speziell:)* Flockenbildung f, Flockung f

flop-over ... s. flip-over ...

flotation *(Hydr)* Schwimmen n

~ **area** *(Hydr)* Schwimmfläche f, Wasserlinienfläche f, Schwimmfeld n
~ **method** *(physCh)* 1. Auftriebsmethode f *(Dichtemessung von Flüssigkeiten)*; 2. Schwebemethode f *(Dichtemessung an Substanzen in Pulverform oder kleinen Stücken)*
~ **plane** *(Hydr)* Schwimmebene f

flow 1. *(Hydr)* Laufen n, Fließen n, Fluß m *(einer Flüssigkeit)*; 2. *(Ström)* Durchfluß m, Strom m, Durchflußmenge f, Durchsatz m, Durchflußstrom m *(Skalar, Masse oder Volumen je Zeiteinheit)*; 3. *(Ström)* Massendurchfluß m, Massendurchsatz m
~ **about an airfoil** *(Aero)* Profilumströmung f
~ **against a body** *(Ström)* Anströmung f eines Körpers
~ **along a slab** *(Ström)* Kirchhoffsche Plattenströmung f, Strömung f längs einer ebenen Platte
~ **angularity** *(Aero)* Abwindwinkel m
~ **around** ... s. ~ past ...
~ **at supersonic velocity** *(Ström)* Überschallströmung f, supersonische Strömung f
~ **birefringence** *(Opt)* Strömungsdoppelbrechung f
~ **calorimetry** *(Therm)* Strömungsmethode f *(der Kalorimetrie)*
~ **crisis** *(Ström)* Widerstandskrise f, Strömungskrise f
~ **criterion** *(Mech)* s. condition of plasticity
~ **curve** 1. *(Mech)* Fließkurve f *(für einen Festkörper)*; 2. *(Mech)* Stromkurve f, Durchflußkurve f *(eines Pneumatik- oder Hydrauliksystems)*; 3. *(Ström)* Scherkurve f *(für ein Fluid die zeitliche Abhängigkeit der Gesamtscherung)*
~-**directing shroud** *(Ström)* s. ~ shroud
~ **distribution** s. ~ field
~ **elasticity** *(Mech)* Strömungselastizität f
~ **electrification** *(El)* Strömungselektrizität f, [elektrostatische] Aufladung f durch strömende Flüssigkeit
~ **field** *(Ström)* Strömungsfeld n, Strömungsverteilung f, *(manchmal:)* Stromfeld n
~ **figure** *(Mech)* Fließfigur f
~ **from sinks** *(Ström)* Senkenströmung f
~ **from sources** *(Ström)* Quellströmung f
~ **line** *(Ström)* Stromlinie f, Linie f gleicher Stromfunktion
~ **loss** *(Ström)* Druckverlust m in der Strömung
~ **Mach number** *(Ström)* Anström-Mach-Zahl f, Zuström-Mach-Zahl f
~ **measurement** *(Ström)* Strömungsmessung f, *(speziell:)* Durchfluß[mengen]messung f, Durchsatzmessung f
~ **measuring flume** *(Hydr)* Meßgerinne n, Meßkanal m, Meßrinne f, hydrometrische Rinne f

~ **measuring instrument** *(Ström)* s. flowmeter 1.
~-**measuring orifice** *(Ström)* Meßblende f, Durchflußmeßblende f, Normblende f, Staudruckdurchflußmesser m, Drosselscheibe f
~ **nozzle** *(Ström)* Meßdüse f, Normdüse f, Durchflußmeßdüse f, Strommeßdüse f, Strömungsmeßdüse f
~ **output** *(Aero)* Förderstrom m, Kompressorförderstrom m
~ **past a body** *(Ström)* Umströmung f eines Körpers
~ **past a corner** *(Ström)* Eckenströmung f, Strömung f um eine Ecke
~ **past an edge** *(Ström)* Kantenumströmung f
~ **pattern** *(Ström)* Strömungsbild n, Strömungsdiagramm n, Strömungsfigur f, Stromlinienbild n
~ **plane** *(Ström)* Stromebene f, Strömungsebene f
~ **probability** *(Ström)* Durchlaufwahrscheinlichkeit f
~ **rate** s. 1. flow 2.; 2. ~ velocity
~ **rate per unit solid angle** *(Ström, Vak)* raumwinkelbezogene Stromdichte f, Intensität f
~ **resistance** *(Ström)* Strömungswiderstand m, Durchflußwiderstand m *(jeder die Strömung behindernde Einflußfaktor)*
~ **restrictor** *(Hydr)* Drosselkörper m, Drosselelement n, Durchsatzdrossel f, Drossel f
~ **reversal** *(Ström)* Umkehrung f der Strömungsrichtung, Strömungsumkehr f, Umsetzung f des Stromes
~ **Reynolds number** *(Ström)* Anström-Reynolds-Zahl f
~ **separation** *(Ström)* Ablösung f, Abreißen n, Strömungsablösung f
~ **shroud** *(Ström)* Strömungs[leit]mantel m, *(speziell:)* Strömungsführungsrohr n, Führungsrohr n
~ **stress** *(Mech)* Fließspannung f *(eines Festkörpers)*
~ **temperature** *(Mech)* Fließpunkt m, Fließtemperatur f *(einer Flüssigkeit)*
~ **theory of plasticity** *(Mech)* Theorie f des langsamen plastischen Fließens
~ **tube** *(Ström)* Stromröhre f, *(manchmal:)* Stromlinienröhre f
~ **velocity** *(Ström)* Strömungsgeschwindigkeit f *(Vektor oder Skalar, Strecke je Zeiteinheit)*
~ **velocity tensor** *(Mech)* Fließgeschwindigkeitstensor m, Tensor m der plastischen Verformungsgeschwindigkeit
~ **visualization** *(Ström)* Sichtbarmachung f von Strömungen
~ **with circulation** *(Ström)* Zirkulationsströmung f, zirkulationsbehaftete (zyklische) Strömung f
~ **without circulation** *(Ström)* zirkulationsfreie (azyklische) Strömung f, Strömung f ohne Zirkulation

flowability 1. *(Fest, Mech)* Fließfähigkeit f, *(manchmal:)* Fließvermögen n *(einer Flüssigkeit oder eines Festkörpers)*; 2. *(physCh)* Rieselfähigkeit f *(von Pulver)*; Schüttfähigkeit f *(von Schüttgut)*
flowage *(Hydr)* Laufen n, Fließen n, Fluß m *(einer Flüssigkeit)*
flowing equilibrium *(Therm)* Fließgleichgewicht n, stationärer Zustand m *(eines offenen Systems)*
~-**temperature factor** *(Therm)* Temperaturkorrektionsfaktor (Temperaturkorrekturfaktor) m für strömende Gase
~-**through velocity** *(Ström)* Durchströmgeschwindigkeit f
flowmeter *(Ström)* 1. Strömungsmeßgerät n, Strömungsmesser m *(mißt Strömungsgrößen wie Druck, Richtung, Geschwindigkeit)*; 2. Durchflußmeßgerät n, Durchfluß[mengen]messer m, *(neuerlich:)* Strommesser m, Strommeßgerät n
FLRW model *(Astr)* Friedmann-Lemaître-Robertson-Walker-Modell n, FLRW-Modell n, Standardmodell n
fluctuating [liquid] drop *(Ström)* schwingender Tropfen (Flüssigkeitstropfen) m
~ **part** *(Ström)* fluktuierender Teil (Anteil) m *(einer stationären turbulenten Strömung)*
~ **stress** *(Mech)* Dauerschwingbeanspruchung f
fluctuation after-effect *(Magn)* 1. magnetische Nachwirkung f infolge von Schwankungen; 2. Jordansche (thermische) Nachwirkung f, Jordan-Nachwirkung f, *(manchmal:)* frequenzunabhängige (irreversible) Nachwirkung f, Fluktuationsnachwirkung f
~ **scattering** *(Kern, Opt)* Fluktuationsstreuung f
~ **theory [of light scattering]** *(Opt)* Schwankungstheorie f der Lichtstreuung, Fluktuationstheorie f der Wasserfarbe
~ **velocity** *(Ström)* [turbulente] Schwankungsgeschwindigkeit f
fluctuational quantity *(statPh)* Schwankungsgröße f
fluence *(Kern)* Fluenz f, Teilchenfluenz f, zeitliches Integral n der Flußdichte *(in Teilchen m^{-2})*
~ **rate** *(Kern)* Flußdichte f, Teilchenflußdichte f *(in Teilchen $\cdot m^{-2} \cdot s^{-1}$)*
fluerics s. fluidics
fluid Fluid n, fließbares Medium n *(Flüssigkeit oder Gas)*; Flüssigkeit f
~ **bed** *(physCh)* s. fluidized bed
~ **contact surface** *(Hydr)* benetzte Oberfläche f
~ **dram** *(Mech)* 1. *(US)* Fluid Dram n, fl dr *(SI-fremde Einheit des Volumens von Flüssigkeiten; 1 fl dr ≈ 3,69669 $\cdot 10^{-6}$ m^3)*; 2. *(GB)* Fluid Dram n, fl dr *(SI-fremde Einheit des Volumens, von Flüssigkeiten, selten von Feststoffen; 1 fl dr = 3,55163 $\cdot 10^{-6}$ m^3)*

fluid 128

- ~ **dynamics** *(Ström)* Fluiddynamik f, Strömungslehre f
- ~ **filament** *(Ström)* Streichlinie f
- ~ **flow measurement** *(Ström)* Strömungsmessung f, *(speziell:)* Durchfluß[mengen]messung f, Durchsatzmessung f
- ~ **flow physics** *(Ström)* Strömungsphysik f
- ~ **flux** *(Ström)* Volumenstrom m *(durch eine Fläche senkrecht zu ihr)*
- ~ **friction** *(Ström)* Flüssigkeitsreibung f, flüssige (schwimmende) Reibung f, innere Reibung f
- ~ **gauge** *(Mech)* Flüssigkeitsmanometer n
- ~ **instability** *(Pl)* Makroinstabilität f, makroskopische Instabilität f
- ~ **level** *(Mech)* Füllstand m, Füllhöhe f, Niveau n, *(für Flüssigkeiten auch:)* Spiegel m, Flüssigkeitsspiegel m
- ~ **line** *(Ström)* flüssige Linie f
- ~ **mechanics** *(Mech)* Strömungsmechanik f, Fluidmechanik f
- ~ **ounce** *(Mech)* Fluid Ounce f, fl oz *(1. US: SI-fremde Einheit des Volumens von Flüssigkeiten; 1 fl oz = 2,957353 · 10⁻⁵ m³; 2. GB: SI-fremde Einheit des Volumens von Flüssigkeiten, selten von Feststoffen; 1 fl oz = 2,84130 · 10⁻⁵ m³)*
- ~ **power** *(Ström)* Energieübertragung f mittels Fluiden
- ~ **power system** *(Mech)* Hydraulik- oder Pneumatiksystem n
- ~ **pressure gauge** *(Mech)* Flüssigkeitsmanometer n
- ~ **scruple** *(Mech)* Fluid Scruple n, fl s *(SI-fremde Einheit des Volumens; 1 fl s = 1,184 · 10⁻⁶ m³)*
- ~ **solution** *(physCh)* fluide Lösung f
- ~ **stress** *(Mech)* Fließspannung f *(eines Festkörpers)*
- ~ **surface** *(Ström)* flüssige Fläche f
- ~ **ton** *(Mech)* Fluid Ton f, fl ton *(SI-fremde Einheit des Volumens; 1 fl ton = 9,0614 · 10⁻² m³)*

fluidics *(Mech, Reg)* Fluidik f *(Lehre von den pneumatischen und hydraulischen Strömungselementen)*

fluidity *(Ström)* 1. Fließfähigkeit f, Fluidität f *(Eigenschaft)*; 2. Fluidität f *(Größe, Reziprokwert der Viskosität)*

- ~ **coefficient** s. fluidity 2.

fluidized bed *(physCh)* Fließbett n, Wirbelbett n, Wirbelschicht f, Bewegtbett n

- ~-**bed electrode** *(Ech)* Wirbelschichtelektrode f
- ~-**bed reactor** *(Kern)* Fließbettreaktor m, Reaktor m mit quasiflüssigem (turbulent fluidisiertem) Brennstoff, Reaktor m mit fluidisiertem Brennstoffbett

fluidonics s. fluidics

flume *(Hydr)* Überfallrinne f, Meßgerinne f, Meßkanal m *(Mengenstrommessung)*

fluophor, fluor s. luminophor

fluorescence [X-]radiation *(At)* Röntgenfluoreszenzstrahlung f, Fluoreszenzröntgenstrahlung f *(charakteristische Röntgenstrahlung bei der Absorption von Röntgen- oder γ-Strahlung)*

- ~ **yield** *(At)* Fluoreszenzausbeute f

fluorescent intensifying screen *(Kern, Phot)* Verstärkerfolie f, Folie f

- ~ **screen** *(Kern)* Leuchtschirm m, Fluoreszenzschirm m *(Anregung durch ionisierende Strahlung)*
- ~ **[X-]radiation** s. fluorescence X-radiation

fluoroscopy *(El)* Röntgendurchleuchtung f, Durchleuchtung f, Röntgenoskopie f

fluorspar lattice *(Krist)* Flußspatgitter n, Fluoritgitter n

flushing *(Ström)* Spülung f

flute[-type] instability *(Pl)* Rinneninstabilität f, Riefeninstabilität f

flutter 1. *(Aero)* Flattern n, Flattererscheinung f, Flatterschwingungen fpl; 2. *(Ak, El)* Flattereffekt m, Flattern n, Flutter n *(schnelle Tonhöhenschwankungen)*; 3. *(Opt)* Flackern n

- ~ **speed** *(Aero)* Flattergrenze f, kritische Geschwindigkeit f für Flattern

flux 1. Fluß m, Fließen n; 2. *(El, Magn)* s. radiant flux 1.; 3. *(Kern)* s. fluence rate; 4. *(Kern)* s. neutron flux 1.

- ~ **age** *(Kern)* Flußalter n *(eines Neutrons)*
- ~ **averaged cross section** *(Kern)* über den Neutronenfluß gemittelter Wirkungsquerschnitt m, flußgemittelter Querschnitt m
- ~ **bar** *(Kern)* stabförmiger magnetischer Polschuh m *(eines Luftspulenbetatrons)*
- ~-**closure domain** *(Fest, Magn)* Abschlußbezirk m, Zusatzbezirk m, „Zipfelmütze" f
- ~ **converter** *(Kern)* Neutronen[fluß]konverter m, Neutronenwandler m, Flußwandler m *(langsam/schnell)*
- ~ **creep** *(Tief)* Flußkriechen n
- ~-**current loop** *(Magn)* dynamische Hystereseschleife f
- ~ **density** 1. Flußdichte f; 2. *(Kern)* s. fluence rate
- ~ **density threshold** *(Opt)* Beleuchtungsstärkeschwelle f
- ~ **doubling time** *(Kern)* Verdopplungszeit f, Flußverdopplungszeit f, Neutronenflußverdopplungszeit f
- ~ **enhancement** *(Kern)* Flußverstärkung f, Neutronenflußverstärkung f
- ~ **equilibrium** *(Therm)* Fließgleichgewicht n, stationärer Zustand m *(eines offenen Systems)*
- ~ **flattening** *(Kern)* Flußglättung f, Glättung f des Neutronenflusses *(über die Spaltzone)*, Flußabflachung f, Abflachung f des Neutronenflusses *(über die Spaltzone)*
- ~ **flow** *(Tief)* Flußfließen n
- ~ **form factor** s. ~ peaking factor
- ~ **gate [detector]** *(Magn)* Sättigungskernsonde f, Saturationskernsonde f, SK-Sonde f
- ~ **jump** *(Tief)* Flußsprung m
- ~ **jumping** *(Tief)* Meißner-[Ochsenfeld-]Effekt m

2-fold

~ **leakage** *(El, Magn)* Spaltstreuung *f*
~ **line** Kraftlinie *f*, *(speziell:)* Feldstärkenlinie *f (eines Kraftfeldes)*
~ **link[age]** *(El, Magn)* Verkettungsfluß *m*, [magnetische] Durchflutung *f*, verketteter magnetischer Fluß *m*, *(speziell:)* Spulenfluß *m*
~ **of vorticity** *(Ström)* Wirbelfluß *m*, Wirbelstärke *f*, Vorticityfluß *m*
~ **peaking** *(Kern)* Bildung *f* von Neutronenflußspitzen (Flußspitzen)
~ **peaking factor** *(Kern)* Ungleichförmigkeitsfaktor *m* des Neutronenflusses, [totaler] Flußformfaktor *m*, Gesamtflußformfaktor *m*
~ **pinning** *(Tief)* Pinning *n*, Flußschlauchverankerung *f*, Flußfadenverankerung *f*, Fluß[linien]verankerung *f*
~ **refraction** *(El, Magn)* Feldlinienbrechung *f*, Kraftlinienbrechung *f*
~ **tilting** *(Kern)* Flußkippen *n*, Kippen *n* des Neutronenflusses
~ **trap** *(Kern)* Flußfalle *f*, Neutronen[fluß]falle *f*
~ **trap reactor** *(Kern)* Reaktor *m* mit örtlich erhöhtem Neutronenfluß
~ **time, ~-time integral** *(Kern)* integraler Fluß (Neutronenfluß) *m*, Zeitintegral *n* des Neutronenflusses, Flußzeit *f (in Neutronen · cm^{-2})*
~ **unit** *(Astr)* s. jansky
fluxion *(Hydr)* Laufen *n*, Fließen *n*, Fluß *m (einer Flüssigkeit)*
fly-off *(Hydr)* Aufschwimmen *n*
flyby *(Aero)* Vorbeiflug *m*, Vorüberflug *m (z. B. an einem Planeten)*
flying spot *(El, Opt)* wandernder Lichtpunkt *m*, Abtastlichtpunkt *m*, Abtastfleck *m*
fly's eye optics *(Opt)* Fliegenaugenoptik *f*, Facettenoptik *f*
fm *(GB)* s. fath[om]
FM *(El)* Frequenzmodulation *f*, FM
FM ... s. frequency-modulated ...
fnp s. fusion point
focal aperture *(Opt)* s. ~ ratio
~ **distance** 1. *(Opt)* Brennweite *f*; 2. *(Phot)* Kamerakonstante *f*, Kammerkonstante *f*
~ **length** *(Opt)* Brennweite *f*
~ **line** *(El, Opt)* Brennlinie *f (beim Astigmatismus)*
~ **plane** *(Opt)* Brennebene *f*, *(manchmal:)* Fokalebene *f*
~ **point** *(Opt)* Brennpunkt *m*, Fokus *m*
~ **power** *(Opt)* 1. Refraktion *f*, optische Einstellung *f (des Auges)*, *(speziell:)* Brennpunktsrefraktion *f*; 2. Brechwert *m*, Brechkraft *f*, Brennwert *f (eines optischen Systems)*
~ **range** *(Phot, Opt)* bildseitige Schärfentiefe *f*, Fokustiefe *f (im Bildraum)*
~ **ratio** *(Opt)* Öffnungszahl *f*, Blendenzahl *f*, Blendennummer *f (eines optischen Systems)*
~ **ray** *(Opt)* Brennstrahl *m*
~ **spot** *(El)* [optischer] Brennfleck *m (einer Röntgenröhre)*

~ **surface** *(Opt)* Brennfläche *f*
~ **track** *(El)* Brennfleckbahn *f*
focimeter *(Opt)* Fokometer *n*
focometry *(Opt)* Fokometrie *f*, Brennweitenmessung *f*
focus 1. *(Opt)* Brennpunkt *m*, Fokus *m*; 2. *(Aero)* aerodynamischer Mittelpunkt *m*, Neutralpunkt *m (eines Profils)*; 3. s. focal spot
focusing s. focussing
focussed collision sequence *(Kern)* fokussierende Stoßfolge (Stoßkette) *f*
focussing 1. Strahlbündelung *f*, Strahlfokussierung *f*, Strahlkonzentrierung *f*, Bündelung *f*, Fokussierung *f*; 2. *(El, Opt)* Fokussierung *f*, Scharf[ein]stellung *f*, Scharfabbildung *f*, Scharfstellung *f*, *(allgemein:)* Sammlung *f*
~ **action (adjustment)** s. focussing 2.
~ **chain** *(Kern)* s. focussed collision sequence
~ **efficiency** *(El)* Sammelwirksamkeit *f*, Sammelwirkungsgrad *m (einer Elektronenlinse)*
~ **fading** *(El, Magn)* Fokussierungsschwund *m*
~ **from close-up to infinity** *(Opt)* Naheinstellung *f* auf Unendlich, Nah-Unendlich-Einstellung *f*
~ **impact chain** s. focussed collision sequence
~ **optics** *(Opt)* Einstelloptik *f*, *(in der Korpuskularoptik:)* Fokussier[ungs]optik *f*
~ **plane** *(Opt)* Einstellebene *f*
~ **range** *(Phot)* Schärfeneinstellungsbereich *m*, Einstellweite *f*
fog 1. *(physCh)* Nebel *m*, Aerosol *m* mit flüssiger disperser Phase; 2. *(physCh)* Beschlag *m (auf einer Oberfläche)*; 3. *(Phot)* [photographischer] Schleier *m (Schwärzung)*
~ **chamber** s. ~-track chamber
~ **cooling** *(Therm)* Nebelkühlung *f*, Schleierkühlung *f*
~ **density** *(Phot)* Schleierschwärzung *f*, Schleierdichte *f*
~ **flow** *(Ström)* Nebelströmung *f*, Strömung *f* in Form eines Dampf-Wassertropfen-Gemisches
~ **inhibitor (prevention agent)** *(Phot)* Antischleiermittel *n*, schleierverhinderndes (schleierdämpfendes) Mittel *n*
~ **track** *(Hoch)* Nebel[kammer]spur *f*, Bahnspur *f*
~-**track chamber** *(Hoch)* Nebelkammer *f (Oberbegriff)*
~ **train** *(Astr)* Nebelschweif *m*, Dampfschweif *m (eines Meteors)*
fogging *(physCh)* Beschlagen *n*, Anlaufen *n (einer Oberfläche mit Feuchtigkeit)*
foil focus[s]ing *(Kern)* Folienfokussierung *f*, Sondenfokussierung *f*, Strahlfokussierung *f* mittels Metallfolien (Sonden)
2-fold axis [of symmetry] *(Krist)* zweizählige Symmetrieachse (Drehachse, Deckachse) *f*

2-fold

~ **rotation-inversion axis** *(Krist)* zweizählige Drehinversionsachse (Inversions[dreh]achse) *f*
~ **screw axis** *(Krist)* zweizählige Schraubenachse (Helikogyre) *f*, Dihelikogyre *f*
3-fold rotation-reflection axis *(Krist)* dreizählige Drehspiegelungsachse (Drehspiegelachse, Gyroide) *f*, Trigyroide *f*
folding technique *(Spektr)* Faltungsmethode *f*, Faltungsverfahren *n*
foldover Überhang *m (einer Kurve)*
follow-up *(Mech)* Nachlauf *m (in der Bahn)*
follower core *(Kern)* Folgecore *n*, Folgekern *m*, Nachfolgekern *m*
following 1. *(El)* Zielverfolgung *f*, Verfolgung *f*, Nachführung *f (in der Radartechnik)*; 2. *(Mech)* Nachlauf *m (in der Bahn)*
~ **channel** *(Kern)* Folgekanal *m (unmittelbar folgend)*
~ **spot** *(Astr)* F-Fleck *m*, [nach]folgender Fleck *m*
foot *(Mech)* Fuß *m*, ft *(SI-fremde Einheit der Länge; 1 ft = 0,3048 m)*
~-**pound** *(Mech) s.* 1. ~-pound force; 2. ~-poundal 2.
~-**pound force** *(Mech, GB)* Foot-Pound *n*, ft-lb *(SI-fremde Einheit der Arbeit oder Energie; 1 ft-lb ≈ 1,355818 J)*
~-**pound-second system [of units]** *(Mech)* Foot-Pound-Sekunde-System *n*, fps-System *n*, Britisches absolutes Einheitensystem (Maßsystem) *n*
~-**poundal** *(Mech, GB)* 1. Foot-Poundal *n*, ft-pdl *(SI-fremde Einheit der Energie oder Arbeit; 1 ft-pdl ≈ 0,04214 J)*; 2. Foot-Poundal *n*, ft-pdl *(SI-fremde Einheit des Drehmoments)*
~-**ton [force]** *(Mech, GB)* Foot-ton *f*, ft-ton *(SI-fremde Einheit der Arbeit oder Energie; 1 ft-ton ≈ 3,037 kJ)*
footage *(Mech)* Länge *f* in Fuß
footcandle *(Opt)* Footcandle *f*, fc, *(veraltet:)* ftc *(SI-fremde Einheit der Beleuchtungsstärke; 1 ftc ≈ 10,7639 lx)*
footfall sound *(Ak)* Trittschall *m*
footlambert *(Opt)* Footlambert *n*, fL, ft.La *(veraltet:)* ft-L *(SI-fremde Einheit der Leuchtdichte; 1 ft-L ≈ 3,426 cd/m²)*
forbidden [energy] band *(Fest)* verbotenes Energieband (Band) *n*, verbotene Zone *f*, Energielücke *f*
~ **gap width** *(Fest)* Bandabstand *m*, Breite *f* der verbotenen Zone, Bandlückenbreite *f*
~ **region** *(Pl)* verbotene Zone *f (für geladene Teilchen)*
~ **transition** *(Qu)* verbotener Übergang *m*
forbiddenness of combination *(At)* Interkombinationsverbot *n*, Interkombinationsregel *f*, Kombinationsverbot *n (von Spektraltermen)*
force Kraft *f*
~ **at a distance** Fernkraft *f*, fernwirkende Kraft *f*

~ **balance equation** *(Mech)* Kraftbilanzgleichung *f (in der Rheologie)*
~ **coefficient** *(Ström)* Kraftbeiwert *m*
~ **constant** 1. *(At)* Kraftkonstante *f*; 2. *(Mech)* Federsteife *f*, Federkonstante *f*, Federkoeffizient *m*
~ **contact** *(Mech)* Kraftschluß *m*, Kraftpaarung *f*
~ **couple** *(Mech)* Kräftepaar *n*
~-**current analogy** *(Mech)* elektromechanische Analogie *f* zweiter Art, Kraft-Strom-Analogie *f*
~ **de cheval** *s.* horsepower
~ **diagram** *s.* Cremona force diagram
~ **direction** *(Mech)* Angriffsrichtung *f (einer Kraft)*
~ **due to mass** *(Mech)* 1. Massenkraft *f*, Massekraft *f*; 2. Volum[en]kraft *f*, Massenkraft *f*
~ **meter** *(Hydr)* Durchflußmesser (Strommesser) *m* nach dem Ablenkprinzip
~ **of inertia** *(Mech)* Trägheitskraft *f*, Trägheitswiderstand *m*, D'Alembert-Kraft *f*
~ **pairing** *(Mech)* Kraftschluß *m*, Kraftpaarung *f*
~ **polygon** *(Mech)* Krafteck *n*, Kräftepolygon *n*, Kräfte[viel]eck *n*
~ **ratio** *(Mech)* Hebelübersetzung *f*, mechanische Kraftverstärkung *f*, Last-Kraft-Verhältnis *n (einer Maschine)*
~ **system** *(Mech)* Kraftsystem *n*, Kräftegruppe *f*
~-**voltage analogy** *(Mech)* elektromechanische Analogie *f* erster Art, Kraft-Spannungs-Analogie *f*
4-force *(Rel) s.* four-force
forced circulation *(Ström)* Zwang[s]umlauf *m*, Zwangsumwälzung *f*, Zwangszirkulation *f*
~ **convection** *(Ström)* erzwungene (aufgezwungene) Konvektion *f*, Druckkonvektion *f*
~ **excitation** *(El)* erzwungene Ausbildung *f* der Ströme, erzwungene Magnetisierung *f (eines Transduktors)*
~ **oscillation** *(Mech)* erzwungene Schwingung *f*
~ **stationary [standing] wave** quasistationäre (quasistehende, erzwungene stehende) Welle *f*
forcing function *(El, Mech)* Erregungsfunktion *f (einer Schwingung)*
fore-pressure *(US, Vak)* Vorvakuumdruck *m*
foreign body theory *(Fest, Magn)* Fremdkörpertheorie *f* [nach Kersten], Kerstensche Theorie *f*
~ **field** *(El, Magn)* Störfeld *n*, Fremdfeld *n*
~ **gas broadening** *(Spektr)* Fremdgasverbreiterung *f (einer Spektrallinie)*
forescatter[ing] Vorwärtsstreuung *f*
forevacuum *(Vak)* Anfangsvakuum *n*, Vorvakuum *n*
forked lightning *(El)* Linienblitz *m*, Gabelblitz *m*

forking Verzweigung *f*, Verästelung *f*, Aufzweigung *f*, Aufspaltung *f*, *(speziell:)* Gabelung *f*, Gabelteilung *f*, Bifurkation *f*
form drag *(Ström)* Druckwiderstand *m*, Formwiderstand *m*
~ **drag coefficient** *(Ström)* Druckwiderstandsbeiwert *m*, Formwiderstandsbeiwert *m*
~ **effect** *(Krist, Magn)* Formanisotropie *f*
~ **factor** 1. *(El)* Formfaktor *m*, Formzahl *f (eines Hohlraumresonators oder einer Spule)*; 2. *(Kern)* Ungleichförmigkeitsfaktor *m (Maximalwert zu mittlerem Wert)*; Formfaktor *m (mittlerer Wert zu Maximalwert, manchmal Maximalwert zu mittlerem Wert)*
~ **of energy** 1. primäre Energieform *f*; 2. Energieträger *m*, Energie *f (in der Energietechnik)*
~ **resistance** *s.* form drag
formal solution *s.* molar solution
formation 1. Bildung *f*, Entstehung *f*; 2. *(Ech, Halbl)* Formieren *n*, Formierung *f (z. B. eines Elektrolytkondensators, einer Kathode)*; 3. *(Kern)* Produktion *f*, Erzeugung *f*, Bildung *f (von Teilchen)*; 4. *(Ström)* Ausbildung *f*, Entwicklung *f (einer Strömung)*
~ **constant** *(Ech)* Bildungskonstante *f*
~ **cross section** *(Kern)* Produktionsquerschnitt *m*, Erzeugungsquerschnitt *m*, Bildungsquerschnitt *m*
~ **heat** *(physCh)* Bildungswärme *f, (selten:)* Verbindungswärme *f*
~ **rate** *(Kern)* Erzeugungsrate *f*, Bildungsrate *f*, Entstehungsrate *f (eines Teilchenstrahlers: Teilchenzahl je Zerfall)*
forming 1. *(Mech)* *s.* 1. Verformung *f*, Formung *f*, Formgebung *f*; 2. *s.* formation 2.
formula Relation *f*, Beziehung *f*, Formel *f*
~ **weight** *(At, physCh)* Formelmasse *f*
fors *(Mech)* *s.* 1. grav; 2. gramme-force
forward bias[ing potential] *(Halbl)* Vorwärtsvorspannung *f*, Vorspannung *f* in Vorwärtsrichtung (Leitrichtung)
~ **blocking voltage** *(Halbl)* Vorwärtsblockierspannung *f*, Blockierspannung *f* in Vorwärtsrichtung (Leitrichtung)
~ **conductance** *(Halbl)* Vorwärtsleitwert *m*, Leitwert *m* vorwärts (in Leitrichtung)
~ **current ratio** *(Halbl)* Stromübersetzungsverhältnis *n* vorwärts, Stromverhältnis *n* (Stromübersetzung *f*) vorwärts
~ **direct-current resistance** *(Halbl)* Gleichstromwiderstand *m* vorwärts, Durchlaßwiderstand *m*
~ **direction** *(Halbl)* Vorwärtsrichtung *f*, Leitrichtung *f (eines Übergangs)*
~ -**facing wave** *(Hydr)* Vorwärtswelle *f*
~ **focal distance (length)** *(Opt)* *s.* front focal distance
~ **off-state current** *(Halbl)* positiver Sperrstrom *m*

~ **recovery time** *(Halbl)* Durchlaßverzögerungszeit *f*, Vorwärtsverzögerungszeit *f (einer Diode)*
~ **reflection method** *(Krist)* Durchstrahlverfahren *n*, Röntgen-Durchstrahlungsverfahren *n*
~ -**scatter propagation** *(El, Magn)* Streuausbreitung *f*, Scatterverbindung *f (von Wellen)*
~ **scattering** Vorwärtsstreuung *f*
~ **shock** *(Aero)* von der Spitze ausgehender Verdichtungsstoß *m*, anliegender Verdichtungsstoß *m*
~ **tracking chamber** *(Hoch)* Vorwärtsspurenkammer *f*
~ **voltage** *(Halbl)* Vorwärtsspannung *f*, Durchlaßspannung *f*
~ **voltage-current characteristic** *(Halbl)* Vorwärtskennlinie *f*
~ **voltage drop** *(Halbl)* Vorwärtsspannungsabfall *m*, Spannungsabfall *m* in Durchlaßrichtung
~ **wave** *(El)* Vorwärtswelle *f*, vorlaufende Wanderwelle (Welle) *f*, Vorwärts-Wanderwelle *f*
Foucault current *(El, Magn)* Wirbelstrom *m*, Foucaultscher Strom *m*, Foucault-Strom *m*
~ **knife-edge test** *(Opt)* [Foucaultsches] Schneidenverfahren *n*, Foucaultsche Schneidenmethode *f*
~ **mirror [method]** *(Opt)* Drehspiegelmethode *f*, Foucaultsche Methode *f (der Lichtgeschwindigkeitsmessung)*
~ **pendulum** *(Mech)* Foucaultsches Pendel *n*, Kamerlingh-Onnes-Pendel *n*, Foucault-Pendel *n*
~ **rotation** *(Mech)* Foucaultsche Pendeldrehung *f*
fountain effect *(Tief)* thermomechanischer Effekt *m*, Springbrunneneffekt *m*, Fontäneneffekt *m*
~ **pen type [pocket] dosimeter** *(Kern)* Füllhalterdosimeter *n*, Stabdosimeter *n*, Ansteckdosimeter *n*
four-acceleration *(Rel)* Viererbeschleunigung *f*, Vierervektor *m* der Beschleunigung, vierdimensionale Beschleunigung *f*
~ -**angular momentum** *(Rel)* Viererdrehimpuls *m*, Vierervektor *m* des Drehimpulses, vierdimensionaler Drehimpuls *m*
~ -**component vector of energy-momentum** *(Rel)* *s.* ~ momenta
~ -**current [density]** *(Feld, Rel)* [elektrische] Viererstromdichte *f*, vierdimensionale Stromdichte *f*, Vierervektor *m* der elektrischen Stromdichte
~ -**degree calorie** *(Therm)* 4-°C-Kalorie *f*, $cal_{4\,°C}$ *(SI-fremde Einheit der Wärmemenge; 1 $cal_{4\,°C}$ = 4,2045 J)*
~ -**dimensional continuum** *(Rel)* Raum-Zeit-Kontinuum *n*, Raumzeitkontinuum *n*, vierdimensionales Kontinuum *n*
~ -**dimensional scalar** *(Rel)* Viererskalar *m*, vierdimensionaler Skalar *m*

four

~-**dimensional tensor** *(Rel)* s. ~-tensor
~-**dimensional vector** *(Rel)* s. ~-vector
~-**electron bond** *(At)* Doppelbindung f, Zweifachbindung f, *(manchmal:)* Vierelektronenbindung f
~-**factor formula (product)** *(Kern)* Vierfaktor[en]formel f
~-**fold axis [of symmetry]** *(Krist)* vierzählige Symmetrieachse (Drehachse, Deckachse) f, Tetragyre f
~-**fold rotation-inversion axis** *(Krist)* vierzählige Drehinversionsachse f, Inversions[dreh]achse f
~-**fold rotation-reflection axis** *(Krist)* vierzählige Drehspiegel[ungs]achse f, Tetragyroide f
~-**fold screw axis** *(Krist)* vierzählige Schraubenachse (Helikogyre) f, Tetrahelikogyre f
~-**force** *(Rel)* Viererkraft f, Vierervektor m der Kraft, vierdimensionale Kraft f, Vektor m der Minkowski-Kraft
~-**level laser** *(Opt)* Vierniveaulaser m
~ **momenta,** ~-**momentum** *(Rel)* Viererimpuls[vektor] m, Impuls-Energie-Vektor m, Energie-Impuls-Vierervektor m
~-**polarization density** *(Feld, Rel)* Viererpolarisationsdichte f
~-**potential** *(Feld, Rel)* s. ~-vector [of] potential
~-**scalar** *(Rel)* s. ~-dimensional scalar
~-**stroke cycle** *(Mech, Therm)* Viertakt[kreis]prozeß m
~-**tensor** *(Rel)* Viterertensor m, 4-Tensor m, Lorentz-Tensor m, Tensor m im Minkowski-Raum, vierdimensionaler Tensor m
~-**tensor of electromagnetic field** *(Feld, Rel)* elektromagnetischer Feldstärketensor m, [Maxwellscher] Feldstärketensor m
~-**tensor of stretching** *(Feld, Rel)* Viterertensor (Welttensor) m der Streckung
~-**vector** *(Rel)* Vierervektor m, 4-Vektor m, Lorentz-Vektor m, vierdimensionaler Vektor m
~-**vector [of] potential** *(Feld, Rel)* Viererpotential n, Vierervektor m des Potentials, vierdimensionales Potential n
fourier *(Therm)* Wärmeohm n *(SI-fremde Einheit des Wärmeleitwiderstandes)*
Fourier-Bessel function s. Bessel function
~ **equation** *(Therm)* 1. Fouriersches Gesetz n [der Wärmeleitung], Fouriersche Wärmeleitungsgleichung (Differentialgleichung) f; 2. Wärmeleitungsgleichung f, *(genauer:)* homogene Wärmeleitungsgleichung f
~ **lattice series** *(Qu)* Fourier-Gitterreihe f
~ **transform holography** Fourier-Holographie f
~ **transform limited pulse** *(Opt)* Fourierbegrenzter Impuls m
~ **transform spectroscopy** *(Spektr)* Fourier-Spektroskopie f

fourth-power law *(statPh)* Stefan-Boltzmannsches Strahlungsgesetz (Gesetz) n, T^4-Gesetz n, Stefan-Boltzmann-Gesetz n
foveal glare *(Opt)* Infeldblendung f
~ **vision** *(Opt)* direktes (foveales) Sehen n
fp, f.p. s. 1. freezing point; 2. *(fusing point)* s. melting point
FPS (fps) system [of units] s. foot-pound-second system
FPTT *(Mech)* s. fracture propagation transition temperature
Fr *(El)* s. franklin
fr dr *(GB, Mech)* s. fluid dram
fractal lattice *(Hoch)* fraktales Gitter n
fractile *(mathPh)* Quantil n, Fraktil n *(der Ordnung p: p-Quantil, p-Fraktil)*
fraction exchange *(physCh)* Austauschfaktor m, Austauschquotient m *(in der Isotopentrennung)*
fractional absorptance *(Therm)* Teilabsorptionsvermögen n
~ **abundance** *(Kern)* [relative] Isotopenhäufigkeit f
~ **chain yield** *(Kern)* relative Spaltausbeute f
~ **charge** *(Hoch)* drittelzahlige (gebrochene) Ladung f
~ **ionization** *(At, physCh)* Ionisationsgrad m, Ionisierungsgrad m
~ **load** *(Mech)* Teillast f
~ **molar (molecular) extinction coefficient** *(physCh)* molarer Extinktionskoeffizient m, bezogen auf 1 mmol/l
~ **parentage** *(At, Qu)* gemischte Abstammung f
~ **parentage coefficient** *(At, Qu)* [Racahscher] Abstammungskoeffizient m, Mischungskoeffizient m, genealogischer Koeffizient m
~ **reflectance** *(Opt)* Teilremissionsgrad m, partieller Remissionsgrad m
~ **sine wave** 1. Sinusschwingungsimpuls m, Schwingungsimpuls m; 2. *(Ak)* Tonimpuls m
~ **transmittance** *(Opt)* diffuser Teiltransmissionsgrad (Teildurchlaßgrad) m, partieller diffuser Transmissionsgrad (Durchlaßgrad) m
~ **yield** 1. *(Kern)* relative Ausbeute f *(von verzögerten Neutronen je Spaltneutron)*; 2. *(physCh)* Ausbeute f je Stufe *(bei der Isotopentrennung)*
fractionation 1. *(Kern)* Fraktionierung f, Dosisfraktionierung f; 2. *(physCh)* Fraktionierung f, Fraktionieren n, *(speziell:)* fraktionierte Destillation f
fracture *(Krist, Mech)* Bruch m *(eines Kristalls oder Materials)*
~ **across the grains** *(Mech)* transkristalliner (intrakristalliner) Bruch m
~ **area** *(Mech)* Bruchfläche f
~ **by shock** *(Mech)* Stoßbruch m
~ **initiation transition temperature** *(Mech)* Bruchentstehungsübergangstemperatur f

free

~ **line** *(Mech)* Bruchlinie f
~ **load** *(Mech)* s. breaking load 1.
~ **propagation transition temperature** *(Mech)* Bruchausbreitungsübergangstemperatur f
~ **strength (stress)** *(Mech)* Bruchfestigkeit f, Bruchgrenze f, Zerreißfestigkeit f *(Größe)*
~ **toughnes** *(Mech)* Bruchzähigkeit f
~ **under vibratory stresses** *(Mech)* Schwing[ungs]bruch m
fracturing load *(Mech)* s. breaking load 1.
fragility *(Mech)* Zerbrechlichkeit f, Brüchigkeit f
fragment *(Kern)* Kernbruchstück n, Kernfragment n, Fragment n
fragmentation *(At)* 1. Fragmentierung f *(z. B. von Molekülen)*; *(Hoch)* Fragmentierung[sreaktion] f, Kernzertrümmerung f; 2. *(Astr)* Zerplatzen n, Zerspringen n *(eines Meteors)*
Franck-Rabinowitch [cage] effect *(physCh)* Käfigeffekt m, Franck-Rabinowitch-Effekt m
frangibility *(Mech)* Brechbarkeit f *(Oberbegriff für Zerbrechlichkeit, Brüchigkeit und Sprödigkeit)*
Frank half-dislocation, ~ partial dislocation *(Krist)* Franksche Halbversetzung (Teilversetzung) f, Franksche unvollständige Versetzung f
franklin *(El)* elektrostatische CGS-Einheit f der Ladung, esE der Ladung, elektrostatische Ladungseinheit f, ESL, Franklin, Fr *(SI-fremde Einheit; 1 statC ≈ 3,3356 ·10^{10} C)*
Fraunhofer diffraction pattern *(Opt)* 1. Fraunhofersche Beugungserscheinung f; 2. Fernfeldbeugungsdiagramm n, Fraunhofer-Beugungsdiagramm n, Fernfeldbeugungsmuster n
~ **fringe** *(Opt)* Fraunhoferscher Beugungsstreifen m
freak value *(mathPh)* Ausreißer m *(in der Statistik)*
~ **wave** *(Hydr)* episodische Welle f
free-air counter tube *(Kern)* offenes Zählrohr n
~-**air displacement** *(Vak)* Förderleistung (Sauggeschwindigkeit) f bei Atmosphärendruck
~-**air dose** *(Kern)* Freiluft[-Energie]dosis f, Luftdosis f, Dosis f „frei in Luft"
~-**air ionization (standard) chamber** *(Kern)* Freiluft-Ionisationskammer f, Freiluft-Standardkammer f
~-**air temperature** *(Therm)* Freilufttemperatur f, Temperatur f der freien Luft
~-**body diagram** *(Mech)* Kräfteplan m, Kraftplan m, Krafteck f
~-**bound continuum** *(At, Spektr)* Rekombinationskontinuum n
~-**bound electron transition** *(At, Pl)* frei-gebundener Übergang m, Frei-gebunden-Übergang m

~ **bound radiation** *(Fest)* Rekombinationsstrahlung f, *(manchmal:)* Frei-gebunden-Strahlung f, Wiedervereinigungsstrahlung f
~ **boundary** *(Ström)* freie Strahlgrenze (Grenze, Grenzlinie, Berandung) f, freier Rand m
~ **conductance** *(El)* Kurzschlußwirkleitwert m
~ **convection number** *(Ström)* Grashof-Zahl f, Grashofsche Kennzahl (Zahl) f, Gr
~ **counter tube** *(Kern)* offenes Zählrohr n
~ **cross section** *(Kern)* Streuquerschnitt m für freie Atome, Wirkungsquerschnitt m für Streuung an freien Atomen
~-**electron laser** *(Opt)* Elektronenstrahllaser m, Laser m an freien Elektronen
~-**electron paramagnetism** *(Fest)* Pauli-Paramagnetismus m, Pauli-Spinparamagnetismus m
~ **electron theory** *(Fest)* Theorie f freier Elektronen, Theorie f der freien Metallelektronen
~ **energy** *(Therm)* s. Gibbs free energy
~-**fall trajectory** *(Mech)* Trägheitsbahn f, Freifallbahn f
~ **field** *(Ak)* freies Schallfeld (Feld) n, Freifeld n
~-**field response** *(Ak, El)* Freifeld-Übertragungsfaktor m, Übertragungsfaktor m im freien Schallfeld
~-**field room** *(Ak)* schalltoter (reflexionsfreier) Raum m, Freifeldraum m
~-**flight trajectory** 1. *(Aero)* Freiflugbahn f; 2. *(Mech)* Trägheitsbahn f, Freifallbahn f
~ **flow** *(Mech)* freies Fließen n *(von Materialien)*
~-**free absorption** *(At)* inverse Bremsstrahlung f, Frei-frei-Absorption f
~-**free [electron] transition** *(At, Pl)* frei-freier Übergang m, Frei-frei-Übergang m
~ **gas model** *(Kern)* Modell n freier Gasatome, Modell n des freien Gases, Gasmodell n
~ **induction decay** *(Spektr)* 1. freier Induktionsabfall m, FID *(in der NMR-Spektroskopie)*; 2. FID-Signal n
~ **internal rotation** *(At)* freie innere Rotation f, freie Drehbarkeit f *(einer Molekülgruppe)*
~ **jet wave** *(Ström)* Strahlwelle f, Welle f im freien Strahl
~ **lift** *(Aero)* Auftriebsüberschuß m, freier Auftrieb m
~ **material particle** *(Mech)* freier Massenpunkt (Punkt) m
~ **nutation** *(Astr)* Chandlersche Polschwankung (Polbewegung) f, Chandlersche (freie) Nutation f
~ **particle** 1. *(Feld, statPh)* freies (ungebundenes) Teilchen n; 2. *(Mech)* s. ~ material particle

free

~ **particle limit** *(Hoch)* nichtrelativistischer Grenzfall (Fall) *m*
~ **path [length]** *s.* mean free path
~-**pendulum clock** *(Astr)* Shortt-Uhr *f*
~ **period** Eigenperiode *f*, Eigenschwingungsdauer *f (einer freien Schwingung)*
~ **point** *(Mech) s.* ~ material particle
~ **progressive wave** freie Welle *f*
~ **rotation** *s.* ~ internal rotation
~ **scattering cross section** *s.* ~ cross section
~ **solution electrophoresis** *(Ech)* freie (trägerfreie) Elektrophorese *f*, Flüssigkeitselektrophorese *f*
~ **source** *(Kern)* nichtabgeschirmte (unabgeschirmte) Strahlenquelle (Strahlungsquelle, Quelle) *f*
~ **space** freier (leerer) Raum *m*, Vakuum *n (frei von Materie und Feldern)*
~ **space admittance** *(El)* Feldwellenleitwert *m*, Wellenleitwert *m* des freien Raumes *(einer Übertragungsleitung)*
~-**space attenuation** *(El)* Freiraumdämpfung *f*, *(als Größe:)* Freiraumdämpfungsmaß *n*
~ **space impedance** *(El)* Feldwellenwiderstand *m*, Wellenwiderstand *m* des freien Raumes *(einer Übertragungsleitung)*
~-**space model** *(statPh)* Löchermodell *n*, Modell *n* des freien Raumes *(der Flüssigkeiten)*
~-**space pattern**, ~-**space propagation diagram** *(El, Magn)* Freiraum-Ausbreitungsdiagramm *n*
~-**space wave** *(El, Magn)* Freiraumwelle *f*, [elektromagnetische] Welle *f* im freien Raum
~ **stream** *(Ström)* freie (ungestörte) Strömung *f*
~ **stream against a body** *(Ström)* Anströmung *f* eines Körpers
~-**stream flow** *s.* ~ stream
~ **stream Mach number** *(Ström)* Anström-Mach-Zahl *f*, Zuström-Mach-Zahl *f*
~ **stream Reynolds number** *(Ström)* Anström-Reynolds-Zahl *f*
~-**stream velocity** *(Ström)* Freistromgeschwindigkeit *f*, *(speziell:)* Anströmgeschwindigkeit *f*
~ **system** *(Mech)* System *n* ohne Zwang[sbedingungen], freies System *n*
~-**travel[l]ing wave** fortschreitende Welle *f*
~ **valence** *(At)* freie (nicht abgesättigte) Valenz *f*
~ **vortex** *(Ström)* freier Wirbel *m*, *(manchmal:)* abgehender Wirbel *m*
~ **vortex system** *(Ström)* Hufeisenwirbelsystem *n*
~-**water elevation (surface)** *(Hydr)* Grundwasserspiegel *m*, [freie] Grundwasseroberfläche *f*
~-**wheeling arm** *(Halbl)* Freilaufzweig *m*
freely falling box *(Rel)* Einsteinscher Aufzug (Kasten) *m*, frei fallender Kasten *m*
freeze coating *(Tief)* Gefrierbeschichtung *f*

~-**out temperature** *(Hoch)* Entkopplungstemperatur *f*, Ausfriertemperatur *f*
freezing 1. Einfrieren *n (z. B. von magnetischen Feldlinien, Elektroenergie, Freiheitsgraden)*; 2. *(physCh)* Erstarren *n (von Schmelzen)*; Gefrieren *n*
~ **delay** *(Therm)* Gefrierverzug *m*, Gefrierverzögerung *f*
~ **point** *(physCh)* Erstarrungspunkt *m*, *(für Stoffe, die unter Normalbedingungen flüssig sind, auch:)* Gefrierpunkt *m*
~-**point depression** *(physCh)* Gefrierpunktserniedrigung *f*
~ **range** *(physCh) s.* solidification range
~ **time** *(Therm)* Gefrierdauer *f (Zeit bis zum vollständigen Erstarren)*
freight ton *(Mech)* Raumtonne *f*, Shippington *f (SI-fremde Einheit des Volumens; 1 shipping ton = 1,13268 m³)*
french *(Mech)* French *n (SI-fremde Einheit für den Durchmesser in der Faseroptik; 1 french ≈ 0,3333 mm)*
French calorie *s.* kilocalorie 1.
~ **pitch** *(Ak)* internationaler Stimmton *m*, Stimmton *m* 435 Hz für a
frequency 1. Frequenz *f*, Schwingungszahl *f*, Schwingungsfrequenz *f*, Periodenfrequenz *f*; 2. *(mathPh)* Häufigkeit *f (in der Statistik)*
~ **characteristic** Frequenz[gang]kurve *f*
~ **component** Teilfrequenz *f*
~ **curve** *(mathPh)* Häufigkeitskurve *f (in der Statistik)*
~ **cut-off** *(Halbl)* Grenzfrequenz *f (eines Transistors)*
~ **departure** *s.* ~ deviation 3.
~ **deviation** 1. Frequenzabweichung *f*; 2. *(El)* Frequenzhub *m (bei der Modulation)*; 3. *(El)* Frequenzabweichung *f*, Frequenzablage *f (von Trägerfrequenzen)*
~ **distortion** *(Ak, El)* Dämpfungsverzerrung *f*, Amplitudenverzerrung *f*
~ **distribution function** *(Opt, Phot)* Modulationsübertragungsfunktion *f*, MÜF, MTF
~-**domain analysis** *(Reg)* Frequenzbereichsdarstellung *f*, Frequenzbereichsanalyse *f*
~ **fraction** Teilfrequenz *f*
~ **in pitch** *(Ström)* Längsschwingungsfrequenz *f*, *(Hydr auch:)* Schlingerfrequenz *f*, *(Aero auch:)* Kippfrequenz *f*
~ **in roll** *(Ström)* Querschwingungsfrequenz *f*, *(Hydr auch:)* Stampffrequenz *f*, *(Aero auch:)* Rollfrequenz *f*
~ **in yaw** *(Ström)* Vertikalschwingungsfrequenz *f*, Gierfrequenz *f*
~ **locus** *(Reg)* Frequenzort *m*
~ **method** *(Reg)* Methode *f* des Bode-Diagramms, Frequenzgangmethode *f*, Frequenzgangverfahren *n*
~-**modulated cyclotron** *(Kern)* Synchrozyklotron *n*, FM-Zyklotron *n*, frequenzmoduliertes Zyklotron *n*, Phasotron *n*

~-**modulated laser** *(Opt)* frequenzmodulierter Laser *m*, FM-Laser *m*
~ **response** 1. Frequenzgang *m*, *(manchmal:)* Frequenzverlauf *m*; 2. *(Opt)* Übertragungsfunktion *f*, Frequenzantwort *f*
~ **spectrum** *(Ak, El)* Frequenzspektrum *n*, Frequenzgemisch *n*
~ **sweep[ing]** *(El)* Wobbeln *n*, Wobbelung *f*, *(speziell eines Wobblers:)* Frequenzdurchlauf *m*, Durchlauf *m*
~ **theory**, ~ **theory of pitch (Rutherford)** *(Ak)* Telephontheorie *f* [des Hörens], Rutherfordsche Telephontheorie *f*
~-**weighting network** *(Ak)* Frequenzbewertungsfilter *n*
fresh fuel *(Kern)* frischer (unbestrahlter) Brennstoff (Kernbrennstoff) *m*
Fresnel diffraction pattern *(Opt)* 1. Fresnelsche Beugungserscheinung *f*; 2. Nahfeldbeugungsbild *n*, Fresnel-Beugungsbild *n*, Fresnel-Beugungsdiagramm *n*, Nahfeldbeugungsmuster *n*
~ **fringe** *(Opt)* Fresnelscher Beugungsstreifen *m*
~ **laws** *(Opt)* Fresnel-Aragosche Sätze *mpl*
~ **rhomb** *(Opt)* Fresnelsches Parallelepiped *n*
~ **screen** *(Opt)* [Fresnelsche] Zonenplatte *f*, Zonenlinse *f*
Fresnel's equation of ray velocities *(Krist, Opt)* [Fresnelsche] Strahlengeschwindigkeitsgleichung *f*
~ **equation of wave normals** *(Krist, Opt)* Fresnelsches Gesetz *n*, Wellennormalengleichung *f*
friction *(Mech)* Reibung *f*
~ **at rest** *(Mech)* Haftreibung *f*, Ruhreibung *f*
~ **coefficient** *(Mech)* Reibungszahl *f*, Reibwert *m*, Reibungskoeffizient *m*
~ **constant** 1. *(Mech)* Reibungskonstante *f* *(einer gedämpften elastischen Schwingung)*; 2. *(Mech)* s. coefficient of kinetic friction; 3. *(statPh)* Reibungskonstante *f* *(in der Theorie der Brownschen Bewegung)*
~ **factor** s. ~ coefficient
~ **flow** *(Ström)* s. frictional flow
~ **head** *(Ström)* Reibungshöhe *f*
~ **heat** *(Mech)* Reibungswärme *f*
~ **horsepower** *(Mech)* Reibungs-Pferdestärke *f*, Reibungs-PS *(Differenz zwischen angezeigten und Brems-PS)*
~ **layer** 1. *(Ström)* s. boundary layer 1.; 2. *(Astr)* planetarische Grenzschicht *f*, Grenzschicht (Reibungsschicht) *f* der Planetenatmosphäre
~ **of motion** s. kinetic friction 1.
~ **of sliding** s. sliding friction
~ **of rest** s. ~ at rest
~ **tensor** *(Ström)* Reibungstensor *m*, Tensor *m* der Reibungsspannungen (Reibungsdrücke)
~ **torque** *(Mech)* Reibungsmoment *n*

~ **velocity** *(Ström)* Schubspannungsgeschwindigkeit *f*
frictional coefficient s. friction coefficient
~ **connection** *(Mech)* kraftschlüssige Verbindung *f*
~ **contact** *(Mech)* Reibschluß *m*, Reibpaarung *f*
~ **coupling** *(Mech)* reibschlüssige Kupplung *f*, *(allgemeiner:)* kraftschlüssige Kupplung *f*
~ **drag** *(Ström)* Reibungswiderstand *m*, Oberflächenwiderstand *m*, Schubwiderstand *m*
~ **drag coefficient** *(Ström)* Reibungsbeiwert *m*
~ **electricity** *(El)* Reibungselektrizität *f*
~ **flow** *(Ström)* viskose Strömung *f*, zähe (reibungsbehaftete) Strömung, Reibungsströmung *f*
~ **grip** *(Mech)* Reibungsschluß *m*, *(allgemeiner:)* Kraftschluß *m*, Kraftpaarung *f*
~ **joint (linkage)** *(Mech)* kraftschlüssige Verbindung *f*
~ **ratio** *(physCh)* Reibungsverhältnis *n*
~ **resistance** 1. *(Mech)* Reibungswiderstand *m*; 2. *(Hydr)* Reibungswiderstand *m*, Oberflächenwiderstand *m*, Schubwiderstand *m*
~ **secondary flow** *(Hydr)* Sekundärströmung *f* *(erster, zweiter oder dritter Art)*
frictionless flow [of fluid] *(Ström)* reibungsfreie (reibungslose) Strömung *f*
~ **fluid (liquid)** *(Opt)* Pascalsche (reibungsfreie) Flüssigkeit *f*
frigorie *(Tief)* Frigorie *f*, fr *(SI-fremde Einheit der Wärmeentzugsleistung; 1 frigorie = 1,16264 W)*
frilling *(Phot)* Kräuseln *n*, Teilablösung *f* *(der Emulsion)*
fringe 1. unscharfer Rand *m*, Saum *m*, Franse *f*; 2. *(Opt)* Streifen *m*, Interferenzstreifen *m*, Beugungsstreifen *m*
~ **effect** *(Phot)* Saumeffekt *m*
~ **locus** *(Opt)* Streifenort *m*
~ **magnetic field** *(Magn)* magnetisches Randfeld *n*, Rand[magnet]feld *n* *(Hufeisenmagnet)*
~ **of equal inclination** s. Haidinger [interference] fringe
~ **pattern** *(Opt)* Interferenzstreifenbild *n*, Streifenbild *n*
fringes of equal order of colour *(Opt)* Streifen *mpl* gleicher Farbordnung *(nach Tolansky)*, Tolanskysche Streifen *mpl*
fringing 1. Saumbildung *f*; 2. *(Magn)* Randstreuung *f* *(der magnetischen Feldlinien)*; 3. *(Halbl)* Randeinschnürung *f* *(bei Transistoren)*
~ **field** *(El)* Streufeld *n* *(im Elektronenmikroskop)*
Frisch ionization chamber *(Kern)* Gitterionisationskammer *f*, Ionisationskammer *f* mit [Frisch-]Gitter
front *(El)* Flanke *f*, Impulsflanke *f*, Impulsfront *f*

front

- ~ **depth of field** *(Opt, Phot)* Vordertiefe *f*
- ~ **element** *(Opt)* Frontlinse *f*, Vorderlinse *f*, Vorderglied *n (eines Objektivs)*
- ~ **focal distance (length)** *(Opt)* Dingbrennweite *f*, dingseitige (objektseitige, gegenstandsseitige, vordere) Brennweite
- ~ **shock** *(Aero)* anliegender (von der Spitze ausgehender) Verdichtungsstoß *m*
- ~ **stagnation point** *(Hydr)* vorderer Staupunkt *m*
- ~-**to-back ratio** *(Ak, El, Magn)* Vor-Rück-Verhältnis *n*, Vorwärts-Rückwärts-Verhältnis *n (einer Antenne, eines Lautsprechers oder Mikrophons)*
- ~ **velocity** Geschwindigkeit *f* der Wellenfront, Wellenfrontgeschwindigkeit *f*, Frontgeschwindigkeit *f*, *(in Mech auch:)* Wellenkopfgeschwindigkeit *f*

frontal resistance *(Ström)* Stirnwiderstand *m*

frontier *(mathPh)* Rand *m*, Randpunktmenge *f (einer Menge)*

frothing *(physCh, Ström)* Schäumen *n*, Schaumbildung *f*, *(speziell:)* Verschäumen *n*
- ~ **flow** *(Hydr)* Schaumströmung *f*

frozen equilibrium *(Therm, Tief)* eingefrorenes (gehemmtes) Gleichgewicht *n*
- ~ **field lines, ~ flux** *(Pl)* eingefrorene Feldlinien *fpl*
- ~-**in [magnetic] field** *(Pl)* eingefrorenes Magnetfeld *n*

frustrated internal reflectance (reflection) *(Spektr)* abgeschwächte (verminderte) Totalreflexion *f*
- ~ **spin** *(Magn)* frustrierter Spin *m*

frustum *(mathPh)* Stumpf *m (eines Körpers)*

FRW [cosmological] model *(Astr)* kosmologisches Modell *n* von Friedman-Robertson-Walker, FRW-Modell *n*

f.s. value *s.* full-scale value

FSC approximation *(Kern)* Näherung *f* mit festen Streuzentren, FSC-Näherung *f*

FSD *s.* full-scale deflection

FSD device *(Hoch)* FSD-Gerät *n*, Lichtpunktedigitalumsetzer *m*, Lichtpunktabtaster *m*

ft *(Mech) s.* foot

ft-L, ft.la. *s.* footlambert

ft-lb *(foot-pound) s.* foot-pound force

ft-lb-sec system of units *s.* foot-pound second system

ft-lbf *(foot-pound) s.* foot-pound force

ft **value** *(Kern)* komparative Lebensdauer *f*, ft-Wert *m*

ftc *s.* footcandle

FTC circuit *(El)* Schaltung *f* mit kleiner Zeitkonstante

FTIR spectrometer *(Spektr)* Fourier-Infrarotspektrometer *n*, Fourier-IR-Spektrometer *n*

fu *(Astr) (flux unit) s.* jansky

fuel Brennstoff *m*, Brennmaterial *n*, *(speziell:)* Kraftstoff *m*, *(bes. für Flug-* triebwerke:) Treibstoff *m*; *(Kern)* [nuklearer] Brennstoff *m*, Kernbrennstoff *m*, Reaktorbrennstoff *m*
- ~ **assembly** *(Kern)* Brennstoffkassette *f*, BSK, Brennelementkassette *f*, Brennelementbündel *n*
- ~ **can** *(Kern)* Hüllrohr *n*, Brennelementhüllrohr *n*
- ~ **cell** *(Ech)* Brennstoffelement *n*, BS-Element *n*, BSE, Brennstoffzelle *f*, BS-Zelle *f*
- ~ **clad[ding]** *(Kern)* Brennelement[en]hülle *f*, Brennstoffhülle *f (allgemeiner Begriff: Hüllrohr oder Überzug)*
- ~ **cooling pond** *(Kern)* Brennelementlagerbecken *n*, [Brennelement-]Abklingbecken *n*
- ~ **doubling time** *(Kern)* Verdopplungszeit *f*, Spaltstoffverdopplungszeit *f*, Brutverdopplungszeit *f*
- ~ **element** *(Kern)* Brennelement *n*, BE, Kernbrennstoffelement *n*
- ~ **irradiation level** *(Kern)* [spezifischer] Abbrand *m*, Abbrandtiefe *f (Größe, in MWd/t = Megawatt-Tage je Tonne)*
- ~ **make-up** *(Kern)* Nachladung *f*, Brennstoffnachladung *f*, Wiederbeladung *f*, Frischbeladung *f*
- ~ **pellet** 1. *(Kern)* Brennstofftablette *f*, Kernbrennstofftablette *f*, Tablette *f (zylindrisch)*; 2. *(Pl)* Brennstoffpellet *n*, Pellet *n (in der Kernfusion, kugelförmig)*
- ~ **pencil** *(Kern)* Brenn[stoff]stab *m*, stabförmiges Brennelement *n (mit kleinem Durchmesser, enthält Brennstofftabletten)*
- ~ **pin** *(Kern)* Brenn[stoff]stab *m*, stabförmiges Brennelement *n (kompakt, mit sehr kleinem Durchmesser)*
- ~ **pit** *s.* ~ cooling pond
- ~ **seed** *(Kern)* Saatelement *n*, Spickelement *n*, Saatgruppe *f*, Saatkassette *f*
- ~ **slug** *(Kern) (zylindrischer)* Brennstoffblock *m*, *(kurzer, dicker)* Brennstoffstab *m*, Brennstoffblock *m*
- ~ **spike** *s.* ~ seed
- ~ **structure ratio, ~-weight ratio** *(Aero, Mech)* Treibstoffverhältnis *n*, Verhältnis *n* von Treibstoffmasse zu Leermasse *(einer Rakete)*
- ~ **wire** *(Kern)* Brennstoff[abstands]draht *m*, drahtförmiges Brennelement *n*

fuel[l]ing *(Kern) s.* reactor fuelling

fulcrum *(Mech)* Drehpunkt *m*, Stützpunkt *m (eines Hebels)*

full colour *(Opt)* Vollfarbe *f*
- ~-**colour content** *(Opt)* Buntgehalt *m*, Farbtongehalt *m*, Sättigungsgehalt *m*, Vollfarbengehalt *m*
- ~ **duration [at] half maximum** *(El, Opt)* Halbwertszeit *f*, FDHM *(eines Impulses)*
- ~ **radiation** *s.* black-body radiation
- ~ **radiator** *s.* black body
- ~ **radiator temperature** *(Therm)* Gesamtstrahlungstemperatur *f*

~ **scale** 1. natürliche Größe f, Maßstab m 1:1; 2. *(Meß)* s. ~-scale deflection; 3. s. ~-scale value
~-**scale deflection (travel)** *(Meß)* Endausschlag m
~-**scale value** *(Meß)* Skalenendwert m
~ **size** s. ~ scale 1.
~ **width at half maximum** Halbwert[s]breite f, HWB, Peakhalbwertsbreite f
~ **width at tenth maximum** *(mathPh, Spektr)* Zehntelwert[s]breite f, ZWB, Peakzehntelwertsbreite f
fully deuterated compound *(At)* perdeuterierte Verbindung f, Perdeuteroverbindung f, vollständig deuterierte (deuteriumsubstituierte) Verbindung f
~ **developed flow** *(Ström)* ausgebildete Strömung f, *(manchmal:)* voll ausgebildete Strömung f
~ **ionized atom** *(At)* vollständig ionisiertes Atom n, nacktes (geschältes, seiner Elektronenhülle beraubtes) Atom n
~ **occupied band** *(Fest)* [voll]besetztes Energieband n
funal *(Mech)* s. sthène
fundamental mode Grundschwingung f
~ **particle** *(Hoch)* Elementarteilchen n, Teilchen n
~ **physical constant** universelle Naturkonstante (Konstante) f, [universelle] physikalische Konstante *(dimensionsbehaftet)*
~ **point** *(Therm)* Fixpunkt m, Festpunkt m, Fundamentalpunkt m *(einer Temperaturskala)*
~ **power factor** *(El, Magn)* Grundschwingungsleistungsfaktor m, Verschiebungsfaktor m
~ **quantity** Grundgrößenart f, Basisgrößenart f, Grundgröße f, Basisgröße f, fundamentale Größe f *(in einem Einheitensystem)*
~ **reciprocal lattice vector** *(Krist)* Basisvektor m des reziproken Gitters, reziproker Basisvektor m
~ **rotational band** *(At, Spektr)* Rotationsgrundbande f, Grundrotationsbande f
~ **series** *(Astr)* Fundamental[stern]reihe f, Küstnersche Reihe f
~ **state** *(Qu)* s. ground state
~ **tensor** *(mathPh, Rel)* metrischer Fundamentaltensor (Tensor) m, Fundamentaltensor m, *(manchmal:)* Maßtensor m, Metriktensor m, Metrik f
~ **unit** Basiseinheit f, Grundeinheit f *(eines Einheitensystems, insbesondere des SI)*
funicular polygon *(Mech)* Seileck n, Seilpolygon n
funnel[l]ing Trichterbildung f
fur *(Mech)* s. furlong
furlong *(Mech)* Furlong n, fur *(SI-fremde Einheit der Länge, 1 fur = 201,168 m)*
fused junction *(Halbl)* Legierungsübergang m, Legierungsverbindung f, legierter (einlegierter) Übergang m

~-**salt electrolysis** *(Ech)* Schmelz[fluß]-elektrolyse f
~ **silica** *(Opt)* Quarzglas n *(für optische Fasern)*
~ **state** *(physCh)* Schmelzflüssigkeit f, schmelzflüssiger Zustand m
fusible cone *(Therm)* Pyrometerkegel m, pyrometrischer Kegel m, PK, Schmelzkegel m
fusile fuel *(Pl)* Fusionsbrennstoff m, Brennstoff m für Fusionsreaktoren
fusing point s. melting point
fusion 1. Verschmelzung f, Vereinigung f, 2. *(Kern)* s. nuclear fusion; 3. *(Kern)* s. thermonuclear fusion; 4. *(Opt)* Verschmelzung f, Fusion f *(stereoskopisches Sehen)*; 5. *(physCh)* Schmelzen n
~ **burning** *(Astr, Pl)* Fusionsbrennen n, nukleares Brennen n
~ **cone** s. fusible cone
~ **energy** *(Pl)* 1. Fusionsenergie f, Kernfusionsenergie f *(freigesetzt bei einer beliebigen Fusionsreaktion)*; 2. thermonukleare Energie f, Fusionsenergie f, Kernfusionsenergie f *(freigesetzt bei thermonuklearer Fusion)*
~-**fission [hybrid] reactor** *(Kern, Pl)* Hybridreaktor m, Fusions-Fissions-Hybridreaktor m, Fusion-Fission-Reaktor m
~ **frequency** *(Opt)* [kritische] Flimmerfrequenz f, Flimmergrenze f, Verschmelzungsfrequenz f, Verschmelzungsschwelle f
~ **heat** *(Therm)* Schmelzwärme f
~ **limit** *(Opt)* Fusionsgrenze f, Doppelbildschwelle f
~ **point** *(Pl)* Fusionstemperatur f, Fusionspunkt m, Kernverschmelzungstemperatur f
~ **range** *(physCh)* Schmelzintervall n, Schmelzbereich m
~ **splice** *(Opt)* Lichtwellenleiter-Schmelzspleiß m, [LWL-]Schmelzspleiß m
~ **temperature** 1. *(Pl)* s. ~ point; 2. *(physCh)* s. melting point
fusionable material *(Pl)* fusionsfähiges (thermonukleares) Material n, Fusionsstoff m
fuzzing-out *(El, Kern)* Strahldefokussierung f, Defokussierung f *(auch in der Korpuskularoptik)*
fuzzy set *(mathPh)* mehrwertige (unbestimmte, unscharfe, „fuzzy") Menge f
fwhm, FWHM s. full width at half maximum
fwhm energy resolution *(Kern)* HWB-Energieauflösung f, Energieauflösung f in HWB
FWTM s. full width at tenth maximum

G

G s. 1. *(Magn)* gauss; 2. *(Mech)* grav
G *(physCh)* s. G-value
g-cal *(Therm)* s. gramme-calorie

g-equ. *(physCh)* s. gramme-equivalent
G factor *(physCh)* s. G-value
G mode instability *(Pl)* Gravitationsinstabilität f, G-Moden-Instabilität f
G-value *(physCh)* G-Wert m, 100-eV-Ausbeute f, strahlenchemische Ausbeute f
Gabor hologram *(Opt)* Gabor-Hologramm n, Geradeaushologramm n, In-line-Hologramm n
Gabor's method *(Opt)* Gabor-Verfahren n *(Mikroskopie mittels rekonstruierter Wellenfronten)*
gage *(US)* s. gauge
gain 1. Gewinn m; 2. *(El)* Übertragungsfaktor m, *(bei verschiedenartiger Ausgangs- und Eingangsgröße auch:)* Übertragungskoeffizient m, *(speziell:)* Gewinnmaßn, Gewinn m, Übertragungsgewinn m, *(speziell:)* Sendegewinn m *(in dB oder Np)*; 3. *(El)* Verstärkungsfaktor m, *(manchmal:)* Verstärkung f *(bei verschiedenartiger Ausgangs- und Eingangsgröße auch:)* Verstärkungskoeffizient m *(eines Verstärkers, in dB oder Np)*; 4. *(El, Magn)* Gewinn m, Antennengewinn m, Strahlungsgewinn m
~ **factor** *(Fest)* Gewinnfaktor m *(der Photoleitfähigkeit)*
~ **in mass (weight)** Masse[n]zunahme f
~ **margin** *(Reg)* Amplitudenrand m, Amplitudenabstand m *(bei Stabilitätsuntersuchungen)*
gal *(Mech)* s. 1. gallon; 2. galileo
Gal *(Mech)* s. galileo
galactic circle *(Astr)* galaktischer Äquator m *(im galaktischen System)*
~ **cluster** *(Astr)* offener Haufen (Sternhaufen) m
~ **halo** *(Astr)* 1. [galaktischer] Halo m *(sphärisches System aus den ältesten Sternen)*; 2. galaktische Korona f, Koronakomponente f
~ **noise** *(Astr)* galaktisches Rauschen n, [allgemeine] galaktische Radiofrequenzstrahlung f
~ **pericentre** *(Astr)* Perigalaktikum n
~ **spur** *(Astr)* galaktischer Ausläufer m
galactocentric coordinate *(Astr)* galaktische Koordinate f
~ **velocity** *(Astr)* Geschwindigkeit f in bezug auf das galaktische Zentrum, galaktozentrische Geschwindigkeit f
Galilean coordinate system *(Mech)* inertiales (Galileisches) Koordinatensystem n, Inertialsystem n
galileo *(Mech)* Gal n, *(Kurzzeichen:)* Gal *(SI-fremde Einheit der Beschleunigung; 1 Gal = 1 cm s^{-2})*
Galileo frame [of reference], ~ system *(Mech)* Galileisches (Newtonsches) Bezugssystem n
Galileo's law of inertia *(Mech)* s. Newton's first law
gallon *(Mech)* Gallone f, gal *(1. US: SI-fremde Einheit des Volumens von Flüssigkeiten; 1 gal ≈ 3,785 411 784 l; 2. GB: SI-fremde Einheit des Volumens; 1 gal = 4,54609 l)*
galvanometer recorder *(Ak)* dynamischer Lichthahn m
games theory *(mathPh)* Spieltheorie f
gamma 1. Gammaphoton n, Gamma[quant] n, Gammastrahl m; 2. *(Phot)* Gammawert m, γ-Wert m, γ *(Schwärzungskurve)*; 3. *(Magn)* Gamma n *(SI-fremde Einheit der magnetischen Flußdichte; 1 γ = 10^{-9} T)*; 4. *(Therm)* s. adiabatic index
~ **constant** s. specific gamma-ray constant
~ **infinity** *(Phot)* maximal erreichbarer Gammawert m *(durch Verlängerung der Entwicklungsdauer)*
~ **scan** *(Kern)* Szintigramm n, Gamma[szinti]gramm n, Szintiscan, [γ-]Scan n
gammil *(physCh)* Gammil n *(SI-fremde Einheit der Massekonzentration; 1 gammil = 1 mg/l)*
Gamow barrier *(Kern)* Gamow-Berg m, Gamow-Wall m, Gamow-Potentialwall m *(beim Alphazerfall)*
~ **factor** *(Qu)* Durchlaßkoeffizient m, Durchdringungsfaktor m, Gamow-Faktor m
gamut *(Ak)* Frequenzumfang m, Tonumfang m *(der für eine Wiedergabe erforderlich ist)*
Gantmakher effect *(Fest)* Radiofrequenz-Sizeeffekt m, RF-Sizeeffekt m, Gantmakher-Effekt m
gap 1. Lücke f, Zwischenraum m; Intervall n; Strecke f; Spalt m, Schlitz m; 2. *(El)* Luftspalt m, Interferrikum n; 3. *(El)* Funkenstrecke f, Entladungsstrecke f; 4. *(Fest)* Energielücke f, verbotene Zone f, *(selten:)* Energiegap m; 5. *(Mech)* Spiel n, Spielraum m
~ **counting** *(Hoch)* Lückenzählung f
~ **mode** *(Fest)* Zwischengittermode f
gapless superfluidity *(Tief)* Suprafluidität f ohne Energielücke (Energiegap)
gardenhouse instability *(Pl)* Alfvén-Wellen-Instabilität f, Schlauchinstabilität f
gas ballasting *(Vak)* Gasballastzufuhr f, Gasballasteinlaß m
~ **cell** *(Ech)* Gaselement n, Gaszelle f, Gaskette f
~ **clean-up** *(Vak)* Gasaufzehrung f, Gasabsorption f
~ **constant** *(Therm)* Gaskonstante f, molare (universelle) Gaskonstante f, *(selten:)* allgemeine (ideale) Gaskonstante f
~ **constant per gramme** *(Therm)* spezifische (spezielle) Gaskonstante f
~ **-core reactor** s. ~-fuelled reactor
~ **-deviation factor** *(Therm)* Kompressibilitätsfaktor m, Realfaktor m
~ **flow** *(Aero)* 1. Gasströmung f; 2. Gasstrom m *(Masse oder Volumen je Zeit-*

einheit); 3. Strömungsgeschwindigkeit *f* des Gases *(Strecke je Zeiteinheit)*
~-**fuel[l]ed reactor** *(Kern)* Gaskernreaktor *m*, Gascorereaktor *m*
~-**kinetic theory** *(statPh)* kinetische Gastheorie *f*
~ **law** 1. Gasgesetz *n*; 2. *s.* Boyle-Charles law
~-**law constant** *s.* ~ constant
~ **lift** *(Aero)* aerostatischer Auftrieb *m*
~ **mantle** *(Pl)* Gasblanket *n (zur Plasmahalterung)*
~ **scattering** *(At, Kern)* Gasstreuung *f*, Coulomb-Streuung *f* am Restgas
~ **slippage** *(Ström)* Gasschlupf *m*
~ **streamline** *(Aero)* Gasfaden *m*
~ **track chamber (detector)** *(Hoch)* Gasspurkammer *f*, Gasspurdetektor *m*
gaseous cavitation *(Hydr)* Pseudokavitation *f, (manchmal:)* unechte Kavitation *f*, Gaskavitation *f*
~ **core reactor** *s.* gas-fuelled reactor
~ **microwave spectroscopy** *(Spektr)* Mikrowellen-Gasspektroskopie *f*
gaser *(Kern)* Gammastrahlenlaser *m*, γ-Strahlenlaser *m*, Gaser *m*
gasket *(Ström)* Berührungsdichtung *f* an ruhenden Flächen, ruhende (statische) Dichtung *f*
gate *(El)* 1. Verknüpfungsglied *n*, Schaltglied *n*, Gatter *n*; 2. Gate *n*, Gateelektrode *f (eines Feldeffekttransistors); (in der Digitaltechnik speziell:)* Torschaltung *f*, Tor *n*; 3. Gatezone *f*, Gategebiet *n*; 4. Gateanschluß *m*, Gate *n (eines Feldeffekttransistors)*; 5. Steueranschluß *m (eines Thyristors)*
~ **pulse** *(El)* Torimpuls *m*, Steuerimpuls *m*
gated scintigraphy *(Kern)* getriggerte Szintigraphie *f*
gating *(El)* 1. Auftastung *f*, Tastung *f*; 2. Hellsteuerung *f (einer Kathodenstrahlröhre)*
gauge 1. Meßgerät *n*, Meßinstrument *n (für Druck, Volumen, Dicke, Dichte u. a.), (für Druck auch:)* Manometer *n*, Druckmesser *m; (Hydr)* Pegel *m*, Peil *m*, Wasserstandsmesser *m*; 2. *(Feld)* Eichung *f*; 3. *(Mech)* Dicke *f (eines Bleches, Stabes oder Drahtes), (bei Rundstäben und Drähten auch:)* Durchmesser *m*; 5. *(Mech)* Lehre *f*
~ **factor** *(El, Mech)* Dehnungsempfindlichkeit *f*, *k*-Faktor *m*
~ **point** Meßstelle *f*, Meßort *m*, Meßpunkt *m (im Raum)*
~ **pressure** *(Mech)* (angezeigter) Überdruck *m*, Manometerdruck *m*
~ **theory** *(Feld)* Eichfeldtheorie *f*
~ **length** *(Mech)* Meßlänge *f*
gauging 1. Messen *n*; 2. *(Feld)* Eichung *f (Vorgang)*
~ **flume** *(Hydr)* Meß[ge]rinne *n*, Meßkanal *m*

gauss *(Magn)* Gauß *n*, G, Gs, *(SI-fremde Einheit der magnetischen Flußdichte;* 1 $G = 10^{-4}$ T*)*
Gauss ... *s. a.* Gaussian ...
~ **A position** *(Magn)* erste Gaußsche Hauptlage *f*
~ **B position** *(Magn)* zweite Gaußsche Hauptlage *f*
~ **flux law** *(El)* Gaußscher Satz *m* [der Elektrostatik], [Gaußscher] Flußsatz *m*
~ **image point** *(Opt)* Gaußscher (paraxialer) Bildpunkt *m*
~ **point** *(Opt)* Kardinalpunkt *m*, Grundpunkt *m*
~ **region** *(Opt)* Gaußsches (paraxiales, achsennahes) Gebiet *n*, fadenförmiger Raum *m*
~ **theorem** *(mathPh)* Gaußscher Satz (Integralsatz) *m*, Gaußscher Satz *m* der Vektoranalysis (Integralrechnung), Divergenzsatz *m*
gaussage *(Magn)* magnetische Induktion *f* in Gauß
Gaussian ... *s. a.* Gauss ...
Gaussian *s.* ~ distribution [law]
~ **approximation** *s.* ~ optics
~ **beam** *(Opt)* achsennaher (paraxialer, Gaußscher) Strahl *m*
~ **constant** 1. *(Astr)* Gaußsche Gravitationskonstante *f*, Gravitationskonstante (Attraktionskonstante) *f* des Sonnensystems; 2. *(Opt) s.* Gauss point
~ **distribution [law]** *(mathPh)* Normalverteilung *f*, Gauß-Verteilung *f*, Gaußsche Verteilung (Normalverteilung) *f*
~ **error function** *(mathPh, Meß)* [Gaußsches] Fehlerintegral, Fehlerwahrscheinlichkeitsfunktion *f*
~ **law** *s.* ~ distribution [law]
~ **noise** *(mathPh)* Wienerscher Prozeß *m*, Brownscher Bewegungsprozeß (Prozeß) *m*
~ **optics** *(Opt)* Gaußsche Dioptrik *f*, Theorie *f (der optischen Abbildungen)* erster Ordnung, Gaußsche Optik (Abbildung, Näherung, Approximation) *f*
~ **representation** *(mathPh)* sphärische Abbildung *f*
~ **system [of units]** *(El, Magn)* Gaußsches Maßsystem (System) *n*, symmetrisches CGS-System *n*, Gaußsches (gemischtes) CGS-System *n*, Fünfersystem *n*
~ **variable** *(mathPh)* normalverteilte Zufallsvariable (Variable) *f*, normale (Gaußsche) Zufallsvariable *f*
Gauss's law (theorem) of flux *s.* Gauss flux law
Gay-Lussac law *s.* 1. *(physCh)* ~-Lussac's law of volumes; 2. *(Therm) s.* ~-Lussac law of expansion
~-**Lussac law of expansion** *(Therm)* Gay-Lussacsches Gesetz *n*, Gay-Lussac-Gesetz *n (für das Volumen bei konstantem Druck, erstes und/oder zweites)*

Gay

~-**Lussac's law of volumes** *(physCh)* Gay-Lussacsches Gesetz *n* der einfachen Gavolumina, Gasvolumengesetz *n*
Gb *(Magn)* s. gilbert
gc, gcps = gigacycle [per second]
GCR *(Kern)* gasgekühlter Reaktor *m*, GCR
GCS [technique] *(physCh)* Gelsäulenscanning *f*, GCS-Methode *f*, „gel column scanning"-Variante *f (der Gelchromatographie)*
G.C.V. *(Therm)* s. *(gross calorific value)* s. heat of combustion 1.
geepound s. slug 1.
Geiger counter *(Kern)* s. ~-Müller counter tube
~ **formula (law)** *(Kern)* Geigersches Reichweitengesetz *n*, Geigersche Reichweite[n]beziehung *f*
~-**Müller counter (counting) tube** *(Kern)* Geiger-Müller-Zählrohr *n*, GM-Zählrohr *n*, Auslösezählrohr *n (der Detektor im GM-Zähler)*
~-**Müller threshold** *(Kern)* Schwelle *f* des Auslösebereichs (Geiger-Müller-Bereichs)
~ **point counter** *(Kern)* Geigerscher Spitzenzähler *m*
gel [permeation] chromatography *(physCh)* Gel[permeations]chromatographie *f*, Gel-Permeations-Chromatographie *f*, GPC
Gell-Man – Ne'eman scheme *(Hoch)* Der achtfache Weg *m*, Gell-Mann – Ne'eman-Schema *n*, Oktettmodell *n*
gellant *(physCh)* Gelierstoff *m*, Geliermittel *n*, *(bei Sprengstoffen:)* Gelatinierungsmittel *n*
gelling *(physCh)* Gelbildung *f*, Gelieren *n*
geminal *(At, Qu)* Geminal *n*, nicht mehr separierbare Zweielektronenfunktion *f*
geminate recombination *(Fest)* Vorzugsrekombination *f*, bevorzugte Rekombination *f*
gemination *(Krist)* Doppelkristallbildung *f*
gemmho *(El)* *(Sl-fremde Einheit des Leitwertes, 1 gemmho = 10^{-6} S)*
general law of thermodynamics *(Therm)* allgemeiner Hauptsatz *m* der Thermodynamik, erstes Postulat *n* der Thermodynamik
~ **perturbation theory** *(Astr)* absolute Störungstheorie *f*, allgemeine Störungsrechnung *f*
~ **point** *(Fest)* Wyckoffscher Gitterplatz *m*, Wyckoff-Platz *m*
~ **recombination** *(Kern)* Volum[en]rekombination *f*
~ **state of strain** *(Mech)* dreidimensionaler (dreiachsiger, allgemeiner) Verzerrungszustand *m*
~ **theory of relativity** *(Rel)* Allgemeine Relativitätstheorie *f*, [Einsteinsche] allgemeine Relativitätstheorie *f*
~ **virial equation** *(Therm)* viriale Zustandsgleichung *f*, Virialform *f* der thermischen Zustandsgleichung

General Relativity s. general theory of relativity
generalized coherent state *(Feld, Qu)* Zweiphotonenzustand *m*, zusammengedrückter (gequetschter) Zustand *m*
~ **coordinates** *(Mech)* verallgemeinerte (generalisierte, Lagrangesche) Koordinaten *fpl*
~ **factorial function** *(mathPh)* Gammafunktion *f*, Eulersches Integral *n* zweiter Art
~ **momentum** *(Mech)* verallgemeinerter (generalisierter) Impuls *m*, [kanonisch] konjugierter Impuls *m*
~ **point group** *(Krist)* verallgemeinerte Punktgruppe *f*, Antipunktgruppe *f*, Farbgruppe *f*
~ **symmetry** *(Krist)* Antisymmetrie *f*, Schwarzweißsymmetrie *f*
generating element 1. *(Krist)* erzeugendes Symmetrieelement *n*, Erzeugendes *n (einer Kristallklasse)*; 2. *(mathPh)* Erzeugende *f*, erzeugendes Element *n (einer Gruppe)*
~ **flow** *(Ström)* Anlauf *m (der Rohrströmung)*
generation 1. Erzeugung *f (von Schwingungen oder Wellen)*; 2. *(Halbl)* Generation *f*, Erzeugung *f (von Ladungsträgerpaaren)*; 3. *(Kern)* Produktion *f*, Erzeugung *f*, Bildung *f (von Teilchen)*; 4. *(Kern)* Generation *f (von Neutronen oder Kernen)*
~ **time** *(Kern)* Generationsdauer *f* [der Neutronen] *f*, Generationszeit *f*
generator 1. *(El)* Generator *m (zur Erzeugung von Wellenformen)*, *(speziell:)* Schwingungserzeuger *m*, Schwingungserreger *m*; 2. *(Kern)* Radionuklidgenerator *m*, Isotopengenerator *m*
genuine cavitation *(Hydr)* echte Kavitation *f*, Dampfkavitation *f*
~ **coincidence** *(Kern)* wahre (echte) Koinzidenz *f*
~ **[spectral] line** *(Opt)* reelle Linie *f*, Mutterlinie *f*
geocentric horizon *(Astr, Opt)* wahrer (geozentrischer) Horizont *m*
~ **parallax** *(Astr)* tägliche (geozentrische) Parallaxe *f*, Höhenparallaxe *f*
geodynamic metre *(Mech)* geodynamisches Meter *n*, gdm *(SI-fremde Einheit für Höhenunterschiede im Schwerefeld der Erde; 1 gdm = 10 m^2 s^{-2})*
geographical mile *(Mech)* geographische Meile *f (SI-fremde Einheit der Länge; 1. GB: 1 geographical mile = 1852,2 m; 2. US: 1 geographical mile = 1855,3 m)*
geomagnetic albedo *(Astr)* Wiederkehralbedo *f*, geomagnetische Albedo *f*
~ **cut-off rigidity** *(Kern)* Schwellensteifigkeit *f (der kosmischen Strahlung)*
~ **effect** *(Kern)* Breiteneffekt *m*, geomagnetischer Effekt *m*, Poleffekt *m (der kosmischen Strahlung)*

geometric aberration *(Opt)* monochromatische (geometrische) Aberration *f*
~ **acoustic** *(Ak)* geometrische Akustik *f*, Schallstrahlenmethode *f*
~ **buckling (laplacian)** *(Kern)* Geometriebuckling *n*, geometrische Flußkrümmung (Flußwölbung) *f*
~ **libration** *(Astr)* optische (geometrische) Libration *(des Mondes)*
~ **locus** *(mathPh)* [geometrischer] Ort *m* (*pl.*: Örter)
~ **mean particle diameter** *(Hydr)* mittlerer geometrischer Teilchendurchmesser *m*, geometrisch-mittlerer Teilchendurchmesser *m*
~ **moment of inertia** *(Mech)* Flächenmoment *n* zweiten Grades, Flächenträgheitsmoment *n*, geometrisches Trägheitsmoment *n*
~ **optics** *s.* geometrical optics
~ **ray tracing** *(Opt)* Strahlenkonstruktion *f*, Strahlengangsbestimmung *f*
~ **stress concentration factor** *(Mech)* Spannungskonzentrationsfaktor *m*, Kerbwirk[ungs]zahl *f*, Kerbfaktor *m* (*Größe*)
geometrical hardening *(Fest)* geometrische Härtung *f*, Gleithärtung *f*
~ **head** *(Hydr)* wirkliche (tatsächliche) Höhe *f*, Höhenlage *f*
~ **optics** *(Opt)* geometrische Optik *f*, Strahlenoptik *f*
geometry of motion *(Mech)* kinematische Geometrie *f*, Bewegungsgeometrie *f*
~ **program** *(Hoch)* geometrische Rekonstruktion *f*, Geometrieprogramm *n*
geostationary (geosynchronous) orbit *(Astr, Mech)* geostationäre (geosynchrone) Umlaufbahn *f*, Synchronbahn *f*, Stationärbahn *f*
get-off speed *(Astr)* Abhebegeschwindigkeit *f*
gettering *(Vak, El)* Getterung *f*, Restgasbindung *f*, Gasbindung *f*
~ **rate** *(Vak)* Saugvermögen *n* (*eines Getters*), Gettergeschwindigkeit *f*
GeV *(Kern)* Gigaelektronenvolt *n*, GeV (10^9 eV)
gf *(Mech)* *s.* gramme-force
GFR *(Kern)* *s.* gas-fuelled reactor
ghost *(Opt)* Gittergeist *m*, Geist *m*, falsche Linie *f* (*im Beugungsspektrum*)
~ **crystal** *(Krist)* Afterkristall *m*, Kristallpseudomorphose *f*
~ **image** 1. *(El)* Geisterecho *n* (*Radartechnik*); 2. *(Opt)* *s.* ghost
~ **pulse** *(El)* *s.* spurious pulse
~ **scattering** *(Kern)* unechte (falsche) Streuung *f*, „spurious scattering" *n*
gi *(Mech)* *s.* gill
giant *(Astr)* Riesenstern *m*, Riese *m*, Gigant *m*
~ **bolide** *(Astr)* Überbolid *m*, Riesenmeteor *m*
~ **loop** *(Astr)* galaktischer Ausläufer *m*

~ **molecule** *(At)* Makromolekül *n*, Riesenmolekül *n*
~ **planet** *(Astr)* Riesenplanet *m*, jupiterähnlicher (großer) Planet *m*
~ **pulse laser** *(Opt)* gütegesteuerter (gütegeschalteter) Laser *m*, Laser *m* mit Gütewertmodulation
~ **sequence (stream)** *(Astr)* Riesenast *m*, Nebenast *m*
~-**stream star** *s.* giant
Giaque-Debye method *(Tief)* adiabatische Entmagnetisierung *f*, magnetische Abkühlung *f*
Giaque's temperature scale *(Therm)* Giaque-Skala *f*, Giaque-Skale *f* (*Tripelpunkt des Wassers = 273,16 K*)
gibbs *(physCh)* Gibbs *n* (*SI-fremde Einheit der adsorbierten Stoffmenge; 1 gibbs = 10^{-6} mol m^{-2}*)
Gibbs chemical potential *s.* ~ free energy
~ **curvature term** *(Ström)* Krümmungsfaktor *f* von Gibbs, Gibbssche Krümmungsfunktion *f*
~ **dividing surface** *(Therm)* Gibbssche Trennfläche (Fläche) *f*
~ **free energy,** ~ **function** *(Therm)* freie Enthalpie *f*, Gibbs-Funktion *f*, Gibbssches [thermodynamisches] Potential *n*
~ **general equation** *(statPh)* Liouville-Gleichung *f*, Liouvillesche Gleichung *f*
~ **heat function** *(Therm)* *s.* enthalpy
~-**Kelvin equation (formula)** *(Ström)* Thomson-Gibbssche Gleichung *f*, Gibbs-Thomsonsche Formel *f*
~ **[phase] rule** *(physCh)* Gibbssche Phasenregel *f*, Gibbssches Phasengesetz *n*
Gibson method *(Hydr)* Druck/Zeit-Methode *f*, Gibsonsche Methode *f* (*Strömungsmessung*)
gilbert *(Magn)* Gilbert *n*, Gb (*SI-fremde Einheit der magnetischen Spannung; 1 Gb = (10/4π) A*)
gill *(Mech)* Gill *n* (*1. GB: SI-fremde Einheit des Volumens von Flüssigkeiten, selten auch Feststoffen; 1 gill = 142,065 cm^3; 2. US: SI-fremde Einheit des Volumens von Flüssigkeiten; 1 gill = 118,9411825 cm^3*)
Ginzburg-Landau [order] parameter *(Tief)* [Ginzburg-Landau-]Ordnungsparameter *m*
Giorgi system [of units] *s.* metre-kilogramme-second-ampere system
gipsie particle *(Hoch)* J/psi-Teilchen *n*, Psi-Teilchen *n*, J-Teilchen *n*
Giraud's method *(physCh)* Brechzahlmethode *f*, Brechungsindexmethode *f* (*der Feuchtigkeitsmessung*)
glancing *(Opt)* Streifen *n*
~ **angle** 1. Glanzwinkel *m* (*der Reflexion: Komplementwinkel des Einfallswinkels*); 2. *(Fest)* Glanzwinkel *m*, Braggscher Winkel (Reflexionswinkel) *m*, Winkel *m* im Braggschen Gesetz

glancing

~ **collision** *(Kern, Mech)* streifender Stoß *m*
~ **entrance** *(Opt)* s. grazing incidence
~ **exit** *(Opt)* s. grazing exit
glare *(Opt)* psychologische Blendung *f*
glass fibre Glasfaser *f (z. B. als Leitungsmaterial)*
~ **transition** 1. *(Fest, physCh)* Vitrifizierung *f*, Vitrifikation *f*, Verglasung *f*, Übergang *m* in den Glaszustand; 2. *(physCh)* Phasenübergang *m* (Umwandlung *f*) zweiter Ordnung (Art) *(eines Polymers)*
glassification *(Kern)* Vitrifizierung *f*, Verglasung *f*, Verschmelzung *f*
glassivation *(Halbl)* Glaspassivierung *f*
glassy alloy (metal) *(Fest)* metallisches Glas *n*, amorphes Metall *n*, Metallglas *n (ferromagnetisch)*
~ **state** *(Fest)* Glaszustand *m*, *(selten:)* glasartiger (glasiger) Zustand *m*
~ **transition** s. glass transition 2.
gleam *(Opt)* Schimmer *m*, Schein *m*
glide 1. *(Krist)* Gleitung *f*, Gleitprozeß *m*, Kristallgleitung *f*, *(selten:)* Schiebung *f*; 2. *(Krist)* Gleitbewegung *f*, Gleiten *n*, konservative Bewegung *f*; 3. *(Aero)* Gleiten *n*, Gleitflug *m*; 4. *(Aero)* Segelflug *m*, Segelfliegen *n*
~ **angle** *(Aero)* Gleitwinkel *m*
~ **band** *(Krist)* Gleitband *n*
~ **path** *(Aero)* 1. Gleitbahn *f*; 2. Gleitweg *m (Größe)*
~ **plane** *(Krist)* Gleitebene *f*, Translationsebene *f*
~-**reflection plane** *(Krist)* Gleitspiegelebene *f*
~ **slope** *(Aero)* Gleitwinkel *m*
glider *(Hydr)* Gleitfläche *f*
gliding Gleiten *n*, Gleitflug *m (s. a. unter glide)*
~ **fracture** *(Mech)* Gleitbruch *m*, Scherbruch *m*
glissile dislocation *(Krist)* Shockleysche Halbversetzung (unvollständige Versetzung) *f*, gleitfähige Versetzung *f*
glitch *(Astr)* Glitch *m*, plötzliche Periodenänderung *f (eines Pulsars)*
global fallout globaler Fallout (radioaktiver Niederschlag) *m*
~ **radiation** *(Geo, Opt)* Globalstrahlung *f*
~ **stability** *(Reg)* Stabilität *f* im Großen, globale Stabilität *f (nach Ljapunov)*
globally asymptotic stability *(Mech)* globale asymptotische Stabilität *f*, vollständige Stabilität *f*
globe lightning *(El)* Kugelblitz *m*
globular cluster *(Astr)* Kugelsternhaufen *m*, Kugelhaufen *m*, kugelförmiger Sternhaufen *m*
gloss *(Opt)* Glanz *m (Erscheinung und Größe)*
glow 1. Glühen *n*, Glut *f*, Glühhitze *f*, Hitze *f*; 2. Glühen *n*, *(speziell:)* Glimmen *n (als Leuchterscheinung)*
~ **discharge** *(El)* Glimmentladung *f*

glug *(Mech)* Glug *n (SI-fremde Einheit der Masse; 1 glug = 980,655 g)*
GM counter tube s. Geiger-Müller counter tube
gnomonic projection *(Krist)* gnomonische (orthodromische, gnomone) Projektion *f*, Gnomonprojektion *f*, Geradwegprojektion *f*
go/no-go detector Ja/Nein-Gerät *n (mit zwei Betriebszuständen)*
goal coordination method *(Reg)* Zielkoordinationsmethode *f*, Zielkoordination *f*
goblet *(Astr)* Sternembryo *m*
god-parent term *(At, Qu)* Stammvaterterm *m*
GOI *(At, Qu)* Gruppenüberlappungsintegral *n*, GOI
Goldberg wedge analysis *(Opt)* Graukeilanalyse *f*
Gould Belt *(Astr)* lokales Sternsystem (System) *n*
GPC s. gel permeation chromatography
gr s. 1. *(mathPh)* grade 2.; 2. *(Mech)* grain 3.
Gr, gr-f *(Mech)* s. grain-force
gr wt *(Mech)* s. gross weight
grace particle *(Hoch)* Teilchen *n* mit Grace, Grace-Teilchen *n*
gradation Abstufung *f*, Stufung *f*, Stufenfolge *f*
grade 1. Güteklasse *f*, Güte *f*, Sorte *f*; 2. *(mathPh)* Gon *n*, Neugrad *n*, g; 3. *(Meß)* Genauigkeitsklasse *f (eines Meßgeräts)*; 4. *(physCh)* Kornklasse *f*
graded [interference] filter *(Opt)* Verlauf[interferenz]filter *n*, verlaufendes Interferenzfilter *n*
~-**index fibre** *(Opt)* Gradientenindexfaser *f*, Gradientenlichtwellenleiter *m*, Gradienten-LWL *m*
~ **junction** *(Halbl)* allmählicher (nichtabrupter, abgestufter) Übergang *m*
~ **profile** *(Hydr)* Gleichgewichtsprofil *n*, Normalgefällskurve *f (eines Flusses)*
gradient 1. Gradient *m*, Gefälle *n*; 2. *(mathPh)* Gradient *m*, grad *(eines Skalars)*; 3. *(mathPh)* Gradiententensor *m*, Gradient *m*; 4. *(mathPh)* Steigung *f*, Anstieg *m*, Richtungskoeffizient *m*, Richtungsfaktor *m (einer Geraden)*; 5. *(mathPh)* Böschungswinkel *m*, Neigungswinkel *m (einer Ebene bei der Eintafelprojektion)*
~ **index** *(Kern)* [kritischer] Feldindex *m*, *n*-Wert *m*, Magnetfeldindex *m (eines Betatrons)*
~ **layer chromatography** *(physCh)* Gradient[dünn]schichtchromatographie *f*
grading *(Mech)* Klassierung *f*; Sortierung *f*; Trennung *f (nach der Korngröße, -form und/oder -dichte)*
gradual decline Abklingen *n*, [allmählicher] Abfall *m*
gradually applied load *(Mech)* stufenweise Belastung *f*, stufenweise aufgebrachte Last *f*

graduated circle *(Meß)* Teilkreis *m*, Kreisteilung *f*
graduation 1. Abstufung *f*, Stufung *f*, Stufenfolge *f*; 2. *(Meß)* Skalenteilung *f*, Skaleneinteilung *f*, *(speziell:)* Grad[ein]teilung *f*
grafting *(At)* Pfropfkopolymerisation *f*, Pfropfpolymerisation *f*
grain 1. *(Krist)* Korn *n*, Kristallkorn *n*; 2. *(Phot)* Emulsionskorn *n*, Korn *n*; 3. *(Mech)* Grain *n*, gr *(SI-fremde Einheit der Masse; 1 gr = 6,479891 · 10⁻⁵ kg)*; 4. *s.* graininess
~ **boundary** *(Fest)* Korngrenze *f*
~-**boundary flow (shear)** *(Fest)* Korngrenzenfließen *n*, Korngrenzenabgleitung *f*
~ **coarsening** *(Fest)* Kornvergröberung *f*, Vergröberung *f* des Korns
~-**force** *(GB, Mech)* Grain-force *n*, grf *(SI-fremde Einheit der Kraft; 1 grf = 63,546 · 10⁻⁵ N)*
~ **fraction** *(physCh)* Korngrößenfraktion *f*, Korn[klassen]fraktion *f*
~ **growth** *(Fest)* Kornvergrößerung *f*, *(letztes Stadium der Rekristallisation:)* Kornwachstum *n*
~ **noise** *(Phot)* Kornrauschen *n*, Körnigkeitsrauschen *n (einer Emulsion)*
~ **refinement** *(Phot)* Kornverfeinerung *f*, Kornfeinung *f*
~ **screen method** *(Phot)* Kornrasterverfahren *n*
~ **size** *(Hydr, physCh)* Teilchengröße *f*, Partikelgröße *f*, Korngröße *f*
~-**size analysis** *(GB, physCh)* Korngrößenbestimmung *f*, Korngrößenanalyse *f*
~ **structure** 1. *(Fest)* Kornstruktur *f*, Korngefüge *n*; 2. *(Fest, Mech)* Bruchgefüge *n*
~-**weight** *(US) s.* ~-force
graininess *(Phot)* [subjektive] Körnigkeit *f*, Korn *n (einer Emulsion, Größe)*
gram ... *(US) s.* gramme ...
gramme-atom *(GB, physCh)* Grammatom *n*, g-Atom *n*, gAtom *n (nicht mehr zulässig, ersetzen durch Mol Atome)*
~-**atomic percentage** *(physCh)* Atomprozent *npl*, Atom-%, At.-% *(nicht mehr zulässig, ersetzen durch Stoffmengenanteil in %)*
~-**calorie** *(Therm)* Grammkalorie *f*, kleine Kalorie *f*, Wasserkalorie *f*, 15-°C-Kalorie *f*, gcal *(SI-fremde Einheit der Wärmemenge; 1 gcal = 4,1855 J)*
~-**element specific activity** *(Kern)* spezifische Aktivität *f* des Elements, spezifische Aktivität *f* [je Grammatom] *(in Bq/mol)*
~-**equivalent [weight]** *(GB, physCh)* Grammäquivalent *n*, g-Äqu., Val *n*, val *(nicht mehr zulässig, in Mol ausdrücken)*
~-**force** *(Mech)* Pond *n*, p *(SI-fremde Einheit der Kraft; 1 gf = 9,80665 · 10⁻³ n)*
~-**formula weight** *s.* ~-mole

~-**ion** *(physCh)* Grammion *n*, g-Ion *n*, gIon *n (nicht mehr zulässig, ersetzen durch Mol Ionen)*
~-**mole** *(physCh)* Gramm-Molekül *n*, Grammolekül *n*, Grammol *n*, Mol *n*, mol *(ausgedrückt in Masseeinheiten, nicht mehr zulässig, ersetzen durch Mol Moleküle)*
~-**molecular volume** *(physCh)* Molnormvolumen *n (eines Gases)*
~-**molecular weight,** ~ **molecule** *s.* ~-mole
granatohedron *(Krist)* Rhombendodekaeder *n*, Granatoeder *n*
grand unification, ~ **unified theory** *(Feld, Hoch)* große einheitliche Eichfeldtheorie (Theorie) *f*, große unifizierende Theorie *f*, GUT
~ **unifying group** *(Feld, Hoch)* große vereinheitlichende Gruppe *f*
granularity *(Phot) s.* graininess
granulation analysis *(Mech, physCh)* Siebanalyse *f*
granulometric distribution *(physCh)* Teilchengrößenverteilung *f*, Größenverteilung *f (von Teilchen)*, Korngrößenverteilung *f*, Kornverteilung *f*
graph 1. [graphische] Darstellung *f*, Graph *m*, Kurvendarstellung *f*, *(eines Plotters auch:)* Plot *n(m) (Ergebnis)*; 2. *(mathPh)* [topologischer] Graph *m*, Streckenkomplex *m*
grapher *(Meß)* Schreiber *m*, Meßschreiber *m*, Registrierinstrument *n*
graphic formula *(At, physCh)* Strukturformel *f*, Konstitutionsformel *f*, *(manchmal:)* Valenzstrichformel *f*
graticule *(Opt)* 1. Strichgitter *n*, *(selten:)* Liniengitter *n*; 2. Strichplatte *f*
grating *(Opt)* 1. Beugungsgitter *n*, Gitter *n*; 2. *s.* graticule 1.
~ **spectrum** *(Opt)* Gitterspektrum *n*, Normalspektrum *n*
grav *(Mech)* g, g_n *(SI-fremde Einheit der Beschleunigung; 1 G = 9,80665 m s⁻²)*
gravics *(Feld)* Theorie *f* der Gravitationsfelder
gravi-electric length *(Feld)* gravielektrische Elementarlänge *f*
gravipause *(Astr, Mech)* Gravipause *f*, neutraler Punkt *m*
gravisphere *(Astr, Mech)* Gravisphäre *f*, Massenanziehungsbereich *m*
gravitation *(Feld, Mech)* Gravitation *f*, allgemeine (universelle) Gravitation *f*
~ **law** 1. *(Astr)* [allgemeines] Gravitationsgesetz *n*; 2. *(Mech)* Newtonsches Gravitationsgesetz (Gesetz) *n*, Gravitationsgesetz *n* [von Newton]
gravitational aberration [of light] *(Rel)* relativistische Ablenkung *f* des Lichtes, Lichtkrümmung (Lichtablenkung) *f* im Schwerefeld
~ **acceleration** 1. *(Astr, Mech)* Schwerebeschleunigung *f (auf einem Himmels-*

gravitational 144

körper); 2. *(Mech)* Fallbeschleunigung f, Erdbeschleunigung f, Schwerebeschleunigung f *(skalare Größe)*, *(in der Geophysik auch:)* Schwere f
- **astronomy** *(Astr)* Himmelsmechanik f
- **attraction** s. gravitation
- **charge** *(Feld)* Gravitationsladung f
- **collapse (concentration)** *(Astr)* Gravitationskollaps m *(eines Sterns)*
- **confinement** *(Pl)* Gravitationshalterung f, Gravitationseinschluß m
- **constant** *(Mech)* [Newtonsche] Gravitationskonstante f
- **convection** *(Ström)* natürliche Konvektion f
- **displacement** *(Feld)* Gravitationsflußdichte f, Gravitationsverschiebung f
- **displacement of spectral lines towards the red** *(Rel)* Rotverschiebung f im Schwerefeld *(Gravitationsfeld)*, [allgemein-]relativistische Rotverschiebung f, Einstein-Verschiebung f *(der Spektrallinien)*
- **field** 1. *(Feld, Mech)* Gravitationsfeld n, *(selten:)* gravisches Feld n; 2. *(Feld)* Gravitationsfeldstärke f
- **force** *(Feld, Mech)* [Newtonsche] Gravitationskraft f, Massenanziehungskraft f, Weltkraft f
- **instability** *(Pl)* Gravitationsinstabilität f, G-Moden-Instabilität f
- **lens effect, ~ lensing** *(Astr)* Gravitationslinseneffekt m
- **mass** *(Mech)* schwere Masse f
- **potential energy** *(Mech)* Gravitationsenergie f
- **pressure** *(Mech)* hydrostatischer Druck m
- **radius** *(Rel)* Schwarzschild-Radius m, [Schwarzschildscher] Gravitationsradius m
- **repulsion** *(Feld)* gravitative Abstoßung f, Massenabstoßung f
- **wave** *(Feld, Rel)* Gravitationswelle f

gravitometer s. densimeter

gravity 1. *(Astr, Mech)* Schwerkraft f, Schwere f; 2. *(Mech)* s. gravitational acceleration 2.
- **axis** *(Mech)* Schwerlinie f, Schwerpunkt[s]achse f, Schwerachse f
- **-capillary wave** *(Ström)* Schwerekapillarwelle f, Kapillarschwerewelle f
- **field** *(Astr)* Schwerefeld n, *(manchmal:)* Schwerkraftfeld n
- **flow** *(Ström)* Gravitationsströmung f, Schwereströmung f
- **head** *(Hydr)* wirkliche (tatsächliche) Höhe f, Höhenlage f
- **pendulum** *(Mech)* Schwerependel n, *(manchmal:)* Gravitationspendel n
- **plane** *(Mech)* Schwerebene f
- **pressure** *(Mech)* Schweredruck m
- **separation** *(physCh)* Schwerkrafttrennung f, Trennung f im Schwerefeld
- **vector** *(Mech)* Erdbeschleunigung f *(Vektor)*

- **viscometer** *(Ström)* Ausflußviskosimeter
- **wave** *(Hydr)* Schwerewelle f

gray *(Kern)* Gray n, Gy *(SI-Einheit der Energiedosis;* 1 Gy = 1 J/kg*)*

gray ... s. grey ...

Gray Wills method *(At, Qu)* s. ladder operator method

grazing *(Opt)* Streifen n
- **angular momentum** *(Kern)* Drehimpuls m bei streifendem Einfall, „grazing"-Drehimpuls m
- **entrance** s. ~ incidence
- **exit** *(Opt)* streifender Austritt m, Methode f des streifenden Austritts
- **incidence** *(Opt)* streifender Eintritt (Einfall) m, Methode f des streifenden Eintritts
- **occultation** *(Astr)* streifende Bedeckung f

Greek *(Astr)* dem Jupiter vorauseilender Trojaner m

Green theorem 1. s. Gauss theorem; 2. Greensche Formel f [zweiter Art], zweite Greensche Formel f

Green's deformation tensor *(Mech)* Greenscher Verzerrungstensor (Deformationstensor) m, Formänderungstensor m von Green
- **first identity** *(mathPh)* Greensche Formel f erster Art, erste Greensche Formel f
- **function** *(mathPh)* Greensche Funktion f, *(manchmal:)* Einlaßfunktion f, Quell[en]funktion f
- **strain tensor** s. Green's deformation tensor
- **stress tensor** *(Mech)* Greenscher Spannungstensor m

grey body *(Therm)* grauer Körper m, Graustrahler m, grauer Strahler m
- **body radiation** *(Therm)* graue Strahlung f, Graustrahlung f
- **filter** *(Opt)* s. neutral filter
- **group** *(Krist)* graue Gruppe f
- **scale** *(Opt)* Graureihe f, Grauleiter f, Grauskala f
- **shading** *(Opt)* Grauverhüllung f, Grauschattierung f, Vergrauung f *(einer Farbe)*
- **space group** *(Krist)* graue Raumgruppe f
- **step wedge** *(Opt)* Stufen[grau]keil m, Grautreppe f
- **value** *(Opt)* Grauwert m
- **wedge [filter]** *(Opt)* Graukeil m, Neutralkeil m, Keil m

grf *(Mech)* s. grain-force

grid 1. *(El)* Gitter n *(einer Elektronenröhre)*; 2. *(El)* Wehnelt-Zylinder m, Wehnelt-Blende f, Steuerschilde f *(z. B. einer Elektronenkanone)*; 3. *(Ech)* Gitterplatte f *(eines Sammlers)*
- **ionization chamber** *(Kern)* Gitterionisationskammer f, Ionisationskammer f mit Frisch-Gitter (Gitter)

~-**iron pendulum** *(Mech)* Rostpendel *n*
~ **method** *(Opt, Phot)* Rasterverfahren *n*, Rastermethode *f*
~ **optics** *(Opt)* Rasteroptik *f*
~ **section** *(Opt)* Gitterschnitt *m*
~ **solidity** *(Ström)* Gittervölligkeit *f*, Völligkeit *f* des Gitters
~ **spectrometer** *(Spektr)* Rasterspektrometer *n*
~ **sweep** *(El)* Gitteraussteuerungsbereich *m*
~ **swing** *(El)* Gitteraussteuerung *f*
~-**type compensated pendulum** *(Mech)* Rostpendel *n*
gridded chamber *(Mech)* s. grid ionization chamber
grip effect *(Mech)* Einspanneffekt *m (bei der Zugprüfung)*
groove 1. Nut *f*, Rille *f*, Riefe *f*, Furche *f*; 2. *(El)* Wellenfalle *f (eines Wellenleiters)*; 3. *(Opt)* Furche *f (eines Beugungsgitters)*, Gitterfurche *f*, Strich *m*
gross beta activity *(Kern)* Bruttobetaaktivität *f*
~ **calorific value** s. heat of combustion 1.
~ **error** *(mathPh)* grober Fehler *m (in der Statistik)*
~ **focus[s]ing** *(Kern)* s. alternating-gradient focus[s]ing
~ **formula** *(At)* Bruttoformel *f*, Summenformel *f*, empirische Formel *f*
~ **heat value** s. heat of combustion 1.
~ **instability** *(Pl)* 1. langwellige (umfängliche) Instabilität *f*, Instabilität *f* mit großer Wellenlänge; 2. magnetohydrodynamische (hydromagnetische) Instabilität *f*, MHD-Instabilität *f*
~ **ton** s. long ton 1.
~ **weight** *(Mech)* Bruttomasse *f (in Masseeinheiten angeben)*
~ **wing area** *(Aero)* Gesamttragflächeninhalt *m*, Gesamtflügelfläche *f*
ground *(US, El)* s. earth
~ **clutter (flutter)** [unerwünschte] Bodenechos *npl (Radartechnik)*
~ **glass** *(Opt)* 1. Mattglas *n (durch Schleifen mattiert)*; 2. Mattscheibe *f*
~ **junction** *(Halbl)* gezogener Übergang *m*
~ **level** *(Qu)* Grundniveau *n*, *(manchmal:)* Grundwert *m* der Energie, niedrigstes Energieniveau *n (eines Teilchens)*
~ **level plume** *(Kern)* bodennahe Abluftfahne *f*, Abluftfahne *f* in Bodennähe
~ **resistance** *(El)* Erdwiderstand *m (Widerstand der Erde zwischen zwei Punkten)*
~ **return** *(El)* 1. Erdrückleitung *f*; 2. s. ~ clutter
~ **sill** *(Hydr)* Grundschwelle *f*, Sohlenschwelle *f*
~ **speed** *(Aero)* Fluggeschwindigkeit *f* gegenüber dem Erdboden, Geschwindigkeit *f* über Grund, Grundgeschwindigkeit *f*
~ **state** *(Qu)* Grundzustand *m*, Normalzustand *m*

~ **wave** *(El, Magn)* Bodenwelle *f*, direkte Welle *f*
grounded base, ~-base connection *(Halbl)* Basisschaltung *f*, Basistransistorschaltung *f*
~ **collector circuit** *(Halbl)* Kollektor[basis]schaltung *f*
~-**emitter circuit** *(Halbl)* Emitter[basis]schaltung *f*, Emittertransistorschaltung *f*
~-**gate amplifier** *(Halbl)* Gateverstärker *m*, Gatebasisverstärker *m*
~ **grid circuit** *(El)* Gitterbasisschaltung *f*, GB-Schaltung *f*
groundwater level (surface, table) *(Hydr)* Grundwasserspiegel *m*, [freie] Grundwasseroberfläche *f*
group 1. *(At)* Gruppe *f*, Familie *f (im Periodensystem)*; 2. *(At, physCh)* Atomgruppierung *f*, Gruppe *f*, Rest *m (eines Moleküls)*
~-**averaged cross section** *(Kern)* Gruppenquerschnitt *m*, über die Gruppe gemittelter Wirkungsquerschnitt *m*
~ **collapsing** *(Kern)* Gruppenkondensation *f*, Kondensation *f* von Energiegruppen der Neutronen
~ **[diffusion] method** *(Kern, statPh)* Gruppen[diffusions]methode *f*, Mehrgruppenmethode *f*, Multigruppenmethode *f*
~ **removal cross section** *(Kern)* Gruppenausscheidquerschnitt *m*, Gruppenverlustquerschnitt *m*
~ **separation** *(physCh)* radiochemische Abtrennung (Trennung) *f* von Elementgruppen, Gruppentrennung *f*
grouping *(Kern)* Strahlbündelung *f*, Bündelung *f*, Paket[is]ierung *f (der Teilchen im Linearbeschleuniger)*
growing from the melt *(Krist)* Kristallziehen *n (aus der Schmelze)*
~ **of crystals** *(Krist)* Kristallzüchtung *f (künstlich)*
grown crystal *(Krist)* gezüchteter Kristall *m*, Zuchtkristall *m*
~ **junction** *(Halbl)* gezogener Übergang *m*
growth *(Krist, mathPh)* Wachstum *n*
~ **face** *(Krist)* Wachstumsfläche *f*
~ **in depth** *(Krist)* Tiefenwachstum *n (von Gleitstufen)*
~ **plane** *(Krist)* Wachstumsfläche *f*
~ **site** *(Krist)* Wachstumsstelle *f*, Halbkristallage *f*
~ **step** *(Krist)* Wachstumstreppe *f*, *(speziell:)* Wachstumsstufe *f*
~ **texture** *(Krist, physCh)* Wachstumstextur *f*, *(bei Hochpolymeren auch:)* native Textur *f*
Gs *(Magn)* s. gauss
GSP counter (detector) *(Kern)* Gasszintillations-Proportionalzähler *m*
guard vacuum *(Vak)* Schutzvakuum *n*
guesswork Schätzung *f*, Abschätzung *f*
guest [element] 1. *(At)* Gastelement *n*, Gast *m*; 2. *(physCh)* Spurenelement *n*

Guest's theory *(Mech)* [Mohr-Guestsche] Schubspannungshypothese *f*, Maximalscherungstheorie *f*, Guestsche Theorie *f*, Hypothese *f* der größten Schubspannung [von Guest]
guidance 1. *(Reg)* Lenkung *f*, Führung *f*, Leitung *f*; 2. *(Mech, Opt)* Vorhalt *m*
guide 1. *(Mech)* Führungsvorrichtung *f*, Führung[seinrichtung] *f*, Leiteinrichtung *f*; Führungsbahn *f*; 2. *(El) s.* waveguide
~ **beam** *(El)* Leitstrahl *m (in der Radartechnik)*
~ **field** *(Kern)* Führungsfeld *n (in einem Teilchenbeschleuniger)*
~ **number** *(Phot)* Leitzahl *f*
~ **wavelength** *(El, Magn)* Leiterwellenlänge *f*, *(speziell:)* Hohlleiterwellenlänge *f*
~ **way** *(Mech)* 1. Führung[sbahn] *f*; 2. Führungsfläche *f*
~ **wheel** *(Ström)* Leitrad *n*
guided wave 1. geführte (geleitete) Welle *f*; 2. *(El, Magn)* leitungsgebundene (leitergebundene, leitungsgeführte) Welle *f*, *(speziell:)* Hohlleiterwelle *f*; 3. *(Opt)* geführte Welle *f (in einer optischen Faser)*
guiding centre *(Pl)* Führungszentrum *n (eines Teilchens)*
~ **field** *(Kern, Pl)* Führungsfeld *n*
~ **surface** *(El, Magn)* Führungsfläche *f*
~ **telescope** *(Opt)* Leit[fern]rohr *n*
Guldberg and Waage law *(physCh) s.* mass-action law
gulp injection *(Hydr, physCh)* Stoßinjektion *f (eines Tracers)*
gust *(Aero)* Windbö *f*, Bö[e] *f*, Turbulenzbö *f (Dauer von Sekunden)*
~ **load** *(Aero, El, Magn)* Böenbelastung *f*, Böenbeanspruchung *f (auch einer Antenne)*
~ **tunnel** *(Aero)* Böenwindkanal *m*
GUT *(Hoch) s.* grand unified theory
Gy *(Kern) s.* gray
gyration 1. *(Mech) s.* gyroscopic motion; 2. *(Pl)* Gyration *f*, Gyrationsbewegung *f*
~ **ellipsoid** *(Mech)* MacCullaghsches (reziprokes) Trägheitsellipsoid, MacCullaghsches (zweites) Zentralellipsoid *n*, Gyrationsellipsoid *n*
~ **modulus** *(Mech)* planarer Trägheitsradius *m*
~ **radius** 1. *(Mech)* Trägheitsradius *m*, Trägheitsarm *m*, Trägheitshalbmesser *m*; 2. *(Pl) s.* gyromagnetic radius
gyratory motion *s.* 1. *(Mech)* gyroscopic motion; 2. *(Pl)* gyration 2.
gyro *(Mech) s.* gyroscope
~ **probe** *(Pl)* Gyroplasmasonde *f*
gyroaxis *(Mech)* Laufachse *f (eines Kreiselgerätes)*, Kreiselachse *f*
gyrodynamics *(Mech)* Kreiseltheorie *f*, Theorie *f* des Kreisels
gyrohedron *(Krist)* Pentagonikositetraeder *n*, Gyroeder *n*, Plagieder *n*
gyromagnetic radius *(Pl)* Larmor-Radius *m*, Gyrationsradius *m*, Gyroradius *m*

~ **ratio** *(At, Kern)* gyromagnetisches Verhältnis *n (magnetisches Moment durch Drehimpuls, gelegentlich der Kehrwert davon)*
~ **resonance** *(Fest, Pl)* Zyklotronresonanz *f*, gyromagnetische Resonanz *f*, Gyroresonanz *f*
gyropendulum *(Mech)* gyroskopisches Pendel *n*, Kreiselpendel *n*
gyrorotor *(Mech)* Kompaßkreisel *m*, Kreiselkörper *m (eines Kreiselkompasses)*
gyroscope *(Mech)* 1. Kreisel *m*; 2. Kreiselgerät *n*, Kreiselinstrument *n*
gyroscopic couple *(Mech)* aufrichtendes Drehmoment *n (eines Kreisels)*
~ **inertia** *s.* ~ stiffness
~ **moment** *(Mech) s.* gyrostatic moment
~ **motion** *(Mech)* Kreiselbewegung *f*, Drehung (Rotation) *f* um einen Punkt, sphärische Bewegung (Rotation) *f*, Gyration *f*
~ **stability** *(Mech)* Kreiselstabilität *f*
~ **stiffness** *(Mech)* Steifigkeit *f* der Figurenachse, Richtungssinn *m* des Kreisels
gyroscopics *(Mech)* Lehre vom Kreisel und seinen technischen Anwendungen
gyrosphere *(Mech)* Kugelkompaß *m*
gyrostatic moment *(Mech)* Kreiselmoment *n*, *(manchmal:)* Gyralmoment *n*, Deviationswiderstand *m*
~ **pressure** *(Mech)* Deviationsdruck *m*
gyrosynchrotron radiation *(Kern, Pl)* Zyklotronstrahlung *f (allgemeiner und nichtrelativistischer Fall)*, Synchrotronstrahlung *f (relativistischer Fall)*, magnetische Bremsstrahlung *f*, Magnetobremsstrahlung *f*, Gyrosynchrotronstrahlung *f (allgemeiner Fall) (Gebrauch ist nicht einheitlich)*
gyrotron *(El, Magn)* Zyklotronresonanzmaser *m*, Gyrotron *n (zum Nachweis der Bewegung eines Systems)*

H

H and D curve *(Phot, Opt)* [photographische] Schwärzungskurve *f*, charakteristische Kurve *f*
H and D system *(Phot)* Hurter-Driffield-Empfindlichkeitssystem *n*
***h*-bar** *s.* Dirac *f*
H-body *(Mech)* Hookescher Körper *m*, H-Körper *m*, Hooke-Körper *m*, vollkommen (ideal, völlig) elastischer Körper *m*
H boson *(Hoch)* Higgs boson
H-H process *(Pl)* Proton-Proton-Prozeß *m*, H-H-Prozeß *m*, Wasserstoffzyklus *m*
***h*-line** *s.* Dirac *f*
***h* matrix** *(Halbl)* Hybridmatrix *f*, *h*-Matrix *f (eines Transistors)*
H mode *(El) s.* transverse electric mode
***h* parameter** *(Halbl)* Hybridparameter *m*, *h*-Parameter *m*

H-R diagram *(Astr)* [Hertzsprung-]Russell-Diagramm *n*, HRD, Zustandsdiagramm *n*, stellares Hauptdiagramm *n*
H$_a$-emission area *(Astr)* Wasserstoffemissionsgebiet *n*
habit *(Krist)* Habitus *m*, Kristallhabitus *m*
hadronic current *(Feld, Hoch)* Hadronstrom *m*, hadronischer Viererstrom *m*
~ **interaction** *(Feld, Hoch)* starke Wechselwirkung *f*, *(manchmal:)* Kernwechselwirkung *f*, hadronische Wechselwirkung *f*
HAFID *(physCh)* Wasserstoffatmosphären-Flammenionisationsdetektor *m*, Wasserstoffflammendetektor *m*
Hahn [emanation] technique *(Fest)* Emaniermethode *f (für Oberflächenuntersuchungen)*
Haidinger brushes *(Opt)* Haidingersche Büschel *npl*, Haidinger-Büschel *npl*, Polarisationsbüschel *npl*
~ **[interference] fringe** *(Opt)* Haidingerscher Ring *m*, Interferenz *f* (Ring *m*, Kurve *f*) gleicher Neigung, Mascartscher (isokliner) Streifen *m*
halation 1. *(El)* Halo *m (auf einem Leuchtschirm)*; 2. *(Phot)* Reflexionslichthof *m*
~ **effect** *(Opt)* Haloeffekt *m (in der Mikroskopie)*
half-amplitude point Halbamplitudenpunkt *m*, Halbwertpunkt *m (Punkt auf einer Impulswellenform, der der halben Amplitude entspricht)*
~-**amplitude recovery time** *(Kern)* Erholzeit *f* bis zur halben Amplitude *(eines GM-Zählrohrs)*
~-**body** *(Ström)* Halbkörper *m*
~-**chair form** *(At)* Halbsesselform *f (eines Moleküls)*
~ **change value** *s.* ~-life period
~-**cycle** Halbperiode *f (einer Wechselgröße)*
~ **dislocation** *(Krist)* Halbversetzung *f*, Teilversetzung *f*, unvollständige Versetzung *f*
~-**element** *(Ech)* Halbzelle *f*
~ **image** *(Opt)* [stereoskopisches] Halbbild *n*
~-**integral spin** *(Qu)* halbzahliger Spin *m*
~ **jog** *(Krist)* Halbsprung *m*
~-**life** 1. *(Kern)* Halbwert[s]zeit *f*, HWZ, *(im Unterschied zur biologischen Halbwertszeit auch:)* physikalische Halbwert[s]zeit *f (eines Radionuklids oder Teilchens)*; 2. *(physCh) s.* ~-life period
~-**life period** *(physCh)* Halbwert[s]zeit *f (einer chemischen Reaktion)*
~-**odd-integral spin** *(Qu)* halbzahliger Spin *m*
~-**period** 1. *(Kern) s.* half-life 1.; 2. *(mathPh)* Halbperiode *f*, halbe Periode *f*
~-**period average** *(El)* Halbwellenmittel *n*
~-**period zone** *(Opt)* Fresnelsche Zone *f*
~-**second pendulum** *(Mech)* Halbsekundenpendel *n*
~-**shade** *(Opt) s.* 1. ~-shadow device; 2. ~-shadow angle

~-**shade plate** *(Opt)* Halbschattenplatte *f*
~-**shadow angle** *(Opt)* Halbschatten[winkel] *m (im Halbschattenapparat)*
~-**shadow device (polarimeter)** *(Opt)* Halbschattenapparat *m*, Halbschattenpolarimeter *n*, Halbschattenvorrichtung *f*
~ **sine wave,** ~-**sinusoid** Sinushalbwelle *f*, halbe Sinuswelle *f*
~-**space problem** *(Mech)* Boussinesqsches Problem *n*, Problem *n* von Boussinesq [und Cerruti]
~-**thickness** *s.* ~-value layer
~-**time of exchange** *(physCh)* Austauschhalbwertszeit *f*, Halbwertszeit *f* der Austauschreaktion
~-**tone** 1. *(Opt, Phot)* Halbton *m*; 2. *(Ak) s.* semitone
~-**tone screen** *(Phot)* Raster *m*, Halbtonraster *m*
~-**value layer** *(Kern)* Halbwert[schicht]dicke *f*, Halbwertschicht *f*, HWS, HWD, Schwächungshalbwertschicht[dicke] *f (erste, zweite, ...)*
~-**value period** *s.* ~-life 1.
~-**width** *(Spektr)* Halbwert[s]breite *f*
halide snifter (snifting detector) *(Vak)* Halogenschnüffellecksucher *m*
Hall electromotive force *s.* ~ tension
~ **mobility** *(Fest)* Hall-Beweglichkeit *f*
~ **tension (voltage)** Hall-Spannung *f*
halo 1. *(El)* Halo *m (auf einem Leuchtschirm)*; 2. *(Phot)* [photographischer] Lichthof *m*
halogen-quenched counter tube *(Kern)* Halogenzählrohr *n*
Hamilton gauge *(Feld)* Hamilton-Eichung *f*
Hamiltonian 1. *(mathPh)* Nablaoperator *m*, Nabla *n*, Gradient[en]vektor *m*; 2. *(mathPh, Mech)* Hamilton-Funktion *f*, Hamiltonsche Funktion *f*; 3. *(Qu)* Hamilton-Operator *m*, Energieoperator *m*
~ **surface** *(Mech)* Figuratrix *f*, Hamiltonsche Fläche *f*
Hamilton's angle characteristic *(Opt)* Hamiltonsches Winkeleikonal *n*, Hamiltons charakteristische Funktion *f* *T*, Hamiltonsche *T*-Funktion *f*
~ **canonical equations [of motion]** *(Mech)* Hamiltonsche kanonische Gleichungen *fpl*, Hamiltonsche Bewegungsgleichungen *fpl*, kanonisches Differentialgleichungssystem *n*
~ **characteristic function** *(Mech)* [Hamiltonsche] charakteristische Funktion *f*, verkürzte Wirkung[sfunktion] *f*
~ **mixed characteristic** *(Opt)* [Hamiltonsches] gemischtes Eikonal *n*, Hamiltons charakteristische Funktion *f* *W*, Hamiltonsche *W*-Funktion *f*
~ *T* **function** *s.* Hamilton's angle characteristic
~ *W* **function** *s.* ~ mixed characteristic
Hampson level indicator *(Tief)* Hampsometer *n*

Hansen's

Hansen's law *(Opt)* Ohmsches Gesetz *n* für den Lichtstrom, Ohmsches Gesetz *n* des Lichtstroms, Hansensches Gesetz *n*
hard-core pinch *(Pl)* „hard-core"-Pinch *m*, schlauchförmiger Pinch *m*, inverse Einschnürung *f*, Hohlpinch *m*
~ **data** quantitative Daten *pl (in Form von Zahlen- oder graphischen Werten)*
~ **magnetic material** *(Magn)* hartmagnetisches (magnetisch hartes) Material *n*, *(speziell:)* hartmagnetischer (magnetisch harter) Werkstoff *m*
~ **self-excitation** *(El, Mech)* harte (überlineare) Selbsterregung *f*
~ **shadow** *(Phot)* Schlagschatten *m*
~ **shower** *(Hoch)* durchdringender (harter, energiereicher) Schauer *m*, Schauer *m* durchdringender Teilchen
~-**sphere[-type] collision** *(Fest, Kern)* Harte-Kugel-Stoß *m*
~ **superconductor** *(Tief)* nichtidealer (irreversibler) Supraleiter *m* zweiter Art, nichtidealer (irreversibler) Typ-II-Supraleiter *m*, harter Supraleiter *m*, Supraleiter *m* dritter Art, Typ-III-Supraleiter *m*
~ **vacuum** *(Vak)* forciertes Vakuum *n*
hardening depth *(Fest)* Einhärtungstiefe *f*, Härtetiefe *f*, Durchhärtung *f*
~ **due to slip** *(Fest)* geometrische Härtung *f*, Gleithärtung *f*
~ **equivalent** *(Kern)* Härtungsgleichwert *m (für Röntgenstrahlung)*
hardly soluble substance *(physCh)* schwerlösliche (schwer lösliche, weniglösliche, schlecht lösliche) Substanz *f*
hardness 1. *(Kern)* Härte *f (einer Photonenstrahlung)*, Strahlungshärte *f*, Strahlenhärte *f*; 2. *(Mech)* Härte *f (Größe)*
~ **number** *(Mech)* Härte *f (Größe)*
~ **thermometry** *(Therm)* Temperaturbestimmung *f* mittels Temperaturmeßkörpers *(aus dem Fallpunkt oder dem Rekristallisationsverhalten)*
harmonic 1. Teilschwingung *f*, Harmonische *f*; 2. *(Ak)* Teilton *m*, Harmonische *f*; 3. *(mathPh)* harmonische Funktion *f*, Potentialfunktion *f*, Potential *n*
~ **analysis** 1. harmonische Analyse *f*; 2. *(Ak)* Klanganalyse *f*
~ **analyzer** *(El)* Oberwellenanalysator *m*, harmonischer Analysator *m*
~ **component** *s.* harmonic 1.
~ **content** Oberschwingungsgehalt *m*, *(El auch:)* Klirrfaktor *m*
~ **current** *(El)* Oberschwingungsstrom *m*
~ **distortion coefficient** *(El)* Teilklirrfaktor *m*, Klirrkoeffizient *m*, Klirrfaktor *m (für die n-te Harmonische oder n-ter Ordnung)*
~ **expansion** *(mathPh)* Fourier-Entwicklung *f*, Entwicklung *f* in eine Fourier-Reihe, Fourier-Zerlegung *f*
~ **frequency** Oberwellenfrequenz *f*, Oberschwingungsfrequenz *f*, harmonische Frequenz *f*

148

~ **law** *(Astr)* drittes Keplersches Gesetz *n*, [Keplersches] harmonisches Gesetz *n*
~ **mean** *(mathPh)* harmonisches Mittel *n*, harmonischer Mittelwert *m*
~ **motion** *(Mech)* harmonische Bewegung (Schwingung) *f*, Sinusschwingung *f*
~ **order** Ordnung *f* der Teilschwingung, Ordnung *f* der Harmonischen
~ **oscillation** harmonische Schwingung *f*, Sinusschwingung *f*
~ **oscillator model** Modell *n* des harmonischen Oszillators
~ **quantity** Sinus[schwingungs]größe *f*, harmonische (sinusförmig veränderliche) Größe *f*
~ **reactive power** *(El)* Verzerrungsleistung *f*, Oberschwingungsblindleistung *f*
~ **response** Frequenzgang *m*, *(manchmal:)* Frequenzverlauf *m*
~ **series** *(Ak)* harmonische Tonreihe (Reihe) *f*, Naturtonreihe *f*, Obertonreihe *f*, Partialtonreihe *f*
~ **tone** *(Ak)* einfacher (harmonischer) Klang *m*
~ **vibration** *s.* ~ motion
harsh picture *(Opt)* hartes Bild *n*
~ **tone** *(Ak)* schriller Ton *m*, greller Ton
Hartree-Fock model *(Kern)* Schalenmodell *n*, Kernschalenmodell *n*, Haxel-Jensen-Süß-Modell *n*, Potentialtopfmodell *n (des Atomkerns)*
Hatschek[-Couette] viscometer *(Ström)* Rotations[zylinder]viskosimeter *n* nach Hatschek-Couette, Hatschek-[Couette-]-Viskosimeter *n*
Haüy law *(Krist)* Rationalitätsgesetz *n* [der Flächenindizes], Haüysches Gesetz *n*, Gesetz *n* der rationalen Parameter
HAW *(Kern)* s. high-level [radioactive] waste
haze 1. *(Astr, Opt)* Dunst *m*, atmosphärischer Dunst *m*; 2. *(physCh)* Trübungsschleier *m*, Trübung *f*, Schleier *m (von Lösungen, Kunststoffen oder Beschichtungen)*
hazemeter *(Opt)* Transmissometer *n*, Transmissionsmeßgerät *n*
hcp (h.c.p.) structure *(Krist)* s. hexagonal close-packed structure
HE **mode** *(El)* s. hybrid mode
head 1. *(Kern)* Kopf *m*, Zählrohrkopf *m*; 2. *(Magn)* Magnetkopf *m*, Kopf *m*; 3. *(Meß)* Meßkopf *m*; 4. *(Spektr)* Bandenkante *f*, Bandenkopf *m*; 5. *(Ström)* Druckhöhe *f*
~ **amplifier** *(Kern)* Vorverstärker *m (eines Strahlungsdetektors)*
~ **fraction** *(physCh)* angereicherte Fraktion *f (bei der Isotopentrennung: angereichert mit dem gewünschten Isotop)*
~ **loss** *(Ström)* Energiehöhenverlust *m*, Höhenverlust *m*
~ **meter** *(Hydr)* Wirkdruck-Durchflußmesser *m*, Wirkdruck-Strommesser *m*, Wirkdruckzähler *m*

~ **of liquid** 1. *(Mech)* Flüssigkeitssäule f; 2. *(Ström)* Druckhöhe f
~ **resistance** *(Ström)* Stirnwiderstand m
~ **shock wave** *(Aero)* Kopfwelle f
~ **space gas chromatography** *(physCh)* head-space-Gaschromatographie f, Dampfraum-Gaschromatographie f
~ **stream** *(physCh)* angereicherter Strom m *(in einer Trennkaskade)*
~ **wave** *(Aero)* Kopfwelle f
header *(El, Halb)* Sockel m, Kappe f, Deckel m *(eines luftdicht verschlossenen Bauelements)*
health monitoring *(Kern)* Strahlenschutzüberwachung f, SSÜ *(insbesondere des Arbeitsplatzes)*
~ **physics** *(Kern)* Strahlenschutzphysik f, Personenstrahlenschutz m, physikalischer Strahlenschutz f
~ **physics instrument** *(Kern)* Strahlenschutzmeßgerät n, strahlenschutzphysikalisches Meßgerät n
hearing acuity *(Ak)* Hörschärfe f, Schärfe f des Gehörs, Gehörschärfe f
heart contour (line) *(mathPh)* Kardioide f, Herzkurve f, Herzlinie f
~-**shaped curve** *(mathPh)* s. heart contour
~-**shaped diagram** *(Ak, El)* Kardioidcharakteristik f, Kardioidkennlinie f, Kardioiddiagramm n, Herzliniencharakteristik f, Nierencharakteristik f
heat 1. Wärme f *(eine Energieform)*; 2. Glut f, Gluthitze f, Glühhitze f, Hitze f; 3. *(Therm)* Wärme f *(Gegensatz: Kälte)*; 4. *(Therm)* Wärmemenge f, Wärme f; 5. *(Therm)* s. ~ capacity
~-**absorbent surface** *(Tief)* Kühlfläche f, Abkühlungsfläche f
~ **absorption** *(Therm)* Wärmeabsorption f, Wärmeaufnahme f, *(manchmal:)* Wärmebindung f
~ **absorption coefficient** *(Tief)* Wärmeabsorptionskoeffizient m
~ **absorptivity** *(Therm)* s. ~ capacity
~ **abstraction** s. ~ removal
~ **accumulation** *(Therm)* 1. Wärmespeicherung f; 2. Wärmestauung f, Wärmestau m
~ **balance** *(Therm)* Wärmebilanz f
~ **barrier** *(Aero)* Hitzebarriere f, Hitzemauer f, Wärmemauer f
~ **capacity** *(Therm)* Wärmekapazität f
~ **capacity per unit volume** *(physCh)* volumenbezogene Wärmekapazität f
~ **conduction** *(Therm)* Wärmeleitung f, Wärmeübertragung f durch Leitung
~ **conduction equation** *(Therm)* s. ~ equation
~ **conductivity** *(Therm)* 1. Wärmeleitfähigkeit f, Wärmeleitvermögen n *(Eigenschaft)*; 2. Wärmeleitfähigkeit f, thermische Leitfähigkeit f, Wärmeleitzahl f *(Größe, in W/m K)*
~ **conductivity cell** *(physCh)* Katharometer n, Wärmeleitfähigkeitsmeßzelle f, Wärmeleitfähigkeitsmesser f

~ **conductivity coefficient** *(Therm)* s. ~ conductivity 2.
~ **consumption** *(Therm)* Wärmeverbrauch m, spezifischer Wärmebedarf m
~ **content [at constant pressure]** s. enthalpy
~ **convection** *(Ström, Therm)* Wärmekonvektion f, Wärmeströmung f, konvektive Wärmeübertragung f, Thermokonvektion f
~ **current density** *(Therm)* s. ~ flux
~ **cycle** 1. *(Mech, Therm)* Temperaturwechsel m, Temperaturzyklus m, Wechsel m *(bei der Temperaturwechselbeanspruchung)*; 2. *(Therm)* [thermodynamischer] Kreisprozeß m
~ **cycling** *(Mech, Therm)* Temperaturwechselbeanspruchung f, *(speziell:)* Temperaturwechselprüfung f, Temperaturwechselversuch m
~ **degradation** *(Therm)* Wärmeabwertung f, Wärmeentwertung f, Abwertung f der Wärme
~ **delivery** *(Therm)* 1. Wärmeabgabe f; 2. s. ~ output 1.
~ **dissipation** *(Therm)* Wärmedissipation f, Wärmezerstreuung f
~ **distortion point** *(physCh)* Formbeständigkeit f in der Wärme *(bei der Formbeständigkeitsprüfung: Temperatur, bei der unter festgelegter Last eine Durchbiegung von 0,254 mm eintritt)*
~ **drop** *(Therm)* adiabatische Wärmeabgabe f
~ **dump** *(Therm)* Wärmesenke f
~ **effect** *(physCh)* Reaktionswärme f, Wärmetönung f *(einer chemischen Reaktion)*, *(selten:)* Umsetzungswärme f
~ **elimination** s. ~ removal
~ **emission** *(Therm)* Wärmeabstrahlung f, Wärmeausstrahlung f, Wärmeabgabe f durch Strahlung
~ **energy** *(Therm)* 1. Wärmeenergie f, thermodynamische (thermische, kalorische) Energie f; 2. innere Energie f
~ **equation** *(Therm)* Wärmeleitungsgleichung f, *(genauer:)* homogene Wärmeleitungsgleichung f
~ **equivalent of the work done** *(Therm)* kalorisches Arbeitsäquivalent n, Wärmewert m der Arbeitseinheit, kalorisches Energieäquivalent n
~ **evacuation** s. ~ removal
~ **exchange** *(Therm)* 1. Wärme[aus]tausch m *(direkter Wärmeübergang ohne Zwischenspeicherung)*; 2. s. ~ transfer
~ **exchange by conduction** s. ~ conduction
~-**exchange constant** *(Therm)* Wärmeaustauschkonstante f
~ **expansion** *(Therm)* Wärmeausdehnung f, thermische Ausdehnung (Dehnung, Expansion) f
~ **extraction** s. ~ removal
~ **filter** 1. *(Opt)* Wärmeschutzfilter n *(von Kondensatorsystemen)*; 2. *(Therm)* Wärmeabsorptionsfilter n

heat 150

~ **flow** *(Therm)* 1. Wärmestrom *m*, Wärmeleistung *f*, Wärmefluß *m* *(Größe, in J/s oder W)*; 2. Wärmedurchgang *m*, Wärmestrom *m* *(Vorgang)*
~ **flow equation** *s.* ~ equation
~ **flow line** *(Therm)* Wärmestromlinie *f*
~ **flux** *(Therm)* Wärmestromdichte *f*, Wärmestromintensität *f*, *(an der Heizfläche:)* Heizflächenleistungsdichte *f*, Heizflächenbelastung *f (Größe, in J/m^2 s oder W/m^2)*
~ **flux vector** *(Therm)* Wärmestromdichtevektor *m*
~ **function [at constant pressure]** *s.* enthalpy
~-**generating [chemical] reaction** *s.* exothermic reaction 1.
~ **generation** 1. *(Therm)* Wärmeerzeugung *f*, Wärmeproduktion *f*, Wärmebildung *f*; 2. *(Kern) s.* ~ output 2.
~ **generation term** *(Therm)* Quellterm *m (in der Wärmeleitungsgleichung)*
~ **image** *(Phot)* Wärmebild *n*, Wärmeaufnahme *f*
~ **influx** *(Therm)* Wärmeeinströmung *f*, Wärmezustrom *m*
~ **interchanger** *(Tief)* Wärme[aus]tauscher *m*, [Tieftemperatur-]Wärmeübertrager *m*
~ **leak[age]** *(Tief)* Wärmeverlust *m*, Wärmeundichtigkeit *f*, Wärmeeindringung *f*
~ **link** *(Therm, Tief)* thermische Kopplung *f*
~ **load** 1. *(Therm)* Wärmelast *f*, Wärmebelastung *f*, Wärmebeanspruchung *f*; 2. *(Tief)* Kältemenge *f*, erzeugte Kälte *f*, *(treffender, aber unüblich:)* aufgenommene Wärme *f*
~ **loss coefficient** *(Therm)* Wärmeverlustzahl *f*, Wärmeverlustziffer *f*
~ **motion** *(statPh, Therm)* Wärmebewegung *f*, thermische Bewegung *f*, Unruhe *f (von Atomen und Molekülen)*
~ **of combination** *(physCh)* Bildungswärme *f*, *(selten:)* Verbindungswärme *f*
~ **of combustion** 1. *(physCh)* spezifischer Brennwert *m*, oberer Heizwert *m*, H_o, Ho, Verbrennungswärme *f (für feste und flüssige Brennstoffe, massebezogen)*, auf das Normvolumen bezogener Brennwert *m (für gasförmige Brennstoffe)*; 2. *(Therm) s.* ~ value 1.
~ **of combustion at constant pressure** *(physCh)* Verbrennungswärme *f* bei konstantem Druck, Verbrennungsenthalpie *f*
~ **of combustion at constant volume** *(Therm)* Verbrennungswärme *f* bei konstantem Volumen, Verbrennungsenergie *f*
~ **of formation** *s.* ~ of combination
~ **of linkage** *(physCh)* Bindungswärme *f*
~ **of reaction** *(physCh)* Reaktionswärme *f*, Wärmetönung *f (einer chemischen Reaktion)*, *(selten:)* Umsetzungswärme *f*
~ **of reaction at constant pressure** *(physCh)* Reaktionsenthalpie *f*, Reaktionswärme *f* bei konstantem Druck

~ **of transformation (transition)** *(Therm)* Umwandlungswärme *f*, *(nicht mehr empfohlen:)* latente Wärme *f*
~ **output** 1. *(Therm)* [abgegebene] Wärmeleistung *f*, Wärmeabgabe *f*; 2. *(Kern)* thermische Leistung (Reaktorleistung) *f (in MW, auch geschrieben MW(th))*
~ **output density** *(Therm)* Wärmeleistungsdichte *f*
~ **passage** *(Therm)* Wärmedurchgang *m (Wärmeübertragung zwischen zwei strömenden Stoffen, die durch eine feste Wandung voneinander getrennt sind)*
~ **penetration coefficient** *(Therm)* Wärmeeindringzahl *f*
~ **power** 1. *(Therm)* Wärmeleistung *f*; 2. *(Kern) s.* ~ output 2.
~ **pulse** *(Fest, Mech)* thermischer Puls *m*
~ **quantity** *(Therm)* Wärmemenge *f*, Wärme *f*
~ **radiation** 1. *(Therm)* Wärmestrahlung *f*, *(manchmal:)* thermische Strahlung *f*; 2. *(Kern)* Wärmestrahlung *f*, Hitzestrahlung *f*, Wärmestoß*m*, Wärmeblitz *m (Infrarotanteil der Lichtstrahlung einer Kernexplosion)*
~ **rate** *(Therm)* spezifischer Wärmeverbrauch *m*
~ **recovery** *(Therm)* Wärmerückgewinnung *f*
~ **reflection** *(Therm)* Wärmerückstrahlung *f*, Wärmereflexion *f*
~-**rejection effect** *(Tief)* Kondensationswärmeentzug *m*, Wärmeentzug *m* durch Kondensation *(in einer Kältemaschine)*
~-**rejection rate** *(El, Halbl)* Wärmeabführungsgeschwindigkeit *f*, Wärmeableitungsgeschwindigkeit *f (in W h^{-1})*
~ **release** *(Therm)* Wärmefreisetzung *f*, Wärmeentwicklung *f*, Wärmeentbindung *f*
~ **removal** *(Therm)* Wärmeabfuhr *f*, Wärmeabführung *f*, Wärmeableitung *f*, Wärmeentzug *m*
~ **resistance** *(Therm)* Wärmewiderstand *m*, *(manchmal:)* Wärmeleitwiderstand *m*, thermischer Widerstand *m*
~ **shield** *(Aero)* Hitzeschild *m*
~ **shock** *(Fest)* Thermoschock *m*, Wärmeschock *m*
~ **sink** 1. *(El, Halbl)* Kühlkörper *m*, *(speziell:)* Kühlblech *n*; 2. *(Therm)* Wärmesenke *f*
~ **source** *(Therm)* Wärmequelle *f*
~ **source density** *(Therm)* Wärmequellendichte *f*, Wärmequelldichte *f*
~ **stability** Wärmebeständigkeit *f*, Wärmestabilität *f*
~ **transformation** *(Therm)* Wärmetransformation *f*
~ **transfer** 1. *(Therm)* Wärmeübertragung *f*, Wärmetransport *m*, Wärmeübergang *m (Oberbegriff)*; 2. *(Ström, Therm)* Wärmeübertragung *m (Wärmeübertragung von einem Körper an ein ihn unmittelbar berührendes strömendes Medium, Vorgang)*

~-**transfer agent** *(Therm)* Wärmeträger *m*, Wärmeübertragungsmittel *n*, Wärmeträgerfluid *n*
~-**transfer coefficient** *(Therm)* Wärmeübergangskoeffizient *m*, Wärmeübertragungszahl *f*
~-**transfer coefficient by radiation** *(Therm)* Wärmeübergangskoeffizient *m* bei Strahlung
~-**transfer factor** *(Therm)* Wärmewirkungsgrad *m*, Wärmeziffer *f*, Güteziffer *f* *(einer Wärmepumpe)*
~ **transmission** 1. *(Therm)* Wärmestrom *m*, Wärmeleistung *f*, Wärmefluß *m* *(Größe, in J/s oder W)*; 2. Wärmeübertragung *f*, Wärmetransport *m*, Wärmeübergang *m* *(Vorgang, Oberbegriff)*; 3. Wärmedurchgang *m*, Wärmestrom *m* *(Wärmeübertragung zwischen zwei strömenden Stoffen, die durch eine feste Wandung voneinander getrennt sind)*; 4. Wärmeübertragung *f*, Wärmefortleitung *f*, Wärmetransport *m* *(an einen anderen Ort)*
~ **transmission coefficient** *(Therm)* Wärmedurchgangskoeffizient *m*, Wärmedurchgangszahl *f*, Wärmedurchgangswert *m (in $W/m^2 K$)*
~ **transmission efficiency** *(Therm)* Wärmeübertragungswirkungsgrad *m*, Wirkungsgrad *m* der Wärmeübertragung
~ **transmission resistance** *(Therm)* 1. Wärmedurchgangswiderstand *m*, Wärmedurchlaßwiderstand *m*, Wärmedämmwert *m (Kehrwert des Wärmedurchgangskoeffizienten)*; 2. Wärmeübergangswiderstand *m (in $m^2 K/W$)*
~ **transmitter** *(Opt)* Kaltlichtspiegel *m*
~ **trap** *(Therm)* Wärmefalle *f*
~ **unit** *(Therm)* Wärme[mengen]einheit *f*
~-**up of the coolant** *(Kern)* Kühlmittelaufwärmung *f*, Kühlmittelaufwärmspanne *f*, Aufwärmspanne (Aufheizspanne) *f* des Kühlmittels *(im Kern)*, Aufwärmung *f* des Kühlmittels im Reaktor, Reaktoraufwärmspanne *f*
~-**up rate** *(Therm)* Aufwärmgeschwindigkeit *f*
~ **utilization** Wärme[aus]nutzung *f*
~ **value** 1. *(Therm)* [molare] Verbrennungswärme *f*, stoffmengenbezogene Verbrennungswärme *f*; 2. *(physCh)* s. ~ of combustion 1.
~-**variable resistor** *(Halbl)* Thermistor *m*, temperaturempfindlicher (temperaturabhängiger) Widerstand *m (gemeinsame Bezeichnung für Heiß- und Kaltleiter)*
~ **wave** *(El,Magn)* Wärmewelle *f*
heated wire method *(Therm)* Glühfadenmethode *f (der Flammentemperaturmessung)*
heating 1. Heizung *f*, Beheizung *f*, *(speziell:)* Ausheizung *f*; 2. Erhitzung *f*, Erwärmung *f*; 3. *(Astr)* Aufheizung *f (z. B. der Chromosphäre, der Sonnenkorona)*; 4. *(Pl)* Aufheizung *f*, Plasma[auf]heizung *f*
~ **by collision** *(Pl)* Stoß[auf]heizung *f*
~ **coefficient** *(El)* spezifische Temperaturerhöhung *f (in $K W^{-1}$)*
~ **effect of current** *(El)* Joule-Aufheizung *f*, Joulesche Wärme *f (Effekt)*
~ **limit** *(El)* thermische Grenzleistung *f*
~ **pattern** *(Therm)* Temperaturverlauf *m*, Temperaturgang *m*
~ **power** 1. *(El)* Heizleistung *f*; 2. *(physCh)* s. low heat value
~ **rate** *(Therm)* Heizgeschwindigkeit *f*
~ **value** s. heat value 1.
heave *(Hydr)* Vertikalschwingung *f*, Hebung *f* und Senkung *f*
heavily ionized plasma *(Pl)* 1. hochionisiertes Plasma *n*; 2. stark ionisiertes Plasma *n*
~ **ionizing particle** *(Kern)* stark ionisierendes Teilchen *n*
heaviness *(Mech)* Schwere *f (Zustand)*
heaving *(Hydr)* s. heave
~ **motion** *(Astr, Mech)* Vertikalbewegung *f*
Heaviside calculus *(mathPh)* Heavisidesche Operatorenrechnung *f*, Heaviside-Kalkül *m*, Operatorenrechnung *f*, Operatorenkalkül *m*
~-**Lorentz system (units)** *(El, Magn)* Lorentzsches (Heaviside-Lorentzsches) Einheitensystem *(Maßsystem)* *n*, Lorentz-Heavisidesche Einheiten *fpl*
heavy atom method *(Krist)* Schweratommethode *f*
~ **branch** *(Hoch)* s. ~ track
~ **electron** *(Hoch)* s. muon
~-**ion accelerator** *(Kern)* Schwerionenbeschleuniger *m*
~-**ion beam fusion** *(Pl)* schwerioneninduzierte Kernfusion (Fusion) *f*
~-**ion detector** *(Kern)* Schwerionendetektor *m*, SI-Detektor *m*, SID
~-**ion fusion** s. ~-ion beam fusion
~ **light** *(Feld)* schweres Licht *n*
~-**liquid [bubble] chamber** *(Hoch)* Schwerflüssigkeits[-Blasen]kammer *f*
~ **mass** *(Mech)* schwere Masse *f*
~ **nucleus** *(Kern)* schwerer Kern *m* *(A > 180)*
~ **oxygen water** *(physCh)* Wasser *n* mit schwerem Sauerstoff *($H_2^{18}O$)*
~ **particle** *(Hoch)* schweres Teilchen *n* *(schwerer als das Pion)*
~ **photon** *(Hoch)* schweres Photon *n*, neutrales schwaches Vektorboson *n*
~ **quantum** *(Hoch)* meson
~ **shadow** *(Phot)* Schlagschatten *m*
~ **track** *(Hoch)* schwere Spur *f*, Spur *f* eines stark ionisierenden Teilchens
~ **water** *(physCh)* schweres Wasser *n*, Schwerwasser *n*, Deuteriumoxid *n*, D_2O
HEED *(At)* s. high-energy electron diffraction
heel 1. *(El)* Hinterkante *f*, ablaufende Kante *f (einer Bürste)*; 2. *(Hydr)* Krängung *f*,

heel 152

Krängen n, Seitenneigung f, Überlegen n; 3. *(Kern)* Restmenge f, Rückstand m *(in einem Container nach seiner Leerung)*; 4. *(physCh)* Destillierrückstand m, Destillationsrückstand m, Blasenrückstand m
~ **effect** *(El)* „heel"-Effekt m, „Ferseneffekt" m, Selbstabsorption f in der Anode *(einer Röntgenröhre)*
heeling *(Hydr)* s. heel 2.
~ **moment coefficient** *(Hydr)* Krängungsmomentenbeiwert m
Heesch-Shubnikov group *(Krist)* s. Shubnikov group
Hefner candle, Hefnerkerze *(Opt)* Hefner-Kerze f, HK *(SI-fremde Einheit der Lichtstärke; 1 HK = 0,903 cd)*
height *(Mech)* 1. Stichhöhe f, Pfeilhöhe f *(eines Bogens)*, Bogenhöhe f; 2. Stich m, Stichhöhe f, Pfeilhöhe f *(eines Gewölbes)*; Bogenhöhe f *(einer Schale)*
~ **above [mean] sea level** Höhe f über Normalnull (NN), Höhe f über dem Meeresspiegel, Höhe f ü.d.M.
~ **of [capillary] ascent** *(Ström)* kapillare Steighöhe f, Steighöhe f in der Kapillare *(in mm)*
~ **of drop (fall)** *(Mech)* Fallhöhe f
~ **of rebound** *(Mech)* Rückprallhöhe f, Rücksprunghöhe f
~ **of roughness** *(Ström)* Rauhigkeitshöhe f
~ **of wave** *(Hydr)* Wellenhöhe f, doppelte Wellenamplitude f
Heisenberg [interactive] force *(Kern)* Heisenberg-Kraft f, Ladungsaustauschkraft f
~ **[matrix] mechanics** *(Qu)* s. matrix mechanics
~ **picture** *(Qu)* Heisenberg-Bild n, Heisenberg-Darstellung f, Matrixdarstellung f
~ **principle [of uncertainty]** *(Qu)* Heisenbergsches Unbestimmtheitsprinzip n, Unbestimmtheitsprinzip n [Heisenbergs]
~ **uncertainty relation** *(Qu)* Heisenbergsche Unbestimmtheitsrelation (Unschärferelation, Ungenauigkeitsrelation) f
Heisenberg's field theory [of fundamental particles] *(Feld, Qu)* Heisenbergsche Feldtheorie f der Elementarteilchen, nichtlineare Spinortheorie f [von Heisenberg], Heisenbergsche Theorie f der Urmaterie
~ **transfer theory** *(Ström)* Heisenbergsche Übertragungstheorie f
Heitler unit *(Hoch)* Strahlungslänge f *(eines relativistischen Teilchens: Abnahme der Anfangsenergie um den Faktor e)*, *(in der Theorie der Elektron-Photon-Schauer auch:)* Strahlungseinheit f, Kaskadeneinheit f, e-Wertstrecke f, Heitler-Einheit f
helical angle *(Mech)* Schiebung f, Schubwinkel m, Schubverformung f, Gleitwinkel m

~ **deformation** *(Pl)* helikoidale Deformation f, Spiraldeformation f
~ **dislocation** *(Krist)* Spiralversetzung f, Helix f, spiralförmige Versetzung f
~ **flow** *(Ström)* schraubenförmige Strömung f, Schraubenströmung f
~ **instability** *(Pl)* helikoidale Instabilität f, Wendelinstabilität f, Schraubeninstabilität f
~ **motion** s. helicoidal motion 1.
helicity *(Hoch)* 1. Helizität f, Schraubensinn m *(Eigenschaft eines Teilchens)*; 2. Helizität f, *(manchmal:)* Helizitätsquantenzahl f *(Größe)*
helicoidal motion 1. *(Mech)* Schraubenbewegung f, schraubenförmige Bewegung f, Schraubung f; 2. *(Pl)* schraubenförmige (helikoidale, wendelförmige) Bewegung f
helicon wave 1. *(El, Magn)* Helikon n, Helikonwelle f, Helicon n *(in einem Metall oder Halbleiter)*; 2. *(Pl)* Helikonwelle f, Whistlerwelle f, Whistler m
heliocentric orbit *(Astr)* Sonnenumlaufbahn f, heliozentrische Sonnenumlaufbahn f
~ **parallax** *(Astr)* jährliche (heliozentrische) Parallaxe f
helium group gas s. noble gas
helix 1. *(El)* Wendel f; 2. *(El)* Wendelleitung f, Helix f *(eine Verzögerungsleitung)*; 3. *(Kern)* Helix f, Wendel f, Hohlleiterwendel f *(im Linearbeschleuniger)*; 4. *(mathPh)* Spiralversetzung f, Helix f; 5. *(mathPh)* Schraubenlinie f, Schneckenlinie f, Böschungslinie f *(eine Raumkurve auf einem Zylinder)*
helmholtz *(El)* Helmholtz n *(SI-fremde Einheit des Dipolmoments je Flächeneinheit; 1 Helmholtz ≈ 3,335 · 10^{-10} C m^{-1})*
Helmholtz equation 1. *(Ech)* Helmholtzsche Gleichung f *(des galvanischen Elements)*; 2. *(mathPh)* Helmholtzsche Schwingungsgleichung (Gleichung) f; 3. *(Opt)* Helmholtz-Lagrangesche Invariante (Gleichung) f, Helmholtzsche Gleichung f, Satz m von Helmholtz-Lagrange; 4. *(Therm)* Helmholtzsche Gleichung f für die freie Energie, Helmholtzsche Gleichung f [der Thermodynamik], Gibbs-Helmholtzsche Gleichung f
~ **first theorem** *(Ström)* erster Helmholtzscher Wirbelsatz m, Satz m von der Erhaltung der Wirbellinien
~ **second [vorticity] theorem** *(Ström)* zweiter Helmholtzscher Wirbelsatz m, Satz m von der Erhaltung der Wirbelstärke [des Wirbelfadens]
~ **vorticity theorems** *(Ström)* Helmholtzsche Wirbelsätze (Sätze) mpl
Helmholtz's theorem 1. *(El)* s. Thévenin-Helmholtz theorem; 2. *(mathPh)* Helmholtzscher Satz *(Überlagerungssatz)* m, Helmholtz-Theorem n; 3. *(Ström)* dritter Helmholtzscher Wirbelsatz m

hemeraphotometer *(Opt)* Tageslichtphotometer *n*
hemispherical candlepower *(Opt)* halbräumliche (hemisphärische) Lichtstärke *f*
~ **lens** *(Opt)* Halbkugellinse *f*
hemitropism *(Krist)* Zwillingsbildung *f*, Verzwillingung *f*, Zwillingsverwachsung *f*
Henry-Dalton law *(physCh)* Henry-Daltonsches Gesetz *n*, Henry-Daltonscher Verteilungssatz *m*
Henry's law *(physCh)* 1. Henry-Daltonsches Löslichkeitsgesetz *n*, Henrysches Gesetz *n*; 2. s. Dalton law
~ **law constant** *(physCh)* Henryscher Löslichkeitskoeffizient (Koeffizient) *m*, Henry-Koeffizient *m*
~ **law isotherm** *(physCh)* Adsorptionsisotherme *f* für ideale Bedingungen
~ **substantial law** *(physCh)* Henrysches Gesetz *n* für die Massenkonzentration
~ **volumetric law** *(physCh)* Henrysches Gesetz *n* für die Volumenkonzentration
hereditary material *(Mech)* Material *n* mit Nachwirkung[seigenschaft], Material *n* mit Gedächtnis
~ **mechanics** *(Mech)* Mechanik f der Nachwirkungen (Nachwirkungseigenschaften)
Hering's theory *(Opt)* Heringsche Gegenfarbentheorie (Vierfarbentheorie) *f*, Vierfarbentheorie *f* [von Hering]
herpolhod[i]e *(Mech)* Herpolhodie[kurve] *f*, Spurkurve *f*, Rastpolkurve *f*, ruhende Zentrode (Momentanzentrenkurve) *f*
~ **cone** *(Mech)* Rastpolkegel *m*, Spurkegel *m*, Festkegel *m*, Herpolhodiekegel *m*, Ruhekegel *m*
Herschel-Quincke tube *(Ak)* Quincke-Rohr *n*, Quinckesches Interferenzrohr (Resonanzrohr) *n*, Interferenzrohr *n*]nach Quincke]
Herschel's condition *(Opt)* Hockinsche Bedingung *f*, Herschelsche Forderung *f* (Sinusbedingung *f*), Herschel-Bedingung *f*
Hertzian problem *(Mech)* Kontaktproblem *n*
Hertz's law *(Mech)* Hertzsche Gleichung *f* für die Druckfläche
~ **principle** *(Mech)* Prinzip *n* der geradesten Bahn, [Hertzsches] Prinzip *n* der kleinsten Krümmung, Hertzsches Prinzip *n* [der kürzesten Bahn]
Hertzsprung-Russell diagram *(Astr)* [Hertzsprung-]Russell-Diagramm *n*, HRD, Zustandsdiagramm *n*, stellares Hauptdiagramm *n*
Herzberger's spot diagram *(Opt)* Spotdiagramm *f*, Durchstoßdiagramm *n*
Hess's law *(physCh)* Heßsches Gesetz *n*, Heßscher Satz *m* [von den konstanten Wärmesummen], Gesetz *n* der konstanten Wärmesummen
heterochromatic photometry *(Opt)* heterochrome (verschiedenfarbige) Photometrie *f*, Photometrie *f* farbigen Lichtes

~ **radiation** *(El, Magn)* s. heterogeneous radiation 2.
heterodiffusion *(physCh)* Gegendiffusion *f*, Fremddiffusion *f*
heterodyne-beat method *(Therm)* kapazitives Verfahren *n* (zur Bestimmung des linearen Ausdehnungskoeffizienten eines Stabes)
~ **note (tone)** *(Ak)* Schwebungston *m*, Überlagerungston *m*
heterodyning *(El)* Überlagerung *f*
heteroenergetic radiation *(El, Magn)* s. heterogeneous radiation 2.
heterogeneity Heterogenität *f*, Inhomogenität *f*, Ungleichartigkeit *f*, Verschiedenartigkeit *f*
heterogeneous radiation 1. weiße (kontinuierliche) Strahlung *f*; 2. *(El, Magn)* heterogene (inhomogene) Strahlung *f* *(Röntgen- oder γ-Strahlung)*
heterojunction *(Halbl)* Heteroübergang *m*
heteropolar bond *(At)* s. ionic bond
heterotopic nuclides *(Kern)* nichtisotopische (heterotope) Nuklide *npl*
hexad axis *(Krist)* sechszählige (6zählige) Symmetrieachse (Drehachse) *f*, Hexagyre *f*, Drehachse *f* der Zähligkeit 6
~ **axis of the second sort, ~ rotation-reflection axis** *(Krist)* sechszählige Drehspiegel[ungs]achse (Gyroide) *f*, Hexagyroide *f*
~ **screw axis** *(Krist)* sechszählige Schraubenachse (Helikogyre) *f*, Hexahelikogyre *f*
hexagonal close-packed structure *(Krist)* hexagonal dichtgepackte Struktur *f*
~ **close packing** *(Krist)* einfache (einfachste) hexagonal dichte Kugelpackung *f*
~ **[yield] condition** *(Mech)* Tresca-St.Venant-Mohrsche Fließbedingung *f*, Trescasche (hexagonale) Fließbedingung *f*
h.f., H.F. *s.* high frequency
hi-fi, Hi-Fi *s.* high fidelity
HIC *(physCh)* hydrophobe Chromatographie *f*, HIC, Chromatographie *f* mit hydrophoben Wechselwirkungen
HID *(Kern)* s. heavy-ion detector
hidden charm *(Hoch)* verdeckter Charm *m*
~ **coordinates** *(Mech)* s. ignorable coordinates
~ **edge (line, outline)** unsichtbare (verdeckte) Kante *f* *(in einer Zeichnung)*
~ **parameter (variable)** *(Qu)* verborgener Parameter *m*
Higgs [boson] *(Hoch)* Higgs-Boson *n*, H-Boson *n*
~ **meson, ~ scalar [meson]** *(Hoch)* [skalares] Higgs-Meson *n*, skalares Higgs-Teilchen *n*
high-accuracy instrument *(Meß)* Präzisions[meß]gerät *n*, Feinmeßgerät *n*
~-**angle grain boundary** *(Krist)* Großwinkelkorngrenze *f*

high

~ **boiling liquid** *(physCh)* hochsiedende (schwersiedende) Flüssigkeit *f*
~-**boiling-liquid cooling** Heißkühlung *f*
~-**cycle fatigue** *(Mech)* hochzyklische Ermüdung *f*
~-**definition lens** *(Phot)* Scharfzeichner *m*, scharfzeichnendes Objektiv *n*, Hartzeichner *m*
~-**density wind tunnel** *(Aero)* Windkanal *m* zur Untersuchung von Gasen hoher Dichte
~-**end cut-off frequency** *(El, Magn)* obere Grenzfrequenz *f*
~-**energy collision** *(Hoch)* energiereicher Stoß *m*
~-**energy electron diffraction [method]** *(At)* Reflexionselektronenbeugung *f*, streifende Beugung *f*, Hochenergie-Elektronendiffraktion *f*, HEED
~-**energy high-Z** particle *(Kern)* Teilchen *n* hoher Energie und hoher Ordnungszahl, HZE-Teilchen *n*
~-**energy radiation** *(Kern)* hochenergetische (energiereiche, durchdringende) Strahlung *f*, Hochenergiestrahlung *f*
~-**epithermal neutron range** *(Kern)* oberer epithermischer Bereich *m* der Neutronenenergien *(1 bis 100 keV)*
~ **fidelity** *(Ak, El)* hohe Wiedergabetreue *f*, Hi-Fi
~-**flux reactor** *(Kern)* Hochflußreaktor *m*, HFR, Reaktor *m* mit hohem Neutronenfluß
~ **frequency** *(El)* Hochfrequenz *f*, HF *(3...30 MHz)*
~-**grade heat** *(Therm)* hochwertige Wärme *f*
~-**grade material (substance)** *(physCh)* Reinstoff *m*
~ **heat value** *(Therm)* s. heat of combustion 1.
~-**index crystal face** *(Krist)* hochindizierte Kristallfläche (Fläche) *f*
~-**intensity accelerator** *(Kern)* Hochstrombeschleuniger *m*, Beschleuniger *m* mit hohem Teilchenstrom
~-**latitude orbit** *(Astr)* stark gegen den Äquator geneigte Umlaufbahn *f*
~-**level [radioactive] waste** *(Kern)* hoch[radio]aktiver Abfall *m*, HAW
~-**lying level** *(Fest)* flachliegendes (flaches, hochliegendes) Niveau *n*
~-*n* **synchrotron** *(Hoch)* Synchrotron *n* mit alternierenden Gradienten, AG-Synchrotron *n*, AG-Maschine *f*, Synchrotron *n* mit starker Fokussierung, AGS
~-**order white** Weißn höherer Ordnung
~-**pitch[ed] tone** *(Ak)* hoher (heller) Ton *m*
~ **pressure** *(Mech)* Hochdruck *m*, hoher Druck *m*, HD, H.D.
~-**pressure surface** *(Aero)* Unterseite *f*, Druckseite *f*, Tragflügelunterseite *f*
~-**resistivity material** 1. *(El)* Widerstandsmaterial *n*; 2. *(Magn)* hartmagnetisches (magnetisch hartes) Material, *(speziell:)* hartmagnetischer Werkstoff *m*

154

~-**speed insertion** *(Kern)* s. fast insertion
~-**speed photography** *(Phot)* Hochgeschwindigkeitsphotographie *f*, Kurzzeitphotographie *f*, Hochfrequenzphotographie *f*, HF-Photographie *f*
~-**speed photography for low-speed projection** *(Phot)* Zeitdehnertechnik *f*, Zeitdehn[ungs]verfahren *n*, Zeitlupenverfahren *n*
~-**speed reaction** *(physCh)* Kurzzeitreaktion *f*, Hochgeschwindigkeitsreaktion *f*
~-**speed subsonic wind tunnel** *(Aero)* Windkanal *m* für hohe Unterschallgeschwindigkeiten
~-**speed [wind] tunnel** *(Aero)* Hochgeschwindigkeits[wind]kanal *m*
~-**spin complex** *(At)* Normalkomplex *m*, magnetisch normaler Komplex *m*, Anlagerungskomplex *m*
~ **spot** *(Kern)* Stelle *f* erhöhter Bestrahlung[sdosis]
~-**temperature gas-cooled reactor** *(Kern)* gasgekühlter Hochtemperaturreaktor *m*, HTGR
~-**temperature liquid cooling** Heißkühlung *f*
~-**temperature stability (strength)** *(Mech)* Warmfestigkeit *f*, *(bei Kunststoffen:)* Wärmestandfestigkeit *f*, *(speziell:)* Wärmeformbeständigkeit *f*
~-**tensile alloy** *(Mech)* hoch[zug]feste Legierung *f*
~ **tension** *(El)* s. ~ voltage
~ **vacuum** *(Vak)* Hochvakuum *n* *(0,133...0,133·10⁻⁴ Pa)*
~-**vacuum distillation** *(physCh)* Molekulardestillation *f*, Hochvakuumdestillation *f*, Kurzwegdestillation *f*
~-**velocity star** *(Astr)* Schnelläufer *m*
~ **voltage** *(El)* Hochspannung *f* *(US, GB: > 650 V, deutsch: > 1 kV)*
~ **yield ion source** *(At)* Hochstrom-Ionenquelle *f*, Hochintensitäts-Ionenquelle *f*
higher calorific value s. heat of combustion 1.
~ **harmonic** Oberschwingung (Harmonische) *f* höherer Ordnung, höhere Oberschwingung (Harmonische) *f*
~ **heating value** s. heat of combustion 1.
~ **pair** *(Mech)* höheres Elementenpaar *n*
~ **symmetry** *(Hoch)* dynamische (höhere) Symmetrie *f*
highest-grade material (substance) *(physCh)* Reinstoff *m*
highly activated atom *(At)* hochangeregtes (hochaktiviertes, heißes) Atom *n*
~ **dilute solution** *(physCh)* hochverdünnte Lösung *f*
~ **excited level** *(Qu)* hohes Anregungsniveau *n*, hochangeregtes Energieniveau (Niveau) *n*
hilac *(Kern)* Schwerionen-Linearbeschleuniger *m*
Hilborn detector *(Kern)* s. self-powered detector

Hilsch [vortex] tube *(Aero, Tief)* [Hilschsches] Wirbelrohr *n*, Wirbelrohr *n* nach Ranque-Hilsch, Hilsch-Rohr *n*
hindered fall *(Mech)* Fall *m* im beengten (eingeengten) Raum, eingeengter Fall *m*
~ **internal rotation** *(At)* behinderte innere Rotation *f (einer Molekülgruppe)*
~ **torsion** *(Mech)* Wölbkrafttorsion *f*, Torsion *f* bei behinderter Querschnittsverwölbung, behinderte Verwölbung *f*
hindering of free (internal) rotation *(At)* Rotations[be]hinderung *f*, Rotationshemmung *f*, Behinderung *f* der inneren (freien) Rotation
hindrance *(Mech)* Behinderung *f (einer Bewegung)*
histogram *(mathPh)* Streifendiagramm *n*, Säulendiagramm *n (Gesamtdarstellung, zweidimensional)*; Staffelbild *n (Gesamtdarstellung, übereinanderliegende Streifen)*; Histogramm *n (Gesamtdarstellung, nebeneinanderliegende Streifen)*; Treppenpolygon *n*, Rechteckstufenkurve *f*, Rechteckdarstellung *f*, Rechteckzug *m*, Histogramm *n (obere Begrenzung)*
hit theory *(Kern)* Treffertheorie *f*, Depottheorie *f*
HK *(Opt) s.* Hefner candle
HMD *(Ström) s.* hydraulic mean depth
HMP material *(physCh)* hochschmelzender (schwerschmelzender, schwerschmelzbarer) Stoff *m*
hoar-frost line *(Therm)* Sublimationsdruckkurve *f*, Sublimationskurve *f*
hodograph 1. Hodograph *m, (manchmal:)* Hodographenkurve *f*; 2. *(Mech)* Polardiagramm *n* der Geschwindigkeit, Hodograph *m* [der Bewegung], Geschwindigkeitsplan *m, (in der Plastizitätstheorie auch:)* Bild *n* der Gleitlinie
hodon *(Feld)* Hodon *n*, Längenquant *n* (= *Elementarlänge*)
hoisting work *(Mech)* Hubarbeit *f*
hold *(Reg)* Verweilzeit *f*
~-**back** *(physCh)* Rückhaltung *f*, Zurückhaltung *f (Verhinderung des Mitreißens, insbesondere der Mitfällung)*
~-**back carrier** *(physCh)* Rückhalteträger *m*
~ **control** *(El)* Bildfangregler *m*, Bildfang *m*
~-**over eutectic plate** *(Tief)* Speicherplatte *f*
~-**up** 1. *(Kern)* Verzögerung *f*, Rückhaltung *f*, Abklingenlassen *n (von radioaktiven Stoffen)*; 2. *(physCh)* Haftinhalt *m*, Materialeinsatz *m*, Ruheinhalt *m*, Holdup *n(m) (bei der Isotopentrennung)*
~-**up time** *(physCh)* Verweilzeit *f*, Verbleibzeit *f*, Aufenthaltszeit *f, (speziell:)* Standzeit *f, (speziell:)* Haltezeit *f, (speziell:)* Durchlaufzeit *f (eines Materials in einer Anlage)*
holder Halterung *f*, Halter *m*
holding at a value Halten *n* (Konstanthaltung *f*, Aufrechterhaltung *f*) eines Wertes

hole 1. Loch *n*, Öffnung *f*, Mündung *f*; 2. *(Krist)* Loch *n*, Defektelektron *n*, positives Loch (Elektronenloch) *n*, Löcherelektron *n*, Elektronenfehlstelle *f*; 3. *(Kern)* Kanal *m (in einem Reaktor)*
~-**circle coordinate** *(Mech)* Lochkreiskoordinate *f*
~ **conduction** *(Halbl)* Defektelektronenleitung *f*, P-[Typ-]Leitung *f*, Löcherleitung *f*, Mangelleitung *f*
~ **theory** 1. *(Qu)* [Diracsche] Löchertheorie *f*, Diracsche Theorie *f* des Elektrons, Paartheorie *f*, Positronentheorie *f*; 2. *(statPh)* Löchertheorie *f*, Theorie *f* des freien Raumes *(der Flüssigkeiten)*
hollow Aushöhlung *f*, Austiefung *f*, Vertiefung *f*
~ **beam** Hohlstrahl *m*, Rohrstrahl *m*
~-**cathode tube** 1. *(El)* Hohlkathoden[-Gasentladungs]röhre *f*; 2. *(Spektr)* [Paschensches] Hohlkathodenrohr *n*
~ **vortex** *(Hydr)* Hohlwirbel *m*
holographic interferometry *(Opt)* Interferenzholographie *f*
holohedral [crystal] form *(Krist)* vollflächige (ganz ausgebildete, holoedrische) Form (Kristallform) *f*
homentropic flow (motion) *(Ström)* homöoentrope Strömung (Bewegung) *f*
homing 1. *(El)* Rückkehr *f* in den Ausgangszustand; 2. *(Reg)* Zielflug *m*, Zielflugenkung *f*
HOMO *(At)* höchstes besetztes Molekülorbital *n*, HOMO
homocharge *(Ech, El)* Homöoladung *f*
homochromatic photometry *(Opt)* isochrome (gleichfarbige) Photometrie *f*
~ **radiation** *(El, Magn)* homogene Strahlung *f (Röntgen- oder γ-Strahlung)*
homocyclic nucleus *(At)* Isozyklus *m*, Homozyklus *m*, Isoring *m*
homoenergetic radiation *(El, Magn) s.* homochromatic radiation
homogeneity Homogenität *f*, Einheitlichkeit *f*, Gleichartigkeit *f*
~ **coefficient (factor)** Homogenitätsgrad *m (einer Strahlung: Verhältnis von erster zu zweiter HWD)*
~ **hypothesis** *(Therm)* Scalinghypothese *f*
homogeneous light *(Opt)* monochromatisches (einfarbiges) Licht *n*
~ **wave equation** homogene Wellengleichung *f*, Wellengleichung *f* für homogenes Medium
homojunction *(Halbl)* Homoübergang *m*
homolabel[l]ing *(physCh)* isotope Markierung *f*, Eigenmarkierung *f*, Homomarkierung *f*
homopolar bond *(At)* 1. *s.* atomic bond; 2. homöopolare Bindung *f (im eigentlichen Sinne: Atombindung ohne mit dem Gesamtdipolmoment 0)*
~ **coordinate** *(El)* Nullkoordinate *f*
~ **molecule** *(At)* kovalentes (homöopolares, unpolares) Molekül *n*

honeycombed

honeycombed structure *(Krist)* Wabenstruktur f, Honigwabenstruktur f
honeycombing *(physCh)* Narbenkorrosion f, örtliche flache Korrosion f, narbenartige Anfressung (Korrosion) f
hooded arc ion source *(Kern)* Ionenquelle f mit eingeschlossenem (überkapptem) Boden
Hooke number *(Ström)* Cauchy-Zahl f, Cauchysche Kennzahl f, Ca, C
Hookean response *(Mech)* Hookesches (rein elastisches) Verhalten n
Hooke's law equations *(Mech)* verallgemeinertes Hookesches Gesetz n, Spannungs-Dehnungs-Gleichungen fpl
hoop drop recorder *(Meß)* Fallbügelschreiber m
~ **stress** *(Mech)* Ringspannung f
hop *(El, Magn)* Sprung m *(zwischen aufeinanderfolgenden Reflexionen)*
Hopkinson's law *(Magn)* Ohmsches Gesetz n des Magnetismus, magnetisches Ohmsches Gesetz n, Bosanquetsches Gesetz n
hopper crystal *(Krist)* Sargdeckelkristall m
hopping rate *(Fest)* Sprungrate f, Hoppingrate f
horizon system [of coordinates] *(Astr)* Horizontalsystem n, Azimutsystem n
horizontal angle *(Astr)* Azimutalwinkel m, Horizontalwinkel m, Seitenwinkel m *(auf Nord bezogen)*
~ **dial** *(Astr)* Horizontaluhr f
~ **polar curve (diagram)** *(Opt)* horizontales Lichtstärkeverteilungskurve f, horizontales Lichtverteilungsdiagramm n
~ **symmetry** *(Feld, Hoch)* Familiensymmetrie f, Horizontalsymmetrie f
~ **throw** *(Mech)* horizontaler (waagerechter) Wurf m
~ **thrust** *(Mech)* Horizontalschub m, Bogenschub m
horizontality horizontale (waagerechte) Lage f, Horizontalität f
horny state *(physCh)* hornartiger Zustand m *(eines Hochpolymers)*
horse power *(Mech)* 1. Pferdestärke f, PS *(SI-fremde Einheit der Leistung; 1 PS = 735,5 W)*; 2. s. horsepower
horsepower *(GB, Mech)* englische Pferdestärke f, Horsepower f, H.P., HP, h.p., hp *(SI-fremde Einheit der Leistung; 1 hp = 745,7 W)*
~-**hour** *(GB, Mech)* Horsepowerstunde f, h.p.hr. *(SI-fremde Einheit der mechanischen Arbeit; 1 h.p.hr. = 2,684 · 10^6 J)*
hose instability *(Pl)* Alfvén-Wellen-Instabilität f, Schlauchinstabilität f
host crystal *(Fest)* Wirt[s]kristall m, Grundkristall m, Mutterkristall m
hot atom chemistry *(physCh)* Chemie f heißer (hochangeregter) Atome, Chemie f der Rückstoßatome *(Wissenschaft der chemischen Reaktionen im Anschluß an Kernprozesse)*

~ **brittleness** *(Mech)* Warmsprödigkeit f
~ **cave** *(Kern)* heiße Zelle f, heißer Tunnel m *(für die Lagerung hochaktiver Materialien)*
~ **cell** *(Kern)* heiße Zelle f, Heiße Zelle f, *(manchmal:)* abgeschirmte Zelle, heiße Kammer f *(zur Fernhandhabung von radioaktivem Material)*
~ **channel factor** *(Kern)* Heißkanalfaktor m, Kühlkanalfaktor m, Überlastfaktor m
~ **climate proofness** *(Meß)* Tropenfestigkeit f
~ **crack resistance** *(Mech)* Warmrißfestigkeit f, Warmrißbeständigkeit f
~ **particle (particulate)** *(Kern)* heißes Teilchen n
~ **point** *(Therm)* überhitzte Stelle f, Wärmestaustelle f, Wärmenest n, Wärmepunkt m
~ **spot** 1. *(Kern)* Aktivitätskonzentrierung f, punktförmige Aktivitätslokalisation f, Hotspot m, heiße Stelle f; 2. *(Kern)* Heißstelle f, heiße Stelle f, Spitzenlastpunkt m *(in einem Reaktorkern)*; 3. *(Pl)* Hotspot m, „hot spot" m; 4. *(El)* heißer Fleck m, *(intensiver)* Lichtfleck m; 5. *(Therm)* s. ~ point
~ **spot factor** *(Kern)* Wärmestromdichtefaktor m, Heißstellenfaktor m
~ **strength** *(Mech)* Warmfestigkeit f, *(meist:)* Warmzugfestigkeit f
~ **wind tunnel** *(Aero)* Hochtemperatur-Windkanal m
~-**water bag** *(Therm)* Thermophor m, Wärmeträger m *(zum Vergleich der Wärmekapazitäten zweier Flüssigkeiten)*
~ **wire** *(Vak)* Wärmeleitungsvakuummeter n, Wärmeleitungsmanometer n, Hitzdrahtmanometer n
~-**wire instrument** *(Meß)* Hitzdrahtmeßgerät n, Hitzdrahtinstrument n
~-**wire method** 1. *(physCh)* Wärmeleitfähigkeitsmethode f *(der Feuchtigkeitsmessung)*; 2. *(Therm)* Heizdrahtverfahren n [nach Schleiermacher] *(zur Wärmeleitfähigkeitsmessung)*
~-**wire probe** 1. *(Aero)* Hitzdrahtsonde f; 2. *(El)* Glühsonde f
HOTOL *(Aero)* Horizontalstart und -landung f
hotshot wind tunnel *(Aero)* Kurzzeit-Hochtemperaturkanal m
hour angle system *(Astr)* Stundenwinkelsystem n, festes Äquatorialsystem n, Koordinaten fpl im Stundenwinkelsystem
~ **axis** *(Astr)* Stundenachse f, Pol[ar]achse f, Rektaszensionsachse f
~ **circle** *(Astr)* Stundenkreis m *(ein Großkreis)*
~-**glass structure** *(Krist)* Sanduhrstruktur f
hovercraft *(Mech)* s. air-cushion vehicle
hovering *(Mech)* Schweben n infolge Luftkissenwirkung
~ **flight** *(Aero)* Schwebeflug m *(eines Hubschraubers)*

hp *(Mech)* s. horsepower
h.p. s. 1. high pressure; 2. horsepower
h.p.hr. *(Mech)* s. horsepower-hour
HTGR *(Kern)* s. high-temperature gas-cooled reactor
hub 1. *(El, Magn)* Kern *m*, Wickelkern *m* *(einer Spule)*, Spulenkern *m*; 2. *(Ström)* Muffenende *f*, aufgeweitetes Rohrende *n*, Trichter *m*, Muffe *f*
~ **diffuser** *(Ström)* Nabendiffusor *m*
hubble *(Astr)* Hubble *n* *(SI-fremde Einheit der Länge; 1 hubble = 10^9 Lichtjahre)*
Hubble's red shift *(Astr)* kosmologische Rotverschiebung *f*
Huber-Mises-Hencky yield criterion *(Mech)* [von] Mises-Henckysche Fließbedingung *f*, Huber-Mises-Henckysche Fließbedingung *f*
hue *(Opt)* 1. Farbton *m*, Ton *m* *(einer Farbe)*; 2. Farbton *m*, Maßzahl *f* H *(im Munsell-System)*
~ **discrimination** *(Opt)* Wellenlängenunterscheidung *f*, Farb[ton]unterscheidung *f*
~ **ray** *(Opt)* Farbtonstrahl *m* *(in einer Farbtafel)*
Hugoniot adiabat (curve) *(Ström)* Hugoniot-Kurve *f*, Rankine-Hugoniotsche Kurve *f*, dynamische Adiabate *f*
~ **relations** *(Fest, Mech)* Hugoniotsche Beziehungen (Relationen) *fpl*, thermodynamische Beziehungen *fpl* quer zum Verdichtungsstoß
hum 1. *(Ak)* Dröhnen *n*; 2. *(El)* Netzbrumm *m*, Netzbrummen *n*; 3. *(El)* Brummen *n*, Brumm *m* *(z. B. eines Verstärkers)*
~ **note (tone)** *(Ak)* Eigenton *m* *(tiefster Ton einer Glocke)*
human [body] counter *(Kern)* Ganzkörperzähler *m*
Hume-Rothery rule *(At)* Hume-Rotherysche Regel *f*, Valenzelektronenkonzentrationsregel *f*
humidification Luftbefeuchtung *f*, Anfeuchtung *f* der Luft
humidity Luftfeuchtigkeit *f*, *(allgemeiner:)* Feuchtigkeit *f*, Feuchte *f*
Hund-Mulliken[-Lennard Jones-Hückel] theory *(At, Qu)* Molekülorbitaltheorie *f*, MO-Theorie *f*, Molekülbahntheorie *f*, Hund-Mulliken-Lennard Jones-Hückelsche Theorie *f*
hundred eV yield *(physCh)* G-Wert *m*, 100-eV-Ausbeute *f*, strahlenchemische Ausbeute *f*
hundredth-normal solution *(physCh)* s. centinormal solution
hundredweight *(Mech)* 1. *(US)* Hundredweight *n*, sh cwt *(SI-fremde Einheit der Masse; 1 sh cwt = 45,359237 kg)*; 2. *(GB)* Hundredweight *n* *(im „avoirdupois"-System)*, cwt *(SI-fremde Einheit der Masse; 1 cwt = 50,80234544 kg)*; 3. Hundredweight *n* *(im „troy"-System)*, cwt tr *(SI-fremde Einheit der Masse; 1 cwt tr = 37,32417216 kg)*

hunting 1. Pendelung *f*, Schwingung *f*, Oszillieren *n* *(um einen Sollwert, um die Gleichgewichtslage)*; 2. *(Reg)* [parasitäre] Regelschwingung *f*
~ **electron** *(At)* Pendelelektron *n*
Hurter and Driffield curve *(Phot, Opt)* [photographische] Schwärzungskurve *f*, charakteristische Kurve *f*, Gradationskurve *f*
Huygens-Fresnel principle *(Opt)* [Fresnel-]Huygenssches Prinzip *n*, Fresnel-Huygens-Prinzip *n*
~ **tractory** *(mathPh)* Traktrix *f*, Schleppkurve *f*, Traktorie *f* von Huygens, Hundekurve *f*
~ **undulation theory** *(Opt)* Wellentheorie *f* des Lichtes [von Huygens], Undulationstheorie *f*, Lichttheorie *f* von Huygens
~ **wavelet** *(Opt)* [Huygenssche] Elementarwelle *f*, Sekundärwelle *f* *(im Huygensschen Prinzip)*
Huygens' principle *(Opt)* Huygenssches Prinzip *n* *(der Elementarwellen)*
~ **source** *(Opt)* Quellpunkt *m* der Elementarwelle, Wellenquelle *f*, Huygenssche Quelle *f*
h.v., HV *(El)* s. high voltage
HVL *(Kern)* s. half-value layer
HWR *(Kern)* Schwerwasserreaktor *m*, schwerwassermoderierter Reaktor *m*
hybrid *(At, Qu)* Hybridorbital *n*, hybrides Orbital *n*, Hybrid *n*, Zwitterorbital *n*
~ **band** *(Spektr)* Mischbande *f*, Hybridbande *f*, Bastardbande *f*
~ **bond** *(At)* Hybridbindung *f*, Zwitterbindung *f*
~ **junction** *(El)* Hybride *f*
~ **matrix** *(Halbl)* Hybridmatrix *f*, h-Matrix *f* *(eines Transistors)*
~ **mode** *(El)* gemischter [elektromagnetischer] Wellentyp (Schwingungstyp) *m*, hybride Mode *f*, Hybridmode *f*, HE-Mode *f*, HEM
~ **radio wave** *(El)* gemischte elektromagnetische Welle *f*, hybride Welle *f*, Hybridwelle *f*, HE-Welle *f*
~ **reactor** *(Kern, Pl)* Hybridreaktor *m*, Fusions-Fissions-Hybridreaktor *m*, Fusion-Fission-Reaktor *m*
hybridization *(At, Qu)* Hybridisierung *f*, Hybridisation *f*, Mischung *f* von Valenzzuständen
hydrated electron *(At)* hydratisiertes Elektron *n*, Aquoelektron *n*
~ **proton** *(At)* hydratisiertes (hydriertes) Proton *n*, Wasser-Clusterion *n*, Hydroniumion *n*
hydration heat *(Ech)* Hydratationswärme *f*
hydraulic conductivity *(Ström)* Durchlässigkeitsbeiwert *m*, [Darcyscher] Durchlässigkeitskoeffizient *m*, Darcysche Durchlässigkeitsziffer *f* *(eines porösen Mediums, z. B. eines Bodens, in cm/d)*
~ **diameter** *(Ström)* hydraulischer (äquivalenter, gleichwertiger) Durchmesser *m*

hydraulic 158

- **efficiency** *(Ström)* Strömungswirkungsgrad m, hydraulischer Wirkungsgrad m
- **friction formula** *(Ström)* Formel f für die Reibungswiderstandshöhe
- **grade** s. ~ gradient
- **grade line** *(Hydr)* freier Spiegel m, freie Wasseroberfläche f (im offenen Gerinne)
- **gradient** *(Hydr)* Druckgefälle n, Gefäll[s]verlust m, [relatives] Gefälle n
- **hammer** *(Hydr)* Wasserschlag m, Widerstoß m, hydraulischer Stoß m
- **head** *(Mech)* Wassersäulendruck m, Druck m Wassersäule (WS)
- **jump** *(Hydr)* Wassersprung m, hydraulischer Sprung m, Wasserschwall m, Wechselsprung m
- **lift** *(Hydr)* Aufschwimmen n
- **mean depth** *(Ström)* [mittlerer] hydraulischer Radius m, Profilradius m, Umfangstiefe f
- **power** 1. *(Hydr)* Wasserkraft f, nutzbare Wasserenergie f, kinetische Energie f des Wassers, hydraulische Kraft f; 2. *(Mech)* hydraulische Leistung f (einer Pumpe oder eines Hydraulikmotors)
- **ram** *(Hydr)* Stoßheber m, hydraulischer Widder m
- **resistance** *(Hydr)* 1. Einzelhindernis n, einzelnes Hindernis n; 2. hydraulischer Widerstand m *(Größe)*
- **resistivity** *(Ström)* spezifischer hydraulischer Widerstand m
- **screw** *(Hydr)* Wasserschraube f, Wasserschnecke f
- **shock** s. ~ hammer
- **slope** s. ~ gradient

hydraulically equivalent diameter s. hydraulic diameter

hydroacoustic wave *(Ak)* hydroakustische Welle f, Wasserschallwelle f

hydroacoustics *(Ak)* Hydroakustik f, Unterwasserakustik f, *(speziell:)* Wasserschalltechnik f

hydroballistics *(Mech)* Hydroballistik f, Unterwasserballistik f

hydrodynamic analogy *(Mech)* hydrodynamisches Gleichnis n (Ähnlichkeitsgesetz) n (für freie Torsion)
- **doublet** *(Ström)* Quellsenke f, Dipol m, Doppelbelegung f
- **drag** *(Hydr)* Strömungswiderstand m, hydrodynamischer Widerstand m, *(manchmal:)* Rücktrieb m, Rücktrift f (in strömenden Flüssigkeiten, auch Wasser)
- **long-range force** *(Ström)* hydrodynamische Fernkraft f, Bjerknes-Kraft f
- **pressure** *(Hydr)* hydrodynamischer (statischer) Druck m, Druck m des Strömungsmediums, Druck m in strömender Flüssigkeit
- **resistance** s. ~ drag
- **single-layer potential** *(Hydr)* hydrodynamisches Einfachbelegungspotential n, Einfachbelegungspotential n von Odqvist

hydrodynamical derivative *(Ström)* substantielle Ableitung f, Eulersche (materielle, massenfeste) Ableitung f

hydrogen atom transfer [reaction] *(At)* Protontransferreaktion f, Wasserstoffatom-Transferreaktion f
- **bond[ing]**, ~ **bridge** *(At)* Wasserstoff[brücken]bindung f, Wasserstoffbrücke f, H-Brücke f
- **bubble chamber** *(Hoch)* Flüssigwasserstoff[-Blasen]kammer f, Wasserstoff[blasen]kammer f
- **burning** *(Astr, Pl)* Wasserstoffbrennen n
- **cycle** *(Pl)* Proton-Proton-Prozeß m, H-H-Prozeß m, Wasserstoffzyklus m
- **formula** *(At, Spektr)* Serienformel f für das Wasserstoffspektrum
- **ionotropy** *(At, Ech)* Prototropie f, Wasserstoffionotropie f
- **~-like atom** *(At)* wasserstoffähnliches Atom n
- **~-like system** *(At)* Einelektronensystem n, Einzelelektronensystem n
- **~-oxygen cell** *(Ech)* Knallgaszelle f, Knallgaselement n, Wasserstoff-Sauerstoff-Brennstoffelement n
- **scale** *(Therm)* internationale Wasserstoffskala f, Wasserstoffskala f [der Temperatur]

hydrogenic atom s. hydrogen-like atom

hydrogenous moderator *(Kern)* wasserstoffhaltiger Moderator m

hydrojet *(Hydr)* Wasserstrahlantrieb m

hydrolocation *(Ak)* Unterwasser[schall]ortung f

hydromagnetic wake *(Pl)* magnetohydrodynamischer (hydromagnetischer) Nachlauf m, MHD-Nachlauf m

hydromagnetics s. magnetohydrodynamics

hydrometry *(physCh)* Dichtebestimmung f von Flüssigkeiten (mit dem Aräometer)

hydrooptics *(Opt)* Gewässeroptik f, Hydrooptik f *(Optik der Binnengewässer und Meeresoptik)*

hydroplaning *(Mech)* Aquaplaning n, Aufschwimmen n

hydrostatic approximation *(Hydr)* Flachwassernäherung f, Seichtwassernäherung f
- **equation** *(Hydr)* Druckgleichung f der Hydrostatik, hydrostatische Grundgleichung f
- **head** *(Hydr)* hydrostatische Höhe f, Auftriebshöhe f
- **modulus** *(Mech)* Kompressionsmodul m, Volumen[elastizitäts]modul m
- **pressure** *(Mech)* hydrostatischer Druck m, Füssigkeitsdruck m in ruhender Flüssigkeit
- **tension** *(Mech)* 1. s. ~ pressure; 2. negativer hydrostatischer Druck m (in der Elastizitätstheorie)

hydrovane *(Ström)* Gleitfläche f

hydrous tritium oxide *(physCh)* tritiiertes Wasser *n*, Tritiumwasser *n*, HTO
hyl *(Mech)* Hyl *n*, hyl *(SI-fremde Einheit der Masse; 1 hyl = 9,80665 g)*
Hyle *(Mech)* Hyle *n*, Hyle *(SI-fremde Einheit der Masse; 1 Hyle = 10^7 g, genauer: 1,00019 · 10^7 g)*
hyperbolic motion *(Rel)* Hyperbelbewegung *f*, hyperbolische Bewegung *f*
~ **navigation** *(El)* Hyperbelverfahren *n (der Navigation)*, Hyperbelnavigation *f*
~ **plane** *(mathPh)* hyperbolische Ebene *f*, h-Ebene *f*, Lobatschewskische Ebene *f*
~ **point** 1. *(mathPh)* hyperbolischer Punkt (Flächenpunkt) *m*, Sattelpunkt *m*, Paß *m (einer Fläche)*; 2. *(Ström)* hyperbolischer Punkt *m*
hypercardioid characteristic (pattern, response) *(Ak, El)* Supernierencharakteristik *f (eines Mikrophons)*
hypercharge *(Hoch)* Hyperladung *f (eines Elementarteilchens)*
hypercolour [gauge] group *(Hoch)* Metafarbgruppe *f*, Hypercolorgruppe *f*
hypercritical flow (motion) *(Aero)* s. hypersonic flow
hyperelastic collision *(Kern)* s. superelastic collision
hyperfiltration *(physCh)* umgekehrte Osmose *f*, Umkehrosmose *f*
hyperfine quantum number *(At)* Hyperfeinstrukturquantenzahl *f*, HFS-Quantenzahl *f (eines Atoms oder Moleküls einschließlich Kernspin)*
~ **separation** *(At, Fest, Kern)* Hyperfeinstrukturaufspaltung *f*, HFS-Aufspaltung *f (Größe)*
~ **splitting [phenomenon]** *(At, Fest, Kern)* Hyperfeinaufspaltung *f*, Hyperfeinstrukturaufspaltung *f*, HFS-Aufspaltung *f (Erscheinung)*
hyperflux reactor *(Kern)* Höchstfluß-Forschungsreaktor *m*
hyperfocal distance *(Phot)* Naheinstellung *f* auf Unendlich, Nah-Unendlich-Einstellung *f*, Hyperfokale *f*
hyperfrequency *(El)* Höchstfrequenz *f (0,3...30 GHz)*
hyperquantization *(Qu)* zweite Quantisierung (Quantelung) *f*, Feldquantisierung *f*
hypersonic blowdown wind tunnel *(Aero)* Hyperschall-Ansaugkanal *m*, intermittierender Hyperschallkanal *m*
~ **flow** *(Aero)* Hyperschallströmung *f*
~ **shock tunnel** *(Aero)* Kurzzeit-Hyperschallkanal *m*
~ **speed** *(Aero)* Hyperschallgeschwindigkeit *f*, hypersonische Geschwindigkeit *f*
~ **wind tunnel** *(Aero)* Hyperschallwindkanal *m*
hypersonics 1. *(Ak)* Hyperschalltechnik *f (Erzeugung und Anwendung von Hyperschall)*; 2. *(Aero)* Hyperschallaerodynamik *f*

hypersound *(Ak)* Hyperschall *m*, Mikro[wellen]schall *m*
hyperstaticity *(Mech)* statische Unbestimmtheit *f*
hyperthermal [aerodynamic wind] tunnel *(Aero)* Hochtemperatur-Windkanal *m*
hypervelocity *(Mech)* Hypergeschwindigkeit *f (Mündungsgeschwindigkeit ≥1021 m/s = 3350 ft s^{-1}, in der Ballistik)*
~ **wind tunnel** *(Aero)* Hyperschallwindkanal *m*
hypofluid *(Ström)* Hypoflüssigkeit *f*
hysteresis Hysterese *f*, Hysteresis *f*, *(manchmal:)* Zurückbleiben *n*
~ **coefficient** 1. Hysteresekonstante *f*, Hysteresekoeffizient *m*; 2. *(Magn)* s. ~ loss coefficient
~ **factor** s. ~ loss coefficient
~ **heat** Hysteresewärme *f*, *(El, Magn auch:)* Ummagnetisierungswärme *f*
~ **loop** Hystereseschleife *f*, *(Magn auch:)* Magnetisierungsschleife *f*
~ **loss angle** *(Magn)* Hystereseverlustwinkel *m*
~ **loss coefficient** *(Magn)* Hysteresebeiwert *m*
hysteretic cycle (loop) s. hysteresis loop
Hz Hertz *n*, Hz
HZE particle *(Kern)* Teilchen *n* hoher Energie und hoher Ordnungszahl, HZE-Teilchen *n*

I

***I*-E characteristic** *(El)* Strom-Spannung[s]-Charakteristik *f*, Strom-Spannung[s]-Kennlinie *f*, VA-Charakteristik *f*, *I-U*-Kennlinie *f*
I layer *(Halbl)* s. intrinsic layer
i-spin s. isotopic spin
IA, IÅ s. international ångström
iaser s. iraser
IBEC [radiation] *(Hoch)* innere Bremsstrahlung *f* aus dem Elektroneneinfang
IC *(Kern)* s. 1. internal conversion; 2. ionization chamber
ice line *(Therm)* Eiskurve *f*, Eislinie *f*, Erstarrungskurve *f* des Wassers
~ **-point depression** *(Therm)* Depression *f* des Eispunktes
ICE photometric standard observer *(Opt)* photometrischer Normalbeobachter *m (der C.I.E.)*
ICI *(Kern)* s. in-core instrument
ICP-AES Atomemissionsspektroskopie *f* mit induktiv gekoppeltem Plasma
ICR heating *(Pl)* Ionenzyklotronresonanz[auf]heizung *f*, ICR-Aufheizung *f*
ICW, i.c.w. *(El, Magn)* = interrupted continuous waves
ideal flow *(Ström)* reibungsfreie (reibungslose) Strömung *f*

ideal 160

~ **gas equation [of state]** *(Therm)* s. Boyle-Charles law
~ **gas scale of temperature** *(Therm)* Avogadrosche Temperaturskala *f*, Gasskala *f* der Temperatur, ideale Gasskala *f*
~ **geometrical surface** *(Mech)* [ideal-]geometrische Oberfläche *f*, geometrischideale Oberfläche *f*
~ **magnetization curve** *(Magn)* anhysteretische (ideale, hysteresefreie) Magnetisierungskurve *f*
~ **radiator** 1. *(Opt)* Idealstrahler *m*; 2. *(Therm)* s. black body

idle current *(El)* Blindstrom *m*, Blindanteil *m* (Blindkomponente *f*) des Stroms
idling *(El, Mech)* Leerlauf *m (einer Maschine)*
IDS facility *(Kern)* Zwischenlager *n (für die Lagerung vor dem Transport zum Endlager), (zum Abklingen auch:)* Zwischenabklinglager *n*
IF *(Pl)* s. impact fusion
ignition condition *(Pl)* „break-even"-Bedingung *f*, Zündbedingung *f*
~ **performance** *(physCh)* Zündwilligkeit *f*, Zündverhalten *n*
~ **point (temperature)** *(physCh)* Entzündungstemperatur *f*, Zündtemperatur *f*, Zündpunkt *m (bei Explosivstoffen auch:)* Verpuffungstemperatur *f*

ignorable coordinates *(Mech)* zyklische Koordinaten *fpl (Helmholtz)*, ignorable Koordinaten *f (Whittaker)*, verborgene Koordinaten *fpl*, zyklische Variable *fpl*
ignoration of coordinates *(Mech)* Routhsche Methode *f*
ihp, I.H.P. *s.* indicated horsepower
IIL, IILE *(Fest)* ioneninduzierte Lichtemission *f*
IIPE *(Fest)* ioneninduzierte Photoemission *f*
ILEED s. inelastic low-energy electron diffraction
illuminance *(Opt)* Beleuchtungsstärke *f (Größe)*
illuminant *(Opt)* Lichtart *f*
illuminating power s. luminosity 1.
illumination *(Opt)* 1. Beleuchtung *f*; 2. Beleuchtungsstärke *f (Größe)*
~ **distribution** *(Opt)* Beleuchtungsverteilung *f, (speziell:)* Beleuchtungsstärkeverteilung *f*
illuminometer *(Opt)* Luxmeter *n*, Beleuchtungs[stärke]messer *m (ein Photometer)*
ILS s. inelastic loss spectroscopy
image 1. *(Opt)* Bild *n, (manchmal:)* Abbildung *f, (in der Einstellebene:)* Abbild *n (Ergebnis)*; 2. *(Ak)* akustisches Bild *n*, Schallbild *n*, akustische Abbildung *f*; 3. *(El)* s. ~ charge; 4. bildliche Darstellung *f*
~ **charge** *(El)* [elektrische] Bildladung *f*, elektrisches Bild (Spiegelbild) *n*, [elektrische] Spiegelladung *f*
~ **curvature** Bildwölbung *f (in der Elektronenmikroskopie)*

~ **defect** *(Opt)* [optischer] Abbildungsfehler *m*, Bildfehler *m*, Aberration *f (eines optischen Systems)*
~ **dissection [photography]** *(Phot)* Rasterverfahren *n (der HF-Kinematographie)*
~ **fidelity** *(El, Opt)* Abbildungsgüte *f*, Bildgüte *f*, Bildqualität *f*
~ **field of view** s. ~-side field of view
~ **focal distance (length)** s. ~-side focal distance
~-**forming [optical] system** *(Opt)* abbildendes System *n*, [optisches] Abbildungssystem *n*
~ **frequency** *(El)* Spiegelfrequenz *f*
~ **intercept** *(Opt)* Bildweite *f*
~ **inversion** *(Opt)* [vollständige] Bildumkehrung *f*, Bildumkehr *f (Drehung um 180°)*
~ **inverted in depth** *(Opt)* pseudoskopisches (tiefenverkehrtes) Raumbild *n*
~ **inverted laterally (right to left)** *(Opt)* seitenverkehrtes (rückwendiges) Bild *n, (manchmal:)* seitenvertauschtes (gespiegeltes) Bild *n*
~ **inverted top to bottom** *(Opt)* höhenverkehrtes Bild *n*
~ **inverted upside-down** *(Opt)* höhenverkehrtes Bild *n*
~ **method** 1. *(El)* elektrische Spiegelung *f*, Methode *f* der elektrischen Spiegelung (Bilder); 2. *(Hydr)* Methode *f* der Spiegelbilder, Spiegelungsprinzip *n*; 3. Bildmethode *f (in der Reaktorphysik)*
~ **reversal** *(Phot)* Solarisation *f*, Bildumkehrung *f*
~ **rotation** *(Opt)* Bilddrehung *f, (umlaufend:)* Bildrotation *f*
~ **shading** *(El, Opt)* Abschattung *f (des Bildes)*, Bildabschattung *f*
~-**side field of view** *(Opt)* Bild[sicht]feld *n*, bildseitiges Sichtfeld *n*, Austrittssichtfeld *n (eines optischen Instruments)*
~-**side focal distance (length)** *(Opt)* Bildbrennweite *f*, bildseitige (hintere, zweite) Brennweite *f*
~ **uninverted top to bottom** *(Opt)* höhenrichtiges Bild *n*

imagery Abbildung *f*, Bilderzeugung *f*
imaginary boundary *(Kern)* fiktive Begrenzung *f*, scheinbare Grenze *f*
~ **[part of complex] permeability** *(Magn)* Blindpermeabilität *f*, Reihenwiderstandspermeabilität *f*, Imaginärteil *m* der komplexen Permeabilität
imbalance 1. Instabilität *f*, Labilität *f*, Unstabilität *f*; 2. Unausgeglichenheit *f*, Unausgewogenheit *f*, Unbalance *f*
IMC-SCF method *(At, Qu)* unvollständige Vielkonfigurations-SCF-Methode *f*, IMC-SCF-Methode *f*
IMMA *(Spektr)* Ionen-Massen-Mikroanalyse *f*, IMMA
immediate radiation effect (injury) *(Kern)* Strahlenfrühschaden *m*, Frühschaden *m*

(Frühwirkung f) der Strahlung (Bestrahlung)
imep, I.M.E.P. *(Mech)* indizierter mittlerer effektiver Druck m
immersion 1. Tauchen n, Eintauchen n; 2. *(Astr)* Verschwinden n (hinter dem Mond- oder Sonnenrand)
IMPA *(Spektr)* s. ion microprobe analysis
impact 1.*(Mech)* Schlag m, (kurzer heftiger) Stoß m, Prall m; (auf eine Oberfläche auch:) Aufschlag m, Aufprall m; 2. *(Astr)* Einsturz m, Aufsturz m, Aufschlag m; 3. momentan wirkende Kraft f, Stoßkraft f
~ **bending strength** *(Mech)* Schlagzähigkeit f, *(für Holz auch:)* Schlagbiegefestigkeit f *(Größe)*
~ **chain** *(Fest)* Stoßkaskade f, Stoßkette f
~ **coefficient** *(Mech)* Restitutionskoeffizient m, Stoßzahl f
~ **elasticity** *(Mech)* Rückprallelastizität f, Stoßelastizität f, Rücksprungelastizität f
~ **energy** *(Mech)* Schlagenergie f *(Größe)*
~ **fatigue strength** *(Mech)* Dauerschlagarbeit f, Grenzschlagarbeit f, *(auf den Probenquerschnitt bezogen:)* Dauerschlagfestigkeit f, *(nichtdifferenzierend für beides:)* Schlagermüdungsgrenze f
~ **force** *(Mech)* Stoßkraft f; Aufschlagkraft f
~ **fracture** *(Mech)* Stoßbruch m
~ **fusion** *(Pl)* Stoßfusion f, Einschlagfusion f
~ **hypothesis** *(Astr)* Einsturztheorie f, Meteoritentheorie f, Aufsturztheorie f
~ **ionization** *(Halbl)* Stoßionisation f, Stoßionisierung f
~ **load[ing]** *(Mech)* Schlagbeanspruchung f, Beanspruchung f auf Schlag (Stoß)
~ **matrix** *(Qu)* Stoßmatrix f
~ **neutron** *(Kern)* Anstoßneutron n
~ **normal** *(Mech)* Stoßnormale f
~ **pressure** s. 1. *(Aero, Hydr)* Pitot pressure; 2. *(Ström)* shock pressure
~ **resilience** *(Mech)* Federung f, Rückfederung f, Zurückfedern n *(Eigenschaft)*
~ **resistance** s. ~ strength f
~ **shock** *(Mech)* s. impact 1.
~ **sound** *(Ak)* 1. Trittschall m; 2. s. impulsive sound
~ **strength** 1. *(Kern)* Stoßstärke f; 2. *(Mech)* Schlagfestigkeit f *(Eigenschaft)*; 3. *(Mech)* Schlagenergie f *(Größe)*; 4. *(Mech)* Kerbschlagzähigkeit f, Kerbzähigkeit f, Kerbschlagwert m, Schlagzähigkeit f *(einer gekerbten Probe, Größe)*; 5. s. ~ bending strength
~ **tension test** *(Mech)* Schlagzugversuch m, *(speziell:)* Schlagzerreißversuch m
~ **test** *(Mech)* Kerbschlagbiegeversuch m, *(selten:)* Kerbschlagversuch m
~ **test under progressive load** *(Mech)* Stufenschlagversuch m
~ **torsion test** *(Mech)* Schlag[ver]drehversuch m, Schlagtorsionsversuch m
~ **tube** *(Ström)* s. Pitot tube

~ **velocity** Auftreffgeschwindigkeit f, Aufschlaggeschwindigkeit f *(in der Ballistik)*
impedance 1. [komplexe] Impedanz f *(in einem sinusförmig veränderlichen System)*; 2. Impedanz f *(Betrag der komplexen Impedanz)*; 3. *(El)* komplexer Widerstand m, Widerstandsoperator m, elektrische (komplexe) Impedanz f; 4. *(El)* Scheinwiderstand m, Impedanz f *(Betrag des komplexen Widerstandes)*
~ **drop** *(El)* innerer Spannungsabfall m *(eines Bauelements oder Leiters)*
~ **factor** *(El)* Scheinwiderstand/Wirkwiderstands-Verhältnis n
impenetrability Dichtigkeit f, Undurchlässigkeit f, Undurchdringbarkeit f
imperfect crystal *(Krist)* fehlgeordneter (fehlerhafter, realer) Kristall m
imperfection *(Krist)* Gitterstörung f, Gitterfehlordnung f, Fehlstelle f
Imperial gallon s. gallon GB
~ **pint** s. pint 1.
~ **[standard] Yard** s. yard [UK]
~ **system [of units]** s. British absolute system of units
impermeability 1. *(physCh)* Undurchlässigkeit f, Dichtigkeit f *(für Gase und Flüssigkeiten)*; 2. s. impenetrability
impingement *(Ström)* Prallabscheidung f, Aufprall m *(von Tröpfchen aus strömenden Gasen)*
~ **attack (erosion)** *(Ström)* Tropfen[schlag]erosion f, Tropfenschlagkavitation f, Regenerosion f
impinging light s. incident light
~ **particle** *(Kern)* einfallendes (einlaufendes, eingeschossenes) Teilchen n, Beschußteilchen n
importance [function] *(Kern)* Einflußfunktion f, Neutroneneinflußfunktion f
imposed load *(Mech)* aufgebrachte (aufgeprägte, aufgedrückte) Last f, Auflast f
~ **oscillation** aufgedrückte (aufgeprägte) Schwingung f
impossibility principle *(Therm)* Unmöglichkeitsprinzip n
impossible velocity *(Mech)* unmögliche Geschwindigkeit f, mit den Bindungen unverträgliche Geschwindigkeit f
impressed electromotive force *(El)* eingeprägte EMK (elektromotorische Kraft) f
~ **force** *(Mech)* eingeprägte Kraft f
imprisoned radiation *(El, Magn, Pl)* diffundierte Strahlung f, Diffusionsstrahlung f
imprisonment *(At)* Einschließung f, Einlagerung f *(von Atomen oder Molekülen)*
improper cavitation *(Ström)* unechte Kavitation f
~ **rearrangement** *(At)* unechte Umlagerung f, Umlagerung f im weiteren Sinne
~ **rotation** 1. *(Krist)* unechte (uneigentliche) Drehung f; 2. *(mathPh)* uneigentliche orthogonale Transformation f (Abbildung) f, Drehung f und Spiegelung f, Drehspiegelung f *(Geometrie)*

improper

~ **variable [star]** *(Astr)* Pseudoveränderlicher *m*, uneigentlicher Veränderlicher *m*
impulse 1. Impuls *m*, Stoß *m* *(unendlich kurzer Dauer)*; 2. *(Mech)* Impuls *m*, Kraftstoß *m*, Zeitintegral *n* der Kraft; 3. *(El)* Impuls *m*, Stromstoß *m*, Spannungsstoß *m* *(s. a. unter pulse)*
~ **electric strength** *(El)* Stoßdurchschlag[s]festigkeit *f*, Stoßdurchschlag[s]feldstärke *f* *(eines Isolators)*
~ **flashover voltage** *(El)* Stoßüberschlagsspannung *f*
~ **function** *(Reg)* Impulsfunktion *f*, Stoßfunktion *f*
~ **generator** *(El)* Stoßgenerator *m*, Impulsgenerator *m* *(erzeugt sehr kurze einzelne Spannungs- oder Stromstöße)*
~-**momentum principle** *(Mech)* Gesetz *n* vom Impuls der Kraft *(Impuls der Kraft = Änderung der Bewegungsgröße)*
~ **response** *(Reg)* Impulsantwort *f*, *(manchmal:)* Gewichtsfunktion *f* *(Antwort auf die Impulsfunktion)*
~ **sequence** *(El)* Impulsfolge *f*, Impulsreihe *f* *(nicht notwendig periodisch)*
~ **spark-over voltage** *(El)* Stoßüberschlagsspannung *f*
~ **train** *(El)* Impulsreihe *f* *(von unendlich vielen periodischen Einheitsimpulsen)*
~ **withstand voltage** *(El)* Stehstoßspannung *f*, Haltestoßspannung *f*
impulsing *(El)* Impulsgebung *f*, Impulsaussendung *f*
impulsive disturbance Impulsstörung *f*, impulsartige Störung *f*
~ **force** *(Mech)* momentan wirkende Kraft *f*, Stoßkraft *f*
~ **load[ing]** *(Mech)* stoßartige Belastung *f*, Impulsbelastung *f*
~ **moment** *(Mech)* 1. Drehimpuls *m*, Impulsmoment *n*, Drall *m*, Schwung *m* *(als Zeitintegral des Drehmoments, Skalar oder Vektor)*; 2. Stoßmoment *n* *(einer Stoßkraft)*
~ **sound** *(Ak)* Impulsschall *m*, *(manchmal:)* stoßartiger Schall *m*, Stoßschall *m*
impurity 1. *(Krist)* Fremdstörstelle *f*, chemische Gitterfehlstelle *f*; 2. *(physCh)* Verunreinigung *f*, Beimengung *f*, Fremdstoff *m*
~ **band conduction** *(Halbl)* Störbandleitung *f*
~ **concentration profile** *(Halbl)* Dotierungsprofil *n*, Störstellenprofil *n*
~ **conduction** *(Halbl)* Stör[stellen]leitung *f*, Fremdleitung *f*
~ **diffusion** 1. *(Halbl, Krist)* Fremddiffusion *f*, Störstellendiffusion *f*, Verunreinigungsdiffusion *f*; 2. *(physCh)* Gegendiffusion *f*, Fremddiffusion *f*
~ **interstitial** *(Krist)* Fremdstörstelle *f* auf Zwischengitterplatz, interstitielle Fremdstörstelle *f*

~ **quench** *(Kern)* Löschung *f* durch Verdünnung des Szintillator *(in der Szintillationstechnik)*
imref *(Fest)* Quasi-Fermi-Niveau *n*, *(manchmal:)* Quasi-Fermi-Kante *f*
in. s. inch
in-air dose *(Kern)* Freiluft[-Energie]dosis *f*, Luftdosis *f*, Dosis *f* „frei in Luft"
~-**beam spectroscopy** *(Kern)* Spektroskopie *f* am (im) Strahl, In-beam-Spektroskopie *f*
~-**core instrument** *(Kern)* Incore-Meßgerät *n*, Kerninnenmeßgerät *n*
~-**field** *(Feld, Qu)* einlaufendes Feld *n*, „in"-Feld *n*
~-**line hologram** *(Opt)* Gabor-Hologramm *n*, Geradeaushologramm *n*, In-line-Hologramm *n*
~-**line instrument** *(Ström)* In-line-Meßgerät *n*, in die Leitung eingebautes Meßgerät *n*
~-**phase component** 1. *(El)* gleichphasige (synchrone) Komponente *f*; 2. Wirkkomponente *f*, Wirkanteil *m*, Wattkomponente *f*
~-**phase loss** *(El)* ohmscher Verlust *m*
~-**phase quantity** *(El)* Wirkgröße *f*
~-**phase oscillation** phasengleiche (gleichphasige) Schwingung *f*, Schwingung *f* in Phase, *(speziell:)* phasenrichtige Schwingung *f*
~-**pile experiment** *(Kern)* Versuch *m* (Bestrahlungsexperiment *n*) im Reaktor
~-**plane load** *(Mech)* Belastung (Last) *f* in einer Ebene
~-**plane vibration** *(At)* ebene Schwingung *f*
~-**process gauging (measurement)** *(Meß)* Zwischenmessung *f*
"in vacuo" thermometer *(Therm)* Schwarzkugelthermometer *n*
inaccessibility axiom *(Therm)* [Carathéodorysches] Unerreichbarkeitsaxiom *n*, [Carathéodorysches] Prinzip *n* der adiabatischen Unerreichbarkeit
inaccessible area *(Kern)* nichtbegehbarer (nichtbetretbarer, nichtzugänglicher, unzugänglicher) Bereich *m*
inaccuracy of measurement *(Meß)* Ungenauigkeit *f* der Messung, Meßungenauigkeit *f*, *(speziell:)* Meßunsicherheit *f*
inactive component *(El)* Blindkomponente *f*, Blindanteil *m*, Wattloskomponente *f*, wattlose Komponente *f*
~ **power** *(El)* Blindleistung *f*, Blindanteil *m* (Blindkomponente *f*) der [komplexen] Leistung, Blindleistungskomponente *f*
~ **quantity** *(El)* Blindgröße *f*
~ **region** *(Kern)* inaktiver Bereich *m*, inaktive Zone *f*, unempfindliche Schicht *f*, Totschicht *f* *(eines Halbleiterdetektors)*
inbalance *s.* imbalance
incandescence *(Opt)* 1. Glühen *n* *(Emission sichtbarer Strahlung von einem Körper hoher Temperatur)*; 2. Glühlicht *n*

inch *(Mech)* Inch *m*, in, Zoll *m*, „ *(SI-fremde Einheit der Länge; 1 in = 25,4 mm)*
~ **of mercury** *(Mech)* Zoll *m* Quecksilbersäule *(SI-fremde Einheit des Drucks; 1 in Hg ≈ 3,38639 kPa)*
~ **of water** *(Mech)* Zoll *m* Wassersäule *(SI-fremde Einheit des Drucks; 1 in H_2O ≈ 249,1 Pa)*
incidence 1. Einfall *m*, Inzidenz *f*, *(manchmal:)* Eintritt *m* *(von Strahlung)*; 2. *(Ström)* s. angle of incidence 3.
~ **angle** s. angle of incidence 1.
incident flow *(Ström)* Anlaufströmung *f*, Anlauf *m*, Anlaufbewegung *f*
~ **light** *(Opt)* auffallendes Licht *n*, [direkt] einfallendes Licht *n*, Auflicht *n*
~ **X-ray beam** *(Krist)* primärer Röntgenstrahl *m*, Primärstrahl *m* *(Kristallstrukturanalyse)*
incipient boiling *(Therm)* Oberflächensieden *n*, lokales Sieden *n*
~ **crystal** *(physCh)* Kristall[isations]keim *m*, Gefrierkern *m*, Embryo *m* *(als Fremdpartikel:)* Kristall[isations]kern *m*
~ **failure detection** Schadensfrüherkennung *f*
inclination 1. Neigung *f*, Gefälle *n*, Steigung *f*; 2. *(Astr)* Bahnneigung *f*, Inklination *f*, Neigung *f* der Bahn[ebene] [gegen die Ekliptik]; 3. *(Magn)* [magnetische] Inklination, *(manchmal:)* Inklinationswinkel *m*; 4. *(Magn, Pl)* Pitchwinkel *m*, Steigungswinkel *m* *(zwischen Geschwindigkeitsvektor eines geladenen Teilchens und Magnetfeld)*; 5. *(Mech)* Neigung *f*, Neigungswinkel *m* *(gegen die Horizontale oder Vertikale)*; 6. *(mathPh)* Böschungswinkel *m*, Neigungswinkel *m*, Fallwinkel *m* *(einer Ebene bei der Eintafelprojektion)*
~ **factor** *(Opt)* [Fresnelscher] Neigungsfaktor *m*
inclined orbit *(Aero, Astr)* geneigte Umlaufbahn *f* *(gegen die Äquatorebene)*
~ **plane** *(Mech)* schiefe Ebene *f*
~ **shower** *(Hoch)* Seitenschauer *m*, schräg einfallender Schauer *m*
~ **throw** *(Mech)* schiefer Wurf *m*
inclining experiment *(Hydr)* Krängungsversuch *m*
inclusion *(Krist, physCh)* Einschluß *m*, Inklusion *f*
~ **theory [of Kersten]** *(Fest, Magn)* Fremdkörpertheorie *f* [nach Kersten], Kerstensche Theorie *f*
incoherent bound amplitude *(Kern)* Amplitude *f* der inkohärenten Streuung an gebundenen Atomen
~ **unit** *(Meß)* systemfreie (nichtkohärente, inkohärente, systemfremde) Einheit *f*
incombustibility *(physCh)* Unverbrennbarkeit *f*, Nichtverbrennbarkeit *f*, *(speziell:)* Unbrennbarkeit *f*
incoming flow *(Ström)* Anlaufströmung *f*, Anlauf *m*, Anlaufbewegung *f*

~ **line** *(Qu)* ankommende (endende) Linie *f* *(eines Feynman-Diagramms)*
~ **wave** einlaufende (einfallende) Welle *f*
incompatibility Unverträglichkeit *f*, Inkompatibilität *f*
incomplete face *(Krist)* unvollständige (vergrößerte) Fläche *f*
~ **fusion** *(Kern)* Quasispaltung *f*, tiefinelastischer Schwerionenstoß *m*
~ **shadow** *(Astr, Opt)* Halbschatten *m*
~ **shell** *(At, Kern)* nichtabgeschlossene (unvollständige, nicht vollbesetzte) Schale *f*
incorporation 1. Einbettung *f*, Einschluß *m*, Einbindung *f*, Einlagerung *f*; 2. *(Kern)* Einbettung *f*, Einlagerung *f*
increment *(mathPh)* Zunahme *f*, Inkrement *n* *(einer Größe um einen kleinen Betrag, auch um eine Einheit)*
incremental acceleration *(Mech)* differentielle Beschleunigung *f*
~ **command** *(Meß, Reg)* Schrittschaltbefehl *m*, Inkrementalbefehl *m*, Stufenstellbefehl *m* *(in der Fernwirktechnik)*
~ **control** *(Reg)* Stufenregelung *f*, stufenweise Regelung *f*, Schrittregelung *f*
~ **hysteresis loop** *(Magn)* Hystereseschleife *f* bei überlagertem Gleichfeld, Überlagerungshystereseschleife *f*
~ **permeability** *(Magn)* Überlagerungspermeabilität *f*
~ **processing** *(Meß)* inkrementale Meßwertverarbeitung *f*, Schrittzählverfahren *n*, Schrittschaltverfahren *n*
~ **theory** *(Mech)* Theorie *f* des langsamen plastischen Fließens
independent control *(Reg)* autonome (unabhängige) Regelung *f*, Einzelregelung *f*
~ **fission yield** *(Kern)* primäre Spalt[produkt]ausbeute *f*, Spaltfragmentausbeute *f*
~ **particle model** *(Kern)* Einzelteilchenmodell *n*, Einzelnukleonen[-Kern]modell *n*
indestructibility of matter *(physCh)* Masseerhaltung *f*, Erhaltung *f* der Masse
indeterminacy 1. *(mathPh)* Unbestimmtheit *f*; 2. *(Qu)* Unsicherheit *f*, Unbestimmtheit *f*, Unschärfe *f*, Ungewißheit *f*, Ungenauigkeit *f*
index 1. Index *m* *(oberer und unterer)*; 2. *(Krist)* Flächenindex *m*, Index *m*, Flächensymbol *n*, Symbol *n*; 3. *(Meß)* Zeiger *m* *(eines Meßinstruments)*; Zunge *f* *(einer Waage)*; 4. *(Meß)* s. ~ line; 5. *(mathPh)* Umlauf[s]zahl *f*, Windungszahl *f*, Index *m* *(einer Kurve um einen Punkt)*
~ **dip** *(Opt)* Indexeinbruch *m*, Brechzahleinbruch *m*, Dip *m*
~ **ellipsoid** *(Krist, Opt)* Indexellipsoid *n*, Brechungsindexellipsoid *n*, Fletchersche (optische) Indikatrix *f*, Cauchysches Polarisationsellipsoid *n*
~ **line** *(Meß)* Indexstrich *m*, Ablesestrich *m*, Index *m*

index 164

- ~ **mark** *(Meß)* Strichmarke f, Ablesestrich m
- ~ **of refraction** 1. Brechzahl f, *(nicht mehr empfohlen:)* Brechungsindex m; 2. *(Kern)* Brechungsindex m *(für ionisierende Strahlung)*
- ~ **surface** *(Opt)* [optische] Indexfläche f
- ~ **value** *(Reg)* Aufgabewert m, vorgeschriebener (vorgegebener) Sollwert m, Sollwert m *(der Regelgröße)*

indexing 1. *(Krist)* Indizierung f, Bestimmung f der Indizes *(von Kristallflächen)*; 2. *(mathPh)* Indizierung f, Bezeichnung f mit Indizes; 3. *(Reg)* Schrittbewegung f, Schaltbewegung f, intermittierende Bewegung f

indicated efficiency *(Mech)* indizierter Wirkungsgrad m, Gütegrad m

- ~ **horsepower** *(Mech)* indizierte Horsepower (englische Pferdestärke) f

indicator bay *(Spektr)* Bedienungsteil n(m) *(eines Massenspektrometers)*

- ~ **card** *(Mech)* Indikatordiagrammpapier n
- ~ **gate** *(El)* Hellsteuerungsimpuls m, Aktivierungsimpuls m

indicatrix *(Mech)* Indikatrix f, Lagrangesche Fläche f

- ~ **of diffusion** *(physCh)* Diffusionskoeffizient m *(im 1. Fickschen Gesetz für die Diffusionsdichte)*
- ~ **of refraction** *(Krist, Opt)* s. index ellipsoid

indirect excitation *(Krist)* Umweganregung f, indirekte Anregung f

- ~ **lighting** *(Opt)* indirekte Beleuchtung f
- ~ **nuclear reaction** s. compound nucleus reaction mode
- ~ **ray** *(El, Magn)* 1. indirekte Welle f *(reflektiert oder gebeugt)*; 2. Ionosphärenstrahl m, indirekter Strahl m
- ~ **wave** *(El, Magn)* 1. indirekte Welle f *(reflektiert oder gebeugt)*; 2. Ionosphärenwelle f, indirekte Welle f; 3. Raumwelle f

indistinguishability principle *(Qu)* Ununterscheidbarkeitsprinzip n, Nichtunterscheidbarkeitsprinzip n

individual dosimetry *(Kern)* Personendosimetrie f

- ~ **particle model** s. independent particle model
- ~ **photographic dosimeter** *(Kern)* Filmdosimeter n, Filmplakette f, Strahlenschutzplakette f

induced birefringence *(Opt)* erzwungene (künstliche) Doppelbrechung f

- ~ **capacity** *(Magn)* [absolute] Permeabilität f *(eines Mediums)*
- ~ **charge** *(El)* Influenzladung f, influenzierte (induzierte) Ladung f
- ~ **drag** *(Aero)* induzierter (zusätzlicher) Widerstand m
- ~ **drag coefficient** *(Ström)* Beiwert m des induzierten Widerstandes
- ~ **emission** *(At, Qu)* stimulierte (induzierte, erzwungene, angeregte) Emission f
- ~ **mass** *(Hydr)* virtuelle (scheinbare, induzierte) Masse f
- ~ **transition** *(At, Qu)* induzierter (stimulierter, erzwungener) Übergang m
- ~ **voltage** *(El)* induzierte Spannung f, Induktionsspannung f

inductance *(El)* 1. Induktivität f, Selbstinduktivität f, *(manchmal:)* Selbstinduktionskoeffizient m, Koeffizient m der Selbstinduktion, Induktionskoeffizient m *(Größe)*; 2. Induktionskoeffizient m, Induktivität f *(Größe τ, Selbst- oder Gegeninduktivität)*; 3. Induzierfähigkeit f, Induktionsfähigkeit f *(Eigenschaft)*

- ~ **factor** *(Magn)* Induktivitätsfaktor m, A_L-Wert m

induction 1. *(El)* [elektromagnetische] Induktion f *(Erscheinung)*; 2. *(El)* s. electrostatic induction 1.

- ~ **accelerator** *(Kern)* Betatron n, Induktionsbeschleuniger m, induktiver Beschleuniger m
- ~ **charging** *(El)* Influenzierung f, Influenz f, Aufbringung f von Influenzladungen *(Vorgang)*
- ~ **drag** *(El, Magn)* elektromagnetische Viskosität f, elektromagnetischer (induktiver) Widerstand m
- ~ **theorem** *(El)* s. Faraday's law of electromagnetic induction

inductive acceleration *(Kern)* Induktionsbeschleunigung f

- ~ **capacities** *(El)* Permeabilität f und Permittivität f *(eines Mediums)*
- ~ **charge** *(US)* s. induced charge
- ~ **reactance** *(El)* induktiver Blindwiderstand m, induktive Reaktanz f, Induktanz f
- ~ **susceptance** *(El)* induktiver Blindleitwert m, induktive Suszeptanz f

inductivity *(El)* s. permittivity

inefficacy Wirkungslosigkeit f

inefficiency Unwirksamkeit f, Ineffektivität f

- ~ **principle** *(Fest)* Ineffektivitätsprinzip n *(von Pippard)*

inelastic buckling *(Mech)* plastische (unelastische) Knickung f

- ~ **cross section** *(Kern)* inelastischer Streuquerschnitt m, Wirkungsquerschnitt m für inelastische Streuung
- ~ **loss spectroscopy** *(Spektr)* Spektroskopie f der inelastischen Verlustpeaks, ILS
- ~ **low-energy electron diffraction** *(Fest)* inelastische Beugung f mit langsamen Elektronen, ILEED
- ~ **scattering by crystals** *(Krist)* Faxén-Waller-Streuung f, inelastische Streuung f an Kristallen
- ~ **stress** *(Mech)* Spannung f oberhalb der Elastizitätsgrenze

inelasticity *(Mech)* Inelastizität f, Nichtelastizität f, unelastisches Verhalten n

inequality 1. *(Astr)* Ungleichung f, Ungleichheit f *(Abweichung von der gleichförmigen Bahnbewegung)*; 2. *(mathPh)* Ungleichung f

inert mass *(Mech) s.* inertial mass
inertance *(Ak)* akustische Masse *f*
inertia *(Mech)* Trägheit *f*, Beharrungsvermögen *n*, *(manchmal:)* Beharrung *f*
~ **constant** *(Mech)* relative Trägheitskonstante *f (einer umlaufenden Maschine)*
~ **force** *s.* ~ resistance
~ **pressure** *(Ström)* Trägheitsdruck *m*
~ **resistance** *(Mech)* Trägheitskraft *f*, Trägheitswiderstand *m*, D'Alembert-Kraft *f*
inertial confinement *(Pl)* Trägheitshalterung *f*, Trägheitseinschluß *m*, Inertialeinschluß *m*
~ **confinement [pellet] fusion** *(Pl)* Trägheitsfusion *f*, Kernfusion *f* mit Trägheitseinschluß
~ **field** *(Rel)* Trägheitsfeld *n*, metrisches Feld *n*, Führungsfeld *n*
~ **flight** *(Aero)* Trägheitsflug *m*, antriebsloser (passiver, freier) Flug *m*
~ **frame [of reference]** *(Mech, Rel)* Inertialsystem *n*, inertiales Bezugssystem *n*
~ **guidance** *(Mech, Reg)* Trägheitslenkung *f*, Trägheitsführung *f*
~ **instability** *(Hydr)* dynamische Instabilität *f*
~ **mass** *(Mech)* träge Masse *f*, *(manchmal:)* Impulsmasse *f*, Masse *f* der Bewegung
~ **size** *(Mech)* aerodynamische Teilchengröße (Größe) *f*
~ **system of coordinates** *(Mech)* inertiales Koordinatensystem *n*, Inertialsystem *n*, Galileisches Koordinatensystem *n*
~ **time** *(Mech, Rel)* Inertialzeit *f*
inertialessness *(Mech)* Trägheitslosigkeit *f*
inertness 1. *(physCh)* Reaktionsträgheit *f*, [chemische] Trägheit *f*, Inaktivität *f*; 2. *(Mech) s.* inertia
inextensional theory *(Mech)* Nichtausdehnbarkeitstheorie *f (von Schalen)*
infall process *(Astr)* Einsturzprozeß *m*
inference 1. *(mathPh)* [logisches] Schließen *n*, [logischer] Schluß *m*; 2. [statistische] Schlußweise *f*, Schluß *m*
inferior conjunction *(Astr)* untere Konjunktion *f*
~ **culmination** *(Astr)* 1. untere Kulmination *f*; 2. unterer Kulminationspunkt *m*
~ **mirage** *(Opt)* untere Luftspiegelung *f*, *(speziell:)* Schwebung *f*, Kimmung *f*, Seegesicht *n*
~ **transit** *s.* ~ culmination 1.
infinite motion *(Mech)* infinite (ungebundene) Bewegung *f*
infinitely safe geometry *(Kern)* absolut sichere Geometrie *f*
infinitesimal rotation *(Mech)* infinitesimale (elementare) Drehung *f*, infinitesimale Rotation *f*
inflation 1. Aufblasen *n*, Aufblähung *f*; 2. *(Mech)* homogene Dehnung *f*; 3. *(Astr)* Inflation *f*
~ **pressure** *(Mech)* Aufladedruck *m*, Fülldruck *m (eines Pneumatik- oder Hydrauliksystems)*

inflection *(Mech)* Einwärtsbiegung *f*, Biegung *f* nach innen
inflight *(Aero, Astr)* Rückflug *m*, Rückflugphase *f*
influence coefficient (number) *(Mech)* [Maxwellsche] Einflußzahl *f*
~ **quantity** *(Meß)* Einflußgröße *f*
information conveyed übertragene (getragene) Information *f*
~ **redundance** Redundanz *f*, *(manchmal:)* Informationsüberschuß *m*
~ **transfer** Informationsübertragung *f*, Datenübertragung *f*, Nachrichtenübertragung *f (in beiden Richtungen)*
~ **transmission** Informationsübertragung *f*, Datenübertragung *f*, Nachrichtenübertragung *f (in einer Richtung)*
infra-Röntgen rays *(El, Magn)* Grenzstrahlen *mpl*
infragravity wave *(Hydr)* Infraschwerewelle *f*
infrared dome *(Opt)* infrarotdurchlässige (IR-durchlässige) Abdeckung *f*
~ **glass** *(Opt)* infrarotdurchlässiges (IR-durchlässiges) Glas *n*, Infrarotglas *n*
~ **magnitude** *(Astr)* Infrarothelligkeit *f*, IR-Helligkeit *f (eines Gestirns)*
~ **problem** *(Qu)* Infrarotdivergenz *f*, IR-Divergenz *f*, IR-Katastrophe *f*
~ **region A** *(El, Magn)* Infrarot-A-Gebiet *n*, IR-A-Gebiet *n (0,78...1,4 μm)*
~ **region B** *(El, Magn)* Infrarot-B-Gebiet *n*, IR-B-Gebiet *n (1,4...3,0 μm)*
~ **region C** *(El, Magn)* Infrarot-C-Gebiet *n*, IR-C-Gebiet *n (3,0...1000 μm)*
~ **standard** *(El, Magn)* Infrarotnormal *n*, IR-Normal *n*, IR-Strahlungsnormal *n*
infrasonic frequency *(Ak, Mech)* Infraschallfrequenz *f*
infrasound *(Ak, Mech)* Infraschall *m (Frequenz unter 16 Hz)*
ingress 1. Einbruch *m*, Eindringen *n*, Einströmen *n (von Gas oder Flüssigkeit)*; 2. *(Astr)* Beginn *m* (Eintritt) *m* des Vorübergangs *(vor der Sonnenscheibe oder einem Mutterplaneten)*; 3. Eintritt *m (des Mondes)* in den Erdschatten
inherent characteristic *(Reg)* Kennlinie *f (eines Systems)*
~ **density** *(Rel, Ström)* Eigendichte *f*
~ **feedback** *(Kern)* innere (inhärente) Rückwirkung *f* (Rückkopplung) *f*
~ **filtering** *(Kern)* Eigenfilterung *f*, Selbstfilterung *f (von Strahlung)*
~ **fog** *(Phot)* Grundschleier *m (einer Emulsion)*
~ **instabilty** *(Reg)* natürliche (innewohnende) Instabilität *f*, Schwingneigung *f*
~ **noise pressure** *(Ak)* äquivalenter Rauschdruck *m*
~ **stability** *(Mech)* Formsteifigkeit *f*, Formstarrheit *f*, Eigensteifigkeit *f*
~ **tension** *(Mech) s.* internal stress 2.
inherently stable reactor *(Kern)* eigenstabiler (inhärent stabiler) Reaktor *m*

inhibition 166

inhibition *(physCh)* negative Katalyse f, Antikatalyse f, Inhibierung f, Inhibition f
inhibitory phase *(physCh)* Schutzkolloid n
inhomogeneity Inhomogenität f, Heterogenität f, Verschiedenartigkeit f, Ungleichartigkeit f
inhour [unit], inhr *(Kern)* Inhour f, inverse (reziproke) Stunde f *(eine Reaktivitätseinheit)*
initial boiling point *(physCh)* Siedebeginn m, SB, Anfangs[siede]punkt m
~ **criticality** *(Kern)* Anfangskritikalität f, Erstkritikalität f, erstmaliger kritischer Zustand m
~ **current law** *(El)* Anlaufstromgesetz n
~ **edge** *(Ström)* Ursprung m *(eines Profils)*
~ **event** *(Kern)* Primärereignis n
~ **flow** *(Ström)* Initialströmung f
~ **internal pressure** *(Mech)* Vorinnendruck m
~ **ionization** *(At, Kern)* Primärionisation f, primäre Ionisation f, Anfangsionisation f *(auch in einem Zählrohr)*
~ **load** *(Mech)* Anfangslast f, Anfangsbelastung f, *(speziell:)* Vorlast f
~ **magnetization** *(Magn)* Erstmagnetisierung f
~ **nuclear radiation** *(Kern)* Sofortkernstrahlung f, Initialstrahlung f, durchdringende Strahlung f *(einer Kernexplosion)*
~ **nucleus** s. incipient crystal
~ **onset method** *(Kern)* Nullstrommethode f *(der Ionisierungspotentialbestimmung)*
~ **recombination** *(Kern)* Kolonnenrekombination f, Säulenrekombination f, Anfangsrekombination f
~ **stress** *(Mech)* Vorspannung f *(Größe)*
~ **tearing resistance (strength)** *(Mech)* Einreißwiderstand m, Einreißkraft f, *(manchmal:)* Einreißfestigkeit f
~ **thrust** *(Mech)* Startschub m, Anfangsschub m *(einer Rakete)*
~ **turbulence** *(Ström)* Vorturbulenz f, Anfangsturbulenz f
~ **vortex** *(Ström)* Anfahrwirbel m
initiating particle *(Kern)* erzeugendes (auslösendes) Teilchen n
~ **pulse** *(Kern)* Auslöseimpuls m, Startimpuls m *(eines Strahlungsdetektors)*
initiation 1. Einleitung f, Auslösung f, Initiierung f, Beginn m; 2. *(At, physCh)* Start m *(einer Kette)*, *(bei künstlicher Auslösung meist:)* Ketteninitiierung f, Ketteninduzierung f; 3. *(El)* Zündung f *(einer Gasentladung oder Gasentladungsröhre)*; 4. *(physCh)* Initialzündung f *(eines Explosivstoffs)*
initiator *(physCh)* Initiator m, Anreger m, *(der Polymerisation:)* Polymerisationskatalysator m, Polymerisationsanreger m
~ **injected pulse** *(Kern)* injizierter Impuls m, Injektionsimpuls m, Einschußimpuls m
injection 1. *(Kern, Pl)* Injektion f, Einschuß m, Einschießen n, Einschleusen n *(von Teilchen)*; 2. *(Kern)* Strahlinjektion f, Strahleinschuß m, Einschleusung f des Strahls *(in den Beschleuniger)*; 3. *(Halbl)* Injektion f *(von Ladungsträgern)*; 4. *(mathPh)* Injektion f, injektive (eineindeutige, umkehrbar eindeutige) Abbildung f
~ **heating** *(Pl)* Neutralstrahl[auf]heizung f, Neutralatomstrahl[auf]heizung f
injector *(Kern)* Vorbeschleuniger m, Injektor m, Injektionsgerät n, *(als zyklischer Beschleuniger auch:)* Booster m
~**-driven [wind] tunnel** *(Aero)* Ansaugkanal m
inleakage 1. *(Ström)* Leckage f nach innen, Einleckage f; 2. *(Vak)* Leckluft f
inlet guide vane *(Aero)* Dralldrossel f
~ **pressure** *(Vak)* Ansaugdruck m *(einer Pumpe)*
inner boundary *(Pl)* erste Wand f
~ **electric potential** *(Ech)* Galvani-Potential n, galvanisches (inneres, inneres elektrisches) Potential n
~ **Lagrangian point** *(Astr)* erster (innerer) Lagrange-Punkt m
~ **law** *(Ström)* Wandgesetz n *(der Grenzschicht)*
~**-orbital complex** *(At)* Durchdringungskomplex m, magnetisch anomaler Komplex m
~ **planet** *(Astr)* innerer (unterer) Planet m
~ **potential** s. ~ electric potential
~ **quantum number** *(At, Qu)* Gesamtdrehimpulsquantenzahl f, innere Quantenzahl f *(eines Elektrons: j; eines Atoms bzw. der Atomhülle: J)*
~ **tube** *(Ström)* Kernrohr n, Innenrohr n *(eines konzentrischen Rohres)*
~ **work function** *(Fest)* innere Austrittsarbeit f
innermost shell *(At)* K-Schale f, Zweierschale f, kernnächste Schale f
innerzone transition *(Fest)* Interbandübergang m, Band-Band-Übergang m, Zwischenbandübergang m
inoculation *(Krist)* Impfung f, Animpfung f *(Röntgenkristallstrukturanalyse)*
inorganic crystal *(Krist)* anorganischer Kristall m
input bias current *(El)* Eingangsruhestrom m
~ **function** *(Reg)* Eingabefunktion f
~ **resolution** *(Reg)* Ansprechwert m
~ **variable** Eingangsgröße f
inrush current *(El)* Einschaltstoßstrom m
INS *(Spektr)* Ionenneutralisationsspektroskopie f, INS
inscattering *(Kern)* Hineinstreuung f, Streuung f in ein Medium
insensitive interval (time) *(Kern)* s. paralysis period
inserted scram rod *(Kern)* eingeschossener Schnellabschaltstab m, *(bei vertikaler Anordnung:)* abgeworfener Schnellabschaltstab m

insertion 1. Einfügen *n*, Einsetzen *n*, Einschub *m*, *(speziell:)* Einfahren *n (eines Steuerstabes in die Reaktorspaltzone), (in einen senkrechten Kern auch:)* Absenken *n*; 2. *(At)* Einbauen *n*, Einlagerung *f (z. B. von Fremddatomen)*; Einbau *m (von Elektronen)*; 3. *(mathPh)* Einschaltung *f (von Gliedern)*
insolubility *(physCh)* Unlöslichkeit *f*
insolubilizing *(physCh)* Überführung *f* in die unlösliche Form
insoluble residue *(physCh)* unlöslicher Rückstand *m*, Unlösliches *n*
inspissation *(physCh)* Eindickung *f*, Dickwerden *n*, Verdickung *f*
instability Instabilität *f*, Unstabilität *f*, Unbeständigkeit *f*, Labilität *f*
~ **constant** *(physCh)* Unbeständigkeitskonstante *f*, Instabilitätskonstante *f*
~ **neutron** *(Pl)* falsches Neutron *n*, Instabilitätsneutron *n*
installed capacity *(El)* installierte Leistung (Gesamtleistung) *f*
instant centre *(Mech)* s. instantaneous centre
instantaneous angular velocity [vector] *(Mech)* Drehvektor *m*, momentaner Winkelgeschwindigkeitsvektor *m*
~ **axis [of rotation]** *(Mech)* Momentanachse *f* [der Drehung], momentane (augenblickliche) Drehachse *f*, Momentandrehachse *f*
~ **centre [of rotation]** *(Mech)* Momentanpol *m*, Momentanzentrum *n*, Geschwindigkeitspol *m*
~ **current** *(El)* Augenblicksstrom *m*, augenblicklicher Strom *m*, Augenblickswert *m* des Stromes
~ **deflection (displacement)** [momentane] Auslenkung *f*, Schwingungsausschlag *m*, Schwing[ungs]weg *m*, Elongation *f*
~ **force** *(Mech)* momentan wirkende Kraft *f*, Stoßkraft *f*
~ **helical (helicoidal) motion** *(Mech)* Schrotung *f*, Axoidbewegung *f*, momentane (instantane) Schraubenbewegung *f*
~ **maximum** Spitze *f*, kurzzeitig angenommenes Maximum *n*
~ **modulus [of elasticity]** *(Mech)* momentaner Elastizitätsmodul *m*
~ **orbit** *(Kern)* Momentankreis *m*, Momentanbahn *f*, momentane Bahn *f (im Beschleuniger)*
~ **orbital element** *(Astr)* instantanes Bahnelement (Element) *n*
~ **particle displacement** *(Ak)* augenblicklicher Schallausschlag *m*
~ **particle velocity** *(Ak)* Augenblickswert *m* der Schallschnelle
~ **recovery** *(Mech)* Soforterholung *f*, momentane Rückdehnung *f*
~ **rest frame** *(Rel)* momentanes Ruhesystem *n (eines Teilchens)*
~ **screw axis** *(Mech)* momentane (instantane) Schraubenachse *f*
~ **screw motion** s. ~ helical motion
~ **space** *(Feld)* momentaner Raum *m*
~ **value** Augenblickswert *m*, augenblicklicher Wert *m*
instrument function *(Meß)* Gerätefunktion *f*, Apparatefunktion *f*
~ **magnification** *(Opt)* Winkelverhältnis *n*, *(bei subjektiv benutzten optischen Instrumenten auch manchmal:)* Winkelvergrößerung *f*
~ **range** 1. *(Meß)* Meßbereich *m*, effektiver Bereich *m*, Bereich *m* größter Genauigkeit *(eines Meßgeräts)*; 2. *(Kern)* s. period range
~ **transformer** *(Meß)* Meßwandler *m*
instrumental error *(Meß)* Instrumentenfehler *m*, *(manchmal:)* Instrumentalfehler *m*, Gerätefehler *m*, Apparat[e]fehler *m*
~ **magnitude** *(Astr)* instrumentale Größenklasse (Größe) *f*, instrumentale Helligkeit *f*
~ **width** *(Kern, Opt)* Apparatebreite *f (eines Peaks oder einer Linie)*
instrumented satellite *(Astr)* Meßsatellit *m*
insulant 1. [elektrische] Isolierung *f*, Isolierstoff *m*, *(manchmal:)* Isoliermaterial *n*; 2. *(Ak, Therm)* Dämmstoff *m*
~ **diffusion** *(Halbl)* Isolationsdiffusion *f*
insulating strength *(El)* Isolierfestigkeit *f*, Isolationsfestigkeit *f (in V/cm)*
insulation 1. *(El)* Isolation *f (Zustand)*; Isolierung *f (Vorgang, Anordnung von Isolierstoffen)*; 2. *(Therm)* Wärmedämmung *f*, Dämmung *f*, Isolierung *f*; 3. *(El)* s. insulant 1.
insulativity *(El)* spezifischer Isolationswiderstand *m*
insulator strength *(El)* Isolatorfestigkeit *f (mechanisch und/oder elektrisch)*
intake pressure *(Vak)* Ansaugdruck *m (einer Pumpe)*
integer spin *(Qu)* ganzzahliger Spin *m*
integral boiling water nuclear superheat[ing] reactor *(Kern)* Siedewasserreaktor *m* mit nuklearer Überhitzung, [integrierter] Siedewasserüberhitzerreaktor *m*
~ **number** 1. ganzzahlige Anzahl *f*; 2. *(mathPh)* ganze Zahl *f*
~ **of area[s]** *(Astr, Mech)* Flächenintegral *n (in der Himmelsmechanik)*
~ **partial molal (molar) quantity** *(Therm)* integrale Restgröße *f*, relative Integralgröße *f*
~ **principle** *(Mech, Qu)* Variationsprinzip *n*, Integralprinzip *n*, Extremalprinzip *n*
~ **representation** *(Rel)* quellenmäßige Darstellung *f*
~ **square error** *(Reg)* Zeitintegral *n* des Fehlerquadrates, Fehlerquadratintegral *n*
~ **theorem of Helmholtz and Kirchhoff** *(Ak, Opt)* Kirchhoffsche Formel (Beugungsformel, Wellenformel) *f*
integrated flux *(Kern)* 1. Fluenz *f*, Teilchenfluenz *f*, zeitliches Integral *n* der Flußdichte *(in Teilchen · m^{-2})*; 2. inte-

integrated 168

graler Fluß (Neutronenfluß) *m*, Zeitintegral *n* des Neutronenflusses, Flußzeit *f (in Neutronen · cm^{-2})*
~ **photon flux** *(Kern)* Photonenfluenz *f*
integrating sphere *(Opt)* Ulbrichtsche Kugel *f*, Ulbricht-Kugel *f*, U-Kugel *f*
integration 1. *(mathPh)* Integration *f*; 2. *(Meß)* Integration *f*, Summierung *f*, Mittelwertmessung *f*
intensification 1. Verstärkung *f*, Intensivierung *f*, *(speziell bei Farben auch:)* Vertiefung *f*; 2. *(Phot)* [photographische] Verstärkung *f*, chemische Verstärkung *f*
intensitometer *(At)* Intensimeter *n*, Röntgenintensitätsmesser *m*
intensity 1. Intensität *f*, Stärke *f*; 2. Intensität *f*, Leistungsbedeckung *f* *(eines schwingenden Kontinuums, Skalar)*; 2. *(Kern) s.* ~ of radiation 2.; 3. *(Ström, Vak)* raumwinkelbezogene Stromdichte *f*, Intensität *f*; 4. *(Opt)* Bestrahlungsstärke *f* *(in der Lichtwellenleitertechnik)*; 5. *(Opt)* Leistung *f* *(einer elektromagnetischen Welle in der Lichtwellenleitertechnik)*
~ **factor** *(Therm) s.* intensive parameter
~ **level** *(Ak)* Schallintensitätspegel *m*, *(manchmal:)* Schalleistungsdichtepegel *m*, Schallenergieflußpegel *m*, Schallstärkepegel *m*
~ **modulation** Intensitätsmodulation *f*, Helligkeitsmodulation *f* *(in Kathodenstrahlröhren)*
~ **of continuous load** *(Mech)* spezifische Belastung *f*, Einheitslast *f*
~ **of field** Feldstärke *f*, Feldstärkevektor *m*
~ **of illumination** *(Opt)* Beleuchtungsstärke *f (Größe)*
~ **of load** *(Mech)* Belastungsstärke *f*, Belastungsintensität *f*
~ **of magnetization** *(Magn)* 1. Magnetisierung *f (Skalar)*; 2. magnetische Polarisation *f*, Vektor *m* der magnetischen Polarisation
~ **of radiation** 1. Strahlungsintensität *f*, Strahlenintensität *f (unspezifischer Begriff, häufig die Energieflußdichte)*; 2. *(Kern)* Energieflußdichte *f*, Energiefluenzleistung *f*, Energiefluenzrate *f*, Strahlungsintensität *f (ionisierender Teilchen)*
~ **relief** *(Opt)* Lichtgebirge *n*
~ **rules for multiplets** *s.* ~ sum rules
~ **standard** *(Opt)* Lichtstärkenormal *n*
~ **sum rule[s]** *(At, Spektr)* Intensitätsregel *f* von Ornstein, Burger und Dorgelo; Summenregeln *fpl* für die Intensitäten
intensive parameter (quantity, variable) *(Therm)* intensive Größe (Größenart, Variable) *f*, intensiver Parameter *m*, Intensitätsgröße *f*, Qualitätsgrößenart *f*
inter *(mathPh)* Durchschnitt *m*, Durchschnittsmenge *f*, *(manchmal:)* Schnittmenge *f (von Mengen)*
interacting boson model *(Kern)* Modell *n* des wechselwirkenden Bosons *(für den Atomkern)*

interaction carrier *(Feld, Hoch)* Wechselwirkungsträger *m*
~ **Hamiltonian** *(Feld, Qu)* Wechselwirkungs-Hamilton-Dichte *f*
~ **Lagrangian** *(Feld, Qu)* Wechselwirkungs-Lagrange-Dichte *f*
~ **law** *s.* Newton's third law
~ **picture** *(Qu)* Wechselwirkungsbild *n*, Tomonaga-Bild *n*, Wechselwirkungsdarstellung *f*
~ **prediction method** Methode *f* der fixierten Ausgangsvariablen, Modellkoordination *f*
~ **representation** *s.* ~ picture
interatomic force *(At)* interatomare (zwischenatomare) Kraft *f*
interband absorption *(Fest)* Grundgitterabsorption *f*, Interbandabsorption *f*
~ **recombination** *(Fest)* Interbandrekombination *f*, Band-Band-Rekombination *f*, Zwischenbandrekombination *f*, direkte Rekombination *f*
interbase current *(Halbl)* Zwischenbasisstrom *m*, Basis-Basis-Strom *m*
intercalation method *(Fest)* Interkalationsverfahren *n*
intercardinal point *(Astr)* Nebenhimmelsrichtung *f*, Himmelsrichtung *f (z. B. NO, SO)*
intercept *(Krist)* Achsenabschnitt *m*, Parameter *m*
~ **method** *(Fest)* Rosiwal-Analyse *f*
~ **ratio** *(Krist)* [kristallographisches] Achsenverhältnis *n*
intercepted segment method *(Krist)* Linienschnittverfahren *n*
interception Auffangen *n*, Fangen *n*, Einfangen *n (z. B. von Elektronen)*, Abfangen *n (z. B. von Strahlen)*
interchange 1. *(wechselseitiger)* Austausch *m*; 2. *(Meß, Reg)* Auswechslung *f*, Austausch *m*, Ersatz *m*
~ **deformation** *(Pl)* Austauschdeformation *f*, Deformation *f* vom konvektiven Typ
~ **diffusion** *(Fest)* Platzwechselmechanismus *m (der Diffusion)*, Platzwechseldiffusion *f*
~ **of heat** *(Therm)* Wärme[aus]tausch *m (direkter Wärmeübergang)*
~ **of sites** *(Fest)* Platzwechsel *m*
~ **theory** *(Ström)* Platzwechseltheorie *f (der Viskosität)*
interchangeability *(Meß, Reg)* Austauschbarkeit *f*, Auswechselbarkeit *f*
interchanger *(Tief)* [Tieftemperatur-]Wärmeübertrager *m*
intercombination law *(At)* Interkombinationsverbot *n*, Interkombinationsregel *f*, Kombinationsverbot *n (von Spektraltermen)*
intercomparison *(Kern)* Vergleich *m*, *(speziell:)* Ringvergleich *m*
interconnection 1. Ankopplung *f*, Verkopplung *f*; Zusammenschaltung *f*; 2. *(Reg)* Vermaschung *f*

intercrescence *(Krist)* Verwachsung *f*, Durchwachsung *f*
intercrystalline brittleness *(Mech)* Spaltbrüchigkeit *f*, interkristalline Brüchigkeit *f*, Korngrenzenbrüchigkeit *f*
~ **failure** *(Mech)* interkristalliner (zwischenkristalliner) Bruch *m*, Korngrenzenbruch *m*
interdependence Wechselbeziehung *f*, gegenseitige Abhängigkeit *f*
interdigital (interdigitated) structure *(El)* Interdigitalstruktur *f*, Doppelkammstruktur *f*
interface 1. *(Fest, physCh)* Grenzfläche *f*, *(selten:)* Phasengrenzfläche *f*; 2. *(El)* Schnittstelle *f*, *(manchmal:)* Interface *n*
~ **connection** *(El)* Durchkontaktierung *f*
~ **normal** *(physCh)* Grenzflächennormale *f*
~ **resistance** *(Therm)* Wärmeübergangswiderstand *m* *(als Größe in K m²/W)*
interfacial angle *(Krist)* Flächenwinkel *m*, Neigungswinkel *m* zweier Flächen
~ **energy** *(Fest, physCh)* Grenzflächenenergie *f*, *(manchmal:)* Grenzflächenarbeit *f*
~ **force** *(Mech, physCh)* Grenzflächenspannung *f*, spezifisch freie Grenzflächenenergie *f*
~ **polarization** 1. *(El, Fest)* Raumladungspolarisation *f*; 2. *(Opt)* Grenzflächenpolarisation *f*, Grenzschichtpolarisation *f*
~ **potential** *(Ech)* Galvani-Potential *n*, galvanisches (inneres elektrisches) Potential *n*
~ **surface energy (tension)** *(Mech, physCh)* Grenzflächenspannung *f*, spezifische freie Grenzflächenenergie *f*
~ **tension** *s.* capillary pressure
~ **wave** *(Ström)* Grenzflächenwelle *f*, Grenzschichtwelle *f*
interfacially active agent (substance) *(physCh)* grenzflächenaktiver Stoff *m*
interference 1. Interferenz *f* *(von Wellenzügen)*, Welleninterferenz *f*; 2. *(Aero)* gegenseitige Beeinflussung *f*, Interferenz *f*; 3. *(El)* Störung *f*, Störbeeinflussung *f*, störende Beeinflussung *f*; 4. *(El)* Störung *f*, Störsignal *n* *(jede Art von unerwünschtem Signal)*
~ **band** *(Opt)* Interferenzstreifen *m*
~ **by reflection** *(Opt)* Interferenz *f* bei Auflichtbeobachtung
~ **by transmission** *(Opt)* Interferenz *f* bei Durchlichtbeobachtung
~ **drag** *(Aero)* Interferenzwiderstand *m*
~ **field** *(El, Magn)* Störfeld *n*, Fremdfeld *n*
~ **figure** *(Krist, Opt)* Interferenzfigur *f*, [optisches] Achsenbild *n*
~ **filter** 1. *(Opt)* Interferenz[licht]filter *n*, *(speziell:)* Lichtwellenleiter-Interferenzfilter *n*, LWL-Interferenzfilter *n*; 2. *(El)* Störschutzfilter *n*, Entstörfilter *n*
~ **fringe** *(Opt)* Interferenzstreifen *m*
~ **pattern** 1. Interferenzbild *n*; 2. *(El)* Störstreifen *mpl*, Störmuster *n* *(auf dem Radarschirm)*

~ **sink** *(El)* Störsenke *f*
~ **source** *(El)* Störquelle *f*
~ **suppression** *(El)* Entstörung *f*, Störungsunterdrückung *f*
intergranular brittleness *(Mech)* Spaltbrüchigkeit *f*, interkristalline Brüchigkeit *f*, Korngrenzenbrüchigkeit *f*
~ **crack** *(Mech)* Korngrenzenriß *m*
~ **dislocation** *(Krist)* Korngrenzenversetzung *f*
~ **failure (fracture)** *(Mech)* interkristalliner (zwischenkristalliner) Bruch *m*, Korngrenzenbruch *m*
~ **solidification** *(Mech)* Korngrenzenverfestigung *f*, interkristalline Verfestigung *f*, Spannungsverfestigung *f*
~ **stress** *(Fest, Mech)* Korngrenzenspannung *f*
~ **viscosity** *(Fest)* Korngrenzenviskosität *f*
intergrowth *(Krist)* Verwachsung *f*, Durchwachsung *f*
interior ballistics *(Mech)* innere Ballistik *f*, Innenballistik *f*
~ **field of view** *(Opt)* Bildfeld *n*, bildseitiges Sichtfeld *n*, Austrittssichtfeld *n*, Bildsichtfeld *n* *(eines optischen Instruments)*
~ **field stop** *(Opt)* Bildfeldblende *f*, bildseitige (hintere) Feldblende *f*
~ **focal distance (length)** *(Opt)* Bildbrennweite *f*, bildseitige (hintere, zweite) Brennweite *f*
~ **normal** *(Mech)* innere (nach innen gerichtete) Normale *f*
interlaboratory comparison Ringvergleich *m*, Laborvergleich *m*, Interlaborvergleich *m*
interlaced path *(Opt)* verflochtener Strahlengang *m*
interlaminar strength *(Mech)* Spaltfestigkeit *f* *(von Schichtstoffen)*
interlattice *(Krist)* Zwischengitter *n*
~ **plane distance** *(Krist)* Netzebenenabstand *m*
interlevel transition *(Qu)* Niveauübergang *m*
interlocked multiplets *(Spektr)* verkettete Multipletts *npl*
interlocking *(El, Reg)* Verriegelung *f*
interloper *(Astr)* 1. systemfremder Stern *m*, Fremdstern *m*; 2. *s.* quasage
intermediate ballistics *(Mech)* Zwischenballistik *f*
~ **constituent** *(At)* intermetallische Verbindung *f*, *(in einer Legierung auch:)* intermetallische Phase *f*
~ **dose** *(Kern)* mittlere (mittelhohe) Dosis *f*
~ **focus** *(Opt)* Zwischen[bild]fokus *m*, *(selten:)* Zwischenbrennpunkt *m*
~ **infrared** *(El, Magn)* mittleres Infrarot *n*, Gebiet *n* (Bereich *m*) des mittleren Infrarots *(etwa 2,5...50 μm)*
~ **lattice** *(Krist)* Zwischengitter *n*
~-**level radioactive waste** *(Kern)* mittel[radio]aktiver Abfall *m*
~-**lived radionuclide** *(Kern)* mittelbiges Radionuklid *n*, Radionuklid *n* mittlerer Lebensdauer

intermediate 170

- **~-mass nucleus** *(Kern)* mittelschwerer (mittlerer) Kern *m*
- **~ neutron** *(Kern)* mittelschnelles (intermediäres) Neutron *n*
- **~ population [II]** *(Astr)* Zwischenpopulation *f* [II]
- **~ range** *(Kern)* Zwischenbereich *m*, Übergangsbereich *m*, Mittelbereich *m (der Neutronenflußmessung, zwischen Quell- und Leistungsbereich)*
- **~ spectrum reactor** *(Kern)* mittelschneller (intermediärer) Reaktor *m*, Reaktor *m* mit mittelschnellen Neutronen
- **~ storage** *(Kern)* Zwischenlagerung *f*, zeitweilige Lagerung *f (vor dem Transport zum Endlager, auch zum Abklingen)*
- **~ vector boson** *(Hoch)* intermediäres Vektorboson *n*, IVB
- **~ W boson (particle)** *(Hoch) s.* woson
- **~ wave** 1. *(El, Magn)* Grenzwelle *f* (50...200 *m*); 2. *(Hydr)* Zwischenwelle *f*
- **intermittence, intermittency** Aussetzen *n*, zeitweilige Unterbrechung *f*, Intermittenz *f*
- **intermittent motion** *(Mech)* ruckartige Bewegung *f*, Ruckbewegung *f*
- **intermodal dispersion** *(Opt)* Zwischenmodendispersion *f*
- **intermolecular force** *(At)* zwischenmolekulare (intermolekulare) Kraft *f*
- **~ rearrangement** *(At)* intermolekulare (zwischenmolekulare) Umlagerung *f*
- **~ separation** *(At)* Abstand *m* zwischen den Molekülen, Molekülabstand *m*, intermolekularer (zwischenmolekularer) Abstand *m*
- **internal absorptance** *(El, Magn, Opt)* spektraler innerer Absorptionsgrad *m*, spektraler Reinabsorptionsgrad *m*, *(bei ausgeschlossenem Mißverständnis:)* Reinabsorptionsgrad *m*
- **~ absorption** *(Kern)* Selbstabsorption *f*, Selbstabschirmung *f (ionisierender Strahlung)*
- **~ absorption coefficient** *(Kern)* Selbstabsorptionskoeffizient *m*, Selbstabsorptionsfaktor *m*, Effektivität *f (einer Strahlenquelle)*, Quelleneffektivität *f*
- **~ absorption factor** *s.* internal absorptance
- **~ ballistics** *(Mech)* innere Ballistik *f*, Innenballistik *f*
- **~ beam** *(Kern)* umlaufender (innerer) Strahl *m (im zyklischen Beschleuniger)*
- **~ calorimetry** *(Therm)* Phasenumwandlungskalorimetrie *f*
- **~ combustion engine cycle** *(Therm)* Gleichvolumenprozeß *m*, Explosionsmotorprozeß *m*
- **~ conversion [decay]** *(Kern)* innere Konversion *f*, IC, IK, innere Umwandlung *f*, IU
- **~ conversion electron** *(Kern)* Konversionselektron *n*, Umwandlungselektron *n*
- **~ conversion gain** *(Kern)* Brutgewinn (Konversionsgewinn) *m* für das Core

- **~ density** *(Opt)* dekadisches (spektrales) Absorptionsmaß *n*
- **~ energy [function]** *(Therm)* innere Energie *f*
- **~ equivalent temperature** *(Halbl)* Ersatz-Sperrschichttemperatur *f*, innere Ersatztemperatur *f*
- **~ field** 1. *(Fest, Magn) s.* Weiss internal field; 2. *(physCh)* inneres Feld (Magnetfeld) *n (einer Dipolflüssigkeit)*
- **~ field emission** *(Halbl)* innere Feldemission *f*, Zener-Emission *f*
- **~ friction** 1. *(Mech)* innere Reibung (Dämpfung) *f (in einem Festkörper)*; 2. *(Ström)* Viskosität *f*, Zähigkeit *f*, innere Reibung *f*
- **~ optical density** *(Opt)* 1. photographische Schwärzung *f* bei Transmission, Schwärzung bei Durchsichtsbildern, Transmissionsschwärzung *f*; 2. dekadisches (spektrales) Absorptionsmaß *n*
- **~ pair coefficient** *(Kern)* Koeffizient *m* der inneren Paarbildung
- **~ phase** *(physCh)* disperser Anteil (Bestandteil) *m*, Dispersum *n*, disperse (innere, offene) Phase *f (einer Dispersion)*
- **~ photoelectric effect** *(Fest)* innerer Photoeffekt *m*, interner lichtelektrischer Effekt *m*
- **~ pressure** 1. *(Mech)* innerer Druck *m*, Innendruck *m*; 2. *s.* intrinsic pressure
- **~ pressurization** *(Kern)* Vorinnendruck *m*
- **~ quenching** *s.* self-quenching
- **~ reflectance spectroscopy** *(Spektr)* abgeschwächte (verminderte, verhinderte) Totalreflexion *f*
- **~ space solution** *(Rel)* Innenraumlösung *f*
- **~ standard method** *(physCh, Spektr)* Methode *f* des inneren Standards, leitprobenfreies Verfahren *n*
- **~ stress (tension)** *(Mech)* 1. innerer Spannungszustand *m*, innere Verspannung *f*; 2. Eigenspannung *f*, Restspannung *f*, Nachspannung *f*, *(allgemeiner:)* innere Spannung *f*
- **~ torsional stress** *(Mech)* Torsionsbeanspruchung *f*, Verdreh[ungs]beanspruchung *f*
- **~ transmission density** *(Opt)* dekadisches (spektrales) Absorptionsmaß *n*
- **~ transmission factor** *s.* ~ transmittance
- **~ transmittance** *(El, Magn, Opt)* [spektraler] innerer Transmissionsgrad *m*, spektraler Reintransmissionsgrad *m*, *(bei ausgeschlossenem Mißverständnis:)* Reintransmissionsgrad *m*
- **~ variable** *(Therm)* innerer Parameter *m*, innere Variable *f*
- **~ wave** *(Hydr)* Welle *f* in einer Flüssigkeit, *(speziell:)* innere (interne) Welle *f*
- **~ work** *(Mech)* Arbeit *f* der inneren Kräfte, innere Arbeit *f*
- **international ampere** internationales Ampere *n*, A_{int} *(SI-fremde Einheit der*

elektrischen Stromstärke;
1 A_{int} = 0,999850 A)
~ **ångström** *(Spektr)* internationales Ångström *n*, IÅ *(SI-fremde Einheit der Länge; 1 IÅ = 0,10000002 nm)*
~ **atomic time** *(Astr, At)* Internationale Atomzeit *f*, TAI *(temps atomique international)*
~ **candle [power]** *(Opt)* Internationale Kerze *f*, IK *(SI-fremde Einheit der Lichtstärke; 1 IK = 1,019 cd)*
~ **coulomb** internationales Coulomb *n*, C_{int} *(SI-fremde Einheit der Elektrizitätsmenge oder der elektrischen Ladung; 1 C_{int} = 0,999835 C)*
~ **farad** internationales Farad *n*, F_{int} *(SI-fremde Einheit der elektrischen Kapazität; 1 F_{int} = 0,99951 F)*
~ **henry** *(El)* internationales Henry *n*, H_{int}, Quadrant *n* *(SI-fremde Einheit der Induktivität f; 1 H_{int} = 1,00049 H)*
~ **hydrogen scale** *(Therm)* internationale Wasserstoffskala *f*, Wasserstoffskala *f* [der Temperatur], Wasserstofftemperaturskala *f*
~ **Joule** *(El)* Internationales Joule *n*, J_{int} *(SI-fremde Einheit für Arbeit, Energie und Wärme; 1 J_{int} = 1,00020 J)*
~ **kilogramme** *(Mech, Meß)* internationaler Kilogrammprototyp *m*, Urkilogramm *n*, Kilogrammprototyp *m*
~ **[nautical] mile** *(Mech)* [internationale] Seemeile *f*, sm *(1 sm = 1852 m)*
~ **ohm** internationales Ohm *n*, Ω_{int} *(SI-fremde Einheit des elektrischen Widerstandes; 1 Ω_{int} = 1,00049 Ω)*
~ **photon** *(Opt) s.* troland
~ **pitch** *(Ak)* internationaler Stimmton *m*, Stimmton *m* 435 Hz für a
~ **prototype metre** *(Mech)* Urmeter *n*
~ **solar polar mission** *(Astr)* Sonnenpolsonde *f*
~ **standard atmosphere** internationale Standardatmosphäre *f*, ISA, internationale Normalatmosphäre *f*, INA
~ **standard value of acceleration of gravity (free fall)** *(Mech)* Normalfallbeschleunigung *f*
~ **table British thermal unit** *s.* British thermal unit 1.
~ **volt** internationales Volt *n*, V_{int} *(SI-fremde Einheit der elektrischen Spannung; 1 V_{int} = 1,00034 V)*
~ **watt** *(El)* internationales Watt *n*, W_{int} *(SI-fremde Einheit der Leistung; 1 W_{int} = 1,00020 W)*
~ **weber** *(El)* internationales Weber *n*, Wb_{int} *(SI-fremde Einheit des magnetischen Flusses; 1 Wb_{int} = 1,00034 Wb)*
International Practical Scale of Temperature *(Therm)* internationale praktische Temperaturskala *f*, IPTS
~ **Steam-Table calorie** *(Therm)* internationale Tafelkalorie *f*, cal_{IT} *(Definition von 1948, SI-fremde Einheit der Wärmemenge; 1 cal_{IT} = 4,18684 J)*

~ **System of Units** Internationales Einheitensystem *n*, SI
~ **Table calorie** *(Therm)* Kalorie *f*, cal, internationale Tafelkalorie *f*, Tafelkalorie *f*, cal_{IT} *(SI-fremde Einheit der Wärmemenge; 1 cal_{IT} = 4,1868 J)*
~ **Union of Pure and Applied Physics** Internationale Union für Reine und Angewandte Physik, IUPAP
internuclear distance 1. *(At)* Kernabstand *m*, Gleichgewichtsabstand *m* der Atome *(im Molekül)*; 2. *(Kern)* Kernabstand *m*, Atomkernabstand *m*, Abstand *m* zwischen den Kernen
interpenetration twin *(Krist)* Durchdringungszwilling *m*, Durchwachsungszwilling *m*, Penetrationszwilling *m*
interphase *(physCh)* 1. Phasengrenze *f*, Phasengrenzfläche *f*; 2. Zwischenphase *f*, Übergangszone *f*
interplanar angle *(At)* Torsionswinkel *m*, Diederwinkel *m*, Interplanarwinkel *m*
~ **spacing** *(Krist)* Netzebenenabstand *m*
interquartile range *(mathPh)* Quartilabstand *m*, Hälftespielraum *m*, *(manchmal:)* zwischenquartile Breite *f*, Bereich *m* des Quartils
interreflection *(Mech, Vak)* Interreflexion *f*, innere Reflexion *f* *(zwischen Oberflächenelementen)*
interrupted etching *(Kern)* Mehrfachätzung *f* *(eines Festkörperspurdetektors)*
interruption theory *(Spektr)* Stoßtheorie *f* der Linienverbreiterung
intersecting beam accelerator *s.* colliding beam accelerator
intersection 1. Schneiden *n*, Schnitt *m* *(einer Linie)*, *(eines Körpers auch:)* Durchstoßen *n*; 2. *(Krist)* Durchdringung *f* *(von Flächen oder Körpern)*, *(speziell:)* [gegenseitige] Durchdringung *f*, Penetration *f* *(von Zwillingskristallen)*; 3. *(mathPh)* Schnittpunkt *m*; 4. *(mathPh)* Durchschnitt *m*, Durchschnittsmenge *f*, *(manchmal:)* Schnittmenge *f* *(von Mengen)*
~ **condition** *(Opt)* Schnittlinienbedingung *f*
~ **jog (jump)** *(Krist)* Durchschneidungssprung *m*
~ **line** Schnittgerade *f* *(zweier Ebenen)*
~ **point** Schnittpunkt *m*, *(bei einer Fläche oder einem Körper auch:)* Durchstoß[ungs]punkt *m*
intersolid diffusion *(Fest, physCh)* Festkörperdiffusion *f*, Diffusion *f* in der festen Phase
interspace Lücke *f*, Zwischenraum *m*, Intervall *n*, Strecke *f*
interstage coupling *(El, Halbl)* Stufenkopplung *f*
interstellar grains *(Astr)* interstellare Staubteilchen *npl*
~ **reddening** *(Astr)* interstellare Verfärbung *f*
interstice 1. Lücke *f*, Zwischenraum *m*, Intervall *n*; 2. *(Krist)* Zwischengitterplatz

interstitial 172

m; 3. *(Opt)* Interstitium *n*, Abstand *m* der Hauptpunkte
interstitial *(Krist)* 1. Zwischengitterfehlstelle *f*, Zwischengitterdefekt *m*; 2. *s.* ~ atom; 3. *s.* ~ ion
~ **atom** *(Krist)* Zwischengitteratom *n*, Atom *n* auf Zwischengitterplatz, *(manchmal:)* Lückenatom *n*
~ **compound** *(At, Fest)* Einlagerungsverbindung *f*, *(selten:)* interstitielle Verbindung *f*
~ **impurity** *(Krist)* Zwischengitterstörstelle *f*, Einlagerungsfremdatom *n*
~ **ion** *(Krist)* Zwischengitterion *f*, Ion *n* auf Zwischengitterplatz, *(manchmal:)* Lückenion *n*
~ **jog (jump)** *(Fest)* Zwischengittersprung *m*
~ **site** *(Krist)* Zwischengitterplatz *m*
~ **[solid] solution** *(Fest)* Einlagerungsmischkristall *m*, interstitielle feste Lösung *f*, Interstitiallösung *f*
~ **type colour centre** *(Fest)* I-Zentrum *n*
~ **type Schottky defect** *(Krist)* Anti-Schottky-Fehlordnung *f*, Anti-Schottky-Defekt *m*
interstitialcy *(Krist)* Zwischengitterpaar *n*
~ **mechanism** *(Fest)* „interstitialcy"-Mechanismus *m*, indirekter Zwischengittermechanismus *m*
interstratification *(Krist)* Schichtbildung *f*, Schichtung *f*, Zwischenschichtbildung *f*, *(speziell:)* Einlagerung *f*
intertrack recombination *(Kern)* Volumenrekombination *f*, Volumrekombination *f*
interval 1. Intervall *n*; Zwischenraum *m*, Lücke *f*; Strecke *f*; 2. Zeitspanne *f*, Zeitintervall *n*, Zeit *f*, Zeitraum *m*, Zeitabschnitt *m*, Zeitabstand *m*; 3. *(Ak)* Tonintervall *n*, Tonstufe *f*, Tonschritt *m*; 4. *(mathPh)* Intervall *n*, *(speziell:)* offenes Intervall *n* *(geschrieben: (a,b) oder]a,b[)*; 5. *(mathPh)* Variationsintervall *n* *(einer Population)*; *(Rel)* Intervall *n*, Abstand *m* *(zwischen zwei Ereignissen)*, Weltintervall *n*
~ **factor** *(At) s.* Landé *g* factor
intervalley scattering *(Halbl)* Zwischentalstreuung *f*, Intervalleystreuung *f*
INTOR *(Pl)* Internationaler Tokamak-Reaktor *m*, INTOR
intraband transition *(Fest)* Intrabandübertragung *m*, Innerbandübergang *m*
intrabeam viewing *(Opt)* Sehen *n* in den Strahl *(z. B. beim Laser)*
intracrystalline crack *(Mech)* transkristalliner (intrakristalliner) Riß *m*
~ **dislocation** *(Krist)* intrakristalline Versetzung *f*
intractability erschwerte Auswertbarkeit (Bearbeitbarkeit) *f* *(z. B. von Daten)*
intragranular dislocation *(Krist)* intrakristalline Versetzung *f*
intragroup flux [density] *(Kern)* Innergruppen[-Neutronen]fluß *m*, Innergruppen-Neutronenflußdichte *f*

intramodal distortion *(Opt)* intramodale Dispersion *f*, chromatische Verzerrung *f*
intramolecular force *(At)* innermolekulare (intramolekulare) Kraft *f*
intravalley scattering *(Halbl)* Innertalstreuung *f*, Intravalleystreuung *f*
intrinsic activation *(Kern)* Selbstaktivierung *f*, Eigenaktivierung *f*
~ **admittance** *s.* ~ impedance 1.
~ **angular momentum** *(At, Qu)* 1. Spin *m*, Eigendrehimpuls *m*, Spinmoment *n* *(eines Elementarteilchens oder Atomkerns, Skalar, in Einheiten von h/2π)*; 2. Spin[drehimpuls]vektor *m*, Spindrehimpuls *m*, *(mechanischer)* Eigendrehimpuls *m*, Eigendrall *m*, Spinmoment *n* *(Vektor oder sein Betrag)*
~ **concentration** *s.* ~ density
~ **conduction** *(Halbl)* Eigenleitung *f*, I-Leitung *f*
~ **conductivity** 1. *(Ech)* Eigenleitfähigkeit *f*, innere Leitfähigkeit *f* *(Größe)*; 2. *(El)* innere Leitfähigkeit *f* *(einer Röntgenröhre, Größe)*; 3. *(Halbl)* Eigenleitfähigkeit *f*, I-Leitfähigkeit *f* *(Größe)*
~ **contrast** *(Opt)* wahrer Helligkeitskontrast *m*, Eigenkontrast *m*
~ **coordinates** *(Rel)* eingeprägte Koordinaten *fpl*
~ **defect** *(Krist)* Eigenfehlstelle *f*, Eigenfehlordnung *f*, Eigenstörstelle *f*
~ **density** *(Halbl)* Eigenleitungsdichte *f*, Eigenleitungskonzentration *f*
~ **disorder** *(Krist)* thermische Fehlordnung *f*
~ **equations of motion** *(Ström)* Bewegungsgleichungen *fpl* in natürlichen Koordinaten
~ **error** *(Meß)* Grundfehler *m*, innerer Fehler *m* *(eines Meßgeräts)*, *(beim vollständigen Meßgerät:)* Gerätefehler *m*
~ **excitation** *(Fest)* Grundgitteranregung *f*, Valenzband-Leitungsband-Anregung *f*
~ **exciton** *(Fest)* freies Exziton *n*
~ **flux density** 1. *(El, Magn)* eingeprägte (innere) Induktion *f* *(= B − H, d. h. 4π mal Magnetisierung)*; 2. *(Magn)* magnetische Polarisation *f*, Vektor *m* der magnetischen Polarisation
~ **free energy** *(physCh)* freie Energie *f* ohne kinetischen Anteil
~ **full width at half maximum** *(Kern)* Eigenhalbwertsbreite *f*, Eigen-HWB *f*
~ **hue** *(Opt)* freie (unbezogene, reduzierte) Farbe *f*
~ **impedance** 1. *(Ak)* Schallkennimpedanz *f*, Kennimpedanz *f*, *(im verlustfreien Medium:)* Schall[wellen]widerstand *m*; 2. *(El)* Feldwellenwiderstand *m*, Wellenwiderstand *m* des freien Raumes *(einer Übertragungsleitung)*
~ **induction** *s.* ~ flux density 1.
~ **intensity** *(Opt) s.* luminance 1.
~ **joint loss** *(Opt)* innere (intrinsische) Verluste *mpl*

inverted

- ~ **layer** *(Halbl)* Eigenleitungsschicht f, I-Schicht f
- ~ **luminosity** *(Astr)* Leuchtkraft f *(über einen festgelegten Wellenlängenbereich)*
- ~ **magnetic moment** *(Kern)* magnetisches Eigenmoment n, inneres magnetisches Moment n
- ~ **mass** *(Feld, Qu)* 1. Selbstmasse f, Feldmasse f; 2. mechanische (nackte, eingeprägte) Masse f
- ~ **mobility** *(Halbl)* Eigenbeweglichkeit f, innere Beweglichkeit f
- ~ **number density** *(Halbl)* Eigenleitungs-Anzahldichte f
- ~ **parity** *(Hoch)* innere Parität f, Eigenparität f *(eines Teilchens)*
- ~ **permeability** *(Ström)* spezifische Permeabilität f
- ~ **photoeffect** s. internal photoelectric effect
- ~ **pressure** *(Mech, physCh)* Binnendruck m, Kohäsionsdruck m *(einer Flüssigkeit)*
- ~ **property** *(Fest)* 1. innere Eigenschaft f; 2. strukturunempfindliche Eigenschaft f, *(manchmal:)* strukturunabhängige Eigenschaft f
- ~ **range** *(Kern)* eingeprägte Reichweite f
- ~ **region** *(Halbl)* Eigenleitungszone f, I-Zone f, Eigenleitungsbereich m
- ~ **semiconductor** *(Halbl)* Eigenhalbleiter m, I-[Typ-]Halbleiter m
- ~ **temperature** *(Halbl)* Eigenleitungstemperatur f
- ~ **time resolution** *(Kern)* Eigenzeitauflösung f, innere zeitliche Auflösung f *(eines Strahlungsdetektors)*
- ~ **tracer** *(Kern)* natürlicher Tracer m
- ~ **variable [star]** *(Astr)* physischer (eigentlicher) Veränderlicher m
- ~ **velocity** *(Mech)* innere Geschwindigkeit f *(einer Wellenfront)*

introduction 1. Einführung f, Einbringung f; 2. Einleitung f, Auflösung f, Initiierung f, Beginn m; 3. Einbau m, Einbauen n, Einlagerung f *(z. B. von Fremdatomen)*

introfaction *(physCh)* Introfaktion f, Sol-Gel-Überführung f

intumescence 1. *(Hydr)* An- und Abschwellen n *(der Meeresoberfläche)*; 2. *(physCh)* Aufblähung f, Anschwellung f, Intumeszenz f *(in der Wärme)*

invariable plane *(Astr, Mech)* invariable Ebene f, unveränderliche Ebene f, UVE, invariante Ebene f

invariant of refraction *(Opt)* Abbesche Invariante f, Invariante f der Brechung, Nullinvariante f
- ~ **system** *(Therm)* nonvariantes System n, *(selten:)* invariantes System n

inventory *(Kern)* Bestand m, Einsatz m, Gesamtmenge f, Inventar n, Gesamtzahl f *(in einem System)*

inverse bremsstrahlung *(At)* inverse Bremsstrahlung f, Frei-frei-Absorption f

- ~ **flow** *(Ström)* Umkehrströmung f, umgekehrte Strömung f, *(speziell:)* umgelenkte Strömung f
- ~ **function** *(mathPh)* Umkehrfunktion f, inverse Funktion f
- ~ **grid potential** *(El)* Gittergegenspannung f
- ~ **hour** *(Kern)* s. inhour
- ~ **probability** *(mathPh)* A-posteriori-Wahrscheinlichkeit f, inverse (umkehrte, empirische) Wahrscheinlichkeit f, Rückschlußwahrscheinlichkeit f
- ~ **probability principle (theorem)** *(mathPh)* Bayesscher Satz m, Bayes' Theorem n
- ~ **problem** Umkehrproblem n
- ~ **square field** *(Feld)* Newtonsches Kraftfeld (Feld) n
- ~ **square law** [quadratisches] Abstandsgesetz n, Abstandsquadratgesetz n, umgekehrt-quadratisches Gesetz n, *(manchmal:)* quadratisches Entfernungsgesetz n, Entfernungs[quadrat]gesetz n
- ~ **state** *(Therm)* Zustand m mit negativer [thermodynamischer] Temperatur
- ~ **temperature vector** *(Rel)* reziproker Temperaturvektor m
- ~ **theorem** *(mathPh)* Umkehrsatz m, Umkehrung f *(eines Satzes)*, umgekehrter Satz m, Kehrsatz m
- ~ **transform** *(mathPh)* s. original
- ~ **transition** *(Qu)* reziproker Übergang m

inversion 1. Umkehrung f, Umkehr f, Inversion f, *(speziell:)* Umklappen n; 2. *(Opt)* Kopfstehen n, Umkehrung f, [vollständige] Bildumkehr f, Auf-dem-Kopf-Stehen n, *(als Vorgang:)* Kopfstellen n, Auf-den-Kopf-Stellen n *(eines Bildes: Drehung um 180°)*; 3. *(Opt)* Seitenvertauschung f, Seitenverkehrung f, Spiegelung f *(eines Bildes)*; 4. Invertierung f, Inversion f *(der optischen Aktivität)*; 5. *(Halbl)* Inversion f; 6. *(At)* Besetzungsinversion f, Inversion f [der Besetzungsdichten]; 7. *(At)* Inversionsschwingung f; 8. *(Krist)* Spiegelung (Abbildung) f an einem Punkt, Inversion f; 9. *(Krist)* polymorphe Umwandlung f; 10. *(El)* Wechselrichtung f; 11. *(Therm)* Umkehrung f, Umschlagen n, Inversion f *(des Verhaltens)*

- ~ **axis** *(Krist)* Drehinversionsachse f, Inversions[dreh]achse f *(wird auch in der Bedeutung Drehspiegelungsachse gebraucht)*
- ~ **invariant Hamiltonian** *(mathPh)* spiegelungsinvarianter Hamilton-Operator m
- ~ **of time coordinate** *(Feld, Rel)* Zeitinversion f, Inversion f der Zeitkoordinate

inverted flow *(Ström)* Umkehrströmung f, umgekehrte Strömung f, *(speziell:)* umgelenkte Strömung f
- ~ **image** *(Opt)* umgekehrtes (kopfstehendes) Bild n, *(selten:)* verkehrtes Bild n, Umkehrbild n *(um 180° gedreht)*

inverted

~ **microscope** *(Opt)* Le-Chatelier-Mikroskop *n*, umgekehrtes (gestürztes) Mikroskop *n*
~ **multiplet** *(At, Spektr)* verkehrtes (umgekehrtes) Multiplett *n*, Multiplett *n* mit verkehrter Termordnung

inviscid flow *(Ström)* reibungsfreie (reibungslose) Strömung *f*

invisible glass *(Opt)* vollkommen durchsichtiges Glas *n*
~ **radiation** *(Opt)* unsichtbare Strahlung *f*, Strahlung *f* im unsichtbaren Spektralbereich

involution *(mathPh)* 1. Involution *f*, Sternoperation *f*; 2. Potenzierung *f*, Potenzieren *n*, Erhebung *f* in eine Potenz

inward leakage *(Ström)* Leckage *f* nach innen, Einleckage *f*

iodine well *(Kern)* Iodsenke *f*, Iodmulde *f*

Ioffe magnetic bottle *(Pl)* Ioffe-Flasche *f*, magnetische Spiegelmaschine (Flasche) *f* nach Ioffe

ion acoustic oscillation *(Pl)* Ionenschall *m*, Ionenschallschwingung *f*, ionenakustische Schwingung *f* *(Longitudinalschwingung der Ionen im Plasma)*
~ **acoustic wave** *(Pl)* Ionenschallwelle *f*, ionenakustische Welle *f*, Pseudoschallwelle *f*
~ **beam scanning** *(Spektr)* [massenspektrometrische] Ionenstrahlanalyse *f*, Ionenstrahlscanning *n*
~ **bunch** *(Kern)* Ionenbündel *n*, Ionenpaket *n*, Ionenwolke *f*, Ionengruppe *f*, gebündelte Ionen *npl*
~ **bunching** *(Kern)* Ionenbündelung *f*, Phasenbündelung *f* der Ionen *(im Beschleuniger)*
~ **cage technique** *(At, Spektr)* Ionenkäfigtechnik *f*, Ionenfallentechnik *f*
~ **chamber** *(Kern)* Ionisationskammer *f*, I-Kammer *f*, IK, *(manchmal:)* Ionenkammer *f*
~ **column** 1. *(Kern)* Ionensäule *f* *(in einem Ionisationsdetektor)*; 2. *(Astr)* Meteorspur *f*, Ionisationsspur *f* eines Meteoriten
~ **concentration** 1. *(At, Kern)* s. ~ density; 2. *(Ech)* Ionenkonzentration *f*, *(manchmal:)* ionale Konzentration *f*
~ **density** *(At, Kern)* [räumliche] Ionendichte *f*, Ionen[an]zahldichte *f*, Ionenkonzentration *f*, Volumenionendichte *f* *(Anzahl der Ionenpaare oder Ionen beiderlei Vorzeichens pro Volumeneinheit)*
~ **dipole** *(At)* Zwitterion *n*, amphoteres Ion *n*, Ampho-Ion *n*
~ **draw-out voltage** *(Hoch)* Ziehspannung *f*, Ionenziehspannung *f*, Reinigungsspannung *f* *(einer Nebelkammer)*
~ **exchanger** *(physCh)* Ionen[aus]tauscher *m*, Austauscher *m*, *(speziell:)* Austausch[er]harz *n*
~ **grid** *(Krist)* s. ionic lattice
~ **gun** *(El)* Ionenkanone *f*, Ionenstrahlerzeuger *m*, Ionenstrahlkanone *f*, Ionenstrahler *m*

~ **gyration radius** *(Pl)* Larmor-Radius (Gyrationsradius, Gyroradius) *m* der Ionen
~ **hose** s. ~ sheath
~ **impact ionization** *(At)* Ionenstoßionisation *f* *(eines Gases)*
~ **layer** s. ~ sheath
~ **microbeam (microprobe)** *(Spektr)* Ionensonde *f*, Ionenmikrosonde *f*, IMS *(ein sehr scharfer Ionenstrahl)*
~ **microprobe analysis** *(Spektr)* Ionenstrahlmikroanalyse *f*, Ionenmikro[sonden]analyse *f*
~-**pair yield** s. ~ yield
~ **potential** s. ionization potential
~-**probe [micro]analysis** s. ~ microprobe analysis
~ **receiver** *(Spektr)* Auffänger *m*, Ionenauffänger *m* *(eines Massenspektrometers)*
~ **scattering spectroscopy** *(Fest)* Spektroskopie *f* mittels Streuung niederenergetischer Ionen, Ionenstreuspektroskopie *f*, ISS
~ **sheath** *(Kern)* Ionenschlauch *m*, Ionenschicht *f*
~ **slip** *(Pl)* Ionenschlupf *m*
~ **sound** s. ion acoustic oscillation
~ **thruster** *(Mech)* Ionentriebwerk *n*, Ionenbeschleuniger *m*
~ **transference (transport) number** *(Ech)* [Hittorfsche] Überführungszahl *f*, Ionenüberführungszahl *f*
~ **trap** Ionenfalle *f*
~ **triplet** *(Ech)* Dreifachion *n*, Ionendrilling *m*
~ **yield** *(At, Kern)* Ionen[paar]ausbeute *f* *(mittlere Anzahl der von einem Teilchen gebildeten Ionenpaare)*

ional concentration *(Ech)* Ionenkonzentration *f*, *(manchmal:)* ionale Konzentration *f*

ionic bond *(At)* Ionenbindung *f*, Ionenbeziehung *f*, heteropolare (polare, elektrovalente, elektrostatische) Bindung *f*
~ **cloud** *(Ech)* Ionenwolke *f*, Ionenatmosphäre *f*, statistische Ionenverteilung *f* *(in Elektrolytlösungen)*
~ **concentration** *(Ech)* Ionenkonzentration *f*, *(manchmal:)* ionale Konzentration *f*
~ **conductance [at infinite dilution]** *(Ech)* Ionenleitfähigkeit *f* *(der Ionenart i, Größe)*
~ **conduction** 1. *(Fest)* Ionenleitung *f*; 2. *(Ech)* elektrolytische Stromleitung (Leitung) *f*, *(manchmal:)* Ionenleitung *f*
~ **conductor** 1. *(Fest)* Ionenleiter *m*, Leiter *m* zweiter Ordnung (Klasse); 2. *(Ech)* elektrolytischer Leiter *m*, *(manchmal:)* Ionenleiter *m*
~ **focus[s]ing** Gaskonzentrierung *f*, Gasfokussierung *f* *(eines Elektronenstrahls)*
~ **impurity** 1. *(Krist)* Ionenstörstelle *f*, Fremdion *n*; 2. *(physCh)* ionale (ionogene) Verunreinigung *f*
~ **lattice** *(Krist)* Ionengitter *n*

~ **mobility** *(Ech, Halbl)* Ionenbeweglichkeit f
~ **potential** 1. *(Fest)* Ionenpotential n *(Verhältnis von Ionenladung zu Ionenradius)*; 2. *(At)* s. ionization potential
~ **separation** *(At)* Abstand m zwischen den Ionen, Ionenabstand m, interionischer Abstand m
~ **strength** *(Ech)* Ionenstärke f *(einer Lösung)*
~ **valence**, ~ **valency** *(At)* Ionenwertigkeit f, Ionenvalenz f, heteropolare Wertigkeit f, Elektrovalenz f
~ **weight** *(physCh)* relative Ionenmasse f
~ **yield** s. ion yield
ionicity *(At, physCh)* Ionencharakter m, *(selten:)* Ionizität f *(einer chemischen Bindung)*
ionite *(physCh)* s. ion exchanger
ionization burst *(Kern)* Ladungsimpuls m, Ionisationsstoß m, Hoffmannscher Stoß m *(in einer Ionisationskammer)*
~ **by electron transfer** *(At)* Ladungsaustauschionisation f
~ **by ion impact** *(At)* Ionenstoßionisation f *(eines Gases)*
~ **by single impact** *(At)* Einzelstoßionisierung f, Ionisierung (Ionisation) f durch Einzelstoß
~ **chamber** *(Kern)* Ionisationskammer f, I-Kammer f, IK, *(manchmal:)* Ionenkammer f
~ **coefficient** 1. *(At, El)* [Townsendscher] Ionisierungskoeffizient m, Ionisationskoeffizient m *(für die Ionisierung in einem Gas durch Elektronen)*; 2. *(El)* Ionisierungskoeffizient m *(einer Ionenquelle)*
~ **constant** 1. *(Ech)* Dissoziationskonstante f *(bei der elektrolytischen Dissoziation)*; 2. *(Kern)* Ionisierungskonstante f *(eines Gases: mittlerer Energieaufwand zur Bildung eines Ionenpaares, dividiert durch die Elementarladung)*
~ **density** *(Kern)* Ionisationsdichte f, Ionisierungsdichte f *(im bestrahlten Medium: Anzahl der Ionenpaare in der Volumeneinheit zu einem gegebenen Zeitpunkt)*
~ **efficiency** *(Kern)* Ionisierungsausbeute f, Ionisationsausbeute f
~ **gauge** *(Vak)* Ionisationsvakuummeter n, Ionisationsmanometer n
~ **glow** *(El, Pl)* Elektronenstoßleuchten n, Stoßleuchten n
~ **plateau** *(Kern)* Fermi-Plateau n
~ **potential** *(At)* Ionisierungspotential n, Ionisierungsspannung f *(in V)*
~ **spectrometer** *(Krist, Spektr)* Kristallspektrometer n, Braggsches Spektrometer n, *(speziell:)* Braggsches Röntgenspektrometer n
ionizing power *(Pl)* Ionisierungsvermögen n, Ionisationsvermögen n *(differentielle Ionisierung, dividiert durch den Druck)*
~ **radiation** *(Kern)* ionisierende Strahlung f

ionography 1. *(Krist)* Ionographie f *(zur Strukturabbildung von Kristallen)*; 2. *(Kern)* Ionographie f, Ionenradiographie f, Elektroradiographie f *(für Röntgenstrahlung)*; 3. *(Ech)* s. electropherography
ionoscatter *(El, Magn)* ionosphärische Streuausbreitung f, Streuausbreitung f in der Ionosphäre, Ionoscatter n
IPA *(Spektr)* s. ion microprobe analysis
IPAC *(Kern)* integrale gestörte Winkelkorrelation f
IPTS s. International Practical Scale of Temperature
IR ... s. infrared ...
IR drop *(El)* ohmscher Spannungsabfall m, Wirkspannungsabfall m *(eines Bauelements oder Leiters)*
I²R loss *(El)* Kupferverlust m, Joulescher Verlust (Wärmeverlust) m
IRAA *(Spektr)* Infrarot-Absorptionsspektralanalyse f, IR-Absorptionsspektralanalyse f
iraser *(El, Magn)* Infrarotmaser m, IR-Maser m, Iraser m *(fernes IR emittierend oder IR-gepumpt)*
irdome s. infrared dome
iris 1. *(Opt)* Irisblende f, Iris f, 2. *(El, Magn)* Hohlleiterlochscheibe f, Hohlleiterblende[nscheibe] f, Hohlleiterrunzel f
~-**loaded torus** *(Kern)* Runzeltorus m
iron filings *(Magn)* Eisenfeilspäne mpl
~-**free betatron** *(Kern)* eisenloses Betatron n, Luftspulenbetatron n, Betatron n mit Luftspulen
irradiance *(El, Magn, Opt)* Bestrahlungsstärke f *(an einer Oberfläche, eine Strahlungsgröße)*
~ **function** *(Opt)* Strahlungsfunktion f, relative spektrale Strahlungsverteilung f
irradiancy s. irradiance
irradiated fuel element *(Kern)* abgebranntes (bestrahltes) Brennelement n
irradiation 1. *(Kern)* Bestrahlung f, Exponierung f, Exposition f *(mit ionisierender Strahlung)*, Strahlenexponierung f; 2. *(Kern)* s. ~ level; 3. *(Opt)* Irradiation f, Überstrahlung f
~ **damage** *(Kern)* Strahlenschaden m, Bestrahlungsschaden m, Strahlungsschädigung f *(nichtbiologisch)*
~ **enhancement** *(Kern)* Strahlenbeschleunigung f, Beschleunigung f durch Bestrahlung
~ **level** *(Kern)* [spezifischer] Abbrand m, Abbrandtiefe f *(Größe, in MWd/t)*
~ **rig** *(Kern)* Bestrahlungseinrichtung f *(in einem Reaktor)*
~ **stability** *(Kern)* Strahlenbeständigkeit f, Strahlungsfestigkeit f
irradiator *(Kern)* Strahler m, Strahlenquelle f, Strahlungsquelle f *(einer Bestrahlungsanlage)*
irregular doublet *(At, Spektr)* Abschirm[ungs]dublett n, irreguläres Dublett n

irregularity 1. Unregelmäßigkeit f, Ungleichheit f, Regellosigkeit f, Irregularität f; 2. *(El)* Stoßstelle f *(eines Wellenleiters)*
irresoluble equation *(mathPh)* unlösbare (unauflösbare, nicht auflösbare) Gleichung f
irreversible thermodynamics *(Therm)* Thermodynamik f der irreversiblen Prozesse, Nichtgleichgewichtsthermodynamik f
~ **[type II] superconductor** *(Tief)* s. type III superconductor
irrotational field *(mathPh)* wirbelfreies Feld n, (rotationsfreies) Vektorfeld n
~ **flow (motion)** *(Ström)* wirbelfreie (drehungsfreie) Strömung (Bewegung) f
~ **vortex** *(Ström)* Potentialwirbel m, Wirbelpunkt m
~ **wave** 1. *(Hydr)* wirbelfreie (drehungsfreie) Welle f *(Oberflächenwelle)*; 2. *(Mech)* Verdichtungswelle f, Kompressionswelle f, *(im ebenen Fall auch:)* Verdichtungslinie f *(in einem elastischen Medium)*
IRS *(Spektr)* Inverse-Raman-Streuung-Spektroskopie f, IRS-Spektroskopie f, IRS, Raman-Verlustspektroskopie f
ISA s. international standard atmosphere
isenerg[e], isenergic line *(Therm)* Isenerge f, Linie f gleicher innerer Energie
isenthalpe, isenthalpic line *(Therm)* Isenthalpe f, Drosselinie f, Drosselkurve f
island film Inselfilm m, nichtzusammenhängende (unzusammenhängende) dünne Schicht f
~ **universe** *(Astr)* extragalaktisches (außergalaktisches) Sternsystem (System) n, extragalaktischer (anagalaktischer) Nebel m
ISO speed *(Phot)* ISO-Empfindlichkeit f
iso-foot-candle s. isophot
isobar 1. *(Kern)* Isobar n, Kernisobar n, isobarer Kern m; 2. *(Therm)* Isobare f, Linie f gleichen (konstanten) Druckes, Druckgleiche f; 3. *(physCh)* s. T-x curve
~ **rules** *(Kern)* Isobarensätze mpl [von Mattauch], [Mattauchsche] Isobarenregeln fpl, Mattauchsche Regeln fpl
isobaric curve *(physCh)* s. T-x curve
~ **laws** s. isobar rules
~ **number** Neutronenüberschußm *(Größe)*
~ **section** *(physCh)* s. T-x diagram
~ **space** *(Hoch)* Iso[spin]raum m, isobarer (isotoper) Raum m
~ **spin** s. isotopic spin
~ **triad (triplet)** *(Kern)* isobares Tripel n, drei aufeinanderfolgende [stabile] Isobare npl
isochromate s. isochromatic curve
isochromatic curve *(Opt)* Isochromate f, isochromatische Kurve (Linie) f, Kurve f gleicher Farbe, Farbgleiche f, *(bei Schwarzkörperstrahlung auch:)* Strahlungsisochromate f, *(in der Spannungsoptik auch:)* Schubgleiche f

~ **light** *(Opt)* gleichfarbiges Licht n
isochrome 1. *(Astr)* Isochrome f, Farbniveaulinie f, Linie f gleicher Farbe; 2. *(Opt)* Farbe f mit gleichem Vollfarbengehalt
isochronous oscillation isochrone (amplitudenabhängige) Schwingung f
isoclinic 1. *(Mech)* Isokline f; 2. *(Opt)* Isokline f, Richtungsgleiche f
~ **fringe** s. Haidinger [interference] fringe
isocon[centrate] *(physCh)* Isokonzentrate f, Linie f gleicher Konzentration f, Isokonzentrationslinie f
isocount, ~ contour (curve) *(Kern)* Linie f gleicher Zählrate, Isoimpulskurve f
isocurlus *(Ström)* Linie f gleicher Wirbelstärke
isodense *(Therm)* Isopykne f, Linie f gleicher (konstanter) Dichte, Isodense f
isodensity contour *(Phot)* Äquidensite f *(erster, zweiter, ... Stufe)*
isofootcandle, ~ curve (line) s. isophot
isogonal mapping *(mathPh)* konforme (winkeltreue) Abbildung f, konforme Transformation f
isogram Isolinie f, Isarithme f, Linie f gleichen (konstanten) Wertes
isogyre *(Opt)* Isogyre f, Linie f gleicher Drehung (Schwingungsrichtung), gleichdrehende Kurve f
isoinversion (Feld, Qu) Isospiegelung f
ISOL s. isotope separation on-line
isolated maximum *(mathPh)* eigentliches (strenges) Maximum n, Maximum n im engeren Sinne, *(manchmal:)* isoliertes Maximum n
isolation 1. Isolierung f, Entkopplung f, Trennung f, Abtrennung f, Abschluß m *(von anderen Systemen)*; 2. *(El)* [elektrische] Trennung f, Unterbrechung f; 3. *(Kern)* Sicherheitseinschlußm, Isolierung f, Isolation f radioaktiver Abfälle; 4. *(physCh)* Isolierung f, Reindarstellung f, Darstellung f; 5. *(Pl)* s. confinement 2.
~ **by lifetime** *(Kern, physCh)* Abtrennung f der kurzlebigen Isotope von den langlebigen
~ **from the biosphere** *(Kern)* Abschluß m (Isolierung f) von der Biosphäre, Einschluß m *(von radioaktiven Stoffen)*
isoluminance curve *(Opt)* Kurve f gleicher Leuchtdichte
isolychn *(Opt)* Isolychne f, Ebene f gleicher Farbhelligkeit
isomeric colour *(Opt)* unbedingt-gleiche (isomere) Farbe f
~ **match** *(Opt)* unbedingte (isomere) Farb[en]gleichheit f
~ **transition [decay]** *(At, Kern)* isomerer Übergang m, i.Ü., I.T.
isomerism 1. *(At)* Isomerie f; 2. *(Kern)* Isomerie f, Kernisomerie f, Isomerie f des Atomkerns
isometric *(Therm)* Isochore f, Isoplere f, Linie f gleichen (konstanten) Volumens

isotopic

~ **crystal[lographic] system** s. tesseral crystalographic system
~ **curve (line)** s. isometric
isomorphous replacement (substitution) (Krist) isomorpher Ersatz m, isomorphe Ersetzung (Substitution) f
isomultiplet s. isotopic spin multiplet
isopachic fringe s. Fizeau fringe
isopaque s. isodensity contour
isoparity s. isotopic parity
isophot, ~ curve (line) (Opt) Isoluxe f, Isoluxkurve f, Linie (Kurve) f gleicher Beleuchtungsstärke (zulässige SI-Einheit: Lux)
isophotal contour (Astr) Isophote f im Bild (besser: Äquidensite)
isophotic wavelength (Astr) isophote Wellenlänge f
isoplanasic condition (Opt) Isoplanasiebedingung f, Staeble-Lihotzkysche Bedingung f, Proportionalitätsbedingung f
isoplere, isopleric line s. isometric
isopleth 1. (mathPh) Netztafel f, Kurventafel f, Isoplethentafel f, Isoplethenkarte f; 2. (mathPh) Isoplethe f, bezifferte Linie f (in einer Netztafel); 3. (physCh) p,T-Kurve f, Druck-Temperatur-Kurve f, Isoplethe f (im Siedediagramm)
isoplethal curve (section) s. isopleth 2.
isopulse, ~ contour (line) s. isocount
isospace s. isobaric space
isospin s. isotopic spin
~ **down quark** (Hoch) d-Quark $n(m)$, Down-Quark $n(m)$, Isospinquark $n(m)$
~ **up quark** (Hoch) u-Quark $n(m)$, Up-Quark $n(m)$
isostatic (Mech) Hauptspannungstrajektorie f, Hauptspannungslinie f, Spannungstrajektorie f
isotach (Ström) Isotache f, Linie f gleicher (konstanter) Strömungsgeschwindigkeit (Geschwindigkeit)
isotherm 1. (Therm) Isotherme f, Linie f gleicher (konstanter) Temperatur, Temperaturgleiche f, Wärmegleiche f; 2. (physCh) p,x-Kurve f, Druck-Zusammensetzungs-Kurve f, Isotherme f (im Siedediagramm)
~ **of reaction** (physCh) 1. [van't Hoffsche] Reaktionsisotherme f, Gleichung f der Reaktionsisothermen, van't Hoffsche Isotherme f; 2. s. mass-action law
isothermal free molecule flow s. Knudsen flow
isotint (Opt) 1. Farbe f mit gleichem Weißgehalt; 2. Weißgleiche f, Linie f gleichen Weißanteils
isotone 1. (Kern) Isoton n, Kernisoton n, isotoner Kern m; 2. (Opt) Farbe f mit gleichem Schwarzgehalt; 3. (Opt) Schwarzgleiche f, Linie f gleichen Schwarzanteils
isotope (At) Isotop n (s. a. unter isotopic)
~ **chart** (At, Kern) Isotopentafel f, Isotopentabelle f

~ **dating** (Kern) absolute Altersbestimmung f, Datierung f mittels Isotopen, radioaktive Zeitmessung f
~ **effect** 1. (Kern, physCh) Isotopieeffekt m; 2. (Tief) Isotopeneffekt m (der Supraleiter)
~ **enrichment** (physCh) 1. Isotopenanreicherung f, Anreicherung f; 2. Anreicherung f, Anreicherungsgrad m (Anreicherungsfaktor minus 1)
~ **gauge** (Kern) Radionuklidmeßgerät n, Isotopenmeßgerät n
~ **indicator** s. isotopic tracer
~ **power generator** (El, Kern) Radionuklidbatterie f, RNB, Isotopenbatterie f, Kernbatterie f, (im allgemeinen nur für Thermionik- und thermoelektrische Konverter:) Radionuklidgenerator m, Isotopengenerator m
~ **power source** (Kern) Radionuklid-Energiequelle f
~ **separation** (Kern, physCh) Isotopentrennung f
~ **separation coefficient (factor)** (physCh) Trennfaktor m, Isotopentrennfaktor m
~ **separation on-line** (Kern) Isotopentrennung f on-line, On-line-Isotopentrennung f

isotopic abundance (Kern) 1. Isotopenhäufigkeit f, Häufigkeit f (eines Isotops, in %); 2. [relative] Isotopenhäufigkeit f (als Bruchzahl, nicht empfohlen)
~ **abundance ratio** (Kern) Häufigkeitsverhältnis n (zweier Isotope)
~ **age** (Kern) physikalisches (radioaktives, absolutes) Alter n, Isotopenalter n
~ **atomic weight** s. ~ mass
~ **depletion** (physCh) Abreicherung f, Isotopenabreicherung f, Verarmung f (bei der Isotopentrennung)
~ **element** (At, Kern) polynuklidisches (mehrisotopisches) Element n, Mischelement m
~ **heat source** (Kern) Radionuklid-Wärmequelle f, Isotopenwärmequelle f
~ **indicator** (physCh) Traceristop n, Leitisotop n, Indikatorisotop n, isotoper Tracer (Indikator) m
~ **mass** (At, Kern) Massenwert m, Atommasse f, (nicht empfohlen:) Isotopengewicht n (in amu)
~ **mass effect** (Spektr) Kernmasse[n]effekt m, Massenisotopieeffekt m, massenabhängige Isotopieverschiebung f, massenabhängiger Isotopie[verschiebungs]effekt m
~ **molecule** (At) isotopische (isotope) Spezies f, isotopisches (isotopes) Molekül n
~ **number** (At) Neutronenüberschuß m (Größe)
~ **parity** (Hoch) G-Parität f, Iso[topen]parität f, isotopische Parität f
~ **power source** s. isotope power generator

isotopic

- ~ **ratio** *(physCh)* Isotopenverhältnis *n*
- ~ **shift** *(At, Spektr)* Isotopieverschiebung *f*, Isotopenverschiebung *f*
- ~ **spike** *(physCh)* Tracer *m*, [markierte] Zugabe *f*, [markierter] Zusatz *m*, „spike" *m (bei der Isotopenverdünnungsanalyse)*
- ~ **spin** *(Hoch)* Iso[baren]spin *m*, isobarer (isotoper) Spin *m*, Isotopenspin *m*
- ~ **spin multiplet** *(Hoch)* Ladungsmultiplett *n*, Isobarenmultiplett *n*, Iso[spin]multiplett *n (von Elementarteilchen)*
- ~ **splitting** *(At, Spektr)* isotope Aufspaltung *f*, Isotopieaufspaltung *f*
- ~ **tracer** *(physCh)* Tracerisotop *n*, Leitisotop *n*, Indikatorisotop *n*, isotoper Tracer (Indikator) *m*
- ~ **weight** s. ~ mass
- ~ **volume effect** *(At)* Kernvolumeneffekt *m*, volum[en]abhängiger Isotopie[verschiebungs]effekt *m*, Volum[en]isotopieeffekt *m*

isotopically label[l]ed molecule *(physCh)* markiertes Molekül *n*, Tracermolekül *n*, Indikatormolekül *n*

isotropic background radiation *(Astr)* s. 2,7 K radiation

- ~ **vector** *(Rel)* Nullvektor *m*, lichtartiger (isotroper) Vektor *m*

isovalent colour *(Opt)* wertgleiche Farbe *f (mit gleichem Weiß-, Schwarz- und Vollfarbenanteil, aber unterschiedlichem Farbton)*

isovol *(physCh)* Isovole *f*, Linie *f* gleichen Gehalts an flüchtiger Substanz

isovolumic line *(Therm)* s. isometric

ISPM *(Astr)* s. international solar polar mission

issue Austritt *m (aus einem Medium)*, Ausströmen *n (von Gasen oder Flüssigkeiten)*, Ausfließen *n*, Ausfluß *m (von Flüssigkeiten)*

issuing ray *(Ak, El, Opt)* austretender (ausfallender) Strahl *m*

IST *(Qu)* inverse Streutransformation *f*, IST

IT, I.T. *(At, Kern)* s. isomeric transition

IT calorie *(Therm)* s. International Table calorie

iterated fission *(Kern)* Mehrfachspaltung *f*, Vielfachspaltung *f*, iterierte Spaltung *f*

- ~ **fission expectation (probability)** *(Kern)* asymptotische (iterierte) Spalterwartung *f*

iterative impedance *(El)* Kettenwiderstand *m*, Kettenimpedanz *f*

IUPAP Internationale Union für Reine und Angewandte Physik, IUPAP

IVB *(Hoch)* s. intermediate vector boson

Izod [impact] strength, ~ toughness *(Mech)* Kerbschlagzähigkeit *f* nach Izod

J

J-body *(Mech)* Jeffreys-Körper *m*, Jeffreys-Flüssigkeit *f*, Jeffreyssche Flüssigkeit *f*

J integral method *(Mech)* Fließbruchmechanik *f*, Verfahren *n* (Methode *f*) des Rice-Integrals

J-matrix *(mathPh)* Jacobische Matrix *f*, Tridiagonalmatrix *f*

Jacobian [determinant] *(mathPh)* Funktionaldeterminante *f*, Jacobische Determinante *f*

jamming 1. *(El)* Störung *f (durch Störsender)*; 2. *(Mech)* Festklemmung *f*, Verklemmung *f*, Einklemmung *f*; Festfressen *n*

jansky *(Astr)* Flußeinheit *f*, Jansky, Jy *(SI-fremde Einheit der spektralen Energieflußdichte; 1 Jy = 10^{-26} W m^{-2} Hz^{-1})*

jar *(El)* Jar *n*, *(SI-fremde Einheit der Kapazität; 1 jar = 1,11265 $\cdot 10^{-9}$ F)*

J.D. *(Astr)* Julianisches Datum *n*, J.D.

Jeans' hypothesis of close approach *(Astr)* Hypothese (Katastrophentheorie) *f* von Jeans, Begegnungstheorie *f*

jerk *(Mech)* 1. Ruck *m (zeitliche Ableitung der Beschleunigung)*; 2. Jerk *n*, jerk *(SI-fremde Einheit des Ruckes; 1 jerk = 30,48 cm s^{-3})*

jerky flow *(Hydr)* ruckartige Strömung (Bewegung) *f*

- ~ **motion** *(Mech)* ruckartige Bewegung *f*, Ruckbewegung *f*

jet 1. Strahl *m (eines kompressiblen Fluids)*; 2. Düse *f*, *(speziell:)* Einspritzdüse *f*; 3. *(physCh)* Spitze *f*, Rohrspitze *f*, *(speziell:)* Ablaufspitze *f*; 4. *(Hoch)* Jet *m (in einer Kernspuremulsion)*, Emulsionsjet *m*; 5. *(Astr)* Schweifstrahl *m*, fadenförmiger Schweifstrahl *m (eines Kometen)*

- ~ **boundary** *(Ström)* Strahlgrenze *f*
- ~ **coefficient** *(Aero)* Schub-Auftriebs-Verhältnis *n*
- ~-**edge system** *(Ak)* Strahl-Schneide-System *n*, Strahl-Kante-System *n*
- ~ **flow** *(Ström)* Strahlströmung *f*, *(speziell:)* Strahlausfluß *m*
- ~-**pipe temperature** *(Aero)* Strahlrohrtemperatur *f*, Gastemperatur *f* im Strahlrohr
- ~ **propulsion** *(Aero)* Strahlantrieb *m*, Düsenantrieb *m*
- ~ **spread** *(Ström)* Strahlausbreitung *f*
- ~ **stream** *(Aero)* austretender (ausströmender) Strahl *m*, Antriebsstrahl *m*, Strahlstrom *m*, *(speziell:)* austretender Gasstrahl *m*
- ~ **tone** *(Ak)* Strahlton *m (eines Luftstrahls in ruhender Luft)*
- ~ **velocity** *(Ström)* Strahlaustrittsgeschwindigkeit *f*, Ausströmgeschwindigkeit (Austrittsgeschwindigkeit) *f* des Strahls

jig-back motion *(Mech)* Hin- und Herbewegung *f*, hin- und hergehende Bewegung *f*

Joffe (Joffé) magnetic bottle *(Pl)* s. Ioffe magnetic bottle

jog *(Krist)* Versetzungssprung *m*

jogging *(Reg)* Tippen *n*, Tippbetrieb *m*

Johnson noise *(El, Halbl)* s. thermal noise

- ~ **noise power thermometer** *(Tief)* Rauschthermometer *n*

junction

join *(mathPh)* Vereinigung *f*, [logische] Summe *f*, *(von Mengen)*, Vereinigungsmenge *f*, Summenmenge *f*
joining *(Mech)* Verbindung *f*, Zusammenfügung *f*, Vereinigung *f (Vorgang)*
joint 1. Verbindung *f*, Anschluß *m*, Zusammenschluß *m (von Rohrleitungen, Geräten)*; 2. *(Mech)* Gelenk *n (im weiteren Sinne)*; 3. *(Mech)* Knoten *m (eines Fachwerks)*; 4. *(Opt)* Verbinder *m (optischer Fasern)*, Faserverbinder *m*; 5. *(El)* Verbindung *f*, Verbindungsstelle *f*, Verbindungspunkt *m (von zwei Leitern)*; 6. Kleb[e]stelle *f*
Joly block screen *(Opt)* Joly-Photometer *n*
Jona effect *(El)* 1. Verseileffekt *m*; 2. Verseilfaktor *m (Größe)*
Jordan lag *(Magn)* Jordansche (thermische) Nachwirkung *f*, Jordan-Nachwirkung *f*, *(manchmal:)* frequenzunabhängige (irreversible) Nachwirkung *f*
~ **loss** *(Magn)* Jordanscher Nachwirkungsverlust *m*
Josephson junction *(Tief)* Josephson-Element *n*, Josephson-Kontakt *m*, Josephson-Tunnelelement *n*, Tunnelkontakt *m*, schwaches supraleitendes Glied *n*
Joukowski aerofoil *s*. ~ profile
~ **condition (hypothesis)** *(Aero)* [Kutta-]-Joukowski-Bedingung *f*, Hinterkantenbedingung (Bedingung) *f* von Kutta-Joukowski, Kuttasche Abflußbedingung *f*
~ **profile** *(Aero)* Joukowski-Profil *n*, Joukowskisches Flügelprofil *n*
~ **transformation** *(Aero)* Joukowski-Abbildung *f*, Kuttasche Abbildung *f*, *(speziell:)* Joukowskische Abbildungsfunktion *f*
Joule calorimeter *(Therm)* elektrisches (Joulesches) Kalorimeter *n*, Kalorimeter *n* mit elektrischer Heizung
~ **cycle** *(Therm)* 1. Joulescher Kreisprozeß *m*, Joule-Prozeß *m*, Gleichdruckprozeß *m*, Dieselmotorprozeß *m*; 2. *s*. Brayton cycle
~ **effect** 1. *(Magn)* Joule-Magnetostriktion *f*, Magnetostriktionseffekt *m*, [magnetoelastischer] Joule-Effekt *m*; 2. *(Therm) s*. ~-Thomson effect; 3. *(El)* Joule-Aufheizung *f*, Joulesche Wärme *f (Effekt)*
~ **engine** *(Therm)* Joulescher Luftmotor *m*
~ **equivalent** *(Therm)* mechanisches Wärmeäquivalent *n*
~ **expansion** *(Therm)* Joulesche Entspannung *f (Ausdehnung) f*
~ **heat** *(El)* Joulesche Wärme *f*, Stromwärme *f*
~ **heating** *(Pl)* ohmsche (Joulesche) Aufheizung (Heizung) *f*, Joule-Effekt-Aufheizung *f*, Joule-[Effekt-]Heizung *f*
~-**Kelvin effect** *s*. ~-Thomson effect
~ **law of electric heating** *(El)* Joulesches Gesetz *n*
~ **law of energy content** *(Therm)* Joulesches Gesetz *n (in der Wärmetheorie)*

~-**Thomson cycle** *s*. ~ cycle 1.
~-**Thomson effect** *(Therm)* Joule-Thomson-Effekt *m*, [isenthalpischer] Drosseleffekt *m*
~-**Thomson expansion** *(Therm)* Drosselentspannung *f*, Drosselung *f*, Joule-Thomsonsche Ausdehnung *f*, Joule-Thomson-Expansion *f*
~-**Thomson inversion temperature** *(Therm, Tief)* Inversionstemperatur *f*, thermischer Umkehrpunkt *m*
~-**Thomson throttling experiment** *(Therm)* Joule-Thomson-Versuch *m*, Joule-Thomsonscher Drosselversuch (Überleitungsversuch) *m*
Joulean heat *(El) s*. Joule heat
Jovian planet *(Astr)* Riesenplanet *m*, jupiterähnlicher (großer) Planet *m*
jump condition Unstetigkeitsbedingung *f*, Sprungbedingung *f*
~ **distance** *(Fest)* Sprungdistanz *f (von Ionen in Glas)*
junction *(El)* 1. Knoten *m (in den Kirchhoffschen Gesetzen)*; 2. Verbindung *f*, Verbindungsstelle *f*, Verbindungspunkt *m (von zwei Leitern)*; 3. Knoten *m*, Knotenpunkt *m (Verbindungspunkt von drei oder mehr Elementen)*; 4. Übergang *m*, Verzweigung *f (eines Wellenleiters)*, Wellenleiterübergang *m*, Wellenleiterverzweigung *f*, *(speziell:)* Hohlleiterübergang *m*, Hohlleiterverzweigung *f*; 5. *(Halbl)* Übergang *m*, Störstellenübergang *m*, Flächenübergang *m*, Grenzschicht *f*; 6. *(El)* [thermoelektrische] Lötstelle *f*
~ **battery** *(Kern)* radiovoltaischer Wandler *m*
~ **capacitance** *(Halbl)* Übergangskapazität *f*
~ **cell** *(Halbl) s*. photovoltaic cell
~ **circulator** *(Magn)* Verzweigungszirkulator *m*
~ **coupling** *(El)* direkte Kopplung *f (von Wellenleitern)*
~ **detector** *(Kern)* PN-Detektor *m*, Detektor *m* mit PN-Übergang, Grenzschichtdetektor *m*
~ **isolation** *(Halbl)* Sperrschichtisolation *f*
~ **photocell** *s*. photovoltaic cell
~ **point** 1. *(El)* Knoten *m*, Verbindungspunkt *m*, Verzweigungspunkt *m (für zwei oder mehr Elemente)*; 2. *(El)* Verzweigungsstelle *f*, Verzweigungspunkt *m (eines Wellenleiters)*; 3. *(mathPh)* [eigentlicher] Kreuzungspunkt *m*, Verzweigungspunkt *m*, Verzweigung *f*, Mehrfachknotenpunkt *m* (vom Grade > 2) *(eines Graphen)*; 4. *(Mech)* Knotenpunkt *m (eines Fachwerks)*; 5. *(physCh)* Haftpunkt *m (eines Gels)*
~ **region** *(Halbl)* Übergangsgebiet *n*, Übergangszone *f*
~-**to-case thermal resistance** *(Halbl)* innerer Wärmewiderstand (thermischer Widerstand) *m*

junction

~ **voltage** *(Halbl)* Spannung am Übergang, *(speziell:)* Sperrschichtspannung *f*
just detectable magnitude *(Astr)* Grenzgröße *f*
~ **intonation (temperament)** *(Ak)* reine Stimmung *f*
~ **ton** *s.* short ton
juxtaposition Nebeneinanderstellung *f*, Aneinanderlegung *f*, Nebeneinanderlagerung *f*, *(besonders bei Kristallen:)* Juxtaposition *f*
~ **twin** *(Krist)* Berührungszwilling *m*, Kontaktzwilling *m*, Juxtapositionszwilling *m*
Jy *(Astr) s.* jansky

K

k *(Mech) s.* carat
K *s.* 1. *(Spektr)* kayser; 2. *(Therm)* kelvin
K-emission *(At) s.* K-radiation
k-factor 1. *(At, El)* Klirrfaktor *m*, Oberschwingungsgehalt *m*, Klirrgrad *m*; 2. *(El, Mech)* Dehnungsempfindlichkeit *f*, k-Faktor *m*; 3. *(Kern) s.* multiplication constant; 4. *(Kern) s.* specific gamma-ray constant
K-mesonic atom *(At)* Kaon[en]atom *n*, kaonisches Atom *n*
K-radiation *(At)* Röntgen-K-Strahlung *f*, KX-Strahlung *f*, K-Röntgenstrahlung *f*, K-Strahlung *f* *(K_α, K_β usw.)*
2,7 K radiation, 3 K radiation *(Astr)* [Mikrowellen-]Hintergrundstrahlung *f*, isotrope (kosmische) Hintergrundstrahlung *f*, 2,7-K-Strahlung *f*, Drei-Kelvin-Strahlung *f*
K X-radiation *s.* K-radiation
Kamerlingh Onnes pendulum *(Mech) s.* Foucault pendulum
kaonic atom *s.* K-mesonic atom
Kapp line *(Magn)* Kappsche Linie *f (SI-fremde Einheit des magnetischen Flusses; 1 Kapp line = 60 µWb)*
kappa flow *(Mech)* sekundäres (stationäres) Kriechen *n*, zweites Kriechstadium *n*
Kapteyn selected area *(Astr)* [Kapteynsches] Eichfeld *n*, Selected Area *n*
Kármán boundary layer theorem *(Ström)* Kármánsche Integralbedingung *f*, Impulssatz *m* (Impulsintegralgleichung *f*) der Grenzschichttheorie
~ **constant (factor)** *(Ström)* Kármán-Zahl *f*, [von] Kármánsche Konstante *f*
~ **street** *s.* ~ vortex path
~ **universal constant** *s.* ~ constant
~ **vortex path (street), ~ vortices** *(Ström)* [von] Kármánsche Wirbelstraße *f*, Kármán-Wirbel *mpl*
katoptric system *(Opt)* Spiegelsystem *n*, katoptrisches System *n*
kayser *(Spektr)* Kayser *n*, K, *(selten:)* Rydberg *n*, Ry *(SI-fremde Einheit der Wellenzahl; 1 K = 1/cm)*
keeper *(Magn)* Magnetschlußstück *n*, Rückschlußstück *n*, *(manchmal:)* Kurzschließer *m*

keeping at a value Halten *n* eines Wertes, Konstanthaltung (Aufrechterhaltung) *f* eines Wertes
Keesom force *(At)* Orientierungskraft *f*, Dipol-Dipol-Kraft *f*, Keesom-Kraft *f*
kelvin 1. *(Therm)* Kelvin *n* (Basiseinheit der Temperatur); 2. Kelvin *n*, K *(Einheit der Temperaturdifferenz oder des Temperaturintervalls)*; 3. *(El)* Kilowattstunde *f*, kWh
Kelvin equation *(Therm)* Kelvinsche Gleichung *f (für den Dampfdruck), (bei der speziellen Anwendung auf Kapillaren auch:)* Kelvinsche Kapillardruckgleichung *f*
~ **principle** *(El, Meß)* Vierleiterprinzip *n*, Kelvin-Prinzip *n*, Kelvinsches Prinzip *n*
~ **relation** 1. *(El)* Thomsonsche Beziehung (Gleichung) *f (für die thermoelektrischen Effekte)*; 2. *(Therm) s.* Kelvin equation
~ **skin effect** *s.* current displacement
Kelvin's circulation theorem *(Ström)* Zirkulationssatz *m*, Thomsonscher (Kelvinscher) Zirkulationssatz, Thomsonscher Erhaltungssatz *m*, Thomsonsches (Kelvinsches) Zirkulationstheorem *n*
~ **formula** *(El)* Thomson-Formel *f*, Thomsonsche Schwingungsformel (Schwingungsgleichung) *f*, Thomson-Kirchhoffsche Gleichung (Formel) *f*
~ **minimum-energy theorem, ~ principle** *(Hydr)* Thomsonscher Minimalsatz *m*, Kelvinsches Prinzip *n* der minimalen (kleinsten) kinetischen Energie
~ **statement of the second law of thermodynamics** *(Therm)* Formulierung *f* des zweiten Hauptsatzes der Thermodynamik von Thomson und Planck, Theorem *n* von Thomson
~ **theorem** *s.* Kelvin's circulation theorem
~ **transformation** *(mathPh)* Stokesscher Integralsatz (Satz) *m*, Stokessche Formel *f*, [gewöhnliche] Stokessche Integralformel *f*
Keplerian [elliptic] motion *(Astr, Mech)* Kepler-Bewegung *f*, Keplersche Bewegung *f*, Zweikörperbewegung *f*, Kegelschnittsbewegung *f*
Kepler's area law *(Astr)* Flächensatz *m*, zweites Keplersches Gesetz *n*
~ **harmonic law** *(Astr)* drittes Keplersches Gesetz *n*, [Keplersches] harmonisches Gesetz *n*
~ **orbit law** *(Astr)* erstes Keplersches Gesetz *n*
~ **period law** *s.* ~ harmonic law
~ **rule** *(mathPh)* Simpsonsche Formel *f (für den Rauminhalt eines Körpers)*
kerma *(Kern)* Kerma *f*, k *(kinetic energy released in matter, in Gy oder J/kg)*
~ **rate** *(Kern)* Kermaleistung *f*, Kermarate *f*
kernel *(mathPh)* 1. Kern *m*, Kernfunktion *f*, Integralkern *m (einer Integralgleichung)*; 2. Spektralkern *m (eines linearen Operators)*; 3. Nullraum *m (für eine lineare Transformation)*

~ technique *(Kern)* Punktkernnäherung f, Punktkern[näherungs]methode f *(für den Strahlungstransport)*
Kerr [electrooptical] effect *(Opt)* [elektrooptischer] Kerr-Effekt m, elektrische Doppelbrechung f
~ magnetic (magnetooptical) effect *(Opt)* magnetoptischer (magnetischer) Kerr-Effekt m
Kerst oscillation *(Kern)* s. betatron oscillation
Kersten['s inclusion] theory *(Fest, Magn)* Fremdkörpertheorie f [nach Kersten], Kerstensche Theorie f
kg-cal s. kilocalorie
kg-equ. s. kilogramme-equivalent
kg-wt s. kilogramme-force
kgf s. kilogramme-force
kgf-m s. kilogramme-metre
kickback *(Mech)* Zurückprallen n, Zurückspringen n, Zurückschnellen n, *(speziell:)* Prellschlag m
kilocalorie *(Therm)* 1. Kilokalorie f, kcal, Kilogrammkalorie f, große Kalorie f, Cal *(SI-fremde Einheit der Wärmeenergie; 1 kcal = 4,1868 kJ)*; 2. Wärmeeinheit f, W.E., WE
kilogramme *(Mech)* 1. Kilogramm n, kg *(SI-Basiseinheit der Masse; 1 kg = 10^3 g)*; 2. s. ~-force
~-calorie s. kilocalorie
~-equivalent [weight] *(physCh)* Kilogrammäquivalent n, kg-Äqu., kval *(nicht mehr zulässig, in Mol oder Kilomol ausdrücken)*
~-force *(Mech)* Kilopond n, kp *(SI-fremde Einheit der Kraft; 1 kp = 9,80665 N)*
~-metre *(Mech)* Kilopondmeter n, kpm, Meter-Kilopond n, m kp *(SI-fremde Einheit des Drehmoments; 1 kpm = 9,80665 Nm)*
~ molarity *(GB, physCh)* s. molality
~ weight s. ~-force
kilomega = giga
kilopond *(Mech)* s. kilogramme-force
kilowatt rating *(Kern)* lineare Leistungsdichte (Wärmeleistung) f, Längenleistung[sdichte] f, *(für einen Brennstab auch:)* lineare Stableistungs[dichte] f
kinematic fluidity *(Ström)* kinematische Fluidität f *(Kehrwert der kinematischen Viskosität)*
~ pair *(Mech)* kinematisches Paar n
~ potential *(Mech)* s. Lagrangian 4.
~ reversal *(Mech)* kinematische Umkehrung f
~ separation *(Kern)* kinematische Abtrennung f, Abtrennung f im Fluge
~ viscosity *(Ström)* kinematische Viskosität f (Zähigkeit) f, Viskositäts-Dichte-Verhältnis n
kinematical vorticity number *(Ström)* kinematisches Wirbelmaß n
kinematically admissible motion *(Mech)* kinematisch zulässige Bewegung f

kinematics *(Mech)* 1. Kinematik f, Bewegungslehre f, Lehre f von der Bewegung, Phoronomie f, reine Kinematik f; 2. Getriebelehre f, Zwangs[s]laufehre f, technische Kinematik f
kinetic coefficient *(statPh, Therm)* phänomenologischer (kinetischer) Koeffizient m
~ coefficient of friction *(Mech)* s. coefficient of kinetic friction
~ energy *(Mech)* kinetische Energie f, Bewegungsenergie f, Wucht f, Energie der [fortschreitenden] Bewegung, lebendige Kraft f
~ energy coefficient (correction factor) *(Hydr)* Coriolisscher Korrektionsfaktor m, Bewegungsenergiegiebeiwert m
~ energy head *(Hydr)* Geschwindigkeitshöhe f, *(manchmal:)* Geschwindigkeitsgefälle n, Fließßfallhöhe f *(einer inkompressiblen Flüssigkeit)*
~ friction *(Mech)* 1. Bewegungsreibung f, Reibung f der Bewegung, dynamische (kinetische) Reibung f; 2. s. sliding friction
~ head s. ~ energy head
~ heating *(Aero)* aerodynamische Erwärmung f, Erhitzung f durch die Reibungswärme
~ instability *(Pl)* Mikroinstabilität f, kinetische Instabilität f, Instabilität f vom kinetischen Typ
~ pivoting friction *(Mech)* Bewegungsreibung f beim Bohren
~ potential *(Mech)* s. Lagrangian 4.
~ pressure *(Hydr, statPh)* kinetischer Druck m, Geschwindigkeitsdruck m, Staudruck m
~ reaction *(Mech)* Trägheitskraft f, Trägheitswiderstand m, D'Alembert-Kraft f
~ viscosity *(Ström)* s. kinematic viscosity
~ wave *(Ech)* kinetische Stufe (Welle) f *(Polarographie)*
kinetically defined structure *(Mech)* kinetisch bestimmte Struktur f
~ determinable (determinate, determined) ... s. kinetically defined ...
~ indeterminable structure *(Mech)* kinetisch unbestimmte Struktur f
kinetics *(Mech)* Kinetik f, Lehre f von den Bewegungen materieller Systeme
kinetostatically defined (determinable) structure *(Mech)* kinetostatisch bestimmte Struktur f
~ indeterminable structure *(Mech)* kinetostatisch unbestimmte Struktur f
Kingsbury curve *(Ak)* Kingsbury-Kurve f, Kurve f gleicher Lautstärke nach Kingsbury
kink *(Krist)* Knick m, Kink m, Kinke f, Übersetzung f
~ formation *(Krist)* Knickung f, Knickbildung f, Kink[en]bildung f *(bei Metallen)*
~ instability *(Pl)* Knickinstabilität f, Instabilität f gegen Knickung (Knickdeformation), „kink"-Instabilität f *(Instabilität M = 1)*

kink 182

~ **soliton** *(Feld)* Knicksoliton *n*
kinking *(Krist) s.* kink formation
kinosthenic coordinates *(Mech)* zyklische Koordinaten *fpl (Helmholtz)*, ignorable Koordinaten *fpl (Whittaker)*, verborgene Koordinaten *fpl*, zyklische Variable *fpl*
kintal *s.* hundredweight 1.
kip *(Mech)* eine Masse von 1000 lb (= 453,59 kg) oder eine Last von 1000 lbf (= 4,448 kN)
Kirchhoff formula 1. *(Ak, Opt)* Kirchhoffsche Formel (Beugungsformel, Wellenformel) *f*, Kirchhoffsches Beugungsgesetz *n*; 2. *(El)* Kirchhoffsche Formel *f (für die Randkorrektion der Kapazität)*; 3. *(physCh)* Kirchhoffsche Formel (Dampfdruckformel) *f*
~ **radiation law** *(Therm) s.* Kirchhoff's law
Kirchhoff's current law *(El)* Knotenregel *f*, Knotenpunktsatz *m*, [Kirchhoffscher] Verzweigungssatz *m*, erste Kirchhoffsche Regel *f*
~ **equation[s]** *(physCh) s.* ~ laws
~ **law [for radiation]** *(Therm)* Kirchhoffsches Gesetz (Strahlungsgesetz) *n*, Kirchhoffsches Gesetz *n* für schwarze Strahler, Kirchhoffscher Satz *m* der Temperaturstrahlung
~ **law of emission (thermal radiation)** *s.* ~ law [for radiation]
~ **laws** *(Ak)* Kirchhoffsche Sätze *mpl* (Gesetze *npl*)
~ **principle** *(Therm) s.* ~ law [for radiation]
~ **rules** *(El)* Kirchhoffsche Regeln *fpl* (Gesetze *npl*, Sätze *mpl*) *(s. a. Kirchhoff's current law und ~ second law)*
~ **second (voltage) law** *(El)* Maschenregel *f*, [Kirchhoffscher] Maschensatz *m*, zweite Kirchhoffsche Regel *f*, Umlaufregel *f*
Klein-Rosseland collision *(Kern)* Stoß *m* zweiter Art, überelastischer Stoß *m*
knife-edge 1. Schneide *f*; 2. *(Mech:)* Schneide *f*, *(selten:)* Schneidenlager *n (einer Waage oder eines Pendels)*; 3. *(Opt)* Schneide *f*, *(bei der Toeplerschen Schlierenmethode speziell:)* Schlierenblende *f*
~-**edge aerofoil** *(Aero)* Schneidenprofil *n*, Keilschneidenprofil *n*
~-**edge shadow technique** *(Opt)* Schneidenschattenverfahren *n (zur Oberflächenprüfung)*
~-**edge test** *(Opt)* [Foucaultsches] Schneidenverfahren *n*, Foucaultsche Schneidenmethode *f*
knock-on 1. *(At) s.* delta ray 1.; 2. *(At, Kern)* Anstoß*m (eines Elektrons in einer Elektronenhülle)*
~-**on atom** *(Fest, Kern)* angestoßenes Atom *n*, Anstoßatom *n*, „knocked-on"-Atom *n*
~-**on particle** *(At) s.* delta ray 1.
~-**on process (reaction)** *(At, Kern)* Anstoßreaktion *f*, Anstoßprozeß *m (in der Elektronenhülle)*

~-**out** *s.* knocking-out
knocked-on atom *(Fest, Kern) s.* knock-on atom
~-**on electron (particle)** *(At) s.* delta ray 1.
knocking-out *(Fest, Kern)* Atomumlagerung *f*, Atomverlagerung *f*, Umlagerung *f (durch Kernstoß)*
~-**out effect** *(Fest, Kern)* Wigner-Effekt *m (in Kristallen, speziell Graphit)*
knot 1. *(Astr)* Knoten *m*, Protuberanzknoten *m*; 2. *(mathPh)* Knoten *m (in der Topologie)*; 3. *(mathPh)* Knoten[punkt] *m*, Ecke *f (in einem Graphen oder Netzwerk)*; 4. *(Mech)* Knoten *m*, kn; 5. *(Mech)* englischer Knoten *m (SI-fremde Einheit der Geschwindigkeit; 1 UK knot = 1853,18 m/h)*
Knudsen flow *(Aero)* Knudsen-Strömung *f*, Nichtkontinuumsströmung *f*, Gemischtströmung *f*, isotherme freie Molekularströmung *f*
Kohlrausch's law [of independent migration of ions] *(Ech)* Kohlrauschsches Gesetz *n* der unabhängigen Ionenwanderung
Kolmogorov microscale *(Ström)* Kolmogorowsche (Kolmogovsche) Mikrolänge *f*
konig, könig *(Opt)* Normfarbwert *m* X, König *n*
Kossel-Sommerfeld [displacement] law *(Spektr)* spektroskopischer (Kossel-Sommerfeldscher) Verschiebungssatz *m*
Koschmieder's law *(Opt)* Luftlichtformel *f (von Koschmieder)*
Kronig fine structure *(Spektr)* kantenferne Feinstruktur *f* des Röntgenspektrums, Kronigsche Feinstruktur *f*
Kundt effect *(Opt) s.* Faraday effect
Kundt's dust figures *(Ak)* [Kundtsche] Staubfiguren *fpl*
Küstner series *(Astr)* Fundamental[stern]reihe *f*, Küstnersche Reihe *f*
Kutta-Joukowski aerofoil *(Aero) s.* Joukowski profile

L

L *s.* 1. *(Opt)* lambert; 2. *(Spektr)* Lorentz unit
l-at *(physCh) s.* litre atmosphere
L frame *s.* laboratory frame
L phonon *(Fest)* L-Phonon *n*, longitudinales Phonon *n*
L shell 1. *(At)* L-Schale *f*, Achterschale *f*; 2. *(Pl)* Driftschale *f*, L-Schale *f*
l tn *s.* long ton
L wave *s.* longitudinal wave
la *(Opt) s.* lambert
lab frame *s.* laboratory frame
label[l]ed molecule *(physCh)* markiertes Molekül *n*, Tracermolekül *n*, Indikatormolekül *n*

label[l]ing 1. Markierung *f* (*mit radioaktiven oder stabilen Isotopen*); 2. *(mathPh)* Indizierung *f*, Bezeichnung *f* mit Indizes
laboratory frame (system) *(At, Kern)* Laborsystem *n*, Laboratoriumsbezugssystem *n*, L-System *n*
lack of definition (focus) *(Opt)* Unschärfe *f*, Flauheit *f*, Bildunschärfe *f*
ladar *(El, Opt)* Laserradar *n*, Ladar *n*
ladder approximation *(Qu, Rel)* Leiternäherung *f*
~ **operator method** *(At, Qu)* Leiteroperatorenmethode *f*, Schiebeoperatorenmethode *f*, Gray-Wills-Verfahren *n*
Ladenburg *f* **value** *(At, Qu)* Oszillatorstärke *f*, *f*-Wert *m*
laevo-circular polarization *(El, Magn, Opt)* zirkulare Linkspolarisation *f*, linkszirkulare Polarisation *f*
laevorotation *(Opt)* Linksdrehung *f*, negative Drehung *f*
lag 1. Verzögerung *f*, Zeitverzögerung *f*, Verzug *m*; 2. Nacheilung *f* (*einer periodischen Größe*); 3. *(El)* Redardierung *f*, Zeitverzögerung *f* (*eines Potentials*); 4. *(Therm)* Nachhinken *n* (*des Thermometers*)
lagging 1. *s.* lag 1.; 2. Schalldämmung *f*, *(früher:)* Schallisolierung *f*, Schallisolation *f*; 3. Wärmedämmung *f*, Wärmeisolierung *f*; 4. Wärmedämmstoff *m*, Wärmeschutzstoff *m*, Wärmeisolierstoff *m*
Lagrange coordinates *(Mech)* verallgemeinerte (generalisierte, allgemeine) Koordinaten *fpl*, Lagrangesche [verallgemeinerte] Koordinaten *fpl*
~ **stream function** *(Ström)* Stromfunktion *f*, *(selten:)* Strömungsfunktion *f* (*Imaginärteil des komplexen Potentials*)
~ **variables** *s.* Lagrange coordinates
Lagrange's equation *(Astr, Mech)* Lagrangesche Schlüsselgleichung (Gleichung) *f*, Schlüsselgleichung *f* der Bahnbestimmung
~ **particle** *(Astr, Mech)* Lagrangesches Librationszentrum *n*, *(speziell:)* Lagrangescher Dreieckspunkt *m*
~ **planetary equations** *(Astr)* Lagrangesche Gleichungen *fpl* des planetaren Dreikörperproblems
~ **principle** *(Mech)* Befreiungsprinzip *n* [von Lagrange], Lagrangesches Befreiungsprinzip (Prinzip) *n*
Lagrangian 1. *(Feld)* Lagrange-Funktion *f*, *(selten:)* Lagrange-Funktional *n* (*für Felder*); 2. *(Feld, Mech) s.* ~ density; 3. *(mathPh)* Grundfunktion *f*, *(manchmal:)* Lagrange-Funktion *f*, Lagrangesche Funktion *f* (*eines Variationsproblems*); 4. *(Mech)* Lagrange-Funktion *f*, kinetisches Potential *n*, *(manchmal:)* integrale Lagrange-Funktion *f*, Lagrangesche Funktion *f*
~ **approach** *(Ström)* Lagrangesche Darstellung (Beschreibung, Methode) *f*

~ **coordinates** *(Mech) s.* Lagrange coordinates
~ **density** *(Feld, Mech)* Lagrange-Dichte *f*, *(selten:)* Lagrangesche Dichtefunktion *f*, differentielle Lagrange-Funktion *f*
~ **equation of continuity** *(Ström)* substantielle (materielle, Lagrangesche) Form *f* der Kontinuitätsgleichung, substantielle (materielle) Kontinuitätsgleichung *f*
~ **function** *s.* 1. *(mathPh)* Lagrangian 3.; 2. *(Mech)* Lagrangian 4.
~ **point** *(Astr, Mech) s.* Lagrange's particle
~ **surface** *(Mech)* Indikatrix *f*, Lagrangesche Fläche *f*
~ **turbulence scale** *(Ström)* Lagrangescher Turbulenzgrad *m*
lakdyne *s.* newton
Lamb dip *(Opt)* Lamb-dip *m*, Lambsche Delle *f*, Verstimmungsdelle *f*, Lamb-Delle *f*
~-**Mössbauer factor** *(Fest)* Debye-Waller-Faktor *m*, Debye-Wallerscher Temperaturfaktor *m*, (*in der Mößbauer-Spektroskopie auch:*) *f*-Faktor *m*
~ **[-Retherford] shift** *(At, Spektr)* Lambsche Verschiebung *f*, Lamb-Shift *m*, Lamb-Verschiebung *f*, *(selten:)* Lamb-Retherford-Verschiebung *f*, Bethe-Effekt *m*
~ **wave** *(Ak)* Plattenwelle *f*, Lamb-Welle *f*
lambda *(Mech)* Lambda *n* (*SI-fremde Einheit des Volumens; 1 lambda = 10^{-9} m^3 oder = 10^{-6} l*)
~ **leak** *(Tief)* Lambdaleck *n*, Supraleck *n*, [Kamerlingh-]Onnes-Effekt *m*
~ **particle** *(Hoch)* Lambda-Hyperon *n*, Λ°-Hyperon *n*, Lambda-Teilchen *n*
~-**point transition** *(Tief)* λ-Übergang *m*, Lambda-Übergang *m*
~ **shock [wave]** *(Aero)* Gabelstoß *m*, Lambda-Stoß *m*, λ-Stoß *m*, gegabelter Verdichtungsstoß (Stoß) *m*
~ **type doubling** *(At, Spektr)* Lambda-Aufspaltung *f*, Λ-Aufspaltung *f* (*in Molekülspektren*)
lambert *(Astr, Mech)* Lambert *n*, L, La, la (*SI-fremde Einheit der Leuchtdichte; 1 L = 0,318 cd/cm^2*)
Lambert-Bouguer law of absorption *(Opt) s.* Bouguer-Beer law
~ **cosine law** *(Opt)* Lambertsches Kosinusgesetz *n* [für Nichtselbstleuchter], cos-Gesetz *n* [von Lambert]
~ **equation** *(Astr, Mech) s.* Euler equation 2.
~ **law scattering** *(Kern, Opt)* Streuung *f* entsprechend (nach) dem Lambertschen Gesetz
~ **surface** *(Therm)* Lambertsche Fläche *f*, Lambert-Fläche *f*
Lambertian radiator (source) *(Opt)* Lambertsche Strahler *m*, Lambertsche Quelle *f*, Lambert-Strahler *f*
Lambert's cosine [emission] law *(Opt)* Lambertsches Kosinusgesetz *n* für Selbstleuchter, cos-Gesetz *n* für Selbstleuchter

~ **law** *(Opt)* s. 1. Lambert cosine law; 2. Bouguer-Beer law
lame étalon *(Opt)* Lame-étalon *f(n)*, „lame étalon" *f*, Luftkeil *m*, keilförmige Luftschicht *f*, [keilförmige] Luftplatte *f*
lamella birefringence *(Krist, Opt)* Lamellendoppelbrechung *f*
~ **crystal** *(Krist)* Lamellenkristall *m*
laminar flow *(Ström)* laminare Strömung *f*, Schichtenströmung *f*, Laminarströmung *f*, laminare (schlichte) Bewegung *f*
~ **flow control** *(Aero)* Grenzschichtbeeinflussung *f* durch Laminarhaltung, Grenzschichtabsaugung *f (zur Herabsetzung des Reibungswiderstandes)*
~ **forced convection** *(Ström, Therm)* erzwungene Konvektion *f* in laminarer Strömung
~ **heat convection** *(Ström, Therm)* konvektive Wärmeübertragung *f* bei laminarer Strömung
~ **separation bubble** *(Ström)* Ablöseblase *f*, Ablösungsblase *f*, laminarer Ablösewirbel *m*
~ **skin friction** *(Ström)* laminare Reibung *f*
laminarization *(Ström)* Laminarhaltung *f*, Laminarisierung *f*
laminated flow *(Ström)* s. laminar flow
lamination factor *(Magn)* Füllfaktor *m*, Stapelfaktor *m*
Lamont's position *(Magn)* Lamontsche Hauptlage (Lage) *f*, Lamont-Lage *f (eines Magneten)*
Lanchester-Prandtl drag *(Aero)* induzierter (zusätzlicher) Widerstand *m*, Wirbelwiderstand *m*, Lanchester-Prandtl-Widerstand *m*
land burial *(Kern)* Eingraben *n*, Vergraben *n (radioaktiver Abfälle)*
land mile s. mile
Landau gauge *(Feld)* Landau-Eichung *f*
~-Lifshits damping *(Pl)* Landau-Dämpfung *f*, *(selten:)* Landau-Lifschitzsche Dämpfung *f*
Landé factor *(At)* s. ~ g factor 1.
~ **g factor** 1. *(At)* [Landéscher] *g*-Faktor *m*, [spektroskopischer] Aufspaltungsfaktor *m*, Aufspaltungsfaktor *m* [der Hyperfeinaufspaltung], Landé-Faktor *m*; 2. *(At, Fest)* *g*-Faktor *m*, gyromagnetischer Faktor *m*, Landé-Faktor *m*, Landéscher *g*-Faktor *m*, *(manchmal:)* magnetomechanischer Faktor *m*, magnetomechanisches Verhältnis *n (eines Atoms oder eines Stoffes)*
~ **parameter** *(At, Qu)* [Einelektronen-]Spin-Bahn-Kopplungsparameter *m*, Landé-Parameter *n*
~ **splitting factor** *(At)* s. ~ g factor 1.
Lane-Emden equation *(Astr, Therm)* Emdensche Differentialgleichung *f*
~-Emden function Emdensche Funktion *f*, [Lane-]Emden-Funktion *f (vom Index n)*
Langevin [radiation] pressure *(El)* Langevinscher Schallstrahlungsdruck *m*, Langevin-Druck *m*

Langmuir-Child [three-halves power] law *(El)* s. Child's law
~ **wave** *(Pl)* Langmuir-Welle *f*, elektrostatische Welle *f*
lanthanoid shift reagent *(Spektr)* Lanthanoidenverschiebungsreagens *n*, Lanthanoiden-Shift-Reagens *n*, LSR
Laplace constant *(Ström)* Kapillar[itäts]konstante *f* (in mm^2)
~ **equation** 1. *(Ak)* Laplacesche Gleichung *f (für die Schallgeschwindigkeit)*; 2. *(mathPh)* Laplacesche Gleichung *f*, Laplace-Gleichung *f*, Laplacesche Potentialgleichung (Differentialgleichung) *f*
~ **formula** *(Ström)* Laplacesche Gleichung *f*, Laplace-Gleichung *f (für den Kapillardruck)*
~ **linear equation** *(mathPh)* Laplacesche gewöhnliche Differentialgleichung *f*
~ **transform** *(mathPh)* Laplace-Transformierte *f*, Unterfunktion *f*, Bildfunktion *f (der Laplace-Transformation)*
Laplace's law (theorem) *(El)* Biot-Savartsches Gesetz *n*, Laplacesches Gesetz *n (für die magnetische Induktion oder Feldstärke)*
laplacian 1. *(mathPh)* Laplace-Operator *m*, Laplacescher Operator *m*, Delta-Operator *m*, Delta *n*, ∇^2, Δ; 2. *(Kern)* negatives Buckling *n*, Gegenwölbung *f*
Laplacian derivative s. laplacian 1.
large-angle [grain] boundary *(Fest)* Großwinkelkorngrenze *f*
~-angle scattering *(Kern)* Weitwinkelstreuung *f*, Streuung *f* um große Winkel, Großwinkelstreuung *f*
~-area counter tube *(Kern)* Großflächenzählrohr *n*, großflächiges Zählrohr *n*
~ **Barkhausen discontinuity** *(Fest, Magn)* großer Barkhausen-Sprung *m*
~ **calorie** *(Therm)* s. kilocalorie 1.
~ **dyne** s. newton
~ **polaron** *(Fest)* dielektrisches (großes) Polaron *n*
~-scale pulsation *(Ström)* Pulsation *f* im Großen, großräumige Pulsation *f*, Makropulsation *f*
~-scale turbulence *(Ström)* großräumige (weiträumige, großmaßstäbliche) Turbulenz *f*, Großturbulenz *f*
Larger Magellanic Cloud *(Astr)* Große Magellansche Wolke *f*, LMC
largest particle passed *(Mech)* größtes durchgegangenes Teilchen *n*, *(selten:)* absolute Filterleistung *f*
Larmor [angular] frequency, ~ precession frequency *(El, Magn)* Larmor-Kreisfrequenz *f*, Larmor-Frequenz *f*, Larmor-Präzessionsfrequenz *f*
lasant *(Opt)* Lasermaterial *n*, laseraktives (aktives) Material (Medium) *n*
laser activity s. lasing
~ **beam trimming** *(El, Opt)* Laserstrahlabgleich *m*, Lasertrimmen *n*

lattice

- ~ **[-driven] fusion** *(Pl)* Laser[kern]fusion *f*, lasergetriebene Fusion *f*, lasergesteuerte Kernfusion *f*
- ~ **granulation** *(Opt)* Granulation *f* des Laserlichts
- ~ **probe mass spectrography** *(Spektr)* Massenspektrographie *f* mit Lasersonde
- ~ **recovery** *(Halbl)* Laserausheilung *f*
- ~ **separation** *(physCh)* Laserverfahren *n* der Isotopentrennung, Laserisotopentrennung *f*
- ~ **spike** *(Opt)* Spike *m*, Laserspike *m*, irreguläre Spitze *f*, Blitz *m*
- ~ **threshold** *(Opt)* 1. Mindestpumpenergie *f*, Schwell[en]energie *f (eines Lasers)*; 2. Mindestpumpleistung *f (eines Lasers)*

lasing *(Opt)* Lasern *n*, Lasertätigkeit *f*
- ~ **threshold** *(Opt)* Laserschwelle *f*

lat s. litre atmosphere
late-in-life failure Spätausfall *m*
~-type star *(Astr)* Stern *m* vom späten Spektraltyp, später Typ *m*
latency time *(Kern)* Ansprechverzögerung *f (eines Detektors)*
latent image fading *(Kern)* Fading *n*, Fading (Abklingen) *n* des latenten Bildes *(beim Filmdosimeter)*
- ~ **image intensification** *(Phot)* Latensifikation *f*, Verstärkung *f* des latenten Bildes
- ~ **stress** *(Mech)* latenter Spannungszustand *m*, *(als Größe:)* latente Spannung *f*

lateral aberration *(Opt)* 1. [sphärische] Queraberration *f*; 2. s. ~ chromatic aberration; 3. laterale Strahlaberration *f*
- ~ **acceleration** *(Aero)* Querbeschleunigung *f*, Abtriftbeschleunigung *f*
- ~ **chromatic aberration** *(Opt)* Farbvergrößerungsfehler *m*, Farbmaßstabsfehler *m*, chromatische Vergrößerungsdifferenz *f*
- ~ **contraction** *(Mech)* Querkontraktion *f*, Querkürzung *f*, Querverkürzung *f*, Kontraktion *f*
- ~ **distribution** *(Kern)* Breitenverteilung *f (eines Luftschauers)*
- ~ **edge** *(Krist)* Randkante *f*, Seitenkante *f*
- ~ **elongation** *(Mech)* Querdehnung *f*
- ~ **equation** *(Ström)* Quergleichung *f (der Strömungslehre)*
- ~ **face** 1. *(Krist)* Seitenfläche *f*; 2. *(mathPh)* Seitenfläche *f (eines Polyeders: keine Grundfläche)*
- ~ **force coefficient** *(Aero)* Seitenkraftbeiwert *m*
- ~ **instability** *(Aero)* Seiteninstabilität *f*, Rollinstabilität *f*
- ~ **inversion** *(Opt)* Seitenvertauschung *f*, Seitenverkehrung *f*, Spiegelung *f (eines Bildes)*
- ~ **load** *(Mech)* 1. Belastung *f* in der Querrichtung, seitliche Belastung *f*; 2. Querlast *f*, Seitenlast *f (Größe)*
- ~ **mirage** *(Opt)* seitliche Luftspiegelung *f*
- ~ **offset loss** *(Opt)* Dämpfung *f* durch radialen (seitlichen) Versatz
- ~ **pressure** *(Mech)* 1. Querdruck *m*; 2. Seitendruck *m*, seitlicher Druck *m*
- ~ **resolution** *(Opt)* laterale Auflösung *f*, laterales Auflösungsvermögen *n (eines Mikroskops)*
- ~ **resolving limit** *(Opt)* laterale Auflösungsgrenze *f (eines Mikroskops)*
- ~ **shower** *(Hoch)* Seitenschauer *m*, schräg einfallender Schauer *m*
- ~ **spherical aberration** *(Opt)* [sphärische] Queraberration *f*
- ~ **spread** *(Kern)* 1. laterale (seitliche) Ausbreitung *f (eines Luftschauers)*; 2. Schauerbreite *f (Größe)*
- ~ **strain** *(Mech)* Querverzerrung *f*, Querverformung *f*, Querzerrung *f (Kürzung oder Dehnung)*
- ~ **structural dimension** *(Halbl)* Strukturbreite *f*, laterale Strukturabmessung *f*
- ~ **structure** *(Kern)* laterale Struktur *f*, Breitenstruktur *f (eines Luftschauers)*
- ~ **tearing strength** *(Mech)* Einreißwiderstand *m*, Einreißkraft *f*, *(manchmal:)* Einreißfestigkeit *f*
- ~ **vibration** *(Mech)* Transversalschwingung *f*, transversale Schwingung *f*, Querschwingung *f (eines elastischen Mediums)*
- ~ **yielding** *(Mech)* [seitliches] Ausweichen *n (z. B. von Rohren)*

lateralization *(Ak)* Seitenbestimmung *f*, Seitenortung *f*
laterally incident light *(Opt)* seitlich einfallendes Licht *n*, Seitenlicht *n*
- ~ **inverted image** *(Opt)* seitenverkehrtes (rückwendiges) Bild *n*, *(manchmal:)* seitenvertauschtes (gespiegeltes) Bild *n*
- ~ **uninverted image** *(Opt)* seitenrichtiges Bild *n*

latitude *(Phot)* 1. Empfindlichkeitsbereich *m*; 2. Belichtungsspielraum *m*, Belichtungsbreite *f*, Belichtungsumfang *m*
- ~ **circle** *(Astr)* Breitenkreis *m*, Parallel[kreis] *m (ein Kleinkreis)*

lattice-cell theory *(statPh)* Zellentheorie *f*, Theorie *f* des freien Volumens *(der Flüssigkeiten)*
- ~ **channelling** *(Fest)* Kanaleffekt *m*, Kanalisierungseffekt *m*, Kanalisierung *f*, Gitterführung *f*, Channelingeffekt *m (geladener Teilchen in einem Kristall)*
- ~ **conductivity** *(Fest)* Gitterwärmeleitfähigkeit *f*, Phononenanteil *m* der Wärmeleitfähigkeit
- ~ **constant** *(Krist)* Gitterkonstante *f*, Kristallgitterkonstante *f*
- ~ **defect** s. crystal defect 2.
- ~ **diffusion** *(Fest)* Gitterdiffusion *f*, Volum[en]diffusion *f*
- ~ **dimension** s. ~ constant
- ~ **dislocation** *(Krist)* Versetzung *f*, eindimensionale Gitterfehlstelle (Fehlordnung) *f*, Liniendefekt *m*

lattice

~ **distance** *(Krist)* 1. Gitterabstand *m*; 2. *s.* ~ plane spacing
~ **expansion** *(Krist)* Gitteraufweitung *f*, Gitterdehnung *f*
~ **expansion method** *(Therm)* röntgenographische Bestimmung *f* der Gitterkonstante bei verschiedenen Temperaturen *(zur Bestimmung des Wärmeausdehnungskoeffizienten von festen Körpern)*
~ **heat [capacity]** *(Fest)* Gitterwärmekapazität *f*, Gitterwärme *f*
~ **hole** *s.* ~ void
~ **imperfection** *s.* crystal defect 2.
~ **impurity** *(Krist)* Fremdstörstelle *f*, Störstelle *f*, *(manchmal:)* Störstoff *m*, Verunreinigung *f*
~ **in lattice** *(Krist)* Gitter *n* im Gitter, Komplexgitter *n*
~ **mode** *(Fest)* Freiheitsgrad *m* der Gitterschwingungen, Gitterfreiheitsgrad *m* *(Theorie der Wärmekapazität)*
~ **parameter** *s.* ~ constant
~ **pitch** *(Kern)* Schrittweite *f (des Reaktorgitters)*, Gitterschrittweite *f*, *(selten:)* Gitterteilung *f*
~ **plane** *(Krist)* Netzebene *f*, Gitterebene *f*, Kristallebene *f*
~ **plane spacing** *(Krist)* Netzebenenabstand *m*
~ **position** *s.* ~ site
~ **reactor** *(Kern)* Gitterreaktor *m*, Reaktor *m* mit Gitterstruktur der Brennstoffkassetten
~ **site, ~-site occupant** *(Krist)* Gitterplatz *m*, Gitterstelle *f (im Kristall)*
~ **spacing** *(Krist)* 1. Gitterabstand *m*; 2. *s.* ~ plane spacing
~ **specific heat** *(Fest)* spezifische Gitterwärme[kapazität] *f*, Gitteranteil *m* (Phononenanteil) *m* der spezifischen Wärme[kapazität]
~ **symmetry** *(Krist)* Kristallsymmetrie *f*, *(selten:)* kristallographische Symmetrie *f*, Gittersymmetrie *f*
~ **vacancy** *(Krist)* Leerstelle *f*, Vakanz *f*, Gitterleerstelle *f*, Gitterlücke *f*
~ **void** *(Krist)* Void *n*, Loch *n*, Gitterloch *n*
~ **X-ray interference** *(Krist)* Raumgitterinterferenz *f*, Kristall[gitter]interferenz *f*, Röntgenstrahlinterferenz *f* im Kristallgitter

Laue back-reflection pattern (photograph) *(Krist)* Rückstrahlaufnahme *f* (Rückstrahldiagramm *n*) nach Laue, Laue-Rückstrahldiagramm *n*, Rückstrahl-Laue-Aufnahme *f*
~ **condition** *(Krist)* Laue-Bedingung *f (für die Lage eines Vektors in einer Laue-Ebene)*
~ **conditions** *(Krist)* Lauesche Gleichungen (Fundamentalgleichungen) *fpl*, Laue-Gleichungen *fpl*, Laue-Bedingungen *fpl*
~ **diagram, ~ [diffraction] pattern** *(Krist)* Laue-Aufnahme *f*, Laue-Diagramm *n*, Laue-Interferenzdiagramm *n*, Laue-Beugungsdiagramm *n*
~ **spot** *(Krist)* Laue-Fleck *m*, Laue-Reflex *m*, Interferenzfleck *m (im Laue-Diagramm)*

launch numerical aperture *(Opt)* anregungsnumerische Apertur *f*, LNA

laurence *(Opt)* Luftzittern *n*, Luftflimmern *n*, Zittern (Flimmern) *n* in der Luft, irdische Szintillation *f*

Laurent half-shade *(Opt)* Halbschattenapparat *m* mit Laurent-Platte
~ **[half-shade] plate** *(Opt)* Laurent-Platte *f*

Laval spot *(Krist)* Extra-Laue-Fleck *m*, Laval-Fleck *m*
~ **velocity** *(Aero)* Laval-Geschwindigkeit *f*, kritische Schallgeschwindigkeit *f*

law 1. Gesetz *n*, Prinzip *n (s. a. unter principle)*; 2. Gesetzmäßigkeit *f*
~ **for ideal gas** *(Therm) s.* Boyle-Charles law
~ **of action and reaction** *(Mech) s.* Newton's third law
~ **of areas** *(Mech)* Flächensatz *m*, Erhaltungssatz *m* für die Flächengeschwindigkeit
~ **of chance** Zufallsgesetz *n*
~ **of composition of velocities** *(Mech)* Gesetz *n* der Zusammensetzung von Geschwindigkeiten
~ **of conservation** Erhaltungssatz *m*, Erhaltungsgesetz *n*
~ **of conservation of circulation** *(Ström) s.* Kelvin's circulation theorem
~ **of conservation of electric charge** *(El, Magn)* Erhaltungssatz *m* der [elektrischen] Ladung, Ladungserhaltungssatz *m*
~ **of conservation of energy** Energiesatz *m*, Energieerhaltungssatz *m*
~ **of conservation of linear momentum** *(Mech)* Impulssatz *m*, Impulserhaltungssatz *m*, Erhaltungssatz *m* des Impulses, Prinzip *n* von der Erhaltung des [linearen] Impulses, Impulssatz *m* der Mechanik
~ **of conservation of mass (matter)** *s.* mass-conservation law
~ **of conservation of momentum** *s.* principle of linear momentum
~ **of conservation of power** Arbeitssatz *m*, Satz *m* von der Erhaltung der Leistung, Leistungssatz *m*, Leistungserhaltungssatz *m*
~ **of constancy of [interfacial] angles, ~ of constant angles** *(Krist)* Stenosches Gesetz *n*, Gesetz *n* der konstanten Flächenwinkel, Gesetz *n* der Winkelkonstanz, Stenosche Regel *f*
~ **of constant heat summation** *s.* Hess's law
~ **of correspondent (corresponding) states** *(Therm)* Theorem (Prinzip) *n* der korrespondierenden Zustände, Gesetz *n* von den übereinstimmenden Zuständen

~ **of corresponding times** *(Mech)* Theorem (Gesetz, Prinzip) *n* der korrespondierenden (übereinstimmenden) Zeiten
~ **of decay** Abkling[ungs]gesetz *n (z. B. für Schwingungen, der Lumineszenz)*
~ **of definite composition (proportion)** *(physCh)* Gesetz *n* der konstanten Proportionen (Verhältnisse)
~ **of electric charges** *(El)* Grundgesetz *n* der elektrischen Ladungen *(gleichnamige Ladungen stoßen sich ab, ungleichnamige ziehen sich an)*
~ **of electromagnetic induction** s. Faraday's law of induction
~ **of electrostatic attraction** s. Coulomb law of force
~ **of equipartition of energy** *(statPh)* s. equipartition law
~ **of extreme path** *(Opt)* s. Fermat's law
~ **of gravitation** 1. *(Astr)* [allgemeines] Gravitationsgesetz *n*; 2. *(Mech)* s. Newton's law of gravitation
~ **of Guldberg and Waage** *(physCh)* s. mass action law
~ **of impulse and momentum** *(Mech)* Gesetz *n* vom Impuls der Kraft *(Impuls der Kraft = Änderung der Bewegungsgröße)*
~ **of intermediate reactions (stages)** *(physCh)* Ostwaldsche Stufenregel *f*, Stufenregel *f* von Ostwald
~ **of isomorphism** *(physCh)* Mitscherlichsches Gesetz *n*, Mitscherlichsche Isomorphieregel *f*
~ **of large numbers** *(mathPh)* Gesetz *n* der großen Zahlen
~ **of light propagation** *(Rel)* Gesetz *n* von der Konstanz der Lichtgeschwindigkeit
~ **of magnetism** *(Magn)* Grundgesetz *n* des Magnetismus
~ **of moment of momentum** *(Mech)* allgemeiner Drehimpulssatz *m* (Flächensatz) *m*, Impulsmomentensatz *m*, Drehmomentensatz *m*
~ **of multiple proportions** *(physCh)* Gesetz *n* der multiplen Proportionen (Verhältnisse), [Daltonsches] Gesetz *n* der mehrfachen Proportionen
~ **of mutuality of phases** *(Therm)* Satz *m* der koexistierenden Phasen
~ **of parallel axes** *(Mech)* Steinerscher Satz *m*, Satz *m* von Steiner, *(selten:)* Satz *m* von Huygens
~ **of parallel solenoids** *(Therm)* Gesetz *n* der parallelen Isobaren und Isochoren
~ **of partial pressures** *(physCh)* s. Dalton law
~ **of penetration** *(Tief)* Eindringgesetz *n*
~ **of photochemical equivalence** *(physCh)* Einsteins photochemisches Äquivalentgesetz (Gesetz) *n*, Stark-Einsteinsches Äquivalentgesetz *n*
~ **of planetary distances** *(Astr)* Titius-Bodesche Reihe *f*, Bode-Titiussche Reihe, Bodesches Gesetz *n*, Abstandsgesetz *n*, Titius-Bodesche Regel *f*

~ **of radioactive displacement** *(Kern)* s. Fajans-Soddy displacement law
~ **of rational indices** *(Krist)* Rationalitätsgesetz *n* [der Flächenindizes], Haüysches Gesetz *n*, Gesetz *n* der rationalen Parameter
~ **of rational intercepts** *(Krist)* 1. Millersches Gesetz *n*, Gesetz *n* der rationalen Achsenabschnitte (Doppelverhältnisse); 2. s. ~ of rational indices
~ **of rationality** s. ~ of rational indices
~ **of reaction** s. 1. *(Mech)* Newton's third law; 2. *(Therm)* Le Chatelier's principle
~ **of reaction rate** *(physCh)* Geschwindigkeitsgleichung *f*, Geschwindigkeitsgesetz *n*, Zeitgesetz *n* der [chemischen] Reaktion
~ **of reciprocal proportions** *(physCh)* Gesetz *n* der äquivalenten Proportionen
~ **of reciprocity** s. reciprocity law
~ **of resistance** *(Hydr)* [Stokessches] Widerstandsgesetz *n*, Stokessche Formel *f*, Stokessches Reibungsgesetz *n*
~ **of resistance for turbulent flow** *(Ström)* turbulentes Widerstandsgesetz *n*
~ **of signs** Vorzeichenregel *f*
~ **of similarity** Ähnlichkeitsgesetz *n*, Ähnlichkeitsprinzip *n*, *(selten:)* Similaritätsprinzip *n*
~ **of spectrometric (spectroscopic) displacement** *(Spektr)* spektroskopischer Verschiebungssatz *m*, Kossel-Sommerfeldscher Verschiebungssatz
~ **of stages** s. ~ of intermediate reactions
~ **of stress** *(Mech)* s. Newton's third law
~ **of the lever** *(Mech)* Hebelsatz *m*, *(manchmal:)* Hebelgesetz *n*
~ **of the propagation of errors** *(mathPh)* Fehlerfortpflanzungsgesetz *n*, *(für den mittleren Fehler auch:)* Gaußsches Fehlerfortpflanzungsgesetz *n*
~ **of the transmissibility of pressure** *(Ström)* s. Pascal's law
~ **of thermal equilibrium** s. zeroth law of thermodynamics
~ **of thermodynamics** *(Therm)* Hauptsatz *m* der Thermodynamik
~ **of universal gravitation** *(Astr)* 1. [allgemeines] Gravitationsgesetz *n*; 2. s. Newton's law of gravitation
~ **of volumes** *(physCh)* s. Gay-Lussac's law of volumes
~ **of zones** *(Krist)* Zonengesetz *n*, Spörersches Gesetz *n*
Law of Areas *(Astr)* Flächensatz *m*, zweites Keplersches Gesetz *n*
~ **of Orbits** *(Astr)* erstes Keplersches Gesetz *n*
~ **of Periods** *(Astr)* drittes Keplersches Gesetz *n*, [Keplersches] harmonisches Gesetz *n*
laws of classical mechanics *(Mech)* Grundgleichungen *fpl* der klassischen Mechanik, Eulersche Grundgleichungen *fpl*

laws

~ **of conservation of energy and momentum** Energie-Impuls-Satz *m*, Energie- und Impulssatz *m*, Satz *m* von der Erhaltung der Energie und des Impulses
~ **of electrolysis** *(Ech)* Faradaysche Gesetze *npl* [der Elektrolyse]
~ **of motion of the pendulum** *(Mech)* Pendelgesetze *npl*
~ **of refraction** *(Opt)* 1. Brechungsgesetz *n*; 2. Snelliussche (optische) Brechungsgesetze *npl*, Brechungsgesetze *npl* von Snellius
~ **of similarity** *(Ström)* Ähnlichkeitssätze *mpl*

lay 1. *(El, Mech)* Schlag *m (eines Kabels oder Seils)*, Seilschlag *m*; 2. *(El, Mech)* Drallänge *f*, Schlaglänge *f*, Windungshöhe *f*, Drall *m (Größe)*; 3. *(Mech)* Schlagwinkel *m*, Flechtwinkel *m (eines Seils, Größe)*; 4. *(Mech)* Schlagrichtung *f (eines Seils)*

layer 1. Schicht *f*, Lage *f*; 2. *(mathPh)* Schicht *f*, Kugelschicht *f*; 3. *(mathPh)* Blatt *n (einer Riemannschen Fläche)*
~ **lattice** *(Krist)* Schichtstruktur *f*, Schicht[en]gitter *n*

layout 1. Strukturentwurf *m*, Auslegung *f*; 2. *(El)* Schaltungsanordnung *f*

lb *s.* pound

Lb *s.* pound force

lb-cal, lb-calorie *s.* pound-calorie

Lb ft^{-2} *s.* pound per square foot

lb in.$^{-2}$ *s.* pound per square inch

lb-mol *s.* pound-mol

lbf *(Mech)* *s.* pound force

lbf-ft *(GB, Mech)* *s.* foot-poundal

lbf in.$^{-2}$ **abs** *s.* pound per square inch absolute

LCAO *(At, Fest)* Linearkombination *f* von Atomorbitalen, LCAO

LCD = liquid crystal display

LCRO *(At)* Linearkombination *f* von Radikalorbitalen, LCRO

L/D ratio *(Aero)* *s.* lift-drag ratio

L/D ratio *(Mech)* *s.* length to diameter ratio 1.

LDA *(Ström)* Laser-Doppler-Anemometrie *f*, LDA

Le Chatelier's principle (rule) *(Therm)* le Chatelier-Braunsches Prinzip *n*, le Chateliersches Prinzip *n*, Prinzip *n* vom kleinsten Zwang, Prinzip *n* des kleinsten Zwanges

lead 1. *(El)* Zuleitung *f*, Zuführung *f*; Stromzuführung[sleitung] *f*; 2. Voreilung *f*; 3. *s.* ~ angle 1.; 4. *(Mech, Opt)* Vorhalt *m*; 5. *(Reg)* Vorhalt *m*, Vorhaltwirkung *f*; 6. *(Reg)* D-Verhalten *n*, differenzierende Wirkung *f*; 7. *(Ström)* Zuleitungsrohr *n*, Zuführungsrohr *n*, *(speziell:)* Zulaufrohr *n*, Zuflußrohr *n*; 8. *(Kern)* Ganghöhe *f*, Steigung *f (eines ein- oder mehrgängigen Gewindes)*; 9. *(physCh)* Blei *n*

~ **angle** 1. *(El)* Voreil[ungs]winkel *m*, voreilender Phasenwinkel *m*; 2. *(Mech, Opt, Reg)* Vorhaltwinkel *m*, Vorhaltewinkel *m*
~ **castle** *(Kern)* Bleiburg *f*, Blei[meß]kammer *f*, Bleischloß *m (zum Einschluß einer Detektoranordnung)*
~ **equivalent** *(Kern)* Bleigleichwert *m*, Bleiäquivalent *n*
~ **-l-lead junction** *(Tief)* Blei-I-Übergang *m*, Blei-Isolierschicht-Blei-Übergang *m*, Pb-I-Pb-Übergang *m (ein Josephson-Übergang)*
~ **-line deflection** *(Mech)* Lotabweichung *f*
~ **screen (shield)** *(Kern)* Bleiabschirmung *f*, Bleischirm *m*, Bleischild *m*, Bleischutz *m (Material)*

leader 1. *(Astr)* *s.* leading sunspot; 2. *(El)* Leader *m*, Leitblitz *m*, Entladungskopf *m*, Kanalkopf *m (eines Blitzes oder einer Funkenentladung)*
~ **streamer** *(El)* *s.* leader 2.
~ **stroke** *(El)* Vorentladung *f (eines Blitzes)*

leading Voreilung *f*
~ **echo** *(Ak, El)* Vorecho *n*
~ **sunspot** *(Astr)* P-Fleck *m*, vorangehender Fleck *m*
~ **sweep** *(Aero)* Vorwärtspfeilung *f*, Blattpfeilung *f (Luftschraube)*

league *(Mech)* League *f (SI-fremde Einheit der Länge;* 1 league = 4828,032 *m)*

leak-before-break criterion *(Ström)* Leckvor-Bruch-Kriterium *n (von Irwin)*
~ **rate** *(Ström, Vak)* Leckrate *f*, Undichtheit *f*, Undichtigkeit *f (Größe)*

leakage 1. Verlust *m (durch Austritt, Übertritt, Eintritt), (speziell:)* Austrittsverlust *m*; 2. *(El)* Ableitung *f*; 3. *(El)* Abfließen *n*, Abflußm *m (elektrischer Ladungen)*; 4. *(El, Magn)* Streuung *f* des magnetischen Flusses, magnetische Streuung *f*; 5. *(Ström, Vak)* Leckage *f*, Lecken *n (eines Rohres oder Behälters)*; 6. *(Kern)* *s.* ~ flux 2.; 7. *(Kern)* Strahlungsdurchlaß *m*, Durchlaß *m*, Durchsickerung *f (von Strahlung durch eine Abschirmung)*; 8. *(Kern)* *s.* ~ radiation 2.
~ **coefficient** 1. *(El, Magn)* Streufaktor *m*, Streugrad *m*; 2. *(Ström, Vak)* Leckbeiwert *m*, Undichtigkeitszahl *f*
~ **current** 1. *(El)* Ableitstrom *m*, Irrstrom *m*, Leckstrom *m*, Fehlerstrom *m (durch oder über die Oberfläche eines Isolators)*; 2. *(El)* durchgehender Wechselstrom *m (des Gleichrichters)*; 3. *(El, Halbl)* Leckstrom *m (z. B. im Kondensator)*
~ **flow** *(Ström)* Leckstrom *m*, Leckströmung *f*
~ **flux** 1. *(El, Magn)* Streufluß *m*; 2. *(Kern)* Neutronenaustrittsverlust *m*, Neutronenverlust *m [durch Leckage]*, Neutronenausfluß *m (z. B. aus einem Reaktorkern)*
~ **hardening** *(Kern)* Ausflußhärtung *f (des Neutronenspektrums)*
~ **inductance** *(Magn)* Streuinduktivität *f*
~ **inductive** *(El)* *s.* leakance

~ **loss** *(Ström, Vak)* Leckverlust *m*, *(speziell:)* Gasverlust *m*
~ **radiation** *(El, Magn)* Streustrahlung *f*, Störstrahlung *f*; 2. *(Kern)* Durchlaßstrahlung *f*, Sickerstrahlung *f (durch die Abschirmung einer Strahlenquelle)*, *(allgemeiner:)* Leckstrahlung *f (durch Löcher und/oder Spalte)*
~ **resistance** 1. *(El)* Ableit[ungs]widerstand *m*; 2. *(Halbl)* Leckwiderstand *m*
leakance *(El)* Ableitung *f (Größe)*
~ **per unit length** *(El)* Ableitungsbelag *m*, Querleitwertsbelag *m*
leaking 1. *(Ström)* Ausströmen *n*, Ausfließen *n*, Auslaufen *n (einer Flüssigkeit)*; 2. *(Ström, Vak)* Leckage *f*, Undichtwerden *n*, Lecken *n (eines Rohres oder Behälters, Vorgang)*
~-**out neutron** *(Kern)* austretendes (ausfließendes, verlorengehendes) Neutron *n*
leaky ray *(Opt)* Leckwelle *f (in einer optischen Faser)*
leap second *(Astr)* Schaltsekunde *f*
least-action principle *(Feld, Mech)* Prinzip *n* der kleinsten (stationären) Wirkung, Prinzip *n* der kleinsten Aktion
~ **distance of distinct vision** *(Opt)* Bezugssehweite *f*, Normsehweite *f*, *(manchmal:)* deutliche Sehweite *f*
~-**energy principle** *(Mech)* Prinzip *n* (Satz *m*) vom Minimum der potentiellen Energie, Prinzip *n* der kleinsten potentiellen Energie, Satz *m* von Menebrea *(eines elastischen Körpers)*
~ **mean square error** *(mathPh)* Standardfehler *m*, mittlerer Fehler *m*, [mittlerer] quadratischer Fehler *m*, Normalfehler *m*
~ **square fitting procedure** *(mathPh)* Methode *f* der kleinsten Quadrate (Quadratsummen), MKQ, *(speziell:)* Methode der kleinsten Fehlerquadrate, Fehlerquadratmethode *f*
~ **squares analysis** *(Krist)* Methode *f* (Verfahren *n*) der kleinsten Quadrate *(als Auswerteverfahren der Kristallstrukturanalyse)*
~ **squares estimate** *(mathPh)* MKQ-Schätzung *f*, Schätzung *f* nach der Methode der kleinsten Quadrate, Gaußscher Schätzwert *m*
~-**time principle** *(Opt)* s. Fermat's law
~-**work principle** *(Mech)* Prinzip *n* der kleinsten Formänderungsarbeit
Leduc law *(Therm)* Amagat-Leducsche Regel *f*, Amagatsches Gesetz *n*
LEED *(Fest)* Methode *f* der Diffraktion langsamer Elektronen, Beugung *f* niederenergetischer Elektronen, LEED
Leeson disk *(Opt)* Leeson-Photometerschirm *m*, Leeson-Schirm *m*
left-hand circular[ly polarized] wave *(El, Magn, Opt)* zirkular linkspolarisierte Welle *f*, linkszirkular polarisierte Welle *f*, linkszirkulare Welle *f*

~-**hand helix** *(mathPh)* linksgängige (linkswendige, linksgewundene) Schraubenlinie *f*
~-**hand polarized** *(El, Magn, Opt)* linkspolarisiert, linksdrehend (linkshändig) polarisiert
~-**handed crystal** *(Krist, Opt)* Linkskristall *m*, linksdrehender Kristall *m*, L-Kristall *m*, l-Kristall *m*, (-)-Kristall *m*
~-**handed cycle** *(Therm)* Linksprozeß *m*, linkshändiger Kreisprozeß *m*
~-**handedness** *(Feld)* Linkshändigkeit *f*
legal ohm s. international ohm
~ **time** *(Astr)* Normalzeit *f*, Nationalzeit *f (Gegenteil: Sommerzeit)*
LEIT *(El, Opt)* Lichtemission *f* über inelastisches Tunneln, LEIT
Leith-Upatnieks hologram *(Opt)* Leith-Upatnieks-Hologramm *n*, Trägerfrequenzhologramm *n*, Off-axis-Hologramm *n*
Lenard's mass absorption law *(Kern)* Massenabsorptionsgesetz *n*, Lenardsches Massenabsorptionsgesetz (Massengesetz, Gesetz) *n*
length 1. *(Mech)* Länge *f*; 2. *(mathPh)* [absoluter] Betrag *m*, Länge *f*, Modul *m (eines Vektors)*; 3. Zykluslänge *f*, Zyklusdauer *f*, Zyklus *m*
~ **in the rest frame** *(Rel)* Eigenlänge *f*, Ruhlänge *f*
~ **of persistence** *(Ström)* Erhaltungslänge *f (einer turbulenten Strömung)*
~ **of the equivalent [simple] pendulum** *(Mech)* reduzierte (korrespondierende) Pendellänge *f*
~ **quantum** s. hodon
~ **to diameter ratio** 1. *(Mech)* *l/d*-Verhältnis *n*, *L/D*-Verhältnis *n*, Länge/Durchmesser-Verhältnis *n*; 2. *(El, Magn)* Schlankheitsgrad *m (einer Antenne)*
lens 1. *(Opt)* Linse *f*; 2. *(Opt, Phot)* Objektiv *n (Linsensystem oder Spiegelsystem eines optischen Systems)*; 3. *(Ak)* Schallinse *f*, akustische Linse *f*
~ **aperture** *(Opt, Phot)* Objektivöffnung *f*
~ **blooming (coating)** *(Opt)* Linsenvergütung *f*, Blauung *f* von Linsen, *(speziell:)* Objektivvergütung *f*
~ **equation (formula)** *(Opt)* Linsenformel *f*, allgemeine (Gaußsche) Linsenformel *f*, Linsengleichung *f*
~ **power** *(Opt)* Brechwert *m*, Brechkraft *f*, Brennwert *m (eines optischen Systems)*
~ **speed** *(Opt)* relative Objektivöffnung *f*, Lichtstärke *f (eines Objektivs)*
~ **system** *(Opt)* 1. Linsensystem *n*, dioptrisches System *n*; 2. Linsensystem *n*, Linsenkombination *f*
~ **vertex** *(Opt)* Scheitel *m*, *(manchmal:)* Scheitelpunkt *m (einer Linse)*
lentor *(Ström)* s. stoke
leo *(Mech)* Leo *n* (SI-fremde Einheit der Beschleunigung; 1 leo = 10 m s^{-2})

LEP

LEP [radiation] *(Kern)* niederenergetische Photonen *npl*, niederenergetische Quantenstrahlung *f*, Quantenstrahlung *f* im LEP-Bereich
leptic charge *(Hoch)* Leptonzahl *f*, leptonische Ladung *f*, Leptonenladung *f*
τ-**leptic charge** *(Hoch)* Tauzahl *f*, tauonische Leptonenzahl *f*, τ-leptonische Ladung *f*
lepton number s. leptic charge
LET *(Kern)* s. linear energy transfer
leucitohedron *(Krist)* Ikositetraeder *n*, Leuzitoeder *n*, Vierundzwanzigflächner *m*, 24-Flächner *m*
leucocentric colour moment *(Opt)* Farbmoment *n*, Luthersches (leukozentrisches) Farbmoment *n*, Buntmoment *n*
level 1. Wert *m*; Pegel *m*, Maß *n* (logarithmisches Verhältnis von Größen gleicher Dimension und gleicher Art); 2. *(Hydr)* Pegel *m*, Pegelstand *m (Größe)*; 3. *(mathPh)* s. ~ of significance; 4. *(Mech)* Füllstand *m*, Füllhöhe *f*, Niveau *n*, *(für Flüssigkeiten auch:)* Spiegel *m*, Flüssigkeitsspiegel *m*; 5. *(Qu)* Niveau *n*
~ **constant** *(Opt)* Parswert *m*, Teilwert *m*, Angabe *f*, Empfindlichkeit *f (einer Libelle)*
~ **diagram** 1. *(Qu)* Energie[niveau]schema *n*, Niveauschema *n*, Energie[niveau]diagramm *n*; 2. *(At, Spektr)* Termschema *n*; 3. *(El)* Pegeldiagramm *n*, Pegellinie *f*, Pegelkurve *f*
~ **displacement** s. ~ shift 1. *und* 3.
~ **error** *(Astr)* 1. Höhenfehler *m (für einen Himmelskörper)*; 2. Neigungsfehler *m (eines Meridiankreises)*
~ **of drive** *(El)* Belastung *f (eines Schwingkristalls)*, *(speziell:)* Quarzbelastung *f*
~ **of error** s. ~ of significance
~ **of significance** *(mathPh)* Signifikanzniveau *n*, Irrtumswahrscheinlichkeit *f*, *(manchmal:)* Signifikanzwahrscheinlichkeit *f*, Signifikanzstufe *f (Statistik)*
~ **point** *(Mech)* Fallpunkt *m*
~ **shift** 1. *(At, Spektr)* Termverschiebung *f*; 2. *(El)* Pegelverschiebung *f*, Potentialverschiebung *f*; 3. *(Qu)* Niveauverschiebung *f*, Levelshift *m(n)*
~ **spacing** *(Qu)* Niveauabstand *m*, Energieniveauabstand *m*, Energiestufe *f*
~ **transition** *(Qu)* Niveauübergang *m*, Übergang *m* zwischen Energieniveaus
~ **width** *(Qu)* Niveaubreite *f*, Breite *f* des Energieniveaus
lever principle *(Mech)* Hebelsatz *m*, *(manchmal:)* Hebelgesetz *n*
~ **rule** *(physCh)* Hebelgesetz *n*, Hebelbeziehung *f*, Hebelarmbeziehung *f (der Phasenmengen)*
leverage *(Mech)* Übersetzung *f*, Übersetzungsverhältnis *n (eines Hebels)*
levitation 1. *(Hydr)* Aufschwimmen *n*; 2. *(Mech)* Levitation *f*, Schweben *n (im Gleichgewicht)*, Abheben *n (vom Boden)*

~ **by [forces of electromagnetic] induction** *(El, Magn)* Magnetschwebeverfahren *n*, elektromagnetische Levitation *f*, Schweben *n* im elektromagnetischen Feld, Magnetkissenverfahren *n*
levuloratation *(US)* s. laevorotation
LEZOR [technique] *(Krist)* s. liquid encapsulation zone refining
l.f., LF s. low frequency
LFR 1. *(Kern)* Niederflußreaktor *m*, Reaktor *m* mit niedrigem Neutronenfluß; 2. *(Pl)* Laserfusionsreaktor *m*, LFR
L.H.V. *(US)* s. low heat value
liberation Freisetzung *f*, Freigabe *f*, Ablösung *f*, Auslösung *f*, Abgabe *f*, Entbindung *f (von Teilchen)*; Freiwerden *n*
libration *(Mech)* Libration[sbewegung] *f*
~ **point** *(Astr)* Librationspunkt *m*, *(manchmal:)* Librationszentrum *n*, Gleichgewichtspunkt *m*, abarischer Punkt *m*
librational mode *(Fest)* Librationsfreiheitsgrad *m*, Freiheitsgrad *m* der Librationsschwingungen
~ **wave** *(Astr)* Librationswelle *f*
lidar *(Opt)* Lidar *n*, Laser-Infrarot-Radar *n*, Laser-IR-Radar *n*, IR-Laserradar *n*
life cycle Systemlebenszyklus *m*, Lebenszyklus *m*
~ **expectancy** Lebenserwartung *f*, erwartete Lebensdauer *f*
~ **size** natürliche Größe *f*
~ **utility** Gebrauchslebensdauer *f*, Nutzlebensdauer *f*
lift 1. *(Aero)* Auftrieb *m*, dynamischer (hydrodynamischer) Auftrieb *m*, *(manchmal:)* aerodynamischer Auftrieb *m*; 2. *(Hydr)* Förderhöhe *f*, Druckhöhe *f*, *(speziell:)* Saughöhe *f (einer Pumpe)*
~ **coefficient** *(Aero)* Auftriebsbeiwert *m*, Auftriebszahl *f*
~-**dependent drag** *(Aero)* induzierter (zusätzlicher) Widerstand *m*
~ **diagram** *(Ström)* Hubdiagramm *n*, Ventilhubdiagramm *n*
~-**drag ratio** *(Aero)* reziproke Gleitzahl *f*, Auftrieb/Widerstands-Verhältnis *n (eines Tragflügels)*
~-**incidence curve** *(Aero)* Auftriebskurve *f*
~-**off speed** *(Aero)* Abhebegeschwindigkeit *f*
~-**over drag ratio** *(Aero)* s. ~-drag ratio
~ **parabola** *(Hydr)* Auftriebsparabel *f*, Metazenterparabel *f*, Stabilitätsparabel *f*
~ **slope** *(Aero)* Auftriebsgradient *m*, Gradient *m* des Auftriebsbeiwertes *(in Abhängigkeit vom Anstellwinkel)*
~ **vortex** *(Aero)* tragender Wirbel *m*
lifting *(Mech)* Anhebung *f*
~ **body** *(Aero)* Auftriebskörper *m*
~ **force** *(Aero)* Auftriebskraft *f*
~ **force moment** *(Aero)* Auftriebsmoment *n*
~ **line theory** *(Aero)* Traglinientheorie *f*, Theorie *f* der tragenden Linie

~ **line theory of Prandtl** *(Aero) s.* Prandtl's lifting line theory
~ **moment** *(Aero)* Auftriebsmoment n
~-**plane theory** *(Aero)* Tragflächentheorie f, Theorie f der tragenden Fläche
~ **reentry** *(Aero)* Wiedereintritt m unter Ausnutzung des dynamischen Auftriebs
~ **surface** 1. *(Aero)* tragende Fläche f, Tragfläche f; 2. *(Hydr)* Auftriebsfläche f
~ **vortex** *(Aero)* tragender Wirbel m
light 1. Licht n, sichtbare [elektromagnetische] Strahlung f; 2. Lichtquelle f
~ **amplifier** 1. *(El)* Bildverstärker m *(mit Erhöhung der Leuchtdichte)*; 2. *(El, Opt)* Laserverstärker m, Lichtverstärker m, *(selten:)* Aser m
~-**band pattern** *(Ak, Opt)* Lichtbandbreitenbild n, Lichtband n, Buchmann-Meyer-Diagramm n
~ **bulb reactor** *(Kern)* birnenförmiger Reaktor m mit gasförmigem Brennstoff
~ **carrier injection** *(El, Opt)* Lichtmodulation f
~ **centre** *(Opt)* Lichtschwerpunkt m, Lichtzentrum n, Lichtmittelpunkt m *(einer Lichtquelle)*
~ **centre length** *(Opt)* Lichtschwerpunktabstand m, Lichtzentrumabstand m
~ **change** *(Astr)* Lichtwechsel m
~ **conductance** *(Opt)* optischer Fluß m, Lichtleitwert m
~ **current** 1. *(El)* Schwachstrom m *(unter etwa 1 A)*; 2. *(El, Opt)* Hellstrom m *(eines lichtelektrischen Bauelements)*
~ **curve** *(Astr)* 1. Lichtkurve f; 2. Lichtwechsel m
~ **efficiency** *s.* luminous efficacy
~ **electric current** *(El)* Schwachstrom m *(unter etwa 1 A)*
~ **emissivity (emittance)** *(Opt)* Lichtemissionsgrad m
~ **extinction coefficient** *(Opt)* dekadischer Absorptionskoeffizient m, Extinktionsmodul m, dekadische Extinktionskonstante f
~ **flash** 1. *(Kern)* Szintillation f, Szintillationsblitz m *(eines Szintillators)*; 2. *(Opt)* Lichtblitz m
~ **flux resistance** *(Opt)* Lichtflußwiderstand m, Lichtwirkwert m
~ **gain** *(Kern)* Lichtverstärkungsfaktor m *(bei der Szintillationszählung)*
~ **gathering power,** ~ **grasp** *(Opt)* Lichtstärke f, Helligkeit f *(eines optischen Instruments)*
~ **group** *(Kern)* leichte Gruppe f *(der Spaltprodukte)*
~ **guiding** *(Opt)* Licht[fort]leitung f
~ **intensity relief** *(Opt)* Lichtgebirge n
~ **leakage** *(Opt)* Lichteinfall m *(unerwünscht)*
~-**like gauge** *(Feld)* lichtartige Eichung f
~ **line** 1. *(Opt)* Lichtleiter m; 2. *(Rel)* Nullinie f, lichtartige Linie f, Lichtlinie f, Kausalitätslinie f

~ **meter** *(Opt)* Beleuchtungs[stärke]messer m, *(auch:)* Belichtungsmesser m
~-**of-the-night-sky** *(Astr)* Nachthimmelslicht n
~ **output ratio** *(Opt)* 1. Wirkungsgrad m, Leuchtenwirkungsgrad m *(auch eines Scheinwerfers)*; 2. *s.* luminous efficacy
~ **pipe** *(Opt)* Lichtleitstab m *(aus Kunststoff)*
~ **pressure** *(Opt)* Lichtdruck m *(ein spezieller Strahlungsdruck)*
~ **ratio** *(Astr)* Konstante f der Pogsonschen Helligkeitsskala, Pogsonsche Konstante f *(Intensitätsverhältnis benachbarter Größenklassen)*
~-**ray bending** *(Opt, Rel)* Lichtkrümmung f, Krümmung f von Lichtstrahlen
~ **scattering function** *(Opt)* [Miesche] Streufunktion f
~ **sensitizing agent** *(At, Fest)* Sensibilisator m, Sensibilisierungsmittel n, Sensibilisierungsstoff m *(der Lumineszenz)*
~ **sum** *(Fest, Kern)* Lichtsumme f, Zeitintegral m des Lichtstroms *(auch in der Thermolumineszenzdosimetrie)*
~ **time** *(Astr)* Lichtzeit f
~ **trace** Leuchtspur f
~ **track** *(Hoch)* leichte Bahnspur (Spur) f
~ **trap** *(Phot)* Lichtschleuse f
~ **trapping** *(Opt)* Lichteinfang m
~ **value** *(Phot)* Lichtwert m, Belichtungswert m
~ **valve paradox [of Wien]** *(Opt)* Lichtventilparadoxon n von Wien, Wiensches Lichtventilparadoxon (Paradoxon) n
~ **water** *(Kern, physCh)* gewöhnliches Wasser n, Normalwasser n, Leichtwasser n, leichtes Wasser n *(Gegensatz: Schwerwasser)*
~ **water reactor** *(Kern)* Leichtwasserreaktor m, LWR
~ **watt** *(Opt)* [maximales] photometrisches Strahlungsäquivalent n *($K_{max} = 680$ lm)*
Lighthill's method *(Ström)* Poincaré-Lighthill-Kuo-Methode f, PLK-Methode f, Poincaré-Lighthill-Methode f
lighthouse effect *(Astr)* Leuchtturmeffekt m *(eines Pulsars)*
lighting-up Aufhellung f, *(speziell:)* Aufleuchten n
lightness factor *(Opt)* Hellbezugswert m *(einer Körperfarbe)*
lightning transient *(El)* kurzzeitige Überspannung f durch Blitzeinwirkung, Blitzüberspannung f
ligne *(Mech)* [Pariser] Linie f *(SI-fremde Einheit der Länge; 1 ligne = 2,256 mm)*
like charge *(El)* gleichnamige (gleichartige) Ladung f, Ladung f gleichen Vorzeichens, Ladung f gleicher Polarität
likelihood *(mathPh)* Likelihood f, Plausibilität f, Stichprobenwahrscheinlichkeit f
likely error *(mathPh, Meß)* vermutlicher Fehler m
lim *s.* limit 3.

limb

limb 1. *(Astr)* Rand *m (der Scheibe eines Himmelskörpers)*; 2. *(Astr, Opt)* Limbus *m*, Horizontalkreis *m*, Horizontal *m (eines Theodoliten)*; 3. *(Magn)* Schenkel *m (eines Jochs)*
~-**surge** *(Astr)* Randsurge *n*, Spritzprotuberanz *f* am Sonnenrand
limbus *(Astr, Opt) s.* limb 2.
limelight *(Opt)* [Drummondsches] Kalklicht *n*
liminal contrast *(Opt, Phot)* Kontrastempfindlichkeit *f*, Kontrastschwellenwert *m*, Kontrastschwelle *f*, *(in der Radiographie:)* Modulationsempfindlichkeit *f*
limit 1. Grenzwert *m*, Grenze *f*; 2. Grenzfall *m*, Extremfall *m*; 3. *(mathPh)* Grenzwert *m*, Limes *m*, lim; 4. *(Mech)* Grenzmaß *n*
~ **continuum** *(At, Spektr)* Grenzkontinuum *n*, Seriengrenzkontinuum *n*
~ **line** *(Ström)* Gleitlinie *f*, *(im ebenen Plastizitätsproblem auch:)* Bruchlinie *f*
~ **of detection** *(Meß)* untere Nachweisgrenze *f*
~ **orbit** *(Astr, Mech)* Grenzbahn *f*
~ **theorem** *(mathPh)* Grenzwertsatz *m*, *(in der Statistik auch:)* Grenzverteilungssatz *m*
limitational motion *(Mech)* Limitationsbewegung *f*
limiter *(Pl)* 1. Plasmabegrenzungsblende *f*, 2. Plasmabegrenzer *m*, Limiter *m (eines Tokamaks)*; 3. *(El)* Amplitudenbegrenzer *m*, *(für Impulse auch:)* Impuls[amplituden]begrenzer *m*
limiting angle *(Ak, Opt)* Grenzwinkel *m* [der Totalreflexion]
~ **case** Grenzfall *m*, Extremfall *m*
~ **conductance (conductivity)** *(Ech)* Äquivalentleitfähigkeit *f* bei unendlicher Verdünnung, Grenzleitfähigkeit *f*
~ **crystallization temperature** *(physCh)* Liquidustemperatur *f*
~ **current density** *(Ech)* Grenzstromdichte *f*, Sättigungsstromdichte *f*
~ **devitrification temperature** *(physCh)* Liquidustemperatur *f*
~ **flow** *(Ström)* Grenzströmung *f*
~ **fore pressure** *(Vak)* Vorvakuumbeständigkeit *f*, Vorvakuumfestigkeit *f*, Vorvakuumgrenzdruck *m*
~ **Mach number** *(Aero)* Grenz-Mach-Zahl *f*
~ **mass** *(Astr)* Grenzmasse *f*, kritische Masse *f (eines weißen Zwerges)*
~ **ray** *(Ak, Opt)* Grenzstrahl *m*
~ **speed** 1. *(Mech)* Grenzgeschwindigkeit *f (unter spezifizierten Bedingungen nicht überschreitbar)*; 2. *(Mech)* Grenzdrehzahl *f*; 3. *(Ström)* Endgeschwindigkeit *f*, Fallgeschwindigkeit *f*, Gleichgewichtssinkgeschwindigkeit *f (in einer viskosen Flüssigkeit)*
~ **viscosity [number]** *(physCh)* Staudinger-Index *m*, Grenzviskositätszahl *f*
linac *(Kern)* Linearbeschleuniger *m*, LB

Linde cycle *(Tief)* Linde-Prozeß *m*, Lindescher Kreisprozeß *m*
line 1. Linie *f*; 2. Zeile *f (beim Abtasten)*; 3. *(El)* Leitung *f*, elektrische Leitung *f*; 4. *(El)* Spur *f*, *(manchmal:)* Leuchtspur *f (auf einem Leuchtschirm, Oszilloskop)*; 5. *(mathPh)* Gerade *f*, *(manchmal:)* gerade Linie *f*; 6. *(mathPh)* Zeile *f*, *(manchmal:)* Horizontalreihe *f*, Reihe *f (einer Matrix, n-te)*; 7. *(Mech)* Linie *f (SI-fremde Einheit der Länge; 1 line = (1/12) inch ≈ 2,117 mm)*; 8. *(Mech) s.* ligne; 9. *(Spektr)* Spektrallinie *f*, Linie *f*; 10. *(Spektr)* Peak *m*, Linie *f*, *(manchmal:)* Maximum *n (z. B. in einem Energiespektrum)*
~ **contour** *s.* ~ profile
~ **defect** *(Krist) s.* dislocation
~ **density** 1. *(Mech)* längenbezogene Masse *f*, Massenbelag *m*, Linienbelegung *f*, Linienmasse *f*; 2. lineare Dichte *f*, Linienendichte *f*
~ **displacement** *(Astr, Spektr)* Linienverschiebung *f*
~ **frequency** 1. *(El)* Netzfrequenz *f*; 2. *(Opt)* reziproker Linienabstand *m*
~ **load** *(Mech)* Linienlast *f*, Streckenlast *f*
~ **of action (application)** *(Mech)* Wirkungslinie *f*, Angriffslinie *f (einer Kraft)*
~ **of apsides** *(Astr)* 1. Apsidenlinie *f*; 2. Länge *f* der Apsidenlinie *(Größe)*
~ **of centres** *(Mech)* Zentrallinie *f (eines Kräftesystems)*
~ **of centres of gravity (mass)** *(Mech)* Schwerpunktslinie *f*
~ **of collimation** *(Astr, Opt)* Zielachse *f*, Ziellinie *f*, Kollimationsachse *f*
~ **of constant density** *s.* 1. isodense; 2. equidensite
~ **of field** *(Feld)* Feldlinie *f (eines Vektorfeldes)*
~-**of-flight Mach number** *(Aero)* Flugbahn-Mach-Zahl *f*
~ **of flux (force)** Kraftlinie *f*, *(speziell:)* Feldstärkenlinie *f (eines Kraftfeldes)*
~ **of heat flow vector** *(Therm)* Wärmestromlinie *f*
~ **of hydrostatic pressure** *(Hydr)* Wasserdruckfigur *f*, Wasserdrucklinie *f*
~ **of impact** *(Mech)* Auftreffgerade *f*, Flugbahntangente *f* im Auftreffpunkt
~ **of latitude** *(Astr)* Breitenkreis *m*, Parallel[kreis] *m (ein Kleinkreis)*
~ **of magnetic induction** *s.* maxwell
~ **of magnetization** *(Magn)* Magnetisierungskurve *f*, Magnetisierungs[kenn]linie *f*, magnetische Zustandskurve *f (allgemeiner Begriff)*
~ **of sight** 1. *(Astr, Opt)* Sichtlinie *f*; 2. *(Opt)* Visierlinie *f*
~-**of-sight coverage** *(El, Magn)* quasioptische Reichweite *f*
~-**of-sight distance** *(Opt)* Sicht[reich]weite *f*

~-of-sight method *(Kern)* Methode (Analyse) *f* des kürzesten Strahlungsweges
~-of-sight velocity *(Astr)* Radialgeschwindigkeit *f*
~ of single normal velocity *(Krist, Opt)* Binormale *f*, optische Achse *f*, Achse *f* der [optischen] Isotropie der dielektrischen Verschiebung
~ of single ray velocity *(Krist, Opt)* Biradiale *f*, Strahlenachse *f*, Achse *f* der [optischen] Isotropie der elektrischen Feldstärke
~ of sources *(Hydr)* Quellinie *f*, Quellfaden *m*
~ of stress *(Mech)* Hauptspannungstrajektorie *f*, Hauptspannungslinie *f*, Spannungstrajektorie *f*, Haupt[dehnungs]linie *f*
~ of symmetry *(Krist)* Symmetriegerade *f*, Symmetrale *f*
~ of tension *s.* ~ of stress
~ profile *(Astr, Spektr)* Linienprofil *n*, Linienkontur *f*, Linienform *f*, Profil *n (einer Spektrallinie)*
~ source 1. *(Kern)* lineare (linienförmige) Strahlenquelle *f*, Linienquelle *f*; 2. *(Ström)* Linienquelle *f*
~ spectrum of relaxation times *(Mech)* diskretes Relaxationsspektrum *n*
~ spread function *(Phot)* Linienbildfunktion *f*, Linienverbreiterungsfunktion *f*, LVF
~ tension model *(Krist)* Linienspannungsmodell *n (der Versetzungen)*
~-turn *(El)* Maxwellwindung *f*, Mw
~ vortex *(Ström)* Linienwirbel *m*, hintereinander laufende Wirbel *mpl* mit gleicher Achse
~ width due to collision damping *(Spektr)* Stoßbreite *f (einer Spektrallinie)*
lineage boundary *(Krist)* Verzweigungsgrenze *f*
lineal energy *(Kern)* lineare Energie *f*
~ motion *(Mech)* lineale Bewegung *f*
~ rod *s.* perch *1.*
linear absorption index *(Opt)* natürlicher Absorptionsindex *m*
~ activity *(Kern)* Aktivität *f* pro (je) Längeneinheit, linienhaft verteilte Aktivität *f (einer Linienquelle)*
~ attenuation coefficient 1. *(Kern)* linearer Schwächungskoeffizient *m (für ionisierende Strahlung)*; 2. *(Opt)* s. ~ extinction coefficient
~ chain *(At)* offene (lineare, gestreckte) Kette *f*
~ defect *(Krist)* s. dislocation
~ dilatation *s.* ~ expansion
~ energy transfer *(Kern)* lineares Energieübertragungsvermögen *n*, lineare Energieübertragung *f*, LET
~ energy-transfer coefficient *(Kern)* linearer Energieumwandlungskoeffizient (Umwandlungskoeffizient) *m (bei Schichtdickenangabe in Längeneinheiten)*

~ expansion 1. *(Mech)* lineare (einachsige) Dehnung *f*, *(speziell:)* Längendehnung *f*; 2. *(Therm)* lineare Ausdehnung (Wärmeausdehung) *f*, Längsausdehnung *f*, Längendilatation *f*
~ expansion coefficient, ~ expansivity *(Therm)* linearer Ausdehnungskoeffizient (Wärmeausdehnungskoeffizient) *m*, Längen-Temperaturkoeffizient *m*, [thermischer] Längenausdehnungskoeffizient *m*
~ extension 1. *(Krist)* Streckung *f*, einachsige Ausdehnung *f*; 2. *(Mech)* s. ~ expansion 1.
~ extinction coefficient *(Opt)* [natürliche] Extinktionskonstante *f*
~ extinction index *(Opt)* natürlicher Extinktionsindex *m*
~ harmonic oscillation (vibration) lineare (eindimensionale) Sinusschwingung *f*, lineare (eindimensionale) harmonische Schwingung *f*
~ heat generation rate, ~ heat rating *(Kern)* lineare Leistungsdichte (Wärmeleistung) *f*, Längenleistungsdichte *f*, *(für einen Brennstab auch:)* lineare Stableistung[sdichte] *f*
~-in-time variation zeitliche (zeitlich lineare) Änderung *f*, lineare Änderung *f* mit der Zeit
~ magnification *(mathPh)* Streckung *f*, *(bei Werten < 1:)* Stauchung *f (einer konformen Abbildung)*
~ macromolecule *(At)* Fadenmolekül *n*, Kettenmolekül *n*, Linearmolekül *n*
~ moment *(Mech)* statisches (lineares) Moment *n*, Moment erster Ordnung *(eines Systems, einer Kraft)*
~ moment of inertia *(Mech)* Linienmoment *n* zweiten Grades, Linienträgheitsmoment *n*
~ momentum *(Mech)* [linearer] Impuls, Impuls *m* der Bewegung, Bewegungsgröße *f (Produkt von Masse und Geschwindigkeit)*
~ purely viscous fluid *s.* Newtonian fluid
~ rise linearer Anstiegsvorgang *m*, Keilvorgang *m*
~ strain *(Mech)* Lagrangesche Dehnung *f*
~ thermal output *(Kern)* lineare Leistungsdichte *f*, lineare Wärmeleistung *f*, Längenleistung[sdichte] *f (für einen Brennstab auch:)* lineare Stableistung[sdichte] *f*
~ velocity tangent to the path *s.* tangential velocity
~-viscous liquid *s.* Newtonian fluid
linearly polarized approximation *(Pl)* LP-Näherung *f*, quasitransversale Näherung *f*, QT-Näherung *f*
lingering period *(At, Qu)* Aufenthaltsdauer *f*, Verweilzeit *f (eines Elektrons)*
link 1. *(Mech)* Link *n*, Glied *n (einer Meßkette)* (SI-fremde Einheit der Länge; 1. 1 li *(Gunter's chain)* = 20,1168 cm; 2. 1 li *(engineer's chain)* = 30,48 cm); 2.

link 194

(Mech) Glied n (eines Gelenkmechanismus); 3. (physCh, Mech) Glied n (einer Kette), Kettenglied n; 4. (El) lösbare Verbindung f, Verbindungsstück n (z. B. Brücke, Lasche, Draht); 5. (El) Zwischenleitung f, Link n
~-**up** (Aero) Ankopplung f, Kopplung f (im Raum)
linkage 1. Verbindung f, Verknüpfung f (Vorgang); 2. Bindung f (von Teilchen in einem System) (Vorgang); 3. (Mech) Gelenkmechanismus m, Gelenkgetriebe n, Gelenksystem n; 4. (Mech) Gestänge n; 5. (El, Magn) Verkettungsfluß m, [magnetische] Durchflutung f, verketteter magnetischer Fluß m, (speziell:) Spulenfluß m
~ **of Peaucellier** (mathPh, Mech) Inversor m von Peaucellier, Peaucellierscher Inversor m
linked quadrangle (quadrilateral) (Mech) Gelenkviereck n, Viergelenk n
Linke's factor of turbidity (Astr, Opt) Trübungsfaktor m [nach Linke], Linkescher Trübungsfaktor m, Linkesches Trübungsmaß n
Lippmann's equation (Ech) Helmholtz-Lippmann-Gleichung f
liq pt (Mech) (liquid pint) s. pint 3.
liq qt (Mech) (liquid quart) s. quart 3.
liquefaction (Therm, Tief) Verflüssigung f, Verflüssigen n (von Gasen oder Gelen)
liquid-air trap (Tief, Vak) Kühlfalle f mit flüssiger Luft, (speziell:) Ausfriertasche f
~ **cell** (Ech) Flüssigkeitskette f
~ **column** 1. (Mech) Flüssigkeitssäule f; 2. (Therm) Flüssigkeitsfaden m, Thermometerfaden m, Thermometersäule f
~ **counter** (Kern) Flüssigkeitszähler m, Flüssigkeitsdetektor m (eine Detektorbaugruppe)
~-**drop model** 1. (Fest) Tröpfchenmodell n (des Schichtwachstums); 2. (Kern) Tröpfchenmodell n [des Atomkerns], Flüssigkeitströpfchenmodell n
~ **encapsulation zone refining** (Krist) LEZOR-Verfahren n, Zonenreinigung f mittels Flüssigkeitseinschluß
~ **extraction** (physCh) Lösungsmittelextraktion f, Solventextraktion f (Teil des Extraktionszyklus)
~ **filament** (Ström) Streichlinie f
~ **flow rate** (Ström) Flüssigkeitsstrom m, Flüssigkeitsdurchsatz m (Größe)
~ **fluorescence** (At) Fluoreszenz f in Flüssigkeiten
~ **holdup** (Ström) Flüssigkeitshaftung f
~-**junction potential** (Ech) Füssigkeitsbrückenpotential n, Flüssigkeits-Grenzschichtpotential n
~ **knock-out** (Ström) Prallabscheidung f (von Tröpfchen aus strömenden Gasen)
~ **mirror method** (Meß) Methode f des flüssigen Spiegels

~ **phase epitaxial process (technique)** (Fest) Flüssigphasenepitaxie f, Flüssigphasen-Epitaxialverfahren n, Epitaxie f aus schmelzflüssiger Lösung
~ **pint** (Mech) s. pint 3.
~ **quart** (Mech) s. quart 3.
~ **scintillation counting vial** (Kern) Szintillationsküvette f, [LSC-]Vial n, Szintillationstank m
~ **solidification** (Ström) Flüssigkeitsverfestigung f (in Wandnähe)
~-**state electronics** (El) Flüssigkeitselektronik f
~ **surface wave** (Hydr) s. ~ wave
~ **thread** (Therm) Flüssigkeitsfaden m, Faden m, Thermometerfaden m, Thermometersäule f
~ **track detector** (Hoch) Flüssigkeitsspurkammer f, Flüssigkeitsspurdetektor m
~-**vapour equilibrium diagram** (physCh) Siedediagramm n, Siedeschaubild n
~-**wall ionization chamber** (Kern) Flüssigwändekammer f
~ **wave** (Hydr) Welle f auf der Oberfläche einer Flüssigkeit f, Flüssigkeitswelle f
~ **wave resistance** (Hydr) Wellenwiderstand m
liquidity 1. (physCh) flüssiger Zustand m, Flüssigkeit f, (speziell:) tropfbar-flüssiger Zustand m; 2. Flüssigkeit f, Tropfbarkeit f, Liquidität f (Eigenschaft)
liquidus (physCh) s. 1. ~ curve; 2. boiling curve
~ **curve (line)** (physCh) Liquiduskurve f, Löslichkeitskurve f, (manchmal:) Liquiduslinie f (im Schmelzdiagramm)
literal constant (mathPh) Buchstabenkonstante f, mit einem Buchstaben bezeichnete Konstante f
lithium drifting (Halbl, Kern) Lithiumkompensation f
litre atmosphere (physCh) [physikalische] Literatmosphäre f, l · atm (SI-fremde Einheit der Energie; 1 l-at = 101,325 J)
~ **concentration** (physCh) s. molarity
live room (Ak) halliger Raum m
~ **time** (Kern) Aktivzeit f, empfindliche Zeit f (eines Strahlungsdetektors)
~ **time count interval** (Kern) Aktivzeitraum m der Zählung, aktive Zählzeit f
~ **zero** (El) lebender Nullpunkt m
livre (Mech) Livre n (SI-fremde Einheit der Masse; 1 livre = 0,5 kg)
LIVS (Pl) Vakuumfunke m niedriger Induktivität
LLD (Meß) = lower limit of detection
lm (Opt) s. lumen
LM device (Pl) LM-Anlage f, Anlage f mit linearem Multipol
lm s, lm-sec (Opt) Lumensekunde f, Talbot n, lm s, lms (SI-Einheit der Lichtmenge)
LMTD (Therm) logarithmische mittlere Temperaturdifferenz f, LMTD-Wert m,

located

mittlerer logarithmischer Temperaturunterschied m
LNA *(Opt) s.* launch numerical aperture
l.o. mode *s.* longitudinal optic mode
load 1. *(Mech)* Last f *(als Kraft, Spannung oder Gewichtsstück)*; 2. *(Mech)* Last f *(einer Maschine, z. B. eines Hebels)*; 3. *(Mech)* Belastung f, *(allgemeiner:)* Beanspruchung f *(Vorgang)*; 4. *(El)* Last f, Verbraucher m, Lastwiderstand m; 5. *(El)* Belastungswiderstand m, Verbraucherwiderstand m, Belastung f, *(manchmal:)* Belastungsimpedanz, Lastimpedanz f *(eines Wandlers)*
~ **angle** *(El)* Lastwinkel m
~ **at rupture** *(Mech)* Bruchlast f, Traglast f
~-**bearing layer** *(Mech)* tragende Schicht f
~ **[-carrying] capacity** *(Mech)* Tragfähigkeit f, Belastbarkeit f
~ **characteristic** *(El)* 1. Arbeitskennlinie f, dynamische Kennlinie f; 2. Belastungskennlinie f, Spannungs-Erregerstrom-Kennlinie f *(einer umlaufenden Maschine)*
~ **curve** *(Mech)* Belastungskurve f, Belastungsdiagramm n, *(speziell:)* Lastverteilungsdiagramm n
~ **cycle** *(Mech)* Lastspiel n, Lastwechsel m
~ **cycles** *(Mech)* Lastwechselzahl f, Lastspielzahl f, Anzahl f der Lastwechsel, Lastwechsel mpl
~-**extension curve** *(Mech)* Kraft-Verlängerungs-Diagramm n, Kraft-Verlängerungs-Schaubild n, Last-Dehnungs-Diagramm n *(beim Zugversuch)*
~ **line** 1. *(Mech)* Belastungslinie f; 2. *(El, Halbl)* Widerstandsgerade f; 3. *(Magn)* Arbeitsgerade f
~ **per unit [of] area** *(Mech)* *(auf den Querschnitt)* bezogene Spannung f, flächenbezogene (bezogene, spezifische) Beanspruchung (Belastung) f *(Größe)*
~ **polygon** *(Mech)* Krafteck n, Kräftepolygon n, Kräfte[viel]eck n, Kraftpolygon n
~ **reduction** *(Mech)* Ablastung f
~ **voltage** *(Magn)* Ausgangsspannung f *(eines Transduktors)*
loaded Q *(El)* Gütefaktor m (Güte f) des belasteten Resonanzkreises, Lastgütefaktor m, Lastgüte f
loading 1. Beladen n, Beschickung f, Speisung f *(mit Aufgabegut)*; Beladung f *(z. B. eines Ionenaustauschers)*; Ladung f, Brennstoffbeladung f *(eines Kernreaktors)*; 2. *(Mech)* Belastung f *(Vorgang)*; 3. *(El)* Einschaltung f von Induktivitäten, *(in eine Übertragungsleitung, meist: Bespulung)*; 4. *(Kern, Phot)* Imprägnierung f, Tränken n *(einer photographischen Emulsion)*; 5. *(mathPh)* Ladung f, Faktorladung f, *(selten:)* Saturation f *(Statistik)*
~ **cycle** *(Mech)* Lastspiel n, Lastwechsel m

~ **density** 1. *(Mech)* Belastungsdichte f, Belastungsintensität f; 2. *(Krist)* Belastungsdichte f, Netzebenenbelastung f
~ **point** 1. *(Mech)* Belastungspunkt m, Lastangriffspunkt m; 2. *(physCh)* Belastungsgrenze f
~ **torque** *(Mech)* Lastdrehmoment n
lobe *(El, Magn)* Keule f, Zipfel m, Lappen m, Strahlungskeule f, Strahlungslappen m *(im Richtdiagramm)*
~ **[-half-power] width** *(El, Magn)* Halbwertsbreite f, Drei-dB-Breite f, 3-dB-Breite f, *(manchmal:)* Lappenbreite f *(einer Antenne)*
lobing *(El)* Leitstrahldrehung f
local apparent time *(Astr)* wahre Ortszeit f, *(genauer:)* wahre Ortssonnenzeit f
~ **cluster of stars** *(Astr)* lokales Sternsystem (System) n
~ **distribution** *(Kern)* Feinverteilung f, Mikroverteilung f, lokale Verteilung f *(einer neutronenphysikalischen Eigenschaft)*
~ **elongation (extension)** *(Mech)* örtliche Dehnung f, Einschnürdehnung f
~ **feature** *(Hydr)* Einzelhindernis n, einzelnes Hindernis n
~ **mean time** *(Astr)* mittlere Ortszeit f
~ **meridian** *(Astr)* Ortsmeridian m, Meridian m des Beobachtungsortes
~ **noon** *(Astr)* Ortsmittag m, Mittag m Ortszeit
~ **radioactive fallout** *(Kern)* lokaler Fallout m, unmittelbarer (primärer) radioaktiver Niederschlag m
~ **sidereal time** *(Astr)* Ortssternzeit f
~ **similarity hypothesis** *(Ström)* Kolmogorowsche (Kolmogorovsche) Ähnlichkeitshypothese f
~ **stability** *(Reg)* Stabilität f im Kleinen, lokale Stabilität f *(nach Ljapunov)*
~ **standard of rest** *(Astr)* lokales Bezugssystem (Koordinatensystem) n *(im Milchstraßensystem)*
~ **star cloud** *(Astr)* lokales Sternsystem (System) n
~ **star-stream** *(Astr) s.* moving cluster
~ **time** *(Astr)* Ortszeit f
localization in a line *(Mech)* Linienflüchtigkeit f *(eines Vektors)*
~ **in a point** *(Mech)* Gebundenheit f *(eines Vektors)*
~ **theory** *(Ak)* Einortstheorie f, Resonanztheorie f [von Helmholtz], Helmholtzsche Resonanztheorie f, Resonatorentheorie f des Hörens
localized electron theory *(Fest)* Heisenbergsche Theorie f des Ferromagnetismus
~ **level** *(Fest)* lokalisiertes Energieniveau (Niveau) n
~ **vector** *(Mech)* gebundener Vektor m
located vector *(mathPh)* Ortsvektor m, *(an den Punkt P)* gebundener Vektor m

location 196

location 1. Ort *m*, Aufstellungsort *m*, Standort *m*, *(speziell:)* Bestimmungsort *m*, *(speziell:)* Einsatzort *m*; 2. Ortung *f*, Ortsbestimmung *f*, Positionsbestimmung *f*, Lagebestimmung *f*
~ **of the colour** *(Opt)* Farbort *m*, Farbpunkt *m* *(in einer Farbtafel)*
~ **vector** *(Astr)* Standortvektor *m*, Positionsvektor *m* *(bei der Trägheitsnavigation)*
lock-in *(El)* Mitziehen *n*, erzwungene Synchronisierung *f*
~-**on** *(El)* automatische Zielverfolgung (Zielaufschaltung) *f* *(Radartechnik)*
locking 1. Schließen *n*, Verschließen *n*, Verschluß *m*; 2. *(El)* Mitnahme *f (der Frequenz eines Oszillators)*; 3. automatische Zielverfolgung (Zielaufschaltung) *f (Radartechnik)*; 4. *(Krist)* Blockierung *f (der Korngrenzenwanderung)*, Korngrenzenblockierung *f*; 5. *(Krist)* s. pinning 1.
locus of constant chroma *(Opt)* Sättigungslinie *f*
~ **of pure purple[s]** *(Opt)* Purpurgerade *f*
lode star *(Astr)* Polarstern *m*, Nordstern *m*, Stella *f* Polaris, Polaris *f*
log.dec., log-dec s. logarithmic decrement 1.
log sector *(Spektr)* logarithmischer [rotierender] Sektor *m*
logarithmic decrement 1. logarithmisches Dämpfungsdekrement (Dekrement) *n (einer Schwingung)*; 2. *(Kern)* mittleres logarithmisches Energiedekrement *n*, [logarithmisches] Energiedekrement *n*, mittlerer logarithmischer Energieverlust *m*
~ **[tensile] strain** *(Mech)* logarithmische (Henckysche) Dehnung *f*
logistic trend *(mathPh)* logistische Kurve *f*, logistischer Trend *m*, logistisches Wachstumsgesetz *n*
LOI *(Aero, Astr)* s. lunar orbit insertion
London penetration depth *(Tief)* Londonsche Eindringtiefe *f*, Lorentzscher Parameter *m*
lone electron *(At)* 1. Einzelelektron *n*, einsames Elektron *n*; 2. Einelektronensystem *n*, Einzelelektronensystem *n*, wasserstoffähnliches System *n*
~ **pair [of electrons]** *(At)* einsames (freies) Elektronenpaar *n*
long baseline interferometry *(Astr)* Langbasisinterferometrie *f*
~-**bond structure** *(At)* Dewar-Struktur *f*, ionische Grenzstruktur *f*
~ **column** *(Mech)* Knickstab *m*
~ **counter [tube]** *(Kern)* Langzählrohr *n*, „langes" Zählrohr *n*, Hanson-McKibben-Zählrohr *n*
~ **discharge** *(El)* Weitstreckenentladung *f*, Streckenentladung *f (z. B. eine Blitzentladung)*
~-**duration reaction** *(physCh)* Zeitreaktion *f*

~ **enduring echo** *(Astr)* Langdauerecho *n (eines Meteors)*
~ **hundredweight** *(GB, Mech)* s. hundredweight 2.
~-**range [dispersion] attraction** *(At)* weitreichende (langreichweitige) Anziehung[skraft] *f*
~-**run test** *(Mech)* Langzeitversuch *m*, Langzeitprüfung *f*
~ **spark** *(El)* Weitstreckenentladung *f*, Streckenentladung *f (z. B. eine Blitzentladung)*
~-**term drift** Langzeitdrift *f (eines Bauelements)*
~ **time scale** *(Astr)* lange Zeitskala (Skala) *f*
~ **ton** *(Mech)* 1. Longton *f*, ltn *(SI-fremde Einheit der Masse; 1 ltn = 1016,0469088 kg)*; 2. s. ~ ton-force
~ **ton-force** *(GB, Mech)* Longton-force *f*, Ton *(SI-fremde Einheit der Kraft; 1 Ton = 9964,015 N)*
~ **ton-weight** *(US)* s. ~ ton-force
~ **wave** 1. *(El, Magn)* Langwelle *f*, lange Welle *f* (≥ 545 m oder ≥1000 m); 2. *(Hydr)* Seichtwasserwelle *f*, seichte (lange) Welle *f*
~ **wavelength tail** *(Spektr)* [langwelliger] Ausläufer *m (des Absorptionsspektrums)*
~-**wavelength X radiation** *(El, Magn)* weiche Röntgenstrahlung *f*, Weichstrahlen *mpl*
longevity *(Kern)* Langlebigkeit *f*, große (lange) Lebensdauer *f*
longimetry *(Mech)* Längenmessung *f*, Längenbestimmung *f*, *(speziell:)* Streckenmessung *f*
longitude 1. *(Astr)* Länge *f*; 2. *(mathPh)* Längenkoordinate *f*, Länge *f (eine Kugelkoordinate)*
~ **of the ascending node** *(Astr)* Länge *f* des [aufsteigenden] Knotens, Knotenlänge *f*, Knoten *m*
longitudinal aberration *(Opt)* 1. [sphärische] Längsaberration *f*, longitudinaler Öffnungsfehler *m*, Längsabweichung *f*; 2. s. ~ chromatic aberration
~ **axis** 1. *(Aero)* Längsachse *f*, longitudinale Achse *f*; 2. *(Aero)* Längsachse *f*, Rollachse *f*, x-Achse *f*, X-Achse *f*
~ **chromatic aberration, ~ chromatism** *(Opt)* Farbortsfehler *m*, Farblängsfehler *m*, Farbschnittweitenfehler *m*, chromatische Längsaberration (Längsabweichung) *f*
~ **component of velocity** *(Mech)* Längsgeschwindigkeit *f*, Longitudinalgeschwindigkeit *f*, longitudinale Geschwindigkeit *f*
~ **contraction** *(Mech)* Längskontraktion *f*, Längsverkürzung *f*, Stauchung *f*
~ **crystal** *(Krist)* längsschwingender (in Längsrichtung schwingender) Kristall *m*, Längsschwinger *m*
~ **effect** 1. longitudinaler Effekt *m*, Longitudinaleffekt *m*, Längseffekt *m*; 2. *(Ech)*

elektrophoretischer (longitudinaler, kataphoretischer) Effekt *m*
~ **face** *(Krist)* Längsfläche *f*
~ **force** *(Mech)* 1. längs angreifende Kraft *f*, Längskraft *f*; 2. *(Mech)* Längskraft *f*, *(manchmal:)* Normalkraft *f*, *(selten:)* Axialkraft *f (in einem Stabquerschnitt)*; 3. *(Aero)* Axialkraft *f*, Längskraft *f*
~ **impact** *(Mech)* axialer (longitudinaler) Stoß *m*, Längsstoß *m*
~ **magnetostriction** *(Magn)* s. Joule effect 1.
~ **magnification** *(Opt)* Tiefen[abbildungs]maßstab *m*
~ **metacentre** *(Hydr)* Längenmetazentrum *n*, großes Metazentrum *n*, Längsmetazentrum *n*
~ **modulus of elasticity** *(Mech)* dauernder Elastizitätsmodul *m*
~ **optic[al] mode** *(Fest)* longitudinale optische Gitterschwingung[smode] *f*, l.o.-Mode *f*
~ **oscillation** 1. *(Aero)* Längsschwingung *f*, Rollschwingung *f*; 2. *(Kern)* Longitudinalschwingung *f (der geladenen Teilchen)*
~ **ray aberration** *s.* longitudinal aberration 1.
~ **relaxation time** *(Fest)* Spin-Gitter-Relaxationszeit *f*, longitudinale Relaxationszeit *f*, T_1-Zeit *f*, Längsrelaxationszeit *f*
~ **rigidity** *(Mech)* Dehn[ungs]steife *f (eines Stabes)*
~ **spherical aberration** *s.* longitudinal aberration 1.
~ **strain** *(Mech)* Längszerrung *f*, Längsverformung *f (Kürzung oder Dehnung)*, *(speziell:)* Lagrangesche Dehnung *f*
~ **wave** Longitudinalwelle *f*, L-Welle *f*, Längswelle *f*, longitudinale [elastische] Welle *f*

longitudinally polarized neutrino *(Hoch)* Zweikomponentenneutrino *n*, longitudinales (longitudinal polarisiertes) Neutrino *n*

look angle *(El, Opt)* effektiver Raumwinkel *m (eines Radargerätes oder optischen Instruments)*

loom[ing] *(Opt)* obere Luftspiegelung *f (von Objekten unter dem Horizont)*

loop 1. Schwingungsbauch *m*, Wellenbauch *m*, Bauch *m (einer stehenden Welle)*; 2. *(El, Reg)* Schleife *f (z. B. in einem Netzwerk)*; 3. *(El)* Masche *f (auch in den Kirchhoffschen Gesetzen)*; 4. *(Mech)* [feste] Schlinge *f (nicht zuziehbar)*; 5. *(Astr)* gekrümmte Protuberanz *f*, Bogenprotuberanz *f*, Loopprotuberanz *f*; 6. *(Kern)* Reaktorkreislauf *m*, Reaktorschleife *f*, reaktorinterne Schleife *f*, [In-pile-]Loop *f*; 7. *(Ström)* Kreislauf *m*, Kreis *m*; 8. *(mathPh)* geschlossene Kurve (Linie) *f*, Kontur *f*, *(speziell:)* geschlossener Weg *m*; 9. *(mathPh)* Schleife *f*, Schlinge *f*, Einkreis *m (eines Graphen)*

~-**shaped dislocation** *(Krist)* Versetzungsschleife *f*, Versetzungsring *m*, ringförmige Versetzung *f*

loose density *(Mech)* Rohdichte *f*
~-**packed structure** *(Krist)* lose gepackte Struktur *f*, nicht dichtgepackte Struktur *f*
~ **place of Smekal** *(Krist)* Lockerstelle *f* [von Smekal]

lopping-round *(Hydr)* Umspülung *f*

Lorentz boost *(mathPh, Rel)* Lorentz-Boost *m*, [Lorentzsche] Pseudodrehung *f*
~ **contraction factor** *(Rel)* Längenkontraktionsfaktor *m*, Lorentzscher Kontraktionsfaktor *m*, Einsteinscher Faktor *m* der Zeitdilatation
~ **equation** *s.* ~ equations of motion
~ **equations** *(mathPh, Rel)* spezielle Lorentz-Transformation *f*, Lorentz-Transformationsgleichungen *fpl*
~ **equations of motion** *(Feld, Opt)* Lorentzsche (klassische) Bewegungsgleichungen *fpl (eines geladenen Teilchens)*
~ **gauge** *(Feld)* Lorentz-Eichung *f*, Lorentz-Konvention *f*, Lorentz-Bedingung *f*
~ **line-splitting theory** *(At)* Lorentzsche Theorie *f* des Zeeman-Effekts, Lorentzsche Aufspaltungstheorie *f*
~-**Lorenz molar refraction** *(Opt, physCh)* Mol[ekular]refraktion *f*, Molekularbrechung *f*
~ **number** 1. *(Ström)* Lorentz-Zahl *f*; 2. *(Fest)* s. Lorenz number
~ **relation** *s.* ~ gauge
~ **tensor** *(Rel)* Vierertensor *m*, 4-Tensor *m*, Lorentz-Tensor *m*, Tensor *m* im Minkowski-Raum
~ **theory of light sources** *(At)* Lorentzsche (klassische) Elektronentheorie *f*
~ **unit** *(Spektr)* Lorentz-Einheit *f*, L *(eine Frequenzeinheit)*
~ **vector** *(Rel)* Vierervektor *m*, 4-Vektor *m*, Lorentz-Vektor *m*

Lorenz coefficient (constant) *s.* ~ number
~ **cycle** *(Tief)* Lorenz-Prozeß *m*, Lorenzscher Kreisprozeß *m*
~ **number (ratio)** *(Fest)* Lorenz-Zahl *f (im Wiedemann-Franzschen Gesetz)*

Loschmidt number *(physCh)* Loschmidtsche Zahl *f (in cm^{-1})*

loss 1. Verlust *m*, innerer Verlust *m (eines Systems)*; 2. *(Opt)* Dämpfung *f*, Verlust *m (einer optischen Faser)*
~ **angle** 1. *(El)* dielektrischer Verlustwinkel *m (für ein Dielektrikum)*; 2. *(El)* Verlustwinkel *m (einer Kapazität oder Induktivität)*; 3. *(Magn)* [magnetischer] Verlustwinkel *m*; 4. *(Mech)* [mechanischer] Verlustwinkel *m*
~-**cone instability** *(Pl)* Verlustkegelinstabilität *f*, Maserinstabilität *f*
~ **due to range** Weg[strecken]verlust *m*
~ **due to wall friction** *(Ström)* Wandreibungsverlust *m*

loss

~ **factor** 1. *(El)* Verlustfaktor *m (einer Leitung oder Schaltung)*; 2. *(El)* Leistungsfaktor x Dielektrizitätszahl *(eines Dielektrikums)*; 3. *(Magn)* Verlustzahl *f*, Verlustziffer *f (eines Magnetikums: Verlustfaktor durch relative Permeabilität)*
~ **index** *(El)* [dielektrische] Verlustzahl *f*
~ **of flow** *(Ström)* Durchsatzverlust *m*, Durchsatzausfall *m*, Strömungsverlust *m*
~ **of head** *(Ström)* Höhenverlust *m, (speziell:)* Energiehöhenverlust *m, (speziell:)* Druckhöhenverlust *m*
~ **of heat by conduction** *(Therm)* Leitungsverlust *m*, Wärmeleitungsverlust *m*
~ **of magnetic induction** *(Magn)* Nachwirkungsverlust *m*
~ **tangent** 1. *(El, Fest)* [dielektrischer] Verlustfaktor *m*; 2. *(Mech)* Dämpfung *f (in der Theorie der Viskoelastizität)*
Lossev effect *(Halbl)* Injektionselektrolumineszenz *f*, Lossew-Effekt *m*
lost flux *(Magn)* [magnetischer] Streufluß *m*
~ **heat** verlorene Wärme *f*, Verlustwärme *f*, Verlustwärmemenge *f*
~ **motion** *(Mech)* toter Gang *m*
~ **solution** *(Mech)* Prandtl-Meyer-Lösung *f*, verlorene Lösung *f*
loudness *(Ak)* Lautheit *f (in Sone)*
~ **contour** *(Ak)* Is[o]akuste *f*, Kurve *f* gleicher Lautstärke[empfindung]
~ **level** *(Ak)* Lautstärkepegel *m*, Lautstärke *f (in Phon)*
low-angle [grain] boundary *(Krist)* Kleinwinkelkorngrenze *f*, Fein[winkel]korngrenze *f*
~-**angle scattering** Kleinwinkelstreuung *f*, Streuung *f* um kleine Winkel
~-**capture material** *(Kern)* Material *n* mit kleinem (niedrigem) Einfangquerschnitt
~-**density flow** *(Ström)* Molekularströmung *f*, molekulare Strömung *f*
~-**energy theorem** *(Hoch)* Niederenergietheorem *n*, niederenergetisches Theorem *n*, Soft-pion-Theorem *n*
~-**excited state** *(Qu)* schwachangeregter Zustand *m*, niedriger Anregungszustand *m*
~ **frequency** *(El)* Niederfrequenz *f*, NF *(in der Funktechnik: 30...300 kHz, sonst: 0...3 kHz)*
~-**frequency wave** *(El)* Kilometerwelle *f (1...10 km)*
~ **heat value** *(US, physCh)* [spezifischer] Heizwert *m*, *(früher:)* unterer Heizwert *m*, H_u, Hu *(für feste und flüssige Brennstoffe, massebezogen)*; auf das Normvolumen bezogener Heizwert *m (für gasförmige Brennstoffe)*
~-**level counting** *(Kern)* „low-level"-Zählung *f*, Zählung *f* bei niedrigem Strahlungspegel
~-**level laboratory** *(Kern, physCh)* warmes (semiheißes) Laboratorium *n* ($10^8...10^{11}$ Bq)

~-**n accelerator** *(Kern)* Teilchenbeschleuniger mit konstantem Gradienten, Beschleuniger *m* mit schwacher Fokussierung
~-**power modulation** *(El)* Vorstufenmodulation *f*
~ **pressure** *(Mech)* niedriger (tiefer) Druck *m*, Niederdruck *m*, ND
~-**pressure surface** *(Aero)* Oberseite *f*, Tragflügeloberseite *f*, Flügeloberseite *f*
~-**reflection film** *(Opt)* reflexvermindernde Schicht *f*, reflexvermindernder Belag *m*, Antireflexionsschicht *f*, T-Belag *m*
~-**resistance direction** *(Halbl)* s. forward direction
~-**resistivity material** *(Magn)* weichmagnetisches (magnetisch weiches) Material *n, (speziell:)* weichmagnetischer Werkstoff *m*
~-**speed film** *(Phot)* geringempfindlicher (wenig empfindlicher) Film *m*
~-**speed neutron selector** *(Kern)* langsamer Geschwindigkeitsselektor *m* für Neutronen, langsamer Neutronenmonochromator *m*
~-**spin complex** *(At)* Durchdringungskomplex *m*, magnetisch anomaler Komplex *m*
~-**surface-tension water** *(physCh)* entspanntes Wasser *n*
~ **temperature** *(Therm, Tief)* niedrige Temperatur *f, (speziell:)* tiefe Temperatur *f*, Tieftemperatur *f* (273...65 K)
~-**temperature physics** *(Tief)* Tieftemperaturphysik *f*, *(manchmal:)* Kältephysik *f*
~-**temperature resistance (stability)** *(physCh)* Kältebeständigkeit *f*, Kältefestigkeit *f*, *(speziell:)* Tieftemperaturbeständigkeit *f*
~ **turbulence tunnel** *(Ström)* Laminarkanal *m*
~ **vacuum** *(Vak)* Grobvakuum *n* ($1{,}013 \cdot 10^3...0{,}133$ kPa)
~-**velocity star** *(Astr)* Langsamläufer *m*
~ **viscosity** *(physCh)* niedrige Viskosität *f, (speziell:)* niedrige Zähflüssigkeit *f*
~ **voltage** *(El)* 1. Niederspannung *f (GB: ≤ 250 V, US: ≤ 120 V, deutsch: 42...500 V)*; 2. Unterspannung *f (kleiner als die Betriebsspannung)*
~-**voltage current** *(El)* Schwachstrom *m (unter etwa 1 A)*
lower culmination *(Astr)* 1. untere Kulmination *f*; 2. unterer Kulminationspunkt *m*
~ **end** *(Phot)* Durchhang *m*, Fluß *m*, Gebiet *n* der Unterexposition *(der Schwärzungskurve)*
~ **energy state** *(Qu)* niedrigster Energiezustand *m*
~ **harmonic excitation** Untertonerregung *f, (speziell:)* Mitnahme *f* im Unterton *(z. B. eines selbsterregten Schwingers)*
~ **heating value** s. low heat value
~ **hemispherical reflectivity** *(Opt)* unterer halbräumlicher (hemisphärischer) Reflexionsgrad *m*

~ **mirage** *(Opt)* untere Luftspiegelung f, Luftspiegelung f nach unten, *(speziell:)* Schwebung f, Kimmung f
~ **part** *(Phot)* s. ~ end
~ **surface** *(Aero)* Unterseite f, Druckseite f, Tragflügelunterseite f
~ **transit** *(Astr)* untere Kulmination f
~ **triangular matrix** *(mathPh)* untere Halbmatrix (Dreiecksmatrix) f
~ **yield point [stress], ~ yield strength** *(Mech)* untere Fließgrenze (Streckgrenze) f

lowering of the boiling point *(physCh)* Siedepunkt[s]erniedrigung f

lowest temperature technology *(Tief)* Tiefsttemperaturtechnik f, Ultratieftemperaturtechnik f *(T ≤ 30 K)*

l.p., LP *(Mech)* s. low pressure

LP mode *(Opt)* linear polarisierte Mode f, LP-Mode f

LQG problem *(Reg)* linear-quadratisches Gauß-Problem n, LQG-Problem n

LRS group *(Feld, Hoch)* links-rechts-symmetrische Gruppe f, LRS-Gruppe f

LSC vial *(Kern)* Szintillationsküvette f, Vial n, LSC-Vial n, Szintillationstank m

LSI *(Kern)* Isomer n mit kleinem Spin, Low-Spin-Isomer n, LSI

LTI system lineares zeitinvariantes System n, LTI-System n

Lüders' bands (lines) *(Krist)* Lüderssche Linien fpl, Lüderssche Fließfiguren (Gleitfiguren, Streckfiguren) fpl *(an der Oberfläche)*

lumberg *(US, Opt)* Lumberg n *(SI-fremde Einheit der Lichtmenge)*

lumen *(Opt)* Lumen n, lm *(SI-fremde Einheit des Lichtstroms; 1 lm = 1 cd · sr)*
~ **method** *(Opt)* Lichtstrommethode f *(der Beleuchtungsberechnung)*

luminance *(Opt)* 1. Leuchtdichte f; 2. Helligkeit f, Farbhelligkeit f
~ **coefficient** *(Opt)* Leuchtdichtekoeffizient m *(in der Beleuchtungstechnik)*
~ **factor** *(Opt)* 1. Remissionsgrad m, diffuser (gestreuter) Anteil m des Reflexionsgrades, diffuser Reflexionsgrad m; 2. Leuchtdichtefaktor m *(in der Beleuchtungstechnik)*; 3. s. ~ primary
~ **for photopic vision** *(Opt)* Leuchtdichte f, bezogen auf das helladaptierte Auge
~ **for scotopic vision** *(Opt)* Dunkelleuchtdichte f; Leuchtdichte f, bezogen auf das dunkeladaptierte Auge
~ **primary** *(Opt)* Hellbezugswert m *(einer Körperfarbe)*
~ **temperature** *(Therm)* schwarze Temperatur f, Schwarzkörpertemperatur f
~ **threshold** *(Opt)* Leuchtdichteunterschiedsschwelle f, Helligkeitsschwelle f

luminary *(Astr)* optisch strahlender Himmelskörper m, leuchtender Himmelskörper m

luminescence quantum yield *(Fest)* Lumineszenzausbeute f, Quantenausbeute f der Lumineszenz
~ **quenching** *(Fest)* Tilgung f, Löschung f, Auslöschung f *(der Lumineszenz)*
~ **stimulation** *(Fest)* Ausleuchtung f *(der Lumineszenz)*
~ **threshold** *(Fest)* Lumineszenzschwelle f *(minimale Frequenz oder maximale Wellenlänge)*

luminescent flux *(Fest, Opt)* Lumineszenzlichtstrom m
~ **light** *(Fest, Opt)* Lumineszenzlicht n, Kaltlicht n
~ **screen** *(El)* Leuchtschirm m, Lumineszenzschirm m *(einer Kathodenstrahlröhre)*
~ **spot** *(El)* Leuchtfleck m, Leuchtpunkt m *(auf einem Leuchtschirm)*

luminogen *(Fest)* Aktivator m, Lumineszenzaktivator m, Lumineszenzerreger m

luminophor *(Fest, physCh)* Luminophor m, Lumineszenzstoff m, Lumineszenzstrahler m, *(im engeren Sinne:)* Leuchtstoff m

luminosity 1. Leuchtstärke f, Leuchtvermögen n, Leuchtkraft f; 2. *(Opt)* subjektive Leuchtdichte f, [subjektive] Helligkeit f, Eindruckshelligkeit f; 3. *(Opt)* s. ~ factor; 4. *(Opt)* photometrisches Strahlungsäquivalent n; 5. *(Hoch)* Luminosität f, Strahlluminosität f *(Wechselwirkungsrate der gegeneinanderlaufenden Strahlen)*; 6. *(Astr)* Leuchtkraft f, Luminosität f *(eines Gestirns)*
~ **factor** *(Opt)* spektrale Hellempfindlichkeit (Augenempfindlichkeit) f *(in lm/W)*
~ **function** *(Opt)* spektraler Hellempfindlichkeitsgrad m *(für das helladaptierte Auge, dimensionslos)*

luminous coefficient *(Opt)* visueller Nutzeffekt m *(einer polychromatischen Strahlung)*
~ **compound** *(physCh)* selbstleuchtender Leuchtstoff m, Autoluminophor m
~ **density** *(Opt)* Lichtmenge f pro Volumeneinheit, Lichtenergiedichte f
~ **efficacy** *(Opt)* Lichtausbeute f *(einer Lichtquelle, in lm/W)*
~ **efficacy of radiant energy** *(Opt)* photometrisches Strahlungsäquivalent n *(in lm/W)*
~ **efficiency** *(Opt)* 1. Hellempfindlichkeitsgrad m; 2. visueller Nutzeffekt m *(einer polychromatischen Strahlung)*; 3. photometrisches Strahlungsäquivalent n *(in lm/W)*
~ **electron** *(At)* Leuchtelektron n, optisch aktives Elektron n, strahlendes Elektron n
~ **emittance** *(Opt)* spezifische Lichtausstrahlung f
~ **energy** *(Opt)* Lichtmenge f, Lichtarbeit f
~ **flux** *(Opt)* Lichtstrom m
~ **flux density** *(Opt)* Beleuchtungsstärke f *(Größe)*
~ **flux for scotopic conditions** *(Opt)* Dunkellichtstrom m; Lichtstrom m, bezogen auf das dunkeladaptierte Auge
~ **intensity** *(Opt)* Lichtstärke f

luminous

~ **intensity [primary] standard** *(Opt)* Lichtstärkenormal *n*
~ **mechanism** *(Fest)* Leuchtmechanismus *m (bei der Lumineszenz)*
~ **nebula** *(Astr)* Emissionsnebel *m*
~ **nucleon** *(Kern)* Leuchtnukleon *n*, optisch aktives Nukleon *n*
~ **output** *(Opt)* Lichtstrom *m*, Lichtleistung *f (einer Lichtquelle, in lm)*
~ **power** Leuchtstärke *f*, Leuchtvermögen *n*, Leuchtkraft *f*
~ **quantity** *(Opt)* photometrische Größe *f*
~ **reflectance** *(Opt)* Lichtreflexionsgrad *m*
~ **sensitivity** 1. Lichtempfindlichkeit *f*; 2. *(El)* Empfindlichkeit *f*, Absolutempfindlichkeit *f*, absolute Empfindlichkeit *f (einer Photokathode, bezogen auf den Lichtstrom)*
~ **spot** *(El)* Leuchtfleck *m*, Leuchtpunkt *m (auf einem Leuchtschirm)*
~ **transmittance** *(Opt)* Lichttransmissionsgrad *m*, Lichtdurchlaßgrad *m*
LUMO *(At)* niedrigstes unbesetztes Molekülorbital *n*, LUMO
lumophor *s.* luminophor
lumped constant *(El)* konzentrierter (diskreter) Parameter *m*
~ **load** *(Mech)* Einzellast *f*, Punktlast *f*, konzentrierte Last *f*
~ **mass** *(Mech)* Punktmasse *f*, konzentrierte Masse *f*
lunar appulse *(Astr)* Halbschattenfinsternis *f (bei der der Mond durch den Halbschatten der Erde geht)*
~ **cirque (crater)** *(Astr)* Ringgebirge *n*, Krater *m*, Großkrater *m (auf dem Mond)*
~ **craterlet** *(Astr)* Kratergrube *f*, Kleinkrater *m*, Krater *m (auf dem Mond)*
~ **cusp** *(Astr)* Hörnerspitze *f* des Mondes
~ **cycle** *(Astr)* Metonischer Zyklus *m*, Mondzirkel *m*, Mondzyklus *m*
~ **daily (diurnal) inequality** *(Astr)* tägliche lunare Ungleichheit *f*, tägliche Ungleichung *f* des Mondes
~ **eclipse** *(Astr)* Mondfinsternis *f*
~ **eclipse of a star** *(Astr)* Sternbedeckung *f* durch den Mond
~ **orbit** *(Astr, Mech)* Mondumlaufbahn *f*, selenozentrische Umlaufbahn *f*
~ **orbit insertion** *(Aero, Astr)* Einschwenken *(Eintreten, Eintauchen) n* in eine Mondumlaufbahn
lune *(mathPh)* Zweieck *n*, Mond *m*, Möndchen *n, (auf der Kugel auch:)* Kugelzweieck *n*, sphärisches Zweieck *n*
lusec *(Vak)* Lusec *n (1. SI-fremde Einheit der Leistung; 1 lusec = 1,33322 ·10⁻⁴ W; 2. SI-fremde Einheit der Undichtigkeit; 1 lusec = 1 l/s bei einem Druck von 0,1333 Pa)*
luster, lustre *(Opt)* Glanz *m (Erscheinung)*
lux Lux *n*, lx *(SI-Einheit der Beleuchtungsstärke; 1 lx = 1 lm/m²)*
luxon *(Opt)* s. troland
LWR *(Kern) s.* light water reactor

l.y. *(Astr)* Lichtjahr *n*, Lj
lyolysis *(physCh)* Lyolyse *f*, Solvolyse *f*
lyophilization *(physCh)* Gefriertrocknung *f*, Lyophilisation *f*, Lyophilisierung *f*
l.yr *s.* l.y.

M

M-C method *(mathPh)* Monte-Carlo-Methode *f*, MC-Methode *f*, Monte-Carlo-Verfahren *n*
m-kgf = metre-kilogramme-force
M[-type] transition *(At, Kern)* magnetischer Übergang *m*, M-Übergang *m*
Macdonald function *s.* modified Bessel function of the second kind
Mach [number] *(Aero)* Machzahl *f*, Mach-Zahl *f*, Ma, M, Mach *n (selten:)* Machsche Kennzahl *f*
~ **number of drag (pressure) divergence** *(Aero)* kritische Mach-Zahl *f* für den Druckabfall
~ **pendulum** *(Mech)* Machsche Wellenmaschine *f*, Machscher Wellenapparat *m*, Machsches Pendel *n*
~ **scale law** *(Aero)* Machsches Ähnlichkeitsgesetz *n*
~ **stem** *(Aero)* Machsche Front (Stoßfront) *f*
Mackie lines *(Phot)* [photographischer] Randeffekt *m (zusätzlich stärker geschwärzter Rand der stärker geschwärzten Fläche)*
macle *s.* twin crystal
macrobend loss *(Opt)* Makrokrümmungsverluste *mpl*
macrolar *(At)* makromolekularer (hochmolekularer) Stoff *m*, Makrolar *n*
macromol *(At)* Makromolekül *n*, Riesenmolekül *n*
macropulsation *(Ström)* Pulsation *f* im Großen, großräumige Pulsation *f*, Makropulsation *f*
macroscopic cross section *(Kern)* [volumenbezogener] makroskopischer Wirkungsquerschnitt *m*, Wirkungsquerschnittsdichte *f*, Makroquerschnitt *m*
macroturbulence *(Ström)* großskalige (großräumige, weiträumige, großmaßstäbliche) Turbulenz *f*, Großturbulenz *f*, Makroturbulenz *f*
MAG *(Halbl)* maximal (höchste) verfügbare Verstärkung *f*
mag *s.* magnitude 2.
magic number *(Kern)* magische Zahl *f* (Nukleonenzahl) *f*
MAGLAC *(Kern)* magnetischer Linearbeschleuniger *m*, MAGLAC
magnet field coil *(Kern)* Erregerspule *f*, Spule *f* für die Felderregung *f*, Feld[erreger]spule *f*, Magnetfeldwicklung *f (eines zyklischen Beschleunigers)*
~ **power** *(El, Magn)* Magnetspeisung *f*, dem Elektromagneten zugeführte elektrische Leistung *f*

magnetic after-effect *(Fest, Magn)* magnetische Nachwirkung f
~ **anisotropic energy** *(Fest)* Kristallenergie f, [kristallographische] Anisotropieenergie f, Energie f der magnetischen Anisotropie
~ **area moment** *(Magn)* [Ampèresches] magnetisches Moment n
~ **balance** *(Magn)* Waage f zur Messung der magnetischen Suszeptibilität, Suszeptibilitätswaage f
~ **barrier** *(Pl)* s. ~ mirror region
~ **bias[ing]** *(El, Magn)* Vormagnetisierung f, magnetische Verschiebung f
~ **bottle** *(Pl)* magnetische Flasche f
~ **bubble** *(Fest)* Magnetblase f, magnetische Blase f, Zylinderdomäne f
~ **cell** *(Magn)* magnetische Speicherzelle f, magnetisches Speicherelement n
~ **coercive force** *(El, Magn)* Koerzitivfeldstärke f
~ **compression [effect]** *(Pl)* s. pinch effect
~ **conductance** *(Magn)* 1. Magnetoleitfähigkeit f, magnetische Leitfähigkeit f; 2. magnetischer Leitwert m, Permeanz f
~ **constant** *(Magn)* magnetische Feldkonstante f, absolute Permeabilitätskonstante f
~ **cooling** *(Tief)* adiabatische Entmagnetisierung f, magnetische Abkühlung f
~ **cushion** *(El, Magn)* Magnetkissen n
~ **damping** *(El, Magn)* magnetische Dämpfung f *(einer mechanischen Bewegung)*
~ **decay** *(El, Magn)* Schwund m des magnetischen Flusses, Flußschwund m, magnetischer Schwund m
~ **declination** *(Magn)* Deklination f, magnetische Deklination (Mißweisung) f
~ **dip** *(Magn)* [magnetische] Inklination f, *(manchmal:)* Inklinationswinkel m
~ **dip pole** *(Magn)* magnetischer Pol m der Erde
~ **dipole density** *(Magn)* Magnetisierung f *(ein Skalar)*
~ **dipole moment** *(Magn)* magnetisches Dipolmoment n, Coulombsches magnetisches Moment n
~ **dipole sheet** s. ~ shell
~ **disaccommodation** *(Fest, Magn)* Desakkommodation f [der Permeabilität], magnetische Desakkommodation f
~ **displacement** s. induction 1.
~ **dynamics of gases** *(Pl)* Magnetogasdynamik f, MGD, Magnetodynamik f der Gase *(Gas im magnetischen und elektrischen Feld)*
~ **elongation** *(El)* magnetische Dehnung f, relative Längenänderung f bei der Magnetisierung
~ **energy** 1. *(Magn)* magnetische Energie (Feldenergie) f, Magnetfeldenergie f, Energie f des magnetischen Feldes; 2. *(El, Magn)* eingeprägte (innere) Induktion f (= $B-H$, d. h. $4\pi \times$ Magnetisierung)

~ **entity** *(Magn)* magnetisches Gebilde n
~ **field** *(Magn)* 1. Magnetfeld n, magnetisches Feld n; 2. s. ~ field intensity
~ **field index** *(Kern)* Feldindex m, Magnetfeldindex m, kritischer Feldindex m, n-Wert m *(eines Betatrons)*
~ **field intensity (strength)** *(Magn)* 1. magnetische Feldstärke (Erregung) f, H-Vektor m, Vektor m der magnetischen Feldstärke; 2. magnetische Feldstärke (Erregung) f *(Betrag des H-Vektors)*
~ **field vector** s. ~ field intensity 1.
~ **flux** *(Magn)* magnetischer Fluß (Induktionsfluß) m
~ **flux density** s. ~ induction
~ **flux surface** *(Pl)* magnetische Fläche f
~ **force** s. ~ field intensity 1.
~ **force density** *(Magn)* magnetische Kraftdichte f, Kraftdichte f im magnetischen Feld
~ **induction** *(Magn)* magnetische Flußdichte (Erregung) f, Vektor m der magnetischen Induktion, **B**-Vektor m
~ **induction curve** *(Magn)* Flußdichtekurve f, Feldkurve f
~ **insulation** *(Pl)* magnetische Isolierung (Isolation) f, Magnetfeldisolierung f *(elektrischer Felder)*
~ **ion source** *(El, Kern)* Penning-Ionenquelle f, PIG-Ionenquelle f, Kaltkathoden-Pendelionenquelle f
~ **isolation** *(Pl)* magnetische Halterung f, magnetischer Einschluß m
~ **isothermal** *(Magn)* magnetische Isotherme f, Magnetisierungskurve f bei konstanter Temperatur
~ **leakage** *(El, Magn)* 1. Streuung f des magnetischen Flusses, magnetische Streuung f; 2. Streufluß m
~ **leakage factor** *(El, Magn)* Streufaktor m, Streugrad m
~ **leakage flux** *(El, Magn)* Streufluß m
~ **length** *(Magn)* wirksame (magnetische) Länge f *(eines Magneten)*
~ **levitation** *(El, Magn)* magnetische Levitation f, magnetisches Schweben n, Schweben n im Magnetfeld
~ **line of flux (force)** *(Magn)* magnetische Feldlinie f (Kraftlinie) f
~ **line of induction** *(El)* s. maxwell
~ **linkage** *(El, Magn)* 1. Flußverkettung f *(Erscheinung)*; 2. s. flux linkage
~ **loss** *(El, Magn)* magnetischer Nachwirkungsverlust m
~ **merging** *(Astr)* Merging n, Umordnung (Verschmelzung) f der magnetischen Feldlinien *(Aufreißen und Neuverknüpfung)*
~ **mirror machine** *(Pl)* Spiegelmaschine f
~ **mirror region** *(Pl)* Spiegelgebiet n, [magnetischer] Pfropfen m
~ **moment** 1. *(El, Magn)* magnetisches Moment n *(eines Körpers, eines Magneten)*; 2. *(Magn)* [Ampèresches] magneti-

magnetic

sches Moment n; 3. *[Coulombsches]* magnetisches Moment n
~ **particle rigidity** *(Kern, Pl)* [magnetische] Steifigkeit f *(eines Teilchens im Magnetfeld, Größe)*
~ **path** *(Magn)* Kraftlinienweg m, Feldlinienweg m
~ **path length** *(Magn)* magnetische Weglänge f
~ **permeability of the vacuum** *(Magn)* Permeabilität f des Vakuums, magnetische Feldkonstante f
~ **pinch** *(Pl)* s. pinch effect
~ **plasma** s. magnetized plasma
~ **polarizability tensor** *(Kern)* Tensor m der magnetischen Polarisierbarkeit, Polarisierbarkeitstensor m
~ **polarization** 1. *(Magn)* magnetische Polarisation f, Vektor m der magnetischen Polarisation; 2. *(Opt)* s. ~ rotation
~ **potential** 1. *(Magn)* [skalares] magnetisches Potential n, magnetostatisches Potential n; 2. *(El, Magn)* s. magnetomotive force
~ **potential difference** *(Magn)* magnetische Spannung f
~ **powder pattern** *(Fest, Magn)* Bitter-Streifen mpl, Bittersche Streifen mpl, Pulverfigur f
~ **reluctance** *(Magn)* magnetischer Widerstand m, Reluktanz f
~ **reluctivity** *(Magn)* spezifischer magnetischer Widerstand m, Reluktivität f
~ **resistance** s. ~ reluctance
~ **retardation** *(Magn)* Magnetisierungsverzug m, Magnetisierungsverzögerung f
~ **reversal** *(Fest)* Ummagnetisierung f, Magnetisierungsumkehr f
~ **rigidity** s. ~ particle rigidity
~ **rotation** *(Opt)* Faraday-Effekt m, magnetische Drehung f *(der Polarisationsebene)*, Magnet[o]rotation f
~ **rotatory power** *(Opt)* magnetische spezifische Drehung f
~ **shearing** *(Pl)* Scherung f des Magnetfeldes, magnetische Scherung f
~ **shell** *(Magn)* magnetische (Ampèresche) Doppelschicht f, magnetisches Blatt n
~ **stimulation** *(Fest)* magnetische Ausleuchtung f *(der Lumineszenz)*
~ **stray field** *(El, Feld)* [magnetisches] Streufeld n
~ **susceptibility per unit mass** *(Magn)* s. mass susceptibility
~ **$T^{3/2}$ law** *(Fest)* s. Bloch law
~ **transition** *(At, Kern)* magnetischer Übergang m, M-Übergang m
~ **trap** *(Pl)* Magnetfalle f
~ **tube** *(Astr, Pl)* Einfanggebiet n, Einfangbereich m, Einfangzone f
~ **variable [star]** *(Astr)* Magnetfeldveränderlicher m, magnetischer Veränderlicher m
~ **vector** s. ~ induction

~ **viscosity** 1. *(Fest, Magn)* magnetische Nachwirkung f; 2. *(Pl)* magnetische Viskosität (Zähigkeit) f
~ **well** *(Pl)* 1. magnetische Mulde f; 2. Minimum-B-Konfiguration f
magnetics *(Magn)* Magnetik f, Lehre f von den magnetischen Erscheinungen *(Magnetostatik und Elektromagnetismus)*
magnetization by rotation *(Magn)* Barnett-Effekt m
~ **by rubbing** *(Magn)* Strichmagnetisierung f
~ **characteristic** s. ~ curve 1.
~ **curve** *(Magn)* 1. Magnetisierungskurve f, Magnetisierungs[kenn]linie f, magnetische Zustandskurve f *(allgemeiner Begriff)*; 2. Neukurve f [der Magnetisierung], Neukurve f der magnetischen Induktion, jungfräuliche Kurve f
~ **energy** *(Magn)* Magnetisierungsarbeit f, *(selten:)* Magnetisierungsenergie f
~ **intensity** *(Magn)* Magnetisierung f *(Skalar)*
~ **reversal** *(Fest)* Ummagnetisierung f, Magnetisierungsumkehr f
magnetized plasma *(Fest, Pl)* Magnetoplasma n, magnetisiertes (magnetisch aktives, magnetfeldbehaftetes) Plasma n
magnetizing force s. magnetic field intensity 1.
magnetoconductivity *(Magn)* Magnetoleitfähigkeit f, magnetische Leitfähigkeit f
magnetocrystalline [anisotropy] energy density *(Fest)* Kristallenergiedichte f, [kristallographische] Anisotropieenergiedichte f
magnetodamping *(Fest)* magnetomechanische Dämpfung f, Magnetodämpfung f *(eines Ferromagnetikums)*
magnetoelastic anisotropy *(Fest, Magn)* Spannungsanisotropie f
~ **[anisotropy] energy density** *(Fest)* Spannungsenergiedichte f, magnetoelastische Anisotropieenergiedichte f
magnetoelectricity *(El, Magn)* Spannungserzeugung f durch elektromagnetische Induktion
magnetofluid dynamics 1. *(Pl)* s. magnetohydrodynamics; 2. *(Ström)* Magnetofluiddynamik f, Magnetofluidodynamik f, MFD *(Flüssigmetall im magnetischen und elektrischen Feld)*
magnetogas dynamics *(Pl)* Magnetogasdynamik f, MGD, Magnetodynamik f der Gase *(Gas im magnetischen und elektrischen Feld)*
magnetogyric ratio *(At, Kern)* gyromagnetisches Verhältnis n *(magnetisches Moment durch Drehimpuls, gelegentlich der Kehrwert davon)*
magnetohydrodynamic conversion [of energy] *(Pl)* magnetohydrodynamische, (magnetofluidodynamische) Energieumwandlung f, MHD-Umwandlung f

~ **wake** *(Pl)* magnetohydrodynamischer (hydromagnetischer) Nachlauf *m*, MHD-Nachlauf *m*

magnetohydrodynamics *(Pl)* Magnetohydrodynamik *f*, MHD, Hydromagnetik *f*, Magnetofluidodynamik *f (Plasma, Gas oder Flüssigkeit im magnetischen und elektrischen Feld)*

magnetomechanical factor *(At, Fest)* s. Landé *g*-factor 2.

magnetomotance s. magnetomotive force

magnetomotive force *(El, Magn)* elektrische Durchflutung *f*, magnetische Urspannung (Randspannung, Umlaufspannung) *f*, magnetomotorische Kraft *f*, MMK

magnetooptic rotation *(Opt)* s. magnetic rotation

magnetooscillatory absorption effect *(Fest)* oszillatorische (oszillierende) Magnetoabsorption *f*, oszillatorische Magnetobandabsorption *f*

magnetoplasmadynamics *(Pl)* Magnetoplasmadynamik *f*, MPD *(Plasma im magnetischen und elektrischen Feld)*

magnetoresistance *(Fest)* 1. Widerstandsänderung *f* im Magnetfeld, magnetische Widerstandsänderung *f*, Magnetoresistenz *f (Effekt)*; 2. Magnetowiderstand *m (Größe)*

magnetoresistivity *(Fest)* spezifischer Magnetowiderstand *m*, Magnetoresistivität *f (Größe)*

magnetosonic wave *(Pl)* magnetoakustische Welle *f*, Magnet[o]schallwelle *f*

magnetostatic energy density *(Fest)* Formanisotropieenergiedichte *f*, magnetostatische Energiedichte *f*

~ **unit** *(El, Magn)* magnetostatische CGS-Einheit *f*, msE

magnetostrictive reaction *(Magn)* umgekehrter magnetostriktiver Effekt *m*

magnetostrictor magnetostriktiver Wandler *m*, Magnetostriktionswandler *m (wandelt elektrische in mechanische Schwingungen oder Wechselstrom in Schallenergie)*

magnetron pulling *(El)* Lastverstimmung *f (eines Magnetrons)*

~ **pushing** *(El)* Stromverstimmung *f (eines Magnetrons)*

magnification 1. *(Opt)* Abbildungsmaßstab *m*, *(manchmal:)* Seitenmaßstab *m*, Seitenverhältnis *n*, *(bei Werten > 1 auch:)* Vergrößerungsmaßstab *m*, *(bei Werten < 1 auch:)* Verkleinerungsmaßstab *m*; 2. *(mathPh)* Streckung *f*, *(bei Werten < 1:)* Stauchung *f (einer konformen Abbildung)*; 3. *(Mech, Opt)* Übersetzung *f (z. B. eines Feinzeigers, Komparators)*; 4. *(El)* s. ~ factor 3.

~ **factor** 1. Resonanzschärfe *f*, Q-Faktor *m*, Q *(eines Schwingers)*, *(bei Anwendung als Sender oder Filter auch:)* Güteraktor *m*, Güte *f*, *(beim parametrisch erregten Schwinger auch:)* Speicherkoeffizient *m*; 2. *(Opt)* Vergrößerungsfaktor *m*; 3. *(El)* Kreisgüte *f (eines Schwingkreises)*

~ **ratio** *(Opt)* Vergrößerung *f (eines optischen Instruments, Größe)*

magnifying power *(Opt)* 1. Winkelverhältnis *n*, *(bei subjektiv benutzten optischen Instrumenten auch manchmal:)* Winkelvergrößerung *f*; 2. Gesamtvergrößerung *f*, mikroskopische Vergrößerung *f*

magnitude 1. Wert *m (einer Größe: Zahl × Einheit)*, Größenwert *m*, Größe *f (einer Größenart)*; 2. *(Astr)* Größe[nklasse] *f*, *(manchmal:)* Sterngröße *f*; 3. *(mathPh)* Betrag *m*, Absolutbetrag *m*, absoluter Betrag *m (einer komplexen oder reellen Zahl)*; [absoluter] Betrag *m*, Länge *f*, Modul *m (eines Vektors)*; 4. *(Therm)* s. extensive parameter

~ **of polarization** 1. *(Hoch)* Polarisationsgrad *m (eines Systems von Elementarteilchen)*; 2. *(Opt)* Polarisationsgröße *f*, Polarisationsverhältnis *n (des Lichtes)*

~ **of the Sun** *(Astr)* scheinbare visuelle Helligkeit *f* der Sonne, Sonnenhelligkeit *f*

magnon drag *(Fest)* Magnondrag *m*, Mitführung *f* von Elektronen durch Magnonen

main flow *(Ström)* Hauptströmung *f*, Grundströmung *f*

~ **sequence** *(Astr)* Hauptreihe *f*, Zwergenast *m*

~-**sequence dwarf (star)** *(Astr)* Zwerg[stern] *m*, Hauptreihenstern *m*

major planet *(Astr)* Riesenplanet *m*, jupiterähnlicher (großer) Planet *m*

Majorana representation *(Qu)* Majorana-Darstellung *f*

majority [charge] carrier *(Halbl)* Majoritäts[ladungs]träger *m*

majorization *(mathPh)* Majorisierung *f*, Abschätzung *f* nach oben

make current *(El)* Einschaltstrom *m*, *(manchmal:)* Schließungsstrom *m*

maladjustment *(Meß)* Dejustierung *f*, schlechte (unpräzise) Einstellung *f*

Malus cosine-squared law *(Opt)* Malussches [cos^2-]Gesetz *n*, Gesetz *n* von Malus

~-**Dupin theorem** s. Malus' law of rays

Malus' law s. 1. ~ law of rays; 2. Malus cosine-squared law

~ **law of rays** *(Opt)* Malusscher Satz *m* [der geometrischen Optik], Satz *m* von Malus

Malus's theorem s. Malus' law of rays

mamu s. milli-atomic mass unit

manifest covariance *(Rel)* manifeste Kovarianz *f*, offensichtliche Lorentz-Kovarianz *f*

manoscopy *(physCh)* Gasdichtebestimmung *f*

many-body effect *(Fest)* Vielteilcheneffekt *m*, Korrelationseffekt *m*

many 204

~-**body force** *(Kern)* Mehrkörperkraft f, Mehrteilchenkraft f, Mehrnukleonenkraft f
~-**body model [of nucleus]** *(Kern)* Vielteilchenmodell n [des Atomkerns]
~-**body problem** *(Mech)* n-Körper-Problem n, Mehrkörperproblem n, Vielkörperproblem n
~-**time theory** *(Feld)* mehrzeitige Theorie f, Mehrzeittheorie f
~-**to-many mapping** *(mathPh)* mehrmehrdeutige (vielvieldeutige) Abbildung f
marginal dimensionality *(statPh)* Randdimension f
~ **distribution** *(mathPh)* Randverteilung f, Marginalverteilung f
~ **focus** *(Opt)* Randfokus m, Brennpunkt m der Randstrahlen
~ **force** *(Mech)* Randkraft f
~ **ray** *(Opt)* Randstrahl m
Mariotte flask (vessel) *(Ström)* Mariotte-Flasche f, Mariotte-Gefäß n
Mariotte's law *(Therm)* Boyle-Mariottesches Gesetz n, Boylesches Gesetz n
marker particle *(Ström)* Schwebeteilchen n *(zur Sichtbarmachung von Strömungen)*
maser instability *(Pl)* Verlustkegelinstabilität f, Maserinstabilität f
mask 1. *(Phot)* Maske f, Abdeckmaske f, Abdeckblende f, Kopiermaske f; 2. *(Halbl)* Diffusionsmaske f, Abdeckmaske f *(beim Diffusionsverfahren)*
masking 1. *(Phot)* Maskierung f, Abdeckung f, Teilabdeckung f; 2. *(Halbl, physCh)* Maskierung f; 3. *(Ak)* [akustischer] Verdeckungseffekt m, Verdeckung f [des Schalls], Tonmaskierung f; 4. *(Opt)* Verdeckung f
~ **method (technique)** *(Phot)* Maskenverfahren n, Frequenzfilterverfahren n, Kontrastkontrollverfahren n
mass action constant *(physCh)* s. equilibrium constant
~ **action law** *(physCh)* Massenwirkungsgesetz n, MWG, Gesetz n von Guldberg und Waage, Gleichung f der Reaktionsisothermen
~-**area ratio** *(Aero)* Masse/Fläche-Verhältnis n, flächenbezogene Masse f
~ **at rest** *(Rel)* Ruhmasse f, *(selten:)* eingeprägte Masse f
~ **Compton coefficient** *(Kern)* Massen-Compton-Koeffizient m, Massenschwächungskoeffizient m für den Compton-Effekt
~ **concentration** 1. *(Astr)* Mascon n, Massenkonzentration f *(unter einem Mare)*; 2. *(physCh)* Massenkonzentration f, Partialdichte f
~ **conductivity coefficient** *(physCh)* Massenleitzahl f
~ **conservation law** Massenerhaltungssatz m, Erhaltungssatz m der Masse, Satz m (Prinzip n) von der Erhaltung der Masse

~ **conversion factor** s. atomic mass conversion factor
~ **decrement** *(Kern)* 1. Massenüberschuß m, Massenexzeß m *(Nuklidmasse minus Produkt aus Massenzahl und Atommassenkonstante)*; 2. Massenüberschuß m, [relativer] Massenexzeß m *(relative Atommasse minus Massenzahl)*; 3. *(US)* s. ~ defect; 4. s. ~ excess 1.
~ **defect (deficit)** *(Kern)* Massendefekt m *(Masseäquivalent der Bindungsenergie)*
~ **density** *(Mech)* Dichte f, Massendichte f, volumenbezogene Masse f *(in kg/m^3)*
~ **effect** 1. *(Kern)* Masseneffekt m, Packungseffekt m; 2. *(Spektr)* s. isotopic mass effect
~-**energy relationship** *(Rel)* Masse-Energie-Beziehung f, Masse-Energie-Gleichung f, Einsteinsche Beziehung f [zwischen Masse und Energie], Einstein-Gleichung f
~ **energy-transfer coefficient** *(Kern)* Massenenergieübertragungskoeffizient m *(für Photonen)*
~ **equation** *(Ström)* Massen[bilanz]gleichung f
~ **evaporation rate per unit area** *(Therm)* flächenbezogene Massenverdampfungsrate f
~ **excess** *(Kern)* 1. Massenüberschuß m, Massenexzeß m *(Nuklidmasse minus Produkt aus Massenzahl und vereinheitlichter Atommassenkonstante)*; 2. s. ~ decrement 2.
~ **flow [rate]** *(Ström)* Massenstrom m, Massendurchfluß m, Massenstromstärke f
~ **fraction** *(physCh)* Massenanteil m, Massenbruch m, Massengehalt m
~ **inertia** *(Mech)* Trägheit f der Masse, Massenträgheit f
~ **law** s. ~ action law
~ **level** *(Hydr)* Massenhöhenstand m, kollabierter Wasserstand m
~-**limit** *(Astr)* Grenzmasse f, kritische Masse f *(eines weißen Zwerges)*
~-**luminosity law (relation)** *(Astr)* Masse-Leuchtkraft-Beziehung f, Masse-Leuchtkraft-Funktion f
~-**median aerodynamic (equivalent) diameter** *(Aero)* massenmedianer aerodynamischer Durchmesser m, MMAD
~ **moment of inertia** *(Mech)* Trägheitsmoment n, Massenmoment n zweiten Grades, Massenträgheitsmoment n, Drehmasse f
~ **multipole** *(Feld, Rel)* Massenmultipol m, Pol-Multipol-Teilchen n
~ **number** *(Kern)* Massenzahl f, Nukleonen[an]zahl f *(eines Atomkerns, A)*
~ **of the electron** Elektronenmasse f, Ruhmasse (Masse) f des Elektrons
~ **particle** Korpuskel n, materielles (korpuskulares) Teilchen n, Masseteilchen n, Materieteilchen n

~ **per unit area** flächenbezogene Masse f, Flächendichte f der Masse, Flächenbelegung f, Flächenmasse f
~ **per unit length** längenbezogene Masse f, Massenbelag m, Linienbelegung f, Längenmasse f, Massenbehang m
~ **per unit volume** *(Mech)* Dichte f, Massendichte f, volumenbezogene Masse f (in kg/m^3)
~ **percent** *s.* percentage by mass
~ **point** *(Mech) s.* material particle 1.
~ **range** *(Kern)* Massenreichweite f, Reichweite f in g cm^{-2} *(eines Teilchens)*
~ **ratio** 1. *(physCh)* Masse[n]verhältnis n (in kg/kg); 2. *(Aero)* Massenverhältnis n *(einer Rakete)*, Ziolkowski-Zahl f; 3. *s.* ~ fraction
~ **reactance** *(Ak)* akustische Induktanz f, Flußinduktanz f, Massenreaktanz f
~ **renormalization** *(Feld, Qu)* Masse[n]renormierung f, Renormierung f der Masse
~ **resistivity** *(El)* spezifischer Massewiderstand m *(spezifischer elektrischer Widerstand × Dichte)*
~ **scattering coefficient** *(Kern)* Massenstreukoeffizient m, auf die Dichte bezogener Streukoeffizient m
~ **separation** 1. *(physCh, Spektr)* Massentrennung f; 2. *(Kern)* Zerlegung f in unterkritische Teilmassen
~ **shell** *(Rel)* Massenschale f
~ **susceptibility** *(Magn)* Massensuszeptibilität f, massebezogene [magnetische] Suszeptibilität f, spezifische [magnetische] Suszeptibilität f
~ **surface** *(Feld, Hoch)* Massenfläche f, Kernmassenfläche f *(in Z,N-Koordinaten)*
~ **transfer** *(physCh)* Stoffübergang m, *(Oberbegriff für Stoffübergang und Diffusion:)* Stoffübertragung f
~ **transport** *(Ström)* Massentransport m, Massenverfrachtung f, Verfrachtung f
~-**velocity relation** 1. *(Rel)* Masse[n]veränderlichkeit f, relativistische Massenveränderlichkeit (Massenänderung) f; 2. *(Hoch) s.* relativistic mass equation

Massieu function *(Therm)* Massieusche freie Energie f, Massieusche Funktion f *(negative freie Energie durch Temperatur)*

massive particle 1. *(Hoch)* massives (massebehaftetes) Teilchen n, Teilchen n mit Masse; 2. *(Mech) s.* material particle 1.

master reaction *(physCh)* geschwindigkeitsbestimmende Reaktion f, Leitreaktion f, Schrittmacherreaktion f
~ **scale** *(Meß)* Urskale f

matched cladding *(Opt)* angepaßter Mantel m, „matched cladding" n *(einer optischen Faser)*
~ **filter** 1. *(Opt)* angepaßtes Filter n; 2. *(El)* signalangepaßtes Filter n

matching 1. *(El)* Anpassung f; 2. *(Mech)* Anpassung f, Passung f; 3. *(Opt)* Farbabgleichung f, Farbabgleich m, Angleichung (Gleichsetzung) f der Farben, *(experimentelle Beurteilung der Farbgleichheit:)* Abmusterung f
~ **equivalent** *(Kern)* Stehwellenverhältnis n, Wellenverhältnis n, Amplitudenverhältnis n
~ **field** *(Opt)* Vergleichsfeld n
~ **stimulus** *(Opt)* Primärvalenz f, Bezugsfarbe f, *(selten:)* Bezugsfarbvalenz f, Eichreiz m

material 1. Material n, *(speziell:)* Werkstoff m *(s. a.* matter*)*; 2. *(physCh)* Substanz f, Stoff m, *(manchmal:)* Körper m
~ **acceleration** *(Mech)* substantielle Beschleunigung f
~ **balance** *(physCh)* Stoffbilanz f, Materialbilanz f
~ **coordinates** *(Mech)* substantielle (materielle, massenfeste, materialfeste) Koordinaten fpl
~ **derivative** *(Ström) s.* Eulerian derivative
~ **discontinuity** *(Mech)* substantielle (stationäre) Unstetigkeit f
~ **equation of continuity** *(Ström)* substantielle (materielle, Lagrangesche) Form f der Kontinuitätsgleichung, substantielle (materielle) Kontinuitätsgleichung f
~ **indifference [principle]** *(Mech)* Prinzip n der Materialindifferenz (Materialobjektivität), Unabhängigkeit f der Materialgleichungen vom Beobachter, Bezugsindifferenz f
~ **particle** 1. *(Mech)* Massenpunkt m, Teilchen n, *(manchmal:)* materieller Punkt m; 2. *s.* mass particle
~ **space** stofferfüllter Raum m
~ **system** *(Mech)* Massenpunktsystem n, System n von Massenpunkten, materielles System n
~ **velocity** *(Mech)* substantielle Geschwindigkeit f

mathematical particle *(Feld, Hoch)* nacktes (mathematisches) Teilchen n
~ **pendulum** *(Mech)* mathematisches Pendel n, Punktkörperpendel n
~ **probability** *(mathPh)* A-priori-Wahrscheinlichkeit f, Aprioriwahrscheinlichkeit f, Anfangswahrscheinlichkeit f

matrix 1. *(Fest, physCh)* Matrix f, Grundmasse f; 2. *(mathPh)* Matrix f *(z. B. Zwei-mal-zwei-Matrix)*; 3. *(Phot)* Relief[gelatine]bild n
~ **mechanics** *(Qu)* Matrizenmechanik f, Matrixdarstellung (Heisenberg-Darstellung) f der Quantenmechanik

matter 1. Stoff m, Materie f; 2. *(physCh)* Substanz f, Stoff m, *(manchmal:)* Körper m
~ **conservation law** *s.* mass conservation law
~ **tensor** *s.* energy momentum tensor
~ **wave** *(Qu)* Materiewelle f, De-Broglie-Welle f, de Brogliesche Welle f

maturation

maturation, maturing Reifen *n*, Reifwerden *n*, *(speziell:)* Ausreifen *n*

Maupertuis' action, ~ principle [of least action] *(Mech)* Maupertuissches Prinzip *n* [der kleinsten Wirkung]

maximum credible accident *(Kern)* größter anzunehmender Unfall *m*, GAU

~ **current** *(Kern)* maximaler Strahlstrom *m*, maximale Strahlstromstärke *f (im Beschleuniger)*

~ **deflection** 1. maximale Ablenkung *f*, Ablenkweite *f*; 2. *(Mech)* maximale Durchbiegung *f*; 3. *(Meß)* maximaler Ausschlag *m*, Maximalausschlag *m*

~ **density calorie** *(Therm) s.* four-degree calorie

~ **distortion energy theory** *(Mech)* Hypothese (Theorie) *f* der größten Gestaltsänderungsarbeit

~ **energy product** *(Magn)* [maximale magnetische] Energiedichte *f*, [maximales] Energieprodukt *n*, Energieprodukt *n* $(BH)_{max}$

~ **in the narrow sense** *(mathPh)* eigentliches (strenges) Maximum *n*, Maximum *n* im engeren Sinne, *(manchmal:)* isoliertes Maximum *n*

~ **in the small** *(mathPh)* lokales (relatives) Maximum *n*, Maximum *n* im Kleinen, relativer Maximalwert *m (einer Funktion)*

~ **limiting velocity** *(Aero)* Endgeschwindigkeit *f*, maximal erreichbare Geschwindigkeit *f*

~ **luminous efficacy** [of radiant energy] *(Opt)* [maximales] photometrisches Strahlungsäquivalent *n* $(K_{max} = 680 \, lm)$

~ **ordinate** *(Mech)* Steighöhe *f (eines Geschosses)*

~ **particle velocity** *(Ak)* Scheitelwert *m* der Schallschnelle, Scheitelschallschnelle *f*

~ **permissible limit**[ing value] *(Kern)* maximal zulässiger Grenzwert *m*

~ **permissible temperature** *(Halbl)* thermische Belastbarkeit *f (eines Halbleitermaterials)*

~ **principal strain theory** *s.* St. Venant's theory

~ **reading** *(Meß)* Maximumablesung *f*, Ablesung *f* im Maximum

~ **shear strain energy criterion** *(Mech)* [von] Mises-Henckysche Fließbedingung *f*, Huber-Mises-Henckysche Fließbedingung *f*

~ **shear theory** *(Mech) s.* Guest's theory

~ **shearing stress condition** *(Mech) s.* St. Venant-Tresca yield condition

~ **strain theory** *(Mech) s.* St. Venant's theory

~ **stress theory** *(Mech) s.* Rankine's theory

~-**structure corona** *(Astr)* Maximumskorona *f*

~ **thermal voltage** *(Fest)* Maximalspannung *f* des Wärmedurchschlags *(in einem Dielektrikum)*

~ **thrust** *(Aero)* Maximalschub *m*, Grenzschubkraft *f*

~ **torque** *(Mech)* Kippmoment *n*, Reaktionsmoment *n*, Rückstellmoment *n*

~ **turning value** *s.* ~ in the small

~ **usable frequency** *(El)* höchste (maximale) brauchbare Frequenz *f* (Übertragungsfrequenz) *f*, MUF

~ **valence** *(At)* Wertigkeit *f*, Valenz *f*, maximale Wertigkeit *(Größe)*

~ **velocity attainable** *(Aero)* Endgeschwindigkeit *f*, maximal erreichbare Geschwindigkeit *f*

maxwell *(El)* Maxwell *n*, Mx, M *(SI-fremde Einheit des magnetischen Flusses;* $1 \, Mx = 10^{-8} \, Wb$*)*

~-**turn** *(El)* Maxwellwindung *f*, Mw

Maxwell Boltzmann distribution [law] *(statPh)* 1. Maxwell-Boltzmann-Verteilung *f*, Maxwell-Boltzmannsches Verteilungsgesetz *n*; 2. Maxwellsches (Maxwell-Boltzmannsches) Geschwindigkeitsverteilungsgesetz *n*, Maxwellsches Verteilungsgesetz *n*; 3. Maxwell-Boltzmannsches Energieverteilungsgesetz *n* (Gesetz *n* der Energieverteilung)

~-**Boltzmann equation** *(statPh)* Boltzmann-Gleichung *f*, [Maxwell-]Boltzmannsche Stoßgleichung *f*, Boltzmannsche Transportgleichung *f*

~ **bridge** *(El)* 1. Maxwell-Brücke *f*, Maxwellsche Meßbrücke (Induktivitätsbrücke, Kommutatorbrücke) *f*, *(speziell:)* LLRR-Brücke *f*; 2. Maxwell-Wien-Brücke *f*, Maxwell-Wiensche Brücke (Meßbrücke) *f*, LRRC-Brücke *f*

~ **colour triangle** *(Opt)* Maxwell-Helmholtzsches Farbdreieck (Farbendreieck, Dreieck) *n*

~ **demon** *(Therm)* Maxwellscher Dämon *m*, Dämon *m* von Maxwell

~ **diagram** *(Mech)* Cremonascher (reziproker) Kräfteplan *m*, Cremona-Plan *m*

~ **disk** *(Opt)* Farb[en]kreisel *m*, Ostwaldscher Farbenkreisel *m*, [Newtonsches] Chromatometer *n*, Maxwellsche Scheibe *f*

~ **distribution** [law] *s.* Maxwell-Boltzmann distribution 2.

~-**Einstein equations** *(Rel)* Einstein-Maxwell-Feldgleichungen *fpl*, Maxwell-Einsteinsche Gleichungen *fpl*

~ **equal area rule** *(Therm)* Maxwellsche Regel *f*, *(manchmal:)* Maxwellsches Kriterium *n*

~ **field equations** *(El, Feld)* Maxwellsche Gleichungen *fpl*, Grundgleichungen *fpl* der Elektrodynamik

~ **liquid** *(Mech)* Maxwell-Körper *m*, Maxwell-Flüssigkeit *f*, Maxwellscher Körper *m*, M-Körper *m*

~-**Lorentz** [ether] **relations** *(El, Magn)* Maxwell-Lorentzsche Gleichungen *fpl*, Maxwell-Lorentzsches Gleichungssystem *n*

~ **relation** *(El, Magn)* Maxwellsche Beziehung (Relation) *f*
~ **relations** *(Therm)* thermodynamische (Maxwellsche) Relationen *fpl*, Maxwell-Relationen *fpl*
~ **sector disk** *s.* ~ disk
~ **transfer equation** *(statPh)* Momentengleichung *f*
~ **triangle** *s.* ~ colour triangle
~-**Wagner polarization** *(El, Fest)* Raumladungspolarisation *f*
Maxwellian cross section *(Kern)* Maxwell-Querschnitt *m*, thermischer Neutronenquerschnitt *m* bei Maxwell-Verteilung der Energie
~ **distribution law** *s.* Maxwell Boltzmann distribution 2.
~ **viewing system** *(Opt)* optisches System *n* mit Maxwellscher Beobachtung
Maxwell's circulating currents *(El)* Maschenströme *mpl*
~ **construction for stream lines** *(Ström)* Maxwellsches Diagonalverfahren *n*, Maxwellsche Diagonalmethode *f*
~ **electromagnetic theory** *(El, Magn)* Maxwellsche Theorie *f* des elektromagnetischen Feldes, Maxwellsche Theorie *f* [des Elektromagnetismus], Faraday-Maxwellsche Theorie *f*
~ **law** *(El)* Maxwellsche Regel *f*
~ **theorem** *(Mech)* Maxwellscher Reziprozitätssatz *m*, Satz *m* von der Gegenseitigkeit der Verschiebungen
~ **theory** *s.* ~ electromagnetic theory
~ **theory of light** *(Opt)* elektromagnetische Lichttheorie *f* [von Maxwell], elektromagnetische Theorie *f* des Lichts [von Maxwell]
~ **thermodynamic relations** *s.* Maxwell relations
Mayer's hypothesis *(Therm)* Joulesches Gesetz *n (in der Wärmetheorie)*
maze [entrance] *(Kern)* Strahlenschleuse *f*, Labyrinth *n*, Labyrintheingang *m*
Maze counter tube *(Kern)* Zählrohr *n* mit Außenkathode, Maze-Zählrohr *n*
M.B. law *(statPh)* *s.* Maxwell-Boltzmann distribution
MBER method *(Spektr)* elektrische Molekularstrahlresonanz *f*, Molekularstrahl-Elektroresonanz *f*
MBMR method *(Spektr)* magnetische Molekularstrahlresonanz *f*, Molekularstrahl-Magnetoresonanz *f*
MC method *(mathPh)* Monte-Carlo-Methode *f*, MC-Methode *f*, Monte-Carlo-Verfahren *n*
MC-SCF method *(At, Qu)* Vielkonfigurationen-SCF-Methode *f*, MC-SCF-Methode *f*
MCA *(Kern)* *s.* 1. maximum credible accident; 2. multichannel analyzer
MCR cycle *(Tief)* Mehrkomponenten-Kältemittelkreislauf *m*
MCS *(Kern)* *s.* multichannel scaler
MD *(mathPh)* mittlere Differenz *f*

MDA *(Kern)* minimal nachweisbare Menge *f (eines Radionuklids)*
MDT *s.* mean down time
mean angular motion *(Astr)* mittlere Bewegung *f*, *(selten:)* mittlere Bahnbewegung *f*
~ **approximation** *(mathPh)* Approximation *f* im Mittel
~ **British thermal unit** *s.* British thermal unit 3.
~ **calorie** *(Therm)* mittlere Kalorie *f*, $\overline{cal}$ *(SI-fremde Einheit der Wärmemenge; 1 $\overline{cal}$ = 4,1897 J)*
~ **camber** *(Aero)* Wölbung *f*, Pfeilhöhe *f*, Profilwölbung *f*, Wölbungspfeil *m (eines Tragflügels)*
~ **chord** *(Aero)* Bezugssehne *f*, mittlere Profilsehne *f*
~ **current [radiation] measuring assembly** *(Kern)* stromanzeigendes Strahlungsmeßgerät *n*, Strahlungsmeßgerät *n* im Strombetrieb
~ **distance** *(Astr)* große Halbachse *f (ein Bahnelement)*
~ **down time** mittlere Ausfallzeit *f*
~ **error** *(mathPh)* 1. durchschnittlicher (mittlerer) Fehler *m*; 2. *s.* root-mean-square error
~ **failure rate** mittlere Ausfallquote *f*
~ **field theory** *(Fest, Magn)* Weisssche Theorie *f* [des Ferromagnetismus], Molekularfeldtheorie *f*
~ **flow** *(Ström)* mittlere Bewegung (Strömung) *f*, Hauptbewegung *f*, Hauptströmung *f (der eine turbulente Strömung überlagert ist)*
~ **free path** *(Ak, Kern, statPh)* mittlere freie Weglänge *f*
~ **free time** *(statPh)* mittlere Stoßzeit *f*, mittlere freie Zeit *f*, mittlere Zeit *f* zwischen zwei Stößen
~ **free time of flight**, ~ **free transit time** *(Kern)* mittlere freie Flugzeit *f*
~ **hydraulic depth (radius)** *(Ström)* [mittlerer] hydraulischer Radius *m*, Profilradius *m*, Umfangstiefe *f*
~ **life** *(At, Kern)* [mittlere] Lebensdauer *f (eines Radionuklids oder radioaktiven Materials)*
~ **line** 1. *(Krist, Opt)* Bisektrix *f*, Mittellinie *f*; 2. *(Mech)* mittleres [quadratisches] Profil *n*, mittlere [quadratische] Linie *f (Rauheitsbestimmung)*
~ **line system** *(Mech)* System *n* des mittleren Profils, System *n* der mittleren Linie
~ **mass velocity** *(Mech, Therm)* Schwerpunkt[s]geschwindigkeit *f*, mittlere Massengeschwindigkeit *f*, baryzentrische Geschwindigkeit *f*
~ **place (position)** *(Astr)* mittlerer Ort *m (eines Gestirns)*, mittlerer Sternort *m*
~-**square deviation** *(mathPh)* 1. Standardabweichung *f*, mittlere quadratische Abweichung *f*; 2. mittleres Abweichungsquadrat *n*, MQ

mean

~-square error s. root-mean-square error
~ stress *(Mech)* Oktaedernormalspannung f, oktaedrale Normalspannung f
~ value 1. *(mathPh)* Mittelwert m, Mittel n; 2. *(El)* Gleich[richt]wert m *(einer Mischgröße)*
~ velocity depth *(Hydr)* Tiefe f der mittleren Geschwindigkeit

meaningful value [physikalisch] sinnvoller Wert m

meaningless value [physikalisch] sinnloser Wert m

measure 1. *(mathPh)* Maß n; 2. Zahlenwert m *(einer Größe)*; 3. *(Ak)* Takt m, Zeitmaß n
~ equation Zahlenwertgleichung f
~ expansion *(Therm)* kubische (räumliche) Ausdehnung f, Volumenausdehnung f
~ formula Dimensionszeichen n, Dimensionssymbol n, Dimensionsformel f, Dimensionsausdruck m *(einer abgeleiteten Größe oder Einheit)*
~ of capacity *(Mech)* Hohlmaß n, Raummaß n *(für flüssige oder feste Stoffe)*
~-preserving transformation *(mathPh)* maßtreue (m-invariante) Abbildung f

measured spectrum *(Kern, Spektr)* apparatives (gemessenes) Spektrum n
~ value *(Meß)* Meßwert m, gemessener Wert m
~ variable Meßgröße f

measurement 1. Messung f, Messen n, *(speziell:)* Ausmessung f *(s. a. unter measuring)*; 2. Meßwert m
~ data Meßdaten pl, Meßwerte mpl, gemessene Werte mpl
~ range *(Meß)* Meßbereich m, *(speziell:)* Meßumfang m
~ standard Normal n, *(manchmal:)* Standard m, *(speziell:)* Eichnormal n *(Maßverkörperung)*
~ ton *(Mech)* Raumtonne f, Shippington f *(SI-fremde Einheit des Volumens; 1 ton = 1,13268 m^3)*
~ uncertainty *(Meß)* Meßunsicherheit f, Unsicherheit f des Meßwertes *(Abweichung vom wahren Wert)*

measuring Messung f, Messen n, *(speziell:)* Ausmessung f
~ junction *(Therm)* Meß[löt]stelle f *(eines Thermoelementes)*
~ range *(Meß)* Meßbereich m, effektiver Bereich m, Bereich m größter Genauigkeit *(eines Meßgeräts)*
~ tool *(Meß)* Meßmittel n, *(manchmal:)* Meßzeug n
~ transducer *(Meß)* Meßwandler m, Meß[wert]umformer m
~ uncertainty *(Meß)* Meßunsicherheit f

mechanical advantage *(Mech)* Hebelübersetzung f, mechanische Kraftverstärkung f, Last-Kraft-Verstärkung f *(einer Maschine)*
~ birefringence *(Opt)* Spannungsdoppelbrechung f

208

~ equivalent of heat *(Therm)* mechanisches Wärmeäquivalent n
~ equivalent of light *(Opt)* energetisches Lichtäquivalent n
~ kinetic energy *(Mech)* s. kinetic energy
~ mass *(Feld, Qu)* mechanische (nackte, eingeprägte) Masse f
~ radiation impedance *(Ak)* mechanische Strahlungsimpedanz f, Schallstrahlungsstandwert m
~ reactance *(Ak)* mechanische Reaktanz f, Feldreaktanz f
~ rectilineal system *(Mech)* lineares System n
~ resistance *(Mech)* Dämpfungskonstante f
~ rotational compliance *(Mech)* Torsionsfederung f
~ short-time current rating *(El)* dynamischer Grenzstrom m, Stoßkurzschlußstrom m
~ strength *(Mech)* [mechanische] Festigkeit f
~ susceptance *(Ak)* mechanische Suszeptanz f, Feldsuszeptanz f
~ theory of heat *(Therm)* kinetische (molekularkinetische) Theorie f der Materie, kinetische (mechanische) Wärmetheorie f

mechanics of material points s. particle mechanics
~ of rigid bodies Mechanik f starrer Körper, Stereomechanik f

mechanomotoric force *(Mech)* mechanomotorische Kraft f, Effektivwert (RMS-Wert) m einer periodisch veränderlichen Kraft

median 1. Mittellinie f; 2. *(mathPh)* Median m(n), Medianwert m, Zentralwert m, Mediane f *(Statistik)*

medium 1. Medium n; 2. s. physical medium; 3. *(physCh)* Medium n, Milieu n
~ frequency *(El)* Mittelfrequenz f, MF *(0,3 ... 3 MHz)*
~-high-frequency wave *(El, Magn)* Grenzwelle f *(λ = 50 ... 200 m)*
~-high vacuum s. ~ vacuum
~ level [radioactive] waste *(Kern)* mittel[radio]aktiver Abfall m
~-lived radionuclide *(Kern)* mittellebiges Radionuklid n, Radionuklid n mittlerer Lebensdauer
~ nucleus *(Kern)* mittelschwerer (mittlerer) Kern m
~ pressure *(Mech)* Mitteldruck m, mittlerer Druck m, MD *(0,1 ... 10 MPa)*
~ temperature *(Therm)* Mitteltemperatur f, mittlere Temperatur f *(273 ... 400 K)*
~ vacuum *(Vak)* Feinvakuum n *(0,133 · 10^3 ... 0,133 Pa)*
~ voltage *(El)* Mittelspannung f *(250 ... 650 V)*

megagauss physics Megagaußphysik f *(Erzeugung und Messung von Magnetfeldern der Größenordnung 100 T)*

metal

megawatt-day per tonne *(Kern)* Megawatt-Tag *n* pro Tonne, MWd/t
~ **electric** *(Kern)* Megawatt *n* elektrische Leistung, Megawatt *n* elektrisch, MW(e)
~ **thermal** *(Kern)* Megawatt *n* thermische Leistung, Megawatt *n* thermisch, MW(th)
Meinzer unit *(Ström)* Durchlässigkeitsbeiwert *m*, [Darcyscher] Durchlässigkeitskoeffizient *m*, Darcysche Durchlässigkeitsziffer *f (eines porösen Mediums, z. B. eines Bodens, in cm/d)*
melting cone *(Therm)* Pyrometerkegel *m*, PK, Schmelzkegel *m*, Schmelzkörper *m*
~ **curve** *(physCh)* Schmelz[druck]kurve *f*
~ **phenomenon** *(Fest)* Ordnung[s]-Unordnung[s]-Übergang *m*, Übergang *m* vom Ordnungs-Unordnungs-Typ, Schmelzerscheinung *f*
~ **point** *(physCh)* Schmelzpunkt *m*, Schmp., Schmelztemperatur *f, (manchmal:)* Fusionspunkt *m*, Fp., F., *(nicht empfohlen:)* Fließpunkt *m*
member 1. *(Kern)* Glied *n (einer radioaktiven Zerfallskette);* 2. *(mathPh)* Element *n (einer Menge);* 3. *(Astr)* Mitgliedsstern *m (eines Sternsystems oder Sternhaufens), (speziell:)* Systemstern *m, (speziell:)* Haufenstern *m*
membrane analogy [in torsion] *(Mech)* Seifenhautanalogie *f* [von Prandtl], Seifenhautgleichnis *n* [von Prandtl], Prandtlsche Analogie *f*
~ **model** *s.* membrane analogy
memnoscope Memnoskop *n (zur Beobachtung nichtperiodischer Vorgänge)*
memory effect *(Fest, Spektr)* Memoryeffekt *m*, Gedächtniseffekt *m*
~ **time** *(Hoch)* Speicherzeit *f*, Erinnerungszeit *f (einer Gasspurkammer)*
Mendeleev's group *(At)* Gruppe *f*, Familie *f (im Periodensystem)*
~ **[periodic] law** *(At)* Periodengesetz *n* [von D.I. Mendeleev]
~ **periodic system** *(At)* Periodensystem *n* [der Elemente], PSE, Mendeleevsches Periodensystem *n*
meniscus 1. *(Ström)* Meniskus *m*, Flüssigkeitsmeniskus *m*; 2. *(Opt) s.* ~ lens
~ **ascent** *(Ström)* Kapillaraszension *f*, Kapillaranstieg *m*, kapillare Erhebung (Hebung) *f*
~ **depression** *(Ström)* Kapillardepression *f*, kapillare Senkung *f*
~ **lens** *(Opt)* Meniskus *m*, Meniskuslinse *f, (speziell:)* Halbmuschel-Brillenglas *n*
mental experiment Gedankenversuch *m*, Gedankenexperiment *n*
mer *(At) s.* monomeric unit
Mercury precession *(Astr, Rel)* Periheldrehung *f* des Merkurs, Merkurpräzession *f*
mergence Austritt *m (aus einem Medium)*
merging 1. Verschmelzung *f*, Vereinigung *f*; 2. Einbettung *f*, Einschluß *m*, Einbindung *f*, Einlagerung *f*; 3. *s.* magnetic merging; 4. *(Pl)* Verschmelzung *f*
meridian altitude *(Astr)* Meridianhöhe *f, (der Sonne:)* Mittagshöhe *f*
~ **circle** *(Astr)* Meridiankreis *m (ein Instrument)*
~ **passage** *s.* ~ transit 1.
~ **transit** *(Astr)* 1. Meridiandurchgang *m*, Durchgang *m (eines Gestirns)* durch den Meridian; 2. Durchgangsinstrument *n*, Passage[n]instrument *n*; 3. *s.* ~ circle
meridional coma *(Opt) s.* coma 2.
~ **fan** *(Opt)* Meridionalbüschel *n*, Tangentialbüschel *n*
~ **plane**, ~ **[principal] section** *(Opt)* Meridionalebene *f*, Tangentialebene *f*, meridionale (tangentiale) Ebene *f*, erster Hauptschnitt *m*, Meridionalschnitt *m*
merochrome *(Krist)* zweifarbiger Kristall *m (aus zwei verschiedenfarbigen Isomeren bestehend)*
merohedral (merosymmetric) crystal *(Krist)* teilflächiger (minderflächiger, meroedrischer) Kristall *m*
mesa *(Halbl)* Mesa *f*, Tisch *m*, Kollektorinsel *f*
mesh 1. *(Mech)* Eingriff *m (von Zahnrädern)*; 2. *(El)* Masche *f (auch in den Kirchhoffschen Gesetzen);* 3. *(Mech)* Siebgröße *f*, Siebnummer *f*, Sieböffnungen *fpl* je Zoll Länge, Mesh *n*
~ **cell** *(statPh)* Gitterzelle *f*
~ **equation** *(El)* Maschengleichung *f*
~ **spacing** *(statPh)* Gitterschrittweite *f*, Schrittweite *f, (manchmal:)* Gitterabstand *m (z. B. bei der S_N-Methode)*
mesic atom *(At)* Mesoatom *n*, Meson[en]atom *n*, mes[on]isches Atom *n*
mesomeride *(At)* Mesomer *n*
mesomerism *(At)* Mesomerie *f*, Strukturresonanz *f*, Resonanz *f (chemischer Bindungen)*
mesonic atom *s.* mesic atom
mesophase *(physCh)* mesomorphe (liquokristalline) Phase *f*, Mesophase *f*
mesopore *(physCh)* Mesopore *f*, Pore *f* mittlerer Größe *(1 ... 10 nm)*
MET *(Qu)* Vielelektronentheorie *f*, Mehrelektronentheorie *f*
meta-element *(At)* Übergangselement *n*, Übergangsmetall *n*
~-**isomerism** *(At)* Metamerie *f*
~-**substitution compound** *(At)* meta-Verbindung *f*, m-Verbindung *f*
metacentric parabola *(Hydr)* Auftriebsparabel *f*, Metazenterparabel *f*, Stabilitätsparabel *f*
~ **radius** *(Hydr)* metazentrische Anfangshöhe *f*, metazentrischer Halbmesser *m*
metal leaf Metallblättchen *n*, Blattmetall *n*
~ **resistance strain gauge** *(Mech)* Metalldehnmeßstreifen *m*
~-**walled [ionization] chamber** *(Kern)* Metallwändekammer *f*, Ionisationskammer *f* mit Metallwänden

metalation

metalation *(At)* Metallierung *f*
metallic bond *(At)* metallische Bindung *f*, Metallbindung *f*
~ **conductor** *(Ech, Fest)* Elektronenleiter *m*, Leiter *m* erster (l.) Ordnung (Klasse)
~ **glass** *(Fest)* metallisches Glas *n*, amorphes Metall *n*, Metallglas *n* *(amorphes ferromagnetisches Metall)*
metallization *(physCh)* Metallisierung *f*, Metallauftrag *m*, Aufbringung *f* (Auftragen *n*, Aufsprühen *n*) von Metallfilmen, Metallbedampfung *f*
metallized screen *(Opt)* Metallwand *f*
metallography *(physCh)* 1. Metallographie *f* *(im weiteren Sinne)*, Metallkunde *f*; 2. Metallographie *f* *(im engeren Sinne)*, Metallgefügelehre *f*, Gefügelehre *f*
metallurgical equilibrium (phase) diagram *(physCh)* Zustandsdiagramm *n*, Phasendiagramm *n*, thermodynamisches (thermisches) Zustandsdiagramm *n*, *(manchmal:)* Gleichgewichtsdiagramm *n* *(für ein beliebiges System)*
~ **structure** *(Fest)* Gefüge *n*, Mikrostruktur *f*, Feinstruktur *f*, *(manchmal:)* Feingefüge *n*, Mikrogefüge *n* *(eines Werkstoffs)*
metameric colour *(Opt)* bedingt-gleiche Farbe *f*, metamere Farbe *f*
~ **match** *(Opt)* bedingte (metamere) Farb[en]gleichheit *f*
metameride *(At)* Metamer *n*, Metaisomer *n*
metastable phase *(physCh)* metastabile Phase *f*, Ostwald-Miers-Bereich *m*
meteor flare *(Astr)* Lichtausbruch *m* *(des Meteors)*
~ **patrol** *(Astr)* Meteorüberwachung *f*
~ **shower** *(Astr)* Meteorschwarm *m*, Meteorfall *m*, *(speziell:)* Sternschnuppenschwarm *m*
~ **stream** *(Astr)* Meteorstrom *m*
~ **trail** *(Astr)* Meteorspur *f*, Ionisationsspur *f* eines Meteoriten
~ **train** *(Astr)* Schweif *m*, Rauchschweif *m*, Meteorschweif *m*
meteoric body *(Astr)* Meteoroid *n*, Meteorkörper *m*
~ **theory** *s.* meteoritic hypothesis
meteoritic hypothesis *(Astr)* Einsturztheorie *f*, Meteoritentheorie *f*, Aufsturztheorie *f*
~ **impact** *(Astr)* Meteoriteneinschlag *m*, Meteoritenaufschlag *m*, Einsturz *m* eines Meteoriten *(auf die Oberfläche)*
meteoritics *(Astr)* Meteoritenkunde *f*, Meteoritenastronomie *f*
meter *(Meß)* Meßinstrument *n*, Meßgerät *n* *(anzeigend und summierend)*
~ **movement** *(Meß)* Meßwerk *n*, Meßsystem *n* *(eines Meßgeräts)*
~ **run** *(Ström)* 1. Zulaufstrecke *f* *(eines Drosselgerätes)*; 2. Länge *f* der Zulaufstrecke *(Größe)*
~ **sizing factor** *(Ström)* Bemessungsfaktor *m* *(eines Durchflußzählers)*
metering *s.* measuring

method of ascent *(mathPh)* Aufstiegsverfahren *n*, Aufstiegsmethode *f*
~ **of balancing columns** *(Therm)* Verfahren *n* von Dulong und Petit *(zur Bestimmung des Wärmeausdehnungskoeffizienten von Flüssigkeiten)*
~ **of comparison with standards** *(Spektr)* leitprobengebundenes Verfahren *n* *(Spektralanalyse)*
~ **of continuity** *(Hydr)* Stetigkeitsmethode *f*
~ **of cut-off** *(Krist)* Abbruchmethode *f*
~ **of dissection** *(Mech)* *s.* Ritter's method of dissection
~ **of electrolytic decomposition** *(physCh)* Keidelsche Methode *f* *(Feuchtigkeitsmessung)*
~ **of elementary solutions** *(Kern)* Casesche Methode *f*, Methode *f* der singulären Eigenfunktionen
~ **of falling particles** *(Ström)* Fallmethode *f* *(Viskositätsmessung)*
~ **of false position** *(mathPh)* Regula *f* falsi, Eingabeln *n* der Nullstelle, Sekantenverfahren *n*, Regel *f* vom falschen Ansatz
~ **of image charges** *s.* ~ of images 1.
~ **of images** 1. *(El)* elektrische Spiegelung *f*, Methode *f* der elektrischen Spiegelung, Spiegelbildmethode *f*, Spiegelungsmethode *f*; 2. *(Kern)* Bildmethode *f* *(Reaktorphysik)*
~ **of instantaneous centres** *(Mech)* Momentanzentrenmethode *f*, Momentanpolmethode *f*
~ **of layer division** *(Fest)* Schichtenteilungsmethode *f*, Schichtenteilungsverfahren *n*
~ **of line intersection** *(Mech)* Linienschnittverfahren *n*
~ **of residual rays** *(Spektr)* Reststrahlenmethode *f*, Reststrahlmethode *f* [von Rubens]
~ **of scales** *(mathPh)* Methode *f* der Stufenschätzung, [Argelandersche] Stufenschätzungsmethode *f*, Stufenschätzung *f*
~ **of sources [and sinks]** *(Ström)* Quelle-Senken-Methode *f*, Quelle-Senken-Verfahren *n*
~ **of spherical harmonics** *(Kern)* Methode *f* der Kugelfunktionen, Kugelfunktionsmethode *f*
~ **of statistical testing** *(mathPh)* *s.* MC-method
~ **of three tripods** *(Opt)* Zwangszentrierung[smethode] *f*
~ **of tracking** *(Ak)* Pendelangleichmethode *f*
methorics Methorik *f* *(Physik und Chemie der Grenzschichten)*
metre-candle *s.* lux
~ **des archives** Urmeter *n* *(aus Platin)*
~-**kilogramme** *(Mech)* 1. Kilopondmeter *n*, kpm, Meter-Kilopond *n*, m · kp *(SI-fremde Einheit des Drehmoments; 1 kgf-m =*

9,80665 Nm); 2. Kilopondmeter *n*, kpm, Meter-Kilopond *n*, m · kp *(SI-fremde Einheit der Energie oder Arbeit; 1 m-kgf = 9,80665 Nm)*
~-**kilogramme-force** *s.* ~-kilogramme 2.
~-**kilogramme-second-ampere system** *(El, Magn)* Meter-Kilogramm-Sekunde-Ampere-System *n*, MKSA-System *n*, Giorgisches Maßsystem (Einheitensystem) *n*
~ **mating** *(Meß)* Meteranschluß *m*, Metervergleich *m*
~ **slug** *s.* metric-technical unit of mass
2,200 metre per second flux density *(Kern)* 2200-m/s-Flußdichte *f*, thermische Standardflußdichte (Standard-Neutronenflußdichte) *f*, konventionelle Flußdichte *f*
metric carat *s.* carat
~ **centner** 1. Zentner *m*, Ztn. *(SI-fremde Einheit der Masse; 1 metric centner = 50 kg)*; 2. Dezitonne *f*, dt, Doppelzentner *m*, dz *(SI-fremde Einheit der Masse; 1 quintal = 100 kg)*
~ **field** *(Rel)* Trägheitsfeld *n*, metrisches Feld *n*, Führungsfeld *n*
~ **gravitational system [of units]** *s.* ~ -technical system
~ **horsepower** Pferdestärke *f*, PS *(SI-fremde Einheit der Leistung; 1 PS = 735,5 W)*
~ **line** *(Mech)* Millimeter *n*, mm
~ **ounce** *s.* mounce
~ **slug** *s.* ~-technical unit of mass
~-**technical system [of units]** technisches Maßsystem (Einheitensystem, System) *n*, Meter-Kilopond-Sekunde-System *n*, m-kp-s-System *n*
~-**technical unit of mass** technische Masse[n]einheit *f*, TME, metrische Masse[n]einheit, ME, techma, Kilohyl *n*, khyl *(SI-fremde Einheit der Masse; 1 khyl = 9,80665 kg)*
~ **tensor** *(mathPh, Rel)* metrischer Fundamentaltensor (Tensor) *m*, Fundamentaltensor *m*, *(manchmal:)* Maßtensor *m*, Metriktensor *m*, Metrik *f*
~ **ton** Tonne *f*, t *(SI-fremde Einheit der Masse; 1 t = 10^3 kg)*
~ **topology** *(mathPh)* starke Topologie *f (auf einem normierten Vektorraum)*
metrication Verwendung *f* des metrischen Systems *(für alle physikalischen Größen)*, Metrifizierung *f*, *(allgemein:)* Umstellung *f* auf das metrische System
metrizable space *(mathPh)* metrisierbarer Raum *m*
MF *(El) s.* medium frequency
MFD *(magnetofluid dynamics) s.* magnetohydrodynamics
mfp, MFP *s.* mean free path
MFT *(Fest, Magn) s.* mean field theory
MGD *(Pl) s.* magnetogas dynamics
MHD *(Pl) s.* magnetohydrodynamics
mi *s.* mile

mica plate *(Opt)* Glimmerblättchen *n*, Glimmerplättchen *n*
Michelson échelon *(Opt)* [Michelsonsches] Stufengitter, Michelson-Gitter *n*, Echelon *n*
micril *(physCh) s.* gammil
micro-reciprocal degree *(Therm)* Mired *n*, Miredwert *m*, Mired-Wert *m*, M, *(selten:)* Chromazität *f*
microbeam of X-rays *(Krist)* Röntgenfeinstrahl *m*, Mikroröntgenstrahl *m*
microbend loss *(Opt)* Mikrokrümmungsverluste *mpl*
microcausality *(Feld, Rel)* Mikrokausalität *f*, Einstein-Kausalität *f*, relativistische Kausalität *f*, lokale Vertauschbarkeit *f*
microcircuitry *(Halbl)* Mikroschaltungsaufbau *m*, Mikroschaltungstechnik *f*
microcrystalline structure *(Fest) s.* microstructure
microdistribution *(Kern)* Feinverteilung *f*, Mikroverteilung *f*, lokale Verteilung *f (einer neutronenphysikalischen Eigenschaft)*
microexamination *(Fest)* Feinstrukturuntersuchung *f*, Feinstrukturanalyse *f*, Feinstrukturbestimmung *f*
microfissure *(Mech)* Mikroriß *m*, mikroskopischer Riß *m*
microflare *(Astr)* Suberuption *f*, Mikroeruption *f*
microgram[me] method *(physCh)* Ultramikroverfahren *n*, Mikrogrammethode *f*
micrography *(Phot)* Mikrographie *f*, Photomikrographie *f*, Mikro[photo]kopieren *n (Verfahren)*
microgravity *(Astr, Mech)* Mikrogravitation *f*, Fastschwerelosigkeit *f*
microhardness indentation *(Mech)* Mikrohärteeindruck *m*
micrometer *(US, Mech)* Mikrometer *n*, µm
~ **of mercury** *(Mech) s.* micron 1.
micrometric displacement *(Opt)* Feinbewegung *f (eines optischen Instruments)*
micromicron *(Mech)* Pikometer *n*, pm
microminiature circuitry *(Halbl)* Mikroschaltungsaufbau *m*, Mikroschaltungstechnik *f*
micromotion *(Opt)* Feinbewegung *f (eines optischen Instruments)*
micron 1. *(Mech)* Mikrometer *n* Quecksilbersäule, µmHg *(SI-fremde Einheit des Druckes; 1 micron ≈0,1333 Pa)*; 2. *(Mech)* Mikrometer *n*, µm; 3. *(physCh)* Mikron *n (ein im Lichtmikroskop sichtbares Teilchen)*
microphonic noise *(El)* Mikrophonie *f*, Mikrophon[ie]effekt *m*, Klingen *n*, Röhrenklingen *n*
~ **voltage** *(El)* Klingspannung *f*, Kling-EMK *f*
microphonicity *s.* microphonic noise
~ **coefficient** *(El)* Klingkoeffizient *m*
microphonics, microphonism *s.* microphonic noise

microphotographic

microphotographic printing *(Phot)* s. microphotography 1.
microphotography *(Phot)* 1. Mikrographie f, Photomikrographie f, Mikro[photo]kopieren n, Mikroaufnahme f *(Verfahren)*; 2. Mikrophotographie f
micropulsion *(Ström)* Pulsation f im Kleinen, kleinräumige Pulsation f, Mikropulsation f
microreciprocal degree *(Therm)* Mired n, Miredwert m, Mired-Wert m, M, *(selten:)* Chromazität f
microscale *(Ström)* Mikrolänge f, Turbulenzmaß n, Maß n der Turbulenz
microscopic state *(statPh, Therm)* Mikrozustand m, Komplexion f, mikroskopischer Zustand m
~ **variation** sehr kleine Änderung f
~ **variations** Unruhe f
microsegregation *(physCh)* Kristallseigerung f
microslip *(Krist)* Feingleitung f, Elementarstruktur f *(im Gleitlinienbild)*
microstrain *(Fest, Mech)* Mikrodehnung f
microstructure *(Fest)* Gefüge n, Mikrostruktur f, Feinbau m, Feinstruktur f, Kleinstruktur f, *(manchmal:)* Feingefüge n, Mikrogefüge n *(eines Werkstoffs)*
microturbulence *(Ström)* kleinräumige (kleinskalige, engräumige, kleinmaßstäbliche) Turbulenz f, Kleinturbulenz f, Mikroturbulenz f
microwave *(El, Magn)* Mikrowelle f, *(selten:)* Höchstfrequenzwelle f, HHF-Welle f *(0,3 ... 30 cm)*
~ **background radiation** *(Astr)* s. cosmicray background
~ **cavity** *(El)* s. cavity 6.
~ **circulator** *(El, Magn)* Zirkulator m, Richtungsgabel f, Mikrowellenzirkulator m
~ **frequency** *(El, Magn)* Mikrowellenfrequenz f, *(manchmal:)* Höchstfrequenz f *(1 ... 100 GHz)*
~ **ultrasonic** *(Fest)* Mikrowellenphonon n
mid-band frequency *(El)* Mittenfrequenz f, Bandmittenfrequenz f
~-chord *(Aero)* Sehnenmitte f, Sehnenmittelpunkt m
~-section 1. *(Aero)* s. ~-span section; 2. *(Hydr)* Mittelquerschnitt m
~-span section *(Aero)* Mittelquerschnitt m *(eines Tragflügels)*
middle pressure *(Mech)* s. medium pressure
~ **surface** *(Mech)* Mittelfläche f, Schalenmittelfläche f
~ **tone** *(Opt, Phot)* Halbton m
~ **ultraviolet** *(El, Magn)* 1. mittleres Ultraviolett n, Gebiet n (Bereich m) des mittleren Ultravioletts *(200 ... 300 nm)*; 2. mittleres Ultraviolett n, Ultraviolett n B, UV-B[-Gebiet n] *(280 ... 320 nm)*
midspan moment *(Mech)* Feldmoment n
Mie function *(Opt)* Miesche Streufunktion f, Streufunktion f [der Mie-Streuung]

~ **theory** *(Opt)* Miesche Theorie f der Streustrahlung f, Miesche Streutheorie (Beugungstheorie) f
~ **theory of matter** *(Feld)* Miesche Theorie f der Materie
migration 1. Migration f, Wanderung f; 2. *(Astr)* Verlagerung f, Wanderung f *(einer Fleckenzone)*; 3. *(Ech)* [elektrochemische] Migration f; 4. *(Krist)* Wanderung f *(einer Versetzung oder Leerstelle)*
~ **area** *(Kern)* Wanderfläche f, Migrationsfläche f
mil *(Mech)* 1. Mil n, mil, Milli-Inch m, ''' *(SI-fremde Einheit der Länge; 1 mi = 25,4 μm)*; 2. Milliliter n, ml
mile Meile f, mi *(SI-fremde Einheit der Länge; 1 mi = 1609,344 m)*
milker *(Ech)* Zellenladegenerator m *(für eine oder mehrere Zellen einer Batterie)*
milking *(Kern)* Melken n *(eines Radionuklids)*
Milky Way [Galaxy] *(Astr)* Milchstraßensystem n, Milchstraße f, Galaxis f
mill *(Kern)* Mill n, mill, 0,1 Cent n *(eine Reaktivitätseinheit)*
Miller face *(Krist)* Millersche Netzebene f
~ **law** *(Krist)* Millersches Gesetz n, Gesetz n der rationalen Achsenabschnitte (Doppelverhältnisse)
milli-atomic mass unit *(Kern)* s. millimass unit
~-inch s. mil 1.
~-nile *(GB, Kern)* 10^{-3} Prozent, 10^{-3} % *(oder = 10^{-5}, eine Einheit der Reaktivitätsänderung)*
millier s. metric ton
millihg s. millimetre of mercury
millimass unit *(Kern)* tausendstel Masse[n]einheit f, tausendstel atomare Masse[n]einheit f, TME, MME
millimetre of mercury *(Mech)* Millimeter n Quecksilbersäule, mm Hg, konventionelles Millimeter n Quecksilbersäule *(SI-fremde Einheit des Druckes; 1 mm Hg = 133,322387415 Pa)*
~ **of water** *(Mech)* Millimeter n Wassersäule, mm WS, mm H_2O, konventionelles Millimeter n Wassersäule f *(SI-fremde Einheit des Druckes; 1 mm WS = 9,80665 Pa)*
millimetric wave[length]s s. extra-high frequencies
millimicron Nanometer n, nm
Mills' cross [aerial] *(Astr)* Mills-Kreuz n, Mills-Interferometer n
Milne-Thomson's circle theorem *(Hydr)* Milne-Thomsonscher Kreissatz m
min 1. Minute f, min; 2. *(mathPh)* Minimum n, min, Min; 3. *(Mech)* s. minim
~-ave-B configuration *(Pl)* Minimum-B-Konfiguration f im Mittel
~-max technique *(mathPh)* Tschebyschow-Approximation f, Tschebyschowsche Annäherung f

84 min pendulum *(Mech)* Schuler-Pendel n, 84-Minuten-Pendel n *(exakter: 84,4 min)*
minera[lo]graphy *(Fest, Opt)* Erzmikroskopie f, Mineragraphie f
minim *(Mech)* Minim n, min *(SI-fremde Einheit des Volumens; 1. (GB) 1 min ≈0,0591939 cm³; 2. (US) 1 min ≈0,061612 cm³ = 1 Wassertropfen)*
minimal theorems in impulsive motion *(Mech)* Minimalsätze mpl beim Stoß
minimization, minimizing 1. Minimalhaltung f, Kleinhaltung f; 2. *(mathPh)* Minimierung f
minimum deviation *(Opt)* Minimum n der Ablenkung, Minimalablenkung f *(für ein Prisma)*
~ **discernible signal** *(El)* kleinstes wahrnehmbares (unterscheidbares) Signal n
~ **energy principle** 1. *(At)* Variationsprinzip n; 2. *(Mech)* Prinzip n (Satz m) vom Minimum der potentiellen Energie, Prinzip n der kleinsten potentiellen Energie, Satz m von Menabrea
~ **permissible cross section** *(Mech)* Mindestquerschnitt m
~ **reading** *(Meß)* Minimumablesung f, Ablesung f im Minimum
~ **starting moment** *(Mech)* Sattelmoment n
~-**structure corona** *(Astr)* Minimumskorona f
~ **threshold of hearing** *(Ak)* [untere] Hörschwelle, Hörbarkeitsschwelle f, Reizschwelle f, Intensitätsschwelle f des Ohres, Nullschwelle f
~-**to-maximum stress ratio** *(Mech)* Spannungsverhältnis n
~ **wavelength** *(At)* Grenzwellenlänge f, kürzeste (minimale) Wellenlänge f *(eines kontinuierlichen Röntgenspektrums)*
minor arc *(mathPh)* kleiner[er] Kreisbogen m
~ **graduation** *(Meß)* Neben[skalen]teilung f
~ **hysteresis loop** *(Magn)* rückläufige Schleife f
~ **load** *(Mech)* Vorlast f
~ **planet** 1. *(Astr)* Planetoid m, Asteroid m, Kleiner Planet m, Zwergplanet m; 2. *(Astr)* s. terrestrial planet
minority [charge] carrier *(Halbl)* Minoritäts[ladungs]träger m
minorization *(mathPh)* Minorisierung f, Abschätzung f nach unten
minus colour *(Opt)* Komplementärfarbe f, komplementäre Farbe f, Ergänzungsfarbe f
~ **Mach line** *(Ström)* linksläufige Charakteristik f, linkslaufende (untere) Machsche Linie f
minute crystal *(Fest, physCh)* Kriställchen n, winziger Kristall m
~ **reading** *(Meß)* Feinablesung f
mirage *(Opt)* Luftspiegelung f

mirror and scale technique *(Therm)* Neigungsänderungsverfahren n
~-**coated surface** *(Opt)* verspiegelte Oberfläche f
~ **coating** *(Opt)* 1. Innenverspiegelung f; 2. Spiegelbelag m, Verspiegelung f *(Material)*
~ **formula** *(Opt)* Abbildungsgleichung f für den Hohlspiegel, Abbildungsgleichung f des Hohlspiegels
~-**lens system** *(Opt)* Spiegellinsensystem n, Spiegellinse f, katadioptrisches System n
~ **lining** Innenverspiegelung f
~ **mixing model** *(Hoch)* Spiegelmischungsmodell n
~ **nuclei (nuclides)** *(Kern)* Spiegelkerne mpl, Spiegelnuklide npl *(erster oder zweiter Ordnung)*
~ **plane [of symmetry]** *(Krist, mathPh)* Symmetrieebene f, Spiegel[ungs]ebene f
~ **ratio** *(Pl)* Spiegelverhältnis n
~ **reading** s. ~ scale reading
~ **reflected image** *(Opt)* Spiegelbild n, gerichtet reflektiertes Bild n
~ **reflecting surface** *(Opt)* spiegelnde Fläche f, Spiegelfläche f
~ **reflection** *(Opt)* reguläre (gerichtete, regelmäßige, spiegelnde) Reflexion f, Spiegelreflexion f, Spiegelung f, Reflexion f
~ **region** *(Pl)* Spiegelgebiet n, [magnetischer] Pfropfen m
~ **scale reading** *(Meß)* Spiegelablesung f, *(speziell:)* [Gauß-]Poggendorffsche Spiegelablesung f
~ **surfacing** Außenverspiegelung f
~-**symmetric group** *(Krist)* enantiomorphe Symmetriegruppe f, Spiegelsymmetriegruppe f
~-**symmetric isomer** *(At)* s. optical antimer
~ **system** *(Opt)* Spiegelsystem n, katoptrisches System n
~ **transit circle** *(Astr)* Spiegelmeridiankreis m *(mit Spiegel und zwei Fernrohren)*
mirrored surface *(Opt)* verspiegelte Oberfläche f
misadjustment falsche (fehlerhafte) Justierung f, *(allgemein:)* falsche (fehlerhafte) Einstellung f
misalignment Fehlausrichtung f, fehlerhafte Ausrichtung f, *(speziell:)* Nichtfluchten n
miscibility gap *(physCh)* Mischungslücke f
Mises flow equation *(Mech)* [von] Misessche Plastizitätsgleichung f
mismatch *(Mech)* Mittenversatz m
~ **factor** *(El)* [komplexer] Reflexionsfaktor m
misorientation *(Fest)* Orientierungsfehler m
missile 1. *(Aero)* Flugkörper m, FK; 2. *(Mech)* Geschoß n, Projektil n

missing

missing mass *(Hoch)* fehlende Masse f, „missing mass" f, MM
mist *(physCh, Ström)* Nebel m *(Flüssigkeitströpfchen in einer Gasatmosphäre)*
misting *(physCh)* Beschlagen n, Anlaufen n *(einer Oberfläche mit Feuchtigkeit)*
mistuning *(Mech)* Verstimmung f *(eines schwingenden Systems)*
misuse failure Ausfall m durch unzulässige Beanspruchung, Ausfall m bei unzulässiger Beanspruchung
mix *(physCh)* s. mixture
~-**crystal** *(Krist)* Mischkristall m
mixed bond *(At)* gemischte Bindung f, polarisierte Atombindung f
~ **boundary [value] problem** *(mathPh)* 1. drittes (gemischtes) Randwertproblem n, dritte Randwertaufgabe f; 2. Anfangs-Randwertproblem n, gemischtes Problem (Randwertproblem) n *(für eine hyperbolische oder parabolische Differentialgleichung)*
~ **characteristic [function]** *(Opt)* s. Hamilton's mixed characteristic
~ **crystal** *(Krist)* Mischkristall m
~ **crystals** *(Fest)* s. solid solution
~ **cycle** *(Therm)* Halbdieselprozeß m, Halb-Diesel-Prozeß m
~ **double bond** *(At)* s. coordinate bond
~ **flow** *(Aero)* s. transonic flow
~ **mode** *(El)* s. transverse electromagnetic mode
~-**mode region** *(Mech)* elastisch-plastischer Bereich m
~ **potential** *(Ech)* Mischpotential n, Misch-Galvani-Spannung f, Mischspannung f
~ **radiation** Strahlungsgemisch n, gemischte (zusammengesetzte) Strahlung f, Mischstrahlung f
~ **series** *(Astr)* Reihe f von Fundamental- und Anschlußsternen
~ **shower** *(Hoch)* gemischter Schauer m, Elektronen-Kern-Schauer m
~ **[system of] units** *(El, Magn)* s. Gaussian system
~ **transmission** *(Opt)* gemischte Transmission (Durchlassung) f
~ **wave** *(El)* transversal-elektromagnetische (transversale elektromagnetische) Welle f, TEM-Welle f, EH-Welle f
mixing 1. Mischen n, Mischung f, Vermengung f, Vermischung f, Durchmischen n; 2. *(mathPh)* Mischung f, Mischen n, Symmetrisierung f *(eines Tensors über Indizes)*; 3. *(Ström)* Vermischung f; 4. *(El)* Mischen n, Mischung f, Frequenzumsetzung f; 5. *(Spektr)* Mischzeit f *(in der NMR-Spektroskopie)*
~ **efficiency** *(physCh)* Homogenisierungsausbeute f *(bei der Isotopentrennung)*
~ **length** *(Ström)* [Prandtlscher] Mischungsweg m, *(manchmal:)* [Prandtlsche] Mischungslänge f
~ **length theory [of Prandtl]** *(Ström)* [Prandtlscher] Mischungswegansatz m, Mischungsweghypothese f

~ **rate** *(Krist)* Vermischungsrate f, Vermischungsgeschwindigkeit f
~ **superlattice** *(Halbl)* Mischungsübergitter n, Mischungssupergitter n
mixture *(physCh)* 1. Gemisch n, Mischung f, homogenes Gemisch n, *(bei Feststoffen auch:)* Gemenge n; 2. s. mixing
~ **curve** *(physCh)* Mischungslinie f, Mischungskurve f, Mischungsdiagramm n
~ **of configurations** *(At)* Mischkonfiguration f, Konfigurationsmischung f *(Ergebnis)*
mksa system [of units] s. metre-kilogramme-second-ampere system
M/L ratio *(Feld)* Masse-Licht-Verhältnis n, M/L-Verhältnis n
MM spectrometer *(Hoch)* „missing-mass"-Spektrometer n, MM-Spektrometer n
m.m.f., mmf *(Magn)* s. magnetomotive force
mmu *(Kern)* s. millimass unit
MO theory *(At, Qu)* s. Hund-Mulliken theory
mobile load *(Mech)* wandernde Belastung (Last) f, bewegliche Belastung f, *(speziell:)* Verkehrslast f
mobility 1. Beweglichkeit f, Mobilität f *(Eigenschaft)*; 2. *(Fest, Pl)* Beweglichkeit f, Driftbeweglichkeit f *(von Teilchen, insbesondere von Ladungsträgern, Größe)*; 3. *(Mech)* Beweglichkeit f *(reziproke plastische Viskosität, Größe)*
~ **coefficient (constant)** *(Ech)* Beweglichkeitskoeffizient m
~-**diffusion coefficient relation** *(Pl)* Einstein-Relation f, Einsteinsche Beziehung f für den Diffusionskoeffizienten
~ **ratio** *(Fest)* Beweglichkeitsverhältnis n
~ **resistance** *(Meß)* Ansprechgeschwindigkeit f, Reaktionsgeschwindigkeit f, Reaktionsfähigkeit f
~ **tensor** *(Fest, Pl)* Beweglichkeitstensor m
mock-up Modell n l : l, Nachbildung f *(in natürlicher Größe)*
modal dispersion (distortion) *(Opt)* intermodale Dispersion f, chromatische Verzerrung f
~ **noise** *(Opt)* Modenrauschen n, modales Rauschen n, Fleckenrauschen n *(Lichtwellenleitertechnik)*
~ **value** *(mathPh)* Modalwert m, Mode m, Modus m, Dichtemittel n, Dichtewert m, wahrscheinlichster (häufigster) Wert m *(Statistik)*
modality of truth *(mathPh)* Wahrheitswert m
mode 1. Mode f(m), Modus m *(eines schwingenden Systems)*, Schwingungstyp m, Schwingungsart f, Schwingungsmode f(m); 2. *(Opt)* Mode f, Wellentyp m; 3. *(El)* Mode f(m), Modus m, Wellentyp m, Wellenart f, *(speziell:)* Hohlleitertyp m; 4. *(mathPh)* diskrete Eigenfunktion f, Modus m, Mode f(m); 5. *(mathPh)* s. modal value

modulus

~ **admittance** *(El)* Modenleitwert *m*, Wellenleitwert *m* für die Hohlleitermode
~ **conversion** 1. *(El)* Wellentypumwandlung *f*, Modenumformung *f*; 2. *(Opt)* Modenmischung *f*, Modenwandlung *f*, Modenkonversion *f*
~ **filter** *(Opt)* [Lichtwellenleiter-]Modenfilter *n*, LWL-Modenfilter *n*
~ **hopping** *(Opt)* s. ~ jumping 3.
~ **impedance** *(El)* Modenimpedanz *f*, Wellenwiderstand *m* für die Hohlleitermode
~ **jumping** 1. *(El)* Umspringen *n* des Wellentyps *(im Hohlleiter oder in einem Resonatorsystem)*; 2. *(El)* Umspringen *n* (der Schwingungsmode eines Magnetrons von einem Impuls zum nächsten); 3. Modenspringen *n (in einem Lichtwellenleiter)*
~ **locking** *(Opt)* Modensynchronisierung *f*, Mode-Locking *n (eines Lasers)*
~ **mixer** s. ~ scrambler
~ **of electric type** *(El)* s. transverse electric mode
~ **scrambler** *(Opt)* Modenscrambler *m*, Modenmischer *m*
~ **shape** *(Mech)* Eigenform *f*, Modenform *f (in der Modalanalyse)*
~ **stripper** *(Opt)* Mantelmodenabstreifer *m*, Modenabstreifer *m*

2π-mode linear accelerator *(Kern)* Linearbeschleuniger *m* vom Alvarez-Typ, Hochfrequenz-Linearbeschleuniger (HF-Linearbeschleuniger) *m* nach Alvarez

model basin *(Hydr)* Schleppkanal *m*, Schleppprinne *f*, *(für die Kalibrierung bzw. Eichung von Stromzählern auch:)* Kalibrierbehälter *m*, Eichbehälter *m*
~ **experiment** *(Ström)* Modellversuch *m*, Versuch *m* am Modell
~-**flow** *(Ström)* Modellströmung *f*
~ **[-testing] tank** *(Hydr)* 1. Modelltank *m*, Schleppversuchstank *m*; 2. s. model basin

moderate energy mittlere (mittelhohe) Energie *f*, Mittelenergie *f*
~-**energy neutron** *(Kern)* Neutron *n* mittlerer Energie
~-**to-long half-life** *(Kern)* mittlere bis lange Halbwertzeit *f*

moderately penetrating radiation *(Kern)* mittelharte Strahlung *f*

moderating material *(Kern)* Moderator *m*, Bremssubstanz *f*, Bremsstoff *m*, Neutronenmoderator *m*
~ **power** *(Kern)* s. slowing-down power
~ **ratio** *(Kern)* Bremsverhältnis *n*, Moderationsverhältnis *n (für Neutronen)*

moderation *(Kern)* Moderation *f*, Moderierung *f*, Neutronenbremsung *f (durch Streustöße)*
~ **area** *(Kern)* s. slowing-down area

modified Bessel function of the second kind *(mathPh)* modifizierte Hankel-Funktion *f*, Macdonald-Funktion *f*, modifizierte Bessel-Funktion (Zylinderfunktion) *f* zweiter Art [mit nichtganzzahligem rein imaginärem Argument] (K_ν)
~ **mean** *(mathPh)* bereinigter Mittelwert *m*
~ **projection** *(mathPh)* unechte (nichtperspektivische) Projektion *f*
~ **scatter[ing]** *(Qu)* Compton-Streuung *f*

modular concept s. modularity
~ **function** *(mathPh)* Modulfunktion *f*
~ **limit** *(Hydr)* Eintauchpunkt *m*, Modulgrenze *f (der Strömung)*

modularity Baukastenprinzip *n*, Bausteinprinzip *n*, Modularprinzip *n*

modulation depth (factor) *(El)* Modulationsgrad *m*
~ **transfer function** *(Opt, Phot)* Modulationsübertragungsfunktion *f*, MÜF, MTF

modulator-demodulator *(El)* Modem *m(n)*, Modulator-Demodulator *m*

module 1. *(mathPh)* s. modulus 1.; 2. *(El)* Modul *m*, [elektronischer] Baustein *m*; 3. *(Mech)* Modul *m*, Durchmesserteilung *f* eines Zahnrads

modulus *(mathPh)* 1. Modul *m (einer elliptischen Funktion oder eines elliptischen Integrals)*; 2. [absoluter] Betrag *m*, Absolutbetrag *m (einer komplexen Zahl)*; 3. [absoluter] Betrag *m*, Länge *f*, Modul *m (eines Vektors)*
~ **of compression** *(Mech)* Kompressionsmodul *m*, Volumen[elastizitäts]modul *m*
~ **of cross-elasticity** *(Mech)* Elastizitätsmodul *m* zweiter Ordnung
~ **of cubic compressibility** s. ~ of compression
~ **of decay** *(Mech)* Abklingmodul *m*
~ **of elasticity for (in) shear** s. ~ of rigidity
~ **of elasticity for (in) tension** *(Mech)* Elastizitätsmodul (E-Modul) *m* für Zug, *(für Gummi:)* Modul *m*, Zwischenzahl *f*, Spannungswert *m*
~ **of inelastic buckling** *(Mech)* [Kármánscher] Knickmodul *m*, Knickmodul *m* nach Kármán
~ **of precision** *(mathPh)* Präzisionsmaß *n*, Maß *n* der Präzision, Genauigkeitszahl *f*
~ **of resilience** *(Mech)* spezifische Formänderungsarbeit *f* bis zur Elastizitätsgrenze
~ **of resistance** *(Mech)* Festigkeitskennwert *m*, Festigkeitsmodul *m*, Festigkeitszahl *f*
~ **of rigidity** *(Mech)* Schubmodul *m*, Gestaltmodul *m*, Schubelastizitätsmodul *m*, zweiter Elastizitätsmodul *m*
~ **of rupture** *(Mech)* Bruchmodul *m*, Zerreißmodul *m*, Bruchgrenze *f*, statische Zerreißfestigkeit *f*
~ **of simple longitudinal extension** *(Mech)* Elastizitätsmodul *m* für einfache Längsdehnung
~ **of stretch** *(Mech)* Zugmodul *m*, Zerreißmodul *m*
~ **of volume elasticity** s. ~ of compression

mohm

mohm *(Mech)* Mohm *n (SI-fremde Einheit der mechanischen Beweglichkeit;* 1 mohm = 1 *reziprokes mechanisches* Ohm = 10^3 m/N s)
Mohr area moment circle s. ~ circle for inertia
~ **circle [diagram]** s. ~ circle for stress
~ **circle for inertia** *(Mech)* Trägheitskreis *m* [nach Mohr], Mohrscher Trägheitskreis *m*
~ **circle for stress** *(Mech)* Mohrscher Spannungskreis (Kreis) *m*, Mohrscher Spannungs- und Verzerrungskreis *m*
~ **criterion** *(Mech)* s. Mohr's theory
~ **envelope [of rupture]** *(Mech)* Mohrsche Hüllkurve (Bruchlinie) *f*
~-**Land area moment circle** *(Mech)* Mohr-Landscher Trägheitskreis *m*
Mohr's litre *(GB, Mech)* Mohrsches Liter *n (SI-fremde Einheit des Volumens;* 1 *Mohrsches Liter* ≈ 1,002 *l)*
~ **theory [of strength]** *(Mech)* Mohrsche Festigkeitstheorie *f*, erweiterte Schubspannungshypothese *f*, Hypothese *f* des elastischen Grenzzustandes [von Mohr]
moiré [fringes] *(Opt)* Moiréstreifen *mpl*, Moiré[interferenz]muster *n*, Moiré *n*
~ **fringe technique** *(Aero)* Moirémethode *f*, [interferometrisches] Isopachenverfahren *n*
~ **pattern** s. moiré
moist-o-graph *(physCh)* registrierender Feuchtemesser (Feuchtigkeitsmesser) *m*, Feuchteschreiber *m*, Feuchtigkeitsschreiber *m*
moisture absorbing power, ~ absorptivity *(physCh)* Feuchtigkeitsaufnahmevermögen *n*, (*speziell:*) Wasserdampfaufnahmevermögen *n*
~ **conductivity [coefficient]** *(physCh)* Feuchtigkeitsleitzahl *f*
~ **flux** *(Ström)* Turbulenzfluß *m*, turbulenter Fluß *m*
~-**vapour transmission** *(Ström)* Wasserdampfdurchlässigkeit *f*, Dampfdurchlässigkeitszahl *f*
mol *(physCh)* s. mole
mol wt = molecular weight
molal concentration s. molality
~ **heat capacity** s. molar heat capacity
~ **ionic strength** *(Ech)* Molalitätsionenstärke *f*, molale Ionenstärke *f (einer Lösung)*
~ **solution** *(physCh)* molale Lösung *f (x-molal* ≙ *x mol/kg)*
~ **specific heat [capacity]** s. molar specific heat
molality *(physCh)* Molalität *f*, Kilogramm-Molarität *f (einer gelösten Substanz)*
molar absorbancy index, ~ absorptivity
1. *(Opt, physCh)* molarer (molekularer) dekadischer Extinktionskoeffizient *m*, molarer Extinktionsmodul *m*; 2. *(physCh)* molarer Extinktionskoeffizient *m*
~ **capillary constant (rise)** *(Ström)* stoffmengenbezogene (molare) Kapillarkonstante *f*

~ **concentration** s. molarity
~ **density** *(physCh)* Stoffmengendichte *f*
~ **dispersion (dispersivity)** *(Opt, physCh)* Moldispersion *f*, Molekulardispersion *f*
~ **extinction coefficient, ~ extinctivity** s. molar absorbancy index
~ **flow rate** *(Ström)* Stoffmengenstrom *m*, Stoffmengendurchfluß*m*, molarer Strom (Durchsatz) *m*
~ **fraction** s. mole fraction
~ **gross calorific value** *(physCh)* stoffmengenbezogener (molarer) Brennwert *m*
~ **heat capacity** *(physCh)* Molwärme *f*, stoffmengenbezogene (molare) Wärmekapazität *f*, molarer Wärmeinhalt *m*
~ **lower heat[ing] value** *(US, physCh)* stoffmengenbezogener (molarer) Heizwert *m*
~ **mass** *(physCh)* Molmasse *f*, molare (stoffmengenbezogene) Masse *f*
~ **mass-valency ratio** *(physCh)* valare Masse *f*
~ **net calorific (heating) value** s. ~ gross calorific value
~ **quantity** *(physCh)* stoffmengenbezogene (molare) Größe *f*
~ **ratio** *(physCh)* Molverhältnis *n*, Stoffmengenverhältnis *n*
~ **refraction** *(Opt, physCh)* Mol[ekular]refraktion *f*, Molekularbrechung *f*
~ **solution** *(physCh)* molare Lösung *f (x-molar* ≙ *x mol/l)*
~ **specific heat [capacity]** *(physCh)* spezifische Molwärme *f*, stoffmengenbezogene (molare) spezifische Wärme *f*
~ **surface density** *(physCh)* Flächendichte *f* der Stoffmenge, Stoffmengenflächendichte *f*
~ **volume** *(physCh)* Molvolumen *n*, molares (stoffmengenbezogenes) Volumen *n*
~ **yield** *(physCh)* Molausbeute *f*
molarity *(physCh)* Molarität *f*, Liter-Molarität *f (einer Lösung)*
moldability *(US)* s. mouldability
mole *(physCh)* 1. Mol *n*, mol *(SI-Einheit der Stoff- oder Objektmenge);* 2. Gramm-Molekül *n*, Grammol[ekül] *n*, Mol *n*, mol *(ausgedrückt in Masseneinheiten, nicht mehr zulässig, ersetzen durch* Mol *Moleküle)*
~ **concentration** *(physCh)* Konzentration *f*, Molkonzentration *f*, Stoffmengenkonzentration *f (Größe)*
~ **fraction** *(physCh)* Stoffmengenanteil *m*, Molenbruch *m*, Molanteil *m*
~ **percent** *(physCh)* Molprozent *n*, Mol-% *(nicht mehr zulässig, ersetzen durch Stoffmengenanteil in %)*
~ **ratio** *(physCh)* Molverhältnis *n*, Stoffmengenverhältnis *n*
molectronics *(El)* Molekularelektronik *f*, Molektronik *f*
molecular abundance s. mole fraction

~ **abundance ratio** *(physCh)* Molenbruchverhältnis *n* (x/(1 − x), x = *Molenbruch*)
~ **acid** *(At)* Neutralsäure *f*, Molekülsäure *f*
~ **aerodynamics** *(Aero)* Superaerodynamik *f*, *(manchmal:)* Supraaerodynamik *f*, Molekularaerodynamik *f*
~ **area** *(physCh)* Molfläche *f*
~ **base** *(At)* Neutralbase *f*, Molekülbase *f*
~ **beam resonance [method]** *(Spektr)* Rabi-Methode *f*, Molekularstrahlresonanz[methode] *f*
~ **chaos assumption** *(statPh)* [Boltzmannscher] Stoßzahlansatz *m*, Hypothese *f* des molekularen Chaos
~ **charmonium** *(Hoch)* Charmoniummolekül *n*, molekulares Charmonium *n*
~ **compound** *(At)* Molekülverbindung *f*, gleichzähliges Assoziat *n*
~ **core** *(At)* Molekülrumpf *m*
~ **cross section** *(statPh)* gaskinetischer Querschnitt *m*, Molekülquerschnitt *m*
~ **decomposition** *s.* ~ disruption
~ **defect** *(Fest)* molekulare Störstelle *f*, Aggregatzentrum *n*
~ **diffusion** *(Opt)* Rayleigh-Streuung *f*, Luftstreuung *f*, Rayleighsche Streuung (diffuse Reflexion) *f*
~ **dispersion** 1. *(physCh)* molekulardisperses System *n*, molekulare Dispersion *f*; 2. *(Opt, physCh) s.* molar dispersion
~ **dispersivity** *(Opt, physCh) s.* molar dispersion
~ **disruption (dissociation)** *(At, Ech)* Dissoziation *f*, Moleküldissoziation *f*, Aufspaltung *f*, Molekül[auf]spaltung *f*
~ **field** *(Fest, Magn) s.* Weiss internal field
~ **field coefficient** *s.* Weiss field constant
~ **flow** *(Ström)* Molekularströmung *f*, molekulare Strömung *f*
~ **formula** *(At)* Bruttoformel *f*, Summenformel *f*, Analysenformel *f*
~ **heat [capacity]** *s.* molar heat capacity
~ **interspace** *(At)* Raum *m* zwischen den Molekülen, intermolekularer Raum, molekularer Zwischenraum *m*
~ **ion ignition** *(Pl)* Zündung *f* durch Molekülionen, Molekülionenzündung *f*
~ **level** *(At)* Energieniveau *n* eines Moleküls, Molekülniveau *n*, molekulares Energieniveau *n*
~ **magnet** *(Fest)* Molekül *n* mit magnetischem Moment, Molekularmagnet *m*
~ **mass number** *(At)* Massenzahl *f* des Moleküls
~ **mechanics** *(physCh)* Molekülmechanik *f*, molekulare Mechanik *f* *(von Flüssigkeiten)*
~ **mode** *(Fest)* Freiheitsgrad *m* der Schwingungen von Molekülen, Molekülfreiheitsgrad *m* *(in der Theorie der Wärmekapazität)*
~ **number** *(At)* Molekülzahl *f*, Ordnungszahl *f* eines Moleküls *(Summe der Ordnungszahlen der Atome in einem Molekül)*

~ **phase space** *(At)* Molekülphasenraum *m*, My-Raum *m*, μ-Raum *m*
~ **plane** *(At)* Molekülebene *f*, My-Ebene *f*, μ-Ebene *f*, Molekülphasenebene *f*
~ **ratio** *(physCh)* Molekülverhältnis *n* *(Verhältnis der Molekülanzahlen)*
~ **rearrangement** *(At, physCh)* Umlagerung *f*, Molekülumlagerung *f*
~ **refraction (refractivity)** *(Opt, physCh)* Molrefraktion *f*, Molekularrefraktion *f*, Molekularbrechung *f*
~ **rotation** 1. *(At)* Molekülrotation *f*; 2. *(Opt)* molekulares Drehvermögen *n*, molekulare spezifische Drehung *f*, Molekularrotation *f*
~ **shell** *(At)* Molekülschale *f*
~ **sieve filtration** *(physCh)* Molekularsiebung *f*, Molekularsiebfiltration *f*
~ **solution** *(physCh)* echte (molekulare) Lösung *f*
~ **speed ratio** *(Ak)* Molekulargeschwindigkeitsverhältnis *n*
~ **splitting** *s.* ~ disruption
~ **theory** *(statPh)* [molekular]kinetische Theorie *f*, Molekulartheorie *f*, physikalische Kinetik *f*
~ **thermal pressure** *(Aero)* Thermomolekulardruck *m*, thermomolekularer Druck *m*, thermischer Molekulardruck *m*
~ **timing device** *(El, Magn)* Moleküluhr *f*
~ **vibration** *(At)* Molekülschwingung *f*
~ **volume** 1. *(At)* Molekülvolumen *f*; 2. *(physCh) s.* molar volume
~ **weight** *(At) s.* relative molecular mass

molecule fit *(At)* Molekülfit *m*, geometrischer Vergleich *m* zweier Moleküle
Møller scattering *(Kern)* Elektron-Elektron-Streuung *f*, Møller-Streuung *f*, Moeller-Streuung *f*
Mollier chart (diagram) *(Therm)* Mollier-Diagramm *n*, Molliersches Diagramm *n*, *(meist:)* Enthalpie-Entropie-Diagramm *n* von R. Mollier
molluscum of reference *(Rel)* Bezugsmolluske *f*
molten layer Schmelzschicht *f*, *(speziell:)* schmelzflüssige Schicht *f*
moltenness *(physCh)* Schmelzflüssigkeit *f*, schmelzflüssiger Zustand *m*
MOM [scheme] *(Hoch)* Impulssubtraktionsschema *n*
moment 1. Zeitpunkt *m*, Moment *m*, Augenblick *m*; 2. *(mathPh)* Moment *n* *(Statistik)*; 3. *(Mech) s.* ~ of force 2.
~ **about the mean** *(mathPh)* zentrales Moment *n*, Zentralmoment *n*
~ **area method** *(Mech)* Momentenflächenmethode *f*
~ **arm** *(Mech)* Arm *m* eines Kräftepaares
~ **at rupture** *(Mech)* Bruchmoment *n*
~ **coefficient** *(Aero)* Momentenbeiwert *m*
~ **diagram** *(Mech)* Momentenlinie *f*, Momentenkurve *f*, Momentendiagramm *n*
~ **distribution [method]** *(Mech)* Momentenausgleichsverfahren *n* [nach Cross]

moment

~ **ellipsoid** *(Mech)* s. momental ellipsoid
~ **of a magnet** *(El, Magn)* magnetisches Moment *n (eines Körpers, eines Magneten)*
~ **of a mass** *(Mech)* Massenmoment *n*
~ **of couple** *(Mech)* Drehmoment *n* eines Kräftepaares
~ **of first order** *(Mech)* lineares Moment *n*, Moment *n* ersten Grades
~ **of force** *(Mech)* 1. Moment *n* einer Kraft [in einem Punkt], Kraftmoment *n* [in einem Punkt]; 2. Drehmoment *n*, *(manchmal:)* Moment *n (bezüglich eines Punktes, für eine Einzelkraft)*
~ **of inertia** *(Mech)* Trägheitsmoment *n*, Massenmoment *n* zweiten Grades, Massenträgheitsmoment *n*
~ **of inertia about a line (an axis)** *(Mech)* Trägheitsmoment *n* um (in bezug auf) eine Achse (Linie, Gerade), Trägheitsmoment *n* bezüglich einer Achse
~ **of inertia of a line** *(Mech)* Linienmoment *n* zweiten Grades, Linienträgheitsmoment *n*
~ **of momentum** *(Mech)* Drehimpuls *m*, Drehimpulsvektor *m*, Impulsmoment *n*, Drall *m*, Schwung *m*, *(beim Kreisel auch:)* Kreiselimpuls *m (Vektor)*
~ **of percussion** *(Mech)* Drehstoß *m*, Zeitintegral *n* des Drehmoments
~ **of plane area** *(Mech)* Flächenmoment *n* zweiten Grades, Flächenträgheitsmoment *n*, geometrisches Trägheitsmoment *n*
~ **of resistance [of the beam section]** *(Mech)* Widerstandsmoment *n* [gegen Biegung], Widerstandsmoment *n* des Querschnitts, Biegungswiderstandsmoment *n*
~ **of rolling friction** *(Mech)* Rollreibungsmoment *n*, Moment *n* der Rollreibung
~ **of rotation** s. ~ of force 2.
~ **of second order** *(Mech)* quadratisches Moment *n*, Moment *n* zweiten Grades
~ **of the first order** *(Mech)* statisches (lineares) Moment *n*, Moment *n* erster Ordnung *(eines Systems, einer Kraft)*
~ **pole** *(Mech)* Momentenpunkt *m*

momental ellipsoid *(Mech)* Energieellipsoid *n*, Momentenellipsoid *n*

momentary current *(El)* Kurzzeitstrom *m*, kurzzeitiger Strom *m*
~ **force** *(Mech)* momentan wirkende Kraft *f*, Stoßkraft *f*
~ **load** *(Mech)* Momentanbelastung *f*, instantane (kurzzeitige) Belastung *f*
~ **rest frame** *(Rel)* momentanes Ruhesystem *n (eines Teilchens)*
~ **value** s. instantaneous value

moments method *(statPh)* Momentenmethode *f*, Momentenverfahren *n*, Gradsche Momentenmethode (Methode *f*)

momentum 1. *(Mech)* Impuls *m*, linearer (mechanischer) Impuls *m*, Impuls *m* der Bewegung, Bewegungsgröße *f (Produkt von Masse und Geschwindigkeit, Vektor oder Skalar)*; 2. *(Mech)* Impulsvektor *m*, Impuls *m*
~ **conservation law** *(Mech)* Impuls[erhaltungs]satz *m*, Erhaltungssatz *m* des Impulses
~ **deficit thickness** *(Ström)* s. ~ thickness
~ **density of electromagnetic field** *(Feld)* elektromagnetische Impulsdichte *f*
~-**energy characteristic function** *(Mech)* charakteristische Impuls-Energie-Funktion *f*, Hamiltons charakteristische Funktion *f T*, Hamiltonsche T-Funktion *f*
~-**energy space** *(Feld, Rel)* Energie-Impuls-Raum *m*, Impuls-Energie-Raum *m*
~-**energy vector** *(Rel)* s. 4-momentum
~ **equation** Impulsgleichung *f*
~ **equation for boundary layer** s. Kármán boundary layer theorem
~ **equations** *(Ström)* Navier-Stokessche Gleichungen *fpl*, Navier-Stokessche Bewegungsgleichung *f*
~ **flow tensor** *(Ström)* Impulstransporttensor *m*
~ **flux** *(Hydr)* Impulsfluß *m*
~ **flux vector** *(Ström)* Impulstransportvektor *m*
~ **principle** s. ~ conservation law
~ **representation** *(Qu)* Impulsdarstellung *f*, *p*-Darstellung *f*
~ **space** *(mathPh)* Impulsraum *m*, *p*-Raum *m*
~ **space condensation** *(Tief)* [Bose-]Einstein-Kondensation *f*
~ **theory** *(Ström)* Strahltheorie *f (des Propellers)*
~ **thickness** *(Ström)* Impulsverlustdicke *f*, Grenzschicht-Impulsverlustdicke *f*, *(manchmal:)* Impulsdicke *f*
~ **transfer** 1. *(Kern)* Impulsübertragung *f (Oberbegriff für Übertragung des linearen Impulses, Drehimpulses oder Viererimpulses)*; 2. *(Ström)* Impulstransport *n*
~ **transfer theory [of Prandtl]** *(Ström)* [Prandtlsche] Impulstransporttheorie *f*
~ **transport** *(Ström)* Impulstransport *m*

3-momentum *(Mech)* Dreierimpuls *m*, dreidimensionaler Impuls *m*, 3-Impuls *m*

4-momentum *(Rel)* Viererimpuls *m*, Impuls-Energie-Vektor *m*, Energie-Impuls-Vierervektor *m*, Viererimpulsvektor *m*

monad 1. *(At)* einwertiges (monovalentes) Element *n*; 2. *(At)* einwertige Atomgruppe *f*; 3. *(Spektr)* Monade *f*

monitored area *(Kern)* Überwachungsbereich *m*

monitoring Überwachung *f*, Kontrolle *f*, *(speziell Kern:)* Strahlungsüberwachung *f*
~ **[ionization] chamber** *(Kern)* Monitorkammer *f*, Überwachungsionisationskammer *f*, Kontrollkammer *f*

monobath development *(Phot)* Fixierentwicklung f
monochroism *(Krist, Opt)* Monochroismus m, isotrope Lichtabsorption f
monochromatic aberration *(Opt)* monochromatische (geometrische) Aberration f, monochromatischer Abbildungsfehler (Fehler) m
~ **emissivity** *(Therm)* Farbemissionsgrad m
~ **filter** 1. *(Opt, Phot)* Monochromatfilter n, *(speziell:)* tonrichtiges Filter n; 2. *(Astr, Opt)* Polarisationsinterferenzfilter n, Lyot-Filter n, Lyotsches Filter n
monochromaticity, monochromaticness *(Opt)* Monochromatizität f, Monochromasie f, Einfarbigkeit f, Einwelligkeit f
monocovalence *(At)* Einbindigkeit f
monocrystal *(Krist)* Einkristall m
monoisotopic element *(At)* mononuklidisches Element n, Reinelement n, isotopenreines (einisotopes) Element n
monolayer *(physCh)* Monoschicht f, monomolekulare Schicht f, Einfachschicht f
~ **[build-up] time** *(physCh)* Mono-Zeit f, Aufbauzeit f der Monoschicht
monomeric unit *(At)* Grundbaustein m *(eines Makromoleküls)*
monomial *(mathPh)* Monom n
monomode fibre *(Opt)* Monomodefaser f, Einmodenfaser f, Monomode-Lichtwellenleiter f
monopole source *(Ak)* Monopolquelle f, einfache Quelle f, isotroper Strahler m
monorefringent crystal *(Krist, Opt)* einfachbrechender Kristall m
monosubstituted isotopic species *(At)* monosubstituierte (einfach substituierte) isotope Spezies f
monotectic [mixture] *(physCh)* Monotektikum n, monotektisches Gemisch (Gemenge) n, monotektische Mischung f
monotonicity theorem *(Ström)* Monotoniesatz m
monotron hardness [number] *(Mech)* Monotronhärte f, CD-Härte f
monovalence *(At)* Einwertigkeit f, Monovalenz f
monovariant equilibrium *(physCh)* univariantes (monovariantes) Gleichgewicht n, einfachfreies (vollständiges) Gleichgewicht n
mooney, Mooney unit *(Mech)* Mooney n, Mooney-Grad m *(Maßzahl für die Kautschukelastizität)*
Moon's gravity acceleration *(Astr, Mech)* Mondbeschleunigung f, Schwerebeschleunigung f auf dem Mond, *(spezieller:)* Fallbeschleunigung f auf dem Mond
more-stage demagnetization *(Tief)* Kaskadenentmagnetisierung f
mosaic [block] boundary *(Krist)* Mosaikgrenze f
~ **film** *(Phot)* Rasterfilm m, Farbrasterfilm m

~ **screen** *(Opt)* 1. Rasterschirm m, *(speziell:)* Rasterbildwand f; 2. Farb[en]raster m
most probable value *(mathPh)* s. modal value
motion 1. Bewegung f; 2. *(mathPh)* eigentliche Bewegung f; 3. *(Ström)* Strömung f
~ **link** *(Mech)* Zwischenglied n [der Bewegung], Mittelglied n
~ **of a gyro[scope]** *(Mech)* s. gyroscopic motion
motional blurring *(Phot)* Bewegungsunschärfe f
~ **capacitance** *(El)* dynamische Kapazität f *(eines Schwingkristalls)*
~ **electromotive force** *(El)* dynamische Quellenspannung f, dynamische EMK f
~ **inductance** *(El)* dynamische Induktivität f *(eines Schwingkristalls)*
~ **induction** *(El)* dynamische Induktion f, Bewegungsinduktion f *(bewegter Leiter im Magnetfeld)*
~ **narrowing** *(Fest)* Linienverengerung (Linienverengung, Linienverschmälerung) f durch Bewegung
motionless material particle *(Mech)* ruhender (unbewegter, bewegungsloser) Massenpunkt m
motive force (power) Triebkraft f, treibende Kraft f, Antriebskraft f
motoelectric effect *(El, Mech)* Motoreffekt m, motoelektrischer Effekt m
motor 1. *(El)* Elektromotor m; 2. *(Mech)* Motor m, Schraubung f *(System zweier Geraden)*
~ **constant** *(El)* dynamische Galvanometerkonstante f
Mott island model *(Fest)* Mottsches Inselmodell n, Inselmodell n [von Mott]
~ **model** *(Mech)* Mottsches Modell n *(der Schubfestigkeit)*
~ **transition** *(Fest)* Mott-Übergang m, Mottscher Metall-Isolator-Übergang m
mottling 1. Sprenkung f, Fleckigkeit f; 2. Marmorierung f, Äderung f; 3. *(Opt)* Melierung f, Meliereffekt m
mouldability *(Mech)* Formbarkeit f
mounce *(Mech)* metrische Unze f *(SI-fremde Einheit der Masse; 1 mounce = 25 g)*
mount Halterung f, Halter m; *(Opt)* Fassung f *(einer Linse)*
mounting 1. Zusammenbauen n, Zusammenbau m, Montage f *(Vorgang)*; Montierung f *(eines Fernrohrs)*; 2. Befestigung f *(Vorgang)*; 3. *(Opt)* Aufstellung f *(eines Beugungsgitters)*, Gitteraufstellung f
moustaches *(Astr)* „moustaches" mpl, Helle Punkte mpl *(auf der Sonne)*
mouth velocity *(Mech)* Mündungsgeschwindigkeit f
movable singularity *(mathPh)* verschiebbare (bewegliche) Singularität f

movement

movement 1. *(Ph, Mech)* Bewegung f, Gang m; 2. *(mathPh)* [eigentliche] Bewegung f; 3. *(Hydr)* Laufen n, Fließen n, Fluß m *(einer Flüssigkeit)*; 4. *(Meß)* Meßwerk n, Meßsystem n *(eines Meßgerätes)*; Uhrwerk n
- ~ **group** *(Krist, mathPh)* Bewegungsgruppe f, Gruppe f der eigentlichen Bewegungen
- ~ **unsharpness** *(Phot)* Bewegungsunschärfe f

moving average *(mathPh)* gleitendes Mittel n, gleitender Durchschnitt (Mittelwert) m
- ~ **axode** *(Mech)* s. polhodie cone
- ~ **blur[ring]** *(Phot)* Bewegungsunschärfe f
- ~ **boundary** *(Ström)* bewegliche Randfläche f [der Bewegung]
- ~ **boundary electrophoresis** *(Ech)* [träger]freie Elektrophorese f, Flüssigkeitselektrophorese f
- ~ **boundary method** *(Ech)* Methode f der wandernden Grenzfläche (Grenzschicht), Methode f der beweglichen Grenze, Tiselius-Methode f *(Elektrophorese)*
- ~ **centrode** *(Mech)* s. polhod[i]e
- ~ **cluster** *(Astr)* Bewegungs[stern]haufen m, lokaler Sternstrom m
- ~ **constraint** *(Mech)* rheonome (fließende, zeitabhängige) Bindung (Zwangsbedingung, Bedingungsgleichung) f
- ~ **foci image** *(Opt)* Bild n der bewegten Fokalpunkte
- ~ **frame of reference** *(Mech)* bewegtes (begleitendes) Bezugssystem n
- ~ **grid** *(Kern)* Laufraster m, beweglicher Streustrahlenraster m
- ~ **load** *(Mech)* wandernde (bewegliche) Belastung (Last) f, *(speziell:)* Verkehrslast f
- ~-**media optics** *(El, Magn, Rel)* Optik f bewegter Medien (Körper)
- ~ **prominence** *(Astr)* veränderliche Protuberanz f

MOX [fuel] *(Kern)* Mischoxidbrennstoff m, MOX-Brennstoff m, MOX *(UO$_2$ + andere Oxide)*

m.p. s. 1. *(Mech)* medium pressure; 2. *(physCh, mathPh)* melting point

mPC *(Fest, physCh)* Mikroparakristall m

MPc *(Astr)* Megaparsec f, Mpc

MPD *(Pl)* s. magnetoplasmadynamics

MQW structure s. multiple quantum-well structure

MRTD *(Therm)* minimale auflösbare Temperaturdifferenz f, minimaler (kleinster) auflösbarer Temperaturunterschied m

MS *(mathPh)* s. mean-square deviation 2.

MS scheme *(Hoch)* minimales Subtraktionsschema n, MS-Schema n

M̄S scheme *(Hoch)* abgebrochenes minimales Subtraktionsschema n, M̄S-Schema n

MSO *(At)* Molekülspinorbital n, MSO

m.s.u., msu *(El, Magn)* s. magnetostatic unit

MSW *(El)* magnetische Oberflächenwelle f

Mt *(El)* s. maxwell-turn

MTD *(Therm)* mittlerer Temperaturunterschied m, mittlere Temperaturdifferenz f

MTF *(Opt, Phot)* s. modulation transfer function

MTS (m.t.s.) system [of units] *(Mech)* Meter-Tonne-Sekunde-System n, MTS-System n, MTS-Maßsystem n, MTS-Einheitensystem n

mu leptic charge *(Hoch)* Myonzahl f, myonische Leptonenzahl (leptonische Ladung) f, μ–leptonische Ladung f
- ~-**mes[on]ic atom** s. muonic atom
- ~-**neutrino** *(Hoch)* Myonneutrino n, Myon-Neutrino n, μ–Neutrino n, beim Myonenzerfall entstehendes Neutrino n
- ~ **plane** *(At)* Molekülebene f, My-Ebene f, μ–Ebene f, Molekülphasenebene f
- ~ **space** *(At)* Molekülphasenraum m, My-Raum m, μ–Raum m

muddying *(Opt)* Trübung f, Glastrübung f *(z. B. durch Entglasung, Entmischung oder Fremdzusätze)*

MUF *(El)* s. maximum usable frequency

multi- ... s. a. multi ... und multiple ...
- ~-**coating** *(Opt)* 1. Mehrschichtenvergütung f *(Vorgang)*; 2. MC-Belag m
- ~-**isotopic element** *(At, Kern)* polynuklidisches (mehrisotopiges) Element n, Mischelement n
- ~-**layered crystal** *(Krist)* Schichtkristall m
- ~-**line spectrum** *(Spektr)* Viellinienspektrum n, Mehrlinienspektrum n

multiband exciton *(Fest)* mehrfach gebundenes Exziton n

multicavity [linear] accelerator *(Kern)* Vielkammer[-Linear]beschleuniger m, Vielresonator[-Linear]beschleuniger m

multichannel analyzer *(Kern)* Vielkanalanalysator m, VKA
- ~ **scaler** *(Kern)* Vielkanalzähler m, VKZ

multicharged ion *(At)* mehrfach geladenes Ion n *(Ladung 3 oder mehr)*

multicomponent flow *(Ström)* Mehrkomponentenströmung f, Gemischströmung f
- ~ **system** *(physCh)* Mehrstoffsystem n, polynäres System n

multicritical point *(Fest, Magn)* kritischer Punkt m n-ter Ordnung, multikritischer Punkt m

multidentate ligand *(physCh)* vielzähniger (vielzähliger, multidentaler) Ligand m

multidimensional distribution *(mathPh)* s. multivariate distribution

multielement separation *(physCh)* simultane Trennung f mehrerer Elemente, Mehrelementtrennung f, Vielelementtrennung f

multiexciton complex *(Fest)* mehrfach gebundenes Exziton n

multifoil analysis *(Kern)* Multifolienanalyse f, MFA, Methode f der Schwellenwertaktivierungssonden

multigroup [energy] method *(Kern, statPh)* Gruppendiffusionsmethode *f*, Mehrgruppenmethode *f*, Multigruppenmethode *f*
~ **transfer cross section** *(Kern)* Gruppenübergangsquerschnitt *m*, Gruppenübergangs-Streuquerschnitt *m*, Übergangsquerschnitt *m*
multihop *(El)* Mehrfachreflexion *f (an der Ionosphäre)*
multilayer Mehrfachschicht *f (s. a. multimolecular film)*
~ **crystal** *(Krist)* Schichtkristall *m*
~ **film** *(Opt)* Vielfachschicht *f*
multilevel action *(Reg)* Mehrpunktverhalten *n*
multimirror confinement *(Pl)* Vielfachspiegeleinschluß *m*, Vielfachspiegelhalterung *f*
multimode fibre *(Opt)* Multimodefaser *f*, Mehrmodenfaser *f*
~ **group delay** *(Opt)* Multimoden-Laufzeitunterschied *m*
multimolecular film (layer) *(physCh)* Mehrfachschicht *f*, mehrfachmolekulare (multimolekulare) Schicht *f*
multipactor breakdown *(El)* Elektronenresonanzdurchschlag *m*, Elektronenresonanzdurchbruch *m*
multipath interference *(Opt)* Mehrstrahlinterferenz *f*, Mehrfachinterferenz *f*, Vielstrahlinterferenz *f*
~ **transmission** *(El, Magn)* Mehrwegübertragung *f*, Mehr[fach]wegeffekt *m*, Mehrfachwege *mpl*
multiple ... *s. a.* multi- ... *und* multi ...
multiple Vielfaches *n*, ganzzahliges Vielfaches *n*
~-**beam interferometry** *(Opt)* Mehrstrahlinterferometrie *f*, Mehrfachinterferometrie *f*
~ **bond** *(At)* Mehrfachbindung *f*
~ **circuit** *(El)* Parallel[strom]kreis *m*, Nebenschlußstromkreis *m*
~ **coating** *(Kern)* Mehrfachbeschichtung *f*, Überschichtung *f (von Brennstoffteilchen)*
~ **collision** *(Kern, statPh)* Mehrfachstoß *m*, Vielfachstoß *m (von 3 oder mehr Teilchen)*
~ **decay** *s.* ~ disintegration
~ **determination [coefficient]** *(mathPh)* multiples Bestimmtheitsmaß *n (in der Statistik)*
~-**discharge region** *(Kern)* Dauerentladungsbereich *m (eines Geiger-Müller-Zählrohrs)*
~ **disintegration** *(Kern)* Verzweigung *f*, verzweigter Zerfall *m*, Mehrfachzerfall *m*
~ **echo** *(Ak)* Mehrfachecho *n*, *(in der Radartechnik auch:)* Umwegecho *n*
~ **hop** *(El)* Mehrfachreflexion *f (an der Ionosphäre)*
~-**line spectrum** *(Spektr)* Viellinienspektrum *n*, Mehrlinienspektrum *n*

~ **point** *(mathPh)* singulärer (mehrfacher, vielfacher) Punkt *m (einer Fläche oder Kurve)*
~ **quantum-well structure** *(Fest, Qu)* Supergitter *n*, Übergitter *n*, Überstruktur *f*, multiple Quantenwellenstruktur *f*, MQW-Struktur *f*, *(selten:)* Festkörper-Übergitter *n*
~ **root** *(mathPh)* mehrfache Nullstelle (Wurzel) *f*
~ **scatter[ing]** *(Kern)* Vielfachstreuung *f*
~-**slit diffraction** *(Opt)* Beugung *f* an mehreren parallelen Spalten, Beugung *f* am Transmissionsgitter
~-**slotted pulse** *(El)* vielzackiger Impuls *m*, Vielzackenimpuls *m*
~ **source** *(Kern)* Mehrfachquelle *f*, Quelle *f* verschiedener Strahlungsarten
~ **star** *(Astr)* Mehrfachstern *m*
~ **tube count** *(Kern)* mehrfach gezählter Impuls *m*, Mehrfachimpuls *m (eines Zählrohres)*
~-**tube geiger** *(Kern)* Mehrfach-Geiger-Zähler *m*
~ **twinning** *(Krist)* Viellingsbildung *f*
multiplet 1. *(At)* Spinmultiplett *n*, relativistisches Multiplett *n*, [reguläres] Multiplett *n (eines Atoms);* 2. *(Hoch)* Ladungsmultiplett *n*, Iso[baren]multiplett *n*; 3. *(Qu)* Multiplett *n (von Energieniveaus);* 4. *(Spektr)* Multiplett *n*, Linienkomplex *m*
~ **splitting** *(At)* Feinstrukturaufspaltung *f*, Multiplettaufspaltung *f*
10-multiplet *(Hoch, Spektr)* Dekuplett *n*, 10-plett *n*, 10- Multiplett *n*
multiplication 1. *(Kern)* Vervielfachung *f (von Teilchen, z. B. Elektronen);* 2. *(Kern)* Multiplikation *f*, Vermehrung *f (von Neutronen);* 3. *(Halbl)* Verstärkung *f*; 4. *(Kern)* Multiplikation *f (im Reaktor, Größe);* 5. *(Krist)* Vervielfachung *f*, Versetzungsvervielfachung *f*, Multiplikation *f*, Versetzungsmultiplikation *f*; 6. *(mathPh)* Multiplikation *f*
~ **circuit** *(El, Kern)* Spannungsvervielfachungsschaltung *f*, Vervielfachungsschaltung *f*, Multiplikationsschaltung *f*
~ **constant (factor)** *(Kern)* Multiplikationsfaktor *m*, Neutronenvermehrungsfaktor *m*, k-Faktor *m*, *k*
~ **shower** *(Kern)* Kaskade *f*, Kaskadenschauer *m*, Multiplikationsschauer *m (der kosmischen Strahlung)*
multiplicative [acoustic] array *(Ak)* Korrelationsanordnung *f*
multiplicity 1. *(Krist)* Zähligkeit *f (einer Symmetrieachse);* 2. *(mathPh)* Vielfachheit *f*, Multiplizität *f*, Ordnung *f (einer Wurzel oder Nullstelle);* 3. *(Spektr)* Multiplizität *f*, Termmultiplizität *f*, Termvielfachheit *f*
~ **factor** *(Krist)* Mengenfaktor *m*
multiplier *(El)* 1. Sekundärelektronenvervielfacher *m*, SEV, Elektronenmultiplier *m*; 2. *s.* photomultiplier; 3. Multiplizierer

multiplier 222

m, Multiplikator[baustein] *m* (*multipliziert Eingangssignale*); 4. Multiplizierer *m*, Bereichswiderstand *m*, Vorwiderstand *m* (*eingebauter Wirkwiderstand im Mittelwertmesser*)
~ **gain** (*El*) Verstärkung *f*, Verstärkungsfaktor *m* (*des Elektronenmultipliers im Photovervielfacher*)
~ **phototube** (*El*) *s*. photomultiplier
~ **ring** (*Hoch, Pl*) Vervielfacherring *m*
multiply primitive cell (*Krist*) mehrfachprimitive Elementarzelle *f*, Q-fach primitive Elementarzelle *f*
~ **substituted isotopic species** (*At*) mehrfach substituierte Isotopenspezies *f* (*eines Moleküls*)
multiplying circuit (*El, Kern*) *s*. multiplication circuit
~ **factor** (*Meß*) Bereichs[erweiterungs]faktor *m*, Erweiterungsfaktor *m*
~ **medium** (*Kern*) multiplizierendes Medium *n*
multipolar configuration (*Pl*) Multipolkonfiguration *f*
multipolarity (*At, Kern*) Multipolordnung *f*, Multipolarität *f*
multipole expansion (*Feld*) Multipolentwicklung *f*, Entwicklung *f* nach Multipolen
multiport structure (*Magn*) Mehrwegstruktur *f*
multirotation (*Opt*) Mutarotation *f*, Multirotation *f*
multisphere neutron detector (*Kern*) Moderatorkugel[-Neutronen]detektor *m*
multiturn injection (*Kern*) Injektion *f* (Einschuß *m*) über mehrere Umläufe (*von der Dauer mehrerer Umläufe*)
multivariate distribution (*mathPh*) multivariable (mehrdimensionale, multivariate) Verteilung *f* (*Statistik*)
multiwire proportional chamber (*Hoch*) Vieldraht[-Proportional]kammer *f*
Munk's theorem (*Aero*) Verschiebungssatz *m* von Munk, Munkscher Verschiebungssatz *m*
Munsell chroma (*Opt*) Chroma *f*, Maßzahl *f* C, Sättigung *f* (*im Munsell-System, etwa gleich der Sättigungsstufe*)
~ **colour solid** (*Opt*) Munsell-Farbkörper *m*
~ **hue** (*Opt*) Farbton *m*, Maßzahl *f* H (*im Munsell-System*)
~ **value** (*Opt*) Helligkeit *f*, Maßzahl *f* V (*im Munsell-System*)
muon (*Hoch*) Myon *n*, μ (*nicht empfohlen:*) Müon *n*, Muon *n*, (*selten:*) My-Teilchen *n*, μ–Teilchen *n*
~ **neutrino** *s*. mu-neutrino
~ **number** *s*. muonic lepton number
muonic atom (*At*) Myonatom *n*, myonisches Atom *n*, Myonenatom *n*
~ **lepton number** (*Hoch*) Myonzahl *f*, myonische Leptonenzahl (leptonische Ladung) *f*, μ-leptonische Ladung *f*
mupair production (*Hoch*) Erzeugung *f* eines Myonenpaares, Myonenpaarerzeugung *f*

Murphy plate efficiency (*physCh*) Bodenwirkungsgrad *m*, Verstärkungsverhältnis *n*
mush area (*El*) Stör[empfangs]gebiet *n* (*Radartechnik*)
musical quality (*Ak*) Klangfarbe *f*, Farbe *f* des Klangs
~ **scale** (*Ak*) Tonleiter *f*, Tonskala *f*, (*manchmal:*) Tonreihe *f*
~ **sound** (*Ak*) Klang *m*
~ **spark** (*El*) tönender Funke *m*
mutual admittance (*El*) Kernleitwert *m*, Koppelleitwert *m*, Übertragungsleitwert *m* (*eines Vierpols*)
~ **capacitance** (*El*) Koeffizient *m* der gegenseitigen Kapazität, gegenseitige Kapazität *f*, Gegenkapazität *f*
~ **characteristic** (*El*) Steilheitskennlinie *f*, Steilheitscharakteristik *f*
~ **coherence function** wechselseitige Kohärenzfunktion *f*
~ **friction** (*Tief*) gegenseitige Reibung *f* (*von He II*)
~ **inductance** (*El*) Gegeninduktivität *f*, gegenseitige Induktivität *f*, Gegeninduktivitätskoeffizient *m*
~ **inductance per unit length** (*El*) Gegeninduktivitätsbelag *m*
~ **induction** (*El*) Gegeninduktion *f*, gegenseitige Induktion *f*
~ **information** Synentropie *f*, gegenseitige (wechselseitige, übertragene) Information *f*
~ **interference** (*Aero*) gegenseitige Beeinflussung *f*, Interferenz *f*
mutuality of phases (*physCh*) wechselseitiges (gegenseitiges) Gleichgewicht *n* der Phasen
muzzle (*Mech*) Mündung *f* (*Ballistik*)
~ **blast (report)** (*Ak*) Mündungsknall *m*
~ **velocity** (*Mech*) *s*. mouth velocity
MWD/MTU, MWd/t *s*. megawatt-day per tonne
MWe, MWE (*Kern*) *s*. megawatt electric
MWt, MW(th), MWTH (*Kern*) *s*. megawatt thermal
Mx (*El*) *s*. maxwell
myriametre wave (*El*) Myriameterwelle *f*, Längstwelle *f* (> 10 km)
myriametric wavelength (waves) (*El*) VLF-Bereich *m*, VLF, Myriameterwellen *fpl*, Myriameter[wellen]bereich *m*, Längstwellen *fpl*, Längstwellenbereich *m*
myriotic representation (*Feld, Qu*) myriotische Darstellung *f*

N

N *s*. 1. (*El*) neper; 2. (*Mech*) newton; 3. (*Opt*) N unit; 4. (*physCh*) normality 2.
***n*-al axis [of symmetry]** (*Krist*) *s*. n-fold axis
N-body (*Mech*) *s*. Newtonian fluid
n-conductor *s*. n-type semiconductor

N-D method *(Kern)* N/D-Methode f, Zähler/Nenner-Methode f, N-über-D-Methode f

***n*-fold axis** [of symmetry] *(Krist)* n-zählige Symmetrieachse (Achse) f, n-zählige Dreh[ungs]achse f, Rotationsachse f der Ordnung n

***n*-lead package** *(Halbl)* Gehäuse n mit n Anschlüssen

N-N scattering *(Kern)* Nukleon-Nukleon-Streuung f, N-N-Streuung f

N over D method *(Kern)* s. N-D method

***n*-ple** *(mathPh)* n-Tupel n

n-process *(Kern)* neutroneninduzierte Spaltungsreaktion f, neutronenausgelöste Spaltung f, (n,f)-Reaktion f

N process *(Fest)* s. normal process

8-*N* rule *(At)* Hume-Rotherysche Regel f, Valenzelektronenkonzentrationsregel f

***n*-tuple** *(mathPh)* n-Tupel n

n-type conduction *(Halbl)* Elektronenleitung f, N-[Typ-]Leitung f, Überschußleitung f

n-type conductivity *(Halbl)* Elektronenleitfähigkeit f, N-[Typ-]Leitfähigkeit f, Überschußleitfähigkeit f *(Eigenschaft, Größe)*

n-type impurity *(Halbl)* Donatorverunreinigung f, N-Typ-Verunreinigung f

n-type ionic conduction *(Halbl)* Ionenüberschußleitung f

n-type semiconductor *(Halbl)* N-[Typ-]Halbleiter m, Überschuß[halb]leiter m

N unit *(Opt)* N-Einheit f *(SI-fremde Einheit für die Brechzahl; 1 N = (n − 1) · 10⁶)*

***n* value** *(Kern)* [kritischer] Feldindex m, Magnetfeldindex m, n-Wert m, Exponent m des Feldabfalls *(eines Betatrons)*

NAA *(Kern)* Neutronenaktivierungsanalyse f, NAA

NAGT *(Feld)* s. non-Abelian gauge theory

naive quark model *(Hoch)* nichtrelativistisches (naives) Quarkmodell n

naked singularity *(Rel)* nackte (nicht von einem Ereignishorizont verhüllte) Singularität f

napier *(El)* s. neper

Napierian absorption coefficient *(Opt)* natürlicher Absorptionskoeffizient m

~ **extinction coefficient** *(Opt)* [natürliche] Extinktionskonstante f

~ **extinction index** *(Opt)* natürlicher Extinktionsindex m

nappe 1. *(Hydr)* Überfallstrahl m, überschießender Strahl m, Überfallamelle f, Nappe f; 2. *(mathPh)* Schale f *(einer Quadrik)*

narrow-band noise *(El)* Schmalbandrauschen n, schmalbandiges (farbiges) Rauschen n

~ **beam** *(Kern)* enges (schmales) Strahlenbündel n, eng eingeblendetes Bündel n, Fadenstrahl m

~**-cut filter** *(Opt)* Kantenfilter n

~**-gap spark chamber** *(Hoch)* Funkenkammer f mit kleinen Elektrodenabständen

~ **shower** *(Kern)* Jet m *(der kosmischen Strahlung)*

narrowing *(Mech)* Querschnittsvereng[er]ung f, Querschnitts[ver]schwächung f, Querschnittsabnahme f, Verdünnung f, Einengung f

nascent state *(physCh)* naszierender Zustand m, Status m nascendi

native metal *(physCh)* gediegenes (natürlich vorkommendes) Metall n *(als Element)*

natural abundance *(At)* natürliche Häufigkeit (Isotopenhäufigkeit) f

~ **admittance** *(El)* Wellenleitwert m *(einer Übertragungsleitung)*

~ **broadening** *(Spektr)* natürliche Linienverbreiterung f, Strahlungsverbreiterung f, Verbreiterung f durch Strahlungsdämpfung

~ **decay** s. relaxation time 1.

~ **decay chain** *(Kern)* natürliche radioaktive Familie (Zerfallsreihe) f

~ **density** *(El, Ström)* Eigendichte f

~ **draught** *(Aero)* Naturzug m, natürlicher Zug m

~ **fluorescence** *(Opt)* Eigenfluoreszenz f

~ **hour** *(Astr)* natürliche Stunde f *(3862 s der mittleren Zeit)*

~ **impedance** *(El)* Wellenwiderstand m *(einer Übertragungsleitung)*, Leitungswellenwiderstand m

~ **light** *(Opt)* unpolarisiertes (natürliches) Licht n

~ **mode** 1. s. normal mode; 2. *(Opt)* Eigenmodus m, Eigenmode f, Eigenschwingung f *(eines Lasers)*

~ **period** Eigenperiode f, Eigenschwingungsdauer f *(einer freien Schwingung)*

~ **radiation background** *(Kern)* natürliche Untergrundstrahlung (Grundstrahlung) f

~ **resonance** Eigenresonanz f

~ **stability** *(Mech)* Formsteifigkeit f, Formstarrheit f, Eigensteifigkeit f

~ **[tensile] strain** *(Mech)* logarithmische (Henckysche) Dehnung f

~ **vibration** *(Mech)* Eigenschwingung f

~ **wavelength** *(El, Magn)* Eigenwellenlänge f *(einer Antenne oder eines Resonanzkreises)*

nautical chain *(Mech)* nautische Kette f *(SI-fremde Einheit der Länge; 1 nautical chain = 4,572 m)*

~ **mile** *(Mech)* 1. englische Seemeile f *(SI-fremde Einheit der Länge; 1 UK nautical mile = 1853,18 m)*; 2. s. international nautical mile

N.C.V. *(net calorific value)* s. low heat value

NDIR *(El, Magn)* nichtdispersives Infrarot (IR) n, NDIR

NDT *(Mech)* s. non-destructive testing

NDT temperature, NDTT *(Mech)* Sprödbruchübergangstemperatur f, Nullverformungsübergangstemperatur f, NDT-Temperatur f

NEA 1. *(Halbl)* negative Elektronenaffinität f, NEA; 2. *(Kern)* s. noise equivalent absorption
near breeder [fission reactor] *(Kern)* Nahe-Brüterspaltreaktor m, Nahebrüter m
~-**circular orbit** *(Astr, Mech)* kreisnahe Bahn (Umlaufbahn) f
~-**critical reactor** *(Kern)* fastkritischer Reaktor m
~ **echo** *(Ak)* Nahecho n
~ **fading** *(El, Magn)* Nahschwund m, Nahfading n
~ **field** *(Ak, El, Magn)* Nahfeld n; 2. *(mathPh)* Fastkörper m
~-**field [diffraction] pattern** *(Opt)* Nahfeldbeugungsbild n, Fresnel-Beugungsdiagramm n, Nahfeldbeugungsmuster m
~-**fission-spectrum source** *(Kern)* Strahlungsquelle (Quelle) f mit Fastspaltneutronenspektrum
~ **focus** *(Opt)* Nahfokus m
~-**forward scatter[ing]** *(Kern)* Fastvorwärtsstreuung f
~ **infrared** *(El, Magn)* 1. nahes Infrarot n, Gebiet n (Bereich m) des nahen Infrarots *(etwa 0,75 ... 2,5 μm)*; 2. mittleres Infrarot n, Gebiet n (Bereich m) des mittleren Infrarots *(etwa 2,5 ... 50 μm)*
~ **limit** *(Opt, Phot)* Vordertiefe f
~-**magic nucleus** *(Kern)* fastmagischer Kern m
~-**monochromatic radiation** *(El, Magn)* fastmonochromatische (elektromagnetische) Strahlung f
~-**monoenergetic radiation** *(Kern)* fastmonochromatische [Teilchen-]Strahlung f
~-**parabolic orbit** *(Astr, Mech)* parabelnahe Bahn f
~-**point vergence (vergency)** *(Opt)* reziproker Nah-Scheitelbrechwert m, Nahpunktsrefraktion f
~-**point vertex power** *(Opt)* Nah-Scheitelbrechwert m
~-**resonance** in Resonanznähe, resonanznah
~-**sonic flow** *(Aero)* transsonische (schallnahe) Strömung f, Strömung f im schallnahen Bereich
~ **stars** *(Astr)* sonnennächste Sterne mpl *(Entfernung bis 13 Lj)*
~ **ultraviolet** *(El, Magn)* nahes Ultraviolett n, Gebiet n (Bereich m) des nahen Ultravioletts *(300 ... 400 nm)*
~-**zone focus[s]ing** *(Phot)* Nahfeldeinstellung f
nearby star *(Astr)* benachbarter Stern m
nearest neighbour *(Krist)* nächster Nachbar m, Nachbar m erster Sphäre
nearly free electron approximation *(Fest)* Näherung f fast freier Elektronen
~ **sonic flow** *(Aero)* s. near-sonic flow
~ **symmetric top** *(At, Mech)* quasisymmetrischer Kreisel m
nebula *(Astr)* Nebel m

nebular emission *(Astr)* Nebelleuchten n
~ **envelope** *(Astr)* Nebelhülle f *(einer Nova)*
~ **red shift** *(Astr)* Rotverschiebung f im Spektrum von Galaxien
nebulosity *(Astr)* Nebelfleck m
neck-down *(Mech)* Einschnürung f *(lokale Querschnittsverengung)*
necking 1. *(Mech)* Querschnittsverminderung f, Querschnittsverringerung f, Querschnittsabnahme f; 2. *(Mech)* s. ~ in tension; 3. *(Kern)* Einschnürung f *(des Kerns, Größe)*
~ **in tension** *(Mech)* Brucheinschnürung f *(Größe)*
~-**off instability** *(Pl)* Instabilität f gegen lokale Einschnürung, Einschnürungsinstabilität f
necktie *(Kern)* tiefster (unterster) *(gemeinsamer)* Stabilitätsbereich m
needle points *(Kern)* Aufsprühkamm m, Sprühkamm m, Sprühstellen fpl, Spitzenkamm m *(im Van-de-Graaff-Generator)*
negative component *(El)* Gegenkomponente f *(einer Mehrphasengröße)*
~ **density** *(Phot)* Negativschwärzung f, Negativdichte f *(des Bildes)*
~ **distortion** *(Opt)* tonnenförmige (negative) Verzeichnung f, Tonnenverzeichnung f
~ **electricity** *(El)* Harzelektrizität f, harzelektrischer Zustand m, negative Elektrizität f
~ **entropy** Entropie f *(der Informationsquelle)*, mittlerer Informationsgehalt m, Negentropie f, negative Entropie f
~ **equilibrium** *(Mech)* labiles Gleichgewicht n, *(manchmal:)* instabiles Gleichgewicht n
~ **feedback** *(El, Reg)* Gegenkopplung f, negative Rückführung (Rückkopplung) f
~ **feedback factor** *(El)* Gegenkopplungsfaktor m
~ **feedback ratio** *(El)* Gegenkopplungsgrad m
~ **frequency part** *(Feld, Qu)* nach negativen Frequenzen entwickelter Anteil m *(eines Operators)*
~ **impedance** *(El)* negativer komplexer Wechselstromwiderstand m, negative Impedanz f, Expedanz f
~-**ion vacancy** *(Krist)* Anion[en]leerstelle f, Anionenlücke f, Anionenfehlstelle f
~ **lens** *(Opt)* Zerstreuungslinse f, Negativlinse f, *(manchmal:)* Streu[ungs]linse f
~ **lift** *(Aero)* Untertrieb m, negativer Auftrieb m
~ **parity** *(Qu)* ungerade (negative) Parität f, Parität f – 1
~ **phase-sequence impedance** *(El)* Inversimpedanz f, Gegenimpedanz f *(einer Synchronmaschine)*
~ **phase-sequence reactance** *(El)* Inversreaktanz f, Gegenreaktanz f *(einer Synchronmaschine)*

~ **phase-sequence resistance** *(El)* Inverswiderstand *m*, Gegenwiderstand *m (einer Synchronmaschine)*
~ **pitching moment** *(Aero)* negatives Kippmoment *n*, kopflastiges Längsmoment *n*
~ **position** *(Opt)* Subtraktionsstellung *f (Polarisationsmikroskopie)*
~ **pressure wave** *(Hydr)* Gegenwelle *f*, reflektierte Welle *f*
~ **resistance effect** *(El)* Negativwiderstandeffekt *m*, Negwideffekt *m*, NW-Effekt *m*
~ **rotation** *(Opt)* Linksdrehung *f*, negative Drehung *f*
~ **stability** *s.* ~ equilibrium
~ **temperature state** *(Therm)* Zustand *m* mit negativer [thermodynamischer] Temperatur
~ **viscosity** *(Ström)* Endosität *f*, negative Viskosität *f*
~ **variation** *(mathPh)* untere (negative) Variation *f (einer Funktion oder Mengenfunktion)*
~ **voltage feedback** *(El)* Spannungsgegenkopplung *f*
negaton *s.* negatron
negatron *(Hoch)* Negatron *n*, e⁻, e, [negativ geladenes] Elektron *n*
~ **[beta] decay** *(Kern)* Beta-minus-Zerfall *m*, ß⁻-Zerfall *m*, Negatronenzerfall *m*, Elektronenemission *f*
neighbour of the first sphere *(Krist) s.* nearest neighbour
~ **of the third sphere** *(Krist)* drittnächster Nachbar *m*, Nachbar *m* dritter Sphäre
neighbourhood effect *(Phot)* Nachbareffekt *m* [der Entwicklung], photographischer Nachbareffekt *m*
NEM *(Kern) s.* nodal expansion method
NEMP *(Kern, Pl) s.* nuclear electromagnetic pulse
NEP *(Opt) s.* noise equivalent power
neper *(El)* Neper *n*, Np *(Pseudoeinheit für die natürlichen Logarithmen von Verhältnisgrößen)*
NEQ *(Kern)* rauschäquivalente Quantenzahl *f*
Nernst equation *(Ech)* Nernstsche Gleichung (Formel) *f*, Formel *f* von Nernst
~ **heat theorem** *(Therm)* Nernstscher Wärmesatz *m*, dritter Hauptsatz *m* [der Thermodynamik], Nernstsches Wärmetheorem *n*
~ **partition law** *(physCh)* Nernstscher Verteilungssatz *m*
~ **potential** *(Ech)* thermodynamisches (Nernstsches) Potential *n*, Nernst-Potential *n*
Nernst's law (theorem) *(Therm) s.* Nernst heat theorem
nest 1. Satz *m (gleicher Geräte von verschiedener Größe);* 2. *(mathPh)* Kette *f*, Mengenkette *f*, linearer Mengenverein *m*
nesting *(mathPh)* Schachtelung *f*
NET *(Pl) s.* Next European Tokamak

net acceleration *(Mech)* Gesamtbeschleunigung *f*, resultierende Beschleunigung *f*
~ **calorific power (value)** *s.* low heat value
~ **chart** *(mathPh)* Netztafel *f*, Kurventafel *f*, Isoplethentafel *f*, Isoplethenkarte *f*
~ **efficiency** 1. Nettowirkungsgrad *m*, Gesamtwirkungsgrad *m*; 2. *(Aero)* Nutzleistungswirkungsgrad *m (eines Propellers)*
~ **energy** Nutzenergie *f*
~ **flow area** *(Ström)* Nettoströmungsfläche *f*, Nettoströmungsquerschnitt *m*
~ **force** *(Mech) s.* resultant force
~ **head** *(Hydr)* Nutzfallhöhe *f*, nutzbare Fallhöhe *f*, Nettogefälle *n*
~ **heat value**, ~ **heating power** *s.* low heat value
~ **load** *(El, Mech)* Nutzlast *f*
~ **mass** *(Mech)* Eigenmasse *f*, Nettomasse *f*
~ **plane** *(Krist)* Netzebene *f*, Gitterebene, Kristallebene *f*
~ **refrigerating capacity** *(Tief)* Nettokälteleistung *f*
~ **resistance** *(Ak)* Gesamtresistanz *f*
~ **thrust** *(Aero)* Nutzschub *m*, Nettoschub *m*
~ **ton** *(Mech) s.* short ton
~ **voltage of interference** *(El)* Reststörspannung *f*
~ **weight** *(Mech) s.* ~ mass
NETD *(Therm)* rauschäquivalente Temperaturdifferenz *f*
network 1. Netzwerk *n*, Netz *n*; 2. *(El)* elektrisches Netzwerk *n*; Leitungsnetz *n*
~ **admittance** *(El)* Netzwerkleitwert *m*, Netzwerkadmittanz *f*
~ **concept** *(Fest)* Netzwerktheorie *f*, Netzwerkvorstellung *f (des Glases von Zachariasen)*
~ **former** *(Fest)* Netzwerkbildner *m*, netzwerkbildendes Ion *n*
~ **impedance** *(El)* Netzwerkwiderstand *m*, Netzwerkimpedanz *f*
~ **inverter (modifier, modifying ion)** *(Fest)* Netzwerkwandler *m*, Netzwerkmodifizierer *m*, netzwerk[ver]änderndes Ion *n*
~ **of dislocations** *(Krist)* Versetzungsnetz[werk] *n*
~ **theory** *(Fest) s.* ~ concept
~ **transfer admittance** *(El)* Kernleitwert *m*, Koppelleitwert *m*, Übertragungsleitwert *m (eines Netzwerkes)*
~ **transfer function** *(El, Reg)* Übertragungsfunktion *f*, ÜF, *(für Vierpole auch:)* Transferfunktion *f*
~ **transmission equivalent** *(El)* Dämpfungsmaß *n*, *(nicht empfohlen:)* Dämpfung *f (eines Netzwerks, Größe)*
Neuber-Papkovich solution *(Mech)* [Boussinesq-]Papkovich-Lösung *f*
~-**Papkovich stress functions** *(Mech)* Papkowitsch-Spannungsfunktionen *fpl*

Neumann

Neumann lamella (line) *(Fest)* Neumannsches Band *n*, Zwillingsstreifen *m*
~ **matrix** *(Qu)* Dichtematrix *f*, *(selten:)* statistische Matrix *f*
~ **permeameter** *(Magn)* Neumann-Joch *n*
Neumann's law *(El)* [Faradaysches] Induktionsgesetz *n*, Induktionsgesetz *n* von Faraday
neutral 1. *(El)* Neutralleiter *m*, *(speziell:)* Sternpunktleiter *m*, *(nicht empfohlen:)* Mittel[punkts]leiter *m*; 2. *(At, Pl)* neutrales Atom *n*, Neutralatom *n*, Neutrales *n*; 3. *(Hoch)* Neutrales *n*, neutrales (ungeladenes) Teilchen *n*; 4. *(El)* Mittelpunkt *m* *(eines Dreileitersystems)*
~ **absorber** s. ~ filter
~ **axis** *(Mech)* neutrale Achse (Linie) *f*, *(manchmal:)* Nullachse *f*, Nullinie *f*
~ **burnout** *(Pl)* Neutralenausbrand *m*, Ausbrand *m* *(der Neutralen)*, „burn-out" *m(n)*
~ **conductor** s. neutral 1.
~ **cross section** *(Mech)* neutraler Querschnitt *m*, Fließscheide *f*
~ **diffuser** *(Opt)* neutral (grau) streuender Körper *m*, nichtselektiv (aselektiv) streuender Körper *m*, Neutralstreuer *m*
~ **disturbance** *(Ström)* neutrale (indifferente) Störung *f*
~ **drag** *(Aero)* [mechanische] Bremswirkung *f* durch neutrale Luftpartikeln
~ **drag instability** *(Pl)* Neutralteilchenmitführungsinstabilität *f*, Neutralteilchenwechselwirkungsinstabilität *f*
~ **equilibrium** *(Mech)* indifferentes Gleichgewicht *n*, *(selten:)* stetiges Gleichgewicht
~ **filter** *(Opt)* Neutralfilter *n*, Graufilter *n*, aselektives Filter *n*, Schwächungsfilter *n*
~ **hue** *(Opt)* neutraler (grauer) Farbton *m*, Grauton *m*
~ **in colour surface** *(Opt)* farbneutrale Oberfläche *f*
~ **injection** *(Pl)* Neutralteilcheneinschuß *m*
~ **injection heating** *(Pl)* Neutralstrahl[auf]heizung *f*, Neutralatomstrahl[auf]heizung *f*
~ **layer** *(Mech)* s. ~ surface
~ **line** *(Magn)* neutrale Zone *f*
~ **loading** *(Mech)* neutrale Belastung *f* *(bei der elastischen Biegung)*
~ **plane** *(Mech)* neutrale Ebene *f* *(bei der elastischen Biegung)*
~ **point** 1. *(Astr, Mech)* Gravipause *f*, neutraler Punkt *m*; 2. *(El)* Mittelpunkt *m* *(eines Dreileitersystems)*; 3. *(El)* Sternpunkt *m* *(eines Mehrphasensystems)*; 4. *(El)* neutraler Punkt *m*, neutrale Temperatur *f* *(eines Thermoelements)*; 5. *(Mech)* neutraler Punkt *m*, Zentrum *n* der Torsion und elastischen Kompression; 6. *(physCh)* Neutralpunkt *m*, Neutralisationspunkt *m*; 7. *(Ström)* hyperbolischer Punkt *m*
~ **section** s. ~ cross section

~ **state** *(Magn)* thermisch neutralisierter (abmagnetisierter) Zustand *m*, jungfräulicher Zustand *m*, Neuzustand *m*
~ **step wedge** *(Opt)* Stufen[grau]keil *m*, Stufengrautafel *f*
~ **stress change** *(Mech)* neutrale Spannungsvariation (Spannungsänderung) *f*
~ **surface** *(Mech)* neutrale Schicht (Faserschicht) *f*, Nullschicht *f* *(bei der elastischen Biegung)*
~ **wedge [filter]** *(Opt)* Graukeil *m*, Neutralkeil *m*, Keil *m*
~ **zone** 1. *(Meß)* Unempfindlichkeitsbereich *m*, unempfindlicher Bereich *m* *(eines Meßgeräts)*; 2. *(Reg)* Totzone *f*
neutralization *(Magn)* Neutralisierung *f*, Abmagnetisierung *f*
neutralized collision method *(statPh)* Neutralisationsstoßmethode *f*
~ **state** *(Magn)* s. neutral state
neutralizing power *(Opt)* durch Neutralisation bestimmter Brechwert (Brennwert) *m*, durch Neutralisation bestimmte Brechkraft *f* *(einer Linse)*
neutrino flare *(Astr, Hoch)* Neutrinoeruption *f*
~ **freeze-out** *(Hoch)* Neutrinoentkopplung *f*
neutron activation spectrometry *(physCh)* INAA, instrumentelle (zerstörungsfreie) Neutronenaktivierungsanalyse *f*, Neutronenaktivierungsspektrometrie *f* *(Gegensatz: radiochemische Neutronenaktivierungsanalyse)*
~ **age equation** *(Kern)* Altersgleichung *f*, Fermi-Alter-Gleichung *f*, Age-Gleichung *f*, Fermische Differentialgleichung *f*
~-**beta detector** *(Kern)* s. self-powered detector
~ **burst** *(Kern)* *(einzelner, nichtperiodischer)* Neutronenblitz *m*, Neutronenimpuls *m*, Impuls *m*, Blitz *m* *(in der Reaktorkinetik)*
~ **capture** *(Kern)* 1. Neutroneneinfang *m*, (n,γ)-Reaktion *f*, Neutron-Gamma-Prozeß *m*, Strahlungseinfang *m* eines Neutrons; 2. Neutroneneinfang *m* *(andere Reaktion als (n,γ))*
~ **capture-to-fission ratio** *(Kern)* s. capture-to-fission ratio
~ **concentration** s. ~ density
~ **cross section** *(Kern)* Neutronenquerschnitt *m*, Wirkungsquerschnitt *m* für Neutronen
~ **current** *(Kern)* Neutronenstrom *m* *(Vektor)*
~-**deficient isotope** *(At)* neutronendefizites (neutronenarmes) Isotop *n*, Neutronenmangelisotop *n*
~ **density** *(Kern)* Neutronenanzahldichte *f*, Neutronen[zahl]dichte *f*, *(im Reaktor manchmal auch:)* Neutronenpopulation *f* (n cm^{-3})
~ **diffusion group** *(Kern)* Neutronenenergiegruppe *f*, Energiegruppe *f*, Neutronendiffusionsgruppe *f*

~ **embrittlement** *(Fest)* Neutronenversprödung *f*, neutroneninduzierte Versprödung *f*
~ **escape** *s.* ~ leakage
~ **flux** *(Kern)* 1. Neutronenflußdichte *f*, Flußdichte *f*, Neutronenfluß *m*, [über den Winkel integrierter] Fluß *m (Skalar, in n $cm^{-2} s^{-1}$)*; 2. Neutronenstrom *m (Strom freier Neutronen)*
~ **flux density** *s.* ~ flux 1.
~ -**flux-determined power** *(Kern)* Neutronen[fluß]leistung *f*, durch den Neutronenfluß bestimmte Leistung *f*, nukleare Leistung *f (eines Reaktors)*
~ **generation time** *(Kern)* Generationsdauer *f* [der Neutronen], Generationszeit *f*, mittlere Lebensdauer *f* der Neutronengeneration
~ **graphy** *s.* neutronography
~ **gun** *(Kern)* Neutronenkanone *f (erzeugt einen Strahl schneller Neutronen)*
~ **hardening** *(Kern)* Spektrumhärtung *f*, Härtung *f* des Neutronenspektrums, Neutronenhärtung *f*
~ **hardening by diffusion** *(Kern)* Diffusionshärtung *f (des Neutronenspektrums)*
~ **hardening by filters** *(Kern)* Filterhärtung *f*, Härtung *f* des Neutronenspektrums mittels Filter
~ **hardening by leakage** *(Kern)* Ausflußhärtung *f (des Neutronenspektrums)*
~ **howitzer** *(Kern)* Neutronenkanone *f (erzeugt einen grob kollimierten Neutronenstrahl)*
~ **inventory** *(Kern)* Neutronenbestand *m*, Neutroneninhalt *m*, Neutroneninventar *n (Gesamtzahl der zu gegebener Zeit vorhandenen freien Neutronen)*
~ **leakage** *(Kern)* Neutronen[austritts]verlust *m*, Neutronenausfluß *m*, Neutronenabfluß *m*, Neutronenleckage *f (z. B. aus einem Reaktorkern)*
~ -**magic nucleus** *(Kern)* Kern *m* mit magischer Neutronenzahl
~ **moderation** *s.* ~ slowing-down
~ **number** *(Kern)* Neutronenzahl *f*, Anzahl *f* der Neutronen im Kern, *N*
~ **number density** *s.* ~ density
~ **poison** *(Kern)* Neutronengift *n*, Gift *n*, *(innerhalb eines Reaktors auch:)* Reaktorgift *n*
~ **population** *(Kern)* 1. *s.* ~ density; 2. Neutronenpopulation *f (freie Neutronen, die sich zu einer bestimmten Zeit in einem System befinden)*
~ **producer** *(Kern)* 1. Neutronenerzeuger *m*, Neutronenerzeugungsreaktor *m (Kleinreaktor)*; 2. Neutronengenerator *m*
~ **pulse** *(Kern)* Neutronenimpuls *m (periodisch)*
~ **response** *(Kern)* Neutronenempfindlichkeit *f (eines Detektors)*
~ -**rich isotope** *(At)* neutronenreiches Isotop *n*, Isotop *n* mit Neutronenüberschuß, Neutronenüberschußisotop *n*

~ **slowing-down** *(Kern) (Kern)* Neutronenbremsung *f*, *(durch Stoß allein:)* Neutronenmoderierung *f*, Neutronenmoderation *f*
~ **slowing-down density** *(Kern)* Bremsdichte *f*, Neutronenbremsdichte *f*
~ **slowing-down theory** *(Kern)* Bremstheorie *f (der Neutronen)*
~ **slowing-down time** *(Kern)* Bremszeit *f*, Neutronenbremszeit *f (Abbremsung der Neutronen von der Spalt- auf thermische Energie)*
~ **small-angle scattering** *(Kern)* Neutronenkleinwinkelstreuung *f*, NKS
~ **softening** *(Kern)* Spektrumerweichung *f*, Aufweichung *f* des Neutronenspektrums, Neutronenerweichung *f*
~ **source reactor** *(Kern)* Quell[en]reaktor *m*, Neutronenquellreaktor *m*
~ **source strength** *(Kern)* Neutronenquellstärke *f*, Stärke (Ausbeute, Ergiebigkeit) *f* der Neutronenquelle *(in n s^{-1})*
~ **standard [source]** *(Kern)* Standardneutronenquelle *f*, Neutronenstandardquelle *f*, Neutronennormal *n*
~ **stream** *(Kern)* Neutronenstrom *m (ein Strom freier Neutronen)*
~ **streaming** *(Kern)* Neutronentransport *m* durch Kanäle und Spalte, Neutronenstreaming *n*, Strahlungsleck *n*
~ **thermalization** *(Kern)* Thermalisierung *f*, Neutronenthermalisierung *f*, Abbremsung *f* auf thermische Geschwindigkeit
~ **thermocouple** *(Kern)* Thermoelement *n* zum Neutronennachweis, Neutronenthermoelement *n*
~ **threshold detector** *(Kern)* Schwellwertdetektor *m*, Schwellen[wert]detektor *m*, Schwellwertsonde *f (für Neutronen)*
~ **transfer** *(Kern)* Neutronentransfer *m*, Neutronenübergang *m (in eine Kernreaktion)*
~ **velocity** *(Kern)* Neutronengeschwindigkeitsvektor *m*, Vektor *m* der Neutronengeschwindigkeit, [vektorielle] Neutronengeschwindigkeit *f*
~ **velocity selector** *(Kern)* Neutronenselektor *m*, Neutronengeschwindigkeitsselektor *m*
~ **width** *(Kern)* Neutronenbreite *f*
~ **yield** *(Kern)* Neutronenausbeute *f (einer Reaktion, in n s^{-1})*
~ **yield per absorption** *(Kern)* Neutronenausbeute *f* pro Absorption, Eta-Faktor *m*, Regenerationsfaktor *m*, Neutronen *npl* pro Absorption, mittlere Anzahl *f* der Spaltneutronen pro [im Brennstoff] absorbiertes [thermisches] Neutron
~ **yield per fission** *(Kern)* Neutronenausbeute *f* pro Spaltung, Ny-Faktor *m*, Neutronen *npl* pro Spaltung, [mittlere] Anzahl *f* der emittierten Neutronen pro Spaltung

neutronic-thermohydraulic model *(Kern)* [gekoppeltes] neutronenphysikalisch-

neutronics

thermohydraulisches Modell *n*, [gekoppelt] neutronisch-thermohydraulisches Modell *n*
neutronics *(Kern)* Neutronenphysik *f*, *(bei Reaktorsystemen auch:)* Neutronik *f*
neutronization of matter *(Kern)* Neutronisierung *f* der Materie, Proton-Neutron-Umwandlung *f*
neutronogram *(Fest)* Neutronenbeugungsbild *n*, Neutronenbeugungsaufnahme *f*, Neutronogramm *n*
neutronography *(Kern)* Neutronenradiographie *f*, *(bei der industriellen Anwendung auch:)* Neutronendefektoskopie *f*
neutrons per absorption s. neutron yield per absorption
~ **per fission** s. neutron yield per fission
new atmosphere *(Mech)* technische Atmosphäre *f*, at *(SI-fremde Einheit des Druckes; 1 at = 98066,5 Pa)*
~ **candle** *(Opt)* s. candle
Newcomb['s precession] constant *(Astr)* Präzessionskonstante *f*, Newcombsche Präzessionskonstante (Konstante) *f*
newton *(Mech)* Newton *n*, N *(SI-Einheit der Kraft; 1 N = 1 m · kg/s²)*
~**-meter of energy (torque)** *(Mech)* Joule, J, Newtonmeter *n*, Nm, N · m, Wattsekunde *f*, Ws
Newton formula for the stress *(Ström)* s. Newton's laws of fluid friction
~ **law of universal gravitation** *(Mech)* s. Newton's law of gravitation
Newtonian fluid *(Mech)* Newtonsche Flüssigkeit *f*, linear-reinviskose Flüssigkeit *f*, N-Körper *m*
~ **fluid flow** *(Ström)* Newtonsche Strömung *f*
~ **focus** *(Opt)* Newton-Fokus *m*, Primärfokus *m*
~ **frame [of reference]** *(Mech)* Galileisches (Newtonsches) Bezugssystem *n*
~ **friction law** *(Ström)* s. Newton's laws of fluid friction
~ **laws** *(Mech)* s. Newton's laws of motion
~ **principle of relativity** *(Mech)* Galileisches (klassisches) Relativitätsprinzip *n*, Relativitätsprinzip *n* der [klassischen] Mechanik
~ **response** *(Mech)* Newtonsches (rein viskoses) Verhalten *n*
Newton's axioms [of motion] *(Mech)* s. ~ laws of motion
~ **bucket experiment** *(Mech)* Newtonscher Eimerversuch *m*
~ **chromatometer** *(Opt)* Farbkreisel *m*, [Ostwaldscher] Farbenkreisel, [Newtonsches] Chromatometer *n*, Maxwellsche Scheibe *f*
~ **cooling equation** *(Therm)* Newtonsches Abkühlungsgesetz *n*, Newtonsche Abkühlungsgleichung *f*, Newtonscher Ansatz *m* [für den Wärmeübergang]
~ **equation** *(Ak)* Newtonsche Gleichung *f* [für die Schallgeschwindigkeit]

~ **first law [of motion]** *(Mech)* erstes Newtonsches Gesetz (Axiom) *n*, [Newtonsches] Trägheitsgesetz *n*, [allgemeines] Beharrungsgesetz *n*, Trägheitsprinzip *n*
~ **law** *(Mech)* s. ~ second law
~ **law I** s. ~ first law
~ **law for heat loss** *(Therm)* s. ~ cooling equation
~ **law of conjugate points** s. ~ lens formula
~ **law of fluid resistance** *(Ström)* s. ~ law of hydrodynamic resistance
~ **law of gravitation** *(Mech)* Newtonsches Gravitationsgesetz *n*, Gravitationsgesetz *n* [von Newton], Newtonsches Massenanziehungsgesetz (Gesetz) *f*
~ **law of hydrodynamic resistance** *(Ström)* Newtonsches Widerstandsgesetz *n*, Newtonsches Gesetz *n* für den hydrodynamischen Widerstand
~ **law of similarity** *(Ström)* Newtonsches Ähnlichkeitsgesetz *n*
~ **law of universal gravitation** *(Mech)* s. ~ law of gravitation
~ **laws of fluid friction** *(Ström)* Newtonscher Schubspannungsansatz (Reibungsansatz, Ansatz) *m*
~ **laws of motion** *(Mech)* Newtonsche Axiome *npl* [der Mechanik], Newtonsche Gesetze *npl*
~ **lens formula** *(Opt)* Newtonsche (Newtons) Abbildungsgleichung *f*, Grundgleichung *f* für die brechende Kugelfläche
~ **second law [of motion]** *(Mech)* zweites Newtonsches Gesetz (Axiom) *n*, [Newtonshes] Grundgesetz *n* der Mechanik, Newtonsches Beschleunigungsgesetz (Kraftgesetz) *n*, Grundgleichung *f* der Dynamik
~ **theory of light** *(Opt)* Korpuskulartheorie *f* [des Lichtes], Emanationstheorie (Emissionstheorie) *f* des Lichtes, ballistische Lichttheorie *f*
~ **third law [of motion]** *(Mech)* drittes Newtonsches Gesetz (Axiom) *n*, Reaktionsgesetz *n*, Gesetz *n* von Wirkung und Gegenwirkung, Wechselwirkungsprinzip *n*
Next European Tokamak *(Pl)* Nächster Europäischer Tokamak *m*, NET
next-nearest neighbour *(Krist)* zweitnächster Nachbar *m*, Nachbar *m* zweiter Sphäre
~**-to-end atom** *(At)* vorendständiges Atom *n*
NFE method *(Fest)* Methode *f* der fast freien Elektronen
NIAR *(Kern)* neutroneninduzierte Autoradiographie *f*, NIAR
night effect (error) *(El, Magn)* Polarisationsfehler *m*, Nachteffekt *m*, Dämmerungseffekt *m*
~**-sky light** *(Astr)* Nachthimmelslicht *n*

~-sky luminescence *(Astr)* Nachthimmelsleuchten *n*, atmosphärisches Eigenleuchten *n*, Luftleuchten *n*
~-time [meteor] shower *(Astr)* Nachtstrom *m (von Meteoren)*
~ [-time] visual range *(Opt)* Nachtsichtweite *f*, Nachtsicht *f*
NIM *(Kern)* s. 1. nodal integration method; 2. nuclear instrumentation module
nit *(Opt)* Candela *f* je Quadratmeter, cd/m^2
nitrogen[-carbon] cycle *(Astr, Pl)* s. carbon cycle
NLS equation *(Qu)* nichtlineare Schrödinger-Gleichung *f*, NLS-Gleichung *f*
NLS wave NLS-Welle *f*, Welle *f* der nichtlinearen Polarisationsquellen
NMR *(Kern)* s. nuclear magnetic resonance
no-bond resonance *(At)* Hyperkonjugation *f*, Baker-Nathan-Effekt *m*, Konjugation *f* zweiter Ordnung
~-field track *(Hoch)* Spur (Bahnspur) *f* in der feldfreien Nebelkammer
~-hair theorems *(Rel)* No-hair-Theoreme *npl*, Haarlosigkeitstheoreme *npl*, Theoreme *npl* von der Haarlosigkeit *(schwarzer Löcher)*
~-load power *(El)* Leerlaufleistung *f*, Nullastleistung *f*
~-mixing condition *(Ström)* Nichtmischungsbedingung *f*, Bedingung *f* für die Nichtmischung (Vermischungsfreiheit)
noble gas *(At)* Edelgas *n*, Inertgas *n*, *(selten:)* Heliumgruppengas *n*
~ potential *(physCh)* Edelmetallpotential *n (oder Potential angenähert gleich dem eines Edelmetalls)*
noctilucent train *(Astr)* Nachtschweif *m (eines Meteors)*
nocturnal arc *(Astr)* Nachtbogen *m*
~ glow *(Opt)* Nachtschein *m*
nodal distance 1. Knotenabstand *m*; 2. *(Opt)* Nodaldistanz *f*, Hauptpunktabstand *m*, Abstand *m* der Hauptpunkte
~ expansion method *(Kern)* nodale Entwicklungsmethode *f*, NEM
~ integration method *(Kern)* nodale Integrationsmethode *f*, NIM
~ line 1. *(Astr)* Knotenlinie *f*; 2. *(Mech)* Knotenlinie *f*, Knotenachse *f*
~ plane *(Opt)* Knotenebene *f*
~ point 1. Knoten *m (einer Schwingung oder stehenden Welle)*; 2. *(El)* Knoten[punkt] *m (in einem Übertragungssystem)*; 3. *(Opt)* Knotenpunkt *m (als Kardinalelement)*
~ surface Knotenfläche *f (z. B. einer Wellenfunktion)*
nodalization *(Kern, mathPh)* Nodalisierung *f*
nodding Nicken *n*, Taumeln *n*
node 1. s. nodal point 1.; 2. *(Astr)* Knoten *m*, Bahnknoten *m*; 3. *(El)* Knoten *m (in den Kirchhoffschen Gesetzen)*; 4. *(El)* Knoten *m*, Verbindungspunkt *m*, Verzweigungspunkt *m*, Anschlußpunkt *m (für zwei oder mehr Elemente)*; 5. *(mathPh)* Knotenpunkt *m*, Knoten *m*, Ecke *f (in einem Graphen oder Netzwerk)*
nodical month *(Astr)* drakonitischer Monat *m*, *(manchmal:)* drakonitischer Umlauf *m*
nodular reaction *(Fest, physCh)* Rekristallisation *f*
NOE spectroscopy, NOESY *(Spektr)* Kern-Overhauser-Effekt-Spektroskopie *f*, NOE-Spektroskopie *f*, NOESY
noise 1. *(Ak)* Geräusch *n*, *(speziell:)* Lärm *m*; 2. *(El)* Rauschen *n*; 3. *(El)* [elektrische] Störung *f*
~ admittance *(El)* Rauschleitwert *m*
~ background *(El)* Gesamtrauschen *n*, Störuntergrund *m*
~ decoupling *(Spektr)* Breitbandentkopplung *f*, BB-Entkopplung *f*, Rauschentkopplung *f*
~ dose *(Ak)* Lärmbelastung *f*
~ equivalent absorption *(Kern)* rauschäquivalente Absorption *f*
~ equivalent number of quanta *(Kern)* rauschäquivalente Quantenzahl *f*
~ equivalent power *(Opt)* äquivalente Rauschleistung *f*, NEP *(eines optischen Empfängers)*
~ factor (figure) *(El)* Rauschzahl *f*, (in dB oder Np auch:) Rauschmaß *n*
~ gating *(El)* Störaustastung *f*
~ immunity *(El)* Störsicherheit *f*
~ input temperature *(El, Magn)* Rauscheingangstemperatur *f (eines Masers)*
~ killing s. ~ gating
~ level 1. *(El)* Rauschpegel *m*; 2. *(Ak)* Geräuschpegel *m*, Lärmspiegel *m*, Störspiegel *m*
~ margin *(El)* Störabstand *m*, *(als Spannung:)* Störschwelle *f (in der Digitalelektronik)*
~ peak 1. *(Ak)* Geräuschspitze *f*, Lärmspitze *f*; 2. *(El)* Störimpuls *m*
~ power *(El, Kern)* Rauschleistung *f*
~ power attenuation *(El)* Störleistungsdämpfungsmaß *n*
~ power ratio *(El)* Störleistungsverhältnis *n*
~ power spectral density *(Kern)* spektrale Rauschleistungsdichte *f*
~ power spectrum *(Kern)* Rausch[leistungs]spektrum *n (eines Reaktors)*
~ rating number *(Ak)* Geräuschbewertungszahl *f*, Lärmbewertungszahl *f*
~ ratio *(El)* s. signal-to-noise ratio
~ suppression *(El)* Störspannungsunterdrückung *f*, *(allgemeiner:)* Geräuschunterdrückung *f*, Rauschunterdrückung *f*
~ suppressor *(El)* Rauschsperre *f*, Squelch *m*
~ voltage *(El)* 1. Rauschspannung *f (eines Rauschgenerators)*; 2. Störspannung *f (in einem Übertragungssystem)*

noisiness

noisiness *(Ak)* Lärmstärke *f*, Lärmigkeit *f*
noisy spectrum *(Kern, Spektr)* verrauschtes Spektrum *n*
nominal tensile strain *(Mech)* Lagrangesche Dehnung *f*
~ **throughput** *(Vak)* Nennsaugleistung *f*
~ **value** Nennwert *m*, Nominalwert *m*, nomineller Wert *m*, Sollwert *m* *(Größe)*
non-Abelian gauge theory *(Feld)* nichtabelsche Eichfeldtheorie (Eichtheorie) *f*
~-**adiabatic transition** *(At)* nichtadiabatischer (diabatischer) Übergang *m*
~-**anticipatory system** *(Reg)* kausales System *n*
~-**attaching gas** *(At)* attachmentfreies Gas *n*; Gas *n*, in dem keine Elektronenanlagerung stattfindet
~-**axial nucleus** *(Kern)* deformierter (nichtaxialer) Kern *m*
~-**bonding orbital** *(At, physCh)* lockerndes (bindungslockerndes, antibindendes, spinabgesättigtes) Orbital *n*, Antivalenzband *n*
~-**branching model** *(Tief)* Nichtverzweigungsmodell *n*, Landau-Modell *n* *(des Zwischenzustandes)*
~-**branching transition relation** *(Therm)* verzweigungslose Übergangsrelation *f*
~-**breeder [reactor]** *(Kern)* Nichtbrüter *m*, nichtbrütender Reaktor *m*
~-**breeding material** *(Kern)* nichtbrutfähiges Material *n*, Nichtbrutstoff *m*, Nichtbrutmaterial *n*
~-**capture disintegration** *(Kern)* Zerfall *m* ohne vorangehenden Einfang, Zerfall *m* ohne Zwischenkernbildung
~-**circuital field** *(mathPh)* s. ~-rotational field
~-**circularity** Kreisabweichung *f*
~-**close-packed structure,** ~-**close packing** *(Krist)* nichtdichte Packung *f*
~-**cluster nebula** *(Astr)* Feldnebel *m*
~-**cluster star** *(Astr)* Feldstern *m*
~-**coherence** Inkohärenz *f*, Nichtkohärenz *f*
~-**coherent interface** *(Krist)* Nichtverwachsungsfläche *f*, nichtkohärente Fläche *f*
~-**coherent unit** *(Meß)* systemfremde (nichtkohärente, inkohärente, systemfreie) Einheit *f*
~-**combination theorem** *(At, Qu)* Nichtkombinationssatz *m*
~-**commensurable propositions** *(Qu)* nichtkommensurable (nichtverträgliche) Aussagen *fpl*
~-**conservation of parity** *(Qu)* Nichterhaltung *f* der Parität, Paritätsverletzung *f*
~-**conservative motion** *(Krist)* Klettern *n*, nichtkonservative Bewegung *f* *(von Versetzungen)*
~-**continuous flow** *(Aero)* Knudsen-Strömung *f*, Nichtkontinuumsströmung *f*, Gemischtströmung *f*
~-**crossing rule** *(At)* Neumann-Wignersche Regel *f* *(für die potentielle Energie zweiatomiger Moleküle)*, Nichtüberkreuzungsregel *f*, Überkreuzungsverbot *n*

230

~-**cumulative dead time** *(Kern)* nichtblockierbare Totzeit *f*, [fest aufgeprägte] nichtausgedehnte Totzeit *f*
~-**Daltonian compound,** ~-**daltonide** *(At)* Berthollid *n*, berthollide (nichtdaltonide) Verbindung *f*, Nichtdaltonid *n*
~-**deformation of pulse shape** *(El)* Impulsformtreue *f*
~-**degeneracy** *(Qu)* Nichtentartung *f*
~-**dense packing** *(Krist)* nichtdichte Packung *f*
~-**designed accident** *(Kern)* auslegungsüberschreitender Störfall (Unfall) *m*
~-**destructive breakdown** *(Halbl)* nichtzerstörender Durchbruch *m*
~-**destructive testing [of materials]** *(Mech)* zerstörungsfreie Werkstoffprüfung (Materialprüfung, Prüfung) *f*, Defektoskopie *f*
~-**developable ruled surface** *(mathPh)* windschiefe Fläche *f*, windschiefe (nicht abwickelbare) Regelfläche *f*
~-**diagram line** *(At, Spektr)* Nichtdiagrammlinie *f*, Satellitenlinie *f*, Satellit *m*, Röntgensatellit *m* *(im Röntgenspektrum)*
~-**diffusible ion** *(physCh)* nichtdiffundierendes (nichtdiffusibles, indiffusibles) Ion *n*
~-**dilatational strain** *(Mech)* [reine] Gestalt[s]änderung, Deformation (Verformung) *f* ohne Volumenänderung
~-**dimensional group[ing]** Invariante *f* der Ähnlichkeit, Ähnlichkeitsinvariante *f*
~-**dimensional number (parameter)** *(Ström, Therm)* Ähnlichkeits[kenn]zahl *f*, [dimensionslose] Kennzahl *f*, Komplex *m*, *(als Verhältnis gleichartiger Größen manchmal:)* Simplex *m*
~-**directed bond** *(Fest)* ungerichtete Bindung *f*
~-**dispersive ion wave** *(Pl)* Ionenschallwelle *f*, ionenakustische Welle *f*, Pseudoschallwelle *f*
~-**echo chamber** *(Ak)* s. anechoic chamber
~-**eclipsed conformation** *(At)* gestaffelte Konformation *f*
~-**eddying flow** *(Ström)* wirbelfreie Strömung *f*
~-**elastic buckling** *(Mech)* unelastische (plastische) Knickung *f*
~-**elastic [interaction] cross section** *(Kern)* nichtelastischer Querschnitt (Wirkungsquerschnitt) *m*, Wirkungsquerschnitt *m* für nichtelastische Wechselwirkung, *(manchmal:)* non-elastischer Querschnitt *m*
~-**electrical noise [contribution]** *(Kern)* nichtelektrisches Rauschen *n* *(eines Strahlungsdetektors)*, Beitrag *m* des nichtelektrischen Rauschens *(zur Detektorlinienbreite)*
~-**equilibrium effect** Nichtgleichgewichtserscheinung *f*
~-**equilibrium thermodynamics** *(Therm)* Thermodynamik *f* der irreversiblen Pro-

zesse, Nichtgleichgewichtsthermodynamik *f*
~-**Euclidian space** *(mathPh)* nichteuklidischer (gekrümmter) Raum *m*
~-**faradic current** *(Ech)* Reststrom *m (bei der Polarographie)*
~-**favoured [beta] transition** s. normal allowed transition
~-**feasible method** *(Reg)* Zielkoordination[smethode] *f*, Preismethode *f*
~-**ferromagnetic synchrotron** *(Kern)* eisenloses Synchrotron *n*
~-**fertile material** *(Kern)* s. ~-breeding material
~-**fissile material** *(Kern)* nichtspaltbares (nichtspaltfähiges) Material *n*, Nichtspaltstoff *m*
~-**fission capture** *(Kern)* spaltungsloser Einfang *m*, Einfang *m* ohne Spaltung
~-**fission neutron** *(Kern)* nicht aus Spaltungsreaktionen stammendes Neutron *n*
~-**fission neutron source** *(Kern)* nicht auf Kernspaltung basierende Neutronenquelle *f*
~-**fissionable material** s. ~-fissile material
~-**fissioning neutron absorption** *(Kern)* spaltungslose Absorption *f*, Neutronenabsorption *f* ohne Spaltung
~-**fixed [radioactive] contamination** *(Kern)* nicht festhaftende [radioaktive] Kontamination *f*, nichtfixierte [radioaktive] Kontamination *f*
~-**flip scattered wave** *(Kern)* Streuwelle *f* mit ungeänderter Spinrichtung
~-**free point** *(Mech)* gebundener Massenpunkt *m*, gebundener (unfreier) Punkt *m*
~-**genuine vibration** *(At)* unechte (uneigentliche) Schwingung *f (eines Moleküls)*
~-**gravic interaction** *(Feld)* nichtgravische Wechselwirkung *f*
~-**halation plate** *(Phot)* lichthoffreie Platte *f*
~-**harmonic motion (oscillation)** anharmonische (nichtharmonische) Schwingung *f*, anharmonische Bewegung *f*
~-**homing system** *(Reg)* nicht in die Ausgangsstellung zurückkehrendes System *n*
~-**homogeneity** Heterogenität *f*, Inhomogenität *f*, Ungleichartigkeit *f*, Verschiedenartigkeit *f*
~-**Hookian body** *(Mech)* nichtlinear-elastischer Körper *m*
~-**ideal crystal** s. imperfect crystal
~-**ideal type II superconductor** *(Tief)* s. type III superconductor
~-**inductive load** *(El)* ohmsche Belastung (Last) *f*, Wirkbelastung *f*, Wirklast *f*
~-**inertia** *(Mech)* Trägheitslosigkeit *f*
~-**inertial frame of reference** *(Mech)* nichtinertiales Bezugssystem *n*, Nichtinertialsystem *n*
~-**interacting control** *(Reg)* autonome (unvermaschte) Regelung *f*
~-**interacting field** *(Feld)* wechselwirkungsfreies Feld *n*

~-**interchangeability** Unverwechselbarkeit *f*
~-**invertible matrix** *(mathPh)* singuläre (ausgeartete) Matrix *f*
~-**ionizing radiation** nichtionisierende Strahlung *f*
~-**leakage probability** *(Kern)* Verbleibwahrscheinlichkeit *f (für ein Neutron)*
~-**linear Newtonian fluid** *(Hydr)* nicht-Newtonsche Flüssigkeit *f*, nichtnewtonsche (strukturviskose, anomal fließende) Flüssigkeit *f*
~-**linear polarization source wave** NLS-Welle *f*, Welle *f* der nichtlinearen Polarisationsquellen
~-**linear radiation force** *(Pl)* nichtlineare Kraft *f*
~-**linear-viscoelastic fluid** *(Mech)* nichtlinear-viskoelastische Flüssigkeit *f*
~-**linear-viscous field** *(Mech)* nichtlinearereinviskose Flüssigkeit *f*, nichtlinear-viskose Flüssigkeit *f*
~-**luminous flame** *(physCh)* nichtleuchtende (entleuchtete, blaue) Flamme *f*
~-**magnetic material** *(Magn)* unmagnetisches (nicht magnetisierbares) Material *n*, *(speziell:)* unmagnetischer Werkstoff *m*
~-**minimum-phase system** *(Reg)* nicht phasenminimales Regelsystem (System) *n*, Nicht-Phasenminimumsystem *n*
~-**miscibility** *(physCh)* Nichtmischbarkeit *f*, Unmischbarkeit *f*
~-**moving observer** *(Rel)* ruhender Beobachter *m*
~-**occupied trap** *(Fest)* unbesetzte (nichtbesetzte, leere) Haftstelle *f*
~-**orientation** Unorientiertheit *f*
~-**orthogonality** *(El)* Orthogonalitätsfehler *m (eines Oszillographen)*
~-**perturbative [treatment of] gauge theory** *(Feld)* nichtperturbative Eichfeldtheorie *f*, nichtstörungstheoretische Behandlung *f* der Eichfeldtheorie
~-**polar case** *(Mech)* nichtpolarer Spannungszustand (Fall) *m*
~-**polar group** *(At)* apolarer Rest *m*
~-**productive capture** *(Kern)* nichtproduktiver (unproduktiver) Einfang *m*, Verlusteinfang *m (ohne Vermehrung der freien Teilchen)*
~-**quantum mechanics** *(Mech)* Nichtquantenmechanik *f* (Newtonsche und Einsteinsche klassische Mechanik)
~-**radioactive area** *(Kern)* inaktiver (nichtradioaktiver, aktivitätsfreier, kalter) Bereich *m*
~-**rational[ized] quantity** nichtrationale (nichtrational definierte) Größe *f*
~-**reactive coupling** rückwirkungsfreie (reaktionsfreie) Kopplung *f*
~ **reactive load** *(El)* ohmsche Belastung (Last) *f*, Wirkbelastung *f*, Wirklast *f*
~-**reactive power** *(El)* Wirkleistung *f (Effektivwert)*

~-**reciprocal polarization (wave) rotator** *(El, Magn)* Faraday-Rotator *m*, Polarisationsdreher *m*
~-**rectifying junction** *(Halbl)* sperrfreier (sperrschichtfreier) Übergang *m*
~-**reflection attenuation** *(El)* Anpassungsdämpfung *f*, *(als Größe:)* Anpassungsdämpfungsmaß *n*
~-**relativistic limit** *(Hoch)* nichtrelativistischer Grenzfall (Fall) *m*
~-**return-flow water tunnel** *(Hydr)* offener Wasserkanal *m*
~-**return-flow wind tunnel** *(Aero)* offener Windkanal *m*, Windkanal *m* ohne Luftrückführung
~-**reverberant room** *(Ak)* nachhallfreier Raum *m*
~-**reversibility** Irreversibilität *f*, Nichtumkehrbarkeit *f*
~-**Ritz term** *(Qu, Spektr)* nicht-Ritzscher Term *m*, verschobener (gestrichener) Term *m*
~-**rotational field** *(mathPh)* wirbelfreies Feld *n*, wirbelfreies Vektorfeld *n*, rotationsfreies (potentiales) Vektorfeld *n*
~-**rotational strain** *(Mech)* drehungsfreie Verformung (Deformation) *f*
~-**saturating bond** *(At)* nichtabsättigbare Bindung *f*
~-**selective diffuser** *(Opt)* s. neutral diffuser
~-**selective radiator** *(Therm)* grauer Körper (Strahler) *m*, Graustrahler *m*
~-**self-luminous source (surface)** *(Opt)* Nichtselbstleuchter *m*, nichtselbstleuchtende Fläche *f*
~-**self-maintained conduction** *(Fest)* unselbständige Elektronenleitung (Leitung) *f*
~-**self-maintained discharge** *(El)* unselbständige Entladung (Gasentladung) *f*
~-**setting star** *(Astr)* nichtuntergehender Stern *m*
~-**shower meteor** *(Astr)* sporadischer Meteor *m*
~-**simple diffractive event** *(Hoch)* nicht einfach diffraktives Ereignis *n*
~-**sinusoidal wave** 1. nichtsinusförmige (komplexe) Welle *f*; 2. *(El, Magn)* nichtsinusförmige (verzerrte) Welle *f*
~-**slipping flow** *(Ström)* schlupflose (schlupffreie) Strömung *f*
~-**specular reflection** *(Ak, El, Magn, Opt)* Remission *f*, diffuse (gestreute) Reflexion *f*, Streureflexion *f*
~-**spot prominence** *(Astr)* Protuberanz *f* außerhalb von Sonnenflecken
~-**standard progagation** *(El, Magn)* Überreichweite *f*
~-**stationary noise** *(Ak)* unstetiges Geräusch *n*
~-**stationary satellite** *(Aero)* nichtstationärer (nichtsynchroner) Satellit *m*

~-**steady behaviour** *(Kern)* transientes (instationäres) Verhalten *n* *(eines Reaktors)*
~-**steady noise** *(Ak)* unstetiges Geräusch *n*
~-**steady-state method** *(Ech)* Transientenmethode *f*, Einschwingmethode *f*
~-**strange hadron** *(Kern)* nichtseltsames Hadron *n*
~-**streamline[d] body** *(Ström)* schlecht umströmbarer Körper *m*
~-**swelling agent** *(physCh)* Quellfestmittel *n*
~-**synchronous excitation** *(El, Magn)* asynchrone Erregung *f* *(einer Schwingung)*
~-**synchronous satellite** s. ~-stationary satellite
~-**thermal decimetric emission** *(Astr)* nichtthermische Dezimeterwellenstrahlung, DIM *(des Jupiters)*
~-**thermal emission** *(Astr)* nichtthermische Radiofrequenzstrahlung (RF-Strahlung, Strahlung) *f*
~-**thermal radiation** 1. *(El, Magn)* nichtthermische Strahlung *f*; 2. *(Astr)* s. ~-thermal emission
~-**threshold hypothesis** *(Kern)* Konzeption *f* *(der Strahlenwirkung)* ohne Annahme eines Schwellenwertes
~-**tracking** *(El)* kriechstromfest
~-**translucent medium** *(Opt)* adiaphanes (nicht durchscheinendes) Medium *n*
~-**transparency** *(Opt)* Opazität *f*, Lichtundurchlässigkeit *f*, Lichtdichtigkeit *f*, Undurchsichtigkeit *f* *(Eigenschaft)*
~-**turbulence** *(Ström)* Turbulenzfreiheit *f*
~-**uniform magnetic field** *(Magn)* nichthomogenes (inhomogenes, ungleichförmiges) Magnetfeld *n*
~-**uniform strain** *(Mech)* ungleichförmige Verformung (Deformation) *f*
~-**uniform stress** *(Mech)* ungleichförmige (ungleichmäßige) Spannung *f*, *(speziell:)* ungleichförmige (ungleichmäßige) Beanspruchung *f*
~-**uniformity coefficient** *(Ström)* Ungleichförmigkeitskoeffizient *m*
~-**uniformity of flow** *(Ström)* Strömungsungleichheit *f*
~-**uniformity of the interaction** *(Krist)* Gitteranisotropie *f*
~-**uniformly accelerated (variable) motion** *(Mech)* ungleichförmig beschleunigte Bewegung *f*
~-**varying constraint** *(Mech)* skleronome (starre, starrgesetzliche) Bindung *f*, skleronome Bedingung (Zwangsbedingung, Bedingungsgleichung) *f*
~-**virgin neutron** *(Kern)* nichtjungfräuliches (degradiertes) Neutron *n* *(hat durch mindestens einen Stoß Energie verloren)*
~-**viscous flow** *(Ström)* reibungsfreie (reibungslose) Strömung *f*

~-viscous fluid *(Ström)* reibungsfreies Fluid *n*, reibungsloses (ideales) Fluid *n*, *(speziell:)* reibungsfreie (reibungslose, ideale) Flüssigkeit *f*
~-vortical field *s.* **~-rotational field**
~-wetting *(physCh, Ström)* Nichtbenetzung *f*
~-wetting liquid *(physCh, Ström)* nicht[be]netzende Flüssigkeit *f*
nonblackbody *(Therm)* nichtschwarzer Körper (Strahler) *m*
noneuclidian space *s.* non-Euclidian space
noon interval *(Astr)* Mittagsintervall *n*
Nordheim equation *(Kern)* Inhour-Gleichung *f*, Inhour-Formel *f*, Nordheim-Gleichung *f*
norm topology *(mathPh)* starke Topologie *f (auf einem normierten Vektorraum)*
normal acceleration *(Mech)* Normalbeschleunigung *f*, Zentripetalbeschleunigung *f*, Normalkomponente (Zentrifugalkomponente) *f* der Beschleunigung
~ **acoustic impedance** *(Ak)* Normalkomponente *f* der Impedanz, Normalimpedanz *f*, Normalwiderstand *m*
~ **allowed [beta] transition** *(Kern)* nichtbegünstigter (normaler, normalerlaubter) Übergang (Betaübergang, β-Übergang) *m*
~ **auditory sensation area** *(Ak)* Normalhörfläche *f*
~ **band** 1. *(At, Spektr)* Normalbande *f (dem Grundzustand des Moleküls entsprechend)*; 2. *(Fest)* Normalband *n*
~ **coordinates** *(Mech)* Normalkoordinaten *fpl*, Hauptkoordinaten *fpl*, Rayleighsche Koordinaten *fpl (gekoppelter Systeme)*
~ **coupling** *(Hoch)* schwache (normale) Kopplung *f*
~ **curve** *(mathPh)* Gauß-Kurve *f*, Gaußsche Kurve (Glockenkurve) *f*, Normal[verteilungs]kurve *f*
~ **density** *(physCh)* Normdichte *f (bei 20 °C und 0,101308 MPa)*
~ **depth** *(Hydr)* normale Tiefe *f (senkrecht zur Strömungsrichtung)*
~ **distribution** *(mathPh)* *s.* Gaussian distribution
~ **distribution function** *s.* Gaussian error function
~ **fluid** *(Tief)* normale (normalflüssige) Komponente *f*, Normalkomponente *f (des Heliums)*
~ **force** 1. Normalkraft *f*, Normalkomponente *f* der Kraft; 2. *(Aero)* Normalkraft *f*; 3. *(Mech)* Längskraft *f*, *(manchmal:)* Normalkraft *f*, *(selten:)* Axialkraft *f (in einem Stabquerschnitt)*
~ **force coefficient** *(Aero)* Auftriebsbeiwert *m*, Auftriebszahl *f*
~ **form transformation** Transformation *f* auf die Normalform, Normalformtransformation *f*
~ **frequency** 1. *(El)* Normalfrequenz *f*, *(speziell:)* Eichfrequenz *f*, Einheitsfrequenz *f*; 2. *(Mech)* Normalfrequenz *f*, Fundamentalfrequenz *f*, Hauptfrequenz *f*, Eigenfrequenz *f (gekoppelter Systeme)*
~ **frequency curve** *(mathPh)* *s.* ~ curve
~ **function** *(mathPh)* normierte Funktion *f (mit Norm 1)*
~ **impact** *(Mech)* 1. senkrechter Stoß *m*; 2. senkrechter Aufschlag *m (eines Geschosses)*
~ **impedance** 1. *(Ak)* *s.* ~ acoustic impedance; 2. *(El)* Leerlaufeingangsimpedanz *f (eines Wandlers)*
~ **incidence absorptivity** *(El, Magn)* Absorptionsgrad *m* für senkrechten Einfall
~ **incidence reflectivity** *(El, Magn)* Reflexionsgrad *m* für senkrechten Einfall
~ **induction** *(El, Magn)* Grenzinduktion *f*, maximale Induktion *f (bei Wechselmagnetisierung)*
~ **law of errors** *(mathPh)* [Gaußsches] Fehlergesetz *n*, Fehlergleichung *f*
~ **level** *(Qu)* Grundniveau *n*, *(manchmal:)* Grundwert *m* der Energie, niedrigstes Energieniveau *n (eines Teilchens)*
~ **magnetization curve** *(Magn)* Neukurve *f* [der Magnetisierung], Neukurve (Erstkurve) *f* der magnetischen Induktion, Magnetisierungs[neu]kurve *f*
~ **mass effect** *(At)* normaler Kernmasseneffekt *m* [der Isotopie]
~ **mode** Normalschwingung *f*, Hauptschwingung *f*, Normalmode *f (gekoppelter Systeme)*
~-mode approach *(Kern)* Casesche Methode *f*, Methode *f* der singulären Eigenfunktionen
~-mode rejection ratio *(El)* Normalmodenempfindlichkeit *f*
~ **mole volume** *(physCh)* molares (stoffmengenbezogenes) Volumen *n*, Molvolumen *n*
~-multiplet *(Spektr)* regelrechtes (reguläres, normales) Multiplett *n*, Multiplett *n* mit normaler Termordnung
~ **operating Mach number** *(Aero)* Normalbetriebs-Mach-Zahl *f*, normale Flug-Mach-Zahl *f*
~ **oscillation** *s.* ~ mode
~ **photoelectric effect (emission)** *(El)* *s.* photoemission 1.
~ **position** 1. *(El, Meß)* Nennlage *f*, Vorzugslage *f*; 2. *(Opt)* Normalstellung *f (in der Polarisationsoptik)*
~ **pressure** Normdruck *m*, Normaldruck *m* $(101\,325\,N\,m^{-2})$
~-pressure drag *(Ström)* Druckwiderstand *m*, Formwiderstand *m*
~-pressure drag coefficient *(Ström)* Druckwiderstandsbeiwert *m*, Formwiderstandsbeiwert *m*
~-probability paper *(mathPh)* Gauß-Papier *n*, Gaußsches Papier *n*, Wahrscheinlichkeitspapier *n*

normal

- **process** *(Fest)* N-Prozeß *m*, Normalprozeß *m*, Phonon-Phonon-N-Prozeß *m*
- **ray** *(Opt)* Normalstrahl *m*, *(speziell:)* senkrecht einfallender Strahl *m*, *(speziell:)* senkrecht austretender Strahl *m*
- **shock** *(Aero)* senkrechter Verdichtungsstoß *m*
- **solution** *(physCh)* 1-normale Lösung *f*, 1 N Lösung, 1 n Lösung *(nicht empfohlen, ausdrücken durch $c_{equ} = 1\ mol/l$)*
- **spectrum** *(Opt)* Gitterspektrum *n*, Normalspektrum *n*
- **state** *(Qu)* Grundzustand *m*, Normalzustand *m*
- **stress** *(Mech)* 1. Normalspannung *f*, Normalkomponente *f* der Spannung; 2. Normalspannungszustand *m*
- **stress law** *(Mech)* Normalspannungsgesetz *n* [von Sohncke], Normalspannungshypothese *f*
- **-superconducting boundary** *(Tief)* Grenze *f* von Normal- und Supraleitung
- **surface** *(Krist, Opt)* Normalenfläche *f*, Wellennormalenfläche *f*, Wellengeschwindigkeitsfäche *f*
- **temperature** Normtemperatur *f*, Normaltemperatur *f*
- **term** *(Spektr)* Grundterm *m*, Term *m* des Grundzustandes
- **[unit] vector** *(mathPh)* Normalenvektor *m*, Normal[eneinheits]vektor *m*
- **vibration** 1. *s.* ~ mode; 2. *(At)* Normalschwingung *f (eines Moleküls)*

normality 1. *(mathPh)* Normalität *f (Statistik)*; 2. *(physCh)* Äquivalentkonzentration *f*, *(nicht empfohlen:)* Normalität *f*, N *(x-normal ausdrücken als x mol/l)*

normalization factor *(mathPh)* Normierungsfaktor *m*
- **of wave function** *(Qu)* Normierungsbedingung *f*, Normierung *f* der Wellenfunktion

normalized detectivity *(Opt)* normierte Rauschempfindlichkeit *f (eines optischen Empfängers)*
- **fan-in** *(El)* Einheitslast *f*
- **frequency** *(Opt)* normierte Frequenz *f*, V-Nummer *f (einer optischen Faser)*
- **function** *(mathPh)* normierte Funktion *f (mit Norm 1)*
- **impact-sound level** *(Ak)* Normtrittschallpegel *m*
- **orthogonal system** *(mathPh)* Orthonormalsystem *n*, normiertes Orthogonalsystem *n*, orthonormiertes System *n*
- **power spectral density** *(Kern)* normierte Spektraldichte (spektrale Leistungsdichte) *f*
- **root-mean-square value** *(Kern)* relative mittlere Rauschamplitude *f*, normierter RMS-Wert *m*, NRMS-Wert *m*
- **susceptance** *(El)* normierter Blindleitwert *m*

north polar distance *(Astr)* Poldistanz *f*, PD, *(manchmal:)* Polabstand *m*, Nordpolabstand *m*, Polardistanz *f (im Äquatorialsystem)*
- **polar sequence** *(Astr)* Polsequenz *f*, Nordpolsequenz *f*, [internationale] Polfolge *f*

North star *(Astr)* Polarstern *m*, Nordstern *m*, Stella *f* Polaris, Polaris *f*

northbound node *(Astr)* aufsteigender Knoten *m*

northerly turning error *(Aero)* Drehfehler *m (des Magnetkompasses)*

northern autumnal equinox *(Astr)* 1. Herbstäquinoktium *n*, Herbst-Tagundnachtgleiche *f*; 2. Herbstpunkt *m*, Waagepunkt *m*, Herbstäquinoktium *n*

nose cone *(Aero)* Nasenkegel *m*, Spitze *f (einer Rakete)*
- **dive** *(Aero)* Sturzflug *m*
- **-down [pitching] moment** *(Aero)* negatives Kippmoment *n*, kopflastiges Längsmoment *n*
- **heaviness** *(Ström)* Kopflastigkeit *f*
- **shock [wave]** *(Aero)* von der Spitze ausgehender Verdichtungsstoß *m*, anliegender Verdichtungsstoß *m*
- **-to-tail staging** *(Aero)* Stufenprinzip *n* mit übereinander (hintereinander) angeordneten Raketenstufen

notation *(mathPh)* 1. Notation *f*, Bezeichnungsweise *f*, Schreibweise *f*; 2. Stellenschreibweise *f*, Darstellung *f* im Stellenwertsystem (Positionssystem); 3. Bonitur *f (Statistik)*

notch brittleness *(Mech)* Kerbsprödigkeit *f*
- **ductility** *(Mech)* Brucheinschnürung *f* im Kerbquerschnitt *(beim Kerbschlagzugversuch)*
- **factor** *(Mech)* Kerbwirk[ungs]zahl *f*, Kerbeinflußzahl *f*, Kerbfaktor *m*
- **sensitivity** *(Mech)* Kerbempfindlichkeit *f*
- **strength** *(Mech)* Kerb[schlag]zähigkeit *f*, Kerbschlagwert *m*, Schlagzähigkeit *f (einer gekerbten Probe, Größe)*
- **test** *(Mech)* Zeitstandversuch *m* an gekerbten Proben
- **toughness** *(Mech)* Kerb[schlag]zähigkeit *f (Eigenschaft)*

notched-bar test *(Mech)* Kerbschlagbiegeversuch *m*, *(selten:)* Kerbschlagversuch *m*
- **tensile test** *(Mech)* Kerbschlagzugversuch *m*

notching *(Mech)* Kerbung *f*, Einkerbung *f*, Einschnitt *m (Vorgang)*

nova *(Astr)* Nova *f*, Neuer Stern *m*, temporärer Veränderlicher *m*
- **-like variable** *(Astr)* novaähnlicher Veränderlicher *m*
- **outburst** *(Astr)* Novaausbruch *m*, Helligkeitsausbruch (Lichtausbruch) *m* einer Nova

nowhere space-like curve *(Rel)* kausale (nirgends raumartige) Kurve *f*

nox *(Opt)* Nox n, nx *(SI-fremde Einheit der Beleuchtungsstärke; 1 nx = 10^{-3} lx)*
noy *(Ak)* Noy n *(SI-fremde Einheit der empfundenen Lärmstärke)*
nozzle capacity *(Ström)* Düsenleistung f
~-**contraction-area ratio** *(Aero)* Verhältnis n Eintrittsquerschnitt zu engster Querschnitt *(der Düse)*
~-**divergence loss factor** *(Ström)* Verlustbeiwert, Düsenverlustbeiwert m
~ **efficiency** *(Ström)* Düsenwirkungsgrad m
~ **exit area** *(Aero)* Endquerschnitt m, Austrittsquerschnitt m, Düsenendquerschnitt m, Düsenaustrittsquerschnitt m
~-**expansion ratio** *(Aero)* Erweiterungsverhältnis n, Düsenerweiterungsverhältnis n
~ **flapper** *(Ström)* Prallplatte f, Düsenprallplatte f
~ **process (separation)** *(Kern, physCh)* Trenndüsenverfahren n, Isotopentrennung f nach dem Trenndüsenverfahren
~ **separator** *(Kern, physCh)* Trenndüse f, Schäldüse f
~ **throat area** *(Ström)* engster (kritischer) Querschnitt m, Einschnürung f, kritischer Düsenquerschnitt m *(Größe)*
~ **thrust coefficient** *(Aero)* Schubbeiwert m *(einer Düse)*
Np *(El)* s. neper
N.P.D., NPD *(Ak)* s. north polar distance
N.P.L. = National Physical Laboratory
NPL *(Opt)* nuklear gepumpter Laser m, NPL
NPL-driven fusion reactor, NPLFR *(Pl)* Fusionsreaktor m mit NPL-Treiber, NPL-getriebener Fusionsreaktor m
NPSD *(Kern)* s. normalized power spectral density
NR region *(Kern)* nichtrelativistisches Gebiet n, NR-Gebiet n
NRMS value *(Kern)* normierter RMS-Wert m, NRMS-Wert m, relative mittlere Rauschamplitude f
nt *(Opt)* s. nit
NTC = negative temperature coefficient
NTC resistor *(Halbl)* Thermistor m, Heißleiter m, NTC-Widerstand m, Thernewid m
NTU *(physCh)* s. number of transfer units
nu factor *(Kern)* s. neutron yield per fission
~-**focu[s]sing [magnetic] horn** *(Hoch)* Neutrinohorn n, magnetisches Horn n zur Fokussierung von Neutrinos (Neutrinostrahlen)
~ **value** *(Opt)* Abbesche Zahl f, Abbe-Zahl f
Nubecula Major *(Astr)* Große Magellansche Wolke f
Nuckolls compression scheme *(Pl)* gasdynamisches Ablations-Kompressionsschema n [von Nuckolls]

nuclear accident *(Kern)* nuklearer Störfall (Unfall) m
~ **adiabatic demagnetization** s. ~ cooling
~ **angular momentum** Kernspin m, *(manchmal:)* Kerndrehimpuls m
~ **astrophysics** Atomkernphysik f, nukleare Astrophysik f
~ **barrier** *(Kern)* Gamow-Berg m, Gamow-Wall m, Gamow-Potentialwall m *(Alphazerfall)*
~ **battery** *(El, Kern)* Radionuklidbatterie f, RNB, Isotopenbatterie f, *(im allgemeinen nur für Thermionik- und thermoelektrische Konverter:)* Radionuklidgenerator m, Isotopengenerator m
~ **Bohr magneton** s. ~ magneton
~ **boundary** Rand m *(eines Atomkerns)*, Kernrand m
~ **breeding** *(Kern)* Erbrüten n *(von Spaltstoff)*, Brüten n, Brutvorgang m
~ **burning** *(Astr, Pl)* Fusionsbrennen n, nukleares Brennen n
~ **capture** *(Kern)* Einfang m, Strahlungseinfang m, Kerneinfang m *((x, γ-)Prozeß, wobei x ein Teilchen bedeutet)*
~ **chain** s. ~ series
~-**chain-reacting medium** *(Kern)* multiplizierendes Medium n
~ **charge** Kernladung f *(Ze)*
~ **conversion ratio** s. conversion factor 1.
~ **cooling** *(Tief)* adiabatische Entmagnetisierung (Abkühlung) f eines [paramagnetischen] Kernspinsystems, nukleare adiabatische Abkühlung f, [adiabatische] Kernabkühlung f
~ **core** *(Kern)* Rumpf m, Kernrumpf m
~ **cow** *(Kern)* Radionuklidgenerator m, Isotopengenerator m
~ **dating** s. radioactive age determination
~ **debris** Kerntrümmer pl
~ **decay** s. ~ disintegration
~ **demagnetization** *(Tief)* Kernentmagnetisierung f, Entmagnetisierung f eines [paramagnetischen] Kernspinsystems
~ **density** Dichte f der Kernmaterie, Kerndichte f, Massendichte (Materiedichte) f im Atomkern
~ **detector** Kernstrahlungsdetektor m, Kernstrahlungsnachweisgerät n
~ **disintegration** Kernzerfall m, spontane (natürliche) Kernumwandlung f
~ **disintegration chain** 1. Zerfallskette f, Zerfallsreihe f, Zerfallsfolge f, Umwandlungsfolge f *(von Atomkernen oder Teilchen)*; 2. Folge f von Kernumwandlungen (radioaktiven Umwandlungen), radioaktive Zerfallskette (Zerfallsreihe) f *(induzierte oder spontane Umwandlung)*
~ **disintegration energy** Zerfallsenergie f, Q-Wert m, Q, Kernumwandlungsenergie f
~ **electricity** Strom m aus Kernenergie, nuklear erzeugter Strom m
~ **electric power source** *(El)* Radionuklid-Stromquelle f

nuclear

- **electromagnetic pulse** [nuklearer] elektromagnetischer Impuls *m (bei einer thermonuklearen Explosion)*
- **emulsion** Kern[spur]emulsion *f*, kernphysikalische Emulsion *f*
- **emulsion plate** Kernspurplatte *f*, Kernemulsionsplatte *f*
- **energy** Kernenergie *f*, Atomkernenergie *f (freigesetzt bei einer Kernreaktion, bei Spaltung oder Fusion)*
- **energy-level diagram** Kernniveauschema *n*, Kerntermschema *n*
- **evaporation** Kernverdampfung *f*
- **excursion** *(Kern)* s. excursion 2.
- **explosion** *(Hoch)* Fragmentierung *f*, Fragmentation[sreaktion] *f*, Kernzertrümmerung *f*, Kernexplosion *f*
- **film** Kernspurfilm *m*, Film *m* für Kernspuraufnahmen
- **fireball model** *(Hoch)* nukleares Feuerballmodell *n*, Firestreakmodell *n (von relativistischen Schwerionenreaktionen)*
- **fission** s. fission
- **fluid** *(Kern)* Kernflüssigkeit *f (im Tröpfchenmodell)*
- **fluorescence** *(Kern)* Kern[resonanz]fluoreszenz *f*
- **force meson** *(Hoch)* Pion *n*, Pi-Meson *n*, π-Meson *n*
- **fragment** Kernbruchstück *n*, Bruchstück *n*, Kernfragment *n*, Fragment *n*
- **frame** s. ~ core
- **fuel** Kernbrennstoff *m*, Reaktorbrennstoff *m*, [nuklearer] Brennstoff *m*
- **fuel cycle** Kernbrennstoffzyklus *m*, KBZ, Brennstoffkreislauf *m*
- **fusion** Kernfusion *f*, Fusion *f*, *(manchmal:)* Kernverschmelzung *f*, Kernsynthese *f*, Kernaufbau *m*, Kernvereinigung *f*
- **fusion energy** *(Pl)* thermonukleare Energie *f*, Fusionsenergie *f*, Kernverschmelzungsenergie *f (bei der thermonuklearen Fusion freigesetzt)*
- **fusion reactor** *(Pl)* Fusionsreaktor *m*, Kernfusionsreaktor *m*, thermonuklearer Reaktor *m (auf Basis einer thermonuklearen Reaktion)*
- **fusion temperature** *(Pl)* Fusionstemperatur *f*, Fusionspunkt *m*, Kernverschmelzungstemperatur *f*
- **fusion yield** *(Pl)* Fusionsausbeute *f*, Ausbeute *f* einer Fusionsreaktion
- **g-factor** Kern-g-Faktor *m*, g-Faktor *m* des Kernspins
- **gamma[-ray] resonance** *(Kern)* Mößbauer-Effekt *m*, rückstoßfreie Kernresonanz[absorption] *f*
- **gauge** Radionuklidmeßgerät *n*, Isotopenmeßgerät *n*, kerntechnisches (isotopentechnisches) Meßgerät *n (unter Verwendung von Radionuklid-Strahlungsquellen)*
- **~-grade material** nukleinreines Material *n*, Material *n* nuklearer Qualität
- **~-grade purity** nukleare Reinheit *f*
- **heat source** Radionuklid-Wärmequelle *f*, Isotopenwärmequelle *f*
- **~-inactive particle** kerninaktives (kernfremdes) Teilchen *n*
- **induction** s. ~ magnetic resonance
- **instrumentation module** nuklearer Instrumentierungsmodul *m*, NIM
- **interaction** *(Feld, Hoch)* starke Wechselwirkung *f*, *(manchmal:)* Kernwechselwirkung *f*, hadronische Wechselwirkung *f*
- **isomer** Isomer *n*, Kernisomer *n*, isomerer Kern *m*
- **isomerism** Isomerie *f*, Kernisomerie *f*, Isomerie *f* des Atomkerns
- **isotope** Isotop *n*, Kernisotop *n*, isotoper Kern *m*
- **laser** *(Opt)* nuklear gepumpter Laser *m*, NPL
- **level diagram** Kernniveauschema *n*, Kerntermschema *n*
- **lifetime** Lebensdauer *f* des Kernniveaus
- **magnetic resonance [absorption]** *(Kern)* Kernspinresonanz *f*, magnetische (paramagnetische) Kernresonanz *f*, NMR, [magnetische] Kernresonanzabsorption *f*, kernmagnetische Resonanz *f (Bezeichnung nach Purcell)*, Kerninduktion *f (Bezeichnung nach Bloch)*
- **magneton** Kernmagneton *n*
- **mass surface** *(Feld, Hoch)* Massenfläche *f*, Kernmassenfläche *f (in Z,N-Koordinaten)*
- **material flow** Kernmaterialfluß *m*, *(speziell:)* Spaltstoffluß *m*
- **motion (movement)** *(At)* Kernmitbewegung *f*, Mitbewegung (Bewegung) *f* des Kerns, Kernbewegung *f (im Bohrschen Atommodell)*
- **number** Massenzahl *f*, Nukleonen[an]zahl *f (eines Atomkerns, A)*
- **oscillation energy** *(At)* Kernschwingungsenergie *f*, Energie *f* der Kernschwingungen *(in einem Molekül)*
- **paramagnetic resonance** s. ~ magnetic resonance
- **parent** 1. *(Kern)* Mutternuklid *n*, Muttersubstanz *f (Anfangsglied einer radioaktiven Zerfallsreihe)*; 2. Ausgangsnuklid *n*, Mutternuklid *n (irgendein vorangehendes Glied einer Zerfallskette)*
- **particle track** s. ~ track
- **photograph** *(Hoch)* Kernspuraufnahme *f*, Spuraufnahme *f*
- **poison** Neutronengift *n*, Gift *n*, *(innerhalb eines Reaktors auch:)* Reaktorgift *n*
- **potential** Kern[kraft]potential *n*, Potential *n* der Kernkräfte
- **potential energy** potentielle Energie *f* des Atomkerns
- **potential scattering** Kernpotentialstreuung *f*, Potentialstreuung *f* am Kern (Atomkern)
- **power** 1. [nutzbare] Kernenergie *f*, Kernkraft *f*; 2. s. neutron flux-determined power

~ **power generator** s. ~ battery
~ **power source** (Kern) Radionuklid-Energiequelle f
~ **pumped laser driven fusion reactor** (Pl) Fusionsreaktor m mit NPL-Treiber, NPL-getriebener Fusionsreaktor m
~ **radiation** 1. radioaktive (nukleare) Strahlung f, Kernstrahlung f, Nuklearstrahlung f, Atomstrahlung f; 2. Kernstrahlung f (vom Atomkern emittiert)
~ **reactor** s. reactor 1.
~ **rearrangement** Kernumordnung f
~ **recoil method (technique)** Methode f des Kernrückstoßes, Rückstoßmethode f
~ **resonance absorption** s. ~ magnetic resonance
~ **resonance (resonant) scattering** Resonanzstreuung f, Kernresonanzstreuung f
~ **rotational level** Kernrotationsniveau n, Rotationsniveau n des Kerns (Atomkerns)
~ **safety** nukleare Sicherheit f
~ **sciences** Kernwissenschaften fpl
~ **screening** (At) Abschirmung f [des Kerns], Abschirmung f des nuklearen Coulomb-Feldes, Kernabschirmung f
~ **separation** Kernabstand m, Atomkernabstand m, Abstand m zwischen den Kernen
~ **series** [radioaktive] Zerfallsreihe f, radioaktive Familie f (eine natürliche Zerfallsreihe)
~ **shell** Kernschale f
~ **shell model** Schalenmodell n, Kernschalenmodell n, Haxel-Jensen-Süß-Modell n, Potentialtopfmodell n (des Atomkerns)
~ **spacing** s. ~ separation
~ **spallation** (Kern) Spallation f, Kernzertrümmerung f, Kernzersplitterung f
~ **species** s. nuclide
~ **spin resonance** s. ~ magnetic resonance
~ **spontaneous reaction** [radioaktiver] Zerfall m, Atomzerfall m, radioaktive Umwandlung f
~ **star** (Hoch) Stern (Zertrümmerungsstern) m in der Kernspuremulsion, Emulsionsstern m, Zertrümmerungsstern m
~ **state** Energiezustand m eines Atomkerns, Kernzustand m
~ **superheat reactor** (Kern) Reaktor m mit nuklearer Überhitzung (Dampfüberhitzung), Kernüberhitzerreaktor m, Überhitzungsreaktor m
~ **superheating** (Kern) nukleare Überhitzung (Dampfüberhitzung) f
~ **track** (Kern) Bahnspur f, Spur f (in einem Spurdetektor)
~ **track detector** (Kern) Spurdetektor m, Kernspurdetektor m, Ätzspurdetektor m
~ **transformation** Kernumwandlung f, Umwandlung f (von Nukliden)
~ **transition** Kernübergang m
~ **transmutation** 1. [nukleare] Transmutation f, Elementumwandlung f, gezielte Kernumwandlung f (eines Elements oder Nuklides in ein anderes, z. B. weniger giftiges oder nutzbringenderes); 2. s. ~ transformation
~ **trunk** s. ~ core
~ **vibration** (At) Kernschwingung f [der Moleküle]
~ **volume effect** (Kern) Effekt m der endlichen Kernausdehnung, Kernvolumeneffekt m
~ **wave function** (Kern, Qu) Kernwellenfunktion f

nucleate boiling (bubbling) (Therm) Blasensieden n, Keimsieden n
nucleating agent (physCh) Keimbildner m, Kernbildner m, (speziell:) Kristallisationskeimbildner m, Kristallisationskernbildner m, (speziell:) Kondensationskernbildner m
nucleation 1. (physCh) Keimbildung f, Kernbildung f, (speziell:) Kristallisationskeimbildung f, Kristallisationskernbildung f, (speziell:) Kondensationskernbildung f; 2. (Therm) Keimbildung f, Blasenbildung f, Bläschenbildung f
nuclei size (physCh) Kerngröße f
nucleide (Kern) s. nuclide
nucleogenesis (Astr, Kern) s. nucleosynthesis
nucleon (Kern) Nukleon n, N
~ **core** s. nucleor
~ **evaporation** Nukleonenverdampfung f
~ **number** Massenzahl f, Nukleonen[an]zahl f (eines Atomkerns, A)
nucleonic instrument kernphysikalisches Meßgerät (Gerät) n
nucleonics [angewandte] Kernforschung f und Kerntechnik f, Nukleonik f (nichtindustriell)
nucleor (Hoch) Nukleonkern m, Nukleor n, nacktes Nukleon n (innerster Bezirk des Nukleons)
nucleosynthesis (Astr, Kern) Nukleosynthese f, Nukleogenese f, Element[en]entstehung f, Elementsynthese f
nucleus 1. Keim m, Kern m, Zentrum n; 2. Kern m, Atomkern m; 3. (physCh) Kristall[isations]keim m, Embryo m, (als Fremdpartikel:) Kristall[isations]kern m; 4. (mathPh) Kern m, Kernfunktion f, Integralkern m (einer Integralgleichung); 5. (Ström) Kern m, Wirbelkern m, Wirbelzentrum n; 6. (Astr) Kern m, Kometenkern m; 7. (Astr) Zentralstern m (eines planetarischen Nebels)
~~**-antinucleus system** (At) Nukleonium n, Kern-Antikern-System n
~ **at rest** (Kern) ruhender (stationärer) Kern m
~~**-seeking agent** (physCh) Nukleophil n, Nucleophil n, nukleophiles (nucleophiles) Agens n, kernsuchendes (kernfreundliches) Agens n
nuclide (Kern) Nuklid n, Kernart f, Kernsorte f, Atomart f

nuclide

~ **chart** *(At, Kern)* Isotopentafel *f*, Isotopentabelle *f*, Nuklidtafel *f*, Nuklidkarte *f*
~ **emitting low-energy radiation** *(Kern)* weicher Strahler *m*, weichstrahlendes Radionuklid *n*, Weichstrahler *m*

nuclidic mass Nuklidmasse *f (Masse des neutralen Atoms)*

null cone *(Rel)* Lichtkegel *m*, Nullkegel *m*, Kausalitätskegel *m*

~ **line** 1. *(mathPh)* Nullgerade *f*, Nullstrahl *m (eines Vektorsystems)*; 2. *(Rel)* Nullinie *f*, lichtartige Linie *f*, Lichtlinie *f*, Kausalitätslinie *f*; 3. *(Spektr)* Nullinie *f (im Bandenspektrum)*
~ **surface** *(Rel)* Nullfläche *f*
~ **vector** *(Rel)* Nullvektor *m*, lichtartiger (isotroper) Vektor *m*

number concentration (density) Teilchen[anzahl]dichte *f*, volumenbezogene Teilchen[an]zahl *f*, Teilchenkonzentration *f*

~ **flow rate** *(Ström)* Teilchenanzahlstromstärke *f*, Teilchenanzahlstrom *m*, Teilchenanzahldurchfluß *m*
~ **of alternations** *(mathPh)* Polwechselzahl *f*
~ **of cycles** Wechselzahl *f*, Anzahl *f* der Wechsel, Wechsel *mpl (je Zeiteinheit)*
~ **of degrees of freedom** Anzahl (Zahl) *f* der Freiheitsgrade, Freiheitszahl *f*
~ **of heat cycles** *s.* ~ of temperature cycles
~ **of load cycles** *(Mech)* Lastwechselzahl *f*, Lastspielzahl *f*, Anzahl *f* der Lastwechsel, Lastwechsel *mpl*
~ **of load cycles per unit time** *(Mech)* Lastwechselfrequenz *f*, Lastspielfrequenz *f*
~ **of periods** Periodenzahl *f (Größe)*
~ **of temperature cycles** *(Therm)* Temperaturwechselzahl *f*, Anzahl *f* der Temperaturwechsel, Temperaturwechsel *mpl*
~ **of transfer units** *(physCh)* [theoretische] Austauschzahl *f*, NTU-Wert *m*
~ **of turns** 1. *(El, Mech)* Windungszahl *f*, Anzahl (Zahl) *f* der Windungen *(z. B. einer Spule oder Feder)*; 2. *(mathPh)* Umlauf[s]zahl *f*, Windungszahl *f*, Index *m (einer Kurve um einen Punkt)*
~ **surface density** *(Mech)* Teilchenanzahlflächendichte *f*, Anzahlflächendichte *f*

numerable set *(mathPh)* abzählbare Menge *f*

numeral *(mathPh)* Zahlzeichen *n*, Zahlensymbol *n*

numeric character *(mathPh)* Ziffer *f*

numerical aperture *(Opt)* numerische Apertur *f*, *(manchmal:)* Apertur *f*
~ **coefficient** Zahlenfaktor *m*
~ **constant** Zahlenkonstante *f*
~ **data** numerische Werte *mpl*, Zahlenwerte *mpl*, Zahlenangaben *fpl*
~ **decrement** Dämpfungsdekrement *n*, Dekrement *n*, Dämpfungsverhältnis *n (einer schwach gedämpften harmonischen Schwingung)*
~ **value** 1. Zahlenwert *m (einer Größe)*; 2. *(mathPh)* Betrag *m*, Absolutbetrag *m*, absoluter Betrag *m (einer reellen Zahl)*

Nusselt group *(Ström, Therm)* *s.* ~ number 2.
~ **number** 1. *(Ström)* Nußelt-Zahl *f* zweiter (2.) Art, Nußelt-Zahl der Stoffübertragung, *Nu*, *Nu'*, Sherwood-Zahl *f*, *Sh*; 2. *(Ström, Therm)* Nußelt-Zahl *f*, *Nu*, Biot-Zahl *f*, *Bi*
~ **sphere** *(Therm)* Nußeltsche Kugel *f*

nutation 1. Nicken *n*, Taumeln *n*; 2. *(Astr, Mech)* Nutation *f*, reguläre (regelmäßige) Präzession *f*

nx *(Opt)* *s.* nox

Nyberg-Luther colour solid *(Opt)* Farbkörper *m* nach Luther-Nyberg, Luther-Nyberg-Farbkörper *m*, Nyberg-Lutherscher Farbkörper *m*

Nyquist contour *(Reg)* Ortskurve *f* [des Frequenzganges] *(im Nyquist-Diagramm)*
~ **limit** Nyquist-Rate *f*
~ **noise** *(El, Halbl)* *s.* thermal noise

O

O ray *(Krist, Opt)* *s.* ordinary ray

OASM (O.A.S.M.) system *(Meß)* Ohm-Ampere-Sekunde-Meter-System *n*, OASM-System *n*, O.A.S.M.-System *n*

OBE model *(Hoch)* Einboson-Austauschmodell *n*, OBE-Modell *n*

object distance *(Opt)* 1. Dingweite *f*, Objektweite *f*, Gegenstandsweite *f*; 2. Zielweite *f*, *(manchmal:)* Zielabstand *m*, Zielentfernung *f*
~ **field [of view]** *(Opt)* Dingfeld *n*, Eintrittssichtfeld *n*, Dingsichtfeld *n (eines optischen Instruments)*
~ **focal distance (length)** *(Opt)* Dingbrennweite *f*, dingseitige (objektseitige, gegenstandsseitige, vordere) Brennweite *f*
~ **position** *(Opt)* Dingort *m*, Objektort *m*, Gegenstandsort *m*
~ **-side pupil** *(Opt)* Eintrittspupille *f (eines optischen Systems)*
~ **space** 1. *(mathPh)* Originalbereich *m*, Objektbereich *m*, Originalraum *m*, Oberraum *m (einer Funktionaltransformation)*; 2. *(Opt)* Dingraum *m*, Objektraum *m*, Gegenstandsraum *m*

objective colorimetry *(Opt)* physikalische (objektive) Farbmessung *f*
~ **function** *(mathPh)* Zielfunktion *f (in der Optimierung)*
~ **grating** *(Astr, Opt)* Objektivgitter *n*
~ **magnification** *(Opt)* Lupenvergrößerung *f* [des Objektivs] *(eines Mikroskops)*

oblate nucleus *(Kern)* oblat deformierter Kern *m*, diskusförmiger (abgeplatteter) Kern *m*
~ **spheromak** *(Pl)* Oblimak *m (abgeplattet-rotationselliptischer Tokamak)*

oblateness *(mathPh)* 1. Abplattung f *(eines Ellipsoids oder einer Ellipse, Zustand)*; 2. *(Astr)* Abplattung f *(Größe)*
oblique angle *(mathPh)* schiefer (kein rechter) Winkel m
~ **astigmatism** *(Opt)* Astigmatismus m schiefer Bündel
~ **[cartesian] coordinates** *(mathPh)* schiefwinklige Koordinaten fpl, *(selten:)* schiefwinklige kartesische Koordinaten fpl
~ **cast[ing]** *(Mech)* schiefer Wurf m
~ **crystal system** *(Krist)* monoklines (monosymmetrisches) System (Kristallsystem) n
~ **flow past a body** *(Ström)* Schräganströmung f eines Körpers
~ **illumination** *(Opt)* Schräg[licht]beleuchtung f, schiefe (schräge) Beleuchtung f, Schräglicht n
~-**incidence reflectance** *(Opt)* Reflexionsgrad m für schrägen Einfall
~ **incidence transmission** *(El)* Übertragung f bei schrägem Einfall, Übertragung f mit Reflexion an der Ionosphäre
~-**incidence transmittance** *(Opt)* Transmissionsgrad (Durchlaßgrad) m für schrägen Einfall
~ **lines** *(mathPh)* schiefe Geraden fpl *(weder parallel noch senkrecht aufeinanderstehend, in der Ebene)*
~ **plane** *(Mech)* schiefe Ebene f
~ **ray** schräger (schräg einfallender) Strahl m, „schiefer" Strahl, Schrägstrahl m
~ **reflection technique** *(Opt)* Schrägreflexionsverfahren n
~ **shock [wave]** *(Aero)* schräger Verdichtungsstoß m
~ **throw** *(Mech)* schiefer Wurf m
~ **ultrasonic irradiation** *(Ak)* Schrägbeschallung f, *(speziell:)* Schrägeinschallung f
~ **visibility (visual range)** *(Opt)* Schrägsichtweite f
obliquely incident light *(Opt)* schräg einfallendes Licht n
obliquity Schiefe f, Schräge f
~ **factor** *(Opt)* [Fresnelscher] Neigungsfaktor m
obscuration Verdunk[e]lung f
obscure radiation Dunkelstrahlung f
obscured glass *(Opt)* durchscheinendes (leichttrübes) Glas n
obscuring cloud *(Astr)* Dunkelwolke f, Dunkelnebel m
observable operator *(Qu)* Operator m, der eine Observable repräsentiert; Observablenoperator m
~ **quantity** *(Qu)* Observable f, beobachtbare Größe f
observance Beachtung f, Befolgung f
observation period *(Meß)* Beobachtungszeit f, *(speziell:)* Beobachtungsperiode f
observational equation Fehlergleichung f, Verbesserungsgleichung f

observed result *(Meß)* Beobachtungsergebnis n
~ **threshold** *(Kern)* empirische (beobachtete) Schwellenenergie f *(einer Kernreaktion)*
~ **at rest** *(Rel)* ruhender Beobachter m
observer estimator *(Reg)* Beobachtersystem n, Zustandsbeobachter m, Observer-Estimator m
obstacle *(Ström)* Hindernis n
~ **gain** *(El, Magn)* Wellenverstärkung f am Hindernis, Hindernisverstärkung f
~ **wave** *(Ström)* Hinderniswelle f, *(speziell:)* Hinderniswoge f
obstruction *(Ström)* 1. Verstopfung f, Verschluß m, Verschließung f, Verlegung f; 2. Hindernis n
obtainable accuracy erreichbare (erzielbare) Genauigkeit f
obtuse angle *(mathPh)* stumpfer Winkel m
~ **bisectrix** *(Krist, Opt)* stumpfe (zweite) Bisektrix f, stumpfe Mittellinie f
obviousness Evidenz f, Selbstverständlichkeit f, Offensichtlichkeit f
OC curve (function) *(mathPh)* Operationscharakteristik f, OC-Kurve f, Annahmekennlinie f, Testcharakteristik f *(Statistik)*
occasioning Bewirken n, Verursachen n, Hervorrufen n, Auslösung f, Induzieren n
occasive amplitude *(Astr)* Abendweite f
occultation *(Astr)* Bedeckung f *(eines Gestirns durch ein anderes)*
occupancy *(Fest, Qu)* Besetzungsgrad m *(eines Bandes oder eines Energieniveaus)*
~ **probability** *(Qu)* Besetzungswahrscheinlichkeit f
occupied level *(Qu)* besetztes Niveau (Energieniveau) n
occur[r]ence 1. Vorkommen n, Auftreten n *(eines Materials)*; 2. Eintreten n, Auftreten n, Vorkommen n *(eines Ereignisses)*; 3. Ereignis n
ocean acoustics *(Ak)* Meeresakustik f
octad symmetry *(Krist)* achtzählige (8zählige) Symmetrie f
octahedral coordination *(Krist)* Oktaederumgebung f
~ **hybrid** *(At, Qu)* oktaedrisches Hybridorbital n, sp^3d^2-Hybridorbital n
~ **shear stress criterion** *(Mech)* [von] Mises-Henckysche Fließbedingung f, Huber-Mises-Henckysche Fließbedingung f
~ **shear-stress law** *(Mech)* Oktaederschubspannungsgesetz n, *(manchmal:)* Oktaederspannungsgesetz n
~ **site** *(Krist)* Oktaederplatz m, oktaedrischer Lückenplatz m, Oktaederlücke f, B-Lage f, Oktaederzentrum n
~ **stress** *(Mech)* Oktaeder[schub]spannung f, oktaedrale Schubspannung f
octavalence, octavalency *(At)* Achtwertigkeit f, Oktavalenz f

octet

octet model *(Hoch)* der achtfache Weg *m*, Gell-Mann – Ne'eman-Schema *n*, Oktettmodell *n*
~ **shell** *(At)* L-Schale *f*, Achterschale *f*
ocular estimation *(Opt)* visuelle Schätzung *f*, Schätzung *f* [nach Augenmaß]
OD *s.* optical density 1.
odd-even nucleus *(Kern)* ug-Kern *m*, Ungerade-gerade-Kern *m*
~-**even staggering** *(At)* Ungerade-gerade-Staffelung *f*
~ **function** *(mathPh)* ungerade Funktion *f*
~ **harmonic** ungeradzahlige Oberschwingung (Harmonische) *f*
~ **molecule** *(At)* Molekül *n* mit ungerader Valenzelektronenzahl, ungerades Molekül *n*
~ **nucleus** *(Kern)* Kern *m* mit ungerader Massenzahl, ungerader Kern *m*
~-**odd nucleus** *(Kern)* uu-Kern *m*, Ungerade-ungerade-Kern *m*, doppelt ungerader Kern *m*
ODF *(Fest)* Orientierungsverteilungsfunktion *f*
odometry *(Mech)* Wegmessung *f*, Messung *f* der zurückgelegten Wegstrecke
Oe *(Magn)* *s.* oersted
oersted *(Magn)* Oersted *n*, Oe, *(in Geophysik auch:)* Großgauß *n*, Gamma *n* *(SI-fremde Einheit der magnetischen Feldstärke; 1 Oe = 79,58 A/m)*
OES *(Opt)* optische Emissionsspektrometrie *f*, OES
off-axis hologram *(Opt)* Leith-Upatnieks-Hologramm *n*, Trägerfrequenzhologramm *n*, Off-axis-Hologramm *n*
~-**centre collision (impact)** *(Mech)* nichtzentraler Stoß *m*
~-**critical amount** *(Kern)* Differenz *f* zur kritischen Masse
~-**diagonal element** *(mathPh)* Nichtdiagonalelement *n*
~-**peak transmission** *(Opt)* Restdurchlässigkeit *f*
~-**period** *(El)* Sperrzeit *f (eines Gleichrichters)*
~-**resonance** nicht in Resonanz, im Nichtresonanzfall
~-**shell particle** *(Kern)* Teilchen *n* außerhalb der Massenschale, Off-shell-Teilchen *n*
~-**spring** *(Kern)* Sekundärteilchen *n*, Sekundäres *n*, ausgelöstes Teilchen *n*
~-**state** *(Halbl)* Sperrzustand *m*
offset 1. Versatz *m*, Versetzung *f*, Verschiebung *f*, Verlagerung *f (aus einer normalen oder Bezugsposition)*; 2. *(El)* Offset *m*, Versetzung *f*, Versatz *m*, *(selten:)* Displacement *n*; 3. *(Mech)* bleibende Dehnung *f (im Zugversuch, Größe)*; 4. *(Mech)* Schränkung *f (Größe)*; 5. *(Reg)* bleibende Abweichung *f*, P-Abweichung *f*, Proportionalabweichung *f*
~ **carrier** *(El)* versetzte Trägerwelle *f*, versetzter Träger *m*

~ **current** *(El)* Offsetstrom *m*, Eingangsnullstromabweichung *f*
~ **voltage** *(El)* Offsetspannung *f*, Eingangsnullspannungsabweichung *f*
~ **yield strength** *(Mech)* Dehngrenze *f*
offsetting moment *(Aero)* Rückführmoment *n*, Aufrichtmoment *n*, Rückdrehmoment *n*
ogdohedry *(Krist)* Ogdoedrie *f*, Achtelflächigkeit *f*
ogee curve S-Kurve *f*, S-förmige Kurve *f*
~ **wing** *(Aero)* S-bogiger Flügel *m*, S-Kurven-Flügel *m*, Ogeeflügel *m*
ogive 1. *(mathPh)* [Galtonsche] Ogive *f*, inverse Häufigkeitssummenkurve *f*; 2. *(Ström)* Spitze *f (eines umströmten Körpers)*, *(speziell:)* Geschoßspitze *f*
ohmad *s.* British Association ohm
ohmage *(El)* Widerstand[swert] *m* in Ohm, Ohmwert *m*, Ohmzahl *f*
ohmic dissipation *(El)* ohmscher Verlust *m*
~ **drop [in potential]** *(El)* ohmscher Spannungsabfall *m*
~ **overpotential (overvoltage)** *(Ech)* Widerstandsüberspannung *f*
~ **resistance** *(El)* ohmscher (reeller) Widerstand *m*, Wirkwiderstand *m*, Resistanz *f*
Ohm's law of acoustics *(Ak)* Ohmsches Gesetz *n* für die Schallschnelle oder die akustische Impedanz, Ohmsches Gesetz *n* der ebenen Schallwelle, Ohmsches Gesetz *n* der Akustik
~ **law of electric flux** *(El)* Ohmsches Gesetz *n* für den [elektrischen] Verschiebungsfluß
~ **law of heat conductivity** *(Therm)* thermisches Ohmsches Gesetz *n*, Ohmsches Gesetz *n* für die Wärmeleitung
oil flow method *(Ström)* Anstrichmethode *f (zur Sichtbarmachung von Strömungen)*
oiliness 1. *(Mech)* Schmierfähigkeit *f*, Schmiereigenschaften *fpl*; 2. *(physCh)* Öligkeit *f*
old nova *(Astr)* *s.* ex-nova
Olsen [ductility] test *(Mech)* Einbeulversuch *m* nach Olsen, Olsenscher Tiefungsversuch *m*
omission solid solution *(Krist)* Defektmischkristall *m*
omnidirectional characteristic *(Ak, El)* Kugelcharakteristik *f*
~ **radiation** ungerichtete Strahlung *f*
~ **radiator** *(El, Magn)* Kugelstrahler *m*, Isotropstrahler *m*, isotroper Strahler *m*
on-and-off control *(Reg)* *s.* ~-off control
~-**load torque** *(Mech)* Lastdrehmoment *n*
~-**off control** *(Reg)* Ein-Aus-Regelung *f*, Auf-Zu-Regelung *f*, Zweistellungsregelung *f*
~-**position** *(El)* Einschaltstellung *f*, Ein-Stellung *f*, „Ein"-Stellung *f*
~-**resonance** bei (in) Resonanz, im Resonanzfall

~-scale range *(Meß)* Anzeigebereich *m*
~-site area *(Kern)* Bereich *m* (Zone *f*) innerhalb des Sperrbereichs *(einer Kernanlage)*
~-state *(Halbl)* Durchlaßzustand *m*
once-reflected beam *(Kern)* einfachreflektierter Strahl *m*, einmal reflektierter Strahl *m*
oncotic pressure *(physCh)* kolloidosmotischer (onkotischer) Druck *m*
one-and-a-half bond *(At)* Anderthalbfachbindung *f*, Eineinhalbfachbindung *f*
~-and-a-half group model *(Kern)* Einundeinhalbgruppenmodell *n*, 1 1/2-Gruppen-Modell *n*
~ astronomical unit total solar irradiance *(Astr)* s. solar irradiance
~-body model *(Kern)* s. single-particle model
~-body problem *(mathPh)* Einkörperproblem *n*
~-column array *(mathPh)* Spaltenmatrix *f*, einspaltige Matrix *f*, Spaltenvektor *m*
~-component flow *(Ström)* Einkomponentenströmung *f*
~-cycle reactor *(Kern)* Eindruckreaktor *m*
~-degree-of-freedom system *(Therm)* univariantes (monovariantes, einfach freies) System *n*
~-dimensional complex *(mathPh)* [topologischer] Graph *m*, Streckenkomplex *m*, Linienkomplex *m*, Kantenkomplex *m*
~-dimensional [crystal] defect *(Krist)* Versetzung *f*, eindimensionale Gitterfehlstelle (Fehlstelle, Fehlordnung) *f*, Liniendefekt *m*
~-electron orbital wave function *(At, Qu)* s. orbital
~-fluid model *(Pl)* Einflüssigkeitsmodell *n*, Alfvénsches Einflüssigkeitsmodell *n*
~-group constant *(Kern)* Eingruppenkonstante *f*, energiegemittelter (über die Energie gemittelter) Wirkungsquerschnitt *m*
~-level Breit-Wigner formula *(Kern)* [Einniveau-]Breit-Wigner-Formel *f*, Einniveau-Resonanzformel *f*, Dispersionsformel *f* für [ein] isoliertes Resonanzniveau
~-line diagram *(El)* 1. einpoliger Schaltplan *m*; 2. Prinzipschaltbild *n*, PSB, Grundschaltbild *n*, Grundschaltplan *m*
~-particle Green's function *(Feld)* Greensche Einteilchenfunktion *f*, Einteilchen-Green-Funktion *f*
~-particle [shell] model *(Kern)* s. single-particle model
~-pass gain *(El)* Durchgangsverstärkungsfaktor *m*
~-point equation *(Kern)* Einpunkt[-Reaktor]gleichung *f*, Einpunktgleichung *f* des Reaktors
~-port maser *(El)* Reflexionsmaser *m*, Einstrahlmaser *m*
~-row array (matrix) *(mathPh)* Zeilenmatrix *f*, einzeilige (einreihige) Matrix *f*, Zeilenvektor *m*

~-sided abrupt junction *(Halbl)* einseitig abrupter (scharfer) Übergang *m*
~-step reaction *(physCh)* einstufige (einfache) Reaktion *f*, Einstufenreaktion *f*
~-triplet model *(Hoch)* Triplettmodell *n*, Eintriplettmodell *n* *(von Gell-Mann und Zweig)*
~-valued function *(mathPh)* eindeutige (einwertige, monodrome, einändrige, monotrope) Funktion *f*
~-way accelerator *(Kern)* Einstrahlbeschleuniger *m*, Beschleuniger *m* mit einem Teilchenstrahl
„onion" diagram *(Opt)* Sanson-Netz *n*, Sansonsches Netz *n*
onion-like structure Zwiebelstruktur *f*, Schalenstruktur *f*
Onsager-Casimir equations, ~-Casimir [reciprocal] relations *(Therm)* Onsager-Casimirsche Reziprozitätsbeziehungen *fpl*
~ equation 1. *(Ech)* Onsager-Gleichung *f*, Onsagersche Gleichung *f* *(für die Äquivalentleitfähigkeit)*; 2. *(El)* Onsagersche Formel *f* *(für die Dielektrizitätskonstante)*
onset Einsatz *m*, *(erstmaliges)* Auftreten *n*
~ of bonding *(Therm)* Siedebeginn *m*
~ time Einsatzzeit *f*, *(einer Schwingung:)* Einschwingzeit *f*, Anklingzeit *f*
oozing *(Ström)* Durchsickern *n*, Lecken *n*
opacifier *(Opt)* Trübungsmittel *n*, Trübstoff *m* *(für Gläser)*
opacimeter *(Opt)* 1. Opazimeter *n* *(ein Trübungsmesser)*; 2. s. densitometer 1.
opacity 1. *(Opt)* Opazität *f*, Lichtundurchlässigkeit *f*, Undurchsichtigkeit *f* *(Eigenschaft)*; 2. *(Opt)* Opazität *f*, reziproker Transmissionsgrad (Durchlaßgrad) *m* *(Größe)*; 3. *(Phot)* Opazität *f*, reziproke Transparenz (Durchlässigkeit) *f* *(eines Films, Größe)*
opaque medium 1. *(Opt)* lichtundurchlässiges (opakes) Medium *n*, *(speziell:)* undurchsichtiges (nicht durchsichtiges) Medium *n*; 2. *(El, Magn)* undurchlässiges (opakes, strahlungsundurchlässiges) Medium *n*
opaqueness *(Opt)* s. opacity 1.
OPDAR *(optical direction and ranging)* optisches Radar *n*, OPDAR
open-air ionization chamber *(Kern)* s. free-air ionization chamber
~ [-at-top] arc ion source *(Kern)* Ionenquelle *f* mit offenem Bogen (Lichtbogen)
~-circuit admittance *(El)* [komplexer] Leerlaufleitwert *m*, Leerlaufadmittanz *f* *(einer Übertragungsleitung oder eines Vierpols)*
~-circuit condition[s] *(El)* Leerlauf[zustand] *m*
~-circuit impedance *(El)* Leerlaufimpedanz *f*, [komplexer] Leerlaufwiderstand *m* *(einer Übertragungsleitung oder eines Vierpols)*

open 242

~-**circuit potential** *(Ech)* Leerlaufpotential *n*, Ruhepotential *n* (einer elektrochemischen Zelle)
~-**circuit voltage** *(El)* Leerlaufspannung *f*, innere Spannung *f*, Ruhespannung *f*
~ **cluster** *(Astr)* offener Haufen (Sternhaufen) *m*
~ **collector output** *(Halbl)* unbeschaltet herausgeführter Kollektorausgang *m*, Open-Kollektor-Ausgang *m*
~-**cycle cooling** *(Kern)* Durchlaufkühlsystem *n*, Kühlsystem *n* im offenen Kreislauf
~ **end condition** *(Mech)* Bedingung *f* für offene Enden
~-**ended configuration** *(Pl)* offene [magnetische] Konfiguration *f*
~ **flow** *(Ström)* freie Strömung *f*
~ **jet** *(Ström)* freier Strahl *m*, Freistrahl *m*
~-**jet wind tunnel** *(Aero)* Windkanal *m* mit freier Meßstrecke, Freistrahlwindkanal *m*
~-**loop control** *(Reg)* 1. Steuerung *f* (bei offenem Wirkungskreis), rückwirkungslose Steuerung *f*, Vorwärtssteuerung *f*; 2. s. ~-loop system
~-**loop gain** 1. *(El)* Leerlaufverstärkungsfaktor *m*, Leerlaufverstärkung *f*; 2. *(Reg)* Schleifenverstärkung (Kreisverstärkung) *f* des offenen Regelkreises, Open-Loop-Gain *m*
~-**loop system** *(Reg)* Steuerkette *f*, Steuersystem *n*, Steuerung *f*, offene Kette *f*
~-**loop transfer function** *(Reg)* Übertragungsfunktion *f* des aufgeschnittenen (offenen) Regelsystems (Regelkreises)
~ **model of the universe** *(Astr)* offene Welt *f*, offener Kosmos *m*, offenes Weltmodell (Modell) *n*
~-**pool reactor** *(Kern)* offener (nichtabgedeckter) Schwimmbadreaktor *m*
~ **set [of points]** *(mathPh)* offene Menge (Punktmenge) *f*
~ **shell** *(At)* teilweise (unvollständig) gefüllte Außenschale *f*, „open-shell" *f*
~-**throat wind tunnel** *s.* ~-jet wind tunnel
~ **tube [diffusion] process** *(Halbl)* Durchström[-Diffusions]verfahren *n*, Offenrohrdiffusion *f*
~ **wind tunnel** *(Aero)* offener Windkanal *m*, Windkanal *m* ohne Luftrückführung
~ **window unit** *(Ak) s.* sabin
opening field strength *(Magn)* [magnetische] Öffnungsfeldstärke *f*
~ **time** *(El)* 1. Ausschalteigenzeit *f*, Öffnungszeit *f* (eines Leistungsschalters); 2. Ausschaltverzug *m*, Ausschaltverzögerung *f*, Öffnungszeit *f*, (manchmal:) Abschaltverzögerung *f*; 3. Öffnungszeitpunkt *m* (eines Stromkreises oder Kontaktes)
operability *(Meß, Reg)* Betriebsfähigkeit *f* (unter bestimmten Bedingungen), (allgemein:) Betriebstüchtigkeit *f*, Betriebsbereitschaft *f*
operating characteristic 1. Betriebskennlinie *f*, Arbeitskennlinie *f*, Betriebscharak-teristik *f*; 2. *(mathPh)* Operationscharakteristik *f*, OC-Funktion *f*, O-C-Funktion *f* *(Statistik)*
~ **cycle** *(El)* Schaltzyklus *m*, (manchmal:) Schaltspiel *n*
~ **limit[ing value]** Betriebsgrenzwert *m*
~ **sequence** *(El)* Schaltfolge *f*
~ **time** 1. Betriebszeit *f*, Betriebsdauer *f*; 2. *(El)* Ansprechzeit *f* (eines Relais); Ausschaltdauer *f*, Ausschaltzeit *f* (einer Sicherung)
~ **voltage** *(El)* Betriebsspannung *f*, Arbeitsspannung *f*, (eines Bogens:) Brennspannung *f*
operation area *(physCh)* 1. Arbeitsbereich *m* (einer heißen Zelle); 2. Arbeitsfläche *f* (Größe)
operative substance *(Therm)* Thermometersubstanz *f*
operator technique *(At, Spektr)* Methode *f* der irreduziblen Tensoroperatoren, Operatortechnik *f*
~-**valued distribution** *(Feld, Qu)* operatorwertige Distribution *f*
ophthalmic lens *(Opt)* Brillenglas *n*, Glas *n*
opisometer *(mathPh)* Kurvenlängenmeßrad *n*, Kurvenmeßrädchen *n*, Meßrädchen *n* (z. B. für Karten), *(speziell:)* Kartometer *n*
OPO *(Opt)* [optischer] parametrischer Oszillator *m*, OPO
opponent-colours theory *(Opt)* Gegenfarbentheorie *f*
opposer ion *(Ech)* Gegenion *n*
opposing connection *(El)* Gegenreihenschaltung *f*, Gegen[einander]schaltung *f*
~ **fields method** *(El)* [Lenardsche] Gegenfeldmethode *f*, Gegenfeldmethode *f* nach Lenard
~ **reaction** *(physCh)* Gegenreaktion *f*, gegenläufige Reaktion *f*
opposite and equal quantities entgegengesetzt gleiche Größen *fpl*
~ **component** *(El)* gegenläufige Komponente *f*, (im Nulleitersystem:) Gegenkomponente *f*
~ **displacement** *(Mech)* antiparallele (entgegengesetzt gerichtete) Verschiebung *f*
~ **phase** Gegenphase *f*
~ **pole** *(El)* ungleichnamiger Pol *m*
~ **torque** *(Mech)* Gegendrehmoment *n*
oppositely phased voltage *(El)* um 180° phasenverschobene Spannung *f*, 180°-phasenverschobene Spannung *f*, Spannung *f* mit entgegengesetzter Phase, gegenphasige Spannung *f*
opposition 1. entgegengesetzte Phasenlage *f*, 180°-Phasenverschiebung *f*, Phasenverschiebung *f* um 180°, Phasenopposition *f*; 2. *(Astr)* Opposition *f*, Gegenschein *m*
~ **method** *(El)* Gegenschaltungsmethode *f*, halbpotentiometrische Methode *f* (Schaltung) *f*

OPS *(mathPh)* Ordnungsparameterraum *m*, OPR
optic ... *s. a.* optical ...
~ **[-axial] angle** *(Krist, Opt)* Achsenwinkel *m*, optischer (wahrer) Achsenwinkel *m*
~ **-axial plane** *(Krist, Opt)* [optische] Achsenebene *f*
~ **axis** *(Krist, Opt)* optische Achse *f (im doppelbrechenden Medium)*
~ **binormal** *(Krist, Opt)* Binormale *f*, optische Achse *f*, Achse *f* der [optischen] Isotropie der dielektrischen Verschiebung
~ **biradial** *(Krist, Opt)* Biradiale *f*, Strahlenachse *f*, Achse *f* der [optischen] Isotropie der elektrischen Feldstärke

optical ... *s. a.* optic ...
~ **aberration** *(Opt)* [optischer] Abbildungsfehler *m*, Bildfehler *m*, Aberration *f (eines optischen Systems)*
~ **achromatism** *(Opt)* Achromasie *f (eines optischen Systems)*
~ **activator** *(Fest)* Aktivator *m*, Lumineszenzaktivator *m*, Lumineszenzerreger *m*
~ **activity** *(Opt)* optische Aktivität *f*, optisches Drehvermögen *n*, Rotationspolarisation *f*, [optische] Drehung *f* der Polarisationsebene (Schwingebene) *(Eigenschaft)*
~ **antimer (antipode)** *(At)* Spiegelbildisomer *n*, optisches Isomer[es] *n*, optischer Antipode *m*, Enantiomorph *n*
~ **balance** *(Opt)* optischer Ausgleich *m*, optische Kompensation *f*
~ **beat** *(Opt)* optische Schwebung *f*
~ **cable** *s.* ~ fibre cable
~ **cable assembly** *(Opt)* konfektioniertes Lichtwellenleiterkabel (LWL-Kabel) *n*
~ **cavity** *(Opt)* optischer Resonator *m*, Resonanzraum *m (eines Lasers)*
~ **character** Klarschriftzeichen *n*
~ **character recognition** optische Zeichenerkennung *f*
~ **c-oating** *(Opt)* 1. reflex[ver]mindernde Schicht *f*, reflexvermindernder Belag *m*, Antireflexionsschicht *f*, T-Belag *m*; 2. Entspiegelung *f (Vorgang)*
~ **colouration** *(Opt)* optische Färbung *f*, Kontrastfarbenbeleuchtung *f*
~ **coupler** 1. *(El)* Optokoppler *m*, optischer (optoelektronischer) Koppler *m*; 2. *(Opt)* Lichtwellenleiter-Faserkoppler *m*, LWL-Faserkoppler *m*, [LWL-]Koppler *m*, Verzweiger *m*
~ **crystallography** *(Opt)* optische Kristallographie *f*, *(speziell:)* optische Kristallstrukturanalyse *f*
~ **density** 1. *(Opt)* optische Dichte *f*, OD, Schwärzung *f (dekadischer Logarithmus der Opazität)*; 2. *(Opt, physCh)* [dekadische] Extinktion *f*
~ **density in reflected light** 1. *(Opt) s.* reflection density; 2. *(Phot)* Schwärzung *f* bei Reflexion (Aufsichtsbildern), Reflexionsschwärzung *f*
~ **density in transmitted light** 1. *(Opt) s.* transmission density; 2. *(Phot)* Schwärzung *f* bei Transmission (Durchsichtsbildern), Transmissionsschwärzung *f*
~ **density sum** *(Phot, Opt)* Schwärzungssumme *f*
~ **deviation** *(Opt)* [optische] Ablenkung *f*, Ablenk[ungs]winkel *m (z. B. eines Prismas, im Winkelmaß)*
~ **diagram** *(Opt)* optisches Diagramm *n*, Darstellung *f* des Strahlengangs, Strahlengang *m*
~ **diffraction velocimeter** *(Mech)* Lasergeschwindigkeitsmesser *m*
~ **diminution** *(Opt)* [optische] Verkleinerung *f (eines Bildes)*
~ **dispersion** *(Opt)* Dispersion *f (des Lichts)*, Farbzerlegung *f* des Lichts
~ **dispersive power** *(Opt)* relative Dispersion *f (eines Mediums für Licht)*
~ **distance** *s.* 1. ~ path length; 2. ~ thickness 1.
~ **electron** *(At)* Leuchtelektron *n*, strahlendes (optisch aktives) Elektron *n*
~ **emptiness** *(Opt)* optische Leere (Reinheit) *f*
~ **exaltation** *(At, Opt)* Exaltation *f*, Überhöhung *f (der Molrefraktion)*
~ **extent** *s.* ~ flux 1.
~ **extinction** *(Opt, physCh)* [dekadische] Extinktion *f*
~ **fibre** *(Opt)* Lichtwellenleiter *m*, LWL, Glasfaser *f*, optische Faser *f*, Lichtleitfaser *f*, Faser *f*, *(manchmal:)* Fiber *f*
~ **fibre cable** *(Opt)* optisches Kabel *n*, Licht[wellen]leiterkabel *n*, LWL-Kabel *n*, Glasfaserkabel *f*
~ **fibre link** *(Opt)* Lichtwellenleiter-Übertragungsleitung *f*, LWL-Übertragungsleitung *f*
~ **filter** *(Opt)* Lichtwellenleiterfilter *n*, LWL-Filter *n*
~ **flat** *(Opt)* Planfläche *f*, *(speziell:)* Planglas *n*
~ **flux** 1. *(Opt)* optischer Fluß *m*, Lichtleitwert *m*; 2. *(Opt)* Strahlungsleistung *f*, optische Leistung *f (in der Lichtwellenleitertechnik)*
~ **frequency** Frequenz *f* im optischen Spektralbereich, optische Frequenz *f*
~ **haze** *(Astr, Opt)* Luftflimmern *n*, Luftzittern *n*, Luftunruhe *f*
~ **illusion** *(Opt)* geometrisch-optische Wahrnehmungverzerrung *f*, optische (geometrisch-optische) Täuschung *f*
~ **imaging** *(Opt)* optische Abbildung (Bilderzeugung) *f*
~ **indicatrix** *(Krist, Opt) s.* index ellipsoid
~ **inversion [of images]** *(Opt)* optische Bildumkehrung (Bildaufrichtung) *f*
~ **inversion system** *(Opt)* Umkehrsystem *n*, Bildaufrichtungssystem *n*, Aufrichtungssystem *n*
~ **lattice vibration** *(Fest) s.* ~ mode
~ **laws of refraction** *(Opt) s.* Snell laws

optical

- ~ **length** s. ~ path length
- ~ **lever** 1. *(Mech, Opt)* optischer Feinzeiger m; 2. *(Opt)* Kerr-Zelle f
- ~ **levitation** *(Mech)* optisches Schweben n, optische Levitation f
- ~ **mode** *(Fest)* optische Gitterschwingung f, optische Gitterschwingungsmode (Mode) f
- ~ **neutral filter** s. neutral filter
- ~ **nucleon** *(Kern)* Leuchtnukleon n, optisch aktives Nukleon n
- ~ **output ratio** *(Opt)* optischer Nutzeffekt m
- ~ **path difference** *(Opt)* [optischer] Gangunterschied m, Gangdifferenz f, Wegunterschied m
- ~ **path length** *(Opt)* optische (reduzierte) Weglänge f, Lichtweg m, optischer (reduzierter) Weg m, *(in der geometrischen Optik auch:)* Charakteristik f
- ~ **pattern** *(Ak, Opt)* Lichtbandbreitenbild n, Lichtband n, Buchmann-Meyer-Diagramm n
- ~ **polarization** *(El, Fest)* Elektronenpolarisation f, Elektronenanteil m der dielektrischen Verschiebungspolarisation
- ~ **power** *(Opt)* 1. Strahlungsleistung f, optische Leistung f *(in der Lichtwellenleitertechnik)*; 2. s. ~ activity
- ~ **proximity exposure** *(Halbl)* [optische] Proximitybelichtung f
- ~ **pumping** optisches Pumpen n
- ~ **purity** *(Opt)* optische Leere (Reinheit) f
- ~ **quench** 1. *(Fest, Opt)* optische Auslöschung (Löschung) f, Photo[aus]löschung f *(der Lumineszenz)*; 2. *(Kern)* optische Löschung f, optischer Quench m *(in der Flüssigszintillationszählung)*
- ~ **reduction** s. ~ diminution
- ~ **resonator** *(Opt)* Fabry-Pérot-Resonator m, optischer Resonator m, Fabry-Pérot-Hohlraum m
- ~ **rotary dispersion** *(Opt)* Rotationsdispersion f, RD
- ~ **rotary power** *(Opt)* spezifische Drehung f, spezifisches Drehvermögen n, *(bei Festkörpern auch:)* optisches Drehvermögen n *(Größe)*
- ~ **rotation** *(Opt)* 1. optische Drehung [der Polarisationsebene] *(Vorgang)*; 2. Drehwinkel m, Drehwert m *(bei der optischen Aktivität, Größe)*
- ~ **slant range** *(Opt)* Schrägsichtweite f
- ~ **staining** *(Opt)* Kontrastfarbenbeleuchtung f, optische Färbung f
- ~ **thickness** 1. *(Opt, Pl)* optische Dicke f; 2. *(Astr)* optische Tiefe f
- ~ **transfer function** *(Opt)* optische Übertragungsfunktion f, OÜF, OTF
- ~ **transmission factor** *(Phot)* Transparenz f, Durchlässigkeit f, Durchsichtigkeit f *(Größe, Kehrwert der Opazität)*
- ~ **variable [star]** *(Astr)* optischer Veränderlicher m
- ~ **void** *(Opt)* optisch leeres (reines) Medium n
- ~ **voidness** s. ~ purity
- ~ **waveguide** *(El)* Lichtwellenleiter m, LWL
- ~ **wedge** *(Opt)* 1. [optischer] Keil m; 2. Graukeil m, Neutralkeil m, Keil m

optically active electron *(At)* s. optical electron

- ~ **turbid matter (medium)** *(Opt)* [optisch] trübes Medium n, [optisch] trüber Stoff m
- ~ **uniaxial crystal** *(Krist, Opt)* [optisch] einachsiger Kristall m, uniaxialer Kristall m

optics sign convention *(Opt)* Vorzeichenregel f, Vorzeichenfestsetzung f, Vorzeichenkonvention f, optisches Vorzeichensystem n

optimal control *(Reg)* Optimal[wert]regelung f

- ~ **regulator problem** *(Reg)* Optimierungsproblem n des Reglers, Reglerproblem n

optimization theory *(mathPh)* Programmoptimierung f, [mathematische] Optimierung f

optimizing control function *(Reg)* optimierende Regelfunktion f

optimum coupling *(El)* kritische Kopplung f

optoacoustic modulator *(Opt)* akustooptischer Modulator m, Bragg-Zelle f

- ~ **spectrometer** *(Spektr)* photoakustisches (optoakustisches) Spektrometer n, Spektrophon n

orange peel [effect] *(Fest, physCh)* Apfelsinenhauteffekt m

orbit 1. Umlaufbahn f, [geschlossene] Bahn f *(um einen Zentralkörper)*, *(besonders in der Raumfahrt auch:)* Orbit m; 2. *(Hydr)* Bahn[kurve] f *(eines Wasserteilchens in einer Welle: Kreis- oder Ellipsenbahn)*

- ~ **about the earth** *(Mech)* Erdumlaufbahn f, Umlaufbahn f um die Erde
- ~ **expander** *(Kern)* Bahndehner m, Teilchenbahndehner m, Bahnexpander m
- ~ **guide centre** *(Kern)* Bahnführungszentrum n, Führungszentrum (Leitzentrum) n der Bahn
- ~ **perimeter** *(Kern)* Bahnlänge f, Bahnumfang m
- ~ **shift coils** *(Kern)* Ablenkspulen fpl *(eines Beschleunigers)*

orbital *(At, Qu)* Orbital n, Einelektron[enwellen]funktion f

- ~ **angular momentum quantum number** *(At, Qu)* Bahndrehimpulsquantenzahl f, Drehimpulsquantenzahl f, Nebenquantenzahl f *(eines freien Teilchens oder Moleküls: l)*
- ~ **current** *(Hydr)* kreisende Strömung f
- ~ **curve** *(Aero)* Bahnkurve f *(Projektion der Satellitenbahn auf die Zentralkörperoberfläche)*
- ~ **decay** *(Aero)* Bahnzerfall m

~ **electron** *(At)* Hüllenelektron *n*, Bahnelektron *n*
~-**electron capture** *(Kern)* Elektroneneinfang *m*, E-Einfang *m*, Zerfall *m* durch Elektroneneinfang
~ **injection** *(Aero)* Einschuß *m* in die Umlaufbahn, Bahneinschuß *m*, Bahneinflug *m*
~ **magnetic moment** *(Qu)* magnetisches Bahnmoment *n*, Bahnmagnetismus *m*, bahnmagnetisches Moment *n (Größe)*
~ **moment [of momentum]** *(Qu)* Bahndrehimpuls *m*, *(selten:)* Bahnmoment *n*, Bahnimpuls *m*
~ **motion** 1. *(Mech)* s. orbiting; 2. *(Astr:)* Bahnbewegung *f*, *(selten:)* Umlaufbewegung *f*, Revolution *f*; 3. *(Hydr)* kreisende Bewegung *f*, Kreisbahnbewegung *f (der Wasserteilchen in einer Welle)*
~ **node** *(Astr)* Bahnknoten *m*
~ **period** *(Astr, Mech)* Umlaufzeit *f*, *(manchmal:)* Umlaufdauer *f*, Umlaufperiode *f*
~ **quantum number** s. ~ angular momentum quantum number
~ **rocket** *(Aero)* in eine Umlaufbahn gebrachte Rakete *f*, Orbitalrakete *f*
~ **splitting** *(At, Qu)* Orbitalaufspaltung *f*
~ **velocity** *(Astr, Mech)* 1. Bahngeschwindigkeit *f*; 2. Kreisbahngeschwindigkeit *f*, Orbitalgeschwindigkeit *f*, erste kosmische Geschwindigkeitsstufe *f*
orbiting *(Mech)* Bewegung *f* auf einer Umlaufbahn, Orbitalbewegung *f (auf einer geschlossenen Bahn)*, Umkreisen *n*, Umfliegen *n (eines Zentralkörpers)*, Umlaufen *n*, Kreisen *n (um einen Zentralkörper)*; Umlauf *m (eines Zentralkörpers)*
ORD s. optical rotary dispersion
order *(mathPh)* 1. Größenordnung *f*; 2. Ordnung *f (einer Gruppe oder eines Elements einer Gruppe)*; 3. Kardinalzahl *f*, Mächtigkeit *f (einer Menge)*; 4. Stufe *f*, Ordnung *f*, Valenz *f*, Stufenzahl *f (eines Tensors)*; 5. Vielfachheit *f*, Multiplizität *f*, Ordnung *f (einer Wurzel oder Nullstelle)*
~-**disorder transformation (transition)** *(Fest)* Ordnung[s]-Unordnung[s]-Übergang *m*, Übergang *m* vom Ordnungs-Unordnungs-Typ
~ **hardening** *(Fest)* Ordnungshärtung *f*
~ **of diffraction [fringe]** *(Opt)* Beugungsordnung *f*, Ordnungszahl *f*, Ordnung *f* des Beugungsspektrums (Spektrums), Gitterordnung *f*
~ **of forbiddenness** *(Qu)* Grad *m* des Verbots, Verbotenheitsgrad *m*, Verbotenheitsfaktor *m*
~-**of-magnitude** in der Größenordnung [von], größenordnungsmäßig
~ **of sequence** 1. Reihenfolge *f*, Aufeinanderfolge *f*, Folge *f*; 2. Umlaufsinn *m*
~ **parameter** *(Tief)* Ordnungsparameter *m*, Ginzburg-Landau-Ordnungsparameter *m*

~ **scattering** *(Kern)* geordnete Streuung *f*, Ordnungsstreuung *f*
~ **test** *(mathPh)* Rangtest *m*, Rangverfahren *n*, Anordnungstest *m*
ordered couple (pair) *(mathPh)* geordnetes Paar *n*
ordering *(Fest)* Ordnung *f*, Ordnungsübergang *m*
~ **phenomenon** *(Fest)* Ordnungserscheinung *f*, Ordnungsvorgang *m*
orderly motion *(statPh)* geordnete Bewegung *f*
ordinary discontinuity *(mathPh)* Sprungstelle *f*, Sprungpunkt *m*
~ **force** *(Kern)* Wigner-Kraft *f*, Wignersche Kraft *f*
~ **index** *(Krist, Opt)* Brechungsindex *m* (Brechzahl *f*) für die ordentliche Komponente
~ **operator** *(Kern)* Wigner-Operator *m*
~ **ray** *(Krist, Opt)* ordentlicher Strahl *m*, *(manchmal:)* ordinärer Strahl *m*
~ **sound** *(Tief)* erster (gewöhnlicher, normaler) Schall *m (in Helium II)*
~ **water** *(Kern, physCh)* gewöhnliches Wasser *n*, Normalwasser *n*, Leichtwasser *n*, leichtes Wasser *n (Gegensatz: Schwerwasser)*
~-**wave velocity** *(Krist, Opt)* ordentliche (ordinäre) Wellengeschwindigkeit *f*
oriate *(Fest)* Orientierungszustand *m*
orientability *(mathPh)* Orientierbarkeit *f*
orientation birefringence *(Krist, Opt)* Orientierungsdoppelbrechung *f*
~ **effect** 1. *(At)* Dipoleffekt *m*, Richteffekt *m*; 2. *(Ech)* Orientierungseffekt *m*, Einfluß *m* der Orientierung
~ **energy** *(At)* Orientierungsenergie *f*, Keesom-Energie *f*
~ **force** *(At)* Orientierungskraft *f*, Dipol-Dipol-Kraft *f*, Keesom-Kraft *f*
~-**imperfect crystal** *(Krist)* Orientierungsfehlkristall *m*
~ **order** *(Fest)* Richtungsordnung *f*, Orientierungsüberstruktur *f*, Orientierungsordnung *f*
~ **quantum number** *(At)* magnetische (räumliche) Quantenzahl *f*, Orientierungsquantenzahl *f*
orientational disorder *(Fest)* Orientierungsunordnung *f*
oriented circle *(mathPh)* orientierter (gerichteter) Kreis *m*, Zykel *m*
~ **[crystal] growth** *(Krist)* Epitaxie *f*, orientierte (gesetzmäßige) Verwachsung *f*, orientierte (kohärente) Aufwachsung *f*
~ **line** *(mathPh)* orientierte (gerichtete) Gerade *f*
~ **material** *(Fest)* texturbehaftetes (vorzugsgerichtetes, orientiertes, texturiertes) Material *n*, Material *n* mit Textur
~ **overgrowth** *(Krist)* s. ~ [crystal] growth
orifice Öffnung *f*, Loch *n*; Kanalmündung *f*, Mündung *f*

orifice

~ **gauge (meter, plate flowmeter)** *(Ström)* Meßblende *f*, Durchflußmeßblende *f*, Staudruckdurchflußmesser *m*
orificing *(Hydr)* Drosselung *f (einer Strömung)*
origin 1. *(Mech)* Anfangspunkt *m*, Ausgangspunkt *m (einer Bewegung)*; 2. *(Mech)* Angriffspunkt *m*, *(manchmal:)* Wirkungspunkt *m (einer Kraft)*; 3. *(mathPh)* Ursprung *m*, Anfangspunkt *m (eines Koordinatensystems)*, Koordinatenursprung *m*, Koordinatenanfang[spunkt] *m*
~ **of the wave** Wellenzentrum *n*
original *(mathPh)* Originalfunktion *f*, Oberfunktion *f*, Objektfunktion *f*, *(bei einer Funktionaltransformation auch:)* Rücktransformierte *f*
~ **fission** *(Kern)* Primärspaltung *f*, Erstspaltung *f*
~ **particle** *(Kern)* Primärteilchen *n*, Primäres *n*, *(manchmal:)* Ausgangsteilchen *n*
~ **N.P.L. type wind tunnel** *(Aero)* geschlossener Windkanal *m* mit geschlossener Meßstrecke, Original-NPL-Typ *m*
Orion[-type] star *(Astr)* Orionveränderlicher *m*
Orr-Sommerfeld disturbance (perturbation) equation *(Ström)* Orr-Sommerfeldsche Gleichung *(Störungsgleichung) f*, Störungsdifferentialgleichung *f*
orrery *(Astr)* mechanisches Planetarium *n*
ortho-substitution compound *(At)* Ortho-verbindung *f*, *ortho*-Verbindung *f*, *o*-Verbindung *f*
orthodromic projection *(Krist)* s. gnomonic projection
orthogonal and normalized system *(mathPh)* Orthonormalsystem *n*, normiertes Orthogonalsystem *n*, orthonormiertes System *n*
~ **anisotropy** *(Mech)* Orthotropie *f*, orthogonale Anisotropie *f*
~ **cartesian coordinates** *(mathPh)* kartesische (cartesische) Koordinaten *fpl*, orthonormierte (rechtwinklige kartesische) Koordinaten *fpl*
~ **curvilinear coordinates** *(mathPh)* orthogonale krummlinige Koordinaten *fpl*, krummlinige Orthogonalkoordinaten *fpl*
~ **expansion** *(mathPh)* Entwicklung *f* in eine Orthogonalreihe, Orthogonalentwicklung *f (einer Funktion, Methode)*
~ **series** *(mathPh)* Orthogonalreihe *f*, Orthogonalentwicklung *f (einer Funktion)*
~ **system** *(mathPh)* 1. orthogonales (rechtwinkliges) Koordinatensystem *n*, Orthogonalsystem *n*; 2. Orthogonalsystem *n (von Funktionen)*; 3. Orthogonalnetz *n*, Orthogonalsystem *n (von Kurven)*, orthogonale Kurvenscharen *fpl*
~ **trajectory coordinates** *(Mech)* Normalkoordinaten *fpl*, Hauptkoordinaten *fpl*, Rayleighsche Koordinaten *fpl (gekoppelter Systeme)*

orthogonality Orthogonalität *f*, senkrechtes Aufeinanderstehen *n*, Rechtwinkligkeit *f*
orthographic projection 1. *(Krist)* orthographische Projektion *f*; 2. *(mathPh)* Orthogonalprojektor *m*, orthogonaler Projektor *m*, orthogonale Projektion *f (im Hilbert-Raum)*
orthonormal coordinates *(mathPh)* s. orthogonal cartesian coordinates
orthopolar method *(mathPh)* Grammelsches Näherungsverfahren (Verfahren) *n*, Orthopolarenverfahren *n*
orthoscopic lens *(Opt)* verzeichnungsfreies (orthoskopisches) Objektiv *n*, *(speziell:)* rektolineares Objektiv *n*
~ **view[ing]** *(Opt)* orthoskopische Beobachtung (Betrachtungsweise) *f*
ortive amplitude *(Astr)* Morgenweite *f*
oscillating crystal 1. Schwingkristall *m*, schwingender Kristall *m*; 2. *(Krist)* Schwenkkristall *m*
~ **crystal method** *(Krist)* Schwenk[kristall]methode *f*, Schwenkkristallverfahren *n*
~ **current** *(El)* Schwingstrom *m*, oszillierender Strom *m*
~ **disk method** *(Ström)* Methode *f* der schwingenden Scheibe, Scheibenmethode *f (zur Viskositätsbestimmung)*
~ **drop** *(Ström)* schwingender Tropfen (Füssigkeitstropfen) *m*
~ **electron** *(At)* Pendelelektron *n*
~ **force** *(Aero)* Rüttelkraft *f*
~ **load** *(Mech)* Schwingbelastung *f*, schwingende Belastung (Beanspruchung) *f*
~ **sequence** *(mathPh)* oszillierende Folge *f*, unbestimmt (uneigentlich) divergente Folge *f*
~ **universe** *(Astr)* oszillierende Welt *f*, Modell *n* eines oszillierenden Welt *(erster oder zweiter Art)*
oscillation 1. Schwingung *f*, Oszillation *f*; 2. Pendelung *f*, Schwingung *f*, Oszillieren *n (um einen Sollwert, um die Gleichgewichtslage)*; 3. *(mathPh)* Oszillation *f (einer Folge)*; 4. *(mathPh)* Schwankung *f*, Oszillation *f (einer reellen Funktion in einer Menge)*; 5. *(Mech)* Schwenkung *f (periodische Drehung um einen kleinen Winkel)*
~ **amplitude** Amplitude *f*, Schwingungsweite *f*, Scheitelwert *m*
~ **frequency** Frequenz *f*, Schwingungszahl *f*, Schwingungsfrequenz *f*, Periodenfrequenz *f*
~ **period** Schwingungsdauer *f*, Periode[ndauer] *f*
~ **photograph** *(Krist)* Schwenk[kristall]aufnahme *f (Ergebnis)*
~ **plane** Schwing[ungs]ebene *f*
oscillator Oszillator *m (einfachstes schwingungsfähiges mechanisches System)*
~ **drift** *(El)* Frequenzdrift *f*, Frequenzauswanderung *f*, Frequenzabwanderung *f*

outleakage

~ **frequency** *(El)* Oszillatorfrequenz *f*
~ **strength** *(At, Qu)* Oszillator[en]stärke *f*, *f*-Wert *m*
oscillatory extinction *(Krist, Opt)* undulöse (undulierende, wellenartige) Auslöschung *f*
~ **flow** *(Ström)* periodisch veränderliche Strömung *f*, schwingende Strömung *f*
~ **mainstream** *(Ström)* periodisch veränderliche Grundströmung *f*
~ **motion** 1. Schwing[ungs]bewegung *f*, schwingende Bewegung *f*, Oszillationsbewegung *f*; 2. *(Ström) s.* ~ flow
~ **spin** *(Aero)* Schwingungstrudeln *n*
~ **surge** *(El)* oszillierender Stoß *m* (Strom- oder Spannungsstoß mit wechselnder Polarität)
~ **twin** *(Krist)* polysynthetischer Zwilling *m* (mit parallelen Zwillingsebenen)
osculating circle *(mathPh)* Krümmungskreis *m*, Schmieg[ungs]kreis *m*, Oskulationskreis *m* (einer Kurve)
~ **curve** *(mathPh)* oskulierende Kurve *f* (einer Kurve)
~ **Keplerian orbit** *(Astr)* oskulierende Kegelschnitt[s]bahn *f*
~ **plane** *(mathPh)* Schmieg[ung]ebene *f*, Oskulationsebene *f*
~ **point** *(mathPh)* Selbstberührungspunkt *m*, Knotenpunkt *m* zweiter Art, Berührungspunkt *m* (einer Kurve)
Oseen's [eddying] wake *(Hydr)* Oseenscher [turbulenter] Nachlauf *m*
osmotic constant *(physCh)* osmotische Zustandsgröße (Konstante) *f*
Ostwald bicone *(Opt)* Ostwaldscher Doppelkegel *m*
~ **body** *(Mech)* Ostwaldscher Körper *m*, Körper *m* mit Fließelastizität
~ **colour solid** *(Opt)* Ostwald-Farbkörper *m*
~ **statement of the second law of thermodynamics** *(Therm)* Ostwaldsche Formulierung *f* des zweiten Hauptsatzes (es gibt kein Perpetuum mobile II. Art)
Ostwald's dilution law *(Ech)* [Ostwaldsches] Verdünnungsgesetz *n*
~ **power law** *(Mech)* Ostwaldsches Potenzgesetz *n*
~ **rule [of intermediate stages]** *(physCh)* Ostwaldsche Stufenregel *f*, Stufenregel *f* von Ostwald
OTF *s.* optical transfer function
ounce englische Unze *f* [im Troy-System], Feinunze *f*, *(GB:)* oz tr, *(US:)* oz t (SI-fremde Einheit der Masse; 1 oz tr = 31,1034768 g)
ouncedal *(Mech)* Ouncedal *n* (SI-fremde Einheit der Kraft; 1 ouncedal = 0,008641 N)
out-field *(Feld, Qu)* auslaufendes Feld *n*, „out"-Feld *n*
~-**of-balance load** *(El)* unsymmetrische Last (Belastung) *f*, Schieflast *f*
~-**of-core neutron detector** *(Kern)* Excore-Neutronendetektor *m*, Neutronendetektor *m* außerhalb des Kerns

~-**of-core thermionic reactor** *(Kern)* Out-of-Core-Thermionikreaktor *m*, Reaktor *m* mit außerhalb des Kerns angeordneten Thermionikzellen
~-**of-phase oscillation** phasenverschobene Schwingung *f*, Schwingung *f* außer Phase, *(speziell:)* phasenfalsche Schwingung *f*
~-**of-pile experiment** *(Kern)* Experiment *n* (Versuch *m*) außerhalb des Reaktors
~-**of-plane vibration** *(Mech)* nichtebene Schwingung *f*
~-**of-step domain** *(Fest)* Antiphasendomäne *f*, Antiphasenbereich *m*, antiphasige Domäne *f*
outburst of a nova *(Astr)* Novaausbruch *m*, Helligkeitsausbruch (Lichtausbruch) *m* einer Nova
outcoming particle *(Kern)* emittiertes (weglaufendes, auslaufendes, herausfliegendes) Teilchen *n*
~ **ray** *(Ak, El, Opt)* austretender (ausfallender) Strahl *m*
outcoupling mirror *(Opt)* Auskoppelspiegel *m*, Ausgangsspiegel *m* (eines Lasers)
outdiffusion *(Halbl)* Ausdiffusion *f*
outer electric potential *(Ech)* Volta-Potential *n*, voltaisches (äußeres, äußeres elektrisches) Potential *n*
~ **law** *(Ström)* Geschwindigkeitsdefektsetz *n* (der Grenzschicht)
~ **nucleon** *(Kern)* äußeres (peripheres) Nukleon *n*, Randnukleon *n*
~ **orbit** *(At) s.* outermost orbit
~ **orbital complex** *(At)* Normalkomplex *m*, magnetisch normaler Komplex *m*, Anlagerungskomplex *m*
~ **planet** *(Astr)* äußerer (oberer) Planet *m*
~ **space** *(Astr)* Weltraum *m*, Raum *m*, Außenraum *m*
~ **surface** *(Mech)* Außenfläche *f*, *(speziell:)* äußere Oberfläche *f*
~ **trapped surface** *(Rel)* äußere gefangene Fläche *f*
~ **work function** *(Fest)* äußere Austrittsarbeit *f*
~ **zone** Randzone *f*, Randgebiet *n*, peripherer Bereich *m*
outermost hysteresis loop *(Magn)* Grenzschleife *f*, Grenzkurve *f*, äußerste Hystereseschleife *f*
~ **orbit** *(At)* Valenzbahn *f*, kernfernste Bahn *f*, äußerste Elektronenbahn *f*
outfall *(Hydr)* Abfluß *m*, *(speziell:)* Abflußkanal *m*, Ableitungskanal *m*
outgassing *(Vak)* Ausgasung *f*
outgoing field *(Feld, Qu)* auslaufendes Feld *n*, out-Feld *n*
~ **line** *(Qu)* abgehende (beginnende) Linie *f* (eines Feynman-Diagramms)
~ **particle** *(Kern) s.* outcoming particle
~ **radiation condition** *(Qu)* [Sommerfeldsche] Ausstrahlungsbedingung *f*
outleakage *(Ström) s.* outward leakage

outlet

outlet flow *(Ström)* Förderstrom *m (einer Pumpe in einem Pneumatik- oder Hydrauliksystem)*
~ **pressure** *(Hydr)* Mündungsdruck *m*
~ **temperature** *(Kern)* Austrittstemperatur *f*, Temperatur *f* am Ausgang *(eines Reaktors)*
outlier *(mathPh)* Ausreißer *m (Statistik)*
output angle *(Opt)* Ausgangswinkel *m*, Strahlungswinkel *m (einer optischen Faser)*
~ **flow** *(Ström)* s. outlet flow
~ **noise** 1. *(El, Meß)* Ausgangsrauschen *n*; 2. *(El, Halbl)* thermisches Rauschen *n*, Wärmerauschen *n*, Johnson-Rauschen *n*, Widerstandsrauschen *n*, *(selten:)* Nyquist-Rauschen *n*
outscattering *(Kern)* Hinausstreuung *f*, Herausstreuung *f*, Streuung *f* aus einem Medium
outside-step lens *(Opt)* Außenstufenlinse *f*
outward leakage *(Ström)* Leckage *f* nach außen, Ausleckage *f*, Außenleckage *f*
oval *(mathPh)* Eilinie *f*, geschlossene konvexe Kurve *f*, nirgends konkave geschlossene Kurve *f*, *(manchmal:)* Eikurve *f*
over-the-horizon progagation *(El, Magn)* Streuausbreitung *f*, Scatterverbindung *f*, Transhorizontausbreitung *f (von Wellen)*
overabundance of the light nuclei *(Astr, Kern)* Häufigkeitsüberschuß *m* der leichten Kerne
overall coefficient *(Therm)* s. ~ heat transfer coefficient
~ **efficiency** Nettowirkungsgrad *m*, Gesamtwirkungsgrad *m*
~ **heat transfer coefficient** *(Therm)* Wärmedurchgangskoeffizient *m*, Wärmedurchgangszahl *f*, Wärmedurchgangswert *m (in W/m² K)*
~ **leakage** 1. *(Kern)* Gesamtausfluß *m*, Gesamtverlust *m*, Gesamtaustritt *m (von Neutronen)*; 2. *(Vak)* Gesamtverlust *m*
~ **luminous efficiency** *(Opt)* s. luminous efficacy
~ **magnification** *(Opt)* Gesamtvergrößerung *f*, mikroskopische Vergrößerung *f*, Mikroskopvergrößerung *f*
~ **mean velocity** *(Hydr)* mittlere Geschwindigkeit *f* über dem Gesamtquerschnitt
~ **momentum** *(Mech)* Gesamtimpuls *m*, resultierender Impuls *m*
~ **rate of reaction [law]** *(physCh)* Geschwindigkeitsgleichung *f*, Geschwindigkeitsgesetz *n*, Zeitgesetz *n* der [chemischen] Reaktion
~ **response time** *(Meß, Reg)* Gesamtreaktionszeit *f (Fernwirktechnik)*
~ **thermal efficiency** *(Therm)* thermischer Gesamtwirkungsgrad *m (einer Wärmekraftmaschine oder eines Reaktors)*
overallowance *(Mech)* oberes Abmaß *n*, Größtmaß *n*, obere Toleranzgrenze *f*

overbarred quantity s. overlined quantity
overbunching *(El)* überkritische Ballung (Bündelung) *f*
overburden stress *(Hydr)* totale Spannung *f (in porösen Medien)*
overcompression ratio *(Hoch)* Überkompressionsverhältnis *n*, Überkompression *f (Größe)*
overcoupled resonance *(El)* Resonanz *f* überkritisch gekoppelter Schwingkreise
overcoupling *(El)* überkritische Kopplung *f*, Überkopplung *f (von Schwingkreisen)*
overcurrent factor *(El)* Überstromziffer *f*
overdamming *(Hydr)* Überstauung *f*, Überstau *m*
overdamped oscillation (vibration) stark gedämpfte Schwingung *f*
overdense plasma *(Pl)* überdichtetes Plasma *n (Elektronendichte > 10^{12} e/cm)*
overdrive, overdriving *(El)* Übersteuerung *f (z. B. eines Oszilloskops)*
overexcitation *(El)* Übererregung *f*
overexposure 1. *(Kern)* Überbestrahlung *f*, Überexponierung *f*, *(speziell:)* Überdosierung *f* der Bestrahlung; 2. *(Phot)* Überbelichtung *f*
overfall *(Hydr)* 1. sich brechende Welle *f*, überbrechende Welle *f*; 2. s. overflow 2.
overflow *(Hydr)* 1. Überlaufen *n*, Überströmen *n*, Überfließen *n*; 2. Überlauf *m (Vorrichtung)*
overflowing sheet *(Hydr)* s. nappe 1.
overframing *(Phot)* Ausschnittsvergrößerung *f*, Overframing *n*
overgrowth *(Krist)* Überwachsung *f*
overlap 1. Überlappung *f*, Überdeckung *f*, Überschneiden *n*, Über[einander]greifen *n*; 2. *(El)* Überlappungszeit *f*
~ **angle** 1. *(El)* Überlappungswinkel *m*; 2. *(Mech)* Sprungüberdeckungswinkel *m*, Überdeckungswinkel *m*
~ **energy** *(At)* Überlappungsenergie *f*
~ **repulsion** *(At)* Abstoßung[skraft] *f* kurzer Reichweite
~ **time** 1. *(El)* Überlappungszeit *f*; 2. *(Kern)* Überlappungsdauer *f*, Überlappungsintervall *n*
overlapping 1. s. overlap 1.; 2. *(Opt)* Überlagerung *f (von Interferenzordnungen)*
~ **mean** *(mathPh)* gleitendes Mittel *n*, gleitender Durchschnitt (Mittelwert) *m*
~ **of tracks** *(Kern)* Übereinanderliegen *n* (Überlagerung *f*) von Spuren, *(speziell:)* Überschneidung *f* von Spuren
overline *(mathPh)* Strich *m (über einer Größe)*, Überstreichung *f (einer Größe)*
overlined quantity *(mathPh)* überstrichene Größe *f (z. B.: $\bar{x}$, lies: x quer, x überstrichen)*
overload Überlastung *f*
~ **capacity** *(El)* Überlastbarkeit *f*, höchstzulässige Überlastung *f*
~ **level** *(Ak)* Überlastungsgrenze *f*, Belastungsgrenze *f*

~ **rating** *(El)* zulässige Überlastung f
~ **relay** *(US)* s. ~ release
~ **release** *(El)* Überstromauslöser m
overmatch[ing] *(El)* Spannungsanpassung f, Überanpassung f *(einer Spannungsquelle)*
overpopulation *(Qu)* Überpopulation f, Überbesetzung f
overpotential *(Ech)* [elektrochemische] Überspannung f
overpower transient accident *(Kern)* Überlaststörfall m, Überleistungsstörfall m, TOP-Störfall m, TOP-Ereignis n
overpressure *(Mech)* 1. Überdruck m, übermäßiger (überhöhter, zu hoher) Druck m; 2. Überdruck m, *(selten:)* Mehrdruck m *(in einem Volumen, gegenüber der Umgebung)*
override, overriding *(Kern)* Überfahren n, Kompensation f, Ausregelung f *(des Xenoneffekts)*
overshoot 1. Überschwingen n *(einer Größe)*; 2. *(El)* Überschwingen n, Impulsüberschwingen n; 3. *(El, Magn)* Überreichweite f
~ **factor** *(Halbl)* Übersteuerungsfaktor m *(eines Bipolartransistors)*
~ **ratio** 1. *(El)* Überschwingfaktor m
overspeed *(Mech)* 1. Übergeschwindigkeit f, übermäßige Geschwindigkeit f; 2. Überdrehzahl f, Schleuderdrehzahl f
overspin, overstabilization *(Mech)* Überstabilisierung f
overstressing *(Mech)* Überbeanspruchung f
overswing *(El)* Überschwingen n, Impulsüberschwingen n
overtone 1. Oberschwingung f; 2. *(Ak)* Oberton m; 3. *(Mech)* Oberwelle f *(einer Schwingungsart)*
~ **band** *(Spektr)* Oberschwingungsbande f, *(manchmal:)* Obertonbande f
overtravel *(El)* Nachlaufweg m, Schalternachlaufweg m
overturning moment *(Mech)* Kippmoment n, Reaktionsmoment n, Rückstellmoment n
ovoid *(mathPh)* Oval n, Eikurve f
O/W emulsion *(Mech)* Öl-[in-]Wasser-Emulsion f, O/W-Emulsion f, ÖW
OW unit *(Ak)* s. sabin
own motion *(Mech)* Eigenbewegung f
~ **radiation** *(Astr)* Eigenstrahlung f *(eines Planeten)*
~ **weight** *(Mech)* Eigengewicht n, Eigenlast f *(z. B. einer Konstruktion)*
oxidation affinity per unit charge *(At)* Oxidationspotential n
~ **electrical tension** *(At)* Oxidationspotential n
~ **fog** *(Phot)* Luftschleier m
~ **number** *(Ech)* Oxidationszahl f, Oxidationsstufe f, Oxidationswert m, [elektrochemische] Wertigkeit f *(eines Ions)*

~ **preventive** *(physCh)* Oxidationsinhibitor m, Oxidationsverhinderer m, Antioxidans n *(pl.: Antioxidanzien)*
oxide isolation *(Halbl)* Oxid[wall]isolation f, OXIS, Oxidation f von Halbleiteroberflächen
OXIS *(Halbl)* s. oxide isolation
oxygen bomb calorimeter *(Therm)* kalorimetrische Bombe f nach Berthelot, Berthelotsche Bombe f, Berthelot-Bombe f
~ **bridge** *(At)* Sauerstoffbrücke f
~ **tension** *(physCh)* Sauerstoffpartialdruck m
oyster shell marking *(Mech)* Rastlinie f *(im Dauerbruch)*
oz *(Mech)* s. ounce

P

p *(Mech)* s. poncelet
P 1. *(physCh)* Parachor m *(nach Sudgen)*, P *(Molvolumenmaß)*; 2. *(Ström)* s. poise
P-body *(Mech)* s. Prandtl body
p-conductor s. p-type semiconductor
p-n boundary *(Halbl)* PN-Grenzschicht f, PN-Grenze f
p-n junction *(Halbl)* PN-Übergang m, PN-Sperrschicht f, PN-Randschicht f
p-n junction photovoltaic effect s. photovoltaic effect 1.
P operator *(Feld, Qu)* Dyson-Operator m, Dysonscher (Dyson-Wickscher) Operator m, chronologischer (chronologisierender) Operator m, P-Operator m
p representation *(Qu)* Impulsdarstellung f, p-Darstellung f
p-spot *(Astr)* P-Fleck m, vorangehender Fleck m
p-type conduction *(Halbl)* Defekt[elektronen]leitung f, P-[Typ-]Leitung f, Mangelleitung f, Löcherleitung f
p-type conductivity P-[Typ-]Leitfähigkeit f, Mangelleitfähigkeit f *(Eigenschaft, Größe)*
p-type impurity *(Halbl)* Akzeptorverunreinigung f, P-Typ-Verunreinigung f
p-type ionic conduction *(Halbl)* Ionenmangelleitung f, Ionendefektleitung f
p-type metallic conduction *(Halbl)* metallische Defektelektronenleitung f
p-type semiconductor *(Halbl)* P-[Typ-]Halbleiter m, Mangel[halb]leiter m, P-Störstellenleiter m
p-v diagram *(Mech)* s. pressure-volume diagram
P wave *(Mech)* 1. Druckwelle f *(in einem elastischen Medium, Oberbegriff)*; 2. Verdichtungswelle f, Kompressionswelle f, *(im ebenen Fall auch:)* Verdichtungslinie f
p-x diagram *(physCh)* p,x-Diagramm n, Druck-Zusammensetzungs-Diagramm n, isotherme Darstellung f *(des räumlichen p,T,x-Diagramms)*

PAC

PAC *(Kern)* s. perturbed angular correlation
packaging 1. *(Halbl)* Verkappung f, Verkapselung f; 2. *(Kern)* Verpackung f *(radioaktiver Materialien)*
~ **density** *(El)* Bauelementdichte f *(Anzahl der Bauelemente je Volumeneinheit)*
packet 1. *(El, Magn)* Paket n, Wellenpaket n, Gruppe f frequenzbenachbarter Wellen; 2. *(Kern)* Mikropaket n *(von Teilchen)*
~ **emulsion** *(Phot)* Mehrschichtenemulsion f, Vielschichtemulsion f, Mehrfachschichtemulsion f
packing 1. Packung f *(von Teilchen, z. B. von Atomen in einem Kristallgitter)*; 2. *(Mech)* Stopfen n, Packen n *(ein Abdichtverfahren)*
~ **defect** *(Kern)* s. mass defect
~ **effect** *(Kern)* 1. Masseneffekt m, Packungseffekt m; 2. s. mass defect
~ **fraction** *(Kern)* Packungsanteil m *((M − A)/A)*; 2. *(Opt)* Packungsdichte f *(eines Faserbündels)*
~ **index** *(Krist)* Packungsindex m, Packungsdichte f *(lonenvolumen/Volumen der Elementarzelle)*
~ **loss** *(Kern)* s. mass defect
~ **material** 1. *(Mech)* Dicht[ungs]material n, Dichtmittel n, Packungsmaterial n; 2. *(physCh)* Füllkörper m(mpl), Kolonnenfüllkörper m(mpl), Kolonnenpackung f, Packung f
PAD s. 1. *(Halbl)* post-alloy diffusion; 2. *(Kern)* perturbed angular distribution
pad 1. *(El)* Anschlußfeld n, Anschlußfläche f *(einer gedruckten Schaltung)*; 2. *(El)* [festes] Dämpfungsglied n *(zur Verbindung von Reflexionen in einer Übertragungsleitung)*; 3. *(Aero)* Abschußplattform f, Startplattform f
paint-on process *(Halbl)* Filmverfahren n
painting *(Kern)* Aufstreichen n, Auftragen n *(eine Methode der Targetherstellung)*
pair annihilation 1. *(Hoch)* Paarvernichtung f, Vernichtung *(Zerstrahlung)* f von Paaren *(Teilchen-Antiteilchen-Paaren)*; 2. *(Kern)* Elektronenpaarvernichtung f, Elektron-Positron-Paarvernichtung f, Zerstrahlung f von Elektron-Positron-Paaren
~ **annihilation to neutrinos** *(Hoch)* Neutrinoerzeugung f durch Paarvernichtung
~ **attenuation (creation) coefficient** *(Kern)* Paarbildungskoeffizient m, Schwächungskoeffizient m für den Paarbildungseffekt
~ **density** *(statPh)* Teilchenpaardichte f, Paardichte f
~ **distribution function** *(Fest)* Paarverteilungsfunktion f, Zweiteilchen-Verteilungsfunktion f
~ **force** *(At)* Paarkraft f
~ **interaction** 1. *(Kern)* Paarbildungswechselwirkung f, Paarungswechselwirkung f; 2. *(Tief)* Paarwechselwirkung f, Elektron-Elektron-Wechselwirkung f in Supraleitern
~ **of vacancies (voids)** *(Krist)* s. double vacancy
~ **production** *(Kern)* Paarerzeugung f, Paarbildung f, Bethe-Heitler-Prozeß m *(Teilchen-Antiteilchen-Paare)*
~ **sea** *(Hoch)* Paarsee m, Quark-Antiquark-Paarsee m
~ **theory** *(Qu)* s. Dirac's hole theory
~-**to-pair capacitance** *(El)* Schleifenkapazität f, Adernkapazität f
paired comparison *(mathPh)* paarweiser Vergleich m
~ **dislocation** *(Krist)* gepaarte Versetzung f, Versetzungspaar n
~ **electron** *(At)* gepaartes Elektron n *(ein Elektron eines Elektronenpaares)*
~ **electrons** *(At)* zwei Elektronen npl mit entgegengesetztem Spin, gepaarte Elektronen npl
pairing 1. Paarbildung f, Paarung f *(von Teilchen)*; 2. *(Kern)* s. pair production
~ **energy** *(Kern)* Paarungsenergie f, Paarbildungsenergie f *(eine Komponente der Kernbindungsenergie)*
Palatini's method (procedure) *(Rel)* Palatinis Variationsmethode f, Variation f nach Palatini
paling (palisade) phenomenon *(Opt)* Staketenphänomen n
palpable coordinate *(Mech)* nichtzyklische Koordinate f
pancake-shaped annular chamber *(Pl)* diskusförmige Ringspaltkammer f
panradiometer *(Therm)* Gesamtstrahlungsmesser m, Panradiometer n
Papkovich[-Neuber] solution *(Mech)* [Boussinesq-]Papkowitsch-Lösung f
para-substitution compound *(At)* Paraverbindung f, *para*-Verbindung f, *p*-Verbindung f
parabola of stability *(Hydr)* Auftriebsparabel f, Metazenterparabel f, Stabilitätsparabel f
parabolic-arc wall *(Aero)* parabolisch gekrümmte Wand f
~ **coordinates** *(mathPh)* parabolische Koordinaten fpl [in der Ebene], ebene parabolische Koordinaten fpl
~ **cylindrical coordinates** *(mathPh)* parabolische Zylinderkoordinaten fpl, Koordinaten fpl des parabolischen Zylinders
~ **flight** *(mathPh)* Parabelflug m, Flug m auf einer Parabelbahn
~-**index fibre** *(Opt)* Parabelfaser f, optische Faser f mit parabolischer Brechungsindexänderung
~ **profile** *(Opt)* parabolisches (quadratisches) Profil n
~ **reflector** 1. *(El, Magn)* Parabolspiegel m, Parabolreflektor m, Schüssel f; 2. *(Opt)* Parabolspiegel m, parabolischer Spiegel (Hohlspiegel) m, *(besonders Astr auch:)* Paraboloidspiegel m

parametral

- ~ **rule** *(mathPh)* Simpsonsche Regel (Formel) *f*, Parabelformel *f*, Parabelmethode *f*, *(für n = 1:)* [Keplersche] Faßregel *f*, Faßrechnung *f (für Integrale)*
- ~ **velocity** *(Astr, Mech)* Entweichungsgeschwindigkeit *f*, parabolische Geschwindigkeit *f*, zweite kosmische Geschwindigkeitsstufe *f*
- ~ **well** parabelförmige Potentialmulde *f*, Parabelpotential *n*

paraboloid of revolution *(mathPh)* Drehparaboloid *n*, Rotationsparaboloid *n*, Umdrehungsparaboloid *n*

paraconductivity *(Tief)* Paraleitfähigkeit *f*

paradox 1. Paradoxon *n*; 2. *(mathPh)* Antinomie *f*, Paradoxie *f*

paraelectric [material] *(El, Fest)* Parelektrikum *n*, Paraelektrikum *n*, par[a]elektrischer Stoff *m*

parallactic error *(Opt)* Parallaxenfehler *m*, *(manchmal:)* parallaktischer Fehler *m*
- ~ **inequality** *(Astr)* lunare anomalistische Ungleichheit *f*, monatliche Ungleichheit *f*, parallaktische Ungleichheit (Ungleichung, Gleichung) *f*
- ~ **libration** *(Astr)* tägliche (parallaktische) Libration *f (des Mondes)*

parallax adjustment *(Phot)* Parallaxenausgleich *m*
- ~ **bar** *(Astr)* parallaktisches Lineal *n*, Triquetrum *n*
- ~-**second** *(Astr) s.* parsec

parallel 1. *(mathPh)* Parallele *f*, parallele Gerade *f*; 2. *(Astr) s.* ~ of latitude
- ~ **admittance** *(El)* [komplexer] Querleitwert *m*, [komplexer] Parallelleitwert *m*
- ~ **axis theorem** *(Mech)* Steinerscher Satz *m*, Satz *m* von Steiner, *(selten:)* Satz *m* von Huygens
- ~ **beam** Parallelstrahlenbündel *n*, Parallelstrahl *m*
- ~ **circle** *(Astr) s.* ~ of latitude
- ~ **compensation** *(Reg)* Rückführungskompensation *f*, Parallelkompensation *f*
- ~ **connection** *(El)* Parallelschaltung *f*, Nebeneinanderschaltung *f*
- ~ **coordinates** *(mathPh)* affine Koordinaten *fpl*, Parallelkoordinaten *fpl*, kartesische (cartesische) Koordinaten *fpl*
- ~ **extinction** *(Krist, Opt)* gerade (parallele) Auslöschung *f*
- ~ **flow** *(Ström)* Parallelströmung *f*, Parallelstrom *m*, Translationsströmung *f*
- ~-**flow method** *(Ström)* Gleichstrommethode *f*, Gleichstromverfahren *n*
- ~-**flow process** *(physCh)* Gleichstromverfahren *n*
- ~ **intergrowth** *(Krist)* Parallelverwachsung *f*
- ~ **of altitude** *(Astr)* Azimutalkreis *m*, Almukantarat *m*, *(selten:)* Höhenkreis *m*
- ~ **of declination** *(Astr)* Deklinationskreis *m (ein Kleinkreis)*
- ~ **of latitude** *(Astr)* Breitenkreis *m*, Parallel[kreis] *m (ein Kleinkreis)*
- ~ **phase resonance** *(El) s.* ~ resonance
- ~-**plate method** *(Therm)* Lamellenverfahren *n (der Wärmeleitfähigkeitsmessung)*
- ~ **projection** *(mathPh)* Parallelprojektion *f*, Zylinderprojektion *f*, *(als Ergebnis auch:)* Parallelriß *m*
- ~ **reactance** *(El)* Querreaktanz *f*, Parallelreaktanz *f*
- ~ **reactance coefficient** *(Magn)* Parallelinduktivitätskoeffizient *m*
- ~ **resistance** *(El)* Nebenwiderstand *m*, Parallelwiderstand *m*, Nebenschlußwiderstand *m*
- ~ **resonance** *(El)* Parallelresonanz *f*, Phasenresonanz *f*, Sperresonanz *f*
- ~ **resonant circuit** *(El)* Parallelschwingkreis *m*, Parallelresonanzkreis *m*
- ~ **ruler** *(Mech)* Parallellineal *n*, Zweikantenlineal *n*, Bilineal *n*
- ~ **sectioning** *(Fest)* Parallelschnittverfahren *n*
- ~-**series circuit (connection)** *(El)* Parallel-Serien-Schaltung *f*, Parallel-Reihen-Schaltung *f*, gemischte Schaltung *f*
- ~ **staging** *(Aero)* Stufenprinzip *n* mit nebeneinander angeordneten Raketenstufen
- ~ **stream** *(Ström) s.* ~ flow

paralleling *(El) s.* parallel connection

parallelogram law *(Mech)* Parallelogrammsatz *m*, Parallelogrammgesetz *n*, Parallelogrammregel *f*, *(speziell:)* Satz *m* vom Parallelogramm der Kräfte
- ~ **motion** *(Mech)* Parallelogrammbewegung *f*
- ~ **of motion (velocities)** *(Mech)* Parallelogramm der Geschwindigkeiten (Bewegung), Geschwindigkeitsparallelogramm *n*
- ~ **rule** *s.* parallelogram law

paralysis circuit *(Kern)* Sperrkreis *m (einer Zählanordnung)*
- ~ **period (time)** *(Kern)* [aufgeprägte] Sperrzeit *f*, Totzeit *f (einer Zählanordnung)*

paralyzable counter tube *(Kern)* sperrbares (blockierendes) Zählrohr *n*
- ~ **dead time** *(Kern)* ausgedehnte Totzeit *f*

paramagnet[ic] *(Fest, Magn)* Paramagnetikum *n*, paramagnetischer Stoff *m*
- ~ **cooling** *(Tief)* adiabatische Entmagnetisierung *f*, magnetische Abkühlung *f*
- ~ **permeability** *(Magn)* Permeabilität *f* für paramagnetische Substanzen, paramagnetische Permeabilität *f*
- ~ **resonance spectroscopy** *(Spektr)* ESR-Spektroskopie *f*, ESR-Technik *f*, EPR-Spektroskopie *f*, EPR-Technik *f*, Elektronenspinresonanzspektroskopie *f*

parameter estimation (identification) Identifikation *f*, Parameterschätzung *f*, Zustandsschätzung *f*

parametral face *(Krist)* Parameterfläche *f*
- ~ **plane** *(Krist)* Parameterebene *f*

parasite

parasite [current] *(El)* parasitärer Strom *m*, Störstrom *m* (in einem Stromkreis)
~ **drag (resistance)** *(Aero)* schädlicher Luftwiderstand (Widerstand) *m*, Widerstandshöhe *f*
~ **capture-to-fission ratio** *(Kern)* Verhältnis *n* der Anzahl der parasitären Einfänge zur Anzahl der Spaltungen
~ **error** *(Meß)* Fehler (Meßfehler) *m* durch Störeinflüsse
~ **fluorescence** *(Kern)* Vordosis *f (eines Strahlungsdetektors)*
~ **light** *(Opt)* Nebenlicht *n*, Fremdlicht *n*
~ **oscillation** *(El)* Parasitäreffekt *m*, wilde Schwingung *f*, Nebenschwingung *f*, Störschwingung *f (in einem Oszillator oder Verstärker)*
~ **radiation** Streustrahlung *f*, Störstrahlung *f (unerwünscht)*
parasitics *(El)* Parasitäreffekt *m*
paraxial equation *(Opt)* s. ~ single surface equation
~ **focus[s]ing** *(Opt)* s. ~ optics
~ **image point** *(Opt)* Gaußscher (paraxialer) Bildpunkt *m*
~ **matrix optics** *(Opt)* Matrizenoptik *f* für das paraxiale (Gaußsche) Gebiet, Gaußsche Matrizenoptik *f*
~ **model** *(Opt)* Modell *n* der dünnen Linse
~ **optics** *(Opt)* Gaußsche Dioptrik *f*, Theorie *f* [der optischen Abbildungen] erster Ordnung, Gaußsche Optik (Abbildung, Näherung, Approximation) *f*
~ **ray** *(Opt)* 1. achsennaher (paraxialer) Strahl *m*; 2. achsenparalleler Strahl *m (in einer optischen Faser)*
~ **ray tracing** *(Opt)* Durchrechnung *f* im achsennahen (Gaußschen) Gebiet
~ **region** *(Opt)* paraxiales (achsennahes) Gebiet *n*, Gaußsches Gebiet *n*, fadenförmiger Raum *m*
~ **single surface equation** *(Opt)* Gaußsche Gleichung *f*, Linsenformel *f* für das paraxiale (Gaußsche) Gebiet
parelectric [material] *(El, Fest)* s. paraelectric [material]
parent 1. *(Kern)* Ausgangsnuklid *n*, Mutternuklid *n (irgendein vorangehendes Glied einer Zerfallskette)*; 2. *(Kern)* Mutternuklid *n*, Muttersubstanz *f (Anfangsglied einer radioaktiven Zerfallsreihe)*; 3. *(Krist)* das größere Zwillingsindividuum (Individuum) *n (eines Zwillingskristalls)*; 4. *(Qu)* Ausgangszustand *m*
~ **comet** *(Astr)* erzeugender Komet *m*, Mutterkomet *m*
~ **nuclide** *(Kern)* s. parent 1. und 2.
~ **peak** *(Spektr)* Bezugspeak *m*, Bezugslinie *f*, Ausgangspeak *m (zum undissoziierten Molekül gehörig)*
~ **population** *(mathPh)* Grundgesamtheit *f*, Population *f*, Gesamtheit *f (Statistik)*
~ **term** *(At, Qu)* Stammterm *m*, „parent"-Term *m*, Ursprungsterm *m*

parity conservation law *(Qu)* Erhaltungssatz *m* der Parität, Paritätserhaltungssatz *m*, Satz *m* von der Erhaltung der Parität
~ **favoured [forbidden] transition** *(Kern)* supererlaubter (übererlaubter, begünstigter, erleichterter) Übergang *m*
parker *(Kern)* s. rep
parking orbit *(Aero)* Parkbahn *f*, *(manchmal:)* Zwischenbahn *f*
Parliamentary candle *(Opt)* s. spermaceti candle
parsec *(Astr)* Parsec *n*, pc, Parallaxenskunde *f*, *(selten:)* Sternweite *f (Einheit der Länge; 1 pc l = 3,0857 · 16^{16} m)*
part by mass *(physCh)* Masseteil *n*
~ **by volume** *(physCh)* Volum[en]teil *n*, Raumteil *n*
~ **-load** *(Mech)* Teillast *f*, Teilbelastung *f*
partial 1. Teilschwingung *f*, Partialschwingung *f*; 2. *(Ak)* Teilton *m*, Partialton *m*
~ **air force** *(Aero)* partielle Ableitung *f* aerodynamischer Kräfte
~ **body counter (spectrometer)** *(Kern)* Teilkörperzähler *m*
~ **condensation** *(physCh)* partielle Kondensation *f*, Dephlegmation *f*, Teilkondensation *f*
~ **current density** *(Feld, Qu)* Teilstromdichte *f*
~ **dislocation** *(Krist)* Halbversetzung *f*, Teilversetzung *f*, Partialversetzung *f*
~ **domain** *(mathPh)* Untergebiet *n*, Teilgebiet *n*, Unterbereich *m*, Teilbereich *m (Topologie)*
~ **emittance** *(Therm)* Teilstrahlungsvermögen *n*
~ **failure** Änderungsausfall *m*, Teilausfall *m*
~ **flow [rate]** *(Ström)* Teilstrom *m*, Teildurchflußmenge *f*
~ **level width** *(At, Kern)* partielle Niveaubreite *f*, Partialbreite *f*
~ **matrix** *(mathPh)* Untermatrix *f*, Teilmatrix *f*, *(selten:)* Abschnitt *m (einer Matrix)*
~ **molar free energy, ~ molar Gibbs function** *(Therm)* chemisches Potential *n*, [partielle] molare freie Gibbssche Energie *f*, [partielle] molare freie Enthalpie *f*
~ **molar quantity** *(Therm)* partielle (stoffmengenbezogene) Größe *f*, Partialgröße *f*
~ **overtone** *(Ak)* s. partial 2.
~ **racemate** *(At, Opt)* Quasiracemat *n*, quasiracemische Verbindung *f*, partielles Racemat *f*
~ **reaction width** *(Kern)* Kanalbreite *f*, Partialbreite *f* des Kanals *(einer Kernreaktion)*
~ **sum** *(mathPh)* Teilsumme *f*, Partialsumme *f*, Abschnitt *m (einer unendlichen Reihe)*
~ **wave** 1. Teilwelle *f*; 2. *(Qu)* Partialwelle *f*
~ **wave expansion** *(Qu)* Teilwellenentwicklung *f*, Partialwellenzerlegung *f*
~ **width** *(At, Kern)* s. ~ level width

partially coherent light *(Opt)* teilkohärentes (partiell kohärentes) Licht *n*
~ **conserved axial current** *(Hoch)* partiell erhaltener (erhalten bleibender) Axialvektorstrom *m*, PCAC
~ **ordered state** *(Fest, statPh)* teilgeordneter (teilweise geordneter) Zustand *m*
particle 1. Teilchen *n*, Partikel *f(n)*; 2. *(Hoch)* Elementarteilchen *n*, Teilchen *n*; 3. *(Mech)* Massenpunkt *m*, Teilchen *n*, *(manchmal:)* materieller Punkt *m*; 4. *(physCh)* Teilchen *n*, Aerosolteilchen *n*, Schwebstoffteilchen *n*, Makroteilchen *n*; 5. *(physCh)* Teilchen *n*, Korn *n*, Partikel *f(n) (in einem Pulver)*
~ **aspect** *s.* ~ picture
~ **beam fusion accelerator** *(Pl)* Teilchenstrahl-Fusionsbeschleuniger *m*
~ **capture** *(Kern)* Teilcheneinfang *m*, Einfang *m* der Teilchen *(in den Beschleunigungsbetrieb)*
~ **channel[l]ing** *(Fest) s.* channel[l]ing 1.
~ **cluster model** *(Hoch)* Clusteremissionsmodell *n*, Clustermodell *n* der Teilchenwechselwirkung
~ **current** 1. *(Kern)* Teilchenstrom *m*, Teilchendurchfluß *m (durch eine Fläche, in Teilchen s^{-1})*; 2. *(statPh)* Teilchenstrom *m*, *(speziell:)* Teilchendurchfluß *m*, hindurchgehender Teilchenstrom *m*
~ **derivative** *(Ström)* substantielle Ableitung *f*, Eulersche (materielle, massenfeste, materialfeste) Ableitung *f*
~ **disintegration** *(Hoch)* Teilchenzerfall *m*
~ **displacement** *(Ak)* Schallausschlag *m*, Teilchenverschiebung *f*, Schallauslenkung *f*
~ **dynamics** *(Mech)* Dynamik *f* des Massenpunktes, Teilchendynamik *f*
~ **ejection (extraction)** *(Kern)* Extraktion *f*, Teilchenextraktion *f*, Teilchenausschleusung *f (aus einem Beschleuniger)*
~ **flow** 1. *(Astr)* Teilchenstrom *m*, Partikelstrom *m*, Korpuskelstrom *m (von der Sonne)*; 2. *(Kern) s.* ~ current 1.
~ **fluence** *(Kern)* Fluenz *f*, Teilchenfluenz *f*, zeitliches Integral *n* der Flußdichte *(in Teilchen $\cdot m^{-2}$)*
~ **fluence rate,** ~ **flux [density]** *(Kern)* Flußdichte *f*, Teilchenflußdichte *f (in Teilchen $\cdot m^{-2} \cdot s^{-1}$)*
~-**hole model** *(Kern)* Teilchen-Loch-Modell *n (ein Kernmodell)*
~-**induced X-ray emission analysis** *(Fest)* teilcheninduzierte Röntgenemissionsanalyse *f*, PIXE-Analyse *f*, PIXE
~ **leakage** *(statPh)* Teilchenausfluß *m*, Teilchenaustritt *m*, Teilchenverlust *m*, Teilchendurchtritt *m (z. B. durch eine Oberfläche)*
~ **mass** 1. *(Hoch)* Masse *f* des Teilchens, Teilchenmasse *f*; 2. *(Mech)* Punktmasse *f*, konzentrierte Masse *f*; 3. *(physCh)* Teilchenmasse *f*, Partikelmasse *f*

~ **mechanics** *(Mech)* Mechanik *f* des Massenpunktes, Punktmechanik *f*, Massenpunktmechanik *f*
~ **multiplet** *(Hoch) s.* isotopic spin multiplet
~ **number conservation law** *(Hoch)* Gesetz *n* von der Erhaltung der Teilchenzahl, Teilchenzahlerhaltungssatz *m*
~ **number density** Teilchen[anzahl]dichte *f*, volumenbezogene Teilchen[an]zahl *f*, Teilchenkonzentration *f*
~ **optics** *(El, Opt)* Korpuskularoptik *f*
~ **path** *s.* ~ trajectory
~ **physics** Hochenergiephysik *f*, Elementarteilchenphysik *f*
~ **picture** Teilchenbild *n*, Teilchenaspekt *m*, *(manchmal:)* Partikelbild *n (der Materie)*
~ **range** *(Kern)* Reichweite *f*, Teilchenreichweite *f*
~ **rapidity** *(Hoch)* Rapidität *f*, *(manchmal:)* Schnelle *f* [der Teilchen]
~ **resuspension** *(Kern)* Resuspension *f*, Wiederaufwirbelung *f (von Aerosolteilchen)*
~ **rigidity** *(Kern, Pl)* [magnetische] Steifigkeit *f (eines Teilchens im Magnetfeld, Größe)*
~ **size** *(Hydr, physCh)* Teilchengröße *f*, Partikelgröße *f*, Korngröße *f (z. B. von Aerosolen oder Pulvern)*
~ **spectrum** *(Hoch)* Massenspektrum *n*, Teilchenspektrum *n*, Energiespektrum *n (von Elementarteilchen)*
~ **spiral[l]ing** *(Kern)* Teilchenbewegung *f* auf einer spiralförmigen Bahn, spiralförmige Bewegung *f* der Teilchen
~ **statics** *(Mech)* Statik *f* der Massenpunkte
~ **stream** *(Astr) s.* ~ flow 1.
~ **system** *(Mech)* Massenpunktsystem *n*
~ **trajectory** 1. *(Kern)* Bahn *f*, Flugbahn *f*, Teilchenbahn *f*; 2. *(Ström)* Teilchenbahn *f*
~ **velocity** 1. Teilchengeschwindigkeit *f*; 2. *(Ak)* Schallschnelle *f*, *(in Zusammensetzungen oft:)* Schnelle *f*; 3. *(Mech)* Geschwindigkeit *f* des Massenpunktes
~ **width** *(Kern)* Teilchen[niveau]breite *f*
~ **with beauty** *(Hoch)* Beauty-Teilchen *n*, Teilchen *n* mit Beauty
particulate *(physCh)* Teilchen *n*, Aerosolteilchen *n*, Schwebstoffteilchen *n*
~ **fission product** *(Kern)* suspendiertes Spaltprodukt *n*, Spaltprodukt *n* in Teilchenform
parting *(Krist)* Trennung *f*, Teilung *f (z. B. eines Kristalls längs der Verformungsebenen)*
~ **limit** *(physCh)* Tamman-Grenze *f*
partition coefficient *(Kern)* [Nernstscher] Verteilungskoeffizient *m*
~ **function** 1. *(mathPh)* Verteilungsfunktion *f*, Wahrscheinlichkeitsverteilungsfunktion *f*, Summen[häufigkeits]verteilung *f (Statistik)*; 2. *(statPh, Therm)* Zustandsintegral *n*

partition

~-**function ratio** *(statPh, Therm)* Zustandssummenverhältnis *n*, Verteilungsfunktionsverhältnis *n*
~ **law of Nernst** *(physCh)* Nernstscher Verteilungssatz *m*
~ **method** *(physCh)* Diaphragmadiffusionsverfahren *n*, Trennwanddiffusionsverfahren *n (Isotopentrennung)*
~ **ratio** 1. *(El)* Stromübernahmeverhältnis *n*; 2. *(Kern)* Aufteilungsverhältnis *n (der Dosis)*
partly crystalline solid *(Fest)* teilkristalliner (partiell kristalliner) Festkörper *m*
partography *(physCh)* Verteilungschromatographie *f*
parton sea *(Hoch)* Partonsee *m*
PAS photoakustische (optoakustische) Spektroskopie *f*
Pascalian fluid (liquid) *(Mech)* Pascalsche (reibungsfreie) Flüssigkeit *f*
Pascal's law (principle) *(Ström)* Pascalsches Gesetz *n*, Druckfortpflanzungsgesetz *n*, Gesetz *n* von Pascal
Pasquill [stability] class *(Kern)* Ausbreitungskategorie *f* nach Pasquill, Pasquill-Kategorie *f (der meteorologischen Bedingungen)*
pass 1. Durchgang *m (durch einen Punkt)*; Durchlauf *m (durch einen Weg)*; 2. *(Ström)* Durchlauf *m*, Durchfluß *m*, Durchgang *m*; 3. *(Aero)* Umlauf *m (eines Satelliten von Äquatordurchgang zu Äquatordurchgang)*
~ **band** 1. *(El)* Durchlaßbereich *m*, DB *(eines Filters)*; 2. *(Opt)* Durchlässigkeitsbereich *m*, Durchlaßbereich *m (eines Lichtfilters)*
passage time *(physCh)* Verweilzeit *f*, Aufenthaltszeit *f*, *(speziell:)* Standzeit *f*, *(speziell:)* Haltezeit *f*, *(speziell:)* Durchlaufzeit *f (eines Materials in einer Anlage)*
passing electron *(El)* Tranelektron *n*
passivation *(Halbl)* Oberflächenpassivierung *f*, Passivierungstechnik *f*, Passivierung *f*
passive drag *(Aero)* s. parasite drag
~ **flight** *(Aero)* s. inertial flight
~ **slip plane** *(Fest)* nichtbetätigte Gleitebene *f*
past *(Rel)* Vergangenheit *f (eines Ereignisses)*
~ **Cauchy development** *(mathPh, Rel)* Einflußgebiet *n*, Einflußbereich *m*
~-**directed timelike curve** *(Rel)* in die Vergangenheit gerichtete zeitartige Kurve *f*
patch 1. Fleck *m*, Unreinheit *f*; 2. *(El)* Steckverbindung *f*, gesteckte Verbindung *f*
path 1. durchlaufene Strecke *f*, durchlaufener Weg *m*, Wegstrecke *f*, Laufstrecke *f*, Strecke *f*, *(speziell:)* Flugstrecke *f*, *(speziell:)* Fahrbereich *m*; 2. *(Mech)* Weg *m*; 3. *(mathPh)* Weg *m*; 4. *(mathPh)* Bahnkurve *f (einer Infinitesimaltransformation)*; 5. *(Kern)* Bahn *f*, Flugbahn *f*, Teilchenbahn *f*; 6. *(Rel)* Weltlinie *f*
~ **integral** *(Qu, Rel)* Feynmansches Wegintegral *n*, *(manchmal:)* Pathintegral *n*
~ **length** *(Kern, statPh)* Weglänge *f (eines Einzelteilchens in einem Material; bei Monte-Carlo-Rechnungen: Entfernung bis zum Stoßpunkt)*
~ **length estimation** *(statPh)* Fluglängenschätzung *f (bei Monte-Carlo-Rechnungen)*
~-**time law (relationship)** *(Mech)* Weg-Zeit-Gesetz *n (beim freien Fall)*
pathway *(Kern)* Belastungsweg *m*, Belastungspfad *m (im Strahlenschutz)*
pattern 1. Gesetzmäßigkeit *f*; 2. Flächenmuster *n*, Muster *n*; 3. Feld[linien]bild *n*, Feldverteilung *f*
~ **of dislocation** *(Krist)* Versetzungskonfiguration *f*, Versetzungsanordnung *f*
~ **recognition** Flächenmustererkennung *f*, Mustererkennung *f*, Strukturerkennung *f*
patterned sampling *(mathPh)* bedingte Zufallsauswahl *f*, systematisches Stichprobenverfahren (Stichprobenerhebungsschema) *n*
patterns Gesetzmäßigkeit *f*
Patterson [map] *(Krist)* Patterson-Raum *m*, Patterson-Karte *f (dreidimensional)*
~ **section** *(Krist)* Patterson-Schnitt *m*
paucimolecular film (layer) *(Fest, physCh)* paucimolekulare Schicht *f*, paucimolekularer Film *m*
Paul cage (trap) *(At)* Paul-Falle *f*, Paul-Käfig *m*, Hochfrequenz-Quadrupolfalle *f*
Pauli [exlusion] principle *(Qu)* [Paulisches] Ausschließungsprinzip *n*, Pauli-Prinzip *n*, *(speziellr:)* Pauli-Verbot *n*, Äquivalenzverbot *n*
~ **spin susceptibility** *(Fest)* Pauli-Suszeptibilität *f (der Leitungselektronen)*, [Paulische] Spinsuszeptibilität *f*
~ **theorem** *(Qu)* Paulischer Lückensatz *m*
~ **vacancy principle** *(At)* Schalenbau *m* (Schalenstruktur *f*) der Elektronenhülle, Hüllenstruktur *f* des Atoms
Pauling criterion *(At)* magnetisches Kriterium *n* für den Bindungstyp *(von Pauling)*, Paulingsches Kriterium *n*
payload *(Aero)* Nutzlast *f (einer Rakete)*
~ **[-mass] ratio** *(Aero)* Nutzlastverhältnis *n (einer Rakete)*
Pb-I-Pb junction *(Tief)* Blei-Isolierschicht-Blei-Übergang *m*, Pb-I-Pb-Übergang *m (ein Josephson-Übergang)*
PBC vector *(Krist)* periodischer Bindungskettenvektor *m*, PBC-Vektor *m*
PBFA *(Pl)* Teilchenstrahl-Fusionsbeschleuniger *m*
pc *(Astr)* s. parsec
PCAC *(Hoch)* s. partially conserved axial current
PCE *(Therm)* s. pyrometric cone equivalent

pcm *(Kern)* s. milli-nile
P.D., PD *(Astr)* s. polar distance
pdl *(Mech)* s. poundal
pdl-ft *(Mech)* s. foot-poundal
pdpt *(Opt)* s. prism dioptre
peak 1. Spitze f, [kurzzeitig angenommenes] Maximum n; 2. Scheitelpunkt m *(z. B. einer Kurve)*, Peak m, Berg m, Zacke f *(in einem Chromatogramm)*; 3. s. ~ value; 4. *(Kern)* s. ~ spot; 5. *(Hydr)* s. crest 1.; 6. *(Spektr)* Peak m, *(manchmal:)* Maximum n, Linie f *(z. B. in einem Energiespektrum)*
~ **amplitude** Spitzenamplitude f, maximale (größte) Amplitude f *(einer Wechselgröße)*
~ **anode breakdown voltage** *(El)* Anodenzündspannung f *(eines Thyratrons)*
~ **area** *(Kern, Spektr)* Peakfläche f, Fläche f unter dem Peak, Fläche f des Peaks
~ **cathode current** *(El)* Kathodenspitzenstrom m
~ **centre (centroid)** *(Spektr)* Peak[flächen]schwerpunkt m, Flächenschwerpunkt m des Peaks, Peakzentrum n
~ **current** 1. *(El)* Scheitelstrom m, Spitzenstrom m; 2. *(Kern)* maximaler Strahlstrom m, maximale Strahlstromstärke f *(im Beschleuniger)*
~ **deviation of frequency** *(El)* maximaler Frequenzhub m, Maximalhub m der Frequenz
~ **factor** Scheitelfaktor m, Spitzenwertfaktor m *(einer Wechselgröße)*
~ **forward voltage** *(El)* Vorwärtsspitzenspannung f
~ **intensity wavelength** *(Opt)* Zentralwellenlänge f
~ **inverse voltage** *(El, Halbl)* Scheitelsperrspannung f, Spitzensperrspannung f
~ **limiting** *(El)* Amplitudenbegrenzung f, Begrenzung f, Kappen n *(insbesonders von Signalen)*, Beschneidung f *(insbesondere von Bändern)*
~ **location** *(Kern)* Peaklage f
~ **maximum linear current** *(Kern)* maximaler linearer Spitzenstrom m *(eines SEV)*
~ **reverse voltage** *(Halbl)* Spitzensperrspannung f
~ **scatter factor** *(Kern)* Streufaktor m im Dosismaximum *(für Röntgen- oder Gammastrahlung)*
~ **spot** *(Kern)* Heißstelle f, heiße Stelle f, Spitzenlastpunkt m *(in einem Reaktorkern)*
~-**to-peak amplitude** Spitze-[zu-]Spitze-Amplitude f, ss-Amplitude f, Maximal-zu-Minimal-Amplitude f *(einer Sinusschwingung)*
~-**to-peak value** Schwingungsbreite f, Schwankung f, *(manchmal:)* Spitze-Spitze-Wert m, Wert m Spitze zu Spitze *(einer periodischen Größe)*
~-**to-peak volt** *(El)* Volt n Scheitelspannung, Volt n Spitze-zu-Spitze
~-**to-valley ratio** *(Kern)* Peak-zu-Tal-Verhältnis n, Berg/Tal-Verhältnis n, Maximum-[zu-]Minimum-Verhältnis n
~-**to-zero value** Spitze-[zu-]Null-Wert m
~-**trough ratio** *(Kern)* s. ~-to-valley ratio
~ **value** Scheitelwert m *(einer periodischen Größe)*, *(bei nichtsinusförmigen Größen auch:)* Spitzenwert m
peakedness *(mathPh)* Hochgipfligkeit f, positiver Exzeß m *(einer Verteilung)*
peaking *(El)* 1. Spitzenwertbildung f; 2. Resonanzanhebung f, Anhebung (Amplitudenanhebung) f der Spitzenfrequenzen, Spitzenanhebung f
~ **factor** *(Kern)* Ungleichförmigkeitsfaktor m *(Maximalwert zu mittlerem Wert)*, Formfaktor m *(mittlerer Wert zu Maximalwert, manchmal Maximalwert zu mittlerem Wert)*
pear-shaped figure *(Mech)* Poincarésche Birne f, birnenförmige Gleichgewichtsfigur f
pearl-string model *(At)* Perlschnurmodell n, Perlenkettenmodell n *(der Makromoleküle)*
Pearl-Reed curve *(mathPh)* logistische Kurve f, logistischer Trend m, logistisches Wachstumsgesetz n
pebble bed *(Kern)* Kugelhaufen m, Kugelschüttung f, Schüttung f *(im Kugelhaufenreaktor)*
~ **shield** *(Kern)* Lunkerschild m *(heterogene Abschirmung in Form einer Kugelschüttung)*
pebbling *(Fest, physCh)* Apfelsinenhauteffekt m
peck *(Mech)* Peck n, pk *(1. GB: SI-fremde Einheit des Volumens von festen und flüssigen Substanzen; 1 pk ≈ 0,009092 m^3; 2. US: SI-fremde Einheit des Volumens von trockenen Substanzen; 1 pk ≈ 0,0081 m^3)*
peculiar stellar spectrum *(Astr)* Spektrum n eines Nebenfolgesterns *(der Klasse R, N oder S)*
pedal transformation *(mathPh)* Fußpunkttransformation f
pedestal [pulse] *(El)* Rechteck[wellen]impuls m, rechteckiger Impuls m
peel-off *(physCh)* s. peeling-off 2.
peeling *(Phot, physCh)* Abziehen n, Abstreifen n, Abreißen n, Ablösung f *(einer Emulsion oder Beschichtung)*, Schichtablösung f
~-**off** 1. *(Phot)* Schichtablösung f, Ablösung f der Emulsion; 2. *(physCh)* Ablösung f, Abblättern n, Abplatzen n, Lösen n *(einer Schicht, unerwünscht)*
Peierls [lattice] force *(Krist)* Peierls-Spannung f, Peierls-Kraft f
~ **stress hill** *(Fest)* Peierls-Hügel m
~ **stress valley** *(Fest)* Peierls-Tal n

pellet

pellet fusion *(Pl)* Trägheitsfusion *f*, Kernfusion *f* mit Trägheitseinschluß
pellicle stack *(Kern)* Emulsionspaket *n*, Emulsionsstapel *m*, Schichtenstapel *m*
Peltier effect cooling *(Tief)* Peltier-Kühlung *f*, thermoelektrische Kühlung *f*, *(manchmal:)* Peltier-Effekt-Kühlung *f*
PEM effect *(Halbl)* photoelektromagnetischer Effekt *m*, PEM-Effekt *m*
pencil 1. *(Opt)* Strahlenbündel *n*, Lichtbündel *n (mit kleinem Konvergenz- oder Divergenzwinkel)*, *(speziell:)* homozentrisches Lichtbündel *n*; 2. *(El, Magn)* Nadelstrahl *m*; 3. *(Kern)* Brenn[stoff]stab *m*, stabförmiges Brennelement *n (mit kleinem Durchmesser, enthält Brennstofftabletten)*
~ **glide (shipping)** *(Fest)* Stäbchengleitung *f*
pendant-drop method *(physCh)* Methode *f* des hängenden Tropfens *(zur Messung der Oberflächenspannung von Flüssigkeiten)*
pendular region *(Hydr)* Ringbereich *m (im porösen Medium)*
pendulum *(Mech)* Pendel *n*
~ **bob (body)** *(Mech)* Pendelkörper *m*, *(speziell:)* Pendellinse *f*, Pendelscheibe *f*
~ **solution** *(Krist)* Pendellösung *f*
penetrability *(At, Kern)* Durchlässigkeit *f*, Durchlaßvermögen *n (eines Materials für Strahlung)*
~ **of the potential barrier** *(Qu)* s. penetration factor
penetrant *(Mech, physCh)* Penetrationsmittel *n*, Eindringmittel *n*
penetrating [electron] orbit *(At)* Tauchbahn *f*
~ **power** 1. *(Kern)* Durchdringungsvermögen *n (einer Strahlung)*; 2. *(physCh)* Eindringvermögen *n*
~ **radiation** *(At, Kern)* hochenergetische (energiereiche, durchdringende) Strahlung *f*, Hochenergiestrahlung *f*
~ **twin** *(Krist)* s. penetration twin
penetration 1. Durchlaufen *n*, Hindurchlaufen *n*, Durchgang *m*, Hindurchgehen *n (durch einen Stoff)*, Durchsetzen *n*, Passieren *n (eines Stoffes)*; 2. Eindringen *n (in ein Material)*; 3. Durchdringung *f (eines Materials)*; 4. Eindringen *n*, Eintritt *n (von Strahlung in ein Objekt)*; Durchdringung *f*, Durchtritt *m (von Strahlung durch ein Objekt)*; 5. Zurücklegen *n (eines Weges, einer Strecke)*; 6. *(physCh)* Eindringtiefe *f*, Eindringungstiefe *f*
~ **ballistics** *(Mech)* Endballistik *f*
~ **depth** 1. *(Tief)* Eindringtiefe *f*; 2. *(El)* Eindringtiefe *f*, äquivalente Leitschichtdicke *f*, Hauttiefe *f*, Skindicke *f (beim Skineffekt)*
~ **factor** *(Qu)* Durchlaßkoeffizient *m*, Durchdringungswahrscheinlichkeit *f*, Überwindungswahrscheinlichkeit *f*, *(beim Alphazerfall auch:)* Gamow-Faktor *m*

~ **frequency** *(El, Magn)* kritische Frequenz *f (bei senkrechtem Einfall)*
~ **power** s. penetrating power
~ **probability** *(Qu)* s. ~ factor
~ **range** *(Opt)* Nachsicht[weite] *f*
~ **twin** *(Krist)* Durchdringungszwilling *m*, Durchwachsungszwilling *m*, Penetrationszwilling *m*
Penning cage s. ~ trap
~ **discharge ion source** *(El, Kern)* Penning-Ionenquelle *f*, PIG-Ionenquelle *f*
~ **trap** *(At)* Penning-Käfig *m*, Penning-Falle *f*
pennyweight *(Mech)* Pennyweight *n*, dwt, pwt *(SI-fremde Einheit der Masse; 1 dwt = 1,55517384 g)*
pentane candle *(Opt)* Pentankerze *f (SI-fremde Einheit der Lichtstärke; 1 pentane candle* ≈ *1,001 cd)*
pentaprism *(Opt)* Penta[gon]prisma *n*, Goulier-Prisma *n*, Prandtl-Prisma *n*
penumbra 1. *(Astr)* Penumbra *f*, Hof *m (eines Sonnenflecks)*; 2. *(Astr, Opt)* Halbschatten *m*
penumbral blur[ring] *(Phot)* geometrische Unschärfe (Bildunschärfe) *f*
~ **eclipse** *(Astr)* Halbschattenfinsternis *f (bei der der Mond durch den Halbschatten der Erde geht)*
~ **effect** *(Opt)* Helligkeitsabfall *m*
~ **region** *(Kern)* Halbschattenbereich *m*, Halbschattengebiet *n*, Halbschatten *m (der kosmischen Strahlung)*
PeP reaction *(Hoch)* Proton-Elektron-Proton-Reaktion *f*, PeP-Reaktion *f*
PEP storage ring *(Hoch)* Positron-Elektron-Proton-Speicherring *m*, PEP-Speicherring *m*
Pepper's ghost *(Opt)* Pepperscher Bühnengeist *m*
PER *(Spektr)* paraelektrische Resonanz *f*, PER
per cent mille *(Kern)* 10^{-3} Prozent, 10^{-3} % *(oder = 10^{-5}, eine Einheit der Reaktivitätsänderung)*
~ **channel summing method** *(Kern)* Kanalsummenmethode *f (der Gamma-Spektroskopie)*
~ **unit power reactivity** *(Kern)* Reaktivität *f* je Leistungseinheit
perceived noise decibel *(Ak)* Dezibel *n* Lästigkeitspegel
~ **noise level** *(Ak)* Lästigkeitspegel *m*
percent abundance *(Kern)* s. isotopic abundance 1.
~ **differential non-linearity** *(Meß)* differentielle Nichtlinearität *f*, DNL
~ **excess effective multiplication factor**,
~ **excess k** *(Kern)* Reaktivität *f* in Prozent
~ **integral non-linearity** *(Kern)* integrale Nichtlinearität *f*, INL *(eines Strahlungsdetektors, in %)*

~ **transmission** *(Opt)* prozentualer Transmissionsgrad (Durchlaßgrad) m, Transmissionsgrad (Durchlaßgrad) m in Prozent
percentage by mass *(physCh)* Prozent n Massenanteil, % Massenanteil, *(nicht mehr zulässig:)* Masseprozent n
~ **by volume** *(physCh)* Prozent n Volumenanteil, % Volumenanteil, *(nicht mehr zulässig:)* Volumenprozent n
~ **distortion** *(Opt)* relative (prozentuale) Verzeichnung f
~ **distribution** *(mathPh)* relative Häufigkeitsverteilung f, Tabelle f der relativen Häufigkeiten, relative Häufigkeitstabelle f *(auf 100 bezogen)*
~ **moisture [content]** *(physCh)* Feuchteanteil m, Materialfeuchte f, relativer Feuchtegehalt m *(eines Feststoffs, in g/kg oder %)*
~ **ripple** *(El)* Pulsation f, prozentuale Welligkeit f *(einer Spannung)*
~ **transmission** *(Opt)* s. percent transmission
perch *(Mech)* Perch n, rd *(1. SI-fremde Einheit der Länge; 1 rd = 5,0292 m; 2. SI-fremde Einheit der Fläche; 1 rd = 25,293 m^2)*
percussion centre *(Mech)* Schwingungsmittelpunkt m *(eines physikalischen Pendels)*
perdeuterocompound *(At)* perdeuterierte Verbindung f, Perdeuteroverbindung f, vollständig deuterierte (deuteriumsubstituierte) Verbindung f
perdistillation *(physCh)* Destillation f durch eine Dialysemembran
perfect black body *(Therm)* ideal schwarzer Körper m, absolut (vollkommen) schwarzer Körper m, idealer Temperaturstrahler m
~ **diffuser** *(Opt)* vollkommen (völlig) diffus strahlende Fläche f, vollkommen streuender Körper m, *(speziell:)* vollkommen mattweiße Fläche f, vollkommen mattweißer Körper m
~ **fluid** *(Ström)* 1. ideales Fluid n, *(speziell:)* ideale (vollkommene) Flüssigkeit f, vollkommener (idealer) flüssiger Körper m; 2. reibungsfreies (reibungsloses, ideales) Fluid n, *(speziell:)* reibungsfreie Flüssigkeit f
~ **gas law** *(Therm)* s. Boyle-Charles law
~-**gas scale** *(Therm)* Avogadrosche Temperaturskala f, Gasskala f der Temperatur, ideale Gasskala f
~ **vacuum** absolutes Vakuum n *(materiefrei)*
perfectly diffuse radiator *(Opt)* s. perfect diffuser
~ **elastic body (solid)** *(Mech)* Hookescher Körper m, H-Körper m, Hooke-Körper m, vollkommen (ideal, völlig) elastischer Körper m
~ **rigid body** *(Mech)* ideal-starrer Körper m, idealer (vollkommen, absolut) starrer Körper m

performance 1. Leistung[sfähigkeit] f, *(allgemeiner:)* Funktionsfähigkeit f, *(allgemein:)* Eigenschaften fpl; 2. Verhalten n; 3. Durchführung f, Ausführung f; 4. *(Reg)* Güte f *(eines Regelkreises)*, Regelgüte f
~ **characteristic** 1. Funktionskenngröße f, Gebrauchseigenschaft f; 2. Betriebskennlinie f, Arbeitskennlinie f, Betriebscharakteristik f
~ **chart** *(Mech)* Indikatordiagramm n, Dampfdruckdiagramm n
~ **factor** *(Tief)* Wirkungsgrad m, Nutzeffekt m *(einer Kältemaschine)*, Kältewirkungsgrad m
~ **index** *(Reg)* Güteindex m
~ **operator** *(El, Reg)* Übertragungsfunktion f, ÜF *(für Vierpole auch:)* Transferfunktion f
periapsis *(Astr)* Periapside f *(nächster Punkt der Bahn in bezug auf die zentrale Masse)*
pericentre 1. *(Astr)* Perigalaktikum n; 2. *(Astr)* Brennpunktsnähe f *(eines Körpers auf einer elliptischen Bahn)*; 3. *(Mech)* Perizentrum n
pericline [twin] law *(Krist)* Periklingesetz n
pericynthion *(Astr)* Mondnähe f eines von der Erde in die Mondumlaufbahn gestarteten Satelliten
perifocus *(Astr)* s. pericentre 2.
perigean velocity *(Astr)* Perigäumsgeschwindigkeit f, Geschwindigkeit f im Perigäum
perigee-to-perigee period *(Astr)* anomalistische Umlaufperiode f, anomalistischer Umlauf m *(eines Satelliten)*
perigon *(mathPh)* [ebener] Vollwinkel m, voller Winkel m
perihelic distance *(Astr)* Periheldistanz f, Perihelabstand m, Perihelentfernung f
perihelion motion *(Astr)* Periheldrehung f, Perihelbewegung f, Perihelpräzession f, Perihelverschiebung f
perilune *(Astr)* 1. Periselen[um] n, Mondnähe f; 2. s. pericynthion
perimeter *(mathPh)* Umfang m *(einer ebenen Figur oder eines Körpers)*
perimorphism *(Krist)* Perimorphose f, Umhüllungs[pseudo]morphose f
period 1. Zeitspanne f, Zeitintervall n, Zeit f, Zeitdauer f, Dauer f, Zeitraum m; 2. Periode f, *(bei Zeitabhängigkeit:)* Periodendauer f, Schwingungsdauer f *(einer periodisch veränderlichen Größe)*; 3. Periodendauer f *(einer Schwingung)*, Schwingungsdauer f; 4. Zyklusdauer f, Zyklus m; 5. *(Astr, Mech)* s. ~ of revolution; 6. *(At, Kern)* mittlere Lebensdauer f *(eines atomaren oder nuklearen Systems)*; 7. *(Kern)* s. radioactive half-life; 8. *(Kern)* Periode f, *(empfohlen:)* Reaktorkonstante f, Reaktorperiode f, Reaktorzeitkontante f; 9. *(mathPh)* Periode f *(einer Funktion)*; 10.

period

(mathPh) Ordnung f (einer Gruppe oder eines Elements einer Gruppe)
~ -**luminosity law (relation)** (Astr) Periode[n]-Leuchtkraft-Beziehung f, PL-Beziehung f, Periode[n]-Helligkeits-Beziehung f
~ **of revolution** (Astr, Mech) Umlaufzeit f, Umlaufszeit f, (manchmal:) Umlauf[s]dauer f, Umlauf[s]periode f
~ **range** (Kern) Periodenbereich m, Zeitkonstantenbereich m, Periodenmeßbereich m, Übergangsbereich m (eines Reaktors)

periodic boundary condition (Fest) Born-von Kármánsche Randbedingung f, Born-Kármánsche Grenzbedingung f, periodische (zyklische) Randbedingung f
~ **damping** schwache (unterkritische, periodische) Dämpfung f, Unterdämpfung f (einer Schwingung)
~ **field focus[s]ing** (El) Wechselfeldfokussierung f
~ **group** 1. (At) Gruppe f, Familie f (im Periodensystem); 2. (mathPh) periodische (ordnungsfinite) Gruppe f, Torsionsgruppe f
~ **lattice** (Krist) Gitter n, Kristallgitter n
~ **quantity** s. periodically varying quantity
~ **rating** (El) Bemessungsleistung f für Aussetzbetrieb, AB-Leistung f
~ **square-wave pulse train** (El) Rechteckpuls m, periodische (periodisch wiederkehrende) Rechteckimpulsfolge f
~ **time** Periodendauer f (einer Schwingung), Schwingungsdauer f

periodically varying quantity periodisch veränderliche Größe f, (bei Zeitabhängigkeiten auch:) Schwingungsgröße f, Schwinggröße f

periodicity 1. Periodizität f (Eigenschaft); 2. Periodenzahl f (Größe)

peripheral layer Randschicht f, Mantelschicht f, periphere Schicht f
~ **nucleon** (Kern) äußeres (peripheres) Nukleon n, Randnukleon n, Nukleon n außerhalb der besetzten Schalen
~ **visual field** (Opt) peripheres Gesichtsfeld n

periphery 1. Randzone f, Randgebiet n, peripherer Bereich m, periphere Zone f, Peripherie f; 2. (mathPh) Umfangslinie f, Rand m, Begrenzung f, (beim Kreis auch:) Kreisperipherie f, Kreislinie f, Peripherie f; 3. (mathPh) Oberfläche f, Rand m, Begrenzung f (eines Körpers)

permanence 1. Permanenz f, Fortdauer f, Dauerhaftigkeit f, Erhaltenbleiben n, Bestehenbleiben n, Beharrungszustand m; 2. Beständigkeit f, Kontinuität f, Stetigkeit f, Beharrlichkeit f, Standhaftigkeit f, Dauerhaftigkeit f
~ **principle of light velocity** (Rel) Prinzip n der Konstanz der Lichtgeschwindigkeit

permanency s. permanence 1.

permanent aurora (Astr) Nachthimmelsleuchten n, atmosphärisches Eigenleuchten n, Luftleuchten n
~ **axis [of rotation]** (Mech) permanente Drehachse f, freie (spontane) Drehachse f, (selten:) stabile Drehachse (Achse) f
~ **connection** (El) unlösbare Verbindung f
~ **deformation** (Mech) s. ~ set
~ **echo** (El) 1. Festzeichen n (in der Radartechnik); 2. Echo n von einem ortsfesten (stationären) Objekt, Festzielecho n (Signal in der Radartechnik)
~ **elongation** (Mech) Restdehnung f
~ **excitation** (Fest) Dauererregung f (z. B. von Lumineszenz)
~ **flow** (Ström) ausgebildete (entwickelte) Strömung f
~ **nova** (Astr) Novula f, [periodisch] wiederkehrende Nova f
~ **plastic deformation** (Mech) s. ~ set
~ **polarization** (Magn) Permanenz f, permanente Polarisation f
~ **set** (Mech) bleibende Verformung f, (manchmal:) Restverformung f, (speziell:) bleibende Durchbiegung f
~ **storage** (Kern) Endlagerung f, (manchmal:) Dauerlagerung f, Endbeseitigung f (radioaktiver Abfälle), Abfallendlagerung f (nicht rückholbar)
~ **working temperature** Beharrungstemperatur f, Dauertemperatur f, Endtemperatur f (beim Betrieb eines Gerätes oder Meßgeräts)

permeability 1. (Magn) [absolute] Permeabilität f (eines Mediums); 2. (Ech, Ström) Permeabilität f, Durchlässigkeit f (einer Membran, eines Mediums); 3. (Ström) Durchlässigkeitsbeiwert m, [Darcyscher] Durchlässigkeitskoeffizient m (eines prosösen Mediums, z. B. eines Bodens, in cm/d)
~ **of empty (free) space** (Magn) Permeabilität f des Vakuums, Permeabilität f des leeren (freien) Raumes, magnetische Feldkonstante f
~ **rise factor** (Magn) Permeabilitätsanstieg m
~ **to radiant heat** (Therm) Wärmedurchlässigkeit f (für Strahlungswärme), Diathermansie f, Diathermanität f, Temperaturdurchgriff m (Erscheinung)

permeance (Magn) magnetischer Leitwert m, Permeanz f

permeation (Ech, Vak) Permeation f, Durchgang m, Durchdringung f, Durchlaßm (von Ionen oder Gasen durch ein poröses Medium)
~ **conductivity** (Vak) bezogener Permeationsgasstrom m, Permeationsleitfähigkeit f

permissible dose (Kern) zulässige (verträgliche, gerade noch zumutbare) Dosis f, Toleranzdosis f (meist im Sinne der Energiedosis)

phase

~ **dose equivalent** *(Kern)* maximal zulässige Äquivalentdosis *f*, maximal zulässige Strahlungsdosis (Dosis) *f*, MZD
~ **limits** *(Meß)* Toleranz *f*, Grenzabweichung *f*, zulässige Abweichung *f*, zulässiger Fehler *m*, *(speziell:)* zulässiges Abmaß *n*
permittivity *(El)* Permittivität *f*, Kapazität *f*, *(bei linearen Dielektrika auch:)* Dielektrizitätskonstante *f*, DK *(eines Mediums)*
~ **measurement** *(El)* DK-Metrie *f*, Dielektrometrie *f*, Dekametrie *f*, Messung *f* der Dielektrizitätskonstante
~ **of vacuum** *(El)* elektrische Feldkonstante *f*, Permittivität *f* des Vakuums, Permittivität *f* für den leeren (freien) Raum
~ **tensor** *(El)* dielektrischer Tensor *m*, Permittivitätstensor *m*, Epsilontensor *m*, ε-Tensor *m*
permutability *(mathPh)* Vertauschbarkeit *f*, Permutierbarkeit *f*
permutation *(mathPh)* Permutation *f*, Vertauschung *f*, Umordnung *f*, Substitution *f* (Operation)
~ **tensor** *(Rel)* Levi-Civitàscher Pseudotensor *m*
perpendicular 1. Senkrechte *f*, Lot *n*, Lotrechte *f*; 2. *(Opt)* Einfallslot *n*, Einfallsnormale *f*
~ **axis theorem** *(Mech)* Satz *m* für das polare Trägheitsmoment
~ **band** *(Spektr)* Senkrechtbande *f*, I-Bande *f*
~ **force** senkrecht angreifende (wirkende) Kraft *f*, Senkrechtkraft *f*
~ **ray** *(Opt)* Normalstrahl *m*, *(speziell:)* senkrecht einfallender Strahl *m*, *(speziell:)* senkrecht austretender Strahl *m*
perpendicularity *s.* orthogonality
perpetual motion [machine] Perpetuum *n* mobile
persistance 1. Persistenz *f*, Beständigkeit *f*; Beharrung *f*, Andauern *n*; 2. *(El)* Nachleuchten *n* *(eines Leuchtschirms, einer Gasentladung)*; 3. *(El)* Nachleuchtdauer *f*, Nachleuchtzeit *f* *(eines Leuchtschirms, auch als relatives Maß in Stufen von 1 bis 7)*
~ **characteristic** 1. *(El)* Nachleuchtkurve *f*, Nachleuchtcharakteristik *f* *(eines Leuchtschirms)*; 2. *(Fest)* Abklingcharakteristik *f*, Abfallcharakteristik *f*, Zerfallscharakteristik *f* *(der Lumineszenz)*
persistent information *(Meß, Reg)* Dauermeldung *f* *(in der Fernwirktechnik)*
~ **radiation** *(Kern)* Dauerstrahlung *f*, ständig (dauernd) vorhandene Strahlung *f*
personal monitoring *(Kern)* s. personnel monitoring
~ **neutron dosemeter** *(Kern)* Neutronen-Personendosimeter *n*
~ **probability** *(mathPh)* subjektive (personalistische) Wahrscheinlichkeit *f*
personnel dosimetry *(Kern)* Personendosimetrie *f*

~ **film badge** *(Kern)* [Personen-]Filmdosimeter *n*, Strahlenschutzplakette *f*
~ **monitoring** *(Kern)* Personenüberwachung *f*, personendosimetrische Überwachung *f*, Personendosiskontrolle *f*
perspective projection *(mathPh)* Zentralprojektion *f*, Kegelprojektion *f*, Perspektive *f*, Perspektivität *f (Abbildung)*
perturbation expansion *(Qu)* Entwicklung *f* [in eine Potenzreihe] nach dem Störparameter
~ **theory** Störungstheorie *f*, *(Astr auch:)* Störungsrechnung *f*
perturbative gauge theory *(Feld)* störungstheoretische Eichfeldtheorie *f*, störungstheoretische Behandlung *f* der Eichfeldtheorie
~ **quantum chromodynamics** *(Feld, Hoch)* QCD-Störungstheorie *f*, Störungstheorie *f* für die Quantenchromodynamik *f*, störungstheoretische Quantenchromodynamik *f*
perturbed angular correlation *(Kern)* gestörte Winkelkorrelation *f*, PAC
~ **angular distribution** *(Kern)* gestörte Winkelverteilung *f*, PAD
~ **region** *(Fest, Kern)* Störbereich *m*, „spike" *m*, Störzone *f* *(ein Strahlenschaden)*
~ **stationary states method** *(Kern)* Methode *f* der gestörten stationären Zustände, PSS-Methode *f*
perturber *(Spektr)* stoßendes Atom *n*, Stoßpartner *m* *(bei der Druckverbreiterung von Spektrallinien)*
perveance *(El)* Raumladungskonstante *f*, Perveanz *f*
perversor *(mathPh)* Perversor *m*, Kehrversor *m*
perviousness *(Ström)* Durchlässigkeit *f*, Permeabilität *f* *(eines porösen Mediums)*
PES *s.* photoelectron spectroscopy
petit ensemble *(statPh)* kleine Gesamtheit *f*
Petzval surface *(Opt)* Petzval-Schale *f*, Petzval-Fläche *f*, Petzvalsche Bildschale *f*
PFE *(El)* photoferroelektrischer Effekt *m*, PFE
Pfund arc *(El, Opt)* Eisen[licht]bogen *m*, Pfund-Bogen *m*
phantom crystal *(Krist)* Afterkristall *m*, Kristallpseudomorphose *f*, Pseudomorphose *f*
phase 1. Stadium *n*, Stufe *f*, Phase *f*; 2. *(El)* Strang *m* *(eines Mehrphasenkreises)*; 3. *(mathPh)* Argument *n*, arg, Arcus *m*, arc, Amplitude *f*, Winkel *m*, Phase *f*, Abweichung *f*, Anomalie *f*, Azimut *n* *(einer komplexen Zahl)* • **in ~** in Phase, phasengleich, phasenrichtig, konphas • **in opposite ~** gegenphasig • **of equal ~** *s.* in ~ • **out of ~** außer Phase, phasenfalsch, phasenverschoben

17*

phase

- ~ **angle** Phasenwinkel *m (einer Schwingung)*
- ~-**angle control** *(El)* Anschnittsteuerung *f*, Phasenanschnittsteuerung *f*
- ~ **balance** Phasengleichheit *f*, Phasenübereinstimmung *f*
- ~ **boundary** *(physCh)* Phasengrenze *f*, Phasengrenzfläche *f*, Phasengrenzschicht *f*
- ~ **bunching** *(Kern)* Strahlbündelung *f*, Phasenbündelung *f*, Paket[is]ierung *f (der Teilchen im Linearbeschleuniger)*
- ~ **change** 1. Phasenänderung *f (einer periodisch veränderlichen Größe)*; 2. *(Astr)* Phasenwechsel *m*; 3. s. ~ transition
- ~-**changing annulus** *(Opt)* Phasenring *m, (speziell:)* ringförmiger Phasenstreifen *m*, Zernike-Ring *m*
- ~-**changing strip** *(Opt)* Phasenstreifen *m*
- ~ **coefficient** *(Opt)* Phasenkoeffizient *m*, Phasenbelag *m, (nicht empfohlen:)* Phasenmaß *n*, Phasenkonstante *f (Imaginärteil des Ausbreitungskoeffizienten)*
- ~-**correction method** *(Krist)* Phasenverbesserungsmethode *f*
- ~ **crossover** *(Reg)* Phasenschnitt *m*
- ~ **deviation** 1. *(El)* Phasenhub *m*; 2. *(Kern)* Phasenabweichung *f*
- ~ **difference** 1. Phasenwinkel *m (einer Schwingung)*; 2. Phasenverschiebungswinkel *m (zweier Sinusgrößen)*; 3. *(El)* Phasenunterschied *m*, Phasendifferenz *f*; 4. *(Opt)* Gangunterschied *m*, Gangdifferenz *f*, Phasenunterschied *m*, Phasendifferenz *f (von elliptisch polarisiertem Licht)*
- ~-**difference time** Phasenverschiebungszeit *f (zweier Sinusgrößen)*
- ~ **displacement** 1. *(Magn)* Phasenverschiebung *f*; 2. *(Kern)* Versetzung (Verdrängung) *f* von Phasenraumelementen; 3. *(El)* Fehlwinkel *m (eines Meßwandlers)*
- ~ **factor** *(El)* Leistungsfaktor *m*, Wirkfaktor *m*
- ~ **index** *(Opt)* Phasenbrechungsindex *m*
- ~ **integral** *(Mech)* Wirkung *f (Größe)*
- ~ **inverter [stage]** *(El)* Phasenumkehrschaltung *f*, Phasenumkehrstufe *f*, Phaseninverter *m, (speziell:)* Kathodynschaltung *f*
- ~ **lag** 1. Phasenverzögerung *f*, Phasennacheilung *f*, Nacheilung *f* der Phase; 2. s. ~ lag angle; 3. Phasenanschnitt *m*
- ~ **lag angle** Nacheil[ungs]winkel *m*, Verzögerungswinkel *m*, Phasenverzögerung *f*, nacheilender Phasenwinkel *m (einer periodischen Größe)*
- ~ **lead [angle]** *(El)* Voreil[ungs]winkel *m*, voreilender Phasenwinkel *m*
- ~ **margin** *(Reg)* Phasenrand *m*, Phasenreserve *f*
- ~ **mixing** 1. *(Pl)* Landau-Dämpfung *f, (selten:)* Landau-Lifschitzsche Dämpfung *f*; 2. *(Therm)* Phasenmischung *f*, Feinmischung *f*
- ~ **pattern** *(mathPh)* Phasendiagramm *n*, Phasenbild *n*
- ~ **plot** *(El)* Phasendiagramm *n*
- ~ **portrait** *(Reg)* Phasenporträt *n*, Phasenbild *n*
- ~ **quadrature** Phasenverschiebung *f* um eine Viertelperiode, 90°-Phasenverschiebung *f (einer periodisch veränderlichen Größe)*
- ~ **resonance** 1. Geschwindigkeitsresonanz *f*, Phasenresonanz *f (einer Schwingung)*; 2. *(El)* Parallelresonanz *f*, Phasenresonanz *f*, Sperresonanz *f*, Stromresonanz *f*
- ~ **response** *(El, Mech)* Phasengang *m*, Phasen-Frequenz-Kennlinie *f*
- ~ **retardation** s. ~ lag 1.
- ~ **reversal** Phasenumkehr[ung] *f*, 180°-Phasenverschiebung *f (Vorgang)*
- ~ **rule** *(physCh)* s. Gibbs phase rule
- ~ **shift** 1. Phasenänderung *f (einer periodisch veränderlichen Größe)*; 2. Phasenverschiebung *f (zweier periodisch veränderlicher Größen, Vorgang oder Zustand)*; 3. Phasenverschiebungswinkel *m*, Phasenverschiebung *f (zweier periodisch veränderlicher Größen, Größe)*; 4. *(El)* Phasendrehung *f*, Phasenverschiebung *f (zwischen Eingangs- und Ausgangssignal, Größe)*; 5. *(Qu)* Phasenverschiebung *f*
- ~-**shift analysis** *(Qu)* Phasenanalyse *f*, Streuphasenanalyse *f*, Analyse *f* der Phasenverschiebungen
- ~ **slip** *(Ström)* Phasenschlupf *m*, Schlupf *m* der Phasen
- ~ **space** *(mathPh, statPh)* Phasenraum *m (auch eines Schwingungszustandes)*
- ~ **space acceptance** *(Hoch)* Akzeptanz *f (eines Teilchenbeschleunigers)*
- ~ **space plot** *(Hoch)* Dalitz-Diagramm *n*, Dalitz-Plot *n*
- ~ **stability** *(Kern)* Phasenstabilität *f*, Prinzip *n* der Phasenstabilität, Autophasierung *f*
- ~-**stable orbit** *(Kern)* [phasen]stabile Bahn *f*, Sollbahn *f*, Gleichgewichtsbahn *f, (kreisförmig:)* Sollkreis *m (in einem Betatron oder Synchrotron)*
- ~-**stable particle** *(Kern)* Sollteilchen *n*, Synchronteilchen *n*
- ~ **swing** *(El)* Phasenhub *m*
- ~ **transformation** 1. *(El)* Phasenumformung *f*, Phasenwandlung *f*; 2. *(Therm)* s. ~ transition
- ~ **transition** *(Therm)* Phasenumwandlung *f*, Phasenübergang *m*
- ~ **velocity** 1. Phasengeschwindigkeit *f (einer Welle)*; 2. *(Krist, Opt)* Wellennormalengeschwindigkeit *f*, Normalengeschwindigkeit *f*, Ausbreitungsgeschwindigkeit *f* der Phase
- ~ **wave** *(Qu)* Materiewelle *f*, De-Broglie-Welle *f*

phaser *(Fest)* Phonon[en]maser *m*, Phononmaser *m*

phasing *(El)* Einphasen *n*, Phaseneinstellung *f*, In-Phase-Bringen *n*, Phasierung *f*
phasor 1. Zeiger *m*, komplexe Sinusgröße *f*, komplexe sinusförmig veränderliche Größe *f*; 2. Zeitzeiger *m*, Zeitvektor *m*
~ **representation** Zeigerdarstellung *f*, *(allgemeiner:)* Vektordarstellung *f*, *(selten:)* Strahldarstellung *f*
phasotron *(Kern)* Synchrozyklotron *n*, FM-Zyklotron *n*, frequenzmoduliertes Zyklotron *n*, Phasotron *n*
phenomenological theory phänomenologische Theorie *f*, Kontinuumstheorie *f*
~ **theory of matter** *(Feld)* phänomenologische Stofftheorie *f*
phenomenon of melting *(Fest)* Ordnung[s]-Unordnung[s]-Übergang *m*, Übergang *m* vom Ordnungs-Unordnungs-Typ, Ordnungs-Unordnungs-Umwandlung *f*
PHF approximation *(At, Qu)* [spin-]projizierte Hartree-Fock-Näherung *f*, PHF-Näherung *f*
Philips ion gauge [arc] source *(El, Kern)* s. Penning discharge ion source
phonon conductivity *(Fest)* Gitterwärmeleitfähigkeit *f*, Phononenanteil *m* der Wärmeleitfähigkeit
~ **drag** *(Fest)* Phonon-„drag" *m*, Mitreißen *n* der Phononen durch den Elektronenstrom
~ **-induced [metal-insulator] transition** *(Fest)* phononeninduzierter Übergang (Metall-Isolator-Übergang) *m*
~ **-phonon N process** *(Fest)* N-Prozeß *m*, Normalprozeß *m*, normaler Prozeß *m*, Phonon-Phonon-N-Prozeß *m*
phoronomics, phoronomy *(Mech)* s. kinematics 1.
photocarrier *(Halbl)* photoinduzierter Ladungsträger *m*, Phototräger *m*
photochemical equivalence law s. Einstein photochemical equivalence law
~ **induction** *(physCh)* Draper-Effekt *m*
~ **yield** *(Phot)* [photochemische] Quantenausbeute (Ausbeute) *f*
photochromism *(physCh)* Photochromie *f* *(Änderung des Absorptionsspektrums)*
photochromy *(Phot)* Photochromie *f*
photoconductance *(Fest)* Photoleitwert *m*
photoconduction *(Fest)* Photoleitung *f*, Photoleitungseffekt *m*, *(bei Halbleitern manchmal auch:)* Photohalbleitung *f*
photoconductive effect Photoleitungseffekt *m*, innerer lichtelektrischer Effekt *m*
photoconductivity *(Fest)* 1. Photoleitfähigkeit *f*; 2. s. photoconduction
photodestruction *(physCh)* photochemischer Abbau *m* *(eines Polymers)*
photodetachment *(At, physCh)* Photoabspaltung *f*, Photoablösung *f*, Photodetachment *n* *(eines Elektrons von einem negativen Ion)*, Elektronenabspaltung (Elektronenablösung) *f* durch Photonen[absorption]

photodetection *(Kern)* photographischer Nachweis *m* *(von Strahlung)*, photographische Methode *f* des Strahlungsnachweises
photodiffusion effect *(El, Halbl)* Dember-Effekt *m*
photodisintegration *(Kern)* s. 1. Chadwick-Goldhaber effect; 2. photonuclear reaction
photoelastic fringe pattern *(Opt)* spannungsoptisches Streifenbild (Interferenzstreifenbild) *n*, Spannungsstreifenbild *n*
~ **method** *(Opt)* Spannungsoptik *f (Methode)*; spannungsoptisches Verfahren *n*
~ **[stress] pattern** s. photoelastic fringe pattern
photoelastically induced birefringence *(Opt)* Spannungsdoppelbrechung *f*
photoelasticimetry *(Opt)* spannungsoptische Messung *f*
photoelasticity *(Opt)* 1. spannungsoptische Erscheinung *f*; 2. Photoelastizität *f (Eigenschaft)*; 3. Spannungsoptik *f (Methode)*, spannungsoptisches Verfahren *n*
photoelectric absorption coefficient *(Kern)* Photoabsorptionskoeffizient *m*, Schwächungskoeffizient *m* für den Photoeffekt
~ **conduction** *(Fest)* Photoleitung *f*, Photoleitungseffekt *m*, *(bei Halbleitern manchmal auch:)* Photohalbleitung *f*
~ **constant** *(El)* lichtelektrische (photoelektrische) Konstante *f (Plancksche Konstante durch Elektronenladung)*
~ **efficiency** *(El)* photoelektrische (lichtelektrische) Quantenausbeute, Quantenausbeute *f* des Photoeffekts
~ **emission** 1. *(El)* s. photoemission 1.; 2. *(Fest)* photoelektrische Emission *f*, Photoemission *f*
~ **infrared [radiation]** *(El, Magn)* Strahlung *f* im nahen Infrarot, nahes Infrarot *n*, nahe IR-Strahlung *f*
~ **mass attenuation coefficient** *(Kern)* Massen-Photoabsorptionskoeffizient *m*, Massenschwächungskoeffizient *m* für den Photoeffekt
~ **multiplier** *(El)* s. photomultiplier
~ **photoemissivity** *(El)* s. photoemissivity
~ **proportionality law** *(El)* photoelektrisches Proportionalitätsgesetz *n*, Stoletowsches (Stoletovsches) Gesetz *n*
~ **relay** *(El)* Lichtrelais *n*
~ **threshold [energy]** *(El, Kern)* Grenzenergie *f* des äußeren Photoeffekts, Photoschwelle *f*, photoelektrische Schwellenwert *m*, photoelektrische Aktivierungsenergie *f*
~ **work function** *(El)* photoelektrische (lichtelektrische) Austrittsarbeit *f*
~ **yield** *(El)* Quantenausbeute *f (einer Photokathode)*
photoelectricity *(El, Kern)* Photoeffekt *m*, photoelektrischer Effekt *m*, *(selten:)* Pho-

photoelectromotive 262

toelektrizität f, (El auch:) lichtelektrischer Effekt m
photoelectromotive force (El) Photo-EMK f, photolektromotorische Kraft f
photoelectron spectroscopy (Spektr) Photoelektronenspektroskopie f, PES, (in der chemischen Analyse auch:) Elektronenspektroskopie f für die chemische Analyse, ESCA-Technik f
photoelectronic emission (El) s. photoemission 1.
photoemission 1. (El) äußerer Photoeffekt m, externer lichtelektrischer Effekt m, Photo[elektronen]emission f; 2. (Kern) Photoemission f, photoneninduzierte Emission f (eines beliebigen Teilchens, insbesondere eines Elektrons)
~ **effect** (El) s. photoemission 1.
~ **yield** (El) s. photoelectric efficiency
photoemissivity (El) Photoemissionsvermögen n (Eigenschaft)
photoexcitation (At) Photoanregung f, Anregung f durch Photonenabsorption
photoextinction method (physCh) Turbidimetrie f, turbidimetrische Analyse f
photofission (Kern) Photospaltung f, (γ,f)-Reaktion f, (γ,f)-Prozeß m
photogammagram (Kern) Photoszintigramm n, Szintiphoto n, Photogammagramm n
photographic density (Phot) [photographische] Schwärzung f, Dichte f, Filmschwärzung f, (manchmal:) Deckung f (dekadischer Logarithmus der Opazität)
~ **emulsion technique** (Kern) Plattentechnik f, Photoplattenmethode f, Kernemulsionsmethode f
~ **exposure** (Phot) Belichtung f, Exposition f, photograhische Belichtung f (Größe)
~ **gradation** (Phot) Gradation f, Steilheit f, Gradationssteilheit f
~ **inertia** (Phot) Inertia f
~ **latitude** (Phot) Belichtungsspielraum m, Belichtungsbreite f, Belichtungsumfang m, Belichtungsbereich m
~ **nucleation** (physCh) Photokeimbildung f
~ **reflection density** (Phot) photographische Schwärzung f bei Reflexion, Reflexionsschwärzung f
~ **reversal** (Phot) Umkehrung f (des photographischen Bildes)
~ **solarization** (Phot) Solarisation f, Bildumkehrung f
~ **speed** (Phot) Empfindlichkeit f, Lichtempfindlichkeit f (einer Emulsion, eines Films)
~ **sub-image** (Phot) latentes [photographisches] Bild n, Latentbild n
~ **track** (Kern) Photoschichtspur f, Bahnspur (Spur) f in der Kernspuremulsion
~ **transmission density** (Phot) [photographische] Schwärzung f bei Transmission, Schwärzung f bei Durchsichtsbildern, optische Dichte f bei Transmission

~ **transparency** (Phot) Transparenz f, Durchlässigkeit f, Durchsichtigkeit f (Größe, Kehrwert der Opazität)
~ **turbidity** (Phot) photographische Unschärfe (Streuunschärfe) f, Streuunschärfe f
photoimpact (Kern) s. photon impact
photoionizing radiation (At, Kern) Photoionisation hervorrufende Strahlung f, photoionisierende Strahlung f
photoluminescence dosimeter (Kern) Radiophotolumineszenzdosimeter n, RPL-Dosimeter n, Photolumineszenzdosimeter n
photomacrography (Phot) Makrophotographie f
photometric brightness (Opt) s. luminance 1.
~ **integrator** (Opt) 1. Kugelphotometer n, Ulbrichtsche Kugel f, (selten:) Ulbricht-Photometer n; 2. Lichtstromphotometer n, Integralphotometer n, integrierendes Photometer n
~ **paradox** (Astr) Olberssches (photometrisches) Paradoxon n
~ **quantity** (Opt) photometrische Größe f, (selten:) lichttechnische Größe f
~ **radiation equivalent** (Opt) [maximales] photometrisches Strahlungsäquivalent n (K_{max} = 680 lm)
photomicrograph (Phot, Opt) Mikrophotographie f, Mikrobild n, Mikroaufnahme f, mikrophotographische Aufnahme f (Ergebnis)
photomultiplier (El) Photoelektronenvervielfacher m, Sekundärelektronenvervielfacher m mit Photokathode, SEV, PSEV
~ **cell** 1. (El) s. photomultiplier; 2. (Halbl) Photovervielfacherzelle f
~ **counter** (Kern) Szintillationszähler m mit Sekundärelektronenvervielfacher
~ **delay (transit) time** (El) Laufzeit f (eines Sekundärelektronenvervielfachers), SEV-Laufzeit f
~ **tube** s. photomultiplier
photon 1. (Feld, Qu) Photon n, Quant n der elektromagnetischen Strahlung, Strahlungsquant n (verallgemeinerte Definition); 2. (Qu) Photon n, Lichtquant n, (manchmal:) optisches Photon n; 3. (Opt) s. troland
~ **antibunching** (Opt) Photonenentbündelung f
~ **bunching** (Opt) Photonenbündelung f
~ **impact** (Kern) Photostoß m, Photonenimpuls m
~ **sail** (Aero) Sonnensegel n
~ **theory** (Qu) [Einsteinsche] Lichtquantenhypothese f, Photonenhypothese f, Lichtquantentheorie f
photonuclear reaction photoneninduzierte Kernreaktion f, Photokernreaktion f, photonukleare Reaktion f, (γ,x)-Reaktion f

photopic [spectral] sensitivity *(Opt)* spektrale Hellempfindlichkeit *f*, Hellempfindlichkeit *f*
photoresist *(Halbl, Phot)* Photoresist *n*, Photolack *m*
~ **effect** *(Fest)* s. photoconduction
photoresponse *(El)* lichtelektrische (photoelektrische) Empfindlichkeit *f*, Photoempfindlichkeit *f*
photoscintigram *(Kern)* s. scintiphoto
photosensitivity lichtelektrische (photoelektrische) Empfindlichkeit *f*, Photoempfindlichkeit *f*
photostimulation *(Fest, Opt)* optische Stimulierung (Erregung, Ausleuchtung) *f*, Photostimulierung *f (der Lumineszenz)*
photosurface *(Halbl)* lichtempfindliche (photoempfindliche) Fläche (Oberfläche) *f*
phototransformer *(Opt)* Entzerrungsgerät *n*
photovisual [stellar] magnitude *(Astr)* photovisuelle Helligkeit *f*, Gelbhelligkeit *f (eines Sterns)*
photovoltage *(El)* Photospannung *f*, photoelektrische (lichtelektrische) Spannung *f*
photovoltaic barrier-layer cell s. ~ cell
~ **cell** *(Halbl)* Photoelement *n*, Sperrschicht[photo]element *n*, Sperrschicht[photo]zelle *f*
~ **effect** 1. *(Halbl)* Sperrschicht[-Photo]effekt *m*, photovoltaischer Effekt *m*, PV-Effekt *m*, Photovolteffekt *m*; 2. *(Ech, Opt)* Becquerel-Photoeffekt *m*, photogalvanischer Effekt *m*
phreatic surface *(Hydr)* Grundwasserspiegel *m*, [freie] Grundwasseroberfläche *f*
phugoid oscillation *(Aero)* Phugoidschwingung *f*, Pendelbewegung *f (um die Querachse)*
physical acoustics *(Ak)* Wellenakustik *f*, *(manchmal:)* physikalische Akustik *f*
~ **adsorption** *(physCh)* Physisorption *f*, physikalische (reversible) Adsorption *f*, Van-der-Waals-Adsorption *f*
~ **astronomy** Astrophysik *f*
~ **atomic mass unit** *(At)* s. atomic mass unit
~ **constant** universelle Naturkonstante (Konstante) *f*, [universelle] physikalische Konstante *f (dimensionsbehaftet)*
~ **half-life** *(Kern)* Halbwert[s]zeit *f*, HWZ, *(im Unterschied zur biologischen Halbwertszeit auch:)* physikalische Halbwert[s]zeit *f (eines Radionuklids oder Teilchens)*
~ **mass** *(At)* Masse *f* nach der physikalischen Skala
~ **mass unit** *(At)* s. atomic mass unit
~ **medium** *(El)* Datenträger *m*, Informationsträger *m*, physikalischer (physischer) Datenträger *m*
~ **optics** Wellenoptik *f*, physikalische Optik *f*
~ **particle** *(Feld, Qu)* angezogenes (physikalisches) Teilchen *n*

~ **pendulum** *(Mech)* physisches (physikalisches) Pendel *n*, Starrkörperpendel *n*, *(selten:)* zusammengesetztes Pendel *n*
~ **pitch** *(Ak)* physikalische Stimmung *f*
~ **power** *(Kern)* s. neutron flux-determined power
~ **presence** *(Rel)* Zwischengebiet *n (außer Kausalzusammenhang)*, physikalische Gegenwart *f*
~ **protection** *(Kern)* physischer (materieller) Schutz *m*, *(speziell:)* Objektschutz *m*
~ **roentgen equivalent** *(Kern)* Rep *n*, rep, physikalisches Röntgenäquivalent *n*
~ **second** *(Astr)* Atomsekunde *f*, physikalische Sekunde *f*
~ **start-up** *(Kern)* physikalisches Anfahren *n (eines Reaktors)*, Nulleistungsetappe *f*, Messungen *fpl* bei Nullast
~ **system** 1. physikalisches System *n*; 2. *(Reg)* kausales System *n*
~ **system of mechanical units** *(Mech)* Zentimeter-Gramm-Sekunde-System *n*, cgs-System *n*, CGS-System *n*, CGS-Maßsystem *n*, physikalisches Einheitensystem *n* [der Mechanik]
~ **tracer** *(physCh)* nichtspezifischer (physikalischer) Tracer (Indikator) *n*
~ **tristimulus colorimetry** *(Opt)* physikalische Farbmessung *f* auf Basis der drei Primärvalenzen
~ **variable star** *(Astr)* physischer (eigentlicher) Veränderlicher *m*
pi-focus[s]ing [magnetic] horn *(Hoch)* Pionenhorn *n*, magnetisches Horn *n* zur Fokussierung von Pionen (π-Mesonen)
~ **network, ~-section** *(El)* Pi-Schaltung *f*, Pi-Glied *n*, *(speziell:)* Pi-Grundglied *n*, Pi-Grundschaltung *f*
PIC s. 1. *(Halbl)* power integrated circuit; 2. *(Kern)* pulse ionization chamber
pick-a-back satellite *(Aero)* Huckepacksatellit *m*
~**-up** 1. *(Ak)* Tonabnehmer *m*; 2. *(Meß)* Meßfühler *m*, Meßwertwandler *m*; 3. *(El)* Anziehen *n*, Anzug *m (eines Relais)*; 4. *(Kern)* Pick-up-Reaktion *f*, inverse Strippingreaktion *f*, Herausreißen *n* eines Nukleons aus dem Kern
~**-up value** *(El)* Ansprechwert *m (eines Relais)*
picket fence [geometry] *(Pl)* Sichelspiegelgeometrie *f*, Cusp-Geometrie *f*
pictorial diagram Bilddiagramm *n*
picture 1. Bild *n*, Abbildung *f*; 2. *(mathPh)* perspektives (perspektivisches) Bild *n*, Zentralprojektion *f*
~ **definition** *(El, Opt, Phot)* Schärfe *f*, *(speziell:)* Scharfzeichnung *f*, Bildschärfe *f*
~ **element** 1. Pixel *n*, Bildelement *n*; 2. *(El)* Bildpunkt *m*, *(manchmal:)* Rasterpunkt *m*, Bildelement *n*, Rasterelement *n (Fernsehen)*

~ **noise** *(El)* Gras n *(in der Radartechnik)*
~ **plane** *(mathPh)* Bildtafel f, Projektionsebene f, Bildebene f *(der Perspektive)*
~ **resolution** *(Phot)* Bildauflösung f
pictures in fast motion *(Opt)* Zeitrafferfilm m, Zeitrafferaufnahme f
pie chart *(US)*, ~ **diagram** *(mathPh)* Kreisdiagramm n, Perigramm n *(Statistik)*
piercing Durchgang m, Hindurchgehen n, Durchtritt m *(durch ein Material)*, Durchdringung f *(eines Materials)*
pièze *(Mech)* Pièze n, pz *(SI-fremde Einheit des Druckes; 1 pz = 1000 Pa)*
piezochromism *(physCh)* Farbänderung f durch Druckeinwirkung, Piezochromie f
piezoelectric *(El, Fest)* piezoelektrischer Stoff m, piezoelektrisches Material n, Piezoelektrikum n
~ **ceramic** *(El)* Piezokeramik f, piezokeramischer Stoff m
~ **constant** *(Fest)* piezoelektrischer Koeffizient m, Koeffizient m des Piezomoduls
~ **frequency standard** *(El)* piezoelektrisches Frequenznormal n, *(speziell:)* Normalquarz m
~ **matrix** *(Fest)* Matrix f des Piezomoduls, piezoelektrische Matrix f
~ **modulus** *(Fest)* Piezomodul m
~ **strain coefficient** *(Ak, Fest)* piezoelektrischer Verformungskoeffizient m
~ **stress coefficient** *(Fest)* piezoelektrischer Koeffizient m, Koeffizient m des Piezomoduls
~ **tensor** *(Fest)* Tensor m des Piezomoduls, piezoelektrischer Tensor m
piezometric head *(Hydr)* piezometrische Druckhöhe (Höhe) f, Piezometer[druck]höhe f
~ **line** *(Hydr)* piezometrische Höhenlinie f, Druckhöhenlinie f
piezoresistance *(Halbl)* 1. s. piezoresistive effect; 2. Piezowiderstand m *(Größe)*
piezoresistive effect *(Halbl)* Piezowiderstand m, piezoresistiver Effekt m, Piezowiderstandseffekt m
piezotropic modulus of elasticity *(Mech)* Piezotropiemodul m
pig, P.I.G. *(El, Kern)* s. Penning discharge ion source
PIG discharge *(El)* Penning-Entladung f
piggyback satellite *(Aero)* Huckepacksatellit m
pile *(Kern)* Reaktor m, Kernreaktor m *(Zusammensetzungen s. unter reactor)*
~ **factor** *(Kern)* Pilefaktor m, Flußfaktor m *(bei der Reaktorbestrahlung)*
~-**up** 1. Stapel m, Paket n, Stoß m; 2. *(El)* Paket n, Kontaktpaket n; 3. *(Kern)* s. ~-up effect
~-**up effect** *(Kern)* Aufstockung f *(der Impulse)*, Impulsaufstockung f, „pile-up"-Effekt m
pillow distortion s. pincushion distortion
pilot circuit *(Reg)* Steuerstromkreis m, Pilotkreis m

~ **control** *(Ström)* Vorsteuerung f
~ **wave** *(Qu)* Führungswelle f
~ **wire circuit** *(Reg)* Steuerstromkreis m, Pilotkreis m
pimpling *(Kern)* Blistering n, Blasenbildung f, Bildung f blasenförmiger Abscheidungen, Porenbildung f *(eine Strahlenwirkung)*
pin compatibility *(El)* Anschlußkompatibilität f, Steckerkompatibilität f
~ **diode** *(Halbl)* PIN-Diode f, Leistungsdiode f
~ **junction** *(Halbl)* PIN-Übergang m
pinacoid *(Krist)* Pinakoid n, Endfläche f
pinball board *(mathPh)* Galtonsches Brett n
pinch 1. *(Mech)* Einschnürung f *(plötzliche Querschnittsverengung)*; 2. *(Pl)* Pinch m, [magnetische] Einschnürung f, Selbsteinschnürung f; 3. *(Pl)* Pinchanlage f, Pinch-Anlage f, Pinch m
~ **discharge** *(El)* Pinchentladung f, Höchststromentladung f
~ **effect** *(Pl)* Pincheffekt m, Kompressionseffekt m, eigenmagnetische Kompression f, Selbsteinschnürungseffekt m
~-**in effect** *(Halbl)* Pinch-in-Effekt m, Einschnüreffekt m *(beim Bipolartransistor)*
~ **instability** *(Pl)* Instabilität f gegen lokale (örtliche) Einschnürung, Einschnürungsinstabilität f, Wurstinstabilität f, Verengungsinstabilität f, „sausage"-Instabilität f
~-**off effect** *(Halbl)* Pinch-off-Effekt m, Abschnürungseffekt m, Abschnüreffekt m
pinched filament *(Pl)* komprimierter Plasmafaden m
pinching s. 1. *(Mech)* pinch 1.; 2. *(Pl)* pinch effect
pincushion distortion *(El, Opt)* kissenförmige (positive) Verzeichnung f, Kissenverzeichnung f
pine crystal *(Krist)* Dendrit m, dendritischer Kristall m, Skelettkristall m, Kristallskelett n, Tannenbaumkristall m
ping *(Ak)* Sonarimpuls m, Impuls m
pinhole 1. *(Halbl)* Pinhole n, Nadelloch n; 2. *(Opt)* Loch n, Lochblende f *(einer Lochkamera)*
~ **camera** *(Phot, Opt)* Lochkamera f, Portasche Kamera f, Camera f obscura
~ **method** *(Krist)* Lochkameramethode f *(der Kristallstrukturanalyse, von Seemann)*
pink noise *(Ak)* rosa Rauschen n
pinning 1. *(Krist)* Aufstauung f, Versetzungsaufstauung f; 2. *(Tief)* Pinning n, Flußschlauchverankerung f, Flußfadenverankerung f, Fluß[linien]verankerung f
~ **down** *(Krist)* s. pinning 1.
pint *(Mech)* 1. *(GB)* Pinte f, pt *(SI-fremde Einheit des Volumens; 1 pt = 5,68261 · 10^{-4} m^3)*; 2. *(US)* Pinte f, dry pt *(SI-fremde Einheit des Volumens von Trockensubstanzen; 1 dry pt = 5,50610 · 10^{-4} m^3)*; 3. *(US)* Pinte f, liq pt

(SI-fremde Einheit des Volumens von Flüssigkeiten; 1 liq pt = 4,73176473 · 10^{-4} m^3)
Piobert lines *(Krist)* s. Lüdes' bands
pip *(El)* Zacke f, Blip m, Pip m *(auf dem Display)*, *(beim Radar speziell:)* Echoanzeige f, Echozeichen n
pipe 1. *(Ström)* Leitungsrohr n, Rohr n *(für den Transport von Fluiden und Feststoffen)*; 2. *(Halbl)* Emitter-Kollektor-Kurzschluß m; 3. *(Ak)* Pfeife f; 4. *(physCh)* trichterförmiger Schwindungslunker (Lunker) m, Trichterlunker m *(eines Metallbarrens)*
~ **diffusion** *(Fest)* Pipediffusion f, Röhrendiffusion f *(längs der Versetzungslinien)*
~ **flow** *(Ström)* Rohrströmung f
~ **friction coefficient** *(Ström)* Rohrreibungszahl f, *(manchmal:)* Rohrreibungsverlustzahl f
Pippard limit *(Tief)* Pippardscher Grenzfall m
pipper image *(Opt)* Lochmarkenbild n
pitch 1. Schrittweite f, Schritt m *(einer periodischen Struktur)*; 2. *(Kern)* s. ~ spacing; 3. *(mathPh)* Ganghöhe f, Steigung f, Gang m *(einer Schraube)*; 4. *(Mech)* Ganghöhe f, Steigung f *(eines Gewindes)*; 5. *(mathPh, Mech)* Pfeil m *(einer Schraube)*, Parameter m *(einer Dyname) (Motorrechnung)*; 6. *(Ström)* Steigung f *(z. B. eines Flügelrades)*; 7. *(Aero)* s. pitching 1. und 2.; 8. *(Hydr)* s. pitching 3.; 9. *(Ak)* Stimmung f, Tonlage f *(einer Stimme)*; 10. *(Ak)* Höhe f, Tonhöhe f
~ **acceleration** *(Aero)* Querbeschleunigung f
~ **angle** 1. *(Aero)* Nickwinkel m, Längsneigungswinkel m; 2. *(Hydr)* Stampfwinkel m; 3. *(Magn, Pl)* Pitchwinkel m, Steigungswinkel m *(zwischen Geschwindigkeitsvektor eines geladenen Teilchens und dem Magnetfeld)*
~ **attitude** *(Aero)* Nicklage f
~ **chord ratio** *(Ström)* Teilungsverhältnis n
~ **error** 1. *(Aero)* Längsneigungsfehler m; 2. *(Mech)* Steigungsfehler m *(eines Gewindes)*; 3. *(Mech)* Teil[ungs]fehler m *(einer Kette oder Verzahnung)*
~ **interval** *(Ak)* Tonhöhenverhältnis n
~ **of deflection sag** *(Mech)* Biegepfeil m, *(manchmal:)* Biegungspfeil m *(maximale Durchbiegung)*
~ **of points of contact** *(Mech)* Eingriffsteilung f
~ **plane** 1. *(Aero)* Nickebene f; 2. *(Mech)* Wälzebene f
~ **point** *(Mech)* Wälzpunkt f, Teilpunkt m
~ **rate** *(Aero)* Kippgeschwindigkeit f, Nickgeschwindigkeit f
~ **setting** *(Aero)* eingestellter Steigungswinkel m, Steigungseinstellung f *(eines Verstellpropellers)*
~ **spacing** *(Kern)* Schrittweite f *(des Reaktorgitters)*, Gitterschrittweite f, Gitterabstand m, Gitterschritt m, *(selten:)* Gitterteilung f
~ **surface** *(Mech)* Wälzfläche f, Wälzbahn f
pitchfork *(Ak)* Stimmgabel f
~ **bifurcation** *(mathPh)* Gabelverzweigung f, Gabelung f
pitching 1. *(Aero)* Kippen n, Kippbewegung f, Kippschwingung f; 2. *(Aero)* Kippen n, Nicken n, Längsneigung f; 3. *(Hydr)* Senkung f des Buges, *(allgemeiner:)* Stampfen m, Stampfbewegung f, Stampfschwingung f
~ **angular velocity** *(Aero)* Kippgeschwindigkeit f, Nickgeschwindigkeit f
~ **axis** *(Aero)* Querachse f, Kippachse f, Nickachse f
~ **moment** 1. *(Aero)* Kippmoment n; 2. *(Hydr)* Stampfmoment n
~ **moment coefficient** 1. *(Aero)* Kippmomentenbeiwert m; 2. *(Hydr)* Stampfmomentenbeiwert m
~ **moment vector** *(Aero)* Kippmomentenvektor m, Nickmomentenvektor m
~ **rate (velocity)** *(Aero)* Kippgeschwindigkeit f, Nickgeschwindigkeit f
pitchover *(Aero)* Umlenkung f, Umlenkmanöver n *(einer Rakete)*
pith ball electroscope *(El)* Holundermarkkugelelektroskop n
pitometer *(Ström)* Pitot-Sonde mit einer Öffnung gegen die Strömung und einer Öffnung mit der Strömung
pitot *(Ström)* s. Pitot tube
Pitot comb *(Hydr)* Kammsonde f
~ **pressure** 1. *(Aero)* Kesseldruck m, Ruhedruck m, Gesamtdruck m *(eines Gases im Kessel)*; 2. *(Hydr)* Gesamtdruck m, Totaldruck m, Pitot-Druck m *(einer strömenden Flüssigkeit)*
~ **-static tube** *(Ström)* Staurohr n *(zur Strömungsgeschwindigkeitsmessung)*
~ **tube** *(Ström)* Pitot-Rohr n, Pitotsches Rohr n *(zur Messung des Gesamtdruckes)*
pivoting *(Mech)* 1. Bohren n, Drehung f um die gemeinsame Normale; 2. Schwenken n *(im Gelenk, Operation)*
PIXE [analysis] *(Spektr)* protoneninduzierte Röntgenemissionsanalyse f, PIXE-Analyse f, PIXE
pk *(Mech)* s. peck
PKA *(Kern)* s. primary knocked-on atom
Pl *(Ström)* s. poiseuille
place exchange mechanism *(Fest)* Platzwechselmechanismus m *(der Diffusion)*
~ **theory [of Helmholtz]** *(Ak)* Einortstheorie f, Resonanztheorie f [von Helmholtz], Helmholtzsche Resonanztheorie f, Resonatorentheorie f des Hörens
plain colour *(Opt)* s. intrinsic hue
~ **strain** *(Mech)* ebener Verzerrungszustand (Verformungszustand) m, EVZ
~ **stress** *(Mech)* ebener Spannungszustand m, ESZ, zweiachsiger Spannungszustand m

plait point *(physCh)* kritische Lösungstemperatur (Mischungstemperatur) *f*, kritischer Lösungspunkt (Entmischungspunkt) *m*
~ **point curve** *(physCh)* kritische Kurve *f (einer Isoplethenschar)*
plan of transposition *(Mech) s.* Williot[-Mohr] diagram
planar moment of inertia *(Mech)* planares Trägheitsmoment *n*, Trägheitsmoment *n* in bezug auf eine Ebene
~ **radius of gyration (inertia)** *(Mech)* planarer Trägheitsradius *m*
~ **ring source** *(Kern)* Planringquelle *f*
~ **solid** *(mathPh) s.* polyhedron
planck *(Mech)* Planck *n (SI-fremde Einheit der Wirkung;* 1 Planck = 1 J s)
Planck distribution law *s.* ~ radiation formula
~ **equation** *(Qu)* Plancksche Relation *f, (verbal:)* Plancksches Gesetz *n* ($E = h\nu$)
~ **formula** *s.* ~ radiation formula
~-**Kelvin formulation of the second law of thermodynamics** Formulierung *f* des zweiten Hauptsatzes der Thermodynamik von Thomson und Planck, Theorem *n* von Thomson, Satz *m* von der Unmöglichkeit eines Perpetuum mobile II. Art
~ **radiation formula (law)** *(statPh)* Plancksches Strahlungsgesetz (Gesetz) *n*, Strahlungsformel *f* von Planck, *(manchmal:)* Plancksche Strahlungsgleichung (Gleichung) *f*
~ **thermodynamic potential** *(Therm)* Plancksche Funktion *f*, Plancksches Potential *n*
Planckian colour *(Therm)* Plancksche Farbe *f*
~ **locus** *(Opt)* Unbuntgebiet *n*, Unbuntbereich *m*, Ortskurve *f* des schwarzen Strahlers
~ **radiator** *(Therm) s.* black body
Planck's constant *(Qu)* Plancksche Konstante *f*, Planck-Konstante *f*, *h*, [Plancksches] Wirkungsquantum *n*
~ **equation (law)** *s.* Planck radiation formula
plane *(mathPh)* Ebene *f*
~-**centred lattice** *(Krist)* flächenzentriertes Gitter *n*, f.z.-Gitter *n*, allseitig [grenz]flächenzentriertes Gitter *n*
~ **Couette flow** *(Ström)* scherende Strömung *f*, Scher[ungs]strömung *f*, ebene Couette-Strömung *f*
~ **defect** *(Krist)* zweidimensionale (flächenhafte) Gitterfehlstelle *f*, zweidimensionaler (flächenhafter) Defekt (Kristallfehler) *m*
~-**dendritic crystal** *(Krist)* ebener Dendrit *m*, Stern *m*
~ **flow** *(Ström)* 1. zweidimensionale (ebene) Strömung *f*, 2D-Strömung *f*; 2. Kirchhoffsche Plattenströmung *f*, Strömung *f* längs einer ebenen Platte

~ **lattice** 1. Flächengitter *n*, zweidimensionales (ebenes) Gitter *n*; 2. *(Krist)* ebenes Gitter *n*
~ **medium** *(Opt)* optisch ebenes (planes) Medium *n*
~ **of action** 1. Wirk[ungs]ebene *f*, Angriffsebene *f (einer Kraft)*; 2. *(Mech)* Eingriffsebene *f (eines Zahnrades)*
~ **of curvature** *(mathPh)* Schmieg[ungs]ebene *f*, Oskulationsebene *f*
~ **of mirror symmetry** *(Krist, mathPh)* Symmetrieebene *f*, Spiegel[ungs]ebene *f*
~ **of projection** *(mathPh)* Bildtafel *f*, Projektionsebene *f*, Bildebene *f (der Perspektive)*
~ **of reflection** 1. *(Opt)* Reflexionsebene *f*; 2. *(Krist, mathPh) s.* ~ of mirror symmetry
~ **of saturation** *(Hydr)* Grundwasserspiegel *m*, [freie] Grundwasseroberfläche *f*
~ **of vision** *(Opt)* Blickebene *f, (bei der Beobachtung der Himmelslichtpolarisation:)* Visionsebene *f*
~ **of weakness** *(Mech)* Schwächungsebene *f*, kritischer Querschnitt *m*
~ **of zero luminosity** *(Opt)* Alychne *f*, Nullisolychne *f*, Ebene *f* der Helligkeit null *(im Farbenraum)*
~ **parallelism** *(Opt)* Planparallelität *f*
~ **polar coordinates** *(mathPh) s.* polar coordinates 1.
~-**polarized wave** *(El, Magn)* linear (geradlinig) polarisierte Welle *f*
~ **sensitivity** *(Kern)* Flächenempfindlichkeit *f (z. B. einer Gammakamera)*
~ **strain** *(Mech)* ebener Verzerrungszustand (Verformungszustand) *m*, EVZ
~ **stress** *(Mech)* ebener Spannungszustand *m*, ESZ, zweiachsiger Spannungszustand *m*
~ **surface** 1. *(mathPh)* Fläche *f*, Seite *f*, [ebene] Randfläche *f*, [ebene] Begrenzungsfläche *f (eines Polyeders: Grund- oder Seitenfläche)*; 2. *(Opt)* Planfläche *f*
~ **texture** *(Fest)* Flächentextur *f*
~ **wave expansion** *(Qu)* Entwicklung *f* einer ebenen Welle
planeness *(Mech)* Ebenflächigkeit *f*, Ebenheit *f*
planetary *(Astr)* planetarischer Nebel *m*
~ **boundary layer** *(Astr)* planetarische Grenzschicht *f*, Grenzschicht (Reibungsschicht) *f* der Atmosphäre *(eines Planeten)*
~ **configuration** *(Astr)* Konstellation *f (eines Planeten)*
~ **crescent** *(Astr)* Hörnerspitze *f* eines inneren Planeten
~ **electron** *(At)* Hüllenelektron *n*, Bahnelektron *n*
~ **heat** *(Astr)* Wärmeindex *m (eines Sterns oder Planeten)*
planetocentric orbit *(Astr, Mech)* Planetenumlaufbahn *f*, planetozentrische Bahn *f*

planform *(Aero)* Draufsichtumriß *m*, Draufsichtform *f*, Form *f* im Grundriß
~ **taper** *(Aero)* Zuspitzung (Verjüngung) *f* im Tragflächengrundriß
planity *s.* planeness
plano-convex lens *(Opt)* plankonvexe Linse *f*, Plankonvexlinse *f*
~-**cylindrical lens** *(Opt)* Planzylinderlinse *f*, planzylindrische Linse *f*, *(speziell:)* Planzylinderglas *n*
plasma blob (bunch) *(Pl)* Plasmapaket *n*, Plasmawolke *f*, Plasmoid *n*
~ **channel (column)** *(Pl)* Plasmasäule *f*, Plasmazylinder *m*, Plasmakanal *m*
~ **core assembly** *(Kern)* [kritische] Anordnung *f* mit Plasmacore (Plasmakern), Plasmacoreanordnung *f*
~ **frequency** *(Pl)* Langmuir-Frequenz *f*, Plasmafrequenz *f*
~ **limiter** *(Pl)* Plasmabegrenzungsblende *f*, Plasmabegrenzer *m*, Limiter *m* *(eines Tokamaks)*
~ **noise** *(Pl)* Mikrowellenrauschen *n* des Plasma, Plasmarauschen *n*
~ **probing** *(Pl)* Plasmasondierung *f*, Untersuchung *f* mit der Plasmasonde
~ **process** *(physCh)* Plasmaverfahren *n* der Isotopentrennung
~ **propulsion** *(Aero)* Plasmaantrieb *m* *(Vorgang)*
~ **torch** *(Pl)* Plasmabrenner *m*, *(speziell:)* Plasmafackel *f* *(von Reed)*
~ **tunnel** *(Aero)* Plasmawindkanal *m*
~-**wall interaction** *(Pl)* Plasma-Wand-Wechselwirkung *f*
~ **with collisions** *(Pl)* stoßbestimmtes (stoßbehaftetes, stoßbehaftetes) Plasma *n*, Plasma *n* mit Stößen
plasmoid *s.* plasma blob
plastic 1. *(Opt)* Plastik *f*, Plastikeffekt *m*; 2. *(physCh)* [organischer] Kunststoff *m*, Plast *m*
~ **afterflow** *(Mech)* plastische Nachwirkung *f*, Nachfließen *n*, Deformationsrelaxation *f*, Relaxation *f*
~ **buckling** *(Mech)* plastische (unelastische) Knickung *f*
~ **carrying capacity** *(Mech)* Grenzlast *f*, Traglast *f*
~ **deformation** 1. *(Mech)* plastische Verformung (Formänderung) *f*, bleibende (nichtelastische) Verformung *f*; 2. *(Halbl)* Ramping *n*, plastische Verformung *f*
~ **design** *(Mech)* Traglastverfahren *n*
~ **domain** *s.* ~ region
~-**flow persistence** *s.* ~ afterflow
~ **limit load** *(Mech)* Grenzlast *f*, Traglast *f*
~ **moment** *(Mech)* Grenzmoment *n*
~ **range** *(Mech)* Bereich *m* der plastischen Verformung, plastischer Bereich *m* *(auf einer Spannungs-Dehnungs-Kurve)*
~ **region** *(Mech)* plastischer Bereich *m*, Plastizitätsbereich *m* *(räumlich)*
~ **shear** *(Krist)* Gleitung *f*, Gleitprozeß *m*, Kristallgleitung *f*, Abgleitung *f*, Translationsplatzwechsel *m*, *(selten:)* Schiebung *f*
~ **strain** 1. *(Mech)* plastische Verzerrung (Verformung) *f* *(Größe)*; 2. *(Mech)* plastischer Verformungszustand (Verzerrungszustand) *m*
~ **stress** 1. *(Mech)* plastische Spannung *f* *(Größe)*; 2. *(Mech)* plastischer Spannungszustand *m*
~ **stress-strain relation** *(Mech)* plastisches Stoffgesetz *n*
~ **track detector** *(Kern)* Kunststoff-Spurdetektor *m*, Kunststoffdetektor *m*
~ **viscosity** *(Ström)* plastische Viskosität *f* *(Größe)*
plastication 1. *(Mech)* Weichmachen *n* *(eines Materials durch Erwärmen oder Kneten)*; 2. *(physCh)* *s.* plasticization
plasticity threshold *(Mech)* Plastizitätsschwelle *f*
plasticization *(physCh)* Weichmachen *n*, *(manchmal:)* Plastifizierung *f*, Plastifikation *f* *(von Polymeren)*
plasticizer *(physCh)* Weichmacher *m*, Weichmachungsmittel *n*, Plastifikator *m* *(von Polymeren)*
plasticodynamics *(Mech)* Dynamik *f* plastischer Körper (Massen)
plasticorder *(Mech)* Plastograph *m* *(zur Bestimmung der Plastizität oder Viskosität)*
plasticostatics *(Mech)* Statik *f* plastischer Körper (Massen)
plasticoviscosity *(Mech)* Plastoviskosität *f*, Viskosität *f* plastischer Körper
plastification *s.* plastication 1.
plastique image *(Opt)* Raumbild *n*, stereoskopisches Bild *n*, Stereobild *n*
plastometry *(Mech)* Plastizitätsmessung *f*, Plastometrie *f*
plate 1. Platte *f* *(dicker als Folie oder Blech)*; 2. *(Krist)* Platte *f*, Tafel *f*; 3. *(Astr, Opt)* Flügel *m*, Radiometerflügel *m*, Radiometerplatte *f*; 4. *(US, El)* Anode *f*; 5. *(physCh)* Boden *m*, Kolonnenboden *m*
~ **analogy** *(Mech)* Plattengleichnis *n*
~ **at incidence** *(Ström)* angestellte Platte *f*
~ **crystal** *(Krist)* Kristallplatte *f*, plattenförmiger Kristall *m*, Platte *f* *(eine Eiskristallform)*
~ **factor** *(Spektr)* Plattenfaktor *m*, reziproke Lineardispersion *f*
~ **modulus** *(Mech)* Plattenmodul *m* *(Poisson-Zahl + doppelter Schubmodul)*
~ **resistance** *(El)* Anodenwiderstand *m* *(einer Elektronenröhre)*
~ **section** *(Ech)* Plattensatz *m*
~ **vibrator** *(El, Krist)* Plattenschwinger *m*
~ **wave** *(Ak)* Plattenwelle *f*, Lamb-Welle *f*
plateau 1. Plateau *n*, Plateaubereich *m*, horizontaler Abschnitt *m*, Konstanzbereich *m* *(einer Kurve)*; 2. *(Kern)* Plateau *n*, Geiger-[Müller-]Plateau *n*, Spannungsplateau *n* *(der Zählrohrcharakteristik)*
~ **region** 1. *s.* plateau 1.; 2. *(Kern)* Plateaubereich *m* *(eines Zählrohrs)*

plateau 268

~ **[relative] slope** *(Kern)* [relativer] Plateauanstieg *m*, [relative] Plateausteigung *f*, Plateauneigung *f (eines Zählrohrs)*
Plateau figure [of equilibrium], ~ **surface** *(Mech)* Plateausche Fläche (Gleichgewichtsfigur) *f*
platelet growth *(Krist)* lamellenförmiges Wachstum *n*
platinum-carbon shadow casting [technique] *(Opt)* Platin-Kohle-Simultanbedampfung *f*, Kohle-Platin-Schrägbedampfung *f*, Platin-Kohle-Schrägbeschattung *f (Elektronenmikroskopie)*
~-**iridium bar** *(Mech)* Urmeter *n*, Platin-Iridium-Prototyp *m (als Verkörperung der Längeneinheit)*
~ **point** *(Therm)* Erstarrungspunkt *m* des Platins, Platinpunkt *m*
platy fracture *(Mech)* ebener Bruch *m*
plenum Sammelraum *m*, Plenum *n (oft unter leichtem Überdruck stehend)*
pleomorphism *s.* polymorphism
10-plet *(Hoch, Spektr)* Dekuplett *n*, 10-plett *n*, 10-Multiplett *n*
pli *(Mech)* Pli *n*, pli *(SI-fremde Einheit der längenbezogenen Masse; 1 pli = 17,8580 kg/m)*
pliability *(Mech)* Biegsamkeit *f*, Biegungselastizität *f*, Flexibilität *f*
PLK method *(Ström)* Poincaré-Lighthill-[Kuo-]Methode *f*, PLK-Methode *f*, Lighthillsche Methode *f*
plot [graphische] Darstellung *f*, Graph *m*, Kurvendarstellung *f*, Bildkurve *f*, Diagramm *n*, *(eines Plotters auch:)* Plot *n(m)*
plotter *(Meß)* Plotter *m*, Kurvenzeichner *m*
plotting 1. graphische Auswertung *f (von Daten)*; 2. [graphische] Darstellung *f*, *(speziell:)* Auftragung *f (von Meßwerten)*, *(speziell:)* Abtragen *n (von Meßwerten oder Strecken) (Vorgang)*
plug 1. Stopfen *m*, Stöpsel *m*; 2. *(El)* Stecker *m*; 3. *(Ström)* Pfropfen *m (in der Siedeströmung)*
~ **calorimeter** *(Hoch)* Vorwärtskalorimeter *n*
~ **flow** *(Ström)* Pfropfenströmung *f*, Pfropfenstrom *m*, Pfropfensieden *n*
~ **nozzle** *(Aero)* Ringhalsdüse *f*
~ **of air** *(Ak)* Luftpfropfen *m (im Helmholtz-Resonator)*
pluggage *(physCh, Ström)* Verstopfung *f*, Verstopfen *n*, Zusetzen *n*
plugging value *(physCh)* Filterverstopfungszahl *f*, Verstopfungszahl *f*
plumb-bob Pli *n*, Lot *n*, Senklot *n*, Senkwaage *f*, *(speziell:)* Bleilot *n*, Senkblei *n*
~ **deviation** *(Mech)* Lotabweichung *f*
~ **line** 1. Lotrechte *f*, Vertikale *f*, *(wenn kein Zweifel möglich ist:)* Senkrechte *f (in Richtung der Schwerkraft)*; 2. *(Mech)* Lotleine *f*
~-**line deflection** *(Mech)* Lotabweichung *f*

plume 1. *(Astr)* s. polar plume; 2. *(Kern)* Abluftfahne *f*, *(allgemeiner:)* Schadstofffahne *f*; 3. *(Mech)* Wassersäulenhöhe *f*
plummet 1. *(Mech)* s. plumb-bob; 2. *(Ström)* Schwebekörper *m (im Rotameter)*
plunge, plunging *(Opt)* Durchschlagen *n (eines Fernrohrs)*
plural production *(Kern)* Mehrfacherzeugung *f*, Mehrfachbildung *f*, mehrfache (plurale) Erzeugung *f*
~ **scattering** *(At, Kern)* Mehrfachstreuung *f*
plus angle *(Astr, Opt)* Höhenwinkel *m*
~ **Mach line** *(Ström)* rechtsläufige Charakteristik *f*, rechtslaufende (obere) Machsche Linie *f*
plutonium-fuel[l]ed reactor *(Kern)* Plutoniumreaktor *m (mit Plutonium als Hauptbrennstoffkomponente)*
~-**only reactor**, ~ **producer** *(Kern)* Plutoniumerzeugungsreaktor *m*, Plutoniumproduktionsreaktor *m*
PM *(El)* 1. Phasenmodulation *f*, PM; 2. s. photomultiplier
PMDR *(Spektr)* Phosphoreszenz-Mikrowellen-Doppelresonanz *f*, PMDR
PME effect *(Halbl)* photomagnetoelektrischer Effekt *m*, PME-Effekt *m*, photogalvanomagnetischer Effekt *m*
PMR *(Kern)* [magnetische] Protonenresonanz *f*, proton[en]magnetische Resonanz *f*, PMR *(NMR-Spektroskopie)*
PMT *(El)* s. photomultiplier
pn-interaction *(Kern)* Proton-Neutron-Wechselwirkung *f*, pn-Wechselwirkung *f*
pneumatic control *(Mech)* pneumatische Steuerung *f*, Druckluftsteuerung *f*, *(speziell:)* pneumatische Regelung *f*
~ **post** *(Kern)* Rohrpostkanal *m*, Rohrpost *f (im Reaktor)*
~ **rabbit** *(Kern)* Rohrpostkapsel *f*, Bestrahlungskapsel *f*, Rohrpostbüchse *f (für die Bestrahlung von Proben im Reaktor)*
pneumonics *(Reg)* s. fluidics
pocket of air *(Aero)* Luftloch *n*, Luftsack *m*
pockhole *(Therm)* Schwindungshohlraum *m*, Schwindungslunker *m*, Lunker *m*
Poggendorff compensation method *(El)* Kompensationsverfahren *n*, [Poggendorffsche] Kompensationsmethode *f*, Potentiometermethode *f*
Poggendorff's first method *(El)* Kompensationsverfahren *n* von Poggendorff mit konstantem Strom, Gleichstromkompensation *f* mit konstantem Strom
~ **second method** *(El)* Kompensationsverfahren *n* von Poggendorff mit konstantem Widerstand, Gleichstromkompensation *f* mit konstantem Widerstand
Pogson scale *(Astr)* Pogsonsche Helligkeitsskala *f*, Pogson-Skala *f (der Größenklassen)*
poid *(Mech)* Momentanzentrenkurve *f*, Wälzbahn *n*, Mittelpunktsbahn *f*, Zentrode *f*

Poincaré group *(Rel)* inhomogene Lorentz-Gruppe *f*, Poincaré-Gruppe *f*
~ **limit** *(Mech)* Poincarésche Schranke *f*
~ **orbit element** *s.* ~ variable
~ **variable** *(Astr)* Poincarésche Koordinate *f*, Poincarésches [kanonisches] Element *n*
Poinsot ellipsoid *(Mech)* Trägheitsellipsoid *n*, [Cauchy-]Poinsotsches Trägheitsellipsoid *n*, Poinsot-Ellipsoid *n*
~ **motion** *(Mech)* Poinsot-Bewegung *f*, Bewegung *f* des kräftefreien Kreisels
point 1. Spitze *f*; 2. *(mathPh)* Punkt *m*; 3. *(mathPh)* Komma *n*, *(bei Computeranwendungen auch:)* Punkt *m* *(bei der Stellenschreibweise)*; 4. *(Astr)* [nautischer] Strich *m*, Himmelsrichtung *f* *(der 32teiligen Windrose)*; 5. *(El)* Knoten *m* *(in den Kirchhoffschen Gesetzen)*
~ **approximation** *(Kern)* Punktnäherung *f*, punktweise Näherung *f*
~ **at infinity** *(mathPh)* unendlich ferner Punkt *m*, uneigentlicher Punkt *m*, *(manchmal:)* idealer Punkt *m*, Fernpunkt *m* *(in der projektiven Geometrie)*
~ **contact** 1. *(Halbl)* Spitzenkontakt *m*, Punktkontakt *m*; 2. *(Mech)* Punktberührung *f*, Berührung *f* in einem Punkt
~ **defect** *(Krist)* Punktdefekt *m*, punktförmige Störstelle *f*, Punktfehlordnung *f*, atomare (nulldimensionale) Gitterfehlstelle *f*
~ **diffusion kernel** *(Kern)* Punktdiffusionskern *m*, Diffusionskern *m* für eine Punktquelle
~ **eikonal** *(Opt)* Eikonal *n*, Streckeneikonal *n*
~ **estimation** *(mathPh)* Punktschätzung *f* *(Methode)*
~ **fission source** *(Kern)* punktförmige Spaltneutronenquelle *f*
~ **-focal lens** *(Opt)* punktuell abbildende Linse *f*
~ **force** *(Mech)* Einzelkraft *f*, Punktkraft *f*, konzentrierte Kraft *f*
~ **function** *(mathPh)* 1. Ortsfunktion *f*, *(manchmal:)* Koordinatenfunktion *f*; 2. Punktfunktion *f* *(Gegensatz: Mengenfunktion)*
~ **gauge** *(Hydr)* Stechpegel *m*
~ **group [of symmetry]** *(Krist)* Punkt[symmetrie]gruppe *f*
~ **image** 1. *(Opt)* punktförmiges Bild *n*; 2. *(Kern)* Punktbild *n* *(Autoradiographie)*; 3. *(Opt) s.* ~ imaging
~ **imaging** *(Opt)* Punktabbildung *f*, punktförmige Abbildung *f*
~ **imperfection** *(Krist) s.* ~ defect
~ **kinetics model** *(Kern)* Punktmodell *n* *(Reaktorkinetik)*
~ **load** *s.* concentrated load
~ **mass** *(Mech)* Punktmasse *f*, konzentrierte Masse *f*
~ **mechanics** *s.* particle mechanics
~ **of action (application)** *(Mech)* Angriffspunkt *m*, *(manchmal:)* Wirkungspunkt *m* *(einer Kraft)*
~ **of branching** 1. *(Hydr)* vorderer Staupunkt *m*; 2. *(Ström)* Spaltungspunkt *m*, Bifurkationspunkt *m*, Verzweigungspunkt *m*
~ **of coalescence** *(Hydr)* hinterer Staupunkt *m*, Abflußpunkt *m*
~ **of colour** *(Opt)* Farbort *m*, Farbpunkt *m* *(in einer Farbtafel)*
~ **of confluence** *(Ström)* Zusammenflußpunkt *m*
~ **of contraflexure (contrary flexure)** *(Mech)* Momentennullpunkt *m*
~ **of detachment** *(Ström)* Ablösungspunkt *m*, Ablösepunkt *m*
~ **of impact** *(Mech)* Aufschlagpunkt *m*, Auftreffpunkt *m*, *(speziell:)* Einschlagstelle *f*
~ **of incipient submergence** *(Hydr)* Eintauchpunkt *m*, Modulgrenze *f* *(der Strömung)*
~ **of inflection** 1. *(mathPh)* Wendepunkt *m*, Inflexionspunkt *m* [erster Ordnung] *(einer Kurve)*; 2. *(Mech)* Momentennullpunkt *m*
~ **of intercept** *(mathPh)* Schnittpunkt *m*
~ **of interest** Aufpunkt *m*
~ **of no return** *(Astr, Mech)* Umkehrgrenzpunkt *m*
~ **of osculation** *(mathPh)* Selbstberührungspunkt *m*, Knotenpunkt *m* zweiter Art, Berührungspunkt *m* *(einer Kurve)*
~ **of reference** Bezugspunkt *m*, *(speziell:)* Anschlußpunkt *m*
~ **of reflection** 1. *(Ström)* Reflexionsstelle *f*, Reflexionspunkt *m*; 2. *(El)* Stoßstelle *f* *(einer Übertragungsleitung oder eines Wellenleiters)*
~ **of return** *(Mech)* Umkehrpunkt *m*, Umkehrlage *f* *(einer Bewegung)*
~ **of the compass** *(Astr) s.* point 4.
~ **of transition** *(Ström)* Umschlag[s]punkt *m*, Umschlag[s]stelle *f* *(von der laminaren in die turbulente Strömung, räumlich)*
~ **of zero moments** *(Mech)* Momentennullpunkt *m*
~ **particle** *(Hoch)* Punktteilchen *n*, punktförmiges Teilchen *n*
~ **position** *(Krist)* Punktlage *f*
~ **process** *(mathPh)* Punktprozeß *m*, zufällige Punktfolge *f*
~ **projection microscopy** *(El)* 1. Feldelektronenmikroskopie *f*, FEM; 2. Schattenmikroskopie *f*, Elektronenschattenmikroskopie *f*
~ **scanning** *(Meß)* Punktabtastung *f*, punktweise Abtastung *f*
~ **set** *(mathPh)* Punktmenge *f*
~ **slope method** *(mathPh) s.* polygonal method
~ **spectrum** *(mathPh)* Punktspektrum *n*, diskretes Spektrum *n*
~ **-spread function** *(Opt, Phot)* Punktverwaschungsfunktion *f*, Punktbildfunktion *f*, *(manchmal:)* Lichtgebirge *n*

point 270

~ **under consideration** Aufpunkt m
~ **vortex** *(Ström)* Potentialwirbel m, Wirbelpunkt m
pointer instrument (meter) *(Meß)* Zeigermeßgerät n, Zeigerinstrument n
pointing *(Opt)* 1. Anschneiden n, Anzielen n, Punkteinstellung f, Punktierung f; 2. Einstellung f *(eines Fernrohrs)*
poise *(Ström)* Poise n, P (SI-fremde Einheit der dynamischen Viskosität; 1 P = 0,1 Pa s)
poiseuille *(Ström)* Poiseuille n, Pl *(SI-fremde Einheit der dynamischen Viskosität; 1 Pl = 1 Pa s)*
Poiseuille flow *(Ström)* [Hagen-]Poiseuille-Strömung f, Poiseuillesche (laminare) Rohrströmung f
~ **velocity profile** *(Ström)* parabolisches Geschwindigkeitsprofil n
Poiseuille's [4th-power] law *(Ström)* Poiseuillesches Gesetz n, Poiseuillesche Gleichung (Formel) f
poisoning *(Kern)* Vergiftung f *(mit kurzlebigen Radionukliden)*; Verschlackung f *(mit stabilen und langlebigen radioaktiven Nukliden)*
~ **overshoot** *(Kern)* Vergiftungsüberschlag m
Poisson bracket *(Mech)* Poisson-Klammer f, Poissonscher Klammerausdruck m, Poissonsches Klammersymbol n
~ **constant** *(Therm)* Poissonsche Konstante f, Poisson-Konstante f *(molare Gaskonstante durch isobare spezifische Wärmekapazität)*
~ **distribution [law]** *(mathPh)* Poisson-Verteilung f, Poissonsche Verteilung f
~ **number** *(Mech)* reziproke Poisson-Zahl f, Poissonsche Konstante f
~ **ratio** *(Mech)* Poisson-Zahl f, Quer[kontraktions]zahl f *(Querkontraktion zu Längsdehnung)*
Poisson's kinematic equations *(Mech)* Poissonsche kinematische Kreiselgleichungen (Gleichungen) fpl
~ **relation** *(Therm)* Adiabatengleichung f, Adiabatengesetz n, Poissonsche Gleichung f
~ **theorem** 1. *(mathPh)* Poissonscher Grenzverteilungssatz m, Grenzwertsatz m von Poisson, Gesetz n der kleinen Zahlen; 2. *(Mech)* Poissonsches Theorem n, Satz m von Poisson
polar *(Aero)* Polare f, Lilienthal-Polare f, [Lilienthalsches] Polardiagramm n
~ **angle** *(Krist)* Endecke f, Polecke f, Polarecke f
~ **axis** 1. *(Krist)* polare Achse f, Polarachse f; 2. *(Astr)* Stundenachse f, Pol[ar]achse f, Rektaszensionsachse f
~ **circle diagram** *(El)* Smith-Diagramm n
~ **coordinates** *(mathPh)* 1. Polarkoordinaten fpl *(in der Ebene)*, ebene Polarkoordinaten fpl; 2. s. ~ coordinates in space

~ **coordinates in space** *(mathPh)* Kugelkoordinaten fpl, sphärische (geographische) Koordinaten fpl, räumliche Polarkoordinaten fpl
~ **curve** 1. s. ~ diagram; 2. *(Aero)* s. polar; 3. *(Opt)* Polarkurve f *(der Lichtstärkeverteilung)*
~ **diagram** 1. Polardiagramm n, Diagramm n (graphische Darstellung f) in Polarkoordinaten; 2. *(Aero)* s. polar
~ **diameter** *(mathPh)* Poldurchmesser n *(eines Drehkörpers)*
~ **distance** *(Astr)* Poldistanz f, PD, *(manchmal:)* Polabstand m, Nordpolabstand m, Polardistanz f *(im Äquatorialsystem)*
~ **impedance chart** *(El)* Smith-Diagramm n
~ **mode oscillation** polare Schwingung f
~ **moment of inertia** *(Mech)* polares (Binetsches) Trägheitsmoment n, Trägheitsmoment n in bezug auf einen Punkt
~ **plume** *(Astr)* Polarstrahl m *(in der Sonnenkorona)*
~ **property** *(Krist)* univektorielle (polare) Eigenschaft f
~ **radius of gyration (inertia)** *(Mech)* polarer Trägheitsradius m
~ **reflection Faraday effect** *(Opt)* Reflexions-Faraday-Effekt m, Faraday-Effekt m bei Reflexion
~ **resisting moment, ~ section modulus** *(Mech)* polares Widerstandsmoment n, Widerstandsmoment n *(des Querschnitts)* gegen Verdrehung (Drehung, Torsion)
~ **sequence** *(Astr)* Polsequenz f, Nordpolsequenz f, [internationale] Polfolge f
~ **solid** *(Opt)* Licht[stärke]verteilungskörper m, photometrischer Körper m
~ **solid angle** *(Krist)* s. ~ angle
~ **vector** *(mathPh)* polarer Vektor m, *(manchmal:)* translatorischer Vektor m, *(selten:)* Schubvektor m, Richtungsvektor m
Polaris s. pole star
polarity *(El, Magn)* Polung f, Polarität f *(Zustand)*
~ **alternation** *(El)* Polaritätswechsel m, Umpolung f, Polwechsel m
~ **formula** *(physCh)* Elektronenformel f
~ **reversal** 1. *(El)* Umkehrung f der Polarität, Polaritätsumkehr[ung] f, Umpolung f; 2. *(Magn)* Zustandsänderung f
polarizability ellipsoid *(Krist, Opt)* s. Fletcher's indicatrix
polarization 1. Polarisation f, *(selten:)* Polarisierung f *(einer Welle oder eines Teilchensystems, Erscheinung oder Eigenschaft)*; 2. *(Ech)* elektrolytische (elektrochemische, galvanische) Polarisation f *(Erscheinung)*; 3. *(Ech)* Elektrodenpolarisation[sspannung] f *(Größe)*; 4. *(El)* s. ~ vector 1.; 5. *(Magn)* magneti-

sche Polarisation f, Vektor m der magnetischen Polarisation; 6. *(Mech) s.* ~ vector 2.
~ **-asymmetry ratio** *(Kern)* Polarisations-Asymmetrie-Verhältnis n, Analysierstärke f
~ **by distortion** *(Fest)* direkter piezoelektrischer Effekt m, eigentlicher Piezoeffekt m
~ **efficiency** *(Kern)* Polarisationsausbeute f
~ **electromotive force** *(Ech) s.* ~ potential 1.
~ **error** *(El, Magn)* Polarisationsfehler m, Nachteffekt m, Dämmerungseffekt m
~ **interference filter** *(Astr, Opt)* Polarisationsinterferenzfilter n, Lyot-Filter n, Lyotsches Filter n
~ **plateau** *(Kern)* Fermi-Plateau n
~ **potential** 1. *(Ech)* Polarisationsspannung f, *(manchmal:)* Polarisationspotential n, Polarisations-EMK f; 2. *(El, Magn)* Hertzscher Vektor m, [elektrisches] Polarisationspotential n, Hertzsches Potential n
~ **pyrometer** *(Therm)* Wanner-Pyrometer n
~ **ratio** *(Opt)* Polarisationsgröße f, Polarisationsverhältnis n *(des Lichtes)*
~ **splitting** *(Opt)* Aufspaltung (Strahlenteilung) f durch Polarisation, Polarisationsaufspaltung f *(des Lichts im Interferometer)*
~ **tensor** *(Rel)* Polarisations-Magnetisierungs-Tensor m, Polarisationstensor m
~ **vector** 1. *(El)* [elektrische] Polarisation f, Elektrisierung f, dielektrische Polarisation f *(Vektorgröße)*; 2. *(Mech)* Wellenachse f, Polarisationsvektor m, Polarisation f *(einer viskoelastischen Welle)*
polarized atomic bond *(At)* gemischte Bindung f, polarisierte Atombindung f
polarizing monochromator *(Astr, Opt) s.* polarization interference filter
~ **pyrometer** *(Therm)* Wanner-Pyrometer n
~ **spectacles** *(Opt)* 1. Polarisationsbrille f; 2. Stereo[betrachtungs]brille f
~ **voltage** *(Kern)* Sammelelektrodenspannung f
polarographic wave *(Ech)* polarographische Stufe (Welle) f
polaroid sheet *(Opt)* Polarisationsfolie f, *(speziell:)* Polaroidfolie f
Polder's tensor of permeability *(Magn)* Polderscher Permeabilitätstensor m, Permeabilitätstensor m für ein magnetisch gesättigtes Medium
pole 1. Pol m; 2. *(Krist)* Pol m der Richtung, Flächenpol m *(bei der Kugelprojektion)*; 3. *(Mech) s.* perch
~ **face** 1. *(El)* Polschuh[-Stirn]fläche f; 2. *(Magn)* Polfläche f *(Polkern- oder Polschuhfläche)*
~ **leakage** *(El)* Polstreuung f
~ **of magnetic dip** *(Magn)* magnetischer Pol m der Erde

~ **piece** *(Magn)* Polstück n, Magnetkörper m, *(fest angebrachter)* Polschuh m
~ **piece face** *s.* ~ face 2.
~ **positioning** *(Reg)* Pollagenbestimmung f, Polpositionierung f
~ **reversal** *(El)* Polumkehr f, Umpolung f
~ **sphere** *(Krist)* Polkugel f, Lage[n]kugel f
~ **star** *(Astr)* Polarstern m, Nordstern m, Stella f Polaris, Polaris f
~ **strength** *(Magn)* [magnetische] Polstärke f
~ **velocity** *(Mech)* Polwechselgeschwindigkeit f
~ **-zero cancellation** *(El, Kern)* Pol-Nullstellen-Kompensation f, Pol-Nullstellen-Aufhebung f
~ **-zero configuration** *(Reg)* Pol-Nullstellen-Plan m, PN-Plan m, Pol-Nullstellen-Bild n, PN-Bild n
polhod[i]e *(Mech)* Polhodie f, Polhodiekurve f, Polkurve f, Polbahn f, Gangpolkurve f, Poloide f
~ **cone** *(Mech)* Polhodiekegel m, Gangpolkegel m, Laufkegel m, Polkegel m
pollution emitter (source) *(Fest)* Emittent m, Emissionsquelle f *(bei Umweltuntersuchungen)*
poloidal field *(Pl)* poloidales Magnetfeld (Feld) n, Poloidfeld n, poloidaler Teil m des Magnetfeldes
polology *(Kern)* Pologie f, Bestimmung f der Residuen der Streumatrixpole
polyad atom *(At)* polyades (vielwertiges) Atom m
polyblend *(At)* [mechanisches] Polymerengemisch n
polycrystal *(Krist)* Vielkristall m, Polykristall m, Kristallaggregat n
polydomain particle *(Fest)* Mehrdomänenteilchen n, Vielbereichsteilchen n
polyenergetic [particle] radiation *(Kern)* polychromatische (nichtmonoenergetische) Strahlung (Teilchenstrahlung) f
polygon of forces *(Mech)* Krafteck n, Kräftepolygon n, Kräftevieleck n, Kraftpolygon n
~ **wall** *(Fest)* Neigungskorngrenze f, Kipp[korn]grenze f, Tilt-Korngrenze f, „tilt boundary" f
polygonal boundary *(Ström)* polygonale Begrenzung f *(z. B. eines Strahls)*
~ **method** *(mathPh)* Polygonzugverfahren n, Methode f der Polygonzüge, Verfahren n von Euler-Cauchy
polyhedral angle *(mathPh)* Ecke f, körperliche (räumliche) Ecke f, Vielkant n, Vielflach n
polyhedron *(mathPh)* Polyeder n, Vielflach n, Vielflächner m
polymer degradation *(At)* Depolymerisation f, Entpolymerisierung f
polymeride *(At)* Polymer n
polymolecular layer *(physCh)* Mehrfachschicht f, mehrfachmolekulare (multimolekulare, polymolekulare) Schicht f

polymorph 272

polymorph *(Krist)* polymorphe Modifikation f
polymorphism *(At, Krist)* Polymorphie f, Polymorphismus m, Heteromorphie f, *(selten:)* physikalische Isomerie f, Vielgestaltigkeit f
polynary system *(physCh)* Mehrstoffsystem n, polynäres System n
polyslip *(Krist)* Mehrfachgleitung f, Mehrfachgleitprozeß m
polytrope *(Therm)* 1. Polytrope f *(Kurve)*; 2. Polytropengleichung f, Polytrope f
polytropic change *(Therm)* polytrope Zustandsänderung f, *(manchmal:)* polytropische (polytrop-reversible) Zustandsänderung f
~ **[compression] curve** *(Therm)* Polytrope f
~ **exponent (index)** *(Therm)* Polytropenindex m, Polytropenexponent m
~ **line** *(Therm)* Polytrope f
pomeranchon *(Hoch)* s. pomeron
Pomeranchuk cooling *(Tief)* Pomeranchuk-Kühlung f, Pomerantschuk-Kühlung f, Kompressionskühlung f
~ **pole** s. pomeron
pomeranchukon s. pomeron
pomeron *(Hoch)* Pomeron n, Pomeranchuk-Pol m, Pomerantschuk-Pol m
poncelet *(Mech)* Poncelet n, p *(SI-fremde Einheit der Leistung; 1 p = 980,665 W)*
pond 1. *(Hydr)* Haltung f, Stufe f *(eines Kanals)*; 2. *(Kern)* Lagerbecken n *(für geringaktive Abfälle)*; Brennelement-[lager]becken n, Abklingbecken n, [Brennelement-]Abkühlbecken n; 3. *(Mech)* s. gramme-force
ponderability *(Mech)* Schwere f *(Zustand)*
ponderable mass *(Mech)* schwere Masse f
ponderomotive equations *(Feld, Opt)* Lorentzsche (klassische) Bewegungsgleichungen fpl *(eines geladenen Teilchens)*
~ **force** *(El, Magn)* ponderomotorische Kraft f; 2. *(Pl)* nichtlineare Kraft f
~ **four-force** *(Rel)* ponderomotorische Viererkraft f
~ **law** *(Rel)* Bewegungsgleichung f *(für einen elektrisch geladenen Massenpunkt)*
ponderosity *(Mech)* Schwere f *(Zustand)*
pool 1. *(Hydr)* Haltung f, Stufe f *(eines Kanals)*; 2. *(Kern)* Wasserbecken n *(eines Schwimmbadreaktors)*; 3. *(Kern)* s. pond 2.
~ **boiling** *(Therm)* Behältersieden n
~ **cathode** *(El)* flüssige Kathode f, Flüssigkathode f, Napfkathode f
~ **reactor** *(Kern)* Schwimmbadreaktor m, [Swimming-]Pool-Reaktor m
~ **-type [fast breeder] reactor** *(Kern)* schneller Brutreaktor (Brüter) m in Poolbauweise (Behälterbauweise, Tankbauweise), Poolreaktor m

pooled error *(mathPh)* zusammengefaßter Fehler m
~ **sum of squares** *(mathPh)* Summe f der Abweichungsquadrate (Quadrate), Quadratsumme f *(Statistik)*
pooling of error *(mathPh)* Zusammenfassung f des Fehlers
pop-in *(Mech)* Anfangsrißwachstum n
popcorn noise *(El, Halbl)* Schrotrauschen n, Emissionsrauschen n
population 1. *(mathPh)* Grundgesamtheit f, Population f, Gesamtheit f *(Statistik)*; 2. *(statPh)* Besetzung f, Besetzungszahl f *(eines Energieniveaus)*; 3. *(Astr)* Sternpopulation f, Population f
~ **excess** *(At)* Überschußbesetzung f
~ **inversion** *(At)* Besetzungsinversion f, Inversion f [der Besetzungsdichten]
pore 1. Pore f; 2. *(Krist)* Lockerstelle f [von Smekal]
porosity 1. Porosität f, Porigkeit f *(Eigenschaft)*; 2. Porosität f *(in %, Größe)*; 3. *(Ak)* [akustisch wirksame] Porosität f
porous barrier *(US, physCh)* s. diffusion barrier
porousness s. porosity 1.
Porro prism [erecting] system *(Opt)* Porro-Prismensystem n, Porro-System n, *(speziell:)* erstes Porro-System n
Porse diagram *(Kern)* Porse-Diagramm n, Sprödbruchdiagramm n, Spannungs-Temperatur-Diagramm n
port 1. Öffnung f; 2. *(El)* Anschluß m, Anschlußöffnung f *(eines Wellenleiters)*; 3. *(El)* Tor n *(eines Netzwerks)*; 4. *(Opt)* Luke f *(eines optischen Systems)*
portal *(Ström)* Austrittsöffnung f, Ausflußöffnung f, *(speziell:)* Ablaßöffnung f
portion 1. Teil m, Anteil m, Bruchteil m; 2. Strecke f, Abschnitt m
~ **of transmitted intensity** durchgelassene Intensität f, Bruchteil m der durchgelassenen Intensität, durchgelassener Intensitätsanteil m
poset *(mathPh)* halbgeordnete (teilweise geordnete, t-geordnete, partiell geordnete) Menge f, Verein m
position 1. Platz m, Stelle f, Ort m, Punkt m, *(speziell:)* Standort m; 2. Stellung f, Lage f, Stand m; 3. Position f; 4. *(Astr)* Ort m *(pl.: Örter)*, Sternort m, Position f, Sternposition f; 5. *(mathPh)* Trägergerade f *(eines Vektors)*
~ **at rest** Ruhelage f, Ruhestellung f
~ **coordinate** *(Mech)* 1. Ortskoordinate f; 2. Systemkoordinate f, Lagekoordinate f
~ **exchange potential** *(Kern)* Majorana-Potential n, Ortsaustauschpotential n
~ **finding** Ortung f, Ortsbestimmung f, Positionsbestimmung f, Lagebestimmung f
~ **head** *(Hydr)* wirkliche (tatsächliche) Höhe f, Höhenlage f
~ **line by altitude** *(Astr)* Höhenstandlinie f

~-**modulated pulse [train]** lagemodulierter Puls *m*
~ **of osculation** *(Astr)* Oskulationsort *m*
~ **probability** *(Qu)* Aufenthaltswahrscheinlichkeit *f*
~ **representation** *(Qu)* Ortsdarstellung *f*, Schrödinger-Darstellung *f*, *q*-Darstellung *f*
~ **sensor (transducer)** *(El, Mech)* Wegaufnehmer *m*, Weggeber *m*
~ **vector** 1. *(Astr)* Standortvektor *m*, Positionsvektor *m* *(bei der Trägheitsnavigation)*; 2. *(mathPh)* Ortsvektor *m*, Radiusvektor *m* *(im affinen Raum)*
positional astronomy *(Astr)* sphärische Astronomie *f*, Positionsastronomie *f* *(Sternortbestimmung anhand von direkten Beobachtungen)*
~ **control** *(Reg)* Positionsregelung *f*, Lageregelung *f*
~ **error** *(Reg)* Lageeinstellungsfehler *m*, Einstellungsfehler *m*, Positionsfehler *m*
~ **resolution** *(Kern)* Ortsauflösung *f (eines Strahlungsdetektors)*
positioning *(Mech, Reg)* Positionierung *f*, Anfahren *n* einer Position, Verfahren *n*
~ **action** *(Reg)* Positionsregelung *f*, Lageregelung *f*
positive acceleration *(Mech)* nach oben gerichtete Beschleunigung *f*
~ **component** *(El)* Mitkomponente *f (einer Mehrphasengröße)*
~ **contact** *(El)* zwangläufiger (zwangsläufiger) Kontakt *m*
~ **current feedback** *(El)* Strommitkopplung *f*
~ **density** *(Phot)* Positivschwärzung *f*, Positivdichte *f*
~ **equilibrium** stabiles Gleichgewicht *n*, *(selten:)* sicheres Gleichgewicht *n*
~ **excess** 1. Überschuß *m*, *(manchmal:)* positiver Überschuß *m*; 2. *(mathPh)* Hochgipfligkeit *f*, positiver Exzeß *m (einer Verteilung)*
~ **eyepiece** *(Opt)* Ramsdensches (positives) Okular *n*, Okular *n* nach Ramsden
~ **feedback** *(El, Reg)* Mitkopplung *f*, positive Rückkopplung *f*
~-**going pulse** *(El)* positiver Impuls *m*, Plusimpuls *m*, Positivimpuls *m*
~-**ion oscillation** *(El)* Ionenschwingung *f*, Schwingung *f* der positiven Ionen
~-**ion vacancy** *(Krist)* Kation[en]leerstelle *f*, Kationenlücke *f*, Kationenfehlstelle *f*
~ **kurtosis** *(mathPh)* s. ~ excess 2.
~ **lens** *(Opt)* Sammellinse *f*, Positivlinse *f*
~ **magnetostriction** *(Magn)* Joule-Magnetostriktion *f*, Magnetostriktionseffekt *m*, [magnetoelastischer] Joule-Effekt *m*
~ **motion** *(Mech)* zwangläufige Bewegung *f*, Zwanglauf *m*
~ **phase sequence** *(El)* mitläufige (normale) Phasenfolge *f*

~ **parity** *(Qu)* gerade (positive) Parität *f*, Parität +1
~ **position** *(Opt)* Additionsstellung *f (in der Polarisationsmikroskopie)*
~ **pressure** *(Mech)* 1. Überdruck *m* *(gegenüber dem Luftdruck)*; 2. Überdruck *m*, *(selten:)* Mehrdruck *m (in einem Volumen, gegenüber der Umgebung)*
~ **pressure wave** *(Hydr)* primäre Druckwelle *f*
~ **ray beam** *(At)* Kanalstrahlenbündel *n*, Kanalstrahl *m*
~ **rays** *(At)* Kanalstrahlen *mpl*, positive Strahlen *mpl*
~ **rotation** *(Opt)* Rechtsdrehung *f*, positive Drehung *f*
~ **stability** stabiles Gleichgewicht *n*, *(selten:)* sicheres Gleichgewicht *n*
~ **temperature coefficient resistor (thermistor)** *(El, Halbl)* Kaltleiter *m*, PTC-Widerstand *m*
positron-electron [pair] annihilation *(Kern)* Elektronenpaarvernichtung *f*, [Elektron-Positron-]Paarvernichtung *f*, Zerstrahlung *f* von Elektron-Positron-Paaren
possible displacement *(Mech)* mögliche Verrückung (Verschiebung) *f*
~ **motion** *(Mech)* mögliche Bewegung *f*, mit den Bindungen verträgliche Bewegung *f*
post 1. *(Mech)* Pfosten *m*, Stützsäule *f*, *(speziell:)* Ständer *m*; Mast *m*; 2. *(El)* Stift *m (eines Wellenleiters)*
post- ... s. a. post...
~-**acceleration** *(El, Kern)* Nachbeschleunigung *f*
~-**acceleration implantation** *(Fest, physCh)* Nachbeschleunigungs-Ionenimplantation *f*
~-**accident heat removal** *(Kern)* Nachkühlung *f*, andauernde (langfristige) Nachkühlung *f*, Wärmeabfuhr *f* nach dem Störfall
~-**alloy diffusion** *(Halbl)* Diffusion *f* nach Einlegierung
~-**buckling behaviour** *(Mech)* Nachbeulverhalten *n*
~-**deformation** *(Mech)* Nachverformung *f*
~ **interaction** *(Kern)* Wechselwirkung *f* nach Umordnung
~ **irradiation** *(Kern)* Nachbestrahlung *f*, nachträgliche Bestrahlung *f*
~-**irradiation fading** *(Kern)* 1. Fading *n*, Abklingen *n* des latenten Bildes *(beim Filmdosimeter)*; 2. Fading *n* [der latenten Spuren] *(beim TL-Dosimeter)*
~-**nova** *(Astr)* Postnova *f*, Exnova *f*
post... s. a. post- ...
postcure bonding *(physCh)* Nachhärtbonding *n*, Nachhärtungsverbund *m*
postcuring *(physCh)* Nachhärtung *f (von Kunststoffen)*

postemphasis

postemphasis, postequalization *(Ak, El)* Nachentzerrung *f*, Deemphasis *f*
posterior probability *(mathPh)* s. inverse probability
posterization *(Phot)* Isohelieverfahren *n*, Isohelie *f*
postmeridian *(Astr)* Nachmittags[halb]meridian *m*
postulate of coherency *(Feld, Rel)* Kohärenzpostulat *n*, Weylsches Postulat *n*
~ **of homogeneity** *(Astr)* [kosmologisches] Homogenitätspostulat *n*, Weltpostulat *n*
postulated particle *(Hoch)* hypothetisches (postuliertes) Teilchen *n*
potency *(mathPh)* Kardinalzahl *f*, Mächtigkeit *f (einer Menge)*
potential 1. Potential *n*; 2. *(El)* elektrisches (elektrostatisches) Potential *n*, skalares Potential *n* der Elektrostatik; 3. *(mathPh)* s. ~ function 1.
~ **barrier** 1. Potentialwall *m*, Potentialbarriere *f*, Potentialberg *m*, Potentialschwelle *f*; 2. *(Kern)* s. Gamow barrier
~ **barrier penetration factor (probability)** *(Qu)* s. penetration factor
~ **box** *(Kern)* 1. Potentialkasten *m*, Kastenpotential *n*, Potentialtopf *m* mit scharfen Ecken *(Coulomb- oder Rechteckpotentialtopf)*; 2. rechteckiger Potentialtopf (Topf) *m*, Rechteck-Potentialtopf *m*, rechteckige Potentialmulde *f*
~ **depression** Potentialeinsenkung *f*, Potentialsenke *f*
~ **drop** *(El)* Potentialabfall *m*, *(manchmal:)* Potentialfall *m*
~ **energy** *(Mech)* potentielle Energie *f*, Energie *f* der Lage, Lageenergie *f*
~ **equation** *(mathPh)* s. Laplace equation 2.
~ **flow** *(Ström)* Potentialströmung *f*, *(manchmal:)* Potentialbewegung *f*
~ **function** 1. *(mathPh)* harmonische Funktion *f*, Potentialfunktion *f*, Potential *n*; 2. *(Ström)* Potentialfunktion *f (einer Strömung)*
~ **function of Airy** *(Mech)* Airysche Spannungsfunktion *f*, Potentialfunktion *f* von Airy
~ **head** *(Hydr)* Ortshöhe *f*
~ **hill** s. ~ barrier 1.
~ **hole** s. ~ well
~ **line** 1. Äquipotentiallinie *f*, Niveaulinie *f*, *(manchmal:)* Potentiallinie *f*; 2. *(El)* Potentialleitung *f*; 3. *(Ström)* Potentiallinie *f*, Linie *f* gleichen Geschwindigkeitspotentials
~ **loop** *(El)* Spannungsbauch *m*
~ **mountain** *(El, Qu)* Potentialgebirge *n*
~ **node** *(El)* Spannungsknoten *m*
~ **of doublet** *(Ström)* Doppelbelegungspotential *n*, Potential *n* der Doppelquelle (Doppelbelegung)
~ **pot** s. ~ well
~ **relief** *(El, Phot)* latentes elektrisches Bild *n*, Potentialrelief *n (in der Elektrophotographie)*
~ **series** *(Ech)* s. electrochemical series
~ **step** *(Qu)* Potentialstufe *f*
~ **surface** Äquipotentialfläche *f*, Niveaufläche *f*, *(manchmal:)* Potentialfläche *f*, Schichtfläche *f*
~ **threshold** s. ~ barrier 1.
~ **transform[ation]** *(mathPh)* Poisson-Transformation *f*
~ **trough** s. ~ well
~ **vector** *(mathPh)* wirbelfreier (drehungsfreier) Vektor *m*, Potentialvektor *m*
~ **vortex** *(Ström)* Potentialwirbel *m*, Wirbelpunkt *m*
~ **wall** s. ~ barrier 1.
~ **well** Potentialmulde *f*, Potentialkasten *m*, *(manchmal:)* Potentialtopf *m*
~ **well with rounded edges** *(Kern)* Potentialtopf *m*, Potentialkasten *m* mit abgerundeten Ecken *(Gauß-, Yukawa- oder Exponentialpotential)*
4-potential *(Rel)* s. four-vector [of] potential
potentiality *(Feld, mathPh)* Wirbelfreiheit *f*, Drehungsfreiheit *f (eines Vektorfeldes)*
potentiometer method *(El)* s. Poggendorff compensation method
potentiometry 1. *(Ech)* Potentiometrie *f (Analysenverfahren)*; 2. *(El)* Potentiometermessung *f*, Spannungsmessung *f* mit dem Potentiometer
Potier construction (diagram) *(El)* Potier-Diagramm *n*
~ **electromotive force** *(El)* Potier-EMK *f*, Potier-Spannung *f*
potted circuit *(El)* vergossene Schaltung *f*
pottle *(Mech)* Pottle *n (SI-fremde Einheit des Flüssigkeitsvolumens; 1 pottle = 2,2730429 dm³)*
pound *(Mech)* 1. Pound *n*, englisches Pfund *n* [im englischen absoluten Maßsystem], lb *(SI-fremde Einheit der Masse; 1 lb = 0,45359237 kg)*; 2. englisches Pfund *n*, Pfund *n* im „apothecaries"-System, Pfund *n* im „troy"-System, *(GB:)* lb, lb apoth, *(US:)* lb ap, lbt *(SI-fremde Einheit der Masse; 1 lb ap = 0,3732417216 kg)*; 3. s. ~ force
~ **-calorie** *(Therm)* Pound-Kalorie *f*, CHU *(SI-fremde Einheit der Wärmemenge; 1 CHU = 1,90044 kJ)*
~ **-foot** *(GB, Mech)* Foot-Pound *n*, lbf·ft *(SI-fremde Einheit des Drehmomentes)*
~ **force** *(Mech)* Pound-force *n*, lbf *(SI-fremde Einheit der Kraft; 1 lbf = 4,4482216152605 N)*
~ **-force per square foot** s. ~ per square foot
~ **mass** s. pound 1.
~ **-mol** *(physCh)* Pound-Mol *n*, lb-mol *(SI-fremde Einheit der Masse; 1 lb-mol = relative Molekülmasse × Pound)*
~ **per square foot** *(Mech)* Pound/Quadratfuß *n*, psf, lbf ft^{-2} *(SI-fremde Einheit des Druckes; 1 psf = 47,88025 N/m²)*

~ **per square inch** *(Mech)* Pound/Quadratzoll *n*, psi, lbf in^{-2} *(SI-fremde Einheit des Druckes; 1 psi = 6,89467 · 10^3 N/m^2)*
~ **per square inch absolute** *(Mech)* Pound/Quadratzoll *n* absolut, psia, lbf in^{-2} abs *(SI-fremde Einheit des absoluten Druckes; 1 psia = 6,89467 · 10^3 N/m^2 Absolutdruck)*
~ **per square inch differential** *(Ström)* Pound/Quadratzoll *n* Differenzdruck, psid *(SI-fremde Einheit des Differenzdruckes; 1 psid = 6,89467 · 10^3 N/m^2 Differenzdruck)*
~ **per square inch gage** *(Mech)* Pound/Quadratzoll *n* Überdruck, psig *(SI-fremde Einheit ds Überdruckes; 1 psig = 6,89467 · 10^3 N/m^2 Überdruck)*
~ **weight** *s.* ~ force
Pound *(Mech)* s. pound force
~ **mole** *s.* pound-mol
poundal *(GB, Mech)* Poundal *n*, pdl *(SI-fremde Einheit der Kraft; 1 pdl = 0,138255 N)*
~-**foot** *(GB, Mech)* Foot-Poundal *n*, ft-pdl *(SI-fremde Einheit des Drehmoments)*
pounding *(Hydr)* Eintauchen *n* ins Wellental, *(bei Grundberührung:)* Durchsetzen *n (des Bugs)*
pour cent mille *(Kern)* s. milli-nile
~ **point** 1. *(Ström)* Fließpunkt *m*, Fließtemperatur *f (einer Flüssigkeit)*; 2. *(physCh)* Fließpunkt *m (von Bitumen, Schmierfett)*; 3. *(physCh)* Stockpunkt *m*, Erstarrungspunkt *m (von Öl)*; *(US)* Pourpoint *m (von Mineralöl)*
powder model *(Kern)* statistisch-mechanisches Kernmodell *n*, „Pulvermodell" *n*
~ **pattern** *(Fest, Magn)* Bitter-Streifen *mpl*, Bittersche Streifen *mpl*, Pulverfigur *f*
power 1. Leistung *f*; 2. Kraft *f*, nutzbare Energie *f*; 3. *(El)* s. active power; 4. *(mathPh)* Potenz *f*; 5. *(mathPh)* Kardinalzahl *f*, Mächtigkeit *f (einer Menge)*; 6. *(mathPh)* s. ~ function 2.; 7. *(Opt)* Brechwert *m*, Brechkraft *f*, Brennwert *m (eines optischen Systems)*; 8. *(Opt)* Refraktion *f*, optische Einstellung *f (des Auges)*, *(speziell:)* Brennpunktsrefraktion *f*
~ **amplification** *(El)* Leistungsverstärkung *f (Größe)*
~ **amplifier** 1. *(El, Reg)* Leistungsverstärker *m*; 2. *(Pl)* Energieverstärker *m*
~ **attenuation** *(El)* Leistungsverlust *m*, Leistungsdämpfungsmaß *n*
~ **coefficient** 1. *(Kern)* Leistungskoeffizient *m* [der Reaktivität]; 2. *(Ström)* Leistungsbeiwert *m (einer Strömungsmaschine)*
~ **component** *(El)* Wirkkomponente *f*, Wirkanteil *m*, Wattkomponente *f*
~ **conservation law** *s.* law of conservation of power
~ **consumption** 1. *(El)* Leistungsaufnahme *f*; 2. *(El, Mech)* Leistungsverbrauch *m*, Eigenverbrauch *m (eines Gerätes)*

~ **conversion** 1. Leistungs[um]wandlung *f*, Leistungsumsetzung *f*; 2. *(El)* Stromrichten *n*
~ **current** *(El)* Starkstrom *m (in einer Anlage der elektrischen Energietechnik)*
~ **delay product** *(Halbl)* Verlustleistungs-Verlustzeit-Produkt *n*
~ **density** *(Kern)* Leistungsdichte *f (im Kern eines Reaktors, in W/cm^3)*
~ **efficiency** *(Opt)* Wirkungsgrad *m (eines optischen Senders)*, Senderwirkungsgrad *m*, Laserwirkungsgrad *m*
~ **engineering** *(El)* Energietechnik *f*, *(früher:)* Starkstromtechnik *f*
~ **excursion** *(Kern)* [unkontrolliertes] Durchgehen *n*, [nukleare] Exkursion *f*, Leistungsexkursion *f*, Reaktorexkursion *m*, Reaktorexkursion *f*
~ **flow** *s.* ~ flux
~ **fluctuation** Leistungsschwankung *f*, *(speziell:)* Leistungspendelung *f*, *(speziell:)* Leistungsschwebung *f*
~ **flux** *(El, Magn)* [elektromagnetischer] Leistungsfluß *m*
~ **frequency** *(El)* Netzfrequenz *f*
~ **function** *(mathPh)* 1. Potenzfunktion *f*; 2. Trennschärfe *f*, Schärfe *f*, Macht[funktion] *f*, Gütefunktion *f*, Powerfunktion *f (eines Tests)*
~ **gain** 1. *(El)* Leistungsverstärkung *f (Größe)*; 2. *(El, Magn)* Leistungsgewinn *m*, Antennenleistungsgewinn *m*, praktischer Antennengewinn *m (Größe)*
~ **input** *(El)* aufgenommene (zugeführte) Leistung *f*, Eingangsleistung *f*, Leistungsaufnahme *f*
~ **integrated circuit** *(Halbl)* integrierte Leistungsschaltung *f*, PIC
~-**law fluid** *(Ström)* Potenzgesetzflüssigkeit *f*, Ostwald-de Waelesche Flüssigkeit *f*
~-**law index profile** *(Opt)* Potenzprofil *n*, *(nicht zu empfehlen:)* Alphaprofil *n*
~ **line** *(El)* 1. [elektrische] Leitung, Übertragungsleitung *f (zur Stromfortleitung)*; 2. Busleitung *f*, Steuerleitungssystem *n*
~ **loss rate** *(Opt)* Verlustleistungsrate *f (in dB/km)*
~ **noise** *(Kern)* Leistungsrauschen *n (eines Reaktors)*
~ **output** *(El)* abgegebene Leistung *f*, Ausgangsleistung *f*, Leistungsabgabe *f*
~ **pack** *(El)* Stromversorgungseinheit *f*, *(speziell:)* Netzteil *n*
~ **peaking** *(Kern)* Leistungsüberhöhung *f*
~ **peaking factor** *(Kern)* Ungleichförmigkeitsfaktor *m* der Leistungsdichte (Leistung), [totaler] Leistungsformfaktor *m*
~ **per unit area** Leistung *f* je Flächeneinheit, flächenbezogene Leistung *f*, Flächendichte *f* der Leistung, Leistungsbelag *m*
~ **ramp** *(Kern)* rampenförmige Leistungsänderung *f*, Leistungsrampe *f (eines Reaktors)*

power

- ~ **range** Leistungsbereich *m*
- ~ **ratio** Leistungsverhältnis *n*
- ~ **reactor** *(Kern)* Leistungsreaktor *m* *(erzeugt Wärme- oder Elektroenergie)*
- ~ **reflection coefficient** *(Opt)* Leistungsreflexionsfaktor *m (einer optischen Faser)*
- ~ **response** *(El)* Leistungsübertragungsfaktor *m*
- ~ **series expansion** *(mathPh)* Entwicklung *f* in eine Potenzreihe, Potenzreihenentwicklung *f*
- ~ **spectral density** *(mathPh)* Spektraldichte *f*, spektrale Leistungsdichte *f*
- ~ **spectrum** *(Phot)* Wiener-Spektrum *n*, Leistungsspektrum *n*
- ~ **supply** 1. Energieversorgung *f*, Energiequelle *f (zur Energieversorgung eines Gerätes)*; 2. *(El)* Elektroenergieversorgung *f*, Stromversorgung *f*, Stromquelle *f (zur Stromversorgung eines Gerätes)*; 3. *(El)* Netz *n*, Strom[versorgungs]netz *n*
- ~ **supply rejection** *(El)* Netzunterdrückung *f*, *(als Größe in dB:)* Netzunterdrückungsmaß *n*
- ~ **supply voltage** *(El)* Netzspannung *f*
- ~ **transmission** Energiefortleitung *f*, Energietransport *m*, Energieübertragung *f (über große Entfernungen)*

3/2 power law *(El) s.* Child's law
powered trajectory *(Aero)* Antriebs[flug]bahn *f (einer Rakete)*
- ~ **powerful accelerator** *(Hoch)* Hochenergiebeschleuniger *m*

Poynting vector *(El, Magn)* Poyntingscher Vektor *m*, Vektor *m* der Energiestromdichte, Energiestromdichte *f*
ppb = part per billion
pphm = part per hundred million
ppm = part per million
ppM *(GB)* = part per milliard
ppsf *(Mech) s.* pound per square foot
ppsi *(Mech) s.* pound per square inch
ppt = part per trillion
practical-grade substance *(physCh)* technische (technisch reine) Substanz *f (Reinheit 90 ... 97 %)*
- ~ **system** *s.* metre-kilogramme-second-ampere system

Prandtl analogy *(Mech)* Seifenhautanalogie *f* [von Prandtl], [Prandtlsches] Seifenhautgleichnis *n*, Prandtl-Analogie *f*
- ~ **body** *(Mech)* Prandtlscher Körper *m*, P-Körper *m*, elastisch-plastischer Körper, elastisch-plastische Substanz *f*
- ~-**Busemann characteristic diagram** *(Ström)* Charakteristikendiagramm *n* [nach Prandtl-Busemann], Prandtl-Busemannsches Charakteristikendiagramm *n*
- ~-**Glauert law (rule)** *(Ström)* Prandtl-Glauertsche Regel *f*, erste Prandtlsche Regel *f (für den Druckbeiwert)*
- ~ **limit [in boundary layer theory]** *(Aero)* Prandtlscher Grenzübergang *m* [der Grenzschichttheorie]
- ~-**Meyer expansion (flow)** *(Ström)* Prandtl-Meyer-Strömung *f*, Prandtl-Meyer-Expansion *f*, Prandtl-Meyersche Eckenströmung (Expansion) *f*
- ~-**Meyer solution** *(Mech)* Prandtl-Meyer-Lösung *f*, verlorene Lösung *f*
- ~ **Meyer wave** *(Ström)* Prandtl-Meyer-Welle *f*, Verdünnungswelle *f*, Expansionswelle *f*
- ~ **number** 1. *(Ström)* Schmidt-Zahl *f*, Schmidtsche Kennzahl *f*, *Sc*; 2. *(Ström, Therm)* Prandtl-Zahl *f*, *Pr*, *(manchmal:)* Prandtlsche Kennzahl *f*
- ~ **rule** *(Ström)* Prandtlsche Regel *f (für Anstellwinkel und Profildicke)*
- ~ **rules** *(Ström)* Prandtlsche Regeln (Korrespondenzregeln) *fpl*
- ~ **theory [of boundary layer]** *(Aero)* Prandtlsche Grenzschichttheorie *f*
- ~ **tube** *(Ström)* Prandtlsches Staurohr *n*, Prandtl-Rohr *n*, *(selten:)* Prandtlsches Rohr *n*, Staugerät *n* [nach Prandtl], Staurohr *n* [nach Prandtl]
- ~-**Vandrey law** *(Mech)* Prandtl-Vandreysches Fließgesetz *n*, Prandtl-Vandrey-Gesetz *n*

Prandtl's lifting line theory *(Aero)* Prandtlsche Theorie *f* der tragenden Linie, Prandtlsche (einfache) Traglinientheorie *f*
- ~ **mixing length** *(Ström)* [Prandtlscher] Mischungsweg *m*, *(manchmal:)* [Prandtl] Mischungslänge *f*

preassembly mass *(Astr)* „preassembly"-Masse *f*, Sternbildungsmasse *f*
pre-breakdown [electric] current *(El)* Vordurchschlagstrom *m*
prebreeder *(Kern, Pl)* Vorbrüter *m*, Präbreeder *m*
prebuncher *(Kern)* Vorbündelungsröhre *f*, Bündelungsteilröhre *f (eines Linearbeschleunigers)*
preceding pulse *(El)* vorangehender (vorausgehender) Impuls *m*
- ~ **spot** *(Astr)* P-Fleck *m*, vorangehender Fleck *m*

precession camera of Buerger *(Krist)* Buergerscher Retigraph (Präzessionsretigraph) *m*
- ~ **of the equinoxes** *(Astr)* Vorrücken *n* der Tagundnachtgleichen, Verlagerung (Präzession) *f* der Äquinoktialpunkte

precessional constant *(Astr)* Präzessionskonstante *f*, Newcombsche Präzessionskonstante (Konstante) *f*
- ~ **torque** *(Mech)* [äußeres] Drehmoment *n* zur Aufrechterhaltung der Präzession, Kreiselmoment *n*

precessor *(Kern, Magn)* Präzessionsmagnet *m*, Spinpräzessionsmagnet *m*
prechamber *(Vak)* Vorkammer *f*
precipitability *(physCh)* Fällbarkeit *f*, Ausfällbarkeit *f*
precipitant *(physCh)* Fäll[ungs]mittel *n*, Fällungsreagens *n*

precipitation analysis *(physCh)* Fällungs[maß]analyse *f*, Fällungstitration *f*
~ **noise** *(El, Magn)* Entladungsstörungen *fpl*, *(in der Radartechnik:)* Aufladungsstörungen *fpl*
~ **scavenging** *(physCh)* Reinigungsfällung *f*
~ **unit** *(Kern)* Niederschlagssammler *m*, Falloutsammler *m*
precipitator *(physCh)* s. precipitant
precising *(mathPh)* Verschärfung *f (einer Bedingung, Formulierung, eines Satzes)*
precision 1. *(mathPh)* Präzision *f*, Wiederholungsgenauigkeit *f (Statistik)*; 2. *(Opt)* Schärfe *f*, Zeichnungsschärfe *f (des Bildes)*, Bildschärfe *f (subjektiver Eindruck)*
precoat filtration *(physCh)* Anschwemmfiltration *f*
precompound-nucleus emission *(Kern)* Präcompoundemission *f*, Vorgleichgewichtsprozeß *m*
pre-conduction current *(El)* Vor[entladungs]strom *m (im Thyratron)*
precorrection *(El)* Vorentzerrung *f*
precriticality *(Kern)* vorkritischer Zustand *m*, Vorkritikalität *f*
precursor *(Kern)* 1. Vorgänger *m* [in einer Zerfallskette] *(unmittelbar vorangehendes Glied)*; 2. Ausgangsnuklid *n*, Mutternuklid *n (irgendein vorangehendes Glied einer Zerfallskette)*
predicated variable *(mathPh)* Regressor *m*
predictability Vorhersagbarkeit *f*
predictand *(mathPh)* Regressand *m (Statistik)*
prediction *(mathPh)* Vorhersage *f*, Prognostizierung *f (Vorgang)*
~ **function** *s*. predictor
predictor *(mathPh)* Prädiktor *m*, Vorhersagefunktion *f*
predispersion *(Spektr)* Vorzerlegung *f*, Grobzerlegung *f*
predissociation by rotation *(At, Spektr)* Prädissoziation *f* durch Rotation, rotationsbedingte Prädissoziation *f*
predistortion *(El)* Vorverzerrung *f*
pre-dose *(Kern)* Vordosis *f (eines Strahlungsdetektors)*
preece *(El)* Preece *n (Sl-fremde Einheit des spezifischen elektrischen Widerstandes; 1 preece = 10^{13} Ωm)*
pre-emphasis *(Ak, El)* Vorverzerrung *f*, Preemphasis *f*, Frequenzgang-Vorverzerrung *f*
pre-equalization *(El)* Vorentzerrung *f*
pre-equilibrium process *(Kern)* s. precompound-nucleus emission
preexponential s. pre-exponential factor 1.
pre-exponential factor 1. Vorfaktor *m*, präexponentieller Faktor *m*, *(in einem Exponentialgesetz:)* Proportionalitätsfaktor *m*, exponentieller Vorfaktor *m*; 2. *(physCh)* Frequenzfaktor *m*, Aktionskonstante *f (in der Arrhenius-Gleichung)*

preference region *(mathPh)* Entscheidungsbereich *m (Statistik)*
preferred axis *(Fest)* Vorzugsachse *f*, bevorzugte Achse *f*, Hauptachse *f*
~ **direction of magnetization** *(Fest, Magn)* leichte Richtung *f*, Richtung *f* der leichtesten Magnetisierbarkeit, magnetische Vorzugsrichtung *f*
~ **frame** *(Mech)* Vorzugssystem *n*, bevorzugtes Bezugssystem *n*
~ **number** Vorzugszahl *f*, Normzahl *f*, NZ
~ **numbers** Vorzugszahlenreihe *f*
prefracture deformation *(Mech)* Verformung *f* vor dem Bruch, Vorbruchdeformation *f*
preheating 1. Vorwärmung *f*, Anwärmung *f*; 2. *(El)* Anheizung *f*, Vorheizung *f*
pre-historic track *(Kern)* Vorexpositionsspur *f (in der Kernspuremulsion, bei der Herstellung entstanden)*
preionization *(At)* Autoionisation *f*, Präionisation *f*
prejudice Beeinträchtigung *f*
prejudicial resistance *(Aero)* s. parasite drag
preload *(Mech)* Vorlast *f*
premature failure *(Mech)* Frühausfall *m*
pre-maximum *(Astr)* Prämaximum *n*
preoscillation *(El)* Vorschwingung *f*, Anschwingen *n*
preparation 1. Vorbereitung *f*; 2. *(physCh)* Herstellung *f*, Bereitung *f*, Präparation *f*; 3. *(physCh)* Ansatz *m*; 4. *(physCh)* Präparat *n*
prepressurization *(Mech)* 1. Aufbau *m* eines Vorinnendruckes; 2. Vorinnendruck *m*
presaturation *(Magn)* Vormagnetisierung *f*
pre-selected pulse count *(Kern)* s. preset count
preset adjustment (control) Voreinstellung *f*, Vorwahl[einstellung] *f*
~ **count** *(Kern)* Impulsvorwahl *f*, vorgewählte (voreingestellte) Zählimpulszahl *f*
~ **counting** *(Kern)* Zählung *f* mit Impulsvorwahl, Vorwahlzählung *f*
~ **time** *(Kern)* Zeitvorwahl *f*, vorgewählte (voreingestellte) Zeit[spanne] *f*
~ **time counting** *(Kern)* Zählung *f* mit Zeitvorwahl, Zeitvorwahlzählung *f*
~ **timer** *(Kern)* Zeitvorwähler *m (z. B. eines Gammaspektrometers)*
~ **value** [vor]gegebener Wert *m*
preshoot *(El)* Vorschwingen *n*, Impulsvorschwingen *n*
presolar nebula *(Astr)* Urnebel *m*, Nebelscheibe *f*
pressure alarm *(Ström)* Druckwächter *m*
~ **altitude** *(Aero)* Druckhöhe *f*, barometrische Höhe *f*
~ **amplitude** *(Ak)* Schalldruckamplitude *f*, Druckamplitude *f*, *(manchmal:)* Schallwechseldruckamplitude *f*
~ **angle** *(Mech)* Pressungswinkel *m*, *(speziell:)* Eingriffswinkel *m*, Pressungswinkel

pressure

m am Wälzkreis *m*, *(manchmal:)* Eingriffslinienwinkel *m*
- ~ **broadening** *(Spektr)* Druckverbreiterung *f*, Linienverbreiterung *f* durch Druck
- ~ **build-up test** *(Mech)* Druckanstiegsverfahren *n*, Druckanstiegsprüfung *f*
- ~ **coefficient** 1. *(Therm)* Spannungskoeffizient *m*, Druckkoeffizient *m*; 2. *(Kern)* Druckkoeffizient *m* [der Reaktivität]; 3. *(Ström)* Druck[höhen]beiwert *m* *(einer Strömungsmaschine)*; 4. *(Ström)* Euler-Zahl *f*, Eulersche Kennzahl *f*, *Eu*; 5. *(Astr)* barometrischer Fehler *m*, druckbedingter Gang *m* *(einer Uhr)*
- ~ **critical Mach number** *(Aero)* kritische Mach-Zahl *f* für Druckanstieg
- ~ **deficiency** *(Mech)* Unterdruck *m*, *(speziell:)* Minderdruck *m* *(in einem Volumen, gegenüber der Umgebung)*
- ~ **deflection** *(Mech)* Ausschlag *m* des druckempfindlichen Elements, *(beim Bourdon-Manometer:)* Federhub *m*, *(beim Balgenfedermanometer:)* Balgdehnung *f*
- ~-**density integral** *(Hydr)* Druckfunktion *f*, Druckintegral *n*
- ~ **discontinuity** *(Ström)* Drucksprung *m*
- ~ **distribution curve** *(Aero)* Profildruckverteilungskurve *f*
- ~-**divergence Mach number** *(Aero)* kritische Mach-Zahl *f* für den Druckabfall
- ~ **drag** *(Ström)* Druckwiderstand *m*, Formwiderstand *m*
- ~ **drag coefficient** *(Ström)* Druckwiderstandsbeiwert *m*, Formwiderstandsbeiwert *m*
- ~ **drop** 1. *(Mech)* Druckabfall *m*, Differenzdruck *m*; 2. *(Ström)* Druckabfall *m*
- ~ **drop coefficient** *(Ström)* s. ~ loss coefficient
- ~ **ensemble** *(statPh)* Druckensemble *n*, Druckgesamtheit *f* *(mit P/T als unabhängige Variable)*
- ~ **flush** Druckstoß *m*
- ~ **force** *(Mech)* Druckkraft *f*, *(bei ungleichförmigem Druck:)* Stauchkraft *f*
- ~ **fringe** *(Krist, Opt)* undulöse Auslöschung *f*, undulierende (wellenartige, ungleichmäßige) Auslöschung *f*
- ~ **front** *(Aero, Pl)* Stoß[wellen]front *f*, Druckwellenfront *f*
- ~ **head** 1. *(Hydr)* [statische] Druckhöhe *f* *(in der Bernoullischen Gleichung)*; 2. *(Ström)* Druckhöhe *f*; 3. *(Ström)* Staurohr *n* *(zur Strömungsgeschwindigkeitsmessung)*
- ~ **head coefficient** *(Hydr)* Staudruckbeiwert *m*, Geschwindigkeitshöhenbeiwert *m*
- ~-**induced whisker** *(Krist)* Druckwhisker *m*
- ~ **jump** *(Ström)* Drucksprung *m*
- ~ **limiter** *(El, Mech)* Druckwächter *m*
- ~ **loss coefficient** *(Ström)* Widerstandszahl *f*, Druckverlustbeiwert *m*, Verlustbeiwert *m*
- ~ **maximum** *(Ström)* Druckberg *m*
- ~ **measuring transducer** *s*. ~ transducer
- ~ **melting** *(Therm)* Schmelzen *n* unter Druck, Druckschmelzen *n* *(speziell von Eis)*
- ~ **minimum** *(Ström)* Drucktal *n*
- ~ **monitor** *(Ström)* Druckwächter *m*
- ~ **over atmospheric** *(Mech)* Überdruck *m* *(gegenüber dem Luftdruck)*
- ~ **pick-up** *(Mech)* Drucksensor *m*, Druckmeßfühler *m*
- ~-**proof housing** druckdichte Kapselung *f*
- ~ **recorder** *(Mech)* Druckschreiber *m*, Manograph *m*, registrierendes Manometer *n*
- ~ **reduction** *(Ström)* Druckminderung *f*, Druck[ab]senkung *f*, Druckablastung *f* *(im druckführenden System)*
- ~ **release** *(physCh)* Freisetzung *f* von Gasen unter Druck
- ~ **relief** *(Mech)* Druckentlastung *f*, Druckabbau *m*, Druckernniedrigung *f*, *(selten:)* Dekompression *f*
- ~ **response** *(Ak)* Schalldruckübertragungsfaktor *m*, Druckübertragungsfaktor *m*, Druckempfindlichkeit *f*
- ~ **shadow** *(Krist, Opt)* undulöse Auslöschung *f*, undulierende (wellenartige, ungleichmäßige) Auslöschung *f*
- ~ **shock** *(Aero)* Verdichtungsstoß *m*, Stoß *m*
- ~ **spectrum level** *(Ak)* Schalldruckpegel *m* je Hertz Bandbreite, spektraler Schalldruckpegel *m*
- ~ **suppression chamber** *(Kern)* Kondensationskammer *f*, Kondensationsraum *m*, Druckabbaukammer *f* *(eines Siedewasserreaktors)*
- ~ **surge** *(Ström)* Druckstoß *m*
- ~ **thrust** *(Aero)* Druckschub *m*, Druckkomponente *f* (Druckanteil *m*) des Schubs
- ~-**time method** *(Hydr)* Druck/Zeit-Methode *f*, Gibsonsche Methode *f* *(Strömungsmessung)*
- ~ **transducer (transmitter)** *(Mech)* Druckmeßwandler *m*, Druckmeßumformer *m*, Druckwandler *m*
- ~ **tunnel** *(Aero)* Überdruck[wind]kanal *m*
- ~ **twin** *(Krist)* Kippzwilling *m*, Druckzwilling *m*, Gleitzwilling *m*
- ~-**type Van de Graaff accelerator** *(Kern)* Drucktankgenerator *m*, Hochdruck-Van-de-Graaff-Generator *m*
- ~-**volume diagram** *(Mech)* p,V-Diagramm *n*, p,v-Diagramm *n*, Druck-Volumen-Diagramm *n*, Andrews-Diagramm *n* *(für ein Fluid)*
- ~ **wave** *(Mech)* 1. Druckwelle *f* *(in einem elastischen Medium, Oberbegriff)*; 2. Verdichtungswelle *f*, Kompressionswelle *f*, Druckwelle *f* im engeren Sinne, *(im ebenen Fall auch:)* Verdichtungslinie *f*; 3. Druckwelle *f*, Expansionswelle *f* *(einer Explosion)*

pressurization *(Ström)* Druckhaltung *f*

pressurized accelerator *(Kern)* elektrostatischer Teilchenbeschleuniger (Beschleuniger) *m* mit Drucktank, Statitron *n*
~ **casing** *(Mech)* Druckhülle *f*, druckfeste Hülle *f*
~ **gas** *(Ström)* Druckgas *n*, Preßgas *n*
~ **water reactor** *(Kern)* Druckwasserreaktor *m*, DWR, PWR
pressurizer *(Kern)* Druckhalter *m*
prestress *(Mech)* Vorspannung *f (Größe)*
prestressing *(Mech)* Vorbeanspruchung *f*, Vorspannung *f*
pre-subscript *(mathPh)* linker (vorderer) unterer Index *m*
pre-superscript *(mathPh)* linker (vorderer) oberer Index *m*
presupposition Voraussetzung *f*
pretersonics *(Fest)* Akustoelektronik *f*
pretravel *(Reg)* Vorlaufweg *m*
pretrigger *(El)* Vorimpuls *m*
prevailing Einstellen *n (eines Zustandes)*
prevarication *(El)* Irrelevanz *f*, Störinformationsentropie *f*
previous pulse *(Fest)* vorangehender (vorausgehender) Impuls *m*
Prévost filter *(Opt)* Rotationsdispersionsfilter *n* [von Prévost], Prévost-Filter *n*
Prévost's theory [of exchange] *(Therm)* Prévostsche Theorie *f* [des Wärmeaustausches]
primage *(Therm)* Wassergehalt *m*, Wasserhaltigkeit *f (von Dampf)*
primary 1. *(Kern)* Primärteilchen *n*, Primäres *n*, *(manchmal:)* Ausgangsteilchen *n*; 2. *(El, Fest)* Primärelektron *n*; 3. *(El)* Primärwicklung *f*, primärseitige Wicklung *f*; 4. *(Opt)* Primärvalenz *f*, Bezugsfarbe *f*, *(selten:)* Bezugsfarbvalenz *f*, Eichreiz *m*; 5. *(Astr) s.* component 1.
~ **aberration** *(Opt) s.* Seidel aberration
~ **additive colour** *(Opt)* additive Primärfarbe (Grundfarbe) *f*
~ **circle** Grundkreis *m*
~ **component** 1. *(Astr)* Hauptkomponente *f*, Hauptstern *m (eines Doppelsternsystems)*; 2. *(Kern)* Primärkomponente *f (der kosmischen Strahlung)*
~ **coolant circuit (loop)** *(Kern)* Primärkreislauf *m*, PLK, Primärkühl[mittel]kreislauf *m*, erster Kreislauf *m*
~ **creep** *(Mech)* primäres (verzögertes) Kriechen *n*, Übergangskriechen *n*, erstes Kriechstadium *n*
~ **emission** 1. *(At)* Primäremission *f*, Primärstrahlung *f*; 2. *(El, Fest)* Primär[elektronen]emission *f*
~ **extinction** *(Krist)* Extinktion *f* erster Art, Primärextinktion *f*
~ **fault** *(Kern)* erster (anfänglicher) Durchschlag *m*, Anfangsdurchschlag *m*
~ **flow** *(Halbl)* primärer Stromfluß *m*
~ **focus** *(Opt)* meridionale (tangentiale) Brennlinie *f*
~ **great circle** *(Astr, mathPh)* Grundkreis *m (eines Koordinatensystems)*
~ **image** *(Opt)* virtuelles Bild *n (bei der Holographie)*
~ **ionization** *(At, Kern)* Primärionisation *f*, primäre Ionisation *f*, Anfangsionisierung *f (auch in einem Zählrohr)*
~ **ionization coefficient** *(El)* erster Ionisierungskoeffizient (Townsend-Koeffizient) *m*, erste Ionisierungszahl *f*
~ **knocked-on atom** *(Fest, Kern)* primär angestoßenes Atom *n*, primär *(aus einem Gitterplatz)* herausgestoßenes Atom *n*, PKA
~ **light** *(Opt)* Primärlichtart *f*
~ **luminous standard** *(Opt)* Lichtstärkenormal *n*, Einheitslichtquelle *f*
~ **maximum** *(Astr)* Hauptmaximum *n (der Lichtkurve)*
~ **measuring element** *(Meß)* aufnehmendes Meßglied *n (mit direktem Kontakt zur Meßgröße)*
~ **optic axis** *(Krist, Opt)* Binormale *f*, optische Achse *f*
~ **[photochemical] process** *(Phot)* photochemischer Elementarprozeß (Primärprozeß) *m*, [photochemische] Primärreaktion *f*
~ **protective barrier** *(Kern)* Primärstrahlungsabschirmung *f*, Abschirmung *f* gegen Primärstrahlung
~ **reference standard [source]** *(Kern)* Referenznormal *n* (Referenznormalquelle *f*) erster Ordnung
~ **scattering** erste (einmalige) Streuung *f*
~ **source [of light]** *(Opt)* Primärlichtquelle *f*, Selbstleuchter *m*
~ **specific ionization** *(At)* spezifische Primärionisation *f (pro Längeneinheit der Spur)*
~ **spectrum** 1. *(Spektr)* Primärspektrum *n*, Spektrum *n* erster Ordnung; 2. *(Opt) s.* chromatism
~ **standard** *(Meß)* Primärstandard *m*, Primärnormal *n*, *(als Verkörperung einer Einheit:)* Urmaß *n*, primäres Etalon *n*, Urnormal *n*
~ **subtractive colour** *(Opt)* subtraktive Primärfarbe (Grundfarbe) *f*
~ **X-ray beam** *(Krist)* primärer Röntgenstrahl *m*, Primärstrahl *m (Kristallstrukturanalyse)*
prime *(mathPh)* 1. Primzahl *f*; 2. Strich *m (an einer Größe, z. B.* a'*, lies:* a Strich*)*
~ **focus** *(Opt)* Newton-Fokus *m*, Primärfokus *m*
primeval element *(Astr, At)* Urelement *n*
~ **nebula** *(Astr)* Urnebel *m*, Nebelscheibe *f*
priming water *(Ström)* mitgerissenes (übergerissenes) Wasser *n*
primitive 1. *(mathPh)* Stammfunktion *f*, [Newtonsches] unbestimmtes Integral *n*, primitive Funktion *f*; 2. *(Krist) s.* ~ circle
~ **atom** *(Astr, At)* Uratom *n*
~ **cell** *(Krist)* [einfach-]primitive Elementarzelle *f*

primitive

~ **circle** *(Krist)* Grundkreis *m* *(bei der stereographischen Projektion)*
~ **equations** *(Ström)* Eulersche Gleichungen *fpl* mit den Geschwindigkeitskomponenten als primäre abhängige Variable
~ **lattice** *(Krist)* einfaches (primitives) Gitter *n*

primordial element *(Astr, At)* Urelement *n*
~ **matter** *(Astr)* Urmaterie *f*

principal absorption axis *(Krist, Opt)* Absorptionshauptachse *f*
~ **axis** 1. Hauptachse *f*; 2. *(Krist, Opt)* optische Achse *f* *(im doppelbrechenden Medium)*
~ **axis of strain** *(Mech)* Dilatationshauptachse *f*, Hauptachse *f* des Verformungszustandes (Formänderungszustandes)
~ **axis of stress** *(Mech)* Spannungshauptachse *f*, Hauptachse *f* des Spannungszustandes, Hauptspannungsachse *f*
~ **coordinate system** *(mathPh)* Hauptachsensystem *n*
~ **diagonal** *(mathPh)* Hauptdiagonale *f* *(z. B. einer Matrix)*
~ ***E* plane** *(El, Magn)* Haupt-*E*-Ebene *f*, Hauptschwingungsebene *f* des [elektrischen] Feldstärkevektors
~ **focus** *(Opt)* 1. Brennpunkt *m*, Fokus *m*; 2. Hauptbrennpunkt *m*
~ ***H* plane** *(El, Magn)* Haupt-*H*-Ebene *f*, Hauptschwingungsebene *f* des [magnetischen] Flußdichtevektors
~ **image plane** *(Opt)* Bildhauptebene *f*, bildseitige (hintere, zweite) Hauptebene *f*
~ **line of [shearing] stress** *(Mech)* Hauptschubspannungslinie *f*
~ **mark** *(Opt)* Zielmarke *f*, Meßmarke *f* *(eines Raumbildentfernungsmessers)*
~ **mode** *(El)* Hauptschwingungstyp *m*, Hauptmode *f*, vorherrschender Schwingungstyp (Wellentyp) *m*, Grundmode *f* *(eines Wellenleiters)*
~ **object point** *(Opt)* Dinghauptpunkt *m*, dingseitiger (gegenstandsseitiger, objektseitiger, vorderer) Hauptpunkt *m*
~ **optic section** *s.* ~ plane 1.
~ **plane** 1. *(Krist, Opt)* Hauptschnitt *m*; 2. *(Opt)* Hauptebene *f* *(als Kardinalelement)*
~ **point** *(Opt)* Hauptpunkt *m* *(als Kardinalelement)*
~ **point of the horizon** *(Astr)* [nautischer] Strich *m*, Himmelsrichtung *f* *(der 32teiligen Windrose)*
~ **quantum number** *(At, Qu)* Hauptquantenzahl *f (n)*
~ **section plane** *(Krist, Opt)* Hauptschnittebene *f*
~ **shear[ing] stress** *(Mech)* Hauptschubspannung *f*
~ **strain** *(Mech)* Hauptverformung *f*, Hauptverzerrung *f*, Hauptformänderung *f*
~ **stress** *(Mech)* Hauptspannung *f*, *(manchmal:)* Hauptnormalspannung *f*

~ **stress moment** *(Mech)* Hauptwiderstandsmoment *n*
~ **transverse wave** *(Mech)* transversale Hauptwelle *f*
~ **wave** Hauptwelle *f*, *(in einem Wellenleiter auch:)* Grundwelle *f*

principle of ... *s. a.* law of ...
~ **of action** *(Mech)* Wirkungsprinzip *n*, Aktionsprinzip *n*
~ **of Carathéodory** *(Therm)* *s.* ~ of inaccessibility
~ **of causality** Kausalprinzip *n*, Kausalgesetz *n*, Kausalitätsprinzip *n*
~ **of conservation of angular momentum** *(Mech)* Drehimpuls[erhaltungs]satz *m*, Erhaltungssatz *m* des Drehimpulses, Prinzip *n* von der Erhaltung des Schwunges, zweiter Impulssatz *m* der Mechanik *(für abgeschlossene Systeme)*
~ **of conservation of areas** *(Mech)* 1. Flächensatz *m*, Erhaltungssatz *m* für die Flächengeschwindigkeit *f*; 2. *s.* ~ of conservation of angular momentum
~ **of continuity** Kontinuitätsgleichung *f*
~ **of covariance** 1. Kovarianzprinzip *n (in der klassischen Physik und speziellen Relativitätstheorie)*; 2. *(Rel)* Prinzip *n* der allgemeinen Kovarianz, Kovarianzprinzip *n (in der allgemeinen Relativitätstheorie)*
~ **of equipresence** *(Mech)* Äquipresenzprinzip *n*, Prinzip *n* der Äquipräsenz
~ **of extreme compulsion** *(Mech)* Prinzip *n* des kleinsten Zwanges, Prinzip *n* vom kleinsten Zwang
~ **of general relativity** *(Rel)* [Einsteinsches] allgemeines Relativitätsprinzip *n*
~ **of gradual construction** *(At, Qu)* [Bohrsches] Aufbauprinzip *n*
~ **of impenetrability** *(Mech)* Undurchdringlichkeitsprinzip *n*, Prinzip *n* der Undurchdringlichkeit
~ **of inaccessibility** *(Therm)* [Carathéodorysches] Unerreichbarkeitsaxiom *n*, [Carathéodorysches] Prinzip *n* der adiabatischen Unerreichbarkeit, Carathéodory-Prinzip *n*
~ **of increase of entropy** *s.* second law of thermodynamics
~ **of indeterminancy** *(Qu)* Heisenbergsches Unbestimmtheitsprinzip *n*
~ **of indistinguishability** *(Qu)* Ununterscheidbarkeitsprinzip *n*, Nichtunterscheidbarkeitsprinzip *n*
~ **of Lagrange and d'Alembert** *(Ström)* d'Alembert-Lagrangesches Variationsprinzip *n*, Prinzip *n* von Lagrange und d'Alembert
~ **of Le Chatelier [and Braun]** *(Therm)* *s.* Le Chatelier's principle
~ **of least action** 1. *(Feld, Mech)* Prinzip *n* der kleinsten (stationären) Wirkung, Prinzip *n* der kleinsten Aktion; 2. *(Mech)* Hamiltonsches Prinzip *n* [der kleinsten Wirkung], Hamilton-Prinzip *n*; 3. *(Mech)* *s.* ~ of Maupertuis

~ **of least curvature** [after Hertz] *(Mech)* Prinzip *n* der geradesten (kürzesten) Bahn, [Hertzsches] Prinzip *n* der kleinsten Krümmung
~ **of least proper time** *(Rel)* [Fermatsches] Prinzip *n* der stationären Eigenzeit (Weltlinie), relativistisches Fermatsches Prinzip *n*
~ **of least squares** *(mathPh)* Methode *f* der kleinsten Quadrate (Quadratsummen), MKQ, *(speziell:)* Methode *f* der kleinsten Fehlerquadrate, Fehlerquadratmethode *f*
~ **of least time** *(Opt)* Fermatsches Prinzip *n*, Prinzip *n* des ausgezeichneten Lichtweges, Fermatscher Satz *m* [der geometrischen Optik]
~ **of least work** *(Mech)* Prinzip *n* der kleinsten Formänderungsarbeit
~ **of linear momentum** *(Mech)* Impuls[erhaltungs]satz *m*, Erhaltungssatz *m* des Impulses, Prinzip *n* von der Erhaltung des [linearen] Impulses, Impulssatz *m* der Mechanik
~ **of Maupertuis** *(Mech)* Euler-Maupertuissches Prinzip *n* [der kleinsten Wirkung]
~ **of minimum strain energy** *(Mech)* Prinzip *n* der kleinsten Formänderungsarbeit
~ **of parting limits** *(physCh)* Tammann-Prinzip *n*, Tammannsches Prinzip *n*
~ **of Pascal** *(Ström)* Pascalsches Gesetz *n*, Druckfortpflanzungsgesetz *n*
~ **of quasi-continuity** Quasikontinuitätsgleichung *f*
~ **of reflection** *(mathPh)* [Schwarzsches] Spiegelungsprinzip *n*, Prinzip *n* der Symmetrie, Schwarzscher Spiegelungssatz *m*
~ **of solidification** *(Mech)* Erstarrungsprinzip *n* der Hydrostatik, Stevinsches Prinzip *n*
~ **of special relativity** *(Rel)* [Einsteinsches] spezielles Relativitätsprinzip *n*, Relativitätsprinzip *n* von Poincaré und Einstein
~ **of stationary time** *(Opt) s.* ~ of least time
~ **of superposition** *(Mech)* Superpositionsprinzip *n*, Überlagerungsprinzip *n*, Unabhängigkeitsprinzip *n (der Kraftwirkungen)*, viertes Newtonsches Gesetz *n*
~ **of using travel[l]ing waves** *(Kern)* Wellenreiterprinzip *n*, Verwendung *f* von fortschreitenden Wellen *(im Beschleuniger)*
print-out effect *(Phot)* Auskopiereffekt *m*, „print-out"-Effekt *m*
~ **mask** *(Phot)* Maske *f*, Abdeckmaske *f*, Abdeckblende *f*, Kopiermaske *f*
~**-out paper** *(Phot)* Auskopierpapier *n*
~ **rate** Druckgeschwindigkeit *f*
printing recorder Registrierstreifenschreiber *m*, Streifen[blatt]schreiber *m*
prior interaction *(Kern)* Vorumordnungswechselwirkung *f*, Wechselwirkung *f* vor Umordnung

~ **probability** *(mathPh)* A-priori-Wahrscheinlichkeit *f*, mathematische Wahrscheinlichkeit *f*, Anfangswahrscheinlichkeit *f*
prism dioptre *(Opt)* Prismendioptrie *f*, pdpt
~ **plot** *(Hoch)* Prismadiagramm *n*
~ **reflector illuminator** *(Opt)* Vertikalilluminator *m* nach Nachet, Prismenilluminator *m* [nach Nachet], Prisma *n*
~ **square** *(Opt)* Prismeninstrument *n*, *(speziell:)* Winkelprisma *n (zur Winkelmessung)*
prismatic dislocation (loop) *(Krist)* prismatischer Versetzungsring *m*, prismatische Versetzung *f*
~ **plane** *(Krist)* Prismenfläche *f*
~ **spectrum** *(Opt, Spektr)* Dispersionsspektrum *n*, Brechungsspektrum *n*, Prismenspektrum *n*
~ **system** *(Krist)* orthorhombisches (rhombisches, prismatisches) Spektrum (Kristallsystem) *n*
~ **ungula** *(mathPh)* Prismenhuf *m*, senkrechter (gerader) Prismenhuf, Prismenabschnitt *m*
prismatoid *(mathPh)* Prismatoid *n*, Trapezoidalkörper *m*, Körperstumpf *m*
prismoid *(mathPh)* Prismoid *n (ein spezielles Prismatoid)*
prismoidal formula *(mathPh)* Simpsonsche Formel *f (für den Rauminhalt eines Körpers)*
privileged axis *(Fest)* Vorzugsachse *f*, bevorzugte Achse *f*, Hauptachse *f*
probabilistic approach probabilistische (wahrscheinlichkeitstheoretische) Herangehensweise *f*
probability *(mathPh)* Wahrscheinlichkeit *f*
~ **amplitude** *(Qu) s.* Schrödinger wave function
~ **chart** *(mathPh)* Wahrscheinlichkeitsnetz *n*
~ **density** 1. *(Qu)* Wahrscheinlichkeitsdichte *f*; 2. *(mathPh) s.* ~ density function
~ **density function** *(mathPh)* Wahrscheinlichkeitsdichte *f*, Verteilungsdichte *f*, Dichte *f* der Wahrscheinlichkeit[sverteilung] *(Statistik)*
~ **deviation** *(mathPh)* wahrscheinlicher Fehler *m*
~ **distribution** *(mathPh)* 1. Wahrscheinlichkeitsverteilung *f*, Verteilung *f*, Verteilungsgesetz *n*, Zufallsverteilung *f*, *(selten:)* regellose (statistisch ungeordnete) Verteilung *f*; 2. *s.* ~ distribution function
~ **distribution function** *(mathPh)* Wahrscheinlichkeits[verteilungs]funktion *f*, Verteilung *f*, Summen[häufigkeits]verteilung *f (Statistik)*
~ **field** *(mathPh)* Wahrscheinlichkeitsraum *m*, Wahrscheinlichkeitsfeld *n*
~ **frequency function** *(mathPh)* 1. Häufigkeitsfunktion *f*, Wahrscheinlichkeitshäufigkeitsfunktion *f*; 2. *s.* ~ density function

probability

~ **of interception** *(El)* Abfangwahrscheinlichkeit *f*
~ **of tunnel[l]ing** *(Qu)* s. penetration factor
~ **theory** *(mathPh)* Wahrscheinlichkeitsrechnung *f*, *(selten:)* Wahrscheinlichkeitstheorie *f*
~ **wave** *(Qu)* s. Schrödinger wave function
probable error *(mathPh)* wahrscheinlicher Fehler *m*
probe *(Meß)* 1. Sonde *f*, Meßsonde *f*; 2. Meßfühler *m*, Fühler *m*; Meßkopf *m*, Tastkopf *m*
probing *(Meß)* Sondierung *f*, Sondieren *n*
procedure 1. Verfahrensweise *f*, Verfahren *n*, Ausführung *f (in der Informationsverarbeitung:)* Prozedur *f*; 2. *(mathPh)* Rechengang *m*
process function *(Therm)* Prozeßbelegung *f*
product of inertia *(Mech)* 1. Zentrifugalmoment *n*, Deviationsmoment *n*, Trägheitsprodukt *n (als Komponente des Trägheitstensors)*; 2. Flächenzentrifugalmoment *n*, Deviationsmoment *n*, Zentrifugalmoment *n (Summe von Flächenelementen × Produkt der Koordinaten in bezug auf zwei senkrecht aufeinanderstehende Achsen)*
~-**solution method** *(El)* Produktansatz *m (bei der Separation der Variablen)*
production of equilibrium Ins-Gleichgewicht-Bringen *n*, Herstellung *f* des Gleichgewichts
~ **operator** *(Feld, Qu)* Erzeugungsoperator *m*
~ **rate** *(Kern)* Erzeugungsrate *f*, Bildungsrate *f (eines Teilchenstrahlers: Teilchenzahl je Zerfall)*
profile coefficient *(Aero)* Profilbeiwert *m*
~ **drag** *(Ström)* Profilwiderstand *m*
~ **flow** *(Aero)* Profilumströmung *f*
~ **graph** *(Mech)* Profilogramm *n*, Profilbild *n*
~ **irregularity height** *(Mech)* Profilunregelmäßigkeitshöhe *f*, Höhe *f* der Profilunregelmäßigkeit *(bei der Rauheitsbestimmung)*
~ **length ratio** *(Mech)* Profillängenverhältnis *n (bei der Rauheitsbestimmung)*
profilometer *(Mech)* Profiltastschnittgerät *n*, Profilometer *n (ein Oberflächenmeßgerät)*
progeny *(Kern)* Zerfallsprodukt *n*, Folgeprodukt *n*, Tochterprodukt *n (jedes Produkt des Zerfalls eines Radionuklids)*
progression 1. Ablauf *m*, Verlauf *m*, Fortgang *m (eines Prozesses, einer Reaktion)*; 2. *(Spektr)* Serie *f*, Bandenserie *f*
progressive error *(mathPh)* progressiver (fortschreitender, sich fortpflanzender) Fehler *m*
~ **freezing** *(physCh)* normales Erstarren *n*
~ **heating** *(El)* Zonenerwärmung *f*, zonenweise Erwärmung *f*
~ **load[ing]** *(Mech)* stufenweise Belastung (aufgebrachte Last) *f*

~ **motion** *(Mech)* s. translational motion
~ **transitions** *(At, Spektr)* progressiv verknüpfte Übergänge *mpl*
~ **wave** fortschreitende Welle *f*
prohibition of intercombination *(At)* Interkombinationsverbot *n*, Interkombinationsregel *f*, Kombinationsverbot *n (von Spektraltermen)*
projected angle Winkelprojektion *f*, projizierter Winkel *m*
~ **Hartree-Fock approximation** *(At, Qu)* [spin-]projizierte Hartree-Fock-Näherung *f*, PHF-Näherung *f*
projecting schlieren method *(Opt)* Schattenschlierenverfahren *n*, Schattenschlierenmethode *f*, direktes Schattenverfahren *n*
projection 1. *(mathPh)* Projektion *f*; 2. *(Opt)* Projektion *f*, Projizieren *n*; 3. *(Mech)* Schleudern *n*, Werfen *n*; 4. *(mathPh, Qu)* s. projector 2.; 5. vorspringendes Teil *n*, Vorsprung *m*, Ansatz *m*, Fortsatz *m*, Auswuchs *m*
~ **chamber** *(Hoch)* Projektionsfunkenkammer *f*
~ **eyepiece** *(Opt)* Projektiv *n*, Projektionsokular *n*, Photookular *n*
~ **optics** *(Opt)* s. Schmidt system 2.
~ **plane** *(mathPh)* Bildtafel *f*, Projektionsebene *f*, Bildebene *f (der Perspektive)*
projective distillation *(physCh)* Molekulardestillation *f*, Hochvakuumdestillation *f*, Kurzwegdestillation *f*
~ **relativity** *(Rel)* projektive (fünfdimensionale) Relativitätstheorie *f*
projector 1. *(Opt)* Bildwerfer *m*, Projektor *m*, Projektionsapparat *m*; 2. *(mathPh, Qu)* Projektor *m*, Projektionsoperator *m*, Projektion *f (im Hilbert-Raum)*; 3. *(Ak)* s. underwater sound projector
prolate nucleus *(Kern)* prolat deformierter Kern *m*, zigarrenförmiger Kern *m*
~ **spheromak** *(Pl)* gestreckter Sphäromak *m*, Prolemak *m (ein vertikal gestrecktes Sphäroid)*
prominence *(Astr)* Protuberanz *f*, Sonnenprotuberanz *f*
~ **streamer** *(Astr)* Protuberanzfaden *m*
promoted electron *(At)* promoviertes (angehobenes, begünstigtes, an der Molekülbildung beteiligtes) Elektron *n*
promoter *(physCh)* 1. Sammler *m*, Kollektor *m (Flotation)*; 2. Promoter *m*, Beschleuniger *m (Polymerisation)*
promotion *(At)* Promovierung *f*, Promotion *f (eines Elektrons)*
~ **of quantum number** *(At)* Zunahme *f* der Quantenzahl bei der Molekülbildung
prompt beam current *(Kern)* momentaner Strahlstrom *m*
~-**critical reactor** *(Kern)* promptkritischer Reaktor *m*
~ **fission neutron** *(Kern)* promptes Neutron (Spaltneutron) *n*, Promptneutron *n*

~ **intensity** *(Kern)* [momentane] Strahlstärke *f*, [momentane] Strahlintensität *f*
~ **neutron lifetime** *(Kern)* Generationsdauer *f* [der Neutronen], Generationszeit *f*, mittlere Lebensdauer *f* der Neutronengeneration
~ **neutron multiplicity** *(Kern)* s. neutron yield per fission
~ **radiation** *(Kern)* prompte Strahlung *f*, Promptstrahlung *f*; *(bei einer Kernexplosion:)* Sofortkernstrahlung *f*, Initialstrahlung *f*, durchdringende Strahlung *f*
~-**subcritical reactor** *(Kern)* verzögertüberkritischer Reaktor *m*, prompt-unterkritischer Reaktor
~-**supercritical reactor** *(Kern)* promptüberkritischer Reaktor *m*
proneness Anfälligkeit *f*
prong 1. *(Kern)* Arm *m*, Zacke *f (eines Emulsionssterns)*, Sternspur *f*; 2. *(El)* Stift *m*, Anschlußstift *m*, Kontaktstift *m*
prony (Prony) brake *(Mech)* Pronyscher Zaum *m*, Bremszaum *m*, Bremsdynamometer *n*
proof *(mathPh)* 1. [deduktiver] Beweis *m*; 2. Beweisführung *f*
~ **resilience** *(Mech)* Zugfestigkeit *f (von Elastomeren)*
proofness Dichtigkeit *f*, Dichtheit *f*, Undurchlässigkeit *f*, Undurchdringlichkeit *f*
propagated band (zone) scheme *(Krist, Qu)* ausgebreitetes Zonenschema *n*
propagating wave auslaufende Welle *f (einer Quelle)*
propagation Ausbreitung *f*, Fortpflanzung *f (von Wellen)*
~ **coefficient (constant)** 1. Ausbreitungskoeffizient *m*, Fortpflanzungskoeffizient *m*; 2. *(Ak)* Schallausbreitungskoeffizient *m*
~ **delay** *(El)* Stufenverzögerungszeit *f*
~ **factor** s. wavelength constant 1.
~ **kernel** *(Rel)* Ausbreitungskern *m*
~ **of errors** *(mathPh)* Fehlerfortpflanzung *f*
~ **reaction** *(At, physCh)* Kettenfortpflanzungsreaktion *f*, Fortpflanzungsreaktion *f*, Wachstumsreaktion *f*
~ **stress** *(Krist)* Ausbreitungsspannung *f*
~ **theorem** *(mathPh)* Fehlerfortpflanzungsgesetz *n (für den mittleren Fehler auch:)* Gaußsches Fehlerfortpflanzungsgesetz *n*
~ **vector** *(Fest)* Kreiswellen[zahl]vektor *m*, Ausbreitungsvektor *m*, Fortpflanzungsvektor *m*, *(manchmal:)* Wellen[zahl]vektor *m*
propellant mass fraction (ratio) *(Aero)* Treibstoffmassenanteil *m*
propeller 1. *(Aero)* Propeller *m*, Luftschraube *f*, Schraube *f*, Flugzeugpropeller *m*; 2. *(Hydr)* Propeller *m*, Wasserschraube *f*, Schiffsschraube *f*, Schraube *f*
~ **disk area** *(Aero)* Propellerkreisfläche *f*

~ **efficiency** *(Ström)* Propellerwirkungsgrad *m*
~ **meter** *(Hydr)* Schraubenzähler *m*
~ **slip angle** *(Ström)* Arbeitswinkel *m*, Propellerarbeitswinkel *m*
~ **slip stream** *(Aero)* Propellerstrahl *m*, Schraubenstrahl *m*, Nachstrom *m*
~ **tip speed** *(Aero)* Blattspitzengeschwindigkeit *f*, Umfangsgeschwindigkeit *f* an der Flügelblattspitze *(eines Propellers)*
proper birefringence *(Opt)* Eigendoppelbrechung *f*, Strukturdoppelbrechung *f*
~ **field** *(Feld)* Eigenfeld *n*
~ **frame of reference** *(Rel)* Eigenbezugssystem *n*
~ **gravity** *(Astr)* Eigengravitation *f*
~ **length** *(Rel)* Eigenlänge *f*, Ruhlänge *f*
~ **mass** *(Rel)* Ruhmasse *f*, *(selten:)* eingeprägte Masse *f*
~ **motion** 1. *(mathPh)* [eigentliche] Bewegung *f*; 2. *(Astr)* Eigenbewegung *f (eines Sterns oder Sonnenflecks)*
~ **number** *(mathPh)* Eigenwert *m*, charakteristische Zahl (Wurzel) *f (einer Matrix)*
~ **orthogonal matrix** *(mathPh)* Rotationsmatrix *f*, Drehungsmatrix *f*
~ **pressure** *(Rel)* Eigendruck *m*
~ **rate** *(Rel)* Eigengang *m (einer Uhr)*
~ **rearrangement** *(At)* echte Umlagerung *f*, Umlagerung *f* im engeren Sinne
~ **rotation** *(Astr, Mech)* Eigenrotation *f*, Eigendrehung *f*
~ **velocity** *(Ström)* Eigengeschwindigkeit *f (eines Wirbels)*
property tensor Eigenschaftstensor *m*
proportion 1. Proportion *f*, Verhältnis *n (zweier Größen)*; 2. *(mathPh)* Proportion *f*, Verhältnisgleichung *f*
~ **of polarization** *(Opt)* Polarisationsgrad *m (des Lichtes)*
proportional action factor *(Reg)* Übertragungsfaktor *m* des P-Gliedes, Proportionalitätsbeiwert *m*
~ **band** *(Reg)* Proportional[itäts]bereich *m*, P-Bereich *m*
~ **elastic limit** *(Mech)* Proportionalitätsgrenze *f* der Spannungsintensität
~ **frequency** *(mathPh)* relative Häufigkeit *f*
~ **intensification** *(Phot)* multiplikative (proportionale) Verstärkung *f*
~ **limit** *(Mech)* Proportionalitätsgrenze *f (im Spannungs-Dehnungs-Diagramm)*
~ **loading** *(Mech)* Radialbelastung *f*, radiale Belastung *f*
proportioning Dosierung *f*, Zumessung *f*
proposition *(mathPh)* Aussage *f (eines Problems oder Theorems)*
propulsion time *(Aero)* Brennzeit *f*, Antriebszeit *f (einer Rakete)*
propulsive efficiency *(Aero)* Vortriebswirkungsgrad *m (eines Propellers)*, *(beim Strahltriebwerk auch:)* Schubwirkungsgrad *m*

propulsive 284

~ **force** *(Mech)* Vortriebskraft *f*
~ **jet** *(Aero)* s. ram-jet
protium oxide *(physCh)* leichtes Wasser *n*, Leichtwasser *n*, ^1H_2O
proton chemical shift *(Spektr)* chemische Verschiebung *f* des Protons *(NMR-Spektroskopie)*
~ **conductor** *(Ech, Fest)* Protonenleiter *m*, Wasserstoffionenleiter *m*
~ **cycle** *(Pl)* Proton-Proton-Prozeß *m*, H-H-Prozeß *m*, Wasserstoffzyklus *m*
~ **enhanced nuclear induction spectroscopy** *(Spektr)* PGW-Verfahren *n*, protonenverstärkte NMR-Spektroskopie (Kernresonanzspektroskopie) *f*
~ **flare** *(Astr)* Protonenfackel *f*, Protonenflare *n*
~-**magic nucleus** *(Kern)* Kern *m* mit magischer Protonenzahl
~ **micro-beam** *(Spektr)* Protonensonde *f*, Protonenmikrostrahl *m*
~ **microprobe analysis** *(Spektr)* Protonen[strahl]mikroanalyse *f*
~-**neutron transformation** *(Kern)* Neutronisierung *f* der Materie, Proton-Neutron-Umwandlung *f*
~ **resonance** *(Kern)* magnetische Protonenresonanz *f*, proton[en]magnetische Resonanz *f*, PMR, Protonenresonanz *f* *(NMR-Spektroskopie)*
~-**rich nucleus** *(Kern)* Kern *m* mit Protonenüberschuß
~ **ring** *(Hoch)* Protonenspeicherring *m*
~-**synchrotron accelerator** *(Kern)* Synchrotron *n* für schwere geladene Teilchen, Protonensynchrotron *n*, Synchrophasotron *n*
~-**synchrotron linear accelerator** *(Kern)* Linearbeschleuniger *m* als Injektor eines Protonensynchrotrons
protonic solvent *(physCh)* protonisches (protisches, protonenabgebendes) Lösungsmittel *n*
prototype kilogramme *(Mech, Meß)* internationaler Kilogrammprototyp *m*, Urkilogramm *n*, Kilogrammprototyp *m*
~ **metre [bar]** *(Mech)* Urmeter *n*
provability *(mathPh)* Beweisbarkeit *f*, Ableitbarkeit *f*
provisional mean *(mathPh)* Arbeitsmittel *n*, provisorischer (angenommener) Mittelwert *m*
proximity Nähe *f*, Nachbarschaft *f*
~ **effect** 1. *(El)* Nahewirkung *f*, Nahewirkungseffekt *m*; 2. *(Tief)* Proximityeffekt *m*, Kopplungseffekt *m* *(an Supraleitern)*
~ **spacing** *(Halbl)* Proximityabstand *m*
~ **theory** *(El, Feld)* Faradaysche Nahewirkungstheorie *f*, Nahwirkungstheorie *f*
PS accelerator s. proton-synchrotron accelerator
PS detector *(Kern)* Proportional-Szintillationsdetektor *m*, PS-Detektor *m*
ps field *(Feld)* pseudoskalares Feld *n*, Pseudoskalarfeld *n*, ps-Feld *n*

PSEE *(Kern)* photostimulierte Exoelektronenemission *f*, PSEE
pseudo-axisymmetric flow *(Ström)* pseudo-rotationssymmetrische (pseudo-axialsymmetrische) Strömung *f* *(erster oder zweiter Art)*
~ **coordinate** *(Mech)* nichtholonome (anholonome) Koordinate *f*, Pseudokoordinate *f*, Quasikoordinate *f*
~ **lens** *(Opt)* Loch *n*, Lochblende *f*, lochförmige Blende *f* *(einer Lochkamera)*
~ **solarization** *(Phot)* Sabattier-Effekt *m*, Sabattier-Bildumkehrung *f*
pseudodegeneracy *(At, Qu)* Fastentartung *f*, Pseudoentartung *f*
pseudomorph [crystal] *(Krist)* Afterkristall *m*, Kristallpseudomorphose *f*
pseudoplasticity *(Mech)* Strukturviskosität *f*, Strukturzähigkeit *f*, Pseudoplastizität *f*
pseudopsy *(Opt)* geometrisch-optische Wahrnehmungsverzerrung *f*, optische (geometrisch-optische) Täuschung *f*
pseudoscopic image *(Opt)* pseudoskopisches (tiefenverkehrtes) Raumbild *n*
~ **wave** *(Pl)* Ionenschallwelle *f*, ionenakustische Welle *f*, Pseudoschallwelle *f*
pseudostereoscopic effect *(Opt)* stroboskopischer Effekt *m*, Stroboskopeffekt *m*
pseudosymmetric crystal *(Krist)* pseudomeroedrischer (pseudosymmetrischer) Kristall *m*, pseudomeroedrischer Zwilling *m*
pseudovariable star *(Astr)* Pseudoveränderlicher *m*, uneigentlicher Veränderlicher *m*
psf *(Mech)* s. pound per square foot
psi *(Mech)* s. pound per square inch
psi function *(mathPh)* Diagrammfunktion *f*, [Gaußsche] Psi-Funktion *f*
psia *(Mech)* s. pound per square inch absolute
psid *(Mech)* s. pound per square inch differential
psig *(Mech)* s. pound per square inch gage
psophometric electromotive force *(El)* Geräuschquellenspannung *f*, Geräusch-EMK *f*, geräusch-elektromotorische Kraft *f*
~ **voltage** *(El)* Geräuschspannung *f*, bewertete Fremdspannung *f*
~ **weight** *(Ak, El)* Geräuschbewertungsfaktor *m*
PSS method *(Kern)* s. perturbed stationary states method
pt *(Mech)* s. pint
PTC resistor (thermistor) *(El, Halbl)* Kaltleiter *m*, PTC-Widerstand *m*
PTh-body *(Mech)* Poynting-Thomson-Körper *m*, [Poynting-]Thomsonscher Körper *m*, PTh-Körper *m*, anelastische Substanz *f*
puckered configuration *(At)* geknickte Konfiguration *f*
puff *(El)* Pikofarad *n*, pF

pull 1. *(Mech)* Zug *m*, Ziehen *n*, Auseinanderziehen *n*; 2. Zugkraft *f*; 3. *(Aero)* Sog *m*
~ **-off strength** *(Halbl)* Abreißkraft *f (einer integrierten Schaltung)*
~ **-out** *(Aero)* Abfangen *n (aus dem Sturzflug oder Trudeln)*
~ **strength** *(Mech)* Bindefestigkeit (Haftfestigkeit) *f* in Pounds per square inch *(als Einheit beim Zugversuch)*
~ **-up** *(Aero)* Hochziehen *n*
pulling effect *(El)* Zieherscheinung *f*, Mitzieheffekt *m*, Mitnahmeeffekt *m (Frequenzziehen)*
~ **figure** *(El)* Lastverstimmungsmaß *n (eines Oszillators)*
~ **friction** *(Mech)* Mitnahmereibung *f*, Zugreibung *f* beim Ziehen (Schleppen)
~ **method** *(Krist)* Ziehen *n* von Kristallen *(aus der Schmelze)*, Kristallziehverfahren *n*
~ **of frequency** *(El)* 1. Frequenz[mit]ziehen *n*, Frequenzmitnahme *f (bei einem Oszillator)*; 2. Magnetron-Lastverstimmung *f*, Lastverstimmung *f (eines Magnetrons)*
pulsatance Kreisfrequenz *f*, Winkelfrequenz *f (einer Schwingung)*
pulsating bending stress *(Mech)* Schwellbiegebeanspruchung *f*, Schwellbiegespannung *f*, Biegeschwellbeanspruchung *f (Größe)*
~ **component** Wechselanteil *m (einer Mischgröße)*
~ **current** *(El)* Mischstrom *m*, *(periodisch)* pulsierender Gleichstrom *m*, technischer Gleichstrom *m*
~ **load[ing]** *(Mech)* Schwellbelastung *f*, schwellende (pulsierende) Belastung *f*
~ **radio[-frequency] source** *(Astr)* Pulsar *m*, pulsierende Radioquelle *f*, pulsierender Radiostern *m*
~ **sphere** *(Ak)* atmende (pulsierende) Kugel *f*, Kugelstrahler *m* nullter Ordnung
~ **star** *(Astr)* Pulsationsveränderlicher *m*, *(allgemeiner:)* pulsierender Stern *m*
~ **stress** *(Mech)* Schwellbeanspruchung *f*, schwellende Beanspruchung (Spannung) *f*, Schwellspannung *f*
~ **stress amplitude** *(Mech)* Schwellbereich *m*
pulsation 1. Pulsation *f*, Pulsieren *n*, Pulsung *f*, Pulsion *f*; 2. *s.* pulsatance
pulse 1. Impuls *m*, impulsförmiger Vorgang *m*, impulsförmige Schwingung *f*; 2. *(El)* Impuls *m*, Stoß *m (s. a. unter* impulse*)*
~ **amplitude** *(El, Kern)* Impulsamplitude *f*, Impulshöhe *f*, Pulsamplitude *f*
~ **at break** *(El)* Öffnungsimpuls *m*, Öffnungsstromstoß *m*
~ **decay time** *(El)* Abklingzeit *f*, Impulsabklingzeit *f (Abfall auf 1/e der Spitzenamplitude)*
~ **decay time constant** *(El)* Impulsabklingzeitkontante *f (Abfall von 100 % auf 100 %/e)*
~ **dro[o]p** *(El)* Dachabfall *m*, Dachschräge *f (eines Rechteckimpulses)*, Impulsdachabfall *m*, Impulsdachschräge *f*
~ **duration** *(El)* Impulsdauer *f*, Impulsbreite *f*, Flankendauer *f*, Impuslänge *f*
~ **duty factor** 1. *(El)* Tastgrad *m (einer Impulsreihe: Impulsdauer zu Impulsperiodendauer)*; 2. *(Kern)* Impulsverhältnis *n (eines Beschleunigers, in %)*
~ **edge** *(El)* Impulsflanke *f*, Impulsfront *f*
~ **fall time** *(El)* Abfallzeit *f*, Impulsabfallzeit *f*, Flankenabfallzeit *f (gewöhnlich Abfall von 90 % auf 10 % der Spitzenamplitude)*
~ **group** *s.* ~ train
~ **heating method** *(Therm)* Stoßheizungsmethode *f (Kalorimetrie)*
~ **height** *(El, Kern)* Impulshöhe *f*, Impulsamplitude *f*
~ **-height defect** *(Kern)* Ionisationsdefekt *m*
~ **interval** *s.* ~ spacing
~ **ionization chamber** *(Kern)* Impuls[ionisations]kammer *f*, Ionisationskammer *f* im Impulsbetrieb
~ **label[l]ing** *(physCh)* Stoßmarkierung *f*, Impulsmarkierung *f*
~ **leading edge (front)** *(El)* Vorderflanke *f*, Impulsvorderflanke *f*
~ **length** *s.* ~ duration
~ **load[ing]** *(Mech)* stoßartige Belastung *f*, Impulsbelastung *f*
~ **mode** 1. *(El)* Impulsart *f*; 2. *(Kern)* Impulsbetrieb *m (eines Strahlungsdetektors)*
~ **overshoot** *(El)* Überschwingen *n (eines Impulses)*, Impulsüberschwingen *n*
~ **pile-up rejection** *(Kern)* Unterdrückung *f* der Impulsaufstockung, Aufstockungsunterdrückung *f*
~ **polarography** *(Ech)* Pulspolarographie *f*, Impulspolarographie *f*
~ **rate** 1. *(El)* Impulsfrequenz *f*; 2. *(Kern)* Impulsrate *f (für Totzeit und Nulleffekt korrigierte Zählrate)*
~ **-rate telemetering** *(Meß)* Impulsfrequenzverfahren *n (der Fernmessung)*
~ **recurrence frequency (rate)** *s.* ~ repetition rate
~ **-repetition frequency method** *f (Ak, Hydr)* Rundummethode *f*, Impulsfolgefrequenzmethode *f*, Impulswiederholungsfrequenzmethode *f (Geschwindigkeitsmessung)*
~ **repetition rate** *(El)* Impulsfolgefrequenz *f*, Folgefrequenz *f*, *(bei gleicher Form der Impulse:)* Pulsfrequenz *f*
~ **rise time** *(El)* Anstiegszeit *f*, Impulsanstiegszeit *f*, Flankenanstiegszeit *f (gewöhnlich Anstieg von 10 % auf 90 % der Spitzenamplitude)*
~ **separation** *(El)* Impulsabstand *m*, Impulspause *f*, Impulslücke *f*, Impulsintervall *n (zwischen Vorderflanke des vorangehenden und Vorderflanke des folgenden Impulses)*

pulse

~ **sharpening** *(El)* Versteilerung f *(einer Impulsflanke)*, Impulsversteilerung f
~ **slope** *(El)* Impulsflankensteilheit f, Flankensteilheit f
~ **spacing** *(El)* Impulsperiodendauer f *(Zeit zwischen entsprechenden Punkten aufeinanderfolgender Impulse einer Impulsreihe)*
~ **spacing/duration ratio** *(El)* Tastverhältnis n *(einer Impulsreihe: Impulsperiodendauer zu Impulsdauer)*
~ **steepness** *(El)* s. ~ slope
~ **strength** *(El)* Impulsstärke f, Fläche f unter der Impulskurve
~ **stretching** *(El)* Impulsdehnung f, Impulsbasisverlängerung f, Impulsverbreiterung f
~ **tail** *(El)* auslaufender Teil (Impulsteil) m, Schwanz m, Impulsschwanz m
~ **tailing time** *(El)* Rückendurchgangszeit f, Impulsrückendurchgangszeit f
~ **tilt** *(El)* Dachabfall m, Dachschräge f *(eines Rechteckimpulses)*, Impulsdachabfall m
~ **top** *(El)* Dach n *(eines Rechteckimpulses)*, Impulsdach n
~ **trailing edge (front)** *(El)* Hinterflanke f, Rückflanke f, Impulshinterflanke f
~ **train** Puls m, Pulsvorgang m, Pulsschwingung f, periodische Impulsfolge f, Pulsfolge f
~ **undershoot** *(El)* Unterschwingen n, Unterschwung m, Einschwung m *(eines Impulses)*, Impulsunterschwingen n
~ **width** s. ~ duration
pulsed gaseous core reactor *(Kern)* Gascore-Impulsreaktor m, gepulster (zyklischer) Gascorereaktor (Gaskernreaktor) m
~ **mode** Impulsbetrieb m, *(einer Röntgenröhre:)* Pulsbetrieb m
~ **reactor** *(Kern)* 1. Impulsreaktor m, Pulsreaktor m *(gemeinsamer Name für Burstreaktor und periodisch gepulster Reaktor)*; 2. [periodisch betriebener] Impulsreaktor m, periodisch gepulster Reaktor m
pulsing n 1. s. pulsation 1.; 2. *(El)* Impulsgebung f, Impulsaussendung f
pumpability *(Ström)* Pumpfähigkeit f
pumpage Pumpwirkung f
pumping 1. *(El, Opt)* Pumpen n, elektronisches Pumpen n *(eines Lasers oder Masers)*; 2. *(Ström)* Pumpen n, *(speziell:)* Förderung f mittels Pumpe, 3. *(Vak)* Evakuieren f, Abpumpen n, Auspumpen n, Absaugen n
~ **down** *(Vak)* Evakuieren f, Abpumpen n, Auspumpen n, Absaugen n
~ **fluid** *(Vak)* Treibmittel n *(einer Diffusionspumpe)*, *(selten:)* Treibflüssigkeit f
~ **head** *(Hydr)* Förderhöhe f, Druckhöhe f, *(speziell:)* Saughöhe f *(einer Pumpe)*
~ **level** *(Opt)* Pumpleistung f *(eines Lasers)*

~ **speed** *(Vak)* Saugvermögen n, Sauggeschwindigkeit f
punch-through effect *(Halbl)* Durchgreifeffekt m, Punch-through-Effekt m
~-**through voltage** *(Halbl)* Durchgreifspannung f, Punch-through-Spannung f, Verarmungsspannung f, Durchschlagsspannung f *(z. B. eines Halbleiterdetektors)*
punctiform source *(Kern)* Punktquelle f, punktförmige (punktartige) Strahlenquelle (Strahlungsquelle, Quelle) f
puncture *(El)* Durchschlagen n *(einer Isolierung)*
~ **voltage** Durchschlagsspannung f *(einer Isolation)*
pupillary aperture *(Opt)* Pupillenöffnung f, *(speziell:)* Pupillenweite f
pure colour *(Opt)* reine Farbe f *(mit Farbort auf dem Spektralfarbenzug oder der Purpurgeraden)*
~ **continuous wave** reine kontinuierliche Welle f, gleichbleibende Sinuswelle f
~ **non-dilatational strain** *(Mech)* [reine] Gestalt[s]änderung f, Deformation (Verformung) f ohne Volumenänderung
~ **number** *(mathPh)* reine (dimensionslose, unbenannte) Zahl f
~ **purples** *(Opt)* Purpurgerade f, *(manchmal:)* Purpurlinie f
~ **rotation spectrum** *(At)* [reines] Rotationsspektrum n
~ **shearing stress** *(Mech)* reiner Schubspannungszustand m; *(als Größe:)* reine Schubspannung f
~ **strain** *(Mech)* reiner Formänderungszustand m, *(Verformungszustand)* m, reine (eigentliche) Deformation f; *(als Größe:)* reine Dehnung f
purity discrimination *(Opt)* Farbsättigungs-Unterscheidungsvermögen n, Farbsättigungs-Unterschiedsempfindlichkeit f, *(allgemeiner:)* Farbsättigungsunterscheidung f
purple boundary *(Opt)* Purpurgerade f, *(manchmal:)* Pupurlinie f
pursuit Verfolgung f
push *(Mech)* Anstoß m, Stoß m; Schub m
~-**in** *(Kern)* Abwerfen n, Einwerfen n *(lotrecht)*, Einschießen n, Schnelleinfahren n, Stababwurf m, Steuerstabeinwerfen n *(in einem Reaktorkern)*
~-**pull mode** *(El)* Gegentaktwelle f
pusher 1. *(Aero)* Druck[luft]schraube f, Druckpropeller f; 2. *(Pl)* Pusher m *(einwärts laufender Teil der Pellethülle)*
pushing *(El)* 1. Frequenzverwerfung f; 2. Magnetron-Stromverstimmung f, Stromverstimmung f
~ **figure** *(El)* Stromverstimmungsmaß n
PV cell s. photovoltaic cell
pv field *(Feld)* pseudovektorielles Feld n, Pseudovektorfeld n, pv-Feld n
pV flow rate *(Vak)* pV-Strom, pV-Stromstärke f, pV-Durchfluß m *(einer Vakuumpumpe)*

PVAS solar cell *(Halbl)* photovoltaisch aktive Solarzelle f, PV-Solarzelle f, PVAS-Zelle f
PWR *(Kern) s.* pressurized water reactor
pwt *(Mech) s.* pennyweight
pycnonuclear reaction *(Kern)* druckinduzierte Kernreaktion f, pyknonukleare Reaktion f
pygmy *(Astr)* Pygmäenstern m
~ **resonance** *(Kern)* Zwergresonanz f
pyramid of vicinal faces *(Krist)* Pyramide f von Vizinalflächen, Vizinalpyramide f
pyramidal plane *(Krist)* Pyramidalebene f
pyroconductivity *(El, Fest)* Heißleitfähigkeit f
pyrogenic distillation *(physCh)* trockene Destillation, Trockendestillation f
pyrolytic carbon *(physCh)* Pyrokohlenstoff m, pyrolytisch abgeschiedener Kohlenstoff m, PyC
pyrometric cone *(Therm)* Pyrometerkegel m, pyrometrischer Kegel m, PK, Schmelzkegel m, Schmelzkörper m, *(speziell:)* Seger-Kegel m
~ **cone equivalent** *(Therm)* Kegelfallpunkt m
pyroscope *(Therm) s.* pyrometric cone
pyrostat *(Therm)* Hochtemperaturthermostat m, Pyrostat m
pz *(Mech) s.* pièze

Q

q *(Mech) (quintal) s.* 1. metric centner 2.; 2. hundredweight 1.
Q *s. (Therm)* Q unit
Q [factor] *s.* quality factor
q number *(Qu)* q-Zahl f, Quantenzahl f *(als Operator)*
q-representation *(Qu)* Ortsdarstellung f, Schrödinger-Darstellung f, q-Darstellung f
q-space *(Mech, statPh)* Konfigurationsraum m, Koordinatenraum m, Lageraum m, Ortsraum m, Lagrangescher Raum m
Q-spoiled laser *(Opt) s.* Q-switched laser
Q-squared transfer *(Feld, Rel)* Viererimpulsübertragung f, Viererimpulstransport m
Q-switched laser *(Opt)* gütegesteuerter (gütegeschalteter) Laser m, Laser m mit Gütewertmodulation, Q-Switch-Laser m
Q unit *(Therm)* Q-Einheit f *(SI-fremde Einheit der Wärmeenergie; 1 Q ≈ 1,055 · 10²¹ J)*
Q value *(Kern)* Zerfallsenergie f, Q-Wert m, Q, Umwandlungsenergie f
QAD *(Feld, Hoch) (quantum-astheno dynamics) s.* Weinberg-Salam model
QCD *(Feld)* Quantenchromodynamik f, QCD
QED *(Feld, Qu)* Quantenelektrodynamik f, QED
QFD *(Hoch)* Quantenflavordynamik f, QFD
QFS *(Pl) s.* quasi-free scattering

QGD *(Feld)* Quantengeometrodynamik f, QGD
QHD *(Feld)* Quantenhaplodynamik f, QHD
qr *(Mech) s.* quarter 2.
qr tr *(Mech) s.* quarter 3.
QSG *(Astr) s.* quasag[e]
QSO *(Astr) s.* quasi-stellar object
qt *(Mech) s.* quart 1.
quad *(Therm)* Quad n *(SI-fremde Einheit der Wärmeenergie; 1 quad = 1,055 · 10¹⁸ J)*
quadrant 1. Quadrant m, Viertelebene f; 2. *(mathPh)* Viertelkreis m, Quadrant m; 3. *(Astr, Opt)* Quadrant m *(Winkelmeßgerät)*; 4. *(El) s.* international henry; 5. *(Mech)* 90°-Hebel m *(um 90° beweglich)*
~ **photomultiplier** *(El, Kern)* Vierkathoden-Sekundärelektronenvervielfacher m, Vierkathoden-SEV m
quadrantal point *(Astr) s.* intercardinal point
quadratic effect Effekt m zweiter Ordnung, quadratischer Effekt m
~ **profile** *(Opt)* parabolisches (quadratisches) Profil n
quadrative component *(El)* imaginäre Komponente f *(der komplexen Amplitude in der symbolischen Methode)*
quadrature 1. Phasenverschiebung f um 90° *(eine Viertelperiode)*, 90°-Phasenverschiebung f *(einer periodisch veränderlichen Größe)*; 2. *(mathPh)* Quadratur f; 3. *(Astr)* Quadratur f, Geviertschein m, Quadratschein m, Quadraturstellung f
~ **axis** *(El)* Querachse f *(des Magnetfeldes einer Synchronmaschine)*
~ **component** *(El)* Blindkomponente f, Blindanteil m, wattlose Komponente f
~ **current** *(El)* Blindstrom m, Blindanteil m des Stroms, Blindstromkomponente f, wattloser Strom m
~ **quantity** *(El)* Blindgröße f
quadric of elongation *(Mech)* Dehnungsfläche f, Tensorfläche (quadratische Form) f des Dehnungstensors
~ **of stress** *(Mech)* Spannungsfläche f, Tensorfläche (quadratische Form) f des Spannungstensors
quadridentate ligand *(physCh)* vierzähniger (vierzähliger) Ligand m
quadrivalence *(At)* Tetravalenz f, Vierwertigkeit f
quadruple bond *(At)* Vierfachbindung f, Achtelektronenbindung f
quality factor 1. Resonanzschärfe f, Q-Faktor m, Q *(eines Schwingers)*, *(bei Anwendung als Sensor oder Filter auch:)* Gütefaktor m, Güte f, *(beim parametrisch erregten Schwinger auch:)* Speicherkoeffizient m; 2. *(Kern)* Qualitätsfaktor m, QF, Bewertungsfaktor m
quantity 1. Quantität f, Menge f; 2. Größenart f, [meßbare] Größe f
~ **of action** Wirkungsgröße f
~ **of electricity** *(El)* [elektrische] Ladung f, *(manchmal:)* Elektrizitätsmenge f

quantity 288

~ **of motion** *(Mech)* [linearer] Impuls m, Impuls m der Bewegung, Bewegungsgröße f, Bewegungsimpuls m *(Produkt von Masse und Geschwindigkeit)*

~ **of radiation** *(El, Magn)* Strahlungsenergie f, Strahlungsmenge f, Strahlungsarbeit f *(elektromagnetischer Strahlung, im Unterschied zu Teilchenstrahlung, Größe)*

~ **of sound field** *(Ak)* Schall[feld]größe f, akustische Feldgröße f

quantization 1. *(El, Qu)* Quantisierung f, Quantelung f; 2. *(Meß, Reg)* Digitalisierung f, Digitalumsetzung f, Digitaldarstellung f, Quantisierung f

quantum-astheno dynamics *(Feld, Hoch)* s. Weinberg-Salam model

~ **counter** *(Opt)* Photonenzähler m, Licht[quanten]zähler m

~ **efficiency** Quantenausbeute f

~ **gauge theory** *(Feld)* Quanteneichfeldtheorie f

~ **Green's function** *(Feld)* quantenfeldtheoretische Greensche Funktion f, Greensche Funktion f in der Quantentheorie der Wellenfelder

~ **hypercolour dynamics** *(Feld)* Quantenhaplodynamik f, QHD

~ **limit** *(At)* 1. Grenzwellenlänge f, kürzeste (minimale) Wellenlänge f *(eines kontinuierlichen Röntgenspektrums)*; 2. der Grenzwellenlänge entsprechende Energie f

~ **logic** *(Qu)* Aussagenkalkül n der Quantentheorie, Aussagenlogik f, Quantenlogik f

~ **mechanics** Quantenmechanik f, Quantentheorie f, quantenmechanische Theorie f

~ **mole** s. einstein

~ **noise** *(Opt)* Quantenrauschen n, Photonenrauschen n

~ **number** *(Qu)* q-Zahl f, Quantenzahl f *(als Operator)*

~ **of action** *(Qu)* s. Planck's constant

~ **of angular momentum** s. Dirac h

~ **of internal vibration** *(At)* s. vibron

~ **of time** *(Feld)* Chronon n, Zeitquant n

~ **Poisson bracket** *(Qu)* quantenmechanische (quantentheoretische) Poisson-Klammer f

~ **state** *(Qu)* Quantenzustand m, quantisierter (gequantelter) Energiezustand m

~ **theory** s. ~ mechanics

~ **theory of radiation** *(Feld, Qu)* Quantenelektrodynamik f, QED

~ **voltage** *(Kern)* Quantenspannung f *(Energie eines Photons in Elektronenvolt)*

~-**well structure** *(Opt)* Quantum-well-Struktur f, Supergitterstruktur f, Supergitter n

~ **yield** s. ~ efficiency

quart *(Mech)* 1. *(GB)* Quart n, qt *(SI-fremde Einheit des Volumens; 1 qt = 1,13652 · 10⁻³ m³)*; 2. *(US)* Quart n, dry qt *(SI-fremde Einheit des Volumens von Trockensubstanzen; 1 dry qt = 1,10122 · 10⁻³ m³)*; 3. *(US)* Quart n, liq qt *(SI-fremde Einheit des Volumens von Flüssigkeiten; 1 liq qt = 9,46352946 · 10⁻⁴ m³)*

quarter *(Mech)* 1. *(US)* Quarter n *(SI-fremde Einheit der Masse; 1 quarter = 226,796185 kg)*; 2. *(GB)* Quarter n, qr *(SI-fremde Einheit der Masse; 1 qr = 12,70058636 kg)*; 3. Quarter n im „troy"-System, qr tr *(SI-fremde Einheit der Masse; 1 qr tr = 9,33104304 kg)*; 4. Quarter n *(SI-fremde Einheit des Volumens; 1 quarter ≈ 0,29095 m³)*

~-**chord point** *(Aero)* Viertel[s]punkt m

~-**turn** Vierteldrehung f

~-**turn belt drive** *(Mech)* Halbkreuztrieb m, halbgeschränkter Riementrieb (Trieb) m

~-**wave compensator** *(Opt)* elliptischer Kompensator m *(nach de Sénarmont)*, Viertelwellenlängenplättchenkompensator m, Sénarmont-Kompensator m

quartet model *(Kern)* Viernukleonenmodell n, Quartettmodell n, Viernukleonenstruktur f *(des Atomkerns)*

quartile deviation *(mathPh)* halber Quartilabstand m, Viertelwertsabstand m

quasag[e] *(Astr)* Quasage f, Quasag m, quasistellare Galaxis f, QSG, Interloper m, blaues Objekt (Sternchen) n, blaues stellares Objekt n, BSO

quasi atomic model *(Kern)* Schalenmodell n, Kernschalenmodell n, Haxel-Jensen-Süß-Modell n, Potentialtopfmodell n *(des Atomkerns)*

~-**continuity** *(mathPh)* Quasistetigkeit f

~-**coordinate** *(Mech)* s. pseudo coordinate

~-**free-electron approximation** *(Fest)* s. Brillouin approximation

~-**free scattering** *(Pl)* Quasifreistreuung f

~-**momentum** *(Fest)* Quasiimpuls m, Kristallimpuls m, Pseudoimpuls m

~-**particle tunnel[l]ing** *(Qu)* Einteilchentunnelung f, Quasiteilchentunnelung f

~-**plane stress** *(Mech)* quasiebener Spannungszustand m

~-**static process** *(Therm)* reversibler (umkehrbarer, quasistatischer) Prozeß (Vorgang) m

~-**stationary state** 1. quasistationärer Zustand m; *(At, Kern)* virtueller (zerfallender, quasistationärer) Zustand m

~-**stellar object** *(Astr)* Quasar m, quasistellares Objekt n, QSO

~-**stellar galaxy** *(Astr)* s. quasag

~-**viscous creep (flow)** *(Mech)* sekundäres (stationäres) Kriechen n, zweites Kriechstadium n

quaternary diagram *(physCh)* Vierphasendiagramm n, Zustandsdiagramm n einer Vierphasenlegierung

~ **system** *(physCh)* quaternäres System n, Vierstoffsystem n

quench cracking *(Mech)* Kaltrißbildung f, Härterißbildung f

~ **frequency** *(El)* Pendelfrequenz f
~ **spectrum** *(Fest)* Tilgungsspektrum n
~ **time** *(Kern)* Löschzeit f *(eines GM-Zählrohrs)*
quencher *(Kern)* Quencher m *(in der Flüssigkeitszintillationszählung)*; *(El, Kern)* Löschzusatz m *(eines Zählrohrs)*
quenching 1. *(El, Kern)* Löschung f, Löschen n *(der Entladung im Zählrohr)*; 2. *(Fest)* Tilgung f, Löschung f, Lumineszenztilgung f, Lumineszenz[aus]löschung f; 3. *(Kern)* Quench[effekt] m, Quenchung f, Löscheffekt m *(Flüssigkeitsszintillationszählung)*; 4. *(physCh)* Abschreckung f
~ **absorption** *(Fest)* auslöschende Absorption f *(bei der Phosphoreszenz)*
~ **of orbital angular momenta** *(At)* Einfrieren n *(Auslöschung f)* der Bahndrehimpulse (Bahnmomente), Quenching n
~ **spectrum** *(Fest)* Tilgungsspektrum n
quick-motion method *(Phot)* Zeitraffertechnik f, Zeitraff[ungs]verfahren n, Zeitraffung f, Zeitrafferphotographie f
quiescence Ruhezustand m, *(speziell:)* Wartezustand m
quiescent current *(El)* Ruhestrom m
~ **period** *(El)* s. pulse separation
~ **plasma** *(Pl)* laminares Plasma n, Plasma n im Ruhezustand
~ **prominence** *(Astr)* ruhende Protuberanz f, Protuberanz f im ruhigen (stationären) Zustand
~ **reading** *(Meß)* Ruheausschlag m
~ **telecontrol system** *(Meß, Reg)* Fernwirksystem n mit Spontanbetrieb
Quincke tube *(Ak)* Quincke-Rohr n, Quinckesches Interferenzrohr (Resonanzrohr) n, Interferenzrohr n [nach Quincke]
Quincke's method *(Magn)* Quinckesche Steighöhenmethode (Methode) f
quinquevalence *(At)* Fünfwertigkeit f, Pentavalenz f
quintal *(Mech)* s. 1. metric centner 2.; 2. hundredweight 1.

R

R-factor *(Krist)* R-Faktor m, Zuverlässigkeitsfaktor m, Diskrepanzfaktor m
R-H curve *(Ström)* [Rankine-]Hugoniot-Kurve f, Rankine-Hugoniotsche Kurve f, dynamische Adiabate f
RA, R.A. *(Astr)* s. right ascension
RA technique *(Spektr)* Reflexions-Absorptions-Technik f, RA-Technik f
rabbit 1. *(physCh)* Einstufenrückführung f, Einstufen-Rückstromverfahren n *(bei der Isotopentrennung)*; 2. *(Kern)* s. pneumatic rabbit
~ **tube** *(Kern)* s. pneumatic post
RACE *(Kern)* Resonanzabsorption f nach Coulomb-Anregung

racetrack [synchrotron] *(Kern)* Racetracksynchrotron n, Synchrotron n mit geradlinigen Beschleunigungsstrecken, Rennbahnsynchrotron n
rad 1. *(mathPh)* s. radian; 2. *(radiation absorbed dose)* Rad n, rad *(SI-fremde Einheit der Energiedosis;*
$1 \text{ rad} = 10^{-2}$ J/kg)
radar mile *(El)* Radarmeile f *(spezielle Zeiteinheit, Laufzeit eines Radarimpulses für eine Meile und Rückkehr, $\approx 10{,}75$ µs)*
~ **nautical mile** *(El)* Radarseemeile f *(spezielle Zeiteinheit, Laufzeit eines Radarimpulses für eine Seemeile und Rückkehr, $\approx 12{,}355$ µs)*
radial astigmatism *(Opt)* Astigmatismus m schiefer Bündel
~ **cut** Radialschnitt m, *(speziell:)* Spiegelschnitt m
~ **distortion** *(Opt)* Bildzerdehnung f, Zerdehnung f, radiale Verzeichnung f
~ **gauge** *(Feld)* radiale Eichung f
~ **impact** *(Mech)* radialer (transversaler) Stoß m, Querstoß m, *(speziell:)* Querschlag m
~ **nomogram** *(mathPh)* Strahlenfeld n, Radiantennomogramm n
~-**phase oscillation** *(Kern)* Synchrotronschwingung f *(der geladenen Teilchen)*
~-**ridge (~-sector) cyclotron** *(Kern)* Isochronzyklotron n nach Thomas, Thomas-Zyklotron n, Radialrückenzyklotron n
~-**sectored field** *(Kern)* Radialsektorfeld n, Thomas-Feld n
~ **stellar velocity** *(Astr, Mech)* Radialgeschwindigkeit f
radian *(mathPh)* Radiant m, rad
~ **frequency** Kreisfrequenz f, Winkelfrequenz f *(einer Schwingung)*
~ **frequency deviation** *(El)* Kreisfrequenzhub m
~ **measure** *(mathPh)* Bogenmaß n [des Winkels], arc, *(manchmal:)* analytisches Maß n
radiance 1. *(El, Magn)* Strahldichte f, Strahlungsdichte f; 2. *(El, Magn)* s. radiant flux 1.; 3. *(Opt)* Strahlung f, Helligkeit f *(in der Lichtwellenleitertechnik)*
radiancy *(El, Magn)* spezifische Ausstrahlung f *(eine Strahlungsgröße)*
radiant *(Astr)* Radiant m, Radiationspunkt m, Ausstrahlungspunkt m *(eines Meteors oder Meteorstromes)*
~ **density** 1. *(Astr)* Radiantendichte f; 2. *(El, Magn)* Strahlungsenergiedichte f *(Größe)*
~ **efficiency** *(El, Magn)* Strahlungsausbeute f *(einer Strahlungsquelle)*
~ **emittance** 1. *(El, Magn)* spezifische Ausstrahlung f *(Größe)*; 2. *(Opt)* Abstrahlung f *(Lichtwellenleitertechnik)*
~ **energy** *(El, Magn)* Strahlungsenergie f, Strahlungsmenge f, Strahlungsarbeit f

radiant

(elektromagnetischer Strahlung, im Unterschied zu Teilchenstrahlung, Größe)
- ~ **energy flux** *s.* ~ flux 1.
- ~ **energy per unit volume** *(El, Magn)* Strahlungsenergiedichte *f (Größe)*
- ~ **exitance** *s.* ~ emittance 1.
- ~ **exposure** *(Opt)* Bestrahlung *f*, Strahlungsexposition *f (eine Strahlungsgröße: Bestrahlungsstärke × Zeit)*
- ~ **flux** 1. *(El, Magn)* Strahlungsfluß *m*, Strahlungsleistung *f, (manchmal:)* Strahlungsenergiefluß *m*, Energiefluß *m* [der Strahlung] *(Größe)*; 2. *(Opt)* Strahlungsleistung *f*, optische Leistung *f (in der Lichtwellenleitertechnik)*
- ~ **flux density** 1. *(El, Magn)* Strahlungsflußdichte *f*, Strahlungsenergiefluenzrate *f (auf oder durch eine Fläche, Größe)*; 2. *(El, Magn)* Bestrahlungsstärke *f (an einer Oberfläche, Größe)*; 3. *(Opt)* Leistungsflußdichte *f*, Strahlungsflußdichte *f (in der Lichtwellenleitertechnik)*
- ~ **intensity** 1. *(Opt)* Strahlungsintensität *f (Lichtwellenleitertechnik)*; 2. *(El, Magn)* Strahlstärke *f (Größe)*
- ~ **power** *s.* ~ flux 1.
- ~ **quantity** *(El, Magn)* Strahlungsgröße *f*, strahlungsphysikalische Größe *f*
- ~ **reflectance** *(El, Magn)* Reflexionsgrad *m*
- ~ **sensitivity** 1. Strahlungsempfindlichkeit *f*; 2. *(El)* [absolute] spektrale Empfindlichkeit *f* einer Photokathode *(bezogen auf den Strahlungsfluß bei einer gegebenen Wellenlänge)*
- ~ **total absorptance** *(El, Magn)* totaler Absorptionsgrad *m*, Gesamtabsorptionsgrad *m*
- ~ **total emittance** *(El, Magn)* totaler Emissionsgrad *m*, Gesamtemissionsgrad *m*
- ~ **total reflectance** *(El, Magn, Opt)* totaler Reflexionsgrad *m*, Gesamtreflexionsgrad *m*
- ~ **total transmittance** *(El, Magn)* totaler Transmissionsgrad (Durchlaßgrad) *m*, Gesamttransmissionsgrad *m*
- ~ **transmittance** *(El, Magn)* Transmissionsgrad *m*, Durchlaßgrad *m*
- **radiating power** *(Therm)* spezifische Ausstrahlung *f (eines Wärmestrahlers)*
- ~ **surface** Emissionsfläche *f*, Strahlungsfläche *f*, strahlende Oberfläche *f*
- **radiation** 1. Strahlung *f (Energieform)*; 2. Abstrahlung *f*, Ausstrahlung *f*, Emittieren *n*, Emission *f (von Energie, Teilchen, Wellen)*; 3. *s.* radiant energy
- ~ **accident** *(Kern)* Strahlungsunfall *m*, Strahlenunfall *m*
- ~ **annealing** *(Fest)* Strahlungsausheilung *f*, Strahlungsglühen *n*, Bestrahlungsglühen *n*
- ~ **barrier** 1. *(El, Magn)* Strahlschranke *f (als Strahl)*; 2. *(Kern)* Strahlen[schutz]barriere *f*, Strahlungssperre *f*
- ~ **broadening** *(Spektr)* natürliche Linienverbreiterung *f*, Strahlungsverbreiterung *f*, Linienverbreiterung *f* durch Strahlungsdämpfung (Dämpfung)
- ~ **build-up** *(Kern)* Aufbau *m (einer Strahlungsgröße)*
- ~ **burst** *(Astr) s.* solar burst
- ~ **condition** *(Qu)* Sommerfeldsche Ausstrahlungsbedingung *f*, Ausstrahlungsbedingung *f* von Sommerfeld
- ~ **constant** *(Therm)* [Plancksche] Strahlungskonstante *f (erste oder zweite)*
- ~ **correction** *(Therm)* Wärmestrahlungskorrektion *f*, Strahlungskorrektion *f*, *(als Größe:)* Strahlungskorrektur *f (Kalorimetrie)*
- ~-**damage resistance** *(Kern) s.* ~ resistance 1.
- ~ **density constant** *(statPh)* Stefan-Boltzmannsche Konstante *f*, Strahlungskonstante *f*, Strahlungszahl *f*
- ~ **effect unit** *(Kern)* Strahlungseffekteinheit *f*, reu
- ~ **exposure** *(Kern)* 1. Bestrahlung *f*, Exponierung *f*, Exposition *f (mit ionisierender Strahlung)*, Strahlenexponierung *f*; 2. Strahlenbelastung *f*, Strahlenexposition *f (von Personen, Bevölkerungsgruppen oder der Gesamtbevölkerung)*
- ~ **gauge** 1. *(Feld)* Strahlungseichung *f*; 2. *(Kern)* Strahlungsmeßgerät *n (für Messungen mit Hilfe ionisierender Strahlung)*
- ~ **head** *(Kern)* Strahl[er]kopf *m (einer umschlossenen Strahlenquelle)*
- ~ **impedance** *(Ak)* Schallstrahlungsimpedanz *f*
- ~ **incident** *s.* ~ accident
- ~ **intensity** 1. Strahlungsintensität *f*, Strahlenintensität *f (unspezifischer Begriff, häufig der Energiefluß)*
- ~ **length** *(Hoch) s.* ~ unit
- ~ **loop** *(Kern)* Strahlenschleife *f*, Strahlungsschleife *f (an einem Reaktor)*
- ~ **loss** *(Kern)* Strahlungsverlust *m*, Verlust *m* durch Strahlung[semission] *(von Energie und/oder Geschwindigkeit)*
- ~ **mass reactance** *(Ak)* Schallstrahlungs-Massenreaktanz *f*
- ~ **maze** *(Kern) s.* ~ trap
- ~ **meter** Strahlungsmeßgerät *n (zur Messung ionisierender Strahlung)*
- ~ **monitoring** *(Kern)* 1. Strahlenschutzüberwachung *f*, SSÜ *(insbesondere des Arbeitsplatzes)*; 2. dosimetrische Überwachung *f*, Strahlenüberwachung *f (in einer Kernanlage)*
- ~ **pattern** *(El, Magn)* Richtcharakteristik *f*, Strahlungscharakteristik *f*, Richtdiagramm *n (einer Antenne)*; 2. *(Opt)* Strahlungsdiagramm *n*, Strahlungsmuster *n (einer optischen Faser)*
- ~ **physics** *(Kern)* Strahlungsphysik *f*, Strahlenphysik *f (Physik ionisierender Strahlung)*

radio

~ **potential** *(At)* Ionisierungspotential *n*, Ionisierungsspannung *f*, Ionisationspotential *n (in V)*
~ **pressure** 1. *(El, Magn)* Strahlungsdruck *m*; 2. *(Ak)* Schallstrahlungsdruck *m*
~ **protection** *(Kern)* 1. [biologischer] Strahlenschutz *m (Messung schädlicher Wirkungen ionisierender Strahlung auf Personen)*; 2. Strahlenschutz *m* [des Materials]
~ **protection window** *(Kern)* Abschirmfenster *n*, Strahlenschutzfenster *n*, Schutzfenster *n (in einer biologischen Abschirmung)*
~ **quality** *(El, Kern, Magn)* Qualität *f* einer Strahlung, Strahlenqualität *f*, Strahlungsqualität *f (speziell von Röntgenstrahlung)*
~ **quantity** *(Kern)* Strahlungs[feld]größe *f (für ionisierende Strahlung)*
~ **reaction** 1. *(Feld)* Strahlungsrückwirkung *f*, Strahlungsreaktion *f*, Strahlungsbremsung *f*; 2. *(physCh)* strahlenchemische (strahleninduzierte) Reaktion *f*
~ **reaction force** *(Feld)* Strahlungsreaktionskraft *f*, Lorentzsche Dämpfungskraft *f*
~ **resistance** 1. *(Kern)* Strahlenbeständigkeit *f*, Strahlenresistenz *f*, Strahlungsfestigkeit *f*; 2. *(Ak)* Schallstrahlungsimpedanz *f*; 3. *(El, Magn)* Strahlungswiderstand *m (z. B. des Hertzschen Oszillators)*
~ **self-decomposition** *(Kern, physCh)* Autoradiolyse *f*
~ **shield** *(Kern)* 1. Abschirmung *f*, Strahlenabschirmung *f*, Strahlenschutz *m*, *(speziell:)* Schutzschirm *m*, Schirm *m (Vorrichtung oder Material)*; 2. s. ~ shielding
~ **shielding** *(Kern)* Abschirmung *f*, Strahlenabschirmung *f*, Strahlungsabschirmung *f (Vorgang, Eigenschaft)*
~ **streaming** *(Kern)* Strahlungstransport *m* durch Kanäle und Spalte, Strahlungsleck *n*, Strahlungsströmung *f*, Kanaleffekt *m*
~ **surface** Emissionsfläche *f*, Strahlungsfläche *f*, strahlende Oberfläche *f*
~ **transfer (transport)** *(Astr)* Strahlungstransport *m*, Energietransport *m* durch Strahlung
~ **trap** *(Kern)* Strahlenschleuse *f*, Labyrinth *n*, Labyrintheingang *m*
~ **trapping** *(Pl)* Strahlungsdiffusion *f*
~ **unit** *(Hoch)* Strahlungslänge *f (eines relativistischen Teilchens: Abnahme der Anfangsenergie um den Faktor e)*, *(in der Theorie der Elektron-Photon-Schauer auch:)* Strahlungseinheit *f*, Kaskadeneinheit *f* e-Wertstrecke *f*, Heitler-Einheit *f*
~ **vacuum gauge** *(Vak)* Ionisationsvakuummeter *n* mit Alphaquelle
~ **zone** *(El, Magn)* Fernfeld *n*, Fraunhofer-Gebiet *n*, Fraunhofersche Zone *f*, Fernzone *f (einer Antenne)*

radiationless capture *(Kern)* strahlungsloser (nichtstrahlender) Einfang *m*
~ **decay** *(Qu)* strahlungsloser Übergang *m*
radiative attachment *(At)* strahlende Elektronenanlagerung *f*, strahlendes Attachment *n*
~ **capture** *(Kern)* Einfang *m*, Strahlungseinfang *m*, Kerneinfang *m ((x,γ)-Prozeß, wobei x ein Teilchen ist)*
~ **capture width** *(Kern)* Gammabreite *f*
~ **collision** *(Kern)* strahlender Stoß *m*, Stoß *m* mit Photonenemission (Strahlungsemission)
~ **correction** *(Feld, Qu)* Strahlungskorrektion *f*, *(als Größe:)* Strahlungskorrektur *f*
~ **decay** *(Hoch)* Strahlungszerfall *m*, strahlender Zerfall *m*
~ **envelope** *(Astr)* Gashülle *f* im Strahlungsgleichgewicht
~ **frequency shift** *(At, Spektr)* Lambsche Verschiebung *f*, Lamb-Shift *m*, Lamb-Verschiebung *f*, *(selten:)* Lamb-Retherford-Verschiebung *f*, Bethe-Effekt *m*
~ **heat transfer coefficient** *(Therm)* Wärmeübertragungskoeffizient *m* (Wärmeübergangszahl *f*, Wärmeübertragungszahl *f*) bei Strahlung
~ **mechanism** *(Fest)* Leuchtmechanismus *m (bei der Lumineszenz)*
~ **neutron capture** s. neutron capture 1.
~ **stopping power** *(Kern)* [lineares] Strahlungsbremsvermögen *n*
~ **temperature gradient** *(Astr)* Temperaturgradient *m* bei Strahlungsgleichgewicht
~ **transfer [of energy]** *(Astr)* Strahlungstransport *m*, Energietransport *m* durch Strahlung
radiator 1. *(Kern)* Strahler *m*, Strahlenquelle *f*, Strahlungsquelle *f (einer Bestrahlungsanlage)*; 2. Strahlungsemitter *m*, Strahler *m (ein Nuklid)*; 3. *(Kern)* Radiator *m (eines Dosimeters)*; 4. *(Spektr)* Radiator *m*, *(manchmal:)* Erzeugerplatte *f (eines Spektrometers)*; 5. *(El, Magn)* Strahler *m (einer Antenne oder Übertragungsleitung)*; 6. *(Ak)* Schallstrahler *m*, Strahler *m*
RADIF *(Fest)* strahlenbeschleunigte Diffusion *f*
radio ... s. a. radio...
radio *(El, Magn)* Funk *m*
~ **beam** *(El)* Funkleitstrahl *m*, Leitstrahl *m*, Richtstrahl *m (bei Funkfrequenz)*
~ **blackout** *(El)* Totalschwund *m*
~ **burst** *(Astr)* s. solar burst
~ **detection and location** *(El)* Funkortung *f (z. B. von Erdsatelliten)*
~ **-electromotive force** *(El)* Hochfrequenz-Quellenspannung *f*, HF-Quellenspannung *f*, HF-Urspannung *f*, Hochfrequenz-EMK *f*
~ **fade-out** *(El)* [Mögel-]Dellinger-Effekt *m*, Kurzwellentotalschwund *m*, Fade-out *n*

radio 292

~ **field intensity** *(El, Magn)* Hochfrequenzfeldstärke f, HF-Feldstärke f
~ **frequency** *(El, Magn)* Hochfrequenz f, HF, *(manchmal:)* Radiofrequenz f, RF, *(eigentlich:)* Funkfrequenz f ($\approx 10^4 \ldots 3 \cdot 10^{12}$ Hz)
~-**frequency radiation** 1. *(El, Magn)* hochfrequente Strahlung f, Hochfrequenzstrahlung f, HF-Strahlung f; *(Astr)* s. ~ radiation
~-**frequency size effect** *(Fest)* Radiofrequenz-Sizeeffekt m, RF-Sizeeffekt m, Gantmakher-Effekt m
~ **mirage** *(El)* Weitbereich-Radarerfassung f *(infolge Radioductbildung)*
~ **noise [out]burst** *(Astr)* s. solar burst
~ **physics** *(El, Magn)* Physik f der Radiowellen (Funkwellen), Funkphysik f
~ **pocket** *(El)* Funkschatten m
~-**quiet source** *(Astr)* Objekt n, das keine Radiostrahlung aussendet
~ **radiation** *(Astr)* Radio[frequenz]strahlung f *(von astronomischen Objekten)*
~ **silence** *(El)* Funkstille f
~ **sky survey** *(Astr)* Radiodurchmusterung f
~ **star** *(Astr)* diskrete Radioquelle f, Radiostern m
~ **surface wave** *(El, Magn)* Sommerfeld-Welle f, Sommerfeldsche Oberflächenwelle f, Oberflächenwelle f [Sommerfeldscher Art]
~-**tracer** *(physCh)* radioaktiver Tracer (Indikator) m, Radiotracer m, radioaktives Leitisotop (Indikatornuklid) n
radio... s. a. radio ... und radioactive ...
radioacoustic [sound] ranging *(Ak)* radioakustische (funkakustische) Entfernungsmessung f
radioactivation *(Kern)* Aktivierung f
radioactive age *(Kern)* physikalisches (radioaktives, absolutes) Alter n, Isotopenalter n
~ **age determination (estimation)** *(Kern)* absolute Altersbestimmung f, Datierung f mittels Isotopen, radioaktive Zeitmessung f, physikalische Altersbestimmung f
~ **chain** *(Kern)* [radioaktive] Zerfallsreihe f, Zerfallsfamilie f *(eine der natürlichen Zerfallsreihen)*
~ **chain product** *(Kern)* Glied n *(einer radioaktiven Zerfallskette)*
~ **collision** *(Kern)* s. neutron capture 1.
~ **deposit** *(Kern)* radioaktive Ablagerung f, [radio]aktiver Niederschlag m *(auf einer Oberfläche)*
~ **disintegration** *(Kern)* radioaktive Umwandlung f, [radioaktiver] Zerfall m, Atomzerfall m
~ **disintegration chain** *(Kern)* 1. Zerfallskette f, Zerfallsreihe f, Zerfallsfolge f, Umwandlungsfolge f *(von Atomkernen oder Teilchen)*; 2. Folge f von radioaktiven Umwandlungen, radioaktive Zerfallskette (Zerfallsreihe) f *(induzierte oder spontane Umwandlung)*
~ **disintegration law** *(Kern)* radioaktives Zerfallsgesetz n, Zerfallsgesetz n [der Radioaktivität]
~ **disintegration rate** *(Kern)* Umwandlungsrate f, Zerfallsrate f, Zerfallsgeschwindigkeit f *(Anzahl der Zerfälle je Zeiteinheit)*
~ **disintegration series** s. ~ disintegration chain
~ **displacement law** *(Kern)* radioaktive Verschiebungssätze mpl [von Soddy und Fajans], Fajans-Soddysche Verschiebungsregeln fpl, radioaktives Verschiebungsgesetz n, radioaktiver (Soddy-Fajansscher) Verschiebungssatz m
~ **fallout** *(Kern)* s. fallout 1.
~ **family** s. ~ chain
~ **gauge** *(Kern)* Radionuklidmeßgerät n, Isotopenmeßgerät n
~ **half-life** *(Kern)* Halbwert[s]zeit f, HWZ, *(im Unterschied zur biologischen Halbwertszeit auch:)* physikalische Halbwert[s]zeit f *(eines Radionuklids oder Teilchens)*
~ **heat** *(Kern)* radiogene Wärme f
~ **parent** *(Kern)* Mutternuklid n, Muttersubstanz f *(Anfangsglied einer radioaktiven Zerfallsreihe)*
~ **precursor** *(Kern)* Ausgangsnuklid n, Mutternuklid n *(irgendein vorangehendes Glied einer Zerfallskette)*
~ **radiation** *(Kern)* radioaktive Strahlung f, Kernstrahlung f, Nuklearstrahlung f, nukleare Strahlung f
~ **relationship** *(Kern)* radioaktive Verwandtschaft f, genetische Zusammengehörigkeit f, genetischer Zusammenhang m *(in einer Zerfallskette)*
~ **series** s. ~ chain
~ **source** *(Kern)* radioaktive Strahlenquelle (Strahlungsquelle, Quelle) f, *(speziell:)* radioaktives Präparat n
~ **transformation** *(Kern)* s. ~ disintegration
~ **waste hold-up** *(Kern)* Verzögerung f (Abklingenlassen n) der radioaktiven Abfälle, Abfallverzögerung f
radioactivity *(Kern)* 1. Radioaktivität f *(Eigenschaft, Erscheinung)*; 2. radioaktiver Stoff m, radioaktives Material n, Radioaktivität f, Aktivität f; 3. s. radioactive disintegration; 4. Aktivität f *(Größe)*
radiocinematography *(Phot)* Kineradiographie f, Cineradiographie f *(mit anderer als Röntgenstrahlung)*
radiocrystallography *(Krist)* Kristallstrukturanalyse f, Radiokristallographie f *(mittels Röntgenstrahlung, Elektronen, Neutronen, Protonen usw.)*
radiodecay[ing] *(Kern)* Abklingenlassen n, Abklingen n, Abkühlung f *(einer Radioaktivität)*

radioeclipse *(Astr)* Radiofinsternis f, Radioverfinsterung f
radiogram 1. *(Phot)* Radiogramm n, radiographische Aufnahme f, *(speziell:)* Röntgenaufnahme f; 2. *(El)* Funkmeldung f
radiograph *(Phot)* Schirmbild n, Schirmbildaufnahme f, Schirmbildphotographie f, Röntgen[schirmbild]aufnahme f
radiographic contrast *(Phot)* Schwärzungskontrast m *(bei radiographischen Aufnahmen)*, *(speziell:)* Röntgenkontrast m
~ **definition** *(Phot)* Schärfe f einer radiographischen Aufnahme, *(speziell:)* Schärfe f einer Röntgenaufnahme
radioinduced reaction *(physCh)* strahlenchemische (strahleninduzierte) Reaktion f
radiolocation *(El)* Funkortung f
radiological physics 1. radiologische Physik f, angewandte Strahlungsphysik f, *(speziell:)* medizinische Strahlungsphysik (Strahlenphysik) f; 2. s. radiation physics
radiology *(Kern)* Radiologie f *(Erforschung und Anwendung durchdringender ionisierender Strahlung)*
radiolucent material *(El, Magn)* für Röntgenstrahlung [und Radiowellen] durchlässiges Material n, *(allgemeiner:)* für ionisierende Strahlung durchlässiges (durchgängiges) Material n
radiomagnitude *(Astr)* Radiohelligkeit f
radiometric age *(Kern)* s. radioactive age
~ **quantity** *(El, Magn)* Strahlungsgröße f, strahlungsphysikalische Größe f
radionuclide daughter *(Kern)* Tochternuklid n, Tochtersubstanz f *(eines Isotopengenerators)*
~ **parent** *(Kern)* Mutternuklid n, Muttersubstanz f *(eines Isotopengenerators)*
radiopacity *(El, Magn)* Strahlenundurchlässigkeit f, Strahlungsundurchlässigkeit f, Schattengebung f *(insbesondere für Röntgenstrahlung)*
radiopaque material *(El, Magn)* strahlenundurchlässiges (radioopakes, schattengebendes) Material n *(speziell für Röntgenstrahlung)*
radioparent material *(El, Magn)* s. radiolucent material
radiophysics *(El, Magn)* Physik f der Radiowellen (Funkwellen), Funkphysik f
radioprotection *(Kern)* s. radiation protection
radioresistance *(Kern)* s. radiation resistance 1.
radiosensitivity Strahlenempfindlichkeit f, Strahlungsempfindlichkeit f
radius of gyration 1. *(Mech)* Trägheitsradius m; 2. *(Pl)* Larmor-Radius m, Gyratiousradius m, Gyroradius m
~ **of reverberation** *(Ak)* Hallradius m
~ **of the first orbit** *(At)* Bohrscher Wasserstoffradius m, [erster] Bohrscher Radius m, Radius m der ersten Bohrschen Bahn

~ **ratio** *(At, physCh)* Radienquotient m
radix *(mathPh)* 1. Wurzel f *(aus einer Zahl)*; 2. Basis f, Grundzahl f *(eines Zahlensystems)*
radlux *(Opt)* Radlux n, rlx *(SI-fremde Einheit der Beleuchtungsstärke; 1 rlx = 1,005 lx)*
radphot *(Opt)* Radphot n, rph *(SI-fremde Einheit der spezifischen Lichtausstrahlung; 1 rph = 10^4 lx)*
radstilb *(Opt)* Radstilb n, rsb *(SI-fremde Einheit der Leuchtdichte; 1 rsb = 1 cd cm^{-2})*
radwaste repository *(Kern)* Endlager n [für radioaktive Abfälle]
raie blanche *(At, Spektr)* weiße Linie f, „raie blanche", RB
~ **ultime** *(Astr, Spektr)* letzte (beständige) Linie f, Restlinie f, Nachweislinie f
raies ultimes powder *(Spektr)* Nachweislinienpulver n, Restlinienpulver n, RU-Pulver n
railing phenomenon *(Opt)* Staketenphänomen n
rain-like condensation *(Therm)* Tropfenkondensation f, Tröpfchenkondensation f
rainbow colour *(Opt)* Regenbogenfarbe f
~ **integral [of Airy]** *(Opt)* Airysches Regenbogenintegral n, Regenbogenintegral n [von Airy]
rainout *(Kern)* Rainout m, Washout m, [mit den Niederschlägen ausgewaschener radioaktiver] Fallout m
raise Erhöhung f, Anhebung f, Steigerung f *(eines Wertes)*
raising to a power *(mathPh)* Potenzierung f, Potenzieren n, Erhebung f in eine Potenz
ram 1. *(Aero)* Luft[auf]stau m; 2. *(Aero)* s. ~ pressure
~ **-jet [engine]** *(Aero)* Staustrahltriebwerk n, Stau[strahl]rohr n, Lorin-Triebwerk n, Ramjet m
~ **pressure** *(Aero)* Staudruck m *(im Staustrahlrohr)*
~ **recovery** *(Aero)* gasdynamische Vorverdichtung f, Verdichtungsstoß m *(im Staurohr)*
Raman beat spectroscopy *(Spektr)* Raman-Schwebungsspektroskopie f
~ **displacement** s. ~ shift
~ **gain spectroscopy** *(Spektr)* Raman-Verstärkungsspektroskopie f, Raman-Gewinnspektroskopie f
~ **shift** *(Spektr)* Raman-Verschiebung f
~ **vibrational line** *(Spektr)* Schwingungs-Raman-Linie f, Raman-Schwingungslinie f
ramification 1. Verzweigung f, Verästelung f, Aufzweigung f, *(speziell:)* Gabelung f, Bifurkation f; 2. *(mathPh)* Baum m, baumartiger (baumförmiger) Graph m
rammability *(Mech)* Verdichtbarkeit f
ramming *(Aero)* Druckerhöhung f durch Luftstau *(im Staustrahltriebwerk)*

ramp

ramp *(El)* 1. Flanke *f*, Anstieg *m (eines Impulses)*; 2. Rampenfunktion *f*
~ **change of power** *(Kern)* rampenförmige Leistungsänderung *f*, Leistungsrampe *f (eines Reaktors)*
~ **insertion of reactivity** *(Kern)* rampenförmige Reaktivitätserhöhung (Reaktivitätszufuhr) *f*
~ **mass** *(Aero)* Rüstmasse *f (einer Rakete)*
~ **weight** *(Aero)* Rüstgewicht *n (eines Raumschiffs)*
Ramsauer[-Townsend] collision cross section *(At, statPh)* Wirkungsquerschnitt (Gesamtwirkungsquerschnitt) *m* für Elektronenstöße, Ramsauer-Stoßquerschnitt *m (eines Gases)*
~ **[-Townsend] collision mean free path** *(At)* Ramsauer-Weglänge *f*, mittlere freie Weglänge *f* langsamer Elektronen im Gas
~ **well** *(At)* Ramsauer-Mulde *f*
Ramsden circle (disk) *(Opt)* Austrittspupille *f*, Augenkreis *m*, Ramsdenscher Kreis *m (eines Fernrohrs)*
~ **magnifier** *(Opt)* Ramsdensches (positives) Okular *n*, Okular *n* nach Ramsden
~ **range finder** *(Opt)* Mischbildentfernungsmesser *m (von Ramsden)*
Ramsey fringe *(At, Qu)* Ramseyscher Streifen *m*
random energy hopping *(Fest)* Hopping *n* (Hoppingprozeß *m*) mit zufälliger Energie
~ **fashion** *(At)* zufällige (ungeordnete) Lage *f*, Zufallslage *f*
~ **flight** *(statPh)* ungeordnete (chaotische, regellose, statistische) Bewegung *f*
~ **incidence** *(Ak)* diffuser Einfall (Schalleinfall) *m*
~-**incidence sensitivity** *(Ak, El)* s. ~ sensitivity
~-**jump motion** *(Halbl)* Wimmelbewegung *f*
~ **noise** *(El)* Rauschstörung *f*, statistisches (zufällig verteiltes) Rauschen *n*, Zufallsrauschen *n*
~ **packing of spheres** *(Fest)* regellose (ungeordnete) Kugelpackung *f*
~ **phase approximation** *(Pl)* RPA-Näherung *f*, „random-phase"-Approximation *f*, Näherung *f* der zufallsverteilten Phasen
~-**position scattering** *(Kern)* ungeordnete (zufällige) Streuung *f*
~ **range hopping** *(Fest)* Hopping *n* (Hoppingprozeß *m*) mit zufälliger Reichweite
~ **sample** *(mathPh)* Zufallsstichprobe *f*, zufällige (mathematische) Stichprobe *f*
~ **sensitivity** *(Ak, El)* Diffusübertragungsfaktor *m*, Übertragungsfaktor *m* (Empfindlichkeit *f*) im diffusen Schallfeld *(eines Mikrophons)*
~ **sequence (series)** *(mathPh)* zufällige (stochastische) Folge *f*, Zufallsfolge *f*, stochastischer Prozeß *m* mit diskreter (diskontinuierlicher) Zeit
~ **start** *(mathPh)* Zufallsanfangszahl *f*

~ **variable** *(mathPh)* zufällige Variable (Veränderliche) *f*, zufälliges Element *n*, stochastische (aleatorische) Variable *f*, Zufallsveränderliche *f*, Variate *f*, Zufallsgröße *f*
~ **velocity** *(Mech)* ungerichtete Geschwindigkeit *f*
~ **vibration** *(Mech)* ungeordnete Schwingung *f*
~ **walk** *(mathPh)* [stochastische] Irrfahrt *f*, zufällige Schrittfolge *f*, *(manchmal:)* Zufallsbewegung *f*
randomness *(mathPh)* Zufälligkeit *f*, Stochastizität *f*, Zufallscharakter *m*, zufälliger Charakter *m*, Regellosigkeit *f*
range deviation *(Mech)* Tragweitenabweichung *f*, Schußweitenabweichung *f*, Flugweitenabweichung *f (eines Geschosses)*
~ **distribution** *(Kern)* Reichweitenspektrum *n*, Reichweitenverteilung *f*
~ **energy** *(Opt)* Reichweitenenergie *f (eines Lasers)*
~-**energy relation[ship]** *(At, Kern)* Energie-Reichweite-Beziehung *f*, Energie-Reichweite-Relation *f*
~ **expansion** *(Reg)* Bereichsdehnung *f*
~-**extension factor** *(Meß)* Bereichsumrechnungsfaktor *m*
~ **formula** *(El, Magn)* Reichweitenformel *f*
~ **of attack** *(Aero)* Anstellwinkelbereich *m*
~ **of audibility** *(Ak)* Hör[frequenz]bereich *m*, hörbarer Frequenzbereich *m*, *(manchmal:)* Hörbarkeitsbereich *m*
~ **of boiling** *(physCh)* Siedebereich *m*, Siedepunktsintervall *n*
~ **of colours** *(Phot)* Farbenumfang *m*, Farbenbereich *m*, *(speziell:)* Farbensortiment *n*
~ **of control** 1. *(Reg)* Stellbereich *m*, Steuerbereich *m*, *(manchmal:)* Verstellbereich *m*, *(speziell:)* Regelbereich *m*; 2. *(El)* Aussteuer[ungs]bereich *m*
~ **of variation** *(mathPh)* Spannweite *f*, Variationsbreite *f* der Stichprobe
~ **rate** *(El)* Änderungsgeschwindigkeit *f* der Entfernung, zeitliche Änderung *f* der Entfernung *(Radartechnik)*
~ **reduction** *(Kern, Opt)* Reichweitenverkürzung *f (auch eines Lasers)*
~ **suppression** *(Reg)* Bereichseinengung *f*
~-**velocity relations[hip]** *(Kern)* Geschwindigkeits-Reichweite-Beziehung *f*, Geschwindigkeits-Reichweite-Relation *f*
rangeability *(Reg)* Stellverhältnis *n*
ranging *(Meß)* Bereichsfestlegung *f*, Meßbereichsfestlegung *f*
rank *(mathPh)* 1. Rang *m (eines linearen Operators)*; 2. Rangzahl *f*, Rang *m (Statistik)*; 3. Stufe *f*, Ordnung *f*, Valenz *f*, Stufenzahl *f (eines Tensors)*
Rankine cycle *(Therm)* Clausius-Rankine-Prozeß *m*, Rankine-[Clausius-]Prozeß *m*, Clausius-Rankinescher Kreisprozeß *m*

Rankine's theory *(Mech)* Theorie f der Maximalbelastung, Rankinesche Theorie f
rapid flow *(Hydr)* s. shooting flow
~ **lens** *(Phot, Opt)* lichtstarkes Objektiv n
~ **test** *(El, Mech)* Schnellprüfung f, Kurz[zeit]prüfung f, *(Mech meist:)* Schnellversuch m, Kurz[zeit]versuch m
rapidity 1. Schnelligkeit f, Schnelle f; 2. *(Hoch)* Rapidität f, *(manchmal:)* Schnelle f [der Teilchen], Teilchenrapidität f; 3. *(Phot)* Empfindlichkeit f, Lichtempfindlichkeit f *(einer Emulsion, eines Films)*
RAR *(Ak)* s. radioacoustic [sound] ranging
rarefaction *(Ak, physCh)* Verdünnung f *(eines Gases)*, *(als Größe:)* Verdünnungsgrad m
~ **shock** *(Ström)* Verdünnungsstoß m
~ **wave** *(Ström)* Verdünnungswelle f, Verdünnungslinie f, *(manchmal:)* Saugwelle f
rarefied gas dynamics *(Aero)* Superaerodynamik f, *(manchmal:)* Supraaerodynamik f, Molekularaerodynamik f
raser *(El, Magn)* Raser m, Radiowellenmaser m, Funkwellenmaser m
Rasmussen étalon *(Opt)* Keilétalon n [nach Rasmussen]
Rast's camphor method *(At)* Rast-Methode f, Mikromethode f von Rast, Camphermethode f [nach Rast] *(zur Bestimmung der relativen Molekülmasse)*
rat race *(El)* Ringhybride f, ringförmige Hybride f
rate Rate f, Änderungsgeschwindigkeit f *(Änderung einer Größe je Zeiteinheit, in Zusammensetzungen meist kurz:)* Geschwindigkeit f
~ **equations** *(Opt)* Bilanzgleichungen fpl
~ **growing** *(Krist)* Stufenziehen n, Stufenziehverfahren n
~-**grown junction** *(Halbl)* stufengezogener Übergang m
~ **method of cooling** *(physCh)* Abkühlung f mit konstanter Geschwindigkeit
~ **of change** s. rate
~ **of decay** 1. Abklinggeschwindigkeit f *(einer Schwingung)*; 2. *(Fest)* Abklinggeschwindigkeit f, Zerfallsgeschwindigkeit f *(der Lumineszenz)*
~ **of deformation tensor** *(Mech)* [Eulerscher] Streckungstensor m
~ **of discharge** *(Hydr)* Abfluß m, Abflußmenge f, *(beim Austritt:)* Ausfluß m, Ausflußmenge f, *(beim Durchtritt:)* Strom m, Durchfluß m, Durchflußmenge f *(Volumen oder Masse je Zeiteinheit)*
~ **of fading** *(El, Magn)* Schwundmaß n *(nach Ratcliffe)*
~ **of fission** *(Kern)* Spaltrate f, Spalthäufigkeit f
~ **of flow** *(Ström)* Durchfluß m, Strom m, Durchflußmenge f, Durchsatz m *(Skalar, Masse oder Volumen je Zeiteinheit)*

~ **of gas flow** *(Aero)* 1. Gasstrom m *(Masse oder Volumen je Zeiteinheit)*; 2. Strömungsgeschwindigkeit f des Gases *(Strecke je Zeiteinheit)*
~ **of heat flow** *(Therm)* Wärmestrom m, Wärmeleistung f, Wärmefluß m *(Größe, in J/s oder W)*
~ **of leakage** *(Ström, Vak)* Leckrate f, Undichtheit f, Undichtigkeit f *(Größe)*
~ **of production** *(Kern)* Erzeugungsrate f, Bildungsrate f, Entstehungsrate f *(eines Teilchenstrahlers: Teilchenzahl pro Zerfall)*
~ **process** *(physCh)* kinetische Reaktion f, *(allgemeiner:)* kinetischer Prozeß m
~ **time** *(Reg)* Vorhaltzeit f
rated burden *(El)* Bemessungsbürde f *(eines Meßwandlers)*
~ **duty** *(El)* Bemessungsbetriebsart f
~ **horsepower** *(Mech)* Bemessungsleistung f *(einer Kraftmaschine)*
~ **impedance** *(El)* s. rated burden
~ **output** *(El)* Bemessungsleistung f *(eines Meßwandlers)*
~ **phase angle** *(El)* Fehlwinkelgrenze f
~ **primary current** *(El)* primäre Bemessungsstromstärke f *(eines Meßwandlers)*
~ **primary voltage** *(El)* primäre Bemessungsspannung f *(eines Meßwandlers)*
~ **quantity** *(El)* Bemessungsgröße f
~ **secondary current** *(El)* sekundäre Bemessungsstromstärke f *(eines Meßwandlers)*
~ **short-circuit current** *(El)* thermischer Grenzstrom (Kurzschlußstrom) m
~ **sound pressure level** *(Ak)* Nennschalldruckpegel m
~ **transformation ratio** *(El)* Bemessungsübersetzung f *(eines Meßwandlers)*
~ **value** Bemessungswert m *(Größe)*
ratemeter *(Kern)* Zählratenmesser m, Impulsdichtemesser m
rating 1. Bewertung f, Einstufung f; 2. Bemessung f, Dimensionierung f; 3. Bemessungswert m *(Größe)*; 4. *(El)* Bemessungsleistung f; Belastungsdiagramm n, Belastungsnomogramm n, Röntgenröhrennomogramm n; 5. *(Meß)* Meßbereichsendwert m
~ **life** Bemessungslebensdauer f, errechnete Lebensdauer f
ratio Verhältnis n *(zweier Größen)*
~ **control** *(Reg)* Verhältnisregelung f
~ **paper** *(mathPh)* einfachlogarithmisches (halblogarithmisches, semilogarithmisches) Papier n, Exponentialpapier n
rational equation Gleichung f in rationaler Schreibweise, rationale Gleichung f
~ **formula** *(At, physCh)* Strukturformel f, Konstitutionsformel f, *(manchmal:)* Valenzstrichformel f
~ **horizon** *(Opt)* wahrer (geozentrischer) Horizont m
~ **indices** *(Krist)* Millersche Indizes mpl, Miller-Indizes mpl

rational

~ **wave** *(Mech)* Scher[ungs]welle *f*, Schubwelle *f (in einem elastischen Medium)*
rationality law *(Krist)* s. law of rational indices
rationalized m.k.s. coulomb system [of units] *(El, Magn)* MKSQ-System *n*, Meter-Kilogramm-Sekunde-Coulomb-System *n*
ray 1. *(Ak, Opt)* Strahl *m*; 2. *(mathPh)* Strahl *m*, [abgeschlossene] Halbgerade *f, (manchmal:)* Halbstrahl *m*; 3. *(Astr)* Strahl *m*, heller Streifen *m (als Oberflächenform des Mondes, pl.:* Strahlensystem*)*
~ **acoustics** *(Ak)* geometrische Akustik *f*, Schallstrahlenmethode *f*
~ **cone** *(Opt)* Lichtkegel *m*, Strahlenkegel *m*
~ **ellipsoid** *(Krist, Opt)* Fresnelsches Ellipsoid *n*, Strahlenellipsoid *n*
~ **optics** *(Opt)* geometrische Optik *f*, Strahlenoptik *f*
~ **path** *(Opt)* Strahlengang *m*, Strahlenverlauf *m, (manchmal:)* Strahlenweg *m*, Strahlenbahn *f*
~ **surface** *(Krist, Opt)* Strahlenfläche *f*, Wellenfläche *f*
~ **trace** *(Opt)* s. ~ path
~ **tracing** *(Opt)* 1. Strahlkonstruktion *f*, Strahlengangsbestimmung *f*; 2. Durchrechnung *f*
~ **trajectory** s. ~ path
~ **velocity** *(Krist, Opt)* Strahl[en]geschwindigkeit *f*, Ausbreitungsgeschwindigkeit *f* der Lichtenergie, Geschwindigkeit *f* der Energiefortpflanzung
~-**velocity surface** s. ~ surface
rayl *(Ak)* Rayl *n*, rayl *(SI-fremde Einheit der spezifischen Schallimpedanz; 1 rayl = 10 Ns/m^3)*
rayleigh *(Opt)* Rayleigh *n*, rayleigh *(SI-fremde Einheit der Leuchtdichte; 1 rayleigh = (1/4π) 10^{10} m^{-2} s^{-1} sr^{-1})*
Rayleigh coefficient *(Ström)* s. ~ number 1.
~ **criterion** 1. *(Opt)* Rayleigh-Kriterium *n*, Rayleighsches Auflösungskriterium *n*; 2. *(Ström)* s. ~ number 1.
~ **equation** 1. *(Opt)* Rayleigh-Gleichung *f*; 2. *(Ak, Hydr)* Rayleigh-Gleichung *f (für die Kavitation)*; 3. *(Ström)* Rayleighsche Differentialgleichung *f (für turbulente Strömung)*
~ **hysteresis coefficient** *(Magn)* Rayleigh-Konstante *f*, Rayleighsche Konstante *f*
~ **limit** *(Opt)* Rayleighscher Grenzfall *m*, *(als Größe:)* Rayleigh-Grenze *f*, Lambda-Viertel-Grenze *f*
~ **line** 1. *(Mech)* Rayleighsche Gerade *f*, Rayleigh-Gerade *f*; 2. *(Spektr)* Rayleigh-Linie *f*
~ **number** *(Ström)* 1. Rayleigh-Zahl *f*, Ra (= $Gr \cdot Pr$); 2. Rayleigh-Zahl *f (für freie + erzwungene Konvektion in vertikalen Rohren)*; 3. Weber-Zahl *f (Quadratwurzel aus der üblichen Weber-Zahl)*

~ **pressure** *(Ak)* Rayleighscher Schallstrahlungsdruck *m*
~ **scattering** 1. *(Opt)* Rayleigh-Streuung *f*, Luftstreuung *f*, Rayleighsche diffuse Reflexion *f*; 2. *(El, Magn)* Rayleigh-Streuung *f*, kohärente Streuung *f* von Photonen
~ **[-type surface] wave** *(Ak, Mech)* Rayleigh-Welle *f*, Rayleighsche Oberflächenwelle *f*, Oberflächenwelle *f* [Rayleighscher Art]
Rayleigh's quarter wavelength criterion *(Opt)* Rayleighsche Lambda-Viertel-Regel *f*, [Rayleighsches] Lambda-Viertel-Kriterium *n*
rd s. 1. *(Kern)* rutherford; 2. *(Mech)* perch
Re *(mathPh)* s. real part
reach 1. Wirkungsradius *m*, Aktionsradius *m*, Reichweite *f*; 2. *(Hydr)* Haltung *f*, Stufe *f (eines Kanals)*; Stromstrecke *f*, Wasserstrecke *f*, Strecke *f (eines Flusses)*
~-**through voltage** *(Halbl)* Durchgreifspannung *f*
reactance voltage *(El)* Streuspannung *f*, Reaktanzspannung *f*
reactant 1. *(Kern)* Reaktionspartner *m*, reagierender Kern *m (einer Kernreaktion)*; 2. *(physCh)* Reaktionspartner *m*, Reaktionsteilnehmer *m*, Reaktant *m*
reaction 1. Gegen[wirkungs]kraft *f*; 2. Rückwirkung *f*, Reaktion *f*; 3. *(Hoch)* Reaktion *f*, Prozeß *m*; 4. *(Kern)* Kernreaktion *f*; 5. Überdruck *m*, überhöhter (zu hoher) Druck *m*; 6. *(Mech)* s. ~ of constraints; 7. *(physCh)* [chemische] Reaktion *f*, [chemische] Umsetzung *f*
~ **energy** 1. *(Kern)* Umwandlungsenergie *f*, Q-Wert *m*, Q, Zerfallsenergie *f*; 2. *(physCh)* Reaktionsenergie *f*, Reaktionswärme *f* bei konstantem Volumen
~ **force** *(Feld)* Strahlungsreaktionskraft *f*, Lorentzsche Dämpfungskraft *f*
~ **heat** *(physCh)* Reaktionswärme *f*, Wärmetönung *f (einer chemischen Reaktion)*, *(selten:)* Umsetzungswärme *f*
~ **of constraints** *(Mech)* Zwangskraft *f*, Reaktionskraft *f*, Führungskraft *f*, Zwang *m*
~ **pressure** *(Mech)* Gegendruck *m*
~ **principle** *(Aero)* Rückstoßprinzip *n*
~ **rate** 1. *(Kern)* Reaktionsrate *f*; 2. *(physCh)* Reaktionsgeschwindigkeit *f*
~ **threshold** *(Kern)* Reaktionsschwelle *f*, Schwellenenergie *f*, Schwellenwert *m* der Energie, Schwelle *f (einer Schwellenreaktion)*
reactive component *(El)* Blindkomponente *f*, Blindanteil *m*, wattlose Komponente *f*
~ **current** *(El)* Blindstrom *m*, Blindanteil *m* des Stroms, Blindstromkomponente *f*, wattloser Strom *m*
~ **effect** Rückwirkung *f*, Reaktion *f*
~ **factor** *(El)* Blindfaktor *m (sin φ)*

readjustment

~ **force** *(Mech)* 1. Rückwirkungskraft f; 2. s. reaction of constraints
~ **load** *(El)* Blindlast f
~ **permeability** *(Magn)* Blindpermeabilität f, Reihenwiderstandspermeabilität f, Imaginärteil m der komplexen Permeabilität
~ **volt-ampere** *(El)* Watt n Blindleistung, Var n, var, Blindwatt n, bW
~ **volt-ampere hour** *(El)* Wattstunde (Voltamperestunde) f Blindleistung, Varstunde f, Blindwattstunde f
~ **wave** *(El, Magn)* abklingende (rückwirkende) Welle f
reactivity 1. *(Kern)* Reaktivität f *(eines Reaktors)*; 2. *(Kern)* s. ~ worth; 3. *(physCh)* [chemische] Reaktionsfähigkeit f, Reaktionsfreudigkeit f
~ **ramp** *(Kern)* rampenförmige Reaktivitätsänderung f, Reaktivitätsrampe f
~ **worth** *(Kern)* Wirksamkeit f, Effektivität f, Reaktivitätswert m, Reaktivitätsäquivalent n *(eines Steuerstabes)*
reactor 1. *(Kern)* Reaktor m, Kernreaktor m; 2. *(El)* Reaktanz f, Blindwiderstand m *(als Bauelement, Spule oder Kondensator, oft eine Drosselspule)*; 3. *(physCh)* Reaktionsapparat m, [chemischer] Reaktor m
~ **activation analysis** *(Kern, physCh)* Aktivierungsanalyse f mit Aktivierung der Proben im Kernreaktor
~ **burner** *(Kern)* Brenner m, Brenn[er]reaktor m, Reaktorbrenner m
~ **cavity (vessel)** *(Kern)* Schacht f, Reaktorschacht m
~ **charge** *(Kern)* Ladung f, Brennstoffladung f, Beladung f *(eines Kernreaktors, Größe)*
~ **charging** *(Kern)* Beladung f, Ladung, Brennstoffbeladung f *(eines Kernreaktors, Vorgang)*
~ **containment** *(Kern)* Reaktorcontainment n, Reaktorsicherheitseinschluß m
~ **containment vessel** *(Kern)* Sicherheitshülle f, Druckschale f *(Wandung eines Containments)*
~ **converter** *(Kern)* Konverter m, Konverterreaktor m
~ **coolant** *(Kern)* Hauptkühlmittel n, Primärkühlmittel n, Reaktorkühlmittel n
~ **core** *(Kern)* Kern m, Reaktorkern m, Core n, Spaltzone f *(Zusammensetzungen s. unter core)*
~ **enthalpy rise** *(Kern)* Kühlmittelaufwärmung f, Kühlmittelaufheizspanne f
~ **excursion** *(Kern)* [unkontrolliertes] Durchgehen n, [nukleare] Exkursion f, Leistungsexkursion f, Reaktordurchgang m, Reaktorexkursion f
~ **fuel** *(Kern)* Kernbrennstoff m, Reaktorbrennstoff m, [nuklearer] Brennstoff m
~ **fuel cycle** *(Kern)* Kernbrennstoffzyklus m, KBZ, Brennstoffkreislauf m
~ **fuel[l]ing** *(Kern)* Beladung f, Ladung, Brennstoffbeladung f *(eines Kernreaktors) (Vorgang)*

~ **grade plutonium** *(Kern)* Plutonium n in Reaktorqualität, reaktorreines (reaktorfähiges) Plutonium n
~ **loop** *(Kern)* 1. Reaktorkreislauf m, Schleife f im Reaktor, reaktorinterner Kreislauf m, reaktorinterne Schleife f, [In-pile-]Loop f; 2. Primär[kühl]kreislauf m, erster Kreislauf m, Primärkühlmittelkreis m
~ **period** *(Kern)* s. ~ time constant
~ **poison** *(Kern)* Neutronengift n, Gift n, *(innerhalb eines Reaktors auch:)* Reaktorgift n
~ **pumped laser** *(Opt, Pl)* reaktorgepumpter Laser m
~ **refue[l]ling** *(Kern)* Brennstoffumladung f, Umladung f des Brennstoffs, Brennstoffwechsel m
~ **run-down** *(Kern)* Absenkung (Senkung, Rückstellung) f der Leistung, [graduelle] Leistungsherabsetzung f, Leistungsreduktion f, Herunterfahren n *(eines Reaktors auf eine bestimmte Leistung)*
~ **runaway** *(Kern)* s. ~ excursion
~ **shutdown margin** *(Kern)* Abschaltsicherheit f, Abschalttoleranz f, Sicherheitsspanne f für die Abschaltreaktivität
~ **spectrum** *(Kern)* Reaktor[neutronen]-spektrum n, Energiespektrum n der Reaktorneutronen
~ **state space approach** *(Kern)* Kinetik f im Zustandsraum
~ **thermal neutron activation analysis** *(Kern, physCh)* Aktivierungsanalyse f mit thermischen Reaktorneutronen
~ **thermal column** *(Kern)* thermische Säule f, *(speziell:)* thermische Grube f
~ **thermal output (power)** *(Kern)* thermische Leistung (Reaktorleistung) f, Wärmeleistung f *(eines Reaktors in MW, auch geschrieben MW(th))*
~ **time constant** *(Kern)* Zeitkonstante f, Reaktorzeitkonstante f, Reaktorperiode f, *(nicht empfohlen:)* Periode f
~ **transfer function** *(Kern)* Übertragungsfunktion f, Reaktorübertragungsfunktion f
~ **trip** *(Kern)* Leistungsabwurf m, schnelle Leistungsabsenkung f, Leistungseinbruch m, Schnellabfahren n *(eines Reaktors auf eine niedrige Leistung)*
~ **tank** *(Kern)* 1. Behälter m, Reaktorbehälter m, Raktortank m, Reaktorkessel m *(eines Forschungsreaktors)*; 2. s. ~ vessel
~ **vessel** *(Kern)* Reaktorbehälter m, Reaktortank m, *(manchmal:)* Raktorgefäß n *(drucklos)*
~ **well** *(Kern)* Reaktorbecken n, Flutraum m
reading uncertainty *(Meß)* Unsicherheit f des abgelesenen Wertes, Ableseunsicherheit f
readjustment Nachstellung f, Nachjustierung f, Nachregulierung f, *(speziell:)* Neueinstellung f

real 298

real *(mathPh)* reelle Zahl *f*
~-**cycle performance diagram** *(Mech)* Indikatordiagramm *n*, Dampfdruckdiagramm *n*
~ **displacement** *(Mech)* wirkliche Verrückung (Verschiebung) *f*
~ **horizon** *(Astr)* natürlicher (sichtbarer) Horizont *m*
~ **line** *(mathPh)* Zahlengerade *f*
~ **object** *(Opt)* reelles Ding (Objekt) *n*, reeller Gegenstand *m*
~ **part** *(mathPh)* Realteil *m*, Re
~ **power** *(El)* Wirkleistung *f*, Wirkanteil *m* der [komplexen] Leistung, Wirkleistungskomponente *f*, *(selten:)* [mittlere] Leistung *f*
~ **quantity** *(El)* Wirkgröße *f*
~ **solution** *(physCh)* echte (molekulare) Lösung *f*
~-**to-random ratio** *(Kern)* Verhältnis *n* der echten Impulse zu den zufälligen
~ **value** 1. *(Meß, Reg)* Istwert *m*, aktueller (tatsächlicher) Wert *m*, Absolutwert *m*; 2. *(mathPh)* reeller Wert *m*
ream *(Opt)* Schlierenschicht *f (Glasfehler)*
~ **cluster** *(Opt)* Schlierenknäuel *n (Glasfehler)*
rear depth of field *(Phot, Opt)* Hintertiefe *f*, rückwärtige Tiefe *f*
~ **field of view** *(Opt)* Bildfeld *n*, bildseitiges Sichtfeld *n*, Austrittssichtfeld *n (eines optischen Instruments)*
~ **focal distance (length)** *(Opt)* Bildbrennweite *f*, bildseitige (hintere, zweite) Brennweite *f*
~ **projection** *(Opt)* Durchprojektion *f*
~ **stagnation point** *(Hydr)* hinterer Staupunkt *m*, Abflußpunkt *m*
rearrangement collision *(Kern)* Umordnungsstoß *m*, Umlagerungsstoß *m*
~ **scattering** Umlagerungsstreuung *f*
reattachment *(Ström)* Wiederanlegen *n (der Strömung, der Grenzschicht, des Strahls)*
rebalancing *(El)* Neuabgleich *m*, Nachgleich *m (z. B. einer Brücke)*
rebound *(Mech)* 1. Zurückprallen *n*, Zurückspringen *n*, Zurückschnellen *n*, Rücksprung *n*, Abprallen *n*, *(speziell:)* Prellschlag *m*; 2. Rückprallhöhe *f*, Rücksprunghöhe *f (Größe)*
~ **elasticity** *(Mech)* Rückprallelastizität *f*, Stoßelastizität *f*, Rücksprungelastizität *f*
~ **hardness** *(Mech)* Rückprallhärte *f*, Rücksprunghärte *f*
rebuncher *(Kern)* Nachbündelungsröhre *f*
REC *(Kern)* s. rem equivalent chemical
recapture *(Kern)* Wiedereinfang *m (von Teilchen)*
receding *(Hydr)* Rückströmung *f*, [zu]rücklaufende Strömung *f*, Rück[wärts]strom *m*
~ **Mach line** *(Ström)* linksläufige Charakteristik *f*, linksläufige (untere) Machsche Linie *f*

received power *(El, Magn)* Empfangsleistung *f (einer Antenne)*
receiver 1. *(El, Meß)* Empfänger *m*, Empfangsgerät *n*; 2. *(Spektr)* Auffänger *m*, Ionenauffänger *m (eines Massenspektrometers)*; 3. *(Vak)* Vorlage *f (des Vakuumapparats)*, Vakuumvorlage *f*; 4. *(physCh)* Vorlage *f*, Destilliervorlage *f*; 5. *(Mech)* Sammler *m*, Auffänger *m (hinter einem Freistrahl)*; 6. Behälter *m*, Gefäß *n*, Sammelbehälter *m*
receiving screen *(Opt)* Auffangschirm *m*, Beobachtungsschirm *m*
recession of galaxies *(Astr)* Fluchtbewegung *f* der Galaxien
~ **velocity** *(Astr)* Fluchtgeschwindigkeit *f*
recharging *(Ech)* Aufladung *f*, *(speziell:)* Wiederaufladung *f*, Nachladung *f*
recipient 1. *(Vak)* Rezipient *m*; 2. *(physCh)* Vorlage *f*, Destilliervorlage *f*
reciprocal base vector *(Krist)* reziproker Basisvektor *m*, Basisvektor *m* des reziproken Gitters
~ **ellipsoid** *(Krist, Opt)* s. index ellipsoid
~ **force diagram** *(Mech)* Cremonascher (reziproker) Kräfteplan *m*, Cremona-Plan *m*
~ **lattice** *(Krist)* reziprokes Gitter *n*, Reziprokgitter *n*, *(manchmal:)* Dualgitter *n*, duales Gitter *n*
~ **ohm** *(El)* Siemens *n*, S *(Einheit des elektrischen Leitwerts)*
~ **ohm centimetre** *(El)* Siemens *n* je Zentimeter, S/cm *(Einheit der elektrischen Leitfähigkeit)*
~ **ohm metre** *(El)* Siemens *n* je Meter, S/m *(Einheit der elektrischen Leitfähigkeit)*
~ **polarity** *(El)* positive Polarität *f*, positive (reziproke) Polung *f*, Pluspolung *f*
~ **pole** *(Mech)* Gegenpol *m*, Antipol *m*
~ **relation** *(Therm)* Reziprozitätsbeziehung *f*
~ **relations** *(Therm)* thermodynamische (Maxwellsche) Relationen *fpl*, Maxwell-Relationen *fpl*
~ **space** *(Fest)* *k*-Raum *m*, reziproker Raum *m*, Wellen[zahl]vektorraum *m*, Wellenzahlraum *m*
~ **theorem** *(Mech)* Maxwellscher Reziprozitätssatz *m*, Satz *m* von der Gegenseitigkeit der Verschiebungen
~ ***v* law** *(Kern)* $1/v$-Gesetz *n*, Eins-durch-*v*-Gesetz *n*, Fermisches $1/v$-Gesetz *n*
~ **vector** *(Krist)* reziproker Gittervektor *m*, Gittervektor *m* des reziproken Gitters
~ **velocity law** *(Kern)* s. ~ *v* law
reciprocation *(El)* Reziprokation *f*, Reziprozierung *f (Bestimmung von reziproken Impedanzen oder reziproken Netzwerken)*
reciprocity failure *(Phot)* 1. Abweichung *f* vom Reziprozitätsgesetz (Bunsen-Roscoeschen Gesetz); 2. s. ~ law failure; 3. Durchhang *m*, Fluß *m*, Gebiet *n* der Unterexposition *(der Schwärzungskurve)*

~ **law** *(Phot)* Bunsen-Roscoesches Gesetz *n*, Reziprozitätsgesetz *n*, Lichtmengengesetz *n*, Gesetz *n* von Bunsen und Roscoe
~ **law failure** *(Phot)* Schwarzschild-Effekt *m*, Reziprozitätsabweichung *f*, Ultrakurzzeiteffekt *m*
~ **theorem** 1. Reziprozitätsgesetz *n*, Reziprozitätsprinzip *n (allgemeiner Begriff)*; 2. *(El)* Reziprozitätstheorem *n*, Umkehr[ungs]satz *m* der Vierpoltheorie *(für lineare Netzwerke)*
recognition Erkennung *f*
recoil 1. *(Mech)* Rückstoß *m*, Rückprall *m (einer Waffe)*, Rückschlag *m*; 2. *(Kern)* Rückstoß *m*; 3. *(At, physCh)* heißes Atom *n*, Rückstoßatom *n*
~ **chemistry** *s.* hot atom chemistry
~ **curve** *s.* ~ line
~ **electron** *(Qu)* Compton-Elektron *n*, [Compton-]Rückstoßelektron *n*
~ **force** *(Mech)* Rückstoßkraft *f*
~ **label[l]ing** *(physCh)* Rückstoßmarkierung *f*
~ **length** *(Kern)* Rückstoß[spur]länge *f*
~ **line (loop)** *(Magn)* rückläufige Schleife *f*
~ **mean free path** *(Kern)* mittlere freie Rückstoßweglänge *f*, Rückstoß[weg]länge *f*
~ **permeability** *(Magn)* permanente Permeabilität *f*
~ **spectrum** *(Kern)* Rückstoßspektrum *n*, Energiespektrum *n* der Rückstoßteilchen
~ **state** *(Magn)* Zustand *m* nach Rücklauf
recoiling *(Fest)* Rückstoßimplantation *f*
~ **particle** *(At, Kern)* Rückstoßteilchen *n*
recoilless resonance absorption *(Fest, Kern)* Mößbauer-Absorption *f*, rückstoßfreie Resonanzabsorption (Kernresonanzabsorption) *f (von* γ*-Quanten)*
recombination electroluminescence *(Halbl)* Injektionselektrolumineszenz *f*, Lossew-Effekt *m*
~ **radiation** *(Fest)* Rekombinationsstrahlung *f*, *(manchmal:)* Frei-gebunden-Strahlung *f*, Wiedervereinigungsstrahlung *f*
recontrol time *(El)* Entionisierungszeit *f*, Löschzeit *f (einer Gasentladungsröhre)*
reconversion *(El)* Rückmischung *f*
recording spectrum analyzer *(Spektr)* Spektrenleser *m*
recoverable strain work *(Mech)* reversible (elastische) Formänderungsarbeit *f*
recovered charge *(Halbl)* Sperrverzugsladung *f*, Sperrverzögerungsladung *f*
~ **dose** *(Kern)* Dosisinkrement *n*
recovery 1. Wiederherstellung *f (eines Zustandes)*, Rückkehr *f (zu einem Zustand)*; 2. *(Krist)* Erholung *f*, Vergütung *f*; 3. *(Mech)* Rückdehnung *f*, Rückformung *f*; 4. *(El)* Rückgewinnung *f*, Rückgewinn *m*, Wiedergewinnung *f (von Energie oder Materialien)*; 5. *(Aero)* Rückführung *f*, *(speziell:)* Bergung *f (z. B. von Satelliten, Instrumentenkapseln u. ä.)*; 6. *(Mech)* plastische Nachwirkung *f*, Nachfließen *n*, Deformationsrelaxation *f*, Relaxation *f*
~ **curve** 1. *(Krist)* Erholungskurve *f*; 2. *(Reg)* Störantwortkurve *f*
~ **effect** 1. *(Fest)* Erholungserscheinung *f*, Erholungseffekt *m*; 2. *(Halbl)* Sperrträgheit *f (eines Thyristors)*
~ **rate** *(Krist)* Erholungsgeschwindigkeit *f*
~ **temperature** *(Ström)* Eigentemperatur *f*, Recoverytemperatur *f (eines strömenden Mediums)*
~ **time** 1. *(El)* Erholungszeit *f (einer gasgefüllten Elektronenröhre)*; 2. *(El)* Verzögerungszeit *f (eines Radarempfängers)*; 3. *(El)* Mindestlöschzeit *f (einer Sendesperr-, Sperr- oder Vorsperröhre)*; 4. *(Halbl)* Freiwerdezeit *f (eines Thyristors)*; 5. *(Meß)* Erholzeit *f*
~ **voltage** *(El)* wiederkehrende Spannung *f*, Wiederkehrspannung *f*
recriticality *(Kern)* Rekritikalität *f*, zweite Kritikalität *f*, Neukritikalität *f*
recrystallized glass *(Vak)* auskristallisiertes Glas *n*
rectangular coordinates *(mathPh)* 1. orthogonale (rechtwinklige) Koordinaten *fpl*, Orthogonalkoordinaten *fpl*; 2. *s.* Cartesian coordinates 1.
~ **current** *(El)* Rechteckstrom *m*, *(speziell:)* Mäanderstrom *m*
~ **distribution** *(mathPh)* Gleichverteilung *f*, rechteckige Verteilung *f*, Rechteckverteilung *f*
~ **hysteresis loop** *(Magn)* Rechteckschleife *f*, rechteckige Hysteresisschleife *f*
~ **solid** *(mathPh)* Quader *m*, rechtwinkliges Parallelepiped[on] *n*
~ **wave train** *(El)* Rechteckwelle *f*, Rechteckpuls *m*
rectification 1. *(El)* Gleichrichtung *f*; 2. *(mathPh)* Rektifikation *f*, Rektifizierung *f (einer Kurve)*; 3. *(Opt)* Entzerrung *f (von Luftbildern)*; 4. *(physCh)* Rektifikation *f*, Gegenstromdestillation *f*
~ **ratio** *(Halbl)* Richtverhältnis *n*
rectified value *(El)* Gleichrichtwert *m (einer Wechselgröße)*
rectifier 1. *(El)* Gleichrichter *m*; 2. *(Opt)* Entzerrungsgerät *n (für Luftbilder)*
~ **cell** *(Halbl)* *s.* photovoltaic cell
rectifying inspection *(mathPh)* verbessernde Prüfung *f*
~ **junction** *(Halbl)* sperrender Übergang *m*, Gleichrichterübergang *m*
rectilinear imaging *(Opt)* verzeichnungsfreie Abbildung *f*
~ **lens** *(Opt)* verzeichnungsfreies (orthoskopisches) Objektiv *n*, *(speziell:)* rektolineares Objektiv *n*
~ **neutral wedge** *(Opt)* gerader Keil (Graukeil) *m*
recuperation Rückgewinnung *f*, Wiedergewinnung *f (von Energie oder Materialien)*

recurrence 1. *(mathPh)* Rekursion *f*, transfinite Induktion (Rekursion) *f*; **2.** *s.* Regge recurrence
~ **phenomena** *(Astr, Kern)* Siebenundzwanzig-Tage-Wiederkehreffekt *m*, Wiederkehreffekt *m (der kosmischen Strahlung)*
~ **time** *(statPh)* Wiederkehrzeit *f*
recurrent network *(El)* Abzweigschaltung *f*
~ **nova** *(Astr)* Novula *f*, [periodisch] wiederkehrende Nova *f*
~ **sweep mode** *(Kern)* Betriebsart *f* wiederholtes Abtasten *(eines Vielkanalzählers)*
red consciousness *(El, Opt)* Rotüberempfindlichkeit *f*
~ **content** *(Opt)* Rotgehalt *m (einer Strahlung)*
~ **degradation** *s.* ~ shading
~ **magnitude** *(Astr)* Rothelligkeit *f*
~ **separation** *(Phot)* Rot[filter]auszug *m*
~ **shading** *(At, Spektr)* Rotabschattierung *f (einer Bande)*
~ **shift** *(Astr)* Rotverschiebung *f*
reddening *(Astr)* selektive Absorption (Extinktion) *f*, Verfärbung *f (durch den interstellaren Staub)*
~ **law** *(Astr)* Verfärbungsgesetz *n*
redistribution Umverteilung *f*, Neuverteilung *f (z. B. der Strömung)*
redness *(Opt)* Rotanteil *m*
redox equilibrium *(Ech)* Redoxgleichgewicht *n*, Oxidations-Reduktions-Gleichgewicht *n*, Reduktions-Oxidations-Gleichgewicht *n*
reduced area *(Astr)* korrigierte Fleckenfläche *f*
~ **buckling length** *(Mech)* Knicklänge *f*, reduzierte (freie) Knicklänge *f*
~ **length [of pendulum]** *(Mech)* reduzierte (korrespondierende) Pendellänge *f*
~ **lifetime** *(Kern) s.* comparative lifetime
~ **mass effect** *(Spektr)* Kernmasseneffekt *m*, Massenisotopieeffekt *m*, massenabhängige Isotopieverschiebung *f*
~ **modulus of elasticity** *(Mech)* Kármánscher Knickmodul *m*, Knickmodul *m* [nach Kármán]
~ **proper motion** *(Astr)* Eigenbewegung *f* im linearen Maß *(km/s)*
~ **property** *(Therm)* reduzierter Wert *m*
~ **scale** *(Mech)* Verkleinerungsmaßstab *m*, verkleinerter Maßstab *m, (manchmal:)* Verjüngungsmaßstab *m*
~ **stress** *(Mech)* Anstrengung *f*, Vergleichsspannung *f*, reduzierte Spannung *f (eines Materials)*
~ **stress tensor** *(Mech)* Spannungsdeviator *m*, Deviator *m* des Spannungstensors, Deviator *m* der Spannungen
~ **variable** *(Therm)* reduzierte Zustandsgröße *f* (Variable) *f*
reducer 1. *(Opt)* Verkleinerungsapparat *m*, Verkleinerungsgerät *n*, Verkleinerer *m*; **2.** *(Phot)* [photographischer] Abschwächer *m*

reducibility 1. *(physCh)* Reduzierbarkeit *f*; **2.** *(mathPh)* Reduzibilität *f*, Zerlegbarkeit *f, (speziell:)* Reduzierbarkeit *f*
reducing screen *(Opt)* Neutralglas *n*, Grauglas *n*, Rauchglas *n*, neutrales Glas *n*
~ **surface** *(Opt)* lichtschwächende Oberfläche *f*
reduction 1. Reduzierung *f*, Verminderung *f*, Senkung *f*; Sinken *n*, Abnahme *f*; **2.** *(Opt)* Verkleinerung *f (eines Bildes)*; **3.** *(mathPh, Opt)* [perspektivische] Verkürzung *f*; **4.** *(At, physCh)* [chemische] Reduktion *f, (speziell Ech:)* [elektrochemische] Reduktion *f*, Kathodenreaktion *f*; **5.** *(Phot)* photographische Abschwächung *f*, [chemische] Abschwächung *f*; **6.** *(Mech)* Untersetzung *f*
~ **factor 1.** *(Opt)* Verkleinerungsfaktor *m*; **2.** *(Hydr)* Reduktionsfaktor *m*, Reduktionsbeiwert *m*; **3.** *(Meß) s.* conversion factor 2.; **4.** *(El)* Verkürzungsfaktor *m (einer Übertragungsleitung)*, Leitungsverkürzungsfaktor *m*; **5.** *(El, Magn)* Schlankheitsverhältnis *n*, Schlankheitsgrad *m (eines Dipols)*
~ **in tension** *(Mech)* Brucheinschnürung *f (Größe)*
~ **of area** *(Mech)* **1.** Querschnittsverminderung *f*, Querschnittsverringerung *f*, Querschnittsabnahme *f*; **2.** Brucheinschnürung *f (Größe)*
~ **of load** *(Mech)* Ablastung *f*
~ **ratio 1.** *(Opt)* Verkleinerungsverhältnis *n*; **2.** *(Mech)* Verkleinerungsmaßstab *m*, verkleinerter Maßstab *m, (manchmal:)* Verjüngungsmaßstab *m*; **3.** *(Mech, physCh)* Zerkleinerungsgrad *m*
~ **to apparent place** *(Astr)* Reduktion *f* auf den scheinbaren Ort, red. ad loc. app.
~ **to principal axes** Hauptachsentransformation *f*, Transformation *f* auf die Hauptachsen
redundancy *(Mech)* statisch unbestimmte Struktur *f*
Redwood second *(GB, Ström)* Redwood-Sekunde *f*, Redwood-Zahl *f*, Redwood-I-Sekunde *f*, Rs, Rl *(SI-fremde Einheit der kinematischen Viskosität)*
Ree-Eyring equation [of state] *(Ström)* Relaxationsströmungsgleichung *f*, Ree-Eyringsche Zustandsgleichung *f*
reed Zunge *f*, Blatt *n (schwingend)*
reemergence 1. Wiederaustritt *m*; **2.** *(Kern)* Rückstreuung *f (Vorgang)*
re-entrant albedo *(Astr)* Wiederkehralbedo *f*, geomagnetische Albedo *f*
~ **angle** *(mathPh)* einspringender Winkel *m*
~ **endplug** *(Pl)* einspringender Pfropfen *m*
~ **horn** *(Ak)* gefalteter Trichter *m*
~ **jet cavity** *(Hydr)* Hohlraum *m* mit rückkehrendem Strahl
re-entry *(Aero)* Wiedereintritt *m*, Wiedereintauchen *n (in die Atmosphäre)*

reflection

- **~ body** *(Astr)* zur Erde rückkehrendes Teil n *(eines Raumschiffs nach Verlassen der Erdatmosphäre)*, Rückkehrteil n
- **~ trajectory** *(Aero)* Wiedereintauchbahn f, Eintauchbahn f, Wiedereintrittsbahn f
- **~ window** *(Aero)* Wiedereintrittsfenster n, Eintrittsfenster n, Wiedereintauchfenster n, Rückkehrfenster n
- **re-evaporation nucleus** *(Kern)* Restkondensationskeim m, unbeseitigter Kondensationskeim m *(in einer Nebelkammer)*
- **reference attenuation** *(El)* Bezugsdämpfungsmaß n
- **~ axis (beam)** *(El)* Bezugsstrahl m, Referenzstrahl m *(einer Röntgenröhre)*
- **~ chord** *(Aero)* s. standard mean chord
- **~ equivalent** *(El)* Bezugsdämpfungsmaß n
- **~ frame** Bezugssystem n, *(manchmal:)* Beobachtersystem n, Referenzsystem n
- **~ frame at rest** *(Rel)* Ruhsystem n, ruhendes Bezugssystem n
- **~ frame fixed in space** raumfestes (raumgebundenes) Bezugssystem n
- **~ input** *(Reg)* Führungsgröße f
- **~ mark** 1. *(Meß)* Strichmarke f, Ablesestrich m; 2. *(Opt)* Zielmarke f, Meßmarke f *(eines Raumbildentfernungsmessers)*
- **~ molluscum** *(Rel)* Bezugsmolluske f
- **~ moment** *(Opt)* Eichmoment n *(einer Farbe)*
- **~ noise** *(El)* Bezugsrauschwert m
- **~ point** 1. Bezugspunkt m, *(speziell:)* Anschlußpunkt m; 2. *(Reg)* Vergleichspunkt m
- **~ radiation** *(Kern)* Normalstrahlung f, Referenzstrahlung f, Bezugsstrahlung f
- **~ sphere** *(Krist)* Polkugel f, Lage[n]kugel f *(bei der Kugelprojektion)*
- **~ standard** 1. *(Meß)* Vergleichsnormal n, Bezugsnormal n; 2. *(Kern)* Referenzmaterial n, Normalprobe f; 3. *(Kern)* Referenznormalquelle f, Referenznormal n
- **~ star** *(Astr)* Anschlußstern m, *(manchmal:)* Vergleichsstern m
- **~ stimulus** *(Opt)* Primärvalenz f, Bezugsfarbe f, *(selten:)* Bezugsfarbvalenz f, Eichreiz m
- **~ stress** *(Mech)* Anstrengung f, Vergleichsspannung f, reduzierte Spannung f *(eines Materials)*
- **~ tone** *(Ak, El)* Normalton m, Eichton m, 1000-Hz-Normalton m, Vergleichston m
- **~ transfer function** *(Reg)* Führungsübertragungsfunktion f
- **~ variable [input]** *(Reg)* Führungsgröße f
- **~ wave** *(Opt)* Referenzwelle f, Vergleichswelle f *(Holographie)*
- **~ white** *(Opt)* Bezugsweiß n, Vergleichsweiß n
- **referential** s. reference frame
- **reflectance** *(Opt)* 1. Gesamtreflexionsgrad m, totaler Reflexionsgrad m; 2. Remissionsgrad m, diffuser (gestreuter) Anteil m des Reflexionsgrades; 3. Leistungsreflexionsfaktor m *(einer optischen Faser)*
- **~ curve** *(Opt)* Remissionskurve f
- **~ density** *(Opt)* Rückstrahldichte f
- **~ factor** *(Opt)* regulärer (gerichteter, regelmäßiger) Reflexionsgrad m, regulärer Anteil m des Reflexionsgrades, Grad m der gerichteten Reflexion
- **~ function** *(Opt)* spektraler Reflexionsgrad m
- **~ spectrum** *(Spektr)* Remissionsspektrum n, Spektrum n der diffusen Reflexion
- **reflected amplitude** Amplitude f der reflektierten Welle, reflektierte Amplitude f, Reflexionsamplitude f
- **~ colour** *(Opt)* Aufsicht[s]farbe f
- **~ glare** *(Opt)* Reflex[ions]blendung f
- **~ image** *(Opt)* Spiegelbild n
- **~ light** *(Opt)* Auflicht n, auffallendes Licht n *(Mikroskopie)*
- **~ luminance** *(Opt)* Reflexionsleuchtdichte f, *(speziell:)* remittierte Leuchtdichte f
- **~ ray** 1. *(El)* Rückstrahl m *(Radartechnik)*; 2. *(El, Magn)* Ionosphärenstrahl m, indirekter Strahl m
- **~ resistance** *(El)* übertragener (hineintransformierter) Wirkwiderstand m, Realteil m des Rückwirkungswiderstandes *(eines Transformators)*
- **~ spectrum** *(Kern)* Spektrum n der reflektierten Neutronen
- **~ wave** 1. reflektierte (zurückgeworfene) Welle f, Reflexionswelle f, R-Welle f, [zu]rücklaufende Welle f; 2. *(El, Magn)* Ionosphärenwelle f, indirekte Welle f
- **reflecting power** *(Opt)* Reflexionsgrad m, Reflexionsvermögen n *(einer Fläche)*
- **~ square** *(Opt)* Winkelspiegel m, *(allgemeiner:)* Spiegelinstrument n, *(speziell:)* Spiegelscheibe f
- **reflection** 1. Reflexion f, *(manchmal:)* Zurückwerfen n, Zurückstrahlung f, Rückstrahlung f *(von Wellen oder Teilchen)*; 2. *(Opt)* reguläre (gerichtete, regelmäßige, spiegelnde) Reflexion f, Spiegelreflexion f; 3. *(mathPh)* Spiegelung f *(des Raumes)*, Raumspiegelung f *(Spiegelung einer der drei Richtungen)*; 4. *(Krist, Opt)* Reflex m; 5. *(El)* Rückstrahlung f, Radarrückstrahlung f; 6. *(Krist)* s. symmetry
- **~ abundance** *(Krist)* Reflexreichtum m
- **~ case** *(Krist)* Bragg-Fall m
- **~ cavity maser** *(El)* Reflexionsmaser m, Einstrahlmaser m
- **~ coefficient** 1. Reflexionsfaktor m *(für eine Welle: Verhältnis der Wellenamplituden)*; 2. *(Pl)* Reflexionskoeffizient m *(eines Mediums oder einer Amplitude)*; 3. *(El)* Reflexionsfaktor m *(eines Vierpols)*; 4. *(Astr)* s. Bond albedo
- **~ colour** *(Opt)* Aufsicht[s]farbe f
- **~ density** *(Opt)* Reflexionsdichte f, optische Dichte f bei Reflexion (Aufsichtsbildern), Aufsichtsdichte f
- **~ diffraction** *(Krist)* Reflexionsbeugung f, Reflexionsdiffraktion f

reflection

~ **echo** *(El)* Rückstrahlecho n
~ **echelon** *(Opt)* Reflexionsstufengitter n, Spiegelgitter n, *(manchmal:)* Spiegelflächengitter n
~ **factor** 1. *(Opt)* Reflexionsgrad m, Reflexionsvermögen n; 2. *(El)* [komplexer] Reflexionsfaktor m; 3. *(Ak)* Schallreflexionsfaktor m
~ **gain** *(El)* reflektierter Verstärkungsfaktor m, Reflexionsgewinn m
~ **holography** *(Opt)* Lippmann-Holographie f, Reflexionsholographie f
~ **in depth** Tiefenreflexion f
~ **loss** 1. *(Opt)* Reflexionsverlust m, Lichtverlust m infolge Reflexionsminderung; 2. *(El)* Betriebsreflexionsdämpfungsmaß n, Fehlerdämpfungsmaß n, *(im längsunsymmetrischen Fall:)* Echodämpfungsmaß n, Rückflußdämpfungsmaß n, *(an einer Stoßstelle:)* Stoßdämpfungsmaß n *(einer Übertragungsleitung oder eines Vierpols)*
~ **method** *(Ström)* Spiegelungsmethode f [von Shiffman]
~ **modulation** *(Opt)* Modulation f des Reflexionsgrades
~ **optical density** s. ~ density
~ **plane** *(Krist, mathPh)* Symmetrieebene f, Spiegel[ungs]ebene f
~ **point** 1. *(Ström)* Reflexionsstelle f, Reflexionspunkt m; 2. *(El)* Stoßstelle f *(eines Wellenleiters)*
~ **stack** *(Opt)* Vielfachschicht f
~ **thickness** *(Ström)* Reflexionsverlustdicke f [der Grenzschicht], Grenzschicht-Reflexionsverlustdicke f
~ **turbidity** *(Opt)* Auflichttrübung f
~ **twin** *(Krist)* Spiegelzwilling m
~ **X-ray diffraction technique** *(Krist)* Rückstrahlverfahren n

reflective optics *(Astr)* s. Schmidt system 2.
reflectivity 1. *(Opt)* Reflexionsgrad m, Reflexionsvermögen n; 2. *(Opt)* Sättigungsreflexionsgrad m; 3. *(El)* Rückstrahlvermögen n, Radarrückstrahlvermögen n; 4. s. reflection coefficient 1.
reflectometry *(Opt)* Reflexionsgradmessung f
reflector saving *(Kern)* Reflektorersparnis f, Reflektorgewinn m, Reflektoreinsparung f
reflex angle *(mathPh)* überstumpfer (konvexer, erhabener) Winkel m
~ **reflection** *(Opt)* s. retro-reflection
~ **reflector** *(Opt)* Rückstrahler m, *(manchmal:)* Reflexreflektor m
reflexion s. reflection
refluxing *(physCh)* Rückflußkühlung f
refracted near-field method, ~ ray method *(Opt)* Nahfeld-Brechungsmethode f, Strahlenbrechungsmethode f
~ **wave** gebrochene Welle f, Brechungswelle f
refracting angle *(Opt)* brechender Winkel m *(eines Prismas)*, Prismenwinkel m
~ **power** *(Opt)* Brechungsvermögen n *(einer Fläche)*
refraction *(Phot, Opt)* Brechung f *(einer Welle)*
~ **coefficient** s. refractive index 1.
~ **loss** *(El)* Brechungsdämpfungsmaß n
~ **spectrum** *(Opt, Spektr)* Dispersionsspektrum n, Brechungsspektrum n, Prismenspektrum n
refractive dispersion *(Opt)* Brechungsdispersion f, Refraktionsdispersion f
~ **dispersivity** *(Opt)* Materialdispersion f
~ **exponent** s. ~ index 1.
~ **index** 1. Brechzahl f, *(nicht mehr empfohlen:)* Brechungsindex m; 2. *(Ak)* Schallbrechwert m, Schallbrechungsindex m; 3. *(Kern)* Brechungsindex m *(für ionisierende Strahlung)*
~ **index contrast** *(Opt)* Brechzahldifferenz f
~ **index distribution (profile)** *(Opt)* Brechzahlprofil n
~ **power** *(Opt)* Brechkraft f
refractivity 1. *(El, Magn)* Brechungsvermögen n *(quantitatives Maß, aber unspezifisch, meist Brechzahl)*; 2. *(El, Magn, Opt)* Brechzahl f minus eins; 3. *(Opt, physCh)* spezifische Refraktion f; 4. s. molecular refraction
refracture index *(US)* s. refractive index
refrangibility Brechbarkeit f, Brech[ungs]vermögen n, Brechungsfähigkeit f
refreshing *(Halbl)* Refreshing n, Auffrischung f
refreshment time *(Meß, Reg)* Aktualisierungszeit f *(Fernwirktechnik)*
refrigerating capacity *(Tief)* Kälteleistung f
~ **cooling** *(Tief)* Kältekühlung f
~ **load** *(Tief)* Kühllast f, Kälteverbrauch m
~ **system performance factor** *(Tief)* Wirkungsgrad m, Nutzeffekt m, Kältewirkungsgrad m *(einer Kältemaschine)*
refrigeration 1. *(Tief)* Kühlung f *(durch Kälteerzeugung)*; 2. *(Therm, Tief)* Abkühlung f, Erkalten n, Kaltwerden n
~ **cycle** *(Tief)* Kältekreisprozeß m
~ **load** *(Tief)* Kühllast f, Kälteverbrauch m
~ **ton** *(Tief)* s. ton of refrigeration
refringence s. refraction
reftone *(Ak, El)* s. reference tone
refutal, refutation *(mathPh)* Gegenbeweis m, Widerlegung f
reg ton *(Mech)* s. register[ed] ton
regain *(physCh)* 1. Wiedergewinnung f *(einer Substanz)*; 2. Feuchtesatz m, Reprise f
regenerative cycle *(Therm)* Vorwärmkreisprozeß m
~ **feedback** *(El, Reg)* Mitkopplung f, positive Rückkopplung f
Regge cut *(Hoch)* Regge-Schnitt m
~ **limit** *(Hoch)* Regge-Grenzfall m, Regge-Limes m

~ **recurrence** *(Hoch)* Regge-Rekurrenz f *(von Elementarteilchen)*
region *(Fest)* s. domain 1.
~ **of overexposure** *(Phot, Opt)* Schulter f, Gebiet n der Überexposition, Gebiet n maximaler Schwärzung *(der Schwärzungskurve)*
~ **of underexposure** *(Phot)* Durchhang m, Fluß m, Gebiet n der Unterexposition *(der Schwärzungskurve)*
register[ed] ton *(Mech)* Registertonne f, reg ton *(SI-fremde Einheit des Volumens; 1 reg ton = 2,8316 m^3)*
regression 1. *(mathPh)* Regression f; 2. *(Phot)* Fading n, Abklingen n, Regression f, Rückgang m *(des latenten Bildes)*
~ **effect** *(Fest)* Marx-Effekt m
~ **of nodes** *(Astr)* rückläufige Bewegung f der Knoten
regressive transitions *(Spektr)* regressiv verknüpfte Übergänge mpl
~ **wave** rückschreitende (regressive) Welle f
regular crystal[lographic] system *(Krist)* kubisches System (Kristallsystem) n, reguläres (tesserales, isometrisches) System n
~ **reflectance** *(Opt)* s. reflectance factor
~ **reflection** *(Opt)* reguläre (gerichtete, regelmäßige, spiegelnde) Reflexion f, Spiegelreflexion f
~ **refraction** *(El, Magn, Opt)* reguläre (gerichtete, regelmäßige) Brechung f
~ **transmission** reguläre Transmission (Durchlassung) f, gerichtete (regelmäßige, spiegelnde) Transmission f
~ **transmission [factor]**, ~ **transmittance** regulärer Anteil m des Transmissionsgrades (Durchlaßgrades), regulärer (gerichteter, regelmäßiger) Transmissionsgrad m
regulating distance *(Reg)* Stellweg m, Verstellweg m
~ **limits (range)** *(Reg)* Sollwertbereich m, Einstellbereich m, Verstellbereich m
~ **rod** *(Kern)* Feinregelstab m, Feinsteuerstab m *(eines Reaktors)*
regulation 1. Stellen n, Verstellung f, Regulierung f, Einregelung f; 2. *(Reg)* [automatische] Konstanthaltung f, Stabilisierung f; 3. *(Reg)* Festwertregelung f; 4. *(Kern)* Feinregelung f, Feinsteuerung f *(eines Reaktors)*
~ **characteristic** *(El)* Stabilisierungsfaktor m
reheat *(Aero)* Nachverbrennung f, Nachbrennen n
reheating *(Therm)* Zwischenüberhitzung f *(von Dampf)*
re-ignition *(Kern)* Nachentladung f, Nachimpuls m
~ **voltage** *(El)* Wiederzündspannung f *(Gasentladungsröhre)*
reinforcing *(Phot)* Härtung f

reinjection *(Kern)* Wiedereinschleusen n, Wiedereinschießen n, Reinjektion f *(von Teilchen)*
rejection 1. *(mathPh)* Ablehnung f, Abweisung f, Rückweisung f, Verwerfen n *(einer Hypothese)*; 2. *(El)* Sperrung f, Sperre f
~ **band** *(El)* Sperrbereich m, SB *(eines Filters)*
~ **of heat** *(Therm)* Wärmeabfuhr f, Wärmeabführung f, Wärmeableitung f, Wärmeentzug m
rel *(Magn)* Rel n, rel n *(SI-fremde Einheit des magnetischen Widerstandes; 1 rel = 1 Aw je magnetische Feldlinie = 10^8 A/Wb)*
REL *(Kern)* s. restricted energy loss
relativation of time *(Rel)* Relativität f der Gleichzeitigkeit, Relativierung f der Zeit
relative attenuation *(El)* Bezugsdämpfungsmaß n *(eines Filters)*
~ **centrifugal acceleration** *(physCh)* Zentrifugenzahl f, Trennfaktor m *(einer Zentrifuge)*
~ **content** *(physCh)* prozentualer Gehalt m, Prozentgehalt m
~ **deformation** *(Mech)* Verzerrung f, Verformung f *(Größe)*
~ **density** *(Mech)* relative Dichte f, *(bei gleichem Zustand von Stoff und Bezugsstoff:)* Dichteverhältnis n, *(nicht mehr empfohlen:)* Dichtezahl f
~ **determination** *(Astr)* Anschlußbeobachtung f *(von Sternpositionen oder -helligkeiten)*
~ **dielectric constant** *(El)* Permittivitätszahl f, relative Permittivität f, *(für das lineare Dielektrikum auch:)* Dielektrizitätszahl f, relative Dielektrizitätskonstante f, DK
~ **gradient** *(Astr, Opt)* relative Steilheit f, Gradation f *(eines Spektrums)*
~ **hue** *(Opt)* gebundene (bezogene) Farbe f
~ **inductivity** *(El)* s. permittivity
~ **ionospheric opacity meter** *(Kern)* Riometer n *(zum Nachweis kosmischer ionisierender Strahlung)*
~ **luminance factor** *(Opt)* Relativhelligkeit f *(einer Farbe)*
~ **moisture content[s]** *(physCh)* Feuchteanteil m, Materialfeuchte f, relativer Feuchtegehalt m *(eines Feststoffs, in g/kg oder %)*
~ **molecular mass** *(At)* relative Molekülmasse (Molekularmasse) f
~ **permeability** *(Magn)* Permeabilitätszahl f, relative Permeabilität f
~ **permittivity** s. ~ dielectric constant
~ **pressure response** *(Ak, El)* relativer *(bezogener)* Schalldruck-Übertragungsfaktor m
~ **response** *(Ak, El)* relativer Übertragungsfaktor m *(eines Wandlers)*

relative

- **spin** *(Mech)* relative Drehgeschwindigkeit *f*
- **thickness** *(Aero)* relative Dicke (Profildicke) *f*, Dicke/Tiefe-Verhältnis *n* *(des Profils)*
- **weight** *(Mech)* relative Wichte *f*, Wichtezahl *f*, Relativgewicht *n*, relatives Gewicht *n*
- **wryness** *(Mech)* relative Schiefheit *f* *(eines Körpers)*

relativistic advance of the perihelion *(Astr, Rel)* relativistische Periheldrehung (Perihelbewegung) *f*, Periheldrehung *f* *(eines Planeten)* nach der Relativitätstheorie
- **deflection of light** *(Rel)* relativistische Ablenkung *f* des Lichtes, relativistische Lichtablenkung *f*, Lichtkrümmung (Lichtablenkung) *f* im Schwerefeld
- **electrodynamics** *(Feld, Rel)* Relativitätselektrodynamik *f*, relativistische Elektrodynamik *f*
- **mass equation** *(Hoch)* relativistische Massengleichung *f*, Lorentzsche (Lorentz-Einsteinsche) Gleichung *f*
- **multiplet** *(At)* Spinmultiplett *n*, [relativistisches] Multiplett *n*, reguläres Spinmultiplett *n* *(eines Atoms)*
- **Schrödinger equation** *(Feld, Qu)* Klein-Gordon-Gleichung *f*, *(manchmal:)* Fock-Gleichung *f*, relativistische Schrödinger-Gleichung *f*, *(selten:)* Schrödinger-Gordon-Gleichung *f*
- **thermodynamics** *(Rel, Therm)* Relativitätsthermodynamik *f*, relativistische Thermodynamik *f*
- **variation of mass with velocity** *(Rel)* Massenveränderlichkeit *f*, relativistische Massenveränderlichkeit (Massenänderung) *f*

relativity *(Rel)* Relativitätstheorie *f*
- **precession** *(Rel)* Thomas-Präzession *f*

relaxance *(Mech)* Relaxanz *f*, Relaxationskonstante *f*

relaxation 1. Relaxation *f*, Relaxationsprozeß *m*, Relaxationsvorgang *m*; 2. Relaxationserscheinung *f*; 3. *(mathPh)* Relaxationsverfahren *n* von (nach) [Gauß-] Southwell, Relaxation[smethode] *f*, Maschenverfahren *n*; 4. *(El)* Kippen *n*, Kipp *m*; 5. *(Mech)* Entspannung *f*
- **coefficient** Abklingkoeffizient *m*, Relaxationskoeffizient *m*, Abklingkonstante *f* *(Kehrwert der Abklingzeit)*
- **distance** Relaxationslänge *f* *(von Strahlung)*
- **enhancement** *(Spektr)* Relaxationsbeschleunigung *f*
- **frequency** *(El)* Kippfrequenz *f*
- **mode** *(Mech)* Relaxationslösung *f*
- **oscillation** Relaxationsschwingung *f*, *(speziell:)* Kippschwingung *f*
- **rate** *(Mech)* Entspannungsgeschwindigkeit *f*, Relaxationsgeschwindigkeit *f*
- **strength** Relaxationsstärke *f*
- **stress** *(Mech)* Entspannungswiderstand *m*
- **time** 1. Abklingzeit *f*, Relaxationszeit *f*, Zeitkonstante *f* *(für den Abfall einer exponentiell abklingenden Größe auf $1/e$)*; 2. *(Mech)* Relaxationszeit *f*, *(beim Entspannungsversuch auch:)* Entspannungszeit *f*

relaxed modulus of elasticity *(Mech)* dauernder Elastizitätsmodul *m*
- **peak process** *(Kern)* Quasispaltung *f*, tiefinelastischer Schwerionenstoß *m*

relayed coherence transfer spectroscopy *(Spektr)* [zweidimensionale] Relayed-NMR-Spektroskopie *f*, Relaiskern-NMR-Spektroskopie *f*

release 1. Freisetzung *f*, Freigabe *f*, Ablösung *f*, Auslösung *f*, Entbindung *f* *(von Teilchen)*; 2. *(Mech)* Auslösung *f*, *(speziell:)* Ausklinken *n*; 3. *(El)* Abfall *m*, Abfallen *n* *(eines Relais)*
- **adiabat** *(Mech)* Entspannungsadiabate *f*
- **current** *(El)* 1. Auslösestrom *m*; 2. Abfallstrom *m* *(Relais)*
- **pulse** *(Kern)* Auslöseimpuls *m*, Startimpuls *m* *(eines Strahlungsdetektors)*

reliability Zuverlässigkeit *f*, *(in der Zuverlässigkeitstheorie auch:)* Überlebenswahrscheinlichkeit *f*
- **factor (index)** *(Krist)* R-Faktor *m*, Zuverlässigkeitsfaktor *m*, Diskrepanzfaktor *m*

relic radiation *(Astr)* s. cosmic ray background

relief 1. *(mathPh)* Relief *n*, Betragsfläche *f* *(einer analytischen Funktion)*; 2. *(Mech)* Entlastung *f*
- **curve** *(Fest, Mech)* Entlastungskurve *f*
- **image** *(Phot)* Relief[gelatine]bild *n*

relieving capacity *(Ström)* Entspannungsleistung *f* *(einer Düse)*

reload, ~ batch [size] *(Kern)* Frischlademenge *f*, Nachlademenge *f*, Nachladung[smenge] *f*
- **core** *(Kern)* Nachladekern *m*

reluctance *(Magn)* Reluktanz *f*, magnetischer Widerstand *m*

reluctivity *(Magn)* spezifischer magnetischer Widerstand *m*, Reluktivität *f*

rem *(Kern)* Rem *n*, rem, biologisches Röntgenäquivalent *n*, roentgen-equivalent-man (SI-fremde Einheit der Äquivalentdosis; 1 rem = 10^{-2} Sv = 10^{-2} J/kg)
- **equivalent chemical** *(Kern, physCh)* chemisches Rem-Äquivalent *n*, REC
- **meter** *(Kern)* Äquivalentdosismeßgerät *n*, Dosimeter *n* für Äquivalentdosisanzeigen *(in rem)*

remaining velocity *(Mech)* Dauergeschwindigkeit *f*

remanence *(Magn)* Remanenz *f*, magnetische Remanenzflußdichte *f*, remanente Induktion *f* *(nach Sättigung)*
- **coefficient** *(Magn)* Nachwirkungsbeiwert *m*
- **loss** *(Magn)* Nachwirkungsverlust *m*

remanent flux density *(Magn)* magnetische Remanenzflußdichte f, Remanenz[flußdichte] f
~ **induction coefficient** *(Magn)* Nachwirkungsbeiwert m
~ **[magnetic] polarization** *(Magn)* [magnetische] Remanenzpolarisation f
remeasurement Nachmessung f
remote gauging *(Meß)* Fernmessung f, Telemetrie f, Fernmeßtechnik f
~ **[instrument] reading** *(Meß)* Fernablesung f
~ **sensing** *(Meß)* kontaktlose Fernmessung f, Fernfühlen n, Fernabgriff m, *(speziell:)* Istwert-Fernabgriff m
remous *(Ström)* s. wake 1.
removal cross section *(Kern)* Removalquerschnitt m, Ausscheidquerschnitt m, Verlustquerschnitt m
~ **efficiency** *(physCh)* Abscheidungsgrad m, Abscheideleistung f *(eines Filters)*
~ **factor** *(Kern)* Abnahmefaktor m
rendezvous *(Aero)* 1. Rendezvous n *(Ereignis)*; 2. Rendezvousposition f
~-**compatible orbit** *(Aero)* Rendezvousbahn f
rendition of contrast *(Phot)* Kontrastwiedergabe f
renormalizability *(Feld, Qu)* Renormierbarkeit f
renormalization *(Feld)* Renormierung f, *(manchmal:)* Renormalisierung f
renormalization correction *(Feld, Qu)* Renormierungskorrektion f, *(als Größe:)* Renormierungskorrektur f
reoccupation *(At, Kern)* Umbesetzung f
rep *(Kern)* Rep n, rep, physikalisches Röntgenäquivalent n, roentgen-equivalent-physical *(SI-fremde Einheit der Energiedosis; 1 rep = 0,838 · 10^{-2} J/kg)*
REP *(Pl)* einspringender Pfropfen m
repeated band scheme *(Krist, Qu)* wiederholtes Zonenschema n
~ **sweep mode** *(Kern)* Betriebsart f wiederholtes Abtasten *(eines Vielkanalzählers)*
~ **twin** *(Krist)* Wiederholungszwilling m, polysymmetrischer Zwilling m
repeating unit *(At)* Staudinger-Einheit f, Struktureinheit f, Grundeinheit f, Grundmolekül n
repellent force Abstoßung[skraft] f, abstoßende Kraft f, Repulsivkraft f
repeller 1. *(El)* Reflexionselektrode f, Reflektor m *(einer Elektronenröhre)*; 2. *(Spektr)* Repeller m, Repellerplatte f, Ionenrepeller m *(eines Massenspektrometers)*
repetition frequency (rate) *(El)* Impulsfolgefrequenz f, Folgefrequenz f, *(bei gleicher Form der Impulse:)* Pulsfrequenz f
~-**rate division** *(El)* Impuls[folge]frequenzteilung f
repetitive error Wiederholungsfehler m

repetitively pulsed reactor *(Kern)* [periodisch betriebener] Impulsreaktor m, periodisch gepulster Reaktor m
replaceability *(Meß, Reg)* Austauschbarkeit f, Auswechselbarkeit f
replaceable hydrogen *(At)* *(durch Metalle)* austauschbarer (ersetzbarer) Wasserstoff m, ionogen gebundener Wasserstoff m
replacement collision *(At, Kern)* Austauschstoß m
~ **length** *(Fest)* Austausch[weg]länge f
~ **partition function** *(Therm)* Austauschzustandssumme f
replenishment Wiederauffüllung f *(z. B. mit Ladungsträgern)*, Nachfüllung f, Auffüllung f; Ergänzung f
replica grating *(Opt)* Gitterkopie f
~ **technique** *(Ak)* Schalldruckverfahren n *(zum Nachweis stehender Wellen in Luft im freien Schallfeld)*
replicated experiment (run) *(mathPh)* Wiederholung f, Parallelversuch m, Parallele f, Kontrolle f *(Statistik)*
repopulation *(At, Kern)* Umbesetzung f
report *(Ak)* *(kurzer, scharfer)* Knall m, Detonation f, Krachen n, Knack m
repository *(Kern)* Endlager n [für radioaktive Abfälle]
reprecipitation *(physCh)* Umfällung f
representation Darstellung f, *(speziell:)* graphische Darstellung f
8-representation *(Hoch)* Oktettdarstellung f, 8-Darstellung f
representative *(mathPh)* Repräsentant m, Darsteller m
~ **point** *(Mech)* Phasen[bild]punkt m
reproducibility *(Meß)* Reproduzierbarkeit f, Vergleichsstreubereich m
reproducing system *(Ak, El)* Tonwiedergabesystem n
reproduction 1. Reproduktion f, Wiedergabe f; 2. *(Ak)* Schallwiedergabe f; 3. *(Phot)* Reproduktion f, Vervielfältigung f *(Vorgang)*; 4. *(Phot)* Reproduktion f, Abzug m *(Ergebnis)*
repulsion 1. Abstoßung f, *(manchmal:)* Repulsion f *(Erscheinung)*; 2. s. repulsive force
~ **coefficient** *(At)* Abstoßungskoeffizient m
~-**type instrument** *(Meß)* Repulsions[meß]instrument n, Repulsionsmeßgerät n
repulsive force Abstoßungskraft f, abstoßende Kraft f, Abstoßung f, Repulsivkraft f
~ **interaction energy** Abstoßungsenergie f
required frequency *(El)* Sollfrequenz f
~ **time** Sollfunktionszeit f, geforderte Funktionszeit f
reradiation 1. Wiederabstrahlung f, Wiederausstrahlung f, *(speziell:)* Zurückstrahlung f, Rückstrahlung f; 2. *(El, Magn)* Rückkopplungsstrahlung f
res *(mathPh)* s. residue 4.

rescaling

rescaling *(Feld, Qu)* Reskalierung *f*, Umskalieren *n*
research[-type nuclear] reactor *(Kern)* Forschungsreaktor *m*
reseau, réseau 1. *(Astr)* Gitternetz *n*; 2. *(Phot)* Gitterplatte *f*
reserve buoyancy *(Hydr)* Auftriebsreserve *f*, Reserveschwimmfähigkeit *f*, Restauftrieb *m*
~ **of clock rate** *(Astr)* Gangreserve *f*
reset *(El)* Rücksetzung *f*, Rückstellung *f* *(auf den Ausgangszustand, speziell auf Null)*, *(eines Zählwerks auch:)* Löschung *f*; Rückfall *m*, Rückgang *m*, Rücklauf *m* *(eines Relais)*
~ **action** *(Reg)* Stellgliedeingriff *m*
~ **field strength** *(Magn)* Rücksetzfeldstärke *f*
~ **rate** *(Reg)* Stellgliedeingriffrate *f*
~ **ratio** *(El)* Rückgangsverhältnis *n*
~-**set flip-flop** *(El)* RS-Flipflop *m*
~ **strength** *(Magn)* Rücksetzfeldstärke *f*
resettability 1. *(El)* Rücksetzbarkeit *f*, Rückstellbarkeit *f*; 2. *(Meß)* Wiedereinstellgenauigkeit *f*
residence 1. Verweilen *n*, Aufenthalt *m*, Verbleiben *n*; 2. *(physCh)* s. ~ **time**
~ **half-life** *(Kern)* Verweilhalbwert[s]zeit *f*
~ **time** *(physCh)* Verweilzeit *f*, Aufenthaltszeit *f*, *(speziell:)* Standzeit *f*, *(speziell:)* Haltezeit *f*, *(speziell:)* Durchlaufzeit *f* *(eines Materials in einer Anlage)*
~ **time distribution** *(physCh)* Verweilzeitspektrum *n*, Verweilzeitverteilung *f*
residual affinity *(At)* Partialvalenz *f*
~ **bond** *(At)* Van-der-Waals-Bindung *f*, VdW-Bindung *f*, zwischenmolekulare Bindung *f*
~ **central intensity** *(Spektr)* Restintensität *f* im Linienkern
~ **charge pattern** *(El, Phot)* latentes elektrisches Bild *n*, Potentialrelief *n* *(Elektrophotographie)*
~ **chromatic aberration** *(Opt)* Restfarbfehler *m*, *(speziell:)* Restfarblängsfehler *m*
~ **component** *(mathPh)* Zufallskomponente *f*, Restkomponente *f* *(einer Zeitreihe)*
~ **current** 1. *(El)* Anlaufstrom *m* *(einer Elektronenröhre)*; 2. *(Halbl)* Reststrom *m* *(eines Transistors)*; 3. *(El)* Nullstrom *m* *(in einem Dreiphasensystem)*; 4. *(Kern)* Reststrom *m* *(eines Strahlungsdetektors)*
~ **current law** *(El)* Anlaufstromgesetz *n*
~ **depth** *(Kern)* Resttiefe *f*, Restschichtdicke *f*
~ **error [ratio]** *(mathPh)* Restfehler *m*, Rest *m* *(Differenz zwischen experimentellem und theoretischem Wert)*
~ **force** *(At)* Van-der-Waals-Kraft *f*, VdW-Kraft *f*, Nebenvalenzkraft *f*
~ **heat** *(Kern)* 1. Abschaltwärme *f*, Leerlaufwärme *f* *(eines abgeschalteten Reaktors)*, *(für einen abgefahrenen Reaktor auch:)* Abfahrwärme *f*; 2. Nachwärme *f*, Restwärme *f*

~ **heat output** *(Kern)* Nach[wärme]leistung *f*, Nachzerfallsleistung *f* *(eines Reaktors)*
~ **induction** *(Magn)* [magnetische] Restflußdichte *f*, Restinduktion *f*, Restmagnetismus *m*
~ **intensity of magnetization** *(Fest, Magn)* Restmagnetisierung *f* *(Größe)*
~ **layer** *s.* ~ **depth**
~ **magnetism** *(Magn)* 1. Remanenz *f*, magnetische Remanenzflußdichte *f*, remanente Induktion *f* *(nach Sättigung)*; 2. *s.* ~ **induction**
~ **magnetization** *(Fest, Magn)* Restmagnetisierung *f* *(Größe)*
~ **pressure** *(Mech, Therm)* Restdruck *m*, *(Vak auch:)* Restgasdruck *m*
~ **range** *(Kern)* Restreichweite *f* *(eines ionisierenden Teilchens)*
~ **ray method** *(Spektr)* Reststrahlenmethode *f*, Reststrahlmethode *f* [von Rubens]
~ **resistivity** *(Fest, Tief)* spezifischer Restwiderstand *m*
~ **strain** *(Mech)* Restverformung *f*, Restdeformation *f*
~ **stress** *(Mech)* Eigenspannung *f*, Restspannung *f*, Nachspannung *f*, verbleibende Spannung *f*, *(allgemeiner:)* innere Spannung *f*
~ **stress pattern** *(Krist)* remanentes Streifensystem *n*
~ **thermal resistivity** *(Therm)* spezifischer Restwärmewiderstand *m*
~ **voltage** *(El)* 1. Restspannung *f* *(eines Versorgungsnetzes)*; 2. Verlagerungsspannung *f*
residue 1. *(physCh)* Rückstand *m*, Rest *m*; 2. *(physCh)* Rest *m*, Gruppe *f*, Molekülgruppe *f*; 3. *(At)* Atomgruppierung *f*; 4. *(mathPh)* Residuum *n*, Res *(einer komplexen Funktion)*
resilience *(Mech)* 1. Federung *f*, Rückfederung *f*, Zurückfedern *n* *(Eigenschaft)*; 2. volumenbezogene (spezifische) Verzerrungsenergie (Formänderungsenergie) *f* *(Größe)*
resinous electricity *(El)* Harzelektrizität *f*, harzelektrischer Zustand *m*, negative Elektrizität *f*
resist *(Halbl, Phot)* Resist *n*, Abdeckmaterial *n*, Deckmaterial *n*, *(speziell:)* Photoresist *n*, Photolack *m*
resistance 1. Festigkeit *f*, Widerstandsfähigkeit *f*, Sicherheit *f*, Widerstand *m*, Resistenz *f*, Stabilität *f*, Beständigkeit *f*; 2. *(El)* [elektrischer] Widerstand *m*, Widerstandswert *m* *(Größe)*; 3. *(El)* Wirkwiderstand *m*, [elektrische] Resistanz *f* *(Realteil des komplexen Widerstandes, Größe)*; 4. *s.* **acoustic resistance**; 5. *(Mech)* Dämpfungskonstante *f* *(der gedämpften harmonischen Schwingung)*; 6. *(Vak)* Strömungswiderstand *m*, Widerstand *m* *(einer Vakuumleitung)*; 7. *(Ström)* Fluidwiderstand *m*; 8. *(Mech)* Luftwiderstand *m* *(in der äußeren Ballistik)*

~ **branch** *(El)* ohmscher Zweig *m*, Widerstandszweig *m*
~ **coefficient** 1. *(Mech)* aerodynamischer Widerstandsbeiwert *m (in der äußeren Ballistik)*; 2. *(Ström)* Widerstandsbeiwert *m*, Strömungswiderstandsbeiwert *m*; 3. *(Hydr)* s. Darcy number
~ **derivative** *(Aero)* partielle Ableitung *f* aerodynamischer Kräfte
~ **drop** *(El)* ohmscher Spannungsabfall *m*, Wirkspannungsabfall *m (eines Bauelements oder Leiters)*
~ **head** *(Ström)* Widerstandshöhe *f*
~ **line** 1. *(El)* Widerstandsgerade *f*; 2. *(Mech)* Stützlinie *f*
~ **loss** *(El)* Widerstandsdämpfung *f*
~ **model** *(Hydr)* Widerstandsmodell *n*, Einschnürungsmodell *n (Permeabilitätstheorie)*
~ **noise** *(El, Halbl)* s. thermal noise
~ **to buckling** *(Mech)* Knickfestigkeit *f*
~ **to flexure** *(Mech)* Biegewiderstand *m*, Biegungswiderstand *m*
~ **to [fluid] flow** *(Hydr)* Strömungswiderstand *m*, hydrodynamischer Widerstand *m*, *(manchmal:)* Rücktrieb *m*, Rücktrift *f (in strömenden Flüssigkeiten, auch Wasser)*
~ **to impact** *(Mech)* Schlagfestigkeit *f*
~ **to rupture** *(Mech)* Zugfestigkeit *f*, Festigkeit *f*, Widerstand *m (gegen Zug)*
~ **to surge voltage** *(El)* Stoßspannungsfestigkeit *f*, Sprungwellenfestigkeit *f*
~ **to wear** *(Mech)* Verschleißfestigkeit *f*, Verschleißbeständigkeit *f*, *(speziell:)* Verschleißwiderstand *m*, *(speziell:)* Scheuerfestigkeit *f*
~ **value** *(El)* [elektrischer] Widerstand *m*, Widerstandswert *m (Größe)*

resisting moment (torque) *(Mech)* Widerstandsmoment *n* [gegen Biegung], Widerstandsmoment *m* des Querschnitts [gegen Biegung]

resistive component *(El)* 1. ohmsche Komponente *f*, ohmscher Anteil *m*; 2. Wirkstromkomponente *f*
~ **drop [in potential]** *(El)* ohmscher Spannungsabfall *m*
~ **force** *(Mech)* Reibungskraft *f*
~ **heating** *(El)* s. Joule heating
~ **instability** *(Pl)* resistive (stromkonvektive) Instabilität *f*
~ **permeability** *(Magn)* Wirkpermeabilität *f*, Parallelwiderstandspermeabilität *f*

resistivity 1. *(El)* spezifischer [elektrischer] Widerstand *m*, Resistivität *f*; 2. s. resistance 1.
~ **tension coefficient** *(El)* Spannungskoeffizient *m* des spezifischen Widerstandes
~ **tensor** *(El, Fest)* Tensor *m* des spezifischen Widerstands, Widerstandstensor *m*, Resistivitätstensor *m*

resolidification *(Fest)* Wiedererstarrung *f*, Wiederverfestigung *f*

re-solution *(physCh)* wiederholtes Lösen *n*, Umlösen *n*, *(speziell:)* Wiederauflösung *f*

resolution 1. *(At)* Trennung *f*, Auflösung *f (von Antipoden)*; 2. *(Kern)* Auflösung *f (beim Teilchennachweis)*; 3. *(mathPh)* Zerlegung *f (eines Vektors in seine Komponenten)*, Komponentenzerlegung *f*, Komponentendarstellung *f (eines Vektors)*; 4. *(physCh)* Spaltung *f*, Aufspaltung *f*, Trennung *f (eines racemischen Gemisches)*, Racematspaltung *f*; 5. *(physCh)* Trennschärfe *f*, Trenngüte *f*, Auflösung *f*, Resolution *f (in der Chromatographie)*; 6. *(Opt)* Auflösungsvermögen *n (eines optischen Systems)*; 7. *(Spektr)* Auflösungsvermögen *n (eines Spektrometers oder Interferometers)*
~ **chart** *(Opt)* Testtafel *f (für Prüfungen des Auflösungsvermögens)*
~ **in depth** *(Opt)* Tiefenauflösung *f*, Auflösung *f* in der Tiefe, Tiefenauflösungsvermögen *f (eines Mikroskops)*
~ **reading** *(Opt)* Anzahl *f* der aufgelösten Linien je Millimeter
~ **sensitivity** *(Reg)* Ansprechwert *m*

resolvability *(Opt)* Auflösbarkeit *f*, Trennbarkeit *f*

resolved binary *(Astr)* aufgelöster Doppelstern *m*, aufgelöstes System *n*
~ **shear (twinning) stress** *(Krist)* aufgelöste Schubspannung *f*

resolving limit in depth *(Opt)* Tiefenauflösungsgrenze *f*, Auflösungsgrenze *f* in der Tiefe *(eines Mikroskops)*
~ **power** 1. *(Opt)* Auflösungsvermögen *n (eines optischen Systems)*; 2. *(Spektr)* spektrales Auflösungsvermögen *n (eines Prismen- oder Gitterspektralapparates)*
~ **time correction** *(Kern)* Totzeitkorrektion *f*, *(als Größe auch:)* Totzeitkorrektur *f*

resonance 1. Resonanz *f*, Mitschwingen *n (eines schwingenden Systems)*; 2. *(At, physCh)* s. mesomerism; 3. *(Hoch)* Resonanz *f*, Resonanzteilchen *n (Elementarteilchen)*; 4. *(Kern)* Kernresonanz *f* • **far from (of)** ~ in Resonanzferne, resonanzfern
~ **absorption isolator** *(Magn)* Resonanzisolator *m*, Resonanzrichtungsleitung *f*
~ **activation integral** *(Kern)* Resonanzintegral *n* der Aktivierung, Resonanzaktivierungsintegral *n*
~ **broadening** *(Spektr)* Eigendruckverbreiterung *f*, Resonanzverbreiterung *f*
~ **capture** *(Kern)* Resonanzeinfang *m*
~ **compound** *(At)* mesomere Verbindung *f*
~ **correction** *(El)* Resonanzentzerrung *f*
~ **escape** *(Kern)* Vermeiden *n* des Resonanzeinfangs, Resonanzflucht *f*
~ **escape probability** *(Kern)* Bremsnutzung *f*, Bremsnutzfaktor *m*, Resonanzdurchlaßwahrscheinlichkeit *f (für Neutronen)*
~ **fission** *(Kern)* Resonanzspaltung *f*

resonance

~ **fluorescence** *(At)* Resonanzfluoreszenz f, Resonanzstrahlung f, *(manchmal:)* Linienresonanz f, *(im optischen Bereich:)* Resonanzlicht n, Resonanzleuchten n
~ **foil** *(Kern)* Resonanzsonde f
~ **level width** s. ~ width
~ **luminescence** s. ~ fluorescence
~ **method** *(At)* s. valence-bond method
~ **mode** *(Krist)* Resonanzschwingung f, quasilokalisierte Gitterschwingung f
~ **passage (penetration)** *(Kern)* Resonanzdurchgang m, durch Resonanz ermöglichtes Eindringen n *(in den Kern)*
~ **potential** 1. *(At)* Ionisierungspotential n, Ionisierungsspannung f, Ionisationspotential n *(in V)*; 2. *(Qu)* s. excitation potential
~ **radiation** s. ~ fluorescence
~ **ratio** Resonanzüberhöhung f [der Amplitude] *(Größe)*
~ **reactor** *(Kern)* Resonanz[neutronen]reaktor m
~ **step-up** *(El)* Spannungsüberhöhung f, Spannungsüberhöhungsfaktor m, Überhöhungsfaktor m *(Größe)*
~ **theory [of Helmholtz]** *(Ak)* Einortstheorie f, Resonanztheorie f [von Helmholtz], Helmholtzsche Resonanztheorie f
~ **width** *(Kern)* Resonanzbreite f, Breite f der Resonanz, Resonanzniveaubreite f
resonant cavity 1. *(Opt)* optischer Resonator m, Resonanzraum m *(eines Lasers)*; 2. *(El)* Hohlraumresonator m, Hohlraumkreis m, Hohl[rohr]kreis m, Hohlresonator m *(ein Hohlleiter)*; 3. *(El)* Schwingkammer f, Schwingkopf m *(einer Mehrkreistriftröhre)*; 4. *(Ak)* Hohlraumresonator m, Resonator m
~-**cavity maser** *(El)* Hohlraummaser m, *(als Verstärker verwendet auch:)* Hohlraummaserverstärker m, Resonatorquantenverstärker m
~ **chamber** s. ~ cavity 2., 3. und 4.
~ **element** s. ~ cavity 2.
~ **mode** *(El, Magn)* Resonanzschwingung f; 2. *(El)* Wellentyp (Schwingungstyp) m im Hohlraumresonator, Resonatormode f, Resonatormodus m
~ **rise** Aufschaukelung f, Resonanzaufschaukelung f, *(speziell:)* Resonanzüberhöhung f *(einer Schwingung, Erscheinung)*
resonator gap 1. *(El)* Steuerspalt m *(eines Klystrons)*; 2. *(Kern)* Beschleunigungsstrecke f *(eines Mikrotrons)*
~ **grid** *(El)* Hohlraumgitter n
~ **theory** *(Ak)* s. resonance theory
resounding *(Ak)* 1. Widerhallen n; 2. Echo n, Widerhall m
response 1. Ansprechen n, Antwort f, Antwortfunktion f, Reaktion f *(eines Systems auf eine äußere Einwirkung)*; 2. *(Meß)* Ansprechen n *(z. B. eines Meßgeräts)*; 3. *(Meß)* angezeigter Wert m, Anzeigewert m, Anzeige f; 4. *(El)* Anziehen n

(eines Relais); 5. *(Kern)* Ansprechverhalten n, *(als Größe:)* Response f; Ansprechempfindlichkeit f *(eines Strahlungsdetektors)*, Detektoransprechverhalten n; 6. *(Ak)* Übertragungsfaktor m; 7. s. ~ curve 1.
~ **curve** 1. Ganglinie f, Gangkurve f; 2. *(El)* Frequenz[gang]kurve f, Frequenzgang m *(für das Durchlaßband auch:)* Durchlaßkurve f; 3. *(mathPh)* Wirkungskurve f *(Statistik)*
~ **function** 1. *(Kern)* Ansprechfunktion f, Antwortfunktion f *(eines Strahlungsdetektors)*; 2. *(Opt, Phot)* Modulationsübertragungsfunktion f, MÜF, MTF
~ **pulse duration** *(Kern)* minimale Impulsdauer f *(eines Sekundärelektronenvervielfachers)*
~ **spectrum** *(Meß)* Antwortspektrum n, Responsespektrum n
~ **threshold** *(Meß)* Ansprechschwelle f
~ **time** 1. *(Reg)* Einstellzeit f *(eines Regelsystems)*; 2. *(El)* Ansprechzeit f *(eines Relais oder Transduktors)*; 3. Einschwingzeit f *(einer elektronischen Schaltung)*; 4. *(Meß)* Beruhigungszeit f *(eines Meßinstruments)*; 5. Antwortzeit f *(in der Informationsverarbeitung: Zeit zwischen Aussendung und Quittierung)*
~ **to current** *(Ak, El)* Stromübertragungsfaktor m
~ **to reference input variation** *(Reg)* Führungsverhalten n
~ **to the derivative** *(Reg)* D-Verhalten n
responsiveness, responsivity 1. Ansprechgeschwindigkeit f, Reaktionsgeschwindigkeit f, Reaktionsfähigkeit f *(bes. von Meßgeräten)*; 2. *(Opt, Meß)* Empfindlichkeit f, Ansprechempfindlichkeit f
rest 1. Ruhe f; 2. *(At, physCh)* s. residue 2.
~ **acceleration** *(Rel)* Ruhbeschleunigung f, Beschleunigung f im Ruhsystem
~ **coordinates** *(Rel)* Ruhkoordinaten fpl, Koordinaten fpl des Ruhsystems
~ **density** *(Rel)* Ruhdichte f, Eigendichte f
~ **energy** 1. *(Rel)* Ruheenergie f; 2. *(Feld, Qu)* Selbstenergie f
~ **frame** *(Rel)* Ruhsystem n, ruhendes Bezugssystem n
~ **length** *(Rel)* Ruhlänge f, Länge f im Ruhsystem
~ **mass** *(Rel)* Ruhmasse f, *(selten:)* eingeprägte Masse f
~ **mass density** s. ~ density
~ **potential** *(Ech)* Leerlaufpotential n, Ruhepotential n *(einer elektrochemischen Zelle)*
restart time *(Meß, Reg)* Wiederanlaufzeit f *(in der Fernwirktechnik)*
resting atom *(At)* ruhendes (in Ruhe befindliches) Atom n
restoration *(El)* Regenerierung f, Wiederherstellung f *(von Impulsen oder Signalen)*

retarding

- **~ coefficient** *(Mech)* Restitutionskoeffizient *m*, Stoßzahl *f*
- **~ constant** *(Meß)* Rückstellkonstante *f*
- **restoring force** *(Mech)* Rückstellkraft *f*, Richtkraft *f*
- **~ moment** 1. *(Aero)* Rückführmoment *n*, Aufrichtmoment *n*, Rückdrehmoment *n*; 2. *(Mech)* s. tilting moment
- **~ torque** *(Mech)* Drehsteife *f*, Direktionsmoment *n*, Drehfederkonstante *f*
- **restrainer** *(Phot)* Verzögerer *m*, Verzögerungsmittel *n*, Verzögerungssubstanz *f (eines Entwicklers)*
- **restraining** *(Phot)* Verzögerung *f*, Hemmung *f*
- **~ condition** *(Mech)* Bindungsgleichung *f*, Bedingungsgleichung *f*, Zwangsbedingung *f (mathematische Formulierung der Bindung)*
- **~ force** *(Mech)* Zwangskraft *f*, Reaktionskraft *f*, Führungskraft *f*, Zwang *m*
- **~ moment** *(Mech)* Einspannmoment *n*
- **restraint** 1. Beschränkung *f*, Begrenzung *f*, Einschränkung *f*; 2. *(Mech)* Einspannung *f*, Halterung *f*
- **~ force** *(Mech)* s. restraining force
- **~ ring** *(Pl)* Abfangring *m*
- **restricted diffusion chromatography** *(physCh)* s. gel [permeation] chromatography
- **~ energy loss** *(Kern)* begrenzter (beschränkter, korrigierter) Energieverlust *m (bei der Spurbildung im Festkörperspurdetektor)*
- **~ hydraulic jump** *(Hydr)* unvollständiger Wechselsprung *m*
- **~ linear collision stopping power** *(Kern)* lineares Energieübertragungsvermögen *n*, lineare Energieübertragung *f*, LET
- **~ Lorentz group** *(Rel)* eigentliche orthochrone Lorentz-Gruppe *f*, eingeschränkte Lorentz-Gruppe *f*, Komponente *f* der Einheit
- **~ motion** *(Mech)* eingeschränkte (unfreie, gebundene) Bewegung *f*
- **~ problem** *(Astr)* s. ~ three-body problem
- **~ proper motion** *(Astr)* Eigenbewegung *f* im Winkelmaß *(Bogensekunden je Jahr)*
- **~ [theory of] relativity** s. special relativity
- **~ three-body problem** *(Astr)* eingeschränktes (restringiertes, asteroidisches) Dreikörperproblem *n*, „problème restreint" *n*, eingeschränktes (restringiertes) Problem *n* Poincarés
- **restriction** 1. Vorbehalt *m*; 2. Beschränkung *f*, Begrenzung *f*, Einschränkung *f*; 3. *(mathPh)* Nebenbedingung *f*, Bedingung *f*, Restriktion *f*, Einschränkung *f*, Zusatzbedingung *f (bei der Optimierung)*; 4. *(Hydr)* Drosselung *f (einer Strömung)*
- **~ of free (internal) rotation** *(At)* Rotationsbehinderung *f*, Rotationshemmung *f*, Behinderung *f* der inneren (freien) Rotation

- **restrictor** *(Hydr)* Drosselkörper *m*, Drosselelement *n*, Durchsatzdrossel *f*, Drossel *f*, Drosselorgan *n*
- **restrike** *(El)* Rückzündung *f (einer Elektronenröhre)*
- **restriking voltage** *(El)* 1. Wiederzündspannung *f (einer Gasentladungsröhre)*; 2. Nachzündspannung *f (eines Schalters)*
- **resultant** 1. *(mathPh)* Resultante *f (Algebra)*; 2. *(Mech)* Resultierende *f*, Vektorsumme *f (einer Vektorgröße)*; 3. s. ~ force
- **~ acceleration** *(Mech)* Gesamtbeschleunigung *f*, resultierende Beschleunigung *f*
- **~ aerodynamic force** *(Aero)* aerodynamische Resultante *f*, resultierende aerodynamische Kraft *f*
- **~ angular momentum** *(At, Kern)* Gesamtdrehimpuls *m*
- **~ force** *(Mech)* resultierende Kraft *f*, Resultierende *f*, Resultante *f*
- **~ motion** *(Mech)* resultierende (zusammengesetzte) Bewegung *f*
- **~ tone** *(Ak)* Kombinationston *m*
- **resulting stress** *(Mech)* Spannungsresultante *f*, Schnittgröße *f*, Schnittkraft *f*
- **resuperheating** *(Therm)* Zwischenüberhitzung *f (von Dampf)*
- **resuspension** *(Kern)* Resuspension *f*, Wiederaufwirbelung *f (von Aerosolteilchen)*
- **retaining current** *(El)* Haltestrom *m (Relais)*
- **retardance** *(Mech)* Retardanz *f*, Retardationskonstante *f*
- **retardant** *(physCh)* s. retarder 2.
- **retardation** 1. *(Mech)* Verzögerung *f*, Verlangsamung *f*, Bremsung *f*; 2. *(El)* Retardierung *f*, Zeitverzögerung *f (eines Potentials)*; 3. *(Fest, Mech)* Retardation *f*, Retardierung *f (der Verformung)*; 4. *(Opt)* Gangdifferenz *f*, [optischer] Gangunterschied *m*, Wegunterschied *m*
- **~ age** *(Kern)* Bremszeit *f*, Neutronenbremszeit *f (Abbremsung der Neutronen von der Spalt- auf thermische Energie)*
- **~ factor** *(physCh)* R_f-Wert *m*, R_f-Wert *m*, Verzögerungsfaktor *m*, Retentionsfaktor *m (Chromatographie)*
- **~ plate (sheet)** *(Opt)* s. retarder 1.
- **~ theory** *(Opt)* Theorie *f* der Phasenplatten, Gangunterschiedsverfahren *npl*
- **retarded control** *(Reg)* Regelung *f* mit Verzögerungsgliedern, verzögerte Regelung *f*
- **retarder** 1. *(Opt)* Phasenplättchen *n*, Phasenplatte *f (doppelbrechend)*; 2. *(physCh)* Verzögerer *m*, Verzögerungsmittel *n*, Retardiermittel *n*, Retarder *m*
- **retarding-field oscillations** *(El)* Barkhausen-Kurz-Schwingungen *fpl*, Bremsfeldschwingungen *fpl*
- **~ potential difference method** *(Kern)* Bremspotentialdifferenzmethode *f*
- **~ torque** *(Mech, Meß)* Bremsmoment *n*

retention

retention 1. Beibehaltung f, Belassen n, Behalten n; 2. (Kern, physCh) Retention f, Zurückhaltung f, Rückhaltung f; 3. (Kern) Retention f (Größe)
~ **factor** (physCh) s. retardation factor
retentiveness (Magn) Restmagnetisierung f (Eigenschaft)
retentivity (Magn) Remanenz f, magnetische Remanenzflußdichte f, remanente Induktion f (nach Sättigung)
reticle 1. (Opt) Fadenkreuzplatte f; 2. (Halbl) Reticle n, Zwischenmarke f, Photoschablone f, Schablone f; 3. (El) Vorsatzskale f (eines Oszillographen)
reticulation (Phot) 1. Runzelkornbildung f, Netz[struktur]bildung f (in einer Emulsion); 2. Runzelkorn n, Netzstruktur f (einer Emulsion)
reticule s. reticle
retrace (El) Strahlrücklauf m, Rücklauf m (Elektronenstrahl)
retract stroke (Mech) Einfahrhub m
retraction (Kern) Zurückziehen n, Zurückfahren n, Einfahren n (einer Strahlungsquelle in die Ruhestellung)
retrapping (Halbl) Retrapping n, Wiedereinfangen n, Wiederhaftung f
retroaction 1. Rückwirkung f, Reaktion f; 2. (El, Reg) Mitkopplung f, positive Rückkopplung f
retrodiffused electron (El) [zu]rückdiffundiertes Elektron n
retrodirective Daubresse prism (Opt) rücksichtiges Umkehrprisma (Daubresse-Prisma) n, Tetraeder-Umkehrprisma n
~ **illumination** (Opt) Auflichtbeleuchtung f, Beleuchtung f mit der Lichtquelle auf der Kameraseite
retrograde geocentric motion (Astr) rückläufige (retrograde) Bewegung f, Rückläufigkeit f (eines Planeten, von der Erde aus gesehen)
~ **imaging** (Opt) rückläufige Abbildung f
~ **motion (orbit)** (Astr) rückläufige (retrograde) Bewegung f, Rückläufigkeit f (eines Himmelskörpers)
retrogression (Astr) s. retrograde geocentric motion
retro-reflection (Opt) Rückspiegelung f, Rückstrahlung f, Reflexreflexion f, katadioptrische Reflexion f, Retroreflexion f (Lichtrückwurf in der Einfallsrichtung benachbarten Richtungen, unabhängig vom Einfallswinkel)
retro-thrust (Aero) Bremsschub m
return 1. Wiederherstellung f (eines Zustandes), Rückkehr f (zu einem Zustand); 2. Reflexion f, (manchmal:) Zurückwerfen n, Rückwurf m, Zurückstrahlung f, Rückstrahlung f (von Wellen oder Teilchen); 3. (El) Rückleitung f; 4. (El) Echo n, Radarecho n, Radarinformation f; 5. (Astr) Wiederkehr f (eines Kometen)

~ **albedo** (Kern) Wiederkehralbedo f, Rückkehralbedo f (der kosmischen Strahlung)
~ **conductor** (El, Pl) Rückleiter m
~ **electron** (El) Rücklaufelektron n
~ **energy** (El) Rückfluß m, reflektierte Energie f
~ **line flyback** (El) Rücklaufspur f (in einer Kathodenstrahlröhre)
~ **motion** (Mech) Rückbewegung f, nach rückwärts fortschreitende Bewegung f, (speziell:) Rückkehrbewegung f
~ **path** (Magn) Rückflußweg m, Flußrückleitungsweg m
~ **period** (Astr) Umlaufzeit f, Periode f (eines Kometen)
~ **streamer (stroke)** (El) Hauptentladung f, Rückentladung f (eines Blitzes), Aufwärtsblitz m
~ **stroke channel** (El) Blitzkanal m, Entladungskanal (Hauptentladungskanal) m des Blitzes
~ **voltage** (El) Rück[fluß]spannung f
returned (returning) echo (El) Rückstrahlecho n
reu, REU s. radiation effect unit
rev s. revolution 3.
reverberant field (Ak) Nachhallfeld n, Hallfeld n
~ **sound** (Ak) Nachhall m, Hall m
~ **sound level** (Ak) Nachhallpegel m
reverberation (Ak) Nachhall m, Hall m
~ **chamber (enclosure)** (Ak) Hallraum m, Nachhallraum m, Echoraum m
~ **method** (Ak) Hallraumverfahren n
~ **optimum** (Ak) optimale Nachhallzeit f
~ **period (time)** (Ak) Nachhallzeit f
reversal 1. Umkehrung f, Umkehr f; 2. s. reversion 1.; 3. Umkehrung f, Wechsel m, Richtungsumkehr[ung] f, Richtungswechsel m, Wende f, Umschlagen n (um 180°); 4. (El) Umschaltung f, Ankerumschaltung f; 5. (El) Umsteuerung f, Umkehrung f [der Drehrichtung], Drehrichtungsumkehr f, Bewegungsumkehr f, Reversierung f (eines Elektromotors); 6. (mathPh) uneigentliche orthogonale Transformation (Abbildung) f, Drehung f und Spiegelung f, Drehspiegelung f, Umlegung f, Umwendung f, Operation f zweiter Art (Geometrie); 7. (Mech) Rückwärtslauf m; 8. (Phot) [photographische] Umkehrung f (des photographischen Bildes); 9. (Ström) [180°-]Umlenkung f (der Strömung)
~ **autoradiography** (Kern) Umkehrautoradiographie f
~ **colour film** (Phot) Umkehrfarbfilm m
~ **of flow** (Ström) Umkehrung f der Strömungsrichtung, Strömungsumkehr f, Umsetzung f des Stromes
~ **of magnetization** (Fest) Ummagnetisierung f
~ **of relief** (Opt) Umkehrung f der Tiefenstaffelung

~ **prism** *(Opt)* s. Dove prism
~ **process** *(Phot)* Umkehrprozeß *m*, Direkt-Positiv-Prozeß *m*
~ **spectrum** *(Spektr)* umgekehrtes Spektrum *n*, Umkehrspektrum *n*, Spektrum *n* mit umgekehrten Linien
~ **temperature** *(Spektr)* Linienumkehrtemperatur *f*, Umkehrtemperatur *f*
reverse bend[ing] test *(Mech)* Hin- und Herbiegeversuch *m*, Umbiegeversuch *m*
~ **bias** *(Halbl)* Sperr[vor]spannung *f*
~ **breakdown voltage** *(Halbl)* Durchbruchspannung *f* in Sperrichtung
~ **coupling** s. ~ feedback
~ **creep** *(Krist, Mech)* Zurückkriechen *n*
~ **current** 1. *(El)* Rückwärtsstrom *m*, Gegenstrom *m*; 2. *(Halbl)* Sperrstrom *m*, Strom *m* in Sperrichtung
~ **current-voltage characteristic** *(Halbl)* Rückwärtskennlinie *f*
~ **curve** S-Kurve *f*, S-förmige Kurve *f*
~ **cycle** *(Therm)* umgekehrter [thermodynamischer] Kreisprozeß *m*
~ **diode** *(Halbl)* Rückspeisediode *f*, Blindleistungsdiode *f*
~ **direct-current resistance** s. ~ resistance
~ **direction** 1. *(Halbl)* Sperrichtung *f (eines Übergangs)*; 2. *(Magn)* Rückwärtsrichtung *f (eines Isolators oder Zirkulators)*
~ **feedback** *(El, Reg)* Gegenkopplung *f*, negative Rückführung (Rückkopplung) *f*
~ **half-cycle** *(El, Halbl)* Sperrhalbperiode *f*
~ **leakage current** *(Halbl)* Sperrableitstrom *m*, Sperreststrom *m*
~ **order of terms** *(Spektr)* umgekehrte (verkehrte) Termordnung *f*, Termumkehr *f*, Umkehrung *f* der Termordnung
~ **osmosis** *(physCh)* Umkehrosmose *f*, Reversosmose *f*, *(selten:)* Hyperfiltration *f*
~ **pitch** *(Ström)* negative Steigung *f*
~ **pitch airscrew (propeller)** *(Aero)* Bremsluftschraube *f*
~ **reaction** 1. *(Kern)* umgekehrte Reaktion *f*, Umkehrreaktion *f*; 2. *(physCh)* Rückreaktion *f*
~ **recovery time** *(Halbl)* Sperrverzögerungszeit *f*, Sperrverzugszeit *f*, Sperrerholzeit *f*
~ **resistance** *(Halbl)* Sperrwiderstand *m*, Gleichstromwiderstand *m* rückwärts
~ **rotation** *(Mech)* gegenläufige Drehung *f*, Gegendrehung *f*, Gegenlauf *m*
~-**rotation method** *(Mech)* Rückarbeitsverfahren *n*
~ **short-circuit current** *(El)* Rückwärts-Kurzschlußstrom *m*
~ **threshold** *(Kern)* Schwelle *f* der Umkehrreaktion, Umkehrschwelle *f*
~ **thrust** *(Aero)* Bremsschub *m*
~ **time-of-flight method** *(Kern)* umgekehrte Flugzeitmethode *f*
~ **transfer capacitance** *(Halbl)* Rückwirkungskapazität *f*

~ **transfer impedance** *(El)* Rückwirkungswiderstand *m*, Kernwiderstand (Übertragungswiderstand, Leerlaufwiderstand) *m* rückwärts, Rückwärtsimpedanz *f (eines Vierpols)*
~ **vision prism** *(Opt)* Rücksichtprisma *n*
~ **voltage** 1. *(El)* Rückwärtsspannung *f*; 2. *(Halbl)* Sperrspannung *f*
~ **voltage-current characteristic** *(Halbl)* Rückwärtskennlinie *f*
~ **voltage transfer** *(El)* Spannungsrückwirkung *f*
reversed bending stress *(Mech)* Wechselbiegebeanspruchung *f*, Wechselbiegespannung *f*, Biegewechselbeanspruchung *f*, Biegewechselspannung *f*
~ **effective force** *(Mech)* [d'Alembertsche] Trägheitskraft *f*, Trägheitswiderstand *m*, D'Alembert-Kraft *f*, Scheinkraft *f*
~-**field pinch** *(Pl)* Umkehrfeldpinch *m*, Pinch *m* (Pinchanlage *f*) mit Feldumkehr *(nahe der Plasmaoberfläche)*
~ **image** *(Opt)* umgekehrtes (kopfstehendes) Bild *n*, *(selten:)* verkehrtes Bild *n*, Umkehrbild *n (um 180° gedreht)*
~ **stress** *(Mech)* Wechselbeanspruchung *f*, wechselnde Beanspruchung (Spannung) *f*, Wechselspannung *f*
reversibility principle 1. *(Opt)* Umkehrbarkeitsprinzip *n*, Prinzip *n* der Umkehrbarkeit der Strahlenganges; 2. *(statPh)* mikroskopische Reversibilität *f*
reversible counter s. ~ scaler
~ **cycle** *(Therm)* reversibler (umkehrbarer) Kreisprozeß *m*
~ **film** *(Phot)* Umkehrfilm *m*
~ **pendulum** *(Mech)* Reversionspendel *n*, Umkehrpendel *n*
~ **scaler** *(Kern)* Vor-Rück[wärts-]Zähler *m*, Vorwärts-Rückwärts-Zähler *m*, Zweirichtungszähler *m*
~ **transformation** *(Therm)* reversible (umkehrbare) Phasenumwandlung (Umwandlung) *f*
~ **transit circle** *(Astr)* umlegbarer Meridiankreis *m*
~ **type II superconductor** *(Tief)* idealer (reversibler) Supraleiter *m* zweiter Art, idealer (reversibler) Typ-II-Supraleiter *m*
reversing field *(El)* Wendefeld *n*, Kommutierungsfeld *n*, *(allgemeiner:)* Umkehrfeld *n*
~ **layer** *(Astr)* umkehrende Schicht *f (der Chromosphäre)*
~ **prism** *(Opt)* 1. Umkehrprisma *n*, Sturzprisma *n*, Aufrichteprisma *n*; 2. s. Dove prism
reversion 1. Spiegelumkehrung *f*, Spiegelverkehrung *f*, Reversion *f*, Umkehrung *f*; 2. *(Opt)* Kopfstehen *n*, Umkehrung *f*, Auf-den-Kopf-Stehen *n*, *(als Vorgang:)* Kopfstellen *n*, Auf-den-Kopf-Stellen *n (eines Bildes: Drehung um 180°)*; 3. *(physCh)* Umschlagen *m (einer Emulsion)*; 4. *(Fest)* Rückbildung *f*; 5. *(Ech)* Umpolung *f (Batterie)*

reversion 312

~ **right to left** *(Opt)* Seitenvertauschung *f*, Seitenverkehrung *f*, Spiegelung *f* *(eines Bildes)*
~ **theorem of Helmholtz** *(Opt)* Helmholtzscher Reziprozitätssatz *m*, Helmholtzsches Reziprozitätsgesetz *n*
revolution 1. *(Mech)* Umkreisen *n*, Umfliegen *n (eines Zentralkörpers auf einer geschlossenen Bahn)*, Umlaufen *n*, Kreisen *n (um einen Zentralkörper)*; Umlaufen *n*, Kreisen *n (eines Zentralkörpers)*; 2. *(Astr)* Umlauf *m*, Bahnumlauf *m*, *(für die Planetenbewegung selten auch:)* Revolution *f*; 3. *(Mech)* Umdrehung *f*, U, Tour *f (Größe)*
rewetting rate *(Hydr, Kern)* Wiederbenetzungsgeschwindigkeit *f*
reyn *(Ström)* Reyn *n (1. SI-fremde Einheit der dynamischen Viskosität; 1 reyn ≈ 14,8816 P)*
Reynolds experiment *(Hydr)* Farbfadenversuch *m* [von Reynolds], Reynoldsscher Farbfadenversuch *m*
~ **group** *(Ström) s.* ~ **number**
~ **number** *(Ström)* Reynolds-Zahl *f*, Reynoldssche Kennzahl *f*, Re-Zahl *f*, Re
~ **percolation number** *(Hydr)* Reynoldssche Durchsickerungszahl *f*
~ **scale law** *(Ström)* Reynoldssches Ähnlichkeitsgesetz *n*
~ **[turbulent] stress** *(Ström)* Reynolds-Spannung *f*, Reynoldssche (scheinbare) Spannung *f*, turbulente Scheinschubspannung *f*
rf, r.f., RF *(El) s.* radio frequency
RF *s.* reactive factor
RGB colour space *(Opt)* RGB-Farbenraum *m (R = Rot, G = Grün, B = Blau)*
RGM *(Kern)* Resonanzgruppenmethode *f*, RGM-Methode *f*
rhe *(Ström)* Rhe *n*, rhe *(1. SI-fremde Einheit der kinematischen Fluidität; 1 rhe = 1/cSt; 2. SI-fremde Einheit der dynamischen Fluidität; 1 rhe = 1/cP)*
rheidity Rheidität *f*, Fließfähigkeit *f (Größe: Relaxationszeit/1000)*
Rheinsberg illumination *(Opt)* Kontrastfarbenbeleuchtung *f*, optische Färbung *f*
rheolinear physical system lineares (rheolineares) physikalisches System *n*, [rheo]lineares System *n*
rheological equations [of state] *(Mech)* [rheologische] Zustandsgleichungen *fpl*, rheologische Materialgleichungen (Stoffgleichungen) *fpl*
~ **tree** *(Mech)* rheologischer Stammbaum *m*
rheonomic constraint *(Mech) s.* moving constraint
~ **[physical] system** offenes (rheonomes) physikalisches System *n*, offenes (rheonomes) System *n*
rheospectrometry *(Mech)* mechanische Spektrometrie *f*, Rheospektrometrie *f*
rheostriction *s.* pinch effect

RHF approximation *(At, Qu)* eingeschränkte Hartree-Fock-Näherung *f*, RHF-Näherung *f*
RHF method *(Kern)* Rehocencefunktionsmethode *f*, RHF-Methode *f*
RHI display *(El)* Höhenanzeige *f*, Höhendarstellung *f*, Abstand-Höhe-Anzeige *f*, Abstand-Höhe-Darstellung *f*
rhombic system *(Krist)* [ortho]rhombisches Kristallsystem *n*, rhombisches (prismatisches) System *n*
rhombohedral close packing *(Krist)* rhomboedrisch dichte Packung (Kugelpackung) *f*
~ **system** *(Krist)* trigonales (rhomboedrisches) System *n (Kristallsystem) n*, trigonale (rhomboedrische) Abteilung *f* des hexagonalen Systems (Kristallsystems)
rhombohedron *(Krist)* Rhomboeder *n*, *(selten:)* Rautenflächner *m*
rhumb *(Astr)* [nautischer] Strich *m*, Himmelsrichtung *f (der 32teiligen Windrose)*
rhumbatron *(El)* Hohlraumresonator *m*, Hohlraumkreis *m*, Hohl[rohr]kreis *m*, Hohlresonator *m (ein Hohlleiter)*
~ **buncher** *(El)* erster Hohlraumresonator *m*, Modulationsraum *m (eines Klystrons)*
RI *(Ström) s.* Redwood second
ribbon 1. Band *n*, Streifen *m (materiell)*; 2. *(Krist)* Stapelfehlerband *n*
~ **lightning** *(El)* Bandblitz *m*
RIBE *(Halbl)* reaktive Ionenstrahlätzung *f*, RIBE
Rice integral method *(Mech)* Fließbruchmechanik *f*, Verfahren *n* (Methode *f*) des Rice-Integrals
Richardson effect 1. *(El, Fest) s.* thermionic emission 1.; 2. *(Magn)* Einstein-de-Haas-Effekt *m*, *(selten:)* Richardson-Einstein-de-Haas-Effekt *m*, magnetomechanischer Effekt *m*
~ **equation** 1. *(Fest)* Richardsonsches Gesetz (Emissionsgesetz) *n*, Richardsonsche Gleichung *f*; 2. *(Fest, Qu)* Richardson-Dushman-Gleichung *f*, Richardson-Dushmansches Gesetz *n*, [Richardson-]Dushmansche Formel *f*; 3. *(Kern)* Richardson-Gleichung *f*, Richardsonsches Gesetz *n*
~ **[similarity] number** *(Ström)* Richardson-Zahl *f*, Richardsonsche Ähnlichkeitszahl *f*, Ri, *(dimensionslose)* Schichtungsgröße *f*
Richardson's law *(Ström)* Richardsonsches Dispersionsgesetz *n*
Richter lag *(Magn)* Richtersche Nachwirkung *f*, Richter-Nachwirkung *f*, Diffusionsnachwirkung *f*
ricochet *(Mech)* Abprall *m*, Abprallen *n*, Rikoschett *n*
ridge prism *(Opt)* Dach[kant]prisma *n*
~ **waveguide** *(El)* Steghohlleiter *m*
ridged waveguide *(El)* gefurchter Hohlleiter *m*
RIE *(Halbl)* reaktive Ionenätzung *f*, RIE

right-angle mirror square *(Opt)* Spiegelkreuz *n*
~ **ascension** *(Astr)* Rektaszension *f*, AR, gerade Aufsteigung *f (im Äquatorialsystem)*
~ **ascension circle** *(Astr)* Stundenkreis *m (ein Großkreis)*
~-**hand circular[ly polarized] wave** *(El, Magn, Opt)* zirkular rechtspolarisierte Welle *f*, rechtszirkular polarisierte Welle *f*, rechtszirkulare Welle *f*
~-**hand helix** *s*. ~-twisted helix
~-**hand screw rule** *(El, Magn)* [Maxwellsche] Schraubenregel *f*, Korkenzieherregel *f*, Uhrzeigerregel *f*
~-**handed cycle** *(Therm)* Rechtsprozeß *m*, rechtshändiger Kreisprozeß *m*
~-**handedness** *(Feld)* Rechtshändigkeit *f*
~ **prism** *(mathPh)* gerades Prisma *n*
~-**twisted helix** *(mathPh)* rechtsgängige (rechtswendige, rechtsgewundene) Schraubenlinie *f*
~-**twisted screw** *(mathPh)* Rechtsschraube *f*

rigid band model *(Fest, Magn)* Modell *n* der starren Bandverschiebung, „rigid band model" *n*
~ **body** *(Mech)* Euklidischer (starrer) Körper *m (Rheologie)*
~ **body pendulum** *(Mech)* physisches (physikalisches) Pendel *n*, Starrkörperpendel *n*, *(selten:)* zusammengesetztes Pendel *n*
~ **boundary** *(Ak)* schallharte (starre) Grenzfläche *f*
~ **dynamics** *(Mech)* Dynamik *f* des starren Körpers, Dynamik *f* starrer Körper
~ **feedback** *(Reg)* starre (statische) Rückführung *f*, starre Rückkopplung *f*
~ **frame** 1. *(Feld)* starres Bezugssystem *n*; 2. *(Mech)* starrer Rahmen *m*, [biege]steifer Rahmen *m*, Steifrahmen *m*
~ **joint** *(Mech)* starrer (biegesteifer, steifer) Knoten *m*, Steifknoten *m*
~ **layer** *(Ech)* Helmholtzsche Doppelschicht *f*, starre Doppelschicht (Schicht) *f*, Helmholtz-Schicht *f*
~ **model** *(Fest)* Modell *n* der starren Teilchen *(für das Schichtwachstum)*
~ **motion** *(Mech)* starre Bewegung *f*
~-**perfectly plastic body (solid)** *(Mech)* starr-idealplastischer Körper *m*
~ **rotating frame** *(Feld)* starres rotierendes Bezugssystem *n*
~ **rotor electrostatic accelerator** *(Kern)* elektrostatischer Beschleuniger *m* mit starrem Rotor, elektrostatischer Generator *m* vom Rotortyp
~ **solid** *s*. ~ body
~ **suspension** *(Meß)* starre Aufhängung *f*, *(speziell:)* starre Lagerung *f*

rigidity 1. *(Mech)* Righeit *f*, Starrheit *f*, Starre *f (Eigenschaft)*; 2. *(Mech)* Steifigkeit *f*, Biegungssteifigkeit *f (einer Platte)*, Plattensteifigkeit *f*, Plattenbiegungssteifigkeit *f*; 3. *(Krist, Mech)* Formelastizität *f*, Spannungselastizität *f (Eigenschaft)*; 4. *(Mech)* *s*. shear modulus
~ **coefficient** *(Mech)* *s*. stiffness coefficient
~ **modulus** *(Mech)* *s*. shear modulus
~ **number** *(Mech)* *s*. stiffness coefficient

rigorous solution *(mathPh)* strenge (exakte) Lösung *f*

RIKE spectroscopy *(Opt)* Raman-induzierter-Kerr-Effekt-Spektroskopie *f*, Ramaninduzierter-Kerr-Effekt-Spektroskopie *f*, RIKE-Spektroskopie *f*

rim ray *(Opt)* Randstrahl *m*

ring accelerator *(Kern)* Kreisbeschleuniger *m*, Ringbeschleuniger *m*, Zirkularbeschleuniger *m*
~-**and-ball softening point** *(physCh)* Ring-und-Kugel-Erweichungspunkt *m*, Erweichungspunkt *m* RuK
~ **circuit** *s*. ~ scaling circuit
~ **cleavage** *(At)* Ringspaltung *f*, Aufspaltung *f* der Ringstruktur
~ **closure** *(At, physCh)* Zyklisierung *f*, Cyclisierung *f*, Ringschluß *m*, Ringbildung *f*
~ **core reactor** *(Kern)* Ringzonenreaktor *m*, Ringcorereaktor *m*
~ **current** *(El)* Kreisstrom *m*
~ **discharge** *(El, Pl)* Toroidentladung *f*, Ringentladung *f*, toroidale Entladung *f*
~ **laser [gyro]** *(Mech, Opt)* Lasergyroskop *n*, Laserkreisel *m*, Ringlaser *m* *(für Winkelgeschwindigkeitsmessungen)*
~ **scaling circuit** *(El, Kern)* Ring[zähl]schaltung *f*, rückgekoppelte Zählschaltung *f*
~ **scission** *s*. ~ cleavage
~ **surface** *(mathPh)* Torus *m*, Ringfläche *f*, Kreiswulst *f*, Ringwulst *f*, Wulst[fläche] *f*, Ring *m*
~ **time** *(El)* Nachschwingzeit *f*
~ **to infinity** *(Opt)* *s*. Haidinger [interference] fringe
~ **vortex** *(Ström)* Wirbelring *m*

ringing 1. *(El)* Nachschwingen *n (eines Impulses)*, Impulsnachschwingen *n*; 2. *(Reg)* Einschwingen *f*.
~ **circuit** *(El)* stark unterkritisch gedämpfter Schwingkreis *m*
~ **frequency** *(El)* Überschwingfrequenz *f*
~ **time** *(Ak)* Abklingzeit *f (bei der Ultraschallprüfung)*

rinsing 1. *(physCh)* Spülung *f*, Spülen *n*; 2. *(Phot)* Wässerung *f*, Auswässerung *f (photographischer Schichten)*

rip current *(Hydr)* Ripströmung *f*, *(beim Binnensee auch:)* Uferströmung *f*

ripple 1. Riffelung *f*, Rippelung *f*, Wellung *f*, Faltung *f*; 2. *(Hydr)* Kräuselung *f (z. B. der Wasseroberfläche)*; 3. *(El)* Welligkeit *f*, *(speziell:)* Wechselstromgehalt *m*, *(in % auch:)* Welligkeitsgrad *m*; 4. *(Hydr)* Rippelwelle *f*, Kräuselwelle *f*, Rippel *f*; 5. *(Magn)* Magnetisierungsripple *n*, Magnetisierungsverteilung *f*, Ripple *n*

ripple

~ **crest** *(Hydr)* Kamm *m*, Wellenkamm *m*, Wellenberg *m*, Wellenscheitel *m*
~ **current** *(El)* Welligkeitsstrom *m*, *(speziell:)* Brummstrom *m*
~ **factor** *(El)* Welligkeitsfaktor *m*, Brummfaktor *m*
~ **frequency** *(El)* Welligkeitsfrequenz *f*, Brummfrequenz *f*, *(beim HF-Oszillator auch:)* Tröpfelfrequenz *f*
~ **noise** *(El)* Stromversorgungsgeräusch *n*, Eingangsbrumm *m*
~ **quantity** Welligkeitsanteil *m*, Welligkeitskomponente *f*
~ **ratio** *(El)* Brumm[spannungs]verhältnis *n*
~ **voltage** *(El)* 1. Wechselspannungsgehalt *m*, Wechselspannungsanteil *m* *(eines Gleichrichters oder Generators)*; 2. Restwelligkeit *f*, Brummspannung *f*, Brumm *m* *(eines Netzteils)*

rise 1. Zunahme *f*, Erhöhung *f*, Anstieg *m*, Ansteigen *n*, Anwachsen *n*, Wachsen *n*; 2. *(Astr)* Aufgang *m* *(eines Gestirns)*; 3. *(El)* Impulsanstieg *m*, Flankenanstieg *m*; 4. *(Fest)* Anklingung *f* (Aufbau *m*) der Lumineszenz, Lumineszenzaufbau *m*; 5. *(Mech)* Stich *m*, Stichhöhe *f*, Pfeilhöhe *f* *(eines Bogens)*, Bogenhöhe *f*
~ **delay time** *(El)* Einschaltverzögerung[szeit] *f*
~ **time** 1. Einschwingzeit *f*, Einschwingdauer *f*, Einschwingzeit *f*, Aufbauzeit *f* *(einer Schwingung)*; 2. Anstiegszeit *f*; *(El)* Impulsanstiegszeit *f*, Flankenanstiegszeit *f (gewöhnlich Anstieg von 10 % auf 90 % der Spitzenamplitude)*; 3. *(Fest)* Anklingzeit *f*, Aufbauzeit *f (der Lumineszenz)*; 4. *(Reg)* Anregelzeit *f*

rising branch aufsteigender Ast *m (einer Kurve)*
~ **of boiling point** *(physCh)* Siedepunktserhöhung *f*
~ **oscillation** aufklingende Schwingug *f*
~ **portion** 1. *(El)* Vorderflanke *f*, Impulsvorderflanke *f*; 2. *s.* rising branch
~ **prominence** *(Astr)* aufsteigende Protuberanz *f*
~ **sun magnetron** *(El)* Rising-sun-Magnetron *n*, Sonnenstrahlmagnetron *n*, Magnetron *n* vom Typ „rising sun"

Ritter's method of dissection *(Mech)* Ritterches Schnittverfahren (Momentenverfahren) *n*, Schnittverfahren *n* nach Ritter, Ritterscher Schnitt *m*

Ritz term *(Qu, Spektr)* Ritzscher Term *m*, unverschobener (ungestrichener) Term *m*

rlx *(Opt) s.* radlux

rms ... , RMS ... *s.* root-mean-square ...

RO *(At)* Radikalorbital *n*, RO

road guidance technique *(Hoch)* Bahnführungsmethode *f (der Auswertung von Aufnahmen)*, „road guidance" *n*

roaming electron *(Kern)* vagabundierendes (verirrtes) Elektron *n*, Streuelektron *n*

roc *s.* reciprocal ohm centimetre

Roche distance (limit) *(Astr)* Rochesche Grenze *f*, *(manchmal:)* Rochesche Distanz *f*, Roche-Radius *m*

Rochon [polarizing prism] *(Opt)* Rochon-Prisma *n*, Doppelprisma *n* nach Rochon

rockair *(Aero)* Rockair *n*, flugzeuggestartete Rakete (Forschungsrakete) *f*, *(als System:)* Flugzeug-Raketen-System *n*

rocket assist *(Aero)* Raketenzusatzschub *m*, Raketenhilfsschub *m*
~-**assisted take-off** *(Aero)* 1. Raketensystem *n* für die Starthilfe, Starthilfe-Raketensystem *n*; 2. Raketenstart *m* mit Starthilfe *(Vorgang)*
~ **flame** *(physCh)* Stichflamme *f*
~-**sled testing** *(Aero)* Raketenschlittenprüfung *f*, Raketenschlittenversuch *m*
~ **staging** *(Aero)* Stufenprinzip *n (der Raketentechnik)*

rocking *(Mech)* 1. Nickbewegung *f*; 2. Wackeln *n*, Wackelschwingung *f*; 5. *(At) s.* ~ vibration 1.
~ **curve** *(Krist)* Schwenkkurve *f*, „rocking"-Kurve *f (der Röntgenbeugungsanalyse)*
~ **vibration** 1. *(At)* Nickschwingung *f*, [ebene] Pendelschwingung *f (eines Moleküls)*; 2. *(Mech)* Pendelschwingung *f*

rocksalt prism *(Opt)* Steinsalzprisma *n*

rod 1. Stab *m*, Stange *f*, Rundstab *m*; 2. *(Mech)* Fachwerkstab *m*, Ausfachungsstab *m*, Stab *m*; 3. *(Hydr)* Führungsstange *f*, Grundstange *f*, [stehende] Stange *f*, Meßflügelstange *f*, Flügelstange *f*; 4. *(Ström)* Spindel *f*, Ventilspindel *f*, *(speziell:)* Ventilstange *f*, Ventilschaft *m*, Stange *f*; 5. *(Mech) s.* perch
~ **birefringence** *(Krist, Opt)* Stäbchendoppelbrechung *f*
~ **bundle (cluster)** *(Ström)* Stabbündel *n*
~-**shaped fuel element** *(Kern)* Brenn[stoff]stab *m*, stabförmiges Brennelement *n*
~ **withdrawal transient** *(Kern)* Ausfahrtransiente *f*, Steuerstabausfahrtransiente *f*

roentgen equivalent man *(Kern) s.* rem
~ **equivalent physical** *(Kern) s.* rep
~ **rays** *s.* X-radiation

roll 1. *(Mech)* Walze *f*, *(in einem Rollenlager:)* Rolle *f*; 2. *(Aero)* Querlage *f*, Querneigung *f (Zustand)*; 3. *(Hydr) s.* rolling 2.
~-**off** 1. *(El)* frequenzabhängige Dämpfungszunahme *f*, *(speziell:)* frequenzabhängiger Pegelabfall *m (außerhalb des flachen Bereichs des Amplitudengangs)*; 2. *(Mech)* Abrollen *n*, *(speziell:)* Abwälzen *n*
~-**off frequency** *(El)* Pegelabfallfrequenz *f*, Abfallfrequenz *f (Abfall auf 3 dB des Maximums)*

rolled-up vortex sheet *(Hydr)* sich aufrollende Wirbelfläche *f*

roller 1. *(Mech)* Rolle *f (zur Kraftübertragung)*; 2. *(Hydr)* Roller *m*, Brander *m*, *(auf den Strand)* auflaufende Welle *f*
~ **fading** *(El)* Seegangschwund[effekt] *m*
Rollin film *(Tief)* Heliumfilm *m*, Rollin-Film *m*, Oberflächenfilm *m*, Heliumschicht *f*
rolling 1. *(Mech)* Rollen *n*, Rollbewegung *f*, *(mit Gleiten:)* Wälzen *n*, wälzende Bewegung *f*; 2. *(Hydr)* Schlingern *n*, Rollen *n*, Rollbewegung *f*, Rollschwingung *f*, *(selten:)* Pivotieren *n*; 3. *(Aero)* Rollen *n*, Querneigung *f*, Querkippung *f (Vorgang)*
~ **angle** 1. *(Mech)* Wälzwinkel *m*; 2. *(Aero)* Rollwinkel *m*, Querneigungswinkel *m*
~ **angular velocity** *(Aero)* Rollgeschwindigkeit *f*
~ **anisotropy** *(Fest, Magn)* Walzanisotropie *f*
~ **circle** *(mathPh)* [ab]rollender Kreis *m*
~ **contact** 1. *(Mech)* rollende Berührung *f*; 2. *(El)* Wälzkontakt *m*
~ **friction** *(Mech)* Rollreibung *f*, rollende Reibung *f*, *(speziell:)* Wälzreibung *f*, wälzende Reibung *f*
~ **friction torque** *(Mech)* Rollreibungsmoment *n*, Moment *n* der Rollreibung
~ **instability** *(Aero)* Seiteninstabilität *f*, Rollinstabilität *f*
~ **moment coefficient** *(Aero)* Rollmomentenbeiwert *m*, Längsneigungsmomentenbeiwert *m*
~ **motion** s. rolling 1.
~ **texture** *(Fest)* Walztextur *f*
~ **up** *(Ström)* Aufrollen *n (eines Wirbels)*
~ **wear** *(Mech)* Rollverschleiß *m*, Verschleiß *m* durch Rollreibung
rom s. reciprocal ohm metre
roof 1. Dach *n*; 2. *(Opt)* Dachkante *f (eines Prismas)*
~ **angle** *(Krist)* Dachwinkel *m*
~ **prism** *(Opt)* 1. Dach[kant]prisma *n*; 2. Amici-Prisma *n*, Geradsichtprisma *n* nach Amici, Browning-Prisma *n*
room scattering *(Kern)* Wandstreuung *f*, Raumstreuung *f*
~ **temperature** Raumtemperatur *f*, RT, Zimmertemperatur *f*, ZT, *(speziell:)* Innentemperatur *f*
~ **utilization factor** *(Opt)* Raumwirkungsgrad *m*
root 1. *(mathPh)* Wurzel *f (aus einer Zahl)*; 2. *(mathPh)* Wurzel *f*, Nullstelle *f (eines Polynoms)*; 3. *(mathPh)* Eigenwert *m*, charakteristischer Wert *m*, charakteristische Zahl (Wurzel) *f (einer Matrix)*; 4. *(Mech)* Grund *m*, Gewindegrund *m*, Gewindekern *m*, Fuß *m*; 5. *(Mech)* Grund *m*, Kerbgrund *m*; 6. *(Mech)* Fuß *m*, Wurzel *f*, Zahnfuß *m*, Zahnwurzel *f*; 7. *(Mech)* Wurzel *f*, Flügelwurzel *f*, Tragflächenwurzel *f*; 8. *(Ström)* Fuß *m*, Wurzel *f (einer Turbinenschaufel)*; 9. *(El)* Fußpunkt *m (eines Lichtbogens)*
~ **locus analysis (method)** *(Reg)* Wurzelortverfahren *n*, Wurzelortmethode *f*, Evanssche Methode *f*, Evans-Methode *f*

~ **locus plot** *(Reg)* Wurzelortskurve *f*
~ **mean square** s. ~-mean-square value
~-**mean-square current** *(El)* Effektivwert (quadratischer Mittelwert) *m* des Stromes, Effektivstrom *m*, effektiver Strom *m*, *(selten:)* effektive Wechselstromstärke *f*
~-**mean-square deviation** 1. *(mathPh)* Standardabweichung *f*, *(manchmal:)* mittlere quadratische Abweichung *f (Statistik)*; 2. *(Reg)* mittlere quadratische Regelabweichung *f*
~-**mean-square distance** mittlerer quadratischer Abstand *m*, quadratisch gemittelter Abstand *m*
~-**mean-square error** *(mathPh)* Standardfehler *m*, mittlerer Fehler *m*, [mittlerer] quadratischer Fehler *m*, Normalfehler *m*
~-**mean-square excess pressure** *(Ak)* Effektivschalldruck *m*, Effektivwert *m* des Schalldrucks, effektiver Schalldruck *m*
~-**mean-square particle velocity** *(Ak)* Effektivwert *m* der Schallschnelle
~-**mean-square value** quadratisches Mittel *n*, Quadratmittel *n*, quadratischer Mittelwert *m*, *(von einer periodischen Größe meist:)* Effektivwert *m*
~-**mean-square velocity** *(statPh)* mittlere quadratische Geschwindigkeit *f*
~-**sum-square [value]** s. ~-mean-square value
rope vibration *(Mech)* Seilschwingung *f*
ropiness *(physCh)* Dickflüssigkeit *f*, Zähflüssigkeit *f*, Schwerflüssigkeit *f*, Klebrigkeit *f*, Dicke *f*
Rösch colour solid *(Opt)* Farbkörper *m* nach Rösch, Rösch-Farbkörper *m*
rosette *(Mech)* Dehnungsmeßstreifenrosette *f*, Rosette *f*
~ **[-shaped] orbit** *(At, Mech)* Rosettenbahn *f*
Rosiwal intercept method *(Fest)* Rosiwal-Analyse *f*
Ross objective *(Astr, Opt)* Linsenkorrektionssystem *n* [nach Ross], Rosssches Linsensytem *n*, Ross-System *n*
Rossby number *(Ström)* Rossby-Zahl *f*, Rossbysche Kennzahl *f*, Ro
~ **plot** *(Therm)* Rossby-Diagramm *n*
~ **term** *(Ström)* Rossby-Parameter *m*, Rossbyscher Parameter *m*
Rossi counter *(Kern)* Rossi-Zählrohr *n*, gewebeäquivalentes Proportionalzählrohr *n* [nach Rossi], Rossi-Zähler *m*
rot *(mathPh)* s. rotation 2.
rotamer *(At)* Konformationsisomer *n*, Rotationsisomer *n*, Konformer *n*, Rotamer *n*
rotary acceleration *(Mech)* s. angular acceleration
~ **current** s. three-phase current
~ **engine** 1. *(Aero)* Umlaufmotor *m*; 2. *(Mech)* Turbomaschine *f*
~ **flow** *(Ström)* Wirbelströmung *f*, drehungsbehaftete Strömung *f*, Drehströmung *f*, Rotationsströmung *f*, Kreisströmung *f*

rotary

- ~ **hysteresis** *(Magn)* Drehfeldhysterese f, Drehfeldhysteresis f
- ~ **inertia** *(Fest, Ström)* rotatorische Trägheit f
- ~ **inversion axis** *(Krist)* s. rotation-inversion axis
- ~ **magnetization** *(Fest)* Ummagnetisierung f
- ~ **motion** *(Mech)* Drehbewegung f, rotatorische Bewegung f, *(bei vollständiger Umdrehung:)* Rotationsbewegung f
- ~ **oscillation** *(Mech)* Drehschwingung f, Drehungsschwingung f; Torsionspendelung f
- ~ **polarization** s. ~ power 1.
- ~ **power** *(Opt)* 1. optische Aktivität f, [optische] Drehung f der Polarisationsebene (Schwingebene), optisches Drehvermögen n, Gyration f *(Eigenschaft)*; 2. spezifische Drehung f, spezifisches Drehvermögen n, *(bei Festkörpern auch:)* optisches Drehvermögen n *(Größe)*
- ~ **reflection axis** *(Krist)* Drehspiegel[ungs]achse f, Drehachse f (Symmetrieachse) f zweiter Art, Gyroide f

rotating beam *(El)* umlaufender Leitstrahl m
- ~ **bend** *(Mech)* Umlaufbiegung f, Umlaufbiegebeanspruchung f
- ~ **biplate of Soleil** *(Opt)* s. Soleil
- ~ **crystal** *(Krist)* Drehkristall m
- ~ **crystal diagram** *(Krist)* Drehdiagramm n, Dreh[kristall]aufnahme f *(Ergebnis)*
- ~ **crystal method** *(Krist)* s. Bragg method
- ~-**cylinder method** *(Ström)* Drehzylindermethode f, Rotationsviskosimeterverfahren n
- ~ **field** *(El, Magn)* Drehfeld n, rotierendes (umlaufendes) Feld n, Rotationsfeld n
- ~ **frame** 1. *(El, Magn)* Drehrahmen m; 2. *(Rel)* rotierendes Bezugssystem n
- ~ **mirror[s] method** *(Opt)* Drehspiegelmethode f, Foucaultsche Methode (Meßmethode) f *(der Lichtgeschwindigkeit)*
- ~ **Reynolds number** *(Ström)* Rotations-Reynolds-Zahl f, Re_r
- ~ **system** *(Mech)* rotierendes Koordinatensystem n
- ~ **vector** *(Mech)* Drehvektor m, momentaner Winkelgeschwindigkeitsvektor m
- ~ **wave approximation** *(Opt, Qu)* Näherung *(Approximation)* f der umlaufenden Welle, Rotating-wave-Approximation f
- ~ **wedge** *(Opt)* [optischer] Drehkeil m
- ~ **wheel method** *(Opt)* [Fizeausche] Zahnradmethode f, Methode f von Fizeau, Fizeausche Methode f

rotation 1. *(Mech)* Drehung f, *(bei vollständiger Umdrehung:)* Rotation f, *(manchmal:)* Umdrehung f *(um eine Achse)*, Achsdrehung f; 2. *(mathPh)* Rotation f, rot, Rotor m, vektorielle Rotation f, Wirbel m *(eines Vektorfeldes)*; 3. *(Opt)* Drehwinkel m, Drehwert m *(der optischen Aktivität)*; 4. *(Astr)* Rotation f *(eines Himmelskörpers)*

- ~ **about a point** *(Mech)* Kreiselbewegung f, Drehung (Rotation) f um einen Punkt, sphärische Bewegung (Rotation) f, Gyration f
- ~ **and inversion** *(Krist)* Drehinversion f, Inversionsdrehung f
- ~ **axis** 1. *(Krist)* Symmetrieachse f [erster Art], Drehachse f, Deckachse f, Gyre f; 2. *(Mech)* Drehachse f, Rotationsachse f, Drehungsachse f, Umdrehungsachse f
- ~ **axis of order 3** *(Krist)* dreizählige Symmetrieachse (Deckachse, Achse) f, Trigyre f, Drehachse f der Zähligkeit f 3
- ~ **axis of the second sort** *(Krist)* Drehspiegel[ungs]achse f, Drehachse f (Symmetrieachse f) zweiter Art, Gyroide f
- ~ **by magnetization** *(Magn)* Einstein-de-Haas-Effekt m, *(selten:)* Richardson-Einstein-de-Haas-Effekt m, magnetomechanischer Effekt m
- ~ **centre** *(Mech)* Drehpol m, Rotationspol m, Drehpunkt m, Rotationszentrum n, Pol m
- ~ **circulator** *(Magn)* Faraday-Zirkulator m
- ~-**inversion** *(Krist)* Drehinversion f, Inversionsdrehung f
- ~-**inversion axis** *(Krist)* Drehinversionsachse f, Inversions[dreh]achse f *(wird auch in der Bedeutung Drehspiegelungsachse gebraucht)*
- ~ **moment** 1. *(At, Astr)* Rotationsmoment n; 2. *(Mech)* s. rotational moment
- ~ **pattern (photograph)** s. rotating crystal diagram
- ~ **photography** *(Krist)* s. Bragg method
- ~-**reflection** *(Krist)* Drehspiegelung f, Element n der zusammengesetzten Symmetrie
- ~-**reflection axis** s. ~ axis of the second sort
- ~-**reflection axis of order 3** *(Krist)* dreizählige Drehspiegelungsachse (Drehspiegelachse, Gyroide) f, Trigyroide f
- ~ **symmetric body (solid)** *(Krist)* Drehkörper m, Rotationskörper m, Umdrehungskörper m, rotationssymmetrischer Körper m
- ~ **time** *(Astr, Mech)* Rotationsperiode f, Umdrehungszeit f, Umdrehungsdauer f, Dauer f einer vollen Umdrehung
- ~ **transformation** *(Krist)* Rotationsumwandlung f

rotational acceleration *(Mech)* s. angular acceleration
- ~ **balance** *(Mech)* Drehimpulsbilanz f
- ~ **birefringence** *(At)* Rotationsdoppelbrechung f
- ~ **characteristic temperature** *(At, Therm)* [charakteristische] Rotationstemperatur f, charakteristische Temperatur f der Rotation
- ~ **compliance** *(Mech)* Torsionsfederung f
- ~ **electromotive force** *(El)* Rotations-EMK f, Rotationsspannung f, rotatorisch induzierte Spannung f

- **~ energy** *(Mech)* kinetische Energie f eines gleichförmigen rotierenden Körpers, Rotationsenergie f
- **~ field** Wirbelfeld n, Drehfeld n
- **~ [fluid] flow** *(Ström)* s. rotary flow
- **~ frequency** *(Mech)* s. ~ speed 1.
- **~ Hamiltonian** *(Qu)* Rotations-Hamilton-Operator m, Rotationsanteil m des Hamilton-Operators
- **~ heat capacity** *(Therm)* Rotationswärmekapazität f, Rotationsanteil m der Wärmekapazität *(bei konstantem Druck)*
- **~ impedance** *(Mech)* Torsionsimpedanz f
- **~ inertia** *(Mech)* Trägheitsmoment n, Massenmoment n zweiten Grades, Massenträgheitsmoment n, Drehmasse f
- **~ isomerism** *(At)* Rotationsisomerie f, Konformationsisomerie f, Drehisomerie f
- **~ level diagram** *(At, Kern)* Rotationsniveauschema n
- **~ moment** *(Mech)* Drehmoment n, *(manchmal:)* Moment n *(bezüglich eines Punktes)* *(für eine Einzelkraft)*
- **~ reactance** *(Mech)* Torsionsreaktanz f
- **~ speed** *(Mech)* 1. Drehzahl f, Drehfrequenz f, Umdrehungsfrequenz f, Umdrehungsgeschwindigkeit f; 2. Winkelgeschwindigkeit f, Drehgeschwindigkeit f, *(manchmal:)* Rotationsgeschwindigkeit f *(Skalar, Betrag des Winkelgeschwindigkeitsvektors)*
- **~ tumbling** *(At)* Rotationstaumeln n *(eine Transportbewegung)*
- **~ variation of brightness** *(Astr)* Rotationslichtwechsel m
- **~-vibrational line** *(At, Spektr)* Rotationsschwingungslinie f
- **~ wave** *(Hydr)* Wirbelwelle f, Drehwelle f *(eine Oberflächenwelle)*

rotative speed *(Mech)* s. rotational speed 2.

rotatory dispersion *(Opt)* Rotationsdispersion f, RD
- **~ dispersion filter** *(Opt)* Rotationsdispersionsfilter n [von Prévost], Prévost-Filter n
- **~ material** *(Opt)* optisch aktives Material n
- **~ polarization (power)** *(Opt)* s. rotary power

rotaversion *(At)* cis-trans-Umwandlung f
rotoinversion *(Krist)* s. rotation-inversion axis
rotoreflection *(Krist)* Drehspiegelung f, Element n der zusammengesetzten Symmetrie
- **~ axis** *(Krist)* s. rotation axis of the second sort

rough adjustment Grobeinstellung f
~-and-ready rule Faustregel f, *(speziell:)* Faustformel f
- **~ estimate** *(mathPh)* Überschlag[swert] m, grober Schätzwert m, ungefähre Schätzung f
- **~ [law] regime** *(Ström)* vollkommen rauher Bereich m, voll[kommen] ausgebildete Rauhigkeitsströmung f
- **~ setting** Grobeinstellung f
- **~ vacuum** *(Vak)* Grobvakuum n *(1,013 · 10³ ... 0,133 kPa)*

roughening *(Ström)* Aufrauhung f
roughing *(Vak)* Grobevakuierung f, Vorevakuierung f
roughness 1. *(Mech)* Rauheit f *(einer Oberfläche)*; 2. *(Ström)* Rauhigkeit f
- **~ coefficient** 1. *(Mech)* Rauheitskoeffizient m, Rauheitszahl f; 2. *(Ström)* s. ~ factor
- **~ factor** *(Ström)* Rauhigkeitsbeiwert m, Rauhigkeitsfaktor m
- **~ grade** *(Mech)* Rauheitsgrad m, Rauhigkeitsgrad m
- **~ height** *(Ström)* Rauhigkeitshöhe f
- **~ Reynolds number** *(Ström)* Rauhigkeits-Reynolds-Zahl f, für die einzelne Rauhigkeit charakteristische Reynolds-Zahl f, Rauhigkeitskennzahl f
- **~ value** *(Mech)* Rauhwert m, Rauheitswert m, Rauheitsmaß n

round angle *(mathPh)* Vollwinkel m, ebener Vollwinkel m, voller Winkel m
~-down *(mathPh)* Abrundung f, Rundung *(Abrundung)* f nach unten, Abrunden n
~-off s. rounding
~-robin measurement Ringvergleich m, Labor[atoriums]vergleich m, Interlaborvergleich m
~-the-world echo *(El)* Erdumlaufecho n
- **~ trip echoes** *(El)* Mehrfachreflexionsechos npl *(Radartechnik)*

~-up *(mathPh)* Aufrundung f, Rundung *(Abrundung)* f nach oben, Abrunden n
rounding *(mathPh)* Rundung f, Runden n, *(manchmal fälschlich:)* Abrundung f, Abrunden n
~-off downward s. round-down
~-off upward s. round-up
Routh equations *(Mech)* Routhsche Bewegungsgleichungen (Gleichungen) fpl
Routh's rule *(Mech)* Routhsche Trägheitsregel f
row 1. *(Krist)* Punktreihe f; 2. *(mathPh)* Reihe f *(einer Matrix: Zeile oder Spalte)*
- **~ line** *(Krist)* Reihenlinie f
- **~ matrix** *(mathPh)* Zeilenmatrix f, einzeilige (einreihige) Matrix f, Zeilenvektor m

rowland *(Spektr)* Rowland n *(SI-fremde Einheit der Länge; 1 rowland ≈ 0,99987 · 10⁻¹⁰ m)*
Rowland ghost *(Spektr)* Rowland-Geist m
Rozhdestvensky's method *(Opt)* Hakenmethode f [von Rozhdestvenskij], Methode f von Roshdestwenski
RPA *(Pl)* s. random phase approximation
RPD method *(Kern)* Bremspotentialdifferenzmethode f
rph 1. *(Mech)* = revolutions per hour; 2. *(Opt)* s. radphot
rpm, r.p.m. *(Mech)* = revolutions per minute
rps, r.p.s. *(Mech)* = revolutions per second

Rs *(Ström)* s. Redwood second
rsb *(Opt)* s. radstilb
RTL dosemeter *(Kern)* Thermolumineszenzdosimeter *n*, TL-Dosimeter *n*, TLD, Radiothermolumineszenzdosimeter *n*, RTL-Dosimeter *n*
RU powder *(Spektr)* Nachweislinienpulver *n*, Restlinienpulver *n*, RU-Pulver *n*
rubber-like state *(Fest)* gummiähnlicher (gummiartiger) Zustand *m*
~ **softness standard** *(El, Mech)* Weichheitszahl *f*, Gummihärte *f*
ruby laser *(Opt)* Rubinlaser *m*
~ **light** *(Phot)* Rotlicht *n*
rudder 1. *(Aero)* Seitenruder *n*; 2. *(Hydr)* Ruder *n*; 3. *(Ström)* s.
~ **angle** *(Ström)* Ruderlagenwinkel *m*, Ruderlage *f*
ruggedization Konstruktion *f* in robuster Form, Robustmachen *n*, Widerstandsfähigmachen *n*
ruggedness [mechanische] Widerstandsfähigkeit *f*, Festigkeit *f*, Robustheit *f*, Unempfindlichkeit *f*
rugosity *(Mech)* Rauheit *f* *(von Gummi)*
rule of alligation *(mathPh, physCh)* Mischungsregel *f*, Alligationsregel *f*, *(manchmal:)* Vermischungsregel *f*, *(allgemeiner:)* Beschickungsregel *f*
~ **of Dulong** *(Therm)* Dulong-Petitsche Regel *f*, Dulong-Petitsches Gesetz *n*, Regel *f* von Dulong und Petit *(für Atomwärmen)*
~ **of mixtures** *(mathPh, physCh)* s. rule of alligation
~ **of propagation of errors** *(mathPh)* Fehlerfortpflanzungsgesetz *n*, *(für den mittleren Fehler auch:)* Gaußsches Fehlerfortpflanzungsgesetz *n*
~ **of proportion** *(mathPh)* Regeldetri *f*, Dreisatz *m*, Regel *f* de tri, goldene Regel *f*, Regula *f* aurea (mercatorum)
~ **of signs** Vorzeichenregel *f*
~ **of thumb** Faustregel *f*, *(speziell:)* Faustformel *f*
ruler *(Mech)* Lineal *n* *(mit oder ohne Graduierung)*, *(mit Graduierung:)* Maßstablineal *n*, [fester] Maßstab *m*
~ **element** *(mathPh)* Erzeugende *f* *(einer Regelfläche)*, *(beim Kegel oder Zylinder:)* Mantellinie *f*, Seitenlinie *f*
ruling gradient *(Mech)* Grenzneigung *f*, Grenzsteigung *f*, maßgebliche (maßgebende) Steigung *f*
rumble *(Ak, El)* Rumpeln *n*, Schüttelresonanz *f*
~ **noise** *(Ak, El)* Rumpelgeräusch *n*
Rumford [photoshadow] photometer *(Opt)* Schattenphotometer *n* nach Rumford, Rumford-Photometer *n*
rump electron *(At)* Rumpfelektron *n*
run-down 1. *(Ech)* Selbstentladung *f* *(einer Batterie)*; 2. *(Ström)* Auslauf *m*, Auslaufen *n* *(eines Pumpen- oder Turbinenläufers)*; 3. *(Kern)* s. reactor run-down
~-**forward time** *(Mech)* Hinlaufzeit *f*
~-**in** *(Mech)* Einlaufen *n*, Einlauf *m* *(einer Maschine)*
~-**off** *(Hydr)* Ablauf *m*, Abfluß *m*
~-**up** 1. *(Hydr)* Auflaufen *n*, Wellenauflauf *m*; 2. *(Mech)* Hochlaufen *n*, Hochlauf *m* *(einer Maschine)*
~-**up crest** *(Hydr)* Auflaufkamm *m*
~-**up time** *(El)* Anlaufzeit *f*, Anlaufdauer *f*
runaway 1. *(Halbl, Pl)* Weglaufen (Runaway) *n* von Elektronen; 2. *(Meß)* Weglaufen *n* *(der Anzeige)*; 3. *(Kern)* s. reactor excursion
~ **reaction** *(Kern)* unkontrollierte (durchgehende, unbeherrschte, ungesteuerte) Kettenreaktion *f*
~ **star** *(Astr)* [Barnards] Pfeilstern *m*, Barnard-Stern *m*, Barnardscher Stern *m*
rundown energy *(Ström)* Auslaufenergie *f*
Runge vector *(Mech)* Runge-Lenz-Vektor *m*, Lenz-Runge-Vektor *m*, [Runge-]Lenzscher Vektor *m*
running balance *(Mech)* dynamische Auswuchtung *f*
~ **index** Laufindex *m*, laufender (variabler) Index *m*
~ **knot** *(Mech)* zuziehbare Schlinge *f*
~ **mean** *(mathPh)* gleitendes Mittel *n*, gleitender Durchschnitt (Mittelwert) *m*
~-**out period** *(Kern)* Auslaufzeit *f* *(eines Reaktors)*
~ **term** *(Spektr)* Laufterm *m*, Laufzahl *f* *(in einer Serienformel)*
~ **voltage** *(El)* Brennspannung *f*, Betriebsspannung *f*, Arbeitsspannung *f*, Gebrauchsspannung *f* *(einer Entladung, eines Bogens)*
~ **wave** Wanderwelle *f*, *(selten:)* laufende Welle *f*
rupture by separation *(Mech)* Trenn[ungs]bruch *m* *(ein spezieller Spaltbruch)*
~ **by shearing (sliding)** *(Mech)* Gleitbruch *m*, Scherbruch *m*, Schubbruch *m*, Schiebungsbruch *m*
~ **curve** *(Mech)* s. ~ envelope
~ **envelope** *(Mech)* Mohrsche Hüllkurve (Bruchlinie) *f*
~ **life** *(Mech)* Bruchlebensdauer *f*, Lebensdauer *f* bis zum Bruch
~ **line** *(Mech)* 1. Bruchlinie *f*; 2. s. ~ envelope
~ **load** *(Mech)* Bruchlast *f*, Traglast *f*
~ **modulus** *(Mech)* Bruchmodul *m*, Zerreißmodul *m*, Bruchgrenze *f*, statische Zerreißfestigkeit *f*
~ **strength** *(El)* Trennfestigkeit *f*, Trenn[ungs]widerstand *m*, *(speziell:)* Zugfestigkeit *f*
~ **stress** *(Mech)* Zerreißkraft *f*, Bruchkraft *f*
~ **time** *(Mech)* Bruch[öffnungs]zeit *f*
~ **work** *(Mech)* Zerreißbarkeit *f*
rupturing *(Mech)* Bruchbildung *f*, Zerreißen *n*
~ **voltage** *(El)* Schaltspannung *f*, Unterbrecherspannung *f*

rush current *(El)* Schwellstrom *m*, Rushstrom *m*, Rush *m*
~ **of current** *(El)* Stromstoß *m*
Russell diagram *(Astr)* [Hertzsprung-]Russell-Diagramm *n*, Zustandsdiagramm *n*
~ **-Vogt theorem** *(Astr)* Eindeutigkeitssatz *m* des Sternaufbaus *(nach Russell und Vogt)*, Russell-Vogt-Theorem *n*, Russell-Vogtscher Satz *m*
rutherford *(Kern)* Rutherford *n*, Rd, rd *(SI-fremde Einheit der Aktivität; 1 rd = 10^6 Bq)*
Rutherford atom model *(At)* Planetenmodell *n* des Atoms [nach Rutherford], Rutherfordsches Planetenmodell (Atommodell, Modell) *n*
~ **[dispersion] formula** *(Kern)* Rutherfordsche Streuformel *f*, Rutherford-Formel *f*, Rutherfordsches Streugesetz *n*
~ **prism** *(Opt)* Rutherford-Prisma *n*, Compound-Prisma *n*, Kompoundprisma *n*
~ **unit** *(Kern)* s. rutherford
ry s. 1. *(At)* rydberg 1.; 2. *(Spektr)* kayser
Ry *(At)* s. rydberg 1.
rydberg 1. *(At)* Rydberg *n*, Ry, atomare Einheit *f* der Energie *(SI-fremde Einheit der Energie; 1 ry = 2,425 $\cdot 10^{-18}$ J = 0,5 Hartree)*; 2. *(Spektr)* s. kayser
Rydberg constant *(At)* 1. Rydberg-Konstante *f*, R_∞; 2. Rydberg-Zahl *f*, Rydberg-Konstante *f*, Rydbergsche (Rydberg-Ritzsche) Wellenzahl *f*, R_i *(für ein Atom oder einen Atomkern i, massenabhängig)*; Rydberg-Konstante *f* [für das Wasserstoffatom], R_H
~ **-Ritz combination principle** *(At, Spektr)* [Ritzsches] Kombinationsprinzip *n*, Kombinationsprinzip *n* von Ritz, *(selten:)* Kombinationsprinzip *n* von Rydberg-Ritz
~ **wave number** *(At)* s. Rydberg constant 2.

S

s *(Mech)* s. fluid scruple; 2. second 1.
S s. 1. *(physCh)* svedberg; 2. *(Ström)* stoke
s ap[oth] *(Mech)* s. scruple
S event *(Hoch)* S-Ereignis *n*, Zerfall *m* in Ruhe, Zerfall *m* im Ruhestand
s-process *(Astr, Kern)* s-Prozeß *m*, langsamer Prozeß (Neutroneneinfang) *m*
S0 spiral galaxy *(Astr)* S0-Spirale *f*, Zwischengruppenspirale *f*, Übergangsspirale *f*
S wave *(Mech)* s. shear wave
Sabattier method *(Opt)* Einplattenverfahren *n*, Sabattier-Verfahren *n*
sabin *(Ak)* Sabin *n* *(SI-fremde Einheit der Schallabsorption für eine Fläche*
Sabine coefficient *(Ak)* Schallabsorptionsgrad *m* nach Sabine
Sachs [deep-]drawing test *(Mech)* Keilziehversuch *m*, Keilziehversuch *m* nach Sachs[-Kayseler]

sacrifice of time Zeitaufwand *m*
saddle 1. *(Mech)* Sattelschale *f*, sattelförmige Schale *f*; 2. *(physCh)* Sattel[füll]körper *m*
~ **-shaped cap** s. saddle 2.
safe load *(Mech)* zulässige Last *f*, Grenzlast *f*
~ **working stress** *(Mech)* zulässige Beanspruchung (Spannung) *f*
safeguards *(Kern)* Kernmaterialkontrolle *f*, Spaltstoffflußkontrolle *f*, *(früher:)* Sicherheitskontrolle *f*
safety factor *(Mech)* Sicherheitsbeiwert *m*, Sicherheitszahl *f*, Sicherheitskoeffizient *m*
~ **limit** Sicherheitsgrenze *f*, Sicherheitsgrenzwert *m*
~ **margin** Sicherheitsabstand *m*, *(in Zusammensetzungen meist kurz:)* Abstand *m*, Spanne *f*, Reserve *f*
~ **shutdown** *(Kern)* Sicherheitsabschaltung *f*, Abschaltung *f* aus Sicherheitsgründen, Notabschaltung *f* *(eines Reaktors)*
sag *(Mech)* 1. s. sagging 1.; 2. Pfeilhöhe *f* *(eines Sphärometers)*
sagging 1. *(Mech)* Durchbiegung *f*, Durchsenkung *f*, Durchhängen *n*, Durchhang *m* *(eines Balkens oder Stabes)*; Durchhängen *n*, Durchhang *m* *(eines Seils)*; 2. *(Opt)* Senken *n* *(von Glas)*
~ **point** *(physCh)* Erweichungspunkt *m*, Schmelzpunkt *m* *(von Keramik)*
sagittal beam *(Opt)* Sagittal[strahlen]bündel *n*, Äquatorialstrahlenbündel *n*
~ **coma** *(Opt)* sagittale (äquatoriale) Koma *f*, Sagittalkoma *f* *(ein Abbildungsfehler)*
~ **fan** *(Opt)* Sagittalbüschel *n*, Äquatorialbüschel *n*
~ **focus (line)** *(Opt)* sagittale (äquatoriale) Brennlinie *f*
~ **pencil [of rays]** *(Opt)* Sagittalbüschel *n*, Äquatorialbüschel *n*
~ **[principal] section** *(Opt)* Sagittalebene *f*, Äquatorialebene *f*, zweiter Hauptschnitt *m*, Sagittalschnitt *m*
Saha [equilibrium] formula, Saha's equation *(Pl, statPh)* Saha-Gleichung *f*, Eggert-Saha-Gleichung *f*, [Eggert-]Saha-Formel *f*
Saint Venant's theory *(Mech)* s. St. Venant's theory
salient angle *(mathPh)* 1. ausspringender Winkel *m*; 2. Knick *m*, Abknicken *n*, Knie *n*, *(speziell:)* Eckpunkt *m* *(einer Kurve)*
salinity Salzigkeit *f*, *(speziell Hydr:)* [Promille-]Gesamtsalzgehalt *m*, Salinität *f* *(des Seewassers)*
salt bridge *(Ech)* Stromschlüssel *m*, *(manchmal:)* Elektrolytschlüssel *m*, elektrolytischer Stromschlüssel *m*, Haber-Luigin-Kapillare *f*, *(allgemeiner:)* Salzbrücke *f*
~ **-dilution method** *(Hydr)* Salzverdünnungsmethode *f* *(Durchflußmessung)*

salt 320

~ **error** *(Ech)* Salzfehler *m*, *(manchmal:)* Salzeffekt *m*
~-**fog test** *(physCh)* Salznebelprüfung *f* *(für Metalle)*
~ **linkage** *(At)* Salzbindung *f*
salting-out agent *(physCh)* Aussalzmittel *n*, Aussalzer *m*
saltus 1. Sprung *m*, sprungartige (sprunghafte) Änderung *f*, Sprunghaftigkeit *f*; 2. *(mathPh)* Schwankung *f (einer reellen Funktion in einem Punkt)*
SAMES type generator *(Kern)* elektrostatischer Beschleuniger *m* mit starrem Rotor, elektrostatischer Generator *m* vom Rotortyp
sample 1. Probe *f*, *(allgemeiner:)* Prüfgut *n*, Probegut *n*; 2. *(mathPh)* Stichprobe *f*, *(kurz:)* Probe *f (Statistik)*
~ **channel[s] ratio** *(Kern)* $R_{2/3}$-Wert *m*, SCR-Wert *m*
~ **channels ratio method** *(Kern)* SCR-Methode *f*, Probenkanalverhältnismethode *f*
~ **inlet** 1. *(Kern)* Öffnung *f* zum Einführen von Proben, Probenöffnung *f (in einem Reaktor)*; 2. *(Spektr)* Probeneinlaß *m*, Einlaß *m (eines Massenspektrometers)*
~ **mean** *(mathPh)* Probenmittel *n*, Stichprobenmittelwert *m*
~ **size** *(mathPh)* Umfang *m*, Stichprobenumfang *m*
~ **statistic** *(mathPh)* Stichprobenfunktion *f*, Statistik *f*, statistische Maßzahl *f*, Kennzahl *f*, Kennziffer *f*
sampled-data control *(Reg)* Abtastregelung *f*, getastete Regelung *f*
~-**data period** Abtastperiode *f*, Abtastzeit *f (Zeit zwischen zwei aufeinanderfolgenden Abtastungen)*
sampler 1. Probenehmer *m*, Proben[ent]nahmegerät *n*; 2. *(Reg)* Abtaster *m*, Abtastelement *n*
sampling 1. Probe[nent]nahme *f*, Probengewinnung *f*; 2. *(mathPh)* Stichproben[ent]nahme *f*, Ziehen *n* (Auswahl) *f* einer Stichprobe; 3. *(mathPh)* Stichprobenverfahren *n*; 4. *(Reg)* periodische Korrektur (Einstellung) *f*; 5. *(El)* Abtastung *f*, Sampling *n (eines Signals)*
~ **duration** *s.* ~ **time** 1.
~ **error** *(mathPh)* 1. Stichprobenfehler *m*, Fehler *m* der Stichprobennahme; 2. zufälliger Fehler *m*, Zufallsfehler *m*
~ **length** *(Mech)* Bezugsstrecke *f (einer Oberfläche)*
~ **period** *(El)* Tastperiode *f (bei einer Abtastung)*
~ **time** 1. Abtastdauer *f*, Abtastzeit *f (Dauer einer Abtastung)*; 2. Abtastperiode *f*, Abtastzeit *f (Zeit zwischen zwei aufeinanderfolgenden Abtastungen)*
sand heap (hill) analogy *(Mech)* Sandhügelanalogie *f*, Analogie *f* von Nadai
~ **roughness** *(Ström)* Sandrauhigkeit *f*, *(selten:)* Sandkornrauhigkeit *f*

sandwich bond *(At)* Sandwichbindung *f*, Doppelkegelbindung *f*
sandwiching Zwischenschichtung *f*, Zwischenlegung *f*, Einlegung *f*
SAO *(At)* Spinatomorbital *n*, SAO
saros *(Astr)* Saros-Zyklus *m*, *(manchmal:)* Saros-Periode *f*, Chaldäische Periode *f*
satellite 1. *(Astr)* Satellit *m (natürlich oder künstlich)*; 2. *(At, Spektr)* Nichtdiagrammlinie *f*, Satellitenlinie *f*, Satellit *m*, Röntgensatellit *m (im Röntgenspektrum)*
~ **pulse** *(El)* Begleiter *m*, Begleitimpuls *m*, Satellitenimpuls *m*
~ **X-ray line** *(At, Spektr) s.* **satellite** 2.
24-h satellite *(Mech)* geostationärer Satellit *m*, Synchronsatellit *m*
saturant *(physCh)* Sättigungsmittel *n*
saturate *(At)* gesättigte Verbindung *f*
saturated boiling *(Therm) s.* **nucleate boiling**
~ **film** *(Tief)* gesättigter Heliumfilm *m*, Sättigungsfilm *m*
~ **mode** *(Halbl)* Sättigungsbetrieb *m (eines Feldeffekttransistors)*
saturation 1. *(Opt)* Sättigung *f (einer Farbe)*, (speziell nach DIN 6164:) Sättigungsstufe *f*; 2. *(At, Kern)* Absättigung *f (einer chemischen Bindung, der Kernkräfte)*; 3. *(mathPh)* Ladung *f*, Faktorladung *f*, *(selten:)* Saturation *f (Statistik)*
~ **bend** *(Magn)* Sättigungsknie *n (der Magnetisierungskurve)*
~ **density** 1. *(Therm)* Sättigungsdichte *f*; 2. *(Phot)* Sättigungsschwärzung *f (der Ausentwicklung entsprechend)*
~ **discrimination** *(Opt)* Farbsättigungs-Unterscheidungsvermögen *n*, *(allgemeiner:)* Farbsättigungsunterscheidung *f*
~ **hysteresis loop** *(Magn)* Sättigungshystereseschleife *f*, äußerste Hystereseschleife *f*, Grenzschleife *f*
~ **layer thickness** *(Kern)* Sättigungs-[schicht]dicke *f*
~ **region** *(Halbl)* Sättigungsbereich *m*, Übersteuerungsbereich *m*
~ **scale** *(Opt)* Sättigungsreihe *f*, Sättigungsskala *f*
sausage[-type] instability *(Pl)* Instabilität *f* gegen [lokale] Einschnürung, Einschnürungsinstabilität *f*, „sausage"-Instabilität *f*, Instabilität $M = 0$
sav[art] *(Ak)* Savart *f*, Sav *n (SI-fremde Einheit des Frequenzintervalls)*
Savart plate *(Opt)* Savartsche Doppelplatte *f* (Platte) *f*, Quarzdoppelplatte *f*
Saybolt Second Universal, ~ **Universal Second** *(Hydr)* Saybolt-[Universal-]-Sekunde *f*, S.U.S., Ss, Saybolt-Zahl *f*
sb *(Opt) s.* **stilb**
SB *(Astr)* Balkenspirale *f*, SB
sc *(Mech) s.* **fluid scruple**
sc field *(Feld)* Skalarfeld *n*, skalares Feld *n*
scalar current *(Feld)* Skalarstrom *m*
scale 1. Skala *f*; 2. Maßstab *m*; 3. *(Meß)* Skale *f*, Skala *f (auf einem Meßgerät)*; 4.

(Ak) Tonleiter f, Tonskala f, *(manchmal:)* Tonreihe f; 5. *(physCh)* Belag, *(speziell:)* Kesselstein m, *(auf Gußeisen oder Stahl:)* Zunder m, *(speziell:)* Hammerschlag m; 6. *(Mech)* Schale f, Waagschale f

~ **division** *(Meß)* 1. Skalenteilung f, Skaleneinteilung f, *(speziell:)* Grad[ein]teilung f; 2. s. ~ value

~ **division error** *(Meß)* Teilungsfehler m, Skalenteilungsfehler m

~-**down** proportionale (maßstäbliche) Verkleinerung f, Maßstabsverkleinerung f

~ **graduation mark** *(Meß)* Teilstrich m, Skalenteil m, Skt.

~ **increment** s. ~ value

~ **interval** *(Meß)* Teilstrichabstand m

~ **invariance** Maßstabinvarianz f, Skaleninvarianz f

~ **master** *(Meß)* Urskale f

~ **model** maßstäbliches (maßstabgetreues) Modell n

~ **of 10^2 circuit** *(El, Kern)* Hundertfachzählstufe f, 10^2fach-Zählstufe f, *(Gesamtgerät:)* Hundertfachzählgerät n

~ **of 10^n circuit** *(El, Kern)* dekadische Zählstufe f, Dekadenzählstufe f, 10^nfach-Zählstufe f *(Untersetzungsfaktor 10^n)*

~ **of turbulence** *(Ström)* Turbulenzlänge f, charakteristische Länge f der Turbulenzstruktur

~ **printer** *(El, Kern)* Zähler und Drucker m, Zähl- und Druckwerk n

~-**up** proportionale (maßstäbliche) Vergrößerung f, Maßstabsvergrößerung f

~ **value** *(Meß)* Skalenwert m, Skw., SKW, *(manchmal:)* Skalenteilungswert m

0.1-scale model Modell n im Maßstab 1:10

scaled-down model maßstäblich verkleinertes Modell n

~-**up model** maßstäblich vergrößertes Modell n

scaler *(El, Kern)* Zählgerät n

scaling 1. *(Ak)* Stimmung f, Stimmen n *(der Tonskala eines Musikinstruments)*; 2. *(Hoch)* Scaling n, Skalierung f; 3. *(At, Qu)* Koordinatenstreckung f, Methode f der Koordinatenstreckung; 4. *(Halbl)* Skalierung f, maßstabgerechte Untersetzung f; 5. *(El)* Untersetzung f, Zählung f *(Impulszählung in einem Zähler)*; 6. *(Mech)* Ausdrücken n in dimensionslosen Größen (Kennzahlen), Skalierung f *(einer Bewegungsgleichung)*; 7. *(physCh)* Verkrustung f, *(speziell:)* Kesselsteinablagerung f, *(auf Gußeisen oder Stahl:)* Verzunderung f, Zunderbildung f; 8. *(physCh)* Kesselsteinentfernung f, *(bei Gußeisen oder Stahl:)* Entzunderung f

~ **accelerator** *(Kern)* Beschleuniger (Teilchenbeschleuniger) m mit ähnlichen Bahnen, Festbahnbeschleuniger m

~ **circuit** *(Kern)* Zählstufe f, Zählschaltung f

~ **down** s. scale-down

~ **factor** 1. Maßstabsfaktor m *(in einem Ähnlichkeitsgesetz)*; 2. *(El)* Untersetzungsfaktor m, Untersetzung f, Zählfaktor m

~ **law** Ähnlichkeitsgesetz n, Ähnlichkeitsprinzip n, *(selten:)* Similaritätsprinzip n

~ **ratio** 1. Maßstab m *(eines Modells)*; 2. *(El)* s. ~ factor 2.

~ **up** s. scale-up

scan 1. s. scanning 1.; 2. vollständige Abtastung f *(des Bereichs)*, Überstreichung f; 3. *(Spektr)* Einzelmessung f *(in der NMR-Spektroskopie)*; 4. *(Kern)* s. scintiscanning; 5. s. scintiscan

Scandinavian type isotope separator *(Kern)* [elektromagnetischer] Isotopentrenner m vom skandinavischen Typ, [elektromagnetischer] Labor-Isotopentrenner m

scanner laser radiation *(Opt)* Abtastlaserstrahlung f

scanning 1. Scanning n, Abtastung f, Scannen n, *(periodisches)* Durchlaufen n, Durchfahren n; 2. *(Meß)* kontinuierliche Abtastung f; 3. *(El)* Abtastung f, Absuchen n *(Radartechnik)*; 4. *(Kern)* s. scintiscanning

~ **electron micrograph** *(El)* rasterelektronenmikroskopische Aufnahme f

~ **electron microscope** *(El)* Rasterelektronenmikroskop n, REM, *(manchmal:)* Scanning[elektronen]mikroskop n, SEM, Rastermikroskop n

~ **field** *(El)* 1. Abtastfeld n; 2. Bildraster m, Raster m *(auf dem Schirm einer Bildröhre)*

~-**field alternating-gradient accelerator** *(Kern)* SFAG-Beschleuniger m, Wanderwellen-AG-Beschleuniger m

~ **heating** *(El)* Zonenerwärmung f, zonenweise Erwärmung f

~ **microscope** 1. *(Opt)* Scanningmikroskop n, Abtastmikroskop n; 2. s. ~ electron microscope

~ **polarography** *(Ech)* Tastpolarographie f

~ **voltage** *(El)* Ablenkspannung f, Kippspannung f, Zeitablenkspannung f *(einer Kathodenstrahlröhre)*

~ **X-ray microscope** *(El, Magn)* Rasterröntgenmikroskop n

scatter 1. Streustrahlung f, gestreute (diffuse) Strahlung f *(erwünscht)*; 2. *(Opt)* s. scattered light; 3. *(mathPh)* Streuung f, zufällige (statistische) Streuung f, Variabilität f; 4. *(mathPh)* Variationsbreite f, Streubreite f, Schwankungsbreite f *(einer Population oder Verteilung)*; 5. *(El, Magn)* s. ~ propagation

~ **diagram** *(mathPh)* Punktdiagramm n, Punktwolke f, Punktgruppe f, Streubild n

~ **fading** *(El, Magn)* Streuschwund m

~ **propagation** *(El, Magn)* Streuausbreitung f, Scatterverbindung f, Transhorizontausbreitung f, Überhorizontausbreitung f *(von Wellen)*

scattered

scattered light *(Opt)* Streulicht *n*, diffuses (gestreutes) Licht *n (erwünscht)*
~ **light method** *(Krist, Opt)* Streulichtverfahren *n*, Streulichtmethode *f*
~ **wave** diffus reflektierte Welle *f*, gestreute Welle
scatterer *(Kern)* Streukörper *m*, Streuer *m*, Streusubstanz *f*
scattering Streuung *f (von Strahlung oder Teilchen), (speziell Opt:)* Licht[zer]streuung *f*
~ **amplitude** 1. *(Qu)* Streuamplitude *f*; 2. *(Kern) s.* ~ length
~ **area coefficient (ratio)** *(Kern)* Streuflächenverhältnis *n*
~ **attenuation coefficient** *(Kern)* Schwächungskoeffizient *m* für den Compton-Effekt, Compton-Schwächungskoeffizient *m*
~ **chamber** 1. *(Kern)* Streukammer *f*; 2. *(Hoch)* Diffusionsnebelkammer *f*, kontinuierliche Nebelkammer *f*
~ **coefficient** 1. *(Opt)* Streukoeffizient *m*, *(speziell:)* spektraler Streukoeffizient *m (für Licht)*; 2. *(El, Magn) s.* ~ parameter 1.
~ **cross section** *(Kern)* Streuquerschnitt *m*
~ **energy-transfer coefficient** *(Kern)* Compton-Energieübertragungskoeffizient *m*, Compton-Übertragungskoeffizient *m*
~ **fraction** *(Opt)* Streuanteil *m (bei der Mie-Streuung)*
~**-in** *(Kern)* Hineinstreuung *f*, Streuung *f* in ein Medium
~ **indicatrix** *(Opt)* Streuindikatrix *f*, *(in der Mieschen Theorie:)* Streudiagramm *n*, Strahlendiagramm *n*, Strahlungsdiagramm *n*
~ **length** *(Kern)* [Fermi-]Streulänge *f*, Fermische Streulänge *f (für niederenergetische elastische Streuung)*
~ **mass attenuation coefficient** *(Kern)* Massenstreukoeffizient *m*, Massenschwächungskoeffizient *m* für Streuung
~**-out** *(Kern)* Hinausstreuung *f*, Herausstreuung *f*, Streuung *f* aus einem Medium
~ **parameter** 1. *(El, Magn)* Streuparameter *m*, S-Parameter *m*, Streukoeffizient *m (ein Element der Streumatrix)*; 2. *(Opt)* [Miescher] Streuparameter *m (Mie-Streuung)*
~ **power** 1. Streuvermögen *n (Eigenschaft)*; 2. *(Kern) s.* ~ length
scavenging *(physCh)* 1. Scavenging *n*, Spülung *f*, Freispülung *f*, *(speziell:)* Radikalfang *m (Entfernung von Spurenmengen, auch Radikalen, durch Adsorption oder Mitfällung)*; 2. Reinigungsfällung *f*
SCCC method *(At, Qu)* SCCC-Methode *f*, erweiterte Wolfsberg-Helmholz-Methode *f*, E-WH-Methode *f*
SCD neutron source *(Pl)* halbkatalysierte Deuteriumneutronquelle *f*

SCF method *(Qu) s.* self-consistent field method
SCF MO *(At)* SCF-Molekülorbital *n*, SCF MO
scfh *(Aero)* Normkubikfuß *mpl* je Stunde *(SI-fremde Einheit des Volumenstroms)*
scfm *(Aero)* Normkubikfuß *mpl* je Minute *(SI-fremde Einheit des Volumenstroms)*
scheduling Ablaufplanung *f*
Scheiner film-speed, ~ **rating** *(Phot)* Scheiner-Grad *m*
schiller layer *(Krist, Opt)* opalisierende Schicht *f*
schillerization *(Krist, Opt)* Schillern *n*
Schläfli diagram *(Hoch)* Dynkin-Diagramm *n*
Schleiermacher's method *(Therm)* Heizdrahtverfahren *n* [nach Schleiermacher] *(Wärmeleitfähigkeitsmessung)*
schlieren edge *(Opt)* Schlierenblende *f*
~ **scanning technique** *(Opt)* Schattenschlierenverfahren *n*, Schattenschlierenmethode *f*, direktes Schattenverfahren *n*
Schmid's law *(Krist)* Schmidsches Schubspannungsgesetz *n*, Schubspannungsgesetz *n* von Schmid
Schmidt *(Astr) s.* ~ system 1.
~ **chart** *(El)* Schmidt-Leistungsdiagramm *n*
~ **correction lens (plate)** *(Astr, Opt)* Schmidt-Platte *f*, Korrektionsplatte *f* [nach Schmidt], Schmidtsche Korrektionsplatte *f*
~ **curves (limits)** *(Kern)* Schmidt-Linien *fpl*, Schmidt-Grenzen *fpl*
~ **number** *(Ech, Ström)* Schmidt-Zahl *f*, Sc; 2. *(physCh)* Semenov-Zahl *f*, Semenovsche Kennzahl *f*
~ **system** 1. *(Astr)* Schmidt-Spiegel *m*, Schmidt-Spiegelteleskop *n*, Schmidt-System *n*; 2. *(Opt)* Schmidt-Optik *f*, Schmidt-System *n*, Hohlspiegeloptik *f*
Schottky barrier model *(Halbl)* Schottkysches Sperrschichtmodell *n*
~ **disorder** *(Krist)* Schottky-Defekt *m*, Schottky-Fehlstelle *f*, Schottky-Fehlordnung *f*
~ **effect** 1. *(Halbl, Krist)* Schottky-Effekt *m*; 2. *(El)* Schroteffekt *m*
~ **interstitial** *(Krist)* Anti-Schottky-Fehlordnung *f*, Anti-Schottky-Defekt *m*
~ **model** *(Fest)* [Schottkysches] Napfmodell *n*
~ **noise** *(El)* Schottky-Rauschen *n*, ungeschwächter Schroteffekt *m*
~ **theory** *(Fest)* Schottkysche Randschichttheorie (Theorie) *f*
Schrödinger-Klein-Gordon equation *(Feld, Qu)* Klein-Gordon-Gleichung *f*, *(manchmal:)* Fock-Gleichung *f*, relativistische Schrödinger-Gleichung *f*, *(selten:)* Schrödinger-Gordon-Gleichung *f*
~ **mechanics** *(Qu) s.* Schrödinger's wave mechanics
~**-Pauli equation** *(Qu)* Pauli-Gleichung *f*

~ **picture** *Schrödinger-Bild n,* Wellenbild *n (Quantenmechanik)*
~ **representation** *(Qu)* Ortsdarstellung f, Schrödinger-Darstellung f, *q*-Darstellung f
~ **representative** *(Qu)* Schrödinger-Darsteller *m*
~ **wave function** *(Qu)* [Schrödingersche] Wellenfunktion f, Schrödinger-Funktion f, Psi-Funktion f, ψ-Funktion f, Zustandsfunktion f, Wahrscheinlichkeitsamplitude f
Schrödinger's wave mechanics *(Qu)* Wellenmechanik f, Wellendarstellung (Schrödinger-Darstellung) f der Quantenmechanik
Schuler tuned system *(Mech)* Schuler-Pendel *n*, 84-Minuten-Pendel *n (exakter: 84,4 min)*
Schulz transition *(Ström)* Schulz-Zerlegung f
Schumann region *(Opt)* Schumann-Gebiet *n*, Schumann-Ultraviolett *n*
Schwarzschild exterior field *(Rel)* Schwarzschild-Feld *n*, Schwarzschildsches Gravitationsfeld *n*
~ **[two-mirror] objective** *(Opt)* Schwarzschild-System *n*, Zweispiegelsystem *n* nach (von) Schwarzschild, Schwarzschild-Typ *m*
Schweidler oscillation *(Kern)* radioaktive Schwankung f
scintillant, scintillating material *(Kern)* Szintillationsmaterial *n*, Szintillator *m*, szintillierende Substanz f
scintillation 1. *(Astr, Opt)* Szintillieren *n*, Szintillation f, Funkeln *n*; 2. *(Kern)* Szintillation f, Lichtblitz *m*, Szintillationsblitz *m*, Aufblitzen *n (eines Szintillators)*
~ **decay time** *(Kern)* Abklingzeit f der Szintillation, Szintillationsabklingzeit f *(Abfall auf 1/e des Anfangswertes)*
~ **fall time** *(Kern)* Abfallzeit f der Szintillation, Szintillationsabfallzeit f *(Abfall von 90 % auf 10 % des Maximalwertes)*
~ **quenching** *(Kern)* Quench *m*, Quenchen *n*, Quenchung f, Quencheffekt *m*, Löscheffekt *m (in der Flüssigkeitsszintillationszählung)*
~ **response** *(Kern)* Szintillationsausbeute f, Lichtausbeute f der Szintillation
~ **rise time** *(Kern)* Anstiegszeit f der Szintillation, Szintillationsanstiegszeit f *(Anstieg von 10 % auf 90 % des Maximalwerts)*
scintiphoto[gram] *(Kern)* Photoszintigramm *n*, Szintiphoto *n*, Photogammagramm *n*
scintiscan *(Kern)* Szintigramm *n*, Gammagramm *n*, Szintiscan *n*, [γ-]Scan *n*
scintiscanning *(Kern)* Szintigraphie f, Szintiscanning *n*, Scanning *n*, Scannen *n (unter Verwendung von Szintillationsdetektoren)*
scission *(At)* Spaltung f, Ringspaltung f

scissoring vibration *(At)* Scherenschwingung f
scissors mode *(At)* Scherenschwingung f
SCL current *(El, Halb)* raumladungsbegrenzter Strom *m*
scleronomic (scleronomous) constraint *(Mech)* skleronome (starre, starrgezeitliche) Bindung f (Bedingung, Zwangsbedingung, Bedingungsgleichung) f
scope 1. *(mathPh)* Geltungsbereich *m*, Wirkungsbereich *m*; 2. *(El)* Radar[bild]schirm *m*, Schirm *m*, Bildschirm *m*; 3. *(El)* Braunsche Röhre f *(der Radaranlage, mit Radarschirm)*; 4. *(Opt)* Beobachtungsfernrohr *n*, Betrachtungsfernrohr *n*; 5. *(El)* Elektronenstrahloszillograph *m (mit Bildaufzeichnung)*, Elektronenstrahloszilloskop *n (mit Bildanzeige) (Gebrauch ist nicht einheitlich)*
scotophor *(Fest)* Killer *m*, Lumineszenzkiller *m*
Scott [thermomagnetic] torque *(El, Magn)* Scott-Effekt *m*, thermomagnetisches Drehmoment *n*
SCR method *(Kern)* SCR-Methode f, Probenkanalverhältnismethode f
scram *(Kern)* Schnellabschaltung f, Reaktorschnellabschaltung f, RESA, *(bei sich entwickelndem Störfall:)* Havarieabschaltung f, *(bei versagenden Schnellabschaltorganen:)* Notabschaltung f
scrape-off limiter *(Pl)* Plasmabegrenzungsblende f, Limiter *m (eines Tokamaks)*
scratch hardness *(Mech)* Ritzhärte f
screen 1. *(Mech)* Klassiersieb *n*, Sieb *n (zur Trennung nach der Korngröße)*; 2. *(Hydr)* Sieb *n (zur Entfernung von Feststoffteilchen aus einer Suspension)*; 3. *(Opt)* Projektionsschirm *m*, *(speziell:)* Projektionswand f, Bildwand f, *(speziell:)* Leinwand f; 4. *(El)* Schirm *m*, Bildschirm *m (einer Kathodenstrahlröhre)*; 5. *(El)* Schirmgitter *n (einer Elektronenröhre)*; 6. *(El, Magn)* Abschirmung f, Schirmung f, Schirm *m (Vorrichtung)*; 7. *(Phot)* Raster *m*
~ **angle penetration** *(El)* Eindringen *n* in den Radarschatten
~ **blurring** *(Phot)* Folienunschärfe f *(einer Radiographieaufnahme)*
~ **dissipation** *(El)* Schirmgitterverlustleistung f, Schirmgitterbelastung f
~ **photograph** *(Phot)* Schirmbild *n*, Schirmbildaufnahme f, Schirmbildphotographie f *(Ergebnis)*
~ -**plate process** *(Phot)* Kornrasterverfahren *n*
screenage *(El)* [elektrische] Abschirmung f, Schirmung f
screened interaction *(Kern)* abgeschirmte (effektive) Wechselwirkung f
screening 1. *(El, Ak)* Abschirmung f; 2. *(At)* Abschirmung f [des Kerns], Abschirmung f des nuklearen Coulomb-Feldes,

screening 324

Abschirm[ungs]wirkung f; 3. *(Mech, physCh)* Sieben n, Siebung f, Siebklassierung f; 4. *(Mech)* Siebdurchgang m; 5. *(mathPh)* Screening f, verbesserte Auswahl f *(Statistik)*
~ **number** *(At)* Abschirm[ungs]konstante f, Abschirm[ungs]zahl f
~ **radius** *(Ech, Pl)* Debyescher Abschirmradius m, Debye-Radius m, Debye-Hückelscher Radius m, *(fälschlich auch:)* Debye-Länge f
~ **sphere** *(At)* Schirmeffektkugel f
screw axis 1. *(Krist)* Schraubenachse f, Helikogyre f; 2. *(Mech)* Schraubenachse f, Achse f des Nullsystems *(in der Motorrechnung)*
~ **direction** Schraubensinn m, Schraubungssinn m
~ **dislocation** *(Krist)* Schraubenversetzung f, *(manchmal:)* Querversetzung f, Burgers-Versetzung f
~-**dynamic pinch** *(Pl)* helikoidal-dynamischer Pinch m
~ **instability** *(Pl)* helikoidale Instabilität f, Wendelinstabilität f, Schraubeninstabilität f
~ **orientation** s. ~ direction
~ **pinch** *(Pl)* helikoidaler (schraubenförmiger) Pinch m
~ **pitch** *(mathPh)* Ganghöhe f, Steigung f, Gang m, Schraubengang m, Schraubensteigung f
~ **slip band** *(Krist)* Schraubengleitband m
screwing *(Mech)* 1. Schraubenbewegung f, schraubenförmige Bewegung f, Schraubung f; 2. Verschraubung f
scriber *(mathPh)* Fahrstift m *(eines Planimeters)*
scribing *(Halbl, Mech)* Gravieren n
scrubbing *(physCh)* 1. Gaswäsche f; 2. Waschen n *(von Lösungen)*
scruple *(Mech)* Scruple n, s ap *(SI-fremde Einheit der Masse; 1 s ap = 1,296 g)*
scuff resistance *(Mech)* Abriebfestigkeit f, Abriebbeständigkeit f
scuffing *(Mech)* Reibstelle f, Reibmarke f
SDW *(Fest)* Spindichtewelle f, SDW
sea clutter (echo) *(El)* Seegang[s]reflex m, Wellenreflex m, Seegangecho n
~ **horizon** *(Astr)* Kimm f, natürlicher Horizont m, Meereshorizont m
~-**level static thrust** *(Aero)* Standschub m, statischer Schub m, Schub m in Meereshöhe
~ **return** s. sea clutter
seal 1. Abschließen n, Verschließen n, Schließen n, *(speziell:)* Versiegelung f, *(speziell:)* Zuschmelzen n *(Vorgang)*; 2. *(Ström, Vak)* Dichtung f, *(speziell:)* Versiegelung f *(Vorrichtung)*; 3. *(Kern)* Siegel n, Plombe f; 4. *(El)* Einschmelzstelle f *(einer Elektronenröhre)*
sealed radioactive material *(Kern)* umschlossenes radioaktives Material n, umschlossener radioaktiver Stoff m, *(speziell:)* umschlossenes radioaktives Präparat n
~ **source** *(Kern)* umschlossene [radioaktive] Quelle f, umschlossene Strahlenquelle (Strahlungsquelle) f
sealing off *(El, Vak)* Abschmelzen n, *(speziell:)* Abquetschen n
~ **veil** *(Ström)* Schleierdichtung f
seance *(Astr)* Seance f, Meßperiode f
season crack *(Mech)* Altersriß m, Alterungsriß m
seasonal fluctuation saisonale Schwankung f, *(speziell:)* jahreszeitliche Schwankung f
SEBL *(Halbl)* Rasterelektronenstrahllithographie f
SEC *(El, Fest)* Sekundärelektronenleitung f
sec s. second
secohm *(El)* s. international henry
second 1. *(Mech)* Sekunde f, s; 2. *(mathPh)* Sekunde f, Winkelsekunde f, Bogensekunde f, Altsekunde f, " *(Einheit des ebenen Winkels)*; 3. *(Mech)* 1/12 Zoll m *(SI-fremde Einheit der Länge; 1'" ≈ 2,117 mm)*
~ **axial moment of area** *(Mech)* axiales Flächenmoment n zweiten Grades, axiales Flächenträgheitsmoment n
~-**channel frequency** *(El)* Spiegelfrequenz f
~ **class conductor** *(Ech, Fest)* Ionenleiter m, Leiter m zweiter (II.) Ordnung, Leiter m zweiter Klasse
~ **cosmic velocity** *(Astr, Mech)* Entweichungsgeschwindigkeit f, parabolische Geschwindigkeit f, zweite kosmische Geschwindigkeitsstufe f
~ **curvature** *(mathPh)* Windung f, Torsion f, Schmiegung f *(einer Raumkurve)*
~ **development** *(Phot)* Nachentwicklung f
~ **equation of Dieterici** *(Therm)* [erste] Dieterici-Gleichung f, Zustandsgleichung f von Dieterici, Dietericische Gleichung f *(enthält eine e-Funktion)*
~ **field of view** *(Opt)* Bildfeld n, bildseitiges Sichtfeld n, Austrittssichtfeld n, Bildsichtfeld n *(eines optischen Instruments)*
~ **field stop** *(Opt)* Bildfeldblende f, bildseitige (hintere) Feldblende f
~ **focal distance (length)** *(Opt)* Bildbrennweite f, bildseitige (hintere, zweite) Brennweite f
~ **laser condition** *(Opt)* Schwellenbedingung f, zweite Laserbedingung f
~ **law efficiency** *(Therm)* Carnotscher Wirkungsgrad m *(eines Dampfkessels oder einer Brennkammer)*
~-**law entropy** *(Therm)* Entropie f auf der Grundlage des zweiten Hauptsatzes
~ **law of Kirchhoff** *(El)* s. Kirchhoff's second law
~ **law of motion** *(Mech)* s. Newton's second law
~ **law of thermodynamics** *(Therm)* zweiter Hauptsatz m [der Thermodynamik],

Entropiesatz m, Erhaltungssatz m der Entropie, Entropieprinzip n, Satz m von der Unmöglichkeit eines Perpetuum mobile zweiter Art
~ **moment of area** *(Mech)* Flächenmoment n zweiten Grades, Flächenträgheitsmoment n, geometrisches Trägheitsmoment n
~ **[-nearest] neighbour** *(Krist)* zweitnächster Nachbar m, Nachbar m zweiter Sphäre
~ **-order critical point** *(Fest, Magn)* kritischer Punkt m zweiter Ordnung, bikritischer Punkt m
~ **-order forbidden transition** *(Kern)* zweifach (von zweiter Ordnung) verbotener Übergang m, zweifach verbotener Betaübergang m
~ **-order liquid** *(Mech)* Burgers-Flüssigkeit f, Burgerssche (viskoelastische) Flüssigkeit f
~ **-order transformation (transition) point (temperature)** *(Therm)* Einfriertemperatur f, Glasübergangstemperatur f, Einfrierpunkt m *(eines Polymers)*
~ **pendulum** *(Mech)* Sekundenpendel m
~ **quantization** *(Qu)* zweite Quantisierung (Quantelung) f, Feldquantisierung f, Wellenquantisierung f, Hyperquantisierung f
~ **quantum number** s. secondary quantum number
~ **radiation constant** *(statPh)* zweite (2.) Plancksche Strahlungskonstante f
~ **sound** *(Tief)* zweiter Schall m, Wärmewelle (Temperaturwelle) f zweiter Art
~ **theorem of Castigliano** *(Mech)* [Castiglianoscher] Minimumsatz m, Satz m vom Minimum der Formänderungsarbeit
~ **viscosity [coefficient]** *(Fest, Mech)* zweite Viskosität f, Volumenviskosität f, Kompressionszähigkeit f, Volumenreibung f
Second Law *(Therm)* s. second law of thermodynamics
secondary 1. *(Kern)* Sekundärteilchen n, Sekundärion n, ausgelöstes Teilchen n; 2. *(El, Fest)* Sekundärelektron n; 3. *(El)* Sekundärleiter m; 4. *(El)* Sekundärwicklung f, sekundärseitige Wicklung f; 5. *(Astr)* s. ~ component
~ **axis** 1. *(Krist)* Nebenachse f; 2. *(Opt)* Sekundärachse f, Hilfsachse f
~ **bond** *(At)* Nebenvalenzbindung f
~ **circle** *(Astr)* Vertikal[kreis] m *(Großkreis senkrecht zum Grundkreis)*
~ **coating** *(Opt)* Sekundärummantelung f, Umhüllung f *(einer optischen Faser)*, Faserumhüllung f
~ **colour** *(Opt)* Mischfarbe f, zusammengesetzte Farbe f
~ **component** *(Astr)* Begleiter m *(eines Doppelsternsystems)*
~ **creep** *(Mech)* sekundäres (stationäres) Kriechen n, zweites Kriechstadium n
~ **disturbance** *(Opt)* s. ~ wave[let]

~ **electromagnetic constants** *(El)* abgeleitete (sekundäre) Leitungskonstanten fpl *(einer Übertragungsleitung)*
~ **electron equilibrium** *(Kern)* Elektronengleichgewicht n, Sekundärelektronengleichgewicht n
~ **electron yield** *(Kern)* Sekundäremissionskoeffizient m, Sekundäremissionsausbeute f, Sekundärelektronenausbeute f
~ **emission coefficient (ratio)** s. ~ electron yield
~ **extinction** *(Krist)* Extinktion f zweiter Art, Sekundärextinktion f, sekundäre Extinktion f
~ **face** *(Krist)* Nebenfläche f
~ **failure** Folgeausfall m
~ **flow [of fluid]** *(Hydr)* Sekundärströmung f *(erster, zweiter oder dritter Art)*
~ **focus** *(Opt)* sagittale (äquatoriale) Brennlinie f
~ **great circle** s. ~ circle
~ **leakage** *(El, Magn)* Sekundärstreuung f
~ **motion** *(Ström)* Schwankungsbewegung f, Nebenbewegung f, *(selten:)* Querbewegung f *(bei der Turbulenz)*
~ **optic axis** *(Krist, Opt)* Biradiale f, Strahlenachse f
~ **particle equilibrium** *(Kern)* Ladungsträgergleichgewicht n, Teilchengleichgewicht n
~ **principal [stress] axis** *(Opt)* sekundäre Hauptspannungsrichtung f
~ **quantum number** *(At, Qu)* Bahndrehimpulsquantenzahl f, Drehimpulsquantenzahl f, Nebenquantenzahl f, azimutale Quantenzahl f
~ **recrystallization** *(Fest, physCh)* sekundäre Rekristallisation f, unstetige Kornvergrößerung f
~ **recrystallization texture** *(Krist, physCh)* Wachstumstextur f, *(bei Hochpolymeren auch:)* native Textur f
~ **resonance** *(El)* Nebenresonanz f *(erwünscht)*
~ **series** *(At, Spektr)* Nebenserie f
~ **slip band** *(Fest)* Band n zweiter Gleitung, Striemen m
~ **source [of light]** *(Opt)* Sekundärstrahler m, Fremdleuchter m, Fremdstrahler m, Sekundärlichtquelle f, *(speziell:)* Zweitleuchter m
~ **standard** Sekundärnormal n, abgeleitetes Normal n, Sekundärstandard m
~ **valence bond** *(At)* Nebenvalenzbindung f
~ **wave[let]** *(Opt)* [Huygenssche] Elementarwelle f, Sekundärwelle f, sekundäre Kugelwelle f *(im Huygensschen Prinzip)*
~ **yield** *(Kern)* Sekundäremissionskoeffizient m, Sekundäremissionsausbeute f, SE-Faktor m
section 1. Abschnitt m, Sektion f, Teilabschnitt m, Teil m; 2. Strecke f, Abschnitt m; 3. Schnitt m *(eines Körpers mit einer*

section

Ebene); 4. *(Opt)* Dünnschliff *m*; 5. *(Fest)* Mikroschliff *m*, Schliff *m*, *(speziell:)* Mikroschliffbild *n*, Schliffbild *n*; 6. *(El)* Dünnschnitt *m (in der Elektronenmikroskopie)*; 7. *(El)* Glied *n (einer Abzweigschaltung)*; 8. *(El)* Teilvierpol *m*
~ **autoradiography** *(Kern)* Schichtenautoradiographie *f*
~ **modulus [of bending]** *(Mech)* Widerstandsmoment *n* [gegen Biegung], Biegungswiderstandsmoment *n*
~ **modulus of torsion** *(Mech)* polares Widerstandsmoment *n*, Widerstandsmoment [des Querschnitts] gegen Verdrehung (Drehung, Torsion), Drillungswiderstandsmoment *n*
sectional radiography *(Kern)* Schichtaufnahmeverfahren *n*, Tomographie *f*
sectionalization Unterteilung *f*
sectioning technique *(Fest)* Schichtenteilungsverfahren *n*, Schichtentrennungsverfahren *n*, Schichtabtragungstechnik *f (z. B. bei Diffusionsuntersuchungen)*
sector acceleration *(Mech)* Flächenbeschleunigung *f*
~ **aperture** *(Opt)* Sektoröffnung *f*, Zentriwinkel *m (eines rotierenden Sektors)*
~ **disk** 1. *(El, Magn)* Sektor[en]scheibe *f (für elektromagnetische Wellen)*; 2. *(Opt)* rotierender Sektor *m*
secular inequality *(Astr)* säkulare Gleichung (Ungleichheit) *f (des Mondes)*
~ **perturbation** *(Astr)* säkulare Störung *f*, säkulares Störungsglied *n*
~ **radioactive equilibrium** *(Kern)* [radioaktives] Dauergleichgewicht *n*, säkulares (dauerndes, ständiges) [radioaktives] Gleichgewicht *n*
~ **variable [star]** *(Astr)* säkularer (sehr langperiodischer) Veränderlicher *m*
~ **variation** *(Astr)* 1. säkulare Variation (Änderung, Veränderung) *f*; 2. Variation *f (Störung der Mondbahn)*
secured position *(Kern)* Abschirmposition *f*, gesicherte Position *f (einer Strahlenquelle)*
SEE *(El, Fest)* Sekundäremission *f*, Sekundärelektronenemission *f*, SEE
see-saw equilibrium *(Mech)* Schaukelgleichgewicht *n*
~**-saw motion** *(Mech)* Schaukeln *n*, Schaukelbewegung *f*, schaukelnde Bewegung *f*
seed 1. *(physCh)* Keimkristall *m*, Kristallkeim *m*, Saatkristall *m*; 2. *(Pl)* Saatmaterial *n*, Impfstoff *n (eines MHD-Generators)*; 3. *(Kern)* Saatelement *n*, Spickelement *n*, Saatgruppe *f*; 4. *(Fest, Opt)* Blase *f*, Gasblase *f (als Glasfehler)*
~ **core reactor** *(Kern)* Reaktor *m* mit Treiberzone[n], Saatelementreaktor *m*
~**-over** *(Krist)* Überimpfung *f*
seeding 1. *(Krist)* Impfung *f*, Animpfung *f*; 2. *(El)* Impfung *f (eines heißen Gases)*; 3. *(Kern)* s. spiking 2.

326

seeing *(Astr)* Seeing *n*, Luftunruhe *f*, Richtungsschwankung *f*
Seeliger's rule *(El)* Glimmsaumregel *f* [nach R. Seeliger], Seeligersche Glimmsaumregel *f*
Seemann fixed crystal method *(Krist)* Seemannsches Festkristallverfahren *n*
~ **method** *(Krist)* Lochkameramethode *f* von Seemann, Seemann-Verfahren *n*, Seemannsche Methode *f*
seepage *(Hydr)* Sickerung *f*, *(speziell:)* Einsickerung *f*, Versickerung *f*, *(speziell:)* Aussickerung *f*, Austritt *m (von Wasser)*
segment 1. Segment *n*, Teilstück *n*; 2. *(At)* Segment *n*, Fadenelement *n*, Glied *n (eines Makromoleküls)*; 3. *(Hydr)* Segment *n (eines Querschnitts)*; 4. *(At)* Glied *n*, Kettenglied *n*; 5. *(mathPh)* Abschnitt *m*, Segment *n (eines Kreises oder einer Kugel)*
segmentation Unterteilung *f*
segregation 1. *(Fest)* Seigerung *f*, Entmischung *f*, Ausscheidung *f*; 2. *(physCh)* Entmischung *f (von Prozeßströmen)*
~ **line (streamer)** *(physCh)* Seigerungslinie *f*, Seigerungsstreifen *m*
Seidel aberration *(Opt)* Seidelscher Bildfehler (Abbildungsfehler, Bildfeldfehler) *m*
~ **angle characteristic S** *(Opt)* Seidelsches Eikonal (Winkeleikonal S) *n*
~ **term** *(Opt)* Seidelsche Summe *f*, [Seidelscher] Flächenteilkoeffizient *m*, [Seidelscher] Linsenteilkoeffizient *m*
~ **transverse [ray] aberration** *(Opt)* Seidelsche Queraberration *f*
seignette-electric *(Fest)* Ferroelektrikum *n*, ferroelektrischer Stoff *m*
selectance *(El)* Selektivität *f*, Trennschärfe *f*
selected area *(Astr)* [Kapteynsches] Eichfeld *n*, Selected Area *n*
~ **ordinates method** *(Opt)* Auswahlordinatenverfahren *n (in der Farbmessung)*
selection rule *(Qu, Spektr)* Auswahlregel *f*
selective control *(Reg)* Anwahlsteuerung *f*, AWS
~ **diffuser** *(Opt)* selektiv streuender Körper *m*
~ **heating** *(physCh)* Teilerwärmung *f*, Teilerhitzung *f*, Zonenerwärmung *f*
selectron *(Feld)* skalares Elektron *n*
selenocentric orbit *(Astr, Mech)* Mondumlaufbahn *f*, selenozentrische Umlaufbahn *f*
self-absorption 1. *(Spektr)* Selbstumkehr *f*, Selbstabsorption *f (einer Spektrallinie)*; 2. *(Kern)* s. ~-shielding 1.
~**-acceleration** *(Feld)* Selbstbeschleunigung *f (des Elektrons)*
~**-aligning gate** *(Halbl)* selbstpositionierendes (selbstjustierendes) Gate *n*
~ **broadening** *(Spektr)* Resonanzverbreiterung *f*, Eigendruckverbreiterung *f*

self

~-**capacitance** *(El)* Eigenkapazität f *(einer Spule)*
~-**catalysis** *(physCh)* Autokatalyse f
~-**centering** *(Opt)* Zwangszentrierung f
~ **charge** *(Feld, Qu)* Selbstladung f
~-**cleaning** *(El, physCh)* Selbstreinigung f, *(speziell:)* Selbstregenerierung f
~-**cloudiness** *(Opt, physCh)* Eigentrübung f
~-**coagulation** *(physCh)* Autokoagulation f, Selbstausflockung f
~-**collision** *(statPh)* Selbststoß m *(Stoß gleichartiger Teilchen)*
~-**collison time** *(statPh)* Selbststoßzeit f, Stoßzeit f bei Stößen gleichartiger Teilchen
~-**condensation** *(physCh)* intermolekulare (extramolekulare) Kondensation f
~-**conjugate nucleus** *(Kern)* s. ~-mirrored nucleus
~-**conjugate triangle** *(mathPh)* Pol[ar]dreieck n *(eines Kegelschnitts)*
~-**consistence** Selbstkonsistenz f, Widerspruchslosigkeit f, Widerspruchsfreiheit f
~-**consistent field method** *(Qu)* Hartree-Fock-Methode f, Hartree-Focksche Methode f des selbstkonsistenten Feldes, „self-consistent field"-Methode f [von Hartree-Fock], SCF-Methode f
~-**constriction** *(Pl)* Eigenkontraktion f
~-**constriction effect** *(Pl)* s. pinch effect
~-**contact** *(mathPh)* Selbstberührung f
~-**decomposition** *(Kern, physCh)* Autoradiolyse f
~-**diffusivity** *(Fest)* Selbstdiffusionskoeffizient m
~-**emissive method** *(El)* Selbstleuchtverfahren n *(der Elektronenmikroskopie)*
~-**energy** 1. *(Fest, Therm)* Selbstenergie f; 2. *(Rel)* Ruhenergie f
~-**excitation** 1. Selbsterregung f, Schwingungsselbsterregung f, Selbststeuerung f; 2. *(El)* Selbsterregung f, *(mittels Erregermaschine:)* Eigenerregung f *(eines Generators)*; 3. *(El)* Rückkopplung f *(eines Transduktors)*; 4. *(Fest)* Selbstanregung f *(eines Leuchtstoffs)*
~-**filtering** *(Kern)* Eigenfilterung f, Selbstfilterung f *(von Strahlung)*
~-**focus[s]ing** 1. *(El, Magn, Opt)* Selbstfokussierung f, *(manchmal:)* Selbstkonzentrierung f *(elektromagnetischer Strahlung)*; 2. *(Pl)* Einschnürung f, Selbstfokussierung f
~-**impedance** *(El)* 1. Selbstimpedanz f, Maschinenimpedanz f; 2. Eigenimpedanz f *(eines Vierpols)*
~-**induced electromotive force** *(El)* Selbstinduktionsspannung f, elektromotorische Kraft f, EMK f
~-**inductance** *(El)* 1. Eigeninduktivität f, Selbstinduktion f *(Eigenschaft)*; 2. s. ~-inductance coefficient
~-**inductance (~-induction) coefficient** *(El)* Induktivität f, Selbstinduktivität f, *(manchmal:)* Selbstinduktionskoeffizient m, Koeffizient m der Selbstinduktion, Induktionskoeffizient m *(Größe)*
~-**intensification** Selbstaufschaukelung f *(einer Schwingung)*
~-**interaction** *(Hoch)* Selbstwechselwirkung f
~-**intersection** *(mathPh)* Selbstschnitt m, *(eines Körpers:)* Selbstdurchdringung f
~ **loop** *(mathPh)* Schleife f, Schlinge f, Einkreis m *(eines Graphen)*
~-**luminosity** *(Astr)* Eigenlicht n *(eines Himmelskörpers)*
~-**luminous method** *(El)* Selbstleuchtverfahren n *(der Elektronenmikroskopie)*
~-**luminous object** *(Opt)* Primärlichtquelle f, Selbststrahler m, Eigenstrahler m
~-**luminous surface** *(Opt)* Selbstleuchter m, selbstleuchtende Fläche f
~-**magnetism** *(El, Magn)* Eigenmagnetismus m
~-**maintained conduction** *(Fest)* selbständige Elektronenleitung (Leitung) f
~-**maintained discharge** *(El)* selbständige Entladung (Gasentladung) f
~-**mass** *(Feld, Qu)* Selbstmasse f, Feldmasse f
~-**mirrored nucleus** *(Kern)* Selbstspiegelkern m, selbstkonjugierter Kern m
~-**mixing** *(physCh)* Interdiffusion f, Selbstmischung f
~-**momentum** *(Feld, Hoch)* Selbstimpuls m
~-**motivated spin** *(At)* Eigendrehbewegung f, *(als Größe:)* Eigendrehimpuls m
~-**oscillating system** schwingungsfähiges (selbstschwingendes) Gebilde (System) n
~-**osculation** *(mathPh)* Selbstberührung f
~-**potential** 1. *(Ech)* Eigenpotential n; 2. *(Rel)* Selbstpotential n
~-**powered detector** *(Kern)* Detektor m ohne äußere Energieversorgung, Elektronenemissionsdetektor m, EED, Neutron-Beta-Detektor m
~-**powered maser** *(El, Magn)* selbstverstärkender Maser m, Maser m mit Selbstverstärkung
~-**preservation** *(Ström)* Selbsterhaltung f *(der Turbulenz)*
~-**preserving solution** *(Ström)* selbsterhaltende Lösung f *(turbulenter Strömung)*
~-**pulsing** 1. *(El)* Selbsterregung f von Impulsen; 2. *(Opt)* Selbstpulsen n *(eines Lasers)*
~-**quenched frequency** *(El)* Pendelfrequenz f
~-**quenching** 1. *(El, Kern)* Selbstlöschung f *(einer Entladung)*; 2. *(Fest)* Selbsttilgung f, Selbst[aus]löschung f *(der Lumineszenz)*
~-**radiant exitance** *(El, Magn, Opt)* spezifische Eigenausstrahlung f
~-**radiolysis** *(Kern, physCh)* Autoradiolyse f

self 328

~-**recovery** Selbstausgleich *m*
~-**reduction** *(Spektr)* Selbstumkehr *f*, Selbstabsorption *f (einer Spektrallinie)*
~-**regulation** 1. Selbstausgleich *m*, 2. *(Kern)* Selbstregelung *f (eines Reaktors)*
~-**reinforcing** Selbstaufschaukelung *f (einer Schwingung)*
~-**repulsion** Selbstabstoßung *f*
~-**resonant frequency** *(Halbl)* Eigenresonanzfrequenz *f*
~-**restoring insulation** *(El)* selbstheilende Isolation *f*
~-**scattering** *(Kern)* Selbststreuung *f*
~-**screening** *(Kern)* s. ~-shielding 1.
~-**shielding** 1. *(Kern)* Selbstabsorption *f*, Selbstabschirmung *f (ionisierender Strahlung)*; 2. *(El)* Selbstabschirmung *f (einer Koaxialleitung)*
~-**similar flow** *(Ström)* selbstähnliche Strömung *f*
~-**similarity** *(mathPh, Ström)* Selbstähnlichkeit *f*, Invarianz *f* gegenüber [einer Gruppe von] Ähnlichkeitstransformationen
~-**sustained chain reaction** *(Kern)* kritische (sich selbsterhaltende) Kernkettenreaktion *f*, kritische (stationär verlaufende) Kettenreaktion *f* [von Kernspaltungen]
~-**sustained glow** *(El)* selbständiges Leuchten *n*
~-**sustained oscillation** *(El, Magn)* ungedämpfte (kontinuierliche) Schwingung *f*
~-**tangency** *(mathPh)* Selbstberührung *f*
~-**trapping** *(El, Magn, Opt)* 1. Selbstfokussierung *f, (manchmal:)* Selbstkonzentrierung *f (elektromagnetischer Strahlung)*; 2. Selbstkanalisierung *f*, Selbstkanalisation *f (bei der Brechung elektromagnetischer Strahlung)*
~-**turbidity** *(Opt, physCh)* Eigentrübung *f*
Sellmeier's equation *(El, Magn)* Dispersionsformel *f* von Sellmeier, Sellmeiersche Dispersionsformel *f*
SEM s. scanning electron microscope
SEMA *(Kern)* Rasterelektronenmikroskop-Autoradiographie *f*, REM-Autoradiographie *f*
semianechoic room *(Ak)* reflexionsarmer (halbreflexionsfreier) Raum *m*
semichrome *(Opt)* Vollfarbe *f*
semicircle *(mathPh)* Halbkreis *m*
semicircular lens *(Opt)* Halbkugellinse *f*
~ **protractor** *(Mech)* Winkelmesser *m*, Transporteur *m (als Halbkreis)*
semicircumference *(mathPh)* halber Umfang *m*
semi-close mirror *(Pl)* halboffener (magnetischer) Spiegel *m*
semiconductivity *(Halbl)* 1. Halbleitfähigkeit *f (Eigenschaft)*; 2. Halbleitung *f (Vorgang)*
semiconductor triode *(Halbl)* Transistor *m, (selten:)* Halbleitertriode *f*, Kristalltriode *f*, Kristallverstärker *m*

semicylindrical illuminance (illumination) *(Opt)* halbzylindrische Beleuchtungsstärke *f*
semidarkness *(Opt)* Halbdunkel *n*
semi-detached binary *(Astr)* halbgetrennter Doppelstern *m*, halbgetrenntes System *n*
semidiameter *(mathPh)* halber Durchmesser *m (eines Kegelschnitts)*
semidiaphanous material *(Opt)* halbdurchsichtiges Material *n*
semi-direct lighting *(Opt)* vorwiegend direkte Beleuchtung *f*, Vorwiegenddirektbeleuchtung *f*
semifluid friction *(Mech)* Mischreibung *f*, gemischte Reibung *f*
~ **state** s. semi-solid state
semifocal chord *(Aero)* halbe Profilsehne *f*, halber Parameter *m*
semi-global radioactive fallout *(Kern)* kontinentaler (halbglobaler) radioaktiver Niederschlag *m*
semihot laboratory *(Kern, physCh)* warmes (semiheißes) Laboratorium *n* $(10^8 … 10^{11}$ Bq)
semi-indirect lighting *(Opt)* vorwiegend indirekte Beleuchtung *f*, Vorwiegendindirektbeleuchtung *f*
semi-infinite channel *(Ström)* einseitig unendlicher (unendlich ausgedehnter, unbegrenzter) Kanal *m*
~ **plane** *(mathPh)* [unendliche] Halbebene *f*
semi-interquartile [range] *(mathPh)* halber Quartilabstand *m*, Viertelwertsabstand *m*
semi-ionic bond s. semipolar double bond
semimajor axis *(mathPh)* große Halbachse *f (einer Ellipse)*
semimetric *(mathPh)* Pseudometrik *f*
semiminor axis *(mathPh)* kleine Halbachse *f (einer Ellipse)*
semimirror nuclei *(Kern)* konjugierte Kerne *mpl*
seminormal solution *(physCh)* 0,5normale Lösung *f*, 0,5 n Lösung *f*, n/2 Lösung *f*
semiperimeter *(mathPh)* halber Umfang *m*
semipolar coordinates *(mathPh)* Zylinderkoordinaten *fpl*, Kreiszylinderkoordinaten *fpl*
~ **double bond** *(At)* koordinative (dative) Bindung *f*, semipolare Bindung (Doppelbindung) *f*, halbpolare Bindung (Doppelbindung) *f*
semi-range *(mathPh)* halbe Spannweite (Breite) *f*, Halbwertsbreite *f (in der Statistik)*
semiregular variable [star] *(Astr)* halbperiodischer (halbregelmäßiger) Veränderlicher *m*
semi-solid state *(Mech, physCh)* halbflüssiger (semifluider, halbfluider, pastöser) Zustand *m*
semistable particle *(Hoch)* quasistabiles (semistabiles) Elementarteilchen *n*

semit[one] *(Ak)* Halbton *m*
semi-transparent model of nucleus *(Kern)* optisches Modell *n* [der Kernwechselwirkung], optisches Kernmodell *n*
semitransverse axis *(mathPh)* reelle Halbachse *f (einer Hyperbel)*
semi-valence *(At)* Einelektronenbindung *f*, Einelektronbindung *f*
S.E.N., SEN *(physCh) s.* steam emulsion number
Sénarmont *(Opt)* [De-]Sénarmont-Prisma *n*, Prisma *n* nach de Sénarmont
~ **method** *(Krist, Therm)* Sénarmontsche Kompensationsmethode *f*, [de] Sénarmontsche Methode *f*
seniority *(At, Kern)* Senioritätszahl *f*, Seniorität[squantenzahl] *f*
sensation curve *(Opt)* spektrale Empfindlichkeitskurve *f*
~ **level** *(Ak)* Empfindungspegel *m*
~ **of brightness (luminosity)** *(Opt)* [farblose] Hellempfindung *f*, Helligkeitsempfindung *f*, Schwarz-Weiß-Empfindung *f*
~ **unit** *(Ak)* Empfindungseinheit *f (Pseudoeinheit des Lautstärkepegels, entspricht dem Dezibel)*
sense ambiguity *(El)* Richtungszweideutigkeit *f (Radartechnik)*
~ **line** *(El, Meß)* [stromloses] Potentialleitungspaar *n*
~ **research** *(El)* Zweideutigkeitsaufhebung *f*, Seitenkennung *f (Radartechnik)*
sensible heat *(Therm)* 1. fühlbare Wärme *f*; 2. *s.* enthalpy
~ **heat capacity** *(Therm)* fühlbare Wärmeleistung *f*
~ **heat flow** *(Therm)* sensible Wärmestromdichte *f*, sensibler Wärmestrom *m*
~ **heat ratio** *(Therm)* Verhältnis *n* von fühlbarer zur Gesamtwärme
~ **horizon** *(Astr)* scheinbarer Horizont *m*
sensitive adjustment feinstufige Einstellung *f*
~ **area** *(Kern)* empfindliche Fläche *f (eines Halbleiterdetektors)*
~ **depth** *(Kern)* empfindliche Tiefe *f (eines Halbleiterdetektors)*
~ **flame** *(Ak)* [schall]empfindliche Flamme *f*
~ **line** *(Astr, Spektr)* letzte (beständige) Linie *f*, Restlinie *f*
~ **time** *(Hoch)* empfindliche Zeit *f (einer Spurkammer)*
~ **tint (violet)** *(Opt)* Rot *n* erster (I.) Ordnung, empfindliche Farbe (Färbung) *f*, „teinte sensible" *f*
~ **volume** *(Kern)* 1. strahlungsempfindliches (strahlenempfindliches, empfindliches) Volumen *n*, strahlungsempfindlicher Bereich *m*, Treff[er]bereich *m*; 2. empfindliches (aktives) Volumen *n (eines Strahlungsdetektors)*
sensitiveness 1. *(Reg)* Ansprechwert *m*; 2. *(Opt)* Parswert *m*, Teilwert *m*, Angabe *f*, Empfindlichkeit *f (einer Libelle)*

sensitivity 1. *(Meß)* Empfindlichkeit *f (einer Meßanordnung oder eines analogen Meßgerätes)*, Übertragungsbeiwert *m (eines analogen Meßgliedes)*; 2. *(mathPh)* Sensitivität *f*; 3. *(Ak)* [elektroakustischer] Leistungsübertragungsfaktor *m (von Schallstrahlern oder -aufnehmern)*; 4. *(Opt)* Empfindlichkeitsschwelle *f (eines optischen Empfängers)*
~ **centre** *(Phot)* Empfindlichkeitskeim *m*, Empfindlichkeitszentrum *n*, Lichtempfindlichkeitszentrum *n*
~ **level** *(Ak)* Übertragungsmaß *n*
~ **of grain** *(Phot)* Kornempfindlichkeit *f (einer Emulsion)*
~ **speck** *(Phot)* Empfindlichkeitskeim *m*, Empfindlichkeitszentrum *n*, Lichtempfindlichkeitszentrum *n*
~ **threshold** *(Meß)* Empfindlichkeitsschwelle *f*, Grenzempfindlichkeit *f*
~ **to heat** Wärmeempfindlichkeit *f*, *(speziell:)* Hitzeempfindlichkeit *f*
sensitization 1. *(Phot)* Sensibilisierung *f*, Empfindlichmachen *n*, Lichtempfindlichmachen *n*; 2. *(Ech)* Sensitivierung *f (einer Elektrode)*; 3. *(El)* Aktivierung *f (der Kathode einer Elektronenröhre)*; 4. *(physCh)* Sensibilisierung *f (eines kolloidalen Systems)*
sensitized luminescence *(At, Fest)* sensibilisierte Lumineszenz *f*
sensitometric measurement *(Phot)* Lichtempfindlichkeitsmessung *f*
~ **tablet** *(Opt)* Stufen[grau]keil *m*
sensor *(Meß)* Sensor *m*, Meßwertaufnehmer *m*, Meßgrößenaufnehmer *m*, Aufnehmer *m*
sentential calculus of quantum theory *(Qu)* Aussagenkalkül *m* der Quantentheorie, Aussagenlogik *f*, Quantenlogik *f*
separable kernel *(statPh)* synthetischer (separabler) Kern *m (ein spezieller Streukern)*
separably degenerate state *(Qu)* trennbar entarteter Zustand *m*
separate effect measurement *(Kern)* Einzeleffektmessung *f*
~ **excitation** *(El)* Fremderregung *f*
~ **nuclei theory** *(Astr)* Theorie *f* der Bildung getrennter Kerne *(für die Doppelsternentstehung)*
separated flow *(Ström)* abgerissene Strömung *f*
~**-function synchrotron** *(Kern)* Synchrotron *n* mit [räumlich] getrennter Fokussierung und Ablenkung *(der Teilchen)*
~ **lift** *(Aero)* Auftrieb *m* durch abgehende Wirbel
~ **vortex** *(Aero)* abgehender Wirbel *m*
separating capability *(Meß, Reg)* zeitliches Unterscheidungsvermögen *n (Fernwirktechnik)*
~ **layer** *(Ström) s.* separation layer
~ **load** *(Mech)* Trennlast *f*

separating

~ **-out** *(physCh) s.* separation 4.
~ **power** *(physCh) s.* separative power
~ **streamline** *(Ström)* Ablösungsstromlinie *f*
~ **transition relation** *(Therm)* zerfällende (symmetrische) Übergangsrelation *f*
~ **unit** *(Kern)* Trennzelle *f*, Trenngruppe *f (bei der Isotopentrennung)*

separation 1. Trennung *f*, Abtrennung *f*; [räumlicher] Abstand *m (auch als Größe)*, Zwischenraum *m*; 2. *(Kern)* Abspaltung *f*, Abtrennung *f (von Teilchen)*; 3. *(physCh)* Trennung *f*, *(speziell:)* Abtrennung *f*, *(speziell:)* Abscheidung *f*, *(speziell:)* Auftrennung *f*; 4. *(physCh)* Entmischung *f (eines Gemisches)*; 5. *(physCh) s.* ~ gain; 6. *(At)* Trennung *f*, Auflösung *f (von Antipoden)*; 7. *(Rel)* Intervall *n*, Abstand *m (zwischen zwei Ereignissen)*, Weltintervall *n*; 8. *(Ström)* Ablösung *f (der Grenzschicht oder von Wirbeln)*; 9. *(Ström)* Ablösung *f*, Abreißen *n (der Strömung)*

~ **bubble** *(Ström)* Ablöseblase *f*, Ablösungsblase *f*, laminarer Ablösewirbel *m*
~ **by development (displacement)** *(physCh)* Trennung *f* durch Verdrängungschromatographie
~ **by geometry** *(Kern)* räumliche (geometrische) Trennung *f*
~ **by lifetime** *(Kern, physCh)* Abtrennung *f* der kurzlebigen Isotope von den langlebigen
~ **by partial melting** *(physCh)* Liquation *f*, Aufspaltung *f* in Teilschmelzen
~ **by recoil** *(physCh)* Rückstoßtrennung *f*
~ **capacity** *(physCh)* Trennkapazität *f (einer Isotopentrennanlage)*
~ **cascade** *(physCh)* Trennkaskade *f*
~ **coefficient** *(physCh) s.* ~ factor 1.
~ **column** *(physCh)* Trennkolonne *f*, Trennsäule *f*
~ **efficiency** *(physCh)* 1. Abscheidegrad *m*, Abscheidungsgrad *m*, Abscheideleistung *f (eines Filters)*; 2. Trenneffektivität *f*, Trennwirksamkeit *f (bei der Isotopentrennung)*
~ **energy** *(Kern)* Abtrenn[ungs]arbeit *f*, Trennungsarbeit *f*, Trenn[ungs]energie *f (eines Kernteilchens)*
~ **factor** 1. *(physCh)* Trennfaktor *m*, Isotopentrennfaktor *m (bei der Isotopentrennung)*; 2. *(physCh)* Zentrifugenzahl *f*, Trennfaktor *m (einer Zentrifuge)*
~ **filter** 1. *(Phot)* Trennfilter *n*, Farbtrennungsfilter *n*; 2. *(El)* [elektrische] Weiche *f*, *(manchmal:)* Weichenfilter *n*
~ **fracture** *(Mech)* Trenn[ungs]bruch *m (ein spezieller Spaltbruch)*
~ **function** *(physCh)* Abscheidefunktion *f (eines Filters)*
~ **gain** *(physCh)* Trenngewinn *m (bei der Isotopentrennung: elementarer Trennfaktor minus 1)*
~ **in flight** *(Kern)* kinematische Abtrennung *f*, Abtrennung *f* im Fluge
~ **layer** *(Ström)* Trenn[ungs]schicht *f*
~ **line** *(Ström)* Trenn[ungs]linie *f*
~ **nozzle method (process)** *(Kern, physCh)* Trenndüsenverfahren *n*
~ **of principal points** *(Opt)* Interstitium *n*, Abstand *m* der Hauptpunkte
~ **of variables approach** *(Kern)* Casesche Methode *f*, Methode *f* der singulären Eigenfunktionen

separative potential *(physCh)* Wertfunktion *f*, Trennpotential *n (bei der Isotopentrennung:* $V(X)$)

~ **power** *(physCh)* 1. Trennvermögen *n (bei der Isotopentrennung, Eigenschaft)*; 2. Trennleistung *f (eines Trennelements, Größe)*
~ **work** *(physCh)* Trennarbeit *f*, TA *(bei der Isotopentrennung)*
~ **work content** *(physCh)* Wertfunktion *f* (Trennpotential *n*), multipliziert mit der Molzahl

separatography *(physCh)* Separatographie *f*, adsorptive Trennung *f (farbloser Verbindungen)*

separator 1. *(physCh)* Trenner *m*, Separator *m (bei der Isotopentrennung)*; 2. *(Ech)* Separator *m (eines Akkumulators)*; 3. *(Kern)* Teilchenseparator *m*, Separator *m*; 4. *(El)* Entkopplungskreis *m*, Entkopplungsstufe *f*, Trennstufe *f*; 5. *(Magn)* Trennmagnet *m*; 6. *(Ström)* Wasserabscheider *m*, Separator *m*, Abscheider *m*, Dampfabscheider *m*

separatrix *(Kern)* Separatrix *f*, Begrenzungskurve (Berandungskurve) *f* des Stabilitätsbereiches *(in der Phasenebene)*

SEPHR *(Kern)* Einzelelektronen-Amplitudenauflösung *f*, Amplitudenauflösung (Impulsamplitudenauflösung) *f* für Einzelelektronen

sequence 1. Reihenfolge *f*, Aufeinanderfolge *f*, Folge *f*, *(speziell:)* zeitliche Abfolge (Reihenfolge) *f*, zeitliches Nacheinander *n*, Zeitfolge *f*; 2. *(mathPh)* [unendliche] Folge *f*; 3. *(El)* Schaltfolge *f*; 4. *(El)* Sequenz *f (Größe, in zps)*; 5. *(Spektr)* Gruppe *f*, Bandengruppe *f*

~ **sectioning technique** *(Fest)* Schichtenteilungsverfahren *n*, Schichtentrennungsverfahren *n*, Schichtabtragungstechnik *f (z. B. bei Diffusionsuntersuchungen)*

series admittance *(El)* Reihen[schluß]leitwert *m*, Serienleitwert *m*, *(in einer Abzweigschaltung:)* Längsleitwert *m*
~ **capacitance** *(El)* Reihen[schluß]kapazität *f*, Serienkapazität *f*, *(in einer Abzweigschaltung:)* Längskapazität *f*
~ **conductivity** *(El)* Reihen[schluß]leitfähigkeit *f*, Serienleitfähigkeit *f*, *(in einer Abzweigschaltung:)* Längsleitfähigkeit *f*
~ **cut-off** *(Spektr) s.* ~ limit

~ **decay (disintegration)** *(Kern)* Kettenumwandlung f, sukzessive Kernumwandlung f, Kettenzerfall m
~ **edge** *(Spektr)* s. ~ limit
~ **feedback** *(El)* 1. Reihenrückkopplung f, Serienrückkopplung f; 2. s. ~ inverse feedback
~ **impedance** *(El)* Längsimpedanz f
~ **inductance** *(El)* Reihen[schluß]induktivität f, Serieninduktivität f, *(in einer Abzweigschaltung:)* Längsinduktivität f
~ **inverse feedback** *(El)* Seriengegenkopplung f, Reihengegenkopplung f
~ **law** *(Spektr)* Serienformel f, Seriengesetz n
~ **limit** *(Spektr)* Seriengrenze f *(im Atomspektrum)*
~ **limit continuum** *(At, Spektr)* Grenzkontinuum n, Seriengrenzkontinuum n
~ **line** *(At)* Diagrammlinie f, Serienlinie f *(von Röntgenstrahlung)*
~ **of fundamental stars** *(Astr)* Fundamental[stern]reihe f, Küstnersche Reihe f
~ **of greys** *(Opt)* Graureihe f, Grauleiter f, Grauskala f, unbunte Reihe f
~ **peaking** *(El)* Reihenresonanzanhebung f, Serienresonanzanhebung f
~ **resonance** *(El)* Reihenresonanz f, Phasenresonanz f, Spannungsresonanz f *(in einem Reihenschwingkreis)*
~ **self-inductance** *(El)* s. ~ inductance
~ **tunance** s. ~ resonance
serious accident *(Kern)* ernsthafter [nuklearer] Störfall, Unfall m
serpentine *(mathPh)* Serpentine f, Schlangenkurve f, Schlangenlinie f
serrated flow *(Mech)* inhomogene Gleitung f, inhomogenes Kriechen n
serviceable life Lebensdauer f, Betriebslebensdauer f, *(speziell:)* Standzeit f
sessile bubble method *(Hydr)* Methode f der sitzenden Blase *(zur Messung der Oberflächenspannung)*
~ **dislocation** *(Krist)* nichtgleitfähige (sessile) Versetzung f
~ **drop method** *(Hydr)* Methode f des liegenden Tropfens *(zur Messung der Oberflächenspannung)*
set 1. Satz m, Garnitur f, Besteck n, Kit m; 2. *(mathPh)* Menge f; 3. *(physCh)* s. setting 2.; 4. *(Astr)* s. setting 3.; 5. *(Mech)* bleibende Verformung f, *(manchmal:)* Restverformung f, *(speziell:)* bleibende Durchbiegung f; 6. *(Hydr)* Stromrichtung f, Strömungsrichtung f *(von Wasser)*
~ **forward force** *(Mech)* Vorhalt[e]kraft f
~ **function** *(mathPh)* Mengenfunktion f
~ **level** *(Reg)* Sollwert m, Vorgabewert m, Aufgabewert m *(der Regelgröße)*
~ **of coordinates** Koordinatensystem n, Koordinaten fpl
~ **point** 1. Einstellpunkt m, Einstellungspunkt m; 2. *(El)* Einstellwert m *(eines Relais)*; 3. *(Reg)* s. ~ value

~ **square** *(mathPh)* Winkelmaß n, Meßwinkel m, Winkel m, Zeichendreieck n, Reißdreieck n *(Gerät)*
~ **time** *(Astr)* Untergangszeit f
~ **value** *(Reg)* Sollwert m, Vorgabewert m, Aufgabewert m *(der Regelgröße)*
~-**value control** *(Reg)* Festwertregelung f
setback force *(Mech)* Rückschlagkraft f
setting 1. Einstellung f *(Vorgang)*, *(speziell Reg:)* Reglerstellung f; 2. *(physCh)* Erhärtung f, Hartwerden n *(an der Luft)*, Abbinden n *(von Zement)*; 3. *(Astr)* Untergang m, Deszendenz f *(eines Himmelskörpers)*; 4. *(El)* Einstellwert m *(eines Relais)*; 5. *(Reg)* Einstellwert m, Einstellpunkt m, Einstellgröße f *(Größe)*
~ **frequency** *(Reg)* Verstellhäufigkeit f
~ **point** *(physCh)* Erstarrungspunkt m, EP *(von Paraffin)*
~ **temperature** *(physCh)* Erstarrungstemperatur f *(von Harzen oder Klebern)*
~ **time** 1. *(physCh)* Erstarrungszeit f, Härtungszeit f, Härtezeit f, Erhärtungszeit f, Abbindezeit f *(eines Harzes oder Klebstoffs)*; 2. *(Magn)* Ummagnetisierungszeit f, Setzzeit f, Polarisationszeit f; 3. *(Reg)* Stellzeit f, Verstellzeit f, Regelzeit f
settleability *(physCh)* Fällbarkeit f, Ausfällbarkeit f
settleable solid *(Ström)* absetzbarer Feststoff m, Sinkstoff m
settling 1. *(physCh)* Absetzen n, Abstehen n, Absitzen n, *(speziell:)* Absitzenlassen n, Abstehenlassen n, Absetzenlassen n; 2. *(Mech)* Senkung f *(von Stützen)*
~ **time** 1. *(Meß)* Einstellzeit f, Einspielzeit f, Einschwingzeit f *(eines Meßgerätes)*; 2. *(Reg)* Ausregelzeit f
~ **velocity** 1. *(Hydr, physCh)* Absetzgeschwindigkeit f; 2. *(Ström)* Sinkgeschwindigkeit f
setup 1. Aufbau m, Aufstellung f, Anordnung f *(z. B. eines Meßgerätes oder Experiments)*; 2. Schaltung f, Schaltbild n, Anordnung f; 3. *(mathPh)* Ansatz m *(einer Gleichung)*
~ **time** Abbindezeit f, Abbindedauer f, Härtungszeit f *(von Zement oder eines Gels)*
seven-point-six temperature *(physCh)* s. 7.6 temperature
severe accident *(Kern)* schwerer Unfall m
severity 1. Schwere f *(einer Wirkung)*; 2. Schärfe f *(z. B. einer Prüfung)*
sexadentate ligand *(At)* sechszähniger (sechszähliger, sexadentaler) Ligand m
sexagesimal degree *(mathPh)* Grad m, Winkelgrad m, Bogengrad m, Altgrad m, °
~ **minute** *(mathPh)* Minute f, Winkelminute f, Bogenminute f, Altminute f,' *(Einheit des ebenen Winkels)*
~ **second** *(mathPh)* Sekunde f, Winkelsekunde f, Bogensekunde f, Altsekunde f, '' *(Einheit des ebenen Winkels)*

SFAG accelerator *(Kern)* SFAG-Beschleuniger *m*, Wanderwellen-AG-Beschleuniger *m*
sfe, s.f.e. *(El)* s. solar-flare effect
sgn *(mathPh)* s. signum
sh cwt *(Mech)* s. short hundredweight
sh tn *(Mech)* s. short ton
SHA, S.H.A. *(Astr)* s. sidereal hour angle
shade *(Opt)* 1. Nuance *f*, Tönung *f*, Farbtonnuance *f*, Farbtönung *f*, *(speziell:)* Anflug *m*, *(speziell:)* Stich *m*; 2. Vorschaltglas *n*, Grauglas *n* *(eines Fernrohres oder Theodoliten)*
shaded colour *(Opt)* verhüllte Farbe *f*
shadiness *(Opt)* Schattigkeit *f*
shading 1. *(El, Opt)* Abschattung *f* *(des Bildes oder Objekts)*; 2. *(Opt)* Verhüllung *f*, *(selten:)* Schattierung *f* *(einer Farbe)*; 3. *(Spektr)* Abschattierung *f*, Bandenabschattierung *f*
shadow 1. *(mathPh)* Schlagschatten *m*, Schatten *m*; 2. *(Opt)* Lichtschatten *m*, [optischer] Schatten *m*
~ **attenuation** *(El)* Schattendämpfung *f*
~ **bands** *(Astr)* fliegende Schatten *mpl*
~ **border[line], ~ boundary** *(Opt)* Schattengrenze *f*, Lichtgrenze *f*, *(eines beleuchteten Körpers:)* Eigenschattengrenze *f*, *(auf einer Fläche hinter einem beleuchteten Körper:)* Schlagschattengrenze *f*
~ **casting** *(El)* Beschattung *f*, Schwermetallbeschattung *f* *(in der Elektronenmikroskopie)*
~ **casting technique** *(Opt)* Schattenmethode *f*, Schattenverfahren *n* *(Projektion des Schattens auf einen Schirm)*
~ **cone** 1. *(Astr)* Schattenkegel *m*, Erdschattenkegel *m*; 2. *(Kern)* Schattenkegel *n* *(der kosmischen Strahlung)*; 3. *(Opt)* Begrenzungskegel *m*
~ **edge** *(Krist)* verdeckte Kante *f*, Schattenkante *f*
~ **fringe test** *(Opt)* Schattenmethode *f* *(der Glasprüfung)*
~ **matter** *(Astr)* Schattenmaterie *f*
~ **method** *(Opt)* 1. Schattenschlierenverfahren *n*, Schattenschlierenmethode *f*, direktes Schattenverfahren *n*; 2. Schattenmethode *f*, Schattenverfahren *n* *(Projektion des Schattens auf einen Schirm)*
~ **[projection] microscopy** *(El)* Schattenmikroskopie *f*, Elektronenschattenmikroskopie *f*
~ **region** *(Ak, El, Magn)* Schattengebiet *n*, Schattenbereich *m*, Schattenzone *f*
~ **scattering** *(Qu)* Schattenstreuung *f*, Beugungsstreuung *f*, Diffraktionsstreuung *f*
~ **shield** *(Kern)* Schattenschutz *m*, Schattenschild *m*, Schattenabschirmung *f*
~ **zone** *(Ak, El, Magn)* s. ~ region
shadowgraph Schattenbild *n*, *(speziell:)* Röntgenschattenbild *n*

~ **method** *(Ström)* Schattenmethode *f* *(zur Sichtbarmachung von Störungen in der Strömung)*
shadowing 1. *(Opt)* Beschattung *f*, Abdunklung *f*, Abdeckung *f*; 2. *(Kern)* Schatteneffekt *m*
~ **technique** *(El)* Schrägbedampfung *f*, Schrägaufdampfung *f*, *(speziell:)* Metall[schräg]bedampfung *f*, Metallaufdampfung *f* *(in der Elektronenmikroskopie)*
shake down *(Mech)* Wechselverfestigung *f*
~ **wave** *(Mech)* s. shear wave
shallow level *(Fest)* flachliegendes (flaches, hochliegendes) Niveau *n*
~ **-water approximation** *(Hydr)* Flachwassernäherung *f*, Seichtwassernäherung *f*, hydrostatische Näherung *f*
~ **-water wave** *(Hydr)* Seichtwasserwelle *f*, seichte (lange) Welle *f*
shape 1. Form *f*, *(speziell:)* Gestalt *f*; 2. *(mathPh)* Verlauf *m*, Kurvenverlauf *m*
~ **-elastic scattering** *(Kern)* formelastische Streuung (Resonanzstreuung) *f*, elastische Streuung *f* ohne Compoundkernstadium
~ **function** *(Opt)* Gestalt[s]funktion *f* *(einer Welle oder eines Strahlenbündels)*
~ **memory effect** *(Fest)* Formgedächtniseffekt *m*, Gedächtniseffekt *m* *(eines Metalls)*
~ **number** *(Ström)* dimensionale Schnelläufigkeitszahl *f*
~ **of equilibrium** *(Mech)* Gleichgewichtsform *f*, Gleichgewichtsfigur *f*
~ **parameter** 1. *(Opt)* Gestaltsparameter *m*; 2. *(Ström)* Formparameter *m* *(eines Geschwindigkeitsprofils)*
~ **permanence** Formbeständigkeit *f*
shaping 1. Gestaltung *f*; 2. *(Mech)* Umformung *f*, Verformung *f*, Formung *f*, Formgebung *f*; 3. *(El)* Formung *f*, Signalformung *f*
~ **circuit** *(El)* Korrektionsschaltung *f*, *(speziell:)* Entzerrkreis *m*, Entzerrnetzwerk *n*
shared electron *(At, Spektr)* verteiltes Elektron *n* *(auch in der ESR-Spektroskopie)*
~ **electron pair, ~ electrons** *(At)* gemeinsames Elektronenpaar *n*
sharing Aufteilung *f*, Auftrennung *f*, Trennung *f*
~ **rule** *(At)* Verteilungsregel *f*, Aufteilungsregel *f*
sharp cornered [potential] well *(Kern)* s. potential box 1.
~ **-edged wave** *(El, Magn)* Wanderwelle *f* mit steiler Front, steile Wanderwelle *f*, Stoßwelle *f*, Sprungwelle *f*
~ **-focus lens** *(Phot)* Scharfzeichner *m*, scharfzeichnendes Objektiv *n*, Hartzeichner *m*
~ **reading** *(Meß)* Feinablesung *f*
~ **report** *(Ak)* (kurzer, scharfer) Knall *m*, Detonation *f*, Krachen *n*, Knack *m*

~ resonance scharfe (ausgeprägte) Resonanz f
~ series *(At, Spektr)* scharfe (zweite) Nebenserie f
Sharp plate *(Opt)* Sharpsche Auffangfläche (Platte) f
sharpening 1. *(mathPh)* Verschärfung f *(einer Bedingung, Formulierung, eines Satzes)*; 2. *(Krist)* Zuspitzung f, Zuschärfung f *(eines Kristalls)*; 3. *(El)* Versteilerung f, Steilermachen n *(einer Impulsflanke)*, Impulsversteilerung f
sharpness *(Opt)* Schärfe f, Zeichenschärfe f, Zeichnungsschärfe f *(des Bildes)*, Bildschärfe f *(subjektiver Eindruck)*
~ limit *(Opt)* Schärfenfeldgrenze f
shattercrack *(Mech)* Flockenriß m
shattering power *(Mech)* Brisanz f, Sprengkraft f, Zerstörungswirkung f *(einer Explosion)*
sheaf *(mathPh)* Garbe f
~ of lines (rays) *(mathPh)* Strahlenbündel n, Geradenbündel n
shear *(Mech)* 1. Scherung f, Schub m, Scherungsdeformation f, *(speziell:)* Schiebung f, *(speziell:)* Schubverformung f, Schubdeformation f *(Vorgang)*; 2. Schubverformung f *(Größe: Tangens der Schiebung)*; 3. Schubverformungskraft f *(s. a. unter shearing)*
~-blocking *(Mech, physCh)* Verfestigung f durch Scherung (Schubbeanspruchung)
~ centre *(Mech)* Torsionsmittelpunkt m, Schubmittelpunkt m, Querkraftmittelpunkt m
~ coefficient (compliance) *(Mech)* Schubkoeffizient m, Schubzahl f, reziproker Schubmodul m, Schubgröße f
~ cone *(Mech)* Schubkegel m, Scherungskegel m *(Bruchform beim Zugversuch)*
~ diagram *(Mech)* Querkraftdiagramm n
~ distortion *(El)* anisotrope Verzeichnung f, Zerdrehung f *(einer magnetischen Linse)*
~ drag *(Ström)* Reibungswiderstand m, Oberflächenwiderstand m, Schubwiderstand m
~ failure *(Mech) s. ~* fracture
~ field *(Magn)* verschertes Feld n
~ flow *(Ström)* scherende Strömung f, Scher[ungs]strömung f, ebene Couette-Strömung f
~ force *(Mech)* Scherkraft f, Schubkraft f, Scherungskraft f, *(manchmal:)* Querkraft f, *(speziell:)* Schubverformungskraft f
~ fracture *(Mech)* Gleit[ungs]bruch m, Scherbruch m, Schiebungsbruch m
~ fringe value *(Opt)* Schubspannungs-„fringe-value" m, F-Wert m
~ glide *(Krist)* Schiebegleitung f
~ intensity *(Mech)* Scherungsstärke f
~ lag *(Mech)* Scherverzögerung f, Schubverzögerung f
~ layer *(Ström) s.* boundary layer 1.

~ line *(Mech)* Schubspannungslinie f, Hauptschublinie f, Schublinie f
~ mode *s. ~* vibration
~ modulus *(Mech)* Schubmodul m, Gestaltmodul m, Schubelastizitätsmodul m, zweiter Elastizitätsmodul m, Scher[ungs]modul m, Gleitzahl f
~ of lines of force *(Pl)* Scherung f des Magnetfeldes, magnetische Scherung f, Magnetfeldscherung f
~ rate *(Ström)* Schergeschwindigkeit f, Schubgeschwindigkeit f
~-rate thickening *(Mech)* Verfestigung f durch Scherung (Schubbeanspruchung)
~ reflectance method *(Ak)* Scherungswellenreflexionsmethode f
~ resistance *(Ström)* Reibungswiderstand m, Oberflächenwiderstand m, Schubwiderstand m
~ slip *(Krist)* Schiebegleitung f
~ stiffness *(Mech)* Schubsteifigkeit f, Scherungssteifigkeit f
~ strain *(Mech) s.* shear
~ strain energy *(Mech)* Gestaltänderungsenergie f, Gestaltänderungsarbeit f
~ strain tensor *(Mech)* Scherungsanteil m des Deformationstensors, Scherdeformationstensor m
~ strength *(Mech)* 1. Scherfestigkeit f, Schubfestigkeit f, Abscher[ungs]festigkeit f *(Eigenschaft)*; 2. Scherfestigkeit f, Schubfestigkeit f, Bruchschubspannung f *(Größe)*
~ stress *(Mech)* 1. Schubbeanspruchung f, Scherbeanpruchung f; 2. Schubspannung f, Scherspannung f, Tangentialspannung f *(Größe)*; 3. Schubspannungszustand m
~ stress line *(Mech) s. ~* line
~ thickening *(Ström)* dilatantes Fließverhalten n, Scherverzähung f
~ thinning *(Ström)* strukturviskoses Fließverhalten n, Scherentzähung f
~ trajectory *(mathPh)* Scherungslinie f *(eines Tensorfeldes)*
~ vibration *(Mech)* Scher[ungs]schwingung f, Scherschwingungstyp m, Scherungsmode f
~ wave *(Mech)* Scher[ungs]welle f, Schubwelle f *(in einem elastischen Medium)*
shearing *(Mech)* 1. Abscherung f; 2. *s.* shear 1. *(s. a. unter shear)*
~ intensity *(Magn)* Scherungsfeldstärke f
~ line *(Magn)* Scherungskurve f, Scherungslinie f, Scherungsgerade f
~ load *(Mech)* Scherbelastung f, Schubbelastung f, Schublast f
~ rigidity *(Mech) s.* shear stiffness
~ strength *(Magn)* Scherungsfeldstärke f
sheath 1. Mantel m, Hülse f, Schutzhülle f, Hülle f, *(speziell El:)* Kabelmantel m, Kabelummantelung f, *(speziell Opt:)* Fasermantel m; 2. *(El)* Wandung f, Wand f, Metallwand[ung] f *(eines Hohlleiters)*; 3. *(El, Pl)* Schicht f, Raumla-

sheath 334

dungsschicht f, (manchmal:) Raumladungsgebiet n (in einer Gasentladung); 4. (Kern) Schutzschlauch m, Ausfahrschlauch m (des Fernsteuerkabels einer umschlossenen Quelle)
~ -circuit eddy (El) Mantelwirbel m
~ eddies (El) Mantelwirbelstrom m
~ model (At) Scheidenmodell n
sheathing Ummantelung f, Umhüllung f, Umkleidung f (Vorgang)
shed (Kern) Shed n, shed (SI-fremde Einheit des Wirkungsquerschnitts; 1 shed = 10^{-52} m^2)
shedding (Ström) Ablösung f, Wirbelablösung f
sheer[ing] (Ström) Ausscheren n, Gieren n
sheet conductance (El) Flächenleitwert m
~ flow (Hydr) flächenhafter Abfluß m, flächenhaftes Abfließen n
~ lightning (El) Flächenblitz m
~ resistance (Halbl) Schichtwiderstand m
~ resistivity (Halbl) spezifischer Schichtwiderstand m
shell 1. (At, Kern) Schale f; 2. (Mech) Schale f (in der Elastizitätstheorie); 3. (Opt) s. coma 2.
~ electron (At) Hüllenelektron n, Bahnelektron n, (speziell:) Elektron n einer Schale, Schalenelektron n
~ star (Astr) Hüllenstern m, Stern m mit ausgedehnter Gashülle
shelling (Mech) Rißbildung f, (speziell:) Haarrißbildung f
Sherwood number (Ström) s. Nusselt number 1.
SHF s. (El) super-high frequency
shield Schirm m, Abschirmung f, Schutzschirm m, (speziell Kern:) Strahlenabschirmung f, (speziell El:) Panzerung f (eines Kabels), (Vorrichtung oder Material)
shielded cask (flask) (Kern) [abgeschirmter] Transportcontainer m, Transport[-Abschirm]behälter m (für Transport und/oder Lagerung radioaktiver Stoffe)
~ cell (Kern) heiße (Heiße) Zelle f, (manchmal:) abgeschirmte Zelle, heiße Kammer f (zur Fernhandhabung von radioaktivem Material)
shielding 1. Abschirmen n, Abschirmung f, Schirmung f, (speziell Kern:) Strahlungsabschirmung f, (speziell El:) Masseschirmung f (Vorgang); 2. s. shield
~ castle (Kern) Absorptionskammer f, Schloßn, Abschirmkammer f (eines Strahlungsdetektors)
~ distance (Pl) Debye-Länge f
~ ratio (El) Abschirmverhältnis n
~ window (Kern) Abschirmfenster n, Strahlenschutzfenster n, Schutzfenster n
shift 1. (mathPh) Spektralverschiebung f, Shift m; 2. (Qu, Spektr) Verschiebung f
~ defect (Qu) Verschiebungsdefekt m, Verschiebungsfehler m (bei der Compton-Streuung)
~ factor (El) Verschiebungsfaktor m, Grundschwingungsleistungsfaktor m
shifted term (Qu, Spektr) nicht-Ritzscher Term m, verschobener (gestrichener) Term m
shim range (Kern) Kompensationsbereich m, Trimmhub m
~ rod (Kern) Grobregelstab m, Kompensationsstab m, Trimmstab m (im Reaktor)
shimmer boil (Astr, Opt) Luftflimmern n, Luftzittern n, Luftunruhe f, Flimmern (Zittern) n der Luft
shimming 1. (Kern) Grobregelung f, Kompensation f der Reaktivität, Trimmung f (eines Reaktors), Reaktortrimmung f; 2. (Kern, Magn) Feldkorrektion f [durch Shims], Feldfeinkorrektion f
SHIP (Kern) Geschwindigkeitsfilter n zur Abtrennung von Schwerionenreaktionsprodukten, SHIP (zweistufig)
ship wave (Hydr) Schiffswelle f, Welle f vom Machschen Typ, Machsche Welle f
shipping shield (Kern) Transportabschirmung f, Versandabschirmung f (z. B. für eine Radionuklidquelle)
~ ton (Mech) s. freight ton
SHM (Kern) s. spherical harmonics method
shoal water (Hydr) Flachwasser n, flaches Wasser n (über einer Untiefe)
shoaling (Hydr) Auflaufeffekt m
shock 1. (Mech) [kurzzeitiger] Stoß m, Schock m; 2. (Aero) Verdichtungsstoß m, Stoß m; 3. (Aero, Pl) Stoßwelle f, Schockwelle f; 4. (Aero, Pl) Stoßfront f, Stoßwellenfront f, Druckwellenfront f
~ adiabat (Ström) 1. [Rankine-]Hugoniot-Kurve f, Rankine-Hugoniotsche Kurve f, dynamische Adiabate f; 2. s. ~ adiabatic curve
~ adiabatic curve (line) (Mech) Stoßadiabate f
~ coefficient (Mech) Stoßbeiwert m
~ curvature (Aero) Stoßfrontkrümmung f
~ diamond (Aero) diamantförmiger Stoßwellenbereich m, Stoßwellendiamant m (einer Rakete)
~ -expansion theory (Aero) Theorie f der Stoßentwicklung
~ head (Hydr) Stoßdruckhöhe f, Stoßgefälle n
~ heating (Pl) Schock[auf]heizung f, Stoßwellen[auf]heizung f, Schockwellen[auf]heizung f
~ load[ing] (Mech) Schlagbeanspruchung f, Schlagbelastung f, Stoßbeanspruchung f, Stoßbelastung f
~ momentum (Mech) Stoßimpuls m
~ of rarefaction (Ström) Verdünnungsstoß m
~ polar (Aero) 1. Stoßpolare f; 2. Stoßpolarendiagramm n
~ pressure (Ström) Stoßdruck m
~ relation (Aero) Stoßwellenrelation f
~ resistance (Mech) Stoßfestigkeit f

- **~ response spectrum** *(Mech)* Stoßantwortspektrum *n*
- **~ stall[ing]** *(Aero)* Stoßabreißen *n*, Verdichtungsstoßabreißen *n*, Abreißen *n* *(der Strömung)* hinter dem Verdichtungsstoß
- **~ surface** *(Aero, Pl)* Stoß[wellen]front *f*, Druckwellenfront *f*
- **~ tunnel** *(Aero)* Kurzzeitkanal *m*
- **~ wave** 1. *(Aero, Pl)* Stoßwelle *f*, Schockwelle *f*; 2. *(Mech)* Druckwelle *f*, Expansionswelle *f (einer Explosion)*
- **~-wave luminescence** *(Aero)* Verdichtungsstoßleuchten *n*, Stoßwellenleuchten *n*

Shockley barrier [layer] *(Halbl)* Shockleysche Randschicht *f*
- **~ equation** *(Halbl)* Shockleysche Randschichtgleichung *f*
- **~ partial dislocation** *(Krist)* Shockleysche Halbversetzung *f*, Shockleysche unvollständige Versetzung *f*, gleitfähige Versetzung

shooting flow *(Hydr)* schießende (reißende, überkritische) Strömung *f*, Schießen *n* [der Strömung], überkritisches Fließen *n*, schießender Strom *m (im offenen Gerinne, Fr > 1)*
- **~ star** *(Astr)* Sternschnuppe *f*

short-burst linear accelerator *(Kern)* Linearbeschleuniger *m* für Kurzzeitimpulse, Impuls-Linearbeschleuniger *m*
- **~-circuit admittance** *(El)* [komplexer] Kurzschlußleitwert *m*, Kurzschlußadmittanz *f (einer Übertragungsleitung oder eines Vierpols)*
- **~-circuit current** *(El)* 1. Kurzschlußstrom *m*; 2. Einströmung *f*, Urstrom *m*, Kurzschlußstrom *m (einer Stromquelle)*
- **~-circuit forward transfer admittance** *(Halbl)* Transmittanz *f*, Kurzschlußvorwärtsteilheit *f*, Übertragungsleitwert (Kennleitwert) *m* vorwärts
- **~-circuit impedance** *(El)* Kurzschlußimpedanz *f*, [komplexer] Kurzschlußwiderstand *m (einer Übertragungsleitung oder eines Vierpols)*
- **~-circuit reverse transfer admittance** *(Halbl)* Remittanz *f*, Kurzschlußrückwärtsteilheit *f*, Übertragungsleitwert (Kennleitwert) *m* rückwärts
- **~-circuit transfer current ratio** *(Halbl)* Kurzschluß-Stromübertragungsfaktor *m* vorwärts
- **~-crested wave[let]** *(Hydr)* kurzkämmige Welle *f*, Welle *f* mit kurzem Kamm *(eigentlich: mit endlicher Kammlänge)*
- **~-distance scatter[ing]** *(El)* Nahstreuung *f*
- **~ half-life [radio]nuclide** *(Kern)* kurzlebiges Radionuklid *n*, Radionuklid *n* kurzer Lebensdauer (Halbwertszeit)
- **~ hundredweight** *(Mech)* Hundredweight *n*, sh cwt *(SI-fremde Einheit der Masse; 1 sh cwt = 45,359237 kg)*
- **~-lived-isotope generator** *(Kern)* Radionuklidgenerator *m*, Isotopengenerator *m*
- **~-path distillation** *(physCh)* Molekulardestillation *f*, Hochvakuumdestillation *f*, Kurzwegdestillation *f*
- **~-path principle** *(El)* Hittorfsches Prinzip *n*
- **~ period** *(At)* kleine (kurze) Periode *f*, Kurzperiode *f*
- **~-range collision** *(Pl)* Nahwirkungsstoß *m*
- **~-range disorder** *(Fest)* Nahunordnung *f*
- **~-range fading** *(El, Magn)* Nahschwund *m*
- **~-range field** *(Kern)* Nahfeld *n*
- **~-range focus[s]ing** *(Phot)* Nahfeldeinstellung *f*
- **~-range force** *(Feld)* Nahwirkungskraft *f*, kurzreichweitige (nahewirkende) Kraft *f*, Nahewirkungskraft *f*
- **~-range order[ing] parameter** *(Fest)* Nahordnungsparameter *m*
- **~-range overlap repulsion** *(At)* Abstoßungskraft (Abstoßung) *f* kurzer Reichweite
- **~-range radar** *(El)* Kurzstreckenradar *n*, Nahbereichsradar *n*
- **~-term behaviour (performance)** Kurzzeitverhalten *n*
- **~-time creep strength** *(Mech)* Kurzzeitfestigkeit *f*
- **~-time[-interval] measurement** Kurzzeitmessung *f*
- **~ ton** *(Mech)* Shortton *f*, sh tn *(SI-fremde Einheit der Masse; 1 sh tn = 907,18474 kg)*
- **~ wave** *(El)* Kurzwelle *f (10 ... 200 m)*
- **~-wave radiation** *(El, Magn)* Kurzwellenstrahlung *f*, kurzwellige Strahlung *f (0,3 ... 1,0 µm)*
- **~-wave turbidity factor** *(Astr, Opt)* Kurztrübungsfaktor *m* [nach Linke]
- **~-wavelength limit** *(El, Magn)* kurzwellige Grenze *f*
- **~-wavelength X-radiation** *(At)* kurzwellige (harte) Röntgenstrahlung *f*, Hartstrahlen *mpl*

shortening *(Mech)* 1. Längenkontraktion *f*, lineare Kontraktion *f*, Verkürzung *f*; 2. *s.*
- **~ per unit length**
- **~ per unit length** *(Mech)* Stauchung *f*, negative Dehnung *f*, Schrumpfung *f (bei Druck, Größe)*

shortest-route problem *(mathPh)* Rundfahrtproblem *n*, Handlungsreisendenproblem *n*, „travelling-salesman"-Problem *n*, Problem *n* des Handlungsreisenden
- **~ wavelength** *(At)* Grenzwellenlänge *f*, kürzeste (minimale) Wellenlänge *f (eines kontinuierlichen Röntgenspektrums)*

shoulder 1. Schulder *f*, Kippunkt *m (einer Kurve)*; 2. Kante *f (eines Keils)*; 3. *(Phot, Opt)* Schulter *f*, Gebiet *n* der Überexposition, Gebiet *n* maximaler Schwärzung *(der Schwärzungskurve)*

shove *(Mech)* 1. Anstoß *m*, Stoß *m*, Schub *m*; 2. [seitlicher] Schlag *m*, Stoß *m*

shower *(Kern)* Schauer *m (von Teilchen)*
~ **branch** *(Astr)* Zweig *m (eines Meteorstroms)*, Stromzweig *m*
~ **unit** *(Kern)* Schauereinheit *f*, Schauerlänge *f (Strahlungslänge x ln 2)*
shredding *(physCh)* Zerfaserung *f*
shreds *(Phot)* Nudeln *fpl*, Emulsionsnudeln *fpl*
shrinkage 1. *(Mech)* Schwindung *f*, Schrumpfung *f*, Schwinden *n*, Schwund *m*; 2. *(Mech)* Schrumpfmaß *n*, Schwindungsmaß *n*, Schwindungszuschlag *m*; 3. *(physCh)* Lunkerung *f*, Lunkerbildung *f (in Metallbarren)*
~ **crack** *(Mech)* Schrumpf[ungs]riß *m*, Schwind[ungs]riß *m*
shroud 1. Mantel *m*, Hemd *n*; 2. *(Aero)* Abdeckung *f*; 3. *(Aero)* Schutzkegel *m (in der Raumfahrt)*; 4. *(Ström)* Strömungs[leit]mantel *m*, *(speziell:)* Strömungsführungsrohr *n*, Führungsrohr *n*
Shubnikov group *(Krist)* magnetische Gruppe *f*, Schubnikow-Gruppe *f*, Shubnikov-Gruppe *f*, Schwarz-Weißgruppe *f (Punkt- oder Raumgruppe)*
shuffling *(mathPh)* Umordnung *f*, *(manchmal:)* Umstellung *f*, Umgruppierung *f (von Termen, einer Reihe, einer Folge)*
shunt admittance *(El)* [komplexer] Querleitwert *m*, [komplexer] Parallelleitwert *m*
~ **inductance** *(El)* Querinduktivität *f*
~ **loading** *(El)* Querbelastung *f*, Querlast *f*
~ **resonance** *(El)* Parallelresonanz *f*, Phasenresonanz *f*, Sperresonanz *f*
shunting *(El)* Shunten *n*, Nebenschlußbildung *f*, Nebenschlußschaltung *f (Vorgang)*
shutdown *(Kern)* 1. abgeschalteter Zustand *m*, Abschaltzustand *m*; 2. Abfahren *n*, Abschaltung *f*, *(manchmal:)* Stillsetzung *f*, Reaktorabschaltung *f*
~ **heat** *(Kern)* Abschaltwärme *f*, Leerlaufwärme *f (eines abgeschalteten Reaktors)*, *(für einen abgefahrenen Reaktor auch:)* Abfahrwärme *f*
~ **heat output** *(Kern)* Nachleistung *f*, Nachwärmeleistung *f*, Nachzerfallsleistung *f (eines Reaktors)*
shutoff *(Aero)* Abschaltung *f*, Abstellung *f (eines Raketentriebwerks)*
~ **head** *(Ström)* Abschaltförderhöhe *f*
shutter *(Phot, Kern)* Verschluß *m*
~ **speed** *(Phot)* Totalzeit *f (des Verschlusses)*, Verschlußzeit *f (in s)*; Verschlußgeschwindigkeit *f (in s⁻¹)*
shutting speed *(Phot)* Schließzeit *f (des Verschlusses)*
shuttle *(Kern)* Rohrpostkapsel *f*, Bestrahlungskapsel *f*, Rohrpostbüchse *f (für die Bestrahlung von Proben im Reaktor)*
si *(mathPh)* si-Funktion *f*, si, Spaltfunktion *f (sin x/x)*
SI *s.* International System of Units
SIC *(El) s.* specific inductive capacity

side-by-side staging *(Aero)* Stufenprinzip *n* mit nebeneinander angeordneten Raketenstufen
~-**centred lattice** *(Krist)* seitenflächenzentriertes Gitter *n*
~ **frequency** *(El)* Seitenbandfrequenz *f*
~-**inverted image** *(Opt)* seitenverkehrtes (rückwendiges) Bild *n*, *(manchmal:)* seitenvertauschtes (gespiegeltes) Bild *n*
~ **mode** *(Opt)* Nebenmode *f (eines Lasers)*
~-**on observation** *(Meß)* Beobachtung *f* quer zur Achse, Beobachtung *f* senkrecht zur Achsenrichtung
~-**scene effect** *(Opt)* Kulissenwirkung *f (eines Fernrohrs)*
~ **sway** *(Hydr)* Horizontalschwingung *f*, seitliche Schwingung *f*
~ **thrust** 1. *(Mech)* Seitenschub *m*, seitlicher Schub *m*; 2. *(Ak)* seitliche Auslenkkraft *f*
~-**tone attenuation** *(El)* Rückhördämpfung *f*, *(als Größe:)* Rückhördämpfungsmaß *n*
~ **valence** *(At)* Nebenvalenz *f*
~-**window Geiger-Müller counter tube** *(Kern)* Geiger-Müller-Zählrohr *n* mit seitlichem Fenster, Seitenfernsterzählrohr *n*
sideband 1. *(El)* Seitenband *n*; 2. *(Opt)* Satellitenlinie *f (eines Lasers)*; 3. *(Spektr)* Nebenbande *f*
sidereal hour angle *(Astr)* Inversaszension *f*
~ **period** *(Astr)* siderische Umlaufzeit *f*
~ **time** *(Astr)* Sternzeit *f*
sideslip 1. *(Aero)* Schiebeflug *m*, Schieben *n*, Slippen *n*, Seitenrutsch *m*; 2. *(Aero)* Abtriftgeschwindigkeit *f*, Schiebegeschwindigkeit *f (Größe)*; 3. *(Mech)* Schleudern *n (eines Landfahrzeugs)*
sidesway *(Mech)* Knotenpunktverschiebung *f*
sidewise tilting *(Mech)* Verkantung *f*
SIF *(Mech) s.* stress intensity factor
sifting *(physCh)* Durchsieben *n*, *(speziell:)* Durchbeuteln *n*, Beuteln *n*
sight axis 1. *(El)* Richtachse *f (Radartechnik)*; 2. *(Opt)* Sehachse *f*, *(speziell:)* Visierachse *f*
~ **mark** *(Opt)* Visiermarke *f*, Sichtmarke *f*, *(speziell:)* Index *m*
~ **mark error** *(Opt)* Indexfehler *m*
sighting *(Opt)* 1. Anvisieren *n*, Anzielen *n*; 2. In-Sicht-Bringen *n*, Sichtung *f*
~ **ray** *(Opt)* Zielstrahl *m*
sigma pile *(Kern)* Sigma-Anordnung *f*, Sigma-Reaktor *m*
sigmoid curve S-Kurve *f*, S-förmige Kurve *f*
sign-constant focus[s]ing *(Kern)* Fokusierung *f* mit Gleichfeldern
~ **convention** *(Opt)* Vorzeichenregel *f*, Vorzeichenfestsetzung *f*, Vorzeichenkonvention *f*
signal carrier *(El)* Träger *m*, Trägerschwingung *f*, Trägerwelle *f*

~ **conditioning** *(El)* Signalverarbeitung f
~ **step-down** *(El)* Signalabschwächung f
~ **step-up** *(El)* Signalverstärkung f
~ **strength** *(El)* Nutzfeldstärke f *(eines Signals)*, Signalstärke f
~ **-to-noise ratio** *(El)* Signal-Stör-Verhältnis n, Signal-Rausch-Verhältnis n, *(bei der Nachrichtenübertragung auch:)* Störabstand m, Signal-Stör-Abstand m
~ **visibility** *(Opt)* Signalsicht f
signal[l]ing error rate *(El)* Schrittfehlerwahrscheinlichkeit f
signed number Zahl f mit Vorzeichen, vorzeichenbehaftete Zahl f
significance level *(mathPh)* Signifikanzniveau n, Irrtumswahrscheinlichkeit f
~ **point** *(mathPh)* Ablehnungsschwelle f, Ablehnungsgrenze f, Signifikanzgrenze f
significant scattering *(statPh)* Streuung f mit effektiver Ablenkung *(Streuwinkel > 0)*
signum [function] *(mathPh)* Signum n, sgn
silent discharge *(El)* Dunkelentladung f, Townsend-Entladung f, stille (dunkle) Entladung f
~ **zone** *(Ak)* Schattenzone f, Schattengebiet n, Schattenbereich m
silky fracture *(Mech)* seidiger Bruch m
sill factor *(Opt)* doppelter Tageslichtfaktor m
silt charge *(Hydr)* Schwebstoffbelastung f, Schwebstoffbeladung f, Schlammbelastung f, Schlammgehalt m
silver point *(Therm)* Erstarrungspunkt m des Silbers, Silberpunkt m
similarity 1. Ähnlichkeit f; 2. *(El)* Gleichnamigkeit f
~ **laws** *(Ström)* Ähnlichkeitssätze mpl
~ **parameter** Ähnlichkeits[kenn]zahl f, [dimensionslose] Kennzahl f, Komplex m, *(als Verhältnis gleichartiger Größen manchmal:)* Simplex m
~ **principle** 1. Ähnlichkeitsgesetz n, Ähnlichkeitsprinzip n, *(selten:)* Similaritätsprinzip n; 2. *(mathPh)* Ähnlichkeitssatz m *(der Laplace-Transformation)*; 3. *(Mech)* Prinzip n der mechanischen (dynamischen) Ähnlichkeit
similitude Ähnlichkeit f, physikalische Ähnlichkeit f
simmer[ing] *(Therm)* leichtes Sieden n, Wallen n, Perlen n
simple apposition *(Phot)* Kontaktmethode f, Kontaktverfahren n *(der Radiographie)*
~ **bending** *(Mech)* reine Biegung f
~ **cubic lattice** *(Krist)* kubisch primitives Gitter n
~ **element** *(At)* mononuklidisches Element n, Reinelement n
~ **elongation** *(Mech)* lineare (einachsige) Dehnung f, *(speziell:)* Längendehnung f
~ **event** *(mathPh)* Elementarereignis n, elementares Ereignis n *(Statistik)*
~ **field** *(Magn)* [magnetisches] Einzelfeld n

~ **flexure** *(Mech)* reine Biegung f
~ **harmonic current** *(El)* Sinusstrom m, sinusförmiger Wechselstrom (Strom) m, *(manchmal:)* einwelliger Strom m
~ **harmonic motion** *(Mech)* harmonische Bewegung f, Sinusschwingung f, harmonische Schwingung f
~ **harmonic wave** Sinuswelle f
~ **pendulum** *(Mech)* ebenes mathematisches Pendel n
~ **process factor** *(physCh)* elementarer Trennfaktor (Isotopentrennfaktor) m, Einzelprozeßfaktor m
~ **process separative power** *(physCh)* elementare Trennleistung f, Trennleistung f des Einzelprozesses
~ **refraction** *(Opt)* Einfachbrechung f
~ **shearing strain** *(Mech)* ebene Formänderung (Gestaltsänderung) f
~ **sinusoidal voltage** *(El)* Sinusspannung f, *(manchmal:)* reine Sinusspannung f
~ **slip** *(Krist)* Einfachgleitung f
~ **slip flow** *(Ström)* einfache Gleitströmung f
~ **source** *(Ak)* Monopolquelle f, einfache Quelle f, isotroper Strahler m
~ **squeeze** *(Mech)* einfache Verkürzung f
~ **system** *(Krist)* einfach indiziertes System n
~ **tone** *(Ak)* [reiner] Ton m, Sinuston m
SIMS *(Fest, Spektr)* Sekundärionen-Massenspektrometrie f, SIMS
simulation Modellierung f, Simulation f, Nachbildung f
simultaneity concept *(Rel)* Gleichzeitigkeitsbegriff m *(von Einstein)*
sine condition *(Opt)* [Abbesche] Sinusbedingung f
~ **-wave response** Frequenzgang m, *(manchmal:)* Frequenzverlauf m
sing-around method *(Hydr)* Rundummethode f, Impulsfolgefrequenzmethode f, Impulswiederholungsfrequenzmethode f *(der Geschwindigkeitsmessung)*
singing margin *(Reg)* Stabilitätsspielraum m, Pfeif[punkt]abstand m
~ **point** 1. *(El)* Pfeifpunkt m, Pfeifgrenze f; 2. *(Reg)* Schwingungseinsatzpunkt m
single-armed lever *(Mech)* einarmiger Hebel m
~ **bond** *(At)* Einfachbindung f, Zweielektronenbindung f
~ **burst pulse reactor** *(Kern)* Burstreaktor m, Impulsreaktor m für einzelne Neutronenblitze
~ **-colour group** *(Krist)* Einfarbengruppe f, einfarbige Gruppe f *(Schwarzgruppe oder Weißgruppe, identisch mit der konventionellen Punktgruppe)*
~ **-column matrix** *(mathPh)* Spaltenmatrix f, einspaltige Matrix f, Spaltenvektor m
~ **-degree-of-freedom system** System n mit einem Freiheitsgrad
~ **drift hypothesis** *(Astr)* Einstromtheorie f, Eintrifttheorie f

single 338

~-**electron bond** *(At)* Einelektron[en]bindung *f*
~-**electron spin-orbit coupling parameter** *(At, Qu)* [Einelektronen-]Spin-Bahn-Kopplungsparameter *m*, Landé-Parameter *m*
~-**flash curve** *(physCh)* Gleichgewichtssiedekurve *f*, Siedekurve *f* bei geschlossener Verdampfung
~ **force** *(Mech)* Einzelkraft *f*, Punktkraft *f*, konzentrierte Kraft *f*
~ **frame** *(Opt)* [stereoskopisches] Halbbild *n*
~ **intersection theorem** *(Ström)* Schnittpunktssatz *m (von Serrin)*
~ **layer phosphor** *(Fest, Opt)* Leuchtstoff *m* mit kurzer Nachleuchtdauer
~-**layer potential of Odqvist** *(Hydr)* hydrodynamisches Einfachbelegungspotential *n*, Einfachbelegungspotential *n* von Odqvist
~-**line spectrum** *(Spektr)* Einlinienspektrum *n*, Spektrum *n* mit einer Linie
~ **link[age]** *(At) s.* ~ bond
~ **load** *(Mech)* Einzellast *f*, Punktlast *f*, konzentrierte Last *f*
~-**mode fibre** *(Opt)* Einmodenfaser *f*, Monomodefaser *f*, Monomode-Lichtwellenleiter *m*
~ **observer range finder** *(Opt)* Einstandentfernungsmesser *m*, Entfernungsmesser *m* (Distanzmesser *m*, Telemeter *n*) mit kleiner Basis
~-**particle model** *(Kern)* Einteilchenmodell *n*, Einteilchen-Schalenmodell *n*, Schalenmodell *n* mit *jj*-Kopplung *(von gu-Kernen)*
~-**particle slip** *(Fest)* Einteilchengleitung *f*
~ **picture** *(Phot)* Einzelbild *n (eines Films)*
~-**point information** *(Meß, Reg)* Einzelmeldung *f (Fernwirktechnik)*
~-**polarity pulse** *(El)* unipolarer (einpoliger) Impuls *m*, Unipolarimpuls *m*
~ **potential** *(Ech)* relatives Elektrodenpotential *n*, relative Elektrodenspannung *f*, Einzelpotential *n*
~ **quasicrystal** *(Fest)* Monoquasikristall *m*
~ **random failure** [zufälliger] Einzelfehler *m*
~ **reflection** *(Krist) s.* ~ spot
~ **refraction** *(Opt)* Einfachbrechung *f*
~ **resonance level** *(Kern)* isoliertes Resonanzniveau *n*, Einzelresonanzniveau *n*
~ **roughness** *(Ström)* [punktförmige] Einzelrauhigkeit *f*, punktförmige Rauhigkeit *f*
~-**row matrix** *(mathPh)* Zeilenmatrix *f*, einzeilige (einreihige) Matrix *f*, Zeilenvektor *m*
~ **row of vortices** *(Ström)* Wirbelreihe *f*
~ **scattering** Einfachstreuung *f*
~ **sideband** *(El)* Einseitenband *n*, SSB, ESB
~ **slip** *(Krist)* Einfachgleitung *f*
~ **spot** *(Krist)* Einzelreflex *m*, Einzelfleck *m*, isolierter Fleck *m*

~-**step iteration** *(mathPh)* Einzelschrittverfahren *n*, Iteration *f* in Einzelschritten
~ **stereoscopic image** *(Opt)* [stereoskopisches] Halbbild *n*
~-**strand chain** *(At)* einsträngige Kette *f*, Einstrangkette *f*
~ **weighing** *(Mech)* einfache Wägung *f*, Proportionalwägung *f*, Kompensationswägung *f*
singlet 1. *(Spektr)* Singulett *n*, Einfachlinie *f*; 2. *(Hoch)* Ladungssingulett *n*, Isobarensingulett *n*, Iso[spin]singulett *m*, Elementarteilchensingulett *n*; 3. *(Opt)* Einlinser *m*, Simplet *n*, Einlinsenobjektiv *n*
~ **positronium** *(At)* Parapositronium *n*
singly refractive crystal *(Opt)* einfachbrechender Kristall *m*
singular eigenfunction method *(Kern)* Casesche Methode *f*, Methode *f* der singulären Eigenfunktionen
~ **surface** *(Ström)* Unstetigkeitsfläche *f*, Diskontinuitätsfläche *f*, Unstetigkeitsfläche *f* im engeren Sinne
sinistrorse helix *(mathPh)* linksgängige (linkswendige, linksgewundene) Schraubenlinie *f*
~ **rotation** Linksdrehung *f*, Drehung *f* nach links, Drehung *f* entgegen dem Uhrzeigersinn
sink 1. Senke *f*, Senkstelle *f*, Verschwindungspunkt *m*, negative Quelle *f (eines Feldes oder einer extensiven Größe)*; 2. *(El)* Einsenkung *f (im Rieke-Diagramm)*
~-**source method** *(Ström)* Quelle-Senken-Methode *f*, Quelle-Senken-Verfahren *n*
~ **strength** *(Ström)* Senkenstärke *f*
sinking 1. *(Hydr)* Sinken *n*, *(speziell:)* Einsinken *n*, *(speziell:)* Versinken *n*, *(speziell:)* Senkung *f*; 2. *(Hydr)* Absinken *n (des Oberflächenwassers)*; 3. *(Opt)* Senken *n (einer Glasplatte)*
sinor Zeiger *m*, komplexe Sinusgröße *f*, komplexe sinusförmig veränderliche Größe *f*, Zeitzeiger *m*, Zeitvektor *m*
~ **representation** Zeigerdarstellung *f*, *(allgemeiner:)* Vektordarstellung *f*, *(selten:)* Strahldarstellung *f*
sinter *(physCh)* 1. Sinterkörper *m*, [gesinterter] Preßling *m*; 2. Sinter *m*, Sinterkuchen *m*, Sinterstoff *m*, Agglomerat *n*
~ **density ratio** *(physCh)* Raumerfüllungsgrad *m (des Sinterkörpers)*
sintered compact *(physCh) s.* sinter 1.
sintering temperature range *(physCh)* Sinterintervall *n*
sinuous flow *(Ström)* turbulente Strömung *f*, Turbulenz *f*, *(selten:)* Flechtströmung *f*
~ **line** *(mathPh)* Schlangenlinie *f*
sinusoid *(mathPh)* Sinuskurve *f*, Sinuslinie *f*, Sinusoide *f (Darstellung von sin x)*
sinusoidal alternation *(El)* Sinusspannung *f*, *(manchmal:)* reine Sinusspannung *f*, rein sinusförmige Spannung *f*
~ **oscillation** sinusverwandte Schwingung *f*

~ **[periodic] quantity** Sinus[schwingungs]größe f, harmonische (sinusförmig veränderliche) Größe f
siphoning *(physCh)* Hebern n, *(speziell:)* Aushebern n
~ **off** *(physCh)* Abhebern n
siriometer *(Astr)* Astron n, Siriometer n, Makron n, Metron n, Stern[en]weite f *(SI-fremde Einheit der Länge; 1 siriometer = 1,496 · 10^{17} m)*
SIRS *(Spektr)* Satelliten-Infrarotspektrometer n, Satelliten-IR-Spektrometer n, SIRS
SIT *(Opt)* selbstinduzierte Transparenz f, SIT
site 1. Platz m, Stelle f, Ort m, Punkt m; Standort m; 2. *(Krist)* Gitterplatz m, Gitterstelle f *(im Kristall)*
~ **exchange** *(Fest)* Platzwechsel m
~ **group** *(Krist)* lokale Symmetriegruppe f, Gitterplatz-Symmetriegruppe f
~ **-hopping mechanism** *(Fest)* Platzwechselmechanismus m *(der Diffusion)*, Platzwechseldiffusion f
six-bar chain *(Mech)* sechsgliedrige Kette f
~ **-electron bond** *(At)* Dreifachbindung f, Sechselektronenbindung f
~ **-fold axis [of symmetry]** *(Krist)* sechszählige (6zählige) Symmetrieachse (Drehachse, Deckachse, Achse) f, Hexagyre f
~ **-membered ring** *(At)* Sechsring m, 6-Ring m, sechsgliedriger Ring m
~ **-twelve potential** *(At)* Lennard-Jones-(sechs, zwölf)-Potential n, Lennard-Jones-(6,12)-Potential n
~ **-vector** *(Rel)* Sechservektor m, Flächentensor m
sixth-power law *(Ström)* v^6-Gesetz n
sixty degrees Fahrenheit British thermal unit *(Therm)* 60-°F-Btu f, Btu$_{60/61}$ *(SI-fremde Einheit der Wärmemenge;. 1 Btu$_{60/61}$ = 1,05454 kJ)*
size 1. Größe f *(körperlich)*; 2. *(mathPh)* Umfang m, Stichprobenumfang m
~ **analysis** *(physCh)* Körnungsanalyse f
~ **category fraction** *(physCh)* Korngrößenfraktion f, Korn[klassen]fraktion f
~ **consist** *(physCh)* Teilchengrößenverteilung f, Größenverteilung f, Korngrößenverteilung f
~ **distribution** *(physCh)* 1. Weitenverteilung f *(von Poren)*; 2. s. ~ consist
~ **effect** *(Fest, Tief)* Größeneffekt m, Sizeeffekt m
~ **exclusion chromatography** *(physCh)* chromatographische Trennung f nach der Teilchengröße, Größentrennungschromatographie f
~ **grade** *(physCh)* Korn[größen]klasse f
~ **grading** *(physCh)* s. sizing 2.
~ **range [index]** *(physCh)* Korngrößenindex m
~ **resonance** *(Kern)* Korngrößenresonanz f, Resonanzstruktur f des totalen Neutronenquerschnitts

sizing 1. Dimensionierung f, Bemessung f; 2. *(physCh)* Klassierung f, Sichtung f *(nach der Korngröße)*
sizzle *(El)* Knistern n, Knattern n
skeletal vibration *(At)* Gerüstschwingung f
skeleton [crystal] *(Krist)* Dendrit m, dendritischer Kristall m, Skelettkristall m, Kristallskelett n, Tannenbaumkristall m
~ **growth** *(Krist)* dendritisches Wachstum n, Dendritenwachstum n, Skelettwachstum n
~ **line** *(Aero)* Skelettlinie f, Profilmittellinie f, Profilskelettlinie f
skew factor *(El)* Schrägungsfaktor m *(einer Wicklung, eines Wicklungsschrittes)*
~ **field** *(mathPh)* Schiefkörper m, [nichtkommutativer] Körper m
~ **lines** *(mathPh)* windschiefe (sich kreuzende) Geraden fpl *(im Raum)*
~ **matrix** 1. *(mathPh)* schiefsymmetrische (schiefe) Matrix f; 2. *(Opt)* Matrix f für windschiefe Strahlen
~ **ray** 1. schräger (schräg einfallender) Strahl m, „schiefer" Strahl, Schrägstrahl m; 2. *(Opt)* windschiefer Strahl m; 3. *(Opt)* schiefer Strahl m *(in einer optischen Faser)*
~ **ruled surface** *(mathPh)* windschiefe Fläche f, windschiefe (nicht abwickelbare) Regelfläche f
~ **staggered conformation** *(At)* gestaffelte syn-Konformation f, windschiefe gestaffelte Konformation f
~ **symmetry** *(mathPh)* Antisymmetrie f, Schiefsymmetrie f
skewed pole *(El)* Pol (Feldpol) m mit Parallelogrammquerschnitt
skewness *(mathPh)* 1. Schiefe f, Schiefheit f, Asymmetrie f *(einer Verteilung)*; 2. Schiefheitsmaß n, Schiefe f *(Größe)*
skiagram, skiagraph *(At)* Röntgenschattenbild n
skid resistance *(Mech)* Rutschwiderstand m, Gleitwiderstand m
skimming *(Mech)* Abhebung f der Oberflächenschicht
skin coefficient *(El)* Stromverdrängungskoeffizient m
~ **friction** *(Hydr)* 1. Hautreibung f, Oberflächenreibung f; 2. Reibungswiderstand m, Oberflächenwiderstand m, Schubwiderstand m
~ **friction coefficient** *(Ström)* Hautreibungskoeffizient m, Oberflächenreibungskoeffizient m
~ **friction drag (resistance)** *(Aero)* s. ~ resistance 1.
~ **friction stress** *(Ström)* Wandschubspannung f
~ **friction term** *(Ström)* Wandschubspannungsterm m, Wandschubspannungsglied n
~ **magnetization** *(Magn)* Oberflächenmagnetisierung f

skin

~ **resistance** 1. *(Aero)* Hautreibungswiderstand *m*, Wandreibungswiderstand *m*; 2. *(El)* Hautwiderstand *m*, Oberflächenwiderstand *m*
~ **tracking** *(El)* Radarverfolgung *f* mittels Oberflächenreflexion, Echoverfolgung *f*, Verfolgung *f* nach Echo
skiodrome, skiodromic curve (line) *(Opt)* Skiodrome *f*, Schattenläufer *m*
skip *(El, Magn)* Sprung *m (zwischen aufeinanderfolgenden Reflexionen)*
~ **area** *(El) s.* ~ zone
~ **distance** 1. *(Ak)* Sprungabstand *m (bei der Ultraschallprüfung)*; 2. *(El, Magn)* Sprungentfernung *f*
~ **keying** *(El)* Impuls[folge]frequenzteilung *f (Radartechnik)*
~ **logging** *(Ak)* Zyklussprung *m*
~ **trajectory** *(Aero)* Sprungbahn *f*
~ **zone** *(El)* Sprungzone *f*
skipping [motion] *(Mech)* Springen *n*, Sprungbewegung *f*, Sprung *m*, Hüpfen *n*
skull melting *(physCh)* tiegelloses (tiegelfreies) Schmelzen *n*
sky component of day-light factor *(Opt)* Himmelslichtanteil *m* des Tageslichtquotienten
~ **factor** *(Opt)* Himmelslichtfaktor *m*, Himmelslichtquotient *m*
~ **light** *(Astr)* Himmelslicht *n (ohne IR- und UV-Anteil)*
~ **noise** *(El)* stellares Funkrauschen *n*
~ **radiation** *(Astr)* 1. Himmelsstrahlung *f (mit IR- und UV-Anteil)*; 2. gestreutes (diffuses) Himmelslicht *n*
~ **radio wave** *(El, Magn)* Ionosphärenwelle *f*, indirekte Welle *f*
~ **wave** *(El, Magn)* 1. Raumwelle *f*; 2. Ionosphärenwelle *f*, indirekte Welle *f*
skyshine *(Kern)* 1. Luftstreuung *f*, Skyshine *m (Erscheinung)*; 2. *s.* air scatter 2.
slab geometry *(Kern)* Plattengeometrie *f*
~ **interferometry** *(Opt)* axiale Interferenzmikroskopie *f*, [axiale] Scheibeninterferometrie *f*
~ **rigidity** *(Mech)* Steifigkeit *f*, Biegungssteifigkeit *f*, Platten[biegungs]steifigkeit *f*
slack *(Mech)* [freies] Spiel *n*, toter Gang *m (in einem Mechanismus)*
~ **diaphragm** *(Mech)* ungespannte Membran *f*
~ **quenching** *(physCh)* Abschreckung mit einer Abkühlgeschwindigkeit kleiner als der kritischen
slackness *(Mech)* 1. Schlaffheit *f*; 2. Spiel *n*, Spielraum *m*
slant bundle *(Opt)* schiefes Bündel *n*
~ **visibility** *(Opt)* Schrägsichtweite *f*
slave control loop *(Reg)* Nebenregelkreis *m*, untergeordneter Regelkreis *m*
~ **instrument** *(Meß)* Tochterinstrument *n*, Tochtergerät *n*
sleeping top *(Mech)* schlafender Kreisel *m*, [symmetrischer] Kreisel *m* ohne Präzession

slender-body theory *(Ström)* Schlankkörpertheorie *f*
~ **strut** *(Aero)* Modellarm *m (in einem Windkanal)*
slenderness ratio *(Mech)* Schlankheitsgrad *m (eines stabförmigen Gebildes)*
slew rate *(El)* Spannungsanstiegsrate *f*, Anstiegsgeschwindigkeit *f*, maximale Anstiegsrate *f*, Änderungsgeschwindigkeit *f (eines Operationsverstärkers)*
slewing *(Mech)* Schwenkung *f*
~ **rate** *(Mech) s.* slew rate
slice *(Halbl)* Scheibe *f*, Scheibchen *n*
slicing *(El)* Doppelbegrenzung *f*
slide 1. Schieber *m*, Gleitstück *n*; 2. *(Mech)* Gleitbahn *f*; 3. *(Meß)* Schlitten *m*, Wagen *m*; 4. *(Opt)* Objektträger *m (für Mikroskope)*; 5. Diapositiv *n*, Dia *n*, *(speziell:)* Diapositivplatte *f*
~ **bar** *(Meß)* Meßschenkel *m*
~ **caliper** *(Meß)* Meßkluppe *f*, Kluppe *f*
~ **gauge** *(Meß)* Schieblehre *f*, Meßschieber *m*
~ **projection** *(Opt)* diaskopische Projektion *f*, Diaprojektion *f*
~ **way** *(Mech)* Gleitbahn *f*
slider crank *(Mech)* Kurbelschleife *f*, Koppelschleife *f*
sliding average *(mathPh)* gleitendes Mittel *n*, gleitender Durchschnitt (Mittelwert) *m*
~ **block** *(Mech)* Kurbelschleife *f*
~ **contact** 1. *(Mech)* gleitende Berührung *f*; 2. *(El)* Wischkontakt *m*, selbstreinigender Kontakt *m*
~ **diaphragm** *(Phot)* Steckblende *f*, Einsteckblende *f*, Waterhouse-Blende *f*
~ **discharge** *(El)* Gleit[funken]entladung *f*
~ **fracture** *(Mech)* Gleit[ungs]bruch *m*, Scherbruch *m*, Schiebungsbruch *m*
~ **frequency** *(Meß)* Gleitfrequenz *f*, Schlupffrequenz *f*
~ **friction** *(Mech)* Gleitreibung *f*, gleitende Reibung *f*
~ **friction torque** *(Mech)* Gleitreibungsmoment *f*
~ **pair** *(Mech)* Schiebepaar *n*
~ **rupture** *(Mech) s.* ~ fracture
~ **seal** *(Ström)* Gleitflächendichtung *f*, *(manchmal:)* Gleitdichtung *f*
~ **stop** *s.* ~ diaphragm
~ **surface** *(Mech)* Gleitfläche *f*
~ **wear** *(Mech)* Verschleiß *m* durch Gleitreibung
slight damping *s.* periodic damping
slime *(Ech)* Schlamm, Rückstand *m*
slip 1. *(Krist)* Gleitung *f*, Gleitprozeß *m*, Gleitvorgang *m*, Kristallgleitung *f*, Translationsgleitung *f*, *(selten:)* Schiebung *f*; 2. *(Krist)* Gleitbewegung *f*, Gleiten *n*, konservative Bewegung *f (einer Versetzung)*, Versetzungsgleiten *n*; 3. *(El)* Schlupf *m*, *(selten:)* Schlüpfung *f (Größe, in %)*; 4. *(Hydr)* Schlupf *m*, Schlüpfung *f*; 5. *(Magn)* Schlupf *m (der magnetischen Feldlinien)*; 6. *(Astr)* Mitschleppen *n (des Limbus)*

~ **angle** *(Ström)* Arbeitswinkel *m (eines Propellers)*, Propellerarbeitswinkel *m*
~ **avalanche** *(Krist)* Gleitlawine *f*
~ **coefficient** *(Aero)* Schlupfkoeffizient *m*, Schlupfzahl *f*
~ **dislocation** *(Krist) s.* Shockley partial dislocation
~ **flow** *(Aero)* Schlüpfströmung *f*, Schlupfströmung *f*, Gleitströmung *f*
~ **flow factor** *(Ström)* Schlüpfströmungskoeffizient *m*, Schlüpfströmungszahl *f*
~ **friction** *(Mech)* Schlupfreibung *f*
~ **gauge** *(Mech)* Parallelendmaß *n*
~-**line pattern** *(Krist)* Gleitlinienbild *n*
~-**line surface** *(Mech)* Gleitlinienfläche *f*
~ **loss** *(Ström)* Schlupfverlust *m*
~ **plane** *(Krist)* Gleitebene *f*, Translationsebene *f*
~ **ratio** *(Ström)* Schlupf *m (eines Schraubenpropellers, Größe)*
~ **speed** 1. *s.* slip 3.; 2. *(El)* Schlupfdrehzahl *f (Größe)*; 3. *(Ström)* Gleitgeschwindigkeit *f (bei der Zweiphasenströmung)*
~ **stream** *(physCh)* Seitenstrom *m (in der Isotopentrennung)*
~ **surface** *(Krist)* Gleitfläche *f (einer Versetzungslinie)*
~ **vector** *(Krist)* Gleitvektor *m*
slipband transition *(Krist)* Gleitbandübergang *m*
slippage 1. *(El)* Schlupf *m*, Schlüpfung *f*; 2. *(Mech)* Rutschen *n*, Gleiten *n*, *(speziell:)* Schleifen *n*; 3. *(Mech) s.* ~ loss 2.
~ **loss** *(Mech)* 1. Schlupf *m (zwischen den Flächen zweier Festkörper)*; 2. Schlupfverlust *m (eines Pumpenkolbens)*
~ **tensor** *(Mech)* Gleittensor *m*
slipping 1. *(Mech)* Rutschen *n*, Gleiten *n*, *(speziell:)* Schleifen *n*; 2. *(Krist)* Aufspaltung *f*, Versetzungsaufspaltung *f*
~ **moment** *(Mech)* Gleitmoment *n*, Rutschmoment *n*
slipstream *(Aero)* Propellerstrahl *m*, Schraubenstrahl *m*, Nachstrom *m*
slit illumination *(Opt)* Spaltbeleuchtung *f*, *(speziell:)* Spaltausleuchtung *f*
slope 1. Neigung *f*, Gefälle *n*, Steigung *f*; 2. *(El)* Steilheit *f (einer Elektronenröhre)*; 3. *(Hydr)* Oberflächengefälle *n*, Gefälle *n*; 4. *(mathPh)* Neigung *m*, Steigung *f (einer Kurve oder Funktion)*; 5. *(mathPh)* Böschungsverhältnis *n*, Böschung *f (Tangens des Böschungswinkels)*; 6. *(mathPh)* Steigung *f*, Anstieg *m*, Richtungskoeffizient *m*, Richtungszahl *f (einer Geraden)*
~ **angle** 1. *(Mech)* Böschungswinkel *m*; 2. *(mathPh)* Anstiegswinkel *m*, Steigungswinkel *m (einer Geraden)*; 3. *(mathPh)* Böschungswinkel *m*, Neigungswinkel *m*, Fallwinkel *m (einer Ebene bei der Eintafelprojektion)*
~-**area method** *(Hydr)* Gefälleflächenmethode *f (der Abflußmessung)*

~-**deflection equations** *(Mech)* Formänderungsgleichungen *fpl*
~ **deflection method** *(Mech)* Deformationsmethode *f*, Formänderungsmethode *f*, Drehwinkelverfahren *n (der Statik)*
~ **gauge** *(Hydr)* Treppenpegel *m*
~ **of repose** *(Mech)* Schüttwinkel *m*, Ruhewinkel *m*, Rutschwinkel *m*, natürlicher Böschungswinkel
~ **time** *(El)* Flankenzeit *f (eines Signals)*
sloped source *(Kern)* gekippte (schräg angeordnete) Quelle *f*
slot effect *(Aero)* Spalteffekt *m*
~ **leakage** *(El)* Nutstreuung *f*
~ **ripple** *(El)* Nutoberwellen *fpl*, Nutwelligkeit *f*
~ **space factor** *(El)* Nutfüllfaktor *m*
~ **suction** *(Ström)* Spaltsog *m*
~ **tone** *(Ak)* Spaltton *m*
slow-collision diameter *(At)* Langsamstoßdurchmesser *m*
~ **combustion** *(physCh)* träge (langsame, schleichende) Verbrennung *f*
~ **emulsion** *(Phot)* geringempfindliche (wenigempfindliche) Emulsion (Photoemulsion) *f*
~ **flow** *(Hydr)* ruhige (unterkritische) Strömung *f*, ruhiges Fließen *n*, Strömen *n*, ruhiger Strom *m*, strömende Bewegungsart *f (im offenen Gerinne, Fr < 1)*
~ **ionization chamber** *(Kern)* langsame Impulsionisationskammer *f*, Ionensammelkammer *f*
~ **lens** *(Opt)* lichtschwaches (schwaches) Objektiv *n*
~-**motion camera (device)** *(Phot)* Zeitdehnerkamera *f*, Zeitlupenkamera *f*, *(manchmal:)* Zeitdehnergerät *n*, Zeitdehner *m*, Zeitlupe *f*
~-**motion effect** *(Phot)* Zeitdehnung *f*, Zeitlupeneffekt *m*
~ **neutron activation analysis** *(physCh)* Aktivierungsanalyse *f* mit langsamen Neutronen
~ **neutron capture** *(Astr, Kern)* s-Prozeß *m*, langsamer Prozeß (Neutroneneinfang) *m*
~ **reaction** *(physCh)* Zeitreaktion *f*
~ **state** *(Fest)* langsam veränderlicher Oberflächenzustand *m*
~ **vibration direction** *(Opt)* langsame Schwingungsrichtung *f*
~-**wave structure** *(El)* Mikrowellen-Verzögerungsleitung *f*, Verzögerungsleitung *f* für Mikrowellen
slowdown *s.* slowing-down
slower-than-light particle *(Hoch) s.* tardyon
slowing-down *(Kern)* Bremsung *f*, Abbremsung *f (eines Teilchens: Energieabnahme)*
~-**down age** *(Kern)* Bremsalter *n*
~-**down area** *(Kern)* Bremsfläche *f (der Neutronen)*

slowing

~-**down cross section** *(Kern)* Bremsquerschnitt *m (für Neutronen)*
~-**down equation** *(Kern)* Bremsgleichung *f (für Neutronen)*
~-**down into thermal equilibrium** *(Kern)* Thermalisierung *f*, Abbremsung *f* auf thermische Geschwindigkeit *(von Neutronen)*
~-**down neutron** *(Kern)* Bremsneutron *n*
~-**down power** *(Kern)* Bremsvermögen *n (von Materie für Neutronen)*, Neutronenbremsvermögen *n*
~-**down spectrometer** *(Kern)* Bremszeitspektrometer *n*, Bremszeit-Neutronenspektrometer *n*, „slowing-down"-Spektrometer *n*
~ **of clocks** *(Rel)* Zeitdilatationseffekt *m*, Nachgehen (Langsamergehen) *n* von Uhren
slowness four-vector *(Rel)* Hamiltonscher Vierervektor *m*
sludge 1. *(Ech)* Schlamm *m*, Rückstand *m*; 2. *(physCh)* Dünnschlamm *m*, Schlamm *m*, *(speziell:)* Bohrschlamm *m*
sludging 1. *(Ech)* Entschlammung *f*, Schlammbeseitigung *f*; 2. *(Phot)* Verschlammung *f (photographischer Lösungen)*
slug 1. *(Mech)* Slug *n (SI-fremde Einheit der Masse; 1 slug = 14,5939 kg)*; 2. *(Ström)* Pfropfen *m (in der Siedeströmung)*; 3. *(El)* Tauchkern *m (einer Spule)*; 4. *(El)* Anpaßkörper *m (im Wellenleiter)*; 5. *(Kern)* [zylindrischer] Brennstoffblock *m*, [kurzer, dicker] Brennstabstab *m*
~ **flow** *(Ström)* Pfropfenströmung *f*, Pfropfenstrom *m*, Pfropfensieden *f*
~ **metric** *(Mech)* technische Masse[n]einheit *f*, TME, metrische Masse[n]einheit *f*, ME, techma, Kilohyl *n*, khyl *(SI-fremde Einheit der Masse; 1 khyl = 9,80665 kg)*
slugging *(Ström)* Stoßen *n*
sluggish combustion *(physCh) s.* slow combustion
~ **response** langsames (träges) Ansprechen *n*
sluggishness *(Meß)* Trägheit *f (eines Meßgeräts)*
slurry reactor *(Kern)* Suspensionsreaktor *m*, Reaktor *m* mit Suspensionsbrennstoff (nasser Suspension)
small-angle [grain] boundary *(Krist)* Kleinwinkelkorngrenze *f*, Fein[winkel]korngrenze *f*
~-**angle X-ray diagram** *(Fest)* Röntgenkleinwinkeldiagramm *n*
~ **calorie** *(Therm) s.* gramme-calorie
~ **period** *(At)* kurze (kleine) Periode *f*, Kurzperiode *f (im Periodensystem der Elemente)*
~ **perturbation method** Störungsmethode *f*, Störungsverfahren *n*
~ **planet** *(Astr)* Planetoid *m*, Asteroid *m*, Kleiner Planet *m*, Zwergplanet *m*

~ **polaron** *(Fest)* molekulares (kleines) Polaron *n*
~ **scale** *(Mech)* Verkleinerungsmaßstab *m*, verkleinerter Maßstab *m*, *(manchmal:)* Verjüngungsmaßstab *m*
~-**scale pulsation** *(Ström)* Pulsation *f* im Kleinen, kleinräumige Pulsation *f*, Mikropulsation *f*
~-**scale turbulence** *(Ström)* kleinräumige (kleinskalige, engräumige, kleinmaßstäbliche) Turbulenz *f*, Kleinturbulenz *f*, Mikroturbulenz *f*
~-**signal amplification factor** *(Halbl)* Kleinsignal-Stromverstärkungsfaktor *m (eines Transistors)*
~-**signal parameter** *(Halbl)* Kleinsignalparameter *m*, h-Parameter *m (eines Transistors)*
smart sensor *(Meß)* intelligenter (smarter) Sensor *m*
smear 1. *s.* smearing; 2. *(Kern)* Wischprobe *f*, Wisch *m*; 3. *(Opt)* Welligkeit *f (ein Glasfehler)*
~ **density** *(physCh) s.* smeared density
~ **photography** *(Aero, Phot)* Schlierenaufnahmeverfahren *n*, Schlierenaufnahme *f*, Schlierenphotographie *f (Methode)*
~ **resistance** 1. *(physCh)* Schmierfestigkeit *f*; 2. *(El)* Schmierwiderstand *m*
smearable [radioactive] contamination *(Kern)* abwischbare [radioaktive] Kontamination *f*
smeared density *(physCh)* Schmierdichte *f*, verschmierte Dichte *f*
~ **particle** *(Qu)* verschmiertes Teilchen *n*
smearing 1. *(Mech)* Wischen *n*; 2. *(Kern)* Abwischen *n*, Wischen *n*
~-**out** Verschmierung *f (z. B. eines Spektrums)*
~-**out of boundary** Randverschmierung *f*, Randauflockerung *f*, Zerfließen *n* des Randes
Smekal defect (flaw) *(Krist)* Lockerstelle *f* [von Smekal]
Smith diagram *(Mech)* Schleifendiagramm *n*, Dauerfestigkeitsschaubild *n* nach Smith, Smith-Diagramm *n*
~-**Helmholtz equation (law)** *(Opt)* Helmholtz-Lagrangesche Invariante *f*, Helmholtz-Gleichung *f*, Helmholtz-Lagrangescher Satz *m*
smoke [filament] method *(Aero)* Rauchfadenmethode *f (zur Sichtbarmachung von Strömungen)*
~ **point** *(physCh)* Rußpunkt *m*
~ **tunnel** *(Aero)* Rauchwindkanal *m*
smoked glass *(Astr, Opt)* rußgeschwärztes (berußtes) Glas *n*, Rußglas *n*
Smoluchowski-Einstein theory *(Opt)* Schwankungstheorie *f* der Lichtstreuung, Fluktuationstheorie *f* der Wasserfarbe, von Smoluchowski-Einsteinsche Theorie *f* der Wasserfarben
~ **equation** *(Ech)* [Helmholtz-]Smoluchowskische Gleichung *f*

smooth-as-a-mirror surface spiegelglatte Oberfläche f
~ **body** *(Ström)* kantenloser Körper m
~ **curve** *(mathPh)* glatte Kurve f
~ **flow** *(Ström)* glatte Abströmung f, glatter Abfluß m
smoothing 1. Glättung f, Ebnung f; 2. Beruhigung f *(einer Schwingung)*; 3. *(mathPh)* Glättung f *(einer Kurve oder Funktion)*
~-**out** *(Ström)* Glättung f, Strömungsglättung f, Beruhigung f
Smythe factor *(At)* s. atomic mass conversion factor
sn s. 1. *(mathPh)* amplitude sine; 2. *(Mech)* sthène
S/N curve (diagram) *(Mech)* s. stress-number curve
S/N ratio *(El)* s. signal-to-noise ratio
snap regula Faustregel f, *(speziell:)* Faustformel f
~-**through** *(Mech)* Umklappen n, Konservenbüchseneffekt m
snapshot photography *(Phot)* Momentphotographie f, Momentaufnahme f *(Vorgang)*
sneak current *(El)* Fremdstrom m
Snell first law *(Opt)* allgemeines Brechungsgesetz n, Satz m der Gleichheit von Einfalls- und Durchlaßebene
~ **laws [of refraction]** *(Opt)* Snelliussche Brechungsgesetze [Gesetze] npl, optische Brechungsgesetze npl, Descartes-Snelliusscher Satz m [der Brechung]
snifting *(Vak)* Schnüffeln n, *(speziell:)* Abschnüffeln n
SNMS *(Spektr)* Sekundärneutralteilchen-Massenspektrometrie f, SNMS
snoot *(Opt)* Strahlenbegrenzungsblende f
snowballing process *(PI)* divergenter Prozeß m, Schneeballprozeß m
snowflake *(Mech)* Flockenriß m
SNR *(El)* s. signal-to-noise ratio
SNU *(Hoch)* s. solar neutrino unit
SO *(At, Qu)* Spinorbital n, SO
soap bubble model *(Krist)* [Braggsches] Seifenblasenmodell n
~ **film analogy [of Prandtl]** *(Mech)* s. Prandtl analogy
soaring zone *(Aero)* Aufwindgebiet n, Aufwindzone f
Soddy and Fajans's rule, Soddy's displacement law *(Kern)* s. radioactive displacement law
sodium-line reversal temperature measurement *(physCh)* Natriumlinienumkehrmethode f *(der Flammentemperaturmessung)*
soft emitter *(Kern)* weicher Strahler m, weichstrahlendes Radionuklid n, Weichstrahler m
~-**focus lens** *(Phot)* weichzeichnende Linse f, Weichzeichnerlinse f, „soft-focus"-Linse f, *(speziell:)* Weichzeichner m, weichzeichnendes Objektiv n

~ **picture** *(El, Phot)* weiches (kontrastloses, flaues, weichgezeichnetes) Bild n
~-**pion theorem** *(Hoch)* Niederenergietheorem n, niederenergetisches Theorem n, Soft-pion-Theorem n
~ **potential** *(Kern)* „soft-core"-Potential n, Potential n mit weichem Kern
~ **self-excited oscillation** *(El)* weicher Schwingungseinsatz m
~ **shower** *(Kern)* Kaskade f, Kaskadenschauer m, Multiplikationsschauer m *(der kosmischen Strahlung)*
~ **X-ray appearance potential spectroscopy** *(Spektr)* Weichstrahl-Röntgenappearancepotentialspektroskopie f, SXAPS
softening 1. *(physCh)* Erweichung f, *(speziell:)* Aufweichung f; 2. *(physCh)* Enthärtung f, Wasserenthärtung f; 3. *(physCh)* Weichmachung f, Plastizierung f *(vom Gummi)*; 4. *(El)* Weichwerden n, Weicherwerden n *(einer Röntgenröhre)*; 5. *(Fest)* Entfestigung f
~ **due to slip** *(Fest)* geometrische Erweichung (Entfestigung) f, Gleiterweichung f, Gleitentfestigung f
~ **point** 1. *(physCh)* Erweichungspunkt m, Erweichungstemperatur f *(von Glas)*, *(von Keramik auch:)* Schmelzpunkt m; 2. *(Therm)* Kegelfallpunkt m
sojourn time *(mathPh)* Verweilzeit f, Aufenthaltsdauer f *(Statistik)*
sol formation *(physCh)* Solbildung f, Übergang m in den Solzustand
solar array *(Halbl)* Solarzellensystem n, Solarzellenanordnung f
~ **burst** *(Astr)* Strahlungsausbruch m *(auf der Sonne)*, Radiostrahlungsausbruch m, Radiofrequenzausbruch m *(der Sonne)*, *(kurzzeitiger)* Strahlungsstoß m, Burst m, Outburst m *(vom Typ I, II, III, U, IV oder V)*
~-**cell paddle** *(Aero)* Sonnenpaddel m, Solarzellenpaddel n, Solarzellenausleger m
~-**cell panel** s. ~ panel
~-**colour lamp** *(El, Opt)* Tageslichtlampe f
~ **converter** Sonnenenergiewandler m, Sonnenenergiekonverter m
~ **energy output** *(Astr)* s. ~ luminosity
~-**excited laser** *(Opt)* sonnengepumpter Laser m
~-**flare effect** *(El)* Sonneneruptionseffekt m, Eruptionseffekt m, Solar-Flare-Effekt m, s.f.e.
~ **irradiance** *(Astr)* Solarkonstante f, *(selten:)* extraterrestrische Sonnenstrahlungsintensität f
~ **irradiance duration** *(El, Opt)* Sonnenscheindauer f
~ **limb** *(Astr)* Rand m der Sonnenscheibe, Sonnen[scheiben]rand m
~ **luminosity** *(Astr)* Gesamtstrahlungsleistung f der Sonne, Sonnenstrahlungsleistung f, Leuchtkraft f der Sonne

solar

- ~ **nebula** *(Astr)* Urnebel n, Nebelscheibe f
- ~ **neutrino unit** *(Hoch)* solare Neutrinoeinheit f, SNU, SNE (10^{-36} Neutrinoeinfänge je Sekunde und Atom)
- ~ **noise** *(Astr)* Sonnenrauschen n
- ~ **noise outburst** *(Astr)* s. ~ burst
- ~ **panel** *(Halbl)* Solarzellenplatte f, Solarzellenfeld n
- ~ **power** Sonnenkraft f, nutzbare Sonnenenergie f
- ~ **prominence** *(Astr)* Protuberanz f, Sonnenprotuberanz f
- ~ **radiation flux** *(Astr)* s. ~ luminosity
- ~ **sailing** *(Aero)* Sonnensegeln n *(Fortbewegung mit Hilfe des Sonnenwinddruckes)*
- ~ **spectral irradiance** *(Astr)* spektrale extraterrestrische Sonnenstrahlungsintensität f, spektrale Solarkonstante f
- ~ **star** *(Astr)* G-Stern m, sonnenähnlicher Stern m
- ~ **stream** *(Astr, Kern)* solarer Teilchenstrom m, Teilchenstrom m von der Sonne
- ~ **surge** *(Astr)* Spritzprotuberanz f, Surge n(f) *(der Sonne)*
- ~ **total irradiance** s. ~ irradiance

solation *(physCh)* Gel-Sol-Umwandlung f, Gel-Sol-Übergang m *(s. a. sol formation)*

soldering embrittlement *(Mech)* Lötbrüchigkeit f

Soleil [biquartz] *(Opt)* Soleilsche Doppelplatte f, Soleil-Doppelplatte f, Doppelquarzplatte f, Biquarz m

- ~ **half-shade** *(Opt)* Halbschattenapparat m mit Soleilscher Doppelplatte

solenoidal field s. ~ vector

- ~ **magnetization** *(Magn)* Kreismagnetisierung f
- ~ **vector [field]** *(mathPh)* quellenfreies (divergenzfreies, solenoidales) Feld (Vektorfeld) n

solid 1. *(Fest)* Festkörper m, fester Körper m; 2. *(physCh)* Feststoff m; 3. *(mathPh)* Körper m, Vollkörper m, geometrischer Körper m

- ~ **angle** *(mathPh)* Raumwinkel m
- ~ **angle of acceptance** *(Opt)* Öffnungsraumwinkel m
- ~-**borne sound** *(Ak)* Körperschall m
- ~ **circuit** *(Halbl)* Festkörperschaltung f, *(speziell:)* Festkörperschaltkreis m
- ~ **condition of aggregation (matter)** *(Fest)* fester Aggregatzustand (Zustand) m, Festkörperzustand m
- ~ **detector** *(Kern)* Festkörper[-Strahlungs]detektor m
- ~ **effect** *(physCh)* Festkörpereffekt m, Abragam-Jeffries-Effekt m
- ~ **film lubrication** *(Mech)* Feststoffschmierung f, Starrschmierung f
- ~ **geometry** *(mathPh)* Stereometrie f, Körpermessung f
- ~ **jet** *(Ström)* Vollstrahl m, zusammenhaltender Strahl m
- ~ **logic technology** *(El)* integrierte Hybridtechnik f, SLT
- ~ **model** *(physCh)* räumliches p,T,x-Diagramm n, Druck-Temperatur-Zusammensetzungs-Diagramm n, räumliches Siedediagramm n
- ~ **moment of inertia** *(Mech)* Körperträgheitsmoment n
- ~ **of light (luminous intensity) distribution** *(Opt)* Licht[stärke]verteilungskörper m, photometrischer Körper m
- ~ **of revolution (rotation)** Drehkörper m, Rotationskörper m, Umdrehungskörper m, rotationssymmetrischer Körper m
- ~-**phase rule** *(physCh)* Bodenkörperregel f
- ~ **picture** *(El, Phot)* stehendes Bild n
- ~ **residue [from evaporation]** *(physCh)* Abdampfrückstand m
- ~ **solubility curve** *(physCh)* Löslichkeitskurve f für den festen Zustand, Solvus m
- ~ **solution** *(Fest)* feste Lösung f, Festlösung f
- ~-**state ionics** *(Ech, Fest)* Physik f der Festkörper-Ionenleiter *(und ihre Anwendung)*
- ~-**state lamp** *(Halbl)* Lumineszenzdiode f, Lichtemissionsdiode f, LED, Lichtemitterdiode f, Leuchtdiode f
- ~-**state [nuclear] track detector** *(Kern)* Festkörperspurdetektor m, FSD

solidensing *(physCh)* Solidensieren n, Kondensieren n fest, festes Kondensieren n

solidification 1. *(Fest, Therm, physCh)* Erstarrung f, Festwerden n, Verfestigung f, *(speziell von Öl:)* Stocken n; 2. *(Kern)* Verfestigung f, Abfallverfestigung f

- ~ **curve of water** *(Therm)* Eiskurve f, Eislinie f, Erstarrungskurve f des Wassers
- ~ **point** *(physCh)* 1. Erstarrungspunkt m, *(von Öl:)* Stockpunkt m, *(für Stoffe, die unter Normalbedingungen flüssig sind, auch:)* Gefrierpunkt m
- ~ **range** *(physCh)* Erstarrungsintervall n, *(manchmal:)* Erstarrungsbereich m, *(speziell:)* Gefrierintervall n, Gefrierbereich m

solidity 1. *(mathPh)* Körperlichkeit f; 2. *(Fest)* fester Aggregatzustand (Zustand) m, Festkörperzustand m; 3. *(Ström)* Ausfüllungsgrad m, Blattdichte f, Völligkeit f *(eines Propellers)*

solidus 1. *(mathPh)* Schrägstrich m; 2. *(physCh)* Soliduskurve f, Soliduslinie f

soliquid *(physCh)* feste Emulsion f

Soller slits *(El, Magn)* Soller-Kollimator m, Soller-Blende f, Soller-Spaltsystem n

solstice *(Astr)* 1. Solstitium n, Sonnenwende f; 2. Solstitialpunkt m

solubility 1. *(mathPh)* Lösbarkeit f, Auflösbarkeit f *(einer Gleichung)*; 2. *(physCh)* Auflösbarkeit f, Lösbarkeit f, Löslichkeit f; 2. *(physCh)* Löslichkeit f *(Größe)*

- ~ **promoter** *(physCh)* s. solutizer

soluble oil *(physCh)* emulgierbares (wasserlösliches) Öl n

solute *(physCh)* Gelöstes n, [auf]gelöster Stoff m, in Lösung gegangener Stoff m, gelöste Substanz f
solution 1. *(mathPh)* Lösung f *(einer Gleichung, Vorgang oder Ergebnis)* ; 2. *(physCh)* Auflösung f, Lösen n, Lösung f *(Vorgang)* ; 3. *(physCh)* Lösung f, Lsg. *(Ergebnis)*
~ **power** *(physCh)* Lösevermögen n, Lösungsvermögen n, Solvenz f
~ **strength** *(physCh)* Lösungskonzentration f, Lösungsgehalt m, Lösungsstärke f
~ **tension** *(Ech)* [elektrolytischer] Lösungsdruck m, Lösungstension f
solutizer *(physCh)* Lösungsvermittler m, Lösungshilfsmittel n, Lösungsverbesserer m, Solutizer m
solvability *(mathPh)* Lösbarkeit f, Auflösbarkeit f *(einer Gleichung)*
solvate *(physCh)* Solvat n, Solvatationskomplex m
solvation *(physCh)* Solvatation f, Solvatisierung f
~ **sheath (shell, sphere)** *(Ech)* Solvat[ations]hülle f
solvency *(physCh)* Lösevermögen n, Lösungsvermögen n, Solvenz f
solvent *(physCh)* Lösungsmittel n, Lsgm., *(manchmal:)* Lösemittel n, Solvens n, Solvent m
~ **resistance** *(physCh)* Lösungsmittelbeständigkeit f, Beständigkeit f gegen Lösungsmittel, Lösungsmittelfestigkeit f
solvolyte *(physCh)* Lyolyseprodukt n, Lyolyt m, Solvolyseprodukt n, Solvolyt m
solvus *(physCh)* Löslichkeitskurve f für den festen Zustand, Solvus m
somersaulting *(Opt, Phot)* Stürzen n, Bildstürzen n, Bildsturz m
Sommerfeld constant *(At)* [Sommerfeldsche] Feinstrukturkonstante, Sommerfeld-Konstante f
~-**Kossel displacement law** *(Spektr)* spektroskopischer (Kossel-Sommerfeldscher) Verschiebungssatz m
~ **theory** *(Fest)* Theorie f freier Elektronen (Metallelektronen)
Sommerfeld's radiation condition *(Qu)* Sommerfeldsche Ausstrahlungsbedingung f
~ **reciprocity theorem** *(El, Magn)* Reziprozitätsgesetz n (Reziprozitätssatz m) für elektromagnetische Wellen, Sommerfeldscher Reziprozitätssatz m
sone *(Ak)* Sone n, sone *(Pseudoeinheit für die Lautheit)*
sonic ... *s. a.* sound ...
~ **analysis** *(Ak)* Schallanalyse f, *(speziell:)* Klanganalyse f
~ **bang (boom)** *(Ak)* Überschallknall m
~ **delay line** *(Ak)* Ultraschall-Laufzeitglied n, Ultraschall-Laufzeitkette f, Ultraschall-Verzögerungsleitung f, akustische Verzögerungsleitung f

~ **depth finder** *(Ak, Hydr)* Echolot n, Behm-Lot n
~ **edge** *(Aero)* Schallkante f
~ **flow** *(Ström)* Strömung f im Schallbereich, Schallströmung f
~ **pressure** *(Ak)* 1. Effektivschalldruck m, Effektivwert m des Schalldrucks, effektiver Schalldruck m, akustischer Druck m ; 2. *s.* sound pressure
~ **ridge** *(Aero)* Schallkante f
~ **spark chamber** *(Hoch)* akustische Funkenkammer f, Funkenkammer f mit akustischer Lokalisierung
~ **speed** *(Ak)* Schallgeschwindigkeit f
sonics *(Ak)* Sonik f *(technische Anwendung von Schallschwingungen)*
sonochemistry *(physCh)* Ultraschallchemie f, Sonochemie f
sonotone *(Ak)* Monochord n
soot luminosity *(Opt)* Rußleuchtdichte f
sophisticated method anspruchsvolle (hochentwickelte, verfeinerte) Methode f
sorbate *(physCh)* Sorptiv n, Sorbend m, Sorbat n, sorbierter Stoff m
sorbent, sorptive material *(physCh)* Sorbens n *(pl:* Sorbenzien*)*, Sorptionsmittel n
sort of molecule *(At)* Molekülspezies f, Molekülart f
sorting 1. *(Mech)* Klassierung f ; Sortierung f ; Trennung f nach der Korngröße, -form und/oder -dichte ; 2. *(El)* Sortierung f, Trennung f *(der Elektronen)*
sound *(Ak)* 1. Schall m ; Klang m ; 2. Ton m ; 3. Schallwelle f *(einschließlich Infra- und Ultraschallbereich)*
~ **absorber** *(Ak)* schallabsorbierender (schallschluckender) Stoff m, Schallschluckstoff m
~ **absorption** *(Ak)* Schallabsorption f, *(bei teilweiser Absorption:)* Schallschluckung f
~ **absorption coefficient (factor)** *(Ak) s.* ~ absorptivity
~ **absorptivity** *(Ak)* Schallabsorptionsgrad m, Schallabsorptionskoeffizient m, Schallschluckgrad m
~ **antinode** *(Ak)* Schallbauch m
~ **articulation** *(El)* Lautverständlichkeit f
~ **attenuation** *(Ak)* Schalldämpfung f *(in einem Medium)*
~ **attenuation coefficient (constant)** *(Ak)* Schalldämpfungskoeffizient m, Dämpfungskoeffizient m
~ **band pressure level** *(Ak)* Schalldruckpegel m *(Pegel)* m in der Bandbreite, Bandschalldruckpegel m
~ **barrier** *(Ak)* Schallmauer f, Schallgrenze f
~ **board** *(Ak)* Resonanzboden m, Schallboden m, *(speziell:)* Klangboden m
~ **conduction** *(Ak)* Schalleitung f, Schallleitfähigkeit f *(Vorgang)*
~ **conductivity** *(Ak)* Schalleitfähigkeit f *(Größe)*

sound

~ **damping** *(Ak)* s. 1. ~ attenuation; 2. ~ proofing
~ **deadening** *(Ak)* Entdröhnung *f*
~ **deadening wall** *(Ak)* schallschluckende (schallabsorbierende) Wand *f*, Schallschluckwand *f*
~ **deafener** s. ~ insulator
~ **dissipation coefficient (factor)** *(Ak)* Schalldissipationsgrad *m*, Dissipationsgrad *m*, *(selten:)* Verwärmgrad *m*
~ **distortion** *(Ak)* Klangverzerrung *f*, *(speziell:)* Lautverzerrung *f*
~-**emitting fireball** *(Astr)* explodierende Feuerkugel *f*, Feuerkugel *f* mit langanhaltendem Donner
~ **energy** *(Ak)* Schallenergie *f*
~ **energy density** *(Ak)* Schallenergiedichte *f*, Schalldichte *f*
~ **energy flux** *(Ak)* Schalleistung *f*, *(manchmal:)* Schallenergiefluß *m*, Wirkschalleistung *f*
~ **energy flux density** *(Ak)* Schallintensität *f*, Schalleistungsdichte *f*, Schallstärke *f*, Schallenergieflußdichte *f*, *(speziell:)* Tonstärke *f*
~ **energy flux level** *(Ak)* Schalleistungspegel *m*
~ **energy reflection coefficient** *(Ak)* Schallenergiereflexionsgrad *m*
~ **field** *(Ak)* Schallfeld *n*
~ **field quantity** *(Ak)* Schallfeldgröße *f*, akustische Feldgröße *f*, Schallgröße *f*
~ **filter** *(Ak, El)* Klangsieb *n*, Klangfilter *n*
~ **fixing and ranging** s. ~ location
~ **flux** *(Ak)* Schallfluß *m*, Volum[en]schnelle *f*
~ **frequency** *(Ak, El)* s. audio frequency
~-**hard boundary [surface]** *(Ak)* schallharte (starre) Grenzfläche *f*
~ **hardness** s. acoustic stiffness
~ **in water** *(Ak)* Wasserschall *m*
~ **insulation** *(Ak)* Schalldämmung *f*
~ **insulation factor** s. ~ reduction factor
~ **insulator** *(Ak)* Schalldämmstoff *m*, schalldämmender Stoff *m*, *(speziell:)* schalldämmender Werkstoff *m*
~ **intelligibility** s. ~ articulation
~ **intensity** s. ~ energy flux density
~ **interval** *(Ak)* Frequenzverhältnis *n* zweier Töne *(oder Klänge)*, Tonintervall *n*, *(speziell:)* Logarithmus *m* des Frequenzverhältnisses zweier Töne *(oder Klänge)*
~ **lag** *(Ak)* Schallverzug *m*, Schallaufzeit *f*
~ **level** *(Ak)* Schallpegel *m*, *(speziell:)* Schallintensitätspegel *m*, *(manchmal:)* Schalleistungsdichtepegel *m*, Schallenergieflußpegel *m*
~ **location** *(Ak)* Schallortung *f*, akustische Ortung *f*
~ **locator** *(Ak)* Schallortungsgerät *n*, *(speziell:)* Horchgerät *n*
~ **mirage** *(Ak)* Schallspiegelung *f*
~ **node** *(Ak)* Schallknoten *m*
~ **octave-band pressure level** *(Ak)* Oktavpegel *m*, Oktavband-Schalldruckpegel *m*

~-**on-film recording** *(Ak, Phot)* photographische Schallaufzeichnung *f*
~-**on-wire recording** *(Ak, Magn)* Stahldrahtverfahren *n*
~ **particle displacement** *(Ak)* Schallausschlag *m*, Teilchenverschiebung *f*, Schallauslenkung *f*
~ **particle velocity** *(Ak)* Schallschnelle *f*
~ **particle velocity level** *(Ak)* Schallschnellepegel *m*, Schnellepegel *m*
~ **phase constant** *(Ak)* Schallphasenkoeffizient *m*, Phasenkoeffizient *m*
~ **power** *(Ak)* Schalleistung *f* *(einer Schallquelle)*, Schallquellenleistung *f*
~ **pressure** *(Ak)* Schalldruck *m*, *(manchmal:)* Schallwechseldruck *m* *(komplexe Größe)*
~ **pressure amplitude** *(Ak)* Schalldruckamplitude *f*, Druckamplitude *f*, *(manchmal:)* Schallwechseldruckamplitude *f*, Wechseldruckamplitude *f*
~ **pressure level** *(Ak)* Schalldruckpegel *m*
~ **pressure transfer constant (factor)** *(Ak)* Schalldruckübertragungsmaß *n*, Druckübertragungsmaß *n*
~ **projector** *(Ak)* Schallsender *m*
~ **proofing** *(Ak)* Schalldämmung *f*, Schallschutz *m*, *(nicht empfohlen:)* Schallisolation *f*, Schallisolierung *f* *(eines Raumes)*
~-**proofness** *(Ak)* Schalldämmungseffekt *m*, Schalldichtheit *f*, Schallsicherheit *f*
~ **propagating in air** *(Ak)* Luftschall *m*
~ **propagating in solids** s. solid-borne sound
~ **propagation** *(Ak)* Schallausbreitung *f*
~ **propagation coefficient (constant)** *(Ak)* Schallausbreitungskoeffizient *m*, Schallfortpflanzungskoeffizient *m*
~ **quality** *(Ak)* Tonqualität *f*, Klangfarbe *f*, Farbe *f* des Klangs
~ **radiation** *(Ak)* Schallemission *f*, Schallausstrahlung *f*, Schallabstrahlung *f*
~ **radiation impedance** *(Ak)* Schallstrahlungsimpedanz *f*
~ **radiation pressure** *(Ak)* Schallstrahlungsdruck *m*
~ **radiation resistance** *(Ak)* Schallstrahlungsresistanz *f*, Schallstrahlungswiderstand *m*
~ **ranger** *(Ak)* akustischer Entfernungsmesser *m*
~-**ray diagram** *(Ak)* Schallstrahldiagramm *n*, *(gezeichneter)* Schallstrahlengang *m*
~ **record** *(Ak)* Phonogramm *n*, Schallaufzeichnung *f*, Schallaufnahme *f*, *(speziell:)* Tonzeichnung *f*, Tonaufnahme *f* *(Ergebnis)*
~ **reduction factor (index)** *(Ak)* Schalldämmaß *n*, Dämmaß *n*, *(früher:)* Schallisolationsmaß *n*, Schalldämmzahl *f*, Dämmzahl *f*
~ **reflection coefficient** *(Ak)* Schallreflexionsgrad *m* *(reflektierte durch auftreffende Schalleistung)*

~ **reflection factor** *(Ak)* Schallreflexionsfaktor *m (reflektierte durch auftreffende andere Schallgröße als die Schalleistung)*
~ **replica technique** *(Ak)* Schallabdruckverfahren *n (zum Nachweis stehender Wellen in Luft im freien Schallfeld)*
~ **spectrum** *(Ak)* Schallspektrum *n (Frequenz-Amplituden-Diagramm), (speziell:)* Klangspektrum *n*
~ **spreading loss** *(Ak)* Verlust *m* durch divergierende Schallausbreitung, Divergenzdämpfungsmaß *n*
~ **trajectory** *(Ak)* Schallbahn *f*
~ **transducer** *(Ak)* elektroakustischer Wandler *m*, Schallwandler *m*
~ **transmission** *(Ak)* 1. Schalltransmission *f*, Schalldurchgang *m*, *(speziell:)* Schallübertragung *f*; 2. Schallübergang *m (durch eine Grenzfläche)*
~ **transmission coefficient (factor)** *(Ak)* Schalltransmissionsgrad *m*, *(nicht empfohlen:)* Schalldurchlaßgrad *m*
~ **transmission quality** *(Ak, El)* Übertragungsgüte *f*
~ **transmitted in water** *(Ak)* Wasserschall *m*
~ **transmittivity** *s.* ~ transmission coefficient
~ **travel time** *(Ak)* Schallaufzeit *f*
~ **volume** *(Ak)* Klangumfang *m*, Volumen *n*, Schallvolumen *n*, *(speziell:)* Klangfülle *f*, *(speziell:)* Dynamik *f*
~ **volume velocity** *s.* ~ flux
~ **wave** *(Ak)* Schallwelle *f (einschließlich Infra- und Ultraschallbereich)*
sounding 1. *(Ak)* Schallen *n*, Ertönen *n*, *(speziell:)* Klingen *n*, *(speziell:)* Erklingen *n*; 2. *(Hydr)* Lotung *f*, Tiefenlotung *f*; 3. *(Meß)* Sondierung *f*; 4. *(Hydr)* gelotete Wassertiefe *f*
~ **velocity** vertikale Schallgeschwindigkeit *f* in Wasser, Lotgeschwindigkeit *f*
source 1. Quelle *f (auch eines Vektorfeldes)*; 2. *(Spektr)* Spektralquelle *f*, Quelle *f*, Source *f*; 3. *(Therm)* Wärmequelle *f*; 4. *(El)* Stromquelle *f*; 5. *(Kern)* Strahlenquelle *f*, Strahlungsquelle *f*, Quelle *f*, *(manchmal:)* Strahler *m*; 6. *(Halbl)* Sourceelektrode *f*, Source *f*, Quellenelektrode *f*, Quelle *f*, s-Pol *m (eines Feldeffekttransistors)*; 7. *(Halbl)* Sourcezone *f*, Source *f (eines Feldeffekttransistors)*; 8. *(Halbl)* Sourceanschluß *m*, Source *f (eines Feldeffekttransistors)*
~ **accelerator** *(Kern)* Vorbeschleuniger *m*, Injektor *m*, Injektionsgerät *n*, *(als zyklischer Beschleuniger auch:)* Booster *m*
~-**and-sink method** *(Ström)* Quelle-Senken-Methode *f*, Quelle-Senken-Verfahren *n*
~ **current** 1. *(El)* Quellenstrom *m*; 2. *(Halbl)* Sourcestrom *m*
~ **decay drift** *(Kern)* Drift *f* infolge Abfalls der Strahlenquelle, Quellenabfalldrift *f (eines Radionuklidmeßgerätes)*

~ **density** 1. *(mathPh)* Quell[en]dichte *f*; 2. *(Kern)* Quelldichte *f (emittierte Teilchen je Zeit- und Volumeneinheit)*
~ **density function** *(mathPh)* Quellterm *m*
~ **distribution** 1. *(mathPh)* Quell[en]verteilung *f (in einem Vektorfeld)*; 2. *(Hydr)* Quellbelegung *f*
~ **efficiency** *(Kern)* Quellenausbeute *f*, Selbstabsorptionskoeffizient *m*, Selbstabsorptionsfaktor *m*, Effektivität *f (einer Strahlenquelle)*
~ **excitation** 1. Quellenerregung *f (einer Schwingung)*; 2. *(Spektr)* Sourceanregung *f*
~-**follower [amplifier]** *(Halbl)* Drainschaltung *f*, Sourcefolger *m*
~ **force** *(El, Magn)* Quellenkraft *f*
~ **function** 1. Quellenfunktion *f*, Erregungsfunktion *f (einer Schwingung)*; 2. *(Astr)* Ergiebigkeit *f (einer Quelle)*, Quell[en]funktion *f*
~ **intensity** *(Kern)* Quellstärke *f*, Emissionsrate *f (Teilchen oder Photonen je Zeiteinheit)*
~ **level** 1. *(Ak)* Schallintensitätspegel *m* der Quelle *(im Abstand 1 auf einer Achse)*; 2. *(Reg)* Quell[en]niveau *n*
~ **line** *(Hydr)* Quellinie *f*, Quellfaden *m*
~ **of energy** 1. Energieträger *m*, Energie *f (in der Energietechnik)*; 2. primäre Energieform *f*
~ **point** 1. *(mathPh)* Quellpunkt *m (eines Vektorfeldes)*; 2. *(Opt)* Dingpunkt *m*, Objektpunkt *m*, Gegenstandspunkt *m*
~ **power efficiency** *(Opt)* Wirkungsgrad *m (eines optischen Senders)*, Senderwirkungsgrad *m*, Laserwirkungsgrad *m*
~ **range** *(Kern)* Quell[en]bereich *m*
~ **region** 1. *(mathPh)* Quellbereich *m (eines Vektorfeldes)*; 2. *(Halbl)* Sourcezone *f*, Source *f (eines Feldeffekttransistors)*
~ **resistance** *(Ech, El)* innerer Widerstand *m*, Innenwiderstand *m (einer Gleichstromquelle)*
~ **singularity** *(Aero)* quellartige Singularität *f*
~-**sink flow** *(Hydr)* Quelle-Senken-Strömung *f*, Quell[en]senkenströmung *f*
~ **strength** 1. *(Ström)* Quell[en]stärke *f*, *(Hydr auch:)* Ergiebigkeit *f der Quelle*, Quellenergiebigkeit *f*; 2. *(Kern) s.* ~ intensity
~ **transition loss** *(El)* Übergangsverlust *m*
~-**type solution** *(Hydr)* quellenartige (quellenförmige) Lösung *f*
~ **voltage** *(Ech)* Zellenquellenspannung *f*, Quellenspannung *f (einer Zelle)*, Zellen-EMK *f*
south polar distance *(Astr)* Südpoldistanz *f*, SPD, *(manchmal:)* Südpolabstand *m*
southbound node *(Astr, Mech)* absteigender Knoten *m (auch eines Satelliten)*
sp gr *(physCh) s.* specific gravity
sp.ht. *(Therm) s.* specific heat

sp hybrid *(At, Qu)* diagonales Hybridorbital *n*, sp-Hybridorbital *n*
SP maser *(El, Magn)* selbstverstärkender Maser *m*, Maser mit Selbstverstärkung
sp vol *(Mech) s.* specific volume
space *(Astr)* Weltraum *m*, Raum *m*, Außenraum *m*
~ **attenuation** *(Ak)* Raumdämpfungsmaß *n*
~-**centred lattice** *(Krist) s.* body-centred lattice
~ **centrode** *(Mech)* Herpolhodie[kurve] *f*, Spurkurve *f*, Rastpolkurve *f*, Spurbahn *f*, Serpoloide *f*
~-**charge barrier [layer]** *(Halbl)* Raumladungsgrenzschicht *f*, Raumladungsgrenze *f*
~-**charge density** *(El)* Raumladungsdichte *f*, Ladungsdichte *f*, Volumenladungsdichte *f*
~-**charge factor** *(El) s.* perveance
~-**charge law** *(El) s.* Child's law
~ **coherence** *(Opt)* räumliche Kohärenz *f*
~ **cone** *(Mech)* Rastpolkegel *m*, Spurkegel *m*, Festkegel *m*, Herpolhodiekegel *m*
~ **curvature** *(Rel)* Krümmung *f* des Ortsraumes, Raumkrümmung *f*
~ **density** räumliche Dichte *f*, Volumendichte *f*, Volumdichte *f*, Raumdichte *f* *(wenn von der Flächendichte zu unterscheiden)*
~ **dependence** Ortsabhängigkeit *f*
~-**energy distribution** *(Kern)* räumliche und Energieverteilung *f*, räumlich-energetische Verteilung *f*
~ **erosion** *(Astr)* Masseverlust *m* *(der Meteoriten)* im Weltraum
~ **exchange potential** *(Kern)* Majorana-Potential *n*, Ortsaustauschpotential *n*, Potential *n* der Majorana-Kräfte
~-**fixed coordinates** *(Mech)* raumfeste Koordinaten *fpl*, raumfestes Koordinatensystem *n*
~ **focus[s]ing** *(Spektr) s.* direction focus[s]ing
~ **formula** *(physCh)* Raumformel *f*, stereochemische (stereometrische) Formel *f*
~ **group** *(Krist)* Raumgruppe *f*, *(manchmal:)* Raumsymmetriegruppe *f*
~ **gyro[scope]** *(Mech)* kräftefreier Kreisel *m*, Kreisel *m* mit drei Freiheitsgraden
~ **harmonic** *(El, Magn)* räumliche Harmonische *f*, Hartree-Harmonische *f*
~ **inversion** *(mathPh) s.* ~ reflection 1.
~ **lattice** 1. Raumgitter *n*, dreidimensionales Gitter *n* ; 2. *(Krist)* Bravais-Gitter *n*, einfaches (reines, Bravaissches) Translationsgitter *n* ; 3. *(Mech)* räumliches Gitterwerk *n*
~-**like line** *(Rel)* raumartige Linie (Weltlinie) *f*
~-**like momentum** *(Rel)* raumartiger Impuls *m*
~ **locus** *(Mech)* Ortskurve *f*, Bahnkurve *f*
~ **model** *(physCh)* räumliches *p,T,x*-Diagramm *n*, Druck-Temperatur-Zusammensetzungs-Diagramm *n*, räumliches Siedediagramm *n*
~ **network polymer** *(At)* räumliches Netzpolymer *n*, raumvernetztes (räumlich vernetztes) Polymer (Molekül) *n*
~ **of states and energy** *(Mech)* Energie-Zustands-Raum *m*
~ **parity** räumliche Parität *f*, Raumparität *f*, Parität *f* des Raumes
~ **permeability** *(Magn)* Permeabilität *f* im leeren Raum, absolute Permeabilität *f*, magnetische Feldkonstante (Induktionskonstante) *f*
~ **principle** *(Fest)* Raumausnutzungsprinzip *n*
~ **probe** *(Astr)* Raumsonde *f*, Weltraumsonde *f*
~ **quadrature** [räumlicher] Viertelwellenabstand *m*
~ **quantization** *(Qu)* Richtungsquantisierung *f*, Richtungsquantelung *f*, räumliche Quantisierung (Quantelung) *f*, *(manchmal:)* Raumquantisierung *f*, *(speziell:)* Einquantelung *f* in die Feldrichtung
~ **reconnaissance** *(Aero)* Fernerkundung *f* vom Weltraum aus, Raumerkundung *f*
~ **reddening** *(Astr)* interstellare Verfärbung *f*
~ **reflection** *(mathPh)* 1. Spiegelung *f*, Inversion *f*, Raumspiegelung *f*, Rauminversion *f* *(Spiegelung aller drei Richtungen)* ; 2. Spiegelung *f*, Raumspiegelung *f* *(Spiegelung einer der Richtungen)*
~ **reflection symmetry** *(Qu)* [räumliche] Parität *f*
~ **satellite** *(Astr)* künstlicher Satellit (Erdsatellit) *m*
~-**time** *(Rel)* Raumzeit *f*, Raum-Zeit *f*, Raum *m* und Zeit *f*, Raumzeitwelt *f*, Raum-Zeit-Welt *f*
~-**time law** *(Mech)* Weg-Zeit-Gesetz *n* *(beim freien Fall)*
~-**time point** *(Rel)* Ereignis *n*, Weltpunkt *m*, Raumzeitpunkt *m*, Raum-Zeit-Punkt *m*
~-**time reflection** *(Rel)* Raum-Zeit-Spiegelung *f*, starke Spiegelung *f*
~ **vector** *(mathPh)* Ortsvektor *m* im Raum
~-**world line** *(Rel)* raumartige Linie (Weltlinie) *f*
3-space *(mathPh)* dreidimensionaler Raum *m*
spacer molecule *(Fest)* abstandsbildendes Molekül *n*, Abstandsmolekül *n*
spacing (räumlicher) Abstand *m* *(auch als Größe)*, Zwischenraum *m*
~ **ratio** *(Opt)* Abstandsverhältnis *n* *(von horizontalem zu vertikalem Abstand)*
~ **wave** *(El)* Pausenwelle *f*, Zwischenzeichenwelle *f*
spallation breeder *(Kern)* Beschleuniger (Teilchenbeschleuniger) *m* zur Spaltstofferbrütung, Brüterbeschleuniger *m*, Spallationsbrüter *m*
spallogenic product *(Kern)* Spallationsprodukt *n*, spallogenes Produkt *n*

span 1. Zeitspanne *f*; 2. *(mathPh)* Öffnung *f*, Weite *f*, Zirkelöffnung *f*, Zirkelweite *f*; 3. *(Meß)* Meßbereich *m*; 4. *(Mech)* Feldweite *f*, Feld *n (eines Balkens)*; 5. *(Mech)* Feld *n*, Öffnung *f (einer Brücke, eines Bogens)*; 6. *(Mech)* Spannweite *f*, Stützweite *f (einer Tragkonstruktion)*; 7. *(Aero)* Spannweite *f (eines Flugzeugs oder Tragflügels)*; 8. *(El)* Wicklungssprung *m (einer Ankerspule)*
~ **angle** *(Mech)* Umschlingungswinkel *m*, Umfassungswinkel *m*
sparging *(Ström)* Einperlen *n*, Hindurchperlen *n*; Einblasen *n*, Durchblasen *n*, Hindurchblasen *n*
spark [elektrischer] Funke *m*
~ **excitation** 1. *(El)* Funkenerregung *f (eines Schwingungskreises)*; 2. *(Spektr)* Anregung *f* in der Funkenentladung, Funkenanregung *f*, *(speziell:)* Abfunken *n*
~ **gap** *(El)* Funken[entladungs]strecke *f*, Entladungsstrecke *f*
~ **line** *(Spektr)* Funkenlinie *f*, Linie *f* im Funkenspektrum *(erste, zweite, ...)*
sparkburst *(El)* Zersprühung *f*, Sternstrahlenbild *n (im Funkenbild bei der Funkenprüfung)*
sparking *(El)* 1. Funkenbildung *f*, Funken *n*; 2. Bürstenfeuer *n*, *(auch speziell das ausgeprägte Stadium:)* Spritzfeuer *n*
~ **potential** *(El) s.* sparkover potential
sparkler *(El)* Stern *m (im Funkenbild bei einer Funkenprüfung)*
sparkling 1. *(Opt)* Funkeln *n*, Glitzern *n*, Blinken *n*, Blitzen *n*; 2. *(Ström)* Sprudeln *n*, Aufbrausen *n*
sparkover *(El)* 1. Überschlag *m*, Überschlagen *n*, Überspringen *n (eines Funkens)*, Funkenüberschlag *m (am Isolator)*; 2. *s.* spark
~ **chamber** *(Kern)* Funkensprungkammer *f*
~ **impulse voltage** *(El)* Überschlagstoßspannung *f*
~ **potential** 1. *(El)* Zündspannung *f*, Anfangsspannung *f*, Funkenpotential *n*, Funkenspannung *f (einer Funkenentladung)*; 2. *(El)* Überschlag[s]spannung *f (über die Oberfläche eines Isolators)*
sparks *(Astr)* 1. Funkenschauer *m (eines Meteors)*; 2. „moustaches" *mpl*, Helle Punkte *mpl (auf der Sonne)*
sparse matrix *(mathPh)* dünnbesetzte (schwachbesetzte, verdünnte) Matrix *f (mit nur wenigen Elementen ungleich Null)*
spatial average *(mathPh)* räumliches Mittel *n*, Raumgrößenmittel *n*
~ **colour** *(Opt)* Raumfarbe *f*
~ **density** *s.* space density
~ **depth** *(Opt)* Raumtiefe *f*
~ **effect** *(Ak)* Raumeffekt *m*, 3D-Effekt *m*
~ **filter** *(Opt)* Ortsfrequenzfilter *n*
~ **frequency** *(El, Opt)* Ortsfrequenz *f*, Raumfrequenz *f*

~ **harmonic** *(mathPh)* räumliche Kugelfunktion (Harmonische) *f*, harmonisches Polynom *n (n-ter Ordnung, n-ten Grades)*
~ **quantization** *(Qu) s.* space quantization
~ **resolution** *(Kern)* räumliche Auflösung *f*, Raumauflösung *f*, Ortsauflösung *f*
~ **wave** *(El)* Raumwelle *f*
spatio-temporal coherence *(Opt)* räumlich-zeitliche Kohärenz *f*
SPD, S.P.D. *(Astr) s.* south polar distance
special orthogonal group *(mathPh)* Dreh[ungs]gruppe *f*, eigentliche (engere, spezielle) orthogonale Gruppe *f (der Ordnung n)*, SO(n)
~ **relativity [theory]** *(Rel)* spezielle (Spezielle) Relativitätstheorie *f*
species 1. *(mathPh)* Symmetrietyp *m (von Eigenfunktionen)*; 2. *(Kern)* Nuklid *n*, Atomart *f*, Atomsorte *f*, Kernart *f*, Kernsorte *f*
specific absorbance *(Opt, physCh)* spezifische [dekadische] Extinktion *f*
~ **acoustic admittance** *(Ak)* spezifische (flächenbezogene) Schalladmittanz *f*
~ **acoustic conductance** *(Ak)* spezifische (flächenbezogene) Schallkonduktanz *f*, Feldkonduktanz *f*
~ **acoustic impedance** *(Ak)* spezifische (flächenbezogene) Schallimpedanz *f*, Feldimpedanz *f*
~ **acoustic inertance (mass)** *(Ak)* spezifische akustische Masse *f*
~ **acoustic reactance** *(Ak)* spezifische (flächenbezogene) Schallreaktanz *f*, Feldreaktanz *f*
~ **acoustic resistance** *(Ak)* spezifische (flächenbezogene) Schallresistanz *f*, Feldresistanz *f*
~ **acoustic susceptance** *(Ak)* spezifische (flächenbezogene) Schallsuszeptanz *f*, Feldsuszeptanz *f*
~ **acoustical ohm** *s.* rayl
~ **activity** *(Kern)* 1. spezifische Aktivität *f*, Massenaktivitätskonzentration *f (Aktivität je Masseeinheit, auch je Gewichtseinheit)*; 2. spezifische Aktivität *f* des Elements, spezifische Aktivität *f* [je Grammatom] *(in Bq/mol)*
~ **admittance** *s.* ~ acoustic admittance
~ **adsorption** *(Ech)* Kontaktadsorption *f*, spezifische Adsorption *f*
~ **area** *(physCh)* spezifische Oberfläche *f*
~ **burnup** *(Kern)* [spezifischer] Abbrand *m*, Abbrandtiefe *f (Größe, in MWd/t, Megawatt-Tage je Tonne)*
~ **charge** 1. spezifische Elektronenladung *f*, spezifische Ladung *f* des Elektrons (e/m_e); 2. spezifische Ladung *f*, Ladung/Masse-Verhältnis *n (e/m)*
~ **cohesion** *(Ström)* Kapillar[itäts]konstante *f (in mm)*
~ **conductance** 1. *(Ech)* spezifische [elektrische] Leitfähigkeit *f (Größe)*; 2. *(El)* [elektrische] Leitfähigkeit *f*, Konduktivität *f (Größe)*

specific 350

- **damping** *(El)* Dämpfungskoeffizient *m*, Dämpfungsbelag *m*
- **damping capacity** *s*. ~ loss
- **density** *(Mech)* s. density 3.
- **depression** *(physCh)* Gefrierpunktserniedrigung *f* einer 1%igen Lösung
- **detectivity** *(Opt)* normierte Rauschempfindlichkeit *f (eines optischen Empfängers)*
- **dielectric strength** *(El)* Durchschlag[s]feldstärke *f*, Durchschlag[s]festigkeit *f*, dielektrische Feldstärke (Festigkeit) *f*
- **electron charge** *s*. ~ charge 1.
- **energy** 1. *(Ech, Therm)* spezifische Energie *f*; 2. *(Hydr)* spezifischer hydrostatischer Druck *m*
- **extinction coefficient** *(Opt, physCh)* dekadischer Extinktionskoeffizient *m*, Extinktionsmodul *n*
- **flow energy** *(Ström)* spezifische Strömungsenergie *f (im verallgemeinerten Darcyschen Gesetz)*
- **flow rate** *(physCh)* spezifische Belastung *f*
- **fuel rating** *(Kern)* spezifische [thermische] Leistung *f (des Brennstoffs)*, spezifische Brennstoffleistung *f (in MW(th)/t)*
- **gamma-ray constant (emission)** *(Kern)* Dosisleistungskonstante *f*, spezifische Gammastrahlenkonstante (γ-Strahlenkonstante) *f*, Dosiskonstante *f* [der Gammastrahlung] *(in C m^2/kg)*
- **gas constant** *(Therm)* spezifische (spezielle) Gaskonstante
- **getter capacity** *(Vak)* spezifische (massenbezogene) Getterkapazität *f*
- **gravity** 1. *(Mech)* relative Dichte *f*, *(bei gleichem Zustand von Stoff und Bezugsstoff:)* Dichteverhältnis *n*, *(nicht mehr empfohlen:)* Dichtezahl *f*; 2. *(physCh)* s. ~ weight
- **head** *(Hydr)* spezifischer hydrostatischer Druck *m*
- **heat** *(Therm)* 1. spezifische Wärme *f (in J/kg)*; 2. *s*. ~ heat capacity
- **heat capacity** *(Therm)* spezifische Wärmekapazität *f*, *(nicht mehr empfohlen:)* spezifische Wärme *f (in J/kg K)*
- **heat of transfer** *(Therm)* spezifische Überführungswärme *f*
- **heat of transformation (transition)** *(physCh)* spezifische Umwandlungswärme *f*
- **heat ratio** *(Therm)* Verhältnis *n* der spezifischen Wärmekapazitäten, Verhältnis *n* der spezifischen Wärmen, Adiabatenexponent *m*, ϰ, Verhältnis c_p/c_v
- **holdup** *(physCh)* spezifischer Haftinhalt (Materialeinsatz) *m*
- **humidity** *(physCh)* spezifische Feuchte *f (eines Gases)*
- **impedance** *(Ak)* s. ~ acoustic impedance
- **impulse** *(Aero)* spezifischer Impuls *m*, *(selten:)* spezifischer Schub *m (eines Raketentriebwerks)*
- **inductive capacity, ~inductivity** *(El)* Permittivitätszahl *f*, relative Permittivität *f*, *(für das lineare Dielektrikum auch:)* Dielektrizitätszahl *f*, relative Dielektrizitätskonstante *f*, DK
- **inertance** *(Ak)* spezifische akustische Masse *f*
- **insulation resistance** *(El)* spezifischer Durchgangswiderstand (Volumenwiderstand) *m*, Würfelwiderstand *m (einer Isolation)*
- **ionization curve** *(At)* Kurve *f* der spezifischen Ionisation (Ionisierung) *(in Abhängigkeit von kinetischer Energie, Geschwindigkeit oder Reichweite)*
- **latent heat** *(physCh)* spezifische Umwandlungswärme *f*
- **load** 1. *(Mech)* spezifische Belastung *f*, Einheitslast *f*; 2. *(physCh)* spezifische Belastung *f*
- **loss** *(Mech)* spezfische Werkstoffdämpfung (Dämpfung) *f*, spezifischer Hysteresisverlust *m*
- **magnetic loading** *(El)* [mittlere] magnetische Flußdichte (Induktion) *f* im Anker, Ankerinduktion *f*
- **magnetic rotary power** *(Opt)* Verdetsche Konstante *f*, Verdet-Konstante *f*
- **magnetic susceptibility** *(Magn)* Massensuszeptibilität *f*, massebezogene [magnetische] Suszeptibilität *f*, spezifische [magnetische] Suszeptibilität *f*
- **magnetization** *(Fest, Magn)* spezifische (massebezogene) Magnetisierung *f*
- **mass effect** *(At)* spezifischer Kernmasseneffekt *m* [der Isotopie]
- **mechanical impedance** *(Ak)* spezifische mechanische Impedanz *f*, spezifischer [mechanischer] Standwert *m*
- **moisture content** *(physCh)* spezifische Feuchte *f*, spezifischer Wassergehalt *m (eines Feststoffs)*
- **nuclear fuel rating** *(Kern)* s. ~ fuel rating
- **output** *(El)* spezifische Leistung *f*
- **plane sensitivity** *(Kern)* spezifische Flächenempfindlichkeit *f (eines Radionuklidscanners)*
- **power** 1. *(Ech)* spezifische Leistung *f (einer Batterie)*; 2. *(Kern)* s. ~ fuel rating; 3. *(Kern)* spezifische Leistung *f (eines Reaktors: Leistung je Masseeinheit)*
- **power conversion** *(El)* Leistungsumsatz *m*
- **power input** *(Mech)* spezifische (volumenbezogene) Leistung *f* der äußeren Kräfte
- **pulse rate** *(Kern)* spezifische Impulsrate *f (Impulse je Minute und Milliliter)*
- **quantity** *(Mech)* spezifische Größe *f*, masse[n]bezogene Größe *f*

spectral

- ~ **radiation impedance** *(Ak)* spezifische Schallstrahlungsimpedanz *f*, Schallstrahlungsfeldimpedanz *f*
- ~ **rate of heat flow** *(Therm)* Wärmestromdichte *f*, Wärmestromintensität *f*, *(an der Heizfläche:)* Heizflächenleistungsdichte *f*, Heizflächenbelastung *f (Größe in J/m² oder W/m²)*
- ~ **reaction rate** *(physCh)* Geschwindigkeitskonstante *f*, spezifische Geschwindigkeit (Reaktionsgeschwindigkeit) *f*
- ~ **refrigerating load** *(Tief)* spezifische Kühllast *f*, spezifischer Kälteverbrauch *m*
- ~ **relief** *(Opt)* spezifische Plastik *f (eines Stereoskops)*
- ~ **reluctance** *(Magn)* spezifischer magnetischer Widerstand *m*, Reluktivität *f*
- ~ **repetition rate** *(El)* spezifische Impulsfolgefrequenz (Impulsfrequenz) *f*
- ~ **resistance** *(El) s.* resistivity 1.
- ~ **rod power** *(Kern)* lineare Leistungsdichte (Wärmeleistung) *f*, Längenleistung[sdichte] *f, (für einen Brennstab auch:)* lineare Stableistung[sdichte] *f*, Stablängenleistung *f*
- ~ **rotation**, ~ **rotatory power** *(Opt)* spezifische Drehung *f*, spezifisches Drehvermögen *n, (bei Festkörpern auch:)* optisches Drehvermögen *n (Größe)*
- ~ **shortening** *(Mech) s.* unit shortening
- ~ **sound energy flux** *s.* sound energy flux density
- ~ **speed** *(Ström)* spezifische Drehzahl *f*, Schnelläufigkeit *f*, Schnellaufzahl *f (einer Pumpe oder Turbine)*
- ~ **strength** 1. *(Mech)* spezifische (massebezogene) Festigkeit *f*; 2. *(Kern)* spezifische Stärke *f (einer γ-Quelle, in γ cm⁻³)*
- ~ **surface energy** *s.* surface tensity
- ~ **susceptibility** 1. *(El)* spezifische elektrische Suszeptibilität *f*; 2. *(Magn)* Massensuszeptibilität *f*, spezifische Suszeptibilität *f*
- ~ **thrust** *(Aero) s.* ~ impulse
- ~ **torque coefficient** *(El)* Esson-Koeffizient *m*, Esson-Zahl *f*, Ausnutzungsziffer *f (Drehmoment/Luftspaltvolumen)*
- ~ **transition heat** *(physCh)* spezifische Umwandlungswärme *f*
- ~ **viscosity** *(Ström)* relative Viskositätsänderung *f*, relative Viskositätserhöhung *f*, spezifische Viskosität (Zähigkeit) *f*
- ~ **volume** *(Mech)* spezifisches Volumen *n*, *(selten:)* Räumigkeit *f*
- ~ **weight** *(Mech)* Wichte *f*, *(nicht mehr empfohlen:)* spezifisches Gewicht *n*
- **specified achromatic light** *(Opt)* [farbmetrisch spezifiziertes] weißes Licht *n*
- **specimen** 1. *(Mech)* Prüfling *m*, Prüfkörper *m*, Prüfstück *n*, Testkörper *m*, Probestück *n*, Probe *f*; 2. *(El, Opt)* Objekt *n (in der Mikroskopie)*
- ~ **region** *(Kr, Krist, Opt)* Objektbereich *m*
- **speck** 1. Fleck *m*, Unreinheit *f*; 2. *(Phot)* Keim *m*

- **speckle** 1. Sprenkelung *f*, Tüpfelung *f*; 2. *(Opt)* Speckle *n (fleckenartige Lichtverteilung)*
- ~ **noise** *(Opt)* Modenrauschen *n*, modales Rauschen *n*, Fleckenrauschen *n (in der Lichtwellenleitertechnik)*
- **spectral absorptance** *(Opt)* spektraler Absorptionsgrad *m*
- ~ **angular cross section** *(Kern) s.* double differential cross section
- ~ **angular [particle] flux density** *(Kern)* spektrale (energie- und) raumwinkelbezogene Teilchenflußdichte (Flußdichte) *f*, spektrale Winkelflußdichte *f*
- ~ **attenuation coefficient** *(Opt)* spektraler Schwächungskoeffizient *m (für Licht)*
- ~ **band method** *(Opt)* Spektralbandverfahren *n (der Farbmessung)*
- ~ **candlepower** *(Opt)* spektrale Lichtstärke *f*
- ~ **centroid** *(Opt)* Schwerpunkt *m* der spektralen Empfindlichkeit, Schwerpunktwellenlänge *f*
- ~ **character** Energiebezogenheit *f (einer Größe)*
- ~ **characteristic** *(Opt)* spektrale Photoempfindlichkeit *f (eines optoelektronischen Bauelements)*
- ~ **characteristic curve** *(Phot)* spektrale Schwärzungskurve *f*
- ~ **chromaticity coordinate** *(Opt)* Farbwertanteil *m*
- ~ **colour stimulus** *(Opt)* spektrale Farbvalenz *f*
- ~ **concentration** *(El, Magn) s.* ~ density 2.
- ~ **condition** *(Feld, Qu)* Spektralität *f*, Spektrumsbedingung *f*
- ~ **cross section** *(Kern)* spektraler Wirkungsquerschnitt (Querschnitt) *m*, energiebezogener [differentieller] Wirkungsquerschnitt (Querschnitt) *m*
- ~ **density** 1. spektrale Energieverteilung *f*, Energieverteilung *f* im Spektrum *(einer Strahlung)*, spektrale Strahlungsverteilung *f*; 2. *(El, Magn)* spektrale Dichte *f (einer strahlungsphysikalischen Größe)*; 3. *(mathPh)* Spektraldichte *f*, spektrale Leistungsdichte *f*
- ~ **density curve** *(Phot)* spektrale Schwärzungskurve *f*
- ~ **emission analysis** *(physCh, Spektr)* Emissionsspektralanalyse *f*
- ~ **emissive power** *(El, Magn) s.* ~ emittance 1.
- ~ **emissivity** *(Therm)* [gerichteter] spektraler Emissionsgrad *m*
- ~ **emittance** 1. *(El, Magn)* spektrale spezifische Ausstrahlung *f (eines Temperaturstrahlers)*; 2. *(Therm) s.* ~ emissivity
- ~ **extinction coefficient** *(Opt)* spektraler dekadischer Absorptionskoeffizient *m*, dekadischer Extinktionsmodul *m (für Licht)*
- ~ **factorization** *(mathPh, Reg)* spektrale Faktorzerlegung (Faktorisierung) *f*

spectral

- ~ **[grate] ghost** *(Opt)* Gittergeist *m*, Geist *m*, falsche Linie *f (im Beugungsspektrum)*
- ~ **hardening [of neutrons]** *(Kern)* Spektrumhärtung *f*, Härtung *f* des Neutronenspektrums, Neutronenhärtung *f*
- ~ **hue** *(Opt)* spektraler Farbton *m*
- ~ **illuminance, ~ illumination** *(Opt)* spektrale Beleuchtungsstärke *f*
- ~ **internal absorptance** *(El, Magn, Opt)* spektraler Reinabsorptionsgrad *m*, spektraler innerer Absorptionsgrad *m*, *(bei ausgeschlossenem Mißverständnis:)* Reinabsorptionsgrad *m*
- ~ **internal transmittance** *(El, Magn, Opt)* spektraler Reintransmissionsgrad *m*, spektraler innerer Transmissionsgrad *m*, *(bei ausgeschlossenem Mißverständnis:)* Reintransmissionsgrad *m*
- ~ **intrinsic brilliance** *(Astr)* *s.* ~ luminance 1.
- ~ **irradiance** *(Opt)* 1. spektrale Bestrahlungsstärke *f*; 2. *s.* ~ radiance 2.
- ~ **locus** *(Opt)* *s.* spectrum locus
- ~ **luminance** 1. *(Astr)* spektrale Helligkeit (Leuchtdichte) *f*; 2. *(Opt)* spektrale Leuchtdichte *f*
- ~ **luminance factor** *(Opt)* spekraler Hellbezugswert *m*
- ~ **luminosity** *(Opt)* *s.* ~ luminous intensity
- ~ **luminous efficacy** *(Opt)* photometrisches Strahlungsäquivalent *n* bei der Wellenlänge λ, spektrales photometrisches Strahlungsäquivalent *n*
- ~ **luminous energy** *(Opt)* spektrale Lichtmenge (Lichtarbeit) *f*
- ~ **luminous flux** *(Opt)* spektraler Lichtstrom *m*
- ~ **luminous flux density** *(Opt)* spektrale Beleuchtungsstärke *f*
- ~ **luminous intensity** *(Opt)* spektrale Lichtstärke *f*
- ~ **luminous quantity** *(Opt)* spektrale photometrische Größe *f*
- ~ **mercury [vapour] lamp** *(El, Opt)* Quecksilberspektral[dampf]lampe *f*
- ~ **multiplet** *(Spektr)* Multiplett *n*, Linienkomplex *m*
- ~ **position** 1. *(Spektr)* spektrale Lage *f*; 2. *(Opt, Therm)* *s.* Crova wavelength
- ~ **quantity of radiation** *(El, Magn)* *s.* ~ radiation
- ~ **radiance** 1. *(El, Magn)* spektrale Strahl[ungs]dichte *f*; 2. *(Opt)* spektrale Strahlung *f (in der Lichtwellenleitertechnik)*
- ~ **radiancy, ~ radiant emittance (exitance)** *(El, Magn)* spektrale spezifische Ausstrahlung *f (eines Temperaturstrahlers)*
- ~ **radiant flux density** 1. *(El, Magn)* spektrale Strahlungsflußdichte (Strahlungsenergiefluenzrate) *f*; 2. *(Opt)* spektrale Bestrahlungsstärke *f*
- ~ **radiant intensity** *(El, Magn)* spektrale Strahlstärke *f*
- ~ **radiation** *(El, Magn)* spektrale Strahlungsenergie (Strahlungsmenge, Strahlungsarbeit) *f*
- ~ **radiometric quantity** *(Opt)* spektrale Strahlungsgröße *f*
- ~ **reflectance [function], ~ reflection factor** *(Opt)* spektraler Reflexionsgrad *m*
- ~ **response** *s.* ~ sensitivity
- ~ **responsivity** *(Opt)* spektrale Empfindlichkeit *f (eines optischen Empfängers)*
- ~ **satellite** *(At, Spektr)* Nichtdiagrammlinie *f*, Satellitenlinie *f*, Satellit *m*, Röntgensatellit *m (im Röntgenspektrum)*
- ~ **scattering coefficient** *(Opt)* spektraler Streukoeffizient *m (für Licht)*
- ~ **sensitivity** spektrale Empfindlichkeit *f*, Spektralempfindlichkeit *f*
- ~ **shift** *(At, Kern)* spektrale Verschiebung *f*, Spektralverschiebung *f*, Spektraldrift *f*
- ~-**shift[-controlled] reactor** *(Kern)* Reaktor *m* mit variablem Spektrum, Reaktor *m* mit Spektralsteuerung
- ~ **softening** *(Kern)* Spektrumerweichung *f*, Spektrumaufweichung *f*, Erweichung (Aufweichung) *f* des Neutronenspektrums
- ~ **source strength** *(Kern)* spektrale Quellstärke *f (Anzahl der emittierten Teilchen einer Energie zwischen E und E + dE je Zeiteinheit)*
- ~ **steradiancy** *(El, Magn)* *s.* ~ radiance 1.
- ~ **surface brightness (luminance)** *(Astr)* spektrale Flächenhelligkeit (Flächenleuchtdichte) *f*
- ~ **transmission factor, ~ transmittance [function]** *(Opt)* spektraler Transmissionsgrad (Durchlaßgrad) *m*
- **spectro-angular cross section** *s.* double differential cross section
- **spectrochemical absorption analysis** *(physCh, Spektr)* Absorptionsspektralanalyse *f*
- ~ **analysis** *(physCh, Spektr)* [chemische] Spektralanalyse *f*, spektrochemische (spektrographische, spektroskopische) Analyse *f*
- **spectrographic analysis, spectrology** *s.* spectrochemical analysis
- **spectrometric activation analysis** *(physCh)* zerstörungsfreie (spektrometrische) Aktivierungsanalyse *f*
- **spectrophone** *(Spektr)* photoakustisches (optoakustisches) Spektrometer *n*, Spektrophon *n*
- **spectroquality** *(physCh)* spektrale (spektroskopische) Reinheit *f*
- **spectroscopic displacement law** *(Spektr)* Sommerfeld-Kosselscher Verschiebungssatz *m*
- ~ **eyepiece** *(Astr, Spektr)* Okularspektroskop *n*
- ~ **splitting factor** *(At)* *s.* Landé *g*-Faktor 1.
- **spectroscopy by diffraction grating** *(Spektr)* Beugungsspektroskopie *f*, Gitterspektroskopie *f*

spectrum analyzer 1. *(El, Magn)* Wellenanalysator *m*, Frequenzanalysator *m*, Spektrumanalysator *m* ; 2. *(Kern)* Amplitudenanalysator *m*, Impulshöhenanalysator *m*, Impulsamplitudenanalysator *m*
~ **-averaged cross section** *(Kern)* spektrumgemittelter (über das Spektrum gemittelter) Wirkungsquerschnitt (Querschnitt) *m*
~ **binary** *(Astr)* Doppellinienstern *m*, Spektrumdoppelstern *m*
~ **deconvolution** *(Kern)* Entfaltung *f*, Spektrenentfaltung *f (Rücktransformation in das wahre Spektrum)*
~ **level of room noise** *(Ak)* Raumgeräuschpegel *m* je Hertz Bandbreite
~ **-lines photometer** *(Astr, Opt)* Spektrallinienphotometer *n*, Schnellphotometer *n*
~ **locus** *(Opt)* Spektralfarbenzug *m*, *(selten:)* Spektralfarbenkurve *f*
~ **-luminosity diagram (relation)** *(Astr)* 1. Hertzsprung-Russell-Diagramm *n*, HRD; 2. Russell-Diagramm *n*, Zustandsdiagramm *n*, stellares Hauptdiagramm *n*
~ **of additive coloration** *(Fest)* additives Verfärbungsspektrum *n*
~ **pressure level** *(Ak)* Schalldruckpegel *m* je Hertz Bandbreite, spektraler Schalldruckpegel *m*
~ **unfolding** *(Kern)* Entfaltung *f (eines Spektrums)*, Spektrenentfaltung *f (Rücktransformation in das wahre Spektrum)*
~ **variable [star]** *(Astr)* Spektrumveränderlicher *m*, Spektrumsvariabler *m*
specular angle *(Opt)* Reflexionswinkel *m*, Ausfallswinkel *m (bei der regulären Reflexion)*
~ **beam** *(Opt)* regulär (regelmäßig, gerichtet) reflektiertes Lichtbündel *n*
~ **density** *(Phot, Opt)* gerichtete (spiegelnde) Schwärzung *f*
~ **glare** *(Opt)* Spiegelblendung *f*
~ **gloss** *(Opt)* spiegelnder Glanz *m*, Spiegelglanz *m*
~ **image** *(Opt)* Spiegelbild *n*, spiegelndes Bild *n*
~ **reflectance** *(Opt)* regulärer (gerichteter, regelmäßiger) Anteil *m* des Reflexionsgrades, regulärer (gerichteter, regelmäßiger) Reflexionsgrad *m*
~ **reflection** *(Opt)* reguläre (gerichtete, regelmäßige, spiegelnde) Reflexion *f*, Spiegelreflexion *f*, Spiegelung *f*, Reflexion *f*
~ **reflection [factor]**, ~ **reflectivity** *(Opt) s.* ~ reflectance
~ **reflector** *(Opt)* spiegelnder (regulärer) Reflektor *m (praktisch dasselbe wie Spiegel)*
~ **refraction** *(El, Magn, Opt)* reguläre (gerichtete, regelmäßige) Brechung *f*
~ **transmission** reguläre Transmission (Durchlassung) *f*, gerichtete (regelmäßige, spiegelnde) Transmission (Durchlassung) *f*

speech frequency *(Ak, El)* Sprachfrequenz *f*, Sprechfrequenz *f*, VF *(0,3 ... 3 kHz oder 0,2 ... 3,5 kHz)*
~ **noise ratio** *(El)* Signal-Stör-Verhältnis *n*, Signal-Rausch-Verhältnis *n*, *(bei der Nachrichtenübertragung auch:)* Störabstand *m*, Signal-Stör-Abstand *m*
~ **perception threshold** *(Ak, El)* Sprachwahrnehmungsgrenze *f*, Sprachwahrnehmbarkeitsschwelle *f*
~ **test** *(Ak)* Sprech-Hör-Versuch *m*, Sprech-Hör-Vergleichsprüfung *f*
speed 1. Geschwindigkeit *f (s. a. unter velocity)* ; 2. *(Mech)* Geschwindigkeitsbetrag *m*, Betrag *m* des Geschwindigkeitsvektors, Geschwindigkeit *f (Skalar)* ; 3. *(Mech)* Drehzahl *f*, Drehfrequenz *f*, Umdrehungsfrequenz *f*; 4. *(Opt)* relative Objektivöffnung *f*, Lichtstärke *f (eines Objektivs)* ; 5. *(Opt) s. f* number; 6. *(Opt, Phot)* Vollöffenzeit *f (eines Kameraverschlusses)* ; 7. *(Phot)* Empfindlichkeit *f*, Lichtempfindlichkeit *f (einer Emulsion, eines Films)*
~ **bulge** *(Aero)* Geschwindigkeitsbuckel *m*
~ **coefficient** 1. *(Hydr)* Geschwindigkeitsbeiwert *m* ; 2. *(Ström)* Drehzahlbeiwert *m (einer Strömungsmaschine)*
~ **-down** *(Mech)* Drehzahlverminderung *f*
~ **efficiency** *(Mech)* Geschwindigkeitswirkungsgrad *m (eines Arbeitszylinders)*
~ **governor** *(Ström)* Drehzahlregler *m (einer Turbine)*
~ **-increasing ratio** *(Mech)* Übersetzung *f*, Übersetzung *f* ins Schnelle *(Größe)*
~ **number** 1. *(Hydr)* Geschwindigkeitsziffer *f* ; 2. *(Phot)* Empfindlichkeit *f*, Lichtempfindlichkeit *f (einer Emulsion, eines Films)*
~ **of grain** *(Phot)* Kornempfindlichkeit *f (einer Emulsion)*
~ **of light in vacuo (vacuum)** *(El, Magn)* Vakuumlichtgeschwindigkeit *f*, Lichtgeschwindigkeit *f* im Vakuum (freien Raum)
~ **of rotation** *(Mech) s.* speed 3.
~ **photometer** *(Opt)* Schnellphotometer *n*
~ **-power product** *(Halbl)* Verzögerungszeit-Verlustleistungs-Produkt *n*, $t_D P$-Produkt *n (reziprokes Gütemaß)*
~ **-reducing ratio** *(Mech)* Untersetzung *f*, Übersetzung *f* ins Langsame *(Größe)*
~ **step** *(Mech)* Drehzahlsprung *m*, Stufensprung *f*, *(speziell:)* Übersetzungsstufe *f*
~ **-up** *(Mech)* Drehzahlerhöhung *f*
spent fuel *(Kern)* abgebrannter (bestrahlter) Brennstoff (Kernbrennstoff) *m*
~ **[ion exchange] resin** *(physCh)* verbrauchtes Ionenaustauscherharz *n*, Abfallharz *n*
sperm[aceti] candle *(Opt)* Spermazeti-Kerze *f*, Spermazeti-Walratkerze *f (SI-fremde Einheit der Lichtstärke; 1 sperm candle = 1,029 cd)*
SPF *(physCh) s.* simple process factor

SPFDB

SPFDB *(physCh)* superplastische Umformung *f* und Diffusionsverbindung *f*, SPFDB-Verfahren *n*
sphere *(mathPh)* 1. Kugel *f (ohne Inneres)*, Sphäre *f*, Kugel[ober]fläche *f*, Oberfläche *f* der Kugel; 2. räumlicher Vollwinkel *m (Größe, = 4π sr)* ; 3. Kugel *f*, Vollkugel *f (ein Körper)*
~ **drag** *(Ström)* Widerstandskraft *f* einer Kugel
~ **gap** *(El)* Kugelfunkenstrecke *f*
~ **of curvature** *(mathPh)* Schmiegkugel *f*
~ **packing** Kugelpackung *f*
spherical aberration *(Opt)* 1. sphärische Aberration *f*, Öffnungsfehler *m* ; 2. Kugelgestalt[s]fehler *m (Zusammenfassung aller Aberrationen aufgrund der Kugelgestalt der abzubildenden Oberflächen)*
~ **albedo** *(Astr)* s. Bond albedo
~ **candle power** *(Opt)* sphärische (räumliche) Lichtstärke *f*
~ **chamber** *(Kern)* Kugel[ionisations]kammer *f*
~ **degree** *(mathPh)* sphärischer Grad *m*, Kugelgrad *m (1/90 des räumlichen rechten Winkels)*
~ **digon** *(mathPh)* s. ~ lune
~ **distance** *(mathPh)* chordaler Abstand *m*, Kugelabstand *m*
~ **fuel particle** *(Kern)* kugelförmiges Brennstoffteilchen *n*, kugelförmiges Brennstoffpartikel *n*, Brennstoffkugel *f*
~ **harmonic representation** *(Qu)* Entwicklung *f* nach Kugelfunktionen
~ **harmonics method** *(Kern)* Methode *f* der Kugelfunktionen, Kugelfunktionsmethode *f*, P_N-Methode *f*, PN-Methode *f*
~ **illuminance (illumination)** *(Opt)* sphärische (räumliche) Beleuchtungsstärke *f*
~ **improper orthogonal (rotation) group** *(At, Qu)* Kugeldrehspiegelgruppe *f*
~ **indent** *(Mech)* Kugeleindruck *m*
~ **light (luminous) intensity** *(Opt)* s. ~ candle power
~ **lune** *(mathPh)* Zweieck *n*, Mond *m*, Möndchen *n, (auf der Kugel auch:)* Kugelzweieck *n*, sphärisches Zweieck *n*
~ **mirror** *(Opt)* sphärischer Spiegel (Hohlspiegel) *m, (speziell:)* Kugelspiegel *m*
~ **molecule** *(At)* Kugelmolekül *n*, verzweigtes Makromolekül *n*, *(allgemeiner:)* sphärisches (korpuskulares) Molekül *n*
~ **motion** *(Mech)* Bewegung *f* auf der Kugel, sphärische Bewegung *f*, Bewegung *f* im sphärischen Raum
~ **polar coordinates,** ~ **polars** *(mathPh)* Kugelkoordinaten *fpl*, sphärische Koordinaten *fpl*, räumliche (sphärische) Polarkoordinaten *fpl*
~ **proper orthogonal group** *(At, Qu)* Kugeldrehgruppe *f*
~ **rotation** *(Mech)* Kreiselbewegung *f*, Drehung (Rotation) *f* um einen Punkt, sphärische Bewegung (Rotation) *f*, Gyration *f*
~ **rotation group** *(At, Qu)* Kugeldrehgruppe *f*
~ **sector [of the first kind]** *(mathPh)* Kugelausschnitt *m*, Kugelsektor *m*
~ **sector of the second kind** *(mathPh)* Kugelrinde *f*
~ **segment** *(mathPh)* Kugelabschnitt *m*, Kugelsegment *n*
~ **space** 1. *(mathPh)* sphärischer Raum *m*; 2. *(Astr)* Kugelraum *m*
~ **state of stress** *(Mech)* isotroper Spannungszustand *m*
~ **strain tensor** *(Mech)* Kugeltensor *m* des Verzerrungszustandes
~ **stress tensor** *(Mech)* Kugeltensor *m* des Spannungszustandes
~ **surface** *(mathPh)* 1. s. sphere 1.; 2. sphärische Fläche *f*, Fläche *f* konstanter positiver Krümmung
~ **surface harmonic** *(mathPh)* Kugelflächenfunktion *f, (meist kurz:)* Kugelfunktion *f*
~ **tensor** 1. *(mathPh)* Racah-Tensor *m*, sphärischer Tensor (Racah-Tensor) *m* ; 2. *(Mech)* Kugeltensor *m*
~ **top** 1. *(Mech)* Kugelkreisel *m*, sphärischer Kreisel *m* ; 2. *(At)* Kugelkreiselmolekül *n*, sphärisches Kreiselmolekül *n*, Kugelkreisel *m*, sphärischer Kreisel *m*
~ **ungula** *(mathPh)* Kugelkeil *m*
~ **vector wave function** *(Opt)* Miesche Streufunktion *f*, Streufunktion *f* [der Mie-Streuung]
~ **wavefront** kugelflächige Wellenfront *f*, Kugelflächenfront *f*
~ **wedge** *(mathPh)* Kugelkeil *m*
~ **well, ~-well potential** *(Kern)* kugelförmiger Potentialtopf *m*
sphericity *(Hoch)* Sphärizität *f*, Sphericity *f (eines Jet)*
sphero-conical coordinates *(mathPh)* sphärokonische Koordinaten *fpl*
spherochromatism *(mathPh)* Gauß-Fehler *m*, chromatische Differenz *f* der sphärischen Aberration
spherocity *(Hoch)* Sphärozität *f*, Spherocity *f (eines Jet)*
spheroid [of revolution] *(mathPh)* Drehellipsoid *n*, Rotationsellipsoid *n*, Umdrehungsellipsoid *n*, Sphäroid *n*, Rotationssphäroid *n*
spheroidal coordinates *(mathPh)* rotationselliptische Koordinaten *fpl*, Koordinaten *fpl* des Rotationsellipsoids, Sphäroidkoordinaten *fpl*
~ **galaxy** *(Astr)* elliptische Galaxie (Galaxis) *f*, elliptischer Nebel *m*
~ **triangle** *(mathPh)* geodätisches Dreieck *n*
~ **well** *(Kern)* sphäroidischer Potentialtopf *m*
spherometer sag *(Mech, Opt)* Pfeilhöhe *f (eines Sphärometers)*

spherule Kügelchen *n*, kugelförmiges Teilchen *n*
spike 1. Zacken *m*, Zacke *f*; 2. *(El) (Strom- oder Spannungs-)* Spitze *f*; 3. *(El)* Überschwingspitze *f (eines Impulses)*; 4. *(Fest)* Stachel *m*; 5. *(Fest, Kern)* Störbereich *m*, „spike" *m*, Störzone *f (ein Strahlenschaden)*; 6. *(Kern)* Saatelement *n*, Spickelement *n*, Saatgruppe *f*; 7. *(Opt)* Spike *m*, Laserspike *m*, Laserblitz *m*, irreguläre Spitze *f*; 8. *(physCh)* Tracer *m*, [markierte] Zugabe *f*, [markierter] Zusatz *m*, „spike" *m (bei der Isotopenverdünnungsanalyse)*
spiked core *(Kern)* Saatelementcore *n*, Reaktorkern *m* mit Saatelementen, Reaktorkern *m* mit örtlich angereichertem Brennstoff
spiking 1. *(El)* Zackenbildung *f*, *(speziell:)* Bildung *f* von Überschwingspitzen; 2. *(Kern)* Spickung *f (eines Reaktors)*, Spickmethode *f*; 3. *(Opt)* Spiken *n*, Spitzenstrahlung *f (eines Lasers)*; 4. *(physCh)* Zugabe *f* des Tracers, Tracerzusatz *m (bei der Isotopenverdünnungsanalyse)*
spill 1. *(El)* Spill *m*, Rückstreuverlust *m*; 2. *(Kern)* Freisetzung *f* von Radioaktivität bei einem Störfall, störfallbedingte Radioaktivitätsfreisetzung *f*
~ **light** *(Opt)* Nebenlicht *n*, Fremdlicht *n*
~ **shield** *(Opt)* Raster *m*, Lichtraster *m (in der Lichttechnik)*
spillover *(Hydr)* Überlaufen *n*, Überströmen *n*, Überfließen *n*
spin 1. *(Mech)* Drehung *f*, Rotation *f (um eine Achse)*; 2. *(Mech)* Schlag *m*, Seilschlag *m*; 3. *(Mech)* Durchdrehen *n (eines Rades)*; 4. *(Aero)* Trudeln *n*, Trudelflug *m*, Trudelbewegung *f*, Autorotation *f*; 5. *(Aero)* Eigenrotation *f*, Eigendrehung *f*, Drall *m*, Spin *m (eines Raumflugkörpers)*; 6. *(Qu)* Spin *m*, Eigendrehimpuls *m*, Spinmoment *n (eines Elementarteilchens oder Atomkerns, ein Skalar in Einheiten von h/2π)*
~ **angle function** *(Qu)* Spin-Bahn-Funktion *f*, Spinbahnfunktion *f*, Kugelfunktion *f* mit Spin
~ **angular momentum** *(At, Qu)* Spin[drehimpuls]vektor *m (Vektor)*, Spindrehimpuls *m*, *(mechanischer)* Eigendrehimpuls *m*, mechanisches Eigenmoment (Moment) *n (Vektor oder sein Betrag)*
~ **conductivity** *(Fest)* Spinwärmeleitfähigkeit *f*, Spinanteil *m* der Wärmeleitfähigkeit
~ **cross[ing]-over** *(At, Qu)* Überschneidungspunkt *m*, Spinüberschneidungspunkt *m*
~ **doubling** *(At)* Spinaufspaltung *f*
~-**down** *(Aero)* Verringerung *f* der Eigenrotation (Eigendrehung), Eigenrotationsverzögerung *f*, Drallverzögerung *f*, Spinverzögerung *f (im Raum)*

~ **exchange potential** *(Kern)* Bartlett-Potential *n*, Spinaustauschpotential *n*, Potential *n* der Bartlett-Kräfte
~ **flip** *(Qu)* Umklappen *n* des Spins, Spinumkehr *f*, Umkehrung *f* des Spins
~-**flip laser** *(Opt)* Spinumkehrlaser *m*, Spinumklapplaser *m*, Spin-Flip-Laser *m*
~-**flip scattering** *(Qu)* Spinumkehrstreuung *f*, Umkehrstreuung *f*, Spinumklappstreuung *f*
~-**free complex** *(At)* Normalkomplex *m*, magnetisch normaler Komplex *m*, Anlagerungskomplex *m*
~ **inversion** *(Qu) s.* ~ **flip**
~-**lattice relaxation time** *(Fest)* Spin-Gitter-Relaxationszeit *f*, longitudinale Relaxationszeit *f*, T_1-Zeit *f*
~ **magnetic quantum number** *(Kern, Qu)* magnetische Spinquantenzahl *f*, Magnetspinquantenzahl *f*, Spinmagnetismus *m (Größe)*
~ **minus one boson** *(Feld)* Vektorboson *n*, Eichboson *n*, (Spin -1)-Boson *n*
~ **moment[um]** *(At, Qu) s.* ~ **angular momentum**
~-**orbit coupling shell model** *(Kern)* Schalenmodell *n* mit Spin-Bahn-Kopplung
~ **pack** *(Aero)* Eigenstationsantrieb *m*, Eigendrehungsantrieb *m*, Drallantrieb *m*, Spinantrieb *m (im Raum)*
~-**paired complex** *(At)* Durchdringungskomplex *m*, magnetisch anomaler Komplex *m*
~ **rate** *(Aero)* Eigenrotationsgeschwindigkeit *f*, Drallgeschwindigkeit *f*, Spingeschwindigkeit *f*
~ **refrigeration** *(Kern)* Spinkühlung *f (zur Erzeugung polarisierter Kerne)*
~ **relativity multiplet** *(At)* Spinmultiplett *n*, relativistisches (reguläres) Multiplett (Spinmultiplett) *n (eines Atoms)*
~ **reorientation spectrum** *(Qu)* Spinumkehrspektrum *n*, Spinumklappspektrum *n*
~-**spin relaxation time** *(Fest)* Spin-Spin-Relaxationszeit *f*, transversale Relaxationszeit *f*, T_2-Zeit *f*
~ **splitting** *(At)* Spinaufspaltung *f*
~ **susceptibility** *(Fest)* Pauli-Suszeptibilität *f (der Leitungselektronen)*, [Paulische] Spinsuszeptibilität *f*
~ **tensor of Cauchy** *(Mech)* Cauchyscher Drehgeschwindigkeitstensor *m*, Drehgeschwindigkeitstensor *m* von Cauchy
~ **tunnel** *(Aero)* Trudel[wind]kanal *m*, senkrechter Windkanal *m*
~ **uncoupling** *(Spektr)* Spinentkopplung *f*
~-**up** *(Aero)* Erhöhung *f* der Eigenrotation (Eigendrehung), Eigenrotationsbeschleunigung *f*, Drallbeschleunigung *f*, Spinbeschleunigung *f*, *(speziell:)* Spinbeginn *m (im Raum)*
~ **wind tunnel** *(Aero) s.* ~ **tunnel**
spinning [rigid] body *(Mech)* Kreisel *m*

spinning

~ **top** 1. Kreisel *m*; 2. *(Mech)* rotierender Kreisel *m*
~ **[wind] tunnel** *s.* spin tunnel
spinor *(Qu)* Dirac-Spinor *m*, Diracscher Spinor (Bispinor) *m*
spinorial gravitation *(Feld)* Spinorgravitation *f*, spinorielle Gravitation *f*
spiral 1. *(statPh)* Spirale *f (eine ebene Kurve)*; 2. *(Astr)* Spiralsystem *n*, Spiralgalaxie *f*, Spirale *f*, Spiralnebel *m*
~ **dislocation** *(Krist)* Spiralversetzung *f*, Helix *f*, spiralförmige Versetzung *f*
~ **distortion** *(El)* anisotrope Verzeichnung *f*, Zerdrehung *f (einer magnetischen Linse)*
~ **instability** *(Aero)* Abrutschinstabilität *f*, Spiralinstabilität *f*
~ **pump** *(Hydr)* Archimedische Schnecke *f*
spiral[l]ing *(Mech)* Schraubenbewegung *f*, schraubenförmige Bewegung *f*, Schraubung *f*
~ **inwards** *(Kern)* spiralförmige Bewegung *f (der Teilchen)* nach innen, spiralförmige Bewegung *f* zum Zentrum hin
~ **outwards** *(Kern)* spiralförmige Bewegung *f (der Teilchen)* nach außen, spiralförmige Bewegung *f* vom Zentrum weg
~ **particle** *(Kern)* sich auf einer Spiralbahn bewegendes Teilchen *n*, Teilchen *n* auf einer Spiralbahn
spire *(mathPh)* Windung *f*, Spiralwindung *f*
SPL *(Ak) s.* sound pressure level
splash albedo *(Astr)* Splashalbedo *f*, Ausstrahlungsalbedo *f*
splashing *(Ström)* Spritzen *n*
splat cooling (quenching) *(Tief)* Klatschkühlung *f*, extrem schnelle Abkühlung *f*
splice loss *(Opt)* Spleißdämpfung *f*, Lichtwellenleiterspleißdämpfung *f*, LWL-Spleiß-Dämpfung *f*
split half method *(mathPh)* Schnittstellenmethode *f*
~ **image** *(Opt)* Teilbild *n (eines Entfernungsmessers)*
~ **lens** *(Opt)* Halblinse *f*, Spaltlinse *f*, geteilte Linse *f*
~ **projector** *(Ak)* Mehrkanalstrahler *m*, geteilter Schallprojektor *m*
splitting 1. Aufspaltung *f*, Spaltung *f*, Zerspaltung *f*; 2. *(At, Ech)* Dissoziation *f*, Aufspaltung *f*, Molekül[auf]spaltung *f*; 3. *(Mech)* Zersplittern *n*, *(speziell:)* Absplittern *n*
~ **factor** *(At) s.* Landé *g* factor 1.
~ **off** *(Kern)* Abspaltung *f*, Abtrennung *f (von Teilchen)*
~ **ratio** 1. *(physCh)* Schnitt *m*, Aufteilungsverhältnis *n*, Teilungskoeffizient *m (bei der Isotopentrennung)*; 2. *(Spektr)* Aufspaltungsverhältnis *n (in der ESR-Spektroskopie)*
SPN detector, SPND *(Kern)* Detektor *m* ohne äußere Energieversorgung, Elektronenemissionsdetektor *m*, EED, Neutron-Beta-Detektor *m*, Betastrom-Neutronendetektor *m*, *(selten:)* Stromelement *n*
spoking 1. *(El)* Radeffekt *m*, Spoke *n*; 2. *(Opt)* stroboskopischer Effekt *m*, Stroboskopeffekt *m*
spongelike decay *(physCh)* Spongiose *f*, Graphitierung *f*
spontaneous discharge 1. *(El)* Spontanentladung *f*, spontane Entladung *f*; 2. *(Ech)* Selbstentladung *f*
~ **excitation** Selbsterregung *f*
~ **heating** *(Kern)* Selbsterwärmung *f*, Selbsterhitzung *f*
~ **ignition temperature** *(physCh)* Selbstentzündungstemperatur *f*, SZT, Selbstentzündungspunkt *m*
~ **inflammability** *(physCh)* Selbstentzündlichkeit *f*, Selbstentzündbarkeit *f*
sporadic *(Astr)* sporadischer Meteor *m*
spot analysis *(El)* Tüpfelanalyse *f*
~ **counting** *(Krist)* Auszählung *f* der Reflexpunkte
~ **focus** *(El)* Punktschärfe *f*
~ **frequency** *(Ak)* Rastfrequenz *f*
~ **indicator** *(physCh)* Tüpfelindikator *m*
~ **light** *(Opt)* 1. Punktstrahl *m*, Punktlicht *n*; 2. Engstrahler *m*, Strahler *m* mit starker Lichtbündelung, Punkt[licht]strahler *m*, *(speziell:)* Spotlight *n*, Punktlichtscheinwerfer *m*, *(speziell:)* Punktstrahllampe *f*
~ **measurement** *(Hydr)* Einzelmessung *f*, Punktmessung *f*
~ **penumbra** *(Astr)* Penumbra *f*, Hof *m (eines Sonnenflecks)*
~ **prominence** *(Astr)* Fleckenprotuberanz *f*, Protuberanz *f* über Sonnenflecken
~ **scanning** *(El)* punktweise Abtastung *f*, Punktabtastung *f*
~ **size divergence** *(Kern)* Strahlemittanz *f*, Emittanz *f* des Strahls
~ **umbra** *(Astr)* Sonnenfleckumbra *f*, Umbra *f*
spottiness *(El)* Fleckigkeit *f (des Bildes)*, Bildfleckigkeit *f*
spotty emission *(Fest)* Punktleuchten *n*
spout *(El)* Austrittsöffnung *f*, Öffnung *f*, Wellenleiter[-Austritts]öffnung *f*
spray point *(El)* Sprühspitze *f*, Koronaentladungsspitze *f*, Sprühstelle *f*, Sprühpunkt *m (einer Koronaentladung)*
~ **points** *(Kern)* Aufsprühkamm *m*, Sprühkamm *m*, Sprühstellen *fpl*, Spitzenkamm *m (im Van-de-Graaff-Generator)*
~ **probe** *(Vak)* Sprühsonde *f*
~ **prominence** *(Astr)* Spritzprotuberanz *f*
spread 1. Ausbreitung *f*, Fortpflanzung *f (von Wellen)*; 2. *(Mech)* Spreizung *f (Vorgang)*; 3. *(Aero)* Spannweite *f (eines Tragflügels)*, Flügelspannweite *f*; 4. *(physCh)* Ausbreitung *f*, Auseinanderlaufen *n*, Auseinanderfließen *n (einer Flüssigkeitsschicht)*; 5. *(mathPh)* Variationsbreite *f*, Streubreite *f (einer Population oder Verteilung)*; 6. *(mathPh)* Variationsintervall *n (einer Population)*

squariance

~ **F** *(El)* Streuecho *n* (Streuechos *npl*) vom F-Gebiet
~ **in (of) energy** *(Qu)* Energieverschmierung *f*
~ **of radioactivity** *(Kern)* Verbreitung (Ausbreitung, Verschleppung) *f* von radioaktivem Material, *(speziell:)* Verstreuung (Ausstreuung) *f* von radioaktivem Material, *(speziell:)* Verschüttung *f* von radioaktivem Material
spreading 1. *(El)* Bandspreizung *f*, Spreizung *f* des Bandes; 2. *(physCh)* Spreitung *f*, vollkommene Benetzung *f* (in Form einer Monoschicht)*;* 3. *(Kern)* Verbreiterung *f* (eines Strahls), Strahlverbreiterung *f*; 4. *s.* spread 4.
~ **agent** *(physCh)* Netzmittel *n*, Benetzungsmittel *n*, Benetzer *m*, Netzer *m*, *(speziell:)* Spreitungsmittel *n*
~ **coefficient** *(physCh)* Ausbreitungskoeffizient *m*, Spreitungskoeffizient *m*
~ **loss** *(Ak)* Verlust *m* durch divergierende Schallausbreitung, Divergenzdämpfungsmaß *n*
~ **pressure** *(physCh)* Spreitungsdruck *m*
~ **resistance** *(Halbl)* Spreadingwiderstand *m*, Ausbreitungswiderstand *m*
spring-back *(Mech)* Rückfederung *f* (auch als Größe)
~ **constant** 1. *(Krist)* Federkonstante *f*; 2. *(Mech) s.* ~ modulus
~ **deflection** *(Mech)* Federweg *m*
~ **excursion** *(Mech)* Federweg *m*
~ **modulus** *(Mech)* Federsteife *f*, Federkonstante *f*, Federkoeffizient *m*, *(inexakt auch:)* Richtkraft *f*, Rückstellkraft *f*
~ **offset** *(Mech)* Federrückführung *f*
~ **rate** *(Mech) s.* ~ modulus
~ **return** *(Mech)* Federrückführung *f*
~-**supported mass system** *(Mech)* federgestütztes (abgefedertes) Massensystem *n*
~ **travel** *(Mech)* Federweg *m*
springiness *(Mech)* Rückfederung *f* (auch als Größe)
sprung mass *(Mech)* [ab]gefederte Masse *f*
SPT *s.* standard conditions 1.
spur 1. *(mathPh)* Spur *f*, Sp, Diagonalsumme *f*, Charakter *m* (einer Matrix)*;* 2. *(Kern)* Ionisationszentrum *n* (einer Teilchenspur)
spurious count *(Kern)* parasitäres Zählereignis *n*, falscher (unechter, parasitärer) Zählstoß *m*, Fehlstoß *m* (eines Zählrohrs)
~ **coupling** *(El)* Streukopplung *f*, *(speziell:)* Störungseinkopplung *f*
~ **current** *(El)* Streustrom *m*
~ **disk** *(Astr, Opt)* Beugungsscheibchen *n* (eines Sterns im Fernrohr)
~ **electromotive force** *(El)* Streu-EMK *f*, (negative) Streuquellenspannung *f*
~ **emission** *(El, Magn)* Nebenwellenausstrahlung *f*, Nebenfrequenzausstrahlung *f*, unerwünschte (ungewollte) Ausstrahlung *f*
~ **energy loss** *(Pl)* Pseudoenergieverlust *m*
~ **indication** *(Meß)* Fehlanzeige *f* (eines Meßgeräts)
~ **oscillation** *(El)* Parasitäreffekt *m*, wilde Schwingung *f*, Nebenschwingung *f*
~ **printing** *(Ak)* Kopiereffekt *m*, Echokopie *f*
~ **pulse** *(Kern)* falscher (unechter, parasitärer) Impuls *m*, Falschimpuls *m*
~ **radiation** 1. Streustrahlung *f*, Störstrahlung *f* (unerwünscht)*;* 2. *(El, Magn)* Nebenwellenausstrahlung *f*, Nebenfrequenzausstrahlung *f*, unerwünschte (ungewollte) Ausstrahlung *f*
~ **resonance** *(El)* Nebenresonanz *f*, *(speziell:)* Störresonanz *f*
~ **state** *(Feld, Qu)* Geisterzustand *m*
sputtered atom *(Fest)* abgestäubtes (zerstäubtes, gesputtertes) Atom *n*
sputtering *(Fest, Kern, Pl)* Abstäubung *f*, Oberflächenzerstäubung *f*, Zerstäubung *f*, Sputtering *n*, Sputtern *n*, Abtragung *f* durch Zerstäubung
sq m *(Mech)* Quadratmeter *n*, m^2 (Einheit der Fläche)
squagging *(El)* Pendeln *n*, Selbstsperrung *f* (eines Oszillators)
square 1. *(mathPh)* Quadrat *n*; 2. *(mathPh)* Winkelmaß *n*, Meßwinkel *m*, Winkel *m*, Zeichendreieck *n*, Reißdreieck *n* (Gerät)*;* 3. *(Opt)* Winkelspiegel *m*
~ **degree** *(mathPh)* Quadratgrad *m*, $\square^2$, $(°)^2$
~ **error** *(mathPh)* quadratischer Fehler *m*
~-**foot unit of absorption** *(Ak) s.* sabin
~ **grade** *(mathPh)* Quadratneugrad *m*
~ **loop** *(Magn)* Rechteckschleife *f*, rechteckige Hystereseschleife *f*
~ **prism** *(Opt)* vierseitiges Prisma *n*, Viereckprisma *n*
~ **pulse** *(El)* Rechteck[wellen]impuls *m*, rechteckiger Impuls *m*
~ **voltage** *(El)* Rechteckspannung *f*, Zinnenspannung *f*, *(speziell:)* Mäanderspannung *f*
~-**wave current** *(El)* Rechteckstrom *m*, *(speziell:)* Mäanderstrom *m*
~-**wave polarography** *(Ech)* Rechteckwellenpolarographie *f*, RWP, Square-wave-Polarographie *f*
~-**wave response** *(El)* Rechteckwellenantwort *f*
~-**wave voltage** *s.* ~ voltage
~ **well**, ~-**well potential** *(Kern) s.* potential box 2.
squared cascade *(physCh)* durch Rechteckkaskaden approximierte ideale Kaskade *f*, quadrierte Kaskade *f*
squareness *(mathPh)* Rechtwinkligkeit *f*
~ **ratio** *(El, Magn)* Rechteckigkeitsverhältnis *n*
squariance *(mathPh)* Summe *f* der Abweichungsquadrate (Quadrate), Quadratsumme *f (Statistik)*

squaring 358

squaring 1. *(mathPh)* Erhebung f in die zweite Potenz, Quadrierung f; 2. *(El)* Umformung f in einen Rechteckimpuls, Rechteckformung f *(eines Impulses)*; 3. *(physCh)* Quadrierung f *(einer Kaskade)*
~-on *(Mech, Opt)* Zentrierung f, Mitten n, Einmitten n
squark *(Hoch)* Squark n, Spin-0-Quark n(m)
squashing *(Mech)* Zerquetschung f, Zerdrückung f, Zermalmung f
squegging *(El)* Pendeln n, Selbstsperrung f *(eines Oszillators)*
squelch [circuit] *(El)* Rauschsperre f, Squelch m
sr s. steradian
SRS *(Kern)* Standardantwortspektrum n, Standardresponsespektrum n, SRS
SRT *(Ak, El)* s. speech perception threshold
SSB *(El)* s. single sideband
ssc, S.S.C. *(Magn)* s. sudden storm commencement
SSC detector *(Kern)* SSC-Detektor m, [überhitzter] supraleitender Kolloiddetektor m
SSF *(Ak)* s. supersonic frequency 2.
SSU *(Hydr)* s. Saybolt Second Universal
SSWF *(El)* s. sudden short-wave fade-out
s.t. *(Mech)* s. short ton
st s. 1. *(At)* stretching vibration; 2. *(Mech)* stère
St s. 1. *(Ström)* stoke; 2. *(Kern)* stat
St. Venant-Mises material *(Mech)* [von] Misesscher plastischer Körper m
St. Venant-Tresca yield condition *(Mech)* Tresca-St.Venant-Mohrsche (Saint-Venant-Trescasche) Fließbedingung f, hexagonale Fließbedingung f, Trescasches Kriterium n der maximalen Scherung
St. Venant's theory *(Mech)* Theorie f der maximalen Deformation, St. Venantsche (Saint-Venantsche) Theorie f
stability 1. Festigkeit f, Widerstandsfähigkeit f, Sicherheit f, Widerstand m, Resistenz f, Stabilität f, Beständigkeit f, Standhaftigkeit f; 2. [statische] Stabilität f *(eines Systems)*; 3. *(Mech)* Standsicherheit f, Standfestigkeit f, Stabilität f, *(speziell:)* Kippsicherheit f *(Statik)*; 4. *(physCh)* Beständigkeit f, Stabilität f; 5. *(Meß)* Konstanz f, Stabilität f *(eines Meßgeräts)*
~ **boundary** *(Kern)* Separatrix f, Begrenzungskurve (Berandungskurve) f des Stabilitätsbereiches m *(in der Phasenebene)*
~ **derivative** *(Aero)* Stabilitätsableitung f
~ **in dimensions** *(Mech)* Maßhaltigkeit f, Maßbeständigkeit f, Formbeständigkeit f
~ **index** *(Kern)* Sättigungsindex m
~ **limit** 1. *(Reg)* Stabilitätsrand m, Stabilitätsgrenze f; 2. *(Ström)* theoretische kritische Reynolds-Zahl n, Stabilitätsgrenze f *(einer laminaren Strömung)*

~ **margin** *(Reg)* Stabilitätsreserve f, Sicherheitsabstand m für Stabilität, Stabilitätssicherheit f
~ **matrix** *(Fest)* Steifigkeitsmatrix f, Starrheitsmatrix f
~ **moment** *(Mech)* Standmoment n
~ **parabola** *(Hydr)* Auftriebsparabel f, Metazenterparabel f, Stabilitätsparabel f
stabilization 1. Stabilisierung f, Stabilisation f, Konstanthaltung f; 2. *(Reg)* Stabilisierung f, Kompensation f, Korrektion f
~ **time** *(El)* Vorheizzeit f
stabilizator *(physCh)* s. stabilizer 1.
stabilized feedback *(El, Reg)* Gegenkopplung f, negative Rückführung (Rückkopplung) f
~ **power supply** *(El)* stabilisierte Stromversorgung f, Konstantstromversorgung f
stabilizer 1. *(physCh)* Stabilisator m, Stabilisier[ungs]mittel n; 2. *(mathPh)* Isotropiegruppe f, Stabilisator m *(eines Elements x)*, Stabilitätsgruppe f *(an der Stelle x)*; 3. *(Aero)* Stabilisierungsflosse f, *(allgemeiner:)* Stabilisierungsfläche f; Höhenflosse f; 4. *(El)* Stabilisator m, Konstanthalter m, Gleichhalter m
stable bucket *(Kern)* phasenstabiles Gebiet n, phasenstabiler Bereich m, Phasenstabilitätsbereich m, „bucket" n
~ **carrier** *(physCh)* stabiler (inaktiver, nichtradioaktiver) Träger m
~ **subgroup** *(mathPh)* s. stabilizer 2.
Staeble-Lihotzki condition *(Opt)* Isoplanasiebedingung f, Staeble-Lihotzkysche Bedingung f, Proportionalitätsbedingung f
stack Stapel m, Paket n, Stoß m
~ **effect** *(Aero, Therm)* Kaminwirkung f
~ **gas** 1. *(physCh)* Verbrennungsgas n, Rauchgas n; 2. *(Kern)* Abgas n, *(ungereinigt:)* Fortgas n, *(über den Kamin abgegeben:)* Kaminabgas n, Schornsteinabgas n
stacked cubic metre s. stere
~ **plot** *(Spektr)* gestaffeltes Diagramm n *(in der NMR-Spektroskopie)*
stacking 1. Stapelung f, Übereinanderstapelung f, Schichtung f; 2. *(El, Magn)* Stockung f, Übereinanderordnung f, Stapelung f *(von Antennen)*; 3. *(Krist)* Stapelung f
~ **energy** Speichererenergie f
~ **factor** *(Magn)* Füllfaktor m, Stapelfaktor m
~ **fault** *(Krist)* Stapelfehler m
~**-fault resistivity** *(Krist)* spezifischer Stapelfehlerwiderstand m
~ **pressure** *(Mech)* Stapeldruck m
stage 1. Stadium f, Stufe f, Phase f; 2. *(El)* Stufe f; 3. *(Aero)* Stufe f, Raketenstufe f, Raketeneinheit f; 4. *(physCh)* Stufe f *(einer Kaskade: parallel geschaltete Trennelemente)*; 5. *(physCh)* Trennstufe f *(einer Isotopentrennanlage)*; 6. *(physCh)* Boden m, Kolonnenboden m; 7. *(Hydr)* Pegelhöhe f, Wasserstand

standard

m, (manchmal:) Flüssigkeitsspiegel *m*, 8. *(Opt)* Objekttisch *m*, Mikroskoptisch *m*
- ~ **circulation** *(physCh) s.* ~ mass flow
- ~ **cooler** *(Tief)* Zonenkühler *m*
- ~ **disconnect** *(Aero)* Stufenverbindungsteil *n*, Stufenverbindungsglied *n*, Trennglied *n*
- ~ **efficiency** *(El)* Stufenausbeute *f*, Stufenleistungsverstärkung *f (eines Verstärkers)*
- ~ **gauge** *(Hydr)* Pegel *m*
- ~ **holdup** *(physCh)* Haftinhalt (Materialeinsatz) *m* einer Stufe
- ~ **mass flow** *(physCh)* Durchsatz (Massenstrom, Umlauf) *m* pro Stufe *(bei der Isotopentrennung)*
- ~ **number** *(physCh)* Trennstufenzahl *f*, Stufenzahl *f*, Anzahl *f* der Trennstufen *(einer Kaskade)*
- ~ **I of work hardening** *(Krist)* „easy-glide"-Bereich *m*, Bereich *m* I der Verfestigungskurve
- ~ **transient (turnover) time** *(physCh)* Umlaufzeit *f* [je Stufe] *(Verhältnis von Haftinhalt einer Stufe zu Durchflußmenge zwischen zwei Stufen)*

stagger 1. *s.* staggering 1.; 2. *(Mech)* Torkeln *n*, Wanken *n*, Taumeln *n*; 3. *(Aero)* Staffelung *f*, Versetzung *f (der Tragflügelvorderkanten)*
- ~ **angle** *(Ström)* Staffel[ungs]winkel *m*, Versatzwinkel *m*
- ~ **effect** *(At, Spektr)* Versetzungseffekt *m*, Staggeringeffekt *m*, Staggereffekt *m (im Molekülspektrum)*

staggering 1. Staffelung *f, (speziell:)* Versetzung *f, (speziell:)* Stufung *f*; 2. *(Aero)* Staffelung *f (der Tragflächen)*; 3. *(El)* Verstimmung *f (eines Schwingkreises)*; 4. *(El)* Bürstenverschiebung *f (eines Kommutatormotors)*; 5. *(At, Spektr)* Lückenstellung *f*, Stellung *f* auf Lücke, verdrehte Stellung *f*, Verdrehstellung *f*

staggered configuration *(At, Spektr) s.* staggering 5.

staging *(Aero)* 1. Stufenprinzip *n*, Prinzip *n* der Stufenabtrennung; 2. Abtrennung (Trennung) *f* einer Stufe, Stufen[ab]trennung *f*

stagnant air *(Aero)* Totluft *f*
- ~ **area** *(Hydr)* Totwassergebiet *n*, Totwasserbereich *m*, Totwasser *n*, Totraum *m*
- ~ **condition** *(Ström)* Stillstand *m*, Stagnation *f*
- ~ **porosity** *(Ström)* Stauporosität *f*

stagnation *(Ström)* Stillstand *m*, Stagnation *f, (speziell:)* Stau *m*, Stauung *f*
- ~ **density** *(Aero)* Kesseldichte *f*, Ruhedichte *f*, Gesamtdichte *f (eines Gases im Kessel)*
- ~ **point** 1. *(Mech)* Umkehrpunkt *m*, Umkehrlage *f (einer Bewegung)*; 2. *(Ström)* Staupunkt *m (einer Strömung)*
- ~ **point temperature** *(Ström)* Staupunkt[s]temperatur *f*, Eigentemperatur *f* im Staupunkt
- ~ **pressure** 1. *(Hydr)* Gesamtdruck *m*, Totaldruck *m*, Pitot-Druck *m (einer strömenden Flüssigkeit)*; 2. *(Aero)* Kesseldruck *m*, Ruhedruck *m*, Gesamtdruck *m (eines Gases im Kessel)*
- ~ **temperature** 1. *(Ström)* Eigentemperatur *f*, Recoverytemperatur *f (eines strömenden Mediums)*; 2. *(Aero)* Kesseltemperatur *f*, Ruhetemperatur *f*, Gesamttemperatur *f (eines Gases im Kessel)*

stain 1. Farbfleck *m*, Tüpfel *n*, Tupfen *m*; 2. *(physCh)* Schmutzfleck *m*, Fleck *m*

stained glass *(Opt)* Farbglas[filter] *n*

staining power *(physCh)* Färbevermögen *n*, Anfärbevermögen *n*

stair-rod dislocation *(Krist) s.* edge dislocation

~-**stepped signal** *(El)* Treppensignal *n*

staircase estimation method *(mathPh)* Pendelmethode *f*, Treppenstufenmethode *f*, Auf-und-ab-Methode *f*
- ~ **function** *(mathPh) s.* step function 1.

stall *(Aero)* 1. Durchsacken *n*; 2. Abkippen *n*, Abrutschen *n (über den Flügel)*; 3. Überziehen *n*; 4. überzogener Flugzustand (Zustand) *m*, Sackflug *m*, Stall *n*; 5. Ablösung *f*, Strömungsablösung *f*, Abreißen *n*, Strömungsabriß *m*; 6. Abreißverhalten *n (eines Tragflügels)*
- ~ **airworthiness** *(Aero)* Überziehflugfähigkeit *f*
- ~ **dive (diving)** *(Aero) s.* stall 2.
- ~ **fence** *(Aero)* Grenzschichtzaun *m*
- ~ **flutter** *(Aero)* Flattern *n* im Ablösebereich, Flattern *n* in der abgerissenen Strömung

stalled condition[s] *(Aero) s.* stall 4.
- ~ **flow** *(Aero)* abgerissene (abgelöste) Strömung *f*, Abreißströmung *f*
- ~ **wind** *(Aero)* überzogener Flügel (Tragflügel) *m*

stalling *(Aero)* 1. Überziehen *n*; 2. Durchsacken *n*
- ~ **angle of attack** *(Ström)* kritischer Anstellwinkel *m*
- ~ **Mach number** *(Aero)* Überzieh-Mach-Zahl *f*, Abreiß-Mach-Zahl *f*
- ~ **speed** *(Aero)* Überziehgeschwindigkeit *f*, Mindestfluggeschwindigkeit *f*, Durchsackgeschwindigkeit *f*
- ~ **torque** *(El)* Blockierungsdrehmoment *n*, Stillsetzdrehmoment *n*, Kippmoment *n (eines Induktionsmotors)*

stalo *(El)* frequenzkonstanter Oszillator *m*

stanchion *(Mech)* Pfosten *m*, Stütze *f*, Strebe *f*, Steil *m*

standard 1. Norm *f*; 2. Normal *n, (manchmal:)* Standard *m, (speziell:)* Eichnormal *n (Maßverkörperung)*; 3. *s.* stanchion
- ~ **air** *(Spektr)* [spektroskopische] Normalluft *f*

standard

- **atmosphere** *(Mech)* physikalische Atmosphäre f, Normalatmosphäre f, atm *(SI-fremde Einheit des Druckes; 1 atm = 101 325 Pa)*
- **bar** *(Mech)* Normalmaßstab m
- ~ **candle** *(Opt)* 1. Internationale Kerze f, IK, *(auch:)* US-Standardkerze f *(SI-fremde Einheit der Lichtstärke; 1 IK = 1,019 cd)* ; 2. s. sperm candle
- ~ **celestial sphere** *(Astr)* geozentrische Himmelskugel f, Standardhimmelskugel f
- ~ **cell** *(Ech)* Normalelement n, Normalzelle f, *(speziell:)* Weston-Element n, Weston-Normalelement n
- ~ **chromaticity chart** *(Opt)* Normfarbtafel f
- ~ **chromaticity coordinate** *(Opt)* Normfarbwertanteil m, Normalfarbwertanteil m, Farbwertanteil m
- ~ **colorimetric observer** *(Opt)* farbmetrischer Normalbeobachter m [C.I.E.]
- ~ **colour stimulus** *(Opt)* Normal[farb]reiz m
- ~ **command** *(Meß, Reg)* Anweisung f *(als Befehl in der Fernwirktechnik)*
- ~ **conditions** 1. Normzustand m *(eines Gases, American Gas Association: 15 5/9 °C und 762 mm Hg; Compressed Gas Institute: 30 °C und 101,325 N m^{-2})*; 2. *(Fest)* Normalzustand m, Normzustand m *(einer Substanz: ihre am häufigsten vorkommende allotrope Form)*
- ~ **density** *(physCh)* Normdichte f *(bei 20°C, 0,101308 MPa)*
- ~ **deviation** *(mathPh)* Standardabweichung f, *(manchmal:)* mittlere quadratische Abweichung f *(Statistik)*
- ~ **distribution coefficient** *(Opt)* Normspektralwert m
- ~ **distribution curve** *(Opt)* Normspektralwertkurve f
- ~ **distribution function** *(Opt)* Normspektralwertfunktion f
- ~ **electric potential (tension)** 1. *(El)* Norm[al]spannung f; 2. *(Ech)* s. ~ potential
- ~ **electrode-potential series** *(Ech)* Normspannungsreihe f, Normalspannungsreihe f
- ~ **electromotive force** *(Ech)* Normquellenspannung f, Normalquellenspannung f, Normal-EMK f, Standard-EMK f, Standard-EMK-Wert m
- ~ **frequency** *(El)* 1. Normalfrequenz f, *(speziell:)* Eichfrequenz f, Einheitsfrequenz f; 2. Normalnetzfrequenz f, genormte Netzfrequenz f *(50 bzw. 60 Hz)*
- ~ **gravity** *(Mech)* Normalschwere f, normale (theoretische) Schwere f, normale Schwerefeldstärke f
- ~ **illuminant** *(Opt)* Normlichtart f *(A, B oder C)*
- ~ **magnet[ic field]** *(Magn)* Magnetetalon n nach Gans
- ~ **mean chord** *(Aero)* Bezugssehne f, mittlere Profilsehne f

- ~ **model** *(Astr)* Friedmann-Lemaître-Robertson-Walker-Modell n, FLRW-Modell f, Standardmodell n
- ~ **noon** *(Astr)* Mittag m [nach] Zonenzeit
- ~ **of luminous intensity** *(Opt)* Lichtstärkenormal n
- ~ **of measurement** Normal n, *(manchmal:)* Standard m, *(speziell:)* Eichnormal n *(Maßverkörperung)*
- ~ **of primary radiation** *(Opt)* Gesamtstrahlungsnormal n
- ~ **operating environment** Normklima n, Normalklima n
- ~ **photometric lamp** *(Opt)* Normallampe f, Photometernormal n
- ~ **pitch** 1. *(Aero)* Normalsteigung f *(eines Propellers)*; 2. *(Ak)* Normstimmton m, Normal-a' n, Kammerton m, Kammertonhöhe f *(440 Hz)*
- ~ **plane** *(Krist)* (111)-Ebene f, (111), Netzebene f mit den Millerschen Indizes (111)
- ~ **potential** *(Ech)* Normalpotential n, Standardeinzelpotential n, Norm[elektroden]spannung f
- ~ **pressure** Normdruck m, Normaldruck m *(101 325 N m^{-2})*
- ~ **rate turn** *(Aero)* Standardwende f, Normalwende f
- ~ **reference atmospheric conditions** Normalbedingungen fpl der Bezugsatmosphäre, ANR
- ~ **sieve scale (series)** *(physCh)* Normalsiebreihe f, Normalsiebskala f
- ~ **solution** 1. *(physCh)* s. normal solution 2. *(Kern)* [radioaktive] Normallösung f, [radioaktive] Standardlösung f
- ~ **star** *(Astr)* Standardstern m, Bezugsstern m
- ~ **state** Normalzustand m, Normzustand m, *(selten:)* Standardzustand m
- ~ **system** *(Astr)* Stundenwinkelsystem n, festes Äquatorialsystem n, äquatoriales Koordinatensystem n erster Art
- ~ **tails assay** *(physCh)* Normalgehalt m der abgereicherten Fraktion
- ~ **taper** *(Mech)* Normkegel m
- ~ **temperature** Normtemperatur f, Normaltemperatur f
- ~ **ton** *(Tief)* s. ton of refrigeration
- ~ **tone** *(Ak, El)* Normalton m, 1000-Hz-Normalton m
- ~ **tristimulus value** *(Opt)* Normfarbwert m, *(manchmal:)* trichromatische Maßzahl f [im Normvalenzsystem] *(X, Y oder Z)*
- ~ **value** Normwert m, Normalwert m, *(speziell:)* [empfohlener] Richtwert m, *(speziell:)* Eichwert m
- ~ **value of gravity** *(Mech)* s. ~ gravity
- ~ **velocity star** *(Astr)* Radialgeschwindigkeits-Standardstern m, RG-Standardstern m
- ~ **Weston [cadmium] cell** *(Ech)* Weston-Element n, Weston-Normalelement n, Weston-Cadmiumelement n
- ~ **white** *(Opt)* Normalweiß n

standby current *(Halbl)* Ruhestrom *m*
standing baffle *(Hydr)* Stauwand *f (eines Wehrs)*
~ **current** *(El)* Ruhestrom *m*
~ **time** *(physCh)* Stehzeit *f*
~ **vibration** *(Mech)* stehende Schwingung *f*
~ **wave** 1. stehende Welle *f*, *(manchmal:)* Stehwelle *f*; 2. *(Hydr)* Wasserwalze *f*
~-**wave ratio** 1. Anpassungsfaktor *m*, *(manchmal:)* Stehwellenfaktor *m (minimale zu maximale Amplitude)*; 2. Welligkeitsfaktor *m*, Stehwellenverhältnis *n (maximale zu minimale Amplitude)*; 3. *(Kern)* Stehwellenverhältnis *n*, Wellenverhältnis *n*, Amplitudenverhältnis *n*; 4. *(El, Magn)* Stehwellenverhältnis *n*, SWV, Welligkeitsfaktor *m*, Spannungs-Stehwellenverhältnis *n*, Spannungswelligkeitsfaktor *m (maximale zu minimale Spannung)*
stanhope *(Phot)* Stanhope *n*, photographisches Lupenbild *f*
star 1. *(Astr)* Stern *m*, Fixstern *m* (*s. a.* unter stellar) ; 2. *(Hoch)* Stern (Zertrümmerungsstern) *m* in der Kernspuremulsion, Emulsionsstern *m* ; 3. *(mathPh)* Stern *m*, Sternchen *n*, *, ∗, *(ein Symbol)*
~ **birth (building)** *(Astr)* Sternentstehung *f*, Sternbildung *f*
~ **building rate** *(Astr)* Sternentstehungsrate *f*
~ **burning** *(Astr, Pl)* Brennen *n (eines Sterns)*
~ **cluster** *(Astr)* Sternhaufen *m*
~ **density** *(Astr)* räumliche Dichte *f* der Sterne, Anzahl *f* der Sterne pro Kubikparsec
~ **drift** *(Astr)* 1. Sternstrom *m* ; 2. Drift *f*, scheinbare Transversalbewegung (Querbewegung) *f (eines Sterns)*
~ **gap** *(Astr)* Sternleere *f*, Sternlücke *f*
~-**like domain** *(mathPh)* sternförmiger Bereich *m (in bezug auf einen Punkt)*
~ **mark** *(Mech)* sternförmiger (spinnennetzförmiger) Riß *m*, Spinne *f (in Glas)*
~ **occultation** *(Astr)* Sternbedeckung *f*
~ **of lines** *(mathPh)* Strahlenbündel *n*, Geradenbündel *n*
~ **place (position)** *(Astr)* Ort *m (pl.:* Örter*)*, Sternort *m*, Sternposition *f*, Position *f*
~ **streaming** *(Astr)* Sternströmung *f*
Stark splitting *(Spektr)* Stark-[Effekt-]Aufspaltung *f*, elektrische Aufspaltung *f (von Spektrallinien)*
starquake *(Astr)* Sternbeben *n*
starred symbol *(mathPh)* Symbol (Formelzeichen) *n* mit Stern (Sternchen)
starting characteristic *(El)* 1. Anlaufkurve *f*, Anlaufkennlinie *f (eines Elektromotors)*; 2. Zündkennlinie *f*, Zündeinsatzkurve *f (eines Thyratrons)*
~ **current** *(El)* 1. Anlaufstrom *m (eines Elektromotors)* ; 2. Anschwingstrom *m (eines Oszillators)*

~ **friction** *(Mech)* Haftreibung *f*, Ruhreibung *f*, Reibung *f* der Ruhe, Haftung *f*, *(speziell:)* Anlaufreibung *f*
~ **potential** *(Kern)* Einsatzspannung *f (eines Zählrohrs)*
~ **time** *(El)* 1. Anlaufzeit *f (eines Elektromotors)* ; 2. Anschwingzeit *f (eines Oszillators)*
~ **torque** 1. *(El)* Anzugsmoment *n*, Anfangsdrehmoment *n (eines Elektromotors)* ; 2. *(Mech)* Anlauf[dreh]moment *n (eines Hydraulikmotors)*
~ **voltage** 1. *(El)* Zündspannung *f*, Durchbruchspannung *f (einer Gasentladung)* ; 2. *(Kern)* Einsatzspannung *f (eines Zählrohrs)*
~ **vortex** *(Ström)* Anfahrwirbel *m*
stat *(Kern)* Stat *n*, St *(SI-fremde Einheit der Aktivität;* $1\ St \approx 1{,}3468 \cdot 10^4$ *Bq)*
statA, statampere *(El)* elektrostatische CGS-Einheit *f* der Stromstärke, esE der Stromstärke *(SI-fremde Einheit,* $1\ statA \approx 3{,}3356 \cdot 10^{-10}$ *A)*
statC, statcoulomb *(El) s.* franklin
state diagram *(physCh)* Zustandsdiagramm *n*, Phasendiagramm *n*, Zustands[schau]bild *n*
~ **estimator (observer)** *(Reg)* Beobachtersystem *n*, Zustandsbeobachter *m*, Observer-Estimator *m*
~ **of aggregation (matter)** Aggregatzustand *m*, *(selten:)* Formart *f*
~ **of energy term** *(At, Qu)* Term *m*, Energieterm *m*, Energiestufe *f*
~ **of rest** *(Aero)* Kesselzustand *m*, Ruhezustand *m (eines Gases im Kessel)*
~ **space kinetics** *(Kern)* Kinetik *f* im Zustandsraum
~ **variable** *(Reg)* Zustandsgröße *f*
statement *(mathPh)* 1. Ansatz *m (einer Gleichung)* ; 2. Aussage *f (in der Logik)*
static *s.* ~ charge
~ **atom** *(At)* ruhendes Atom *n*
~ **breeze** *(El)* elektr[ostat]ischer Wind *m*
~ **charge** *(El)* elektrostatische Ladung (Auflauung) *f*, statische Elektrizität *f (Ergebnis)*
~ **current** *(El)* Ruhestrom *m (im Ruhestromkreis eines Relais)*
~ **determinacy (determinateness)** *(Mech)* statische Bestimmtheit *f*
~ **discharge** *(El)* elektrostatische Entladung *f*, Entladung *f* statischer Elektrizität
~ **electricity** *(El)* 1. Elektrostatik *f* ; 2. *s.* ~ charge; 3. statische Elektrizität *f*, Influenzelektrizität *f (Erscheinung)*
~ **equilibrium** *(Mech)* [statisches] Gleichgewicht *n*, statische Gleichgewichtsbedingung *f*
~ **firing** *(Aero)* Zündung *f* auf dem Brennstand, statische Zündung *f (eines Raketentriebwerks)*
~ **friction** *(Mech)* Haftreibung *f*, Ruhreibung *f*, Reibung *f* der Ruhe, Haftung *f*
~ **head** *(Hydr)* [statische] Druckhöhe *f (in der Bernoullischen Gleichung)*

static

- ~ **indeterminacy (indeterminateness)** *(Mech)* statische Unbestimmtheit *f*
- ~ **jet thrust** *s*. ~ thrust
- ~ **load** *(Mech)* statische (ruhende) Last *f (einschließlich Eigengewicht)*
- ~ **margin** *(Aero)* Neutralpunktsabstand *m*, Längsstabilität *f (eines Flugzeugs oder Projektils)*
- ~ **model** *s*. ~ universe
- ~ **on-state voltage** *(Halbl)* Durchlaßspannung *f (eines Thyristors)*
- ~ **pressure** 1. *(Aero, Ak)* statischer Druck *m*; 2. *(Hydr)* hydrodynamischer (statischer) Druck *m*, Druck *m* des Strömungsmediums
- ~-**pressure tube** *(Ström)* Hakenrohr *n*, statische Sonde (Drucksonde) *f*
- ~ **rolling friction** *(Mech)* Haftreibung *f* gegen Rollen
- ~ **seal** *(Ström)* Berührungsdichtung *f* an ruhenden Flächen, ruhende (statische) Dichtung *f*
- ~ **slip** *(Ström)* statische Gleitung *f*
- ~ **stability** 1. [statische] Stabilität *f (eines Systems)*; 2. Standsicherheit *f*, Standfestigkeit *f*, Stabilität *f*, *(speziell:)* Kippsicherheit *f (Statik)*
- ~ **thrust** *(Aero)* Standschub *m*, statischer Schub *m*, Schub in Meereshöhe
- ~ **tube** *(Ström)* 1. Strömungssonde *f* zur Messung des statischen Druckes *(Oberbegriff)*; 2. *s*. ~-pressure tube
- ~ **universe** *(Astr)* statische Welt *f*, statischer Kosmos *m*, statisches Weltmodell (Modell, Universum) *n*
- ~ **vibration test** *(Aero)* Standschwingungsprüfung *f*, Standschwingungsversuch *m*

statical loading *(Mech)* statische (ruhende) Belastung *f*, Ruhebelastung *f*
statimeter *(Aero)* Statimeter *n*, Standschubmesser *m*
station 1. *(Astr)* Umkehrpunkt *m*, Stillstand *m (eines Planeten)*; 2. *(El)* Endstelle *f*
- ~ **keeping** *(Aero)* Positionshaltung *f*

stationary boundary *(Ström)* feste Randfläche *f (der Bewegung)*
- ~ **charge** *(El)* ruhende [elektrische] Ladung *f*, stationäre Ladung *f*
- ~ **constraint** *(Mech)* skleronome (starre, starrgesetzliche) Bindung (Bedingung, Zwangsbedingung, Bedingungsgleichung) *f*
- ~ **discontinuity** *(Mech)* substantielle (stationäre) Unstetigkeit *f*
- ~ **field** stationäres (zeitlich konstantes) Feld *n*
- ~ **flight** *(Aero)* Schwebeflug *m*
- ~ **line** *(Spektr)* ruhende Linie *f*
- ~ **point** 1. *(Astr)* Umkehrpunkt *m*, Stillstand *m (eines Planeten)*; 2. *(mathPh)* stationärer (singulärer) Punkt *m*, Ruhepunkt *m (eines autonomen Differentialgleichungssystems)*; 3. *(mathPh)* stationärer Punkt *m (einer Funktion)*; 4. *(mathPh)* Rückkehrpunkt *m*, Spitze *f*, Kuspidalpunkt *m*, stationärer Punkt *m*, Stillstandpunkt *m (einer Kurve)*
- ~ **satellite** *(Ström)* geostationärer Satellit *m*, Synchronsatellit *m*
- ~ **state** stationärer Zustand *m*, *(speziell:)* eingeschwungener Zustand *m*
- ~ **time principle** *(Opt)* Fermatsches Prinzip *n*, Prinzip *n* des ausgezeichneten Lichtweges, Fermatscher Satz *m* [der geometrischen Optik], Fermatsches Gesetz *n*
- ~ **wave** *s*. standing wave 1.

statism *(Reg)* Regelfehler *m*, Statismus *m*
statistic *(mathPh)* Stichprobenfunktion *f*, Statistik *f*, statistische Maßzahl *f*, Kennzahl *f*, Kennziffer *f*, Stichprobenmaßzahl *f*
statistical astronomy *(Astr)* Stellarstatistik *f*
- ~ **evidence** *(mathPh)* [statistische] Signifikanz *f*, Sicherung *f*
- ~ **fluctuation** *(statPh)* Schwankung *f*, statistische (stochastische) Schwankung *f*, Fluktuation *f*
- ~ **model of atom** *(At)* statistisches Atommodell *n*, statistisches Modell *n* des Atoms, Kollektivelektronenmodell *n*
- ~ **noise** *(El)* Zufallsrauschen *n*, statistisches Rauschen *n*
- ~ **parallax** *(Astr)* stellarstatistische (statistische) Parallaxe *f*, Eigenbewegungsparallaxe *f*
- ~ **population (universe)** *(statPh)* statistisches Ensemble *n*, statistische Gesamtheit (Masse) *f*, Gesamtmasse *f*
- ~ **variation** *(statPh)* *s*. ~ fluctuation
- ~ **weight** *(Qu, Spektr)* Entartungsgrad *m*, Entartung *f*, Grad *m* der Entartung, [statistisches] Gewicht *n*

statitron *(Kern)* elektrostatischer Teilchenbeschleuniger (Beschleuniger) *m* mit Drucktank, Statitron *n*
statute mile *(Mech)* *s*. mile
stay-down time *(Vak)* Haltezeit *f (in einer Kupferfalle)*
- ~ **time** *(Aero)* Verweilzeit *f (in der Brennkammer eines Raketentriebwerks)*

steadiness 1. Beständigkeit *f*, Kontinuität *f*, Stetigkeit *f*, Beharrlichkeit *f*, Standhaftigkeit *f*, Dauerhaftigkeit *f*; 2. *(El)* Stehen *n (des Bildes)*, Bildruhe *f*
steady anode voltage *(El)* Anodenruhespannung *f*
- ~ **current** *(El)* stationärer (reiner) Gleichstrom *m*
- ~ **density** *(Ström)* stationäre Dichte *f*
- ~ **discharge** *(El)* Dauerentladung *f*, kontinuierliche Entladung *f*
- ~ **field** stationäres (zeitlich konstantes) Feld *n*
- ~ **light** *(Opt)* Gleichlicht *n*
- ~ **load** *(El)* Dauerbelastung *f*, Dauerlast *f*
- ~ **precess[al motion]** *(Mech)* reguläre (gleichmäßige) Präzession *f*
- ~ **quantity** stationäre Größe *f (nur ortsabhängig)*

~ **radiation** weiße (kontinuierliche) Strahlung f
~ **state** 1. stationärer Zustand m, (speziell:) eingeschwungener Zustand m ; 2. (Mech, Reg) Beharrungszustand m ; 3. (Therm) Fließgleichgewicht n, stationärer Zustand m (eines offenen Systems)
~-**state chain reaction** (Kern) kritische (sich selbsterhaltende) Kernkettenreaktion f, kritische Kettenreaktion f [von Kernspaltungen]
~-**state condition** 1. (Reg) Beharrungszustand m ; 2. (Opt) Gleichgewicht-Modenverteilung f, Moden-Gleichgewichtsverteilung f
~-**state conditions** 1. stationäre Bedingungen fpl ; 2. stationärer Zustand m, (speziell:) eingeschwungener Zustand m
~-**state creep** (Mech) sekundäres (stationäres) Kriechen n, zweites Kriechstadium n
~-**state current** (El) stationärer (reiner) Gleichstrom m
~-**state electric field** (El) [elektrisches] Strömungsfeld n, Stromdichtefeld n
~-**state flow** (Ström) stationäre Strömung f (zeitlich konstant)
~-**state gain** (Reg) Übertragungsfaktor m
~-**state motion** 1. (Mech) Beharrungszustand m ; 2. (Ström) stationäre Strömung f (zeitlich konstant)
~ [-**state**] **value** stationärer Wert m, Gleichgewichtswert m, (speziell:) Beharrungswert m, (speziell:) eingeschwungener Wert m
steam blanketing (Therm) Dampffilmbildung f, Dampfkissenbildung f
~ **by volume** (Therm) Volumendampfgehalt m, Volumenstromanteil m des Dampfes
~ **by weight** (Therm) Massendampfgehalt m, Dampfgehalt m, Massenstromanteil m des Dampfes
~ **compatibility** (Vak) Wasserdampfverträglichkeit f
~ **cover (cushion)** (Therm) Dampfpolster n
~ **cycle** (Therm) Clausius-Rankine-Prozeß m, Rankine-[Clausius-]Prozeß m, Clausius-Rankinescher Kreisprozeß m, Dampf[kreis]prozeß m
~ **emulsion number** (physCh) Dampfemulsionszahl f, SEN-Zahl f
~ **flow rate** (Ström) Dampfmassenstrom m, Dampfdurchsatz m
~ **gauge** (Mech) Dampfdruckmesser m, Wasserdampfdruckmesser m
~-**jet cycle** (Tief) Dampfstrahl[kälte]prozeß m
~-**laden emission** (Therm) Brüden m, Schwaden m, (speziell:) Wrasen m, Brodem m
~ **line** (Mech) Dampfdruckkurve f
~ **moisture** (Therm) Dampffeuchte f, Dampfnässe f, Feuchte (Feuchtigkeit, Nässe) f des Dampfes
~ **point** (Therm) Dampfpunkt m, Wasserdampfpunkt m, Siedepunkt m des Wassers
~ **rate** (Therm) [spezifischer] Dampfverbrauch m
~ **superheat[ing]** (Therm) Dampfüberhitzung f
~ **table British thermal unit** (Therm) britische Dampftafelkalorie f, Btu_{ST} (SI-fremde Einheit der Wärmemenge; 1 Btu_{St} = 1,05506 kJ)
~ **wetness** s. ~ moisture
STED (Aero) solar-turboelektrischer Antrieb m, STED
steep Steilheit f, Steile f
~ **casting** (Mech) s. ~ throw
~ **pulse** (El) steiler Impuls m, (meist:) steil ansteigender Impuls m
~ **shot** (Mech) Steilschuß m, steiler Schuß m, Bogenschuß m
~ **throw** (Mech) Steilwurf m, steiler Wurf m, Bogenwurf m
steepening (Hydr) Aufsteilung f, Versteilerung f (einer Oberflächenwelle)
steepness 1. Steilheit f, Steile f ; 2. (Phot) Gradation f, Steilheit f, Gradationssteilheit f
Stefan-Boltzmann equation (law) (statPh) Stefan-Boltzmannsches Strahlungsgesetz n (Gesetz) n, T^4-Gesetz n, Stefan-Boltzmann-Gesetz n
Stefan's constant (statPh) Stefan-Boltzmannsche Konstante f, Strahlungskonstante f, Strahlungszahl f
~ **law** 1. (physCh) Stefansches Gesetz n (für den Stoffaustausch) ; 2. (statPh) s. Stefan-Boltzmann equation
Steiner's theorem 1. (mathPh) Verschiebungssatz m [von Steiner], Steinerscher Verschiebungssatz m, Satz m von Steiner (für die Varianz) ; 2. (Mech) Steinerscher Satz m, Satz m von Steiner, (selten:) Satz m von Huygens
stellar brightness (Astr) s. 1. ~ luminosity; 2. ~ magnitude
~ **crystal** (Krist) ebener Dendrit m, Stern m
~ **density** (Astr) Sterndichte f, Massendichte f des Sterns
~ **eclipse** (Astr) Sternbedeckung f, Bedeckung f der einen Komponente durch die andere (bei Doppelsternsystemen)
~ **evolution** (Astr) Sternentwicklung f
~ **extinction rate** (Astr) Sternsterberate f
~ **flare** (Astr) Sterneruption f
~ **flux** (Astr) stellarer Strahlungsfluß m, stellare Strahlungsleistung f
~ **guidance** Astrolenkung f
~ **luminosity** (Astr) Leuchtkraft f, Luminosität f (eines Gestirns)
~ **magnitude** (Astr) Größenklasse f, Größe f, (manchmal:) Sterngröße f
~ **noise** (El) stellares Rauschen n
~ **population I** (Astr) Population f I [nach Baade], Feldpopulation f

stellar

~ **spectrum-luminosity relation** *(Astr)* [Hertzsprung-]Russell-Diagramm *n*, HRD, Zustandsdiagramm *n*
~ **spectrum-temperature relation** *(Astr)* Spektrum-Temperatur-Beziehung *f*, Beziehung *f* Spektralklasse – effektive Temperatur
~ **temperature** *(Astr)* astrophysikalische Temperatur *f*, Temperatur *f* der Sterne
~ **time** *(Astr)* s. sidereal time

stem 1. *(Therm)* Kapillare *f*, Röhre *f*, Rohr *n* *(eines Thermometers)*, Thermometerkapillare *f*, Thermometerröhre *f*; 2. *(Therm)* herausragender Faden *m*, Faden *m* *(eines Thermometers)*; 3. *(physCh)* Stiel *m*, Trichterstiel *m*; 4. *(Kern)* Dee-Halterung *f*, Deehalterung *f*, Deehals *m*, Hals *m* des Dee
~-**and-leaf plot** *(mathPh)* Darstellung in Form von Zahlenreihen mit gleicher Anfangsziffer unter Weglassung dieser Anfangsziffer
~ **correction** *(Therm)* Thermometerkorrektion *f*, Fadenkorrektion *f*, *(als Größe:)* Fadenkorrektur *f*
~ **pyrometer** *(Therm)* Stabpyrometer *n*
~ **radiation** *(Kern)* extrafokale (außerfokale) Strahlung *f*, Stielstrahlung *f* *(einer Röntgenröhre)*

step 1. Stufe *f*; 2. Sprung *m*, sprungartige (sprunghafte) Änderung *f*, Diskontinuität *f*, Sprunghaftigkeit *f*; 3. *(Mech)* Schritt *m*; 4. *(physCh)* Stufe *f*, Schritt *m*, Teilschritt *m* *(einer Reaktion)*; 5. *(mathPh)* Schrittweite *f* *(der Integration, einer gitterförmigen Verteilung)*; 6. *(Krist)* Staffel *f*, Stufe *f* *(ein Stapelfehler)*
~-**by-step excitation** *(Qu)* stufenweise Anregung *f*
~-**by-step method** 1. *(Magn)* Schrittverfahren *n* *(der Hysteresekurvebestimmung)*; 2. *(Opt)* Kleinstufenverfahren *n* *(der heterochromen Photometrie)*
~ **change in reactivity** *(Kern)* Reaktivitätssprung *m*
~ **control** *(Reg)* Stufenregelung *f*, stufenweise Regelung *f*, Schrittregelung *f*
~ **curve** *(mathPh)* Treppenkurve *f*
~-**down** *(El)* Heruntertransformieren *n*, Herabtransformieren *n*, Abwärtstransformieren *n*, Abspannen *n*
~-**down [turns] ratio** *(El)* Untersetzung *f*, Untersetzungsverhältnis *n* *(eines Abwärtstransformators)*
~ **filter** *(Spektr)* Stufenfilter *n*, Stufenabschwächer *m*
~ **function** 1. *(mathPh)* Treppenfunktion *f*, Stufenfunktion *f*, gestufte (stückweise konstante) Funktion *f* *(konstant auf einer meist endlichen Anzahl meßbarer Mengen, speziell Intervallen)*; 2. *(mathPh)* Sprungfunktion *f*, Schrittfunktion *f* *(nicht notwendig der Einheitssprung)*; 3. *(Reg)* Sollwertsprung *m*, Sprungfunktion *f*

~-**function pulse** *(El)* Sprungimpuls *m*, Stufenimpuls *m*, stufenförmiger Impuls *m*, *(speziell:)* Treppenimpuls *m*, treppenförmiger Impuls *m*
~-**function voltage** *(El)* Stufenspannung *f*, stufenförmige Spannung *f*, *(speziell:)* Schrittspannung *f*
~ **gauge** *(Hydr)* Treppenpegel *m*
~-**index fiber** *(US)* s. stepped-index fibre
~ **junction** *(Halbl)* Stufenübergang *m*, stufenförmiger Übergang *m*
~ **rate** *(El)* Schrittgeschwindigkeit *f* *(eines Schrittmotors)*
~ **reaction** *(physCh)* Stufenreaktion *f*, zusammengesetzte Reaktion *f*
~ **response** *(El, Reg)* Sprungantwort *f*, Übergangsfunktion *f*
~ **size** *(Meß)* Schrittweite *f* *(eines Plotters)*
~-**stress test** *(Mech)* Stufenbelastungsprüfung *f*, Stufenbelastungsversuch *m*
~ **tablet** *(Opt)* s. ~ wedge 2.
~ **test** *(Phot)* Stufenbelichtung[sprüfung] *f*
~ **time** *(El)* Schrittzeit *f*
~-**up** *(El)* Hinauftransformieren *n*, Aufwärtstransformieren *n*, Hochspannen *n*
~-**up instrument** *(El)* Meßgerät (Instrument) *n* mit unterdrücktem Nullpunkt, Nullinstrument *n*
~-**up ratio** *(El)* Übersetzung *f*, Übersetzungsverhältnis *n* *(eines Aufwärtstransformators)*
~ **wedge** 1. *(El, Magn)* Stufenkeil *m* *(für Röntgenstrahlung)*; 2. *(Opt)* Stufen[grau]keil *m*, Grautreppe *f*, Stufengrautafel *f*

Stephenson's link motion *(Mech)* Kulissensteuerung *f*, Schwingensteuerung *f*
stepless duct *(Kern)* stufenlose (ungestufte) Durchführung *f*, stufenloser (ungestufter) Kanal *m*
stepped channel (duct) *(Kern)* stufenförmige (gestufte) Durchführung *f*, stufenförmiger (gestufter) Kanal *m*, Stufenkanal *m* *(durch eine Abschirmung)*
~-**index fibre** *(Opt)* Stufenindexfaser *f*, Stufenlichtwellenleiter *m*, Stufen-LWL *m*, Kern-Mantelfaser *f*
~ **leader [stroke]** *(El)* Stufenleader *m*, stufenweise vordringende Vorentladung *f* *(eines Blitzes)*, Stufenleitblitz *m*
~ **slit** *(Spektr)* Stufenspalt *m*
stepping *(Meß)* punktweise Abtastung *f*
stepwise approximation *(mathPh)* sukzessive Approximation *f*, schrittweise Näherung *f*, Iteration *f*
sterad[ian] *(mathPh)* Steradiant *m*, sr
steradiancy *(El, Magn)* Strahl[ungs]dichte *f*
stere, stère *(Mech)* Raummeter *n*, rm, Ster *m*, st *(von Holz)*
steregon *(mathPh)* räumlicher Vollwinkel *m* $(= 4\pi \, sr)$
stereo rangefinder *(Opt)* Raumbildentfernungsmesser *m*, Stereoentfernungsmesser *m*, Stereotelemeter *m*
~-**visor** *(Opt)* Stereo[betrachtungs]brille *f*

stereoacuity *(Opt)* Tiefensehschärfe f, Tiefenwahrnehmungsschärfe f
stereochemical formula *(physCh)* Raumformel f, stereochemische (stereometrische) Formel f
stereographic net *(Krist)* Wulffsches Netz n, *(selten:)* Wulff-Netz n
stereomechanics *(Mech)* Mechanik f starrer Körper, Stereomechanik f
stereopair *(Opt)* Bildpaar n, Halbbildpaar n, Stereo[bild]paar n, *(speziell:)* Luftbild-Stereopaar n
stereophonics *(Ak)* Stereophonie f *(Wissenschaft)*
stereoscan [electron] microscope *(El)* s. scanning electron microscope
stereoscopic acuity *(Opt)* Tiefensehschärfe f, Tiefenwahrnehmungsschärfe f
~ **pair (pictures)** *(Opt)* s. stereopair
stereostatics *(Mech)* Statik f starrer Körper, Stereostatik f
stereovectography *(Opt, Phot)* Vektorgraphenverfahren n
steric compression *(At)* sterische Spannung f
~ **factor** *(At, Spektr)* sterischer Korrektionsfaktor (Korrekturfaktor, Faktor) m
~ **hindrance** *(At)* sterische Hinderung f
~ **retardation** *(physCh)* sterische Verzögerung f
sterile slip *(Fest)* sterile Gleitung f
Stevin's principle *(Hydr)* Erstarrungsprinzip n der Hydrostatik, Stevinsches Prinzip n
sthène *(Mech)* Sthène n, sn *(SI-fremde Einheit der Kraft; 1 sn = 1 kN)*
stick slip *(Mech)* 1. Stotterbewegung f, Ruckgleiten n, ruckendes Gleiten n, Stick-slip n, Stick-slip-Bewegung f; 2. Rattern n *(eines Rades)*
~-**slip friction** *(Mech)* Reib[ungs]schwingung f, Stick-slip-Reibung f, „stick slip" n, Stotterreibung f
sticking probability *(Kern)* Haftwahrscheinlichkeit f, „sticking"-Wahrscheinlichkeit f *(in der Stoßtheorie)*
~ **surface** *(Mech)* Haftfläche f
~ **voltage** *(El)* Sperrspannung f *(eines Display)*
stiction *(Mech)* 1. s. static friction; 2. Maximalwert m der Reibungskraft, maximal mögliche Reibung (Reibungskraft) f, Reibungshöchstwert m
stiff [junction] point *(Mech)* starrer (biegesteifer, steifer) Knoten m, Steifknoten m
stiffening *(Mech)* Versteifung f, Aussteifung f, Verstärkung f
stiffness *(Mech)* 1. Steifigkeit f, Steifheit f, Steife f *(eines elastischen Mediums)*; 2. Strammheit f, Strammheitswert m *(von Gummi)*; 3. Steifigkeit f *(einer Pumpe oder eines Motors)*
~ **coefficient** *(Mech)* Steifigkeitskoeffizient m, Steifekoeffizient m

~ **constant** *(Fest)* s. elastic constant 2.
~ **in bending (flexure)** *(Mech)* Biegesteifigkeit f
~ **reactance** *(Ak)* akustische Kapazitanz f, Flußkapazitanz f
stigma *(Kern, Mech)* Stigma n, Bicron n *(SI-fremde Einheit der Länge; 1 stigma = 10^{-12} m)*
stigmatic beam *(Opt)* homozentrisches Strahlenbündel (Bündel) n
~ **imaging** *(Opt)* stigmatische Abbildung (Punktabbildung) f, ideal punktförmige Abbildung f
stilb *(Opt)* Stilb n, sb *(SI-fremde Einheit der Leuchtdichte; 1 sb = 10^4 cd/m^2)*
still air temperature *(Therm)* Temperatur f der unbewegten freien Luft
~ **bottom heel** *(physCh)* Destillierrückstand m, Destillationsrückstand m, Blasenrückstand m
stilling *(physCh)* Blasendestillation f
stimulated transition *(At, Qu)* induzierter (stimulierter, erzwungener) Übergang m
stimulation [of luminescence] *(Fest)* Ausleuchtung f [der Lumineszenz], Lumineszenzausleuchtung f
stimulus 1. Reiz m; 2. *(Reg)* Einflußsignal n
~ **of light** *(Opt)* Lichtreiz m, optischer (visueller) Reiz m
stipple method *(Phot)* Kornrasterverfahren n
stippled lens *(Opt)* Riffellinse f, geriffelte Linse f
stipulated value vereinbarter Wert m
Stirling cycle *(Therm)* Stirlingscher Kreisprozeß m, Stirling-Prozeß m
stirring *(physCh, Ström)* Rühren n, Rührvorgang m, Umrühren n
stockade phenomenon *(Opt)* Staketenphänomen n
stocking *(physCh)* kontinuierliche Sinterung f, Bandsinterung f
Stoicheff absorption *(At, Qu)* induzierte (stimulierte) Absorption f, *(manchmal:)* Stoicheff-Absorption f, erzwungene Absorption f
stoichiometric point *(physCh)* Äquivalenzpunkt m, stöchiometrischer Punkt m, theoretischer Endpunkt m
~ **proportion** *(At)* stöchiometrischer Verhältnisanteil m, stöchiometrische Menge f
~ **ratio (relationship)** *(At)* stöchiometrisches Verhältnis n
stoke[s] *(Ström)* Stokes n, St *(SI-fremde Einheit der Viskosität; 1 St = 1 cm^2 s^{-1})*
Stokes relation *(Hydr)* [Stokessches] Widerstandsgesetz n, Stokessche Formel f
~ **rule** *(Fest, Spektr)* Stokessches Fluoreszenzgesetz n, Stokessche Fluoreszenzregel (Regel) f
stone *(Mech)* Stone m *(SI-fremde Einheit der Masse; 1 stone = 6,35029318 kg)*
stony water *(physCh)* abgestandenes Wasser n

stop band effect *(El)* Sperrwirkung f *(eines Filters)*
~ **bath** *(Phot)* Stoppbad n, *(speziell:)* Unterbrecherbad n
~-**down** *(Opt)* 1. Abblendung f, Setzen n einer Blende, *(speziell:)* Ausblendung f; 2. Schließen n *(einer Blende)*
~-**motion camera shooting** *(Phot)* Zeitrafferaufnahme f
~ **number** *(Opt)* Öffnungszahl f, Blendenzahl f, Blendennummer f *(eines optischen Systems)*
~ **size** *(Opt)* Blendengröße f
~ **spot** *(Opt)* Blendenfleck m
stoppage *(Mech)* Stillstand m, Stand m, Halt m
stoppani, °**Stoppani** *(physCh)* Grad m Stoppani, Stoppani-Grad m, °Stoppani *(SI-fremde Einheit der Dichte; relative Dichte = 166/(166 + n °Stoppani))*
stopped pipe *(Ak)* gedackte Pfeife f
stopping cross section *(Kern)* 1. Bremsquerschnitt m *(für Neutronen)*; 2. atomares Bremsvermögen n *(in J m², für geladene Teilchen)*
~ **distance** *(Mech)* Bremsweg m, Anhalteweg m
~ **number** *(Kern)* Bremszahl f *(in der Bethe-Bloch-Formel)*
~ **potential** *(El, Magn)* Bremspotential n, Bremsspannung f *(für Elektronen)*
~ **power** *(At, Kern)* Bremsvermögen n *(Oberbegriff)*
stopoff *(Ech)* Abdeckmaterial n, Deckmaterial n *(meist Lack)*
storage 1. Lagerung f, Aufbewahrung f, Halten m, *(speziell:)* Einlagerung f; 2. *(El)* Speicherung f, Abspeicherung f *(von Information)*; 3. *(El)* Speicher m, Datenspeicher m, Speichergerät n, Speichereinrichtung f; 4. *(Kern)* Verwahrung f *(einer Strahlenquelle)*; 5. *(Kern)* Zwischenlagerung f, [zeitweilige] Lagerung f, Abfallagerung f *(vor dem Transport zum Endlager, auch zum Abklingen)*, Zwischenabklinglagerung f *(zum Abklingen)*
~-**battery cell** *(Ech)* Sekundärzelle f, Akku[mulator] m, Sammler m *(Einzelzelle)*
~ **coefficient** Speicherkoeffizient m *(eines Schwingers)*
~ **compliance** *(Mech)* Speicherkomplianz f, dynamische Nachgiebigkeit f
~ **element** 1. *(Mech)* energiespeicherndes (elastisches) Element n; 2. *(El)* Speicherelement n; 3. *(Ech)* s. ~-battery cell
~ **factor** Resonanzschärfe f, Q-Faktor f, Q *(eines Schwingers)*, *(bei Anwendung als Sender oder Filter auch:)* Gütefaktor m, Güte f, *(beim parametrisch erregten Schwinger auch:)* Speicherkoeffizient m
store *(El)* s. storage 3.
~ **flutter** *(Aero)* Außenlastflattern n
storm sudden commencement *(Magn)* s. sudden storm commencement
stoving *(physCh)* 1. Ofentrocknung f, thermische Trocknung f; 2. Einbrennen n, Einbrand m, *(manchmal:)* Aufbrennen n, Festbrennen n *(von Anstrichstoffen)*; 3. Härtung f *(von Gießharzen)*
STP s. standard conditions 1.
straggler *(Astr)* Straggler m, blauer Nachzügler m
straggling *(At, El)* Straggling n, Streuung f, Schwankung f *(Eigenschaft geladener Teilchen)*
straight-ahead holography *(Opt)* Gabor-Holographie f, Geradausholographie f, Gabor-Verfahren n, In-line-Verfahren n
~-**ahead (~-forward) scattering** *(Kern)* Geradeausstreuung f, Streuung f unter einem Winkel nahe 0°
~ **line** *(mathPh)* Gerade f, *(manchmal:)* gerade Linie f
~-**line rectification** *(El)* lineare Gleichrichtung f, Flächengleichrichtung f
~-**line wedge** *(Opt)* gerader Keil (Graukeil) m
~-**through cooling** *(Kern)* Durchflußkühlung f
straightaway measurement *(Meß)* direkte Messung f
straightness *(Mech, Meß)* Geradheit f
strain *(Mech)* 1. Verzerrungszustand m, Verformungszustand m, Formänderungszustand m; 2. Verzerrung f, Verformung f *(Größe)*
~ **at break (failure, rupture)** *(Mech)* Bruchdehnung f *(als Bruchzahl)*, *(speziell:)* Zerreißdehnung f, Reißdehnung f
~ **at the point** *(Mech)* s. ~ dyadic
~ **axis** *(Mech)* Dilatationshauptachse f, Hauptachse f des Verzerrungszustandes (Verformungszustandes, Formänderungszustandes), Hauptdilatationsachse f
~ **birefringence** *(Opt)* s. mechanical birefringence
~ **crack** *(Mech)* Verformungsriß m, Deformationsriß m
~ **dyadic** *(Mech)* Verzerrungstensor m, Deformationstensor m, Formänderungstensor m, *(manchmal:)* Verformungstensor m
~ **energy** *(Mech)* [äußere] Formänderungsarbeit f
~ **energy per unit** *(Mech)* spezifische (massebezogene) Formänderungsarbeit (Verzerrungsarbeit, Deformationsarbeit) f
~ **energy theory** *(Mech)* Hypothese f der größten Formänderungsarbeit (Verzerrungsarbeit, Deformationsarbeit)
~ **figure** *(Mech)* Fließfigur f
~ **gauging** *(El, Mech)* Dehnungsmessung f mit dem Dehnungsmeßstreifen, Dehnungsmeßstreifenmessung f, DMS-Messung f
~-**hardening** *(Fest, Mech)* Kaltverfestigung f, *(manchmal:)* Kalthärtung f, Druckhärtung f *(eines Metalls beim Kaltumfor-*

men), Verfestigung *f* durch Kaltbearbeitung
~ **hardening by compression** *(Mech)* Stauchhärtung *f*
~ **hardening by tension** *(Mech)* Streckhärtung *f*
~ **-hardening coefficient** *(Mech)* Verfestigungskoeffizient *m*, Verfestigungsanstieg *m*, Verfestigungskennwert *m*
~ **hardening index** *(Mech)* Verfestigungsexponent *m*, Verfestigungsindex *m*
~ **in the body** *(Mech)* Verzerrungsfeld *n*, Deformationsfeld *n*, Verformungsfeld *n*, Formänderungsfeld *n*
~ **mesh** *(Mech)* Gitterstreifen *m*
~ **point** *(physCh)* unterer Kühlpunkt *m*, untere Kühltemperatur *f*
~ **quadric** *(Mech)* Verzerrungsfläche *f*, Verformungsfläche *f*, Deformationsfläche *f*, Formänderungsfläche *f*
~ **shadow** *(Krist, Opt)* undulöse Auslöschung *f*, undulierende (wellenartige, ungleichmäßige) Auslöschung *f*
~ **-softening** *(Mech)* Kaltentfestigung *f (eines Metalls beim Kaltumformen)*
~ **-stress relation** *(Mech)* Spannungs-Dehnungs-Beziehung *f*, Spannungs-Formänderungs-Beziehung *f*, Spannungs-Dehnungs-Relation *f*
~ **temperature** *(physCh)* s. ~ point
~ **work** *(Mech)* reversible (elastische) Formänderungsarbeit *f*
straining 1. *(Mech)* Verformung *f*, Deformation *f*, *(speziell:)* Umformung *f (Vorgang)* ; 2. *(physCh)* Seihen *n*, Durchseihen *n*
~ **frame experiment** *(Mech, Opt)* Zugversuch *m (in der Spannungsoptik)*
strake wing *(Aero)* Hybridflügel *m*
stranding 1. *(Mech)* Schlagen *n*, Zusammenschlagen *n (von Seilen)*, Seilschlagen *n*, Verseilung *f* ; 2. *(El)* Verseilung *f (eines Kabels)*
~ **effect** *(El)* Verseileffekt *m*, *(als Größe:)* Verseilfaktor *m*
strange particle *(Hoch)* seltsames Teilchen *n*, Teilchen *n* mit Strangeness, fremdes Teilchen *n*, „strange particle" *n*
strangeness [number] *(Hoch)* Seltsamkeit *f*, Strangeness *f*, „strangeness" *f*, Fremdheitsquantenzahl *f*
strangling *(mathPh)* Verjüngung *f*, Faltung *f*, Kontraktion *f*, Zusammenziehung *f*, Tensorverjüngung *f (bezüglich eines Index)*
strap 1. *(Mech)* Riemen *m*, Tragriemen *m*, *(speziell:)* Traggurt *m*, Gurt *m* ; 2. *(Ech)* Polbrücke *f* ; 3. *(El)* Drahtbügel *m*, Drahtbrücke *f*, *(speziell:)* Koppelleitung *f* ; 4. *(El)* Kopplungsbügel *m (eines Magnetrons)*
straticulation Streifenbildung *f*, Streifung *f*, Bänderung *f*
stratification Stapelung *f*, Aufeinandertürmen *n*, Übereinanderstapelung *f*, Übereinanderschichtung *f*, Schichtung *f*
~ **parameter** *(Ström)* s. Richardson [similarity] number
stratified flow *(Ström)* geschichtete Strömung *f*, Schichtenströmung *f*
stratum weight *(mathPh)* Schichtgewicht *n (Statistik)*
stray capacitive coupling *(El)* Wechselstromeinstreuung *f*
~ **coupling** *(El)* Streukopplung *f*, *(speziell:)* Störungseinkopplung *f*
~ **discharge** *(El)* Nebenentladung *f*
~ **electromotive force** *(El)* Streu-EMK *f*, *(negative)* Streuquellenspannung *f*
~ **electron** *(Kern)* vagabundierendes (verirrtes) Elektron *n*, Streuelektron *n*
~ **light** *(Opt)* Streulicht *n*, Falschlicht *n (unerwünscht, z. B. im Monochromator)*, *(speziell:)* Irrstrahl *m*
~ **radiation** Streustrahlung *f*, Störstrahlung *f (unerwünscht)*
~ **reaction** *(Reg)* wilde Rückkopplung *f*
~ **resonance** *(El)* Nebenresonanz *f*
~ **wave charge** *(El)* Wanderwellenbelastung *f*, Wanderwellenbeanspruchung *f*
streak 1. *(Astr)* Strahl *m*, heller Streifen *m (als Oberflächenform des Mondes)* ; 2. *(Krist)* diffuser Reflex *m*
~ **cluster** *(Opt)* Schlierenknäuel *n (ein Glasfehler)*
~ **lightning** *(El)* Linienblitz *m*, Gabelblitz *m*
~ **photography** *(Aero, Phot)* Schlierenaufnahmeverfahren *n*, Schlierenphotographie *f*, Schlierenaufnahme *f (Methode)*
~ **resolution** *(Opt)* Strichauflösung *f*
streaking *(physCh)* Zerfließen *n*, Auslaufen *n*, *(speziell:)* Ineinanderlaufen *n (von Anstrichstoffen)*
stream branch *(Astr)* Zweig *m (eines Meteorstroms)*, Stromzweig *m*
~ **chromatography** *(physCh)* Durchflußchromatographie *f*
~ **counting** *(Mech, physCh)* Einzelpartikelzählung (Partikelzählung) *f* nach dem Durchlaufprinzip
~ **filament** *(Ström)* Stromfaden *m*
~ **flow** *(Ström)* Strahlströmung *f*, *(speziell:)* Strahlausfluß *m*
~ **gauging** *(Hydr)* Wassermengenmessung *f*, Hydrometrie *f*, *(allgemeiner:)* Wassermeßwesen *n*, Wassermeßkunst *f*, Wassermeßlehre *f*
~ **line** *(Ström)* s. streamline
~ **Mach number** *(Ström)* Anström-Mach-Zahl *f*, Zuström-Mach-Zahl *f*
~ **potential** *(Ström)* s. streaming potential 2.
~ **surface** *(Ström)* Stromfläche *f*
~ **take-off** *(Aero)* Hintereinanderstart *m*
streamer 1. *(El, Pl)* Streamer *m*, Kanal *m*, Plasmaschlauch *m (einer Gasentladung)*, Entladungskanal *m* ; 2. *(Astr)* Faden *m*, Protuberanzfaden *m* ; 3.

streamer

(physCh) Schwaden m (von Gas oder Rauch)
- **discharge, ~-type breakdown** (El) Streamerentladung f, Kanalentladung f, Kanaldurchbruch m, Kanaldurchschlag m

streaming (Kern) Strahlungstransport m durch Kanäle und Spalte, Strahlungsleck n, Strahlungsströmung f, Kanaleffekt m, Kanalwirkung f
- **birefringence** (Opt) Strömungsdoppelbrechung f
- **current** 1. (Ech) Strömungsstrom m; 2. (El) fließender Strom m
- **factor** (Kern) Kanaleffektfaktor m, Kanal[verlust]faktor m
- **flow** (Hydr) ruhige (unterkritische) Strömung f, ruhiges Fließen n, Strömen n, ruhiger Strom m, strömende Bewegungsart f (im offenen Gerinne, Fr < 1)
- **potential** 1. (Ech) Strömungspotential n; 2. (Ström) komplexe Potentialfunktion f, komplexes Potential n (des Strömungsfeldes), Strömungspotential n

streamline (Ström) Stromlinie f, Linie f gleicher Stromfunktion
- **aerofoil** (Ström) Stromlinienprofil n
- **flow** (Ström) turbulenzfreie (glatte, nichtturbulente) Strömung f (für inkompressible, zähe Newtonsche Fluide, identisch mit laminarer Strömung)
- **motion** (Ström) turbulenzfreie (glatte) Abströmung f
- **of discontinuity** (Ström) Unstetigkeitsstromlinie f

streamlined body (Ström) Stromlinienkörper m, stromlinienförmiger Körper m, (speziell:) windschnittiger (windschlüpfriger) Körper m

Strehl definition (Opt) theoretisches Auflösungsvermögen n nach Strehl
- **factor** (Opt) Strehlscher Lichtverdichtungsfaktor m
- **intensity ratio** (Opt) Definitionshelligkeit f

strength 1. Intensität f, Stärke f; 2. (Mech) [mechanische] Festigkeit f (Eigenschaft); Festigkeit f, (manchmal:) Festigkeitsgrenze f, Festigkeitswert m (Größe, Oberbegriff); 3. (physCh) Stärke f, Säurestärke f; 4. (mathPh) Strenge f, (selten:) Stärke f (eines Tests); 5. (Ak) Stärke f, Ergiebigkeit f (einer Schallquelle); 6. (El) Nutzfeldstärke f (eines Signals), Signalstärke f
- **in compression** (Mech) Druckfestigkeit f (Größe)
- **in tension** (Mech) Zugfestigkeit f, Festigkeit f, Widerstand m (gegen Zug, Eigenschaft)
- **of barrier** (Kern) Stärke f des Potentialwalls (Potentialberges) (Breite × Höhe)
- **of sink** (Ström) Senkenstärke f
- **of source** (Ström) Quellstärke f, Quellenstärke f, (Hydr auch:) Ergiebigkeit f der Quelle, Quellenergiebigkeit f
- **per unit mass** (Mech) spezifische (massebezogene) Festigkeit f

stress (Mech) 1. Spannungszustand m; 2. [mechanische] Beanspruchung f, (speziell:) Beanspruchung f (Größe)
- **amplitude** (Mech) Spannungsamplitude f, Spannungsausschlag m
- **at break (failure, rupture)** (Mech) Bruchspannung f (bei Zug-, Druck- oder Schubbelastung), (speziell:) Zerreißspannung f, (speziell:) Bruchbeanspruchung f
- **at the point** (Mech) Spannungstensor m
- **axis** (Mech) Spannungshauptachse f, Hauptspannungsachse f
- **birefringence** (Opt) Spannungsdoppelbrechung f
- **by compression** (Mech) Druckspannung f, Druckbeanspruchung f
- **by pull** (Mech) [äußere] Zugspannung f (Größe)
- **by thrust** (Aero) Schubspannung f
- **-compression diagram** (Mech) Spannungs-Stauchungs-Kurve f, Spannungs-Stauchungs-Diagramm n
- **concentration factor** (Mech) Spannungskonzentrationsfaktor m, Kerbwirk[ungs]zahl f, Kerbfaktor m, Kerbziffer f, Formzahl f (Größe)
- **couple** (Mech) Spannungskräftepaar n
- **cycle** (Mech) Lastwechselzyklus m, Lastwechsel m, Beanspruchungszyklus m, Lastspiel n
- **-cycle diagram** (Mech) s. ~-number curve
- **cycling** (Mech) Schwingungswechselbeanspruchung f
- **diagram** (Mech) Cremonascher (reziproker) Kräfteplan m, Cremona-Plan m
- **-energy[-momentum] tensor** (Feld, Rel) Energie-Impuls-Tensor m, Energietensor m, (manchmal:) Spannungs-Energie-Tensor m, Energie-Spannungs-Tensor m (der Materie), Materietensor m
- **freezing** (Mech) Einfrieren n des Spannungszustandes
- **fringe pattern** (Opt) spannungsoptisches Streifenbild (Interferenzstreifenbild) n, Spannungsstreifenbild n
- **intensity factor** (Mech) [elastischer] Spannungsintensitätsfaktor m
- **invariant** (Mech) Spannungstensorinvariante f, Invariante f des Spannungstensors (Spannungszustandes)
- **length** (El) Beanspruchungsdauer f
- **line** s. ~ trajectory
- **-momentum tensor** (Feld, Rel) s. ~-energy tensor
- **-number curve** (Mech) Wöhler-Kurve f, Wöhler-Linie f, Dauerfestigkeitskurve f, Ermüdungskurve f, S/N-Diagramm n
- **-optic law** (Opt) Hauptgleichung f der Spannungsoptik
- **pattern** 1. (Mech) Spannungsverteilung f; 2. (Opt) s. ~ fringe pattern

~ **quadric** *(Mech)* Spannungsfläche f, Tensorfläche (quadratische Form) f des Spannungstensors
~ **raiser** *(Mech)* Spannungskonzentrator m, spannungserhöhende Unstetigkeitsstelle f
~ **raising** *(Mech)* Spannungskonzentration f
~ **range** *(Mech)* Schwingbreite f der Spannung, Spannungsschwingbreite f
~ **rate** *(Mech)* Anstrengungsgeschwindigkeit f, Beanspruchungsgeschwindigkeit f, Spannungsgeschwindigkeit f
~ **relief cracking** *(Mech)* Unterplattierungsriß m, *(speziell:)* Nebennahtriß m
~ **relieving** *(Mech)* Spannungsentlastung f, Entlastung f, Entspannung f, Spannungsbeseitigung f, Spannungsrelaxation f
~-**rupture test** *(Mech)* Zeitstandprüfung f, Zeitstandversuch m
~-**strain curve** *(Mech)* Spannungs-Dehnungs-Diagramm n, Deformationskurve f, Spannungs-Verformungs-Kurve f, Formänderungskurve f, Fließkurve f, Spannungs-Dehnungs-Schaubild n
~-**temperature diagram** *(Mech)* Porse-Diagramm n, Sprödbruchdiagramm n, Spannungs-Temperatur-Diagramm n
~ **time history** *(Mech)* Spannungszeitverlauf m, Spannungsgeschichte f
~ **trajectory** *(Mech)* Hauptspannungstrajektorie f, Hauptspannungslinie f, Spannungstrajektorie f, Hauptdehnungslinie f
~ **wave** elastische Welle f
stressing *(Mech)* Beanspruchung f *(Vorgang)*
stressless state *(Mech)* spannungsfreier (spannungsloser, unverspannter, verspannungsfreier) Zustand m
stretch 1. *(Mech)* Recken n, Reckschmieden n *(Vorgang)*; 2. *(Hydr)* Stromstrecke f, Flußstrecke f, Wasserstrecke f, Strecke f; 3. *(Phot)* Zeitdehnertechnik f, Zeitdehn[ungs]verfahren n, Zeitlupenverfahren n, Zeitlupe f
~ **modulus** *(Mech)* Zugmodul m, Zerreißmodul m
~-**out** *(Kern)* Abbrandverlängerung f, Kampagnenverlängerung f durch Lastabsenkung
stretched fibre *(Mech)* Zugfaser f, gezogene (gedehnte) Faser f
~ **string** *(Ak, Mech)* gespannte Saite f
stretcher strains *(Krist)* Lüderssche Linien fpl, Lüderssche Fließfiguren (Gleitfiguren) fpl, Lüderssche Streifen mpl *(an der Oberfläche)*
stretching 1. *(Mech)* Streckung f, Dehnung f, Längung f, *(bei Metallen auch:)* Reckung f; 2. *(Mech)* Spreizung f *(Vorgang)*; 3. *(Feld)* Dehnung f, Streckung f *(von Feldlinien)*
~ **band** *(At, Spektr)* Valenzschwingungsbande f

~ **strain** *(Mech)* Zugdehnung f, *(selten:)* Zugverzerrung f *(Größe)*
~ **stress** *(Mech)* Reckspannung f, *(speziell:)* Reckbeanspruchung f
~ **tensor** *(Mech)* Eulerscher Streckungstensor m, Streckungstensor m *(von Euler)*
~ **vibration** *(At)* Valenzschwingung f, Bindungs-Streckungs-Schwingung f, Streckungsschwingung f, Dehnungsschwingung f
stria 1. *(Opt)* Schliere f *(ein Glasfehler)*; 2. *(Fest)* Band n zweiter Gleitung, Striemen m
striated discharge *(El)* Streifenentladung f
striation 1. Streifenbildung f, Streifung f, Bänderung f; 2. *(Krist)* Striemenbildung f *(in einem Kristall)*; 3. *(Opt)* Schlierenbildung f *(im Glas)*
strich *(Mech)* Millimeter n, mm
strict maximum *(mathPh)* eigentliches (strenges) Maximum n, Maximum n im engeren Sinne, *(manchmal:)* isoliertes Maximum n
~ **solution** *(mathPh)* strenge (exakte) Lösung f
striction Striktion f, Zusammenziehung f
strictive stress *(Mech)* Striktionsspannung f
strident sound *(Ak)* schriller (durchdringender, greller) Ton m
stridulation *(Ak)* Zirpen n, Stridulation f
strike *(Mech)* Hieb m, *(leichter)* Schlag m, Stoß m
~-**back** *(physCh)* Zurückschlagen n *(der Flamme)*
~ **note** *(Ak)* Schlagton m *(einer Glocke)*
striking 1. *(Mech)* Schlagen n; 2. *(Ak, Mech)* Anschlagen n, *(speziell:)* Schlagen n *(einer Saite)*; 3. *(El)* Zündung f, Bogenzündung f; 4. *(Ech)* Vorgalvanisierung f
~ **angle** *(Mech)* Auftreffwinkel m *(Ballistik)*
~ **current** *(El)* Zündstrom m, *(als Größe auch:)* Zündstromstärke f *(eines Lichtbogens)*
~ **drag reduction** *(Ström)* Widerstandskrise f, Strömungskrise f
~ **velocity** *(Mech)* Auftreffgeschwindigkeit f, Aufschlaggeschwindigkeit f *(Ballistik)*
string 1. *(Ak, Mech)* Saite f; 2. *(Astr)* Membran f, String m(n); 3. *(El)* Bändchen n *(im Lichtventil)*; 4. *(Feld)* String m(n), Faden m, *(selten:)* Saite f; 5. *(Opt)* Knotenschliere f *(ein Glasfehler)*
~ **approximation** *(Krist)* Saitennäherung f *(der Versetzungstheorie)*
~ **efficiency** *(El)* Kettenwirkungsgrad m
~ **theory** *(Feld)* Stringtheorie f, Fadentheorie f, Bindfadentheorie f
stringency *(mathPh)* Strenge f, *(selten:)* Stärke f *(eines Tests)*
stringer 1. *(Aero)* Längsversteifung f, Stringer m; 2. *(Kern)* Verschluß m, Verschlußstück n *(eines Bestrahlungska-*

stringy

nals) ; 3. *(Kern)* Bestrahlungszug *m*, Zug *m* von Bestrahlungsproben
stringy knot *(Opt)* Knotenschliere *f (ein Glasfehler)*
strip 1. *(mathPh)* Streifen *m* ; 2. *(Opt)* Phasenstreifen *m* ; 3. *(physCh)* Waschlösung *f*, Waschflüssigkeit *f*
~ **focus** *(El)* Bandfokus *m*, bandförmiger Brennfleck *m*
~ **force** *(Mech)* Streifenreißkraft *f (von Textilien)*
~ **line** 1. *(El)* Bandleitung *f*, Streifenleitung *f*, Stripline *f* ; 2. *(Halbl)* Streifenleiter *m*
stripe laser *(Opt)* Streifenlaser *m*
stripiness Streifigkeit *f*
strippable photographic emulsion *(Kern)* Abziehemulsionsschicht *f*, Abziehemulsion *f*, Strippingemulsion *f*
stripped atom *(At)* 1. „stripped atom" *n*, abgestreiftes Atom *n (dem mindestens 1 Hüllenelektron fehlt)* ; 2. vollständig ionisiertes Atom *n*, nacktes (geschältes) Atom *n*
~ **emulsion** *(Kern)* abgezogene Emulsion (Emulsionsschicht) *f*, „stripped emulsion" *f*, abgelöster Strippingfilm *m*
~ **output** *(physCh)* Ausbeute *f* des abgereicherten Produkts
stripping 1. *(Phot, physCh)* Abziehen *m*, Abstreifen *n*, Abreißen *n*, Ablösung *f (einer Emulsion oder Beschichtung)*, Schichtablösung *f* ; 2. *(physCh)* Abstreifen *n (der abgereicherten Fraktion einer Anreicherungsanlage)* ; 3. *(physCh)* Rückextraktion *f*, Rückwaschprozeß *m* ; 4. *(physCh)* Abreicherung *f*, Isotopenabreicherung *f*, Verarmung *f (bei der Isotopentrennung)* ; 5. *(physCh)* Waschen *n (von Lösungen)* ; 6. *(Ech)* Entplattierung *f*, Ablösung *f*, Abstreifen *n*, Stripping *n (eines galvanischen Überzugs)* ; 7. *(El)* Abisolierung *f*, *(speziell:)* Abmantelung *f* ; 8. *(Halbl, Phot)* Strippen *n*, Entfernung *f* der Resistschicht
~ **factor** *(physCh)* Abreicherungsfaktor *m (bei der Isotopentrennung)*
~ **film autoradiography** *(Phot, Kern)* Strippingfilmmethode *f*, Abziehfilmmethode *f (der Autoradiographie)*
strobe *(El)* 1. Meßmarke *f (in der Radartechnik)* ; 2. Stroboskopimpuls *m*, Strob[e]impuls *m*, Strobe *m* ; 3. Strobe *n*, Ausblendung *f*, Stroben *n (Vorgang)*
stroke 1. *(Mech)* Hub *m*, *(selten:)* Hublänge *f*, Hubweg *m*, Hubhöhe *f* ; Takt *m (eines Verbrennungsmotors)* ; 2. *(Mech)* Hieb *m*, *(leichter)* Schlag *m*, Stoß *m* ; 3. *(El)* Einschlag *m*, Blitz[ein]schlag *m*, Teilblitz *m*
~ **interception** *(El)* Blitzfang *m*
Strömgren sphere *(Astr)* H II-Gebiet *n*
strong charge *(Feld)* starke Ladung *f*, starke Kopplungskonstante *f*, Kopplungskonstante *f* der starken Wechselwirkung
~ **focus[s]ing** *(Hoch)* AG-Fokussierung *f*, starke Fokussierung *f*, Courant-Fokussierung *f*
~ **interaction** *(Feld, Hoch)* starke Wechselwirkung *f*, *(manchmal:)* Kernwechselwirkung *f*, hadronische Wechselwirkung *f*
~ **ion source** *(At)* Hochstrom-Ionenquelle *f*, Hochintensitäts-Ionenquelle *f*
~-**line star** *(Astr)* Stern *m* mit relativ starken Metallinien
~ **reflection** *(Rel)* Raum-Zeit-Spiegelung *f*, starke Spiegelung *f*
strongly damped collision *(Kern)* Quasispaltung *f*, tiefinelastischer Schwerionenstoß *m*
strontium unit *(Kern)* Strontiumeinheit *f*, Sunshine-Einheit *f*, SU, Picocurie *n* ^{90}Sr pro Gramm Ca, pCi/g Ca *(SI-fremde Einheit der Aktivität; 1 SU = 0,037 Bq)*
struck particle *(Kern)* Targetteilchen *n*, beschossenes (getroffenes) Teilchen *n*
~ **string** *(Ak, Mech)* angeschlagene Saite *f*, *(speziell:)* geschlagene Saite *f*
structural ag[e]ing *(Fest)* Gefügealterung *f*, Strukturalterung *f*
~ **analysis** *(Krist)* s. structure analysis
~ **disarrangement (disarray, disorder)** *(Fest)* strukturelle Unordnung *f*, Strukturunordnung *f*
~ **etching** 1. *(Fest, physCh)* Schliffätzung *f*; 2. *(Halbl)* Strukturätzung *f*
~ **fracture** *(Fest, Mech)* Bruchgefüge *n*
~ **length** *(Fest, Halbl)* Strukturlänge *f*
~ **precipitation** *(Fest)* Gefügeausscheidung *f*
~ **property** *(Fest)* Struktureigenschaft *f*, konstitutive Eigenschaft *f*
~ **protective barrier** *(Kern)* Schutzwand *f*, Strahlenschutzwand *f*, Abschirmwand *f*
~ **resonance** *(At)* Mesomerie *f*, Strukturresonanz *f*, Resonanz *f (chemischer Bindungen)*
~ **statics** *(Mech)* Baustatik *f*
structurally inhomogeneous fibre *(Mech)* strukturinhomogene Faser *f*
~ **similar flow** *(Ström)* strukturähnliche Strömung *f*
structure 1. Struktur *f*, Aufbau *m*, Bau *m*, Konstitution *f*, *(allgemeiner:)* Beschaffenheit *f* ; 2. *(mathPh)* Verband *m* ; 3. *(physCh)* [chemische] Konstitution *f*, Struktur *f* ; 4. *(Fest)* Gefüge *n*, *(speziell:)* Struktur *f*, *(speziell:)* Textur *f*
~ **analysis** *(Krist)* Kristallstrukturanalyse *f*, Kristallgitterbestimmung *f*, Feinstrukturanalyse *f*
~ **birefringence** *(Opt)* Eigendoppelbrechung *f*, Strukturdoppelbrechung *f*
~-**breaking effect** *(Fest)* Strukturstörungseffekt *m*, Unordnungseffekt *m*
~ **elucidation** *(At)* Strukturaufklärung *f (von Hochpolymeren)*
~ **en échelon** *(Fest)* kulissenartige Struktur *f*, Staffelstruktur *f*
~ **refinement** *(Halbl)* Strukturverkleinerung *f*, Strukturverfeinerung *f*

structurelessness *(Fest)* Amorphie f, Strukturlosigkeit f
Student's t statistic *(mathPh)* t-Prüfzahl f, t-Wert m, Students t-Wert m, t-Stichprobenfunktion f, Studentsche [t-]Stichprobenfunktion f
sturdiness Robustheit f, Festigkeit f, Unempfindlichkeit f, Widerstandsfähigkeit f
stylizing *(Phot)* Konturenverstärkung f, Umrißversteilung f
SU *(Kern)* s. strontium unit
SU(3) colour group *(Feld, Hoch)* SU(3)-Farbgruppe f, Farb-SU(3) f, Farbsymmetriegruppe f, SU(3)$_c$[-Gruppe f]
sub-boundary, ~-grain boundary *(Krist)* Kleinwinkelkorngrenze f, Fein[winkel]korngrenze f
~-image *(Phot)* Subbild n
~-image speck s. subcentre 2.
~-miniature gyrocompass *(Mech)* Brown-Kreiselkompaß m
~-prompt critical reactor *(Kern)* verzögert-überkritischer Reaktor m, promptunterkritischer Reaktor
~-transient current *(El)* Subtransientstrom m, subtransienter Strom m, Anfangswert m des Einschwingstroms
subaudio frequency *(Ak)* Subaudiofrequenz f, Unterhörfrequenz f, Untertonfrequenz f
subband 1. *(El)* Teilband n ; 2. *(Fest)* Unterband n ; 3. *(Spektr)* Teilbande f ; 4. *(Meß)* s. subrange
subbing *(Phot)* Zwischenschicht f
subboundary structure *(Fest)* Subkornstruktur f, Feinkornstruktur f
subcentre 1. *(Astr)* Nebenradiant m ; 2. *(Phot)* Subkeim m, sublatentes Zentrum n, *(speziell:)* Tiefenzentrum n *(der Entwicklung)*
subclutter visibility *(El)* Zielerkennbarkeit f gegen Bodenstörungen
subconstituent model *(Hoch)* Subkonstituentenmodell n, Tohu-Wabohu-Modell n
subcooling *(Therm)* 1. Unterkühlung f *(Vorgang oder Zustand)* ; 2. Unterkühlung f, Grädigkeit f *(Größe: Differenz zwischen Sättigungs- und tatsächlicher Temperatur)*
~ refrigerating effect *(Tief)* Unterkühlungs-Kühlwirkung f, Unterkühlungs-Kühleffekt m
subcritical crack growth *(Mech)* subkritisches (langsames) Rißwachstum n
~ damping s. periodic damping
~ velocity [of flow] *(Hydr)* unterkritische Strömungsgeschwindigkeit f, Unterschwallgeschwindigkeit f
subdividing comparator *(Mech, Opt)* Longitudinalkomparator m, Verschiebungskomparator m
subdivision 1. Unterteilung f ; 2. *(mathPh)* Unterteilung f, Zerlegung f *(eines Intervalls)* ; 3. *(mathPh)* Triangulation f *(eines Polyeders)* ; 4. *(mathPh)* Unterteilung f, Verdichtung f *(einer Skala)*
subdueing *(Opt)* Dämpfung f, Dimming n *(des Lichtes)*, Lichtdämpfung f *(Helligkeitsregelung)*
subdwarf [star] *(Astr)* Unterzwerg m
subfield *(mathPh)* Unterkörper m, Teilkörper m *(eines Körpers)*
subflare *(Astr)* Superuption f, Mikroeruption f
subfusion temperature *(Therm)* Temperatur f unter der Schmelztemperatur
subgiant [star] *(Astr)* Unterriese m
subgrain *(Fest)* Subkorn n, Unterkorn n
subgroup 1. *(mathPh)* Untergruppe f, *(manchmal:)* Subgruppe f ; 2. *(At)* Nebengruppe f *(des Periodensystems)*
subharmonic 1. Subharmonische f ; 2. *(Ak)* Unterton m, subharmonischer Ton m
subject contrast *(Opt)* Objektkontrast m
~ range *(Opt)* Objektumfang m
subjective brightness *(Opt)* 1. subjektive Leuchtdichte f, [subjektive] Helligkeit f ; 2. Helligkeit f, Farbhelligkeit f
~ spectrophotometer *(Opt)* visuelles Spektralphotometer n, *(manchmal:)* subjektives Spektralphotometer n
subjectively uniform chromaticity scale *(Opt)* empfindungsgemäß gleichabständige Farbskala f, UCS
sublattice 1. *(Fest)* Untergitter n ; 2. *(mathPh)* Teilverband m, Unterverband m
sublevel *(At, Qu)* 1. Unterniveau n, Teilniveau n ; 2. Unterschale f, *(manchmal:)* Untergruppe f
sublimation point *(Therm)* Sublimationspunkt m, Sbp., Sublimationstemperatur f
submaximum *(Opt)* Nebenmaximum n *(z. B. eines Beugungsspektrums, einer Lichtkurve)*
submerged resonance *(El)* Nachziehen n, *(beim Fernsehen:)* Fahnenziehen n, Fahnenbildung f
submergence *(Hydr, physCh)* Eintauchtiefe f, Tauchtiefe f *(Größe)*
submetallic lustre *(Opt)* halbmetallischer Glanz m, Halbmetallglanz m
submineering *(El)* Subminiaturtechnik f
submultiple *(mathPh)* Teil m, Bruchteil m, Submultiplum n
subnormal discharge *(El)* s. Townsend discharge
subordinate line *(Spektr)* Nebenlinie f
~ resonance *(El)* Nebenresonanz f *(erwünscht)*
~ series *(At, Spektr)* Nebenserie f
subpermanent deformation *(Mech)* nicht spontan reversible Formänderung (Deformation, Verformung) f
subrange *(Meß)* Teilbereich m, Unterbereich m
subrelativistic velocity *(Rel)* Unterlichtgeschwindigkeit f

subsatellite

subsatellite *(Aero)* 1. von einem Satelliten (Raumflugkörper) gestarteter Satellit *m* ; 2. Subsatellit *m*, Satellit *m* eines Satelliten
subsaturation *(physCh)* Untersättigung *f*
subscript *(mathPh)* unterer Index *m*, tiefgestellter (tiefstehender) Index *m*
subsequent channel *(Kern)* Folgekanal *m (unmittelbar folgend)*
~ **irradiation** *(Kern)* Nachbestrahlung *f*, nachträgliche Bestrahlung *f*
subseries *(mathPh)* Teilreihe *f*
subshell 1. *(At, Qu)* Unterschale *f*, *(manchmal:)* Untergruppe *f* ; 2. *(Kern)* Unterschale *f*, Zwischenschale *f*
subsidiary hysteresis loop *(Magn)* rückläufige Schleife *f*
~ **quantity** Hilfsgröße *f*
~ **variable** *(mathPh)* Hilfsvariable *f*, Hilfsveränderliche *f*, Hilfsgröße *f*
subsonic edge *(Aero)* Unterschallkante *f*
~ **flow** *(Ström)* Unterschallströmung *f*, subsonische Strömung *f*
~ **frequency** *(Ak, Mech)* Infraschallfrequenz *f*
~ **jet [flow]** *(Ström)* Unterschallstrahl *m*
~ **range** 1. *(Aero) s.* ~ region 1.; 2. *(Ak, Mech)* Infraschallbereich *m*
~ **region** 1. *(Aero)* Unterschallbereich *m*, subsonischer Bereich *m (der Geschwindigkeit)* ; 2. *(Aero)* Unterschallgebiet *n*, subsonisches Gebiet *n (in einer Strömung, räumlich:)* ; 3. *(Ak, Mech)* Infraschallgebiet *n*
subsonics *(Aero)* Aerodynamik *f* im Unterschallbereich, Unterschallaerodynamik *f*
subspot prominence *(Astr)* Teilfleckprotuberanz *f*
substage aperture *(Opt)* Kondensorapertur *f*, Beleuchtungsapertur *f*
~ **illumination** *(Opt)* Durchlichtbeleuchtung *f (in der Mikroskopie)*
substance 1. *(physCh)* Stoff *m*, Substanz *f*, *(manchmal:)* Körper *m* ; 2. *(Mech)* Gewicht *n* je Ries, Riesgewicht *n*, *(besser:)* Riesmasse *f (von Papier)* ; 3. *(Ström)* Inhalt *m*, Inneres *n (eines Wirbelrings)*
substandard *(Meß)* Sekundärnormal *n*
~ **propagation** *(El, Magn)* Unterreichweite *f*
~ **refraction** *(El, Magn)* Subrefraktion *f*, Infrabrechung *f*, unternormale Brechung *f*
substantial coordinates *(Mech)* substantielle (materielle, massenfeste, materialfeste) Koordinaten *fpl*
~ **derivative** *(Ström)* substantielle Ableitung *f*, Eulersche (materielle, massenfeste, materialfeste) Ableitung *f*
substantiation Objektivierung *f*
substitute 1. *(physCh)* Austauschstoff *m*, Ersatzmittel *n*, Ersatz *m*, Surrogat *n* ; 2. *(At)* Substitutionsprodukt *n*
~ **energy** Alternativenergie *f*, alternative Energie *f*

substitution by tritium *(At)* Tritiierung *f*, Tritiumsubstitution *f*
~ **lattice** *(Kern)* Einsatzgitter *n*
~ **method** *(Kern)* Reaktorsubstitutionsmethode *f*, Pilesubstitutionsmethode *f*
substitutional [impurity] *(Krist)* Substitutionsstörstelle *f*
~ **site** *(Krist)* Substitutions[gitter]platz *m*
~ **[solid] solution** *(Fest)* Substitutionsmischkristall *m*, Austauschmischkristall *m*
substitutivity theorem Ersetzbarkeitstheorem *n*
substrate 1. *(El, Halbl)* Substrat *n* ; 2. *(Phot)* Substratschicht *f*, Haftschicht *f*, Schichtträger *m* ; 3. *(Vak)* Beschichtungsgut *n*, Substrat *n* ; 4. *(physCh)* Packstoff *m*, Adhärend *m*, Schichtträger *m (zu verklebender Stoff)*
substructure 1. *(mathPh)* Teilverband *m*, Unterverband *m* ; 2. *(Krist)* Mosaikstruktur *f*, *(selten:)* Blockstruktur *f*
subsurface Bereich *m* unter der Oberfläche, oberflächennaher Innenbereich (Bereich) *m*
~ **corrosion** *(physCh)* Unterwanderungserscheinung *f*, Unterwanderungskorrosion *f*, Unterschichtkorrosion *f*
~ **defect** *(Mech)* innerer Fehler (Werkstoffehler) *m*
~ **wave** *(El, Magn)* Unterbodenwelle *f*
subtotalling *(mathPh)* Bildung *f* der Zwischensumme, Zwischensummierung *f*, *(allgemeiner:)* Bildung des Zwischenergebnisses
subtractive-coloured light *(Opt)* mittels Filter monochromatisiertes Licht *n*, subtraktiv monochromatisiertes Licht *n*
~ **primary** *(Opt)* subtraktive Grundfarbe *f*, Grundfarbe *f* der subtraktiven Farbmischung
~ **process** *(Phot)* Siebverfahren *n (der Farbenphotographie)*, subtraktive Farbmethode *f*
~ **synthesis** *(Opt)* subtraktive Farbmischung (Mischung) *f*
subvelocity of light *(Rel)* Unterlichtgeschwindigkeit *f*
subwave *(Opt)* Subwelle *f*, [optische] Oberflächenwelle *f*
successive gamma rays *(Kern)* Kaskadengammastrahlung *f*, Gammakaskade *f*, Gamma-Gamma-Kaskade *f*
~ **reaction** *(physCh)* Folgereaktion *f*
~ **reactions law** *(physCh)* Ostwaldsche Stufenregel *f*
sucked-in air *(Aero)* angesaugte Luft *f*, *(speziell:)* eingesaugte Luft *f*
suction 1. *(Aero)* Sog *m* ; 2. *(Ström)* Saugen *n*, *(speziell:)* Ansaugen *n*, *(speziell:)* Einsaugen *n* ; 3. *(El, Magn)* Absaugen *f (von Oberwellen)*
~ **face** *s.* ~ side 2.
~ **flow** *(Ström)* Ansaugströmung *f*, Saugströmung *f*, Saugstrom *m*

superconductivity

- ~ **force** *(physCh)* Saugkraft f, Saugspannung f
- ~ **friction head** *(Ström)* Saugreibungshöhe f
- ~ **phase** *(Aero)* Saugphase f *(einer Stoßwelle)*
- ~ **side** 1. *(Aero)* s. ~ surface; 2. *(Ström)* Saugseite f, Saugende n *(eines Propellers, einer Pumpe)*
- ~ **surface** *(Aero)* Oberseite f, Tragflügeloberseite f, Flügeloberseite f
- ~ **wave** *(Ström)* Verdünnungswelle f, Verdünnungslinie f, *(manchmal:)* Saugwelle f

sudden commencement *(Magn)* s. ~ storm commencement
- ~ **failure** Sprungausfall m, plötzlicher Ausfall m, plötzliches Versagen n
- ~ **short-wave fade-out** *(El)* [Mögel-]Dellinger-Effekt m, Kurzwellentotalschwund m, Fade-out n, plötzliche Ionosphärenstörung f
- ~ **storm commencement** *(Magn)* plötzlicher Sturmbeginn m, ssc, plötzlicher Beginn m *(eines geomagnetischen Sturmes)*, SC, plötzliche kosmische Störung f

sufficiency *(mathPh)* Hinlänglichkeit f, *(in der Statistik:)* Suffizienz f

SUGAR coupling *(Feld)* Supergravitationskopplung f

summation convention *(mathPh, Rel)* Einsteinsche Summationsbezeichnung (Summationskonvention) f, Einsteinsche Konvention f *(für die Summation)*, Einsteinsche Summation f, Einsteinsche Summierungsvorschrift (Summationsvorschrift) f
- ~ **dummy** *(mathPh)* Summationsindex m *(eines Tensors)*
- ~ **loudness** *(Ak)* Summenlautheit f, Summenlautstärke f

summational invariant *(statPh)* Stoßinvariante f

summit 1. Scheitelpunkt m, Scheitel m *(z. B. einer Kurve)*; 2. *(Krist)* Poleck n; 3. *(Hydr)* Kamm m, Scheitel m, Wellenkamm m, Wellenberg m, Wellenscheitel m

Sumner line *(Astr)* Positionslinie f, Standlinie f *(in der Navigation)*

sun *(Astr)* 1. Zentralkörper m, Sonne f *(eines Planetensystems)*; 2. Sonne f, Einheit f der Leuchtkraft *(eines Sterns)*
- ~-**type star** *(Astr)* G-Stern m, sonnenähnlicher Stern m

Sun *(Astr)* Sonne f
- ~ **pointing** *(Astr)* Sonnenausrichtung f
- ~ **tracking** *(Astr)* Sonnen[gang]nachführung f

sunlit side s. sunward side

Sun's disk *(Astr)* Sonnenscheibe f
- ~ **limb** *(Astr)* Rand m der Sonnenscheibe, Sonnen[scheiben]rand m
- ~ **way** *(Astr)* Sonnenbahn f *(in der Galaxis)*

sunshine unit s. strontium unit

sunspot frequency *(Astr)* Sonnenfleckenhäufigkeit f, Fleckenhäufigkeit f
- ~ **penumbra** *(Astr)* Penumbra f, Hof m *(eines Sonnenflecks)*
- ~ **prominence** *(Astr)* Fleckenprotuberanz f

sunspottedness *(Astr)* große (hohe) Fleckenzahl f, starke Fleckentätigkeit f

sunward side *(Astr)* Tagseite f, sonnenzugewandte (sonnenbeleuchtete) Seite f

sup *(mathPh)* s. supremum

super chopper *(Kern)* ultraschneller Chopper m
- ~ **cosmic radiation (rays)** *(Kern)* ultraharte kosmische Strahlung f, superkosmische Strahlung f, kosmische Strahlung f höchster Energie
- ~ **heat conduction (conductivity)** *(Fest, Tief)* Suprawärmeleitung f, thermische Supraleitung f, Suprawärmeleitfähigkeit f
- ~-**high frequency** *(El)* Superhochfrequenz f, Zentimeterwelle f *(3 ... 30 GHz)*
- ~ **stall** *(Aero)* unkontrolliertes Überziehen n, unkontrollierter überzogener Flugzustand m
- ~-**subharmonic** 1. Super-Subharmonische f; 2. *(Ak)* Ober-Unterton m, super-subharmonischer Ton m
- ~ **temperature** *(Therm)* Supertemperatur f *(> 5000 °C)*

superacoustic speed *(Ström)* s. supersonic speed

superactinide *(At)* Superactinoid n, Superactinid n *(122 ≤ Z ≤ 153)*

superaerodynamic flow *(Aero)* Strömung f verdünnter Gase

superaerodynamics *(Aero)* Superaerodynamik f, *(manchmal:)* Supraaerodynamik f, Molekularaerodynamik f

superallowed transition *(Kern)* supererlaubter (übererlaubter, begünstigter, erleichterter) Übergang m

superatmospheric pressure *(Mech)* Überdruck m *(gegenüber dem Luftdruck)*

superaudio frequency *(Ak)* Superaudiofrequenz f, Überhörfrequenz f

superbang *(Ak)* Superknall m

superbolide *(Astr)* Überbolid m, Riesenmeteor m

supercircular velocity *(Astr, Mech)* Überkreisbahngeschwindigkeit f, Übergrenzgeschwindigkeit f

supercompressibility factor *(Therm)* Kompressibilitätsfaktor m, Realfaktor m

superconducting colloid detector *(Kern)* SSC-Detektor m, [überhitzter] supraleitender Kolloiddetektor m
- ~ **levitation** *(Magn, Tief)* supraleitende Lagerung f

superconduction *(El, Tief)* Supraleitung f, *(oft:)* Supraleitfähigkeit f *(Eigenschaft, Vorgang)*

superconductivity *(El, Tief)* 1. Supraleitfähigkeit f *(Größe)*; 2. s. superconduction

superconductor

superconductor *(El, Tief)* Supraleiter *m*, supraleitender Stoff *m*, supraleitendes Material *n* (erster, zweiter oder dritter Art)
~ **transition temperature** *(Tief)* kritische Temperatur *f*, Übergangstemperatur *f*, Übergangspunkt *m (eines Supraleiters)*
supercooled fluid (liquid) *(Therm)* unterkühlte Flüssigkeit *f*
supercooling *(Therm)* 1. Unterkühlung *f (Vorgang oder Zustand)* ; 2. unterkühlter Zustand *m*, Unterkühlung *f (Zustand)*
supercurrent density *(Tief)* Suprastromdichte *f*
superdense matter *(Pl)* überdichte (superdichte) Materie *f*
~ **theory** *(Astr)* Urknalltheorie *f*
superdislocation *(Krist)* Überversetzung *f*, Superversetzung *f*
superelastic collision (impact) *(At)* superelastischer (überelastischer) Stoß *m*
superextended dislocation *(Krist)* gepaarte Versetzung *f*, Versetzungspaar *n*
superficial Bernoulli theorem *(Ström)* Bernoullische Gleichung *f* für Lambsche Flächen
~ **extent** flächenhafte Ausdehnung *f*, Flächenausdehnung *f*
~ **free energy** *(Therm)* [freie] Oberflächenenergie *f*, Oberflächenarbeit *f*
~ **friction** *(Hydr)* Hautreibung *f*, Oberflächenreibung *f*
~ **gravity** *(Astr)* Schwerebeschleunigung (Schwere) *f* an der Oberfläche, Oberflächenschwere *f*
~ **quantity** *(physCh, Therm)* [thermodynamische] Oberflächengröße *f*
superfines *(physCh)* Feinstanteil *m*
superfluid *(Tief)* Supraflüssigkeit *f*, *(nicht empfohlen:)* Superflüssigkeit *f (Stoff)*
~ **model** *(Kern)* Suprafluiditätsmodell *n*, Supraleitungsmodell *n*, superfluides Modell *n (des Kerns)*
~ **state** *s.* superfluidity
superfluidity *(Tief)* Supraflüssigkeit *f*, Suprafluidität *f*, suprafluider (supraflüssiger) Zustand *m (nicht empfohlen:)* Superfluidität *f*
superfluorescence *(Opt)* verstärkte spontane Emission *f*, Superstrahlung *f*, Superfluoreszenz *f*
superflux reactor *(Kern)* Höchstfluß-Forschungsreaktor *m*
supergiant [star] *(Astr)* Überriese *m*, *(manchmal:)* Übergigant *m*, Supergigant *m*, Superriese *m*
superharmonic 1. Superharmonische *f*; 2. *(Ak)* Oberton *m*, superharmonischer Ton *m*
superheat 1. *(physCh)* Überhitzung *f (Vorgang oder Zustand)* ; 2. *(Therm)* Überhitzung *f*, latente Siedewärme *f (Größe)*
superheavy element *(Kern)* superschweres (überschweres) Element *n*, Trans-104-Element *n*, fernes Transuran[ium] *n*

~ **hydrogen** *(At)* Tritium *n*, überschwerer Wasserstoff *m*, T, ^{3}H
~ **water** *(physCh)* überschweres Wasser *n* T_2O
superimposed fluids *(Hydr, physCh)* übereinandergeschichtete (übereinander gelagerte) Flüssigkeiten *fpl*
~ **load** *(Mech)* aufgebrachte Last *f*, Auflast *f*
superionic [conductor] *(Ech, Fest)* Festelektrolyt *m*, Superionenleiter *m*, Festkörperelektrolyt *m*
superior mirage *(Opt)* obere Luftspiegelung *f*
~ **planet** *(Astr)* äußerer Planet *m*
superlattice 1. *(Fest, Qu)* Supergitter *n*, Übergitter *n*, Überstruktur *f*, multiple Quantenwellenstruktur *f*; 2. *(Halb)* Übergitter *n*, Supergitter *n*; 3. *(Kern)* Supergitter *n*
superleak *(Tief)* Lambdaleck *n*, Supraleck *n*, [Kamerlingh-]Onnes-Effekt *m*
superorbital velocity *(Astr, Mech)* Überkreisbahngeschwindigkeit *f*, Übergrenzgeschwindigkeit *f*, Überzirkulargeschwindigkeit *f*
superposable motions *(Mech)* superponierbare (überlagerbare) Bewegungen *fpl*
superposition principle *(Feld, Mech, Qu)* Superpositionsprinzip *n*, Überlagerungsprinzip *n*, Unabhängigkeitsprinzip *n*
superradiance 1. *(Opt)* verstärkte spontane Emission *f*, Superstrahlung *f*, Superfluoreszenz *f*; 2. *(Rel)* Superradianz *f*
superrelativistic velocity *(Rel)* Überlichtgeschwindigkeit *f*
superscript *(mathPh)* oberer (hochgestellter, hochstehender) Index *m*
~ **numeral** Hochzahl *f*, hochgestellte (hochstehende) Zahl *f*, Exponent *m*
superselectable *(Feld, Qu)* Superauswahlobservable *f*
superselection rule *(Qu)* Superauswahlregel *f*, Überauswahlregel *f*
supersensitivity extreme Empfindlichkeit *f*, Superempfindlichkeit *f*, Höchstempfindlichkeit *f*
supersolubility curve *(physCh)* Übersättigungskurve *f*
supersonic aerofoil *(Aero)* Überschallprofil *n*
~ **area rule** *(Aero)* Flächenregel *f*, Querschnittsregel *f*
~ **bang (boom)** *(Ak)* Überschallknall *m*
~ **delay line** *(Ak)* Ultraschall-Laufzeitglied *n*, Ultraschall-Laufzeitkette *f*, Ultraschall-Verzögerungsleitung *f*
~ **edge** *(Aero)* Überschallkante *f*
~ **flow** *(Ström)* Überschallströmung *f*, supersonische Strömung *f*
~ **flow past a body** *(Aero)* Überschallumströmung *f*
~ **frequency** 1. *(El)* Nachverstärkungsfrequenz *f*; 2. *(Ak)* Ultraschallfrequenz *f*

~ **nozzle** *(Aero)* Laval-Düse *f*, konvergent-divergente Düse *f*, eingezogene Düse *f*
~ **ridge** *(Aero)* Überschallkante *f*
~ **speed** *(Ström)* Überschallgeschwindigkeit *f*, supersonische Geschwindigkeit *f (Skalar)*
~ **velocity** *(Ström)* Überschallgeschwindigkeit *f*, supersonische Geschwindigkeit *f (Vektor)*
supersonics 1. Lehre *f* vom Überschall, Überschallehre *f*; 2. Aerodynamik *f* im Überschallbereich, Überschallaerodynamik *f*
supersound *(Ak) s.* ultrasound
superstereoscopic power *(Opt)* Überplastik *f*
superthermal conduction (conductivity) *(Fest, Tief)* Suprawärmeleitung *f*, thermische Supraleitung *f*, Suprawärmeleitfähigkeit *f*
superundal flow *s.* shooting flow
superunification *(Feld)* Supervereinheitlichung *f*
supervoltage *(El)* Höchstspannung *f (500 ... 2000 kV)*
supplementary lens *(Opt, Phot)* Vorsatzlinse *f*, *(speziell:)* Vorsatzobjektiv *n*
~ **valency** *(At)* Nebenvalenz *f*
supply current *(El)* Speisestrom *m*, *(speziell:)* Netzstrom *m*
~ **fluctuations** *(El)* Netzschwankung *f*
~ **frequency** *(El)* Versorgungsfrequenz *f*
~ **impedance** *(El)* Anschlußimpedanz *f*
~ **point** *(El)* Stromanschlußpunkt *m*, Stromanschlußstelle *f*, Einspeisepunkt *m*, Spannungsquelle *f*
supporter *(physCh)* Trägersubstanz *f*, Katalysatorträger *m*, Träger *m*
supporting film *(El)* Objektträgerhäutchen *n*, Objektträgerfilm *m (Elektronenmikroskopie)*
~ **foil** 1. *(physCh)* Trägerfolie *f*; 2. *(El)* Objektträgerfolie *f (Elektronenmikroskopie)*
~ **plate** *(Halbl)* Trägerplatte *f*, Träger *m*, Basismaterial *n*
suppressed-band attenuation *(El)* Sperrdämpfung *f*
~-**carrier transmission** *(El)* Übertragung *f* mit unterdrückter Trägerwelle
suppression *(El)* Unterdrückung *f*
~ **chamber** *(Kern)* Kondensationskammer *f*, Kondensationsraum *m*, Druckabbaukammer *f (eines SWR)*
suppressor circuit *(Halbl)* TSE-Beschaltung *f (TSE = Trägerstaueffekt)*
~-**grid modulation** *(El)* Bremsgittermodulation *f*
supramolecular structure *(At)* übermolekulare Struktur *f*, Überstruktur *f*
supremum *(mathPh)* obere Grenze *f*, kleinste obere Schranke *f*, Supremum *n*, finis *m* superior, [fin] sup, *fin*
surf-riding principle *(Kern) s.* surfing principle

surface 1. *(mathPh)* Oberfläche *f*, Rand *m*, Begrenzung *f (eines Körpers)*; 2. *(mathPh)* Fläche *f (im dreidimensionalen Raum)*; 3. *(Hydr)* freie Oberfläche *f*, Spiegel *m*, Wasserspiegel *m*
~ **acceleration** *(Mech)* Flächenbeschleunigung *f*
~ **acoustic wave** akustische Oberflächenwelle *f*, OFW, AOW
~ **activity** 1. *(physCh)* Oberflächenaktivität *f*, Kapillarflächenaktivität *f*, *(manchmal:)* Grenzflächenaktivität *f (von Flüssigkeiten)*; 2. *(Kern)* Flächenaktivität *f*, Oberflächenaktivität *f*
~ **attachment** *(physCh)* Oberflächenhaftung *f*
~ **barrier** *(Halbl)* 1. Randschicht *f*, Oberflächensperrschicht *f*; 2. Oberflächenbarriere *f*, Oberflächen-Potentialwall *m*
~ **blemish** *(Mech)* äußerer Fehler *m*, Formverletzung *f*, Oberflächenfehler *m*
~ **breakdown** *(El)* Oberflächendurchschlag *m*, Oberflächendurchbruch *m*
~ **brightness** *(Astr)* Flächenhelligkeit *f (eines Himmelskörpers)*
~ **charge** 1. *(El)* Polarisationsladung *f*, gebundene Ladung *f*; 2. *(Ech)* Grenzflächenladung *f*, Oberflächenladung *f*
~ **charge density** *(El)* Flächenladungsdichte *f*, elektrische Ladungsbedeckung *f*, Flächendichte *f* der Ladung, *(speziell:)* Oberflächenladungsdichte *f*
~ **collision frequency** *(statPh)* Wandstromdichte *f*, Flächenstoßrate *f*, Flächenstoßhäufigkeit *f*
~ **combustion** *(physCh)* stille (flammenlose, katalytische) Verbrennung *f*
~ **conductivity** *(El)* 1. Oberflächenleitfähigkeit *f (Größe)*; 2. Oberflächenwirkleitwert *m*, Oberflächenkonduktanz *f*, Oberflächenleitwert *m (Größe)*
~ **curl** *(mathPh)* Flächenrotation *f*, Flächenwirbel *m*, Sprungrotation *f*, Sprungwirbel *m*, Rot
~ **defect** *(Krist)* 1. Oberflächen-Gitterfehlstelle *f*, Oberflächenfehlstelle *f*, Oberflächenfehler *m*; 2. zweidimensionale *(flächenhafte)* Gitterfehlstelle *f*, zweidimensionaler *(flächenhafter)* Defekt *(Gitterfehler, Kristallfehler)* *m*
~ **demand** *(physCh)* Oberflächenbedarf *m (reziproke Oberflächenkonzentration oder Adsorptionsdichte)*
~ **density** 1. Flächendichte *f*; 2. flächenbezogene Masse *f*, Flächenmasse *f*, Flächendichte *f* der Masse, Flächenbedeckung *f*; 3. *(physCh)* Oberflächendichte *f*, Oberflächenbelegung *f*; 4. *(El)* Flächenladungsdichte *f*, elektrische Ladungsbedeckung *f*, *(speziell:)* Oberflächenladungsdichte *f*
~ **diffusivity** *(Fest)* Oberflächendiffusionskoeffizient *m*
~ **drag** *(Ström) s.* ~-friction drag

surface

~ **duct** *(El, Magn)* bodennaher Kanal (Wellenleiter, Dukt, Duct) *m*, Oberflächenkanal *m*, Oberflächenwellenleiter *m*
~ **eddy** *(Ström)* Flächenwirbel *m*
~ **emitter** Flächenstrahler *m*, *(speziell:)* Oberflächenstrahler *m*
~-**enhanced Raman scattering** *(Opt)* oberflächenverstärkte Raman-Streuung *f*
~ **excess** *(physCh)* Oberflächenüberschuß *m*
~ **film conductance (heat conductivity)** *(Ström, Therm)* Oberflächenfilm-Wärmeleitfähigkeit *f*, Filmwärmeleitfähigkeit *f*
~ **finish measurement** *(Mech)* Oberflächenmessung *f*
~ **force** *(Mech)* 1. Flächenkraft *f*, flächenhaft (an einer Fläche) angreifende Kraft *f*; 2. Oberflächenkraft *f*, Berührungskraft *f*
~ **friction** *(Hydr)* Hautreibung *f*, Oberflächenreibung *f*
~-**friction coefficient** *(Ström)* Hautreibungskoeffizient *m*, Oberflächenreibungskoeffizient *m*
~-**friction drag** *(Ström)* Reibungswiderstand *m*, Oberflächenwiderstand *m*, Schubwiderstand *m*
~-**friction drag coefficient** *(Ström)* Reibungswiderstandsbeiwert *m*, Oberflächenwiderstandsbeiwert *m*
~ **friction term** *(Ström)* Wandschubspannungsterm *m*, Wandschubspannungsglied *n*
~ **frictional force** *(Ström)* Hautreibungskraft *f*, Oberflächenreibungskraft *f*
~ **gradient** *(mathPh)* Flächengradient *m*, Sprunggradient *m*, Grad
~ **gravity** *(Astr)* Schwerebeschleunigung (Schwere) *f* an der Oberfläche, Oberflächenschwere *f*
~ **Hamiltonian** *(Qu)* Oberflächenanteil *m* des Hamilton-Operators, Oberflächen-Hamilton-Operator *m*
~ **hardening** *(Fest)* Randhärtung *f*, Randschichthärtung *f*, Oberflächenverfestigung *f*
~ **harmonic** *(mathPh)* Kugelflächenfunktion *f*, *(meist kurz:)* Kugelfunktion *f*
~ **heat flux** *(Therm)* Wärmestromdichte *f*, Wärmestromintensität *f*, *(an der Heizfläche:)* Heizflächenleistungsdichte *f*, Heizflächenbelastung *f (Größe, in J/m² s oder W/m²)*
~ **imperfection** *(Krist)* Oberflächenstörung *f*, Oberflächenstelle *f*
~ **interaction** *(Kern)* direkte Wechselwirkung *f*, Oberflächenwechselwirkung *f*
~ **lay** *(Mech)* Strukturrichtung *f* der Oberfläche
~ **leakage** *(El)* Oberflächenableitung *f*, Kriechstromableitung *f*
~ **leakage current** *(El)* Oberflächenkriechstrom *m*
~ **leakage path** *(El)* Kriechweg *m*

~ **luminosity** *(Astr)* Flächenhelligkeit *f (eines Himmelskörpers)*
~ **magnetization** *(Magn)* flächenhaft verteilte Magnetisierung *f*, Flächenmagnetisierung *f*, *(speziell:)* Oberflächenmagnetisierung *f*
~ **mass** *s*. ~ **density** 2.
~ **of constant phase** 1. Phasenfläche *f*, Fläche *f* gleicher (konstanter) Phase; 2. Wellenfläche *f*, Wellenfront *f*
~ **of discontinuity** *(Ström)* Unstetigkeitsfläche *f*, Diskontinuitätsfläche *f*
~ **of revolution (rotation)** *(mathPh)* Drehfläche *f*, Rotationsfläche *f*, Umdrehungsfläche *f*, rotationssymmetrische Fläche *f*
~ **of tension** *(Mech)* Spannungsfläche *f*, Tensorfläche (quadratische Form) *f* des Spannungstensors
~ **plane** *(Krist)* Oberflächennetzebene *f*
~ **potential** *(Ech)* 1. Oberflächenpotential *n*, Chi-Potential *n*, *(speziell:)* Grenzflächenpotential *n*; 2. *(Halbl)* Oberflächenpotential *n*
~ **pressure** 1. *(physCh)* Oberflächendruck *m*, Filmdruck *m (einer Flüssigkeit)*; 2. *(Mech)* Flächenpressung *f*; 3. *(Mech)* Oberflächendruck *m*, Flächendruck *m*, *(speziell:)* Laplacescher Druck *m*, *(speziell:)* Manteldruck *m*
~ **ream** *(Opt)* Randschliere *f (Glasfehler)*
~ **reflectance (reflectivity)** *(Opt)* Oberflächenreflexionsgrad *m*
~ **removal** *(Mech)* Oberflächenabtragung *f*, Oberflächenabtrag *m*
~ **resistance** *(El)* Oberflächenresistanz *f*, Oberflächen[wirk]widerstand *m*
~ **resistivity** *(El)* spezifischer Schichtwiderstand (Oberflächenwiderstand) *m*, Flächenwiderstand *m*
~ **roughness** *(Mech)* 1. Oberflächenrauh[igk]eit *f*; 2. Rauhtiefe *f (Größe)*
~ **roughness block** *(Mech)* Oberflächennormal *n*, Oberflächennormale *f*
~-**scratching test** *(Mech)* Ritzhärteprüfung *f*
~ **shear wave** *(Mech)* Oberflächenscherungswelle *f*, Scherungsoberflächenwelle *f*
~ **shell** *(Mech)* Mantelfläche *f*
~ **slope** *(Hydr)* Spiegelgefälle *n*, Wasserspiegelgefälle *f*
~ **smoothness** *(Mech)* Glattheit *f* der Oberfläche, Oberflächenglattheit *f*
~ **source density** Flächenquelldichte *f*
~ **space charge** *(El, Fest)* Oberflächen[raum]ladung *f*
~ **spherical harmonic** *(mathPh)* Laplacescher Koeffizient *m*, Laplacesches Polynom *n*
~ **streak** *(Opt)* *s*. ~ **ream**
~ **tension** *(Ström)* 1. Oberflächenspannung *f (Erscheinung)*; 2. *s*. ~ **tensity**
~ **tension amperometry** *(Ech)* Tensammetrie *f*, Messung *f* der dynamischen Kapazität

~ **tension balance (meter)** *(physCh, Ström)* Oberflächenspannungsmesser *m*, Tensiometer *n*
~ **tension number** *(Ström)* Oberflächenspannungszahl *f*
~ **tensity** *(Ström)* Oberflächenspannung *f*, bezogene (spezifische) Oberflächenenergie (Oberflächenarbeit) *f*, Koeffizient *m* (Konstante *f*) der Oberflächenspannung *(Größe, in N/m)*
~ **trap** *(Halbl)* Oberflächenhaftstelle *f*, Oberflächenhaftterm *m*
~ **vacancy (vacant site)** *(Krist)* Oberflächenleerstelle *f*
~ **voltage gradient** *(El)* Schrittspannung *f*
~ **vortex** *(Ström)* Flächenwirbel *m*
~ **wave** 1. *(El, Magn, Opt)* Oberflächenwelle *f*; 2. *(El, Magn)* Bodenwelle *f*, direkte Welle *f*; 3. *(Ak, Mech)* Rayleigh-Welle *f*, [Rayleighsche] Oberflächenwelle *f*; 4. *(El, Magn)* Sommerfeld-Welle *f*, Sommerfeldsche Welle (Oberflächenwelle) *f*; 5. *(Hydr)* Oberflächenwelle *f*
~ **waviness** 1. *(Mech)* Welligkeit *f*, Oberflächenwelligkeit *f* *(bei der Rauheitsbestimmung)*; 2. *(physCh)* Oberflächenschliere *f*, Randschliere *f* *(eines Kunststoffs)*
~ **wrinkling** *(Kern)* Runzelbildung *f* Oberflächenaufrauhung *f*
surfacing 1. *(Mech)* Oberflächenbearbeitung *f*; 2. *(Mech, physCh)* Oberflächenbehandlung *f*; 3. *(Aero)* Wasserlandung *f*, Wasserung *f*
surfeit effect *(Halbl)* Übersättigungseffekt *m*
surficial gravity *(Astr)* Schwerebeschleunigung (Schwere) *f* an der Oberfläche, Oberflächenschwere[beschleunigung] *f*
surfing principle *(Kern)* Wellenreiterprinzip *n*, Verwendung *f* von fortschreitenden Wellen *(im Beschleuniger)*
surge 1. *(Mech)* Stoß *m*, Druckstoß *m*; 2. *(Hydr)* Sprungwelle *f*; 3. *(Astr)* Auswurf *m* (Ausschleudern *n*) von Materie, Materieauswurf *m*; 4. *(Astr)* Spritzprotuberanz *f*, Surge *n(f)* *(der Sonne)*; 5. *(El)* (Strom- oder Spannungs-) Stoß *m*; 6. *(El, Magn)* Wanderwelle *f* mit steiler Front, steile Wanderwelle *f*, Stoßwelle *f*, Sprungwelle *f*; 7. *(Mech, Reg)* Einschaltstoß *m* *(in der Fluidik)*
~ **arrester** *(El)* Überspannungsableiter *m*, *(speziell:)* Blitzschutzanlage *f*, Blitzschutz *m*
~ **capacity** *(El)* Stoßspannungsfestigkeit *f*, Sprungwellenfestigkeit *f*
~ **chamber** *(Hydr)* Wasserschloß *n*, *(manchmal:)* Ausspiegelungsbehälter *m*, Ausgleichsbecken *n*
~ **current** *(El)* Stoßstrom *m* *(unerwünscht)*
~ **drum** 1. *(Tief)* Flüssigkeitsspeicher *m*, Zwischenbehälter *m*, Zwischengefäß *n*; 2. *(Hydr)* s. ~ chamber
~ **front** *(El)* Stoß[wellen]front *f*

~ **header** *(Tief)* s. ~ drum 1.
~ **limit** *(Hydr)* Pumpgrenze *f*
~ **off-state voltage** *(Halbl)* Stoßsperrspannung *f*
~ **on-state current** *(Halbl)* Stoßdurchgangsstrom *m* *(eines Thyristors)*
~ **tank** *(Hydr)* s. ~ chamber
~ **voltage** *(El)* Stoßspannung *f* *(unerwünscht)*
~ **voltage resistance (strength)** *(El)* Stoßspannungsfestigkeit *f*, Sprungwellenfestigkeit *f*
surging discharge *(El)* schwingende Entladung *f*
~ **point** *(Hydr)* Pumpgrenze *f*
surmount *(Mech)* Überhöhung *f*
surplus conduction *(Halbl)* Überschußleitung *f*, Zusatzelektronenleitung *f*
~ **load** *(El)* Mehrbelastung *f*
~ **multiplication** *(Kern)* Überschußmultiplikation *f*, Überschußvermehrung *f* *(der Neutronen)*
~ **water** *(Hydr)* Freiwasser *n*, Überwasser *n*
surround *(Opt)* Umfeld *n*
surrounding air umgebende Luft *f*, *(speziell:)* Außenluft *f*
~ **light** *(Opt)* Umgebungslicht *n*, Raumlicht *n*
surroundings Umgebung *f* *(eines Systems)*
survey 1. *(mathPh)* Erhebung *f* *(Sammlung vorhandener statistischer Daten nach einem vorbereiteten Plan)*; 2. *(Kern)* Überwachung *f*, Strahlenüberwachung *f*, Strahlungsüberwachung *f*
~ **foot** *(Mech)* s. US Survey foot
SUSY gauge theory *(Feld)* supersymmetrische Eichfeldtheorie *f*
susceptance 1. *(El)* Blindleitwert *m*, Suszeptanz *f*; 2. *(Ak)* akustischer Blindleitwert *m*
susceptibility per unit mass *(Magn)* Massensuszeptibilität *f*, massebezogene (spezifische) [magnetische] Suszeptibilität *f*
~ **per unit volume** *(Magn)* Volumensuszeptibilität *f*, volumenbezogene [magnetische] Suszeptibilität *f*, Volumsuszeptibilität *f*
suspended material (matter) *(physCh)* Schwebstoff *m*, suspendierter Stoff *m*
~ **solids** *(Hydr, physCh)* Suspension *f*, *(speziell:)* Aufschlämmung *f*, Aufschwemmung *f*
~ **transformation** *(Therm)* ausgesetzter Phasenübergang (Übergang) *m*
suspensibility *(physCh)* Schweb[e]fähigkeit *f*
suspension 1. Aufhängung *f*; 2. *(Hydr, physCh)* Schwebezustand *m*, Schweben *n*, Schwebe *f* *(in einer Flüssigkeit)*; 3. *(Hydr, physCh)* Suspension *f*, *(speziell:)* Aufschlämmung *f*, Aufschwemmung *f*

suspension

~ **pendulum** *(Mech)* hängendes Pendel *n*, *(speziell:)* Schneidenpendel *n*, Pendel *n* mit Schneidenaufhängung

suspensoid *(physCh)* lyophobes (elektrokratisches) Kolloid *n*, *(selten:)* Suspensoid *n*

sustained audio signal *(Ak)* Dauerton *m*

~ **chain reaction** *(Kern)* kritische (sich selbsterhaltende, stationär verlaufende) Kettenreaktion *f* [von Kernspaltungen], selbständige (selbständig ablaufende) Kettenreaktion *f*

~ **oscillation** Dauerschwingung *f*, andauernde (anhaltende) Schwingung *f*

~ **sound (tone)** *(Ak)* Dauerton *m*

~ **vibration** *(Mech)* ungedämpfte (kontinuierliche) Schwingung *f*

svedberg *(physCh)* Svedberg *n*, Svedberg-Einheit *f*, S *(SI-fremde Einheit des Sedimentationskoeffizienten; 1 S = 10^{-13} s)*

sverdrup *(Ström)* Sverdrup *n (SI-fremde Einheit des Volumentransportes; 1 sverdrup = 1 000 000 m^3 s^{-1})*

SWA lens *(Opt, Phot)* Überweitwinkelobjektiv *n*

swamping 1. *(Ak)* Übertönen *n*; 2. *(Spektr)* Überstrahlung *f*, Überdeckung *f*, Untergehen *n (von Spektrallinien)*

SWAT *(Mech)* Analyse *f* der elastischen Wellen, SWAT

sway *(Hydr)* Horizontalschwingung *f*, seitliche Schwingung *f*

~ **buckling** *(Mech)* seitliche Ausknickung *f (in der Horizontalen infolge Windlast)*

swaying 1. *(Mech)* Schaukeln *n*, Schaukelbewegung *f*, schaukelnde Bewegung *f*; 2. *(Hydr)* Horizontalschwingung *f*, seitliche Schwingung *f*

sweat cooling *(Therm)* Schwitzkühlung *f*, Transpirationskühlung *f*

sweating 1. *(physCh)* Ausschwitzen *n*, Aussickerung *f*; 2. *(Therm)* Schwitzwasser *n*, Kondenswasser *n*

sweep 1. *(El)* Kippen *n*, Kipp *m*; 2. *(El)* Überstreichung *f*, Durchlauf *m (auch in der Radartechnik), (beim Fernsehen:)* Hinlauf *m*; 3. *(El)* [zeitliche] Ablenkung *f (eines Elektronenstrahls)* ; 4. *(El)* Zeitachse *f*, Zeitnullinie *f*, Zeitlinie *f*, Zeitbasis *f (einer Kathodenstrahlröhre)* ; 5. *(Aero)* Pfeilung *f (auch als Größe), (speziell:)* Pfeilstellung *f*, Pfeilform *f*; 6. *(Spektr)* Sweepen *n*; 7. *(Hydr)* Wellengang *m*

~ **angle** *(Aero)* Pfeilwinkel *m (eines Flügels)*

~ **coverage** *(El)* Ablenkbereich *m*, *(speziell:)* Wobbelhub *m*, *(manchmal:)* Wobbelbreite *f*, Wobbelbereich *f*

~ **expansion** *(El)* Zeitdehnung *f*, Zeitbasisdehnung *f*, Zeitachsendehnung *f (eines Oszilloskops)*

~ **magnification** *(El)* 1. Ablenkverstärkung *f*, Kippverstärkung *f*; 2. *s.* ~ expansion

~ **number preset** *(Kern, Spektr)* vorgewählte Anzahl *f* von Abtastungen, Abtastvorwahl *f (eines Vielkanalzählers)*

~ **rate** *(El)* 1. Wobbelgeschwindigkeit *f*; 2. *(El)* Zeitablenkgeschwindigkeit *f*, Ablenkgeschwindigkeit *f (eines Oszillographen)*; Durchlaufgeschwindigkeit *f (eines Kippgenerators)* ; 3. Überstreichgeschwindigkeit *f*, Durchlaufgeschwindigkeit *f (Radartechnik)*

sweepback *(Aero)* positive Pfeilung (Pfeilstellung) *f*, *(selten:)* Rückwärtspfeilung *f (eines Flügels, Größe)*

sweepforward *(Aero)* negative Pfeilung (Pfeilstellung) *f*, Vorwärtspfeilung *f (eines Flügels, Größe)*

sweeping *(Hoch)* Reinigung *f*, Ziehen *n* der Ionen *(in einer Nebelkammer)*

~ **dislocation** *(Krist)* wandernde (bewegte) Versetzung *f*

~ **frequency** *(El)* Wobbelfrequenz *f*, Pendelfrequenz *f*

~ **voltage** *(Hoch)* Ziehspannung *f*, Ionenziehspannung *f*, Reinigungsspannung *f*, Absaugspannung *f (einer Nebelkammer)*

swell 1. *s.* swelling 1.; 2. *(Ak)* Anschwellen *n*, *(manchmal:)* Abschwellen *n (eines Tones)* ; 3. *(Hydr)* s. swelling 3.; 4. *(Hydr)* Wellengang *m*; 5. *(Hydr)* Schwall *m (im offenen Gerinne)*

swellability *(physCh)* Quellfähigkeit *f*, Quellungsvermögen *n*, Quellvermögen *n*, *(speziell von Kohle:)* Blähvermögen *n*

swelling 1. Schwellung *f*, Schwellen *n*, Anschwellen *n*, *(speziell:)* Aufblähung *f*, Blähung *f*; 2. Wulst *f*, Verdickung *f*; 3. *(Hydr)* [hydraulischer] Stau *m*, Spiegelstau *m*, Wasserstau *m*, *(speziell:)* Aufstau *m*, Stauung *f*, Wasserstauung *f*, Aufstauung *f*; 4. *(Kern)* Schwellen *n*, Schwellung *f*, Swelling *n*, Brennstoffschwellen *n*; 5. *(Kern)* [äußerliche] Volumenvergrößerung *f*; 6. *(physCh)* Quellung *f (kolloidaler Systeme)*

~ **index** *(physCh)* Blähzahl *f*, Blähindex *m*, Blähgrad *m*, Swellingindex *m (von Kohle)*

~ **pressure** *(physCh)* 1. Quellungsdruck *m*; 2. Treibdruck *m*, Blähungsdruck *m (der Kohle)*

swept[-back] aerofoil *(Aero)* Pfeilflügel *m*, [nach hinten] gepfeilter Flügel *m*

~-**forward aerofoil** *(Aero)* vorgepfeilter (nach vorn gepfeilter) Flügel *m*

~ **stroke** *(El)* Gleitstrahl *m (eines Blitzes)*

~ **volume** 1. *(Aero)* Fördermenge *f*, Fördervolumen *n (eines Kompressors)* ; 2. *(Ström, Vak)* Förderstrom *m*, Saugvolumen *n (einer Pumpe)* ; 3. *(Mech)* Hubvolumen *n*, Hubraum *m (eines Motors)*

swerving *(Mech)* Schleudern *n (eines Landfahrzeugs)*

swimming-pool [research] reactor *(Kern)* Schwimmbad[forschungs]reaktor *m*, Schwimmbeckenreaktor *m*, [Swimming]Pool-Reaktor *m*

swing 1. *(Aero)* Ausbrechen *n (aus der Flugrichtung)* ; 2. Spitze-[zu-]Spitze-

Amplitude f, ss-Amplitude f, Maximal-zu-Minimal-Amplitude f *(einer Sinusschwingung)*; 3. *(El)* Hub m, Frequenzhub m; 4. *(Phot)* Verkantung f, Kantung f
~ **angle** 1. *(Mech)* Schwenk[ungs]winkel m, Drehwinkel m; 2. *(Phot)* Kantungswinkel m
~-**around trajectory** *(Aero)* Swing-around-Bahn f, Umschwenkbahn f
~-**wing** *(Aero)* Tragflügel (Flügel) m mit veränderlicher Pfeilung, Schwenkflügel m
swinging 1. *(Mech)* Schwenkung f, Schwenken n, Schwenkbewegung f; 2. *(Mech)* Schaukeln n, Schaukelbewegung f, schaukelnde Bewegung f; 3. *(Meß)* Spielen n, Einpendeln n, Schwingung f *(eines Zeigers)*; 4. *(Phot)* Verkantung f, Kantung f; 5. *(Aero)* Durchdrehen n *(des Propellers)*
swirl *(Ström)* Fließwirbel m, Längsumdrehung f um die Fortbewegungsachse, Wirbel m, *(speziell:)* Wasserwirbel m
swirling *(Ström)* Verwirbelung f, Durchwirbelung f, turbulente Durchmischung f
~ **flow** *(Ström)* Wirbelströmung f, wirblige (wirbelnde, verwirbelte) Strömung f
switched-off interaction *(Feld)* abgeschaltete Wechselwirkung f
switching *(El)* Schalten n, Schaltung f *(Vorgang)*
~ **algebra** *(El, mathPh)* Schaltalgebra f, Schalterlogik f, Kontaktalgebra f, *(selten:)* Schaltungsalgebra f
~ **matrix** *(El)* Koppelvielfach n
~ **rate** *(El)* 1. Schaltgeschwindigkeit f; 2. Schalthäufigkeit f, Schaltfrequenz f, Schaltrate f, *(speziell:)* Umschalthäufigkeit f, Umschaltfrequenz f
~ **spark** *(El)* Öffnungsfunke m, Abreißfunke m, Schaltfunke m
~ **transient** *(El)* Einschwingvorgang m *(beim Ein- oder Ausschalten)*, Schalttransiente f
~ **up** *(El)* Aufwärtsschalten n
switchover *(El)* Umschaltung f
swollen gel *(physCh)* gequollenes Gel n
SWR *(El) s.* standing-wave ratio 4.
SXAPS *(Spektr)* Weichstrahl-Röntgenappearancepotentialspektroskopie f, SXAPS
syllable articulation *(El)* Silbenverständlichkeit f
symbol 1. Symbol n, Zeichen n, *(speziell:)* Formelzeichen n; 2. *(Krist)* Flächenindex m, Flächensymbol n, Index m, Symbol n
symbolic impedance *(El)* Operatorimpedanz f, Impedanz f (komplexer Widerstand m) in der symbolischen Darstellung
~ **method** *(El)* symbolische Methode f *(der Wechselstromrechnung)*, komplexe Rechnung (Wechselstromrechnung) f, Zeigerrechnung f

~ **zero** *(Meß)* Pseudonullpunkt m
symmetric difference *(mathPh)* symmetrische Differenz f, Überschuß m, Boolesche Summe f, Diskrepanz f *(von Mengen)*
~ **spherical harmonic** *(Krist)* symmetrische Kugelfunktion f, Kugelfunktion f mit Kristallsymmetrie
~ **system of units** *(El, Magn)* Gaußsches CGS-System (cgs-System) n, gemischtes CGS-System (cgs-System) f
symmetrical breaking current *(El)* Ausschaltwechselstrom m, symmetrischer Ausschaltstrom m
~ **bending** *(Mech)* achsensymmetrische Biegung f
~ **Joukowski aerofoil (profile)** *(Aero)* Joukowski-Tropfen m, symmetrisches Joukowski-Profil n
~ **short-circuit current** *(El)* Kurzschlußwechselstrom m
symmetry *(Krist)* Symmetrie f, Spiegelgleichheit f, Spiegelung f • **by** ~ *(mathPh)* aus Symmetriegründen
~ **about an axis** Axialsymmetrie f, Achsensymmetrie f
~ **argument[ation]** Symmetriebetrachtung f
~ **ascent** *(Krist)* Symmetrieaufstieg m
~ **axis** *(Krist)* Symmetrieachse f [erster Art], Drehachse f, Deckachse f, Gyre f
~ **breaking** *(Feld)* Symmetriebrechung f
~ **function** *(mathPh)* Symmetrieoperation f, Deckoperation f, Decktransformation f
~ **law** *s.* ~ principle 1.
~ **principle** 1. Symmetrieprinzip n, Invarianzprinzip n; 2. *(mathPh)* [Schwarzsches] Spiegelungsprinzip n, Prinzip n der Symmetrie
~-**restricted covalency** *(At, Qu)* symmetriebedingter Kovalenzeffekt m, symmetrieeingeschränkte Kovalenz f
n-**al symmetry** *(Krist) n*-zählige Symmetrie f, Symmetrie f der Ordnung n, *n*-Zähligkeit f, Zähligkeit f n
sympathetic detonation *(physCh)* induzierte Detonation f
~ **oscillation** Mitschwingung f
~ **reactions** *(physCh)* induzierte (gekoppelte, sympathetische, konjugierte) Reaktionen fpl
sync *(El)* Synchronisation f, Gleichlaufsteuerung f
synchro *(El)* Drehmelder m, Selsyn n, *(speziell:)* Drehfeldgeber m, Synchro m, *(speziell:)* Resolver m
~ **angle** *(El)* Gleichlaufwinkel m
synchrobetatron resonance *(Kern)* [gekoppelte] Synchrotron-Betatron-Resonanz f
synchrodrive *s.* synchro
synchronization *(El)* 1. Synchronisation f, Gleichlaufsteuerung f; 2. Anzeigestabilisierung f, Triggerung f, Synchronisation f *(eines Oszilloskops)*

synchronizing

synchronizing coefficient *(El)* Leistung-Polradwinkel-Verhältnis *n*
~ **interval** *(El)* Synchronisierlücke *f*
synchronous accelerator *(Kern)* phasenstabiler Beschleuniger *m*, Beschleuniger *m* mit Phasenstabilität
~ **communications satellite** *(El)* geostationärer Nachrichtensatellit *m*, Synchronsatellit *m*
~ **distance** *(Aero)* Höhe *f* der geostationären Bahn
~ **electromotive force**, ~ **internal voltage** *(El)* Polradspannung *f (Synchronmaschine)*
~ **orbit** 1. *(Kern)* [phasen]stabile Bahn *f*, Sollbahn *f*, Gleichgewichtsbahn *f*, *(kreisförmig:)* Sollkreis *m (in einem Betatron oder Synchrotron)* ; 2. *(Aero)* geostationäre (geosynchrone) Umlaufbahn *f*, Synchronbahn *f*, Stationärbahn *f*
~ **phase** *(Kern)* Sollphase *f*, Synchronphase *f*, Gleichgewichtsphase *f (eines geladenen Teilchens)*
~ **reactance** *(El)* Synchron[längs]reaktanz *f*, Längsreaktanz *f*, Längsfeldreaktanz *f (einer Synchronmaschine)*
~ **watt** *(El)* Synchronwatt *n (SI-fremde Einheit des Drehmoments einer Synchronmaschine)*
synchrophasotron *(Kern)* Synchrotron *n* für schwere geladene Teilchen, Protonensynchrotron *n*, Synchrophasotron *n*
synchrotron radiation *(Kern, Pl)* Zyklotronstrahlung *f (allgemeiner und nichtrelativistischer Fall)*, Synchrotronstrahlung *f (relativistischer Fall)*, magnetische Bremsstrahlung *f*, Magnetobremsstrahlung *f (allgemeiner Fall) (Gebrauch ist nicht einheitlich)*
synodic [revolution] period *(Astr)* synodische Umlaufszeit *f*, synodischer Umlauf *m*
syntony *(El)* Abstimmung *f (auf Resonanz, Zustand)*
system current *(El)* Leitungsstrom *m*, verketteter Strom *m*
~ **function** *(Reg)* Übertragungsfunktion *f* des geschlossenen Regelkreises (Kreises, Regelsystems, Übertragungssystems)
~ **of couples** *(Mech)* Kräftepaarsystem *n*
~ **of forces** *(Mech)* Kraftsystem *n*, Kräftegruppe *f*, Kräftesystem *n*, Vektorsystem *n*
~ **of the first order** *(Krist)* einfach indiziertes System *n*
~ **of vectors** *(mathPh)* Stabsumme *f*, Stabwert *m*, Stäbesumme *f (nach Study)*, Liniensumme *f (nach Timerding)*, Streckensystem *n (nach Mohr)*, Vektorensystem *n*, heteraptische Summe *f (nach Budde)*
~ **reactance** *(El)* Netzreaktanz *f*
~ **response** *(Reg)* Ansprechen *n*, Antwort *f*, Antwortfunktion *f*, Reaktion *f (eines Systems auf eine äußere Einwirkung)*

~ **star** *(Astr)* Mitgliedsstern *m (eines Sternsystems)*, Systemstern *m*
Szebehely's measure of unsteadiness *(Ström)* Szebehelysche Zahl *f*, Szebehely-Zahl *f*

T

t *(Mech)* s. tonne
T-bar [circuit] *(Fest, Magn)* T-Kreis *m*
T-F emission s. temperature-and-field emission
T invariance *(Hoch)* Zeitumkehrinvarianz *f*, T-Invarianz *f*, Invarianz *f* gegen[über] Zeitumkehr
T mode *(El, Magn)* s. transverse mode 2.
T-μ partition function *(statPh)* große kanonische Verteilungsfunktion *f*
T phonon *(Fest)* transversales Phonon *n*, T-Phonon *n*
T-S diagram *(Therm)* Temperatur-Entropie-Diagramm *n*, T,S-Diagramm *n*, TS-Diagramm *n*, Entropiediagramm *n*, Wärmebild *n*
T-space *(mathPh)* [topologischer] Raum *m*
***t*-statistic** *(mathPh)* s. Student's *t* statistic
T-stop *(Opt)* transmissionsgerechte (effektive) Blendenzahl *f*, T-Zahl *f*
T_1 time *(Fest)* s. longitudinal relaxation time
T_2 time *(Fest)* s. transverse relaxation time
T-unit *(Opt)* Farbvalenzeinheit *f*
T-x curve *(physCh)* T,x-Kurve *f*, Temperatur-Zusammensetzungs-Kurve *f*, Isobare *f (im Siedediagramm)*
T-x diagram *(physCh)* T,x-Diagramm *n*, Temperatur-Zusammensetzungs-Diagramm *n*, isobare Darstellung *f (des räumlichen p,T,x-Diagramms)*
tablespoonful *(Mech, physCh)* Eßlöffel *m* [voll] *(SI-fremde Einheit des Volumens;* 1. GB: ≈ 14,2065 cm^3; 2. US: ≈ 14,7868 cm^3)
Tabo graduated scale *(Opt)* Tabo-Schema *n*, Tabo-Gradbogenschema *n*
tabular crystal *(Krist)* tafelförmiger Kristall *m*, Tafelkristall *m*
~ **difference** *(mathPh)* Tafeldifferenz *f*
tac-function *(mathPh)* Stützfunktion *f*
tackle *(Mech)* Rollenzug *m*, *(meist:)* Seilrollenzug *m*
tacnode *(mathPh)* Selbstberührungspunkt *m*, Knotenpunkt *m* zweiter Art, Berührungspunkt *m (einer Kurve)*
TAD *(Kern)* Totalabsorptionsdetektor *m*, TAD, Gesamtabsorptionsdetektor *m*
tagged compound *(physCh)* markierte (isotopenmarkierte) Verbindung *f*, Tracerverbindung *f*, Indikatorverbindung *f*
~ **particle** *(Pl)* Testteilchen *n*, Sondenteilchen *n*, Probeteilchen *n*, Testpartikel *f*
tagging *(physCh)* Markierung *f (mit radioaktiven oder stabilen Isopen)*

TAI *(Astr)* s. international atomic time
tail 1. abfallender Teil *m*, Schwanz[teil] *m*, Ausläufer *m (einer Kurve)* ; 2. *(Aero)* Heck *n*, Schwanz *m*, 3. *(Aero)* Leitwerk *n (am Heck z. B. eines Flugzeugs)* ; 4. *(Astr)* Kometenschweif *m* ; 5. *(El)* auslaufender Impulsteil *m*, Impulsschwanz *m*; Signalschwanz *m (Radartechnik)* ; 6. *(physCh)* s. tails; 7. *(Spektr)* [langwelliger] Ausläufer *m (des Absorptionsspektrums)*
~ **absorption** *(Fest, Spektr)* Ausläuferabsorption *f*, Störstellenabsorption *f*, Absorption *f* in der Ausläuferbande
~ **area** *(mathPh)* Fläche *f* am Ende, Rand *m (einer Verteilung)*
~ **condensation** *(Astr)* Schweifwolke *f (eines Kometen)*
~-**down aircraft** *(Aero)* schwanzlastiges (hecklastiges) Flugzeug *n*
~ **drag** *(Aero)* Schwanzwirbelsog *m*
~ **fraction** *(physCh)* 1. Nachlauf *m*, Rückstandsfraktion *f (Destillation)* ; 2. s. tails
~ **heaviness** *(Aero)* Schwanzlastigkeit *f*, Hecklastigkeit *f*
~ **race** *(Hydr)* Ablaufkanal *m*, *(speziell:)* Untergraben *m*, Ablaufgraben *m (einer Wasserturbine, eines Wasserrades)*
~ **sheave** *(Mech)* Umlenkscheibe *f*
~ **shock wave** *(Aero)* Schwanzwelle *f*
~ **surface** *(Aero)* 1. Leitwerkfläche *f*; 2. Höhenflosse *f*
~ **vane** *(Hydr)* Steuer *n (eines Meßflügels)*, Schwimmsteuer *n*
tailing 1. abfallender Teil *m*, Abfall *m*, Schwanz[teil] *m*, Ausläufer *m*, Ende *n (einer Kurve)* ; 2. *(El)* Nachziehen *n*, *(beim Fernsehen:)* Fahnenziehen *n*, Fahnenbildung *f* ; 3. *(physCh)* Schwanzbildung *f*, Streifenbildung *f*, Kometbildung *f (Chromatographie)*
~ **time** *(El)* Rückendurchgangszeit *f*, Impulsrückendurchgangszeit *f*
tailings *(physCh)* s. tail fraction 1.
tailpiece 1. *(Hydr)* Steuer *n*, Schwimmsteuer *n (eines Meßflügels)* ; 2. *(Ström)* Endstück *n*, *(speziell:)* Kolbenstangenkopf *m*
tailpipe *(Aero)* Strahlrohr *n (eines Strahltriebwerks)*
tails *(physCh)* Abfall *m*, Tails *pl*, abgereicherte Fraktion *f*, *(speziell:)* Müll *m (Isotopentrennung)*
~ **assay (concentration)** *(physCh)* Abfallkonzentration *f*, Tailsstromkonzentration *f*, Restgehalt *m* des gewünschten Isotops im Abfall *(einer Kaskade oder Trennanlage)*
~ **stream** *(physCh)* Abfallstrom *m*, Tailstrom *m*, Strom *m* des abgereicherten Materials *(Isotopentrennung)*
tailwind *(Aero)* Rückenwind *m*
take-off assist *(Aero)* 1. Starthilfe *f (Einrichtung)* ; 2. Startschub *m (Größe)*

~-**the-air speed** *(Aero)* Abhebegeschwindigkeit *f*
~-**up pulley** *(Mech)* Spannrolle *f*, Spanntrommel *f*
talbot Talbot *n*, Lumensekunde *f*, lm s, lms
Talcott bubble (level) *(Astr)* Horrebow-Niveau *n*
~ **method for latitude** *(Astr)* Horrebow-Talcottsche Methode *f*
talysurf *(Mech)* Profiltastschnittgerät *n*, Profilometer *n (ein Oberflächenmeßgerät)*
Tamm state *(Fest)* Tammscher Oberflächenzustand *m*, Tamm-Zustand *m*
tamper 1. *(Kern)* Reflektor *m (in einer Kernbombe, auch im Kernreaktor)* ; 2. *(Pl)* Tamper *m*, Dämmschicht *f*, Schale *f (eines Deuterium-Tritium-Pellets)*
TAMS *(Spektr)* Tandemgenerator-Massenspektrometer *n*, TAMS
tan alt *(Opt)* Schattenfaktor *m*
tandem accelerator *(Kern)* Tandemgenerator *m*, [elektrostatischer] Tandembeschleuniger *m*
~ **connection** *(El)* 1. Reihenschaltung *f*, Serienschaltung *f*, Hintereinanderschaltung *f*, Reihenschluß *m* ; 2. Kaskadenschaltung *f*, Kettenschaltung *f*, Stufenschaltung *f*, Hintereinanderschaltung *f* in Kaskaden
~ **mirror type reactor** *(Pl)* Tandemspiegel[-Fusions]reaktor *m*, TMR
~ **network** *(El)* Sternnetz *n*
tangensoid *(mathPh)* Tangenskurve *f*, Tangenslinie *f*, Tangensoide *f (Darstellung von* tan *x)*
tangent bending *(Mech)* seitliche Abwicklung *f*, Umschlagbiegung *f*
~ **Bloch wall** *(Fest)* tangierende Bloch-Wand *f*
~ **condition** *(Opt)* Tangensbedingung *f*, [Airysche] Tangentenbedingung *f*, Bedingung *f* für die Verzeichnungsfreiheit
~ **distortion correction** *(El)* Tangensentzerrung *f*
~ **law** 1. *(mathPh)* Tangenssatz *m* ; 2. *(Opt)* Helmholtzsche Gleichung *f*
~ **of [dielectric] loss angle** *(El, Fest)* [dielektrischer] Verlustfaktor *m*
~ **of motion** *(Mech)* Bahntangente *f*
tangential coma *(Opt)* s. coma 2.
~ **component of acceleration** *(Mech)* Tangentialbeschleunigung *f*, Bahnbeschleunigung *f*, Tangentialkomponente *f* der Beschleunigung
~ **couple** *(Mech)* Drehschub *m*, Tangentialschubkraft *f*
~ **curvature** *(mathPh)* geodätische Krümmung *f*, Abwickelkrümmung *f*, Tangentialkrümmung *f*
~ **curvature of field** *(Opt)* tangentiale (meridionale) Bildfeldwölbung (Bildfeldkrümmung) *f*
~ **discontinuity** Tangentialsprung *m*, Sprung *m* der Tangentialkomponente

tangential 382

~ **fan** *(Opt)* Meridionalbüschel *n*, Tangentialbüschel *n*
~ **field probe** *(Pl)* Tangentialsonde *f*
~ **force coefficient** *(Aero)* Tangentialkraftbeiwert *m*
~ **force diagram** *(Mech)* Tangentialkraftdiagramm *n*, T-Diagramm *n*, Drehkraftdiagramm *n*
~ **line** *(Opt)* meridionale (tangentiale) Brennlinie *f*
~ **line integral** *(mathPh)* Zirkulation *f*, Randintegral *n (einer Fläche längs einer geschlossenen Kurve) (eines Vektorfeldes)*
~ **pressure** *(Mech)* Tangentialdruck *m*, Umfangsdruck *m*
~ **[principal] section** *(Opt) s.* meridional plane
~ **stress** *(Mech)* Schubspannung *f*, Scherspannung *f*, Tangentialspannung *f (Größe)*
~ **thrust** *(Mech)* Drehschub *m*, Tangentialschubkraft *f*
~ **velocity** *(Mech)* Tangentialgeschwindigkeit *f*, tangentiale Geschwindigkeit *f*, Bahngeschwindigkeit *f*, Tangentialkomponente *f* der Geschwindigkeit
~ **wave** *(Mech)* Scher[ungs]welle *f*, Schubwelle *f (in einem elastischen Medium)*
tangentoid *(mathPh) s.* tangensoid
tangentoidal curve *(mathPh)* tangensförmige Kurve *f*, Tangenskurve *f*
tangling 1. *(Magn)* Verwirrung *f (der magnetischen Feldlinien)* ; 2. *(Fest)* Verschlingung *f (von Versetzungen)*
tank *(El)* Tankkreis *m*, Speicherkreis *m*, Parallelresonanzkreis *m*, Parallelschwingkreis *m*
~ **resistance** *(Ech)* Badwiderstand *m*
~-**type electrostatic accelerator** *(Kern)* Tankgenerator *m*
Tank region *(El)* Tanksches Stromübernahmegebiet (Gebiet) *n*
Tank's law *(El)* Tanksches Stromverteilungsgesetz (Gesetz) *n*
tanning *(Phot)* Härtung *f*, Gerbung *f (von Emulsionen)*
tap *(El)* 1. Abgriff *m*, Anzapfung *f*; 2. Abgriff *m*, Abgriffstelle *f*
~ **cock** *(Ström)* Kegelhahn *m*
~ **crystal** *(Halbl)* Klopfkristall *m*, Tapkristall *m*
tape[-wound] core *(Magn)* [magnetischer] Bandkern *m*, Bandwickelkern *m*, bandgewickelter Kern *m*
taper 1. Konizität *f*, konischer (kegeliger) Verlauf *m* ; 2. *s.* tapering 1.; 3. *(Aero)* Zuspitzung *f*, *(manchmal:)* Zuspitzungsverhältnis *n*, Verjüngung *f (eines Tragflügelprofils oder Tragflügels)* ; 4. *(Mech)* Steigung *f (eines Keils)* ; 5. *(Mech)* Kegelverhältnis *n*, Kegelsteigung *f*, Kegel *m*, Konizität *f*, Verjüngungsmaß *n (Größe: Durchmesseränderung je Längeneinheit)* ; 6. *(Opt)* Taper *n(m)*, konischer Lichtwellenleiterabschnitt *m*, konische [optische] Faser *f*
~ **angle** *(Mech)* Konizität *f*, Zuspitzungswinkel *m*
~-**in-thickness ratio** *(Aero) (stetig)* abnehmendes Dickenverhältnis *n (zum Ende des Tragflügels hin)*
tapered aerofoil *(Aero)* zugespitztes (spitz laufendes) Profil *n*, *(speziell:)* spitz auslaufendes Profil *n*
~ **fibre** *(Opt)* Fasertaper *n(m)*
~ **ring** *(Opt)* Keilring *m*
tapering 1. *(Mech)* [kegelige] Verjüngung *f*, Zuspitzung *f*, Querschnittsverjüngung *f*, konische Abnahme *f* des Querschnitts; 2. *(Krist)* Zuspitzung *f*, Zuschärfung *f (eines Kristalls)* ; 3. *(Mech)* Balligkeit *f (eines Zahns)*
tapping 1. *(El)* Abgreifen *n*, Abgriff *m* ; Anzapfen *n*; 2. *(Ström)* Entnahme *f*, Entnehmen *n*, Abziehen *n (eines Fluids)*; 3. *(El)* Abzweigung *f*, Abzweig *m*
tardyon *(Hoch)* Tardyon *n*, Teilchen *n* mit Unterlichtgeschwindigkeit
tare *(Mech)* 1. Leermasse *f*, *(früher:)* Leergewicht *n* ; 2. Tara *f*, Verpackungsmasse *f*
target 1. *(Ak, El)* Ziel *n* ; 2. *(El) s.* focal spot; 3. *(Kern)* Target *n* ; 4. *(Kern) s.* sensitive volume 1.
~ **cross section** *(El)* äquivalente Rückstrahlfläche (Echofläche) *f*, Rückstrahlquerschnitt *m*, Radarquerschnitt *m*
~-**film distance** *(Phot)* Fokus-Film-Abstand *m*, FFA
~ **glint** *(El)* Szintillation *f (Radartechnik)*
~ **strength** *(Ak)* Zielrückstreumaß *n*
~ **support** 1. *(Kern)* Targethalter *m* ; 2. *(El)* Anodenstiel *m (einer Röntgenröhre)*
taring vane *(Hydr)* Tarier[ungs]flügel *m*
taste particle *(Hoch)* Teilchen *n* mit Taste (Geschmack)
tau-leptic charge *(Hoch)* Tauzahl *f*, tauonische Leptonenzahl (leptonische Ladung) *f*, τ-leptonische Ladung *f*
taulinie *(physCh)* Kondensationskurve *f*, Kondensationslinie *f*, obere (rechte) Grenzkurve *f*, Taulinie *f*, Tau[punkts]kurve *f*, Vaporus *m (im Siedediagramm)*
taut-band suspension *(Meß)* Spannbandlagerung *f*, Spannbandaufhängung *f*
~-**strip galvanometer** *(El)* Spannbandgalvanometer *n*
~-**wire suspension** *(Meß)* Spanndrahtaufhängung *f*, Spanndrahtlagerung *f*
tautness *(Mech)* Straffheit *f*, Spannung *f (Zustand)*
tautomerism *(At)* Tautomerie *f*, Desmotropie *f*
Taylor dissipative scale *(Ström)* Taylorsche Dissipationslänge *f*
~ **microscale** *(Ström)* Taylorsches Turbulenzmaß *n* (Maß *n* der Turbulenz), Taylor-Mikrolänge *f*

~ -Orowan dislocation *(Krist)* Stufenversetzung f, Taylor-Orowan-Versetzung f, Längsversetzung f, 0°-Versetzung f
Taylor's vorticity transfer theory *(Ström)* Wirbeltransporttheorie f *(von Taylor)*
TBP curve *(physCh)* wahre Siedekurve f
tbsp *s.* tablespoonful
TC Temperaturkoeffizient m, TK, *(manchmal:)* Temperaturbeiwert m
TC bonding *(El, Halbl)* Thermokompressionskontaktierung f, TC-Bonden n
TCM *(Halbl)* s. thermal conduction module
TCT flight *(Aero)* abwechselnd angetriebener und ballistischer Flug m
TD *s.* theoretical density
TDS *(Fest, Spektr)* thermische Desorptionsspektroskopie f, TDS *(zur Oberflächenanalyse)*
TE material *(Kern)* gewebeäquivalentes Material n, Gewebeäquivalent n
TE mode *(El)* s. transverse electric mode
tear *(Meß)* Nullwertgang m *(eines Meßgeräts)*
~ factor *(Mech)* Einreißfaktor m *(Einreißwiderstand/Flächengewicht)*
~ growth strength *(Mech)* s. ~ propagation resistance
~ initiation strength *(Mech)* Einreißwiderstand m, Einreißkraft f, *(manchmal:)* Einreißfestigkeit f
~ propagation resistance *(Mech)* Weiterreißwiderstand m, Durchreißkraft f, *(manchmal:)* Weiterreißfestigkeit f
teardrop bifurcation *(mathPh)* Tropfenbifurkation f
teaspoonful *(Mech, physCh)* Teelöffel m [voll] *(SI-fremde Einheit des Volumens; 1. GB: ≈ 4,73455 cm^3; 2. US: ≈ 4,9289 cm^3)*
technical atmosphere *(Mech)* technische Atmosphäre f, at *(SI-fremde Einheit des Druckes; 1 at = 98066,5 Pa)*
~ atmosphere absolute *(Mech)* technische Atmosphäre f absolut, ata *(SI-fremde Einheit des Druckes; 1 ata = 98066,5 Pa)*
~ atmosphere above atmospheric pressure s. ~ atmosphere of overpressure
~ atmosphere below atmospheric pressure s. ~ atmosphere of underpressure
~ atmosphere of overpressure *(Mech)* [technische] Atmosphäre f Überdruck, atü *(SI-fremde Einheit des Druckes; 1 atü = 98066,5 Pa)*
~ atmosphere of underpressure *(Mech)* [technische] Atmosphäre f Unterdruck, atu *(SI-fremde Einheit des Druckes; 1 atu = 98066,5 Pa)*
~ cohesive strength *(Mech)* Trennfestigkeit f, Trennwiderstand m
technique of axial sections *(Opt)* Achsenschnittverfahren n, Schneidenmessung f
~ of rotation photograph *(Krist)* s. Bragg method

TEG *(Fest, Qu)* zweidimensionales Elektronengas n, 2-DEG, TEG
teleadjusting *(Meß, Reg)* Ferneinstellung f
teleautomatics *(Reg)* Fernwirktechnik f
telecontrol *(Reg)* 1. Fernwirken n, Fernwirkung f; 2. Fernwirktechnik f
tele-extender Telekonverter m
telegauge *s.* telemeter 1.
telegrapher's equation *(mathPh)* Telegraphengleichung f, Leitungsgleichung f, verallgemeinerte Wellengleichung f
telemeter 1. *(Meß)* Fernmeßgerät n, Fernmesser m; 2. *(Opt)* [optischer] Entfernungsmesser m, Distanzmesser m, Telemeter n
telemetering *(Meß)* Fernmessung f, Telemetrie f, Fernmeßtechnik f
teleparallelism *(mathPh, Rel)* Fernparallelismus m, absoluter Parallelismus m
telescopic joint *(Mech)* Teleskopverbindung f, Teleskopgelenk n
~ tube 1. *(Opt)* Ausziehtubus m; 2. *(Mech)* Teleskoprohr n, Ausziehrohr n
teletransmission *(Meß)* Fernübertragung f
teletransmitter *(Meß)* Ferngeber m
telltale *(Mech)* Behälterfüllstandsanzeiger m *(außen)*
~ float *(Mech)* Behälterfüllstandsanzeiger m *(innen)*
TEM mode *(El)* s. transverse electromagnetic mode
temnization *(physCh)* partielle Vorspannung f, Temnisation f
temper *(physCh)* 1. Restspannung f *(im Glas)*; 2. nomineller Kohlenstoffgehalt m *(von Stahl)*; 3. Vergütungszustand m, Härtungszustand m, Härtegrad m *(eines Walzmetalls)*
temperament *(Ak)* temperierte Stimmung f
temperature-and-field emission *(El, Fest)* Temperatur-Feld-Emission f, TF-Emission f, gemischte Emission f
~ balance *(Therm)* 1. Temperaturausgleich m, Temperierung f; 2. Temperaturwaage f
~ broadening *(Spektr)* Temperaturverbreiterung f, thermischer Doppler-Effekt m, thermische Doppler-Verbreiterung f
~ colour scale *(Therm)* Temperaturmeßfarbenskala f
~ conductivity *(Ström, Therm)* s. thermal diffusivity
~ conductivity coefficient *(El)* Temperaturkoeffizient m der [elektrischen] Leitfähigkeit, Leitfähigkeits-Temperaturkoeffizient m
~ control vessel *(Therm)* Temperiergefäß n
~ crayon *(Therm)* Temperaturmeßfarbstift m
~ cyclability *(Therm)* Möglichkeit f von Temperaturwechseln
~ cycle 1. *(Mech, Therm)* Temperaturwechsel m, Temperaturzyklus m, Wechsel m *(bei der Temperaturwechselbean-*

temperature

spruchung); 2. *(Kern)* Temperaturentwicklungsverfahren *n (für Kernspuremulsionen)*
~ **cycle resistance** *(Therm)* Temperaturwechselbeständigkeit *f*, TWB
~ **cycling** *(Mech, Therm)* Temperaturwechselbeanspruchung *f*, *(speziell:)* Temperaturwechselprüfung *f*, Temperaturwechselversuch *m*
~ **equilibrium** *s.* thermal equilibrium 1.
~ **equivalent** *(El)* Temperaturspannung *f*, *(selten:)* Temperaturäquivalent *n*
~ **float technique** *(physCh)* Schwebemethode *f* mit Temperaturvariation
~ **fluctuation noise** *(El)* Temperaturschwankungsrauschen *n*
~-**indicating compound (paint)** *(Therm)* Temperaturmeßfarbe *f*, Thermo[chrom]farbe *f*, Thermochrom *n*
~ **jump distance** *(Therm)* Temperatursprungdistanz *f*, Temperatursprungentfernung *f*
~ **limiter** *(El, Therm)* Temperaturwächter *m*
~-**pressure coefficient** *(Therm)* Spannungskoeffizient *m*, Druckkoeffizient *m*
~ **radiation** *(Fest, Therm)* Temperaturstrahlung *f*, *(selten:)* Temperaturleuchten *n*
~-**sensitive paint** *s.* ~-indicating compound
~ **strength** *(Mech)* Temperatur[stand]festigkeit *f*
~-**time-transformation diagram** *(Therm)* Zeit-Temperatur-Umwandlungs-Schaubild *n*, Zeit-Temperatur-Umwandlungs-Diagramm *n*, ZTU-Schaubild *n*, TTT-Diagramm *n*
~ **valve** *(Ström)* Thermoventil *n*
~ **wave** *(Tief)* Wärmewelle *f*, Temperaturwelle *f*

7.6 temperature *(physCh)* Littleton-Punkt *m*, Erweichungspunkt *m* [nach Littleton] *(von Glas)*

tempered scale *(Ak)* gleichteilig (gleichschwebend) temperierte Skala *f*, Tonskala *f* mit gleichteilig temperierter Stimmung

template and dispersion photometer *(Opt)* Spektralmaskenphotometer *n*, Spektralschablonenphotometer *n*, Staffelblendenphotometer *n*
~ **colorimetry** *(Opt)* Spektralmaskenverfahren *n*

temporary magnetism *(Fest)* vorübergehender (temporärer, flüchtiger, transienter) Magnetismus *m*
~ **star** *s.* nova
~ **storage facility (site)** *(Kern)* Zwischenlager *n*, *(speziell zum Abklingen:)* Zwischenabklinglager *n*
~ **stream** *(Astr)* instabiler (temporärer) Meteorstrom *m*

ten-fold [rotation] axis *(Fest)* zehnzählige Symmetrieachse (Deckachse, Achse) *f*, 10zählige Symmetrieachse *f*, Drehachse *f* der Zähligkeit 10
~-**point height of irregularities** *(Mech)* Zehnpunkthöhe *f* der Unregelmäßigkeiten

tenaciousness, tenacity *(Mech)* Zähigkeit *f*, Zähfestigkeit *f*, Zähhärte *f*, Widerstandsfestigkeit *f*, Festigkeit *f (von Materialien, insbesondere Metallen)*

tendency of persistence *(Ström)* Erhaltungstendenz *f (turbulenter Strömung)*
~ **of rotations to parallelism** *(Mech)* Regel *f* vom gleichstimmigen Parallelismus *␣*der Drehachsen, Tendenz *f* zum gleichsinnigen (homologen) Parallelismus *(nach Klein und Sommerfeld)*

tenebrescence *(Fest)* Hell-Dunkel-Verfärbung *f*, Tenebreszenz *f (unter Bestrahlung)*

tennis ball-seam coil *(Pl)* Tennisballnahtspule *f*, Quadrupolbandspule *f*, Baseballnahtspule *f*

tensibility *(Mech)* Dehnbarkeit *f*, Streckbarkeit *f*

tensile and shear strength *(Mech)* Zugscherfestigkeit *f*, Dehnungsscherfestigkeit *f*
~ **creep test** *s.* ~ strength test
~ **elongation** *(Mech)* Verlängerung *f* durch (bei) Zug, Zugdehnung *f*
~ **fatigue impact test** *(Mech)* Dauerschlagzugversuch *m*, Dauerschlagzugprüfung *f*
~ **fatigue strength** *(Mech)* Zugschwingfestigkeit *f*
~ **fatigue strength under fluctuation (pulsating) stresses** *(Mech)* Zugschwellfestigkeit *f*
~ **force** *(Mech)* Zugkraft *f*, Zug *m*
~ **fracture** *(Mech)* Zugbruch *m*, Dehn[ungs]bruch *m*
~ **hysteresis loop** *(Mech)* Hysteresekurve *f*, Hysteresiskurve *f*, Dämpfungsschleife *f (von Gummi)*
~ **impact test** *(Mech)* Schlagzugversuch *m*, *(speziell:)* Schlagzerreißversuch *m*
~ **modulus [of elasticity]** *s.* modulus of elasticity for tension
~ **rigidity (stiffness)** *(Mech)* Zugsteifigkeit *f*
~ **strain** *(Mech)* Zugdehnung *f*, *(selten:)* Zugverzerrung *f (Größe)*
~ **strength** *(Mech)* 1. Zugfestigkeit *f*, Zerreißfestigkeit *f*, Festigkeit *f*, Widerstand *m (gegen Zug, Eigenschaft)*; 2. *(Mech)* Reißfestigkeit *f*, Zerreißfestigkeit *f (Größe)*
~ **strength test** *(Mech)* Zeitstandversuch *m* mit Zugbelastung, Zeitstandzugversuch *m*
~ **stress** *(Mech)* 1. Zugbeanspruchung *f*, innere Zugspannung *f*, Beanspruchung *f* durch innere Zugkräfte; 2. Zerreißspannung *f*, *(speziell:)* Zerreißbeanspruchung *f (von Textilien oder Kunststoffen, Größe)*

~ **stress-strain diagram (plot)** *(Mech)* Zug[spannungs]-Dehnungs-Diagramm *n*, Zugspannungs-Dehnungs-Schaubild *n*, Zugdiagramm *n*, Zerreißkurve *f*
~ **wave** *(Mech)* Dehnungswelle *f (im Festkörper)*
~ **yield stress** *(Mech)* Zugfließspannung *f*
tensimeter 1. *(physCh)* Tensimeter *n*, Sättigungsdruck[differenz]messer *m*, Dampfdruckmesser *m*, Dampfspannungsmesser *m* ; 2. *(physCh, Ström)* Oberflächenspannungsmesser *m*, Tensiometer *n*
tension 1. *(Mech)* Zug *m*, Ziehen *n*, Auseinanderziehen *n (Vorgang)* (s. a. unter tensile) ; 2. *(Mech)* Spannungszustand *m*, Spannung *f (z. B. eines Stabes)* ; 3. *(Mech)* [äußere] Zugspannung *f (Größe)*; 4. *s.* electric potential
~ **cleavage (cleaving)** *(Krist)* Zugspaltung *f*
~-**compression test** *(Mech)* Zug-Druck-Wechselversuch *m*, Zug-Druck-Versuch *m*
~ **fracture** *(Krist)* Spannungsbruch *m (eines Kristalls)*
~ **member** *(Mech)* Zugglied *n*, zugbeanspruchtes Glied (Element) *n*
~ **modulus** *(Mech)* Zugmodul *m*, Zerreißmodul *m*
~ **pulley** *(Mech)* Spannrolle *f*
~-**torsion test** *(Mech)* Zug-Verdreh-Versuch *m*, Dehnungs-Torsions-Versuch *m*
~ **versus compression test** *(Mech)* Zug-Druck-Wechselversuch *m*, Zug-Druck-Versuch *m*
tensional stress *(Mech)* [äußere] Zugspannung *f (Größe)*
~ **wave** *(Mech)* Zugwelle *f*
tensioning tackle *(Mech)* Spannflaschenzug *m*
tensometer *(Mech)* mechanischer Dehnungsmesser *m*, Tensometer *n*, *(speziell:)* Querdehnungsmesser *m*, *(speziell:)* Zugspannungsmesser *m*
tensor antisymmetric in time *(Rel)* zeitantisymmetrischer Tensor *m*, c-Tensor *m*
~ **of permeability for a magnetostatically saturated medium** *(Magn) s.* Polder's tensor of permeability
~ **of permittivity** *(El) s.* permittivity tensor
~ **symmetric in time** *(Rel)* zeitsymmetrischer Tensor *m*, i-Tensor *m*
tensoral property *(Krist)* bivektorielle (tensorielle) Eigenschaft *f (eines Kristalls)*
tensoresistance, tensoresistive effect *(El, Fest)* tensoelektrischer Effekt *m*, Tensowiderstand[seffekt] *m*, Tensiwiderstand[seffekt] *m*
tent map *(mathPh)* Dachabbildung *f*
tentative data vorläufige Daten *pl* (Werte *mpl*)
tenth-peak divergence (spread) *(Opt)* Zehntelstreuwinkel *m*
~-**power width** *(El, Magn)* Zehntelwert[s]breite *f (eines Richtdiagramms)*

~-**value layer (thickness)** *(Kern)* Zehntelwertschichtdicke *f*, ZWS, Zehntelwert[s]dicke *f*, Zehntelwertschicht *f*
tenthmeter *s.* angstrom
TEPC *(Kern) s.* Rossi counter
term-by-term integration *(mathPh)* gliedweise Integration *f*
~ **diagram** *(At, Spektr)* Termschema *n*
~ **displacement** *s.* ~ shift
~ **due to collisions** *(statPh)* Stoßterm *m*
~ **separation** *(Qu, Spektr)* Termaufspaltung *f*
~ **shift** *(At, Spektr)* Termverschiebung *f*
terminal *(El)* 1. Anschluß *m*, *(speziell:)* Anschlußklemme *f*; Pol *m* ; 2. Terminal *n*, Endeinrichtung *f*, *(speziell:)* Datenendgerät *n*
~ **angle** *(Krist)* Endecke *f*, Polecke *f*, Polarecke *f*
~ **ballistics** *(Mech)* Endballistik *f*
~ **edge** *(Krist)* Polkante *f*
~ **face** *(Krist)* Endfläche *f*
~ **group** *(At)* endständige (terminale) Gruppe *f*, Endgruppe *f*
~ **impedance** *(El)* Abschlußimpedanz *f*, Abschlußscheinwiderstand *m*, *(inkorrekt:)* Abschlußwiderstand *m*, *(speziell:)* Klemm[en]impedanz *f*
~ **multiport** *(El)* Klemmenmehrtor *n*
~ **pressure** *(Mech)* Enddruck *m*, *(speziell:)* Expansionsenddruck *m*
~ **solid solution** *(physCh)* primäre feste Lösung *f*, feste Lösung *f* im Reinelement
~ **solubility** *(physCh)* Grenzlöslichkeit *f*
~ **synchrone** letzte Synchrone *f*
~ **velocity** 1. *(Ström)* Endgeschwindigkeit *f*, Fallgeschwindigkeit *f*, Gleichgewichtssinkgeschwindigkeit *f (von Teilchen in einer viskosen Flüssigkeit)* ; 2. *(Aero)* Endgeschwindigkeit *f*, maximal erreichbare Geschwindigkeit *f*
~ **yoke** *(Ech)* Polbrücke *f*
terminating capacitance *(El)* Endkapazität *f (eines Drehkondensators)*
~ **impedance** *s.* terminal impedance
termination 1. *(El)* Abschließen *n*, Abschluß *m* ; 2. *(At)* Abbruch *m*, Termination *f*, Ketten[ab]bruch *m* ; 3. *(El)* Abschlußwiderstand *m* ; 4. *(El)* Abschlußpunkt *m*, Abschlußstelle *f (Wellenleitertechnik)*
~ **effect** *(Krist)* Abbrucheffekt *m (Röntgenkristallstrukturanalyse)*
terminator *(Astr)* Terminator *m*, Schattengrenze *f*
terminus *(mathPh)* Endpunkt *m*, Spitze *f (eines Vektors)*
termolecular reaction *(physCh)* trimolekulare (3molekulare) Reaktion *f*, Reaktion *f* dritter Ordnung
ternary combination band *(Spektr)* Dreifachkombinationsbande *f*
~ **diagram** *(physCh)* Phasendiagramm *n* eines Dreistoffsystems, ternäres Zustandsdiagramm *n*

ternary

~ **system** *(physCh)* ternäres System *n*, Dreistoffsystem *n*, Dreikomponentensystem *n*
terpolymer *(At, physCh)* Trimer *n*, Terpolymer *n*
terrestrial abundance *(Astr)* [mittlere] Elementenhäufigkeit *f* auf der Erde, terrestrische Elementenhäufigkeit *f*
~ **effect of solar activity** *(Astr)* solar-terrestrische Erscheinung *f*
~ **eyepiece** *(Opt)* [bild]aufrichtendes Okular *n*, Okular *n* mit Bildumkehr, *(im Keplerschen Fernrohr:)* terrestrisches Okular *n*, *(selten:)* Erdfernrohrokular *n*
~ **orbit** *(Astr)* Erd[umlauf]bahn *f*, Umlaufbahn *f* der Erde *(um die Sonne)*
~ **planet** *(Astr)* terrestrischer (erdähnlicher) Planet *m*
~ **scintillation** *(Astr, Opt)* Luftflimmern *n*, Luftunruhe *f*, Zittern *n* der Luft
tertiary creep *(Mech)* tertiäres (beschleunigtes) Kriechen *n*, Beschleunigungskriechen *n*, drittes Kriechstadium *f*
Tesla rays (sparks) *(El)* Tesla-Büschel *n*
tessel[l]ated mirror *(Opt)* Facettenspiegel *m*
~ **stress system** *(Fest, Mech)* Mosaikspannungssystem *n*, mosaikartige Spannungsverteilung *f* *(im unbelasteten Festkörper)*
tessel[l]ation *(mathPh)* Parkettierung *f*, Überdeckung *f* der Ebene *(mit regulären Vielecken)*
tesseral crystal[lographic] system *(Krist)* kubisches System (Kristallsystem) *n*, reguläres (tesserales, isometrisches) Kristallsystem *n*, Tesseralsystem *n*
~ **harmonic (Legendre function)** *(mathPh)* tesserale Kugelfunktion *f* [erster Art], tesserale Legendresche Funktion *f* [erster Art]
test assembly *(Meß)* Meßplatz *m*
~-**beam spectroscopy** Teststrahlspektroskopie *f*, Testimpulsspektroskopie *f*
~ **cage** *(El)* geschirmter Prüfraum (Meßraum) *m*
~ **cell** 1. *(Ech)* Prüfzelle *f* *(für Durchschlagprüfungen an Flüssigkeiten)* ; 2. *(Opt, physCh)* Küvette *f*
~ **chamber** *(Aero)* Meßkammer *f*, geschlossene Meßstrecke *f* *(eines Windkanals)*
~ **coupon** *(Mech)* Probe[n]platte *f*
~ **criterion** *(mathPh)* s. ~ statistic
~ **oscillator** *(El)* Signalgenerator *m*, *(speziell:)* Meßsender *m*
~ **prod** *(El)* Prüfspitze *f*
~-**pulse spectroscopy** s. ~-beam spectroscopy
~ **rig** *(Meß)* Meßplatz *m*
~ **section** *(Aero)* Meßstrecke *f* *(eines Windkanals)*
~ **setup** Prüfungsaufbau *m*, Prüfungsanordnung *f*
~ **specimen** *(Mech)* Prüfkörper *m*, Prüfstück *n*, Probekörper *m*, Prüfling *m*, Probe *f*
~ **statistic (variable)** *(mathPh)* Testgröße *f*, Prüfzahl *f*, Testkriterium *n*
tetartohedral crystal *(Krist)* viertelflächiger (tetartoedrischer) Kristall *m*, Viertelflächner *m*
tetracuspid *(mathPh)* s. astroid
tetrad 1. *(At)* vierwertige Atomgruppe *f*, *(speziell:)* vierwertiges Element *n* ; 2. *(Feld, Rel)* Tetrade *f*
~ **axis** *(Krist)* vierzählige (4zählige) Symmetrieachse (Deckachse, Achse) *f*, Tetragyre *f*, Drehachse *f* der Zähligkeit 4
tetradentate ligand *(physCh)* vierzähniger (vierzähliger, tetradentaler) Ligand *m*
tetradeuterocompound *(At)* tetradeuterierte (vierfach deuteriumsubstituierte) Verbindung *f*
tetradic *(mathPh)* Tetrade *f* *(ein Operator)*
tetragonal distortion of tetrahedron *(At, Qu)* tetragonal-tetraedrische Verzerrung *f*, tetragonale Tetraederverzerrung *f*
~ **hybrid** *(At, Qu)* tetragonales Hybridorbital *n*, sp^{2}d-Hybridorbital *n*
~ **trisoctahedron** s. leucitohedron
tetrahedral *(mathPh, Rel)* Vierbein *n*, 4-Bein *n*, Tetrade *f*
~ **angle** *(mathPh)* Vierkant *n*, vierseitige Ecke *f*
~ **bond** *(At)* Tetraederbindung *f*, tetraedrische Bindung *f*
~ **field** *(Feld, Rel)* Tetradenfeld *n*, Vierbeinfeld *n*
~ **hybrid** *(At, Qu)* tetraedrisches Hybridorbital *n*, sp^3-Hybridorbital *n*
~ **site** *(Krist)* Tetraederplatz *m*, tetraedrischer Lückenplatz *m*, Tetraederlücke *f*, Tetraederzentrum *n*, A-Lage *f*
~ **stacking fault** *(Krist)* Stapelfehlertetraeder *n*
~ **theory** *(Feld, Rel)* Tetradentheorie *f*
~ **valency** *(At)* Tetraedervalenz *f*, tetraedrische Valenz *f*, q-Valenz *f*
textural stress *(Fest, Mech)* Gefügespannung *f*
texture *(Fest)* 1. Textur *f*; Struktur *f*; Gefüge *n*. 2. Orientierungsverteilung *f* [von Kristalliten], bevorzugte Orientierung *f*, Vorzugsorientierung *f*
~ **goniometer** *(Fest)* Texturgoniometer *n*, Texturkamera *f*, Gefügekamera *f*
textured material *(Fest)* texturbehaftetes (vorzugsgerichtetes, orientiertes, texturiertes) Material *n*
TF s. transfer function
TF coil *(Pl)* s. toroidal field coil
th *(Therm)* s. thermie
thalpotasimeter *(Therm, Tief)* s. vapour-bulb thermometer
thaw point *(physCh)* Schmelzeinsatzpunkt *m*, tiefster Schmelzpunkt *m*, tiefste Schmelztemperatur *f* *(eines Festkörpers)*
the eightfold way *(Hoch)* s. Gell-Mann – Ne'eman scheme

THEED *(Fest)* Transmissions-Hochenergieelektronenbeugung *f*, THEED
theorem of Carnot *(Mech)* Kosinussatz *m* [der Mechanik], Projektionssatz *m*
~ **of centre of mass** s. centre-of-mass law
~ **of conformal states** *(Therm)* Theorem *n* der korrespondierenden (übereinstimmenden) Zustände, Gesetz *n* von den übereinstimmenden Zuständen
~ **of equipartition of energy** *(statPh)* s. equipartition law
~ **of minimum [potential] energy** *(Mech)* s. minimum energy principle 2.
~ **of minimum strain energy** *(Mech)* [Castiglianoscher] Minimumsatz *m*, Satz *m* vom Minimum der Formänderungsarbeit
~ **of parallel axes** *(Mech)* Steinerscher Satz *m*, *(selten:)* Satz *m* von Huygens
~ **of substitutivity** Ersatzbarkeitstheorem *n*
~ **of the mean [for harmonic functions]** *(mathPh)* Gaußscher Mittelwertsatz *m*, Mittelwertsatz *m* der harmonischen Funktionen
~ **of three moments** *(Mech)* Dreimomentengleichung *f*, Clapeyronsche Gleichung *f*, [Clapeyronscher] Dreimomentensatz *m*
~ **of work and energy** *(Mech)* Satz *m* von der Arbeit und Energie, Arbeitssatz *m*, Arbeitstheorem *n*
~ **of work expended** *(Mech)* Satz *m* (Theorem *n*) von der geleisteten Arbeit
~ **on the isotropy of pressure** *(Ström)* Pascalsches Gesetz *n*, Druckfortpflanzungsgesetz *n*
theoretical density *(physCh)* theoretische Dichte *f*, th.D., TD, Reindichte *f* (im Kontext häufig: % th.D.)
~ **efficiency** 1. *(Mech)* theoretischer Wirkungsgrad *m* ; 2. *(Aero)* [Froudescher] Strahlwirkungsgrad *m* *(eines Propellers)*
~ **end-point** *(physCh)* Äquivalenzpunkt *m*, stöchiometrischer Punkt *m*, theoretischer Endpunkt *m*
~ **mechanical advantage** *(Mech)* theoretische (ideale) Hebelübersetzung *f*, theoretische Kraftverstärkung *f*, ideales Last-Kraft-Verhältnis *n*
theory of chance[s] *(mathPh)* Wahrscheinlichkeitsrechnung *f*, *(selten:)* Wahrscheinlichkeitstheorie *f*
~ **of circuits** *(El)* Theorie *f* der elektrischen Schaltungen, Stromkreistheorie *f*, Schalt[ungs]theorie *f*
~ **of colours** *(Opt)* Farb[en]lehre *f*
~ **of elasticity** *(Mech)* Elastizitätslehre *f*, Elastomechanik *f*
~ **of flow** *(Ström)* Strömungslehre *f*
~ **of gears** s. kinematics 2.
~ **of limiting stress condition** s. Mohr's theory
~ **of maximum strain energy due to distortion** *(Mech)* Hypothese (Theorie) *f* der größten Gestaltsänderungsarbeit
~ **of mechanism** s. kinematics 2.
~ **of motion** s. kinematics 1.
~ **of strength** *(Mech)* Festigkeitshypothese *f*, Festigkeitstheorie *f*, Festigkeitslehre *f*
~ **of transmission lines** *(El)* Leitungstheorie *f*

therm *(Therm)* Therm *n*, therm *(SI-fremde Einheit der Wärmemenge; 1 therm = $1,05506 \cdot 10^8$ J)*

thermal ... s. a. heat ... *und* thermo...
~ **acceptor** *(Halbl)* Thermium *n*, thermischer Akzeptor *m*
~ **accumulator** *(Therm)* Wärmespeicher *m*
~ **activation cross section** *(Kern)* Wirkungsquerschnitt *m* für die Aktivierung durch thermische Neutronen, Aktivierungsquerschnitt *m* für thermische Neutronen, thermischer Aktivierungsquerschnitt *m*
~ **agitation** *(statPh, Therm)* Wärmebewegung *f*, thermische Bewegung *f*, Unruhe *f* *(von Atomen und Molekülen)*
~ **agitation noise** *(El)* s. ~ noise
~ **agitation voltage** *(El)* Wärmerauschspannung *f*
~ **and field emission** *(El, Fest)* Temperatur-Feld-Emission *f*, TF-Emission *f*, gemischte Emission *f*
~-**arrest calorimeter** *(Therm)* Vakuumkalorimeter *n* für die Schmelzwärmebestimmung
~ **barrier** *(Pl)* thermische Barriere *f*
~ **battery** 1. *(El)* Thermobatterie *f* *(Thermosäule als Spannungsquelle)* ; 2. *(Ech)* Hochtemperatur[-Festelektrolyt]batterie *f*
~ **boundary resistance** *(Therm)* Wärmewiderstand *m* der Grenzfläche, thermischer Grenzschichtwiderstand *m*
~ **branch of lattice vibrations** *(Krist)* thermische Gitterschwingung *f*, thermischer Zweig *m* der Gitterschwingung
~ **bridge** *(Therm)* Wärmebrücke *f*
~ **broadening** *(Spektr)* Temperaturverbreiterung *f*, thermischer Doppler-Effekt *m*, thermische Doppler-Verbreiterung *f*
~ **capture** *(Kern)* thermischer Einfang *m*, Einfang *m* thermischer Neutronen
~ **cell** *(Ech)* Hochtemperatur[-Festelektrolyt]zelle *f*
~ **charge** *(Therm)* Entropie *f*, *(selten:)* Verwandlungsgröße *f*
~ **coefficient of [cubic] expansion** *(Therm)* kubischer (räumlicher) Ausdehnungskoeffizient (Wärmeausdehnungskoeffizient) *m*, Volumen-Temperaturkoeffizient *m*
~ **conductance** *(Therm)* Wärmeleitwert *m* *(in W/K)*
~ **conductimetry** *(Therm)* Wärmeleitfähigkeitsmessung *f*
~ **conduction module** *(Halbl)* thermischer Leitungsmodul *m*, TCM
~ **conductivity gauge** *(Therm, Vak)* Wärmeleitungsvakuummeter *n*, Wärmeleitungsmanometer *n*

thermal 388

~ **confinement** *(Pl)* Wärmeeinschließung f, Wärmeeinschluß m, thermisches Confinement n
~ **converter** *(El)* 1. thermoelektrischer Generator (Energiewandler) m; 2. Thermoumformer m, Thermokreuz n
~ **coulomb** *(Therm)* Wärmecoulomb n *(SI-fremde Einheit der Entropie; 1 thermal coulomb = 1 J K^{-1})*
~ **cross section** *(Kern)* Wirkungsquerschnitt m für thermische Neutronen, thermischer Wirkungsquerschnitt (Neutronenquerschnitt) m
~ **cut-out** *(El)* Thermoauslöser m, *(manchmal:)* thermischer Auslöser m
~ **cycle** *(Therm)* Wärme[übertragungs]-kreislauf m
~ **degradation** *(physCh)* thermischer Abbau m, thermische Destruktion f
~ **detector** 1. *(El, Magn)* Thermodetektor m, thermoelektrischer Strahlungsempfänger m, *(speziell:)* Wärmemelder m; 2. *(Opt)* Bolometer n
~ **diffuse scattering** *(Krist)* temperaturdiffuse (Faxén-Waller) Streuung f, inelastische Streuung f an Kristallen
~ **diffusion** *(physCh)* Thermodiffusion f, Ludwig-Soret-Effekt m
~ **diffusion area** *(Kern)* Diffusionsfläche f für thermische Neutronen
~ **diffusion coefficient** *(physCh)* Thermodiffusionskoeffizient m
~ **diffusion column** *(Kern)* Clusiussches Trennrohr n, [Clusius-]Trennrohr n, Thermodiffusions[trenn]kolonne f
~ **diffusion effect** *(physCh)* Thermodiffusionseffekt m, Koeffizient m des Diffusionsthermoeffekts
~ **diffusivity** *(Ström, Therm)* Temperaturleitfähigkeit f, Temperaturleitzahl f *(in m^2/s)*
~ **disordering** *(Therm)* thermische Unordnungsbewegung f
~ **effect** 1. Thermoeffekt m; 2. *(El, Fest)* Wärmebewegung f, thermische Agitation f *(der Elektronen)*
~ **efficiency** *(Therm)* thermischer Wirkungsgrad m, Carnot-Faktor m
~ **electromotive force** *(El)* Thermo-EMK f, thermoelektromotorische Kraft f, Thermokraft f, thermoelektrische Spannung f
~ **electromotive force per degree** *(El)* differentielle Thermokraft (Thermospannung) f, thermoelektrische Empfindlichkeit f, Thermokraft f [je Grad Temperaturdifferenz]
~ **emission** 1. *(Astr:)* thermische Radioemission (Radiofrequenzstrahlung, RF-Strahlung) f; 2. *(El, Fest)* s. thermionic emission; 3. *(El)* thermische Emission f *(in der Emissionsspektroskopie)*
~ **emissivity** *(Therm)* Emissionsgrad m *(eines Temperaturstrahlers)*
~ **emittance** s. ~ exitance
~ **endurance** *(El)* Langzeitwärmefestigkeit f, Dauerwärmefestigkeit f, Wärmestandfestigkeit f
~ **energy** 1. *(At)* thermische Energie f, Wärmeenergie f *(eines Moleküls oder Atoms)*; 2. s. ~ power
~ **energy output** *(Kern)* thermische Leistung (Reaktorleistung) f *(in MW, auch geschrieben MW(th))*
~ **engine** *(Mech)* Wärmekraftmaschine f
~ **equilibrium** 1. *(Therm)* thermisches Gleichgewicht n, Wärmegleichgewicht n, Temperaturgleichgewicht n; 2. *(El)* thermischer Beharrungszustand m *(einer umlaufenden Maschine)*
~ **exchange gas** *(Tief)* Austauschgas n
~ **exitance** *(Opt, Therm)* thermische spezifische Lichtausstrahlung f
~ **expansion coefficient** *(Therm)* Wärmeausdehnungskoeffizient m, [thermischer] Ausdehnungskoeffizient m
~ **farad** *(Therm)* Wärmefarad n *(SI-fremde Einheit der thermischen Kapazität)*
~ **fission factor** *(Kern)* thermischer Spaltungsfaktor m
~ **flash** 1. Temperaturblitz m; 2. *(Kern)* Wärmestrahlung f, Hitzestrahlung f, Wärmestoß m, Wärmeblitz m, Infrarotanteil m der Lichtstrahlung *(einer Kernexplosion)*
~ **flow vector** *(Therm)* Wärmestromvektor m
~ **focal area**, ~ **focus** *(El)* thermischer Brennfleck m *(einer Röntgenröhre)*
~ **fusion** *(Pl)* s. thermonuclear fusion
~ **gliding** *(Aero)* Thermikflug m, thermischer Segelflug m
~ **head** *(Ström)* Wärmehöhe f, thermische Höhe f, *(manchmal:)* Wärmegefälle n, thermisches Gefälle n
~ **henry** *(Therm)* Wärmehenry n *(SI-fremde Einheit der thermischen Induktivität)*
~ **history** *(Fest, Mech)* thermische Vorgeschichte (Geschichte) f
~ **image** *(El)* Wärme[strahlungs]bild n, thermisches Bild n
~ **imagery (imaging)** *(El)* Thermographie f, Abbildung f durch Wärmestrahlung
~ **impedance** *(Therm)* Wärmewiderstand m
~ **inductance** *(Therm)* Wärmeinduktivität f
~ **inertia** 1. *(Kern)* Wärmeträgheit f, thermische Trägheit f, *(speziell eines Reaktors:)* reziproke Temperaturanstiegsrate f; 2. s. ~ lag
~ **infrared** *(El, Magn)* thermisches Infrarot (IR) n *(6 ... 20 μm)*
~ **insulation** 1. *(Therm)* Wärmedämmung f, Dämmung f, Wärmeisolierung f; 2. *(Pl)* Thermoisolation f, thermische Isolation f *(des Plasmas)*
~ **insulator** *(Therm)* Wärmeisolator m
~ **ionization** *(Astr, At, El)* thermische Ionisation (Ionisierung) f, Temperaturionisation f; 2. *(Pl, statPh)* Saha-Ionisation f, [rein] thermische Ionisation f

thermally

- ~ **jet engine** *(Aero)* Heißstrahltriebwerk *m*
- ~ **lag** *(Mech, Meß)* thermische Verzögerung *f*, Wärmeverzug *m*, Wärmeverzögerung *f*
- ~ **leakage** *(Kern)* Verlust (Ausfluß, Abfluß) *m* thermischer Neutronen, thermischer Verlust *m*
- ~ **leakage modulus** *(Mech, statPh)* Akkommodationskoeffizient *m*, Akkommodationsfaktor *m*, Energieakkommodationswahrscheinlichkeit *f*
- ~ **loss** Wärmeverlust *m*, thermischer Verlust *m*
- ~**-loss meter** *(Ström)* Wärmeverlust-Durchflußmesser *m*
- ~ **mass** *(Therm)* thermisch wirksame Masse *f*
- ~ **megawatt** *(Kern)* Megawatt *n* thermische Leistung, Megawatt *n* thermisch, MW(th)
- ~ **neutron absorption** *(Kern)* Absorption *f* thermischer Neutronen, thermische Neutronenabsorption *f*
- ~**-neutron activation analysis** *(physCh)* Aktivierungsanalyse *f* mit thermischen Neutronen
- ~ **neutron energy** *(Kern)* Energie *f* der thermischen Neutronen, thermische Neutronenenergie *f*
- ~ **noise** *(El, Halbl)* thermisches Rauschen *n*, Wärmerauschen *n*, Johnson-Rauschen *n*, Widerstandsrauschen *n*, *(selten:)* Nyquist-Rauschen *n*
- ~ **non-leakage probability** *(Kern)* Verbleibwahrscheinlichkeit *f* für ein thermisches Neutron
- ~ **ohm** *(Therm)* Wärmeohm *n* *(SI-fremde Einheit des Wärmeleitwiderstandes)*
- ~ **oil** *(Therm)* Wärmeübertragungsöl *n*, Thermalöl *n*
- ~ **photograph** *(Therm)* Wärmebild *n*, Thermogramm *n*
- ~ **photography** *(Therm)* Thermographie *f*, Infrarotthermographie *f*, IR-Thermographie *f*
- ~ **potential difference** *(Therm)* thermische Potentialdifferenz *f*, Unterschied *m* der thermodynamischen Temperatur
- ~ **power** Wärmekraft *f*, nutzbare Wärmeenergie *f*, Wärme *f*
- ~ **radiant emittance (exitance)** *(El, Magn)* thermische spezifische Ausstrahlung *f*
- ~ **rearrangement** *(Krist)* thermische Umlagerung *f*, Mehrzentrenumlagerung *f*
- ~ **relief** *(Mech)* thermische Druckentlastungseinrichtung *f*, *(speziell:)* thermisches Sicherheitsventil *n*
- ~ **resistance** 1. *(Halbl)* Wärmewiderstand *m*, thermischer Widerstand *m*; 2. *(Therm)* Wärmewiderstand *m*, *(manchmal:)* Wärmeleitwiderstand *m*, thermischer Widerstand *m*; 3. *(Therm)* Wärmeübergangswiderstand *m* *(in m^2 K/W)*
- ~ **resistance case-to-ambient** *(Halbl)* äußerer Wärmewiderstand *m*
- ~ **resistance junction-to-case** *(Halbl)* innerer Wärmewiderstand *m*
- ~ **resistance per unit length** *s.* ~ **resistivity**
- ~ **resistance under pulse conditions** *(Halbl)* Pulswärmewiderstand *m*
- ~ **resistivity** *(Therm)* spezifischer Wärmewiderstand *m*, *(manchmal:)* spezifischer Wärmeleitungswiderstand *m* *(in m K/W)*
- ~ **resistor** *(El)* Wärmewiderstand *m* *(Bauelement)*
- ~ **response** *(Kern)* Wärmereaktion *f*, Temperaturanstiegsrate *f* *(eines Reaktors)*
- ~ **runaway** *(Halbl)* thermische Instabilität *f*
- ~ **shock resistance (strength)** *(Fest)* Thermoschockfestigkeit *f*, Wärmeschockfestigkeit *f*, Temperaturwechselbeständigkeit *f*, TWB, *(bei Glas auch:)* Abschreckfestigkeit *f*, thermische Schockhärte *f*
- ~ **sleeve** *(Therm)* Wärmefalle *f*
- ~ **soaring** *s.* ~ **gliding**
- ~ **softening** 1. *(physCh)* thermische Erweichung *f* *(von Kunststoffen)*; 2. *(Fest)* Entfestigungsglühen *n*
- ~ **spectrum** 1. *(Therm)* Wärme[strahlungs]spektrum *n*; 2. *(Kern)* Energiespektrum *n* der thermischen Neutronen, thermisches Spektrum *n*
- ~ **strain** *(Fest)* thermische Verzerrung (Verformung) *f*, Wärmeverzerrung *f*, Wärmeverformung *f* *(Größe)*
- ~ **strength** *(Mech)* Warmfestigkeit *f*, *(bei Kunststoffen:)* Wärmestandfestigkeit *f*, *(speziell:)* Wärmeformbeständigkeit *f*
- ~ **strength diagram** *(Mech)* Warmfestigkeitsdiagramm *n*, Temperaturzeitstandschaubild *n*
- ~ **stress** *(Mech)* Wärmespannung *f*, thermische Spannung *f*, *(speziell:)* Wärmebeanspruchung *f*
- ~ **superconductor** *(Therm, Tief)* Suprawärmeleiter *m*, thermischer Supraleiter *m*
- ~ **switch** 1. *(El)* Thermoschalter *m*, Temperaturschalter *m*; 2. *(Tief)* Wärmeschalter *m*; 3. *(Tief)* *s.* ~ **valve**
- ~ **transmittance** *(Therm)* Wärmedurchgangskoeffizient *m*, Wärmedurchgangszahl *f*, Wärmedurchgangswert *m* *(in W/m^2 K)*
- ~ **transposition** *s.* ~ **rearrangement**
- ~ **unit** *s.* **kilocalorie 1.**
- ~ **utilization [factor]** *(Kern)* thermische Nutzung *f*, thermischer Nutz[ungs]faktor *m* *(in der Vierfaktorenformel)*
- ~ **valve** *(Tief)* Wärmeventil *n*
- ~ **voltage** *(El)* Thermospannung *f*, integrale Thermokraft (Thermospannung) *f*, *(selten:)* thermoelektrische Kraft *f*
- ~ **waste** *(Therm)* Verlustwärme *f*
- ~ **wave** 1. *(Tief)* *s.* **temperature wave**; 2. *(Ak, Fest)* thermische Schallwelle *f*
- **thermally generated stress wave** *(Fest, Mech)* thermisch erzeugte Spannungswelle *f*

thermally

- **neutralized state** *(Magn)* thermisch neutralisierter (abmagnetisierter) Zustand *m*, jungfräulicher Zustand *m*, Neuzustand *m*
- **stimulated conductivity** *(Fest, Kern)* thermisch stimulierte [elektrische] Leitfähigkeit *f*
- **stimulated current method** *(Fest)* TSC-Methode *f*, Methode *f* des thermisch stimulierten Stromes
- **stimulated ionic current** *(Halbl)* thermisch angeregter Ionenstrom *m*, TSIC

thermel *s.* thermocouple

thermie *(Therm)* Thermie *f*, th *(SI-fremde Einheit der Wärmemenge;*
1 th = 4,189 · 10^6 J)

thermion *(El)* 1. Thermion *n* ; 2. Glühelektron *n*, Thermoelektron *n*

thermionic conduction *(El)* Glühelektronenleitung *f*
- **constant** *(El)* Glühemissionskonstante *f*, Emissionskonstante *f* *(Konstante k in der Richardsonschen Gleichung)*
- **conversion** *(Kern)* thermionische Energieumwandlung (Umwandlung) *f*, thermionische Energiedirektumwandlung *f*
- **current** 1. *(El)* Thermionenstrom *m* ; 2. *(El, Fest)* Glühelektronenstrom *m*, thermischer Emissionsstrom *m*
- **emission** *(El, Fest)* 1. Glüh[elektronen]emission *f*, thermische Elektronenemission (Emission) *f*, glühelektrischer (thermoelektrischer) Effekt *m*, Richardson-Effekt *m*, Edison-Effekt *m* ; 2. Thermionenemission *f*, thermionische Emission *f*
- **fuel cell** *(El)* Thermionikzelle *f*, thermionisches Element *n*
- **generation of electricity** *s.* ~ conversion
- **grid emission** *(El)* primäre Gitteremission *f*
- **work function** *(Fest)* thermische (glühelektrische) Austrittsarbeit *f*, Austrittsarbeit *f* bei der Glühemission

thermo-hydraulic calculation *(Ström)* thermohydraulische Berechnung *f*, thermo- und fluiddynamische Berechnung *f*

thermocascade *(El)* Thermokaskade *f*, kaskadiertes Thermoelement *n*

thermocell *(El)* thermoelektrische Zelle *f*, thermoelektrisches Element *n*, Thermozelle *f*

thermochemical series *(physCh)* thermochemische Spannungsreihe *f*

thermocline *(Therm)* Temperatursprungschicht *f*

thermoconvection *(Ström, Therm)* Wärmekonvektion *f*, Wärmemitführung *f*, konvektive Wärmeübertragung *f*, Thermokonvektion *f*

thermocouple *(El, Therm)* Thermoelement *n*, thermoelektrisches Element *n*, *(selten:)* Thermopaar *n*
- **column** *(Kern)* Thermokette *f*, Thermoelementsäule *f*, Thermoelementkette *f*
- **converter** *(El)* *s.* thermoelement
- **extension wire** *(El, Therm)* Ausgleichleitung *f*, Thermoelementausgleichleitung *f*

thermocurrent 1. *(El)* Thermostrom *m*, thermoelektrischer Strom *m* ; 2. *(Fest, Kern)* thermisch stimulierter Strom *m*, TSC

thermodynamic characteristic function *s.* ~ potential 1.
- **concentration** *(Therm)* [thermodyamische] Aktivität *f*, Aktivitätskoeffizient *m*
- **coupling stiffness** *(Ak)* thermodynamische Steifigkeit (Kopplungssteifigkeit) *f*
- **cycle** *(Therm)* [thermodynamischer] Kreisprozeß *m*
- **derivative** *(Therm)* Ableitung *f* eines thermodynamischen Potentials, thermodynamische Ableitung *f*
- **energy [function]** *(Therm)* innere Energie *f*
- **force** *(Therm)* thermodynamische Kraft (Affinität) *f*, Affinität *f*
- **function of state** *(Therm)* Zustandsgröße *f*, [thermodynamische] Zustandsfunktion *f*, Zustandsvariable *f*
- **Green's function** *(Feld, Qu, statPh)* zweizeitige (thermodynamische) Greensche Funktion *f*, Greensche Zweizeitfunktion *f*, Zweizeit-Green-Funktion *f*
- **potential** 1. *(Therm)* thermodynamisches Potential *n*, charakteristische Funktion *f* *(Oberbegriff)* ; 2. *(Therm)* *s.* Gibbs free energy; 3. *(Ech)* *s.* Nernst potential
- **power cycle** *(Therm)* Wärmekraftprozeß *m*
- **relations across a shock [wave]** *(Fest, Mech)* Hugoniotsche Beziehungen (Relationen) *fpl*, thermodynamische Beziehungen *fpl* quer zum Verdichtungsstoß
- **scale of temperature** *(Therm)* absolute (fundamentale, thermodynamische) Temperaturskala *f* *(z. B. Kelvin-Skala)*
- **stiffness** *(Ak)* thermodynamische Steifigkeit (Kopplungssteifigkeit) *f*
- **tension** 1. *(Fest, Therm)* thermodynamische Spannung *f* ; 2. *(Therm)* *s.* intensive parameter
- **variable** *(Therm)* Zustandsgröße *f*, [thermodynamische] Zustandsfunktion *f*, Zustandsvariable *f*

thermoelectric circuit *(El, Therm)* Thermomeßkreis *m*
- **cooling** *(Tief)* Peltier-Kühlung *f*, thermoelektrische Kühlung *f*, *(manchmal:)* Peltier-Effekt-Kühlung *f*
- **electromotive series** *s.* ~ series
- **emission** *(El, Fest)* *s.* thermionic emission 1.
- **force** *(El)* Thermokraft *f*, Thermospannung *f*, integrale Thermokraft (Thermospannung) *f*, *(selten:)* thermoelektrische Kraft *f*

~ inversion *(El, Therm)* Polaritätsumschlag (Umschlag) *m* der Thermospannung
~ junction *(El, Therm)* s. thermojunction 2.
~ module *(Halbl)* Halbleiter-Peltier-Element *n*
~ pile *(El, Therm)* Thermosäule *f*, *(manchmal:)* thermoelektrische Säule *f*
~ series *(Fest)* thermoelektrische Spannungsreihe *f (der Metalle)*
thermoelectron *(El)* Glühelektron *n*, Thermoelektron *n (Zusammensetzungen s. unter thermionic)*
thermoelement *(El)* thermoelektrischer Generator (Energiewandler) *m*
~ couple *(El, Therm)* s. thermocouple
thermo-emf vs. temperature curve *(El)* Thermokurve *f*
thermography s. thermal photography
thermojet *(Aero)* Luftstrahltriebwerk *n*
thermojunction 1. *(Halbl)* Thermoübergang *m*, Thermokontakt *m* ; 2. *(El, Therm)* [thermoelektrische] Lötstelle *f (eines Thermoelements)*
thermoluminescence conductivity *(Fest, Kern)* Thermolumineszenzleitfähigkeit *f*, TL-Leitfähigkeit *f*
~ dosemeter *(Kern)* Thermolumineszenzdosimeter *n*, TL-Dosimeter *n*, TLD, Radiothermolumineszenzdosimeter *n*, RTL-Dosimeter *n*
~ reader *(Kern)* Auswertegerät *n* für Thermolumineszenzdosimeter, TLD-Ablesegerät *n*
thermoluminescent phosphor *(Fest, Kern)* Thermolumineszenzphosphor *m*, Thermolumineszenzphosphor *m*, TLD-Phosphor *m*
thermomagnetic torque *(El, Magn)* Scott-Effekt *m*, thermomagnetisches Drehmoment *n*
thermomechanical effect thermomechanischer Effekt *m*, Springbrunneneffekt *m*, Fontäneneffekt *m*
thermometer column *(Therm)* Flüssigkeitsfaden *m*, Thermometerfaden *m*, Thermometersäule *f*
~ harness *(Therm)* Thermometerschutzrohr *n*, Schutzrohr *n*
~ pocket *(Therm)* Thermometerstutzen *m*
~ resistor *(Therm)* Widerstandsthermometer *n*, Thermowiderstandsmesser *m*
~ stem (tube) *(Therm)* Thermometerkapillare *f*, Kapillare *f*, Rohr *n*, Thermometerröhre *f*
~ well s. ~ harness
thermometric body *(Therm)* Temperaturmeßkörper *m*
~ conductivity *(Ström, Therm)* Temperaturleitfähigkeit *f*, Temperaturleitzahl *f (in m^2/s)*
~ correction *(Therm)* Thermometerkorrektion *f*, Korrektion *f* für den herausragenden Faden, *(als Größe:)* Fadenkorrektur *f*, Korrektur *f* für den herausragenden Faden

thermomolecular flow *(physCh)* [thermomolekularer] Knudsen-Effekt *m*, thermische Molekularströmung *f*, thermomolekulare Strömung *f*
~ force (pressure) *(Aero)* Thermomolekulardruck *m*, thermomolekularer Druck *m*, thermischer Molekulardruck *m*
thermoneedle[s] *(El, Therm)* Thermonadel *f*, Thermonadeln *fpl*, Tastthermoelement *n*
thermonegative reaction *(physCh)* endotherme (energieverbrauchende, wärmeaufnehmende) Reaktion *f*
thermonuclear energy *(Pl)* thermonukleare Energie *f*, Fusionsenergie *f*, Kernfusionsenergie *f (bei der thermonuklearen Fusion freigesetzt)*
~ fusion *(Pl)* thermonukleare Fusion *f*, [thermische] Kernfusion *f*
~ material *(Pl)* fusionsfähiges (thermonukleares) Material *n*, Fusionsstoff *m*
thermonucleonics *(Pl)* Thermonukleonik *f (Technik und Lehre von den thermonuklearen Reaktionen)*, thermonukleare Technik *f*
thermophore *(Therm)* Thermophor *m*, Wärmeträger *m (zum Vergleich der Wärmekapazitäten zweier Flüssigkeiten)*
thermopile *(El, Therm)* Thermosäule *f*, *(manchmal:)* thermoelektrische Säule *f*
thermopositive reaction *(physCh)* exotherme (energieerzeugende, wärmeabgebende) Reaktion *f*
thermopower *(El)* s. 1. thermal electromotive force; 2. thermal electromotive force per degree
thermostat bath *(Therm)* 1. Flüssigkeitsbad *n (eines Thermostaten)*, Temperaturbad *n*, Temperierbad *n* ; 2. Flüssigkeitsthermostat *m*
thermostatics *(Therm)* Thermostatik *f*, klassische Thermodynamik *f*
thermostatistics *(statPh)* statistische Thermodynamik *f*, statistische Theorie *f* der Wärme
thermostimulation *(Fest)* thermische Ausleuchtung *f*, Temperaturausleuchtung *f*, Thermostimulation *f (der Lumineszenz)*
thermovision *(Therm)* Thermovision *f*, Sichtbarmachung *f* von Wärme
thermowell *(Therm)* Thermoelementbohrung *f*
Thévenin-Helmholtz theorem *(El)* Theorem *n* von Thévenin, Satz *m* von Helmholtz, Théveninsches (Helmholtzsches) Theorem *n*, Satz *m* von der Ersatzspannungsquelle
thick film Dickschicht *f*, Dickfilm *m*, dicke Schicht *f*
~ hologram *(Opt)* dickes Hologramm *n*, Volumenhologramm *n*, Lippmann-Bragg-Hologramm *n*
~ liquid *(Opt, physCh)* trübe Flüssigkeit *f*
thickening 1. *(Mech)* Verdickung *f* ; 2. *(physCh)* Eindicken *n*, Verdicken *n* ; Dickwerden *n*

thickness

thickness 1. *(Mech)* Dicke f, *(nicht empfohlen:)* Stärke f; 2. *(physCh)* Dickflüssigkeit f
~-**chord ratio** s. ~ ratio
~ **gauge** Dickenmesser m, Dickenlehre f, *(speziell:)* Schichtdickenmeßgerät n
~-**longitudinal vibration** *(Fest, Mech)* Dickenlängsschwingung f, longitudinale Dickenschwingung f
~ **mode [of vibration]** *(El, Krist)* Biegeschwingung f, Querschwingung f, Dickenschwingung f, Quermode f
~ **of shock layer** *(Aero)* Stoßfronttiefe f
~ **ratio** *(Aero)* relative Dicke (Profildicke) f, Dicke/Tiefe-Verhältnis n, Profildickenverhältnis n
~ **shear** *(Mech)* Dickenscherung f
~ **shear crystal** *(El, Krist)* Dickenscher[ungs]schwinger m
~ **shear mode [of vibration]** *(El, Krist)* Dickenscherschwingung f, Dickenschwingung f, Dicken[scher]mode f
thimble 1. Metallhülse f, *(speziell:)* Tauchhülse f; 2. *(Kern)* Fingerhutrohr n *(eines Reaktors)*; 3. *(Kern)* Fingerhut[-Ionisations]kammer f; 4. *(Mech)* Trommel f, Meßtrommel f *(einer Meßschraube)*
thin cell *(Halbl)* Dünnschichtsolarzelle f, Dünnfilmsolarzelle f
~ **film** Dünnschicht f, Dünnfilm m, dünne Schicht f, Haut f, Häutchen n, Film m
~ **film interference** *(Opt)* Interferenz f an dünnen Blättchen
~-**film optics** *(Opt)* Optik f dünner Blättchen (Schichten), Dünnschichtoptik f
~ **layer** s. ~ film
thindown *(Kern)* Energieverlust m infolge Stoßes, Degradation f *(von Teilchen)*
thinning 1. *(Mech)* s. constriction 1.; 2. *(physCh)* Verdünnung f, Konzentrationsverminderung f *(einer Lösung, Vorgang)*
third boundary problem *(mathPh)* drittes Randwertproblem n, gemischte Randwertaufgabe f, Randwertproblem n dritter Art
~-**class lever** *(Mech)* einarmiger Hebel m mit Lastangriff außerhalb des Kraftangriffs
~ **harmonic distortion factor** *(El)* kubischer Klirrgrad (Klirrfaktor, Oberschwingungsgehalt) m
~-**integral charge** *(Hoch)* drittelzahlige Ladung f
~-**law entropy** *(Therm)* Entropie f auf der Grundlage des dritten Hauptsatzes
~ **law of motion** *(Mech)* s. Newton's third law
~ **law of thermodynamics** s. Nernst heat theorem
~ **nearest neighbour** *(Krist)* drittnächster Nachbar m, Nachbar m dritter Sphäre
~-**octave [band] filter** *(Ak, El)* Terzfilter n, Drittteloktavbandfilter n
~-**octave band pressure level** *(Ak)* Terz[band]schalldruckpegel m, Terzpegel m

~-**octave midband frequency** *(Ak, El)* Terzmittenfrequenz f
~-**order critical point** *(Fest, Magn)* kritischer Punkt m dritter Ordnung, trikritischer Punkt m
~-**order theory** *(Opt)* Seidelsche Theorie f [der Bildfehler], Fehlertheorie f dritter Ordnung, Seidelsche Bildfehlertheorie f
Thoma cavitation coefficient (number) *(Hydr)* Kavitationszahl f *(nach Thoma)*, Kavitationsparameter m
Thomas factor two *(Qu)* relativistische Thomas-Korrektur f
Thomson body *(Mech)* Poynting-Thomson-Körper m, [Poynting-]Thomsonscher Körper m, PTh-Körper m, anelastische Substanz f
~ **double bridge method** *(El)* Doppelbrückenmethode f, Methode f der Thomson-Brücke *(zur Messung von Widerständen)*
thoride *(Kern)* Thoroid n, Thorid n *(eines der in der Thoriumreihe natürlich vorkommenden Isotope)*
thou *(Mech)* s. mil 1.
thought experiment Gedankenversuch m, Gedankenexperiment n
thousandth mass unit *(At)* tausendstel Masseeinheit f, TME, tausendstel atomare Masseeinheit f *(SI-fremde Einheit der Energie; 1 TMU = 1,49176 · 10^{-13} J)*
thraustics *(Mech)* Thraustik f *(Technologie der spröden Werkstoffe)*
thread-probe method *(Ström)* Fadensondenmethode f, Wollfadenmethode f *(der Sichtbarmachung von Strömungen)*
~ **thermometer** *(Therm)* Fadenthermometer n
threaded core *(El)* Schraubkern m
three aperture [electron] lens *(El)* Elektronenlinse f mit drei Lochblenden (Lochelektroden), Dreielektroden[-Elektronen]linse f, Dreiloch[-Elektronen]linse f
~-**body collision** *(At)* Dreierstoß m, Dreifachstoß m, Dreikörperstoß m, Dreiteilchenstoß m
~-**body disintegration** *(Kern)* Dreiteilchenzerfall m, Zerfall m in drei Teilchen, Dreikörperzerfall m
~-**body ionization** *(At)* Dreierstoßionisation f
~-**body problem** *(mathPh, Mech)* Dreikörperproblem n
~-**body recombination** *(At)* Dreier[stoß]rekombination f, Dreikörperrekombination f
~-**carrier model** *(Halbl)* Dreiladungsträgermodell n
~-**colour process** *(Phot)* Dreifarbenverfahren n, Dreifarbenmethode f
~-**component lens telescope** *(Astr, Opt)* Dreilinser m
~-**current density** *(El, Feld)* Dreierstromdichte f, dreidimensionale Stromdichte f *(Vektor)*

threshold

~-**degrees-of-freedom gyro[scope]** *(Mech)* kräftefreier Kreisel *m*, Kreisel *m* mit drei Freiheitsgraden

~-**dimensional lattice** Raumgitter *n*, dreidimensionales Gitter *n*

~-**dimensional [state of] stress** *(Mech)* dreidimensionaler (dreiachsiger, räumlicher, allgemeiner) Spannungszustand *m*

~-**dimensional vector** Dreiervektor *m*, dreidimensionaler Vektor *m*, 3-Vektor *m*

~-**eighths rule** *(mathPh)* Newtons Lieblingsformel *f*, Drei-Achtel-Regel *f*

~-**electrode [electron] lens** *s.* three-aperture electron lens

~-**fluid model** *(Pl)* Dreiflüssigkeitsmodell *n* *(Ionen, Elektronen, Neutralteilchen)*

~-**fold axis [of symmetry]** *(Krist)* *s.* triad axis

~-**force** *(Mech)* Dreierkraft *f*, dreidimensionale Kraft *f*

~-**grid ion tube** *(El)* Gaspentode *f*

~-**halves bond** *(At)* Anderthalbfachbindung *f*, 11/2fach-Bindung *f*

~-**halves law** *(El)* Langmuirsches Raumladungsgesetz *n*, Langmuir-Schottkysches Gesetz *n*, Drei-Halbe-Gesetz *n*, $U^{3/2}$-Gesetz *n*, Langmuirsche Formel *f* *(für die Anodenstromdichte einer Diode)*

~-**halves power law of ionization** *(Kern)* 3/2-Gesetz (Drei-Halbe-Gesetz) *n* der Ionisierung, $E^{3/2}$-Gesetz *n*

~-**index symbol** *(mathPh)* [Christoffelsches] Dreiindizessymbol *n*, [Christoffelsches] Dreizeigersymbol *n*, *g*-Klammer *f*, Drei-Index-Symbol *n* *(I. oder II. Art)*

~-**kelvin radiation** *(Astr)* *s.* cosmic-ray background

~-**level laser** *(Opt)* Dreiniveaulaser *m*

~-**link mechanism** *(Mech)* dreigliedriges Kurvengetriebe *n*

~-**liquid theory** *(Tief)* Dreiflüssigkeitstheorie *f*, Dreiflüssigkeitentheorie *f*

~-**moment theorem, ~ moments equation** *(Mech)* Dreimomentengleichung *f*, Clapeyronsche Gleichung *f*, [Clapeyronscher] Dreimomentensatz *m*

~-**momentum** *(Mech)* Dreierimpuls *m*, dreidimensionaler Impuls *m*, 3-Impuls *m*

~-**particle collision** *s.* ~-body collision

~-**particle Coulomb problem** *(Kern)* Coulombsches Dreikörperproblem *n*

~-**phase [alternating] current** *(El)* Drehstrom *m*, *(allgemeiner:)* Dreiphasenstrom *m*, Dreiphasen-Wechselstrom *m*

~-**point Hartley circuit** *(El)* Hartley-Schaltung *f*, induktive Dreipunktschaltung *f*

~-**pole network** *(El)* Dreipol *m*

~-**port** *(El)* Dreitor *n*

~-**pronged star** *(Hoch)* Dreizackereignis *n*, Dreizackspur *f*, Dreierstern *m*, dreiarmiger Stern *m*

~-**quantity** Dreiergröße *f*, dreidimensionale Größe *f*, 3-Größe *f*

~-**quarter point method** *(Aero)* Dreiviertelpunktmethode *f*

~-**slit interference** *(Opt)* Dreispaltinterferenz *f*

~-**slot winding** *(El)* Dreilochwicklung *f*

~-**space** *(mathPh)* dreidimensionaler Raum *m*

~-**state output** *(El)* Tri-State-Ausgang *m*, Ausgang *m* mit drei Zuständen

~ **tripods method** *(Opt)* Zwangszentrierung *f*, Zwangszentrierungsmethode *f*

~-**valued support** *(Mech)* dreiwertiges Auflager *n*

~-**vector** Dreiervektor *m*, dreidimensionaler Vektor *m*, 3-Vektor *m*

~-**way cock** *(Ström)* Dreiwegehahn *m*, Dreiweghahn *m*

~-**way pipe** *(Ström)* T-Stück *n*, T-Rohrstück *n*, T[-Rohr] *n*

~-**well cylinder probe** *(Ström)* Zylinderdreilochsonde *f*

threeling *(Krist)* *s.* trill

threshold Schwelle *f*, *(speziell:)* Schwell[en]wert *m*

~ **condition** *(Opt)* Schwellenbedingung *f*, zweite Laserbedingung *f*

~ **contrast** *(Phot, Opt)* Kontrastempfindlichkeit *f*, Kontrastschwellenwert *m*, Kontrastschwelle *f*, *(in der Radiographie:)* Modulationsempfindlichkeit *f*

~ **control** *(Reg)* Schwell[en]wertregelung *f*, verzögerte Regelung *f*

~ **effect** *(El)* Ursprungsverzerrung *f*

~ **energy** Schwellenenergie *f*, Grenzenergie *f*, Energieschwellenwert *m*

~ **field** *(Tief)* kritisches Magnetfeld (Feld) *n*, kritische Feldstärke *f* *(eines Supraleiters)*

~ **field curve** *(Tief)* magnetische Schwellwertkurve *f*, Schwell[en]wertkurve *f*, kritische Feldkurve *f*

~ **frequency** *(El)* Grenzfrequenz *f* [des Photoeffekts]

~ **level** *(Reg)* unterer Grenzpegel *m*

~ **line [of glare]** *(Opt)* Blendgerade *f*, Blendungsgrenze *f*, Schwellengerade *f* [der Blendung]

~ **of audibility** *(Ak)* [untere] Hörschwelle *f*, Hörbarkeitsschwelle *f*, Reizschwelle (Intensitätsschwelle) *f* des Ohres, Nullschwelle *f*

~ **of bias [voltage]** *(Kern)* Schwellenwert *m* der Vorspannung, Vorspannungsschwelle *f*

~ **of detectability** *s.* 1. ~ of audibility; 2. ~ of detection

~ **of detection** *(Meß)* untere Nachweisgrenze *f*

~ **point** *(Halbl)* Schwellwertpunkt *m*

~ **probe** *(Pl)* Schwellensonde *f*

~ **speed** *(Ström)* Ansprechgeschwindigkeit *f*, Grenzgeschwindigkeit *f* *(eines Strommessers)*

~ **voltage** *(El, Halbl)* Schwellwertspannung *f*, Schwell[en]spannung *f*, *(beim Feldef-*

threshold 394

fekttransistor auch:) Schleusenspannung f, (beim Magnetron:) [Hartreesche] Schwellenspannung f
~ **wave number** (El) Grenzwellenzahl f
~ **wavelength** (El) Grenzwellenlänge f, langwellige (rote) Grenze f (des Photoeffekts)
throat 1. (Ström) Einschnürung f, Verengung f, Hals m, (bei einer Düse auch:) Düsenaushalsung f, kritischer Düsenquerschnitt m ; Einschnürungsstelle f, Drossel[stelle] f (einer Strömung) ; 2. (Ak, El) Trichterhals m ; 3. (Mech) Rachen m (einer Meßlehre) ; 4. (Mech) Zahnlücke f (eines Sägezahns)
~ **microphone** (Ak, El) Kehlkopfmikrophon n
~ **velocity** (Aero) Strömungsgeschwindigkeit (Geschwindigkeit) f im engsten Querschnitt (in der Raketentechnik)
throatable nozzle (Ström) drosselbare (verstellbare) Düse f
throatless chamber (Aero) zylindrische Brennkammer f
throttle [valve] (Hydr) Drosselventil n, (speziell:) Drosselschieber m, (speziell:) Drosselklappe f
throttled flow (Ström) gedrosselte Strömung f, Strömung f hinter einer Drosselstelle
throttling 1. (Ström) Drosselung f, Drosseln n ; 2. (Therm) Drosselentspannung f, Drosselung f, Joule-Thomsonsche Ausdehnung f, Joule-Thomson-Expansion f
~ **device** (Hydr) Drosselkörper m, Drosselelement n, Durchsatzdrossel f, Drossel f, Drosselorgan n
~ **experiment of Joule and Kelvin** s. Joule-Thomson throttling experiment
through-hole plated circuit (El) durchkontaktierte Schaltung f
~-**hole technology** (Halbl) Durchstecktechnik f
~-**illumination** (Phot, Opt) Durchlichtbeleuchtung f, Beleuchtung f mit der Lichtquelle auf der Seite gegenüber der Kamera
~ **position** (El) Durchgangsstellung f (eines Schalters)
~-**the-lens metering** (Phot, Opt) Belichtungsmessung f durch das Objektiv [hindurch], Innenmessung f
~ **thickness tension test** (Mech) Zugprüfung f (Zugversuch m) in Dickenrichtung
~ **transmission** (Ak) Durchschallung f
throughline wattmeter (El) Durchgangsleistungsmeßgerät n
throughput 1. (physCh) Durchsatz m, Durchsatzleistung f (einer Anlage) ; 2. (Vak) Saugvermögen n (einer Vakuumpumpe), (manchmal:) Sauggeschwindigkeit f
throw 1. (Mech) Wurf m ; 2. (El) Wicklungssprung m (einer Ankerspule)

~ **at an angle** (Mech) schiefer Wurf m
~-**over** (Mech) Umlegung f (eines Hebels)
throwback (Ak, El) akustische Kopplung f (zwischen Mikrophon und Lautsprecher)
throwing index (Ech) Streuindex m
~ **power** (Ech) Streuvermögen n, Streukraft f, (speziell:) Tiefenstreuung f
~ **range** (Mech) Wurfweite f
thruput s. throughput
thrust 1. (Ström) Schub m, (manchmal:) Schubkraft f ; 2. (Mech) Horizontalschub m, Bogenschub m ; 3. (Mech) allseitiger Druck m (einer Schraube beim Eindrehen) ; 4. (Hoch) Thrust m, (selten:) Schub m (eines Jets)
~ **application flight** (Aero) Antriebsflug m, Treibflug m (einer Rakete)
~ **augmentation** (Aero) Schub[kraft]verstärkung f
~ **chamber** (Aero) Schubgewinnungskammer f (einer Rakete, meist die Brennkammer)
~-**coast-thrust flight** (Aero) abwechselnd angetriebener und ballistischer Flug m
~ **coefficient** (Aero) Schubbeiwert m (einer Antriebsdüse)
~ **control** (Aero) Schubvektorregelung f
~ **cut-back** (Aero) Schubverminderung f, Schubdrosselung f
~ **deduction** (Hydr) Schubverlust m, (speziell:) Propellersog m
~ **deduction coefficient** (Hydr) Sogziffer f
~ **face** (Aero) Druckseite f, Schubseite f (eines Propellers)
~ **horsepower** (Mech) Schubleistung f in Horsepower, Schub-Horsepower n (= 745,6998716 W)
~ **load** (Aero) Axialschub m, Axialbelastung f
~ **output** (Aero) Nettoschub m
~ **reverser** (Aero) Schubumkehrer m, Schubumkehreinrichtung f
~ **section** (Aero) Triebwerkseinheit f
~ **source** (Aero) Stützmasse f (eines Raketenmotors)
~-**to-weight ratio** (Aero) Schub-Gewichts-Verhältnis n, gewichtsbezogener Schub m
thruster (Aero) Steuertriebwerk n, (speziell:) Korrekturtriebwerk n
thumbrule Faustregel f, (speziell:) Faustformel f
TIC (Halbl) taperisolierte Zelle f
tick (Therm) (irreversible) adiabatische Entspannung f in eine Unterdruckkammer
tickler coil (El) Rückkopplungsspule f (einer Elektronenröhre)
tidal deformation (Astr) Gezeitendeformation f
tie 1. Verbindung f ; 2. Verbindungsstück n ; (Mech) Zugglied n, Zugelement n ; 3. (mathPh) Bindung f, Ranggleichheit f (Statistik)
~ **feeder** (El) Koppelleitung f

~ **line** 1. *(El)* Verbundleitung f, Verbindungsleitung f, *(speziell:)* Vermaschungsleitung f ; 2. *(mathPh)* Verbindungslinie f, *(speziell:)* Verbindungsachse f ; 3. *(physCh, Therm)* Kon[n]ode f *(Linie im Phasendiagramm)*

tied arch *(Mech)* Bogen m mit Zugband

~ **gyroscope** *(Mech)* Kreisel m mit äußeren Drehmomenten, gebundener Kreisel m

TIF *(Rel)* terminale unzerlegbare Zukunft f, TIF

tight emulsion *(physCh)* beständige Emulsion f

tightening *(Mech)* 1. Spannen n, Straffung f *(z. B. einer Kette)* ; 2. Festklemmen n, Klemmen n

tightness 1. Dichtigkeit f, Undurchlässigkeit f, Undurchdringlichkeit f ; 2. *(Vak)* Dichtheit f, Dichtigkeit f, Lecksicherheit f, Hermetizität f ; 3. *(Mech)* gespannter (gestraffter) Zustand m, Spannungszustand m, Straffheit f *(z. B. einer Kette)*

tiling *(mathPh)* Parkettierung f, Überdeckung f der Ebene *(mit regulären Vielecken)*

tilt 1. Kippen n, Neigung f *(s. a. tilting)* ; 2. Schräglage f, schräge Lage f ; 3. *(Aero)* Querneigung f, Schräglage f *(Neigung gegen die Horizontale)* ; 4. *(El)* Dachabfall m, Dachschräge f *(eines Rechteckimpulses)* ; 5. s. ~ angle 2.

~ **angle** 1. *(Mech)* Kipp[ungs]winkel m ; 2. *(Aero)* Kippwinkel m, Querneigungswinkel m ; 3. *(El, Magn)* Neigungswinkel m, Kippwinkel m *(z. B. einer Antenne gegen die Horizontale)*

~ **boundary** *(Fest)* Neigungskorngrenze f, Kipp[korn]grenze f, Tilt-Korngrenze f

~ **screw** *(Opt)* Kippschraube f *(eines Theodoliten)*

tilted angle from the horizontal Neigungswinkel m (Neigung f) gegen die Horizontale

~ **wavefront** *(El, Magn)* geneigte Wellenfront f

tilting 1. *(Mech)* Neigen n, Neigung f, Schrägstellen n, *(speziell:)* Kippen n, Kippung f, *(speziell:)* Verkantung f, Kanten n *(gegen die Horizontale oder Vertikale, Vorgang)* ; 2. *(Aero)* Kippen n, Kippbewegung f, Kippschwingung f

~ **moment** *(Mech)* Kippmoment n, Reaktionsmoment m, Rückstellmoment m

~ **moment coefficient** *(Mech)* Kippmomentenbeiwert m

~ **plate compensator** *(Opt)* Schwenkplattenkompensator m *(von Nikitin)*, Nikitin-Kompensator m

time 1. Zeit f ; 2. Zeitpunkt m, Moment m, *(speziell:)* Zeitinstant m ; 3. Zeitintervall n, Dauer f, Zeitraum m, Zeit[spanne] f ; 4. *(Ak)* Takt m, Zeitmaß n

~-**average holographic interferometry** *(Opt)* Zeitmittelungstechnik f der Hologramminterferometrie

~ **base** *(El)* 1. Zeitachse f, Zeitbasis f, Zeitnullinie f, Zeitlinie f *(einer Kathodenstrahlröhre)* ; 2. Zeitablenkgenerator m, Zeitablenkgerät n, Zeitbasisteil n *(einer Kathodenstrahlröhre, eines Oszilloskops)*

~-**base error** *(El, Magn)* Zeitfehler m

~-**base expansion (extension)** *(El)* Zeit[basis]dehnung f, Dehnung f des Zeitmaßstabes, Zeilendehnung f *(eines Oszilloskops)*

~ **belt** *(Astr)* Zeitzone f, Zone f gleicher Zeit

~-**compression method** *(Phot)* Zeitraffertechnik f, Zeitraff[ungs]verfahren n, Zeitrafferphotographie f

~ **contraction** *(Rel)* Zeitkontraktion f, Zeitverkürzung f

~ **decrease of permeability** *(Fest, Magn)* s. disaccommodation

~ **delay** Zeitverzögerung f, [zeitliche] Verzögerung f, Zeitverzug m

~-**dependent atomic response** *(Opt, Qu)* Besetzungspulsation f

~-**dependent constraint** *(Mech)* rheonome (fließende, zeitabhängige) Bindung (Bedingung, Zwangsbedingung, Bedingungsgleichung) f

~-**dependent theory of perturbations** *(Qu)* zeitabhängige (Diracsche) Störungstheorie f

~ **dila[ta]tion** *(Rel)* Zeitdilatation f, [Einsteinsche] Zeitdehnung f, Einstein-Dilatation f

~ **domain** 1. *(Reg)* Zeitbereich m ; 2. *(mathPh)* Originalbereich m, Objektbereich m, Oberbereich m, Originalraum m *(einer Funktionaltransformation)* ; 3. *(Spektr)* Zeitdomäne f *(NMR-Spektroskopie)*

~-**edge effect** *(Opt)* Randveränderungseffekt m, Randveränderung f

~ **element** *(Reg)* Zeitglied n, *(speziell:)* Zeitgeber m

~ **fall** *(Ech)* Spannungsabfall m bei der Entladung *(einer Batterie)*

~-**independent theory of perturbations** *(Qu)* zeitunabhängige Störungstheorie f, [Rayleigh-]Schrödingersche Störungstheorie f

~ **integral of flux** *(Kern)* integraler Fluß (Neutronenfluß) m, Zeitintegral n des Neutronenflusses, Flußzeit f *(in Neutronen · cm^{-2})*

~ **integral of force** *(Mech)* s. impulse 2.

~-**integrated energy flux density** *(Kern)* Energiefluenz f, zeitintegrierte Energieflußdichte f *(von ionisierenden Teilchen)*

~-**integrated flux density** *(Kern)* Fluenz f, Teilchenfluenz f, zeitliches Integral n der Flußdichte *(in Teilchen · m^{-2})*

~-**interval technique** Kurzzeitmeßtechnik f

~ **inversion** *(Feld, Rel)* Zeitinversion f, Inversion f der Zeitkoordinate

~ **jitter** *(El)* 1. Taktjitter n, Zittern n, Instabilität f der Anzeigestabilisierung *(eines*

time 396

Oszillographen) ; 2. Laufzeitstreuung f, Streubreite f der Laufzeit *(in einem SEV)*
~ **keeper** *s.* ~ **piece** 1.
~ **lag** 1. zeitliche Nacheilung f *(der Phase)*; 2. *(El)* Retardierung f, Zeitverzögerung f *(eines Potentials) (s. a.* ~ delay*)*
~-**lapse camera** *(Phot)* Zeitrafferkamera f, Zeitraffer m
~-**lapse interferometry** *(Opt)* Doppelbelichtungsinterferometrie f
~ **lead** zeitliche Voreilung f *(der Phase)*
~-**like momentum** *(Rel)* zeitartiger Impuls m
~ **meridian** *(Astr)* Bezugsmeridian m der Zeitrechnung
~ **of contact** *(Mech)* Kontaktzeit f, Dauer f des Aufpralls
~ **of flight** *(Spektr)* Laufzeit f, Flugzeit f *(in der Massenspektrometrie)*
~ **of [fluid] flow** *(Kern)* Strömungszeit f
~ **of one revolution** *(Astr, Mech)* Umlaufzeit f, Umlaufszeit f, *(manchmal:)* Umlauf[s]dauer f, Umlauf[s]periode f
~ **of oscillation** *(Mech)* doppelte Schwingungsdauer f *(eines Pendels oder einer Unruhe)*
~ **of relaxation effect** *(Ech)* Relaxationseffekt m der Leitfähigkeit
~ **of return** *(Mech)* Umkehrzeitpunkt m
~ **of return stroke** *(Mech)* Rücklaufzeit f
~ **of rotation** *(Astr, Mech)* Rotationsperiode f, Rotationszeit f, Umdrehungsdauer f, Dauer f einer vollen Umdrehung
~ **of transit of the wave** *(Fest, Mech)* Wellendurchgangszeit f, Wellenlaufzeit f
~ **of travel** *(Ak)* Durchlaufzeit f *(Ultraschallprüfung)*
~-**ordered product** *(Feld, Qu)* zeitgeordnetes (chronologisches) Produkt n, [Wicksches] T-Produkt n
~ **ordering operator** *(Feld, Qu)* Dysonscher Operator m, Dyson[-Wickscher] Operator m, chronologischer (chronologisierender) Operator m, P-Operator m
~-**pattern control system** *(Reg)* Zeitplan[regel]system n, Regelsystem n mit Zeitplan
~ **phase** Zeitphase f, zeitliche Verschiebung f um die Periode null, 0°-Zeitverschiebung f
~ **piece** 1. Zeitmeßgerät n, Zeitmesser m, Uhr f, Zeitnehmer m *(beliebiger Art außer Chronometer oder Taschenuhr)* ; 2. Uhr f, Zeitanzeigegerät n, Zeitmeßgerät n, Zeitmesser m ohne Schlagwerk
~-**pulse meter** *(El)* Zeitimpulszähler m, Zeitintervallzählung f
~ **quadrature** Zeitverschiebung (zeitliche Verschiebung) f um eine Viertelperiode, 90°-Zeitverschiebung f
~ **rate of change** 1. zeitliche Änderung f ; 2. *(statPh)* Stoßterm m
~ **reckoning** *(Astr)* Zeitrechnung f, Zeitzählung f

~ **resolution** Zeitauflösung f, zeitliche Auflösung f, zeitliches Auflösungsvermögen n
~-**resolved spectroscopy** *(Spektr)* zeitaufgelöste (nichtstationäre) Spektroskopie f
~ **response** 1. Zeitgang m, Änderung f mit der Zeit; 2. *(Reg)* Zeitverhalten n, zeitliches Verhalten n, *(eines Meßgeräts:)* zeitliches Ansprechverhalten n
~ **reversal** *(Feld, Qu, Rel)* Zeitumkehr f
~-**reversal invariance,** ~ **reversibility** *(Hoch)* Zeitumkehrinvarianz f, T-Invarianz f, Invarianz f gegen[über] Zeitumkehr
~ **selector** *(Kern)* Einkanal-Zeitdiskriminator m
~-**shift theorem** *(mathPh)* Verschiebungssatz m, *(genauer:)* erster (Heavisidescher) Verschiebungssatz m *(der Laplace-Transformation)*
~ **slice** *(El)* Zeitschicht f, Zeitscheibe f
~-**slot pattern** *(Meß)* Zeitraster m
~ **sorter** *(Kern)* Intervallanalysator m
~ **standard** *(Astr, El)* Zeitnormal n, Normalzeitgerät n, Präzisionszeitgerät n
~-**stretching technique** *(Phot)* Zeitdehnertechnik f, Zeitdehn[ungs]verfahren n, Zeitlupe[nphotographie] f
~ **tagging** *(Meß, Reg)* Absolutzeiterfassung f *(Fernwirktechnik)*
~ **to breakdown** *(El)* Zeit f bis zum Durchschlag, Haltezeit f
~ **to half value of the wave tail** *(El)* Rückenhalbwertszeit f
~ **trace** *(El, Meß)* Zeit[meß]marke f
~-**variant quantity** *(mathPh)* zeitlich veränderliche Größe f
~-**varying system** *(Reg)* System n mit zeitlich veränderlichen Parametern
timed neutron *(Kern)* nach der Laufzeit ausgewähltes Neutron n
~ **spark** *(El)* Taktfunke m
timer 1. *(Reg)* Zeitglied n, *(speziell:)* Zeitgeber m, Zeittaktgeber m, *(El auch:)* Zeitintervallgeber m ; 2. *(El)* Zeitschalter m, *(speziell:)* Zeitschaltuhr f
times ten magnification *(Opt)* zehnfache (10fache) Vergrößerung f
timing 1. Timing n, Zeitablaufplanung f, Zeitsteuerung f ; 2. Zeitmessung f, Zeitnahme f
~ **chart** Zeitdiagramm n, Ablaufdiagramm n, *(speziell:)* Steuer[ungs]diagramm n
~ **pulse** *(El)* Taktimpuls m, Zeit[steuer]impuls m
~ **pulse generator** *(El)* Unabhängige-Variable-Geber m, UV-Geber m
tin-canning effect *(Mech)* Umklappen n, Konservenbüchseneffekt m
tinge *(Opt)* Nuance f, Farb[ton]nuance f, Farbtönung f, *(speziell:)* Anflug m, *(speziell:)* Stich m
tint *(Opt)* 1. ungesättigte Farbe f *(Vollfarbe mit Weißanteil)* ; 2. *s.* tinge

~ of passage *(Opt)* 1. empfindliche Färbung f *(bei Verwendung der Soleilschen Doppelplatte)*; 2. s. sensitive tint

tintometer *(Opt, physCh)* Kolorimeter n, Farbenmeßgerät n; *(Opt)* Lovibondsches Farbenmeßgerät (Dreifarbenmeßgerät) n, [Lovibondsches] Tintometer n

TIP 1. *(Fest, Magn, Qu)* temperaturunabhängier Paramagnetismus m, TIP, Van-Vleck-Paramagnetismus m, HF-Paramagnetismus m; 2. *(Rel)* terminale unzerlegbare Vergangenheit f, TIP

tip curve *(Magn)* Spitzenkurve f *(der Magnetisierung)*

~-driven rotor *(Aero)* Reaktionsrotor m

~ eddy *(Aero)* Randwirbel m, Wirbelzopf m

~ of the fiducial pointer *(Mech)* Nullmarke f des Maßstabes, Spitze f *(eines Fortinschen Barometers)*

~ speed 1. *(Aero)* Blattspitzengeschwindigkeit f, Umfangsgeschwindigkeit f an der Flügelblattspitze *(eines Propellers)*; 2. *(Ström)* Schaufelspitzengeschwindigkeit f *(einer Turbine)*

~ surface *(Aero)* Scheitel m, Rücken m, Zahnscheitel m, Zahnrücken m

~ vortex *(Aero)* Randwirbel m, Wirbelzopf m, *(speziell:)* Luftwirbel (Wirbel) m an der Tragflächenspitze, Flügelspitzenwirbel m, *(speziell:)* Blattspitzenwirbel m, Luftwirbel (Wirbel) m an der Blattspitze *(eines Propellers)*

tipping moment s. tilting moment

~ radius *(Aero)* Drehkreisradius m *(eines Propellers)*, Propellerdrehkreisradius m

tissue-equivalent-walled ionization chamber *(Kern)* Ionisationskammer f mit gewebeäquivalenten Wänden, Gewebewändekammer f

Titius-Bode law *(Astr)* Titius-Bodesche Reihe f, Bodesches Gesetz n, Abstandsgesetz n

titrimetric factor *(physCh)* Normalitätsfaktor m, Korrektionsfaktor m *(der Titration)*

~ standard substance *(physCh)* [primäre] Urtitersubstanz f

titrimetry *(physCh)* titrimetrische (volumetrische) Analyse f, Titrimetrie f, Volumetrie f, Maßanalyse f

TKE *(Kern)* totale kinetische Energie f, TKE

TL phosphor s. thermoluminescent phosphor

TLP [device] s. toroidal longitudinal pinch

TM mode *(El)* s. transverse magnetic mode

TMA *(Mech)* s. theoretical mechanical advantage

TME *(Mech)* s. metric-technical unit of mass

TMR [reactor] *(Pl)* Tandemspiegel-Fusionsreaktor m, Tandemspiegelreaktor m, TMR

TMU *(At)* s. thousandth mass unit

t.o. mode, TO mode s. transverse optical mode

toe *(Phot)* Durchhang m, Fuß m, Gebiet n der Unterexposition *(der Schwärzungskurve)*

Toepler method 1. *(Opt)* Toeplersche Methode f *(zur Bestimmung des Brechungsindex)*; 2. s. ~ schlieren technique

~ schlieren technique *(Aero, Opt)* Toeplersche Schlierenmethode f, Toeplersches Schlierenverfahren n

tog *(Therm)* Tog n, tog *(SI-fremde Einheit des Wärmewiderstandes; 1 tog ≈ 1002,7 cm² s K J⁻¹)*

toise Toise n *(SI-fremde Einheit der Länge; 1 toise ≈ 1,95 m)*

Tolansky fringes *(Opt)* Streifen mpl gleicher Farbordnung [nach Tolansky], Tolanskysche Streifen mpl

tolerable fore-pressure *(Vak)* Vorvakuumbeständigkeit f, Vorvakuumfestigkeit f, Vorvakuumgrenzdruck m

tolerance *(Meß)* Toleranz f, Grenzabweichung f, zulässige Abweichung f, zulässiger Fehler m, *(speziell:)* zulässiges Abmaß n

~ limit *(mathPh, Meß)* Toleranzgrenze f, Toleranzgrenzwert m, *(in der Statistik auch:)* Duldungsgrenze f

Tomonaga[-Schwinger] representation *(Qu)* Wechselwirkungsbild n, Tomonaga-Darstellung f

ton *(Mech)* s. 1. tonne; 2. long ton; 3. short ton; 4. ~ t; 5. freight ton; 6. register ton; 7. ~ of refrigeration

~-force *(Mech)* Longton-force f, tonf, Ton *(SI-fremde Einheit des Druckes; 1 tonf = 9964,015 N)*

~-force per square inch *(Mech)* tsi, tonf/in² *(SI-fremde Einheit der Kraft; 1 tsi = 1,54444 · 10⁷ Pa)*

~ of refrigeration *(Tief)* Kühltonne f, Tonne f Eis *(SI-fremde Einheit der Kühlleistung; 1 ton of refrigeration = 211,012 kJ/min)*

~ t *(Mech)* Ton f [im "troy"-System] *(SI-fremde Einheit der Masse; 1 ton tr = 746,4834432 kg)*

Ton *(Mech)* s. ton-force

tonal quality *(Ak)* Klangfarbe f, Farbe f des Klangs

~ value *(Opt)* Tonwert m *(einer Farbe)*

tondal *(Mech)* Tondal n *(SI-fremde Einheit der Kraft; 1 tondal = 309,6911 N)*

tone 1. *(Ak)* [reiner] Ton m; 2. *(Ak)* Klang m; 3. *(Opt)* Ton m *(Farbton)*; 4. *(Opt)* Grauton m

~ colour *(Ak)* Klangfarbe f, Farbe f des Klangs

~ compensation *(Phot)* Farbtonkompensation f, Farbtonausgleich m

~ rendering (reproduction) *(Opt, Phot)* Ton[wert]wiedergabe f, Farbwertwiedergabe f

tonic train *(El, Magn)* unterbrochene ungedämpfte Wellen *fpl*, *(manchmal:)* zerhackte ungedämpfte Wellen *fpl*
tonne, tonneau *(Mech)* Tonne *f*, t *(SI-fremde Einheit der Masse; 1 t = 10^3 kg)*
toothed rotating wheel method *(Opt)* Zahnradmethode *f*, Methode *f* von Fizeau, Fizeausche Methode (Zahnradmethode) *f*
top 1. oberes Ende *n*; Spitze *f*; Oberteil *n*; 2. *(El)* Impulsdach *n*, Dach *n (eines Rechteckimpulses)*; 3. *(Feld, Hoch)* Truth *f (ein Flavor)*; 4. *(Mech)* Kreisel *m*; 5. *(Qu)* Rotator *m*
~ **capacitance** *(El)* Endkapazität *f (eines Drehkondensators)*
~ **dead centre** *(Mech)* obere Totlage *f*, oberer Totpunkt *m*
~ **face** 1. Oberseite *f*; 2. *(Krist)* Stirnfläche *f*, Scheitelfläche *f*
~ **quark** *(Hoch)* t-Quark *n*
~ **-to-bottom reversed image** *(Opt)* höhenverkehrtes Bild *n*, *(manchmal:)* höhenvertauschtes Bild *n*
~ **view** Draufsicht *f*
~ **width** *(Hydr)* Oberflächenbreite *f*
Töpler method s. Toepler method
topness *(Feld, Hoch)* Truth *f (ein Flavor)*
topocentre *(Astr)* Topozentrum *n*, Beobachtungsort *m*
topology 1. *(mathPh)* Topologie *f*, Geometrie *f* der Lage; 2. *(El, Halbl)* Schaltungstopologie *f (in ICs)*; 3. *(El)* Netzstruktur *f*
topping *(physCh)* Normaldruckdestillation *f*, Toppdestillation *f*, Toppen *n*
~ **cycle** *(Therm)* vorgeschalteter Prozeß *m*, Vorschaltprozeß *m*
topple *(Mech)* Taumeln *n (eines Kreisels)*
~ **-over** *(Mech)* Umkippen *n*, *(speziell:)* Überschlagen *n*
tor *(Mech)* Millibar *n*, mbar, mb, Tor *n (SI-fremde Einheit des Druckes, 1 mbar = 10^2 Pa)*
tore s. torus 1. und 2.
toric [lens] torische Linse *f*, *(speziell:)* torisches Brillenglas *n*
tormentor *(Ak)* schallschluckende (schallabsorbierende) Wand *f*, Schallschluckwand *f*
tornado [prominence] *(Astr)* Tornadoprotuberanz *f*
toroid 1. *(Magn)* Ringspule *f*, Toroidspule *f*, Toroid *n*, Ringsolenoid *n*; 2. *(Pl)* Torus *m*, Toroidkammer *f*, Toroid *n*, *(manchmal:)* Toroidröhre *f*; 3. *(mathPh)* Toroid *n (eine Fläche)*; 4. *(mathPh)* Toroide *f*, Parallelkurve *f* einer Ellipse
toroidal confinement *(Pl)* Toroideinschluß *m*, toroidale Halterung *f*, magnetische Halterung *f* in einem toroidalen Entladungsring
~ **coordinates** *(mathPh)* Ringkoordinaten *fpl*, Toruskoordinaten *fpl*, annulare (toroidale) Koordinaten *fpl*, Koordinaten *fpl* von Thomson
~ **core** *(El)* Ringkern *m*, ringförmiger Magnetkern *m*, Toroidkern *m*, Toroid *n*
~ **discharge** *(El, Pl)* Toroidentladung *f*, Ringentladung *f*, toroidale Entladung *f*
~ **field coil** *(Pl)* Toroidfeldspule *f*, Spule *f* des toroidalen Feldes
~ **longitudinal pinch [device]** *(Pl)* toroidaler longitudinaler Pinch *m*, toroidaler z-Pinch *m*
~ **magnetic circuit** s. toroid 1.
~ **magnetic trap** *(Pl)* Toroidfalle *f*, toroidale Magnetfalle *f*
~ **permeability** *(Magn)* Ringkernpermeabilität *f*
~ **screw pinch [device]** *(Pl)* toroidaler (geschlossener) helikoidaler Pinch *m*
~ **shell** *(Mech)* Torusschale *f*
~ **strip-wound [magnetic] core** *(Magn)* Ringbandkern *m*, [bandgewickelter] Ringkern *m*
torque *(Mech)* 1. Drehmoment *n*, *(manchmal:)* Moment *n (für eine Einzelkraft)*; 2. resultierendes Drehmoment *n*, Gesamtdrehmoment *n (mehrerer Kräfte)*
~ **force** *(Mech)* s. torsional force
~ **load** *(Mech)* Torsionsbelastung *f*, Verdreh[ungs]belastung *f*, Verwindungsbelastung *f*
~ **meter** *(Mech) (Mech)* 1. Drehmoment[en]messer *m*; 2. Torsions[moment]messer *m*, Torsimeter *f*
~ **moment** s. torque 1.
~ **reaction** *(Mech)* Gegendrehmoment *n*
~ **-tube flowmeter** *(Hydr)* Torsionsrohr-Durchflußmesser *m*
torquer *(Mech)* Drehmomenterzeuger *m*
torr *(Mech)* Torr *n (SI-fremde Einheit des Druckes; 1 torr = 133,3224 Pa)*
Torrey oscillation *(Mech)* Torrey-Schwingung *f*, Übergangsnutation *f*
Torricellian condenser *(Therm)* barometrischer Kondensator *m*, Fallrohrkondensator *m*
~ **vacuum** *(Ström)* Torricellische Leere *f*, Torricellisches Vakuum *n*
Torricelli's formula, ~ law [of efflux] *(Ström)* Ausflußgesetz *n* [nach Torricelli], Torricellisches Gesetz (Ausflußtheorem) *n*, Torricelli-Theorem *n*
~ **theorem** *(Mech)* Torricellisches Schwerpunkttheorem *n*
torsimeter s. torsiometer 1.
torsiometer *(Mech)* 1. Torsions[moment]-messer *m*, Torsimeter *f*; 2. Torsionsmesser *m*, Torsiometer *n*, Verdrehungsmesser *m*
torsion 1. *(Mech)* Torsion *f*, Drillung *f*, Verdrehung *f*, Verdrillung *f*, Verwindung *f (s. a. unter twist)*; 2. *(mathPh)* Windung *f*, Torsion *f*, Schmiegung *f*, zweite Krümmung *f (einer Raumkurve)*
~ **and buckling** s. torsional buckling
~ **angle** *(At)* Torsionswinkel *m*, Diederwinkel *m*, Interplanarwinkel *m*

~ **failure** *(Mech)* Verdrehungsbruch *m*, Torsionsbruch *m*
~ **flexure** *(Mech)* Torsionsbiegung *f*
~ **impact** *(Mech)* Torsionsstoß *m*, Verdreh[ungs]stoß *m*, Dreh[ungs]stoß *m*, Drillstoß *m*
~ **impact test** *(Mech)* Schlag[ver]drehversuch *m*, Schlagtorsionsversuch *m*
~ **load** *(Mech)* Torsionsbelastung *f*, Verdreh[ungs]belastung *f*, Verwindungsbelastung *f*
~ **meter** *s.* torsiometer 2.
~ **radius** *(mathPh)* Windungsradius *m*, Torsionsradius *m*, Schmiegungsradius *m*, Radius *m* der zweiten Krümmung

torsional angle *(Mech)* Torsionswinkel *m*, Verdreh[ungs]winkel *m*, Drehwinkel *m*
~ **buckling** *(Mech)* Torsionsknickung *f*, Drillknickung *f*, Drehknickung *f*
~ **compliance** *(Mech)* Torsionsnachgiebigkeit *f*, Drehkomplianz *f*, reziproke Drehsteife (Winkelrichtgröße, Drehfederkonstante) *f*
~ **couple** *s.* ~ moment
~ **endurance strength at repeated load [in one direction]** *(Mech)* Verdreh[ungs]schwellfestigkeit *f*, Torsionsschwellfestigkeit *f*, Dauerschwellfestigkeit *f* gegenüber Torsionsbeanspruchung
~ **endurance test** *(Mech)* Torsionsdauerversuch *m*, Dauerschwingversuch *m* mit Verdrehbeanspruchung
~-**flexural buckling** *(Mech)* Biegedrillknickung *f*
~ **flow** *(Mech)* Torsionsfließen *n*
~ **force** *(Mech)* Dreh[ungs]kraft *f*, Torsionskraft *f*, Drillkraft *f*, [ver]drehende Kraft *f*
~ **fracture** *s.* torsion failure
~ **frequency** *(Mech)* Torsionsschwingungsfrequenz *f*, Drehschwingungsfrequenz *f*
~ **hydromagnetic wave** *(Pl)* magnetohydrodynamische Torsionswelle *f*, hydromagnetische Torsionswelle *f*, Torsions-MHD-Welle *f*
~ **mode [of vibration]** *(Mech)* Drehschwingungstyp *m*, Drehmode *f*, Drillschwingungstyp *m*, Torsionsmode *f*
~ **moment** *(Mech)* Torsionsmoment *n*, Drillmoment *n*, Verdreh[ungs]moment *n*, Drehmoment *n* [der Torsion]
~ **rigidity** *(Mech)* Drehsteife *f*, Winkelrichtgröße *f*, Drehfederkonstante *f*, *(manchmal inexakt:)* Richtmoment *n*, Direktionsmoment *n*, Rückstellmoment *n* *(in N m/rad)*
~ **stiffness** *(Mech)* Drillsteifigkeit *f*, Torsionssteifigkeit *f*, *(manchmal:)* Drillungssteifigkeit *f*, Verdreh[ungs]steifigkeit *f* *(in N m²/rad)*
~ **strain** *(Mech)* 1. tordierter Verzerrungszustand (Deformationszustand, Formänderungszustand) *m* ; 2. Verzerrung *f* bei Verdrehung, Torsionsverzerrung *f*, Verwindungsverzerrung *f (Größe)*

~ **stress** *(Mech)* 1. Torsionsbeanspruchung *f*, Verdreh[ungs]beanspruchung *f*, Verwindungsbeanspruchung *f*, Dreh[ungs]beanspruchung *f* ; 2. tordierter Spannungszustand *m* ; 3. Torsionsspannung *f*, Verdrehspannung *f*, *(manchmal:)* Verdrehungsspannung *f*, Drehspannung *f (Größe)*
~ **stress of the notched specimen** *(Mech)* Torsionskerbspannung *f*
~ **torque** *s.* ~ moment
~ **vibration** *(Mech)* Drehschwingung *f*, Drillschwingung *f*, Torsionsschwingung *f*, *(selten:)* Torsionspendelung *f*, Verdreh[ungs]schwingung *f*

torsionless stress *(Mech)* torsionsfreier (verdrehungsfreier, drillungsfreier) Spannungszustand *m*

torsionproof body *(Mech)* torsionssteifer (verdrehungssteifer, verwindungssteifer, drehsteifer) Körper *m*

tortuosity *(Mech)* Drillung *f*, Verwindung *f (Größe)*

torus 1. *(mathPh)* Torus *m*, Ring[körper] *m (ein geometrischer Körper)* ; 2. *(mathPh)* Torus *m*, Ringfläche *f*, Kreiswulst *f*, Wulst[fläche] *f*, Ring *m* ; 3. *(Magn) s.* toroid 1.; 4. *(Pl) s.* toroid 2.

total *(mathPh)* Summe *f (als Ergebnis einer Addition)*
~ **aerodynamic force** *(Aero)* aerodynamische Resultante *f*, resultierende aerodynamische Kraft *f*
~ **air-gas mixture** *(physCh)* Gas-Luft-Gemisch *n* für vollständige Verbrennung
~ **amplitude** doppelte Amplitude *f*
~ **chain yield** *(Kern)* Gesamtspalt[produkt]ausbeute *f*
~ **conductance** *(El)* Gesamtleitwert *m*, Kombinationsleitwert *m*
~ **contact ratio** *(Mech)* Gesamtüberdeckungsgrad *m*
~ **current through a closed surface** *(El)* [elektrische] Durchflutung *f*
~ **density** *(Aero)* Kesseldichte *f*, Ruhedichte *f*, Gesamtdichte *f (eines Gases im Kessel)*
~ **derivative** *(Ström) s.* Eulerian derivative
~ **discharge** *(Ech)* Tiefentladung *f*
~ **elastic potential energy** *s.* ~ strain energy
~ **electrode capacitance** *(El)* Elektrodenkapazität *f*, Kapazität *f* zwischen den Elektroden
~ **emissive power** *(Therm)* spezifische Ausstrahlung *f (eines Wärmestrahlers)*
~ **energy concept** *(El, Therm)* Wärme-Kraft-Kopplung *f*, Wärme-Kraft-Kupplung *f*
~ **energy head** *s.* ~ head 1.
~ **external reflection** *(El, Magn, Opt)* äußere Totalreflexion *f*
~ **fluctuation** *(mathPh)* totale (absolute) Variation *f (einer stetigen Abbildung)*
~ **force** 1. *(Mech)* Gesamtkraft *f* ; 2. *(Magn)* Totalintensität *f*

total

- ~ **head** *(Hydr)* 1. Energiehöhe f, hydraulische Höhe f, Gesamthöhe f, *(manchmal:)* gesamte Energiehöhe f; 2. Gesamtdruckhöhe f
- ~ **head tube** *(Hydr)* Gesamtdruckhöhenmeßrohr n
- ~ **heat** s. enthalpy
- ~ **internal reflection** *(Opt)* innere Totalreflexion f
- ~ **light flux** *(Opt)* Gesamtlichtstrom m, *(manchmal:)* Leistung f *(einer Lichtquelle)*
- ~ **loss mass density** *(Magn)* massebezogener (auf die Masse bezogener) Gesamtummagnetisierungsverlust m
- ~ **loss volume density** *(Magn)* volumenbezogener (auf das Volumen bezogener) Gesamtummagnetisierungsverlust m
- ~ **mean square** *(mathPh)* Gesamtvarianz f
- ~ **neutron importance** *(Kern)* Gesamteinfluß m, „gewogener" (verallgemeinerter) Neutroneninhalt m
- ~ **pressure** 1. *(Mech)* Gesamtdruck m, resultierender Druck m, Totaldruck m; 2. *(Hydr)* Gesamtdruck m, Totaldruck m, Pitot-Druck m *(einer strömenden Flüssigkeit)*; 3. *(Hydr)* s. ~ head 2.; 4. *(Aero)* Kesseldruck m, Ruhedruck m, Gesamtdruck m *(eines Gases im Kessel)*
- ~ **radiation coefficient** *(statPh)* Stefan-Boltzmannsche Konstante f, Strahlungskonstante f, Strahlungszahl f
- ~ **response** *(Ak, El)* elektroakustischer Wirkungsgrad m *(eines Mikrophons oder Lautsprechers)*
- ~ **squared speed** *(Ström)* totales Geschwindigkeitsquadrat n
- ~ **strain energy** *(Mech)* Formänderungsenergie f, Verzerrungsenergie f, Deformationsenergie f, [innere] Formänderungsarbeit f *(eines elastischen Körpers)*
- ~ **stress** 1. *(Mech)* Gesamtspannung f; 2. *(Mech)* Spannkraft f *(einer Feder)*; 3. *(Hydr)* totale Spannung f *(in porösen Medien)*
- ~ **surface energy per unit area** *(Ström)* spezifische gesamte Oberflächenenergie f
- ~ **temperature** 1. *(Ström)* Stautemperatur f *(in einem strömenden Medium)*; 2. *(Aero)* Kesseltemperatur f, Ruhetemperatur f, Gesamttemperatur f *(eines Gases im Kessel)*
- ~ **temperature profile** *(Ström)* Staupunkttemperaturprofil n
- ~ **vorticity** *(Ström)* Betrag m des Wirbelvektors *(Drehvektors)*
- **tottering** *(Mech)* Torkeln n, Taumeln n; Wackeln n, Wackelschwingung f
- **touch** 1. Berührung f; Tasten n; 2. Abtastung f *(eines Punktes)*
- ~ **-down point** *(Aero)* Aufsetzpunkt m *(Landung)*
- ~ **screen** *(El)* Sensorbildschirm m, berührungsempfindlicher Bildschirm m
- ~ **spark** *(El)* Öffnungsfunke m, Abreißfunke m, Schaltfunke m
- **toughness** *(Mech)* Zähigkeit f, Zähfestigkeit f, Zähhärte f, Widerstandsfähigkeit f, Festigkeit f *(von Materialien, insbesondere Metallen)*; 2. s. impact strength 4.
- **towed load** *(Mech)* Anhängelast f
- **Townsend avalanche** *(El)* Townsend-Lawine f, lawinenartige Ionisation f
- ~ **coefficient** *(At, El)* [Townsendscher] Ionisierungskoeffizient m, Townsend-Koeffizient m, Ionisierungszahl f *(für die Ionisierung in einem Gas durch Elektronen)*
- ~ **current** *(El)* Townsend-Strom m, [dunkler] Vorstrom m
- ~ **discharge** *(El)* Dunkelentladung f, Townsend-Entladung f, stille (dunkle) Entladung f
- **tpm** *(Kern)* s. transformations per minute
- **tps** *(Kern)* s. transformations per second
- **tr, Tr** *(mathPh)* s. trace 4.
- **trace** 1. Spur f; *(speziell Meß:)* Schreibspur f, *(speziell El:)* Leuchtspur f; 2. *(physCh)* Spur f, Spurenmenge f; 3. *(mathPh)* Spurlinie f, Spur[gerade] f *(einer Projektion)*; 4. *(mathPh)* Spur f, Sp, Diagonalsumme f, Charakter m *(einer Matrix)*; 5. s. ~ point 1.
- ~ **point** 1. *(mathPh)* Spurpunkt m, Spur f, Durchstoßpunkt m *(einer Geraden in der Projektionsebene)*; 2. *(Mech)* Bildpunkt m *(im Konfigurationsraum)*
- ~ **unblanking** *(El)* Helltastung f *(einer Kathodenstrahlröhre)*
- **tracer** 1. *(Mech)* Taststift m, Fühlstift m, Taster m, Fühler m; 2. *(physCh)* Tracer m, Tracersubstanz f, *(speziell:)* Tracerisotop n, Leitisotop n, Indikatorisotop n
- ~ **compound** *(physCh)* [isotopen]markierte Verbindung f, Tracerverbindung f, Indikatorverbindung f
- ~ **control** *(Mech)* Kopiersteuerung f
- ~ **gas** *(Vak)* Spürgas n, Schnüffelgas n
- **tracing paper** Transparentpapier n, Durchzeichenpapier n, Pauspapier n
- **track** 1. *(Kern)* Bahnspur f, Spur f *(in einem Spurdetektor)*; 2. *(El)* Kriechweg m, Kriechspur f *(des Stroms)*
- ~ **autoradiogram** *(Kern)* Festkörperautoradiogramm n, FSD-Autoradiogramm n
- ~ **delineating chamber** *(Hoch)* isotrope Funkenkammer f
- ~ **[-etch] detector** *(Kern)* Spurdetektor m, Kernspurdetektor m, Ätzspurdetektor m
- ~ **-hold amplifier** *(El)* Abtast-Halte-Schaltung f
- ~ **noise** *(El)* Spurverwaschung f
- ~ **population** *(Kern)* Spur[en]zahl f
- ~ **resistance** *(El)* Kriechstromfestigkeit f
- ~ **-while scan** *(El)* *(gleichzeitiges)* Suchen n und Verfolgen n
- **trackability** *(Ak, El)* maximale Abtastfähigkeit f, Trackability f

tracker 1. *(Aero)* Nachführeinrichtung f; 2. *(El)* Zielverfolgungseinrichtung f *(Radartechnik)*
tracking 1. Verfolgung f, *(speziell:)* Zielverfolgung f, Nachführung f *(Radartechnik)*; 2. *(Mech)* Nachlauf m *(in der Bahn)*; 3. *(El)* Spurbildung f *(bei der Entladung)*, *(speziell:)* Kriechwegbildung f, Kriechspurbildung f *(in einer Isolation)*
~ **current** *(El)* Kriechstrom m *(zwischen zwei Leitern)*
~ **distance** *(El)* Kriechstrecke f, Kriechweg m *(Größe)*
~ **network** *(Aero)* Trackingstationsnetz n, Bahnverfolgungsstationsnetz n
~ **resistance** *(El)* Kriechstromfestigkeit f
traction *(Mech)* 1. Ziehen n, Zug m, Traktion f, *(speziell:)* Schleppen n, Fortziehen n *(eines Körpers über eine Oberfläche)*; 2. Zugkraft f, *(speziell:)* Triebkraft f *(eines Triebfahrzeugs)*; 3. Zugspannung f, flächenbezogene Zugkraft f *(in einem Punkt durch eine Fläche, Größe)*; 4. Mitnahmereibung f, Zugreibung f beim Ziehen *(Schleppen)*
tractional force *(Hydr)* Schleppkraft f, Mitnahmekraft f
tractive force 1. *(Mech)* Zugkraft f, *(speziell:)* Triebkraft f *(eines Triebfahrzeugs)*; 2. *(Ström)* Schleppkraft f, Mitführungskraft f *(der Strömung)*
~ **force meter** *(Mech)* Zugdynamometer n, Zug[kraft]messer m
~ **resistance** *(Mech)* Zugwiderstand m, *(speziell:)* Fahrwiderstand m *(eines Fahrzeugs)*
tractor [airscrew] *(Aero)* Zugschraube f, Zugpropeller m
tractory *(mathPh)* Traktorie f, Gleichtangentenkurve f, Zuglinie f, Schleppkurve f
~ **of Huygens** *(mathPh)* Traktrix f, Schleppkurve f, Traktorie f von Huygens, Hundekurve f
traffic load *(Mech)* wandernde Belastung (Last) f, bewegliche Belastung f, *(speziell:)* Verkehrslast f
trailing edge 1. *(Aero)* Hinterkante f, Abströmkante f, Profilhinterkante f, Flügelhinterkante f, Tragflächenhinterkante f; 2. *(El)* Hinterkante f, ablaufende Kante f *(einer Bürste)*; 3. *(El)* Hinterflanke f, Impulshinterflanke f, Rückflanke f
~-**edge drag** s. ~-vortex drag
~-**edge flap** *(Aero)* Wölbungsklappe f
~ **edge pulse time** *(El)* Abfallzeit f der Hinterflanke
~ **front** s. trailing edge 3.
~ **point** *(Aero)* Abström[ungs]punkt m
~ **vortex** *(Ström)* Kantenwirbel m, Hinterkantenwirbel m
~-**vortex drag** *(Aero)* induzierter (zusätzlicher) Widerstand m
~-**vortex sheet** *(Aero)* Kantenwirbelschicht f, Kantenwirbelblatt n, *(speziell:)* Randwirbelschicht f

~ **vorticity** *(Ström)* Kantenwirbel m, Hinterkantenwirbel m
train 1. Zug m, Wellenzug m, *(selten:)* Schwingungszug m; 2. *(Mech)* Räderwerk n, Rädermechanismus m; 3. *(Meß, Reg)* Strang m, Leitungsstrang m, Leitung f; 4. *(Astr)* Schweif m, Rauchschweif m, Meteorschweif m
trajection *(Opt)* Trajektion f, Hindurchwerfen n *(von Strahlung)*
trajectography *(Mech)* Flugbahnaufzeichnung f, Bahnaufzeichnung f
trajectory 1. Trajektorie f, Zustandskurve f; 2. *(Mech)* Trajektorie f, Bahnkurve f, Bahn f, *(speziell:)* Flugbahn f *(z. B. von Geschossen)*; 3. *(Mech)* Raumflugbahn f, Flugbahn f, Bahn f *(eines Raumflugkörpers, nicht geschlossen, nicht wiederkehrend)*; 4. *(mathPh)* Trajektorie f *(einer Kurvenschar)*
tranquil flow *(Hydr)* ruhige (unterkritische) Strömung f, ruhiges Fließen n, Strömen n *(im offenen Gerinne, Fr < 1)*
tranquil[l]ization *(Ström)* Glättung f, Strömungsglättung f, Strömungsberuhigung f
transadmittance *(El)* 1. Übertragungsmittanz f, Übertragungsleitwert m, Kernleitwert m, Koppelleitwert m, Kopplungsleitwert m *(eines Mehrtors)*; 2. Transadmittanz f *(eine Transferfunktion eines Vierpols)*
transceiver s. transmitter-receiver
transconductance 1. *(El)* Steilheit f *(einer Elektronenröhre)*; 2. *(Halbl)* Steilheit f, Kurzschlußübertragungsleitwert m *(eines Transistors)*; 3. *(El)* Vorwärtssteilheit f, Vorwärtskurzschlußübertragungsmittanz f *(eines Vierpols)*
transcrystalline failure (fracture) *(Mech)* transkristalliner (intrakristalliner) Bruch m, Bruch m quer durch Einzelkristalle
transcrystallization *(Krist)* Transkristallisation f, Stengelkristallisation f
transducer 1. Wandler m, Umformer m *(für Signale, Größen)*; 2. *(Meß)* Meßwandler m, Meß[wert]umformer m
~ **power loss** *(El)* Wirkdämpfungsmaß n *(eines Übertragungssystems)*
transduction *(Meß)* Umwandlung f, Umformung f *(z. B. von einer Energieform in eine andere)*
transductor *(El)* Transduktor m *(Teil eines magnetischen Verstärkers)*
transensor *(El)* passiver Sensor m
transfer 1. Datenübertragung f; Informationsübertragung f; Nachrichtenübertragung f *(in beiden Richtungen)*; 2. Transport m, Umsetzung f *(von Gütern)*, *(von radioaktiven Stoffen auch:)* Schleusen n; 3. *(mathPh)* Transfer m, Zusammenhang m, Konnexion f; 4. *(mathPh)* s. transposition 5.
~ **admittance** *(El)* 1. Übertragungsmittanz f, Übertragungsleitwert m *(von Tor j zu Tor i)*; 2. Kernleitwert m, Koppelleit-

transfer 402

wert m, Übertragungsleitwert m *(eines Vierpols)*
~ **characteristic** *(Halbl)* Steuerkennlinie f, Transistorkennlinie f
~ **coefficient** 1. *(El)* Übertragungsfaktor m *(eines Netzwerks)*; 2. *(Ech)* Durchtrittsfaktor m, Übergangskoeffizient m, Übertragungskoeffizient m; 3. *(At, Qu)* Transferkoeffizient m; 4. *(Therm) s.* heat transfer coefficient
~ **collision** *(At, Kern)* Umladungsstoß m, Stoß m mit Umladung
~ **constant** *(El)* [komplexes] Übertragungsmaß n
~ **current ratio** *(El)* Stromübertragungsfaktor m [rückwärts]
~ **curve** *(El)* 1. statische Kennlinie (Charakteristik) f *(eines Transduktors)*; 2. Übertragungskurve f *(eines Vierpols)*
~ **energy** *(Therm)* Überführungsenergie f
~ **factor** 1. *(El)* [komplexes] Übertragungsmaß n; 2. *(El) s.* ~ ratio 1.; 3. *(Ech) s.* ~ coefficient 1.; 4. *(Opt, Phot)* Übertragungsfaktor m, Kontrastübertragungsfaktor m
~ **function** Übertragungsfunktion f, ÜF, Transferfunktion f, *(Opt auch:)* Frequenzantwort f
~ **impedance** *(El)* Übertragungsimpedanz f, Übertragungswiderstand m, Kernwiderstand m, Koppelwiderstand m *(eines Mehrtors)*
~ **locus** *(Reg)* Ortskurve f des Frequenzganges, Frequenzgangkurve f
~ **mechanical admittance** *(Ak)* mechanische Übertragungsadmittanz f, mechanischer Übertragungsmitgang m
~ **number** *(Ech)* [Hittorfsche] Überführungszahl f, Ionenüberführungszahl f
~ **of heat** *(Therm)* Wärmeübertragung f, Wärmetransport m, *(speziell:)* Wärmeübergang m *(Wärmeübertragung von einem Körper an ein ihn unmittelbar berührendes strömendes Medium)*
~ **overvoltage** *(Ech)* Durchtrittsüberspannung f
~ **pressure** *(Ström)* Trenndruck m *(einer Turbine)*
~ **process** *(Opt, Phot)* Übertragungsverfahren n, *(speziell:)* Abziehbildverfahren n, Schiebebildverfahren n, *(speziell:)* Umdruckverfahren n
~ **pump** *(Hydr)* Förderpumpe f
~ **ratio** 1. *(El)* Übertragungsfaktor m, *(selten:)* Übertragungsverhältnis n *(eines Vierpols)*; 2. *(El, Mech)* Kurzschlußübertragungsfaktor m *(eines Wandlers)*
~ **reaction** 1. *(Kern)* Transferreaktion f, *(manchmal:)* Transferkernreaktion f; 2. *(Ech)* Durchtrittsreaktion f; 3. *(physCh)* Übertragungsreaktion f
~ **resistance** *(El)* Übertragungswiderstand m, Übergangswiderstand m *(eines Mehrtors)*

~ **theorem for moment of inertia** *(Mech)* Steinerscher Satz m, Satz m von Steiner, *(selten:)* Satz m von Huygens
~ **theory of Heisenberg** *(Ström)* Heisenbergsche Übertragungstheorie f, Theorie f der Wirbelzähigkeitsübertragung von Heisenberg
~ **voltage ratio** *(El)* Spannungsübertragungsfaktor m [rückwärts]
transferable quantity *(Ström)* Turbulenzballen m
transference Überführung f *(von Ionen)*
~ **number** *(Ech)* 1. Überführungszahl f, Transportzahl f *(von Ionen)*; 2. Transferzahl f *(eine spezielle Überführungszahl)*
transferred air *(Ström)* Überströmluft f, übergeführte Luft f
transform *(mathPh)* Transformierte f, Bildfunktion f, Unterfunktion f, Resultatfunktion f, Bild n *(einer Funktionaltransformation)*
transformation 1. Umwandlung f, Verwandlung f, Transformation f; Übergehen n; 2. *(Kern)* Kernumwandlung f, Umwandlung f *(von Nukliden)*; 3. *(El)* Transformation f *(der Spannung)*, Umspannung f; 4. *(mathPh)* Umformung f, Umschreibung f, Transformation f *(einer Gleichung)*
~ **constant** *(Kern)* [radioaktive] Zerfallskonstante f
~ **diagram** *(Therm)* Umwandlungsdiagramm n, Phasenumwandlungsdiagramm n, Übergangsdiagramm n
~ **heat** *(Therm)* Umwandlungswärme f *(nicht mehr empfohlen:)* latente Wärme f
~ **interval** *(Therm) s.* transition temperature range
~ **of energy** Energie[um]wandlung f *(mit Änderung des physikalischen Zustandes der Energieform)*
~ **of similarity** *(mathPh)* Ähnlichkeitstransformation f, äquiforme Transformation f, Ähnlichkeit[sabbildung] f
~ **point** *(Therm)* 1. Umwandlungstemperatur f, Umwandlungspunkt m; 2. Transformationspunkt m, Tp., Glasumwandlungstemperatur f *(für Glas)*; 3. Einfriertemperatur f, Glasübergangstemperatur f, Einfrierpunkt m *(für Polymere)*
~ **point on cooling** *(physCh)* Haltepunkt m der Abkühlungslinie, kritischer Punkt m bei der Abkühlung *(auch bei der thermischen Analyse)*
~ **point on heating** *(physCh)* Haltepunkt m der Erhitzungslinie, kritischer Punkt m bei der Erwärmung
~ **range** 1. *(physCh)* Transformationsbereich m, Transformationsintervall m *(von Glas)*, Glasumwandlungsbereich m; 2. *(Therm)* Einfrierbereich m, Einfrierintervall n *(eines Polymers)*
~ **rate** 1. *(Therm)* Umwandlungsgeschwindigkeit f, Phasenübergangsgeschwindig-

keit f; 2. (Kern) Umwandlungswahrscheinlichkeit f
~ **ratio** s. transformer ratio
~ **temperature** s. ~ point
~-**temperature-time diagram** (Therm) Zeit-Temperatur-Umwandlungs-Diagramm n, ZTU-Schaubild n, TTT-Diagramm n
transformations per minute (Kern) Anzahl (Zahl) f der Zerfälle pro Minute, Zerfälle mpl pro Minute, Zerf./min
~ **per second** (Kern) Anzahl (Zahl) f der Zerfälle pro Sekunde, Zerfälle mpl pro Sekunde, Zerf./s
transformer 1. (El) Transformator m, Trafo m, (speziell:) Umspanner m, (zur Übertragung von Frequenzbändern und zur Leistungsanpassung:) Übertrager m, (speziell:) Anpassungstransformator m; 2. s. transducer 2.
~ **electromotive force** (El) Transformations-EMK f, transformatorisch induzierte elektromotorische Kraft f, EMK f der Ruhe
~ **overpotential** (Ech) Durchtrittsüberspannung f
~ **ratio** (El) Übersetzungsverhältnis n, Spannungs[übersetzungs]verhältnis n, (manchmal:) Übersetzung f, Umspannungsverhältnis n (eines Transformators)
transforming function (mathPh) Abbildungsfunktion f
transgranular crack (Mech) transkristalliner (intrakristalliner) Riß m
transgranulation (Krist) s. transcrystallization
transgrid action (El) Durchgriff m (einer Elektronenröhre)
transhorizon propagation (El, Magn) Überhorizontausbreitung f, transhorizontale Ausbreitung f
transient 1. Transiente f, Übergangszustand m, zeitlich veränderlicher Betriebszustand (Zustand) m; 2. Transiente f, Übergangsprozeß m, (speziell:) Ausgleichsvorgang m; 3. (El) Einschwingvorgang m, Schalttransiente f, (speziell:) Einschaltvorgang m, (speziell:) Ausschaltvorgang m; 4. (Reg) Übergangsfunktion f, Transiente f
~ **boiling** (Therm) s. transition boiling
~ **buckling** (Mech) Durchschlag m (eines elastischen Systems)
~ **creep** (Mech) primäres (verzögertes) Kriechen n, Übergangskriechen n, erstes Kriechstadium n
~ **current** (El) 1. Übergangsstrom m, flüchtiger Strom m, (speziell:) Ausgleich[s]strom m, (speziell:) Anpassungsstrom m; 2. transienter Strom m (einer umlaufenden Maschine)
~ **decay current** (El) Nachwirkungsstrom m
~ **effect** 1. (Ak) Einschwingeffekt m; 2. (Opt) Transienteffekt m
~ **equilibrium** (Kern) [radioaktives] Übergangsgleichgewicht n, laufendes [radioaktives] Gleichgewicht n
~ **error** 1. (mathPh) vorübergehender Fehler m; 2. (Reg) vorübergehende Abweichung f
~ **flow permeability** (physCh) Übergangsströmungspermeabilität f, Permeabilität f unter Übergangsströmungsbedingungen
~ **form of energy** transportierbare Energie f; transportierte Energie f
~ **formation** (At) Übergangskomplex m
~ **imperfection** (Krist) vorübergehende Störung f
~ **nutation** (Mech) Torrey-Schwingung f, Übergangsnutation f
~ **overpower accident** (Kern) Überlaststörfall m, Überleistungsstörfall m, TOP-Ereignis n
~ **overshoot** Überschwingweite f
~ **potential difference** (El) transiente (flüchtige) Spannung f, Übergangsspannung f, (speziell:) Einschwingspannung f, Ausgleichsspannung f
~ **problem** 1. Transientenproblem n, (speziell:) Einschwingproblem n, (speziell:) Anlaufproblem n; 2. (Ström) Anfangswertproblem n
~ **quadrature reactance** (El) Übergangs-Querfeldreaktanz f, Transient-Querfeldreaktanz f
~ **reactance** (El) Transientlängsreaktanz f, Übergangsreaktanz f, Transient[-Längsfeld]reaktanz f (einer Synchronmaschine)
~ **recovery time** (Mech) Erholungszeit f
~ **response** (El) Übergangsverhalten n, (speziell:) Einschwingverhalten n
~ **response time** (El) Transientwingzeit f
~ **state current** (El) Einschwingstrom m, Anschwingstrom m
~ **voltage** transiente Spannung f, Ausgleichsspannung f
~ **wave** (El, Magn) leitungsgebundene Wanderwelle f
transillumination (Opt) 1. Durchleuchtung f, Durchlichtbetrachtung f; 2. Durchlichtbeleuchtung f (Mikroskopie)
transimpedance (El) 1. Übertragungsimpedanz f, Übertragungswiderstand m, Kernwiderstand m, Koppelwiderstand m (eines Mehrtors); 2. Transimpedanz f (eine Transferfunktion eines Vierpols)
transit 1. (Kern) Durchgang m, Durchflug m, Durchlauf m (geladener Teilchen); 2. (Astr) Meridiandurchgang m (eines Gestirns); 3. (Astr) Vorübergang m (vor einem größeren Himmelskörper); 4. (Astr) s. ~ telescope; 5. (Opt) Durchschlagen (eines Fernrohrs); 6. (Opt) Theodolit m mit durchschlagbarem Fernrohr
~ **angle** (El) Laufwinkel m
~ **circle** (Astr) Meridiankreis m (ein Instrument)
~ **phase angle** (Kern) Lauf[zeit]winkel m (eines geladenen Teilchens)

transit

~ **telescope** *(Astr)* Durchgangsinstrument *n*, Passage[n]instrument *n*
~ **time** 1. *(El, Kern)* Laufzeit *f*; 2. *(Astr, Mech)* Durchgangszeit *f*; 3. *(El)* Umschlagzeit *f (eines Relais oder Umschaltkontakts)*
transiting *(Opt)* Durchschlagen *n (eines Fernrohrs)*
transition 1. Übergang *m (eines Systems von einem Zustand in einen anderen), (speziell:)* Umwandlung *f*, Übergang *m (von einem Aggregatzustand in einen anderen)*; 2. *(El)* Kippen *n (vom Zustand 1 in den Zustand 0 und umgekehrt)*; 3. *(Aero)* Transitionsflug *m*, Transition *f (Übergang vom Schwebe- in den Horizontalflug)*; 4. *(Qu)* Übergang *m*
~ **altitude** *(Aero)* Übergangshöhe *f*
~ **boiling** *(Therm)* Übergangssieden *n*, instabiles Filmsieden *n*
~ **chain** *(Opt)* Arnold-Gewebe *n*, Übergangskette *f*
~ **current** *(Ech)* Grenzstrom *m*, Diffusions[grenz]strom *m*, [elektrochemischer] Sättigungsstrom *m*
~ **energy** 1. *(Kern)* Transitionsenergie *f*, kritische Energie *f*, Übergangsenergie *f (geladener Teilchen im Synchrotron)*; 2. *(Therm)* Umwandlungsenergie *f*
~ **factor** *(El)* [komplexer] Reflexionsfaktor *m*
~ **from laminar to turbulent flow** *(Ström)* Umschlag *m* laminar – turbulent, [laminar-]turbulenter Umschlag *m*, Turbulentwerden (Umschlagen) *n* der Strömung
~ **hysteresis** *(Therm)* Umwandlungshysterese *f*, Umwandlungshysteresis *f*
~ **interval** 1. *(physCh)* Umschlag[s]intervall *n (eines Farbindikators), (nicht empfohlen:)* Umschlag[s]bereich *m*; 2. *(Therm)* s. ~ temperature range
~ **line** 1. *(mathPh)* Übergangsgerade *f*; 2. *(Ström)* Umschlaglinie *f*
~ **point** 1. *(Fest, Mech)* Übergangspunkt *m*; 2. *(El)* Übergangspunkt *m*, *(speziell:)* Reflexionspunkt *m (einer Leitung)*; 3. *(physCh)* Umschlag[s]punkt *m (eines Farbindikators)*; 4. *(Ström)* Umschlag[s]punkt *m*, Umschlag[s]stelle *f (von der laminaren in die turbulente Strömung, räumlich)*; 5. *(Therm)* s. ~ temperature 2. und 3.; 6. *(Tief)* s. ~ temperature 4.
~ **radiation detector** *(Kern)* Übergangsstrahlungsdetektor *m*
~ **range** 1. *(Ström)* Übergangsregime *n*, Übergangsbereich *m (der turbulenten Rohrströmung)*; 2. *(Therm)* s. ~ temperature range
~ **reactor** *(El)* Überschaltdrosselspule *f*
~ **resistance** 1. *(El)* Übertragungswiderstand *m*, Übergangswiderstand *m (eines Mehrtors)*; 2. *(Ech)* Durchtrittswiderstand *m*, Übergangswiderstand *m*

~ **Reynolds number** *(Ström)* kritische Reynolds-Zahl *(Re-Zahl f) f*, Umschlag-Reynolds-Zahl *f*
~ **temperature** 1. *(El, Mech)* Übergangstemperatur *f*; 2. *(Therm)* Umwandlungstemperatur *f*, Umwandlungspunkt *m*; 3. *(Therm)* Einfriertemperatur *f*, Glasübergangstemperatur *f*, Einfrierpunkt *m (eines Polymers)*; 4. *(Tief)* kritische Temperatur *f*, Übergangstemperatur *f*, Sprungtemperatur *f*, Übergangspunkt *m (eines Supraleiters)*
~ **temperature range** *(Therm)* Umwandlungsbereich *m*, Phasenübergangsintervall *n*, Übergangsbereich *m*, *(selten:)* Transformationsbereich *m*, *(speziell:)* Einfrierbereich *m*, Einfrierintervall *n (eines Polymers)*
~ **time** 1. *(Ech)* Transitionszeit *f*, Übergangszeit *f*; 2. *(El)* Sprungzeit *f*, Transitionszeit *f*; 3. *(Therm)* Umwandlungszeit *f*, Umwandlungsperiode *f*
~ **to turbulence in the boundary layer** *(Ström)* Grenzschichtumschlag *m*, Umschlag *m* laminar – turbulent in der Grenzschicht
~ **wire** *(Ström)* Stolperdraht *m*, Turbulenzdraht *m*
~ **zone** 1. *(Fest, Mech)* Übergangsgebiet *n*; 2. *(physCh)* Grenzflächenbereich *m*, Grenzflächenzone *f*; 3. *(Ström)* Umschlag[s]gebiet *n (von laminarer in turbulente Strömung, räumlich)*
transitional flow *(Ström)* Umschlagströmung *f*, Übergangsströmung *f (zwischen laminarer und turbulenter Strömung)*
~ **Knudsen number** *(Ström)* Übergangs-Knudsen-Zahl *f*
transitory state *(physCh)* Zwischenzustand *m*, Übergangszustand *m*
translation 1. *(Mech)* Translation *f*, Parallelverschiebung *f*, [translatorische] Verschiebung *f*; 2. *(Krist)* Gleitung *f*, Gleitvorgang *m*, Kristallgleitung *f*, Abgleitung *f*, Translation[sgleitung] *f*, *(selten:)* Schiebung *f*; 3. *(mathPh)* Schiebung *f (in der elliptischen und hyperbolischen Geometrie)*; 4. *(Mech)* s. translational motion; 5. *(mathPh)* Übersetzung *f*, *(speziell:)* Umwertung *f*; 6. *(El)* Umsetzung *f (beim Fernsehen)*
~ **property** *(Mech)* Translationseigenschaft *f*
translational heat [capacity] *(Therm)* Translationswärmekapazität *f*, Translationsanteil *m* der Wärmekapazität *(bei konstantem Druck)*
~ **motion** *(Ström)* Translation[sbewegung] *f*, translatorische (fortschreitende) Bewegung *f*, Fortbewegung *f (eines starren Körpers oder Massenpunktsystems)*
translator *(El)* 1. Umsetzer *m (beim Fernsehen)*; 2. Leitungsübertrager *m*, Übertragerspule *f*
translatory flow *(Ström)* Translationsströmung *f*, translatorische Strömung *f*

translocation *(Kern)* Verlagerung *f (auch von Radioaktivität)*
translucency *(Opt)* Diaphanität *f*, Lichtdurchlässigkeit *f (Eigenschaft, hauptsächlich von Mineralen)*
transmissibility 1. *(El, Mech)* Übertragbarkeit *f*; 2. Durchlässigkeit *f*
transmission 1. Übertragung *f*, Informationsübertragung *f*, Datenübertragung *f*, Nachrichtenübertragung *f (in einer Richtung)*; 2. *(Mech)* Kraftübertragung *f*, Übertragung *f (von Kräften)*; 3. Transmission *f*, Durchlassen *n (von elektromagnetischer oder Teilchenstrahlung)*; Durchstrahlung *f*; 4. *(Mech)* Schaltgetriebe *n*, Getriebe *n*; 5. *(El, Magn, Opt)* Transmissionsgrad *m*, Durchlaßgrad *m (Größe)*; 6. *(Phot) s.* ~ factor 2.
~ **band** 1. *(El)* Übertragungs[frequenz]band *n*, Übertragungs[frequenz]bereich *m*; 2. *(El)* Durchlaßbereich *m*, DB *(eines Filters)*; 3. *(Spektr)* Transmissionsbande *f*
~ **capacity** *(Hydr) s.* transmissivity 4.
~ **coefficient** 1. Durchlaßkoeffizient *m*, Durchlässigkeitskoeffizient *m (eines Mediums für eine Welle)*; 2. *(Opt)* Transmissionskoeffizient *m*, *(speziell:)* spektraler Transmissionskoeffizient *m (für Licht)*; 3. *(El)* Übertragungsfaktor *m*, Verstärkungsfaktor *m*, Übersetzungsverhältnis *n (eines Signalübertragungssystems)*; 4. *(Qu)* Transmissionskoeffizient *m*, Durchdringungswahrscheinlichkeit *f*, Durchlässigkeit *f* des Potentialwalls, *(beim Alphazerfall auch:)* Gamow-Faktor *m*; 5. *(Phot) s.* ~ factor 2.
~ **constant** 1. *(El)* Übertragungskonstante *f*; 2. *(Hydr)* Durchlässigkeitsbeiwert *m*, Durchlässigkeitsziffer *f*
~ **density** *(Opt)* Transmissionsdichte *f*, optische Dichte *f* bei Transmission (Durchsichtbildern), Durchlaßdichte *f*
~ **equivalent** *(Ak)* Dämpfungsmaß *n*, *(nicht empfohlen:)* Dämpfung *f (Größe, Realteil des komplexen Dämpfungsmaßes)*
~ **factor** 1. *(El, Reg)* Übertragungsfaktor *m*; 2. *(Phot)* Transparenz *f*, Durchlässigkeit *f*, Durchsichtigkeit *f (Größe, Kehrwert der Opazität)*
~ **gain** *(El)* 1. Übertragungsfaktor *m*, *(bei verschiedenartiger Ausgangs- und Eingangsgröße auch:)* Übertragungskoeffizient *m*, *(speziell:)* Übertragungsgewinn *m*, *(speziell:)* Sendegewinn *m (in dB oder Np)*; 2. Verstärkungsfaktor *m*, *(manchmal:)* Verstärkung *f (bei verschiedenartiger Ausgangs- und Eingangsgröße auch:)* Verstärkungskoeffizient *m (eines Verstärkers, in dB oder Np)*
~ **grating** *(Opt)* Transmissionsgitter *n*, Durchlaßgitter *n*, transparentes Gitter *n*
~ **level** *(El)* Leistungspegel *m*
~-**line admittance** *(El)* komplexer Leitungsleitwert *m*, Leitungsadmittanz *f*, Leitwertoperator *m* der Übertragungsleitung
~-**line attenuation** *(El)* Leitungsdämpfungsmaß *n*, *(nicht empfohlen:)* Leitungsdämpfung *f*
~-**line impedance** *(El)* komplexer Leitungswiderstand *m*, Widerstandsoperator *m* der Übertragungsleitung
~ **loss** 1. Übertragungsverlust *m*, Systemverlust *m (einer Funkverbindung)*; Übertragungsdämpfung *f (einer optischen Verbindung)*; 2. *(Ak)* Schalldämmaß *n*, Dämmaß *n*, *(früher:)* Schallisolationsmaß *n*, Dämmzahl *f*
~ **method** 1. *s.* ~ X-ray diffraction technique; 2. *s.* ~ pulse technique; 3. *(Kern)* Transmissionsmethode *f (Neutronenspektroskopie)*
~ **mode** *s.* mode 3.
~ **of heat** *s.* transfer of heat
~ **on demand** *(Meß, Reg)* Übertragung *f* auf Abfrage *(Fernwirktechnik)*
~ **optical density** *s.* ~ density
~ **optics** *(Opt)* Durchstrahlungsoptik *f*
~ **pulse technique** *(Ak)* Schalldurchstrahlungsverfahren *n*, Durchschallungsprüfung *f*, Durchschallungsverfahren *n (Ultraschallprüfung)*
~ **ratio** 1. *(Mech)* Übersetzungsverhältnis *n*; 2. *(Phot) s.* ~ factor 2.
~ **with decision feedback** *(Meß, Reg)* Übertragung *f* mit Empfangsbestätigung *(Fernwirktechnik)*
~ **with information feedback** *(Meß, Reg)* Echobetrieb *m (Fernwirktechnik)*
~ **X-ray diffraction technique** *(Krist)* Durchstrahl[ungs]verfahren *n*, Röntgen-Durchstrahlverfahren *n*, Durchstrahlmethode *f (Röntgenkristallstrukturanalyse)*
transmissivity 1. *(El, Magn)* Übertragungskapazität *f*, Transmissionsvermögen *n*; 2. *(El, Magn)* Transmissionsgrad (Durchlaßgrad) *m* bei senkrechtem Einfall; 3. *(El, Magn, Opt)* [längenbezogener] spektraler Reintransmissionsgrad *m*, spektraler innerer Transmissionsgrad *m* je Längeneinheit, Durchsichtigkeitsmodul *m*; 4. *(Hydr)* Durchlaßvermögen *n (eines Gerinnes)*
transmissometry *(Opt)* Sichtmessung *f*, Lichtdurchlässigkeitsmessung *f (z. B. der getrübten Luft)*
transmit-receive *(El)* 1. *s.* ~-receive tube; 2. Sende-Empfangs-Weiche *f*
~-**receive detector** *(Kern)* Übergangsstrahlungsdetektor *m*
~-**receive tube** *(El)* TR-Röhre *f*, Empfängersperröhre *f*, Sperröhre *f*
transmittance 1. *(El, Magn, Opt)* Transmissionsgrad *m*, Durchlaßgrad *m (Größe)*; 2. *s.* transmittancy 1.; 3. *(Opt)* Übertragungsverhältnis *n (eines Lichtwellenleiters)*; 4. *(Phot) s.* transmission factor 2.

transmittance

~ **density** *(Opt)* Übertragungsdichte *f (bei Lichtwellenleitern)*
~ **factor** *(El, Magn)* regulärer (gerichteter, regelmäßiger) Anteil *m* des Transmissionsgrades, regulärer Transmissionsgrad *m*, Grad *m* der gerichteten (regelmäßigen) Durchlassung
~ **function** *(Opt)* spektraler Transmissionsgrad (Durchlaßgrad) *m*

transmittancy 1. *(Opt)* prozentualer Transmissionsgrad *m*, Durchlaßgrad *m* in Prozent; 2. *(physCh)* Transmissionsgrad (Durchlaßgrad) *m (einer Lösung)*, bezogen auf den Transmissionsgrad des reinen Lösungsmittels

transmitted air *(Ström)* Überströmluft *f*, übergeführte Luft *f*
~ **light** *(Opt)* Durchlicht *n*, durchfallendes (durchtretendes) Licht *n* ; durchgelassenes (durchgefallenes) Licht *n*
~ **load** *(Mech)* mittelbare Belastung *f*
~ **power** *(El)* übertragene Leistung *f, (speziell:)* gesendete Leistung *f*, Sendeleistung *f*, *(speziell:)* Durchgangsleistung *f*
~ **wave** gebrochene Welle *f*, Brechungswelle *f*

transmitter 1. *(Ak, El)* Wandler *m*, Wandlersystem *n* ; 2. *(Meß, Reg)* Meßumformer *m* mit standardisiertem Ausgangssignal, Transmitter *m*, Einheitsmeßumformer *m*
~-**receiver** *(El)* Transceiver *m*, Sender-Empfänger *m*, Sende-Empfangs-Gerät *n*, Sende- und Empfangsgerät *n*
~-**responder** *(El)* Transponder *m*, TSP *(eines Satelliten)*

transmitting current response *(Ak)* strombezogener Übertragungsfaktor *m (eines Schallstrahlers)*
~ **grating** *(Opt)* Transmissionsgitter *n*, Durchlaßgitter *n*, transparentes Gitter *n*
~ **power** 1. *(El)* Sendeleistung *f*; 2. *(Opt)* Transmissionsgrad *m*, Durchlaßgrad *m*, Transmissionsvermögen *n*, Durchlaßvermögen *n (einer Fläche)*
~ **probe** *(Ak)* Schallkopf *m*
~ **voltage response** *(Ak)* spannungsbezogener Übertragungsfaktor *m (eines Schallstrahlers)*

transmittivity *(El, Magn, Opt)* spezifische Durchlässigkeit *f (eines nichtstreuenden Materials)*

transmutation *(Kern)* 1. Kernumwandlung *f*, Umwandlung *f (von Nukliden)* ; 2. [nukleare] Transmutation *f*, gezielte Kernumwandlung *f (eines Elements oder Nuklides in ein anderes, z. B. weniger giftiges oder nutzbringendes durch eine Kernreaktion)*

transmutations per minute *s.* transformations per minute

transonic *s.* ~ flow
~ **buffeting** *(Aero)* Transsonikschütteln *n*, transsonisches Schütteln *n*, Schütteln *n* im schallnahen Bereich

~ **equation** *(Aero)* transsonische (schallnahe) gasdynamische Gleichung *f*
~ **flow** *(Aero)* transsonische (schallnahe) Strömung *f*, Strömung *f* im schallnahen Bereich
~ **range** *(Ström)* transsonischer (schallnaher) Bereich *m* (Geschwindigkeitsbereich) *m*, Transsonikbereich *m (der Geschwindigkeit)*, Schallgrenzbereich *m*
~ **region** *(Ström)* transsonisches (schallnahes) Gebiet *n*, Transsonikgebiet *n*, Transsonikbereich *m (der Strömung, räumlich)*

transonics Aerodynamik *f* im Schallgrenzbereich (transsonischen Bereich), schallnahe (transsonische) Aerodynamik *f*

transparency 1. *(Hydr)* Durchsichtigkeit *f (von Wasser)*, *(als Größe:)* Sichttiefe *f*; 2. *(Opt, Phot)* Transparentkopie *f* ; 3. *(Phot) s.* transmission factor 2.
~ **of the potential barrier** *(Qu) s.* transmission coefficient 4.

transparent matter durchlässiges (transparentes) Material *n*, *(speziell Opt:)* lichtdurchlässiges Material *n*, *(speziell Kern:)* strahlendurchlässiges Material *n*
~ **model** *(Kern)* durchlässiges Kernmodell *n*

transpiration cooling *(Therm)* Schwitzkühlung *f*, Transpirationskühlung *f*
~ **method** *(physCh)* Überführungsmethode *f*, Gassättigungsmethode *f*, Saturationsmethode *f (zur Dampfdruckbestimmung)*

transponder *(El)* Transponder *m*, Antwortsender *m*, Antworter *m (Radartechnik)*

transport 1. *(statPh)* Transport *m* ; 2. *(physCh)* Transportgeschwindigkeit *f (bei der Isotopentrennung, Größe)*
~ **air** *(physCh)* Trägerluft *f*
~ **equation for angular momenta** *(Mech)* Drehimpulstransportgleichung *f*
~ **heat** *(physCh)* Diffusionswärme *f*, Überführungswärme *f*
~ **lag** *s.* transportation lag
~ **mean free path** *(Kern, statPh)* [mittlere freie] Transportweglänge *f*
~ **number** *(Ech)* 1. Überführungszahl *f*, Transportzahl *f (des i-ten Ions)* ; 2. [Hittorfsche] Überführungszahl *f*, Ionenüberführungszahl *f*
~ **of momentum** *(Ström)* Impulstransport *m*

transportation lag *(Reg)* Übertragungsverzögerung *f*, Verzögerungszeit *f*, Verzugszeit *f*, Totzeit *f*, Tansporttotzeit *f*, Totzeitverzögerung *f*

transpose *(mathPh)* 1. Transponierte *f*, transponierte (gestürzte) Matrix *f*, gekippte (gespiegelte) Matrix *f*; 2. transponierte inverse Matrix *f*, kontragrediente Matrix *f*; 3. Transponierte *f*, transponierter Tensor *m*

transposed line *(El)* gekreuzte Leitung *f*
transposition 1. Umordnung *f*, Umstellung *f*, Umlagerung *f*, Umsetzung *f*; 2. *(El)* Vertauschung *f (von zwei Leitungen)* ; 3.

(El) Kreuzung f, Verschränkung f *(von Leitungen)* ; Verdrillung f *(von Freileitungen)* ; 4. *(mathPh)* Transponieren n, Stürzen n, Vertauschung f der Zeilen und Spalten, Transposition f *(einer Matrix)* ; 5. *(mathPh)* Auf-die-andere-Seite-Bringen n, Hinüberschaffen n, Transposition f *(eines Gliedes in einer Gleichung)*
transrectification *(El)* induzierte Gleichrichtung f
transvection *(mathPh)* Überschiebung f *(von Indizes)*, Multiplikation f und Faltung f *(von Tensoren)*
transversal vibrating crystal s. transverse crystal
transversally damped wave *(El, Magn)* quergedämpfte Welle f
~ **magnetized material** *(Magn)* quermagnetisiertes (in Querrichtung magnetisiertes) Material n
transverse aberration *(Opt)* 1. [sphärische] Queraberration f ; 2. s. ~ chromatic aberration
~ **angle of transmission** *(Mech)* Profilüberdeckungswinkel m
~ **axis** 1. *(Mech)* Querachse f, transversale Achse f ; 2. *(Aero)* Querachse f, Kippachse f ; 3. *(mathPh)* Hauptachse f, reelle (transversale) Achse f, Brennpunktachse f, *(speziell:)* Länge f der Hauptachse *(einer Hyperbel)*
~ **Bloch wall** *(Fest)* Bloch-Querwand f
~ **chromatic aberration** *(Opt)* Farbvergrößerungsfehler m, Farbmaßstabsfehler m, chromatische Vergrößerungsdifferenz f, chromatische Queraberration (Querabweichung) f
~ **contraction** *(Mech)* Querkontraktion f, Quer[ver]kürzung f, Kontraktion f
~ **crystal** *(Krist)* querschwingender (in Querrichtung schwingender) Kristall m, Querschwinger m
~ **elastic wave** s. ~ wave
~ **electric mode** *(El)* transversal-elektrische Mode f, TE-Mode f, TE-Wellentyp m, H-Mode f, H-Typ m *(eines Wellenleiters)*
~ **electromagnetic mode** *(El)* transversalelektromagnetische Mode f, TEM-Mode f, TEM-Wellentyp m, EH-Mode f, gemischte Mode f, L-Mode f *(eines Wellenleiters)*
~ **face** *(Krist)* Querfläche f, Transversalfläche f
~ **force** 1. *(Mech)* quer angreifende Kraft f, *(als Schnittreaktion:)* Querkraft f ; 2. *(Aero)* Quertrieb m, Querkraft f ; 3. *(Mech)* s. shear force; 4. *(El)* Querzug m *(der Feldlinien)*
~ **heating** *(El)* transversale dielektrische (kapazitive) Erwärmung f, transversale Kondensatorfelderwärmung f
~ **impact** *(Mech)* radialer (transversaler) Stoß m, Querstoß m, *(speziell:)* Querschlag m

~ **magnetic mode** *(El)* transversal-magnetische Mode f, magnetische Transversalwelle f, TM-Mode f, TM-Wellentyp m, E-Mode f *(eines Wellenleiters)*
~ **metacentre** *(Hydr)* Breitenmetazentrum n, kleines Metazentrum n
~ **mode** 1. *(Mech)* transversale Eigenschwingung f ; 2. *(El, Magn)* transversale Mode f, transversaler Wellentyp m, Transversal[schwingungs]mode f, T-Mode f, Quermode f
~ **module** *(Mech)* Stirnmodul m
~ **optical mode** *(Fest)* transversale optische Gitterschwingung[smode] f, t.o.-Mode f
~ **polarization** 1. *(Feld, Opt)* transversale Polarisation f, Transversalpolarisation f ; 2. *(El)* Querpolarisation f, Kreuzpolarisation f, transversale Polarisation f
~ **pore** *(physCh, Ström)* durchgehende Pore f
~ **pressure angle** *(Mech)* Stirneingriffswinkel m, Eingriffswinkel m im Stirnschnitt
~ **ray aberration** *(Opt)* laterale Strahlaberration f
~ **relaxation time** *(Fest)* Spin-Spin-Relaxationszeit f, transversale Relaxationszeit f, T_2-Zeit f, Querrelaxationszeit f, Phasenzerstörungszeit f
~ **rigidity** *(Mech)* Quersteifigkeit f, Quersteife f *(eines Stabes)*
~ **spherical aberration** *(Opt)* [sphärische] Queraberration f
~ **strength** *(Mech)* s. 1. shear strength 2.; 2. flexural strength
~ **wave** *(Mech)* Transversalwelle f, T-Welle f, Querwelle f, transversale [elastische] Welle f
trap 1. *(Fest, Halbl)* Haftstelle f, *(manchmal:)* Ladungsträgerhaftstelle f, Trägerhaftstelle f, *(speziell:)* Zeithaftstelle f, Trap m(n) ; 2. *(physCh, Ström)* Falle f ; 3. *(El)* Wellenfalle f, Wellensaugkreis m *(ein Resonanzkreis)* ; 4. *(El)* Strahl[auf]fänger m, Strahlauffangkammer f, Strahl[en]falle f *(z. B. in einer Elektronenstrahlröhre)* ; 5. *(El)* Sperrkreis m *(ein abgestimmter Parallelschwingkreis)* ; 6. *(Kern)* s. beam dump
~ **level** *(Halbl)* Haftterm m, Haft[stellen]niveau n, *(speziell:)* Trapterm m
trapezium *(mathPh)* 1. *(GB)* Trapez n *(hat zwei parallele Seiten)*, *(selten:)* Paralleltrapez n ; 2. *(US)* s. trapezoid 1.
trapezohedron *(Krist)* 1. Trapezoeder n ; 2. s. leucitohedron
trapezoid *(mathPh)* 1. *(GB)* Trapezoid n *(hat keine parallelen Seiten)* ; 2. *(US)* s. trapezium 1.
trapped air *(physCh)* Lufteinschluß m, eingeschlossene Luft f
~ **electron** 1. *(Pl)* eingefangenes Elektron n ; 2. *(Fest)* Haftelektron n

trapped

~-**electron instability** *(Pl)* Elektroneneinfanginstabilität *f*
~ **mode** *(Pl)* eingefangene Mode *f*, geleiteter Schwingungstyp *m*
~ **surface** *(Rel)* gefangene Fläche *f*
~ **water wave** *(Hydr)* geleitete (geführte) Wasserwelle *f*
trapping 1. *(At, Fest)* Einfang *m*, Einfangung *f*, Anlagerung *f (von Teilchen, z. B. Elektronen)* ; 2. *(Halbl)* Ladungsträgereinfang *m*, Trägereinfang *m*, Trapping *n* [von Ladungsträgern]; 3. *(Kern)* Rückhaltung *f*, Retention *f*, Spaltprodukt[zu]rückhaltung *f*; 4. *(physCh)* Abscheidung *f* in einer Falle
~ **limit** *(Pl)* Grenzintensität *f* für den Einfang, Einfanggrenzintensität *f*
~ **mode** *(Ström)* Trappingmode *f*, geleitete (geführte) Mode *f*
~ **site** *s.* trap 1.
travel 1. durchlaufene Strecke *f*, durchlaufener Weg *m*, Wegstrecke *f*, Laufstrecke *f*, Strecke *f, (speziell:)* Flugstrecke *f, (speziell:)* Fahrbereich *m* ; 2. *(Mech)* Hub *m, (selten:)* Hublänge *f*, Hubweg *m*, Hubhöhe *f*; 3. *(Mech)* Verschiebbarkeit *f, (speziell:)* Verstellweg *m*, Stellweg *m, (speziell:)* Ausschlag *m*
~ **rate** *(Mech)* Laufgeschwindigkeit *f*
~ **time method** *(Ak, Hydr)* Laufzeitmethode *f (Geschwindigkeitsmessung)*
travel[l]ing block *(Mech)* lose Rolle *f (eines Flaschenzugs)*
~ **field** *(El)* Wanderfeld *n*, Lauffeld *n*
~ **heater method** *(Krist)* Kristallwachstum *n* aus der Schmelze bei bewegtem Heizer
~ **plane wave** *(El)* [fortschreitende] ebene Welle *f*
~ **resonance** *(Ak)* laufende Resonanz *f*, Wanderresonanz *f*
~ **screen technique** *(Hydr)* Schirmverfahren *n (der Wassermengenmessung)*, Schirmmessung *f*
~ **solvent method** *(Krist)* Kristallwachstum *n* aus der Schmelze bei bewegtem Lösungsmittel
~ **wave** Wanderwelle *f, (selten:)* laufende Welle *f*
~-**wave helix** *(Kern)* Helix *f*, Wendel *f*, Hohlleiterwendel *f*, Wendelhohlleiter *m (im Linearbeschleuniger)*
traversal *(mathPh)* Durchlaufung *f (einer Kurve), (bei einer geschlossenen Kurve:)* Umlauf *m*
traverse 1. Durchlaufen *n*, Durchlauf *m*, Durchqueren *n*, Durchgang *m*, Hindurchgehen *n (durch einen Stoff)*, Durchsetzen *n*, Passieren *n (eines Stoffes)* ; 2. *(Mech)* Bewegung *f* in Längsrichtung; Quergang *m*, Querfahrt *f*, Fahrt *f*, Fahren *n (nach links oder rechts)* ; 3. *s.* traversal; 4. *(Mech)* Traverse *f*, Querstück *n, (speziell:)* Querbalken *m*, Querträger *m*

~ **cable** *(Mech)* Schleppseil *n (eines Seillaufsystems)*
traversing Schneiden *n*, Schnitt *m*, Durchstoßen *n (einer Fläche, eines Körpers)*
treatment 1. *(Mech, physCh)* Behandlung *f*; Bearbeitung *f*; Verarbeitung *f (von Meßdaten)* ; 2. *(mathPh)* Prüfglied *n*, Variante *f (Statistik)*
treble *(Ak)* Höhen *fpl*, hohe Frequenzen *fpl, (speziell:)* Hochton *m*
tree 1. *(Krist)* Baumkristall *m*, baumartig gewachsener Kristall *m* ; 2. *(mathPh)* Baum *m*, baumartiger (baumförmiger) Graph *m*
~-**like crystal** *(Krist)* Dendrit *m*, dendritischer Kristall *m*, Skelettkristall *m*, Kristallskelett *n*, Tannenbaumkristall *m*
treeing *(El, Fest)* Verästelung *f (beim Durchschlag)*
trembling effect *(physCh)* irreguläre (unregelmäßige) Photophorese *f*
Tresca's [maximum shear] criterion *(Mech) s.* St. Venant-Tresca yield condition
Trevelyan rocker *(Mech, Therm)* Trevelyan-Schaukel *f*, Trevelyansche Schaukel *f*
triad *(At)* [Döbereinersche] Triade *f*
~ **axis** *(Krist)* dreizählige Symmetrieachse (Achse) *f*, Trigyre *f*, Drehachse *f* der Zähligkeit 3
trial-and-error method Trial-and-error-Methode *f*, Lernen *n* durch Versuch und Irrtum, Lernen *n* am (durch den) Erfolg
triangle axiom (condition) *(mathPh)* Dreiecksungleichung *f*, Dreiecksaxiom *n*, Abstandungleichung *f*, Dreiecksrelation *f*
~ **connection** *(El)* Dreiecksschaltung *f, (manchmal:)* Deltaschaltung *f*
~ **of forces** *(Mech)* Kräftedreieck *n*
~ **of position** *(Astr)* astronomisches Dreieck (Grunddreieck) *n*, Pol[ar]dreieck *n*, nautisches Dreieck *n*
~ **of velocities** *(Aero)* Geschwindigkeitsdreieck *n*, Winddreieck *n*
~ **relation** *(At, Qu)* Dreiecksrelation *f*, Dreiecksregel *f (für die Drehimpulsquantenzahl)*
triangular diagram *(mathPh)* Darstellung *f* in Dreieckskoordinaten, Dreieckskoordinatendiagramm *n*
~ **frame** *(Mech)* Dreiecknetz *n*, Dreiecksystem *n*
~ **notch** *(Hydr)* V-Blende *f*, V-Meßblende *f*
~ **pulse oscillation** *(El, Magn)* Dreieckschwingung *f*
~ **stacking fault** *(Krist)* Stapelfehlerdreieck *n*
~ **waveform pulse** *(El)* Dreieckimpuls *m*
tribocharging *(El)* tribomechanische (reibungsmechanische) Aufladung *f*
triboelectric series *(El)* reibungselektrische Spannungsreihe *f*, Spannungsreihe *f* für Reibungselektrizität

triboelectricity *(El)* Reibungselektrizität f, *(selten:)* Triboelektrizität f
tribophysics *(Mech)* Reibungsphysik f, Tribophysik f
trichromatic coefficient *(Opt)* Farbwertanteil m
~ **colorimeter** *(Opt)* Dreifarbenmeßgerät n, trichromatisches Kolorimeter n
~ **filter** *(Opt)* Farbauszugfilter n, *(dreiteilig:)* Dreifarbenfilter n
~ **system** *(Opt)* trichromatisches Farbmaßzahlensystem (System) n
~ **unit** *(Opt)* Farbvalenzeinheit f
trick valve *(Ström)* Trickschieber m
trickle charge *(Ech)* Erhaltungsladung f, Pufferladung f *(eines Akkumulators, Größe)*
tricolour separation *(Phot)* Dreifarbenauszug m
tricrystal s. trill
trident *(Hoch)* s. three-pronged star
tridentate ligand *(physCh)* dreizähniger (dreizähliger) Ligand m
trifurcation *(mathPh)* Dreifachverzweigung f, Dreifachabelung f, Trifurkation f
trigger 1. *(El)* s. ~ pulse; 2. *(El)* s. ~ circuit; 3. *(El)* Trigger m, Auslöser m *(Bauelement)* ; 4. *(physCh)* Startreagens n, Primärreagens n *(einer Kettenreaktion)*
~ **circuit** *(El)* Triggerschaltung f, Trigger[kreis] m, Impulsgeberschaltung f
~ **pulse** *(El)* Auslöseimpuls m, auslösender Impuls m, *(speziell:)* Triggerimpuls m *(löst eine Triggerschaltung aus)*
trigonal division of the hexagonal [crystal] system s. rhombohedral system
~ **hybrid** *(At, Qu)* trigonales Hybridorbital n, sp²-Hybridorbital n
trihedral angle *(mathPh)* Triederwinkel m, dreiseitige körperliche Ecke f, Dreikant n
trihedron *(Krist)* Trieder n, Dreiflächner m, Dreiflach f
trilateral *(mathPh)* Dreiseit n
trilinear coordinates *(mathPh)* Dreieckskoordinaten fpl
trill[ing] *(Krist)* Drilling m, Kristalldrilling m, *(manchmal:)* Drillingskristall m, Trikristall m
trim 1. *(Hydr)* Trimm m *(Größe)* ; 2. s. trimming 1. und 2.
trimmed area *(Phot)* Ausschnitt m
trimming 1. *(El)* Trimmen n, Feinabgleich m ; 2. *(Ström)* Trimmung f, Trimmen n ; 3. *(Mech)* Beschneidung f, Kantenbeschneidung f
~ **filter** *(Opt)* Abgleichfilter n
trip 1. *(Mech)* Auslösung f, *(speziell:)* Ausklinkung f ; 2. Auslöser m, Auslösevorrichtung f ; 3. *(Kern)* Schnellabschaltung f, Reaktorschnellabschaltung f, RESA; 4. *(Kern)* Leistungsabwurf m, schnelle Leistungsabsenkung (Leistungsherabsetzung) f, Schnellabfahren n *(eines Reaktors auf eine niedrigere Leistung)*

~-**out** *(Ström)* Schnellschluß m, Turbinenschnellschluß m, Schnellabschaltung f
~ **Reynolds number** *(Ström)* kritische Reynolds-Zahl f *(Re-Zahl)* f, Umschlag-Reynolds-Zahl f
~ **value** *(El)* Ansprechpegel m, Auslösepegel m *(eines Relais)*
tripartition *(Kern)* ternäre Spaltung f, Dreifachspaltung f
triplate transmission line *(Halbl)* Triplateleitung f, geschirmte Streifenleitung f
triple-alpha process *(Pl)* Heliumreaktion f, Salpeter-Prozeß m, Alphaprozeß m, α-Prozeß m
~ **axis** *(Krist)* s. triad axis
~ **bond** *(At)* Dreifachbindung f, Sechselektronenbindung f
~ **collision** s. three-body collision
~ **crystal** s. trill
~ **harmonic** dritte Teilschwingung (Harmonische) f, zweite Oberschwingung f
~ **mirror** *(Opt)* Tripelspiegel m, Zentralspiegel m
~ **objective** *(Phot)* Triplet n, dreilinsiges (dreiteiliges) Objektiv n
~ **point** 1. *(Ström)* Dreieck[s]punkt m, Dreipunkt m *(der Stoßwellenfront)* ; 2. *(Therm)* Tripelpunkt m *(im Zustandsdiagramm)*
~ **point cell** *(Therm)* Gefäß n zur Darstellung des Wassertripelpunktes, Tripelpunktzelle f
~ **[scalar] product** *(mathPh)* Spatprodukt n, gemischtes (zusammengesetztes) Produkt n, skalares Dreierprodukt n *(von drei Vektoren)*
~ **spectral line** s. triplet 1.
triplet 1. *(Spektr)* Triplett n, Dreifachlinie f ; 2. *(Hoch)* Ladungstriplett n, Isobarentriplett n, Iso[spin]triplett n, Elementarteilchentriplett n ; 3. *(Opt)* Triplet n, Dreilinsensystem n, Dreilinser m
triplex chain block *(Mech)* Dreifachketten[flaschen]zug m
tripping *(Mech)* Auslösung f, *(speziell:)* Ausklinkung f
~ **wire** *(Ström)* Stolperdraht m, Turbulenzdraht m
triquetra *(Astr)* s. parallax bar
trisonics Aerodynamik f im Unterschall-, Schallgrenz- und Überschallbereich
tristimulus colorimeter *(Opt)* Farbwertmeßgerät n, *(speziell:)* Normfarbwertmeßgerät n
~ **specification** *(Opt)* Norm[farb]valenz f
~ **sum** *(Opt)* Farbwertsumme f, Farb[reizvalenz]gewicht n, Farbreizsumme f
~ **value [in the C.I.E. standard colorimetric system]** *(Opt)* Normfarbwert m, *(manchmal:)* trichromatische Maßzahl f *[im Normvalenzsystem]* (X, Y oder Z)
tritiated water *(At)* tritiiertes Wasser n, Tritiumwasser n, HTO
tritiocompound *(physCh)* tritiierte (tritiumhaltige) Verbindung f *(mit Tritium markiert oder tritiumsubstituiert)*

tritium

tritium ratio s. ~ unit
~ **trick** *(Pl)* Heliumbeladung *f* von Metallen
~ **unit** *(Kern, physCh)* Tritiumeinheit *f*, T.E., TE, TU *(1 ^{3}H-Atom je 10^{18} ^{1}H-Atome)*
trivalence *(At)* Dreiwertigkeit *f*, Trivalenz *f*
trochoid *(mathPh)* 1. Trochoide *f*, Trochoidale *f*, *(Polbahn: Kreis, Polkurve: Kreis)*; 2. [gemeine] Trochoide *f*
trochoidal mass analyzer *(Spektr)* Trochoidalmassenspektrometer *n*, Trochoiden-Laufzeit[massen]spektrometer *n*
troland *(Opt)* Troland *n*, [internationales] Photon *n*, Luxon *n* *(Einheit der Beleuchtungsstärke der Netzhaut)*
tropical year *(Astr)* tropisches Jahr *n*, mittleres Sonnenjahr *n*
troposcatter *(El, Magn)* troposphärische Streuausbreitung *f*, Streuausbreitung *f* in der Troposphäre, Troposcatter *n*
tropospheric duct *(El, Magn)* atmosphärischer (troposphärischer) Wellenleiter *m*, Troposphärenkanal *m*, Wellenleiter *m* in der Atmosphäre, Dukt *m*
~ **ducting** *(El, Magn)* Superrefraktion *f*, Superbrechung *f*, Suprarefraktion *f*, übernormale Brechung *f*
troptometer s. torsiometer 2.
Trotter and Weber photometer *(Opt)* Dachphotometer *n*, Trotter-Weber-Photometer *n*
troubling *(Opt, physCh)* Trübung *f* *(Vorgang)*
~ **matter** *(Opt, physCh)* Trübstoff *m*
trough Tal *n*, Wellental *n*
troy hundredweight s. hundredweight 3.
~ **ounce** s. ounce
~ **pound** s. pound 2.
~ **ton** s. ton t
true bearing *(Aero, El)* rechtweisende Peilung *f*, Standlinie *f*
~ **cavitation** *(Hydr)* echte Kavitation *f*, Dampfkavitation *f*
~ **charge** *(El)* freie (ableitbare, wahre) Ladung *f*
~ **coordinates** *(Mech)* holonome (wahre) Koordinaten *fpl*
~ **degeneracy** *(Qu)* echte Entartung *f*, Symmetrieentartung *f*
~ **density** s. theoretical density
~ **height** 1. *(Aero)* Höhe *f* *(über dem Meeresspiegel)*; 2. *(Aero)* Flughöhe *f* über Grund, [wahre] Flughöhe *f*; 3. *(El, Magn)* tatsächliche Reflexionshöhe *f*
~ **power** *(Opt)* Gebrauchsleistung *f*, wahre Leistung *f* *(eines optischen Systems)*
~ **resistance** s. ohmic resistance
~ **running** *(Mech)* Rundlaufen *n*, Rundlauf *m*
~ **scale reducer** *(Phot)* proportionaler Abschwächer *m*
~ **-sided image** *(Opt)* seitenrichtiges Bild *n*
~ **solution** *(physCh)* echte (molekulare) Lösung *f*
~ **strain** *(Mech)* logarithmische (Henckysche) Dehnung *f*

~ **stress-true strain curve** *(Mech)* wahres Spannungs-Dehnungs-Diagramm *n*
~ **tensile strain** s. ~ strain
~ **-to-scale representation** maßstäbliche (maßstabgetreue, maßstabgerechte) Darstellung *f*
~ **value** *(Meß)* richtiger (wahrer) Wert *m*
~ **volume** *(physCh)* Reinvolumen *n* *(ohne Porenraum)*
~ **watts** *(El)* Wirkleistung *f* *(in Watt)*
Truesdell's basic vorticity formula *(Pl)* Truesdellsche Wirbelformel *f*
truncated cone *(mathPh)* 1. Kegelstumpf *m*, gerader Kegelstumpf (Kreiskegelstumpf) *m*; 2. [schräg] abgeschnittener Kegel *m*
truncated distribution *(mathPh)* gestutzte Verteilung *f*
~ **minimal subtraction scheme** *(Hoch)* abgebrochenes minimales Subtraktionsschema *n*, $\overline{\text{MS}}$-Schema *n*
~ **potential** *(Kern)* Potential *n* endlicher Reichweite, endlichreichweitiges Potential *n*
truncating face *(Krist)* Abstumpfungsfläche *f*
truncation 1. *(Krist)* Abstumpfung *f* der Kanten, Kantenabstumpfung *f* *(eines Kristalls)*; 2. *(mathPh)* Abrundung *f*, Rundung *f* nach unten, Abrunden *n*; 3. *(mathPh)* Abbrechen *n*, Abbruch *m* *(einer unendlichen Reihe oder Entwicklung)*; 4. *(mathPh)* Stutzung *f* *(Statistik)*
~ **number** *(Hydr)* Abbruchzahl *f*, Truncationszahl *f*
trunk 1. *(At)* Rumpf *m*, Atomrumpf *m*; 2. *(El)* Verbundleitung *f*, *(speziell:)* Hauptspeiseleitung *f*
trunnion *(Mech)* Drehzapfen *m*, *(speziell:)* Wendezapfen *m*
~ **axis** *(Astr, Opt)* Kippachse *f*, Horizontalachse *f* *(eines Theodoliten)*
truth quark *(Hoch)* *t*-Quark *f*
TS conductivity s. thermally stimulated conductivity
tsi *(Mech)* tsi, tonf/in^2 *(SI-fremde Einheit des Druckes; 1 tsi = 1,54444 · 10^7 Pa)*
TSIC method *(Halbl)* TSIC-Methode *f*, Methode *f* des thermisch angeregten Ionenstroms
tsp, tspn s. teaspoonful
TTL metering s. through-the-lens metering
TTMP heating *(Pl)* Laufzeit[auf]heizung *f*, Aufheizung (Heizung) *f* durch Laufzeitpumpen
TU *(Kern)* s. tritium unit
tube 1. *(El)* Röhre *f*, Elektronenröhre *f* *(s. a. unter* valve*)*; 2. *(Mech)* Rohr *n*, *(speziell:)* Röhre *f*; 3. *(Opt)* Tubus *m*, Mikroskoptubus *m*
~ **coefficient** *(El)* Kennwert *m* der Elektronenröhre, Röhrenkennwert *m*
~ **count** *(Kern)* Zählereignis *n*, Zählimpuls *m*, Zählstoß *m*, Impuls *m*
~ **extension** *(Opt)* Tubusauszug *m*

turbulent

- ~ **factor** *(Opt)* Tubusfaktor *m*, Vergrößerungsfaktor *m* *(für den Mikroskoptubus)*
- ~ **formula** *(El)* Röhrengleichung *f*, Röhrenformel *f*
- ~ **gas** *(Kern)* Zählgas *n*, Zählrohr[füll]gas *n*, Füllgas *n*
- ~ **method** *(Therm)* Rohrverfahren *n* [nach Henning] *(zur Bestimmung des linearen Ausdehnungskoeffizienten eines Stabes)*
- ~ **side flow** *(Ström)* rohrseitige Durchflußmenge *f*, rohrseitiger Strom (Durchfluß, Durchsatz) *m*

tubular anode *(El)* Hohlanode *f*
- ~ **flow** *(Ström)* Rohrströmung *f*
- ~ **line** *(El)* konzentrische Leitung *f*
- ~ **pinch** *(Pl)* s. hard-core pinch

Tuckerman [optical] extensometer *(Mech)* (mechanisch-optisches) Dehnungsmeßgerät *n* nach Tuckerman, Tuckermanscher optischer Ausdehnungsmesser *m*

tufting method *(Ström)* Fadensondenmethode *f*, Wollfadenmethode *f* *(der Sichtbarmachung von Strömungen)*

tumble axis *(Mech)* Taumelachse *f* *(eines Kreisels)*

tumbler gear *(Mech)* Schwenkrad *n*

tumbling 1. *(Mech)* Torkeln *n*, Wanken *n*, Taumeln *n*; 2. *(Opt, Phot)* Stürzen *n*, Bildstürzen *n*, Bildsturz *m*
- ~ **flight** *(Aero)* Taumelflug *m*

tunability *(El)* Abstimmbarkeit *f*

tunance *(El)* Parallelresonanz *f*, Phasenresonanz *f*, Sperresonanz *f*, Stromresonanz *f*, Antiresonanz *f*

tune s. tuning 1.

tuning 1. *(El)* Abstimmung *f*, Abstimmen *n*, *(speziell:)* Durchstimmung *f*, Durchstimmen *n*; 2. *(Ak)* Stimmung *f*, Stimmen *n* *(der Tonhöhe eines Musikinstruments)*
- ~ **diode modulator** *(Halbl)* Kapazitätsdiodenmodulator *m*
- ~ **fork** *(Ak, El)* Stimmgabel *f*
- ~ **peg** *(Ak)* Stimmwirbel *m*, Spannwirbel *m*, Wirbel *m*
- ~ **pitch** *(Ak)* Stimmton *m*
- ~ **precision** *(El)* Abstimmschärfe *f*
- ~ **range** *(El)* Durchstimmbereich *m*
- ~ **slug** *(El)* Abstimmkern *m*

tunnel *(Aero)* Windkanal *m*, *(selten:)* Windtunnel *m*
- ~ **breakthrough** *(Halbl)* Tunneldurchbruch *m*
- ~ **coefficient** *(Aero)* Kanalfaktor *m*
- ~ **contact** *(Tief)* s. Josephson junction
- ~ **efficiency** *(Aero)* Kanalfaktor *m*
- ~ **junction** *(Halbl)* Tunnelübergang *m*

tunnel[l]ing energy *(Halbl, Qu)* Durchtunnelungsenergie *f*, Tunnelenergie *f*, Überwindungsenergie *f*
- ~ **mode** *(Opt)* Leckmode *f*, Tunnelmode *f*
- ~ **probability** *(Qu)* Durchtunnelungswahrscheinlichkeit *f*, Tunnelwahrscheinlichkeit *f*, Überwindungswahrscheinlichkeit *f*

- ~ **ray** *(Opt)* Leckwelle *f* *(in einer optischen Faser)*

turbid image *(Phot)* unscharfes Bild *n*
- ~ **matter (medium)** *(Opt)* trübes Medium *n*, [optisch] trüber Stoff *m*

turbidimetry 1. *(Opt)* Trübungsmessung *f*, Trübheitsmessung *f*, Turbidimetrie *f*; 2. *(physCh)* Turbidimetrie *f*, turbidimetrische Analyse *f*

turbidity 1. *(Opt, physCh)* Trübung *f*, Trübe *f* *(Erscheinung, Eigenschaft)*, *(als Zustand auch:)* Trübheit *f*; 2. *(Phot)* [photographische] Unschärfe *f*, Streuunschärfe *f*; 3. *(Opt, physCh)* Trübstoff *m*; 4. *(physCh)* Trübungszahl *f*, *(manchmal:)* Trübungsmaß *n* *(Größe)*
- ~ **current** *(Hydr)* Trübestrom *m*, Turbidity Current *m*, *(selten:)* Trübstrom *m*, Trübeströmung *f*
- ~ **due to atmospheric haze** *(Astr, Opt)* Dunsttrübung *f*
- ~ **factor for short-wave radiation** *(Astr, Opt)* Kurztrübungsfaktor *m* [nach Linke]
- ~ **factor of Linke** *(Astr, Opt)* Trübungsfaktor *m* [nach Linke], Linkescher Trübungsfaktor *m*, Linkesches Trübungsmaß *n*

turbulence *(Ström)* 1. Turbulenz *f* *(Zustand, Erscheinung, Eigenschaft)*; 2. s. turbulent flow
- ~ **element** *(Ström)* Turbulenzelement *n*, Turbulenzballen *m*, Turbulenzkörper *m*, Flüssigkeitsballen *m* *(bei turbulenter Strömung)*
- ~ **energy density** *(Ström)* turbulente Energiedichte *f*, Turbulenzenergiedichte *f*
- ~ **intensity** *(Ström)* Turbulenzstärke *f*
- ~ **scale** *(Ström)* Turbulenzlänge *f*, charakteristische Länge *f* der Turbulenzstruktur, Größe *f* der Turbulenzballen, Durchmesser *m* der Turbulenzkörper

turbulent ... s. a. eddy ...
- ~ **diffusion** *(Ström)* turbulente Scheindiffusion (Diffusion) *f*, Turbulenzdiffusion *f*, Wirbeldiffusion *f*
- ~ **diffusivity** *(Ström)* Koeffizient *m* der turbulenten Scheindiffusion (Diffusion), Turbulenzdiffusionskoeffizient *m*, Wirbeldiffusionskoeffizient *m*
- ~-**eddy viscosity** *(Ström)* Wirbelzähigkeit *f* *(Größe)*
- ~ **flow** *(Ström)* turbulente Strömung *f*, Turbulenz *f*, *(selten:)* Flechtströmung *f* *(s. a. eddy flow)*
- ~ **fluctuation of pressure** *(Ström)* turbulente Druckschwankung *f*
- ~ **friction** *(Ström)* turbulente Scheinreibung *f*, scheinbare Reibung *f*, Turbulenzreibung *f*
- ~ **heat transfer** *(Therm)* turbulente Wärmeübertragung *f*, Wärmeübertragung *f* bei turbulenter Strömung
- ~ **heating** *(Pl)* Turbulenz[auf]heizung *f*, turbulente Heizung *f*

turbulent 412

- ~ **mixing length** *(Ström)* turbulenter Mischungsweg *m*, turbulente Mischungslänge *f*, Turbulenzmischungsweg *m*
- ~ **spot** *(Ström)* Turbulenzfleck[en] *m*, turbulenter Flecken *m*
- ~ **spread** *(Ström)* turbulente Ausbreitung (Strahlausbreitung) *f*
- ~ **transport coefficient** *(Ström)* turbulente Austauschgröße *f*
- ~ **velocity** *(Ström)* Geschwindigkeit *f* der turbulenten Strömung
- ~ **viscosity** *(Ström)* turbulente Zähigkeit (Viskosität, Scheinzähigkeit) *f*, Wirbelzähigkeit *f*, virtuelle Zähigkeit *f*
- ~ **wake** *(Ström)* turbulenter Nachstrom (Nachlauf) *m*

turbulizer *(Ström)* Turbulenzverstärker *m*

turn 1. volle (ganze) Umdrehung *f (als Winkelmaß:* = 2π *rad)* ; 2. *(Mech)* Umdrehung *f*, U, Tour *f (Größe)* ; 3. Windung *f (z. B. eines Drahtes, einer Spirale)*

- ~-**back** *(Mech)* Rückdrehung *f*, Rückwärtsdrehung *f*, Wendung *f*, Umdrehen *n*
- ~ **bounded surface** *(El)* Windungsfläche *f*
- ~-**down** *(Mech)* Umlegung *f*
- ~-**off** 1. *(El)* Ausschaltung *f*, Abschaltung *f*; 2. *(Ström)* Absperrung *f*, Abdrehen *n*, Zudrehen *n*
- ~-**off transient** *(El)* Ausschaltvorgang *m*
- ~-**on** 1. *(El)* Einschaltung *f*, Anschalten *n* ; 2. *(Ström)* Öffnen *n*, Aufdrehen *n*
- ~-**on transient** *(El)* Einschaltvorgang *m*
- ~ **to turn voltage** *(El)* Windungsspannung *f*
- ~-**up circle** *(mathPh)* Rückkehrkreis *m*

turnaround *(Mech)* Umlaufzeit *f*

Turner [interference] filter *(Opt)* Filter *n* der verminderten (verhinderten) Totalreflexion, Turner-Filter *n*

turning function *(mathPh)* Winkelfunktion *f (einer stetigen Abbildung)*

- ~ **moment** *s.* torque 1.
- ~ **moment coefficient** *s.* tilting moment coefficient
- ~ **point** *(mathPh)* Extrem[al]punkt *m (einer Kurve)*
- ~ **value** *(mathPh)* relatives Extremum *n*

turnover *(physCh)* 1. Stoffumsatz *m*, Umsatz *m* ; 2. Durchsatz (Massenstrom, Umlauf) *m* pro Stufe *(bei der Isotopentrennung)*

- ~ **voltage** *(El)* Umpolungsspannung *f*, Umkehrspannung *f*

turns count *(El)* Windungszahl *f*

- ~ **factor** *(Magn)* Windungsfaktor *m*
- ~ **per unit length** *(Mech)* Drehungszahl *f* (je Längeneinheit)
- ~ **ratio** *(El)* Windungs[zahlen]verhältnis *n*, Windungsübersetzung *f (eines Transformators)*

turret *(Opt, Phot)* Revolver[kopf] *m*, *(speziell:)* Objektivrevoler *m*

TUT *(Feld)* total vereinheitlichte Theorie *f*

tuyere *(Ström)* Meßdüse *f*

TVL *(Kern) s.* tenth-value layer

°**Tw** *(physCh) s.* degree Twaddell

TW *s.* travelling wave

Twaddell *s.* degree Twaddell

twenty-degrees calorie *(Therm)* 20-°C-Kalorie *f*, cal$_{20°C}$ *(SI-fremde Einheit der Wärmemenge; 1 cal$_{20 °C}$ = 4,1816 J)*

twilight *(Astr, Opt)* Dämmer[ungs]licht *n*, *(speziell:)* Zwielicht *n*

- ~ **efficiency** *(Opt)* Dämmerungsleistung *f (eines Fernrohrs)*
- ~ **[visual] range** *(Opt)* Dämmerungssicht[weite] *f*

twin 1. *(El)* symmetrische Doppelleitung *f* ; 2. *s.* ~ crystal

- ~ **band** *(Fest)* Neumannsches Band *n*, Zwillingsstreifen *m*
- ~ **boundary** *(Krist)* Zwillingsgrenze *f*
- ~ **calorimeter** *(Therm)* Zwillingskalorimeter *n*, Differentialkalorimeter *n*
- ~ **corner** *(Krist)* Zwillingsecke *f*
- ~ **crystal** *(Krist)* Zwilling *m*, Kristallzwilling *m*, Zwillingskristall *m*, *(allgemeiner:)* verzwillingter Kristall *m*
- ~ **edge** *(Krist)* Zwillingskante *f*
- ~ **electron** *(Kern)* Elektron-Positron-Paar *n*, e$^-$e$^+$-Paar *n*, Positron-Elektron-Paar *n*, e$^+$e$^-$-Paar *n*, Elektronenpaar *n*, Elektronenzwilling *m*
- ~ **glide** *(Krist)* Zwillingsgleitung *f*, Zwillingsgleiten *n*
- ~ **joint** *(Krist)* Zwillingsnaht *f*
- ~ **lamellae** *(Krist)* Zwillingslamellen *fpl*, Zwillingsstreifung *f*
- ~ **law** *(Krist)* Zwillingsgesetz *n*
- ~ **paradox** *(Rel)* Uhrenparadoxon *n*, Zwillingsparadoxon *n*
- ~ **plane** *(Krist)* Zwillingsebene *f*, *(selten:)* Zwillingsäquator *m*, *(allgemeiner:)* Zwillingsfläche *f*
- ~ **propellers** *(Aero)* gleichachsig-gegenläufige (gleichachsige gegenläufige) Luftschrauben *fpl*, Zwillingsluftschrauben *fpl*
- ~ **sound locator** *(Ak)* Doppelrichtungshörer *m*

twinned crystal *(Krist)* hemitroper (verzwillingter) Kristall *m*

- ~ **dislocation** *(Krist)* Zwillingsversetzung *f*

twist 1. *(Mech)* Torsion *f*, Verdrillung *f (besonders von Stäben und Platten)*, Verdrehung *f*, Verwindung *f (Vorgang) (s. a. unter torsion)* ; 2. *(Mech) s.* ~ per unit length; 3. *(Mech)* Drehungszahl *f (eines Fadens, Seils oder Drahtes, Größe)* ; 4. *s.* angular momentum; 5. *(El)* Torsionsstück *n*, Torder *m* ; 6. *(Hoch)* Twist *m*

- ~ **boundary** *(Fest)* Verschränkungskorngrenze *f*, Verdrehungskorngrenze *f*, Verdrillungs[korn]grenze *f*, Dreh[korn]grenze *f*, Twist-Korngrenze *f*
- ~ **conformation** *(At)* Twist[wannen]konformation *f*, schiefe Wanne *f*
- ~ **per unit length** *(Mech)* Drillung *f*, Verwindung *f (Größe)*

twisted curve *(mathPh)* Raumkurve f, Kurve f doppelter Krümmung, doppeltgekrümmte (nichtebene, räumliche) Kurve f
~ **grains** *(Krist)* verschränkte Körner npl
~ **kink** *(Magn)* verdrehter Kink m, verdrehte Schleife f, „twisted kink" m
~ **ring scaler (scaling circuit)** *(El)* „twisted ring"-Zähler m, Möbius-Zähler m
~ **surface** *(mathPh)* windschiefe Fläche f, windschiefe (nicht abwickelbare) Regelfläche f
twisting 1. *(Mech)* s. twist 1.; 2. *(At)* Torsionsschwingung f, Drillschwingung f *(eines Moleküls)*
~ **force** s. torsional force
~ **strength** *(Mech)* Torsionsfestigkeit f, Verdrehfestigkeit f *(Größe)*
two-aperture lens *(El)* Immersionslinse f, elektrostatische Immersionslinse, *(speziell:)* Elektronenlinse f mit zwei Lochblenden (Lochelektroden), Zweielektroden[-Elektronen]linse f
~-**armed lever** *(Mech)* zweiarmiger Hebel m
~-**band model** *(Halbl)* Zweibändermodell n
~-**beam accelerator** *(Kern)* 1. symmetrischer Teilchenbeschleuniger m, Zweistrahlbeschleuniger m, Beschleuniger m mit [symmetrischem] Einschuß; 2. s. colliding-beam accelerator
~-**body collision [process]** Zweierstoß m, binärer Stoß m, Zweiteilchenstoß m, Zweikörperstoß[prozeß] m
~-**body equation** *(Mech)* Zweikörpergleichung f, Bewegungsgleichung f des Zweikörperproblems
~-**body motion** *(Astr, Mech)* Kepler-Bewegung f, Keplersche Bewegung f, Zweikörperbewegung f, Kegelschnittsbewegung f
~-**by-two Pauli matrix** *(Qu)* Paulische Spinmatrix f, Pauli-Matrix f, Spinmatrix f [von Pauli]
~-**channel probe** *(Ström)* Zweifingersonde f
~-**component mix[ture]** *(physCh)* Zweistoffgemisch n, binäres Gemisch n, Zweikomponentengemisch n, binäre Mischung f
~-**cycle system** *(Ström, Therm)* Zweikreislaufsystem n
~-**diaphragm condenser [lens]** *(Opt)* Zweiblendenkondensor m [nach Berek], Zweiblenden-Hellfeldkondensor m
~-**diaphragm lens** s. two-aperture lens
~-**dimensional roughness** *(Ström)* zweidimensionale (zylindrische) Einzelrauhigkeit f
~-**directional focus[s]ing** *(Kern)* Richtungsdoppelfokussierung f, Fokussierung f in zwei Richtungen
~-**directional reaction** *(physCh)* Zweiweg[e]reaktion f
~-**disk phosphoroscope** *(Opt)* [Becquerel-]Phosphoroskop n

~-**electron bond** *(At)* Einfachbindung f, Zweielektronenbindung f
~-**electron shell** *(At)* K-Schale f, Zweierschale f, kernnächste Schale f
~-**element array** *(El, Magn)* Strahlerpaar n
~-**event characteristic function** *(Mech)* vierdimensionales Eikonal n, vierdimensionale Wirkungsfunktion f
~-**fluid cell** *(Ech)* s. voltaic cell 2.
~-**fluid concept** *(Tief)* Zweiflüssigkeitsmodell n, Zweiflüssigkeitenmodell n *(der Suprafluidität)*
~-**fold axis** *(Krist)* zweizählige (2zählige) Symmetrieachse (Achse) f, Digyre, Drehachse f der Zähligkeit f 2
~-**level action** *(Reg)* Zweipunktverhalten n
~-**level maser** *(El, Magn)* Zweiniveaumaser m
~-**line method** *(Spektr)* Verfahren n (Methode f) der homologen Linienpaare
~-**liquid model** *(Kern)* hydrodynamisches Modell (Kernmodell) n, Zweiflüssigkeitenmodell n [des Atomkerns]
~-**parameter diagram** *(Astr)* Zustandsdiagramm n
~-**parameter family** *(mathPh)* zweiparametrige Schar f
~-**particle collision** s. ~-body collision
~-**phase alternating-current voltage** *(El)* 90°-phasenversetzte Wechselspannung f, Zweiphasenspannung f
~-**phase flow** 1. *(Ström)* Zweiphasenströmung f; 2. *(Tief)* Zweiflüssigkeitsströmung f *(von He II)*
~-**point [contact] bearing** *(Mech)* Zweipunktlagerung f, Zweipunktauflage[rung] f
~-**point function** *(Feld, Qu)* s. Feynman propagator
~-**port** s. ~-port network
~-**port characteristic (coefficient)** *(El)* Vierpolparameter m, Vierpolkoeffizient m, Vierpolgröße f
~-**port device** *(Magn)* Zweiweg[bau]element n, Zweiweggerät n
~-**port dissection** *(El)* Vierpolzerlegung f
~-**port junction** *(El)* Zweilochübergang m, Zweiloch-Wellenleiterübergang m
~-**port network** *(El)* Vierpol m, *(speziell:)* Zweitor n, *(selten:)* Zweiklemmenpaar n
~-**prism square** *(Opt)* Prismenkreuz n, Doppel[winkel]prisma f
~-**side sorption** *(physCh)* Adsorption-Desorption f
~-**sphere** *(mathPh)* 1. Kugel f (ohne Inneres), Sphäre f, Kugel[ober]fläche f; 2. Einheitskugel f, Einheitssphäre f (Oberfläche der Einheitskugel)
~-**terminal impedance network** *(El)* Impedanzzweipol m
~-**terminal network** *(El)* Zweipol m, Eintor n
~-**terminal-pair network** s. ~-port network
~-**terminal-pair source** *(El)* aktiver Vierpol m

two

~-terminal source *(El)* aktiver Zweipol *m*
~-thirds law *(Ström)* Zwei-Drittel-Gesetz *n* [von Kolmogorow], 2/3-Gesetz *n* [von Kolmogorov]
~-time Green's function *s.* thermodynamic Green's function
~-waveguide phased array *(Pl)* Grill[-System] *n*
Tyndall meter, tyndallimeter *(Opt, physCh)* Tyndallometer *n*, Streulichtmesser *m*
type A wave *(El, Magn)* kontinuierliche (ungedämpfte) Welle *f*, A-Welle *f*, Dauerstrich *m*
~ **of action** *(Reg)* wirkungsmäßiges Verhalten *n (eines Gliedes)*
~ **III superconductor** *(Tief)* Supraleiter *m* dritter Art, Typ-III-Supraleiter *m*, harter Supraleiter *m*, irreversibler (nichtidealer) Supraleiter *m* 2. Art

U

u *(At) s.* unified atomic mass unit
***U*-gauge** *(Feld) U*-Eichung *f*
U-process *(Fest)* Umklappprozeß *m*, U-Prozeß *m*
U stage *(Opt) s.* universal stage
U-tube manometer *(Mech)* U-Rohr-Manometer *n*, zweischenkliges Manometer *n*, geschlossenes Flüssigkeitsmanometer *n*
UAO *(At)* Orbital *n* des vereinigten Atoms, UAO
Ubbelohde dropping (melting) point *(physCh)* Tropfpunkt *m* [nach Ubbelohde] *(von Bitumen, Schmierfett)*
UCS diagram *(Opt)* empfindungsgemäß gleichabständige Farbtafel *f*, UCS-Farbtafel *f*
UHE accelerator *(Kern)* Höchstenergiebeschleuniger *m*, Teilchenbeschleuniger *m* für höchste Energien
uhf, UHF *s.* ultra-high frequency
UHF approximation *(At, Qu) s.* unrestricted Hartree-Fock approximation
~ **+ P approximation** *(At, Qu)* UHF-Näherung *f* mit Projektion, UHF + P-Näherung *f*
UHV *s.* 1. ultra-high vacuum; 2. ultra-high voltage
UK knot *(Mech)* englischer Knoten *m (SI-fremde Einheit der Geschwindigkeit; 1 UK kn = 1853,18 m/h)*
~ **nautical mile** *(Mech)* englische Seemeile *f (SI-fremde Einheit der Länge; 1 UK n mile = 1853,18 m)*
Ulbricht sphere *(Opt)* 1. Ulbrichtsche Kugel *f*, Ulbricht-Kugel *f*, U-Kugel *f* ; 2. Kugelphotometer *n*, Ulbrichtsche Kugel *f*, *(selten:)* Ulbricht-Photometer *n*
ULF *(El) s.* ultra-low frequency
ultimate ball hardness *(Mech)* Kugeldruckhärte *f (nach Meyer)*
~ **bearing capacity** *(Mech)* Grenztragfähigkeit *f*, Tragfähigkeitsgrenze *f*

414

~ **collapsible load** *(Mech)* Traglastgrenze *f (für Knicken)*
~ **deflection** *(Mech)* Bruchdurchbiegung *f (Größe)*
~ **elongation [in percent]** *(Mech)* Bruchdehnung *f (in Prozent der ursprünglichen Länge)*
~ **factor [of safety]** *(Mech)* statische Bruchsicherheit *f*, Bruchfaktor *m*
~ **life** *(Mech)* Bruchstandzeit *f*
~ **line** *(Astr, Spektr)* letzte (beständige) Linie *f*, Restlinie *f*, Nachweislinie *f*
~ **load** *(Mech)* Bruchlast *f*, Traglast *f*
~ **moment** *(Mech)* Bruchmoment *n*
~ **number of [load] cycles** *(Mech)* Grenz[last]wechselzahl *f*, Grenzlastspielzahl *f*
~ **partial pressure** *(Vak)* Endpartialdruck *m (einer Vakuumpumpe)*
~ **pressure** *s.* ~ vacuum
~ **reduction** *(mathPh)* Ausreduktion *f*, Ausreduzieren *n (einer Darstellung)*
~ **resilience** *(Mech)* Brucharbeitsvermögen *n*
~ **set** *(Mech)* Bruchverformung *f*, Bruchverzerrung *f*, Bruchformänderung *f*
~ **shear strength** *(Mech)* Scherfestigkeit *f*, Schubfestigkeit *f (Größe)*
~ **strength** *(Mech)* 1. Zugfestigkeit *f*, Festigkeit *f*, Widerstand *m (bei Zug)* ; 2. [mechanische] Festigkeit *f*, *(manchmal:)* Festigkeitsgrenze *f*, Festigkeitswert *m (Größe, Oberbegriff)*, *(speziell:)* Bruchfestigkeit *f*
~ **stress** *(Mech)* Bruchspannung *f*, Zerreißspannung *f*, Bruchbeanspruchung *f*
~ **tensile stress** *(Mech)* 1. *s.* ~ strength 1.; 2. Zerreißspannung *f*, *(speziell:)* Zerreißbeanspruchung *f (von Textilien oder Kunststoffen, Größe)*
~ **twist angle** *(Mech)* Quersprödigkeitswinkel *m*, Bruchverdrehungswinkel *m*
~ **vacuum** *(Vak)* Enddruck *m*, Endvakuum *n*
ultra-acoustics *s.* ultrasonics
~-**audible frequency** *s.* ultrasonic frequency
~-**high frequency** *(El)* 1. Höchstfrequenz *f*, HHF, ultrahohe Frequenz *f*, Ultrahochfrequenz *f*, UHF *(> 300 MHz)* ; 2. Ultrahochfrequenz *f*, UHF *(0,3 ... 3 GHz)*
~-**high frequency sound wave** *(El, Magn)* Mikrowelle *f*, *(selten:)* Ultrahochfrequenzwelle *f*, UHF-Welle *f (0,3 ... 30 cm)*
~-**high pressure** *(Mech)* Höchstdruck *m*, ultrahoher Druck *m*
~-**high vacuum** *(El)* Ultrahochvakuum *n*, UHV, UHV-Vakuum *n (< 0,133 · 10^{-6} Pa, im Deutschen < 0,133 · 10^{-4} Pa)*
~-**high velocity** *(Mech)* überhohe Geschwindigkeit *f*
~-**high voltage** *(El)* Ultrahochspannung *f*, ultrahohe Spannung *f*, Höchstspannung *f (500 ... 2000 kV)*

unbonded

~-**low frequency** *(Ak)* Unterschallfrequenz f, Infraschallfrequenz f, unhörbar tiefe Frequenz f
~-**subharmonic resonance** *(El, Mech)* ultra-subharmonische Resonanz f, subharmonische Resonanz f der Ordnung n/m
ultracentrifugation *(physCh)* Gaszentrifugierung f, Ultrazentrifugenverfahren n *(der Isotopentrennung)*
ultragravity wave *(Ström)* Ultraschwerewelle f
ultraharmonic resonance *(El, Mech)* ultraharmonische Resonanz f, subharmonische Resonanz f der Ordnung 1/m
ultralong tropospheric propagation *(El, Magn)* troposphärische Überreichweite f
ultralow temperature engineering (technology) *(Tief)* Tiefsttemperaturtechnik f, Ultratieftemperaturtechnik f *(T ≤ 30 K)*
ultraphotic radiation *(Opt)* unsichtbare Strahlung f *(mit höheren oder niedrigeren als optischen Frequenzen)*
ultrarelativistic region *(Rel)* extrem relativistisches Gebiet n, ER-Gebiet n
ultrashort wave ultrakurze Welle f, Ultrakurzwelle f
ultrasoft X-radiation *(El, Magn)* ultraweiche Röntgenstrahlung f
ultrasonic 1. *(Ak)* Ultraschallschwingung f; 2. s. ~ wave
~ **cross grating** *(Ak)* Ultraschallkreuzgitter n, Ultraschallflächengitter n, ebenes Ultraschallgitter n
~ **crystal** *(Ak)* Ultraschall[schwing]quarz m
~ **echoes method** s. ~ sounding
~ **frequency** *(Ak)* Überhörfrequenz f, unhörbar hohe Frequenz f
~ **image converter** *(Ak)* Schallsichtgerät n, Ultraschallbildwandler m
~ **imaging** *(Ak)* akustische Abbildung f, Ultraschallabbildung f, *(speziell:)* Ultraschallsichtverfahren n, Schallsichtverfahren n *(nach Pohlmann)*
~ **sound** s. ultrasound
~ **sounding** *(Ak)* Ultraschallecholotung f, Ultraschallotung f
~ **through-transmission** *(Ak)* Durchschallung f
~ **wave** *(Ak, Mech)* Ultraschallwelle f
~ **wind** *(Ak)* Quarzwind m
ultrasonics *(Ak)* Ultraschallehre f, Lehre f vom Ultraschall, Ultraschallakustik f
ultrasound *(Ak)* Ultraschall m
~ **emitting crystal** *(El)* Ultraschallschwinger m
ultratrace *(physCh)* kleinste nachweisbare Spur f
ultravacuum *(Vak)* Ultravakuum n *(≤ 10⁻⁶ Torr)*
ultraviolet A [region] *(El, Magn, Opt)* Ultraviolett n A, Ultraviolett-A-Gebiet n, UV-A[-Gebiet n] *(320 ... 400 nm)*
~ **B [region]** *(El, Magn, Opt)* mittleres Ultraviolett n, Bereich m des mittleren Ultravioletts, Ultraviolett n B, Ultraviolett-B-Gebiet n, UV-B[-Gebiet n] *(280 ... 320 nm)*
~ **C [region]** *(El, Magn, Opt)* Ultraviolett n C, Ultraviolett-C-Gebiet n, UV-C[-Gebiet n] *(200 ... 280 nm)*
~ **cutting filter** *(Opt)* Ultraviolettschutzfilter n, UV-Sperrfilter n
~ **filter** *(Opt)* UV-Filter n, ultraviolettdurchlässiges Filter n
~ **shift** *(Astr, Spektr)* Blauverschiebung f, Violettverschiebung f
ultrawide-angle lens *(Opt)* Überweitwinkelobjektiv n
UM region *(Astr)* unipolares [magnetisches] Gebiet n, UM-Gebiet n
umbra 1. *(Astr)* Umbra f, Sonnenfleckumbra f; 2. *(Astr, Opt)* Kernschatten m, *(manchmal:)* Vollschatten m, voller Schatten m
Umstätter viscometer *(Ström)* Freiflußviskosimeter n, Strukturviskosimeter n [nach Umstätter]
unaccented quantity *(mathPh)* ungestrichene Größe f
unary operation *(mathPh)* einstellige (unäre) Operation f, unäre algebraische Verknüpfung f
~ **system** *(physCh)* s. unitary system
unattainability of absolute zero *(Therm)* Unerreichbarkeit f des absoluten Nullpunkts
unaudible sound *(Ak)* unhörbarer Schall m
unavailable energy *(Therm)* nichtverfügbare (verlorene) Energie f, Arbeitsverlust m
unbalance 1. Unausgeglichenheit f, Unausgewogenheit f, Unbalance f; 2. Gleichgewichtsstörung f, Störung f des Gleichgewichts; 3. *(Mech)* Unwucht f, Massenungleichheit f; 4. *(El)* Unsymmetrie f *(der Belastung)*; 5. *(El)* Abgleichfehler m *(einer Brücke oder eines Schwingkreises)*
~ **to earth (ground)** *(El)* Erdunsymmetrie f
unbalanced bridge [circuit] *(El)* unabgeglichene (nicht abgeglichene) Brücke f
~ **circuit** *(El)* unkompensierter Stromkreis m
~ **current** *(El)* Unsymmetriestrom m, unsymmetrischer Strom m, Schieflaststrom m
~ **error** asymmetrischer (unsymmetrischer) Fehler m
unbiased error *(Meß)* zufälliger Fehler m, Zufallsfehler m, Fehlervariable f
~ **ferrite** *(Magn)* nicht vormagnetisierter Ferrit m
unbiasedness *(mathPh)* Unverzerrtheit f, Erwartungstreue f, Biasfreiheit f, Freiheit f von systematischen Fehlern
unblanking *(El)* Helltastung f *(einer Kathodenstrahlröhre)*
unbonded strain gauge *(Mech)* nichteingearbeiteter Dehnungsmeßstreifen m

unbound

unbound motion *(Mech)* infinite (ungebundene) Bewegung *f*
~ **particle** *(Feld, statPh)* freies (ungebundenes) Teilchen *n*
unbounded body *(Mech)* unbegrenzter Körper *m*
~ **function** *(mathPh)* unbeschränkte Funktion *f*
~ **mode** *(Opt)* ungebundene Mode *f*
~ **stream** *(Hydr)* unbeschränkte Strömung *f*, *(speziell:)* unbegrenztes Wasser *n*
~ **wave** unbegrenzte (sich unbegrenzt ausbreitende) Welle *f*
unboundedness *(mathPh)* Unbeschränktheit *f*
unbranched chain *(At)* unverzweigte Kette *f*
~-**chain molecule** *(At)* geradkettiges Molekül *n*
~ **laminar model** *(Tief)* laminares Modell *n* ohne Verzweigungen
uncanned fuel element *(Kern)* nacktes (nichtumhülltes) Brennelement *n*, Brennelement *n* ohne Hülle
uncertainty 1. *(mathPh)* Ungewißheit *f*, Unbestimmtheit *f*, Unsicherheit *f (Statistik)* ; 2. *(Qu)* Unbestimmtheit *f*, Unschärfe *f*, Ungenauigkeit *f*
~ **of measurement** *(Meß)* Meßunsicherheit *f*
~ **of the measurement** *(Meß)* Meßunsicherheit *f*, Unsicherheit *f* des Meßwertes *(Abweichung vom wahren Wert)*
~ **relation** *(Qu)* Heisenbergsche Unbestimmtheitsrelation (Unschärferelation), Ungenauigkeitsrelation) *f*
unclosed pair *(Mech)* kraftschlüssige Paarung *f*
uncoated lens *(Opt)* unvergütetes (nichtentspiegeltes) Objektiv *n*
uncoiling 1. *(At)* Entknäuelung *f (von Molekülen)* ; 2. *s.* unwinding
uncollided density *(statPh)* Dichte *f* der ersten Weglänge, Dichte *f* vor dem ersten Stoß
~ **particle** *(statPh)* Teilchen *n* der ersten Weglänge, jungfräuliches Teilchen *n*, Teilchen *n* vor dem ersten Stoß
unconditional inequality *(mathPh)* identische (unbedingte, absolute) Ungleichung *f*
~ **jump** *(mathPh, Reg)* unbedingter Sprung *m*, unbedingte Verzweigung *f*, Einschleusung *f*
unconditionally convergent series *(mathPh)* unbedingt (kommutativ) konvergente Reihe *f*
unconfined colour *(Hoch)* freie Farbe *f*
~ **compressive strength** *(Mech)* einaxiale Druckfestigkeit *f*
~ **explosion** *(physCh)* Explosion *f* im offenen Raum, Explosion *f* in der freien Atmosphäre
~ **flow** *(Hydr)* ungespannte Strömung *f*
~ **sight** *(Opt)* unbehinderte (freie) Sicht *f*

unconformity Nichtübereinstimmung *f*, Diskrepanz *f*, Abweichung *f*, Divergenz *f*
unconstrained [material] particle *(Mech)* freier Massenpunkt (Punkt) *m*
~ **system** *(Mech)* System *n* ohne Zwangsbedingungen (Zwang), freies System *n*
uncontrolled chain reaction *(Kern)* unkontrollierte Kettenreaktion *f*, divergente (durchgehende, ungesteuerte) Reaktion *f*
~ **runaway** *(Kern) s.* reactor excursion
uncoupled spin *(At)* nichtkompensierter Spin *m*
uncoupling 1. *(Mech)* Abkupplung *f*, Entkupplung *f*, *(speziell:)* Ausrückung *f*, Ausklinkung *f* ; 2. *(El)* Auskopplung *f*
~ **agent** *(physCh)* Entkoppler *m*
uncroaching *(physCh)* Wegschwemmung *f*, Fortschwemmung *f*, Fortspülung *f*, Abspülung *f*
uncrossed double images *(Opt)* ungekreuzte (gleichnamige, gleichliegende) Doppelbilder *npl*
undamped natural frequency Eigenfrequenz *f* der ungedämpften Schwingung *f*, ungedämpfte Eigenfrequenz *f*
~ **wave** 1. *(Mech)* ungedämpfte Welle *f*, *(manchmal:)* kontinuierliche Welle *f* ; 2. *(El, Magn)* kontinuierliche (ungedämpfte) Welle *f*, A-Welle *f*, Dauerstrich *m*
undecidability *(mathPh)* Unentscheidbarkeit *f*
undeflected beam spot *(Krist)* Primärfleck *m*, Durchstoßpunkt *m* des Primärstrahls
undemonstrability *(mathPh)* Unbeweisbarkeit *f*
under-surface *(Ström)* Unterseite *f*, Bauch *m*, Boden *m*
underbunching *(El)* unterkritische Ballung (Paketierung) *f*
undercooling *(Therm)* Unterkühlung *f (Vorgang)*
undercoupled resonance *(El)* Resonanz *f* unterkritisch gekoppelter Schwingkreise
undercurrent release (trip) *(El)* Unterstromauslöser *m*, Stromrückgangsauslöser *m*
undercut 1. *(Halbl)* Unterätzung *f* ; 2. *(Mech)* Hinterschnitt *m*, *(speziell:)* Unterschnitt *m*, Unterschneidung *f*
underdamping schwache (unterkritische, periodische) Dämpfung *f*, Unterdämpfung *f (einer Schwingung)*
underdense plasma *(Pl)* unterdichtes Plasma *n (Elektronendichte* $< 10^{12}$ *e/cm)*
underdeterminate (underdetermined) system *(mathPh)* unterbestimmtes System *n (von partiellen Differentialgleichungen)*
underestimation Unterschätzung *f*
underlap *(Mech)* negative Überdeckung *f*
underload *(El)* Unterlast *f*, Unter[be]lastung *f*
undermatch[ing] *(El)* Stromanpassung *f*, Unteranpassung *f*

underpressure *(Mech)* Unterdruck *m*, *(speziell:)* Minderdruck *m (in einem Volumen, gegenüber der Umgebung)*
~ **wake** *(Ström)* Unterdrucknachlauf *m*
undershoot *(El)* Unterschwingen *n*, Impulsunterschwingen *n*, Unterschwung *m*, Einschwung *m*
~ **[water]wheel** *(Hydr)* unterschlächtiges Wasserrad *n*
underspin *(Mech)* unzureichender Drall *m*, Unterdrall *m (eines Geschosses)*
undertow [current] *(Hydr)* Sog *m*, Gegenströmung *f*, Gegenstrom *m*, [bodennahe] Rückströmung *f*, Grundströmung *f*
underwashing *(Hydr)* Unterkolkung *f*, *(allgemeiner:)* Auskolkung *f*
underwater acoustics *(Ak)* Hydroakustik *f*, Unterwasserakustik *f*, *(speziell:)* Wasserschalltechnik *f*
~ **sound** *(Ak)* Unterwasserschall *m*, Wasserschall *m*
~ **sound projector** *(Ak)* Unterwasserschallstrahler *m*, Unterwasserschallsender *m*, Unterwasserschallgeber *m*
undesired noise *(Ak)* [störendes] Nebengeräusch *n*, Störgeräusch *n*, Rauschen *n*
undetermined coefficient *(mathPh)* unbestimmter Koeffizient *m*
~ **multiplier** *(mathPh)* Lagrangescher Multiplikator *m*
undeterminedness *(mathPh)* Unbestimmtheit *f*
undeviated (undiffracted) light *(Opt)* direktes (nichtgebeugtes, ungebeugtes) Licht *n*
undirected force *(Mech)* ungerichtete Kraft *f*
undispersed light *(Opt)* [spektral] unzerlegtes Licht *n*
undissolved [matter] *(physCh)* ungelöste Substanz *f*, ungelöster Stoff *m*, Ungelöstes *n*
undistinguishability *(Kern, statPh)* Nichtunterscheidbarkeit *f*, Ununterscheidbarkeit *f (von Teilchen)*
undistorted lattice *(Krist)* ungestörtes (unverzerrtes) Kristallgitter (Gitter) *n*
~ **optical system** *(Opt)* verzeichnungsfreies optisches System *n*
undisturbed flow *(Ström)* freie (ungestörte, störungsfreie) Strömung *f*
~ **Sun** *(Astr)* ruhige Sonne *f*
undular [hydraulic] jump *(Hydr)* unvollkommener Wechselsprung *m*
undulating current 1. *(El)* Wellenstrom *m*, Mischstrom *m* ; 2. *(Ström)* s. ~ flow
~ **extinction** s. undulatory extinction
~ **flow** *(Ström)* Wellenströmung *f*, Wellenstrom *m*
~ **quantity** *(El)* Mischgröße *f*
undulation theory of light *(Opt)* Wellentheorie *f* des Lichtes [von Huygens], Undulationstheorie *f*, Lichttheorie *f* von Huygens

undulatory extinction *(Krist, Opt)* undulöse Auslöschung *f*, undulierende (wellenartige, ungleichmäßige) Auslöschung *f*
~ **motion** *(Mech)* Wellenbewegung *f*, wellenförmige Bewegung *f*
~ **radiation** *(El, Magn)* Wellenstrahlung *f*
unequal-armed lever *(Mech)* ungleicharmiger Hebel *m*
~ **stress** *(Mech)* ungleichförmige (ungleichmäßige) Spannung *f*, *(speziell:)* ungleichförmige (ungleichmäßige) Beanspruchung *f*
uneven burnup *(Kern)* ungleichförmiger Abbrand *m*
~ **fracture** *(Mech)* unebener Bruch *m*
unevenness 1. *(Mech)* Unebenheit *f (einer Oberfläche)* ; 2. *(mathPh)* Ungeradzahligkeit *f*, *(einer Zahl:)* Geradheit *f*
unfavourable geometry *(Kern)* ungünstige Geometrie *f*
unfavoured transition 1. *(Kern)* nichtbegünstigter Übergang (Betaübergang) *m*, normaler Betaübergang *m* ; 2. *(Qu)* nichtbegünstigter (erschwerter) Übergang *m*
unfilled level *(Fest, Qu)* unbesetztes Niveau *n*
~ **shell** *(At, Kern)* nichtabgeschlossene (unvollständige, nicht vollbesetzte) Schale *f*
unfolded spectrum *(Kern)* entfaltetes Spektrum *n*
unfolding *(Kern)* Entfaltung *f*, Spektrenentfaltung *f (Rücktransformation in das wahre Spektrum)*
ungated period *(Halbl)* Sperrperiode *f*
ungearing *(Mech)* Ausrücken *n*, *(speziell:)* Auskuppeln *n*
unhydrogen-like atom *(At)* wasserstoffunähnliches (nichtwasserstoffähnliches) Atom *n*
uniaxial crystal *(Krist, Opt)* einachsiger (uniaxialer) Kristall *m*, optisch einachsiger Kristall *m*
~ **extension** *(Krist)* Streckung *f*, einachsige Ausdehnung *f*
~ **indicatrix** *(Krist, Opt)* Indexellipsoid *n* für optisch einachsige Kristalle
unicity *(mathPh)* Eindeutigkeit *f*, Unität *f (einer Lösung)*
unicomponent system s. unitary system
unicovalency *(At)* Einbindigkeit *f*
unidentate ligand *(physCh)* einzähniger (einzähliger) Ligand *m*, unidentaler Ligand *m*
unidirectional conduction *(El)* einsinnige Leitung *f*, Leitung *f* (Stromfluß *m*) in einer Richtung
~ **coupler** *(El)* Sperrkoppler *m*, Einwegkoppler *m*
~ **direct current** *(El)* einsinniger Strom *m*
~ **field** *(El)* Gleichfeld *n*
~ **motion** *(Mech)* gleichgerichtete (gleichsinnige) Bewegung *f*

unidirectional 418

~ **point source** *(Kern)* kollimierte (gerichtet strahlende) Punktquelle *f*
~ **pulse** 1. einseitiger Impuls *m*, Stoß *m*; 2. *(El)* Gleichstromimpuls *m*
~ **surge** *(El)* Stoßwelle *f*
unification *(Feld)* Vereinheitlichung *f*, Unifizierung *f*
unified atomic mass constant *(At)* [vereinheitlichte] Atommassenkonstante *f*, m_u
~ **atomic mass unit** *(At)* atomare (atomphysikalische) Masse[n]einheit *f*, vereinheitlichte atomare Masse[n]einheit, u *(bezogen auf* ^{12}C*)*
~ **atomic millimass unit** *(At)* tausendstel atomare (atomphysikalische) Masse[n]einheit *f*, tausendstel vereinheitlichte atomare Masse[n]einheit *f*
~ **field theory** *(Feld)* einheitliche Feldtheorie *f*, Einstein-Schrödinger-Theorie *f*
~ **gauge theory** *(Feld)* einheitliche Eichfeldtheorie *f*
~ **mass unit** *s.* ~ atomic mass unit
~ **model** *(Kern)* kombiniertes (vereinigtes) Kernmodell *n*, Kombinationsmodell *n*
~ **signal** *(El)* Einheitssignal *n*, Signal *n* mit vereinheitlichtem Änderungsbereich
uniflow current *(Ström)* Gleichstrom *m*
uniform acceleration *(Mech)* gleichförmige Beschleunigung *f*
~ **boundedness** *(mathPh)* gleichmäßige Beschränktheit *f*
~ **chromaticity scale** *(Opt)* empfindungsgemäß gleichabständige Farbskala *f*, UCS
~ **chromaticity scale diagram** *(Opt)* empfindungsgemäß gleichabständige Farbtafel *f*, UCS-Farbtafel *f*
~ **color scales system** *(US, Opt)* empfindungsgemäß gleichabständiges Farbsystem (System) *n*, UCS-System *n*
~ **diffuser** *(Opt)* gleichmäßig diffus strahlende (leuchtende) Fläche *f*, gleichmäßig streuende Fläche *f*
~ **dilation** *(Mech)* gleichförmige Dilatation *f*, reine Volumenänderung *f*
~ **distribution** *(mathPh)* Gleichverteilung *f*, rechteckige Verteilung *f*, Rechteckverteilung *f*
~ **elongation** *(Mech)* Gleichmaßdehnung *f*
~ **ensemble** *(statPh)* uniforme Gesamtheit
~ **extension** *(Mech)* Gleichmaßdehnung *f*
~ **-field breakdown** *(El, Halbl)* Homogenfeld-Durchbruch *m*, Homogenfeld-Durchschlag *m*
~ **flow** *(Hydr)* gleichförmiges Fließen *n*, gleichförmige (gleichmäßige, homogene) Strömung *f*, Gleichstrom *m*
~ **inclination fringe** *(Opt)* s. Haidinger interference fringe
~ **model [of nucleus]** *(Kern)* Wigner-Modell *n*, statistisches Kernmodell *n* nach Wigner, statistisches Compoundkernmodell *n*

~ **most powerful test** *(mathPh)* gleichmäßig bester (der mächtigste, trennschärfster) Test, UMP-Test *m*
~ **motion in a straight line** *(Mech)* gleichförmige (gleichförmig) geradlinige Bewegung *f*
~ **random noise** *(El)* weißes Rauschen *n*, *(selten:)* Weißrauschen *n*
~ **sidereal time** *(Astr)* mittlere Sternzeit *f*
~ **speed motion** *(Mech)* gleichförmige Bewegung *f*
~ **thickness fringe** *(Opt)* s. Fizeau fringe
uniformity Gleichmäßigkeit *f*, Gleichförmigkeit *f*, *(speziell:)* Gleichgradigkeit *f*
~ **field strength** *(Magn)* Grenzfeldstärke *f*, Stabilitätsfeldstärke *f* *(eines magnetisch harten Materials)*
~ **ratio** *(Opt)* Gleichmäßigkeitsfaktor *m*, Gleichmäßigkeitsgrad *m*, Gleichmäßigkeit *f* *(der Beleuchtung)*
uniformizing [function] *(mathPh)* Uniformisierende *f*
uniformly continuous function (map) *(mathPh)* gleichmäßig stetige Abbildung (Funktion) *f*
~ **variable motion** *(Mech)* gleichförmig beschleunigte Bewegung *f*
unilateral conductivity *(El)* asymmetrische Leitfähigkeit *f*, Leitfähigkeit *f* in einer Richtung
~ **constraint** *(Mech)* einseitige (nicht umkehrbare) Bindung (Bedingung, Zwangsbedingung) *f*
~ **slit** unilateraler Spalt *m*
unimeter *(El)* s. voltammeter 1.
unimolecular film (layer) *(physCh)* Monoschicht *f*, monomolekulare Schicht *f*, Einfachschicht *f*
uninverted-top-to-bottom image *(Opt)* höhenrichtiges Bild *n*
union 1. Vereinigung *f*, Zusammenfügung *f*, Zusammenführung *f*; 2. Vereinigung *f*, Verband *m* *(z. B. von Molekülen)*; 3. *(mathPh)* Vereinigung *f*, [logische] Summe *f*, Vereinigungsmenge *f*, Summenmenge *f*; 4. *(Ström)* Rohrverbindungsstück *n*, Verbindungsstutzen *m*
unipartite curve *(mathPh)* einteilige Kurve *f*
unipivot suspension *(El)* Einspitzenlagerung *f*
uniplanar motion *(Mech)* ebene Bewegung *f*
~ **point** *(mathPh)* uniplanarer Doppelpunkt (Knotenpunkt, Punkt) *m*, Uniknoten *m* *(einer Fläche)*
unipolar centre *(Astr)* unipolares [magnetisches] Gebiet *n*, UM-Gebiet *n*
unique existence *(mathPh)* Existenz *f* und Eindeutigkeit *f*
~ **transition** *(Qu)* unique-verbotener Übergang *m*
uniqueness *(mathPh)* 1. Eindeutigkeit *f*; 2. Spezifität *f* *(Statistik)*

unirefringent crystal *(Opt)* einfachbrechender Kristall *m*
unison *(Ak)* reine Prime *f*, Einklang *m*
unit 1. *(Meß)* Einheit *f*, Maßeinheit *f* ; 2. *(Mech)* Baustein *m*, Baueinheit *f*, Einheit *f* ; 3. *(El)* Funktionseinheit *f*, Einheit *f* ; 4. *(mathPh)* Einselement *n*, Einheitselement *n*, Eins *f (eines Rings)* ; 5. *(mathPh)* Einheit *f*, invertierbares Element *n*, Teiler *m* des Einselementes *(eines Ringes)*, Ringeinheit *f*

~-**area acoustic admittance** *(Ak)* spezifische (flächenbezogene) Schalladmittanz *f*, spezifische akustische Admittanz *f*

~-**area acoustic conductance** *(Ak)* spezifische (flächenbezogene) Schallkonduktanz *f*, Feldkonduktanz *f*, spezifische akustische Konduktanz *f*

~-**area acoustic impedance** *(Ak)* spezifische (flächenbezogene) Schallimpedanz *f*, Feldimpedanz *f*

~-**area acoustic reactance** *(Ak)* spezifische (flächenbezogene) Schallreaktanz *f*, Feldreaktanz *f*, spezifische akustische Reaktanz *f*

~-**area acoustic resistance** *(Ak)* spezifische (flächenbezogene) Schallresistanz *f*, Feldresistanz *f*, spezifische akustische Resistanz *f*

~-**area acoustic susceptance** *(Ak)* spezifische (flächenbezogene) Schallsuszeptanz *f*, Feldsuszeptanz *f*, spezifische akustische Suszeptanz *f*

~-**area acoustical ohm** *s.* rayl

~ **barrier layer** *(Halbl)* bezogene (spezifische) Sperrschichtdicke *f*

~ **cell** *(Krist)* Elementarzelle *f*, Einheitszelle *f*

~ **cell dimension** *(Krist)* [kristallographische] Gitterkonstante *f*, Gitterparameter *m*, Kristallgitterkonstante *f*

~ **cell group** *(Krist)* Faktorgruppe *f (der Raumgruppe)*

~ **cell vector** *(Krist)* Basis[gitter]vektor *m*, Basisvektor *m* der Einheitszelle, Grundtranslationsvektor *m*

~ **charge** 1. [elektrische] Elementarladung *f*, elektrisches Elementarquantum *n* ; 2. *(El) s.* franklin

~-**construction matrix** *(Phot)* Farbmatrix *f*

~ **delay** *(El)* Verzögerungsnetzwerk *n* mit der Verzögerung eins *(ein Zeitnormal)*

~ **deviation of prism** *(Opt)* Prismengrad *m*

~ **diagram** *(Mech)* Einheitsdiagramm *n*, Spannungsverteilungsdiagramm *n* für die charakteristische Länge eins

~ **doublet** *(mathPh)* Einheits-Wechselstoß *m*

~ **duration** *(El)* Schrittlänge *f*, Schrittdauer *f (eines Signals)*

~ **elongation** *(Mech)* Dehnung *f*, Längsdehnung *f*, relative Längenänderung *f*, Längsverzerrung *f (bei Zug, Größe)*

~ **equation** Einheitengleichung *f*

~ **extension** *s.* ~ elongation

~ **face** *(Krist)* Einheitsfläche *f*, Bezugsfläche *f*, Primärform *f*, Grundform *f*

~ **force** *(Mech)* Krafteinheit *f*

~ **hydrograph** *(Hydr)* Einheits[abfluß]ganglinie *f*, bezogene Abflußganglinie (Ganglinie) *f*

~ **lattice** *(Krist)* Elementargitter *n*

~ **magnetic mass** *(El)* elektromagnetische Einheit *f* der Polstärke, emE der Polstärke, [elektromagnetische] Polstärkeneinheit *f*

~ **magnification** *(Opt)* einfache Vergrößerung *f* (+ 1 oder – 1)

~ **matrix** *(mathPh)* 1. Einheitsmatrix *f* ; 2. unimodulare Matrix *f*

~ **normal [vector]** *(mathPh)* Normalvektor *m*, Normalen[einheits]vektor *m*

~ **of measurement** *(Meß)* Einheit *f*

~ **operation** Grundoperation *f*

~ **operator** *(mathPh)* identischer Operator *m*, Einsoperator *m*, Identitätsoperator *m*

~ **plane** *(Opt)* Hauptebene *f (als Kardinalelement)*

~ **point** 1. *(Opt)* Hauptpunkt *m (als Kardinalelement)* ; 2. *(mathPh)* Einheitspunkt *m*

~ **pole** *(Magn)* [magnetischer] Einheitspol *m*

~ **power reactivity** *(Kern)* Reaktivität *f* je Leistungseinheit

~ **quantity of electricity** *s.* ~ charge 1.

~ **resilience** *(Mech)* spezifische Formänderungsarbeit *f* (Verformungsarbeit) *f*

~ **rupture work** *(Mech)* Brucharbeitsvermögen *n*

~ **separative work** *(physCh)* Einheitstrennarbeit *f (einer Zentrifuge, einer Stufe)*

~ **shear** *(Mech)* Schiebung *f*, Gleitung *f*, Schubverzerrung *f*, Scherung *f*, Schubwinkel *m*, Winkel *m* der Scherung, Gleitwinkel *m (beim Schub, Größe)*

~ **shortening** *(Mech)* Stauchung *f*, negative Dehnung *f*, Schrumpfung *f (bei Druck, Größe)*

~ **step [function]** *(El, Reg)* Einheitssprungfunktion *f*, Heaviside-Funktion *f*

~ **stereographic triangle** *(Krist)* Einheitsdreieck *n (bei der stereographischen Projektion von Kristallen)*

~ **strain** *(Mech)* 1. längenbezogene (spezifische) Verzerrung *f* (Formänderung) *f (Größe)* ; 2. *s.* ~ elongation; 3. *s.* ~ shortening; 4. *s.* ~ shear

~ **strength** *(Mech)* spezifische (massebezogene) Festigkeit *f*

~ **stress** *(Mech)* (auf den Querschnitt) bezogene Spannung *f*, flächenbezogene (spezifische) Beanspruchung (Belastung) *f (Größe)*

~ **system** 1. *(Meß)* Einheitensystem *n* ; 2. *(Opt)* optisches System *n* mit einem Abbildungsmaßstab + 1 oder – 1

~ **trichromatic equation** *(Opt)* Farbwertanteilgleichung *f*

unit

- **~ tube** Einheitsfeldröhre f, Einheitskraftröhre f
- **~ weight** 1. *(Mech)* Gewichtseinheit f; 2. *(Therm)* Leistungsgewicht n *(eines Dampfkessels)*
- **unitarian transformation** *(mathPh)* unitäre Transformation f, *(für eine Matrix:)* unitäre Ähnlichkeitstransformation f
- **unitarity bound (limit)** *(Feld)* Unitaritätsgrenze f, Unitaritätsschranke f
- **unitary mass density** *(Mech)* druckbezogene Massendichte f
- **~ stimulus** *(Opt)* Primärvalenz f, Bezugsfarbe f, *(selten:)* Bezugsfarbvalenz f, Eichreiz m
- **~ system** *(physCh)* Einstoffsystem n, unitäres System n, Einkomponentensystem n
- **united atom model** *(At)* Modell n des vereinigten Atoms, Molekülmodell n der zusammengeführten Kerne
- **unity** Wert m eins (Eins), Wert 1, Eins f
- **~ coupling** *(El, Magn)* vollkommene (ideale) Kopplung f
- **~-ratio system** *(Reg)* bezogenes System n
- **univalence, univalency** *(At)* Einwertigkeit f, Monovalenz f
- **univectorial property** *(Krist)* univektorielle (polare) Eigenschaft f *(eines Kristalls)*
- **universal broadening** *(Spektr)* universelle Verbreiterung f, Verbreiterung f durch elastischen Stoß
- **~ characteristic** *(Ström)* Muscheldiagramm n, Muschelschaubild n, *(speziell:)* Muschelkurve f *(einer Turbine)*
- **~ dimensionless constant** universelle Zahlenkonstante f, arithmetische Invariante f
- **~ equilibrium hypothesis** *(Ström)* Kolmogorowsche (Kolmogovsche) Ähnlichkeitshypothese f
- **~ gas constant** *(Therm)* molare (universelle) Gaskonstante f, *(selten:)* allgemeine (ideale) Gaskonstante f
- **~ gravitation** *(Feld, Mech)* s. gravitation
- **~ instability** *(Pl)* Driftinstabilität f, universelle Instabilität f, Instabilität f durch Anregung von Driftwellen
- **~ shunt** *(El, Meß)* Stromteiler m nach Ayrton, Ayrton-Widerstand m, Mehrfachnebenwiderstand m, Ringschaltung f
- **~ space** Weltraum m
- **~ stage** *(Opt)* Universaldrehtisch m, Fedorov-Tisch m, Fjodorow-Tisch m *(drei-, vier- oder fünfachsig)*
- **~ time** *(Rel)* universelle Zeit f
- **~ time clock** *(Astr)* Welt[zeit]uhr f
- **~ time coordinated** *(Astr)* koordinierte Weltzeit f, UTC
- **universe** 1. *(Astr)* Kosmos m, Weltall n, Universum n; 2. *(mathPh)* Universum n, universale Menge f *(z. B. erster Stufe)*; 3. *(mathPh)* Grundgesamtheit f, Population f, Gesamtheit f *(Statistik)*

- **unknown [quantity]** *(mathPh)* Unbekannte f, unbekannte Größe f
- **unladen mass (weight)** *(Mech)* Leermasse f, *(nicht empfohlen:)* Leergewicht n
- **unlike charge** *(El)* ungleichnamige (ungleichartige) Ladung f
- **~ pair** *(El)* Hin- und Rückleitung f
- **unlimited stream** *(Hydr)* unbeschränkte Strömung f, *(speziell:)* unbegrenztes Wasser n
- **unlit surface** *(Opt)* unbeleuchtete Fläche f
- **unloading** *(Mech)* 1. Entlastung f; Ablastung f; 2. *(Kern)* Entladung f, Ausladung f *(z. B. von Brennstoffkassetten aus einem Reaktor)*
- **~ wave velocity** *(Fest, Mech)* Geschwindigkeit f der Entlastungswelle, Entlastungswellengeschwindigkeit f
- **unmasking altitude** *(El)* Erfassungshöhe f *(Radartechnik)*
- **unmoderated fission neutron** *(Kern)* ungebremstes Spaltneutron n
- **~ reactor** *(Kern)* nichtmoderierter (unmoderierter) Reaktor m
- **unmodified gear** *(Mech)* Nullrad n
- **~ scatter[ing]** *(At, Kern)* Streuung f ohne Energieänderung *(auch eines Photons)*
- **unnotched specimen** *(Mech)* Voll[probe]stab m, ungekerbter Probestab (Stab) m
- **unoccupied level** *(Fest, Qu)* unbesetztes Niveau n
- **~ trap** *(Fest)* unbesetzte (nichtbesetzte, leere) Haftstelle f
- **unode** *(mathPh)* s. uniplanar point
- **unpaired electron** *(At)* unpaares (ungepaartes, unpaariges) Elektron n
- **unpinning of dislocations** *(Krist)* Auflösung f von Versetzungsstaus
- **unpitched sound** *(Ak)* Klanggemisch n
- **unpredictability** Nichtvorhersagbarkeit f
- **unprimed quantity** *(mathPh)* ungestrichene Größe f
- **unpromoted electron** *(At)* unpromoviertes (nichtangehobenes, nichtbegünstigtes) Elektron n
- **unprovability** *(mathPh)* Unbeweisbarkeit f
- **unreacted monomer** *(physCh)* nichtumgesetztes (unreagiertes) Monomer n, *(speziell:)* unverbrauchtes Monomer n
- **unrelated frequencies** *(mathPh)* unabhängige Häufigkeiten fpl
- **unrelaxed modulus [of elasticity]** *(Mech)* momentaner Elastizitätsmodul m
- **unreliability** Ausfallwahrscheinlichkeit f, Unzuverlässigkeitsfunktion f
- **unresistive expansion** *(Therm)* widerstandslose Ausdehnung f
- **~ flow** *(Ström)* verlustlose Strömung f
- **unresolvability** *(Opt)* Nichtauflösbarkeit f, Unauflösbarkeit f, *(speziell:)* Nichttrennbarkeit f, Untrennbarkeit f
- **unrestricted Hartree-Fock approximation** *(At, Qu)* Hartree-Fock-Näherung f mit reinen Einelektronpinzuständen, UHF-Näherung f, DODS-Methode f

unsafe failure *(Kern)* nicht sicherheitsgerichteter Ausfall *m*
unsaturate *(At)* ungesättigte Verbindung *f*
unsaturated bond *(At)* ungesättigte (nicht abgesättigte, freie) Bindung *f*
~ **inversion density** *(Opt, Qu)* Dichte *f* der ungesättigten Inversion
~ **solution** *(physCh)* ungesättigte (untersättigte) Lösung *f*
~ **valence** *(At)* nicht abgesättigte Valenz *f*, freie Valenz *f*
unsaturation electron *(At)* freies (bewegliches, ungesättigtes) Elektron *n*
unscreened interaction *(Kern)* nichtabgeschirmte (nackte) Wechselwirkung *f*
unsealed radioactive material *(Kern)* offener radioaktiver Stoff *m*
unseeded solution *(physCh)* ungeimpfte Lösung *f*
unshaded circle heller (offener) Kreis *m* (in einem Bild)
unshared electron *(At)* nichtaufgeteiltes (nichtverteiltes) Elektron *n*
unsharpness *(Opt)* Unschärfe *f*, Bildunschärfe *f*, Flauheit *f*, Verschmiertheit *f*, Abbildungsunschärfe *f*
unsheared magnetization curve *(Magn)* ungescherte Magnetisierungskurve *f*
unshielded source *(Kern)* nichtabgeschirmte (unabgeschirmte) Strahlenquelle *f*
unshifted term *(Qu, Spektr)* Ritzscher Term *m*, unverschobener (ungestrichener) Term *m*
unsigned number Zahl *f* ohne Vorzeichen, vorzeichenlose Zahl *f*
unsprung mass *(Mech)* ungefederte Masse *f*
unsqueezing *(Opt)* anamorphotische Entzerrung *f*
unstability 1. Instabilität *f*, Labilität *f*, Unstabilität *f*; 2. *(physCh)* Unbeständigkeit *f*, Instabilität *f*
unstable equilibrium *(Mech)* labiles Gleichgewicht *n*, *(manchmal:)* instabiles Gleichgewicht *n*
~ **isotope** *(Kern)* Radioisotop *n*, radioaktives (instabiles) Isotop *n*
~ **particle** *(Hoch)* instabiles (zerfallendes) Teilchen *n*
~ **phase** *(Therm)* unbeständige Phase *f*
~ **vibration** sich aufschaukelnde Schwingung *f*
unsteadiness Unstetheit *f*, Unbeständigkeit *f*, Wechselhaftigkeit *f*, unstete Bewegung *f*
~ **number of Szebehely** *(Ström)* Szebehelysche Zahl *f*, Szebehely-Zahl *f*
~ **of light** *(Opt)* Flackern *n* des Lichtes
unsteady flow *(Ström)* instationäre (nichtstationäre) Strömung *f* (zeitlich veränderlich)
~-**state flow** *(Ström)* instationäre (nichtstationäre) Mehrphasenströmung *f*, *(speziell:)* instationäre Zweiphasenströmung *f* (mit veränderlichem Volumenverhältnis der Phasen)

unstick speed *(Aero)* Abhebegeschwindigkeit *f*
unstrained state *(Mech)* unverformter (nichtdeformierter) Zustand *m*
untensioning *(Mech)* Entspannung *f*, Spannungsentlastung *f*
untextured material *(Fest)* texturfreies (nichttexturiertes) Material *n*
unwanted radiation *(Kern)* Störstrahlung *f*
unweighability *(Mech, physCh)* Unwägbarkeit *f*
unweighted mean *(mathPh)* ungewogenes Mittel *n*, ungewichteter Mittelwert *m*
~ **noise** *(El)* unbewertetes Rauschen *n*
~ **signal-to-noise ratio** *(El)* Fremdspannungsabstand *m*
unwinding *(Mech)* Abwickeln *n*, Abspulen *n*, Abrollen *n*
up-and-down line *(El)* Hin- und Rückleitung *f*
~-**and-down stroke** *(Mech)* Doppelhub *m* (des Kolbens), Kolbenspiel *n*
~-**Doppler condition (situation)** *(Ak, El, Opt)* Aufeinanderzubewegung *f* von Quelle und Empfänger bei der Doppler-Effekt-Messung, Annäherung *f* der Quelle bei der Doppler-Effekt-Messung (Frequenz ist höher)
~-**down counter** *(Kern)* Vor-Rück-Zähler *m*, Vorwärts-Rückwärts-Zähler *m*, Zweirichtungszähler *m*
~-**sizing** maßstäbliche Vergrößerung *f* (eines Modells)
~-**time** *(Kern)* Verfügbarkeitszeit *f*, *(speziell:)* Inbetriebzeit *f* (einer Strahlenquelle)
updating time *(Meß, Reg)* Aktualisierungszeit *f* (Fernwirktechnik)
upflow *(Ström)* Aufwärtsströmung *f*, aufsteigender Strom *m*, Aufstrom *m*
uphill diffusion *(physCh)* Diffusion *f* gegen den Konzentrationsgradienten, negative (steigende) Diffusion *f*
Uppendahl prism *(Opt)* Uppendahlsches Prismenumkehrsystem *n*, Uppendahl-Prisma *n*
upper bound theorem for plasticity *(Mech)* Satz *m* (Theorem *n*) von der oberen Schranke für die Plastizität
~ **calorific value** *(Therm)* s. heat of combustion 1.
~ **circle** *(Opt)* Noniusplatte *f* (eines Noniustheodoliten)
~ **consolute point (temperature)** *(physCh)* obere kritische Lösungstemperatur *f*, oberer kritischer Mischungspunkt *m*
~ **harmonic** 1. Oberschwingung *f* höherer Ordnung, höhere Harmonische *f*, *(speziell:)* höchste Oberschwingung (Harmonische) *f*; 2. *(Ak)* Oberton *m*
~ **hemispherical reflectivity** *(Opt)* oberer halbräumlicher (hemisphärischer) Reflexionsgrad *m*
~ **leg** *(Aero)* Aufstiegsbahn *f*

upper

~ **limit position** *(Reg)* obere Endlage (Endstellung) *f*, o.E.
~ **mirage** *(Opt)* obere Luftspiegelung *f*, Luftspiegelung *f* nach oben
~ **partial** Oberschwingung *f*
~ **pool elevation** *(Hydr)* Oberwasserspiegel *m*, gestauter Wasserspiegel *m*
~ **transit** *(Astr)* obere Kulmination *f*
~ **triangular matrix** *(mathPh)* obere Halbmatrix (Dreiecksmatrix) *f*
~ **yield point [stress], ~ yield strength** *(Mech)* obere Streckgrenze (Fließgrenze) *f*, Loslösespannung *f*
uppermost harmonic höchste Oberschwingung *f* (Harmonische) *f*
upranging *(Meß)* Umschaltung *f* in einen höheren Meßbereich
upright 1. *(Hydr)* Aufrechtstellung *f*, aufgerichtete Lage *f*; 2. *(Mech)* Vertikale *f*, Vertikalelement *n*, Vertikalstab *m*, Ständer *m*
UPS *(Spektr)* Ultraviolett-Photoelektronenspektroskopie *f*, UV-Photoelektronenspektroskopie *f*, UVS
upscattering *(Kern)* Aufwärtsstreuung *f*
upstream *(Hydr)* Zulaufseite *f (einer Turbine)*
~ **flow** *(Ström)* Anströmung *f*, Zuströmung *f*
upthrust method *(Therm)* Wägeverfahren *n*, Wägungsverfahren *n (zur Bestimmung des Wärmeausdehnungskoeffizienten von Flüssigkeiten)*
upward draught *(GB, Aero)* Saugzug *m*
~ **spin** *(Aero)* Aufwärtsstrudeln *n*
upweight *(Aero)* Nutzlast-Startmasse *f (einer Rakete)*
upwind *(Aero)* Gegenströmung *f*, Gegenwind *m*
US bushel s. bushel *(US)*
US standard candle s. standard candle 1.
US Survey foot *(Mech)* US Survey foot *n (SI-fremde Einheit der Länge in der Geodäsie; 1 US Survey foot = 30,48006 cm)*
US Survey inch *(Mech)* US Survey inch *n (SI-fremde Einheit der Länge in der Geodäsie; 1 US Survey inch = 2,540005 cm)*
usable field *(Ak)* Nutzfeld *n*
usage factor *(Kern)* Benutzungszeit *f*, Benutzungsdauer *f (einer Strahlenquelle)*
useful beam *(Kern)* Nutzstrahl[enkegel] *m*, Nutzstrahlenbündel *n (einer Bestrahlungsquelle, auch eines Röntgenstrahlers)*
~ **capture** *(Kern)* Spalteinfang *m*, zur Spaltung führender Neutroneneinfang *m*
~ **field [intensity]** *(El)* Nutzfeldstärke *f*
~ **neutron** *(Kern)* zur Spaltung führendes Neutron *n*, Neutron *n*, dessen Einfang zur Spaltung führt
~ **solid angle** *(Spektr)* nutzbarer Raumwinkel *m*, „Lichtstärke" *f (eines Massenspektrographen)*

UST factor *(Phot)* Ultrakurzzeitfaktor *m*, UKZ-Faktor *m*
usual calorimeter *(Therm)* Mischungskalorimeter *n*
UTC *(Astr)* s. universal time coordinated
utilance *(Opt)* Raumwirkungsgrad *m*
utilization coefficient s. ~ factor 1.
~ **factor** 1. Ausnutzungsverhältnis *n*, Ausnutzungsfaktor *m*, Ausnutzungskoeffizient *m*, *(in Prozent:)* Ausnutzungsgrad *m*; 2. *(Opt)* Beleuchtungswirkungsgrad *m*; 3. *(Kern)* Einschaltverhältnis *n (einer Strahlenquelle)*; 4. *(El)* Belegungsfaktor *m*
~ **factor formula** *(Opt)* Wirkungsgradformel *f*
utilized beam flux *(Opt)* Nutzlichtstrom *m*
~ **flux ratio** *(Opt)* Nutzlichtstromanteil *m*
~ **luminous energy** *(Opt)* Nutzlichtmenge *f*
UTS *(Mech)* s. ultimate tensile stress
UV ... s. ultraviolet ...

V

V-A theory *(Hoch)* Vektor-Axialvektor-Theorie *f*, (V- A)-Theorie *f*, V-A-Theorie *f*
V-I characteristic s. voltage-current characteristic
V-M cycle *(Therm)* Vuillemier-Kreisprozeß *m*, V-M-Kreisprozeß *m*
V-n diagram *(Aero)* V,n-Diagramm *n*, Äquivalentgeschwindigkeits-Normalbeschleunigungs-Diagramm *n*
V-notch 1. *(Mech)* Spitzkerbe *f*, V-Kerbe *f*, V-Kerb *m*; 2. *(Hydr)* V-Blende *f*, V-Meßblende *f*
V-number *(Opt)* normierte Frequenz *f*, V-number *f (einer optischen Faser)*
v/v *(physCh)* s. volume/volume
% (v/v) *(physCh)* Prozent *n* Volumenanteil, *(nicht mehr empfohlen:)* Volumenprozent *n*, Vol.-%
vac 1. Volt *n* Wechselspannung; 2. *(Mech)* Millibar *n*, mb *(SI-fremde Einheit des Druckes; 1 mb = 100 Pa)*
vacancy *(Krist)* Leerstelle *f*, Vakanz *f*, Gitterlücke *f*, Fehlstelle *f*, Lückenatom *n*
~ **aggregate (cluster)** *(Krist)* Leerstellencluster *m*, Leerstellenassoziat *n*, Leerstellenagglomerat *n*
~ **-interstitial pair** *(Krist)* Frenkel-Defekt *m*, Frenkel-Paar *n*, Frenkelsche Fehlordnung *f*, Frenkel-Fehlstelle *f*
~ **pair** *(Krist)* Doppelleerstelle *f*, Leerstellenpaar *n*, Schottky-Defektpaar *n*, doppelter Schottky-Defekt *m*
vacant electron site *(Krist)* Defektelektron *n*, [positives] Loch *n*, Elektronenloch *n*, Mangelelektron *n*, Elektronenleerstelle *f*, Lückenelektron *n*
~ **shell** *(At, Kern)* freie (unbesetzte) Schale *f*
vacillation *(Meß)* Einspielen *n (des Zeigers)*

vactroller *(Vak)* Kontrollvakuummeter n
vacuojunction *(El)* Vakuumthermoelement n *(zur Messung sehr kleiner Ströme)*
vacuous set *(mathPh)* leere Menge f
vacuum 1. Vakuum n, freier (leerer) Raum m *(frei von Materie und Feldern)* ; 2. Vakuum n *(Zustand in gasgefüllten Räumen mit Drücken weit unterhalb des Atmosphärendrucks)* ; 3. *(Feld, Qu)* s. ~ state; 4. *(Mech)* s. underpressure
~ **-arc T-F emission** *(El, Fest)* glüh- und feldemissionsinitiierter Vakuumdurchschlag m, TF-Emissions-Vakuumdurchschlag m
~ **bay** *(Spektr)* Analysenteil n(m) *(eines Massenspektrometers)*
~ **breaker [valve]** *(Ström)* Vakuumbrecher m, Vakuumbrechventil n, Rückschlagventil n gegen Vakuum
~ **breaking** *(Ström)* Vakuumbruch m
~ **cold trap** *(Vak)* Kühlfalle f, Kondensationsfalle f
~ **compartment** *(Vak)* Unter[druck]raum m, Vakuum n
~ **control** *(Vak)* Vakuumregelung f, *(speziell:)* Unterdrucksteuerung f
~ **-deposited layer** Vakuumaufdampfschicht f, [vakuum]aufgedampfte Schicht f
~ **deposition** *(Vak)* Vakuumbeschichtung f *(Vorgang)*, *(speziell:)* Vakuumaufdampfung f *(eines Metalls)*, Vakuumbedampfung f *(mit einem Metall)*
~ **diagram** *(Ström)* Unterdruckfigur f
~ **-driven [wind] tunnel** *(Aero)* Unterdruck[wind]kanal m, Vakuumwindkanal m
~ **envelope** 1. *(Vak)* Vakuummantel m ; 2. *(El)* Vakuumkolben m *(einer Hochvakuumröhre)*
~ **equations** *(Vak)* Grundgleichungen fpl der Vakuumphysik, Vakuumgleichungen fpl
~ **evaporation** 1. Verdampfung f im Vakuum, Vakuumverdampfen n ; 2. s. ~ deposition
~ **filling** *(El)* Vakuumimprägnierung f, Vakuumtränkung f
~ **flask** *(Therm)* Dewar-Gefäß n, Dewarsches (Weinholdsches) Gefäß n, Vakuummantelgefäß n
~ **fusion** *(physCh)* Vakuumschmelze f, Schmelzen n im Vakuum
~ **gauge** *(Mech)* Vakuummeter n, Unterdruckmeßgerät n, *(manchmal:)* Vakuummesser m
~ **gauge with alpha emitter** *(Mech)* Alphatron n, Ionisationsvakuummeter n mit Alphastrahler
~ **head** *(Hydr)* Unterdruckhöhe f
~ **-insulated line (pipe)** *(Vak)* vakuumisolierte Leitung f
~ **jacket** *(Therm)* Vakuummantel m, Kalorimetervakuummantel m
~ **joint** *(Vak)* Vakuumverbindung f

~ **leak detection** *(Vak)* Vakuumverfahren n der Lecksuche, Vakuumlecksuche f, Unterdrucklecksuche f
~ **lock** *(Vak)* 1. Vakuumschleuse f ; 2. Vakuumverschluß m
~ **measurement** *(Mech, Vak)* Unterdruckmessung f, Messung f niedriger Drücke
~ **mechanical pump** *(Vak)* mechanische Vakuumpumpe (Pumpe) f
~ **metallizer** *(Vak)* Vakuumaufdampfanlage f, Vakuum[metall]bedampfungsanlage f
~ **packaging** *(Halbl)* Vakuumverkappung f, Vakuumverkapselung f
~ **phase velocity** Phasengeschwindigkeit f im Vakuum (leeren Raum), Vakuumphasengeschwindigkeit f *(einer Welle)*
~ **plumbing** *(Vak)* Vakuuminstallation f
~ **port** *(Vak)* Vakuumanschluß m
~ **putty** *(Vak)* Vakuumkitt m
~ **receiver** *(Vak)* Vakuumvorlage f
~ **seal[ing]** *(Vak)* Vakuumdichtung f, Vakuumabschluß m
~ **space** *(Vak)* Unterdruckraum m, Vakuumraum m, Vakuum n
~ **state** *(Feld, Qu)* Vakuumzustand m, Grundzustand m, Vakuum n
~ **thrust** *(Aero)* Vakuumschub m
~ **tightness** *(Vak)* Dichtheit f, Dichtigkeit f, Lecksicherheit f, Hermetizität f
~ **trapezoid** *(Ström)* Unterdrucktrapez n
~ **tube** *(El)* Hochvakuumröhre f, Vakuum[elektronen]röhre f
~ **value of velocity** s. velocity in empty space
~ **value of wavelength** *(El, Magn)* Vakuumwellenlänge f, Wellenlänge f im Vakuum
~ **valve** 1. *(Vak)* Vakuumventil n ; 2. *(GB, El)* Hochvakuumröhre f, Vakuum[elektronen]röhre f ; 3. *(GB, El)* Vakuumgleichrichterröhre f, Hochvakuum-Gleichrichterröhre f

vacuumization *(Vak)* Vakuumbehandlung f
VAD [technique] *(Opt)* Gasphasen-Abscheidetechnik f, VAD-Technik f, VAD
vagabond ray *(Opt)* Irrstrahl m
valence 1. *(At)* Wertigkeit f, Valenz f *(Eigenschaft)* ; 2. *(At)* [maximale] Wertigkeit f, Valenz f *(Größe)* ; 3. *(At)* s. electrovalence ; 4. *(mathPh)* Stufe f, Ordnung f, Valenz f, Stufenzahl f *(eines Tensors)*
~ **angle** *(At)* Valenzwinkel m, Bindungswinkel m
~ **bond** *(At)* Valenzbindung f
~ **-bond approximation** *(At)* Valenzstrukturnäherung f, Valenzbindungsnäherung f, VB-Näherung f
~ **-bond diagram** *(At)* Valenzstrukturdiagramm n, Valenzbindungsdiagramm n, VB-Diagramm n
~ **-bond method** *(At)* Valenzstrukturmethode f, Valence-Bond-Methode f, Valenzbindungsmethode f, VB-Methode f, Heitler-London-Slater-Pauling-Methode f, HLSP-Methode f

valence

~-**bond structure** *(At)* Valenz[bindungs]struktur *f*
~ **crystal** *(Krist)* Atomkristall *m*, Valenzkristall *m*, homöopolarer Kristall *m*, Kristall *m* vom Atomgittertyp
~ **force model** *(At)* Valenzkraftmodell *n*, Modell *n* der reinen Valenzkräfte
~ **number** *(At)* Valenzzahl *f*, Wertigkeitszahl *f*
~ **orbit** *(At)* Valenzbahn *f*, kernfernste Bahn *f*, äußerste Elektronenbahn *f*
~ **shell** *(At)* Valenzschale *f*, Außenschale *f*, äußere Elektronenschale *f*, kernfernste Schale *f*
~ **shell electron** *(At)* Valenzelektron *n*, Außenelektron *n*, kernfernes Elektron *n*
~ **stage** *(At)* Valenzstufe *f*, Wertigkeitsstufe *f*
~ **vibration** *(At)* Valenzschwingung *f*, Bindungs-Streckungs-Schwingung *f*, Streckungsschwingung *f*, Dehnungsschwingung *f*
valency *(At)* s. valence
valid digit (figure) *(mathPh)* gültige Ziffer (Stelle) *f (einer Zahl)*
validation *(mathPh)* Validierung *f*, Gültigkeitsfeststellung *f*, Gültigmachen *n (einer Rechnung oder von Daten)*
validity *(mathPh)* Gültigkeit *f*, *(speziell:)* Validität *f*
valley Tal *n*, Talwert *m (einer Kurve)*
~ **[point] voltage** *(Halbl)* Talspannung *f*
valuation *(mathPh)* Bewertung *f*
value 1. Wert *m (einer Größe: Zahl × Einheit)*, Größenwert *m*, Größe *f (einer Größenart)* ; 2. s. measured value; 3. *(Opt)* Helligkeit *f*, Maßzahl *f (im Munsell-System)* ; 4. *(Opt)* Farbwert *m*, trichromatische Maßzahl *f*, Farbmaßzahl *f* ; 5. *(physCh)* s. separative work content
~-**continuous signal** wertkontinuierliches Signal *n*
~-**discrete signal** wertdiskretes Signal *n*
~ **function** *(physCh)* s. 1. separative potential; 2. separative work content
~-**scale division** *(Meß)* Skalenwert *m*, Skw., SKW, *(manchmal:)* Skalenteilungswert *m*
valve 1. *(Ström)* Ventil *n* ; 2. *(El)* [elektrisches] Ventil *n* ; 3. *(GB, El)* Elektronenröhre *f (gasgefüllt oder evakuiert) (s. a. unter tube)*
~ **area** *(Ström)* [freier] Ventilquerschnitt *m*, Ventilöffnungsquerschnitt *m*
~ **bounce** *(Ström)* Prellen *n*, Ventilprellen *n*
~ **characteristic** *(El)* Röhrenkennlinie *f*
~ **gate** *(Ström)* Abschlußkörper *m*, Ventilkörper *m*
~ **gear** *(Ström)* Ventilsteuerung *f (Einrichtung)*
~ **key** *(Ström)* Ventilkeil *m*
~ **lift diagram** *(Ström)* Hubdiagramm *n*, Ventilhubdiagramm *n*, Ventilerhebungsdiagramm *n*
~ **noise** *(El)* Röhrenrauschen *n*
~ **opening area** s. ~ area
~-**off**, ~-**out** *(Ström)* Abschiebern *n*, Schließen *n* (Abschluß *m*) des Schiebers
~ **positioner** *(Reg)* Ventilstellungsregler *m*, Positionär *m*
~ **potentiometer** *(El)* Poggendorf-Kompensator *m*, Kompensationsschaltung *f* nach Poggendorf
~ **stroke** *(Mech)* Hub *m*, Hubweg *m*, Ventilhub *m (Größe)*
~ **tray** *(physCh)* Ventilboden *m*, Klappenboden *m*
~ **tube** *(El)* Kenotron *n*, Glühventil *n*, Hochvakuum-Diodengleichrichterröhre *f*
Van der Waals adsorption *(physCh)* Physisorption *f*, Van-der-Waals-Adsorption *f*, physikalische (reversible) Adsorption *f*
Van Vleck paramagnetism *(Fest, Magn, Qu)* temperaturunabhängiger Paramagnetismus *m*, TIP, Van-Vleck-Paramagnetismus *m*, Hochfrequenzparamagnetismus *m*, HF-Paramagnetismus *m*
vane 1. *(Aero)* Schaufel *f*, Flügel *m (eines Windrades)* ; 2. *(Astr, Opt)* Flügel *m*, Platte *f (eines Radiometers)* ; 3. Leitschaufel *f (einer Pumpe)* ; 4. *(El)* Flügel *m*, flügelförmige (lemniskatenförmige, biskuitförmige) Nadel *f (eines Elektrometers)* ; 5. *(Ström)* Drallblech *n*, Drallfahne *f*, Wirbelfläche *f*, Leitblech *n (eines Wasserabscheiders)* ; 6. *(Opt)* Visierscheibe *f*, Nivellierscheibe *f* ; 7. *(Aero)* Böenfühler *m*, Böensensor *m*
~ **air motor** *(Ström)* Flügelzellenluftmotor *m*
~ **technique** *(Tief)* Lamellentechnik *f*
vaned diffuser *(Ström)* beschaufelter Diffusor *m*
vaneless diffuser *(Ström)* unbeschaufelter (schaufelloser) Diffusor *m*
vanishing current method *(Kern)* Nullstrommethode *f (der Ionisationspotentialbestimmung)*
~ **line** *(mathPh)* 1. Fluchtlinie *f*, Fluchtgerade *f* ; 2. Verschwindungslinie *f*, Verschwindungsgerade *f (bei der Zentralperspektive)*
vanishingly small quantity *(mathPh)* infinitesimale Größe *f*, verschwindend (unendlich) kleine Größe *f*, *(manchmal:)* Infinitesimalgröße *f*
van't Hoff reaction box *(physCh)* van't Hoffscher Gleichgewichtskasten *m*, Gleichgewichtskasten *m* nach van't Hoff
van't Hoff's law *(physCh)* RGT-Regel *f*, Reaktionsgeschwindigkeit-Temperatur-Regel *f*, van't Hoffsche Regel *f*
vapor[iz]ability *(physCh)* Verdampfbarkeit *f*, Verdampfungsfähigkeit *f*, Verdampfungsvermögen *f*
vaporization *(physCh)* Verflüchtigung *f*, *(allgemeiner:)* Verdampfung *f*, Übergang *m* in den Dampfzustand, Überführung *f* in den Dampfzustand, *(unterhalb des normalen Siedepunktes:)* Verdunstung *f*

~ **coefficient** *(Therm)* Verdampfungszahl f, *(in der Hertz-Knudsen-Formel:)* Verdampfungskoeffizient m
~ **cooling** Verdampfungskühlung f
vaporous cavitation *(Hydr)* echte Kavitation f, Dampfkavitation f, Dampfblasenbildung f
~ **envelope** *(Ström)* s. vapour sheath
vaporus *(physCh)* s. vapourus
vapour *(Therm)* Dampf m
~ **blanket** *(Therm)* Dampfkissen n, Dampffilm m
~-**bulb thermometer** *(Therm, Tief)* Dampfdruckthermometer n, Tensionsthermometer n, Spannungsthermometer n, *(selten:)* Thalpotasimeter n, Stockthermometer n
~ **compression cycle** *(Tief)* Dampfkompressionskälteprozeß m, Kaltdampfkompressionsprozeß m
~ **concentration** *(physCh)* absolute Feuchte (Luftfeuchte) f, *(allgemeiner:)* absolute Dampffeuchte (Gasfeuchte) f
~ **deposition** 1. *(physCh)* Aufdampfung f, Bedampfung f, Dampfplattierung f; 2. *(Halbl, Krist)* s. ~-phase deposition
~-**grown crystal** *(Krist)* aus der Dampfphase gewachsener Kristall m, *(speziell:)* aus der Dampfphase gezüchteter Kristall m
~ **levitation epitaxy** *(Halbl)* Dampfschwebeepitaxie f, VLE
~-**phase axial deposition technique** *(Opt)* Gasphasen-Abscheidetechnik f, VAD-Technik f, VAD
~-**phase deposition** *(Halbl, Krist)* chemische Aufdampfung f (Dampfphasenabscheidung, Gasphasenabscheidung) f, CVD-Verfahren n
~-**phase epitaxy (epitaxial technology)** *(Halbl)* Dampfphasenepitaxie f, Dampfphasenepitaxieverfahren n, VPE
~-**phase growth** *(Krist)* Dampfphasenzüchtung f, Kristallzüchtung f aus der Dampfphase
~ **pressure** *(Therm)* Dampfdruck m, Dampfspannung f, *(speziell:)* Sattdampfdruck m, Sättigungsdruck m
~-**pressure constant** *(physCh)* chemische Konstante f
~-**pressure deficit** *(Therm)* Sättigungsdefizit n, Sättigungsmangel m, Sättigungsfehlbetrag m, Dampfhunger m
~ **screen method** *(Aero)* Kondensationsmethode f *(der Sichtbarmachung von Strömungen)*
~ **sheath (shroud)** *(Ström)* Dampfmantel m, Dampfhülle f, Dampfhemd n
~ **tension** *(Therm)* Dampfdruck m, Dampfspannung f, Dampftension f
~ **trail** *(Aero)* Kondensstreifen m
~ **train** *(Astr)* Nebelschweif m, Dampfschweif m *(eines Meteors)*
~ **trap** 1. *(Therm)* Dampffalle f; 2. *(Vak)* Dampfsperre f, Prallfläche f, Baffle n

vapours 1. *(Therm)* Brüden m, Schwaden m, *(speziell:)* Wrasen m, Brodem m; 2. *(physCh)* Dämpfe mpl
vapourus *(physCh)* Kondensationskurve f, Kondensationslinie f, obere (rechte) Grenzkurve f, Tau[punkts]kurve f, Vaporus m *(im Siedediagramm)*
var *(El)* s. volt-ampere reactive
vari-mu ... s. variable-mu ...
variability 1. *(mathPh)* Streuung f, zufällige (statistische) Streuung f, Variabilität f, Dispersion f; 2. *(Astr)* Helligkeitsschwankung f *(eines Gestirns)*; 3. *(physCh)* Anzahl (Zahl) f der Freiheitsgrade *(eines Systems)*
variable 1. *(mathPh)* Variable f, Veränderliche f; 2. *(Astr)* Veränderlicher m, veränderlicher Stern m, *(selten:)* variabler Stern m; 3. *(Therm)* s. ~ of state
~-**area flow** *(Ström)* Strömung f mit veränderlichem Querschnitt
~-**area [flow]meter** *(Hydr)* Staudruck-Durchflußmesser m, Staudruckzähler m, nach dem Staudruckverfahren arbeitender Strommesser m
~-**capacitance pick-up (sensor)** *(El)* kapazitiver Sensor (Meßfühler, Meßwertaufnehmer) m
~ **capacity pump** *(Hydr)* Verstellpumpe f, Pumpe f mit veränderlicher Verdrängung
~ **cell method** *(Kern)* „constant-sagitta"-Methode f, Methode f der veränderlichen Zelle *(Zellenlänge)*
~ **coordinate** *(mathPh)* laufende Koordinate f
~-**focus condenser** *(Opt)* pankratischer Kondensor m, *(speziell:)* pankratischer Mikroskopkondensor m
~ **index** Laufindex m, laufender (variabler) Index m
~-**inductance pick-up (sensor)** *(El)* induktiver Sensor (Meßfühler, Meßwertaufnehmer) m
~-**inlet guide vane** *(Aero)* Vordrallschaufel f *(eines Umwälzgebläses)*
~-**inlet vane** *(Aero)* Drallregler m *(einer Zentrifugalpumpe oder eines Turboverdichters)*
~ **leak valve** *(Vak)* Dosierventil n
~ **moment of inertia model** *(Kern)* VMI-Modell n, Modell n des variablen Trägheitsmoments *(ein Kernmodell)*
~-**mu action** *(El)* Exponentialwirkung f
~-**mu valve** *(El)* Regelröhre f, Variabel-S-Röhre f, Röhre f mit veränderlicher Steilheit, Exponentialröhre f, Variabel-μ-Röhre f, Selektode f
~ **of state** *(Therm)* Zustandsgröße f, [thermodynamische] Zustandsfunktion f, Zustandsvariable f
~-**pitch airscrew** *(Aero)* Verstellpropeller m, im Fluge verstellbare Luftschraube f
~ **power prism** *(Opt)* veränderlicher Keil m
~ **power telescope** *(Opt)* Fernrohr n mit veränderlicher Objektivbrennweite

variable

~-reluctance microphone *(Ak, El)* magnetisches Mikrophon *n*, Magnetmikrophon *n*

~-reluctance pick-up *(El)* magnetischer Meßwertaufnehmer *m*, Aufnehmer *m* mit veränderlichem magnetischem Widerstand

~-resistance transducer *(El)* ohmscher Wandler *m*, Widerstandaufsnehmer *m*, Widerstands[meß]geber *m*

~-transductance principle *(El, Meß)* Prinzip *n* der spannungsgesteuerten Stromverteilung

~ transformation *(mathPh)* Substitution *f* der Variablen, Variablentransformation *f*, Einführung *f* einer neuen Veränderlichen

variance 1. *(mathPh)* Varianz *f*, Streuung *f*, Dispersion *f*, mittlere quadratische Abweichung *f*, Streuungsquadrat *n*, var (σ^2) *(Statistik)*; 2. *(physCh, Therm)* [thermodynamischer] Freiheitsgrad *m*, Freiheit *f (frei wählbare Versuchsbedingung in der Gibbsschen Phasenregel)*; 3. *(Therm)* Anzahl *f* der [thermodynamischen] Freiheitsgrade *(in der Gibbsschen Phasenregel)*

~ ratio *(mathPh)* Varianzquotient *m*, Snedecorsche Stichprobenfunktion *f*, [Snedecorsche] F-Stichprobenfunktion *f*, F-Statistik *f*, F-Maßzahl *f*

variate *(mathPh)* s. random variable

variation 1. Änderung *f*, Veränderung *f*, Variation *f*, *(speziell:)* Abänderung *f*; 2. *(mathPh)* Variation *f*, Schwankung *f*, δ*f (einer Funktion)*; 3. *(Meß)* Abweichung *f (vom wahren Wert)*; 4. *(Magn)* Deklination *f*, magnetische Deklination (Mißweisung) *f*

~ of amplitude *(El)* Amplitudenhub *m*

~ of mass with velocity *(Rel)* Massenveränderlichkeit *f*, relativistische Massenveränderlichkeit *f* (Massenänderung) *f*

variational calculus *(mathPh)* Variationsrechnung *f*

~ electromotive force *(El)* Transformations-EMK *f*, transformatorisch induzierte elektromotorische Kraft *f*, EMK *f* der Ruhe

~ orbit *(Astr)* [Hillsche] Variationsbahn *f*

variety *(mathPh)* Mannigfaltigkeit *f*

varmeter *(El)* Blindleistungsmeßgerät *n*, Varmeter *n*

variolosser *(El)* Variolosser *m*, stellbares (regelbares) Dämpfungsglied *n*

variometer 1. *(El)* Variometer *n*, kontinuierlich (stetig) einstellbare Induktivität *f*, *(speziell:)* Drehspulvariometer *n*; 2. *(Magn)* Variometer *n (zur Messung von Veränderungen geomagnetischer Felder)*

~ rotor *(El, Magn)* drehbare (innere) Variometerspule *f*

~ stator *(El, Magn)* feste (äußere) Variometerspule *f*

varying lustre *(Opt)* Schillerglanz *m*

VB ... *(At)* s. valence-bond ...

vdc Volt *n* Gleichspannung

VDM *(Hoch)* Vektordominanzmodell *n (ein Teilchenmodell)*

VDU *(El)* Anzeigeröhre *f*

vectogram *(mathPh)* Vektordiagramm *n*, Zeigerdiagramm *n (in der numerischen Mathematik)*

vecton *(Feld, Hoch)* Vektorteilchen *n*, Vekton *n*, vektorielles Teilchen *n*

vector 1. *(mathPh)* Vektor *m*, Tensor *m* erster Stufe, einstufiger Tensor *m*; 2. s. phasor 2.

~ addition coefficient *(Qu)* Clebsch-Gordan-Koeffizient *m*, Vektoradditionskoeffizient *m*, Vektorkopplungskoeffizient *m*

~ composition *(mathPh)* Vektoraddition *f*, geometrische Addition *f*

~ diagram s. vectogram

~ impedance *(El)* Impedanzoperator *m*, Widerstandsoperator *m*

~ momentum *(Mech)* [linearer] Impuls *m*, Impuls *m* der Bewegung, Bewegungsgröße *f*, mechanischer Impuls *m (Produkt von Masse und Geschwindigkeit)*

~ power *(El)* Leistungsoperator *m*

~-power factor *(El)* Leistungsfaktoroperator *m*

~ rate of diffusion *(physCh)* Diffusionsstromdichte *f*

~ representation Zeigerdarstellung *f*, *(allgemeiner:)* Vektordarstellung *f*, *(seltener:)* Strahldarstellung *f*

~ solid spherical harmonic *(mathPh)* vektorielle räumliche Kugelfunktion *f*, räumliche Vektorkugelfunktion *f*

~ space 1. *(mathPh)* Vektorraum *m*, linearer Raum (Vektorraum) *m*; 2. *(Krist)* Patterson-Raum *m*, Patterson-Karte *f (dreidimensional)*

~ spherical function *(Kern)* Vektorkugelfunktion *f*, Winkelspinfunktion *f*

~ spherical harmonic *(mathPh)* Vektorkugelfunktion *f*, vektorielle Kugelfunktion *f*

~ sum *(Mech)* Resultierende *f*, Vektorsumme *f (eine Vektorgröße)*

~ system 1. *(Mech)* Kraftsystem *n*, Kräftegruppe *f*, Vektorsystem *n*; 2. *(mathPh)* s. system of vectors

~ thrust *(Aero)* Schubumlenkung *f*

~ tube *(mathPh)* Vektor[feld]röhre *f*, Feld[linien]röhre *f*

4-vector *(Rel)* Vierervektor *m*, 4-Vektor *m*, Lorentz-Vektor *m*

~ potential *(Feld, Rel)* Viererpotential *n*, Vierervektor *m* des Potentials, vierdimensionales Potential *n*

vectored quantity *(mathPh)* gerichtete Größe *f*, Richtgröße *f*

~ thrust *(Aero)* Schubumlenkung *f*

vectorial angle *(mathPh)* Richtungswinkel *m*, Amplitude *f*, Polarwinkel *m (als ebene Polarkoordinate)*

vee notch s. V-notch 1.

vehicle *(Aero)* Träger *m*, *(speziell:)* Trägerrakete *f*

veiling glare *(Opt)* Schleierblendung f, Nebelblendung f
vein 1. *(Ström)* feiner (dünner) Strahl m, Feinstrahl m ; 2. *(Opt)* dünne Schliere f *(ein Glasfehler)*
veining *(physCh)* Äderung f *(einer Metalloberfläche)*
velocimeter *(Ak)* Wasserschallgeschwindigkeitsmesser m *(s. a.* velocity meter*)*
velocity 1. Phasengeschwindigkeit f *(einer Welle)* ; 2. *(Mech)* [lineare] Geschwindigkeit f *(Vektor)* ; 3. *(Ak)* Schallschnelle f, *(besonders in Zusammensetzungen:)* Schnelle f *(s. a.* unter speed*)*
~ **addition formula** *(Rel)* [Einsteinsches] Additionstheorem n der Geschwindigkeiten
~ **amplitude** *(Ak)* Schallschnelle[n]amplitude f, Schnelleamplitude f, Schwingungsamplitude f der Teilchen, *(nicht empfohlen:)* Geschwindigkeitsamplitude f
~ **antinode** *(Ak)* Schnellebauch m
~-**area measurement of discharge** *(Hydr)* Geschwindigkeitsflächenmethode f *(der Abflußmessung)*
~ **coefficient** 1. *(Ström)* Geschwindigkeitsziffer f, Geschwindigkeitsbeiwert m ; 2. *(Vak)* Geschwindigkeitsfaktor m
~ **compatible with the constraints** *(Mech)* mögliche Geschwindigkeit f, mit den Bindungen verträgliche Geschwindigkeit f
~ **compounding** *(Ström)* Geschwindigkeitsverbund m, Geschwindigkeits[ab]stufung f
~ **constant** *(physCh)* Geschwindigkeitskonstante f, spezifische Reaktionsgeschwindigkeit f
~-**defect law** *(Ström)* Geschwindigkeitsdefektgesetz n *(der Grenzschicht)*
~ **diagram** *(Aero)* Geschwindigkeitsdreieck n, Winddreieck n
~-**distance relation** *(Astr)* Hubblesches Gesetz n, Rotverschiebungs-Entfernungs-Relation f, Geschwindigkeit[s]-Abstand[s]-Beziehung f
~-**distance value** *(Hydr)* Abstandsgeschwindigkeit f
~ **ellipse** *(Ström)* Adiabatenellipse f, Geschwindigkeitsellipse f
~ **energy** *(Ström)* spezifische kinetische Energie f, Geschwindigkeitsenergie f
~ **faster than light** *(Rel)* Überlichtgeschwindigkeit f
~ **head** *(Hydr)* Geschwindigkeitshöhe f, *(manchmal:)* Geschwindigkeitsgefälle n, Fließfallhöhe f *(einer inkompressiblen Flüssigkeit)*
~ **head coefficient** *(Hydr)* Staudruckbeiwert m, Geschwindigkeitshöhenbeiwert m
~ **head compression** *(Ström)* Stauverdichtung f
~ **hydrophone** *(Ak)* Schnellehydrophon n
~ **in empty (free) space** Vakuum[ausbreitungs]geschwindigkeit f, Vakuumwellengeschwindigkeit f, Ausbreitungsgeschwindigkeit f (Wellengeschwindigkeit) f im freien (leeren) Raum
~ **incompatible with the constraints** *(Mech)* unmögliche Geschwindigkeit f, mit den Bindungen unverträgliche Geschwindigkeit f
~ **loop** *(Ak)* Schnellebauch m
~ **loss** *(Ström)* Strömungsverlust m, hydraulischer Verlust m
~ **lower than that of light** *(Rel)* Unterlichtgeschwindigkeit f
~ **meter** 1. *(Mech)* Geschwindigkeitsmesser m ; 2. *(Ak)* Schallschnellemesser m, Schnellemesser m ; 3. *(Hydr)* Schraubenzähler m
~ **microphone** *(Ak)* Druckgradientmikrophon n, Schnellewandler m, geschwindigkeitsempfindlicher Schalldetektor m
~-**modulation effect** *(El)* Laufzeiterscheinung f, Laufzeitphänomen n
~ **node** *(Ak)* Schnelleknoten m
~ **of approach flow** *(Ström)* Anström[ungs]geschwindigkeit f, Zuströmgeschwindigkeit f
~ **of energy transmission** *(Krist, Opt)* Strahl[en]geschwindigkeit f, Ausbreitungsgeschwindigkeit f der Lichtenergie, Geschwindigkeit f der Energiefortpflanzung f, Energie[transport]geschwindigkeit f
~ **of fall (falling body)** *(Mech)* Fallgeschwindigkeit f
~ **of impact** *(Mech)* Aufschlaggeschwindigkeit f, Auftreffgeschwindigkeit f
~ **of light in vacuo** *(El, Magn)* Vakuumlichtgeschwindigkeit f, Lichtgeschwindigkeit f im freien Raum, elektromagnetische Konstante f *(Skalar)*
~ **of propagation** Ausbreitungsgeschwindigkeit f *(eines Vorgangs)*, Fortpflanzungsgeschwindigkeit f
~ **of retreat** *(Hydr)* Ablaufgeschwindigkeit f, Abflußgeschwindigkeit f, Abströmgeschwindigkeit f
~ **of ricochet** *(Mech)* Aufprallgeschwindigkeit f
~ **of slip** *(Ström)* Gleitgeschwindigkeit f *(bei der Zweiphasenströmung)*
~ **of sound determination** *(Therm)* Schallgeschwindigkeitsverfahren n *(zur Bestimmung des Verhältnisses der spezifischen Wärmen)*
~ **of streaming** *(Ström)* Strömungsgeschwindigkeit f *(Vektor oder Skalar)*, Strecke je Zeiteinheit)
~ **of translation** *(Mech)* Führungsgeschwindigkeit f
~ **of transverse sound waves** *(Ak, Fest, Mech)* transversale Schallgeschwindigkeit f, Ausbreitungsgeschwindigkeit f transversaler Schallwellen
~ **of wave** Ausbreitungsgeschwindigkeit f einer Welle, Wellen[ausbreitungs]geschwindigkeit f

velocity 428

- ~ **overshoot** *(Halbl)* temporäre Geschwindigkeitsüberschreitung *f*
- ~ **potential** 1. *(El)* Geschwindigkeitspotential *n* ; 2. *(Ström)* Geschwindigkeitspotential *n*, Potentialfunktion *f* ; 3. *(Ak)* Schnellepotential *n*, Potential *n* der Schallschnelle
- ~ **potential theorem** *(Ström)* Lagrange-Cauchyscher Satz *m* [vom Geschwindigkeitspotential], Lagrange-Cauchyscher Satz *m* über Potentialströmung
- ~ **pressure** *s.* wind pressure
- ~ **rate** *(El, Magn)* Verkürzungsfaktor *m*, Antennenverkürzungsfaktor *m*
- ~ **ratio** *(Mech)* Kraftweg/Lastweg-Verhältnis *n* *(einer Maschine)*
- ~ **recorder** *(Mech)* Geschwindigkeitsschreiber *m*, Zeit-Weg-Schreiber *m*, *(speziell:)* Tachograph *m*
- ~ **staging** *(Ström)* Geschwindigkeitsverbund *m*, Geschwindigkeits[ab]stufung *f*
- ~ **vector diagram** *(Aero)* Geschwindigkeitsdreieck *n*, Winddreieck *n*

4-velocity *(Rel)* Vierergeschwindigkeit *f*, Vierervektor *m* der Geschwindigkeit, vierdimensionale Geschwindigkeit *f*

velogrid *(El)* Beschleunigungsgitter *n*

vena contracta *(Hydr)* vena (Vena) *f* contracta, verengter Flüssigkeitsstrahl *m*, engster Strahlquerschnit *m (hinter einer Öffnung)*

Venetian blind dynode *(El)* Jalousiedynode *f*
- ~ **effect** *(El)* Jalousieeffekt *m*
- ~ **shutter** *(Opt)* Jalousieblende *f*, Klappblende *f*

vent 1. Entlüftung[söffnung] *f (eines Rohres oder Behälters)* ; 2. *(Opt)* Oberflächenriß *m (ein Glasfehler)*

vented baffle *(Ak, El)* reflektierende Wand *f*, Reflexionsplatte *f (eines Lautsprechers)*
- ~ **battery** *(Ech)* belüftete (entlüftete) Batterie *f*

ventilated flow *(Hydr)* belüftete Strömung *f*

ventilation, venting Lüftung *f*, Ventilation *f*, [Ent- und] Belüftung *f*

ventral fin *(Aero)* Bauchflosse *f*

venturi *(Ström)* Venturi-Rohr *n*, Venturi-Düse *f*, Venturi[meter] *n*, *(speziell:)* Venturi-Wassermesser *m*, Venturi-Kanalmesser *m*
- ~ **flume** *(Hydr)* Venturi-Kanal *m*

Venturi throat *(Ström)* Hals *m* (engste Stelle *f*) des Venturi-Rohrs
- ~ **tube** *(Ström)* Venturi-Rohr *n*, Venturi-Düse *f*, Venturirohr *n*

vergence of punctum proximum *(Opt)* reziproker Nah-Scheitelbrechwert *m*, Nahpunktsrefraktion *f*, Nahpunktsbrechkraft *f*
- ~ **of punctum remotum** *(Opt)* reziproker Fern-Scheitelbrechwert *m*, Fernpunktsrefraktion *f*, Fernpunktsbrechkraft *f*

verification Verifikation *f*, Nachweis *m*

vernal [equinox] point *(Astr)* Frühlingspunkt *m*, Widderpunkt *m*, Frühlingsäquinoktium *n*

vernier *(Meß)* Nonius *m*, *(selten:)* Vernier *m*
- ~ **adjustment** Feinjustierung *f*
- ~ **tuning** *(El)* Feinabstimmung *f*

vertex 1. *(Astr)* Vertex *m*, Fluchtpunkt *m (von Sternströmen oder -gruppen)* ; 2. *(mathPh)* Spitze *f (eines gleichschenkligen Dreiecks)* ; 3. *(mathPh)* Kegelspitze *f*, Spitze *f*, *(selten:)* Scheitel[punkt] *m* ; 4. *(mathPh)* Scheitel[punkt] *m (eines Kegelschnitts, einer Kurve oder eines Winkels)* ; 5. *(mathPh)* Knoten[punkt] *m*, Ecke *f (in einem Graphen oder Netzwerk)* ; 6. *(mathPh)* Eckpunkt *m*, Ecke *f (eines Vielecks oder Vielflachs)* ; 7. *(Opt)* Scheitel *m*, Scheitelpunkt *m (einer Linse)*, *(speziell der Augenlinse:)* Pol *m* ; 8. *(Qu)* Vertex *m*, Ecke *f (eines Feynman-Diagramms)*
- ~ **angle** *(mathPh)* 1. Winkel *m* an der Spitze, Scheitelwinkel *m (eines gleichschenkligen Dreiecks)* ; 2. Öffnungswinkel *m (eines Kegels)*
- ~**-diffraction law** *(Opt)* Kantenbrechungsgesetz *n*
- ~ **feed** *(El, Magn)* Scheitelpunktspeisung *f (einer Antenne)*
- ~ **focal length** *(Opt)* Schnittweite *f (einer Linse)*
- ~ **focimeter** *(Opt)* Scheitelbrechwertmesser *m*
- ~ **function** *(Feld, Qu)* Eckenfunktion *f*, Vertexfunktion *f*
- ~ **locus** *(Opt)* Scheitelkurve *f*
- ~ **power** *(Opt)* Scheitelbrechwert *m*, Scheitelbrechkraft *f (einer Linse)*
- ~ **refraction** *(Opt)* Scheitel[punkts]refraktion *f*

vertical Lotrechte *f*, Vertikale *f*, *(wenn kein Zweifel möglich ist:)* Senkrechte *f (in Richtung der Schwerkraft)*
- ~ **angle** *(mathPh)* Scheitelwinkel *m (bei sich schneidenden Geraden)*
- ~ **axis** 1. *(Krist)* Vertikalachse *f* ; 2. *(Opt)* Stehachse *f*, Vertikalachse *f*, Umdrehungsachse *f*, Drehachse *f*, Alhidadenachse *f (eines Theodoliten)*
- ~ **component effect** *(El, Magn)* Antenneneffekt *m*
- ~ **condenser** *(Opt)* Auflichtkondensor *m*, Vertikalkondensor *m*
- ~ **dial** *(Astr)* Vertikaluhr *f*
- ~ **flight** *(Aero)* Steilflug *m*, *(speziell:)* Vertikalflug *m*, Senkrechtflug *m*
- ~ **hydrodynamic force** *(Hydr)* hydrodynamischer Auftrieb *m*
- ~ **illumination** *(Opt)* Auflichtbeleuchtung *f*, Vertikalbeleuchtung *f*
- ~**-incidence transmission** *(El, Magn)* Durchgang *m (durch die Ionosphäre)* bei vertikalem (senkrechtem) Einfall

vibration

~ **ionization potential** *(At)* Elektronenstoßwert *m* des Ionisierungspotentials
~ **polar curve (diagram)** *(Opt)* vertikale Lichtstärkeverteilungskurve *f*, vertikales Lichtverteilungsdiagramm *n*
~ **range** *(Mech)* Steighöhe *f (eines Geschosses)*
~ **section** Profil *n*, senkrechter Schnitt *m*
~ **speed indicator** *(Aero)* Variometer *n*
~ **static force** *(Ström)* [statischer] Auftrieb *m*, *(Hydr auch:)* hydrostatischer Auftrieb *m*
~ **throw** *(Mech)* 1. vertikaler (lotrechter, senkrechter) Wurf *m* ; 2. Steilwurf *m*, steiler Wurf *m*, Bogenwurf *m*
~ **velocity coefficient** *(Hydr)* Geschwindigkeitskoeffizient *m* für die Lotrechte, Koeffizient *m* für die Berechnung der mittleren Geschwindigkeit auf einer Meßlotrechten
~ **velocity curve** *(Hydr)* Vertikalgeschwindigkeitskurve *f*, Vertikalgeschwindigkeitsverteilung[skurve] *f*, Geschwindigkeitskurve *f* für eine Lotrechte, *(speziell:)* Vertikalgeschwindigkeitspolygon *n*
~ **vorticity** *(Ström)* Vertikalkomponente *f* der Vorticity

verticality vertikale (senkrechte) Lage *f*, Vertikalität *f*
vertically opposite angle *s.* vertical angle
vertometer *(Opt)* Fokometer *n*
very high energy Höchstenergie *f*
~ **high frequency** *(El)* Ultrakurzwellenfrequenz *f*, UKW, VHF, Frequenz *f* im Ultrakurzwellenbereich, Meterwellenfrequenz *f (30 ... 300 MHz)*
~ **high pressure mercury lamp** *(El)* Quecksilberhöchstdrucklampe *f*
~ **high vacuum** *(Vak)* Höchstvakuum *n* $(0,133 \cdot 10^{-4}\ ...\ 0,133 \cdot 10^{-6}\ Pa$, *im Deutschen nicht üblich, zählt zu Ultrahochvakuum)*
~ **high voltage** *(El)* Höchstspannung *f*
~ **low frequency** *(El)* Längstwellenfrequenz *f*, VLF, niedrige Längstwellenfrequenz *f*, Myriameterwellenfrequenz *f (3 ... 30 kHz)*
~ **low temperature** *(Tief)* sehr tiefe Temperatur *f*, Tiefsttemperatur *f (65 ... 13 K oder 80 ... 1,2 K)*
~ **low voltage** *(El)* Kleinspannung *f* $(\leq 42\ V)$
~ **near infrared** *(El, Magn)* nahes Infrarot *n*, Gebiet *n* (Bereich *m*) des nahen Infrarots *(etwa 0,75 ... 2,5 μm)*
~-**short-period eclipsing variable** *(Astr)* extrem kurzperiodischer Bedeckungsveränderlicher *m*
~ **short range** *(El)* extremer Nahbereich *m*
~ **slow (small) motion** *(Hydr)* schleichende Strömung (Bewegung, Flüssigkeitsströmung) *f*
~ **wide angle lens** *(Opt)* Überweitwinkelobjektiv *n*

VESCF method *(At, Qu)* Methode *f* des selbstkonsistenten Feldes mit variabler Elektronegativität, VESCF-Methode *f (von Brown-Heffernan)*
vessel to be evacuated *(Vak)* Rezipient *m*
vestigial-sideband *(El)* Restseitenband *n*
veto counter *(Kern)* Zählrohr *n* in Antikoinzidenzschaltung
~ **pulse** *(El, Kern)* Antikoinzidenzimpuls *m*
VF 1. *(El)* Videofrequenz *f*, VF; 2. *(Ak, El) s.* voice frequency
VGC *(physCh) s.* viscosity-gravity constant
VHE filtration *(Kern)* Filterung *f* mit sehr hoher Effektivität, VHE-Filtration *f*
VHR radiometer *(El, Magn, Opt)* VHR-Radiometer *n*, extrem hoch auflösendes Radiometer *n*
vial 1. *(physCh)* Phiole *f*, Glasfläschchen *n*; 2. *(Kern)* Küvette *f (Flüssigszintillationszählung)*
vibrating air column *(Ak)* schwingende Luftsäule *f*
~ **coil magnetometer** *(Magn)* Spulenvibrationsmagnetometer *n*, Vibrations[spulen]magnetometer *n*, Schwingspulenmagnetometer *n*
~ **contactor** *(El, Mech) s.* vibrator 4.
~ **crystal thickness monitor** *(Vak)* Schwingquarzwaage *f*, Schwingquarzdickenmesser *m*
~ **load** *(Mech)* Schwingbelastung *f*, schwingende Belastung (Beanspruchung) *f*, Schwing[ungs]beanspruchung *f*
~ **probe** *(Mech)* Schwingsonde *f*, Tastschwingungsmesser *m*
~-**reed amplifier** *(El)* Zerhackerverstärker *m*, Chopperverstärker *m*
~-**reed rectifier** *(El)* Schwing[kontakt]gleichrichter *m*, Zungengleichrichter *m*
~-**reed tachometer** *(Mech)* Schwingungsgeschwindigkeitsmesser *m*, Resonanztachometer *n*
~ **sample magnetometer** *(Magn)* Probenvibrationsmagnetometer *n*
~ **silica fibre** *(Vak)* 1. schwingender Quarzfaden *m (in einem Vakuummeter)* ; 2. Quarzfadenpendel *n (ein Vakuummeter)*
~ **strain** *s.* vibration strain
~ **stress** *(Mech)* Schwingspannung *f*, schwingende Spannung *f*, *(speziell:)* Schwingbeanspruchung *f*
~ **system** *(Mech)* schwingungsfähiges System *n*, schwingfähiges (schwingendes) System *n*, Schwing[ungs]system *n*
~-**wire strain gauge** *(Mech)* Schwingsaiten-Dehnungsmesser *m*
vibration 1. *(Mech)* Schwingung *f*, Vibration *f (eines elastischen Mediums)* ; 2. *(Mech)* Rütteln *n*, Rüttelbewegung *f*, Rüttelschwingung *f*; 3. *(El)* Tanzen *n*, Zittern *n*, Springen *n (des Bildes)*
~ **absorption** *(Mech)* Schwingungsdämpfung *f*, Vibrationsdämpfung *f*, *(speziell:)*

vibration

Schwingungsabsorption f, Schwingungstilgung f
~ **accumulator** *(Mech)* Schwingungsspeicher m
~ **damper** *(Mech)* Schwingungsdämpfer m, Vibrationsdämpfer m, *(speziell:)* Schwingungsabsorber m, Schwingungstilger m
~ **energy** *(At)* Schwingungsenergie f, Vibrationsenergie f *(eines Moleküls)*
~ **exciter** *(Ak)* Schwingungserreger m, *(speziell:)* Schwingtisch m
~ **in opposite phase** *(Ak, Mech)* gegenphasige Schwingung f
~ **-induced fracture** *(Mech)* Schwing[ungs]bruch m
~ **isolator** *(Ak, Mech)* Schwingungsaufnehmer m, Schwingungsisolator m, Körperschallisolator m, Schwingungsschutz m *(Vorrichtung)*
~ **level** *(At, Qu)* Schwingungs[energie]niveau n *(eines Moleküls)*
~ **of molecule nuclei** *(At)* Kernschwingung f [der Moleküle]
~ **pattern** *(Mech)* Schwingungsfiguren fpl, Schwingungsmuster n
~ **quantum number** *(At, Qu)* Schwingungsquantenzahl f *(eines Moleküls: v)*
~ **resonance** *(Ak, El)* Rumpeln n, Schüttelresonanz f
~ **-rotation band** *(At, Spektr)* Rotationsschwingungsbande f
~ **sensor** *(Mech)* Schwingungsaufnehmer m, Schwingungsgeber m
~ **strain** *(Mech)* Schwingungsverformung f, Schwingungsverzerrung f *(Größe)*
~ **strength** *(Mech)* Dauerschwingfestigkeit f, Schwingungs[ermüdungs]festigkeit f *(Größe)*
vibrational absorption spectrum *(At, Spektr)* Absorptionsschwingungsspektrum n
~ **characteristic temperature** *(At, Therm)* [charakteristische] Schwingungstemperatur f *(aus dem Rotationsschwingungsspektrum bestimmt)*
~ **compacting** *(Mech)* Vibrationsverdichtung f, Einvibrieren n, Einrütteln n, Schwingungsverdichtung f
~ **degeneracy** *(At)* Schwingungsentartung f
~ **displacement** *(Mech)* Schwing[ungs]weg m
~ **emission spectrum** *(At, Spektr)* Emissionsschwingungsspektrum n
~ **heat [capacity]** *(Therm)* Schwingungswärmekapazität f, Schwingungsanteil m der Wärmekapazität *(bei konstantem Druck)*
~ **level** 1. *(Kern)* Vibrationsniveau n *(eines Kerns)*; 2. *(At)* s. vibration level
~ **mode** s. mode 1.
~ **partition function** *(statPh, Therm)* Schwingungszustandssumme f, Schwingungsverteilungsfunktion f, Schwingungsanteil m der Zustandsfunktion

~ **scattering** *(Fest)* Gitterschwingungsstreuung f, Streuung f an Gitterschwingungsquanten
~ **selection rule** *(At, Qu)* Schwingungsauswahlregel f
~ **transition** *(At, Qu)* Schwingungsübergang m
vibrato effect *(Ak, El)* Vibratoeffekt m, Klangfarbenmodulation f
vibrator 1. Vibrator m, Schwingungserzeuger m; 2. *(El)* Kristallvibrator m *(ohne Gehäuse)*; 3. *(Mech)* Rüttler m, Vibrator m, *(speziell:)* Einrüttler m; 4. *(El, Mech)* Zerhacker m, *(selten:)* Pendelschrichter m, Kontaktwechselrichter m
vibratory motion *(Mech)* Schwingbewegung f, schwingende Bewegung f
vibrocompacting *(Mech)* Vibrationsverdichtung f, Einvibrieren n, Einrütteln n, Schwingungsverdichtung f
vibrogram *(Mech)* Schwingungsdiagramm n, Schwingungsbild n, Vibrogramm n
vibromotive force *(Mech)* schwingungserzeugende (schwingungserregende) Kraft f
vibron *(At)* Vibron n, Quant n der inneren Schwingung
vibronic state *(At, Qu)* vibronischer Zustand m, Elektronenschwingungszustand m
vibrorecord s. vibrogram
Vicat dimensional stability *(physCh)* Vicat-Formbeständigkeit f
~ **needle (softening) point** *(physCh)* Erweichungspunkt m (Formbeständigkeit f) nach Vicat, Vicat-Zahl f *(für Kunststoffe)*
vicinal *(Krist)* Vizinalfläche f, unechte Kristallfläche f
~ **edge** *(Krist)* Vizinalkante f
~ **face[t]** s. vicinal
~ **position** *(At)* Nachbarstellung f, vic-Stellung f, v.-Stellung f, *(speziell:)* 1,2,3-Stellung f
~ **pyramid** *(Krist)* Pyramide f von Vizinalflächen, Vizinalpyramide f
vicinity Nähe f, Nachbarschaft f
Victor Meyer method *(physCh)* Dampfdichtebestimmung f nach Victor Meyer
video tape recording *(El)* magnetische Bildaufzeichnung f, MAZ
viewfinder *(El, Phot)* Sucher m, Kamerasucher m, Bildsucher m
~ **telescope** *(Opt)* Navigationsfernrohr n
viewing angle 1. *(Opt)* Sehwinkel m, *(speziell:)* Blickwinkel m; 2. *(Astr)* Beobachtungswinkel m, Betrachtungswinkel m
~ **distance** *(Opt)* Sehabstand m, Betrachtungsweite f
~ **mirror** *(Opt)* Spiegelreflektor m
~ **storage tube** *(El)* Direktsichtspeicherröhre f
vignetter *(Opt, Phot)* Vignettiermaske f
vignetting [effect] *(Opt, Phot)* Vignettierung f, Randabschattung f, Abschattung f

Villari reversal *(Fest, Magn)* Villari-Umkehr *f*, *(speziell:)* Villari-Umkehrpunkt *m*, Villari-Punkt *m*
vinculum *(mathPh)* Strich *m* *(über einer Größe)*, Überstreichung *f (einer Größe)*
violation of parity *(Qu)* Nichterhaltung *f* der Parität, Paritätsverletzung *f*
violent galaxy *(Astr)* explosive (aktive) Galaxis *f*
~ **reaction** *(physCh)* heftige (stürmische) Reaktion *f*
violet degradation *(At, Spektr)* Violettabschattierung *f (einer Bande)*
~**-degraded (~-shaded) band** *(At, Spektr)* violettabschattierte Bande *f*
~ **shift** *(Astr, Spektr)* Blauverschiebung *f*, Violettverschiebung *f*
Violle [standard], ~ **unit** *(Opt)* Violle-Einheit *f (SI-fremde Einheit der Lichtstärke; 1 Violle = 20,17 cd)*
virgin flux *(Kern)* jungfräulicher Neutronenfluß *m*, Fluß *m* der ersten Weglänge
~ **magnetization curve** *(Magn)* Neukurve *f* [der Magnetisierung], jungfräuliche Kurve (Magnetisierungskurve) *f*, Erstkurve *f* der magnetischen Induktion
~ **source particle** *(statPh)* jungfräuliches Quellteilchen *n*, Quellteilchen *n* der ersten Generation
~ **state** *(Magn)* Neuzustand *m*, jungfräulicher Zustand *m*, thermisch neutralisierter (abmagnetisierter) Zustand *m*
virial equation of state *(Therm)* viriale Zustandsgleichung *f*, Virialform *f* der thermischen Zustandsgleichung
~ **expansion** *(statPh)* Virialentwicklung *f*, *(manchmal:)* Virialreihe *f*
virtual colour *(Opt)* virtuelle Farbe *f*
~ **creation** *(Feld, Qu)* virtuelle Erzeugung *f*
~ **focus** *(Opt)* Zerstreuungspunkt *m*, virtueller Brennpunkt *m*
~ **friction** *(Ström)* turbulente Scheinreibung (Reibung) *f*, scheinbare Reibung *f*, Turbulenzreibung *f*
~ **height [of reflection]** *(El, Magn)* scheinbare Höhe (Reflexionshöhe) *f (der Ionosphäre)*
~ **image** *(Opt)* virtuelles (unwirkliches, scheinbares) Bild *n*
~ **junction temperature** *(Halbl)* Ersatz-Sperrschichttemperatur *f*, innere Ersatztemperatur *f*, Ersatz-Übergangstemperatur *f*
~ **mass effect** *(Hydr)* hydrodyamischer Masseneffekt *m (bei der Schwingung eines Festkörpers in einer Flüssigkeit)*
~ **number of teeth** *(Mech)* Ersatzzähnezahl *f*, rechnerische Zähnezahl *f*
~ **slope** *(Hydr)* Spiegelgefälle *n*
~ **temperature increment** *(Therm)* Virtuellzuschlag *m*
~ **value** quadratisches Mittel *n*, quadratischer Mittelwert *m (von einer periodischen Größe meist:)* Effektivwert *m*

~ **viscosity** *(Ström)* turbulente (virtuelle) Zähigkeit *f*, turbulente Viskosität (Scheinzähigkeit) *f*, Wirbelzähigkeit *f*
~ **work principle** *(Mech)* Prinzip *n* der virtuellen Arbeit, Prinzip *n* der virtuellen Verrückungen (Verschiebung), *(selten:)* Prinzip *n* der virtuellen Geschwindigkeiten
virtue efficiency *(Therm)* Carnotscher Wirkungsgrad *m (eines Dampfkessels oder einer Brennkammer)*
visbreaking s. viscosity breaking
viscoelastic body *(Mech)* s. Burgers body
~ **stress-strain relation** *(Mech)* viskoelastisches Stoffgesetz *n*, viskoelastische Spannungs-Dehnungs-Relation *f*
viscogram *(Ström)* Viskogramm *n*, Viskositäts-Temperatur-Diagramm *n*
viscometer *(Ström)* Viskosimeter *n*, Zähigkeitsmesser *m*
viscoplastic flow *(Mech)* viskoplastisches (zähplastisches) Fließen *n*
viscor filter s. visual correction filter
viscosity 1. *(physCh)* Viskosität *f*, Zähflüssigkeit *f*; Fließfähigkeit *f (einer Anstrichfarbe)*; 2. *(Ström)* Viskosität *f*, Zähigkeit *f*, innere Reibung *f (Eigenschaft)*; 3. *(Ström)* dynamische Viskosität *f (Zähigkeit) f*, Koeffizient *m* der inneren Reibung, [absolute] Viskosität *f (Größe)*
~ **average of molecular weight** *(At)* Viskositätsmittel *n* der relativen Molekülmasse
~ **blending chart** *(Ström)* s. viscogram
~ **breaking** *(physCh)* Viskositätsbrechung *f*, Zähigkeitsabnahme *f*, Visbreaking *n*
~ **coefficient** *(Ström)* s. viscosity 3.
~ **conduction** *(Ström)* Viskositätsleitung *f*
~ **depressant** *(Ström)* Viskositätsverminderer *m*
~ **gauge** *(Mech)* Molekular[druck]manometer *n*, gaskinetisches Vakuummeter *n*, Molekularvakuummeter *n*
~**-gravity constant** *(physCh)* Viskositäts-Dichte-Konstante *f*, VDK
~ **in shear** *(Ström)* Scherviskosität *f*
~ **index** *(physCh)* Viskositätsindex *m*, VI
~ **number** *(physCh)* Viskositätszahl *f*
~ **resistance** *(Ström)* Viskositätswiderstand *m*, Zähigkeitswiderstand *m*
viscous correction *(Ström)* Reibungskorrektion *f*, *(als Größe:)* Reibungskorrektur *f (zur Indifferenzkurve)*
~ **damping** *(Mech)* viskose (proportionale) Dämpfung *f*
~ **damping coefficient** *(Mech)* Reibungskonstante *f (einer gedämpften elastischen Schwingung)*
~ **dissipation function** *(Mech)* [Rayleighsche] Dissipationsfunktion *f*, Verlustfunktion *f (bei der inneren Reibung)*
~ **drag** *(Ström)* Zähigkeitswiderstand *m*, Viskositätswiderstand *m*
~**-drag gas-density meter** *(Aero)* Widerstands-Gasdichtemeßgerät *n*

viscous

- ~ **element** *(Mech)* dissipatives Element *n*
- ~ **flow** *(Ström)* viskose (zähe) Strömung *f*, Reibungsströmung *f*, viskoses Fließen *n*, reibungsbehaftete Bewegung *f*
- ~ **force** *(Ström)* Viskositätskraft *f*, Zähigkeitskraft *f*
- ~ **friction** *(Ström)* Viskosität *f*, Zähigkeit *f*, innere Reibung *f (Eigenschaft)*
- ~ **impingement filter** *(physCh)* Prallfilter *n* mit Ölbenetzung
- ~ **modulus** *(Mech)* Viskositätsmodul *m*
- ~ **shearing stress** *(Hydr)* s. ~ stress
- ~ **slip** *(Mech)* viskose (zähe) Gleitung *f*
- ~ **strain** *(Mech)* viskose (zähe) Verzerrung *f (Größe)*
- ~ **stress** *(Hydr)* Reibungsspannung *f*, Schubspannung *f*, viskose Spannung *f*
- ~ **sublayer** *(Ström)* laminare Unterschicht *f*
- ~ **traction coefficient** *(Mech)* viskoser Dehnungskoeffizient *m*, Koeffizient *m* der viskosen Dehnung

visibility 1. *(Astr, Opt)* Sichtbarkeit *f*, *(speziell:)* Sehreserve *f*, Visibilität *f* ; 2. *(Opt)* Sichtweite *f*, Sicht *f (Größe)*
- ~ **curve** *(Opt)* 1. spektrale Augenempfindlichkeitskurve (Empfindlichkeitskurve) *f*, Kurve *f* der spektralen Augenempfindlichkeit *f* ; 2. Sichtbarkeitskurve *f (Interferenzspektroskopie)*
- ~ **factor** 1. *(Opt)* Sichtgrad *m* ; 2. *(El)* Sichtfaktor *m*
- ~ **function** *(Opt)* spektraler Hellempfindlichkeitsgrad *m (für das helladaptierte Auge, dimensionslos)*
- ~ **range** *(Opt)* 1. Sicht[reich]weite *f*; 2. Sichtbereich *m*

visible absorption spectrophotometry *(Spektr)* Absorptionsspektralphotometrie *f* im Sichtbaren (sichtbaren Spektralbereich)
- ~ **horizon** *(Astr)* natürlicher (sichtbarer) Horizont *m*
- ~ **radiation** *(Opt)* Licht *n*, sichtbare Strahlung *f*
- ~ **range (region)** *(Spektr)* sichtbarer Bereich *m*, Sichtbares *n (des Spektrums)*, sichtbares Spektralgebiet *n*

vision angle *(Astr)* Beobachtungswinkel *m*, Betrachtungswinkel *m*

visor *(Opt)* Visierspalt *m*, Visierspalte *f*

visual achromatism *(Opt)* Achromasie *f (eines optischen Systems)*
- ~ **acuity** *(Opt)* Sehschärfe *f*, Visus *m*
- ~ **acuity of the naked eye** s. ~ efficiency
- ~ **albedo** *(Astr)* visuelle Albedo *f*, Albedo *f* im sichtbaren Spektralbereich
- ~ **axis** *(Opt)* 1. Gesichtslinie *f*, Sehachse *f*, *(manchmal:)* Gesichtsachse *f (des Auges)* ; 2. Blicklinie *f*
- ~ **comparator** *(Mech, Opt)* optischer Feinzeiger *m*, *(speziell:)* optisches Längenmeßgerät *n*
- ~ **correction filter** *(Opt)* [ν(λ)-]Anpassungsfilter *n*
- ~ **distance** *(Opt)* Sehweite *f*

- ~ **efficiency** *(Opt)* Sehleistung *f*, freie Sehschärfe *f*
- ~ **faculty** *(Opt)* Sehvermögen *n*, Sehkraft *f*
- ~ **field** *(Opt)* 1. Gesichtsfeld *n*, Seh[ding]feld *n (des Auges bei ruhig gehaltenem Auge)*, *(bei bewegtem Auge:)* Blickfeld *n*, Kernfeld *n* ; 2. Gesichtswinkel *m (des Auges)*
- ~ **field for a defined colour** *(Opt)* Farbengesichtsfeld *n*
- ~ **magnification** *(Opt)* Lupenvergrößerung *f* [des Objektivs] *(eines Mikroskops)*
- ~ **magnitude** *(Astr)* visuelle Helligkeit *f (eines Sterns)*
- ~ **persistence** *(Opt)* Trägheit *f* des Auges, Augenträgheit *f*, Nachbildwirkung *f*, Nachbildeffekt *m*
- ~ **plane** *(Opt)* Blickebene *f*, *(bei der Beobachtung der Himmelslichtpolarisation:)* Visionsebene *f*
- ~ **range** 1. *(Opt)* Sicht[weite] *f (Größe)* ; 2. *(Kern)* s. extrapolated range
- ~-**range theory** *(Opt)* Sichttheorie *f*
- ~ **storage tube** *(El)* [Kathodenstrahl-] Sichtspeicherröhre *f*

visualization Sichtbarmachung *f*

vitiation of a hypothesis Widerlegung *f* einer Hypothese

vitreous electricity *(El)* positive Elektrizität *f*, Glaselektrizität *f*, glaselektrischer Zustand *m*

vitrifiable pigment *(physCh)* Schmelzfarbe *f*

vitrification *(Fest, physCh)* Vitrifizierung *f*, Vitrifikation *f*, Verglasung *f*, Übergang *m* in den Glaszustand
- ~ **range** *(Fest, physCh)* Verglasungsbereich *m*
- ~ **temperature** *(physCh)* Einfriertemperatur *f*, ET, Umwandlungspunkt *m* zweiter Ordnung *(von Hochpolymeren)*

vitroceram[ic] *(Fest, physCh)* Vitrokeram *n*, Glaskeramik *f*, glaskeramischer Stoff *m*

VLA *(Astr)* Very Large Array, VLA *(ein Radioteleskop)*

Vlasov plasma *(Pl)* stoßefreies (stoßfreies) Plasma *n*, Vlasov-Plasma *n*, Wlassow-Plasma *n*

VLB interferometer *(Astr)* Interferometer *n* mit sehr langer Basis, VLB-Interferometer *n*

VLE *(Halbl)* s. vapour levitation epitaxy

VLF *(El)* very low frequency

VLS mechanism *(Krist)* Dampf-flüssig-fest-Mechanismus *m*, VLS-Mechanismus *m*

VLT *(Astr)* 16-m-Riesenteleskop *n* VLT, Very Large Telescope *n*, VLT

VMI model *(Kern)* VMI-Modell *n*, Modell *n* des variablen Trägheitsmoments *(ein Kernmodell)*

vocal range *(Ak)* Stimmumfang *m*

voice frequency *(Ak, El)* Sprachfrequenz *f*, Sprechfrequenz *f*, VF *(0,3 ... 3 kHz oder 0,2 ... 3,5 kHz)*

~-**print** *(Ak)* Stimmabdruck *m*
~ **spectrum analyzer** *(Ak)* Stimmenspektrograph *m*
~ **voltage** *(Ak, El)* Sprechspannung *f*
volt-ampere reactive *(El)* Watt *n* Blindleistung, Var *n*, var, Blindwatt *n*, bW, Blindvoltampere *n*
~-**line** *(Magn)* 10^{-5} Weber *npl*, 10^{-5} Voltsekunden *fpl*
voltage *(El)* 1. Spannung *f*, *(selten:)* elektrische Spannung *f*; 2. Spannung *f* in Volt, Voltzahl *f*
~-**current characteristic** *(Halbl)* Spannungs-Strom-Kennlinie *f*, U-I-Kennlinie *f*, Spannungs-Strom-Charakteristik *f*
~ **efficiency** 1. *(El)* Spannungsausnutzung *f*, Spannungsausnutzungskoeffizient *m* ; 2. *(Ech)* Spannungseffektivität *f*, Spannungswirkungsgrad *m (einer Batterie)*
~ **endurance** *(El)* Spannungsdauerfestigkeit *f*, elektrische Dauerfestigkeit *f* (Lebensdauer) *f*, Dauerfestigkeit *f (einer Isolierung)*
~ **equivalent of thermal energy** *(Halbl)* Temperaturspannung *f*, Temperaturäquivalent *n*
~ **factor** *(El)* Spannungsverstärkungsfaktor *m*, Verstärkungsfaktor *m (zwischen Elektroden)*
~ **fraction** *(El)* Spannungskomponente *f*
~ **impulse** *(El)* Spannungsstoß *m*
~ **law** *s.* Kirchhoff's second law
~ **maximum permissible in cold state** *(El)* Kaltspannung *f*
~-**multiplication-type generator** *(El, Kern)* Kaskaden[-Hochspannungs]generator *m*, Spannungsvervielfachungsgenerator *m (bei Verwendung als Beschleuniger auch:)* Kaskadenbeschleuniger *m*
~ **multiplier** *(El)* 1. Spannungsvervielfacher *m* ; 2. [äußerer] Vorwiderstand *m (eines Voltmeters zur Meßbereichserweiterung)*
~ **plateau** *(Kern)* Geiger-Müller-Plateau *n*, [Geiger-]Plateau *n*, Spannungsplateau *n (einer Zählrohrcharakteristik)*
~ **ratio** Spannungsverhältnis *n (Größe)*, *(speziell beim Transformator)* Übersetzungsverhältnis *n*, Spannungsübersetzungsverhältnis *n*
~ **regulation** *(El)* 1. Spannungsregelung *f* ; 2. prozentuale Spannungsänderung *f (Größe)*
~ **saturation** *(El)* Anodensättigung *f (einer Elektronenröhre)*
~-**scan voltammetry** *(Ech)* spannungsgeregelte Voltammetrie *f*
~ **source driving** *(El)* Spannungssteuerung *f*
~ **standard** *(El)* Spannungsnormal *n*, Normalspannungsquelle *f*
~ **standing-wave ratio** *(El, Magn)* [Spannungs-]Stehwellenverhältnis *n*, SWV, Welligkeitsfaktor *(maximale zu minimale Spannung)*

~ **transient** *(El)* Stoßspannungswelle *f*
voltaic battery *s.* ~ pile
~ **cell** *(Ech)* 1. [elektrochemisches] Element *n*, [elektrochemische] Zelle *f*, *(selten:)* voltaische Zelle *(Oberbegriff)* ; 2. Volta-Element *n*, Voltasches Element *n*, voltaische Zelle *f*, *(speziell:)* Voltasche Kette *f (zwei verschiedene Elektrolyte an den Elektroden)*
~ **column** *s.* ~ pile
~ **current** *(Ech)* galvanischer Strom *m*
~ **electromotive series** *(Ech)* Voltasche Spannungsreihe *f*
~ **pile** *(Ech)* Voltasche Säule *f*, *(manchmal:)* Voltasche Batterie *f*
~ **potential** *(Ech)* Volta-Potential *n*, voltaisches Potential *n*, äußeres [elektrisches] Potential *n*
voltameter *(Ech)* Coulombmeter *n*, Voltameter *n*, Coulometer *n*
voltammeter 1. *(El)* Stromspannungsmesser *m*, Strom-Spannungs-Meßgerät *n*, Voltamperemeter *n*, VA-Meter *n*, Scheinleistungsmesser *m* ; 2. *(Ech)* Voltammeter *n (für die Voltammetrie)*
Volta's law *(El)* Voltasches Spannungsgesetz *n* (Gesetz) *n*
Volterra dislocation (distortion) *(Fest)* Volterra-Versetzung *f* [1. Art], Volterra-Versetzung *f* mit starrer Verschiebung
Volterra's uniqueness theorem *(Mech)* Volterrascher Eindeutigkeitssatz *m*
voltmeter-ammeter *(El)* Strom- und Spannungsmesser *m*, Spannungs- und Strommesser *m*, Volt- und Amperemeter *n (ein Gehäuse, aber getrennte Anschlüsse für Volt- und Amperemeter)*
volume 1. Inneres *n*, Volumen *n (s. a. unter* bulk) ; 2. *(mathPh)* Volumen *n (pl.:* Volumina), Vol., Rauminhalt *m*, Raum *m*, Kubikinhalt *m*, Inhalt *m* ; 3. *(Ak)* Klangumfang *m*, Volumen *n*, Schallvolumen *n*, *(speziell:)* Klangfülle *f*, *(speziell:)* Dynamik *f* ; 4. *(Ak) s.* loudness level
~ **capacity** *s.* capacity 1.
~ **coefficient of thermal expansion** *s.* ~ expansion coefficient
~ **comparison** *(Ak)* Sprech-Hör-Versuch *m*, Sprech-Hör-Vergleichsprüfung *f*
~ **conductivity** *(Halbl)* 1. Volumenleitfähigkeit *f*, Volumenleitung *f*, Massenleitfähigkeit *f (Erscheinung)* ; 2. [elektrische] Volumenleitfähigkeit *f (Größe)*
~ **current density** *(El, Feld)* räumliche Stromdichte *f*, Volum[en]stromdichte *f*, Stromdichte *f* pro Volumeneinheit
~-**defined [cloud] chamber** *(Kern)* Nebelkammer *f* (Kammer) *f* mit veränderlichem Volumen, durch Volumenänderung gesteuerte Nebelkammer *f*
~ **density** räumliche Dichte *f*, Volumendichte *f*, Raumdichte *f (wenn von der Flächendichte zu unterscheiden)*
~ **dilatometer method** *(Therm)* Verdrängungsverfahren *n*, Volumenmeterverfah-

volume

~ren n *(zur Bestimmung des Wärmeausdehnungskoeffizienten von Flüssigkeiten)*
~ **displacement** *(Ström)* Volumenverschiebung f, Volumverschiebung f, *(speziell:)* Volum[en]verdrängung f
~ **dose** *(Kern)* Raumdosis f, Volum[en]dosis f *(in Gy cm^3)*
~ **effect** *(At)* Kernvolumeneffekt m *(der Isotopie)*, volumenabhängiger Isotopie[verschiebungs]effekt m
~ **elasticity** 1. *(Fest, Mech)* Volum[en]elastizität f *(Erscheinung)* ; 2. *(Mech)* Kompressionsmodul m, Volumen[elastizitäts]modul m, Volumenkompressibilität f
~ **equivalent** *(El)* Bezugsdämpfungsmaß n, *(nicht empfohlen:)* Bezugsdämpfung f
~ **expansion coefficient** *(Therm)* kubischer (räumlicher) Ausdehnungskoeffizient (Wärmeausdehnungskoeffizient) m, Volumen-Temperaturkoeffizient m
~ **external photoelectric effect** s. ~ photoelectric effect
~ **flow** 1. *(Mech)* Volumenfließen n, Fließen n mit Volum[en]änderung *(in der Rheologie, Größe)* ; 2. *(Ström)* s. ~ flow rate 2.
~-**flow rate** *(Ström)* 1. Volumenstrom m, Volumendurchfluß m, Volumenstromstärke f, Volumendurchsatz m ; 2. Volumenstromdichte f, *(selten:)* Volumenstromintensität f
~ **force** *(Mech)* Volum[en]kraft f, Massenkraft f
~ **fraction** *(physCh)* Volumenanteil m, Volumengehalt m, Volumenbruch m
~ **hologram** *(Opt)* dickes Hologramm n, Volumenhologramm n, Lippmann-Bragg-Hologramm n
~ **indicator** 1. *(Ak, El)* Tonmesser m, Tonmeßgerät n ; 2. *(Ak)* VU-Meter n, Lautstärkepegelanzeiger m, Volumenmesser m, Aussteuerungsmesser m ; 3. *(Aero)* Prallanzeiger m *(eines Ballons)*
~ **ion[ization] density** [räumliche] Ionendichte f, Ionenkonzentration f, Volumenionendichte f *(Anzahl der Ionenpaare, oder Ionen beiderlei Vorzeichens, pro Volumeneinheit)*
~ **magnetic susceptibility tensor** *(Fest, Magn)* Volumensuszeptibilitätstensor m
~ **magnetization density** *(Magn)* Magnetisierungsdichte f *(pro Volumeneinheit)*, Volumendichte f der Magnetisierung f
~ **meter** 1. *(Hydr)* Volumenstromzähler m, Durchflußmengenmesser m, Mengenmesser m ; 2. *(Ak, El)* s. ~ indicator 1.
~ **photoelectric effect (emission)** *(El)* Volumenphoto[elektronen]emission f, äußerer Volumenphotoeffekt m
~ **photoelectricity** *(El)* Volumenphotoeffekt m, photoelektrischer (lichtelektrischer) Volumeneffekt m, Volumenphotoelektrizität f

~ **photovoltaic effect** *(Halbl)* Volumensperrschicht[-Photo]effekt m, photovoltaischer Volumeneffekt m
~ **polarization density** *(El)* Polarisationsdichte f *(pro Volumeneinheit)*, Volumendichte f der Polarisation
~ **resistance** *(El)* Durchgangswiderstand m *(einer Isolierung)*
~ **resistivity** *(El)* spezifischer Durchgangswiderstand (Volumenwiderstand) m, Würfelwiderstand m *(einer Isolierung)*
~ **source** räumlich ausgedehnte Quelle f, Raumquelle f, Volumenquelle f
~ **unit** *(Ak)* Lautstärkeeinheit f, Volumeneinheit f, „volume unit", VU
~ **utilization factor** *(Ström)* Volum[en]ausnutzungsziffer f
~ **velocity** *(Ak)* Schallfluß m, Volumschnelle f
~ /**volume** *(physCh)* Milliliter npl pro 100 Milliliter Lösung
~ **weight** s. specific weight
volumenometer *(Mech)* Volum[en]ometer n, Volumenmesser m, Stereometer n *(für Festkörper)*
volumeter *(physCh)* Volumeter n *(für Gase, Flüssigkeiten oder Festkörper)*, *(speziell:)* Aräometer mit Volumeneinteilung *(für Flüssigkeiten)*
volumetric capacity *(Mech)* Fassungsvermögen n, Aufnahmevermögen n, Aufnahmefähigkeit f, Kapazität f
~ **content** *(physCh)* Volumenanteil m, Volumengehalt m, Volumenbruch m
~ **delivery** *(Hydr)* Fördervolumenstrom m, Fördervolumen n, Fördermenge f *(einer Pumpe)*
~ **density** s. volume density
~ **dilatation** *(Mech)* kubische (räumliche) Dehnung f, Raumdehnung f, kubische Dilatation f *(Elastizitätstheorie)*
~ **displacement** *(Vak)* Fördervolumenstrom m, Fördervolumen n, Saugvolumen n
~ **efficiency** 1. *(Mech)* volumetrischer Wirkungsgrad m, Füllungsgrad m, Völligkeitsgrad m *(eines Motors)* ; 2. *(Ström)* volumetrischer Wirkungsgrad m, *(selten:)* Liefergrad m *(einer Pumpe)*
~ **energy** s. ~ strain energy
~ **expansion** *(Therm)* kubische (räumliche) Ausdehnung f, Volum[en]ausdehnung f, Raumausdehnung f
~ **flow coefficient** *(Ström)* Volumenstrombeiwert m *(einer Strömungsmaschine)*
~ **force** *(Mech)* Volum[en]kraft f
~ **heat** *(physCh)* stoffmengenbezogene (molare) spezifische Wärme f, spezifische Molwärme f
~ **heat generation rate** *(Kern)* Wärmeerzeugung f pro Zeit- und Volumeneinheit *(in W cm^{-3})*
~ **measure** *(Mech)* Hohlmaß n, Raummaß n *(für flüssige oder feste Stoffe)*

- ~ **modulus** *(Mech)* s. volume elasticity 2.
- ~ **steam flow** *(Ström)* Dampfvolumenstrom *m*
- ~ **steam quality** *(Therm)* Volumendampfgehalt *m*, Volumenstromanteil *m* des Dampfes
- ~ **strain** 1. *(Mech)* räumliche Verzerrung (Verformung) *f*, kubische Verzerrung *f (Größe)*; 2. *(Therm)* relative Volumenänderung *f*, Volum[en]dilatation *f*
- ~ **strain energy** *(Mech)* Volumenänderungsenergie *f*, Raumänderungsenergie *f*, Verdichtungsarbeit *f*, Kompressionsarbeit *f*

volumetry *(physCh)* s. titrimetry
volumometer *(Mech)* s. volumenometer
volution *(Mech)* Wälzung *f*, Wälzbewegung *f*
von Kármán [vortex] street *(Ström)* [von] Kármánsche Wirbelstraße *f*, Kármán-Wirbel *mpl*
von Kries theory of colour vision *(Opt)* von Kriessche Zonentheorie *f*, Zonentheorie *f* nach von Kries, Theorie *f* von v. Kries
von Mises flow equation *(Mech)* von Misessche Plastizitätsgleichung *f*, Misessche Plastizitätsgleichung *f*
Von Mises-Hencky yield condition *(Mech)* [von] Mises-Henckysche Fließbedingung *f*, Huber-Mises-Henckysche Fließbedingung *f*
von Neumann matrix *(Qu)* Dichtematrix *f*, *(selten:)* statistische Matrix *f*
vortex 1. *(Ström)* Wirbel *m*, *(allgemeiner:)* Wirbelgebilde *n*; 2. *(mathPh)* Wirbelpunkt *m*, Zentrum *n (einer Differentialgleichung)*; 3. s. ~ tube 1.

- ~ **breaker** *(Ström)* Wirbelbrecher *m*
- ~ **cage meter** *(Ström)* Wirbelkäfig-Stromzähler *m*, Wirbelkäfig-Durchflußmesser *m*
- ~ **-centre axis** *(Ström)* Wirbelkernachse *f*
- ~ **coil** *(Aero)* Wirbelspule *f*
- ~ **-core flow** *(Ström)* Wirbelkernströmung *f*, turbulente Kernströmung *f*
- ~ **decay** *(Ström)* Wirbelzerstreuung *f*
- ~ **distribution method** *(Aero)* Wirbelbelegungsmethode *f*
- ~ **drag** 1. *(Ström)* induzierter Widerstand *m*; 2. *(Aero)* Wirbelwiderstand *m*, Lanchester-Prandtl-Widerstand *m*
- ~ **filament** *(Ström)* Wirbelfaden *m*
- ~ **flow** *(Ström)* 1. Wirbelströmung *f*, wirblige (wirbelnde, verwirbelte) Strömung *f (Oberbegriff)*; 2. Wirbelströmung *f*, drehungsbehaftete Strömung *f*, Drehströmung *f*, Rotationsströmung *f*
- ~ **flux** *(Ström)* Wirbelfluß *m*, Wirbelstärke *f*, Vorticityfluß *m*
- ~ **gauge** *(Mech, Vak)* Wirbelvakuummeter *n*
- ~ **hypothesis** *(Astr)* s. Weizsäcker's theory
- ~ **jet energy dissipator** *(Ström)* Wirbelstrahlenergievernichter *m*
- ~ **-like flow** *s.* ~ flow 1.
- ~ **line** *(Ström)* 1. Wirbellinie *f*; 2. Wirbelfaden *m*
- ~ **power flow (flux)** *(Ström)* Wirbelleistungsfluß *m*
- ~ **separation (shedding)** *(Ström)* Ablösung *f*, Wirbelablösung *f*
- ~ **sheet** *(Ström)* Wirbelschicht *f*, Wirbelblatt *n*
- ~ **sheet rolling-up** *(Ström)* Aufrollen *n (eines Wirbels)*
- ~ **strength** *(Ström)* Stärke *f* des Wirbels, Wirbelstärke *f*
- ~ **strip** *(Ström)* Wirbelstreifen *m*, Wirbelband *n*
- ~ **surface** *(Ström)* Wirbelfläche *f*
- ~ **trail (train)** *(Ström)* Wirbelstraße *f*
- ~ **tube** 1. *(Ström)* Wirbelröhre *f*; 2. *(Aero, Tief)* Wirbelrohr *n* [nach Ranque-Hilsch], Hilsch-Rohr *n*, Hilschsches Wirbelrohr *n*
- ~ **tube strength** *(Ström)* Stärke *f* der Wirbelröhre, Wirbelröhrenstärke *f*
- ~ **type flow** *s.* ~ flow 2.
- ~ **veil** *(Ström)* Wirbelschleier *m*
- ~ **wake** *(Ström)* wirbliger Nachlauf *m*

vortexing *(Ström)* Verwirbelung *f*, Durchwirbelung *f*, turbulente Durchmischung *f*
vortical disturbance *(Ström)* Wirbelstörung *f*
- ~ **field** Wirbelfeld *n*, Drehfeld *n*

vorticity *(Ström)* 1. Wirbeligkeit *f*, Wirbligkeit *f*; 2. Vorticity *f*, Rotor *m* der Strömungsgeschwindigkeit *(bzw. dessen Vertikalkomponente)*; 3. *s.* ~ vector; 4. *s.* ~ moment 2.

- ~ **average theorem** *(Ström)* Wirbelmittelwertsatz *m* von Bjørgum, Bjørgumscher Wirbelmittelwertsatz *m*
- ~ **branch of spectrum** *(Qu, Tief)* Wirbelzweig *m* des Spektrums *(von Helium II)*
- ~ **density** *(Ström)* Wirbeldichte *f*
- ~ **diffusion** *(Ström)* s. turbulent diffusion
- ~ **moment** *(Ström)* 1. Wirbelmoment *n (Vektor)*; 2. Wirbelmoment *n*, Wirbelstärke *f*, *(selten:)* Wirbelgröße *f*, Wirbelintensität *f*, Wirbelwert *m (eines Wirbelfadens, Skalar)*
- ~ **number** *(Ström)* Wirbelmaß *n*
- ~ **sheet** *s.* vortex sheet
- ~ **transfer (transport) equation** *(Ström)* Wirbeltransportgleichung *f*
- ~ **vector** *(Ström)* Wirbelvektor *m*, Dreh[ungs]geschwindigkeit *f*, *(selten:)* Wirbligkeit *f*, Wirbeligkeit *f (eines Flüssigkeitsteilchens)*

voting system *(Reg)* Auswahlsystem *n*, Majoritätssystem *n*
VPE [technology] *s.* vapour-phase epitaxy
VSEPR model *(At)* Valenzschalen-Elektronenpaar-Abstoßungsmodell *n*, VSEPR-Modell *n*
VSWR *(El)* s. voltage standing-wave ratio
VTB curve *(El)* Spannungs-Durchschlagzeit-Kennlinie *f*

VU, vu *(Ak)* s. volume unit
VU meter s. volume indicator 2.

W

W coefficient *(Qu)* Racah-Koeffizient *m*, Racahscher Dreieckskoeffizient *m*, [Racahscher] W-Koeffizient *m*
W coefficient for point groups *(At, Qu)* Griffithscher W-Koeffizient *m*, W-Koeffizient *m* für Punktgruppen
wabbling s. wobbling 2.
wading rod *(Hydr)* 1. Stakpegel *m* ; 2. Führungsstange *f*, Grundstange *f*, [stehende] Stange *f (eines Meßflügels)*
Wadsworth mounting 1. *(Opt)* Wadsworth-Aufstellung *f*, Wadsworthsche Gitteraufstellung *f* ; 2. *(Opt, Spektr)* Wadsworth-Spiegelprisma *n*, Wadsworth-Prisma *n*, Fuchs-Wadsworth-Prisma *n*
wagging [vibration] *(At)* Wedelschwingung *f*, Schaukelschwingung *f*, Kippschwingung *f*, „wagging vibration" *f (in einem Molekül)*
waist *(Mech)* Einschnürung *f (beim Zugversuch)*
~-to-waist transfer *(Opt)* Brust-Brust-Übertragung *f*, Brust-Brust-Transfer *m (Teilchenoptik)*
waiting line theory *(mathPh)* Bedienungstheorie *f*, Massenbedienungstheorie *f*, *(speziell:)* Warteschlangentheorie *f*
Waitzmann hardness [number] *(Mech)* Kugelschubhärte *f* [nach Waitzmann], Waitzmann-Härte *f*
wake 1. *(Ström)* Nachlauf *m*, Strömungsschatten *m*, Windschatten *m*, Nachstrom *m*, Wirbelschleppe *f*, *(Hydr auch:)* Totwasser *n*, *(bei Schiffen auch:)* Kielwasser *n*, Kielwasserwirbel *m (mpl)* ; 2. *(Astr)* Schweifansatz *m*, Nachlauf *m (eines Meteors)*
~ area *(Hydr)* Totwasser[gebiet] *n*, Totwasserbereich *m*, Totraum *m*, Stillstandszone *f*, Stagnationszone *f*
~ boundary *(Ström)* Nachlaufgrenze *f*, Totwassergrenze *f*
~ coefficient *(Ström)* Nachlaufbeiwert *m*, Nachlaufziffer *f*
~ depression *(Ström)* Nachlaufdelle *f*
~ flow *(Ström)* Nachlaufströmung *f*, Mitstrom *m*, *(Hydr auch:)* Kielwasserströmung *f*
~ fraction *(Hydr)* Nachlaufanteil *m*, Nachstromanteil *m*
~ resistance *(Hydr)* Wirbelwiderstand *m*, Turbulenzwiderstand *m*
~ vortex *(Ström)* Totwasserwirbel *m*
~ wave *(Ström)* Nachlaufwelle *f*, Nachstromwelle *f*, *(Hydr auch:)* Totwasserwelle *f*, *(bei Schiffen auch:)* Kielwasserwelle *f*
walk *(mathPh)* [stochastische] Irrfahrt *f*, zufällige Schrittfolge *f*, *(manchmal:)* Zufallsbewegung *f*

wall Wand *f*, *(speziell:)* Wandung *f*
~ attachment *(Ström)* Wandanlagerung *f*, Wandhaftung *f*, Wandhafteffekt *m (eines Strahls)*
~-attachment effect *(Ström)* Coanda-Effekt *m*
~ charge *(El)* Wandaufladung *f*, *(als Größe:)* Wandladung *f*
~ displacement *(Fest)* Bloch-Wand-Verschiebung *f*, Wandverschiebung *f*
~ energy *(Fest)* Domänenwandenergie *f*, Bloch-Wand-Energie *f*, Wandenergie *f*
~ friction loss *(Ström)* Wandreibungsverlust *m*
~ illuminance *(Opt)* Wandbeleuchtungsstärke *f*
~ jet *(Ström)* Wandstrahl *m*
~ load[ing] *(Pl)* Wandbelastung *f*
~ pinning effect *(Tief)* Pinningeffekt *m*, Effekt *m* des Pinning (Wandpinning)
~ ratio *(Mech)* Außendurchmesser/Innendurchmesser-Verhältnis *n (eines Rohres oder Gewehrlaufs)*
~ scattering *(Kern)* Wandstreuung *f*, Raumstreuung *f*
~ shear stress term *(Ström)* Wandschubspannungsterm *m*, Wandschubspannungsglied *n*
walled plain *(Astr)* Wallebene *f (auf der Mondoberfläche)*
Walter engine *(Ström)* Walter-Antrieb *m*, Walter-Triebwerk *n*
wander 1. *(Mech)* scheinbare Präzession *f*, Scheinpräzession *f* ; 2. *(El)* Szintillation *f (Radartechnik)*
wandering dislocation *(Krist)* wandernde (bewegte) Versetzung *f*
waning Moon *(Astr)* abnehmender Mond *m*
Wannier equation *(Fest, Qu)* [zweikomponentige] Wanniersche effektive Wellengleichung *f*, Wannier-Gleichung *f*
warble s. wobbling
warm laboratory *(Kern, physCh)* warmes (semiheißes) Laboratorium *n* $(10^8 \ldots 10^{11}\ Bq)$
~-up error *(Meß)* Anwärmfehler *m*
~-up period 1. *(Ström)* Aufwärmzeit *f*, Vorwärmzeit *f (einer Turbine)* ; 2. *(El)* Anheizzeit *f*, Anwärmzeit *f (eines Bauelements oder Moduls)* ; Aufwärmzeit *f (eines Gerätes)*
warmed-up temperature Betriebstemperatur *f (eines Gerätes)*
warmth *(Therm)* Wärme *f (Gegensatz: Kälte)*
warning assembly Warngerät *n*, Alarmgerät *n*, *(speziell Kern:)* Strahlenwarngerät *n*
warpage *(Mech)* Verwölbung *f*, Verzug *m*, Verwerfung *f*, Werfung *f (Vorgang oder Ergebnis)*, *(speziell:)* Aufwerfung *f*, Verzerrung *f*, Verziehen *n*, Verwerfen *n (Vorgang)*
warped cross section *(Mech)* verwölbter Querschnitt *m*

water

~ **surface** *(mathPh)* windschiefe Fläche f, windschiefe (nicht abwickelbare) Regelfläche f
warping *(Mech)* 1. s. warpage; 2. nichtebene Torsion f, Werfung f, Wurf m
~ **function** *(Mech)* Torsionsfunktion f, Potentialfunktion f der Torsion
~ **moment** *(Mech)* Wölbmoment n
wash 1. *(Aero)* ausgestoßene Luftmenge f, Düsenstrahl m ; 2. *(Hydr)* Wellenschlag m ; 3. *(physCh)* Wäsche f, Waschung f, Waschen n, *(speziell:)* Durchwaschen n, *(speziell:)* Auswaschen n ; 4. *(Ström)* Abstrom m, abgehender Strom m, Strömungsabfluß m, [glatter] Abfluß m der Strömung; 5. *(Ström)* s. wake 1.
~-**in** *(Aero)* Verwindung f nach unten, positive Verwindung f *(z. B. der Flügelspitzen)*
~-**out** *(Aero)* Verwindung f nach oben, negative Verwindung f *(z. B. der Flügelspitzen)*
~-**out valve** *(Hydr)* Ablaßschieber m
washing 1. *(physCh)* s. wash 3.; 2. *(Phot)* Wässerung f, Auswässerung f *(photographischer Schichten)*
~-**round** *(Hydr)* Umspülung f
wastage *(physCh, Ström)* örtliche (örtlich begrenzte) Abtragung f, Abtrag m, Wastage n, örtliche Zerstörung f *(insbesondere von Rohren)*
waste Abfälle mpl, Abfall m, Abprodukte npl, Abgang m, Rückstände mpl *(unerwünscht, nicht verwertbar)*
~ **assay** *(physCh)* Abfallkonzentration f, Tailsstromkonzentration f, Restgehalt m des gewünschten Isotops im Abfall *(einer Kaskade oder Trennanlage)*
~ **energy** ungenutzte (verlorene) Energie f
~ **space** *(Ström)* schädlicher Raum m *(einer Pumpe)*
WAT curve *(Aero)* Masse-Höhe-Temperatur-Kurve f, WAT-Kurve f
water body *(Hydr)* Gewässer n, *(speziell:)* Wasserkörper m
~-**borne sound** *(Ak)* Wasserschall m
~ **brake** *(Mech)* Wasserbremse f, *(speziell:)* Wasserwirbelbremse f, *(speziell:)* hydraulisches Dynamometer n
~ **break** *(physCh)* Aufreißen (Reißen, Abreißen) n des Wasserfilms
~ **carry-over** s. ~ entrainment
~ **chamber** *(Hydr)* Wasserstube f, Wasserfassung f, Brunnenstube f, Quellfassung f
~ **column pressure** *(Mech)* Wassersäulendruck m, Druck m Wassersäule, Druck m WS
~ **column pressure gauge** *(Mech)* Manometer n (Druckmesser m) mit Anzeige in Millimeter Wassersäule
~ **condensation method** *(Aero)* Kondensationsmethode f *(der Sichtbarmachung von Strömungen)*

~ **cooled water moderated reactor** *(Kern)* wassergekühlter wassermoderierter Reaktor m, Wasser-Wasser-Reaktor m, leichtwassermoderierter und -gekühlter Reaktor m, Leichtwasserreaktor m, LWR *(gewöhnlich als Oberbegriff zu SWR und DWR)*
~-**cooling jacket** *(Therm)* Kühlwassermantel m, Wasserkühlmantel m
~ **curtain** *(physCh)* Wasservorhang m
~ **cushion** *(Hydr)* Wasserkissen n, Wasserpolster n
~ **drag** *(Hydr)* Strömungswiderstand m des Wassers, Wasserwiderstand m
~ **ejector** *(Vak)* Wasserstrahlpumpe f, *(selten:)* Wasserstrahlvakuumpumpe f, Wasserstrahlluftpumpe f, Wasserstrahlsaugpumpe f, Wasserstrahlejektor m
~ **element** *(Hydr)* Wasserelement n, *(speziell:)* Wasserballen m
~ **entrainment** *(Ström)* Mißreißen n (Mitriß m) von Wassertröpfchen, Austragen n von Wasser, Überreißen n von Wasser *(mit dem Dampf)*
~ **equivalent** 1. *(Kern)* Wassergleichwert m, Wasseräquivalent n ; 2. *(Therm)* s. ~ value 1.
~-**flow calorimeter** *(Therm)* Junker-Kalorimeter n, Junkersches Kalorimeter n, Kalorimeter n mit Wasserdurchfluß
~ **gauge** *(Hydr)* 1. Wasserstandsanzeiger m, Wasserstand[s]zeiger m, Wasserstand[s]messer m, *(speziell für Gewässer:)* Pegel m, Wasserpegel m, Peil m ; 2. Wasserdruckmesser m, Wassermanometer n
~ **hammer** 1. *(Hydr)* Wasserschlag m, Widderstoß m, hydraulischer Stoß m, Druckstoß m ; 2. *(Mech)* Wasserhammer m *(zum Nachweis von Adhäsion und Kohäsion)*
~ **hammer wave** *(Hydr)* Druckwelle f beim Wasserschlag
~ **head** *(Mech)* Wassersäulenhöhe f
~-**head ascent** s. ~-surface ascent
~ **imbibition [value]** *(physCh)* Quellwert m, Wasseraufnahmewert m
~-**jet ejector** *(Vak)* s. ~ ejector
~-**jet injector** *(Hydr)* Wasserstrahlinjektor m
~-**jet vacuum** *(Vak)* Wasserstrahlvakuum n
~ **jump** *(Hydr)* Wassersprung m, hydraulischer Sprung m, Wasserschwall m, Wechselsprung m
~ **leg** *(physCh)* Sumpf m *(eines Behälters)*
~ **level** 1. *(Hydr)* Wasserstand m, Wasserspiegel m, *(speziell:)* Grundwasserspiegel m, [freie] Grundwasseroberfläche f ; 2. *(Hydr)* s. ~ level line; 3. *(Hydr)* Wasser[spiegel]höhe m, *(speziell:)* Pegel[stand] m *(Größe)* ; 4. *(Mech)* Kanalwaage f
~ **level line** *(Hydr)* Wasserspiegellinie f
~ **line coefficient** *(Hydr)* Völligkeitsgrad m in der Wasserlinie

water

- ~ **line section** s. ~ plane area
- ~ **meniscus** *(physCh, Ström)* Wassermeniskus *m*, Wasserkuppe *f*, *(selten:)* Wasserkuppel *f*
- ~ **number** *(Ström)* Wasserfaktor *m (eines Viskosimeters)*
- ~ **phalanx** *(Ech)* molekulare Wasserschicht *f* an der Elektrode
- ~ **plane** *(Hydr)* 1. freie Oberfläche *f*, Spiegel *m*, Wasserspiegel *m* ; 2. Schwimmebene *f*
- ~ **plane area** *(Hydr)* Schwimmfläche *f*, Wasserlinienfläche *f*, Schwimmfeld *n*
- ~ **power** *(Hydr)* Wasserkraft *f*, nutzbare Wasserenergie *f*, kinetische Energie *f* des Wassers, hydraulische Kraft *f*
- ~ **pressure deficit** *(physCh)* Saugkraft *f*, Saugspannung *f*
- ~ **pressure engine** *(Hydr)* Wassersäulenmaschine *f*, Wassersäulenmotor *m*
- ~ **pressure line** *(Hydr)* Wasserdruckfigur *f*, Wasserdrucklinie *f*
- ~ **ram** s. hydraulic ram
- ~ **resistance** 1. *(Hydr)* Strömungswiderstand *m* des Wassers, Wasserwiderstand *m* ; 2. *(physCh)* Wasserbeständigkeit *f*, Wasserfestigkeit *f*
- ~ **resistor** *(El)* elektrolytischer Widerstand *m*, Wasserwiderstand *m*
- ~ **rise head** *(Hydr)* Stauhöhe *f (Größe)*
- ~ **stage** *(Hydr)* 1. freie Oberfläche *f*, Spiegel *m*, Wasserspiegel *m* ; 2. s. ~ level 3.
- ~-**surface ascent** *(Hydr)* [hydraulischer] Stau *m*, Spiegelstau *m*, Wasserstau *m*, *(speziell:)* Aufstau *m*, Wasserstauung *f*
- ~-**surface elevation** *(Hydr)* Stauhöhe *f (Größe)*
- ~ **table** *(Hydr)* freie Oberfläche *f*, Spiegel *m*, Wasserspiegel *m*, *(speziell:)* Grundwasserspiegel *m*, [freie] Grundwasseroberfläche *f*
- ~ **value** *(Therm)* 1. Wasserwert *m (auch eines Kalorimeters)* ; 2. Wasserwertstrom *m (in J/h K)*
- ~ **vapour** Wasserdampf *m*, *(speziell Therm:)* Brüden *m*, Schwaden *m*, *(speziell:)* Wrasen *m*, Brodem *m*
- **Waterhouse diaphragm (stop)** *(Phot)* Steckblende *f*, Einsteckblende *f*, Waterhouse-Blende *f*
- **watt current** *(El)* Wirkstrom *m*, Wirkanteil *m* des Stroms, Wirkstromkomponente *f*, Wattstrom *m*
- ~-**hour efficiency** *(Ech)* Wattstundenwirkungsgrad *m*, Wh-Wirkungsgrad *m*
- **Watt governor** *(Mech)* Wattscher Fliehkraftregler (Zentrifugalregler, Regulator) *m*
- ~ **linkage** *(Mech)* Wattsche Geradführung *f*
- **wattage** *(El)* Leistung (Wirkleistung) *f* in Watt, Wattzahl *f*
- **wattful component** *(El)* Wirkkomponente *f*, Wirkanteil *m*, Wattkomponente *f*
- ~ **loss** *(El)* ohmscher Verlust *m*

- **wattless component** *(El)* Blindkomponente *f*, Blindanteil *m*, wattlose Komponente *f*
- ~ **energy** *(El)* Blindenergie *f*
- ~ **power** *(El)* Blindleistung *f*, Blindanteil *m* (Blindkomponente *f*) der Leistung
- **wave** 1. Welle *f* ; 2. *(Ström)* Woge *f*, Welle *f* erster Ordnung
- ~ **acoustics** *(Ak)* Wellenakustik *f*, *(manchmal:)* physikalische Akustik *f*
- ~ **admittance** *(El)* [charakteristischer] Wellenleitwert *m (eines Wellenleiters)*
- ~ **angle** *(El, Magn)* Strahlungswinkel *m*
- ~ **aspect** Wellenbild *n*, Wellenaspekt *m (der Materie)*, Wellenstandpunkt *m*
- ~ **at an interface** s. interfacial wave
- ~ **axis** *(Mech)* Wellenachse *f*, Polarisationsvektor *m*, Polarisation *f (einer viskoelastischen Welle)*
- ~ **basin** *(Hydr)* Beruhigungsbecken *n*, Wellenberuhigungsbecken *n*
- ~ **beam** Wellenbündel *n*
- ~ **body** *(Ström)* Körper *m*, Wellenkörper *m*
- ~ **breaker** *(Hydr)* Wellenbrecher *m (Bauwerk)*
- ~ **breaker line** *(Hydr)* Brecherlinie *f*
- ~ **breaker travel** *(Hydr)* Brecherauflänge *f*, Brecherweg *m*
- ~ **carrier modulation** *(El)* Schwingungsmodulation *f*
- ~ **channel** *(Hydr)* Wellenrinne *f*
- ~ **clutter** *(El)* Seegang[s]reflex *m*, Wellenreflex *m*, Seegangecho *n*
- ~ **concentration** Wellenbündelung *f*
- ~-**corpuscle duality** *(Qu)* Welle-Teilchen-Dualismus *m*, Dualismus *m* von Welle und Teilchen
- ~ **deflector** *(Hydr)* Wellenumlenker *m*
- ~ **dissipation** Wellenenergiedissipation *f*, Vernichtung *f* der Wellenenergie
- ~ **drag** *(Aero)* Wellenwiderstand *m*
- ~ **drag coefficient** *(Aero)* Wellenwiderstandsbeiwert *m*
- ~ **duct** 1. *(Ak)* [akustischer] Wellenleiter *m* ; 2. *(El)* [atmosphärischer] Wellenleiter *m*, Dukt *m*, Duct *m* ; 3. *(El)* Hohlrohrleiter *m*, Hohlrohr *n*, Hohl[leiter]kabel *n*
- ~ **envelope** Wellenhüllkurve *f*
- ~ **equation** 1. Wellengleichung *f*, Wellendifferentialgleichung *f*, *(manchmal:)* Ausbreitungsgleichung *f* ; 2. *(Qu)* Schrödinger-Gleichung *f*, [Schrödingersche] Wellengleichung *f*
- ~ **factor** *(Mech)* Welligkeitsfaktor *m*
- ~ **flow** *(Hydr)* Wellenströmung *f*
- ~ **flume** *(Hydr)* Wellenrinne *f*
- ~ **gauge** *(Hydr)* Wellenmesser *m (zur Messung der Höhe und Periode)*
- ~ **group velocity** Gruppengeschwindigkeit *f*
- ~ **head** *(Hydr)* Wellenkopf *m*, Wellenstirn *f*, Wellenfront *f*
- ~ **height** *(Hydr)* Wellenhöhe *f*, doppelte Wellenamplitude *f*
- ~ **impact force** *(Hydr)* Wellenstoßkraft *f*

wavelength

- ~ impact load area *(Hydr)* Wellenstoßbelastungsfläche f
- ~ impedance *(El)* [charakteristischer] Wellenwiderstand m *(eines Wellenleiters)*
- ~ in depth *(Hydr)* Tiefenwelle f
- ~ in the parallel mode *(El)* Gleichtaktwelle f
- ~ in the push-pull mode *(El)* Gegentaktwelle f
- ~-making resistance s. ~ resistance
- ~ mode *(El)* s. mode 3.
- ~ normal ellipsoid *(Krist, Opt)* s. index ellipsoid
- ~ normal equation *(Krist, Opt)* Fresnelsches Gesetz n, Wellenormalengleichung f
- ~ normal surface *(Krist, Opt)* Wellennormalenfläche f, Normalenfläche f, Wellengeschwindigkeitsfläche f
- ~ normal velocity *(Krist, Opt)* Wellennormalengeschwindigkeit f, Normalengeschwindigkeit f, Ausbreitungsgeschwindigkeit f der Phase
- ~ number 1. Wellenzahl f, Repetenz f $(1/\lambda)$; 2. s. wavelength constant 1.
- ~ of action Wirkungswelle f
- ~ of compression *(Aero, Pl)* Verdichtungswelle f
- ~ of plastic strain *(Mech)* plastische Dehnungswelle f
- ~ of rarefaction *(Aero, Pl)* Verdünnungswelle f
- ~ of tension *(El)* Spannungswelle f
- ~ optics *(Opt)* Wellenoptik f, physikalische Optik f
- ~ packet *(El, Magn)* Paket n, Wellenpaket n, nichtharmonische Wellengruppe f
- ~ parameter s. wavelength constant 1.
- ~ pattern *(Hydr)* Wellenbild n, Wellenmuster n
- ~ plate *(Opt)* 1. Lambda-Plättchen n, λ-Plättchen n, Wellenlängenplättchen n *(Gangunterschied beträgt eine Wellenlänge)*; 2. Phasenplättchen n, Phasenplatte f *(doppelbrechend)*
- ~ point *(Krist)* Anregungspunkt m
- ~ potential *(Feld)* s. Wiechert[-Liénard] potential
- ~ power *(Hydr)* Wellenkraft f, nutzbare Wellenenergie f
- ~ ray Wellenstrahl f, Wellenorthogonale f
- ~ resistance *(Hydr)* Wellenwiderstand m
- ~ resistance coefficient *(Hydr)* Wellenwiderstandsbeiwert m
- ~ rotation circulator *(Magn)* Faraday-Zirkulator m
- ~ rotation isolator *(Magn)* Faraday-Richtungsleitung f, Richtungsisolator m
- ~ run-up *(Hydr)* Auflaufen n, Wellenauflauf m
- ~ solution *(El)* Wellenlösung f *(der Leitungsgleichungen)*
- ~ speed Phasengeschwindigkeit f *(einer Welle)*
- ~ strength *(Mech)* Wellenstärke f *(Vektor)*
- ~ subduer *(Hydr)* Wellenberuhiger m
- ~ surface 1. *(Krist, Opt)* Strahlenfläche f, Wellenfläche f; 2. s. wavefront 1.
- ~ surface of Fresnel *(Opt)* Fresnelsche Wellenfläche f, Fresnelsche Zonen fpl
- ~ tail 1. Wellenschwanz m, Wellenrücken m; 2. *(El)* auslaufender Impulsteil m, Impulsschwanz m, *(speziell:)* Impulshinterflanke f, Rückflanke f
- ~ theory of light *(Opt)* Wellentheorie f des Lichtes [von Huygens], Undulationstheorie f, Lichttheorie f von Huygens
- ~ tilt *(El, Magn)* Wellenfrontwinkel m
- ~ train Wellenzug m, Zug m, *(selten:)* Schwingungszug m
- ~ trap 1. *(El)* Wellenfalle f, Wellensaugkreis m *(ein Resonanzkreis)*; 2. *(Kern)* Wellensumpf m *(in einem Linearbeschleuniger)*
- ~ vector *(Fest)* Kreiswellen[zahl]vektor m, Ausbreitungsvektor m, Fortpflanzungsvektor m, *(manchmal:)* Wellen[zahl]vektor m
- ~-vector space *(Fest)* k-Raum m, reziproker Raum m, Wellen[zahl]vektorraum m, Wellenzahlraum m
- ~ velocity 1. Ausbreitungsgeschwindigkeit f, Wellen[ausbreitungs]geschwindigkeit f; 2. Phasengeschwindigkeit f *(einer Welle)*
- ~ velocity surface s. ~ normal surface
- ~ wake [flow] *(Ström)* Wellenmitstrom m
- ~ waved stress *(Mech)* Schwingbeanspruchung f, schwingende Beanspruchung f, wellenförmige (schwingende) Belastung f

waveform-amplitude distortion *(Ak, El)* Dämpfungsverzerrung f, Amplitudenverzerrung f, Frequenzverzerrung f

wavefront 1. Wellenfläche f, Wellenfront f; 2. *(Hydr)* Wellenkopf m, Wellenstirn f, Wellenfront f; 3. *(El)* Vorderflanke f, Impulsvorderflanke f

- ~ analysis *(Opt)* Wellenflächenanalyse f
- ~ duration *(El)* Stirnzeit f *(eines Pulses oder Impulses)*
- ~ reconstruction *(Opt)* Wellenflächenrekonstruktion f, Wellenfrontrekonstruktion f
- ~ shearing interferometer *(Opt)* Shearinginterferometer n, Überschneidungsinterferometer n

wavegraph *(Mech)* Welligkeitsschreiber m, Oberflächenwelligkeitsschreiber m

waveguide *(El)* Wellenleiter m, Mikrowellenleiter m, *(selten:)* Hochfrequenzwellenleiter m, HF-Wellenleiter m, *(speziell:)* Hohlleiter m

- ~ accelerator *(Kern)* Wanderwellen[-Linear]beschleuniger m
- ~ grill *(Pl)* Grill-System n, Grill n

wavelength constant 1. Kreiswellenzahl f, Kreisrepetenz f $(2\pi/\lambda)$, Wellendichte f, Betrag m des Ausbreitungsvektors, Fortpflanzungskonstante f; 2. *(El)* Phasenkoeffizient m, Phasenbelag m, Phasenkonstante f *(einer Übertragungsleitung:*

wavelength

Imaginärteil des Fortpflanzungskoeffizienten), Winkelkonstante f, Wellenlängenkonstante f
~ **drive** *(Opt)* Wellenlängenantrieb m
~ **shifter** *(El, Opt)* Wellenlängenschieber m
wavelet *(Hydr)* kleine Welle f
waver[ing] s. wobbling 2.
waves *(Hydr)* Wellengang m
waviness 1. *(Krist)* Welligkeit f *(von Gleitbändern)* ; 2. *(Mech)* Welligkeit f, Oberflächenwelligkeit f ; 3. *(Opt)* Schlieren fpl im Glas, Glasschlieren fpl
waving line Wellenlinie f
wavy edge *(Mech)* Randwelle f, Randwellen fpl
~ **extinction** *(Krist, Opt)* undulöse Auslöschung f, undulierende (wellenartige, ungleichmäßige) Auslöschung f
~ **slip line** *(Krist)* wellige Gleitlinie f
wax-block photometer *(Opt)* Joly-Photometer n
waxing Moon *(Astr)* zunehmender Mond m
WC, W.C. *(Rel)* Weltkoordinate f, WK
WDX spectroscopy *(Spektr)* wellenlängendispersive Röntgenspektrometrie (Röntgenspektroskopie) f, WDX-Spektroskopie f, WDX-Spektrometrie f
weak boson *(Hoch)* s. woson
~ **charged current** *(Feld)* schwacher geladener Strom m
~ **coupling** 1. *(Hoch)* schwache (normale) Kopplung f ; 2. *(El)* lose (unterkritische) Kopplung f *(von Schwingkreisen)*
~ **coupling perturbation theory** *(Feld)* Störungstheorie f der schwachen Kopplung, störungstheoretische Behandlung f der schwachen Kopplung
~ **energy condition** *(Rel)* Bedingung f der schwachen Energie, Schwachenergiebedingung f
~ **field equations** *(Feld)* Einstein-Strausssche Feldgleichungen fpl, schwaches Feldgleichungssystem n
~ **field method** *(At, Qu)* Methode f des schwachen Feldes (Ligandenfeldes), (LΓ)-Methode f
~-**flutter accelerator** *(Kern)* Beschleuniger (Teilchenbeschleuniger) m mit geringer Feldvariation
~-**focus[s]ing accelerator** *(Kern)* Teilchenbeschleuniger m mit konstantem Gradienten, Beschleuniger m mit schwacher Fokussierung
~ **interaction** *(Feld, Hoch)* schwache Wechselwirkung f, *(selten:)* Betawechselwirkung f
~ **lens** *(Opt)* schwache Linse f, *(speziell:)* lichtschwaches Objektiv n
~-**line star** *(Astr)* Stern m mit [relativ] schwachen Metallinien *(im Spektrum)*
~ **mixing angle** *(Hoch)* schwacher Mischungswinkel (Winkel) m
~ **shock** *(Ström)* schwacher Verdichtungsstoß m

~ **solution** *(mathPh)* schwache (verallgemeinerte) Lösung f, Variationslösung f *(eines Dirichletschen Problems)*
~ **wave** *(Ström)* schwache Stoßwelle (Schockwelle, Welle) f
weakening 1. Abschwächung f, Schwächung f ; 2. *(Mech)* s. constriction 1.
weakly damped oscillation aperiodische (schwach gedämpfte) Schwingung f
~ **guided (guiding) fibre** *(Opt)* schwach führende Faser f
~ **ionized gas** *(physCh)* schwachionisiertes (schwach ionisiertes) Gas n *(Ionisierungsfaktor < 10^{-4})*
~ **non-linear system** quasilineares (schwach nichtlineares) System n
weakon *(Hoch)* s. woson
wear [and tear] *(Mech)* Verschleiß m, Abnutzung f
~-**in failure** *(Mech)* Frühausfall m
~-**out** *(El)* Ermüdung f *(von Bauelementen)*
~ **resistance** *(Mech)* Verschleißfestigkeit f, Verschleißbeständigkeit f, *(speziell:)* Verschleißwiderstand m, *(speziell:)* Scheuerfestigkeit f
weather-side flow *(Hydr)* Luvströmung f
weathercock stability *(Aero)* Richtungsstabilität f, Kursstabilität f, Seitenstabilität f, Windfahnenstabilität f
web 1. *(Mech)* Steg m ; 2. *(Mech)* Kurbelwange f *(einer Kurbelwelle)* ; 3. *(Astr, Opt)* Faden m, Spinnfaden m *(im Fernrohr)*
~ **crystal** *(Krist)* Hautkristall m
Weber number *(Ström)* Weber-Zahl f, We, W, Webersche Zahl (Kennzahl, Ähnlichkeitszahl) f
~ **photometer** *(Opt)* Tubusphotometer n [von Weber], Weber-Photometer n, Webersches Flächenphotometer n
wedge 1. *(Opt)* [optischer] Keil m ; 2. *(Ak)* Ablenkkeil m *(bei der Ultraschallprüfung)* ; 3. *(El)* Keilabschluß m, Abschlußkeil m, Keilabsorber m *(eines Wellenleiters)*
~ **angle** *(Mech, Opt)* Keilwinkel m
~ **back (base)** *(Mech)* Keilrücken m
~ **beam splitter** *(Opt)* Strahlteilungskeil m, Teilungskeil m
~ **compensator** *(Opt)* Drehkeilpaar n, Herschelsches Doppelprisma n, Herschel-Prisma n, Keilkompensator m, Diasporameter n
~ **constant** *(Opt)* Steilheit f, Keilkonstante f
~ **disk valve** *(Hydr)* Keilschieber m
~ **dislocation** *(Krist)* Keilversetzung f
~ **face** *(Mech)* Keilfläche f
~ **head** *(Mech)* Keilrücken m
~ **open load specimen** *(Mech)* Standardprobe f der Bruchmechanik, WOL-Kompaktprobe f, WOL-Probestab m
~ **slit** *(Spektr)* Keilspalt m, keilförmiger Spalt m
~ **slot** *(El)* Keilnut f

~ **spectrograph** Graukeilspektrograph *m*, Keilspektrograph *m*
~-**type flat slide (sluice) valve** *(Hydr)* Keilflachschieber *m*, Keilplattenschieber *m*
weeping *(physCh)* Flüssigkeitsaustritt *m*, Flüssigkeitsabscheidung *f*
~-**out** *(physCh)* s. dropwise condensation
Wehnelt cylinder *(El)* Wehnelt-Zylinder *m*, Wehnelt-Blende *f*, Steuerscheibe *f (z. B. einer Elektronenkanone)*
~ **electrode** *(El)* 1. Steuerelektrode *f (einer Immersionslinse)*; 2. s. Wehnelt cylinder
weighable amount *(physCh)* wägbare Menge *f*
weighed-in amount *(physCh)* Einwaage *f*, eingewogene Menge *f*
weighing *(Mech)* 1. Wägung *f*, Wägen *n (Bestimmung der Masse)*; 2. Wiegen *n (die Eigenschaft eines Körpers, eine Masse zu haben)*
~ **bottle** *(physCh)* Wägefläschchen *n*, Wägeflasche *f*, Meßflasche *f*, Tarierfläschchen *n*, Tarierflasche *f*
~ **by substitution** *(Mech)* Substitutionswägung *f*, Substitutionsmethode (Tariermethode) *f* nach Borda
~ **out** *(Mech)* Abwägen *n (Abteilen einer bestimmten Masse des Wägegutes)*
weight 1. *(Mech)* Gewichtskraft *f (nicht mehr empfohlen:)* Gewicht *n*; 2. *(Mech)* Wägestück *n, (auch als Körper nicht festgelegter Masse:)* Gewichtsstück *n, (manchmal:)* Gewicht *n*; 3. *(mathPh)* Belegung[sfunktion] *f*, Gewichtsfunktion *f*, Gewicht *n (in der Approximationstheorie)*; 4. *(mathPh, statPh)* Gewichtsfaktor *m*, Gewicht *n, (manchmal:)* Wichtungsfaktor *m*; 5. *(Qu, Spektr)* Entartungsgrad *m*, Entartung *f*, [statistisches] Gewicht *n*, Quantengewicht *n*
~ **arm** *(Mech)* Lastarm *m (eines Hebels)*
~-**average molecular weight** *(At)* Massemittel *n* der relativen Molekülmasse, *(früher:)* Gewichtsmittel *n* des Molekulargewichts
~ **by volume** s. ~ density
~ **concentration** *(physCh)* Massenkonzentration *f*, Partialdichte *f*
~ **density** *(physCh)* Wichte *f, (früher:)* spezifisches Gewicht *n*
~ **equivalent** *(physCh)* [relative] Äquivalentmasse *f*, chemisches Äquivalent *n*
~ **flow rate** *(Ström)* Massenstrom *m*, Massendurchfluß *m*, Massendurchsatz *m*
~-**force** *(Mech)* Gewichtskraft *f, (nicht mehr empfohlen:)* Gewicht *n*
~-**force per unit area** s. ~ per unit area
~ **fraction** *(physCh)* Massenanteil *m*, Massenbruch *m*, Massengehalt *m*
~ **function** *(mathPh)* Gewichtsfunktion *f*, Gewicht *n* (Statistik)
~ **hydrometer** *(physCh)* Gewichts[kraft]aräometer *n*
~-**loaded governor (regulator)** *(Ström)* Gewichtsregler *m*, gewichtsbelasteter Regler *m*
~ **per unit area** *(Mech)* flächenbezogene Gewichtskraft *f*, Flächengewichtskraft *f*
~ **per unit length** *(Mech)* 1. längenbezogene Gewichtskraft *f*, Längengewichtskraft *f*; 2. längenbezogene Masse *f*, Massenbelag *m*, Linienbelegung *f*, Längenmasse *f*, Massenbehang *m*
~ **percent** *(physCh)* Massenanteil *m* in Prozent, *(nicht mehr empfohlen:)* Masseprozent *n*, Masse%, % Masse
~ **pressure** *(Ström)* Gewichtsdruck *m (Glied ϱz in der Bernoullischen Gleichung)*
~-**temperature curve** *(physCh)* Pyrolysekurve *f*
~ **thermometer** Überlaufthermometer *n*
~ **thermometer method** *(Therm)* Wägungsverfahren *n* mit Pyknometer *(zur Bestimmung des Wärmeausdehnungskoeffizienten von Flüssigkeiten)*
~ /**volume** *(physCh)* Gramm *npl* pro 100 Milliliter Lösung, g/100 ml Lösung
~ /**weight** *(physCh)* Gramm *npl* pro 100 Milligramm Lösung, g/100 mg Lösung
weighted agreement residual *(Krist)* gewichteter R-Faktor (Zuverlässigkeitsfaktor, Diskrepanzfaktor) *m*
~ **apparent sound reduction index** *(Ak)* bewertetes Bau-Schalldämmaß *n*
~ **average** *(mathPh)* 1. gewogenes (gewichtetes) Mittel *n*, gewichteter Mittelwert *m*, Gewichtsmittel *n (im allgemeinen Sinne)*; 2. allgemeines (gewogenes, gewichtetes) arithmetisches Mittel *n*, allgemeiner [arithmetischer] Mittelwert *m (im speziellen Sinne)*
~ **average head** *(Hydr)* Schwerpunktsfallhöhe *f*
~ **mean [value]** s. ~ average 1.
~ **moving average** *(mathPh)* gewogenes gleitendes Mittel *n*, gewichteter gleitender Durchschnitt *m*
~ **ordinate method** *(Opt)* Gewichtsordinatenverfahren *n*
~ **sampling** *(mathPh)* Verfahren *n* (Methode *f*) der gewichteten Stichprobe, gewogene Stichprobennahme (Stichprobenauswahl, Stichprobenerhebung) *f*
~ **tube** beschwertes Rohr *n*
~ **voltage** *(El)* Geräuschspannung *f*, bewertete Fremdspannung *f*
weighting 1. Bewertung *f*; 2. *(Meß)* Wichtung *f*, Bewichtung *f*; 3. *(mathPh)* Wägung *f*, Wichtung *f (Statistik)*; 4. *(Mech)* Beschwerung *f*
~ **coefficient (factor)** *(mathPh, statPh)* Gewichtsfaktor *m*, Gewicht *n, (manchmal:)* Wichtungsfaktor *m*
~ **filter** *(Ak, El)* Bewertungsfilter *n*
~ **function** *(mathPh)* Gewichtsfunktion *f*, Gewicht *n*, Wichtungsfunktion *f*
Weinberg-Salam [gauge] model *(Feld, Hoch)* Weinberg-Salam-Modell *n*, Wein-

Weingarten 442

berg-Leptonenmodell n, Weinberg-Salam-Eichmodell n *(Standardmodell der Elementarteilchenphysik)*
Weingarten dislocation *(Krist)* Weingarten-Versetzung f *(mit Schraubung)*
Weiss constant *(Fest, Magn)* paramagnetischer Curie-Punkt m, paramagnetische Curie-Temperatur f, Weisssche Konstante f
~ **domain** *(Fest, Magn)* Weissscher Bezirk m, Elementarbezirk m, [magnetischer] Elementarbereich m, *(häufig fälschlich:)* Weißscher Bezirk m *(nach P. Weiss)*
~ **field constant** *(Fest)* Weissscher Koeffizient (Proportionalitätsfaktor) m, Konstante f des Weissschen [inneren] Feldes, Weiss-Koeffizient m
~ **internal field** *(Fest, Magn)* [Weissches] Molekularfeld n, Weisssches [inneres] Feld n, Molekularfeld n von Weiss, Weisssches Magnetfeld n
Weiss symbols *(Krist)* Weißsche Indizes mpl (Symbole npl) *(nach Ch. S. Weiß)*
Weissenberg camera *(Krist)* Weissenberg-[Böhm-]Goniometer n, Röntgengoniometer n nach Weissenberg[-Böhm], Weissenberg-Kammer f, Weissenberg-Kamera f
~ **pattern** *(Krist)* Weissenberg-Aufnahme f, Weissenberg-Diagramm n
~ **photogoniometer** s. Weissenberg camera
Weisskopf interruption theory *(Spektr)* Weisskopfsche Stoßtheorie f der Linienverbreiterung
Weizsäcker's theory *(Astr)* Turbulenztheorie f von Weizsäcker, Wirbelhypothese f nach [von] Weizsäcker, Weizsäckersche Wirbelhypothese f
welding *(Mech)* Schweißen n, Schweißung f, *(speziell:)* Verschweißung f *(Vorgang)*
well 1. Potentialmulde f, *(manchmal:)* Potentialtopf m ; 2. *(Mech)* Bohrloch n, Bohrung f *(nicht durchgehend)* ; 3. *(Therm)* Thermometerschutzrohr n, Schutzrohr n
~ **border** *(Kern)* Potentialrand m, Rand m der Potentialmulde
~-**defined beam** *(Kern)* scharfer (scharf fokussierter) Strahl m
~-**focus[s]ed clearness** *(El, Opt, Phot)* Schärfe f, *(speziell:)* Scharfzeichnung f, Bildschärfe f
~ **ordering,** ~-**ordering relation** *(mathPh)* Wohlordnung f
~ **pattern planchet** *(Kern)* randloses Zählschälchen (Probenschälchen) n, küvettenartige Planchette f *(für Radioaktivitätsmessungen)*
~-**posedness** *(mathPh)* korrekte (sachgemäße) Problemstellung f, Korrektheit f der Problemstellung
~-**regulated system** *(Reg)* störungsfrei geregeltes System n, störfreies Regelsystem n

~-**type manometer** *(Mech)* Gefäßmanometer n
~-**type scintillation crystal** *(Kern)* Bohrlochkristall m, Szintillatorkristall m mit Bohrloch
Welsbach burner *(Opt)* Auer-Brenner m
~ **[gas] light** *(Opt)* Gas[glüh]licht n
~ **mantle** *(Opt)* [Auer-]Glühkörper m, Auer-Strumpf m, Glühstrumpf m, Gasglühstrumpf m
Werner complex *(At, physCh)* Koordinationsverbindung f
western amplitude *(Astr)* Abendweite f
~ **spot** *(Astr)* P-Fleck m, vorangehender Fleck m
Weston [normal] cell Weston-Element n, Weston-Normalelement n, [internationales] Cadmiumnormalelement n
~-**Scheiner film speed** *(Phot)* Scheiner-Grad m
wet-bulb depression *(physCh)* psychrometrische Differenz f
~-**bulb psychrometer** *(Therm)* befeuchtetes (feuchtes, benetztes) Thermometer n, Feucht[kugel]thermometer n
~-**bulb temperature** *(Therm)* Feuchttemperatur f, Naßtemperatur f, Feuchtkugeltemperatur f, Temperatur f des feuchten Thermometers
~-**bulb thermistor** *(Therm)* Naß[elektrolyt]thermistor m
~ **cell** *(Ech)* 1. Naßelement n, nasses (hydroelektrisches) Element n ; 2. Füllelement n
~ **line correction** *(Hydr)* Korrektion f für die Naßstrecke, *(als Größe:)* Korrektur f für die Naßstrecke *(bei der Lotung)*
~-**plate process** *(Phot)* nasses Kollodiumverfahren n, Naßkollodiumverfahren n
~ **precipitator** *(physCh)* Naß[elektro]filter n
~ **tenacity** Naßreißfestigkeit f
~ **well** 1. *(Kern)* Kondensationskammer f, Kondensationsraum m, Druckabbaukammer f *(eines SWR)* ; 2. *(Ström)* Pumpensumpf m
wettability *(physCh)* Benetzbarkeit f, Netzbarkeit f
wettage *(physCh)* Betriebsinhalt m, Haftinhalt m *(einer Kolonne)*
wetted area *(Aero)* vom Luftstrom umspülte Fläche f, überströmte Fläche f
~ **perimeter** *(Hydr)* benetzter Umfang (Querschnittsumfang) m, Umfang m des benetzten Querschnitts
~-**wall absorber** *(physCh)* Dünnschichtabsorber m
~-**wall column** *(physCh)* Rieselfilmkolonne f
wetter *(physCh)* Netzmittel n, Benetzungsmittel n, Benetzer m, Netzer m
Wetthauer test *(Opt)* Verfahren n der streifenden Abbildung, Wetthauer-Verfahren n *(der Objektivprüfung)*, *(speziell zur Prüfung von Scheinwerferspiegeln:)* Wetthauersche Spiegelprüfmethode f

wetting *(physCh)* 1. Benetzung f, Netzung f, Netzen n; 2. Durchfeuchtung f, Durchnässung f
~ **power** *(physCh)* Netzvermögen n, Benetzungsvermögen n, Netzfähigkeit f, Benetzungsfähigkeit f, Netzkraft f
~ **tension** *(physCh)* Benetzungsspannung f
whaling glass *(Opt)* Fadenzähler m, Fadenzählung f, Weberglas n
Whewell fringe *(Opt)* Whewellscher Streifen m, Queteletscher Streifen (Ring) m, Newtonscher Staubring (Farbenring) m, Farbe f dicker Platten
whipping Schlagen n (z. B. von Rohrleitungen); Schwingen n (z. B. von Seilen)
whirl 1. *(Ström)* Fließwirbel m, Wirbel m *(Längsumdrehung um die Fortbewegungsachse)*, *(speziell:)* Wasserwirbel m; 2. *(Ström)* s. whirling; 3. *(Hydr)* s. whirlpool
~ **flutter** *(Aero)* Flattern n im Ablösebereich, Flattern n in der abgerissenen Strömung
~ **ring** *(Astr)* Wirbelring m, *(speziell:)* U-förmiger Wirbel m *(Sonnenfleckentheorie)*
whirled thermometer s. whirling thermometer
whirling *(Ström)* Verwirbelung f, Durchwirbelung f, turbulente Durchmischung f
~ **arm** *(Ström)* Rundlauf m, g-Beschleunigungsprüfer m
~ **hygrometer (psychrometer)** *(Therm)* Schleuderpsychrometer n
~ **thermometer** *(Therm)* Schleuderthermometer n
whirlpool *(Hydr)* Strudel m, *(manchmal:)* Wasserwirbel m, *(selten:)* Struden m
whisker 1. *(Krist)* Whisker m, Haarkristall m, Nadelkristall m, Fadenkristall m, Einfadenkristall m, Kristallnadel f; 2. *(El)* Haardraht m, haarfeiner (feiner) Kontaktdraht m; 3. *(El)* Detektornadel f
whispering gallery *(Ak)* Flüstergalerie f, Flüstergewölbe n
~ **mode** *(El)* Totalreflexionsmode f, Flüstermode f, flüsternder Schwingungstyp m
whistle wave *(Pl)* Helikonwelle f, Whistlerwelle f, Whistler m
whistling atmospheric *(El)* Whistler m, atmosphärische Pfeifstörung f
white bond *(Hoch)* weiße Bindung f
~ **content** *(Opt)* Weißgehalt m, *(im Ostwaldschen Farbsystem:)* Weißanteil m
~ **glass** *(Opt, physCh)* Opalglas n
~ **light fringe (interference)** *(Opt)* Interferenz f im weißen Licht, Weißlichtinterferenz f
~ **noise level** *(El)* Störpegel m des weißen Rauschens
~ **point** *(Opt)* Weißpunkt m, Unbuntpunkt m, Farbort m des Unbunt (Weiß) *(in einer Farbtafel)*
~-**shaded colour** *(Opt)* weißverhüllte (verweißlichte, weißschattierte) Farbe f

~ **standard** *(Opt)* Normalweiß n
whiteness *(Opt)* Weißheit f, Weißgrad m *(einer Farbe)*
whitening agent *(physCh)* Weißtöner m
~ **filter** *(El)* Weißfilter n
whole-body gamma spectrum analyzer *(Kern)* Ganzkörper-Gammaspektrometer n
~-**molecule molecular orbital** *(At)* nichtlokalisiertes Molekülorbital n
~ **step (tone)** *(Ak)* Ganzton m, ganzer Ton m
~-**wave plate** *(Opt)* s. wave plate 1.
Wick chronological product *(Feld, Qu)* zeitgeordnetes (chronologisches) Produkt n, [Wicksches] T-Produkt n
wide-angle converter *(Opt)* Weitwinkelvorsatzlinse f
~-**angle X-ray pattern (photograph)** *(Krist)* Weitwinkel[röntgen]aufnahme f *(Ergebnis)*
~ **band** *(El)* Breitband n, breites Frequenzband n
~-**field eyepiece** *(Opt)* Großfeldokular n, Okular n mit erweitertem Gesichtsfeld
~ **response microphone** *(Ak, El)* Breitbandmikrophon n
~-**screen projection** *(Phot)* Breitwandprojektion f
widening *(Mech)* Erweiterung f *(eines Volumens)*, Verbreiterung f *(eines Volumens oder Spaltes)*, Weitung f, Aufweitung f *(eines Rohres)*
~ **coil** *(Kern)* Expansionsspule f *(in einem Betatron)*
Widerøe [flux] condition *(Kern)* Widerøe-Bedingung f, 1:2-Bedingung f [des Betatrons], Widerøescher Satz m, erste Grundbedingung f des Betatrons
width *(Mech)* Breite f
~ **across corners** *(Mech)* Eckenmaß n, Übereckmaß n
~ **across flats** *(Mech)* Schlüsselweite f
~ **of backlash** *(Meß, Reg)* Umkehrspanne f
~ **of scale division** *(Meß)* Skalenwert m, Skw., SKW, *(manchmal:)* Skalenteilungswert m
~ **of the potential barrier** *(Fest)* Sprungdistanz f *(von Ionen in Glas)*
Wiechert[-Liénard] potential *(Feld)* Liénard-Wiechert-Potential n, Wiechert-Liénardsches Potential n, Wellenpotential n [der räumlichen Belegung], retardiertes Potential n [der bewegten Punktladung]
Wien effect *(Ech)* [normaler] Wien-Effekt m, Feldstärkeeffekt m [der Leitfähigkeit]
~ **method** *(El)* Durchströmungsmethode f [von Wien], Wiensche Durchströmungsmethode f *(zur Untersuchung von Kanalstrahlen)*
~ **paradox** *(Opt)* Lichtventilparadoxon n von Wien, Wiensches Paradoxon n

Wien

~-**Schiele effect** *(Ech)* Dissoziationsspannungseffekt *m* [von M. Wien-Schiele], Dissoziationsfeldeffekt *m*, Wien-Schiele-Effekt *m*

Wiener ergodic theorem *(Qu, statPh)* dominierender (Wienerscher) Ergodensatz *m*, Ergodensatz *m* von Wiener

~ **filtering** *(El)* Bildwiederaufbau *m*

Wien's constant *(Therm)* Wiensche Verschiebungskonstante *f*, Wien-Konstante *f*

~ **displacement law** *(statPh, Therm)* Wiensches Verschiebungsgesetz *n*, Verschiebungsgesetz *n* [von W. Wien]

~ **distribution law** *(statPh, Therm)* Wiensches Strahlungsgesetz (Gesetz) *n*, Wiensche Strahlungsformel *f*

~ **law** *(Therm)* thermodynamisches Gesetz *n* von Wien, Wiensches Gesetz *n*

~ **radiation law** *(statPh, Therm)* 1. T^5-Gesetz *n*, T-hoch-fünf-Gesetz *n*, Wiensches Strahlungsgesetz *n*; 2. *s.* ~ distribution law; 3. *s.* ~ displacement law

wiggles *(Spektr)* „wiggles" *pl*, Modulationseinflüsse *mpl* (NMR-Spektroskopie)

Wigner energy release *(Kern)* Wigner-Entspannung *f*, Freisetzung *f* der Wigner-Energie

~ **gap** *(Kern)* Wigner-Raum *m*, Wigner-Fuge *f*, Wigner-Spalt *m*

~ **growth** *(Fest, Kern)* Wigner-[Effekt-]Wachstum *n*, Ausdehnung *f* durch Wigner-Effekt *(von Graphit)*

~-**Kirkwood rule for one-electron jump** *(Kern)* *f*-Summensatz *m* (*f*-Summenregel *f*) von Wigner-Kirkwood

~-**Seitz method** *(Krist, Qu)* Zellenmethode *f*, Wigner-Seitz-Methode *f*, Zellularmethode *f*, Methode *f* der Elementarzellen (äquivalenten Zellen) *(Bändertheorie)*

Williot[-Mohr] diagram *(Mech)* Williotscher Verschiebungsplan *m*, Verschiebungsplan *m* [nach Williot], Williot-Plan *m*

Wilson [cloud] chamber *(Hoch)* [Wilsonsche] Nebelkammer *f*, Expansions[nebel]kammer *f*, Wilson-Kammer *f*

wind axis *(Aero)* strömungsfeste (strömungsgebundene) Achse *f*, Windachse *f*, Flugwindachse *f*

~ **azimuth angle** *(Aero)* Wind[richtungs]winkel *m*

~ **catching area** *(Mech)* Wind[angriffs]fläche *f*

~ **correction angle** 1. *(Hydr)* Windbeschickung *f*, Beschickung *f* für Wind; 2. *(Aero)* Luvwinkel *m*

~ **duration** *(Hydr)* Wirkungsdauer *f* des Windes, Windwirk[ungs]dauer *f*, Winddauer *f*

~-**generated flow** *(Hydr)* Windströmung *f*, winderzeugte (windbedingte) Strömung *f*, Windstrom *m*

~ **load[ing]** *(Mech)* Windlast *f*, Windbelastung *f*

~ **power** *(Mech)* 1. Windkraft *f*, nutzbare Windenergie *f*; 2. Windleistung *f*

~ **pressure** *(Mech)* Winddruck *m*

~ **resisting strength** *(Mech)* Windfestigkeit *f*, Windsicherheit *f*

~ **straightener** *(Aero)* Wabennetz *n*, Wabengleichrichter *m*, Zellen[körper]gleichrichter *m*

~ **stress** *(Mech)* Windbeanspruchung *f*, Windspannung *f*, Spannung *f* infolge Windbelastung

~ **tunnel** *(Aero)* Windkanal *m*, *(selten:)* Windtunnel *m*

windage 1. *(Mech)* Windablenkung *f*, Winddrift *f*, Abdrift *f*, Windversetzung *f* *(Vorgang oder Größe)*; 2. Luftreibung *f* *(eines Elektromotors)*

~ **loss** 1. *(Aero)* Wirbel[ungs]verlust *m*; 2. *(El)* Luftreibungsverlust *m*, Lüftungsverlust *m* *(einer elektrischen Maschine oder eines Elektromotors)*; 3. *(Ström)* Ventilationsverlust *m* *(einer Turbine)*

winding 1. Wicklung *f*, Wickeln *n*, *(El auch:)* Bewicklung *f*, *(speziell:)* Aufwickeln *n*, Aufrollen *n* *(Vorgang)*; 2. Wicklung *f* *(Ergebnis)*

~ **capacitance** *(El)* Wicklungskapazität *f*, Eigenkapazität *f* der Wicklung

~ **capacity** Wickelvolumen *n*

~ **coefficient (factor)** *(El)* Wicklungs[füll]faktor *m*, Wickelfaktor *m*, *(speziell:)* Spulenwicklungsfaktor *m*

~ **number** *(mathPh)* Umlauf[s]zahl *f*, Windungszahl *f*, Index *m* *(einer Kurve um einen Punkt)*

~ **pipe** *(Ström)* Rohrschlange *f*, Schlangenrohr *n*, Schlange *f*

windmilling *(Aero)* Antrieb *m* durch den Fahrtwind, Fahrtwindantrieb *m*, Windmühlenbetrieb *m*

windstream direction *(Aero)* Anströmrichtung *f*

windward flow *(Hydr)* Luvströmung *f*

wing 1. *(Aero)* Tragflügel *m*, Flügel *m*, Tragfläche *f* *(s. a. unter* aerofoil*)*; 2. *(Spektr)* Flügel *m*, Linienflügel *m*, Peakflügel *m* *(eines Massenpeaks)*

~-**body drag** *(Aero)* Tragflügel-Rumpf-Widerstand *m*, Tragflügel-Rumpf-Widerstand *m*

~ **camber** *(Aero)* Wölbung *f*, Pfeilhöhe *f*, Profilwölbung *f*, Wölbungspfeil *m* *(eines Tragflügels)*

~ **compasses (divider)** *(mathPh)* Bogenzirkel *m*

~ **drag** *(Aero)* Tragflügelwiderstand *m*, Flügelwiderstand *m*, Tragflächenwiderstand *m*

~ **fence** *(Aero)* Grenzschichtzaun *m*

~ **flow** *(Ström)* Tragflügel[um]strömung *f*, *(manchmal:)* Tragflächenströmung *f*

~ **in ground effect** *(Aero)* Bodeneffekt *m* aus dem Luftfahrtstrom

~ **lift** *(Aero)* Tragflügelauftrieb *m*, Flügelauftrieb *m*, Profilauftrieb *m*

~ **mirror** *(Opt)* Klappspiegel *m*

~ **polar [diagram]** *(Aero)* [Lilienthal-]Polare *f*, [Lilienthalsches] Polardiagramm *n*

~ **span (spread)** *(Aero)* Spannweite f, Flügelspannweite f
~ **tip clearance** *(Aero)* Flügelendfreiheit f
~ **tip fence** *(Aero)* Tragflächenendzaun m
~ **tip rake** *(Aero)* Flügelendenabschrägung f, Neigung (Abschrägung) f der Flügelspitzen f, Flügelendenschräge f
winglet *(Aero)* Winglet n, kleiner Hilfsflügel m *(an den Flügelspitzen)*
wings effect *(Opt)* Kulissenwirkung f *(eines Fernrohrs)*
wipe pulse *(El)* Wischimpuls m
~ **slide** *(Phot)* Wischblende f, Verdrängungsblende f
wiper 1. *(El)* Bürste f, Schleifbürste f, Kontaktbürste f; 2. *(El)* Kontaktarm m, Schaltarm m, *(speziell:)* Wählerarm m; 3. *(Mech, physCh)* Abstreifer m, *(speziell:)* Schaber m
wiping action *(El)* Selbstreinigungswirkung f *(eines Kontakts)*
~ **contact** *(El)* Wischkontakt m, selbstreinigender Kontakt m
wire 1. *(Mech)* Draht m; 2. *(El)* Leitungsdraht m, *(speziell:)* Ader f *(eines Kabels)*; 3. *(Astr, Opt)* Faden m, Spinnfaden m *(im Fernrohr)*
~ **chamber** *(Hoch)* Drahtfunkenkammer f, Drahtelektroden-Funkenkammer f
~ **drag** *(Hydr)* Schleppdraht m, *(speziell:)* Drahtschleppeinrichtung f
~ **drawing** *(Ström)* statischer Druckverlust m, Ruhedruckverlust m
~ **mesh** *(Ström)* Sieb n *(für die Strömungsglättung)*
~ **mile** *(El)* Drahtmeile f *(Leitungslänge × Anzahl der Leitungen)*
~ **wave** *(El, Magn)* Drahtwelle f
wireless wave *(El, Magn)* Radiowelle f, Funkwelle f
wiring *(El)* Verdrahtung f, Leiterführung f, *(allgemeiner:)* Beschaltung f, Leitungsführung f
withstand current *(El)* Haltestrom m
~ **voltage** *(El)* Stehspannung f
W/O emulsion *(physCh)* Wasser-[in-]Öl-Emulsion f, W/O-Emulsion f, WÖ
wobble 1. *(Mech)* Taumeln n, Schwanken n; 2. *(Mech)* Flattern n, Planschlag m, *(speziell:)* Planlauffehler m, Taumelfehler m *(eines Rades)*; 3. *(Ak)* s. ~ tone
~ **audio frequency** *(El)* Heultonfrequenz f
~ **tone** *(Ak)* Wobbelton m, Heulton m, Wechselton m
wobbler 1. *(El)* Wobbelgenerator m, Wobbel[meß]sender m, Wobbler m, Frequenzwobbler m *(ein Frequenzprüfgerät)*; 2. *(Mech)* Taumelscheibe f
wobbling 1. *(El)* s. wobbulation; 2. *(Mech)* Taumeln n, Schwanken n
~ **stage** *(Opt)* Taumeltisch m *[nach Rienitz und Bender] (eines Interferenzmikroskops)*

wobbulation *(El)* Wobbeln n, Wobblung f, Wobbelung f, *(speziell eines Wobblers:)* Frequenzdurchlauf m, Durchlauf m
wobbulator *(El)* s. wobbler 1.
WOL[-type] specimen *(Mech)* s. wedge open load specimen
Woltmann's sailwheel *(Hydr)* Woltmann-Flügel m, Woltmann-Stromzähler m, Woltmann-Wassermesser m
Wood filter *(Opt)* Schwarzfilter n, Schwarz-Uviol-Glas n, Woodsches Filter n
wool tuft method *(Ström)* Fadensondenmethode f, Wollfadenmethode f *(der Sichtbarmachung von Strömungen)*
work 1. *(Mech)* Arbeit f *(Größe)*; 2. *(Mech)* Lauf m, Gang m, Laufen n *(einer Maschine)*; 3. *(El)* zu erwärmendes Material (Werkstück) n *(bei der dielektrischen oder induktiven Erwärmung)*
~ **arm** *(Mech)* Lastarm m *(eines Hebels)*
~ **diagram** *(Mech)* Indikatordiagramm n, Dampfdruckdiagramm n
~ **done** *(Mech)* geleistete Arbeit f, Arbeitsleistung f
~ **done along a strain path** *(Mech)* geleistete Arbeit f für einen Dehnungsverlauf
~ **done by effort** *(Mech)* aufgewandte (aufgewendete) Leistung f *(einer Maschine)*
~ **done by the external forces** *(Mech)* äußere Arbeit f, Arbeit f der äußeren Kräfte
~ **done by the internal forces** *(Mech)* innere Arbeit f, Arbeit f der inneren Kräfte
~ **done during admission** *(Therm)* Füllungsarbeit f, Admissionsarbeit f *(einer Dampfmaschine)*
~ **done during change of state** *(Therm)* Disgregationsarbeit f, Zustandsänderungsarbeit f
~ **done during exhaust** *(Therm)* Ausströmarbeit f *(einer Dampfmaschine)*
~ **done on a system** *(Mech)* einem System zugeführte Arbeit f
~ **done on load** *(Mech)* Nutzleistung f *(einer Maschine)*
~ **due to back pressure** *(Mech)* Gegendruckarbeit f *(einer Dampfmaschine)*
~ **expended** s. ~ done
~ **function** 1. *(Fest)* Austrittsarbeit f, Abtrennarbeit f, Ablösearbeit f, Elektronenaustrittsarbeit f; 2. *(Kern)* Abtrennarbeit f, Trennungsarbeit f, Trennenergie f *(eines Kernteilchens)*
~ **hardening** *(Fest, Mech)* Verfestigung, *(manchmal:)* Gleitverfestigung f, Spannungsvergütung f *(eines Metalls bei der plastischen Verformung unterhalb der Rekristallisationstemperatur)*
~-**kinetic energy theorem** *(Mech)* Satz m von der Äquivalenz von Arbeit und kinetischer Energie
~ **load** *(Mech)* Ausnutzungsgrad m, Auslastung f, Betriebsbeanspruchung f
~ **of displacement** *(Ström)* Verdrängungsarbeit f *(pv)*

work 446

- ~ **of elastic deformation (strain)** *(Mech)* elastische Formänderungsarbeit f, Federungsarbeit f
- ~ **potential** *(El)* Austrittsspannung f *(einer Elektronenröhre)*
- ~ **softening** *(Mech)* Entfestigung f, Enthärtung f, *(manchmal:)* Gleitentfestigung f, Gleitenthärtung f *(eines Metalls bei der plastischen Verformung unterhalb der Rekristallisationstemperatur)*
- ~ **theorem** *(Mech)* Satz m von der Arbeit und Energie, Arbeitssatz m, Arbeitstheorem n

workability *(Mech)* Verarbeitbarkeit f, Bearbeitbarkeit f, *(speziell:)* Umformbarkeit f, Verformbarkeit f, Formbarkeit f

working *(Mech)* 1. Bearbeitung f, Werkstoffbearbeitung f, Materialbearbeitung f; 2. Arbeiten n *(eines Materials)*
- ~ **angle** *(Mech)* Wirkwinkel m
- ~ **angle of pressure** *(Mech)* Betriebseingriffswinkel m
- ~ **aperture** *(Opt)* s. f number
- ~ **cycle** 1. *(Mech)* Arbeitszyklus m, *(speziell:)* Arbeitsspiel n; 2. *(Therm)* Kreisprozeß m, *(selten:)* geschlossener Prozeß m
- ~ **fluid** *(Vak)* Treibmittel n, *(selten:)* Treibflüssigkeit f *(einer Diffusionspumpe)*
- ~ **load** *(Mech)* Gebrauchslast f *(eines Tragwerks)*
- ~ **mean** *(mathPh)* Arbeitsmittel n, provisorischer (angenommener) Mittelwert m
- ~ **section** *(Aero)* Meßstrecke f *(eines Windkanals)*
- ~ **standard** 1. Arbeitsnorm f, Anschlußnorm f, *(speziell:)* Arbeitsnormal n, Anschlußnormal n; 2. *(Opt)* Anschlußlampe f, Sekundärnormallampe f
- ~ **stress** *(Mech)* zulässige Beanspruchung (Spannung) f

workless reaction of constraint *(Mech)* Zwangskraft f ohne Arbeitsleistung

world curve *(Rel)* Weltlinie f
- ~ **force** *(Feld, Mech)* [Newtonsche] Gravitationskraft f, Massenanziehungskraft f, Weltkraft f
- ~ **invariant** *(Rel)* Lorentz-Invariante f
- ~ **magnetization density** *(Feld, Rel)* Vierermagnetisierungsdichte f
- ~ **material derivative** *(Rel)* substantielle (materielle) Ableitung f im Raum-Zeit-Kontinuum
- ~ **point** *(Rel)* Ereignis n, Weltpunkt m, Raumzeitpunkt m, Raum-Zeit-Punkt m
- ~ **tensor** *(Rel)* s. four tensor
- ~ **polarization density** *(Feld, Rel)* Viererpolarisationsdichte f

worm facewidth *(Mech)* Schneckenlänge f
- ~ **gear** *(Mech)* Schneckengetriebe n, Schnecke f
- ~**-gear drive** *(Mech)* Schnecken[rad]antrieb m, Schneckentrieb m
- ~**-gear pair** *(Mech)* Globoidgetriebe n, doppelt einhüllendes Schneckengetriebe n
- ~ **pinion** *(Opt)* Schneckentrieb m, Schneckenantrieb m
- ~**-wheel drive** s. ~-gear drive
- ~**-wheel [water] meter** *(Hydr)* Schraubenzähler m

worm's eye view *(Opt)* Froschperspektive f
worst case *(Meß)* ungünstigster Fall m
worth *(Kern)* Reaktivitätswert m, Reaktivitätsäquivalent n, Steuerstabwirksamkeit f, Steuerstab-Wirkwert m
woson *(Hoch)* W-Boson n, [intermediäres] W-Teilchen n, W, Woton n, intermediäres W-Boson n, intermediäres Boson n, Woson n
wow *(Ak, El)* Jaulen n, langsame Tonhöhenschwankung f
wrapping angle *(Mech)* Umschlingungswinkel m, Umfassungswinkel m
wrench 1. *(Mech)* Dyname f, Kraftschraube f, Winder m, *(allgemeiner:)* Bewegungsschraube f; 2. *(mathPh)* Schraube f, Vektorschraube f
wrenching *(Mech)* Tordieren n
- ~ **in alternate directions** *(Mech)* Schränkung f *(Vorgang)*

wriggle instability *(Pl)* Torsionsinstabilität f, Verdreh[ungs]instabilität f, Drehungsinstabilität f

Wright biquartz Quarzkombinationskeil m von (nach) Wright, Wrightscher Kombinationskeil m
- ~ **half-shade** *(Opt)* Halbschattenapparat m mit Quarzkombinationskeil nach Wright

wringing *(Mech, Meß)* Ansprengen n, Anschieben n, Haften n *(von Endmaßen)*
- ~ **correction** *(Mech, Meß)* Anschubkorrektion f, *(als Größe:)* Anschubkorrektur f

wrinkle ridge *(Astr)* Magmawulst f, Rippe f *(auf der Mondoberfläche)*
wrist dosemeter *(Kern)* Armbanddosimeter n, Handdosimeter n
Wronskian *(mathPh)* Wronskische Determinante f, Wronski-Determinante f, *(selten:)* Wronskiana f
wryness *(Mech)* Schiefheit f *(eines Körpers)*
wt. *(Mech)* s. weight
Wulff net *(Krist)* Wulffsches Netz n, *(selten:)* Wulff-Netz n
- ~ **pressure** *(Krist)* Wulffscher Kristallflächendruck m, Wulff-Druck m

w/v *(physCh)* s. weight/volume
w/w *(physCh)* s. weight/weight
% (w/w) *(physCh)* Prozent n Massenanteil, % Massenanteil, *(nicht mehr empfohlen:)* Masseprozent n, Masse-%
Wyckoff site *(Fest)* Wyckoffscher Gitterplatz m, Wyckoff-Platz m

X

X *(Spektr)* s. X unit
x axis 1. *(mathPh)* x-Achse f, *(häufig:)* Abszissenachse f; 2. *(Krist)* elektrische

Achse f, x-Achse f; 3. *(Aero) s.* axis of roll
X coefficient 1. *(At, Qu)* [Griffithscher] X-Koeffizient m; 2. *(Qu)* 9j-Symbol n, Neun-Jot-Symbol n
X emitter *(At, Kern)* Röntgenstrahlungsemitter m, Röntgenstrahler m, X-Strahler m
X-mitter *(El) s.* Xmitter
X-radiation Röntgenstrahlung f, X-Strahlen mpl
X-raser *(El, Magn)* Röntgen[strahlen]laser m
X-ray, x-ray 1. *(At)* Röntgenstrahl m *(im geometrischen Sinne)*; 2. *(El, Magn)* Röntgenstrahl m, Röntgen[strahl]photon n, Röntgen[strahlen]quant n
X-ray absorption edge spectroscopy *(Spektr)* Röntgenabsorptionskantenspektroskopie f
X-ray absorption limit *(Spektr)* Röntgenabsorptionskante f
X-ray absorption near-edge fine structure *(Spektr)* kantennahe Feinstruktur f des Röntgenspektrums, Feinstruktur f der Absorptionskanten *(im Röntgenspektrum)*, XANES
X-ray analysis s. 1. *(Krist)* X-ray crystal analysis; 2. *(physCh, Spektr)* X-ray spectrochemical analysis
X-ray camera 1. *(Phot)* Röntgenkamera f, Röntgenstrahlenkamera f; 2. *(Krist)* Röntgen[beugungs]kamera f, Röntgenbeugungskammer f
X-ray coverage *(Kern)* Röntgenstrahlungsfeld n, Röntgenstrahlenfeld n
X-ray crystal[lographic] analysis *(Krist)* Röntgen[kristall]strukturanalyse f, Kristallstrukturanalyse f mittels (mit) Röntgenstrahlung
X-ray crystallography *(Krist)* 1. Röntgenkristallographie f, *(manchmal:)* Röntgenstrahl[en]kristallographie f *(Oberbegriff)*; 2. s. X-ray crystal analysis
X-ray density 1. *(Krist)* Röntgenstrahl[en]kristalldichte f, Röntgendichte f; 2. *(Phot)* Röntgenstrahlendichte f, Röntgen[strahl]dichte f
X-ray diagram, X-ray diffraction image (photograph) *(Krist) s.* X-ray pattern
X-ray diffraction topography *(Krist)* Röntgentopographie f
X-ray emitter 1. *(At, Kern)* Röntgenstrahlungsemitter m, Röntgenstrahler m, X-Strahler m; 2. *(El, Magn)* Röntgenstrahlenquelle f, Röntgen[strahlungs]quelle f, Röntgenstrahler m *(nichtkosmisch)*
X-ray flash radiography *(Phot)* Röntgenblitzradiographie f, Röntgenblitzaufnahme f, Blitzröntgenographie f, Blitzradiographie f *(Methode)*
X-ray fluorescence radiation *(At) s.* fluorescence [X-]radiation
X-ray fluorimetry *(Fest)* Röntgenfluoreszenzanalyse f, RFA, [Röntgenstrahl-]Fluoreszenz-Spektralanalyse f

X-ray focal spot *(El)* Brennfleck m, Röntgenröhrenbrennfleck m
X-ray goniometer with [Geiger-Müller] counter [tube] *(Krist)* Zählrohrgoniometer n, Röntgengoniometer n mit [Geiger-Müller-]Zählrohr
X-ray goniometry *(Krist)* Röntgengoniometerverfahren n, Röntgengoniometrie f
X-ray line spectrum *(At)* charakteristisches Röntgenspektrum (Spektrum) n, Röntgenlinienspektrum n
X-ray macroexamination (macrostructure investigation) *(Fest)* Röntgengrobstrukturuntersuchung f, Röntgengrobstrukturanalyse f, röntgenographische (röntgenometrische) Grobstrukturbestimmung f
X-ray microexamination (microstructure investigation) *(Fest)* Röntgenfeinstrukturuntersuchung f, Röntgenfeinstrukturanalyse f, röntgenographische (röntgenometrische) Feinstrukturbestimmung f
X-ray moving film camera *(Krist)* Bewegtfilm[-Röntgen]kamera f
X-ray pattern *(Krist)* Röntgendiagramm n, Röntgen[beugungs]bild n, Röntgendiffraktionsaufnahme f, Röntgenogramm n, Kristallogramm n *(Kristallstrukturanalyse)*
X-ray powder camera *(Krist)* Debye-Scherrer-Kammer f, Pulverbeugungskammer f, Röntgenpulverkamera f, Pulverkamera f, *(allgemeiner:)* Pulverdiffraktometer n, Röntgendiffraktometer n für Polykristallmessungen
X-ray powder crystallography (diffractometry, method) *(Krist)* Pulvermethode f, Polykristallmethode f, Pulver[beugungs]verfahren n, Pulverdiffraktometrie f
X-ray powder pattern (photograph) *(Krist)* Pulverdiagramm f, Pulver[beugungs]aufnahme f
X-ray projection microscope *(El, Magn)* Röntgenschattenmikroskop n, Röntgen[strahlschatten]-Projektionsmikroskop n, Schattenprojektionsmikroskop n [für Röntgenstrahlen]
X-ray reflection 1. *(El, Krist, Magn)* Röntgenreflexion f, Röntgenstrahl[en]reflexion f *(z. B. an einem Einkristall, Vorgang)*; 2. *(Krist)* Röntgenreflex m *(Ergebnis)*
X-ray refractive index *(El, Magn)* Röntgenbrechzahl f, Röntgenbrechungsindex m, Brechzahl f für Röntgenstrahlung
X-ray replica microscopy *(El, Magn)* Abdruckverfahren n der Röntgenmikroskopie, Röntgenabdruckmikroskopie f
X-ray rotation pattern (photograph) *(Krist)* Röntgendreh[kristall]aufnahme f, Röntgendrehdiagramm n
X-ray single crystal camera *(Krist)* Einkristallbeugungskammer f, Röntgeneinkristallkamera n, Einkristallkamera f
X-ray source 1. *(Astr)* Röntgenquelle f; 2. *(El, Magn) s.* X-ray emitter 2.

X-ray 448

X-ray spectrochemical (spectroscopic) analysis *(physCh, Spektr)* Röntgenspektralanalyse *f*, angewandte Röntgenspektroskopie *f*

X-ray streak photograph *(Phot)* Röntgenschlierenaufnahme *f*, Röntgenschlierenbild *n*

X-ray streak photography *(Phot)* Röntgenschlierenaufnahmeverfahren *n*, Röntgenschlierenaufnahme *f (Methode)*

X-ray transition radiation *(At)* Röntgenübergangsstrahlung *f*

X-raying *(El, Magn)* Röntgenbestrahlung *f*, Röntgenisation *f*

X-rayogram *(Krist)* s. X-ray pattern

X's *(El, Magn)* luftelektrische Störungen *fpl*, atmosphärische (statische) Störungen (Funkstörungen) *fpl*, Atmospherics *pl*, Sferics *pl*

X-shaped column *(Mech)* X-Ständer *m*, X-förmige Stütze *f*

X synchronization *(El, Phot)* 1. X-Synchronisation *f*; 2. X-Kontakt *m*

X'TAL *(El)* Schwingkristall *m*, *(speziell:)* Quarzkristall *m*

X tristimulus value *(Opt)* Normfarbwert *m* X, König *n*

X unit *(Spektr)* X-Einheit *f*, XE, Siegbahnsche X-Einheit, Siegbahn *n*, Siegb, X *(SI-fremde Einheit der Länge; 1 XE = 10^{-13} m, früher: 1 XE = $(1,00202 \pm 0,00003) \cdot 10^{-13}$ m)*

X wave *(Pl)* außerordentliche Welle *f*, X-Welle *f*

X-Y plotter, x-y recorder *(Meß)* XY-Schreiber *m*, X-Y-Recorder *m*, X-Y-Kompensationsschreiber *m*, Zweiachsenschreiber *m*, Koordinatenschreiber *m*

XAA *(physCh, Spektr)* Absorptionsröntgenspektralanalyse *f*, Röntgenabsorptions[spektral]analyse *f*

XANES *(Spektr)* s. X-ray absorption near-edge fine structure

XEA *(physCh, Spektr)* Emissionsröntgenspektralanalyse *f*, Röntgenemisions[spektral]analyse *f*

xenomorphic crystal *(Krist)* allotriomorpher Kristall *m*, xenomorpher (gastgestaltiger, fremdgestaltiger) Kristall *m*

xenon override *(Kern)* 1. Überfahren *n* (Kompensation *f*) des Xenonmaximums (Xenonbergs); 2. Xenonreaktivitätsreserve *f (Größe)*

~ **reactivity** *(Kern)* Xenonvergiftung[sreaktivität] *f (Größe)*

~ **transient** *(Kern)* Xenontransiente *f*, instationäre Xenonvergiftung *f*

xerographic development *(Phot)* Betonerung *f*, elektrophotographische (xerographische) Entwicklung *f*, Trockenentwicklung *f*

Xmitter *(El)* Sender *m*, *(selten:)* Transmitter *m*

Xmitting *(El)* Senden *n (Vorgang)*

XPS *(Spektr)* Röntgenstrahl-Photoelektronenspektroskopie *f*, Röntgenstrahl-Elektronenspektroskopie *f*, *(physCh auch:)* Elektronenspektroskopie *f* für die chemische Analyse, ESCA[-Technik *f*]

XRCD method *(Krist)* Röntgenstrahlen-Kristalldichtemethode *f*, XRCD-Methode *f*

XRFA *(Fest)* s. X-ray fluorimetry

XRL *(Halbl)* Röntgen[strahl]lithographie

Xtal, Xtl *(El)* Schwingkristall *m*, *(speziell:)* Quarzkristall *m*

XTR detector *(At)* Röntgenübergangsstrahlungsdetektor *m*, Übergangsstrahlungsdetektor *m*

XU, Xu *(Spektr)* s. X unit

XUV *(El, Magn)* s. far ultraviolet 1.

Y

y (Astr) Jahr *n*, a

y-axis 1. *(mathPh)* y-Achse *f*, *(häufig:)* Ordinatenachse *f*; 2. *(Aero)* Kippachse *f*, Nickachse *f*, Querachse *f*, *y*-Achse *f*

Y/B ratio *(Opt)* Gelb-Blau-Verhältnis *n*

Y connection *(El)* 1. Sternverbindung *f*, Y-Verbindung *f*, Y-Kopplung *f*; 2. Sternschaltung *f*, S-Schaltung *f*

Y-delta transformation *(El)* Stern-Dreieck-Umwandlung *f*, Dreieck-Stern-Umwandlung *f*

Y junction 1. *(El)* s. Y connection 1.; 2. Y-Übergang *m*, Y-Wellenleiterübergang *m*

Y level *(Opt)* Reit[er]libelle *F*

Y matrix *(El)* Leitwertmatrix *f*, Admittanzmatrix *f*, Y-Matrix *f (eines Vierpols)*

Y point *(El)* Sternpunkt *m (eines Dreiphasensystems)*

Y tristimulus value *(Opt)* 1. Normfarbwert Y; 2. Hellbezugswert *m (einer Körperfarbe)*

Y-voltage *(El)* Phasenspannung *f*, Sternspannung *f*, *(manchmal:)* Strangspannung *f*

YAG laser *(Opt)* Yttrium-Aluminium-Granat-Laser *m*, YAG-Laser *m*

Yangian *(Qu)* Yangsche Quantengruppe *f (einer Lieschen Algebra)*

yard [UK] *(Mech)* Yard *n*, yd *(SI-fremde Einheit der Länge in Großbritannien; im praktischen Gebrauch: 1 yd $\approx$ 0,9144 m; gesetzliche Definition: 1 yd = 0,91439921 m; wissenschaftliche Definition: 1 yd = 0,91439841 m)*

~ **[US]** *(Mech)* Yard *n*, yd *(SI-fremde Einheit der Länge in den USA; im praktischen Gebrauch: 1 yd $\approx$ 0,9144 m; gesetzliche Definition: 1 yd = 0,91440182 m)*

yardage *(Mech)* Rauminhalt *m* in Kubikyards

yaw *(Ström)* 1. Gieren *n*; 2. s. ~ angle

~ **angle** *(Ström)* Gierwinkel *m*, *(manchmal:)* Scher[ungs]winkel *m*, *(Aero selten auch:)* Seitenabweichungswinkel *m*

~ **moment** *(Aero)* Giermoment *n*, *(manchmal:)* Wendemoment *n*, Kursmoment *n*, Schermoment *n*, Seitenmoment *n*
~ **rate** *(Aero)* Giergeschwindigkeit *f*
yawing *(Ström)* Gieren *n*
~ **angular velocity** *(Aero)* Giergeschwindigkeit *f*
~ **moment coefficient** *(Aero)* Giermomentenbeiwert *m*
yawmeter *(Aero)* Gierungsmesser *m*, Winkelsonde *f*
yd *(Mech) s.* yard
year *(Astr)* Jahr *n*, a
yearly average (mean) Jahresmittel *n*, Jahresmittelwert *m*, *(speziell:)* Jahresdurchnitt[swert] *m*
yellow colour index *(Astr)* Gelbindex *m*
yellowish and blue colour filter *(Opt)* Trichromfilter *n*
~ **tinge** *(Opt, Phot)* Gelbstichigkeit *f*
yield 1. Ertrag *m*, Ausbeute *f*, Ausstoß *m*, Ergiebigkeit *f*; 2. *(Mech, physCh)* Explosionsstärke *f*, Detonationsstärke *f*, Sprengstärke *f*; 3. *(Mech)* Fließen *n*, plastisches Fließen (Nachgeben) *n* *(von Festkörpern, speziell Metallen)*
~ **condition (criterion)** *(Mech)* Fließbedingung *f*, Fließkriterium *n*, *(manchmal:)* Plastizitätsbedingung *f*
~ **curve** *(Kern)* Ausbeutekurve *f*
~ **fraction** *(Kern)* relative Ausbeute *f* der *i*-ten Gruppe verzögerter Neutronen
~ **law** *(Mech)* Fließgesetz *n*
~ **limit** *(Mech)* Fließgrenze *f*, Fließgrenzspannung *f*, *(selten:)* Plastizitätsgrenze *f*
~ **line method** *(Mech)* Bruchlinienmethode *f*, Bruchlinienverfahren *n*
~ **load** *(Mech)* Fließdruck *m*
~ **locus** *(Mech)* Fließspannungsort *m*, geometrischer Ort *m* der Fließspannungen
~ **per ion pair** *(Kern, physCh)* Ausbeute *f* pro Ionenpaar, *M/N*-Verhältnis *n* (Anzahl der pro Ionenpaar erzeugten Moleküle)
~ **point** *(Mech) s.* ~ strength
~ **pressure** *(Mech)* Fließdruck *m*
~ **rate** *(Kern)* Ausbeutewahrscheinlichkeit *f*
~ **resistance** *(Mech)* Fließwiderstand *m*
~ **strain** *(Mech)* Fließbereich *m*, Fließdehnung *f*
~ **strength** *(Mech)* Fließgrenze *f*, Fließgrenzspannung *f*, *(selten:)* Plastizitätsgrenze *f*, *(speziell:)* 0,2-Dehngrenze *f*, $\sigma_{0,2}$-Grenze *f*, Zweizehnteldehngrenze *f*, Nullzwei-Dehngrenze *f*
~ **strength at elevated temperature** *(Mech)* Warmfließgrenze *f*
~ **strength at normal temperature** *(Mech)* Kaltfließgrenze *f*
~ **strength for complety reversed stress** *(Mech)* Wechselfließgrenze *f*, Dauerschwingfließgrenze *f* bei Wechselbeanspruchung
~ **strength in compression** *(Mech)* Quetschgrenze *f*

~ **strength in shear** *(Mech)* Schergrenze *f*, Scherfließgrenze *f*
~ **strength in tension** *(Mech)* Dehngrenze *f*, Streckgrenze *f*
~ **stress** *(Mech)* Fließspannung *f*
~ **surface** *(Mech)* Fließspannungsfläche *f* *(im Spannungsraum)*
~ **value** *(Mech)* Fließgrenze *f*, Fließgrenzspannung *f*, *(selten:)* Plastizitätsgrenze *f*, *(speziell:)* Dehngrenze *f*, Streckgrenze *f*
yielding *(Mech) s.* yield 3.
~ **boundary [surface]** *(Ak)* schallweiche (nachgebende) Grenzfläche *f*
~ **material** *(Ak)* schallweiches (nachgebendes) Material *n*
~ **medium** *(Mech)* plastisches (nachgebendes) Medium *n*
Yoffe (Yoffé) magnetic bottle *(Pl)* Ioffe-Flasche *f*, magnetische Spiegelmaschine (Flasche) *f* nach Ioffe
yoke 1. *(El)* Ablenk[spulen]joch *n* *(einer Kathodenstrahlröhre)*; 2. *(Magn)* Joch *f*, Poljoch *n*, Magnetjoch *n*; 3. *(Mech)* Gabel *f*, *(speziell:)* Bügel *m*, *(speziell:)* Joch *n*
~ **lens** *(Magn)* Jochlinse *f*
~ **suspension** *(El)* Wiegenaufhängung *f*, Jochaufhängung *f*, Schwerpunktaufhängung *f*
Youkowski profile *(Aero)* Joukowski-Profil *n*, Joukowskisches Flügelprofil *n*
Young diagram *(mathPh, Qu)* Youngsches Schema *n*, [Young-]Tableau *n*, Young-Diagramm *n*, *(mit eingetragenen Zahlen auch:)* Youngscher Rahmen *m*
~ **double-slit instrument (interferometer)** *(Opt)* Youngscher Doppelspalt *m*, Zweispaltinterferometer *n*, Doppelspaltinterferometer *n*
~ **-Helmholtz theory** *(Opt)* Dreifarbentheorie *f* [von Young-Helmholtz], Young-Helmholtzsche Dreifarbentheorie (Farbentheorie) *f*, Dreikomponententheorie *f* *(des Farbensehens)*
Young's experiment *(Opt)* Youngscher Interferenzversuch (Doppelspaltversuch) *m*, [klassischer] Interferenzversuch *m* von Young
~ **modulus** *(Mech)* Elastizitätsmodul *m*, E-Modul *m*, Youngscher Modul *m*, linearer E-Modul *m*, *(selten:)* Dehnungsmodul *m*, Youngscher Elastizitätsmodul *m*
~ **trichromacy theory** *(Opt) s.* Young-Helmholtz theory
~ **two-slit interference** *(Opt)* [Youngsche] Zweispaltinterferenz *f*, Youngsche Interferenz *f*
yr *(Astr)* Jahr *n*, a
yrast radiation *(Kern)* Yrast-Strahlung *f*
yrneh *(El)* reziprokes Henry *n*, H^{-1}
yttrium-iron-garnet filter *(Magn)* Yttrium-Eisen-Granat-Filter *n*, YEG-Filter *n*, YIG-Filter *n*, Granatfilter *n*
Yukawa kernel *(Kern)* Diffusions[integral]kern *m*, Yukawa-Kern *m*

Yukawa

~ **well** *(Kern)* Yukawa-Potentialmulde f, Yukawa-Potentialtopf m
yukon *(Kern)* Kern-pi-Meson n, Kern-π-Meson n, Kernpion n, [Yukawasches] Kernmeson n, Yukawa-Teilchen n, Yukawa-Quant n, Yukon n
Yvon's method *(Kern)* Doppel-P_N-Näherung f, Doppel-P_N-Methode f, DP_N-Approximation f, Methode f der doppelten Kugelfunktion, Yvonsche Methode f

Z

z-axis 1. *(mathPh)* z-Achse f, *(häufig:)* Applikationsachse f; 2. *(Aero)* s. axis of yaw
Z cam *(Astr)* Z Camelopardalis-Stern m, Z Camelopardalis-Veränderlicher m
Z time *(Astr)* s. zebra time
z-transfer function *(Reg)* diskrete Übertragungsfunktion f
Z value *(At, Qu)* Ordnungszahl f, OZ, Kernladungszahl f, Protonen[an]zahl f
ZAA spectrometry (spectroscopy) *(Spektr)* Zeeman-Atomabsorptionsspektrometrie f, Zeeman-Atomabsorptionsspektroskopie f, Zeeman-AAS f, ZAA-Spektrometrie f
zebra time *(Astr)* Weltzeit f, WZ, mittlere [astronomische] Zeit f Greenwich (Grw.), Westeuropäische Zeit f, WEZ, Greenwicher Zeit f
zee duct *(Kern)* Z-förmiger Kanal m *(durch eine Abschirmung)*
Zeeman effect splitting *(At, Spektr)* Zeeman-Aufspaltung f, Lorentz-Aufspaltung f
ZELL start *(Aero)* Punktstart m, Nullstart m
Zener breakdown *(Halbl)* 1. Zehner-Durchbruch m; 2. s. ~ voltage
~ **knee** *(Halbl)* Zener-Knick m
~ **noise** *(Halbl)* Zener-Rauschen n
~ **voltage** *(Halbl)* Zener-Spannung f, [Zener-]Durchbruchspannung f, Zener-Durchbruch m
zenith 1. *(Astr)* Zenit m(n), Scheitelpunkt m *(im Horizontalsystem)*; 2. *(Mech)* Scheitelpunkt m, Gipfelpunkt m *(einer Flugbahn)*
~ **height** *(Astr)* Gipfelhöhe f, Reichhöhe f, Flugbahnhöhe f
~ **prism** *(Astr)* Zenitprisma n, Steilsichtprisma n
zenithal magnitude *(Astr)* Zenithelligkeit f *(eines Gestirns)*
Zermelo's recurrence paradox *(Therm)* [Poincaré-]Zermeloscher Wiederkehreinwand m, Wiederkehreinwand m [von Zermelo]
Zernike polynomial *(Opt)* Zernikesches Orthogonalpolynom n
zero 1. *(mathPh)* Nullelement n, Null f *(bei der additiven Verknüpfung, z. B. in einem Ring oder Körper)*; 2. *(mathPh)* Nullstelle f *(einer Funktion oder Kurve)*; 3. *(Meß)* s. ~ point 1.

~ **adjustment** *(Meß)* s. ~ setting
~ **balance (balancing)** *(El)* Nullabgleich m, Nullabgleichung f, Nullung f, Abgleich m
~ **beat** Schwebungsnull f, Schwebungslücke f
~ **beating** Nullschwebung f
~ **bevel gear** *(Mech)* Schrägzahnkegelrad n
~-**bias tube** *(El)* Gitterbasisröhre f
~ **branch** *(Spektr)* Q-Zweig m, Nullzweig m
~ **clearing** *(El)* Enttrübung f [des Minimums], Schärfung f
~ **creep** *(Meß)* Kriechen n des Nullpunkts, schleichende (langsame) Nullpunktwanderung (Nullpunktdrift) f
~ **crossing** 1. Nulldurchgang m; 2. *(Magn)* Zeichenwechsel m *(auf einem Magnetband)*
~ **crossings per second** *(Magn)* Zeichenwechsel mpl je Sekunde, zps
~ **current Galvani tension** *(Ech)* Ruhe-Galvani-Spannung f, Galvani-Spannung f bei Stromlosigkeit
~-**degree calorie** *(Therm)* 0-°C-Kalorie f, Regnaultsche Kalorie f, cal$_{0\,°C}$ *(SI-fremde Einheit der Wärmemenge; 1 cal$_{0\,°C}$ = 4,219 J)*
~ **depression** *(Therm)* Nullpunkt[s]depression f
~ **direction axis** *(mathPh)* Polarachse f, Nullstrahl m *(bei ebenen Polarkoordinaten)*
~ **down crossing (cross-over)** abwärtsgerichtete Nulldurchgang m
~-**energy reactor** *(Kern)* Nulleistungsreaktor m, Nullenergiereaktor m, *(selten:)* Nullreaktor m
~ **error** *(Meß)* Nullpunktfehler m *(Fehler infolge Ungenauigkeit des Skalennullpunktes)*
~-**extension condition** *(Mech)* Planestrain-Bedingung f, Bedingung f ohne Seitenausdehnung
~-**field emission current** *(El)* feldfreier Emissionsstrom m
~-**field nuclear magnetic resonance** *(Kern)* Kernquadrupolresonanz f, NQR, Quadrupolresonanz f
~-**field residual voltage** *(El)* Nullfeldrestspannung f
~-**frequency component** *(El)* Gleichanteil m, Gleichwert m, *(manchmal:)* Gleichstromkomponente f *(einer Mischgröße)*
~-**frequency component of [pulsating] voltage** *(El)* Gleichspannungsanteil m, Gleichspannungswert m, Gleichspannung[skomponente] f *(einer Mischspannung)*
~ **g** *(Mech)* Schwerelosigkeit f
~ **gap** *(Spektr)* Nullücke f *(einer Bande)*
~ **geodesic** *(Rel)* Nullgeodätische f, *(manchmal:)* Nullgeodäte f, Nullinie f
~-**gravity state** *(Mech)* Zustand m der Schwerelosigkeit, schwereloser Zustand m

~-**incidence aerofoil (wing)** *(Aero)* nichtangestellter Flügel *m*
~ **insertion loss** *(El)* Restdämpfung *f*, Nulldurchgangsdämpfung *f*
~ **layer line** *(Krist)* nullte Schichtlinie *f*, Äquatorlinie *f*, Äquator *m* *(beim Drehkristallverfahren)*
~-**length launch[ing]** *(Aero)* Punktstart *m*, Nullstart *m*
~-**lift angle [of attack]** *(Aero)* Nullauftriebswinkel *m*, Nullanstellwinkel *m*
~-**lift chord** *(Aero)* Nullauftriebssehne *f*
~-**lift line** *(Aero)* Nullauftriebslinie *f*, Nullinie (erste Achse) *f* des Profils, Nullauftriebsachse *f*
~-**line gap** *s.* ~ gap
~-**line mirror** *(Spektr)* Nullspiegel *m*
~-**line system** *(Spektr)* Kantensystem *n*, Bandkantensystem *n*
~-**mark resistance** *(Halbl)* Nullpunktwiderstand *m*
~-**mass particle** *(Feld, Hoch)* masseloses Teilchen *n*, Teilchen *n* mit der Masse (Ruhmasse) null
~ **meridian** *(Astr)* Meridian *m* von Greenwich, Nullmeridian *m*, Greenwichmeridian *m*
~ **method** *(El)* Null[abgleich]methode *f*, Abgleichverfahren *n*, Brückenmethode *f*, Brückenmeßverfahren *n*
~ **offset** 1. *(Meß)* Null[punkt]versatz *m*, Null[punkt]versetzung *f*; 2. *(Reg)* s. absence of offset
~-**order maximum** *(Opt)* Hauptmaximum *n*, Beugungsmaximum *n* nullter (0.) Ordnung *(im Gitterspektrum)*
~-**order radiator** *(Ak)* Kugelstrahler *m* nullter (0.) Ordnung
~ **phase-sequence component** *(El)* Nullkomponente *f*
~ **phase-sequence current** *(El)* Nullstrom *m* *(eines Nullsystems)*
~ **point** 1. *(Meß)* Nullpunkt *m*, Skalennullpunkt *m*, Null *f*; [absoluter] Nullpunkt *m*; 2. *(Therm)* absoluter Temperaturnullpunkt *m*
~-**point electromagnetic field fluctuation** *(Feld, Qu)* Vakuumschwankung *f* des elektromagnetischen Feldes, Vakuumfluktuation *f* der Feldstärke, Nullfeldschwankung *f*
~-**point fluctuation** *(Feld, Qu)* Vakuumschwankung *f*, Vakuumfluktuation *f*, Nullpunktsschwankung *f*, Nullfeldschwankung *f* *(eines Quantenfeldes)*
~-**point jitter** *(statPh)* Nullpunktsbewegung *f*, Nullpunktsunruhe *f*
~-**point vibrational energy** *(At)* Nullpunktsenergie *f* der Schwingung
~-**point volume** *(physCh)* Nullpunkts[atom]volumen *n*
~-**power assembly** *(Kern)* Nulleistungsanordnung *f*, Nullenergieanordnung *f*
~-**power-factor saturation curve** *(Magn)* Blindlastmagnetisierungskurve *f*
~-**power lens** *(Opt)* Nullinse *f*

~-**power reactor** *(Kern)* Nulleistungsreaktor *m*, Nullenergiereaktor *m*, *(selten:)* Nullreaktor *m*
~ **reset[ting]** Rücksetzung (Zurückstellung) *f* auf Null, Nullrückstellung *f*, Nullung *f*
~ **rise** *(Therm)* Nullpunkt[s]anstieg *m*, säkularer Anstieg *m* des Eispunktes
~ **scattering** *(statPh)* Streuung *f* ohne effektive Ablenkung *(Streuwinkel = 0)*
~ **sequence component** *(El)* Nullkomponente *f*
~-**sequence system** *(El)* Nullsystem *n*, *(selten:)* Nullfolgesystem *n*
~ **setting** *(Meß)* Nullpunkteinstellung *f*, Nullpunktrückung *f*, Justierung *f* des Nullpunkts, Nullstellung *f*, *(speziell:)* Nullpunktfestlegung *f*, Nullpunktwahl *f*
~-**slip condition** *(Ström)* Haftbedingung *f*
~ **sound** *(Tief)* nullter Schall *m*, Nullschall *m* *(in Helium II)*
~-**sound oscillation** *(Tief)* Nullschallschwingung *f*
~-**strain history** *(Mech)* Geschichte *f* mit verschwindender Dehnung, Ruhegeschichte *f*
~-**temperature energy** *(statPh)* Nullpunktsenergie *f*, *(selten:)* Nullpunktenergie *f*
~ **up crossing (cross-over)** aufwärts gerichteter Nulldurchgang *m*
~-**velocity curve** *(Astr)* Hillsche Grenzkurve *f*, Nullgeschwindigkeitskurve *f*
~-**velocity surface** *(Astr)* Hillsche Grenzfläche *f*, Nullgeschwindigkeitsfläche *f*
~ **viscosity limit** *(Ström)* Oseenscher Grenzfall *m*
zeroing *(Meß)* 1. *s.* zero setting; 2. Nullpunktkorrektion *f*, *(als Größe:)* Nullpunktkorrektur *f*
zeroizing *s.* zero reset
zerology *(mathPh)* Nullstellenanalyse *f*
zeroth law [of thermodynamics] nullter Hauptsatz *m* der Thermodynamik, Gesetz *n* (Bedingung *f*) des thermischen Gleichgewichts, zweites Postulat *n* der Thermodynamik
~ **sound** *(Tief)* s. zero sound
zeta pinch *(Pl)* z-Pinch *m*, Z-Pinch *m*, longitudinaler Pinch *m*
Zeuner pendulum *(Mech)* [Zeunersches] Dreischneidenpendel *n*
z.f. component *(El)* s. zero-frequency component
Zhukovskij profile *(Aero)* s. Joukowski profile
zigzag connection *(El)* Zickzackverbindung *f*, Zickzackschaltung *f*, Dreieck-Zickzack-Schaltung *f*
~ **reflection** *(Opt)* mehrfache Reflexion *f*, Mehrfachreflexion *f*, Zickzackspiegelung *f*
Zintl border (boundary) *(At, physCh)* Zintl-Grenze *f*
Ziolkowsky number *(Aero)* Massenverhältnis *n*, Ziolkowsky-Zahl *f* *(einer Rakete)*

Ziolkowsky's

Ziolkowsky's formula *(Aero)* Ziolkowskische Gleichung f, Ziolkowski-Formel f, Grundgleichung f der Raketenbewegung
Zodiac *(Astr)* Zodiakus m, Tierkreis m
zodiacal belt *(Astr)* s. Zodiac
~ **cone** *(Astr)* Zodiakalpyramide f, Zodiakalkegel m
~ **counterglow** *(Astr)* Gegenschein m *(des Zodiakallichtes)*
~ **light** *(Astr)* Zodiakallicht n, Tierkreislicht n
Zöllner lines (phenomenon), Zöllner's illusion *(Opt)* Zöllnersche Erscheinung f, *(auch geschrieben:)* Zoellnersche Erscheinung, Spaltbildversuch m, *(nicht empfohlen:)* anorthoskopische Täuschung f
zonal aberration *(Opt)* 1. [mechanischer] Zonenfehler m *(einer Fläche) (nach Strehl)* ; 2. Zonenfehler m, Zwischenfehler m, Zone f *(eines optischen Systems)*
~ **cavity coefficient** *(Opt)* Zonenleeranteilkoeffizient m
~ **cavity method** *(Opt)* Zonenlichtstromverfahren n
~ **constant** *(Opt)* Winkelzonenkonstante f, Zonenkonstante f
~ **extinction** *(Krist)* zonale Auslöschung f
~ **factor method** *(Opt)* Zonenfaktormethode f, Zonenausleuchtungsmethode f
~ **flux** *(Opt)* Zonenlichtstrom m
~ **harmonic [function]** *(mathPh)* Legendresches Polynom n, Legendrescher Koeffizient m, zonale Kugelfunktion (Harmonische) f
~ **lumen diagram** *(Opt)* Zonenlichtstromdiagramm n, zonales Lichtstromdiagramm n
~ **method** *(Opt)* Zonenlichtstromverfahren n
~ **structure** *(Krist)* Zonarstruktur f, Zonarbau m
~ **texture** *(Fest)* Kegelfasertextur f, Zonentextur f
zonary structure *(Krist)* s. zonal structure
zone 1. Bereich m, Gebiet n, Zone f, Sphäre f *(räumlich)* ; 2. *(Krist)* [kristallographische] Zone f, Zonenverband m ; 3. *(mathPh)* Zone f, Kugelzone f
~ **aberration** *(Opt)* s. zonal aberration
~ **axis** *(Krist)* Zonenachse f, Zonenlinie f, Zonengerade f, Zone f
~ **axis symbol** *(Krist)* s. ~ index
~ **boundary** *(Krist)* Brillouinsche Zonengrenze (Grenze) f, Zonengrenze f
~ **circle** *(Krist)* Zonenkreis m
~ **index** *(Krist)* Zonensymbol n, Zonenindex m, Kantensymbol n, Index m der Zonenachse (Kante)
~ **law** *(Krist)* 1. Zonengesetz n, Spörersches Gesetz n ; 2. s. ~ law of Weiss
~ **law of Weiss** *(Krist)* Zonengleichung f, Gesetz n der rationalen Doppelverhältnisse, Zonen[verbands]gesetz n, Bedingungsgleichung f
~ **lens** *(Opt)* s. ~ plate 2. und 3.

~ **level[l]ing** *(Halbl, Krist)* Zonennivellierung f, *(manchmal:)* Zonenplanierung f, Zonenebnung f, Zonenlegierung f
~ **melt technique, ~ melting [crystallization]** *(Krist)* Zonenschmelzen n, Zonenschmelzverfahren n
~ **meridian** *(Astr)* Bezugsmeridian m der Zonenzeit
~ **of absence** *(Astr)* s. ~ of avoidance
~ **of advance** *(Fest)* Voreilzone f
~ **of audibility** *(Ak)* Hörbarkeitszone f, Hörbarkeitsgebiet n
~ **of avoidance** *(Astr)* nebelfreie Zone f, Zone f of avoidance
~ **of confusion** *(Ak)* Verwirrungszone f, Verwirrungsgebiet n
~ **of inflammation** *(physCh)* Zündzone f, *(speziell:)* Zündnest n
~ **of potential fall** *(El)* Fallraum m, Fallgebiet n
~ **of sharp focus** *(Opt, Phot)* Schärfenbereich m, Schärfenzone f, Schärfentiefe[n]bereich m
~ **of silence** 1. *(Ak)* Zone f des Schweigens, Schweigezone f ; 2. *(El, Magn)* empfangslose (tote) Zone f, Zone f des Schweigens, Totzone f
~ **plane** *(Krist)* Brillouinsche Zonenebene (Ebene) f, Zonenebene f
~ **plate** 1. *(El, Magn)* Zonenplatte f ; 2. *(Opt)* [Fresnelsche] Zonenplatte f, Zonenlinse f ; 3. *(Opt)* Zonenplatte f [nach Soret], Soretsche Zonenplatte f, Zonenlinse f
~ **purification [method], ~ refining** *(Krist)* Zonenreinigung f, Zonenreinigungsverfahren n
~ **reversal** *(Krist)* Zonenumkehr f
~ **scanning** *(El)* Streifenabtastung f, streifenweise Abtastung f
~ **time** *(Astr)* Zonenzeit f, *(selten:)* Einheitszeit f
zoned crystal *(Krist)* Zonenkristall m, Schichtkristall m
zoom 1. *(Aero)* steiles Hochziehen n, Hochreißen n ; 2. *(Opt, Phot)* Zoomen n, stufenlose Verstellung f der Brennweite (Vorgang)
~ **ceiling** *(Aero)* dynamische Gipfelhöhe f
~-**in** *(Opt, Phot)* Zuziehen n der Gummilinse, Hereinzoomen n
~ **lens (objective)** *(Opt)* Varioobjektiv n, Zoomobjektiv n, Gummilinse f
~-**out** *(Opt, Phot)* Aufziehen n der Gummilinse, Hinauszoomen n
~-**up** *(Aero)* senkrechtes Hochziehen (Hochreißen) n
zoomer *(Opt)* s. zoom lens
zooming s. zoom
zps *(Magn)* Zeichenwechsel mpl je Sekunde, zps
zulu time *(Astr)* s. zebra time
Zurich (Zürich) number *(Astr)* Fleckenrelativzahl f, Relativzahl f der Sonnenflecken, Wolfsche Zahl (Sonnenfleckenzahl) f

FACHWÖRTERBUCH

Physik
Basiswortschatz

Englisch-Deutsch

Mit etwa 25 000 Wortstellen

Von Dipl.-Math. Ralf Sube

VERLAG ALEXANDRE HATIER BERLIN–PARIS

Die Deutsche Bibliothek – CIP-Einheitsaufnahme

Sube, Ralf:
Physik : Fachwörterbuch ; Basiswortschatz Englisch-Deutsch ;
mit etwa 25 000 Wortstellen / von Ralf Sube. – Berlin ; Paris :
Hatier, 1994
   Parallelsacht.: Physics
   ISBN 3-86117-057-4
NE: HST

Eingetragene (registrierte) Warenzeichen sowie Gebrauchsmuster und Patente sind in diesem Wörterbuch nicht ausdrücklich gekennzeichnet. Daraus kann nicht geschlossen werden, daß die betreffenden Bezeichnungen frei sind oder frei verwendet werden können.

Das Werk ist urheberrechtlich geschützt. Jede Verwendung außerhalb der Grenzen des Urheberrechtsgesetzes bedarf der vorherigen schriftlichen Zustimmung des Verlages. Dies gilt besonders für Übersetzungen, Vervielfältigungen, auch von Teilen des Werkes, Mikroverfilmungen, Bearbeitungen sonstiger Art sowie für die Einspeicherung in elektronische Systeme.

ISBN 3-86117-057-4

1. Auflage
© Verlag Alexandre Hatier GmbH, Berlin–Paris, 1994
Printed in Germany
Gesamtherstellung: Druckhaus „Thomas Müntzer" GmbH,
Bad Langensalza/Thür.